현대심리치료

제10판

현대심리치료

Danny Wedding · Raymond J. Corsini 지음

김정희 · 정성경 · 남상인 · 김인규 · 최은영 · 방기연 · 김은하 옮김

CURRENT PSYCHOTHERAPIES

CENGAGE Learning® 박학사

Andover • Melbourne • Mexico City • Stamford, CT • Toronto • Hong Kong • New Delhi • Seoul • Singapore • Tokyo

Current Psychotherapies, International Edition

10th Edition

Raymond J. Corsini
Danny Wedding

Original edition © 2014 Wadsworth, a part of Cengage Learning.
Current Psychotherapies, International Edition 10th Edition
by Raymond J. Corsini and Danny Wedding
ISBN: 9781285175591

This edition is translated by license from Wadsworth, a part of Cengage Learning, for sale in Korea only.

ISBN-13: 978-89-98521-60-8

Cengage Learning Korea Ltd.
14F, YTN Newsquare, 76 Sangamsan-ro,
Mapo-gu, Seoul, 03926, Korea
Tel: (82) 2 330 7000
Fax: (82) 2 330 7001

Cengage Learning is a leading provider of customized learning solutions with office locations around the globe, including Singapore, the United Kingdom, Australia, Mexico, Brazil, and Japan. Locate your local office at: **www.cengage.com/global**

Cengage Learning products are represented in Canada by Nelson Education, Ltd. For

product information, visit **www.cengageasia.com**

Printed in Korea
1 2 3 4 20 19 18 17

Raymond J. Corsini(1914~2008)를 추모하여

Courtesy of Dr. Kleo Rigney Corsini

헌정사

To Pamela Susan Tarzian Broadman

Who taught me how profoundly one human being

can love another

책의 개요

	정신분석 심리치료	Adler 심리치료	내담자 중심 치료	합리적 정서적 행동치료	행동치료	인지치료	실존 심리치료	게슈탈트 치료	관계 중심 심리치료	가족치료	묵상 치료	긍정심리치료	통합적 심리치료	심리치료의 다문화적 이론
개관 쪽	21	55	105	165	217	255	293	335	383	421	465	525	569	609
기본 개념	22	55	106	166	217	256	294	336	383	421	465	525	570	610
다른 체계들	25	61	113	170	219	258	298	339	386	427	468	527	573	618
역사	26	64	120	173	220	260	299	342	388	429	474	530	575	619
선구자들	26	64	120	173	220	260	299	342	388	429	474	530	575	619
초창기	27	65	121	174	221	260	300	344	389	430	474	531	575	619
현 상태	31	67	123	175	223	261	301	346	391	432	476	532	577	622
성격	33	68	124	177	224	264	302	347	392	436	478	535	580	625
성격 이론	33	68	124	177	224	264	302	347	392	436	478	535	580	625
다양한 개념들	—	72	128	182	225	265	304	350	395	438	485	536	580	627
심리치료	36	74	130	185	227	271	309	355	396	440	488	543	581	627
심리치료 이론	36	74	130	185	227	271	309	355	396	440	488	543	581	627
심리치료 과정	40	77	133	188	228	274	311	360	397	443	492	547	586	629
심리치료 기제	43	81	135	198	230	277	319	362	406	449	496	554	589	633
적용	45	86	138	200	231	278	323	365	406	450	498	557	591	636
누구를 도울 수 있는가?	45	86	138	200	231	278	323	365	406	450	498	557	591	636
치료	46	86	143	201	232	278	324	366	408	451	507	558	592	637
증거	46	90	145	204	243	283	326	370	409	454	513	559	593	641
다문화세계에서의 심리치료	48	92	152	207	245	285	327	374	413	456	516	560	596	642
사례	49	93	153	211	246	285	329	375	415	458	518	561	597	642
요약	52	100	161	213	250	290	332	378	418	460	519	564	604	646
추천 도서	53	101	162	215	252	291	332	379	418	461	521	565	605	646
사례집	54	102	163	216	253	292	333	380	419	462	523	567	606	647

역자 서문

『현대 심리치료(*Current Psychotherapies*)』 제7판을 번역한 후 거의 10년 만에 제10판을 번역하게 되었다. 학교생활에서 조금 일찍 은퇴하고, 그 후 몇 년 동안 의식 훈련 프로그램에 전념하느라 번역에는 마음을 두지 못하고 있었는데, 공동 번역자 중 한 분의 제안으로 오랜만에 이 책을 다시 소개할 수 있어서 기쁘게 생각한다.

독자 여러분이 잘 알고 있듯이 이 책의 또 다른 특징은 그 시대를 대표하는 이론들을 각 이론의 창시자나 그 이론을 대표하는 핵심 인물들이 저술했다는 점이다. 이 책이 독자들의 사랑을 받는 이유 중의 하나가 바로 이 점 때문이 아닐까 생각된다. 그동안 세월이 흐른 만큼, 이번 판에서는 많은 변화를 볼 수 있다. 제1장에서는 21세기의 심리치료에 대한 전반적인 소개를 하고 있으며, 마지막 장에서는 현대의 도전과 논의를 포함시키고 있다. 제7판에 포함되었던 분석적 심리치료, 다중 양식 치료, 심리극, 경험적 심리치료가 빠지고 그 대신에 관계 중심 심리치료, 묵상 치료, 긍정심리치료, 통합적 심리치료 및 심리치료의 다문화적 이론이 포함되었다. 독자들은 제목만으로도 시대의 흐름을 읽을 수 있을 것이다.

남아 있는 장들에서도 저자가 바뀌었거나 새로운 내용들로 바뀐 부분이 많아 거의 새로운 저술로 보아도 좋을 것이다. 분석적 심리치료가 제외된 것은 많은 아쉬움을 갖게 하지만, 편집자 역시 분석적 심리치료가 제외된 이유는 오로지 지면 제약 때문임을 밝히고 있다. 분석적 심리치료에 관심이 있는 독자는 제7판의 번역을 참고하면 좋을 것이다.

이번 번역에는 7명의 교수들이 힘을 모았다. 남상인 교수는 저자 서문과 13장을, 김인규 교수는 1장과 4장을, 김은하 교수는 2장과 10장을, 정성경 교수는 3장과 용어 해설을, 김정희 교수는 5장, 7장, 8장, 9장, 11장, 12장을, 방기연 교수는 6장과 16장을, 최은영 교수는 14장과 15장을 번역하였다. 여러 사람이 번역하게 됨으로써 일어나는 용어상의 차이는 최소화하도록 노력하였으나 개인차가 있을 수 있으므로 독자들의 양해를 구한다. 또한 이 책이 나오기까지 지원해 주신 박학사 구본하 사장님과 김재석 실장님을 비롯한 편집진에 고마움을 전한다.

2017년 2월

김정희

감사의 글

모든 책은 시간을 들여서 피드백을 제공해 주는 독자의 평에 의하여 다듬어지고 좋아진다. 이 책도 마찬가지여서, 말 그대로 수백 명의 학생, 동료 및 친구들의 제안이 도움이 되었다. 우리는 특히 『현대 심리치료』를 교재로 사용하는 교수들에게 부지런히 피드백을 받았고, 그들의 논평은 매번 새로운 판을 구성하는 데 도움이 되었다. 나 또한 임상심리학회(미국심리학회의 제12분과)의 동료들이 해 준 많은 제안으로부터 도움을 받았다.

캘리포니아 심리학전문학교(California School of Professional Psychology), 엘리언트 국제대학교(Alliant International University)의 교수와 직원들이 『현대 심리치료』 제10판을 준비하는 동안 지지해 주고 도움을 주었고, 내게 충고와 격려가 필요할 때에는 언제나 나를 위해 같이 있어 주었다. 특히 Geoff Cox 총장, Russ Newman 학장, 그리고 CSPP의 Morgan Sammons 학장의 도움에 감사드린다. Dalia Ducker, Ron Duran, Jennifer Kulbeck, Pamela Broadman, Robyn Moyer, Connie Horn 그리고 Karen Harrington 또한 다양한 방법으로 도와주었고, 내 친구 Shelia Henderson은 이 새로운 판을 작업할 때 결정해야 할 많은 상황에서 공명판으로서 도와주었다. Chris Pearce와 Christoph Zepeda는 내가 『현대 심리치료(*Current Psychotherapies*)』를 편집하는 데 집중하는 동안 『심리학 비평: 현대심리학—APA 서평(*PsycCRITIQUES: Contemporary Psychology—APA Review*)』을 매일매일 관리해 줌으로써 나를 도와주었다. 그리고 Ryan Niemiec은 우리의 책인 『영화 속의 긍정심리학(*Positive Psychology at the Movies*)』을 개정하는 데 대부분의 어려운 작업을 맡아 주었다. 나는 그들이 알고 있는 것보다 더욱 깊은 감사를 드린다.

저자 서문

『현대 심리치료』 제10판은 책 이름에서 암시하듯 현재성을 유지하려는 약속을 반영하고 본문은 온전히 예술적인 심리치료의 양상에 대한 종합적인 개요를 제공한다. 1973년에 처음 출판된 이 책은, 그 이후 100만 명 이상의 학생들이 사용하였고 12개국 이상의 언어로 번역되었다. 한 평론가는 이 책을 '유서 깊은' 책이라고 평가하였다.

Raymond Corsini는 1976년에 같이 일하기 위해 나를 고용했으며, 그 당시 나는 하와이 대학교의 대학원생이었다. 또한 지난 40년 동안 타오르는 열정으로 가능한 저자들 중에서 최고를 고용했고 이 책의 질을 유지하였다. 나는 지금 Ray Corsini가 『현대 심리치료』와 『심리치료 사례 연구』의 공동 편집자로 나를 선택했을 당시의 그의 나이가 되었다. 그리고 나는 앞으로 이 두 책의 공동 편집자로 작업할 소중한 동료인 Barbara Cubic을 고용하였다.

관계 중심 심리치료와 다문화 심리치료에 관한 새로운 장이 제9판에 추가되었고, 제10판에는 Tayyab Rashid와 Martin Seligman이 쓴 긍정심리치료에 관한 새로운 장이 포함되었다. 나는 유능한 저자들과 함께할 수 있어서 기뻤다. 게다가 제10판에는 Jeremy Safran과 Alexander Kriss가 쓴 정신분석 심리치료에 관한 새로운 장이 포함되었고 Adler 심리치료와 행동치료에 관한 장이 전체적으로 다시 쓰였다.

나는 안타깝게도 이번 판에서 분석적 심리치료에 관한 장을 제외하였다. 그 이유는 무엇보다도 한 학기 16주 내에 책을 읽게 될 학생들을 위해 책의 분량을 다루기 쉬운 정도로 유지하기 위한 것이었다. 강좌에 Jung을 계속 포함시키고 싶은 교수는 Cengage 홈페이지인 CengageBrain.com에서 제9판의 분석적 심리치료의 장을 쉽게 접할 수 있을 것이다.

이번 판에 개정된 모든 장들에는 가장 최신의 관련된 연구 결과들이 포함되었다. 심리치료의 특정 접근법을 기술하는 각 장은 특정 이론을 지지하는 증거 기반을 검토하고, 나는 각각의 저자들에게 증거 기반 실제의 중요성(또한 제한점)에 대해 생각을 공유하도록 부탁하였다. 게다가 모든 핵심적 장에서 다문화주의의 매우 중요한 주제를 논의한다.

전판의 서문에서 Corsini는 유용성과 대중성을 보증하기 위한 이 책의 여섯 가지 특징을 기술하였다. 이 핵심적인 원리들이 개정판의 발전을 인도하였다.

1. 각 장들은 현대의 심리치료 실제에서 가장 중요한 체계(system)를 기술한다. 심리치료는 계속해서 발전하기 때문에 새로운 판에 무엇을 넣고 뺄 것인지 결정하기 위해서 많은 연구가 필요하다. 교수들의 의견은 우리가 시도한 변화를 구체화하는 데 핵심적인 역할을 담당하였다.
2. 가장 유능하면서도 수락할 용의가 있는 저자들을 섭외하였다. 새롭게 수립된 체계는 창시자에 의해서 기술되었고 오래된 체계는 그것을 기술하는 데 가장 적격인 사람이 담당하였다.
3. 이 책은 매우 잘 통제되었다. 저자들은 내용과 분량, 구조에서 제한하는 원칙에 따랐다. 수평적 방식(다양한 체계를 교차하여 절에서부터 절에 이르기까지)뿐만 아니라 수직적 방식(장에서 장으로)으로 가능한 한 편리하게 체계들을 비교할 수 있도록 하였다. 각 장의 주요 절들은 기술되고 있는 체계의 개관, 역사, 치료를 구체화해 주는 성격 이론에 대한 논의, 이 체계를 활용하는 심리치료가 실제로 어떻게 실행되는지에 대한 자세한 논의, 그리고 기술되고 있는 접근법에 대한 다양한 적용에 대한 설명들을 포함한다. 게다가 기술된 각각의 치료는 그 치료법과 관련된 기법과 방법을 예시하는 사례 연구를 동반한다. 더욱 자세한 사례 예시에 관심 있는 학생들은 이 책의 자매편인 『심리치료 사례 연구(*Case Study in Psychotherapy*)』(Wedding & Corsini, 2013)를 읽을 수 있다. 심리치료를 깊이 이해하고 싶은 학생들은 『현대 심리치료』와 『심리치료 사례 연구』를 읽음으로써 도움을 받을 것이다.
4. 『현대 심리치료』는 신중하게 편집되었다. 각 장의 내용이 적절하고 분명한지 확실히 하기 위하여 매 장을 검토하였다. 이 책의 오랜 역사 속에서 단 한 장만이 초고가 수락되었다. 몇몇 장들은 최종적으로 수락되기 전에 네 번까지 원저자에게 반환되었다.
5. 각 장들은 가능한 한 간결하고 체계를 잘 갖추도록 구성되었다. 우리는 각 장의 내용을 분명하고 간결하고 직접적으로 드러날 수 있도록 지속적으로 피드백을 받았다. 우리는 피드백을 진지하게 받아들였고, 매번 새로운 판에서 장황하거나 불필요한 문장이 없도록 신중하게 편집하였다.
6. 매번 새로운 판의 용어 해설은 갱신되고 확장되었다. 학생들이 어느 장이든 시작하는 한 가지 방법은 용어 해설에 있는 관련된 표제어들을 읽는 것인데, 그 때문에 다양한 체계에 대한 이해를 촉진시키는 사고방식을 형성한다. 성격 심리학자들은 현존하는 단어가 충분하지 않을 때 새로운 단어를 만들어 내는 경향이 있다. 이것이 그들의 생각들을 분명하게 하지만 또한 그 장을 이해하기 어렵게 만들 가능성이 있다. 용어 해설을 진지하게 공부하는 독자들은 보상을 받게 될 것이다.

Raymond Corsini는 2008년 11월 8일에 사망하였다. 그는 Adler 치료의 대가였고, 나의 가장 훌륭한 선생님이었으며 소중한 친구였다. 나는 언제나 그의 우정과 내 경력에 대한 그의 도움과 우리가 같이 일하는 몇 년 동안 그에게 배운 모든 것에 감사를 드린다.

Danny Wedding
San Francisco

공헌자

Martin M. Antony

Martin M. Anthony 박사는 캐나다 Toronto에 있는 Ryerson 대학교의 심리학 교수이며, 이 대학교에서 불안장애와 완벽주의의 특성과 치료에 대한 연구를 수행하였다. 200편 이상의 전문 간행물의 저자인 Anthony 박사는 『행동치료 그리고 불안과 관련 장애 옥스퍼드 편람(*Behavior Therapy and the Oxford Handbook of Anxiety and Related Disorders*)』을 비롯하여 28권의 책을 공동 저술하거나 편집하였다. 연구와 교육에 이바지한 공로로 많은 상을 수상하였고, 캐나다심리학회의 회장을 역임하였다.

Aaron T. Beck

Aron T. Beck 박사는 인지치료를 창립하였다. 그는 현재 Pennsylvania 대학교 명예교수로서, 정신의학과의 정신병리연구소 소장이다. Beck 박사는 인지치료를 개발한 공으로 2006년 Albert Lasker 임상의학연구상을 포함하여 다수의 상을 수상하였다.

Larry E. Beutler

Larry E. Beutler 박사는 UC Santa Barbara와 Palo Alto 대학교의 명예교수이다. 그는 「자문 및 임상심리학 학술지(*Journal of Consulting and Clinical Psychology*)」와 「임상심리학 학술지(*Journal of Clinical Psychology*)」의 편집장을 역임하였다. 또한 그는 두 개의 APA 분과학회(임상심리학회와 심리치료학회)의 학회장을 역임하였고, 심리치료와 평가에 관하여 29권의 책과 450편 이상의 학술 논문을 단독 혹은 공동 저술하였다.

Lillian Comas-Díaz

Lillian Comas-Díaz 박사는 전임 사설 상담을 하는 임상심리학자이며, George Washington 대학교 정신의학 및 행동과학과의 임상교수이다. Lillian은 광범위하게 심리학 관련 저술 활동을 하였고 여러 곳의 편집위원이며 현재 「미국심리학회지(*American Psychologist*)」의 부편집장이다. 최근 저서로는 『다문화 돌봄: 문화적 역량을 갖추려는 임상가를 위한 안내(*Multicultural Care: A Clinician's Guide to Cultural Competence*)』가 있다.

Frank Dumont

Frank Dumont 박사는 McGill 대학교의 명예교수이며 심리학과의 학과장이자 상담심리 박사 과정의 책임자였다. 그는 심리치료의 추론 과정에 대하여 광범위하게 집필하였고, Raymond Corsini와 『심리학 사전(*The Dictionary of Psychology*)』을 공동 작업하였으며, 최근에는 『성격심리학사(*A History of Personality Psychology*)』를 저술하였다.

Albert Ellis(1913~2007)

Albert Ellis 박사는 80권 이상의 책과 800편 이상의 학술 논문을 저술하였으며 합리적 정서행동치료(REBT)를 개발한 사람으로 가장 잘 알려져 있다. 그는 20세기의 가장 영향력 있는 심리학자의 한 사람으로 꾸준히 거론되고 있다. 많은 책을 저술했을 뿐만 아니라 임상가들을 훈련시키고 지도 감독했으며, 상담을 통하여 수많은 내담자들을 도왔다. Ellis 박사는 미국심리학회가 심리학에 대하여 평생 동안 특출하게 공헌한 사람에게 주는 상을 2013년 사후에 수상하였다.

Debbie Joffe Ellis

면허받은 심리학자인 Debbie Joffe Ellis 박사는 정신건강 상담자이자, 저자이자, 남편인 Albert Ellis가 2007년 죽을 때까지 함께 전문가 워크숍을 진행한 강연자이다. 현재 임상을 하고 있고, 전 세계를 무대로 REBT를 강연하고 있다.

Irene Goldenberg

Irene Goldenberg 박사는 UCLA의 정신의학과 명예교수이다. 그녀는 수많은 정신과 의사들과 심리학자들에게 가족치료를 교육하였고, 8판까지 나온 『가족치료: 개요(*Family Therapy: An Overview*)』를 공동 저술하였다. 현재 LA에서 독립적으로 상담실을 운영하고 있다.

Herbert Goldenberg(1927~2009)

Herbert Goldenberg 박사는 UCLA의 명예교수였으며 이곳에서 40년을 가르쳤다. 임상과 이상심리학, 가족치료에 관한 그의 저작들은 널리 채택되고 있다. 그는 2007년에 아내인 Irene Goldenberg와 함께 미국가족치료학회가 주는 평생공헌상을 수상하였다.

Lynne Jacobs

Lynne Jacobs 박사는 LA에서 태평양 게슈탈트 연구소(The Pacific Gestalt Institute)를 공동 설립하여 그곳에서 계속 상담을 하고 있다. 그녀는 또한 현대 정신분석 연구소(*The Institute of Contemporary Psychoanalysis*)의 교육 및 슈퍼비전 분석가이며, LA에서 개인 상담실을 운영하고 있다. Lynne은 여러 권의 책을 저술하였고, 국제적으로 게슈탈트 치료를 가르치고 있다.

Ruthellen Josselson

Ruthellen Josselson 박사는 Fielding 대학원대학교의 임상심리학 교수이자 정신분석 실천가이다. 그녀는 『피그말리온 역할 수행: 사람은 어떻게 서로를 만드는가(*Playing*

Pygmalion: How People Create One Another)』와 『우리 사이의 공간(*The Space Between Us)*』을 비롯하여 많은 책과 논문을 저술한 저자이다. Yalom 심리치료 연구소의 공동 소장이며, 미국심리학회가 주는 Henry A. Murray 상과 Theodore R. Sarbin 상을 수상하였다.

Alexander Kriss

Alexander Kriss 석사는 임상심리학 박사 논문 제출 자격자이고 저술가이다. 그는 현재 New York City에 있는 '사회 연구를 위한 새로운 학교(*The New School for Social Research*)'에서 가르치고 있으며, 「새로운 학교심리학 회보(*The New School Psychology Bulletin*)」의 편집장이었다. Alexander의 희곡은 뉴욕과 런던에서 공연되었고, 그의 전자책들은 아마존에서 출판되었다.

Michael P. Maniacci

Michael P. Maniacci 박사는 Illinois 주의 Chicago와 Naperville에서 개인 상담실을 운영하고 있는 면허받은 임상심리학자이다. 그는 여러 학회에서 가르치고 여러 기관을 자문하고 있으며, 40편 이상의 학술 논문이나 책의 장들을 썼고, 5개의 교재를 단독 또는 공동 저술하거나 편집하였다.

Harold H. Mosak

Harold H. Mosak 박사는 1950년에 Chicago 대학교에서 임상심리학으로 박사학위를 받았다. 1952년에는 Bernard H. Shulman, Rudolf Dreikurs와 함께 Adler 심리학전문대학교를 공동 설립하였고, 현재 수훈교수의 직을 가지고 있다.

John C. Norcross

John C. Norcross 박사는 Scranton 대학교의 심리학 교수이며 대학교의 탁월한 이사이고 또한 시간제 임상심리학자이다. 300편 이상의 전문 출판물의 저자인 Norcross 박사는 『잘 작동하는 심리치료적 관계(*Psychotherapy Relationships That Work)*』, 『심리치료 총람(*Handbook of Psychotherapy Integration)*』, 『임상과 상담심리학 대학원 과정에 대한 내부자 안내(*Insider's Guide to Graduate Program in Clinical and Counseling Psychology)*』, 『잘 작동하는 자기 조력(*Self-Help That Works)*』을 포함하여 20권의 책을 공동 저술하거나 편집하였다. 또한 APA 산하 임상심리학회와 심리치료 분과학회의 회장을 역임하였다.

Erica Goldenberg Pelavin

Erica Goldenberg Pelavin 박사는 면허받은 사회복지사이자, 폭력 예방, 관계에서의 공격, 온라인 드라마, 사이버 안전 및 갈등해결의 전문가인 가족심리학자이다. 청소년들을 상담하는 것 외에도 미디어 읽기 세미나와 21세기 학습기술을 가르치고 있다.

Kenneth S. Pope

Kenneth S. Pope 박사는 면허받은 심리학자이고 임상심리학 자격 취득자이다. 100편 이상의 학술 논문과 책의 장들을 저술하였다. 최근의 책으로는 『심리치료와 상담의 윤리: 실제적인 안내(*Ethics in Psychotherapy and Counseling: A Practical Guide)*』(제4판)(Melba,

J. T. Vasquez와 공저)가 있다. 심리과학협회(*The Association of Psychological Science*)의 이사인 Pope 박사는 kspope.com에 심리학 자료를, kpope.com에 심신장애 자료를 무료로 제공하고 있다.

Tayyab Rashid

Tayyab Rashid 박사는 캐나다의 Scarborough에 있는 Toronto 대학교의 '건강과 행복 센터'에서 심리적 지원을 제공하고 있다. Rashid 박사는 Martin Seligman 박사의 지도로 Pennsylvania 대학교에서 박사 전후의 임상 훈련을 완수하였으며, Seligman 박사와 함께 긍정심리치료를 개발하고 경험적으로 타당화하였다. Rashid 박사는 긍정적 개입에 대한 2009년「임상심리학회지(*Journal of Clinical Psychology*)」특별호에서 객원 편집자로서 편집을 담당하였다.

Nathaniel J. Raskin(1921~2010)

Nathaniel J. Raskin 박사는 내담자 중심 접근의 조용한 거인으로 불렸다. 그는 Carl Rogers의 학생이었고, 후에는 동료이자 가까운 친구였고, Northwestern 대학교 의과대학의 임상심리학 교수였다. 소집단이나 강의실에서 또는 내담자로서 그를 경험한 모든 사람들은 그를 친절, 관대함, 무조건적 긍정적 존중, 공감적 이해와 솔직성의 완전한 화신으로 기억한다.

Carl Rogers(1902~1987)

Carl Rogers 박사는 내담자 중심과 인간 중심 접근의 개척자로서 20세기에서 가장 영향력 있고 혁명적인 심리학자 중 한 사람으로 평가된다. 그는 이론뿐만 아니라 대인관계에서 그의 해방적인 이론과 실제가 광범하게 연구되었던 치료의 대가였다. 후반의 그의 작업은 북아일랜드와 중앙아메리카의 국제적 갈등에서 각 집단 간의 대집단 참만남을 포함한다.

Laurie Sackett-Maniacci

Laurie Sackett-Maniacci 박사는 면허를 받은 임상심리학자이고 Illinois 주 Chicago에 있는 Adler 심리학전문대학교에서 겸임교수와 임상 슈퍼바이저로 있으면서 Adler 이론과 Adler 치료 접근을 가르치고 있다. Laurie는 Naperville에서 개인 상담실을 운영하고 있으며 Rush Copley 심장연구소 재활센터의 자문가이다.

Jeremy D. Safran

Jeremy D. Safran 박사는 '사회 연구를 위한 새로운 학교(The New School for Social Research)'에서 심리학 교수로 있으며, New York 대학교의 심리치료와 정신분석의 박사후 과정 임상교수이며, 관계 중심 정신분석과 심리치료 국제학회의 이전 회장이다. 그는 『정신분석과 정신분석적 치료(*Psychoanalysis and Psychoanalytic Therapies*)』를 비롯한 수많은 책들의 저자이다.

Martin E. P. Seligman

Martin Seligman 박사는 Pennsylvania 대학교의 심리학 교수이고 긍정심리센터의 소장이다. Seligman은 1998년에 긍정심리학 영역을 공동으로 창설하였고 그때부터 그의 생애를 긍정 감정, 긍정 성격 특성과 긍정학회를 발전시키는 데 헌신하였다. Seligman의 초기 작업은 학습된 무기력과 우울증에 집중하였다. Seligman은 긍정심리학에서 자주 인용되는 권위자이며 인기 있는 저자이다.

Helen Verdeli

Helen Verdeli 박사는 Columbia 대학교 사범대학 임상심리학과의 부교수이다. 그녀의 수업과 연구는 세계에서 경제적으로 취약한 지역에 초점을 맞추어 기분장애의 예방과 치료에 집중한다. 그녀는 세계보건기구, UN 비정부기구, 다른 많은 국제기구의 자문위원으로 봉사하고 있다.

Roger Walsh

Roger Walsh 박사는 의학박사, 철학박사이며 UC Irvine의 정신의학과, 철학과, 문화인류학과 교수이고, 종교 연구 전공의 교수이기도 하다. 그는 오랜 기간 묵상 훈련의 학생, 교사, 연구자이고, 관련된 출판물로는『자아를 넘어서는 길(*Paths Beyond Ego*)』,『샤머니즘의 세계(*The World of Shamanism*)』,『필수적인 영성: 7개의 중심 훈련(*Essential Spirituality: The Seven Central Practices*)』뿐만 아니라 미국심리학회의 심리치료 비디오인《치료에 대한 긍정적이고 초월적인 접근(*Positive and Transpersonal Approaches to Therapy*)》등이 있다.

Danny Wedding

Danny Wedding 박사는 Alliant 국제대학교의 California 심리학전문대학교의 경영과 국제 프로그램의 부학장이다. 본부는 San Francisco에 있는데도 그는 도쿄, 홍콩, 멕시코시티의 심리학 교육 프로그램을 관리 감독한다. Danny는 심리학에서 광범위하게 출판하였고, 현재에 이르기까지 오랫동안「심리학비평: 현대심리학—APA 서평(*PsycCRITIQUES: Contemporary Psychology—APA Review of Books*)」의 편집장으로 활동하고 있다.

Marjorie E. Weishaar

Marjorie E. Weishaar 박사는 Brown 대학교 Alpert 의과대학의 정신의학과 인간행동의 임상교수이다. 그녀는 심리학과 정신의학의 레지던트들에게 인지치료를 가르친다. 그녀는 인지치료에 대해 광범하게 저술하였고, 여러 번 강의상을 수상하였다.

Myrna M. Weissman

Myrna M. Weishaar 박사는 Columbia 대학교의 Mailman 공중위생대학교와 내·외과대학의 전염병학과 정신의학 교수이다. 그녀는 또한 New York 주 정신의학연구소의 전염병학 주임이다. Myrna는 우울증에 관한 연구로 다양한 상을 수상하였고, 국립과학협회의 의학연구소장에 선출되었다.

Marjorie C. Witty

Marjorie C. Witty 박사는 Chicago의 Argosy 대학교 Illinois 심리학전문대학의 교수이자 대학교의 이사이다. 그녀는 1974년부터 내담자 중심 치료를 가르치고 상담하였다. 사회적 영향과 내담자 중심 치료의 비지시성을 주제로 학술 논문들을 발표하였고, 「인간 중심 학술지(*The Person-Centered Journal*)」와 「인간 중심과 경험적 심리치료 학술지(*Person-Centered and Experiential Psychotherapies Journal*)」의 편집위원으로 활동하고 있다.

Irvin Yalom

Irvin Yalom 박사는 Stanford 대학교의 정신의학 명예교수이고 현재는 Palo Alto와 San Francisco에서 개인 상담실을 운영하고 있다. 그는 교재 『집단심리치료의 이론과 실제(*The Theory and Practice of Group Psychotherapy*)』, 『실존심리치료(*Existential Psychotherapy*)』와 심리치료 이야기인 『사랑의 처형자(*Love's Executioner*)』, 『엄마와 삶의 의미(*Momma and the Meaning of Life*)』뿐만 아니라 여러 편의 심리치료 교육소설 『니체가 울었을 때(*When Nietzsche Wept*)』, 『카우치에 누워서(*Lying on the Couch*)』, 『쇼펜하우어 치료법(*The Schopenhauer Cure*)』, 그리고 가장 최근의 것으로 『스피노자 문제(*The Spinoza Problem*)』을 포함하여 많은 책을 출판하였다.

Gary Yontef

Gary Yontef 박사는 태평양 게슈탈트 연구소의 공동 설립자이고 LA 게슈탈트 연구소의 이전 회장이며 「게슈탈트 개관(Gestalt Review)」의 부편집장이다. UCLA에서 가르쳤다가 현재는 LA에서 개인 상담실을 운영하고 있다. 국제적으로 가르치고 자문하고 있으며, 관계적 게슈탈트 치료의 이론과 실제에 관한 출판물로는 단행본인 『자각, 대화와 과정: 게슈탈트 치료에 관한 에세이(*Awareness, Dialogue, and Process: Essays on Gestalt Therapy*)』 등이 있다.

차례

♣ 이 책의 **참고 문헌**은 박학사 웹사이트(http://www.pakhaksa.co.kr)의 자료실에서 내려받을 수 있습니다.

제 1 장 21세기 심리치료 소개

Frank Dumont

우리는 다른 사람들을 통해 우리 자신의 마음을 안다.

—Ralph Waldo Emerson(1850)

심리치료를 통한 실질적인 행동 변화는 뉴런 수준에서 유전자 발현의 변화를 통해 이루어지는 것으로 보인다.

—Eric Kandel(1996)

심리치료 학문과 직업 분야의 진화

이 책은 여러 효과적인 심리치료를 다룬다. 각 치료는 사람들이 도움을 요청하는 정서적 문제 및 그에 수반하는 행동적 · 인지적 문제를 다루는 독특한 치료 과정뿐만 아니라 인간에 대한 관점을 제시한다. 이 책이 10판까지 개정된 과정과 이 책에서 다룬 각 치료 모델이 근거하는 성격 발달 이론의 변화를 보면 이 모델들의 지속기간이 갈수록 짧아지는 것을 알 수 있다. 심리치료 학계 전체는 엄청나게 변화하였으며, 어떤 것은 다른 것보다 더 빠르게 변하였고, 어떤 것은 사실상 사라졌다(예를 들어 교류 분석). 정신건강에 대한 새롭고 더욱 통합적인 접근들이 나타났다. 이 최근의 모델들은 이전의 심리치료 모델에 깊이 뿌리내리고 있지만 1960년대와 1970년대의 심리치료들을 이상하지는 않지만 초보적인 것으로 여긴다.

몇몇 심리치료 이론은 20세기 초반에 시작하여 지난 세기 동안 정신건강을 증진시키려고 하는 다양한 접근들과 지속적으로 영향을 주고받으면서 매우 많이 달라졌다. 이들은 계속 이 교재의 앞부분에 제시되는 특권을 누린다. 성격 이론, 발달심리학, 대인관계 과학, 신경과학 등의 발전은 이 책에 제시된 진화하는 심리치료 이론에 적절하게 반영되어 있다. 이 치료들과 그 원리의 구조, 임상적 효과 등은 계속 개선되고 있다. 이 맥락에서 **정신역동적 심리치료**라는 장이 Freud와 Jung의 접근—Klein학파와 다른 **분석적 관계 치료**들을 기반으로 한 수많은 접근들이 나오게 한—을 포괄하면서 추가되었음을 밝힌다. 이 서론에서는 10판의 다른 모델들에 대해서도 언급할 것이다.

우리의 직업이 어디로 향하는지를 알기 위해서 우리는 심리치료가 역사적으로 서양에서 어떻게 시작되었으며, 행동과 사고에 대한 과학적이고 문화적인 관점이 계속 전체적으로 통합되는 것에 의해 심리치료가 어떻게 변화해 왔는지를 알아야 한다. 이 주제는 다음 절에서 간략하게 다룰 것이다.

심리치료의 역사적 기초

역사 이래 인류는 자신을 괴롭히는 정신장애를 치료하는 방법을 발견하려고 노력해 왔다. 이들 중 어떤 것들은, 예를 들어 샤머니즘 사회에서 발견되는 의식을 통한 치료(ceremonial healing rituals)는 과거나 지금도 명백하게 비과학적이지만 그런 이유 때문에 반드시 비효과적이라고 할 수는 없다. 기독교 이전의 사원과 유사한 기관인 **애스클레피아**(asklepeia)와 지중해 동쪽 지역의 여러 피정 기관에서 사용한 종교적이고 철학적인 강의, 명상, 단순한 휴식 등이 심리적 장애를 치료하는지 여부에 대해 세속적인 의학과 경쟁이 일어났다. 히포크라테스가 속한 세속적인 정신생리학적(psychophysiological) 치료 세력은 놀랍도록 과학적이었다.

그리스 외과 의사들은 경험적 탐구를 통해 뇌가 지식과 학습의 장일 뿐만 아니라 우울, 섬망, 광기 등의 원천이라는 점을 알고 있었다. 사실 히포크라테스는 "사람들은 기쁨, 즐거움, 웃음과 운동, 슬픔, 비통, 낙심, 비탄 등이 다름 아닌 뇌에서 비롯된다는 것을 알아야 한다. (…) 그리고 같은 기관을 통해 우리는 미치기도 하고 기뻐 어쩔 줄 모르기도 하며, 두려움과 공포에 사로잡히기도 한다. (…) 뇌가 건강하지 않을 때 우리는 많은 일들을 겪게 된다."(기원전 5세기, Stanley Finger, 2001, p. 13에서 인용)라고 지적하였다. 히포크라테스는 자신의 학생들이 질병을 자연적 방법으로 치료한다고 주장하였다. 발작과 같은 질병이 '신성한' 것이어서 신을 찬양하거나 기도해서 치료해야 한다는 통상적인 관념을 그는 부인하였다. 비록 히포크라테스의 전통이 6세기 후에 그의 뛰어난 제자인 갈레노스에 이르기까지 계속되었지만 현대적인 의미에서 과학으로서의 심리치료는 18세기에 이르러서야 나타났다.

무의식

최초의 구성개념

독자는 무의식이라는 구성개념이 이 책의 일부 장에서 주요한 역할을 하는 것을 발견할 것이다. 그 개념은 수천 년 전 그리스인들이 검토하고 토론하였던 것이지만 또한 19세기 서양에서 나타난 심리치료의 핵심 구성개념이 되었다. 무의식에 대한 과학적 연구는 유명한 박식가인 Gottfried Wilhelm Leibniz(1646~1716)가 시작하였다고 알려져 있다. Leibniz는 우리의 일상생활에서 잠재의식이 어떤 역할을 하는지를 연구하였다[그리고 무의식적 정신활동에서 작용하는 힘을 기술하기 위해 역동(dynamic)이라는 용어를 만들었다]. 무의식에 대한 그의 연구는 Johann Friedrich Herbart(1776~1841)가 계속하였으며, 그는 의식과 무의식 사이에서 오가는 기억의 의미를 설명하기 위해 역동을 수학적으로 이해하려고 노력하였다. Herbart는 불일치하는 생각들이 서로 억압하고 공격하는 것처럼 무의식의 생각들도 의식에 도달하기 위해 서로 투쟁한다고 주장하였다. 연합된 생각은 서로를 의식에 이르도록 돕는다(또는 서로를 무의식 영역으로 끌어당긴다). Leibniz와 Herbart는 자신의 저서를 통해 무의식의 이해에 중요성을 부여한 17세기와 18세기의 뛰어난 과학자이다(Whyte, 1960).

Mesmer와 Schopenhauer

19세기 초의 가장 영향력 있고 창의적인 사상가로 Franz Anton Mesmer(1734~1815)와 Arthur Schopenhauer(1788~1860)를 들 수 있다. 이들의 영향은 후일에 Janet, Freud, Adler, Jung 등의 이론으로 발전해 간 정신의학 문헌에서 볼 수 있다. 그 한 예로 노벨상을 받은 Thomas Mann은 Freud의 저서를 읽을 때 후대의 용어로 번역된 Schopenhauer를 읽는 것 같은 오싹한 느낌을 받았다고 말하였다(Ellenberger, 1970, p. 209). 이와 유사한 표현을 다른 여러 체계의 창시자들에게도 할 수 있다.

최면치료의 선구자로 인정받는 Mesmer와 그의 제자들은 계몽기 이전 유럽을 지배하던 악령 퇴치의 전통을 효과적으로 무력화하였다(Leahey, 2000, pp. 216-218). 이상하고 근거 없는 최면법이 Mesmer학파에 많이 있지만 치료자와 환자 간의 라포(rapport)가 치료에서 중요하다는 원칙이 Mesmer에게서 나왔다는 사실은 분명하다. 또한 그는 행동을 형성하는 데 있어 무의식의 영향을 강조하였고, 치료자의 인간적 특성의 영향, 장애의 즉각적인 감소, 최면적 몽유병, 의식적 자각이 없는 기억의 선택적 · 추론적 기능(Helmholtz에 의해 1861년 재확인됨), 치료 과정에 대한 환자의 확신의 중요성, 그리고 현대 치료 용어에서 다루어지는 여러 다른 공통 요인들을 분명하게 보여 주었다.

19세기 들어 어떻게 마음이 작동하는지를 연구하는 세 가지 뚜렷한 흐름이 나타났다. 이는 (1) 체계적 실험실 기반 경험주의자, (2) 자연철학자, (3) 임상가로서의 연구자이며, 이들의 연구들로부터 수많은 심리치료가 나오게 되었다.

19세기의 심리치료 관련 과학

자연과학 경험주의자

Gustav T. Fechner(1801~1887)와 Nerman von Helmholz(1821~1894) 같은 19세기의 위대한 과학자들은 인지과학 영역에서 중요한 연구를 수행하였다. Fechner의 연구는 Herbart의 연구를 다루면서 일부 중복된다. Fechner는 깨어 있는 상태와 수면 상태—특히 꿈꾸는 상태—를 구분하는 것에서부터 출발한다. 무의식이 마음의 영역에 존재한다는 것은 배우지 않은 농부도 알 정도로 명백하였다. 기억을 되살리려고 노력해서 성공해 본 사람은 자신이 항상 접근 가능하지 않은 지식을 회복하였다는 것을 안다. 이 기억은 어디엔가 저장되어야 한다. 1850년대 후반의 정신물리학(psychophysics) 실험에서 Fechner는 무의식에서 전적인 자각으로 가는 데 필요한 심리적 자극의 강도—오늘날 이는 **작동기억**(working memory)이라고 불린다—와 그 결과로 생긴 지각의 강도를 측정하고자 하였다. Fechner의 연구는 유럽에 큰 반향을 일으켰다. 독자들은 Freud의 저작들(Freud는 몇몇 저서에서 그를 인용하였다)과 이 책의 각 장, 그리고 수많은 현대 이론가과 임상가들에게서, 특히 게슈탈트와 Erickson학파의 사람들에게서 Fechner의 연구 결과를 부지불식간에 만나게 될 것이다.

다른 경험주의자인 Helmholz는 1861년에 "'무의식적 추론' 현상을 발견하였다." 그는 이것을 "우리의 과거가 대상에 대해 가르쳐 주는 바에 대한 순식간의 무의식적 재건축과 같은 것"으로 생각하였다(Ellenberger, 1970, p. 313). 인기 많고 영향력 있는 Daniel Kahneman은 *Thinking, Fast and Slow*(2011)에서 이 생각을 현대적으로 제시하였다. Wilhelm Griesinger, Joannes von Müller, 그리고 많은 경험주의자와 뇌과학자들이 19세기 빈, 베를린, 하이델베르크, 튀빙겐, 라이프치히, 그리고 다른 독일어권의 대학과 기관을 주도하여 후일 정신역동주의자들의 활동에 영향을 미친 많은 저서를 집필하였다.

이러한 실험실 기반 과학자들의 정신과 접근이 유럽 전반에 확산되었고, **유기체론자**(organicist) 전통을 구성하는 데 기여하였다. Ernst Brück(1819~1892)과 Theodor Meynert을 포함한 Freud의 몇몇 멘토들은 유기체론자였다. 비록 유기체론자들이 한 세기 동안 정신의학적 장애에 대한 해결책을 찾으려고 열정적으로 연구하였지만, Emil Kraepelin은 20세기 말에 이르러 지난 50년간 고된 실험 연구를 하였으나 정신의학적 장애를 치료하는 해결책을 별로 제시하지 못하였음을 받아들이며 패배를 인정하였다(Shorter, 1997, pp. 103, 328). Kraepelin은 관심을 돌려 질병을 분류하고, 이를 상세하게 기술하며, 그 과정을 도식화하여 지속적인 예후의 기준을 수립하는 일을 하였다. 이런 작업의 부산물로 요즘의 『정신장애의 진단과 통계 편람(*Diagnostic and Statistical Manual of Mental Disorders*)』(이하 DSM)의 패러다임을 만들게 되었다. Kraepelin의 관점은 정신장애에 대해 심리학적인 접근만이 효과적이라고 주장하는 사람들에게 기회를 제공한다. 그 후에 19세기 후반기의 모든 변죽을 울리는 방법론자와 경험적 꿈 학자들의 연구는 심리철학적 임상가들의 영향력과 비교해서 그 중요성이 퇴색해 갔다.

심리학자-철학자

자연철학자들은 실험실 기반 과학자들보다 심리치료의 발달에 훨씬 더 오랜 기간 영향을 끼쳤다. 이 철학자들은 역사적으로 볼 때 Schiller와 Goethe가 자라난 학파에 속한다고 볼 수 있다. 이들의 철학적 관점은 낭만파로서 자연, 아름다움, 조국, 감성, 마음의 활동 그리고 당연히 마음의 가장 불가사의한 측면인 무의식에 굳게 기초하고 있다. Schopenhauer, Carl Gustav Carus, Eduard von Hartmann 등은 이 집단에서 뛰어난 인물들이다.

Schopenhauer는 1819년 『의지와 표상으로서의 세계(*The World as Will and Idea*)』를 출판하였다. 서양적 기준의 대표작인 이 저작은 심리학 연구자들에게 풍부한 아이디어를 제공하였다. 특히 이 책은 19세기 역사적인 **자연철학** 학파에 심취한 심리학자들에게 영감을 불어넣었다. 이들은 당시 유행하던 장애—심지어 오늘날 DSM에서 축 I 장애로 분류되는 장애—를 치료하기 위해 비생물학적인 방법을 채택(또는 그 방법에 굴복)하였다. Schopenhauer의 책은 상당 부분 인간의 성적 특성과 무의식 영역에 대한 학술논문이다. 그의 주요한 주장은 우리는 우리가 안다고 자각하지 못하는 어떤 것을 알고 있으며, 우리는 대체로 무지하고 비합리적인 힘에 의해 살아간다는 것이다. 인간의 행동과 정신작용에 대한 그의 비합리주의자적이고 범성욕적 관점은 결정론적이며 또한 비관론적이다 [Ellenberger(1970, pp. 208-210)의 분석을 참고하라]. Schopenhauer의 사상은 Nietzsche와 Freud를 비롯한 많은 후기 사상가들에게 영향을 주었다.

Carus(1789~1869)는 Schopenhauer와 동시대 사람으로서 요즘에는 잘 알려져 있지 않다. 그러나 그는 무의식에 대한 초기의 정교한 틀을 개발하였기 때문에 심리치료 책에 나올 만하다(Ellenberger, 1970, pp. 202-210). Carus는 무의식에 서너 가지의 수준이 있다고 생각하였다. 서로 상호작용하는 인간은 동시에 그들의 의식에서뿐만 아니라 무의식의 다양한 수준 간에 서로 상호작용한다. 상담실에서 환자와 치료자가 상담하면서 각자의 의식은 다른 사람의 의식뿐만 아니라 무의식에게 말한다. 게다가 각자의 무의식은 상대의 무의식에게뿐만 아니라 의식에게도 말한다. 각자는 충분히 의식하지 못하는 방법인 목소리, 비음성적 방법, 신체 동작, 정서적 방법 등을 활용하여 말과 동시에 의사소통한다. 그러므로 치료자와 환자는 모두 자의적으로든 아니든 전이와 역전이에 개입한다(Dumont & Fitzpatrick, 2001 참조). 비선형적 메시지가 동시에 체계적으로 모든 방향에서 번쩍인다. 치료자와 환자가 처음 대면할 때에도 무의식 수준에서 치료자 전이가 일어난다고 Carus는 우리에게 말한다. 부부가 잠자리에서 나누는 정담이나 긴 이야기는 깊숙이 자리한 정서적 공명을 일으킨다. 임상에서의 심리치료 관계에서도 마찬가지이다.

Schopenhauer와 Carus가 다룬 영역은 Hartmann과 Nietzsche가 우리의 무언의 인식—사람들의 일상적인 행동을 결정한다고 생각한—에 대해 저술한 영향력 있는 저서의 인식론적 무대를 만들어 주었다. Nietzsche는 우리가 의식적으로 생각하는 것은 "무의식적인, 아마도 알 수 없는, 그러나 느껴지는 내용에 대한 다소간 환상적인 주석"이라고 주장하였다(Ellenberger, 1970, p. 273에서 인용). 그는 자기기만, 잠재지각 작용, 억압, 의식, '신경증적' 죄책감 등의 용어를 만들었다. 그가 볼 때 사람은 다른 사람보다 자신에게 더 많이 거짓말을 한다. 훨씬 더 냉소적으로 Nietzsche는 모든 불평은 고발이며, 잘못된 행동이나 성격적 결함에 대한 모든 수용은 더 심각한 개인적 실패를 숨기기 위한 속임수라고 단언하였다. 요약하면 그는 사람들이 자신의 페르소나(persona)와 자아상을 장식하기 위해 사용하는 여러 방어 체계를 밝혀냈다. 체계적이지 않은 격언체의 방법으로 Nietzsche는 20세기의 관상학과 심리치료에 오랫동안 영향을 끼쳤다.

임상가-연구자

19세기에 임상심리학이 막 생겨나는 시기에 수많은 재능 있는 임상가들이 임상 실제에서 새로운 발견과 개혁을 이루어 심리치료뿐만 아니라 성격 이론의 발달에도 기여하였다. 이중 어떤 이는 유명한 최면치료자 Ambroise Liébault처럼 조용한 임상가였다. 어떤 이는 Moritz Benedikt(1835~1920)처럼 위대한 학자인데, 범죄학, 정신의학, 신경학에 관한 그의 저서는 Jean-Martin Charcot의 칭송을 받았다. Benedikt는 병을 일으키는 비밀(pathogenic secrets)을 찾아내서 임상적으로 제거한다는 유용한 개념을 개발하였는데, 이는 후일 Jung이 자신의 분석 심리치료에서 핵심적 요소로 삼았다. Théodore Flournoy, Josef Breuer, Auguste Forel, Eugene Bleuler, Paul DuBois(Raymond Corsini가 매우 존경한 인물), Freud, Pierre Janet, Adolf Meyer, Jung, Adler 모두 심리치료 과학에 큰 기여를 하였다. 비록 이들의 많은 저작들은 오래되어 유용성이 없어졌지만, 이들의 발견과 체계의 많은 파생물을 현대의 임상적 심리치료와 여러 심리학적 원리에서 발견할 수 있다.

비록 심리치료가 계속 진화하고 있지만 임상가들은 흔히 대학원의 전문가 과정에서 배운 전략, 기법, 지침 등을 비록 구시대의 것일지라도 계속 사용한다. 이들은 전문적인 실천을 계속하고 열심히 문헌을 읽어야 할 수 있는 새로운 절차의 개발과 새로운 원리의 적용을 개인적인 임상 현장의 압력으로 인해 할 수 없다고 생각한다. 잘 훈련받은 사람은 계속 변화하는 직업에서 고정된 단계에 머무르지 않는다. 운동심리학의 격언을 빌려서 말한다면, 실천은 비록 완벽하지는 않지만 영구적이다. 임상가들은 구시대적이거나 전반적으로 오류가 있는 기법 수행의 개선을 간절히 바라지는 않는다.

이 책의 2장에서 15장까지는 이론과 실제에서 이루어진 과학적으로 인정된 진보들을 다룬다. 모든 현재의 주요한 심리치료와 같이 각각은 앞서 기술한 역사적 맥락에서 출현하였다. 12장에서 기술한 묵상 치료는 동아시아나 서아시아의 고대 전통에 그 기원을 두고 있지만, 일부는 유럽과 가까운 아시아 서쪽과 그리스의 전통에서 비롯되었다.

생물학이 심리치료에 미친 영향

환자[1]가 새로운 생각을 배우게 되면, 그것이 참이든 거짓이든 또는 편향되어 있든지 관계

[1] 이 장 전체에서 나는 어원상 고통을 함의하며 치료에 오는 대부분의 사람들을 표현하는 환자(patient)라는 용어를 사용하였다. 이 단어는 고통스런 상황을 견딘다는 의미의 라틴어 동사에서 파생되었다. 이 책의 8판에서 Corsini는 환자와 내담자(client)의 학문별 의미(discipline-specific connotation)에 대해 언급

없이, 그리고 상담실에서든 일상생활에서든 관계없이 그에 수반하는 뇌의 변화가 일어난다[예를 들어 LeDoux의 *Synaptic Self*(2002)를 보라]. 환경과의 만남은 매번 우리 안에 변화를 일으키는데, 특히 뉴런의 기능에 변화를 일으킨다. 한번 기술과 관념이 정말로 습득되어서 장기 저장에 자리 잡으면 그것을 제거하는 것은 불가능하지는 않겠지만 어렵다. 수수께끼의 답을 알거나 금고 열기나 자전거 타기 등의 절차적 지식을 배우면, 그 지식을 일부러 잊을 수 없다. 물론 뉴런의 손상이나 질병으로 인해 기억이 소멸될 수 있으며, 이는 정상적인 노화 과정에서 어느 정도 일어나고 충격, 질병, 잔혹한 사고 등의 재난에서 갑작스럽게 나타난다. 대부분의 경우 치료자의 과제는 환자로 하여금 대안과 '장래 기억'을 형성하도록 돕는 일이다. 이 장래 기억은 새로 채택된 동기화 인지 도식의 지지를 받아 만들어진다.

Klaus Graw는 주요 저서인 *Neuropsychotherapy: How the Neurosciences Inform Effective Psychotherapy*(2007)에서 "심리치료를 통한 실질적인 행동 변화는 뉴런 수준에서 유전자 발현의 변화를 통해 이루어지는 것으로 보인다."라고 말하였다(p. 3, Kandel, 1996, p. 711을 인용). 내담자로 하여금 과거를 생각하도록 하여 역기능적인 과거에 뉴런 차원에서 더 머물게 하는 것은 과거 기억을 없애지 못하고 과거 기억에 머물기를 좋아하는 내담자들의 선호를 바꾸지도 못한다. 또한 그런 방법은 그들에게 적응적인 행동 양식을 가르쳐 주지도 않는다. 효과적인 치료자는 환자들에게 역기능적인 생각, 해로운 행동 양식, 부적응적인 습관을 피하는 방법을 가르친다. 또한 내담자로 하여금 내담자 자신 및 그들이 상호작용하는 다른 사람들의 행복을 증진시켜 줄 대인관계와 사회적 기술, 자기 훈련 기법 등을 개발하도록 한다. 신경과학은 모든 학습 과정에서 일어나는 뉴런 수준의 재구조화가 심리치료의 핵심 목표인 행동, 정서, 사고에서의 적응적인 변화를 가능하게 한다는 점을 보여 주었다(Dumint, 2009, 2010a, 2010b 참조).

인간 유기체, 특히 중추신경계의 가소성(plasticity)은 내담자의 삶이 바뀌고 행복이 증진될 수 있도록 해 준다. 우리의 신경-정서 체제의 가소성은 **후천적 변화**(epigenetic change)를 통해 얻을 수 있다. 외부의 사건('내적 환경'의 사건도 포함해서)은 그 순간 세포핵 내의 유전체(genome)에 작용하는 단백질을 합성하여 유전자를 활성화하거나 비활성화할 수 있다. 내담자가 장식용 거울을 새로 사용하는 것만으로도 자신을 인식하고 경험하는 데 엄청난 영향을 줄 수 있다. 효과적인 치료자와 내담자는 신경 회로 변경, 플라세보 효과를 기반으로 한 대화를 하고, 양육적인 사회적 환경을 제공하여 잠자고 있던 유전자의 발현을 후천적으로 자극하여 원하는 성과를 성취할 수 있다(Grüntürkün, 2006; LeDoux, 2002, pp. 260-300 참조). 심리치료에 대한 이런 보조적 신경학적 관점을 갖게 되면 내담자 변화의 중심인 일상생활에서 작용하는 인지적 · 정서적 변인들을 창조적으로 탐색할 수 있게 된다.

일반적으로는 문화가, 그리고 구체적으로는 개인의 가족이 유전자를 활성화한다.

하였다. 그는 환자는 의료 장면(medical context)에 적합하고, 내담자는 사설 상담 기관(private practice)에 적합하다고 본다.

Merleau-Ponty가 말하듯이 문화는 우리 몸에 축적되어 우리의 중추신경계에 확산된다(Bourgeois, 2003, p. 370). 후천적 효과는 개인이 속한 문화의 풍요로움과 인자한 정도에 따라, 그리고 그가 그 문화에 얼마나 접근할 수 있느냐에 따라 그에게 더 좋게 또는 더 나쁘게 작용할 수 있다. 즉, 유기체와 환경의 생물문화 매트릭스(biocultural matrix)가 이 세상과 우리의 성장 잠재력에서 우리의 존재양식을 함께 만들어 간다(Baltes, Reuter-Lorenz, & Rösler, 2006). 이 책에서 설명하는 치료적 절차들은 이 매트릭스에서 나온 것이다.

✻ 유기체론자와 역동론자: 충돌 지점

독자들은 이 제목을 보면서 문화적 대립의 가능성을 바로 생각할 것이다. 그러나 대립은 필요하지도 않고 유용하지도 않다. 진화론적 · 신경과학적 · 사회문화적 접근을 사람 사이의 친밀한 관계에 대한 이해와 통합한 최근의 책(Gillath, Adams & Kunkel, 2012)은 인간 본성 연구에 서로 다른 접근을 함께 사용하는 좋은 모델을 보여 준다. 오래전부터 내려오는 환경주의자와 유기체론자, 정신약리학자과 정신역동주의자, 행동유전학자와 인지행동주의자 간의 긴장은 각기 작동하는 때가 있는 많은 변인들을 체계적으로 통합하면 해결된다. 사실 내담자 치료에서 유기체 변인이든 환경 변인이든 무시한다는 것은 인간 전체에서 핵심적인 부분을 무시하는 것이기 때문에 이런 통합은 필요하다. 모든 정서장애의 복잡한 유발 요인에 신체적인 측면은 없는 것처럼 여기고 치료한 것은 오래된 잘못이다.

이 잘못 중의 하나가 환자의 투약 경력을 무시하는 것이다. Kenneth Pope와 Danny Wedding(2012)은 책의 마지막 장에서 향정신성 약물을 복용하는 환자를 모니터하지 않을 때의 위험성을 이야기하였다. 환자는 약물학적인 안내를 받아야 하며 상담 회기 사이의 경험을 세밀하게 추적해야 한다. 심리학적 목적으로 투약하는 환자는 사전에 임상적 목표를 정하고 이것의 성취 정도를 지속적으로 성실하게 평가해야 한다. Grawe(2007)는 다음과 같이 말하였다.

> 신경과학적 관점에서 볼 때 정신약리학적 치료는 개인의 특정 경험 변화와 함께 이루어지지 않으면 정당성을 가질 수 없다. 향정신성 약물을 환자의 관련된 경험에 대한 책임을 갖지 않고 처방하는 것은 신경과학적 관점에서 보았을 때 동일하게 무책임한 일이다. … 치료받는 환자의 생활 경험을 전문적인 능력으로 구조화하지 않고 약물요법을 독자적으로 하는 것은 정당하지 않다(pp. 5-6).

인간의 양육은 상당 부분 자연에 의해 이루어진다. 사실 Robert Plomin과 Avshalom Caspi가 주장한 대로, 우리는 짐작건대 우리를 조형하는 바로 그 환경을 추구하도록 유전적으로 정해졌을 수 있다. Nestler(2011가 일깨워 준 바와 같이 편안하고 양육적인 어미에게서 자라난 새끼 쥐는 그런 양육이 결핍된 새끼 쥐에 비해 스트레스에 더 강하다. 양육은 억제하는 독소들을 녹여 없애고 "동물들을 순하게 만든다"(p. 82). 그는 과학자들이 다음과 같은 것을 배웠다고 결론 내렸다. "발달 기간 전체와 성인기에 다른 경험과 환경에 노출(무작위적 발생을 포함해서)되면 우리 유전자의 활동이 변경되어 결국 이런 특징들이 나타나는 방식도 변화된다"(p. 83). 그러므로 우리의 자연적 특성은 후천적으로 더 좋게 또는 더 나쁘게 표현될 수 있다. 다른 말로 하면 우리의 유전자는 일생 동안 우리가 겪는 경험의 종류에 따라 화학적으로 표시가 되어 결과적으로 활성화(또는 비활성화)될 수 있다. 러시아 오뚜기 인형 마트료시카처럼 유전자 표식은 인식된 환경적 단서 안에 숨겨져 있을 수 있다. 치료자는 내담자의 경험을 인도할 수 있는 범위 내에서 내담자의 삶에서 양육적인 요소와 자연적인 요소 모두에 대해 일정 정도 책임을 진다.

＊ 진화생물학과 행동유전학

심리치료에 시사점을 갖는 생물학 연구 분야가 신경과학만은 아니다. 진화생물학은 행동유전학 분야와 밀접한 관련이 있으며, 치료자들이 이해할 필요가 있는 여러 기질적 특성에 대해 향후 명확하게 알려 줄 것이다. 이 학문은 미래의 임상가들이 분명히 개발할 치료 모델에 영향을 줄 것이다. 게다가 이 분야는 인간의 유전체(genome)와 그 법칙을 집중적으로 밝혀줄 것인데, 그 법칙을 통해 유전체가 생리심리사회적 규칙성(biopsychosocial regularities) 으로 변환되어 한 사람의 일생 동안 나타난다. 인류학자들은 최소한 400개의 범세계적인 행동 특성을 발견하였는데, 이는 우리의 진화된 단일 형태의 유전자의 산물이다. 이는 우리가 전통적으로 예상하였던 것 이상이며(Brown, 1991 참조), 우리의 모든 치료법이 어떤 것이든 정당하다고 인정하는 문화적 상대주의에 일정한 제약을 설정한다.

Steven Pinker(2002)는 모든 인간은 단일한 인간성을 공유하고 있다는 원리를 명문화하였다. 우리가 이례적인 유전자 돌연변이를 제거한다면 환자를 치료하는 모든 상담자들이 처한 보통의 입장은 자기 자신과 동일한 유전자 틀에서 나온 유기체를 다루는 것이다. 이런 인간의 규칙성을 알고 있더라도 상담자는 내담자의 개인적 생활 사건의 영향을 받은 여러 특성들을 발견해야 한다. 그런 전체적인 맥락에서 치료자는 내담자의 강점을 밝혀내고, 내담자가 그들에게 드러내는 역기능을 치료하며, 그들의 상황을 개선하는 데 기여할 수 있는 상황적 변인과 사건들을 모니터할 수 있다. 이런 환경적 변인들과 이들이 개인의 사고, 대화, 행동에 미치는 영향력은 행동치료(Martin Antony가 새로 집필한 6장)와 인지치료(Aaron Beck과 Marjorie Weishaar가 집필한 7장)에 훌륭하게 기술되어 있다. 이 치료들은 서로 분리된 장으로 다루어야 할 만큼 구별되지만 평가와 치료 절차의 일정 부분에서는 아주 유사하다.

마지막으로, 매우 빠른 속도로 발전하고 있는 분자 유전자 분석, 인지 신경심리학, 사회적 인지 신경과학 등도 연관된 분야로서 구멍이 많은 우리의 통합 조력 모델에 불가피하게 스며들 것이다. 다양한 심리치료는 서로 영향을 미치며 수렴되고 있으며, 이들 모두는 그런 수렴을 촉진하며 발전하는 다양한 인간 과학에 의존하고 있다.

문화적 요인들과 심리치료

인구통계 자료

『현대 심리치료』 10판은 다문화 심리치료의 최근 접근에 새롭게 한 장을 할애하였다. 이 변화는 심리치료에서 문화적 요인의 중요성을 반영한 것이다. 그러나 그것은 또한 지구상의 인구통계학적 특성의 변화, 이전에는 멀리 있던 대륙 사이를 회오리치듯 오가는 사람들의 물결, 다수의 사람들이 교역, 무력 충돌, 연구, 학위, 고등교육, 또는 전문적 심리적 상담에 관계하면서 생기는 촘촘한 의사소통 네트워크 등을 인정한 것이다. 비록 이전에는 실존 심리치료(8장)와 묵상 치료(12장)에서 다양한 인종 집단을 치료하는 데 포함되는 인종문화적 변인을 다루어 왔지만 15장은 이 접근에 대해서만 다루고 있다.

다문화 심리치료

다문화 상담에 포함된 복잡성은 치료 관계에 있는 두 사람이 동일한 민족적 · 문화적 배경을 가지고 있는 동질 문화에서의 상담 수행에서의 복잡성에 비교할 수 없을 정도로 크다. 환자와 치료자가 서로 다른 문화적 전통에 강하게 기초하고 있을 경우 '권위'를 지닌 존재가 소수집단과 비지배적 문화의 구성원인가, 아니면 지배적이고 주류 집단의 구성원인가가 문제가 된다. 부부 상담에서 도움을 받으러 온 부부가 서로 문화나 인종이 다르다면 어려움은 더욱 증폭된다. 이 경우 치료자나 상담자가 자기도 모르게 다른 배우자보다 한 배우자와 동일시하게 되면—그런 일은 별로 없겠지만—상호작용 변인의 매트릭스가 훨씬 더 복잡해진다. 문화에 따른 성 역할의 배치는 체계적 상호작용에 또 다른 차원을 만든다. 그리고 물론 개인의 차이를 인정하는 것만으로는 충분하지 않다. 상담자는 내담자의 사회적으로 조건화된 민감성에 대한 자신의 반응을 주도하는 역동을 완전하게 인식하지 못하기 때문에 자신이 옆이나 앞에 있는 내담자의 입장과 얼마나 다른지를 충분히 자각하지 못한다. 치료자의 많은 언급은 자각되지 않은 채 작동하는데, 이는 그들 자신의 인지적 · 정서적 구조가 보이지도 않고 바닥을 알 수 없게 깊은 무의식과 뒤섞여 있기 때문이다.

광둥어를 사용하는 상담자가 홍콩에서 광둥어를 사용하는 내담자를 상담할 때 부딪치는 문제는 히스패닉 상담자가 샌디에이고에서 다른 히스패닉을 상담할 때의 문제와 다르다. 사회의 구성원을 특징짓는 철학적 · 사회경제적 특성은 다른 문화에서 비롯된 심리치료—두 사회 모두에게 어느 정도 맞는—의 적합성을 결정할 것이다. 그러나 동질적인 비백인계 집단에서도 유럽계 미국인을 당혹하게 하는 많은 상황들이 있다. 직업 스트레스, 재정, 신체적 질병, 개인적 역사, 가족 역동, 유전과 환경에서 기인한 관상학적 변인, 그리고 심지어 기후와 계절도 치료자와 내담자 사이에서 일어나는 일에 영향을 미칠 수 있다.

언어와 은유

언어, 행동 습관, 지역이나 국가의 시, 신화, 은유 등은 우리의 마음의 구조를 형성하는 도구들이다(예를 들어 Lakoff & Johnson, 1980 참조). 대중적인 은유는 인간 사고의 모든 측면에 스며든다. 이것은 결국 한 나라의 문화와 집단적 '성격'을 형성한다. 내담자 문화에 속한 이런 요소들에 익숙해지지 않으면 미로와 같은 은둔처—고대로부터 내려오는 또는 자신이 만든 악마(어떤 것은 자비롭고 어떤 것은 해로운)가 머물고 있는—에 들어가기가 어려울 것이다.

모든 치료자들은 은유를 잘못 사용하거나, 조심성 없이 많은 질문을 하거나, 공손하지 않거나, 내담자 문화의 금기에 민감하지 못하는 등, 상담하면서 실수를 범한다. 이럴 때 내담자와 친구들은 한마디 설명도 없이 고통스럽게 떠나가며 다시 돌아오지 않는다. 이런 이유로 심리치료는 현지화되어야 한다는 주장이 자주 제기된다. 말하자면 유럽과 미국 중심의 심리치료를 중국으로 수출할 것이 아니라 중국의 상담자들이 자신들의 철학, 가치관, 사회적 목표, 종교적 신념 등을 반영한 심리치료를 개발하도록 하는 것이다. 예를 들어 Yang(1997, 1999)은 중국인 상담자가 다른 나라 출신의 상담자보다 중국인 마을, 가족 그리고 개인적 삶에 나타나는 특징적인 문제와 어려움을 더 쉽게 도와줄 수 있다고 주장하였다. 마찬가지로 Hoshmand(2005, p. 3)는 "토착문화는 지역문화에 어떤 것이 중요하고 일치하는지 그리고 사람들의 문제를 해결하는 믿을 만한 방법이 무엇인지를 알 수 있는 쉬운 방법을 제공해 준다."라고 단언하였는데, 이는 Marsella와 Yamada(2000)도 지지하는 견해이다. 이와 유사하게 Cross와 Markus(1999)는 "인간성과 성격에 대한 정말 세계적인 학문을 구축하려면 아시아, 남아메리카, 아프리카 등의 비서구권 사회의 토착 심리학에서 기원한 행동 이론이 개발되어야 한다."라고 언급하였다(p. 381).

동일한 사회 내에서도 세대 간 문화 차이가 국가 간 차이에 못지않게 크고 중요하다. 이 차이는 1인 가족, 혼전 성관계, 결혼과 이혼, 가족 구조, 종교적 행위와 믿음, 성적 취향, 단정한 옷차림과 신체 노출, 중독성 없는 약물 복용 등 수많은 생활양식의 선택에 대한 태도에서 명백하게 드러난다. 이런 주제들이 정신건강 서비스 제공자들에게 던지는 복잡한 도전에 대해서는 15장에서 충분히 다룰 것이다.

경험 기반 치료의 오류 수정

심리치료: 예술인가, 과학인가

미국심리학회(APA) 12분과는 1995년 경험 기반 치료(empirically based treatments: EBTs)와 관련된 주제들을 다루기 위해 심리학적 과정의 향상과 보급 과제 특별 팀(Task Force on Promotion and Dissemination of Psychological Procedure)을 구성하였다. 그 이후로 추종자들이 옹호하는 치료법들의 과학적 타당성을 입증하려는 연구물이 홍수처럼 쏟아졌다. 이 책의 이전 판 저자들은 이 문제와 계속 씨름해 왔다. 이 분야의 여러 심각한 오류들이 이 논의의 주제가 되었고, 사회의 정신건강 수요에 부응하는 전문가들이 이 모든 주제들을 다루었지만, 이 문제는 여전히 임상적 신뢰성을 위협하고 있다.

환자들은 대개 일주일에 50분간 한 치료자와 상담을 하지만 나머지 시간에는 상담실 밖에서 잘 짜여진 계획과 확실한 해결책을 뒤흔드는 수많은 사건을 접하게 된다. 이런 사건들은 예측 불가능하며 통제범위 밖에 있다. Paul Meehl(1978)은 이런 우연한 사건을 **맥락 의존적 법칙**(context-dependent stochastologicals)이라고 명명하였다(p. 812). 이는 직장에서의 스트레스, 경제적 근심, 문제를 일으키는 자녀, 분노한 배우자나 친척, 까칠한 동료, 궂은 날씨, 생명을 위협하는 질병, 보험 관련 소송, 개인적 역사와 과거 실패의 망각 등 개인의 갖가지 내적 또는 외적 변인들이 엉켜 있는 상태이다. 모든 환자는 각자 독특한 변인들의 조합을 가지고 있는데, 더 상황을 복잡하게 하는 것은 이들이 수많은 뚜렷한 장애들의 피해를 받으며, 일부는 중첩된다는 점이다. 이렇게 질병이 중첩되어 있어서 장애를 진단하기가 어렵고 환자에게 적합한 치료가 무엇인지를 결정하기가 어려워진다(Beutler & Baker, 1998). 심리치료의 성과를 예측하는 과학은 주식시장의 등락을 예측하는 것과 같은 수준의 확신을 많은 상담자와 관찰자에게 준다. 확신 있는 예측을 하기에는 변인들 세계—우리가 알고 있거나 모르고 있는—에 너무 많은 불투명성이 존재한다.

✻ 즉흥성과 직관: '던져 넣기'

이 책의 독자들은 복잡한 문제를 제기하는 내담자들을 만날 것이다. 내담자들은 각기 불안, 적응 기술, 정서적 안정성 면에서 다른 수준을 보일 것이며, 그들에 대한 치료가 어떻게 구성될 것인지 또는 이 비싼 서비스가 얼마나 효과적일지에 대한 뚜렷한 생각도 없을 수 있다. 상담자가 되고자 하는 사람들은 임상 인턴을 시작하기 훨씬 전에 다음과 같은 여러 측면을 지닌 존재적 선택을 할 필요가 있다. 장인과 같은 치료자(artisanal therapists)와 매뉴얼에 충실한 '기술자'(manual based craftman) 중 어느 편이 될 것인가? 또는 이 두 극단 사이에서 복합적이고 인본주의적인 변종(complex humanistic variants)이 될 것인가? Yalom(1980)은 아르메니아 요리사가 진행한 집단 요리 강좌에 참여한 경험을 다음과 같이 기술하였다. 마치 이누이트 족의 어린아이들처럼 요리사가 말하면 학생들은 관찰하며 배웠다. 주요 재료 말고도 Yalom은 냄비와 솥단지가 조리대에서 화덕으로 옮겨질 때 여러 양념이 이것 조금, 저것 조금 뿌려지는 것을 보았다. 그는 "저렇게 슬쩍 던져 넣는 것이 맛의 차이를 낸다는 것을 나는 확신하였다."라고 말하였다. 그는 이 과정을 심리치료에 비유하였다. 치료자에게는 잘 알려져 있지 않지만 상담의 효과를 내는 것은 상담자들의 기록되지 않은 '던져 넣기'의 결과이다.

나는 이 시점에서 이 책의 이전 판에서 Corsini가 약간 편집한 초록을 제시한다. 그것은 Yalom이 말한 던져 넣기를 연상시킨다. 이는 전통적인 심리치료라기보다는 치료적이지만 논쟁이 될 만한 던져 넣기이다. 이는 언어적 개입이 상담실이 아닌 상황에서도 어떻게 한 사람의 인생을 바꾸는지를—이 경우에는 좋은 방향으로—보여 준다. 이 일화는 우리의 일상적 사회생활에도 시사점을 준다.

특이한 심리치료 사례

Corsini의 던져 넣기

약 50년 전에 나는 뉴욕의 오번 교도소(Auburn Prison)에서 심리학자로 일하면서 내가 생각하기에 가장 성공적이고 우아한 심리치료를 하였다. 어느 날 상담 약속이 된

(다음 쪽에 계속)

한 재소자가 내 방으로 들어왔다. 그는 30대 초의 꽤 매력적인 남자였다. 내가 의자를 권하자 그는 앉았고, 나는 그가 원하는 것을 발견하기 위해 기다렸다. 다음과 같이 대화가 진행되었다(P=재소자, C=Corsini).

P: 저는 목요일에 가석방됩니다.

C: 그래요?

P: 저는 떠나기 전에 당신이 내게 해 준 것에 대해 고맙다고 말하고 싶었어요.

C: 그것이 무엇이지요?

P: 2년 전에 당신 사무실을 나왔을 때 나는 공중을 걷는 기분이었어요. 교도소 뜰에 들어섰을 때 모든 것이 달라 보였어요. 공기마저 다르게 느껴졌어요. 나는 새로운 사람이 되었어요. 내가 평소에 어울리던 사람들—그들은 도둑놈들이에요—에게 가지 않고 반듯한 Johns(비범죄자 유형을 뜻하는 교도소 은어) 무리에게로 갔어요. 나는 편안한 주방에서 기계 상점으로 옮겨서 장사를 배웠어요. 나는 교도소 내 고등학교에 진학하여 이제 고등학교 졸업장을 땄어요. 나는 제도(drafting)에 관한 통신강좌를 들어 이번 목요일에 나가면 제도 일을 하게 돼요. 나는 오래전에 종교를 버렸지만 교회에 다시 다니고 있어요. 나는 내 가족에게 편지를 쓰기 시작하였고 그들은 나를 보러 왔어요. 그들은 기도할 때 당신을 기억합니다. 나는 이제 소원이 있어요. 나는 내가 누구이며 무엇인지 알아요. 나는 앞으로 성공할 거예요. 나는 대학에 가려 해요. 당신은 나를 자유스럽게 해 주었어요. 나는 당신 같은 곤충 의사(심리학자와 정신의학자를 부르는 교도소 은어)는 새들을 위한 존재라고 생각하였지만 이제는 달라요. 내 삶을 바꿔 주셔서 감사합니다.

나는 놀란 상태에서 이 이야기를 들었는데, 아무리 기억해 봐도 나는 이 남자와 이야기한 적이 없었기 때문이었다. 나는 그의 파일을 찾아보았는데, 거기에는 2년 전 그에게 지능검사를 하였다는 기록만 있었다. "그 사람이 나라고 확신합니까? 나는 심리치료자가 아닙니다. 그리고 당신과 이야기한 기억도 없어요. 당신이 이야기한 성격과 행동의 변화는 몇 년간의 기간이 필요한 것입니다. 나는 분명히 그런 일을 한 적이 없어요."라고 나는 말하였다.

"당신이에요. 맞아요. 그리고 당신이 내게 한 말을 결코 잊을 수 없어요. 그것이 내 삶을 바꾸었어요." 그는 강한 확신을 가지고 말하였다.

"그것이 무엇인데요?"

"당신은 내가 높은 지능을 가졌다고 말하였어요."

한 줄의 짧은 문장으로 나는 (무심코) 이 사람의 인생을 바꾸었다.

이 사건을 이해해 보자. "당신은 높은 지능을 가지고 있습니다."라는 이 다섯 마디의 말을 들은 결과로 이 남자가 이렇게도 극적으로 변화한 이유를 당신이 알아차

(다음 쪽에 계속)

린다면 당신은 훌륭한 치료자가 될 자질을 가지고 있는 것으로 생각된다.

나는 그에게 그의 지능에 대한 이 말이 왜 그렇게 큰 영향을 주었는지를 물었다. 그는 그 말을 듣기 전까지는 항상 자신을 '멍청하고' '미쳤다'고 생각하였는데, 그 말은 그의 가족, 교사, 친구들이 수도 없이 그에게 하였던 말이었다. 그는 학교에서 항상 낮은 성적을 보였는데, 이는 그가 저능하다는 생각을 확인시켜 주었다. 그의 친구들은 그가 생각하는 바를 인정하지 않았고 그를 미쳤다고 말하였다. 그래서 그는 스스로를 정신박약(낮은 지능)에다가 정신착란(미친 사람)이라고 확신하였다. 이런 상황에서 내가 "당신은 높은 지능을 가지고 있습니다."라고 말하자 그는 모든 것을 설명해 주는 "아하!" 경험을 하게 된 것이다. 그 순간 그는 왜 자신이 친구들보다 십자말풀이를 잘 풀었는지를 이해하게 되었다. 그는 왜 자신이 만화보다는 장편소설을 읽었는지, 왜 체커보다 체스를 더 좋아하였는지, 왜 재즈뿐만 아니라 교향악을 좋아하였는지를 알게 되었다. 그는 나의 다섯 마디 말을 통해서 자신이 정말로 정상이고 똑똑한 사람이며 미쳤거나 바보스럽지 않다는 것을 갑자기 그리고 강하게 깨달은 것이다. 그는 보통은 몇 달 걸리는 정화작용을 경험한 것이다. 그가 2년 전 내 사무실을 나가면서 공중을 걷는 것 같았다는 것은 놀랄 일이 아니었다.

나의 다섯 마디 말에 대한 그의 해석은 자기개념의 완전한 변화를 이루어 냈으며, 그에 따라 자신과 다른 사람에 대한 행동과 감정이 변화되었다.

요약하면, 나는 완전히 순진하고 격식 없이 심리치료를 수행하였다. 비록 우리 사이에 동의도 없었고, 이론도 없으며, 그를 변화시킬 의도도 없었지만, 다섯 마디의 말은 가장 깊은 영향을 끼쳤으며, 그것이 심리치료였다.

치료 매뉴얼 만들기

즉흥적이고 무계획적인 던져 넣기는 심리치료 과학의 기초가 될 수 없다. 이런 방식으로 심리치료를 하면 심리치료는 공예 활동이 되며 궁극적으로는—Yalom과 Josselson이 하듯이—예술이 된다. 매뉴얼화된 개입을 하여 내담자의 행복을 증진시키고 치료 목표를 성취하는 경험을 반복할지라도 어떻게 변인들이 성과를 내는지는 설명되지 않는다. 변화를 일으키는 기제를 밝히기 위해 지난 10여 년간 강도 높은 연구가 정교하게 이루어졌다. 비록 성과 연구와 구별되는 야심 찬 과정 연구 프로그램이 수행되었지만(Norcross & Goldfried, 2005 참조) 원인의 연결고리가 무엇이며 그 특성이 어떤지는 아직 충분히 밝혀지지 않았다. 유기체와 환경의 상호작용을 기술하는 신경생리학이 충분히 발달해야 이런 이해를 할 수 있을 것이다. 물론 이는 심리학자가 의료 중심 보호 시설에서 동등한 전문가로 통합되는 것을 촉진할 것이다. 이런 도전은 오직 매뉴얼화된 치료—치료 단계를 진전시키기 위한 연계적인 규칙성—만 추구하는 사람에게는 주어지지 않는다(Prochaska, Norcross, & DiClemente, 1995를 보라).

매뉴얼화된 심리치료에는 몇 가지 실제적인 유익이 있다. 단계나 건물 블록으로 이루어진 건축물의 그늘에서 상담을 진행하는 것은 교육학적인 의미가 있다. 상담자는 아는 것에서부터 시작하여 모르고 경험 없는 것으로 나아갈 때 체계적이며 단계적으로, 주어진 목표를 명확하게 구체화해서, 매우 유용하며 자주 필요한 개인적 · 사회적 자원, 그리고 기관 차원의 자원을 활용한다. 환자를 안내하는 이런 과정은 다양한 모양으로 구성될 수 있다. 이 책의 여러 장(2장에서 15장까지)은 진취적인 학생이 주어진 요소들을 활용하여 각자를 위한 매뉴얼을 만들 수 있도록 구성되었다.

심리치료 과학의 장애물

한 내담자에 대한 다양한 치료 접근의 성과 변인을 계산하려 할 때 고려해야 하는 상황적 · 신체적 · 심리적 변인의 수가 너무 많기 때문에 절차적 변인에 대해 고려하기가 어렵다. 또한 Michael Mahoney(1991)는 수많은 연구들을 인용하면서 "치료자의 사람됨이 치료자의 이론적 지향성이나 특정 치료적 기법보다 최소한 8배 더 영향력 있다."(p. 346)라고 지적하였다. Norcross와 Beutler(2008)는 치료 결정을 개선하는 데 "기여할 수 있는 환자, 치료자, 치료, 환경 변인의 수천 가지 잠재적 순열과 조합"이 있다(p. 491)고 말하였다. 이들은 한 우울증 환자 사례의 다양한 변인에 대한 분석을 한 Beutler와 동료들의 초기 연구를 언급하였다. 이들은 구성개념의 구체성이 떨어져도 그들의 초기 연구 방법의 유용성이 상실되지는 않을 것이라고 생각하면서 '수천 가지'를 관리할 수 있는 숫자로 줄였다. 이것은 Allport와 Odbert(1936), 그리고 그들의 뒤를 따르는 몇 세대의 특성 심리학자들이 수행한 연구들과 비슷하다. 이들은 성격을 나타내는 18,000개의 표현을 Raymond B. Cattell이 개발한 요인 분석 기법을 활용하여 몇 가지의 핵심 성격 요인으로 줄였다.

한편으로는 다양한 치료를 필요로 하는 DSM과 『국제 질병 분류(*International Classification of Diseases*)』(이하 ICD) 상의 수백 가지 질병들을 고려하고 다른 한편으로는 Meehl이 제기한 수많은 우연한 사건들을 생각하면 해야 할 일들이 너무 엄청나다. 그러나 특정 장애별로 여러 치료법을 제시하는 것은 DSM의 축 II 의 모든 질병을 고치는 한 가지 치료법을 제시하는 것만큼이나 성가신 일이다. 그럼에도 불구하고 우리 내담자들이 접하는 일상생활의 복잡하고 변화하는 맥락은 우리로 하여금 Yalom의 부엌으로 돌아가게 하고 우리가 훈련받아 온 편안한 개념의 틀에서 벗어나도록 한다.

희망의 근거

호모 사피엔스와 같은 실용주의적인 종에게는 무엇이 심리치료에서 효과를 내는지를 알아보는 것이 왜 그것이 효과를 내는지를 알아보는 것보다 중요하다. 이는 실천적인 응용 학문에서 더욱 그렇다. 그러나 광학 물리학에서 파장과 입자 이론처럼 심리치료에서 예술과 과학은 양립 불가능한 패러다임이 아니다. 둘 다 타당하며 양쪽의 요소가 모든 임상 회기에 나타난다. 예상치 않았던 자료가 밝혀지면 모든 상담자들은 일정 수준 직관적 영감과 창조적인 상상력에 의존하여 다음에 무엇을 할 것인지를 결정한다.

행동치료나 인지치료와 같은 치료법은 실존 심리치료와 같은 치료법보다는 치료법의 매뉴얼화를 잘 받아들일 것이지만 그런 이유만으로 그것들을 선호해서는 안 된다. 한편으로는 치료를 매뉴얼화하는 일을 장애 치료에 대한 요리책 접근((a cookbook approach))으로 희화화해서는 안 된다. 환자의 생활에 빈번하게 나타나는 변인 및 우연한 사건들과 생각이 많은 치료자가 최선으로 생각해 낸 계획은 적응과 타협을 필요로 한다. 치료적 판단과 창의성이 항상 요구된다. 시작부터 마지막까지를 막힘없이 보여 주는 청사진을 갖겠다는 신기루를 잡으려고 하면 치료자의 시간이 낭비되고 효과성이 떨어지며 환자의 정서적 · 경제적 자원을 낭비하게 된다. 증거 기반 치료와 매뉴얼화된 치료에도 환자와 인본주의적 성향의 치료자가 갈구하는 시, 영성, 자발성, 감성, 자유 의지, 심지어 인간의 자기탐색과 성장의 신비와 낭만이 활용될 여지가 있다. 더 나아지는 것과 더 좋게 느끼는 것 사이에 긴장이 있어서는 안 된다. 마치 반죽 속의 버터처럼 정서와 이성은 다른 곳에서와 마찬가지로 여기에서도 분리되지 않는다.

심리치료 산업

정신장애에 대한 목회 상담과 신앙 기반 치료가 북아메리카뿐만 아니라 전 세계적으로 널리 이루어지고 있지만 지금은 세속적인 과학 기반 접근이 일반적인 치료법이 되었다. 심리치료가 건강 관련 학문으로 인정을 받게 되자 정신건강 서비스에 종사하는 전문가들과 환자들의 옹호자들은 보험 회사에게 정신건강 비용을 보험으로 처리해 줄 것을 강하게 요구하게 되었다. 건강관리업체 수의 증가는 일부 산업계의 주제이기도 하고 단지 효과적인 치료적 기술의 습득에만 집중하는 학생들에게는 별 관심 없는 일이겠지만 사실 임상 및 상담 심리학자, 사회사업가, 정신간호사, 심리교육자, 학교 심리학자, 정신과 의사, 운동 심리학자, 작업치료자 등은 의학 전문가와 한 팀으로 일하는 상황이 더 많아질 것이다(통합 건강관리에 대해서는 Cummings & Cummings, 2013을 참조). 통합 건강관리 팀으로 일할 때의 가장 큰 장점은 우리의 지적인 보조자가 되어 줄 동료들을 바로 만날 수 있다는 것이다. 그럼에도 불구하고 독자적으로 일하는 사람도 지역 전문가 네트워크에 참여할 필요가 있을 수 있으며, 나아가 자신이 서비스를 제공하는 사업체를 운영할 능력이 있음을 보여 줄 수도 있다. 어쨌든 치료자들은 그들이 대하는 공공의 안전뿐만 아니라 자신의 생계를 보장해 줄 다양한 기관의 여러 요구 사항에 부응해야 하는 상황에 처하고 있다.

모든 건강 전문가의 산업화는 "경험 기반 임상 실천 지침의 개발과 활용의 핵심"이 되었다(Hayes, 1998, p. 27). 독자들은 이런 기관의 현실을 보고 겁먹을 수 있다. 하지만 인증, 면허, 보험, 그리고 의료 기관의 기준—여러분의 상담 능력의 발달과 실천을 가능하게 해 주는—을 충족시키는 학업과 훈련을 받게 되면 그 기간 동안 각자의 치료적 · 전문적 · 사업적 모델에 대해 잘 지도받게 될 것이다.

누가 심리치료를 할 수 있는가

심리치료는 내담자의 행복을 증진시키는 수많은 임상적 조치들을 포괄하는 일반적인 용어다. 전문적인 심리치료는 어느 한 직업의 '전유물'이 될 수 없다. 적절하게 교육과 훈련을 받아 자격을 갖춘 전문가라면 임상심리학자, 정신과 의사, 상담 심리학자, 사회사업가, 정신간호사, 학교 심리학자, 작업 치료자 모두 통상적으로 심리치료를 수행할 수 있다. 그러나 어느 정신건강 직업에서 훈련을 받았든지 간에, 공익의 관점에서, 치료자는 그가 종사하는 광의의 정신건강 서비스 분야와 학문에서 현재 사용하는 기준에 맞게 자신의 특정 환자를 치료하는 능력을 보여 줄 수 있어야 한다. 모든 치료자들이 신중하게 받아들여야 하는 중요한 원칙은 자신의 능력의 한계 범위—진단과 사정 도구의 활용과 해석에서든지 또는 적절하게 훈련받지 않은 방법의 사용에서—를 벗어나지 않아야 한다는 것이다.

긍정심리학

21세기 들어 유행하게 된 긍정심리학(positive psychology)을 따르는 경향이 날로 강해지고 있는데, 이는 주로 (북아메리카에서의) Martin Seligman과 Mihaly Csikszentmihalyi의 연구의 영향을 받았다. 이 흐름은 다양한 심리치료의 활동에 불가피하게 영향을 주었다. 최근의 이런 강조는 새로운 것이 아니며—전조들이 있었다—전체적인 접근은 굳건한 역사적 기초 위에 세워진 것이다. Adler는 자신의 성격심리학에서 인정한 가장 중요한—단언컨대 유일한—내적 욕구인 자기실현이라는 생각을 빛낸 긍정심리학자였다. Abraham Maslow도 긍정심리학자였는데, 그의 영향력 있는 저서 *Toward a Psychology of Being* (1962, 또한 Maslow, 1954 참조)은 이전 세기의 정신의학적 질병 모델에서 벗어나는 사람들에게 방향을 제시해 주었다("From Illness to Wellness Models of Human Nature"라는 제목의 장을 보라, Dumont, 2010b). 이들에게 Carl Rogers와 Milton H. Erickson 등 영향력 있는 치료자들이 합류하였는데, 이들은 치료자가 집중해야 하는 개인적 행복과 창조적 문제해결의 잠재 능력이 모든 사람에게 있다고 주장하였다. 정신건강 직업에서 긍정성의 중요성이 증가하고 있음을 고려해서 '긍정심리학'이 새로운 장(13장)으로 편성되었다. 저자인 Tayyab Rashid는 긍정심리학의 여러 측면 중에서 영화와 예술 미디어가 이 접근의 발전에 기여할 유용성을 분석하였다.

결론

효용성, 치료자의 자질, 진단명 기재

이제 Corsini가 몇 해 전에 이 서론 장에 썼던 구절로 이 장을 마무리하려고 한다. 그는 상담자는 자신의 성격에 맞는 치료적 접근을 선택하여 전문 기술 훈련을 해야 한다고 주장하였다. 그는 서론을 다음과 같이 마무리하였다.

> 상담과 심리치료의 분야에 입문하는 사람이 사용하기 가장 좋은 이론과 방법은 그 자신의 것이다. 자신의 성격에 맞지 않는 방법을 사용하면 성공하거나 행복할 수 없다. 진정으로 성공적인 치료자는 자신의 성격과 일치하는 이론과 방법을 채택하든가 개발한다. 이 글을 읽으면서 여러분은 어느 심리치료 학파가 가장 그럴듯한가를 판단할 뿐만 아니라 자신의 인생 철학에 맞는 학파, 이론적 기초가 타당해 보이는 학파, 사용하기에 가장 매력적으로 보이는 기법을 가지고 있는 학파를 찾기 위해 노력해야 한다(2008, p. 13).

이 언급은 타당한 말이며 다음 세 가지 중요한 주제를 제기한다. (1) 치료의 효용성, (2) 치료자의 자질, (3) 진단과 진단명 기재.

우선, 효용성과 관련해서 어떤 이론이 치료자의 성격에 맞는가와 관계없이 어떤 장애는 특정 모델에 의해 가장 잘 치료되는 것으로 보인다. 이는 마치 암 연구자가 어떤 치료법을 사용해서 만족을 얻는가와는 관계없이 특정 암은 특정 처방에 의해 가장 잘 치료되는 것과 같다. 특정 질병에 대해 충분히 타당화되지 않은 치료법을 관상학적으로 자신에게 맞는다고 해서 선택하는 것은 바람직하지 않다. 치료자의 성격이 효율성을 크게 증진시킬 수 있을지라도 대체로 치료 자체의 효율성은 그런 일치성 요소보다 더 커야 한다. 이와는 달리 이 분야의 탁월한 연구자들 일부는 치료자의 성격와 같이 모든 치료에 공통적인 요소가 특정 상담 절차로 인한 효과보다 훨씬 크다고 확신한다.

두 번째로, 치료자의 자질과 관련해서 몇몇 연구(예를 들어 Kraus, Castonguay, Boswell, Nordberg, & Hayes, 2011)에 따르면 어떤 치료자는 특정 분야의 치료에서는 다른 사람보다 뛰어난 임상적 성과를 내지만 다른 분야에서는 다른 사람만큼 하지 못한다. 일반적으로 이것이 내담자의 특정 역기능에 대한 치료자의 편안함 여부에 기인한 것인지, 치료자가 만나야 하는 내담자에 대한 부정적 전이로 인한 것인지, 아니면 다른 장애에 대해 그들이 사용한, 덜 적절하지만 선호하는 치료 모델 때문인지는 확실하게 알 수 없다. 상담 과정에 대한 이런 주제는 반드시 충분하게 밝혀져야 한다. 이 책을 공부하면서 학생들과 수련생들은 이런 갈등이 되는 주제를 줄일 수 있는 영역이나 대상을 일찍 선택해 볼 수 있다.

수많은 개인적인(그리고 임의적인) 이유에 따라 학생들은 치료법을 선택해서 그 분야의 전문가가 되고자 한다. 학생들이 자신의 전문적 삶을 헌신하기 원하는 장애의 종류에 따라 진로 선택이 이루어져야 한다. 그들이 모든 정신건강 장애에 대해 똑같이 성공적일 수는 없다. 심각한 장애나 특정 고객들에게 대해 그들이 느끼는 불편감을 평가해 볼 필요가 있다. 이는 소아성애증이나 가학증과 같은 특정 장애를 지닌 내담자에 대해 잠재적이거나 의식적으로 부정적인 전이를 일으킬 수 있다는 것을 인정하는 것이다. 이런 이유로 인해 모든 수련생들은 자신의 성격과 능력이 그들이 치료할 수 있는 내담자의 범위의 한계를 정한다는 사실을 이해해야 한다. 이 책은 21세기에 가장 인정받고 타당화된 심리치료 접근들과 수련생들이 다루고 싶어 하는 여러 장애들을 다루고 있다. 그러나 이 책에서 제시된 치료들은 내담자 개인의 심리적 필요에 맞게 조율되어야 한다. 모든 인간은 각자 복잡하고도 독특한 문제를 나타낸다.

세 번째로, 진단과 진단명 기재에 대하여는 내담자가 제시하는 장애에 가장 효율적인 치료법을 선택하는 것이 당연한 일이라면, 정확한 진단은 꼭 필요한 일이다. 그래서 평가기법을 배우고 여러 평가도구—치료법을 문제와 연결하도록 허용해 주는—를 숙달해야 한다. 잘못 해석된 정보에 기초해서 있지도 않은 문제를 치료하고 싶은 사람은 없다. 이렇게 하면 내담자가 제시한 문제에 또 다른 문제를 더하게 된다. 그래서 당연히 학생들은 현재 사용되는 DSM을 능숙하게 사용할 수 있어야 한다. 머지않아『국제 질병 분류』, 즉 ICD로 전환할 필요를 느낄 것이다. 보험사들이 의료비 공제를 위해 ICD 분류 체계를 요구할 것이기 때문에 이 진단 체계를 배우는 것이 매우 시급하다. 마지막으로 Corsini는 다음과 같이 덧붙였다.

> 이 책을 정독하면 자기 이해가 증진될 수 있다. 심리치료에 대한 이 책은 독자에게 심리치료적일 수 있다. 이 책을 종적으로(각 장을 순서대로) 정독한 후 횡적으로(각 절별로) 정독하면 현대 심리치료에 대해 잘 이해할 수 있을 뿐만 아니라 깊은 개인적 성장을 이룰 수 있을 것이다(p. 13).

위대한 치료자이자 학자인 Corsini[2]의 이 제안은 이 장의 결론으로 딱 맞는 말이다.

[2] 2008년 8월 Corsini는 94세의 나이로 사망하였다. 그는 창의적이고 성실하며 도전적이고 감동을 주는 동료였다. 여러 해 동안 그와 함께 일할 수 있는 특권을 누렸던 우리 모두는 그에게 큰 신세를 졌다.

Sigmund Freud(1856~1939)
© Bettmann/CORBIS

Carl Jung(1875~1961)
Interfoto/Alamy

제 2 장 정신분석 심리치료

Jeremy D. Safran and Alexandra Kriss

개관

정신분석은 심리 기능, 인간 발달, 정신병리의 이론적 모델이자 심리치료 접근 중 하나이다. Sigmund Freud(1856~1939)는 빈 출신의 신경과 의사이자 정신분석의 창시자로 명성을 얻었다. 하지만 정신분석과 Freud 이론을 같은 이론이라고 간주할 수는 없을 것이다. 정신분석이라는 성격 이론이나 심리치료 접근은 존재하지 않는다. 대신 몇 세기 동안 많은 학자들과 상담자들이 정신분석이라는 큰 범주에 속하는 다양한 이론과 치료 모델을 만들고 진화시켰다. 물론 정신분석의 기초가 되는 이론은 Freud가 만들었다고 볼 수 있는데, Freud는 자신의 이론을 만드는 과정에서 수많은 학자들(Wilhelm Stekel, Alfred Adler, Karl Abraham, Otto Rank, Paul Federn, Sandor Ferenczi, Carl Jung, Eugene Bleuler, Max Eitingon, Hans Sacks, Ernest Jones)과 대화하고 공동 작업을 하였다. Freud 이후, 정신분석을 정교화하고 다양화하는 데 기여한 대표적 인물로는 Anna Freud, Melanie Klein, Round Fairbairn, Donald Winnicott, Heinz Hartmann, Heinz Kohut, Wilfred Bion, Charles Brenner, Jacques Lacan, Harry Stack Sullivan, Stephen Mitchell 등이 있다. 정신분석에 속하는 여러 이론들은 서로 공통점을 가지고 있지만, 이들 간에는 중요한 차이점도 있다. 이러한 차이점에도 불구하고, 이들이 공유하는 기본적 원리는 다음과 같다.

1. 모든 인간은 의식 밖(무의식)에 존재하는 욕구, 바람, 소망들에 의해 동기화된다.
2. 무의식에 대한 자각을 증진시켜 선택의 범위를 높인다.
3. 우리가 어떻게 고통스럽고 위협적인 감정, 환상, 생각을 회피하는지 탐색하는 것이 중요하다.
4. 우리는 변화하는 것에 모순적인 감정을 가지고, 이러한 모순적인 감정을 탐색하는 것이 중요하다.
5. 내담자가 무의식적 또는 의식적으로 행하는 자기 패배적 심리적 과정과 행동을 치료 관계를 통해 탐색한다.
6. 변화의 도구로 치료 관계를 사용하는 것이 중요하다.
7. 내담자로 하여금 자기의 과거와 현재에 대한 해석이 어떻게 자기 패배적 양상에 영향을 미치는지 이해하도록 돕는 것이 중요하다.

이 장에서는 인간의 행동을 이해하고 심리치료를 실시하는 데 이론적 틀로 사용되는 정신분석 이론을 소개하고자 한다. 여기서 우리는 보편적인 개념뿐만 아니라 논쟁거리, 독특한 관점들, 정신분석학자들과 다른 심리 이론 학자들 간의 대화 및 정신분석학자들 간의 대화 내용에 대해 소개하고자 한다.

기본 개념

✻ 무의식

Freud가 주장한 것 중 가장 중요한 원리는 "우리는 우리 자신을 잘 모른다."라는 것이다. 즉, 우리의 행동을 동기화하는 요인들을 논리적으로 이해하는 것은 쉽지 않다는 것이다. Freud에 따르면, **무의식**이란 의식할 수 없는 마음 깊은 곳에 감추어져 있는 정신세계로, 이곳에는 본능, 욕망, 일부 기억들이 잠재해 있다. 사람들은 성장하면서 자신의 본능과 욕망이 받아들여질 수 없음을 학습하게 되고, 그러한 본능과 욕망의 결과가 너무 위협적인 것을 알게 되고, 이로 인해 본능과 욕망은 무의식에 잠재하게 된다.

많은 현대 정신분석학자들은 Freud와 다르게 무의식을 개념화하였다. 일부 정신분석학자들은 Freud가 주장한 대로 **자아**(ego)는 원시적이고 본능적인 **원초아**(id)의 욕구를 유지하기 위해 발달한 정신세계라고 간주하였다. 하지만 다른 정신분석학자들은 이와 반대로 정신세계를 자아와 원초아와 같은 가설적 개념으로 추측하는 것은 옳지 않다고 주장하였다. 예를 들어, Brenner(2002)는 어떤 행동이나 경험을 욕구와 욕구 충족으로 야기되는 결과에 대한 두려움 간의 협상이라고 개념화하는 것이 바람직하다고 말하였다. 또한 어떤 이론가들은 무의식이란 주의집중의 실패와 언어적 구성으로 인해 발생하는 해리적 경험이라고 간주하였다(예: Bromberg, 1998, 2006; Davies, 1996, 1998; Mitchell, 1993; Pizer, 1998; Stern, 1997, 2010). 무의식에 대한 이러한 관점 차이에도 불구하고, 다음과 같은 몇 가지 공통된 가정을 발견할 수 있다. (1) 우리의 일부 행동이나 경험은 우리가 의식하지 못하는 심리적 과정에 의해 영향을 받는다. (2) 무의식 세계는 심리적 고통을 피하기 위한 목적으로 유지된다.

✻ 환상

정신분석에 따르면, 사람들의 환상은 심리적 적응과 대인관계에 지대한 영향을 미친다. 환상은 의식 수준에서 나타나는 공상이나 순간적으로 떠오르는 환상부터 방어기제를 촉진하는 깊은 무의식의 환상까지 그 범위가 넓다. Freud는 초기에 이러한 환상이 욕구나 공격성 욕구와 관련된다고 생각하였고, 환상은 상상 속에서 욕구를 충족하는 기능을 한다고 주장하였다. 하지만 시간이 지나면서 Freud와 다른 정신분석가들은 환상에 대한 관점을 정교화하였고, 환상이 여러 심리적 기능(예: 자아존중감을 조절하고 싶은 욕구, 외상을 극복하고 싶은 욕구)을 한다고 간주하였다. 환상은 우리의 행동을 동기화하고 우리의 경험을 만들어 가는 데 중요한 역할을 하고, 이러한 환상의 힘은 주로 무의식에서 일어나기 때문에 정신분석 치료에서는 내담자의 환상을 탐색하고 해석하는 것을 중요하게 여긴다.

✻ 일차적 · 이차적 과정

일차적 과정은 인간이 태어날 때부터 존재하는 심리적 기능의 가장 원시적인 형태로 무의식 수준에서 일어난다. 일차적 과정에서는 과거, 현재, 미래에 대한 구분이 없다. 다른 감정과 경험들이 하나의 이미지와 상징으로 압축되고, 감정은 은유적으로 표현되고, 다른 사람의 정체감이 하나로 묶일 수 있다. 유아에게 일차적 과정이 일어나는 것은 발달적으로 정상적인 현상이다. 일차적 과정은 아동기를 거쳐 성인기로 가면서 꿈이나 환상으로 표출되고, 일차적 과정이 지속적으로 발생하면 급성 신경증을 겪게 된다.

이와 반대로, **이차적 과정**은 의식과 관련이 있는 심리적 기능이다. 이 과정은 논리적이고, 연속성이 있으며, 복잡하고 논리적이며 반성적인 사고의 틀이 된다.

✻ 방어

방어란 심리적 고통을 피하기 위해 자신의 욕구, 감정, 환상을 의식 세계의 밖으로 밀어내는 것을 의미한다. 자아심리학이 성행하던 시절에는 사람들이 자주 사용하는 방어기제를 유형화하려는 시도가 있었다(예: Freud, 1937). 예를 들어 **주지화**는 뭔가 위협적인 것에 대해 이야기할 때 감정으로부터 거리를 두는 것이고, **투사**는 자신에게 나타나는 위협적인 감정과 충동을 타인에게서 나타난다고 가정하는 것이며, **반동 형성**은 위협적인 충동을 부인하고 반대의 감정을 표현하는 것이다.

Klein 이론에서 특히 중요한 방어 유형은 **분리**이다. 이 방어 유형은 상대방에 대한 자신의 긍정적 감정이나 태도가 손상되는 것을 막기 위해 그 사람에 대한 자신의 태도를 두 개로 나누는 것을 의미한다. Melanie Klein(1975)에 따르면, 분리는 유아에게서 자주 관찰되는데, 유아들은 이 방어기제를 사용함으로써 어머니로부터 안정감을 느낀다. 즉, 어머니의 바람직한 특성들과 바람직하지 않은 특성들을 토대로 어머니에 대한 태도를 형성하기보다는 어머니에 대한 두 가지 극단적인 태도를 형성한다. 하나는 '어머니는 아주 좋다'이고 다른 하나는 '어머니는 아주 나쁘다'이다. Klein이 주장한 바에 따르면, 이러한 어머니에 대한 긍정적 · 부정적 태도를 통합하기 위해서는 어머니에 대한 모순적인 감정을 견딜 수 있는 능력이 필요하고, 이는 중요한 발달 과제이다.

심각한 심리적 문제가 있는 내담자는 성인이 되어도 이 능력을 가지지 못할 수 있고, 이로 인해 분리를 방어기제로 사용할 가능성이 높다. 분리는 자신과 다른 사람들에 대한 생각을 쉽게 극단적으로 바꾸기 때문에 다른 방어들보다 일상생활에 부정적 영향을 미치고, 이는 상담자를 포함한 다른 사람들과 안정적인 관계를 맺는 데 방해가 된다.

✻ 전이

정신분석이 발전하면서 전이라는 개념은 다르게 정의되고 강조되어 왔지만, 전이는 Freud 이론에서 가장 중요한 개념 중 하나이다. Freud는 내담자들이 어린 시절 주요 양육자(특히 부모)를 바라보듯 상담자를 바라보고 그들과 상호작용하는 것처럼 상담자와 상호작용한다는 것을 관찰하였다. 그는 이러한 현상을 과거에서 현재로 '전이'되는 것이라 생각하였다. 예를 들어, 폭군 아버지를 둔 내담자가 자신의 상담자를 폭군이라고 생각하게 된다. 또 다른 예로, 취약한 부모를 둔 내담자가 자신의 부모를 보호해야 하였던 것처럼, 자신의 상담자를 보호하려고 한다.

초창기에 Freud는 전이가 치료에 방해가 된다고 생각하였다(Freud, 1912). 그는 전이가 과거의 충격적인 사건을 기억하고 싶어 하지 않는 일종의 저항이라고 여겼고, 내담자들은 전이를 통해 과거에 대한 기억을 하지 않고 관계 속에서 이를 '행동화'하려고 한다고 간주하였다. 하지만 시간이 지나면서 전이가 치료 과정에서 나타날 수밖에 없는 현상인 것을 깨닫게 되었다. 다시 말해, 전이를 통해 분석 관계에서 과거를 드러냄으로써 내담자는 상담자로 하여금 과거의 관계가 현재의 삶에 감정적으로 어떤 영향을 주는지 이해할 수 있도록 도와줄 수 있다는 것이다

✻ 한 사람 심리학 vs. 두 사람 심리학

정신분석이 발전하면서 생긴 변화 중 가장 큰 변화는 한 사람 심리학에서 두 사람 심리학으로 바뀌었다는 점이다. 과거 Freud는 상담자가 비지시적 · 중립적 태도를 보임으로써 내담자들이 자신의 전이를 투사할 수 있는 분위기를 만들어야 한다고 주장한 반면에, 현대 정신분석학자들은 이에 동의하지 않고 상담자의 역할에 대해 다르게 설명하였다. 이와 같은 변화는 정신분석의 여러 개념(예: 저항, 전이, 역전이)들과 상담 기법이 수정되어 가는 데 여러 중요한 시사점을 가지는데, 특히 현대 정신분석에 따르면, 상담자는 자기 자신이 상담 과정에 어떠한 영향을 미치는지 알아야 내담자에 대해서도 정확히 이해할 수 있다. 즉, 상담자의 궁극적 목표는 내담자를 이해하고 돕는 것인데, 이러한 목표는 상담자가 자신의 과거를 탐색하지 않고서는 달성하지 못한다는 것이다. 특히 상담자가 자신의 과거를 탐색하는 것은 복잡한 감정과 반응을 불러일으키기 어렵고 심각한 심리적 문제를 가진 내담자와의 상담에서 중요하다. 물론, 상담자가 상담 과정에 미치는 자신의 영향에 대해 탐색하는 것은 심리 문제가 덜 심각한 내담자의 정신세계와 대인관계를 이해하는 데에도 도움이 된다.

다른 체계들

정신분석은 서양의 심리치료 중 가장 처음 개발되었으며, 현재 심리치료의 많은 이론들은 정신분석의 영향을 받았다. 인지치료의 두 선구자인 Aaron Beck과 Albert Ellis는 원래 정신분석 치료자로 훈련을 받았고, 많은 인지치료 개념의 뿌리를 정신분석에서 찾을 수 있다. 인지치료가 개발된 초기에 강조하였던 원리들(예: 과거를 중요시하지 않음, 치료 관계를 강조하지 않음)은 그 당시 정신분석의 단점이라고 생각하였던 부분을 보완하기 위한 노력에서 시작되었는데, 일부 인지치료자들은 과거나 치료 관계의 중요성을 다시 강조하고 있다.

정신분석과 다른 이론들을 비교하기 힘든 이유는 정신분석이 이론이 아니라 세계관(worldview)이기 때문이다. 따라서 정신분석은 서양문화의 발달에 지대한 영향을 미쳤다고 볼 수 있다. Freud가 원래 정신분석을 개발한 이유는 의사들이 치료할 수 없었던 내담자의 호소 문제를 치료하기 위해서였는데, 그의 업적과 이후 관련 학자들의 업적은 심리치료의 영역을 넘어서 사회 이론과 문화 비평의 영역으로까지 확대되었다.

최근에 와서 정신분석의 인지도가 떨어지고 있는 이유는 다음과 같다. 첫째, 생물학적 접근을 토대로 한 정신의학의 영향력이 커지고 있다. 둘째, 인지행동치료의 성장과 증거 기반 치료의 중요성이 강조되고 있다. 또한, 고전적 정신분석이 거만하고 배타적이라는 오해 때문이다. 게다가 정신분석학자들은 정신분석에 대한 비판에 귀 기울이지 않았고, 효과성 연구에 대한 노력도 부족하였다. 이러한 사회적 · 문화적 · 정치적 영향으로 정신분석에 대한 비판의 목소리가 높지만, 아직까지 정신분석 이론 자체가 위기를 맞는 것은 아니다. 예를 들어, 오랫동안 미국의 정신의학계에서는 정신분석 수련 과정을 엘리트가 밟는 과정이라 여겼고, 이 과정을 마친 사람은 실제로 학계에서 엘리트라고 간주되었다. 정신분석은 돈벌이가 되고, 고급스럽고 보수적인 학문으로 기존의 학회에 도전장을 던지기보다는 인정받는 구성원이 되고 싶은 사람들에게는 아주 매력적이었다.

이는 여러 이유에서 아이러니하다. 유럽의 초기 정신분석학자들은 사실 진보적이고 민주적인 지식인들이었다. Freud과 동료들은 그 당시 사회적으로 탄압받고 소외받는 유대인들이었다. 이들은 정치 비판과 사회 정의를 위해 싸우고자 하는 사회 정의 전도사들이었다. 자신들을 사회 변화를 이끄는 사람이라 생각하였고, 정신분석이 기존의 사회적 · 정치적 규범에 도전하는 일종의 도구라고 생각하였다(Danto, 2005; Jacoby, 1983; Safran, 2012).

지난 20년간 정신분석학계에서는 많은 내부적 변화와 수정이 이루어졌다. 이러한 변화와 수정은 정신분석의 주요 인물이 세대 교체되면서 발생하였는데, 현대 정신분석의 유명한 학자 대부분은 베트남 전쟁을 반대하는 과정에서 보수적인 사회 규범을 거부하는 세대에 속한다(Safran, 2012). 불행하게도 정신건강 관련 학자들과 상담자들은 정신분석학계에서 일어난 이러한 변화에 대해 잘 알지 못하기 때문에 고전 정신분석에 대한 논의만 하고 있다. 또한 고전 정신분석에 대한 잘못 이해하는 사람들도 많이 있다.

정신분석이 현재 소외되고 있는 이유는 이에 대한 타당한 비판과 더불어 적절하지 않은 문화적 편견(특히 미국의 경우) 때문이다. 이러한 편견은 스피드, 실용주의, 물질주의, 불확실성에 대한 낮은 인내성 등을 포함한다(Cushman, 1995; Hoffman, 2009; Safran, 2012). 미국 내에 정치적 냉소가 커지는 상황에서도 미국 문화는 전통적으로 낙관성을 강조하였다. 이러한 낙관성이 여러 면에서 장점을 가지지만, 인간의 본질과 변화 과정의 어려움을 지나치게 간소화하는 부작용을 낳을 수 있다. 즉, 지나친 낙관성은 우리가 열심히 노력만 하면 우리 모두 행복해질 수 있다는, 즉 "빠르게 변할 수 있다는 마음가짐(quick fix mentality)"을 초래할 수 있다. 항우울증 약물을 복용하는 사람들이 빠른 속도로 늘어난 것은 이러한 마음가짐의 예라고 볼 수 있다. 정신분석은 오랫동안 가난과 독재정치를 경험하였고 계속적으로 정치분쟁, 억압, 규모나 끔찍함에서 전례가 없었던 두 번의 세계대전을 치른 유럽에서 개발되었다.

이러한 미국과 유럽의 문화적 차이로 인해, 미국의 정신분석학자들은 유럽 학자들에 비해 낙관적이지만, 인간의 복잡성을 인정하고 '좋은 인생'이란 단순한 차원의 '행복'과 동일한 것이 아니며, 변화라는 것은 그렇게 쉽고 빠르게 일어나지 않는다는 정신분석의 기본 원리를 지지한다. 현재 정신분석학이 무엇인지에 대해 더 깊게 이해하는 것은 어떤 최상의 방법으로 사람들을 돕고 우리의 문화적 편견을 고칠 수 있는지에 대해 이해하는 데 기여할 것이다.

역사

선구자들

Freud의 정신분석 이론과 실제는 19세기 후반부터 20세기 초에 유럽에서 성행하던 문화, 이론, 과학적 모델에 지대한 영향을 받았다. 또한 Freud가 많은 멘터, 동료, 비평자들과 나누었던 수많은 대화들도 그의 이론을 만드는 데 영향을 미쳤다.

Freud의 초기 커리어에 많은 영향을 미친 것은 의식의 분리가 정신장애에 미치는 영향에 대해 연구한 프랑스 생리학, 정신분석학의 발전이었다. 특히, 프랑스 생리학자였던 Jean-Martin Charcot은 히스테리 환자를 최면술로 치료하는 것으로 명성을 얻은 사람이었다. 히스테리 환자란 근육마비, 시각장애, 발작 등 그 원인을 생리학적으로 설명할 수 없는 드라마틱한 신체적 증상들을 호소하는 환자를 의미한다. 현대 사회에서는 이러한 증상이나 이와 관련된 증상이 흔히 나타나지 않는다. Charcot에 따르면, 히스테리 증상은 유기체(생물체)의 허약으로 인해 의식의 일부분이 분리되면서 나타나며, 최면은 히스테리 증상을 유도하고 악화시킬 수도 있고 완화시킬 수도 있다.

1886년에 Freud는 신체적 원인이 명확하지 않은데 다양한 문제를 호소하는 환자들을 치료하는 의사로서 입지를 확고히 한 옛 동료인 Josef Breuer과 함께 일하게 되었다. Breuer는 Freud에게 심각한 히스테리 증상을 호소하는 여성 환자에 대해 이야기하였다. 그는 다양한 치료 접근을 시도하고 그녀의 반응에 따라 수정하는 혁신적 접근을 사용하여 이 여성 환자를 치료하였다. 그는 당시 많이 사용되었던 방법인 신체적 전략들에 의존하지 않고, 환자의 증상이 심리적 의미를 가지고 있다고 생각하였다. 그리고 이 환자는 치료가 진행됨에 따라 자신의 상처와 외상(trauma)에 대해 이야기하게 되었고 이를 통해 증상이 감소되었다. 이 환자(가명 Anna O)는 나중에 '말을 통한 치유법(talking cure)'이라는, Breuer와 Freud가 공동으로 출간한 사례 보고서의 사례로 사용되었다.

히스테리를 의식의 분리로 개념화한 Charcot의 영향을 받은 Freud와 Breuer는 외상으로부터 차단되고 억압된 감정이 히스테리 증상이며, 이러한 감정이 신체 증상의 형태로 나타나는 것이라고 믿었다. Freud는 최면이 외상 경험과 외상 후 감정으로부터 회복하는 데 도움을 주며, 궁극적으로 치료의 효과를 가진다고 생각하였다. Charcot와 다르게 Freud는 문제의 근원은 유기체의 허약이 아니라, 사실은 심리적 허약 때문이라고도 믿었다. 1895년에 Breuer와 Freud가 출간한 *Studies in Hysteria*(Breuer & Freud, 1995)는 그들이 생각하는 히스테리의 근원을 보여 주는 여러 사례와 이론적 배경을 다루고 있다(Makari, 2008).

초창기

Freud는 초기 커리어 시절에 최면을 사용하여 내담자가 잃어버린 기억과 감정을 찾아내는 데 도움을 주었지만, 시간이 지나면서 최면이 믿기 어려운 기법인 것을 깨닫게 되었다. 어떤 내담자들은 최면으로 도움을 받지만, 모든 사람에게 도움이 되지는 않는다는 것을 경험하게 된 것이다. 이에 Freud는 최면 대신 "떠오르는 것을 모두 이야기해 보시오."라고 내담자에게 요청하기 시작하였다. 이것이 정신분석의 **자유 연상** 기법(자기 비판을 자제하고 지각하는 생각, 이미지, 감정을 말로 표현하도록 격려하는 기법)의 시작이다(Makari, 2008).

정신분석이 최면과 다른 점은 목표가 다르다는 것이다. Freud는 정신분석학이 엄격한 과학 분야의 하나로 확립되는 데 관심이 많았기 때문에 과학 학계에서 지적을 많이 받아 온 최면과 차별화되는 기법을 개발할 필요가 있다고 생각하였다. 또한 그 당시 정신분석의 중요한 목표 중 하나는 진실을 추구하는 것이라는 사회적 분위기도 있었다. 최면은 제안을 통해 내담자를 돕지만, 정신분석은 자신의 불편한 진실에 대면하게 함으로써 내담자를 돕는다. 즉, 정신분석은 주입식 치료가 아닌, 사회화로 인한 학습결과를 없애는 데 그 목표가 있었던 것이다.

유혹 이론으로부터 동기 이론까지

Freud는 초기에 심리적 문제의 근원이 성적 외상에 있다고 생각하였지만[**유혹**(seduction) 이론], 나중에는 환상과 본능적 욕구의 역할을 강조하였다. 그는 모든 내담자들이 어린 시절 성적으로 학대를 당하였다는 자신의 생각을 버리고 성적 본능이 발달 과정에 지대한 영향을 미친다고 생각하기 시작하였다. 그는 어린 유아기 때도 미성숙한 성적 감정이 나타나는데, 이러한 성적 감정은 무의식에 잠재되어 있다가 성적 관련 욕구나 환상으로 드러난다고 주장하였다. 또한 때로는 성적 외상에 대해 되살아난 기억은 실제 성적 외상이 아닌 재구조화된 환상의 결과라고 믿었다. Freud는 실제로 발생한 성적 외상이나 학대의 중요성을 믿으면서도 시간이 지나면서 모든 심리적 문제가 이로부터 발생한다고 생각하지는 않았다. 동시에, Freud는 무의식 환상에 대해 강조하면서 복잡한 정신세계를 이해하기 위해서는 무의식 환상에 대해 알아야 한다고 주장하였다. 이처럼 Freud은 자신의 이론을 변화시켜 나갔고, 내담자로 하여금 자신이 숨기고 있거나 가장하고 있었던 어린 시절의 환상과 욕구에 대해 이해할 수 있도록 내담자의 연상 과정을 추적하였다.

1900년대 초기까지 Freud는 성적 욕구와 관련된 정신적 에너지에서 인간의 모든 생각과 행동이 나온다고 믿었다. 그는 여러 과학적 접근(예: 생리학, 생물학, 진화 이론, 정신물리학)을 바탕으로, 동기 이론을 구축하였다. 정신적 에너지(리비도)는 외적 · 내적 자극으로부터 활성화되는데, 이 자극은 유기체에게 긴장과 불편함을 초래한다. 초기 20세기 생리학 관점과 비슷하게 Freud는 성적 에너지를 일정한 수준으로 유지하 는 것이 생물학적으로 필수적이라고 생각하였다. 그래서 정신적 에너지는 방출되어야 하고 이는 일종의 쾌락적 경험 또는 즐거운 경험이 된다. 심리적 에너지 방출은 다양한 형태(예: 감정 표현, 성적 욕구의 충족, 긴장을 감소시킨 과거의 행동을 다시 함)로 발생한다. 예를 들어, 유아의 입 주위에 위치한 성적 감정은 구강 자극으로 활성화되고, 유아는 어머니의 가슴을 빠는 행동을 하게 된다. 어머니의 가슴은 긴장을 감소시켜 주는 과거의 경험과 연관되어 심리적 에너지가 주목하는 대상이 된다. 이렇게 긴장을 감소시키기 위해(**쾌락 원리**로 알려져 있음) 가슴을 빠는 행동을 반복하게 되는 것, 즉 행동에 대한 동기를 설명한 Freud의 이론을 **동기 이론**이라고 한다.

Freud는 성격 발달이 유아기부터 성인기에 걸친 성적 발달과 관련이 있다고 생각하였다. 그는 자신의 **심리성적 이론**을 개발하는 데 성적 본능/욕구를 강조하였고, 이러한 그의 생각은 아직까지도 논쟁거리가 되고 있다. 왜 심리성적 이론이 Freud에게 그렇게 중요한 이론이 되었는지에 대해 많은 추측이 있는데, 아마도 다양한 요인이 작용하였을 것이다. 예를 들어, 빅토리아 시대의 청교도 문화가 Freud가 초창기에 치료하던 히스테리 환자들의 성적 갈등을 조장하였기 때문에 Frued는 성적 본능/욕구에 관심을 가지게 되었다. 또한 Freud는 그 당시 정신과 의사들이 인간의 성에 대해 관심을 가지게 되자 그 영향을 받았을 것이다. 또 다른 이유로는 Freud가 정신분석의 근원을 Darwin 이론에서 찾고자 하였기 때문이다. Freud는 성적 욕구가 종(種, species)의 번식과 생존과 관련이 있기 때문에 인간의 심리학에서도 중요한 역할을 한다고 믿었다. 하지만 한때 Freud의 동기 이론이 정신분석의 주류 사회에서 인정을 받은 적이 있었지만 최근 정신분석학계에서는 Freud의 고전 동기 이론보다는 현대 감정 이론과 신경과학 연구를 바탕으로 한 이론이 지지를 받고 있다.

＊ Jung, Bleuler, Zurich 정신분석 Society

초창기 정신분석학자들은 매주 수요일마다 Freud와 만나 정신분석, 임상 사례들에 대해 논의하던 빈(Wien)의 의사들이었다. 하지만 1900년에 출간된 Freud의 『꿈의 해석』으로 인해 다양한 전문가들이 Freud에게 관심을 가지게 되었다. 특히 Zurich의 Burgholzli 정신과 클리닉 소장이자 스위스의 유명한 정신과 의사였던 Bleuler가 Freud의 연구와 이론에 관심을 가지게 되었다. Bleuler는 차후 정신분석의 발전에 기여한 인물 중 하나로, 정신과 환자의 인지 과정을 이해하는 데 실험심리학에서 사용하는 연구 방법을 적용해 보고 싶어 하였다. 1900년에 Bleuler는 Carl Jung이라는 젊은 의대생을 자신의 클리닉에 연구 보조원으로 고용하였다. Bleuler의 격려에 따라 Jung은 다양한 유형의 정신과 환자를 대상으로 강렬한 감정이 반영된 단어들에 대한 반응 속도를 측정하는 연구를 하기 시작하였고, 이를 위해 단어 연상 검사를 사용하였다. 그리고 Bleuler과 Jung은 자신들의 연구 결과를 Freud의 무의식 이론을 적용하여 해석하였다. Jung은 정신과 환자들이 강렬한 감정이 반영된 단어들에 대해 느린 반응을 보인다는 사실을 발견하였고, 이는 무의식 기능(Jung은 이것을 **콤플렉스**라 명명하였음)을 반영하는 것이라 주장하면서 이 콤플렉스는 불편하고 위협적이어서 억압된 감정의 집합체 또는 감정 복합체라고 설명하였다. Jung은 이에 대한 논문들을 냈고 정신분석의 주류 사회에서 인정받고 명성을 얻기 시작하였다.

Bleuler과 Jung은 Freud와 연락하기 시작하였고 그를 동료로 생각하며 그의 임상적 조언을 얻기도 하였다. 또한 Burgholzli 정신과 클리닉의 정신과 의사들은 Freud의 영향을 받아 실험을 실시하였다. 이와 같은 Freud에 대한 정신과 의사들의 관심은 의학계에서 Freud의 생각을 알리는 데 크게 기여하였다. Freud와 수요일 모임에 참여하던 빈 의사들은 조직에 속하지 않고 개인 병원을 운영하던 사람들었던 반면에 Bleuler와 Jung을 포함한 Burgholzi 정신과 클리닉의 의사들은 당시 정신과에서 영향력이 있는 사람들이었다(그 당시 유럽의 정신과 의사들은 최근 정신과 이론이나 연구를 배우기 위해 Burgholzli 정신과 클리닉에서 일하였다). 이로 인해 많은 정신과 의사들이 Freud에 대해 알게 되었고, 이 중 많은 사람들이 나중에 정신분석학계에서 중요한 인물이 되었고 정신분석의 발전에 기여하게 되었다.

1907년에 Jung은 Freud을 만나기 위해 빈을 방문하였다. 그리고 이 방문 후 Jung은 Freud와 가까워졌고 정신분석에 대한 관심도 커지게 되었다. 또한 Freud도 Jung과 다른 Zurich의 의사들을 정신분석의 발전에 필요한 존재로 생각하게 되었다. Bleuler와 Jung과 일하던 정신과 의사들은 'Zurich 정신분석 Society'를 만들었고, 1908년에 Jung은 첫 국제 정신분석회의를 개최하였다. Freud는 자신보다 20살 젊은 Jung이 차후 정신분석의 리더로서 자신의 이론을 이어 나가기를 바랐고, 모두가 그렇게 될 것이라고 믿었다. 하지만 처음부터 두 사람 사이에는 개인적 · 이론적 갈등이 있었기 때문에 결별할 수밖에 없었다. 이론적으로, Jung은 Freud가 주장한 동기의 가장 중요한 근원이 성욕이라는 점에 동의하지 않았다. 또한 Freud는 무의식의 부정적 측면만 보고 있기 때문에 창의적이고 성장에 도움이 되는 무의식의 긍정적 측면에 대해서는 보지 못한다고 생각하였다. 또한 Freud가 인간 정신세계의 영적인 면을 지나치게 간과한다고 믿었다.

개인적인 측면에서 Freud와 Jung은 자신의 독특한 이론과 세계관을 널리 알리고 자신의 영역을 구축하고 싶은 욕구가 강하였던 야심가들이었다. Freud는 Jung을 자신이 개발한 정신분석학을 발전시키고 확립하는 데 도움이 될 훌륭한 후배라고 생각하였다. 그리고 Jung은 Freud의 지지와 도움을 감사하게 생각하면서도 자기 자신의 영역을 독창적으로 구축해 나가고 싶은 욕망이 있었기 때문에 Freud의 그늘에만 있을 수 없었다. 1912년에

Freud와 Jung의 갈등은 더 깊어져 더 이상 함께할 수 없게 되었고, 감정적으로 고통스럽게 결별하였다. Jung은 자신의 이론을 개발시켜 차후 **분석 이론** 또는 **Jung 심리학**을 개발하게 되었다.

✻ 구조 이론과 자아심리학의 개발

1923년에 Freud는 "자아와 원초아(*The Ego and the Id*)"(Freud, 1923)라는 제목의 논문을 발표하였는데, 이 논문은 차후 그의 **구조 이론**의 근간이 되었다. 이 논문에서 Freud는 성격 구조를 원초아, 자아, 초자아로 구분하였고, 이들이 서로 어떻게 상호작용하여 현실의 요구와 쾌락 원리를 대처하는지 설명하였다. **원초아**는 태어날 때부터 존재하는 가장 본능적인 성격 구조이다. **자아**는 현실을 고려하는 성격 구조이다. 원초아가 즉각적인 성적 본능을 충족하고자 하지만 자아가 성적 본능을 충족하려고 하는 것이 상황적으로 적절한지 평가하기 때문에 사람들은 자신의 본능적 욕구를 사회적으로 수용 가능한 방식으로 전환하거나 본능적 욕구를 지연시킬 수 있다.

초자아는 사회적 가치와 규범을 내재화함으로써 나타나는 성격 구조이다. 초자아의 일부는 의식 영역에 있지만, 무의식 영역에도 있다. 자아의 중요한 역할 중 하나는 원초아와 초자아의 욕구와 기대를 조절하는 것이다. 여러 다양한 이유로 인해 초자아가 너무 강하면 지나치게 금욕적이고 경직된 사람이 될 수 있으며 자신의 본능에 대해 죄책감을 느낄 수 있다. 정신분석의 목표 중 하나는 강한 자신의 초자아에 대해 자각하게 되어 자신을 덜 벌하게 되도록 돕는 것이다.

✻ 영국에서 발전한 대상관계 이론

Freud의 이론이 더 발전하는 데 영향을 준 두 번째 이론은 **대상관계 이론**이다. 이 이론은 주요 인물과의 관계를 통해 형성된 내적 표상에 주목한다. 대상관계 이론은 Melaine Klein과 그의 동료들에 의해 영국에서 개발되었다. Klein은 처음으로 놀이치료 기법을 만든 사람으로, 어머니와 유아의 초기 관계에 관심이 많았고, 중요한 타인과의 관계에 대한 내적 표상을 형성하는 과정에 대한 이론적 틀을 제시하였다. 1940년대와 1950년대에 나타난 정신분석학의 이론적 · 기법적 발전은 Klein의 연구(예: 1975)에서 도출되었으며, 그녀의 추종자들은 까다롭고 저항적인 사례를 상담하는 데 특히 관심이 많았다.

동시에 정신분석학자의 새로운 집단이 형성되기 시작하였는데, 이들은 Freud와 Klein의 영향을 받았지만 이 두 사람과 정치적으로 연합할 생각은 없었다. 이들은, 이후에 **영국 정신분석학파**(British Independent) 또는 **Middle Group**이라고 불렸는데, 대표적 인물로는 Ronald Fairbairn(1952, 1994), Michael Bairn(1968), Donald Winnicott(1956, 1958, 1960), John Bowlby(1969, 1973, 1980) 등이 있다. 이들의 특징으로는 자발성, 창의성, 치료자의 유연성을 강조하고, 내담자에게 지지적이고 따뜻한 환경을 제공하는 것을 중요시하였다는 것이다. Klein과 Middle Group으로 인해 생긴 변화들은 미국의 정신분석학자들에게 영향을 주었다. 특히 Winnicott은 자발성, 창의성, 진솔성을 강조한 많은 현대 미국 정신분석학자에게 영감을 주었다. Bowlby의 연구는 애착 이론과 관련된 연구의 뿌리가 되었다.

현 상태

미국: 정신분석의 다양화

세 가지 정신분석학파(Freud학파, Klein학파, Independent 또는 Middle Group)의 전통을 이으려던 영국 정신분석학파와는 달리 미국에서는 오직 한 정신분석학파의 존재만을 인정하였다. 자아심리학은 Freud의 구조 이론을 바탕으로 형성되었고, 대표적 인물로는 Anna Freud(Freud의 딸), 유럽에서 미국으로 이주 온 분석가 Heinz Hartmann, Ernst Kris, Rudolph Loewenstein, Edith Jacobson과 Erik Erikson 등이며, 차후 미국 출생 분석가들인 Charles Brenner와 Jacob Arlow가 있다.

미국 자아심리학은 점차 **고전적 정신분석**이라는 학파로 확립되었다. 고전적 정신분석이란 전통적 정신분석 이론의 원리와 치료 가이드라인을 고수하고자 한다. 전통적 정신분석 이론은 Freud가 말하였던 추동을 강조한 동기 이론과 그의 심리성적 발달 모델 등을 포함한다. Freud 이후, 고전적 정신분석자들은 전이를 내담자의 무의식이 투사된 것이라고 가정하였고, 자신의 무의식 갈등을 분석을 통해 해결한 분석자들만이 내담자가 자신의 전이를 투사할 수 있는 하얀 도화지가 될 수 있다고 믿었다.

전통적 정신분석 치료 가이드라인에 따르면(Freud가 1911년과 1915년 사이에 낸 6편의 에세이에 실려 있음), 분석자는 익명성을 유지해야 하고(내담자의 전이를 왜곡하지 않는 하얀 도화지의 역할을 하기 위해), 중립을 지켜야 하며(예: 내담자에게 조언을 주거나 편견이 분석 과정에 영향을 미치면 안 됨), 내담자의 일시적 바람(예: 분석자의 개인신상에 대해 궁금해함, 직접적 조언을 구함, 적극적 개입이나 문제해결 방법을 물음)을 만족시켜서는 안 된다. 그 이유는 내담자의 일시적 바람은 사실 탐색되고 이해되어야 하는 무의식의 바람과 환상이기 때문이다.

미국의 자아심리학자들은 영국에서 등장한 대상관계 이론에 대해 잘 알지 못하였고 자아심리학과 다른 생각을 가진 이론자들은 점차 주류 사회에서 멀어지며 소외되었다. 하지만 이들 중 일부는 자신만의 학파를 만들어 가기 시작하였다. 이 중 가장 명성을 얻은 사람은 Harry Stack Sullivan(1953)인데, 미국 태생의 정신과 의사인 Sullivan은 공식적으로 정신분석 수련을 받은 적은 없는 사람이었다. Sullivan은 그 당시 미국 사회학으로부터 나온 장 이론과 실용주의 학파의 영향을 받아 자신만의 정신분석 모델을 만들었다. Sullivan은 다른 자아심리학자들과는 달리 대인관계에 대한 욕구가 사람들이 가진 기본적인 동기원이라고 주장하였고, 성욕은 중요한 동기원이라 아니라고 말하였다. 또한 다른 사람과의 관계를 생각하지 않고 한 사람을 이해하는 것을 불가능하다고 믿었다. 그는 치료 관계의 역동은 내담자의 전이만으로는 이해될 수 없으며, 대신 치료자와 내담자가 서로 어떻게 행동하는지, 두 사람의 상호작용을 파악해야 한다고 주장하였다. Sullivan은 Clara Thompson과 Erich Fromm과 협력하여 **대인관계(관계 중심) 정신분석**을 개발하였다.

미국 정신분석학의 다양화에 기여한 또 다른 주요 인물인 Heinz Kohut(1984)은 주류 자아심리학자로서 오랫동안 인정받은 유럽 출신 이민자였다. 그는 자신의 이론을 수정하고 임상 현장에서 경험을 쌓으면서 자기애 성격장애 치료에 관심을 가지게 되었고 정신분석학의 영향을 받게 되었다. Kohut은 특히 사람들이 자기개념과 자아존중감을 형성하는 과정과 능력을 이해하고자 하였다. 그는 치료자의 공감이 변화를 촉진하며 치료 관계에서 나타나는 문제는 치료자의 공감으로 해결될 수 있다고 믿었다.

관계적 정신분석의 발전은 1950년대와 1960년대 초기에 미국의 정신분석을 지배하였던 단일 정신분석 관점을 다양화하는 데 중요한 역할을 하였다. 특히 Greenberg와 Mitchell이 출간한 *Object Relations in Psychoanalysis*(1983)는 정신분석계에 새로 등장한 패러다임을 구체화하는 데 기여하였다. 이 책은 Sullivan이 이론적으로 주장한 내용과 다른 주류 정신분석학자들의 주장을 비교함으로써 미국의 대인관계 정신분석이 주류 정신분석학계에 정착하는 데 큰 역할을 하였다. 이 책은 또한 Klein, Fairbairn과 Winnicott 등과 같은 영국의 대상관계 이론자들을 자아심리학자들에게 소개하는 역할도 하였다.

이후 Stephen Mitchell(1988, 1997)은 대인관계 패러다임의 중요한 원리를 상세히 다루는 몇 권의 주요 서적을 출간하였다. 그리고 정신분석 내에서 이 패러다임을 굳건히 하는 데 중요한 역할을 한 이론가들이 등장하였다(예: Lewis Aron, Philip Bromberg, Emmanuel Ghent, Adrienne Harris, Jessica Benjamin, Muriel Dimen, Irwin Hoffman, Neil Altman, Jody Davies, Donnel Stern).

초기의 대인관계 관점은 고전적 정신분석학의 문제점을 비판하였고 이들이 비판한 내용들은 고전적 정신분석학계의 비주류 분석자들에게서 이미 제기된 것들이었다(예: Carl Jung, Sandor Ferenczi, Otto Rank, Melanie Klein, Ronald Fairbairn, Donald Winnicott, Harry Stack Sullivan, Erich Fromm, Heinz Kohut). 하지만 이러한 비판적 시각이 체계적으로 이론화될 수 있었던 것은 그 당시의 여러 문화적 변화가 정신분석학계의 변화 분위기를 조성하였기 때문이다.

문화적 변화의 예로는 1960년에 나타나는 인본주의와 실존주의 철학, 인지행동치료(CBT)의 등장, 정신의학에서 정신분석의 하락, 여성주의와 포스트모더니즘의 등장 등이다. 대인관계 이론가들은 Freud의 욕구 기반 동기 이론을 거부하고 인간의 대인관계 욕구를 강조하였다. 이들은 치료자가 중립적인 하얀 도화지의 역할을 하는 것은 불가능하며 상담에서 치료자가 하는 모든 것은 주관적일 수밖에 없다고 강조하였다. 또한 치료자와 내담자는 서로에게 영향을 미치기 때문에, 치료자가 내담자를 객관적으로만 바라보는 것은 불가능하다고 주장하였다. 대신 이들은 치료자의 불가피한 주관성을 받아들이고 아무리 훌륭한 분석가라 하더라도 자신에게 완벽하게 투명할 수는 없다고 생각하였다. 그리고 변화를 촉진하는 데 가장 중요한 것은 치료 관계이며, 치료 관계에서 진솔한 인간적 상호작용을 중요시하였다.

지금 현재 미국의 정신분석은 어떤 모습일까? 전통적 미국 자아심리학은 다양한 학파의 등장으로 많이 퇴색되었다. 현대 자아심리학은 **현대 갈등 이론**(modern conflict theory)으로 새롭게 태어났다. 이 이론은 인간의 경험과 욕구 및 방어 간의 지속되는 갈등을 강조하였다. 정신세계의 구조에 대한 가설적이고 애매한 개념들, 심리적 세계와 생물학적 세계 간의 관계, 인간의 동기에 대한 가정들은 현대 갈등 이론에서 강조되지 않고, 추상적인 이론적 관점보다는 좀 더 실용적인 기법과 치료 과정이 강조되고 있다. 비록 대인관계 관점이 현재 미국의 정신분석의 주류라고 말할 수는 없지만, 이 관점이 주류 정신분석에 지대한 영향을 미쳤다는 점은 의심할 여지가 없다.

✳ 유럽과 라틴아메리카: Klein학파와 Lacan학파의 정신분석 전통

유럽과 라틴아메리카에서 등장한 두 학파가 미국의 정신분석학에 영향을 미치게 되었다. 먼저, 이른바 Klein학파와 후기 Klein학파라 불리는 집단의 대표적 인물로는 Klein에게 수련을 받은 영국의 분석자 Wilfred Bion이 있다. 그의 대표적 개념인 **간직하기**(containment)는 현대 분석적 사고에서 인기를 얻고 있으며, 이 개념에 대한 설명은 이 장의 뒷부분에 있다.

두 번째 학파는 Lacan학파와 후기 Lacan학파로, 프랑스 분석자인 Jacques Lacan (1988a, 1988b)은 미국의 자아심리학을 강하게 비판하였다. 그는 미국의 자아심리학이 지나치게 고리타분하고 보수적이라고 주장하면서 Freud 이론의 가장 핵심 개념인 무의식 세계를 거부하였다. 또한 자아의 적응적 측면을 강조하였던 자아심리학과는 반대로, Lacan은 '나'라는 의식은 환영에 불과하다고 주장하였다. Lacan에 따르면, '나'라는 의식과 정체감은 다른 사람의 욕구에 의해 나 자신을 잘못 이해하는 것이다. Winnicott과 달리 Lacan은 **진정한 자신**은 없다고 생각하였고, 대신 '텅 빔(emptiness)' 또는 **부족함**(lack)이 존재하는데, 이는 자신으로부터 소외된 의식을 의미한다. 이 부족함은 언어라는 매체로 소통되지 않는 우리의 경험으로부터 만들어지는 것이다. 그리고 언어를 통해 상징화되는 우리의 경험은 경험을 왜곡한다고 생각하였다.

Lacan학파는 자아심리학이나 대인관계 정신분석이 미국의 주류 정신분석학계를 흔들어 놓은 것처럼 라틴아메리카의 정신분석학계를 바꾸는 데 중요한 역할을 하였다. 또한 Lacan학파는 미국의 임상 정신분석학에 조금씩 영향을 미치기 시작하였다.

성격

성격에 대한 단일한 정신분석 이론은 존재하지 않는다. 대신 정신분석은 인간의 경험과 발달을 설명하는 여러 다른 이론들의 영향을 받아 만화경과 같은 렌즈를 제공한다. 이 장에서 인간 발달에 대한 정신분석 관점을 상세히 설명할 수는 없지만, 가장 중요한 관점들에 대해 간단히 소개하고자 한다.

성격 이론

✳ 갈등 이론

Freud와 그의 동료들은 **정신 내적 갈등**은 개인의 성격 발달에 중요한 역할을 한다고 믿었다. 갈등 이론에 따르면, 성격 특성은 특정 욕구와 이를 관리하는 방어 간의 타협의 결과로 인해 형성된다. 예를 들어, 강박적인 성격은 복종 및 반항과 저항 간의 갈등과 관련이 있다. 주지화는 위협적인 감정을 대처하는 데 사용되는 방어이다. 히스테리 성격을 특징짓는 인위적 감정 또는 과장된 감정이나 유혹성은 내면에 있는 감정적 친밀감을 방어하는 것과 관련이 있다. 공황적인 성격은 정신 내적 갈등을 외부의 대상으로 대치하는 것과 관련이 있다. 예를 들어, 성적 관련 욕구에 대한 갈등이 공공장소에 대한 갈등으로 대치될 수 있다. 가장 보편적인 방어는 대치, 투사 및 행동적 회피이다. 인정할 수 없는 분노의 감정은 공황으로 전환된다. 자기애적 성격을 특징짓는 과장된 자기애와 자신감은 내면에 있는 의존하고 싶은 욕구와 버림받음에 대한 두려움과 관련이 있다.

✻ 대상관계 이론

대상관계 이론에 따르면, 내적 표상(**내적 대상 또는 내적 대상관계**)은 개인이 타인을 지각하고 관계를 맺고 싶은 사람을 선택하는 데 영향을 미치며, 지속적으로 지각과 행동을 통해 대인관계에 영향을 미친다(예: Meissner, 1981; Schafer, 1968). 이러한 관점은 여러 성격 및 발달 이론에 영향을 미쳤다. 내적 대상 또는 내적 대상관계에 대한 대부분의 글들은 임상적으로 풍부하지만 개념적으로는 애매모호한 점이 많다. 이론들마다 내적 대상에 대해 다르게 정의를 내리고, 내적 대상이 어떻게 형성되는지(즉, **내면화**)에 대해 다른 입장을 제안하였다.

최근에 대상관계 이론의 한 모델인 John Bowlby(1969, 1973, 1980)의 **애착 이론**에 대한 관심이 높아졌다. Bowlby에 따르면, 모든 인간은 자신의 주 양육자(애착 대상)과 친밀감을 유지하려는 기본적 욕구(이러한 동기적 시스템을 **애착 시스템**이라 한다)가 있다. 애착 시스템은 유아가 생존하는 데 필요한 타인의 보호와 양육을 얻도록 하는 적응적 기능을 한다. 주 양육자(**애착 대상**)와 친밀감을 유지하기 위해 유아는 주 양육자와의 상호작용에 대한 표상을 형성하게 되는데, 이 표상은 어떤 행동이 친밀감을 유지하는 데 도움이 되며 어떤 행동이 관계에 방해가 되는지 예측하도록 도와준다. Bowlby는 이 표상을 **내적 표상**이라고 하였다. 유아는 자신의 어떤 경험이나 감정이 애착 대상과의 관계에 방해가 되는지 배우게 되면, 그러한 경험이나 감정(예: 공격성, 분노, 취약성)으로부터 거리를 두는 경향성을 발달시킨다.

애착 이론에서 도출된 내면화의 개념화와 어머니-유아 발달 연구(예: Bowlby, 1973; 1980; Main, 1991; Stern, 1985)가 대상관계 이론과 다른 점은, 애착 이론과 발달 연구는 유아와 주 양육자와의 실제 상호작용을 토대로 내적 표상이 형성된다고 가정한 반면에, **대상관계 이론**은 실제 상호작용과 실제가 아닌 무의식적 욕구와 환상이 결합되어 내적 표상이 형성된다고 믿었다는 것이다. Melanie Klein과 Ronald Fairbairn과 같은 대상관계 이론자들은 무의식적 환상의 다른 유형을 강조하였다.

Klein(1975)은 사람들이 본능적으로 다른 사람과의 관계에 대한 무의식적 환상과 이미지와 관련된 사랑 및 공격적 열정을 가지고 있다고 주장하였다. 무의식적 환상은 실제로 다른 사람을 만나기 전에 이미 존재하며, 다른 사람을 지각하는 발판이 된다. Klein에 따르면, 본능적 공격성은 특히 중요한 역할을 하는데, 유아는 자신의 공격성을 수용할 수 없어 그 공격성이 타인(주로 어머니)으로부터 비롯된다고 믿을 필요를 느낀다. Klein은 자신의 내부에서 비롯된 감정이 다른 사람으로부터 비롯되었다고 믿는 심리적 특성을 **투사**

적 동일시라고 명명하였다. 이렇게 타인(Klein은 내적 대상이라 부름)을 탓하는 공격적인 무의식적 환상은 유아의 내적 세계 일부가 되고 위험하다고 믿게 된 타인에 대한 태도에 영향을 미친다.

그 타인(또는 내적 대상)이 긍정적이고 위협적이지 않는 사람이라고 믿기 위해서 유아는 무의식적으로 그 사람에 대한 이미지를 좋음과 나쁨으로 분리시킨다. 따라서 그 사람에 대한 긍정적 측면은 부정적 측면에 의해 영향을 받지 않는다. 시간이 지나면서, 인지적 · 감정적으로 성숙하고 실제 중요한 사람들과 지속적으로 상호작용하면서 아동은 긍정적 측면과 부정적 측면을 통합하기 시작하고 공격성이 자기 자신으로부터 나온다는 것을 인정하게 된다.

Klein의 생각들은 임상적으로 풍부하지만 일관성이 떨어지고 개념적으로 이해하기 어렵다. 대부분의 그녀의 글들을 보면 그녀가 명백하게 설명하기 힘든 자신의 임상 경험을 글로 표현하려고 하였음을 알 수 있다. 그녀의 글을 읽으면 때론 혼란과 당혹감을 경험하지만, 그와 동시에 명확성과 새로운 통찰을 경험하기도 한다.

Klein과는 반대로, Fairbairn은 체계적인 사람이었다. 동시에 그의 글은 연금술적이고 자기 참조적인 면이 있어서 이해하기 쉽지 않은 면도 있다. Fairbairn(1952, 1954)에 따르면, 내적 대상은 개인이 외부 대상관계에서 만족하지 못할 때 형성되는데, 즉 주 양육자가 접근 가능하지 않고, 좌절하게 하며, 위협적이기 때문에 주 양육자를 대신할 수 있는 거짓 현실을 창조한다는 것이다. 이렇게 창조된 관계들은 자신을 진정으로 경험하는 데 방해가 되는데, 그 이유는 늘 타인과의 관계 속에서 자신을 경험하기 때문이다. 중요한 사람들과 관계를 실제로 형성하기보다는 거짓으로 창조하는 것은 방어적 노력이며 늘 효과적일 수 없다. 무의식 창조나 내적 대상의 원인을 제공하는 중요한 사람과의 불만족한 관계는 궁극적으로 내적 정신세계의 일부가 되기 때문이다.

Bowlby 이론에서 내적 작동 모형이 중요한 것처럼 대상관계 이론에서 내적 대상관계라는 개념은 중요하며 비슷한 역할을 한다(Bowlby가 Klein과 대상관계 이론에 지대한 영향을 받았기 때문에 이는 별로 놀랍지 않은 사실이다). 내적 작동 모형과 내적 대상관계라는 두 개념 모두 다른 사람과의 관계에 대한 내적 표상이 지속적으로 대인관계 양상에 어떤 영향을 미치는지에 대해 시사하는 바가 크다. 대상관계 이론의 몇 가지 시사점은 애착 이론의 시사점과 비슷하다(예: 우리는 주 양육자와의 관계를 위협하는 우리의 내적 경험을 부인한다). 하지만 어떤 시사점들은 애착 이론과 일치하지 않기도 한다.

Klein은 정신세계의 설명하기 힘든 혼란스러운 영역, 특히 매우 심각한 심리적 동요도 다루었다. 또한 자신과 타인에 대한 심리적 동요에 대한 임상적 통찰도 제시하였다. 이는 많은 상담자들이 치료할 수 없었던 내담자를 상담하는 데 기본적 틀을 제공하였다. Fairbairn은 자신에게 해가 되는 연애관계에 '중독'된 내담자에 대해 많은 시사점을 제공하였다. 예를 들어, Fairbairn에 따르면, 성인들은 자신의 내적 대상에 대한 의리를 지키기 위해 부모와 비슷한 연애 대상을 찾는다. 또는 자신의 내적 대상을 다른 사람에게 투사하여 그 사람을 예측할 수 있고(예: 적대적 · 학대적), 자신의 투사에 따라 예측 가능한 방식으로 반응할 수 있다(학대라고 생각하는 것에 적대적으로 반응함). 또는 상대방이 자신의 부모처럼 반응하도록 행동하는데, 그 이유는 부모의 반응이 가장 편안하고 자연스럽게 느껴지기 때문이다. Fairbairn의 관점에서는 사람들이 병리적인 관계에 중독되는 이유는 그러한 관계가 자신들이 아는(또는 익숙한) 유일한 관계 양상이기 때문이다. 그러한 학대적 관계가 사랑처럼 느껴지고, 이러한 관계를 포기하는 것은 마치 다른 사람과 관계할 수 있는 희망을 다 포기하는 것으로 느껴질 수 있다.

✻ 발달적 정체(또는 지연) 모델

이 모델(예: Winnicott의 발달 이론 또는 Kohut의 **자아심리학**)에 따르면, 심리적 문제가 발생하는 이유는 주 양육자가 '충분히 좋은' 또는 적절한 환경을 제공하지 못하였기 때문이다. 그리고 이로 인해 정상적 발달이 정체(또는 지연)된다고 하였다. Winnicott(1956, 1958, 1960)에 따르면, 유아는 주관적인 과대 자기(omnipotence)를 형성하는데, 즉 자신의 욕구가 중요하며, 어머니가 자신의 욕구를 실제로 충족해 줄 것이라고 믿는다. 시간이 지나면서 어머니가 유아의 모든 욕구를 충족시킬 수 없을 때가 불가피하게 생기는데, 이로 인해 유아는 과대 자기에 부합하지 않는 경험을 하게 되고 자신의 환상과 현실 간의 괴리를 경험한다. 만약, 어머니가 자신의 욕구에 민감하지 않으면, 유아는 다른 사람의 욕구를 우선시하고 **가짜 자기**(false self)를 형성하게 되고, 이러한 가짜 자기는 다른 사람과의 관계를 유지하고 자신을 보호하는 역할을 하게 된다. 그러나 이에 대한 부작용도 있다. 다른 사람의 욕구나 필요에 따라 자신을 정의함으로써, 유아는 자신을 이해하지 못하고 내적 활력이 부족하게 된다.

반대로 만약, 유아의 과대 자기가 좌절되는 과정이 적절하게 점진적으로 일어난다면, 유아는 큰 충격을 받지 않고 다른 사람의 한계점을 인정하고 수용하게 된다. 이러한 **적절한 환상 깨기**(optimal disillusionment)는 치료에서도 아주 중요한 역할을 한다.

Kohut(1984)는 진정한 자기개념의 형성을 위해 부모는 아동의 욕구를 적절하게 반영하고 충족시켜 주어야 한다고 주장하였다. 또한 부모가 아동의 욕구를 늘 반영하지 못하거나 공감하지 못하는 것은 불가피하게 발생할 수 있는데, 이를 부모와 함께 해결하는 것도 진정한 자기개념을 형성하는 데 매우 중요하다. Winnicott과 Kohut는 치료에서 변화가 일어나기 위해서는 정체된 발달 과정을 다시 움직여 줄 치료자와의 관계가 필요하다고 주장하였다.

⚜ 심리치료

❦ 심리치료 이론

✻ 정신분석적 치료란 무엇인가

전통적으로 정신분석자들은 **정신분석**과 **정신분석학** 또는 **정신역동적 치료**를 명확히 구분하였다. **정신분석**이라는 용어는 몇 가지 특징을 지니는 치료에만 국한되어 사용되었고, **정신역동적 치료**라는 용어는 정신분석 이론을 토대로 하지만 정신분석이라 불리는 치료들이 가진 특징은 없는 치료들을 지칭할 때 사용된다. 최근에는 어떤 특징들이 정신분석과 정신역동을 나누는 기준이 되는지에 대한 논쟁이 뜨겁다.

일반적으로 정신분석은 장기 치료(4년 이상)이고, 집중적(일주일에 4번 이상의 회기)이고 개방적(미리 정해진 총 회기 수나 종결 날짜 없음)이며, 다음과 같은 특징을 보인다. (1) 내담자로 하여금 자신의 무의식적 동기를 지각하게 하는 과정을 강조한다. (2) 내담자에게 조언을 하거나 지시적인 개입을 삼간다. (3) 상담자의 믿음이나 가치를 언급하여 내담자에게 영향을 주는 것을 피한다. (4) 상담자가 자신의 개인적인 삶에 대한 이야기나 회기 내에서 경험하는 감정, 반응에 대해 말하지 않는다. (5) 상담 과정에 깊게 참여하기보다는 중립적이고 객관적인 관찰자의 역할을 한다. (6) 내담자는 장의자(couch)에 눕고, 치료자는 내담자의 시야에서 벗어나 똑바로 앉는다.

많은 정신분석자들은 더 이상 이렇게 정신분석과 정신분석적 치료를 엄격하게 구분하지 않는다. 이 둘의 차이는 사실 이론적인 차이보다는 학계의 정치적 문제와 경쟁으로 생겨난 것이다. 물론 그렇다고 고전적 정신분석이 전혀 가치가 없다는 것은 아니다. 예를 들어, 일부 내담자들은 단기 상담으로 도움을 받지만, 많은 내담자들이 장기 치료를 필요로 하며, 장기 정신분석을 경시하는 풍조는 현대 사회에서 개인주의 가치를 강조하고 상호 의존성을 무시하는 현재 우리의 문화와 관련이 있다. 이러한 주장은 일주일에 한 회기가 여러 번의 회기보다 더 효과적이라는 생각과 장의자의 사용에 대해서도 적용될 수 있다. 정신분석은 이론과 실제 면에서 다양화되고 있으며, 어떤 이론도 완벽할 수 없으며, 정신분석 치료를 하는 데 있어 유일한 옳은 방법이란 존재하지 않는다.

✳ 치료적 동맹

치료적 동맹이라는 개념은 초기 정신분석 이론에서 처음 생겨났다(Sterba, 1934; Zetzel, 1956). Freud는 이 용어를 사용하지는 않았으나, 내담자와 좋은 협동적 관계를 맺는 것이 중요하다고 강조하였다. Ralph Greenson(1965, 1971)의 치료적 동맹에 대한 개념화는 미국에서 특히 영향력을 발휘하였다. Greenson은 치료적 관계의 전이된(즉 왜곡된) 측면과 내담자가 이성적으로 왜곡되지 않게 지각하는 상담자를 토대로 형성된 동맹(즉 진솔한 친밀성, 신뢰, 존경)은 구분되어야 한다고 생각하였다. 그는 내담자가 정신분석의 도움을 받기 위해서는 따뜻하고 인간적인 치료적 관계가 전제되어야 한다고 믿었다.

Edward Bordin(1979)의 치료적 동맹에 대한 개념화(Greenson의 영향을 많이 받음)는 특히 심리치료를 연구하는 연구자들에게 지대한 영향을 미쳤다. Bordin에 따르면, 치료적 동맹의 정도는 내담자와 치료자가 얼마만큼 치료의 과제와 목표에 대해 동의하였는지 그리고 얼마나 관계적 유대감을 느끼는지에 따라 결정된다고 하였다. 치료의 과제란 내담자가 치료로부터 도움을 받기 위해 해야 할 특정 활동(예: 꿈이나 전이를 탐색함)을 뜻하며, 치료의 목표는 치료가 나아가는 방향을 제시하는 목적(예: 증상 완화, 성격 수정)을 의미한다. 관계적 유대감이란 내담자가 상담자를 얼마나 신뢰하는가, 상담자에게 얼마나 이해받고 있다고 생각하는가를 의미한다. 치료의 과제, 목표, 관계적 유대감은 지속적으로 서로에게 영향을 미친다.

✻ 전이

다른 대부분의 정신분석 개념과 비슷하게 **전이**라는 개념도 Freud가 1905년에 처음 언급한 후 많이 변화되었다. 전이는 내담자가 자신의 어린 시절 주 양육자와 다른 주요 인물들과의 경험을 토대로 치료자를 바라보는 경향을 의미한다. 따라서 어린 시절의 경험들을 바탕으로 형성된 도식이 현재 삶에서 다른 사람을 지각하는 데 영향을 미친다는 것이다. 도식은 모든 새로운 관계에서 작동하지만 특히 치료자와의 관계에서 작동하는데, 그 이유는 치료자가 도움을 주는 역할을 할 것이라는 기대 때문이다. 즉, 내담자는 의존자의 역할을 맡게 될 가능성이 높고, 치료자는 무작위로 선정된 사람이나 삶의 부모 및 권위자보다 더 큰 대리인의 역할을 하게 된다.

따라서 치료적 관계는 내담자로 하여금 현재 또는 과거에 중요한 사람과 맺었던 관계에 대한 기억을 불러일으킨다. 그리고 치료자는 이를 통해 내담자로 하여금 과거의 중요한 사람과의 관계가 현재 관계에 영향을 미치는 미해결 과제임을 자각할 수 있도록 돕는다. 전이를 통해 내담자는 과거에 대한 아픔을 현재에서 다룰 수 있기 때문에 치료자의 이에 대한 관찰과 피드백은 내담자로 하여금 자신이 이러한 과정에서 어떤 역할을 하는지 보고, 이해하고, 수용하도록 도와주게 된다. 이를 통해 얻은 통찰은 경험으로 통해 얻은 것이므로 단지 머리로 이해한 것보다 더 궁극적인 변화를 초래할 수 있는 힘을 가지게 된다.

✻ 역전이

치료자의 **역전이**는 내담자의 전이에 대한 반응이다. Freud는 치료자의 역전이를 자신이 해결하지 못한 갈등으로 초래되는 내담자의 전이에 대한 반응 또는 감정이라고 설명하였다. 그에 따르면, 이러한 치료자의 반응 또는 감정은 치료에 방해가 될 수 있기 때문에 치료자는 개인의 슈퍼비전, 상담, 자기분석을 통해 이를 분석하고 해결해야 한다.

현대 정신분석에서는 **역전이**가 좀 더 포괄적으로 정의되어, 내담자에 대한 치료자의 모든 반응(감정, 연관성, 환상, 지나가는 이미지)을 포함한다. 1950년대 초부터, 세계 각지에 있는 분석자들은 역전이가 치료자에게 중요한 정보가 된다고 주장하기 시작하였다(예: Bollas, 1987; Heimann, 1950, 1960; Jacobs, 1991; Ogden, 1994; Racker, 1953, 1957). 이러한 주장은 임상적으로 유용하지만, 문제가 없는 것은 아니다. 왜냐하면 이 당시 몇몇 분석자들은 역전이를 내담자의 무의식 경험에 대해 알려 주는 정보로 간주하였고, 치료자의 갈등이나 문제로 역전이가 발생할 수 있다는 사실은 간과하였기 때문이다.

하지만 역전이가 치료적인 의미를 가지기 위해서는 동전의 양면과 같이 치료자와 내담자가 모두 고려되어야 한다. 예를 들어, 치료자가 자신의 자식 중 한 명이 만성적 질병이 있음을 방금 전에 알게 되었다고 가정해 보자. 이러한 상황은 당연히 치료자가 내담자를 치료하는 데 영향을 미칠 것이다. 어떻게 이러한 상황이 치료 과정에 영향을 미치는가는 또한 내담자에 따라 달라질 것이다. 어떤 내담자를 상담할 때 이 치료자는 무기력하고 슬픔을 느낄 것이고 다른 내담자를 상담할 때는 억울하고 화가 날 것이다. 이렇게 내담자와 치료자의 관점이 상호작용하기 때문에 각각의 치료 관계마다 독특한 **전이-역전이 행렬**

이 생기는 것이다.

⁎ 저항

저항이란 내담자가 변화를 거부하거나 치료 과정에 방해가 되는 행동을 하는 것을 의미한다. 저항은 가끔 방어와 비슷한 개념으로 간주되는데, 그 이유는 저항이란 방어적 기제가 치료 회기 내에서 작동하여 치료자의 목표나 과제를 방해하기 것을 의미하기 때문이다. 상담에 지속적으로 늦게 오거나 상담 약속을 자꾸 잊어버리는 것이 저항의 예이다. 이 두 가지 예 모두 자신의 감정적 고통(예: 회피하고 싶은 감정을 탐색하거나 두려움에 대한 변화)을 피하고 싶은 무의식적 욕구와 관련이 있다. 이렇게 고통이나 두려움을 피하고 싶은 욕구가 치료자와 치료 과정을 방해하는 행동으로 나타나는 것이다.

저항이란 개념은 임상적으로나 이론적으로 유용한 개념이지만 문제점도 있다. 예를 들어, 일부 상담자들은 저항을 핑계로 대며 내담자가 치료자에게 비협조적이라며 조롱하거나 비난할 수 있다. 이에 시간이 지나면서 저항을 바라보는 분석자들의 시각이 바뀌었는데, 점차 저항을 치료의 방해물이 아니라 내담자의 정신세계를 반영하는 탐색하고 이해되어야 하는 내적 자원으로 간주하게 되었다. 또한 저항의 자기보호적 역할에 대한 관심도 늘어났다. 그래서 저항을 긍정적으로 공감적으로 개념화하는 경향이 강해졌다(Safran & Muran, 2000).

⁎ 상호 주관성

치료 과정에서 두 사람(치료자와 상담자)의 역할이 모두 강조되면서 일부 정신분석자들은 심리치료를 내담자의 관점(전이)이나 상담자의 관점(역전이)로 보는 것이 적절하지 않다고 주장하였다. 대신 두 사람의 만남은 새로운 분석 단위인 한 쌍(analytic dyad)을 만들어 내고, 심리치료는 두 사람의 대화를 통해 이루어진다. 이러한 주장은 치료자를 내담자의 문제가 무엇인지 알려 주는 전문가라고 믿었던 고전적 정신분석과 매우 상이한 주장이다.

Stephen Mitchell(1993)은 이러한 내담자와 치료자의 상호 주관적 경험이 치료 과정의 가장 핵심이라고 주장하면서 이를 통해 내담자는 인간관계가 유연함을 알게 되고, 기분 나쁘거나 무시당하지 않으면서도 다른 사람의 생각이 타당할 수 있음을 인정하게 된다. Stuart Pizer(1998)는 치료 과정을 의미와 현실에 대한 계속되는 타협으로 묘사하였다. 전통적인 관점에서 전이는 내담자가 현실이 무엇인지에 거는 첫 베팅일 수 있다. 예를 들어, 치료자를 비판적이고 차갑다고 생각하는 내담자는 현실을 이런 식으로 정의할 수 있다. 치료자는 이를 인정하고 자신에게 그런 면이 있다는 것을 받아들이거나 동의하지 않고 이를 내담자의 전이라고 해석할 수 있다.(예: "내가 비판적이고 차갑다고 생각하는 이유는 내가 당신의 아버지를 상기시키기 때문이에요.") 내담자는 상담자의 베팅을 받아들이거나 역으로 베팅할 수 있다.(예: "전 아마 제 과거 때문에 다른 사람을 비판적이나 차갑다고 생각할 수 있어요. 하지만 나는 여전히 당신이 비판적이고 차갑게 행동하고 있다고 생각해요. 아니면 당신의 성격이 원래 비판적이고 차갑거나요.") 이에 상담자는 내담자의 역베팅을 거부하거나 아니면 자신의 관점을 바꿀 수 있다.(예: "아마도 당신이 맞을 거예요. 내가 전에는 몰랐지만, 아마도 나는 내가 생각한 것보다 더 비판적이고 차갑게 행동하였을지도 몰라요.")

이러한 관점이 옳다면, 과거에 전이-역전이로 개념화되어 온 것이 사실은 치료 관계에서 무슨 일이 일어나고 있는지, 누가 무엇을 하였는지, 내담자와 상담자가 실제로 무엇을 경험하고 있는지에 대한 두드러지는 또는 미묘한 타협 과정일 수도 있다. Jessica Benjamin(1990)은 이와 같은 타협 과정은 내담자의 **상호 주관성**, 즉 자신의 내적 과정을 경험하면서 동시에 상대방을 경험하는 능력을 향상시킬 것이라고 생각하였다.

✻ 상연

현대 정신분석학이 두 사람(내담자, 치료자)의 역할을 강조하면서 상연(enactment)이라는 개념이 주목받게 되었다(Chused, 1991, 2003; Jacobs, 1991; Sandler, 1978). 내담자와 치료자는 의식적으로나 무의식적으로 서로에게 영향을 주기 때문에 완전히 자각하지 못한 채 상대방의 보완적 역할을 하게 된다(치료자는 내담자가 중요한 타인에게 하였던 것처럼 행동하고, 내담자는 중요한 타인이 자신에게 하였던 것처럼 행동한다). 두 사람의 내적 모형 또는 관계 패턴은 이러한 상연 과정에 영향을 미친다. 내담자와 치료자가 각각 두 사람의 관계에 어떤 영향을 주는지 탐색하는 과정은 내담자에게 자신의 관계 유형이 상연에 어떤 기여를 하는지 알 수 있는 기회를 제공하고 다른 사람과의 관계에서 새로운 행동들을 시도해 봄으로써 자신의 관계 패턴을 수정할 수 있는 기회도 제공한다.

전통 정신분석학에서는 치료자가 이런 상연을 피하고 가능한 한 중립적인 입장을 유지해야 내담자의 전이가 나타나고, 내담자는 전이를 통해 무의식적 욕구, 투사, 과거의 발달적 경험이 자신의 현재에 부정적 영향을 미친다는 점을 이해할 수 있다고 가정하였다. 그러나 현대 정신분석학에서는 치료자가 아무리 심리적으로 건강할지라도 상연을 피할 수 없다고 가정한다. 그 이유는 (1) 인간은 누구나 다른 사람의 복잡한 비언어적 메시지의 영향을 받기 때문이며, (2) 치료자도 다른 인간과 마찬가지로 자신에게 완전히 투명할 수 없기 때문이다(Chused, 2003).

게다가, 치료자가 내담자와의 관계에서 상연을 피한다는 것은 치료자가 내담자의 관계 양상이 어떤지 직접적으로 경험할 수 있는 기회를 피한다는 것을 의미한다. Phillip Bromberg에 따르면, 내담자와 상연을 경험한다는 것은 '외부로부터 안으로' 내담자를 이해할 수 있는 기회가 된다(Bromberg, 1998). 즉, 내담자가 말로 표현할 수 없는 것들이 비언어적 행동으로 표현되고, 상담자가 내담자 자신도 자각하지 못하였던 자신의 내적 경험을 이해하기 위해서는 상연 과정에 참여하여 내담자의 관계에서 상대방의 역할을 하고 그 역할을 수행하면서 느끼는 감정을 경험하는 방법밖에 없다는 것이다.

심리치료 과정

✻ 공감

현대 정신분석에 따르면, 가장 근본적인 상담의 개입은 공감이다(Kohut, 1984; McWilliams, 2004; Safran, 2012). 상담자가 내담자를 이해하고 공감하는 것은 상담 관계를 형성하는 데에서 아주 중요한 역할을 한다. 또한 상담자가 내담자를 공감하고 그 공감을 표현하는 것은 그 자체로 그리고 다른 개입과 접목하여 변화를 초래하는 주요 기제이다. 전통적으로 정신분석에서는 정확한 해석이 강조되면서 공감이라는 주제가 간과되어 왔다. 그러나 Heinz Kohut가 자기심리학을 창조하면서, 공감이라는 개념이 강조되기 시작하였다. Kohut에 따르면, 분석자가 정확하게 해석하는 것과 더불어, 그러한 해석을 내담자가 공감적으로 받아들이는 것이 중요하다.

정신분석의 영향을 받은 상담자는 공감 표현을 통해 내담자가 자신의 경험을 이해하도록 돕는다. 예를 들어, "내가 만약 당신의 상황이었다면 정말 괴로웠을 것 같아요." 또는 "내 생각에 나라면 정말 여동생이 잘 되서 기쁘면서도 질투심이 느껴질 것 같아요."와 같은 표현이다. 시기적절한 질문은 명료화하는 역할도 한다. 예를 들어, "당신을 특히 힘들게 한 것은 무엇이었습니까?" 또는 "당신의 경험에 대해 설명해 주시겠어요?"라는 질문이다.

✻ 해석

전통적으로 정신분석학 상담자에게 가장 중요한 상담 개입은 해석이다. 해석은 원래 내담자로 하여금 자신의 무의식 내적 심리 경험과 대인관계 양상을 자각하도록 도와주는 것으로 정의되었다. 감정적 반영은 이미 내담자가 한 말이 의미하는 바를 명확하게 하는 역할을 한다면 해석이란 내담자가 알지 못하였던 것을 자각하도록 돕는 개입으로 간주되었다.

해석의 정확성(내담자의 무의식을 얼마나 정확하게 반영하는가?)과 유용성/질(내담자의 긍정적 변화에 얼마나 기여하는가?)은 구분되어야 한다. 이론적으로, 해석은 유용하지 않지만 정확할 수는 있다. 해석의 유용성이나 질은 타이밍(해석은 맥락적으로 적절한가? 내담자가 그 해석을 들을 준비가 되어 있는가?), 깊이(해석이 얼마나 깊은 무의식의 내용에 대한 것인가?), 공감(해석이 내담자의 자존감에게 어떤 영향을 미치는지에 대해 염두에 두고 있는가? 해석은 내담자가 이해받는다는 느낌을 받는 데 도움을 주는가?) 등에 따라 결정된다.

내담자와 상담자가 튼튼한 동맹을 형성하였다면, 어느 정도 수준의 위협적인 해석도 유용할 수 있다. 상담자의 메시지는 내담자와 상담자의 관계에 따라 다른 의미를 지닐 수 있다는 점을 유념해야 한다(Mitchell, 1993). 내담자가 상담자로부터 존경받고 관심받고 있다고 느끼는지의 여부에 따라 동일한 해석은 비판 또는 돌봄의 메시지로 받아들여진다.

✻ 명료화, 지지, 조언

전통적으로 정신분석자들은 안심을 시키거나 조언하는 것을 삼갔지만 많은 현대 정신분석자들은 지지, 안심시킴, 조언 등이 변화 과정에 중요한 역할을 한다고 생각한다. 이상적으로 상담자는 내담자가 자신을 신뢰할 수 있도록 도와주려고 하지만, 실제로 상담자가 매우 어려운 상황이나 높은 불안을 경험하고 있는 내담자를 안심시켜 주는 일은 흔히 일어나며 내담자에게 도움이 된다. 이와 비슷하게 적절한 조언은 매우 힘들어하거나 혼란스러워하거나 위기에 놓인 내담자에게 효과적인 개입이 될 수 있다. 전통적 정신분석자들은 치료자가 조언을 해 주거나 자신의 의견을 내담자에게 말하면 내담자의 자율성이 떨어질 수 있다고 걱정하였다. 하지만 이를 비판하는 학자들, 대표적인 인물인 Owen Reink (2006)는 상담자가 자신의 의견을 감추는 것이 오히려 위험할 수 있다고 주장하면서 그 이유는 상담자의 의견은 말하지 않아도 상담 과정에 영향을 미치기 때문에 오히려 의견을 말하지 않으면 그에 대해 탐색해 볼 기회가 생기지 않으며 내담자도 상담자의 의견에 반대한다는 것으로 표현할 수 없게 되기 때문이다. 특히 내담자가 요구하였을 때, 상담자가 조언을 해 주려는 의향은 오히려 내담자와 상담자의 평등한 관계를 형성하는 데 도움이 될 수 있다.

* 종결

종결은 치료에서 가장 중요한 과정 중 하나이다. 종결 과정을 적절히 다루면 상담에서 발생한 긍정적 변화를 더 강화할 수 있다. 그러나 적절히 종결 과정을 다루지 않으면 역효과가 나타날 수 있다. 과거 시간 제한이 없었던 치료에서는 내담자나 치료자가 먼저 종결에 대한 이야기를 꺼내었다. 가끔 내담자는 종결을 생각하고 있어도 종결에 대해 이야기를 꺼내기 힘들어하기 때문에 치료자가 내담자가 종결을 생각하고 있는지 세심히 살펴보아야 한다.

내담자와 상담자가 협조적으로 종결을 결정하고, 만족스러운 마음으로 종결하는 것이 가장 이상적이다. 하지만 실제 상담 현장에서는 자주 다른 요인(예: 내담자가 다른 곳으로 이사를 감, 상담자가 이사를 감, 상담 수련생이 실습을 마침)에 의해 상담이 종결되는 경우가 많으며 만족스럽지 않은 마음으로 종결을 하는 경우가 많다. 아니면 내담자가 상담이 별로 도움이 되지 않다고 판단하거나, 상담을 쉬거나, 다른 상담자에게 상담을 받아 보고 싶다는 생각이 들어 종결을 하기도 한다.

정신분석자에 대한 편견 중 하나는 그들은 내담자가 특별한 이유 없이 종결을 원하는 것을 받아들이지 못하고 내담자가 전혀 느끼지 않거나 표현할 수 없는 부정적 감정에 대해 억지로 탐색하려는 경우가 있다는 것이다. 어떤 면에서 이는 놀랍지 않다. 정신분석 상담에서 중요한 일 중 하나가 겉으로 드러나지 않는 감정이나 무의식을 탐색하는 것이기 때문이다. 상담자가 적절하게 내담자가 상담을 종결하고 싶은 이유를 탐색한다면 내담자의 분노, 불신, 실망감을 탐색할 수 있고, 이러한 작업은 상담 관계를 더 강화하고 내담자의 상담에 대한 동기를 높일 수 있다. 아니면 내담자는 치료자와의 관계에서 지나치게 친밀감, 취약감, 의존감을 느껴 종결을 원할 수도 있다.

반대로 만약 상담자가 내담자가 상담을 그만두고 싶은 이유를 받아들이지 못하고 내담자가 아예 느끼지 못하거나 지각하지 못하는 감정에 대해 억지로 탐색하려고 한다면 내담자는 부담감, 압박감을 느끼게 된다. 따라서 상담자는 내담자가 상담을 그만두고 싶다고 말할 때, 그 내면의 감정을 탐색하는 것이 중요하지만 너무 과하게 그 이유를 탐색하지 말아야 한다.

심리치료 기제

✳ 무의식의 의식화

정신분석은 다양한 변화기제에 대해 가정하고 있는데, 앞으로도 계속적으로 발전하면서 새로운 변화기제를 제시할 것이다. 가장 기초적인 수준에서 보면, 무의식을 의식화하는 것, 즉 Freud의 표현을 빌자면 "원래 원초아였던 것이 자아가 되어야 함"(Freud, 1932)이 내담자의 변화를 초래한다는 것이다. Freud는 본능적이고 무의식적인 욕구에 대해 자각하고 이를 논리적이거나 반영적으로 관리하는 방법을 배우는 것이 중요하다고 생각하였다. Freud에 따르면, 사람들은 자신이 왜 어떤 행동을 하였는지 그 이유에 대해 자신을 속이는 경향이 있는데, 이러한 자기 현혹은 선택의 폭을 좁힌다. 자신의 무의식적 욕구와 방어기제를 자각하게 된다면, 선택의 폭을 넓힐 수 있고, 무의식적 요인에 덜 영향을 받게 될 것이다.

✳ 감정적 통찰

정신분석에서는 언어적 해석을 통해 내담자의 행동과 경험을 형성하는 무의식적 요인에 대한 통찰을 높이는 것, 즉 무의식을 의식화하는 것이 주요 변화기제이다. 일부 사람들은 이와 같은 해석과 통찰이 주지화적이고 지나치게 거리를 두는 방법이라는 이유로 지적을 하기도 하지만, 사실 정신분석에서는 감정적 통찰의 중요성이 강조된다. 즉, 내담자의 **통찰**은 일상생활에 별로 영향을 주지 않는 지적 수준의 이해뿐만 아니라 정서적인 수준의 이해도 포함되어야 한다는 것이다. 그리고 이러한 내담자의 **감정적 통찰**을 향상시킬 수 있는 가장 핵심적인 방법 중 하나가 **전이적 해석**(transference interpretation; Stachey, 1932)이다. 전이적 해석은 추상적인 논의 대신 치료 관계에서 일어나는 즉각적인 경험에 대해 내담자가 반영하도록 하는 기법이다. 다시 말해, 지금 여기에서 자신이 행동하고 생각하는 것을 직접적으로 관찰함으로써, 내담자는 자신만의 경험을 스스로 만들어 가는 주체가 될 수 있다.

✳ 의미의 창조와 역사적인 재구성

사람들은 자신의 삶에 대해 의미 있는 이야기를 만들지 못해 상담자를 찾는 경우가 많다. 이렇게 의미를 찾는 것에 실패하는 이유는 삶의 중요한 측면을 반영하는 의미 있는 이야기가 없고, 가지고 있는 이야기가 부적응적이기 때문이다.

사회학자인 Philip Reiff(1966)가 주장한 바와 같이, 현대사회 이전에는 전통적인 치유 방법들(예: 무속, 종교적 믿음)이 사람들로 하여금 자신의 고통을 이해하고 의미화하는 데 도움을 주었다. 현대 정신분석도 심리적 · 정신분석적 설명을 통해 이와 비슷한 기능을 한다고 볼 수 있다. 하지만 우리는 과거보다 더 개인주의적인 문화권에서 살고 있기 때문에, 정신분석은 과거 전통적인 치유 방법들이 문화적 규범을 강조한 것에 반해 내담자만의 역사가 반영된 개별적 이야기를 재구성함으로써 의미를 찾아가는 과정이다.

과거의 어린 시절이 현재 자신의 문제에 어떤 영향을 주는지에 대해 이야기를 구성하는 것은 심리 문제를 악화시키는 자기비난을 줄일 수 있다. 내담자들은 과거 역기능적이었던 아동기 시절의 상황에서는 충분히 이해되고 적응적이었던 대처 방식들이 지금 현재의 상황에서는 부적응적이라는 것을 알게 되면서 자신에 대해 수용하는 태도를 가질 수 있고, 현재 상황에 적절한 대처방식을 만들어 갈 수 있다.

가끔 상담에서 내담자가 호소하는 문제로 오랫동안 지속되어 온 무의미 상태와 실존적 절망이 있다. 이러한 경우는 치료자와 함께 가치에 대해 탐색하고 명료화하는 과정이 내담자로 하여금 자신의 초점을 새로운 방향으로 돌리고 자신에게 의미 있는 것이 무엇인지에 대해 자각하도록 도와준다. 이러한 의미 구성 과정은 치료자와의 관계에서 자신의 감정적 경험에 대해 자각하고 명료화하여 내적 세계를 더욱 생생하게 느끼고 경험할 수 있게 한다.

✻ 주재자의 한계를 이해하는 것

내담자들은 가끔 주재자(agency)로서의 자기개념이 약화된 상태로 치료를 시작한다. 그들은 자신을 심리 증상을 겪는 불쌍한 사람으로 동정하거나 불운이나 다른 사람의 희생자라 생각한다. 또한 자신의 증상과 자신의 내적 · 대인관계적 갈등 간의 관계를 보지 못하며, 자신의 삶에서 반복되는 갈등에 자신이 기여한다는 사실을 알지 못한다. 내담자는 치료를 통해 자신의 증상, 자신의 생활양식, 갈등에 자신이 기여하는 점 등을 이해하면서 자신을 희생자가 아닌 주재자로 바라보게 될 것이다. 이러한 경험은 개념적인 것이 아니라 경험적이어야 한다. 하지만 자신을 주재자로 바라보게 되는 경험은 경주에서 반 정도 온 것에 불과하다. 나머지 반은 주재자로서의 한계를 이해하고 수용하는 것이다. 노력한다면 무엇이든 얻을 수 있다는 가치를 강조하는 우리와 같은 문화권에 사는 사람들은 늘 삶에서 무엇인가가 부족하며 자신이 뒤처져 있다는 생각을 한다. 비록 미국의 정신분석학자들이 유럽의 분석학자들에 비해 낭만적인 감수성을 가졌다 하더라도, 자유는 외부적 환경, 현실, 통제할 수 없는 삶의 여러 요소들이 허락하는 한도 내에서만 경험할 수 있다는 것을 기억해야 한다.

✻ 간직하기

정신분석에서 치료자에게 중요한 기술 중 하나는 개인적이고 내적인 성격을 띤다. 이 기술은 치료자가 상담에서 경험하는 자신의 감정에 주의를 기울이고 내담자의 고통스럽고 두려운 감정을 탐색하고 견디는 능력이 필요하다. 우리는 우리가 무력감을 느끼기 시작할 때 어떻게 내담자가 포기하지 않도록 도울 수 있을까? 내담자가 느끼는 절망감을 우리가 느끼기 시작할 때 어떻게 우리의 감정에 대처할 수 있을까?

영국의 정신분석학자인 Wilfred Bion은 이러한 과정을 **간직하기**(containment)라고 표현하였다. Bion(예: 1970)에 따르면, 정상적인 발달 과정에서 아이들은 자신이 받아들이기에는 너무 두렵고 위협적인 감정을 부모에게 투사하는 경향이 있다. Bion은 아이들(그리고 내담자들)은 양육자 또는 치료자가 자신이 수용할 수 없는 감정을 경험한다고 상상할 뿐만 아니라 이러한 감정을 상대방에게 불러일으키게 한다고 주장하였다. 예를 들면, 심각한 공포와 끔찍한 감정을 느끼는 내담자는 자신의 감정과 자신을 분리하고, 미묘하게 이 감정을 상담자에게 불러일으키도록 한다. 또한 Bion에 따르면, 부모는 아이들이 자신의 감정을 탐색할 수 있도록 돕고, 그 감정을 견디고 상징화하고 이해하는 법을 배울 수 있도록 도와줘야 한다.

어떻게 아이들이나 내담자들은 자신이 거리를 두는 감정을 부모 또는 상담자에게 불러일으키도록 하는가? Bion은 이에 대해 구체적인 의견을 제시하지는 않았지만, 현대 정서이론이나 연구에 따르면, (1) 의식적 자각 없이도 비언어적 측면의 감정을 경험할 수 있고, (2) 사람들은 의식적 자각 없이 다른 사람의 감정을 읽고 그 감정에 반응하는 능력을 가지고 있다(예: Ekman & Davidson, 1994; Greenberg & Safran, 1987; Safran & Muran, 2000). 간직하기는 개념적이며 정서적인 과정이다. 아이 또는 내담자 자신의 감정을 언어로 표현하도록 돕는 것도 간직하기 과정에 포함된다. 강렬한 감정을 탐색하고 대처하는 과정이 어려울수록 부모 또는 치료자인 우리에게 감정을 불러일으키려는 노력을 하기 때문에 우리 자신의 감정적 반응은 아이 또는 내담자의 감정을 조절하는 데 도움이 된다(Safran, 2012).

✽ 파열과 회복

Tronick(2007)와 동료들은 정상적인 어머니-유아의 대면 상호작용을 관찰하였는데, 그 결과 두 사람 간의 정서적 교감 상태는 함께 보낸 전체 시간의 30%에 불과하였다. 또한 정서적 교감 상태에서 비교감 상태로 또 비교감 상태에서 교감 상태로의 전환은 3~5초에 한 번씩 일어나는 것으로 나타났다. Tronick(2007)와 동료들은, 교감의 어긋남과 회복이 반복되는 이 과정은 발달 과정에 중요한 역할을 하는데, 특히 아이들은 이와 같은 경험을 통해 자신과 타인은 대인관계에서 어긋남을 극복할 능력이 있음을 알게 된다고 지적하였다. 이는 치료 관계에서도 중요한데, 치료자와 내담자의 관계에서 오해와 어긋남은 불가피하게 일어나는 일이며 이를 적절하게 해결함으로써 내담자는 자신과 타인의 능력에 대한 믿음을 가질 수 있다.

파열과 회복 관계 원리는 정신분석에서 중요한 변화기제의 역할을 한다(예: Kohut, 1984; Safran, Crocker, McMain, & Murray, 1990; Safran & Muran, 1996, 2000, 2006). 이 원리는 정신분석에서 오랜 역사를 가지며, 모든 자신의 욕구에 주의를 기울이지 못해 내담자의 욕구에도 주의를 기울이지 못하게 되고, 이는 내담자에게 재외상 경험이 된다고 주장한 Sandor Ferenczi(1931)로부터 출발하였다. 하지만 재외상의 경험을 건설적으로 훈습(working through)한다면, 내담자는 분리되었던 자신의 일부를 치료 관계로 가지고 올 것이다. 즉, 이 관점에서 보면, 치료자의 불가피한 실패는 내담자로 하여금 자신을 치료 관계에서 진솔하게 경험할 수 있도록 돕는 역할을 한다는 것이다.

적용

누구를 도울 수 있는가

어떤 치료든 모든 사람들에게 효과적일 수는 없는 것처럼, 정신분석도 예외는 아니다. 정신분석이 모든 사람들에게 다 효과적이지 않다는 사실은, 특히 정신분석의 특정 접근의 경우에 더욱 그렇다. 예를 들어, 지적 · 심리적 · 감정적 요인으로 인해 어떤 내담자들은 자기탐색을 하는 능력이 제한적인데, 이러한 내담자의 경우 자기탐색을 촉진하는 해석과 같은 개입은 별로 도움이 되지 않을 것이다. 어떤 내담자들은 전이나 치료적 관계를 탐색하는 개입을 위협적으로 느낄 수도 있다. 위기상황에 있는 내담자의 경우 즉각적인 조언, 지지, 자원을 필요로 하기 때문에 통찰을 목표로 하는 치료를 무의미하다고 생각할 수 있다. 역전이 개방과 치료자의 자기개방은 어떤 내담자들에게는 위협적이고 방해되는 것으로 지각될 수 있다. 즉시적인 증상 완화보다는 정신역동적인 주제를 강조하는 정신분석 접근은 심각한 수준의 스트레스를 겪고 깊은 문제를 탐색할 여유나 관심이 없는 내담자에게는 매력적이지 않을 것이다.

이와 비슷하게, 치료 기간이나 횟수와 관련하여, 많은 내담자들은 장기 치료에 대한 관심이 없거나 시간이 없으며 재정적 자원을 가지고 있지 않다. 또한 일주일에 한 번 이상 치료에 올 수 있는 시간이나 심리적 자원이 없을 수도 있다. 이러한 이유들 때문에 고전적 정신분석은 상대적으로 강한 자아를 가지고 자기탐색이 가능하며 신경증적(경계성이나 정신병적이 아닌) 증상을 보이는 내담자들에게 가장 적합하다.

하지만 정신분석을 좀 더 포괄적으로 정의하여 고전적 정신분석에서 파생한 다양한 학파를 포함시킨다면 정신분석은 다양한 내담자들에게 효과적이라고 말할 수 있다(Safran, 2012). 이는 치료 과정에서 변화기제의 역할을 하는 다양한 변인에 대한 이해와 다른 치료의 개입들(예: 공감, 해석, 지도, 조언, 협동적 문제해결)을 적용할 수 있는 개방적인 태도를 필요로 한다. 물론 앞으로도 고전적 정신분석을 따르는 사람들이 있겠지만, 미국을 포함한 많은 곳에서는 좀 더 유연하고 통합적인 치료에 대한 관심이 커지고 있다. 따라서 점차 더 많은 내담자들이 과거 고전적 정신분석와 관련된 어려움에 구애받지 않고 정신분석의 영향을 받은 다양한 치료로부터 도움을 받을 수 있게 되었다.

치료

정신분석은 특정한 치료 접근이 아닌 철학적/이론적 틀 또는 학파이기 때문에, 관련 이론들과 개입들은 다양한 현장에서 사용될 수 있으며, 다른 치료 접근의 이론이나 개입들과 적절하게 통합될 수 있다. 비록 정신분석의 영향력은 줄어들었지만, 우리가 공유하는 많은 문화적 믿음이 사실은 정신분석(예: 무의식의 역할, 사람들이 방어적으로 행동할 수 있음, 사람들의 심리장애 증상을 심리적 개념으로 이해할 수 있음)의 영향을 받았다는 점은 부인할 수 없다. 우리는 어쩌면 정신분석 문화에서 살고 있는지도 모르며, 따라서 정신분석의 개념들은 병원, 클리닉, 개인 상담소와 같은 여러 현장에서 개인, 집단, 가족 등을 대상으로 지속적으로 적용되고 있다.

증거

정신분석의 효과를 검증한 경험 연구가 없다고 생각하는 사람들이 많지만, 실제로 정신분석의 효과를 입증한 연구들이 많이 있다. 예를 들어 가장 엄격한 기준으로 치료의 효과를 측정하는 방법인 **무작위 통제 임상 실험**(randomized controlled clinical trials: RCTs)을 사용하여 **단기 역동 접근**(short-term dynamic psychotherapy: STDP)의 효과성을 밝힌 연구들이 있었다. 또한 최근 메타 연구에서도 단기 역동 접근이 단기 인지치료와 비슷하거나 이보다 더 큰 치료 효과가 있는 것으로 보고되었다(자세한 내용은 Shedler, 2010 참조).

Abbass와 동료들은 23개의 RCT 연구(총 1,431명의 내담자를 분석한 연구)를 토대로 메타 분석을 실시하였다(Abbass, Hancock, Henderson, & Kisely, 2006). 이 메타 분석에 포함된 모든 연구에서는 총 치료의 회기가 40회기를 넘지 않았고, STDP와 통제집단(대기집단, 최소량의 개입처치를 받은 집단, '일반적으로 실시한 치료'을 받은 집단)을 비교하였다. 메타 분석 결과, 일반적인 증상 완화와 관련하여 0.97의 효과 크기(effect size)가 나타났다. 또한 치료가 종결된 후 9개월 또는 더 후에 내담자의 상태를 측정하였을 때 효과 크기는 1.51로 높아졌다.

2008년에 Leichsenring과 Rabung(2008)이 실시한 메타 연구는 더욱 장기로 진행된 정신분석의 효과성을 확인하였는데, 특히 복잡한 정신장애(예: 성격장애, 1년 이상 지속되는 만성적 증상), 여러 장애가 공존하는 경우, 복잡한 우울이나 불안장애)에 효과적인 것으로 밝혀졌다. 이 연구에서 연구자들은 1960년부터 2008년에 실시된 23건의 관련 연구(총 1,053명의 내담자가 참여)를 분석하였다. 이 연구에서는 장기적으로 진행된 정신분석 중심 치료와 다른 단기 치료 접근들(예: 인지행동치료, 변증법적 행동치료, 가족치료, STDP)를 비교하였다. 그 결과, 전체적인 상태, 호소 문제, 성격 적응 면에서 장기 정신분석 치료가 단기 치료들보다 효과적인 것으로 확인되었다. 장기 정신분석 치료는 크고 안정적인 효과 크기를 보였고, 이러한 효과 크기는 치료가 종결되는 시점과 추적 시점 사이에 더 높아졌다.

많은 현실적 문제들로 인해 장기 정신분석 치료를 실제 현장에서 실시되는 것처럼 RCT로 연구하는 것은 쉬운 일이 아니다. 따라서 장기 정신분석 치료의 효과를 살펴본 많은 연구들은 RCT가 아닌 자연적인 현장에서 이루어진다. 예를 들어, Leichsenring과 그의 동료들은 만성 정신적 문제(예: 우울, 불안, 강박장애, 비기질성 성기능장애)를 호소한(이 중 일부는 다른 공존 장애 진단을 받음) 36명의 내담자를 대상으로 자연적인 현장에서 실시된 장기 정신분석의 효과성을 살펴보았다(Leichsenring, Biskup, Kreisch, & Staats, 2005). 이 연구에서는 통제집단은 없었지만, 다른 연구에서 계산한 통제집단의 효과 크기를 비교 준거로 사용하였다. 평균 치료 기간은 37.4개월, 평균 253회기가 진행되었다. 일반적으로, 증상, 대인관계 문제, 삶의 질 만족, 웰빙에서 큰 효과가 나타났다. 이러한 변화 크기는 추적 시점에서도 유지되는 것으로 나타났고, 일부 영역에서는 변화 크기가 더 높아진 것으로 드러났다.

또 다른 연구로 Sandell과 동료들(2000, 2001, 2002)이 스웨덴에서 실시한 연구가 있다. 이 연구는 정신분석 또는 정신분석 중심 치료를 받은 400여 명의 내담자의 변화를 분석하였다. 정신분석 치료의 평균 기간은 51개월, 일주일에 진행된 평균 회기는 3.5회기였다. 이에 반해 정신분석 중심 치료의 평균 기간은 40개월, 일주일에 진행된 평균 회기는

1.4회기였다. 그 결과, 두 차원 모두 효과적인 것으로 나타났으나, 다음과 같은 분명한 차이점이 나타났다. (1) 3년 후, 정신분석 치료를 받은 내담자가 여러 측면에서 정신분석 중심 치료를 받은 내담자보다 긍정적 결과를 보인다. (2) 경험이 많은 분석자가 정신분석적 수련이나 경험이 적은 치료자보다 내담자의 긍정적 변화와 관련이 있다. (3) 회기의 빈도와 지속도는 상호작용하여 긍정적 결과를 초래한다.

요약하면, 다양한 문제에 대해 정신분석의 효과성을 확인한 경험 연구들이 늘어나고 있다. 또한 많은 연구들이 정신분석 치료의 효과가 종결 후 시간이 지나면서 계속적으로 높아진다는 것을 확인하였다(이러한 종결 후의 결과는 인지행동 연구에서는 나타나지 않았다). 현 시점에서 정신분석 효과를 살펴본 대부분의 연구는 RCT 연구보다는 자연적인 현장 연구였고, 앞으로도 현실적인 문제를 감안할 때, 당분간 장기 정신역동의 효과성을 연구한 RCT 연구는 많지 않을 것이다. 하지만 증거가 부족하다고 해서 정신역동이 효과적이지 않다는 것은 아니다.

게다가, 장기 정신분석 치료의 효과성을 지지하는 많은 자연 현장의 연구들이 있다는 점을 간과해서는 안 된다. 심리학과 학생들이 연구 방법론 수업에서 배우는 것처럼, 높은 외적 타당도(한 연구에서 얻은 결과를 실제 현장으로 얼마나 일반화할 수 있는가)는 내적 타당도(인과관계를 추론하고 대안적 가설을 기각하는 능력이 얼마나 있는가)를 저해한다. 심리치료의 결과가 실제적으로 가치 있기 위해서는, 좀 더 다양한 접근을 연구에서 활용할 필요가 있으며, 여러 연구 방법을 통해 나타난 증거에 대해서는 해당 연구 방법들의 장점과 약점을 고려하여 가중치를 두어야 할 것이다(Seligman, 1995).

다문화 세계에서의 심리치료

정신분석은 원래 신경증적 문제를 겪고 있는 교육받은 중산층의 유럽인을 치료하기 위해 개발되었다. 정신분석이 관련 분야에서 독보적인 이론으로 입지를 굳혀 가면서 역설적인 일이 발생하였는데, 한편으로는 정신분석의 영향을 받은 치료자들이 다양한 문화와 사회적 계층의 내담자를 치료할 수 있게 되었으나, 다른 한편으로는 다양한 내담자를 치료하는 데는 적합하지 않은 원리나 개입의 영향을 받았다.

현재 우리 사회에서는 다양성을 중요하게 생각하고 있으며, 정신분석 이론자들이나 연구자들도 문화적으로 적절한 방향으로 인종적·문화적 차이를 배우는 것이 중요하다고 믿는다. 하지만 다문화 상담 영역에서 정신분석 접근이 특별히 기여한 바는 우리의 일상 상호작용에 영향을 주는 인종, 문화, 사회적 계층에 대한 무의식과 편견의 역할을 강조하였다는 점이다. 우리는 불가피하게 사회에 존재하는 편견을 내재화한다. 그리고 이러한 무의식적 내재화된 태도는 우리 자신과 타인들과 관계를 맺는 데 영향을 미친다. 다른 문화적 배경이나 다른 인종의 내담자를 치료할 때, 내재화된 태도는 무의식적 차원에서 내담자와 상담자의 전이-역전이에 영향을 미친다.

자기개방이나 통찰 중심의 치료로 수련을 받은 임상심리학과 학생들은 자기탐색을 중요하다고 생각하지 않는 문화권의 내담자 또는 삶이 너무 힘든 내담자(예: 가난, 사회적 불안정, 신체장애, 통제하기 힘든 거주환경)에게 자신이 배운 접근이 효과적이지 않아 무기력을 느낀다. 그리고 이러한 무기력으로 인해 내담자의 가치를 평가절하한다. 예를 들어, 자신 안에 있는 공격성, 성적 충동, 범죄적 성질 등은 인정하지 않고 노동자 계급의 내담자들에게는 이러한 특성이 특별히 중요하다고 느낀다. 또는 사회적 계층이나 사회적 조건이 사람들의 삶에 지대한 영향을 미친다는 점을 과소평가하고, 불안정하고 경제적으로 힘든 배경을 가진 내담자들이 충분히 노력하지 않았음을 비판한다(Altman, 1995; Gutwill & Hollander, 2006). 이러한 치료자의 태도는 사회에 존재하는 태도들(예: 가난이 마치 도덕성의 결핍과 같다고 생각함, 상위 계층과 중산층 계층을 선호함)과 비슷하다.

이 장에서 논의된 바와 같이, 현대 정신분석에서는 통찰을 유일한 변화의 기제로 생각하지 않으며, 대신 공감, 새로운 관계적 경험, 간직하기와 같은 다양한 변화기제를 강조한다. 이 관점에 따르면, 개입의 관계적 측면이 중요하다. 따라서 정신분석 치료를 공부하는 학생들은 치료에서 다양한 범위의 개입(예: 내적 경험의 탐색, 내담자 곁에 머물러 줌, 조언이나 지도 제공, 내담자와 함께 목표와 과제 설정)이 활용될 수 있음을 기억해야 한다. 그와 동시에, 상호작용이 갖는 여러 관계적 의미를 지속적으로 탐색하고, 자신의 정서적 경험을 자각하고 조절하며, 치료에 영향을 줄 수 있는 무의식적 편견에 대해 알아 나가야 한다.

사례

Ruth의 사례(Safran, 2002에서 소개됨)는 현대 정신분석학 접근으로 단기 치료를 받은 좋은 예이다. Ruth는 단기 심리치료 프로그램의 일환으로 나(저자, Jeremy D. Safran)에게 30회기의 치료를 받았다. Ruth는 젊고 매력적인 여성으로, 16년 전에 이혼하였다. Ruth는 이혼한 후 여러 명의 남자들과 짧은 기간 동안 연애를 하였는데, 주로 Ruth가 관계에 만족하지 못해 관계를 중단하였다. 그녀는 나이가 들면서 점차 혼자 여생을 보내야 하는 것은 아닌지에 대해 걱정이 되었다. 그녀는 상담을 통해 왜 모든 관계가 불만족스럽게 끝나는지에 대해 이해하고 싶어 하였다.

나(상담자)는 처음에 Ruth에게 동정이 생겼지만, 점차 Ruth의 이야기에 공감이 가지 않았고, 회기가 빨리 끝나기를 바라게 되었다. 나는 Ruth가 자신의 이야기를 할 때 지나치게 자세하게 그리고 감정 없이 이야기해서 내가 공감하기 힘들다는 것을 깨닫게 되었다. 우리 사이에 무슨 일이 있었는지 이해하기 위해, 나는 일부러 내가 공감하기 힘들다는 점을 이야기하였는데, 그 이유는, 나의 경험과 Ruth가 자신을 표현하는 방식과 그 방식 내면에 있는 정신세계가 관련이 있음을 보여 주기 위해서였다. Ruth는 나의 피드백에 반응을 보이며, 점차 상연에 대해 이해하기 시작하였다. 그녀는 자신을 표현할 때 억제하는 이유가 사실은 버림받을까 봐 두려워서였다고 고백하였다. 또한 이러한 두려움을 대처하는 방법으로 감정 없이 지루하게 이야기하고, 결국 이로 인해 내가 거리감을 느낀 것 같다고 말하였다.

이러한 이야기를 마친 후, Ruth는 처음으로 치료에서 자신이 얻지 못한다고 생각하는 점에 대해 직접적으로 이야기하였다. 상담 초반에 그녀는 주로 무덤덤하였지만, 20회기부터는 좌절, 분노, 실망감에 대해 솔직하게 표현하였다. 20회기 초반에 그녀는 이제 상담이 중반 정도 지난 것 같다며 그동안 상담 과정에 대한 평가와 앞으로 상담에 대한 나의 계획을 듣고 싶다고 말하였다. 또한 나와 좀 더 감정적으로 친근감을 느끼고 싶다고 말하였고, 단지 나를 위해 흥미로운 사람이 되려고 노력하고 싶지 않다고 말하였다. 이러한 그녀의 고백으로 나는 수용받지 못하고 이해받지 못한다는 그녀의 감정을 훨씬 더 공감할 수 있게 되었다. 그리고 이후 회기에서 Ruth는 내가 그녀를 이해하지 못할 때 겪은 슬픔을 통해 자신의 슬프고 고통스러운 감정에 접촉할 수 있었다.

Ruth는 나에게 직접적으로 자신의 불만을 표현하였지만 우리의 관계가 계속 유지된다는 점을 경험하였고, 이를 통해 자신의 취약성이나 상담에 대한 의존성과 관련된 감정들에 대해 알게 되었다. 그녀는 21회기 초반에 이렇게 말하였다. "지난주 회기를 마칠 때는 정말 내 삶에 변화를 줘야겠다는 생각이 들었는데, 다시 무감정 상태로 돌아갔어요." 그리고 이런 무감정 상태에서 벗어나기 위해 누군가가 필요하다고 지나가듯이 말하였다. 나는 혹시 지금 당장 나의 도움이 필요한지 묻자 그녀는 울면서 자신이 삶에서 느끼는 실망감과 상실감에 대해 이야기하기 시작하였다. 특히 그녀는 아래를 쳐다보면서 이야기하였는데, 나는 그 점이 매우 흥미롭다고 생각하고 그녀에게 자신의 이런 행동을 알고 있었는지 물었다. 그녀는 자신이 눈 마주침을 피하고 있었다는 점을 인정하면서 자신이 너무 스스로를 동정한다는 느낌이 들어 자신의 감정을 자제하려고 노력하였다고 말하였다. 이에 대해 탐색한 결과, 그녀는 감정을 솔직하게 표현하면 민망해질 것 같아 두렵고, 혼자 있는 것이 차라리 낫다는 생각 때문에 감정을 표현하는 것이 어렵다고 말하였다. 나는 그동안 그녀로부터 거리감을 느꼈다고 털어놓았고, 이러한 나의 자기개방으로 인해 그녀가 나를 어떻게 감정적으로 밀어냈는지 탐색하게 되었다. 그녀는 그동안 나에게 버림받은 기분이 들었다며 통곡하였고, 자신의 관심받고 사랑받고 싶은 욕구를 감추기 위해 다른 사람과의 진정한 접촉을 피하며 살아왔다고 고백하였다. 그리고 이렇게 자신의 아픔을 솔직하게 이야기하고 나니 속이 시원하기도 하고 그동안 필요하였던 관심과 지지를 받지 못하였다는 사실에 슬픔과 상실감이 든다고 말하였다.

그 일이 있은 후, 우리는 내게서 버림받은 것 같아 Ruth가 느낀 두려움, 슬픔, 분노에 대해 탐색하였다. 23회기에 그녀는 자신이 일반적으로 느끼는 버림받음에 대한 두려움에 대해 이야기하였다.

Jeremy: 전 계속 우리한테 이제 6회기 아니면 7회기 정도의 시간밖에 남지 않았다는 것을 생각하고 있어요. 그리고 자기개방의 어려움과 버림받은 느낌에 대해서도 더 알고 싶어요.

Ruth: 작별이나 헤어짐에 대해 이야기하니까 좀 두려워졌어요. 그리고 제가 좀 일반적으로 그런 경향이 있는 것 같아요. 제가 관계를 깊게 맺는 것을 주저하는 것 같아요. 하지만 그에 대한 욕구는 여전히 있어요.

Jeremy: 아하, 당신이 마음속으로는 무엇을 갈망하는지 알 것 같아요. (내담자는 울기 시작하였고 스스로 울음을 멈췄다.) 지금 기분이 어떠세요?

Ruth: 처음에는 마음이 아팠는데, 생각해 보니 이성적으로 생각해 보니, 상담이 종결되는 것에 대해 이렇게 슬퍼하는 건 부적절하다는 생각이 들어요.

Jeremy: 제가 보기에는 적절한데요. 우리는 꽤 오랫동안 함께 이야기를 나누고, 관계를 형성하기 시작하였잖아요. 그리고 제가 느끼기에는 당신도 저를 믿고 마음을 열기 시작한 것 같고요. 그러니 상담이 끝나 간다는 건… 슬픈 일이에요.

Ruth: 제 생각에는 아무래도 이게 상담이 굉장히 유한적이라는 게 슬픈 것 같아요. 내가 어떤 감정이든 여기에서 말하고 상담소를 나가면, 당신은 아마 "흠. 정말 어려운 내담자네. 좋아. 이제 끝났어."라고 이야기하면서 다른 일을 할 것 같아요.

우리는 우리 관계의 불공평과 Ruth가 나에게 화가 난 것에 대해 이야기하였다. 그녀는 우리의 관계에 대해 이야기함으로써 일반적으로 자신이 남자들에게 느끼는 감정의 깊이만큼 그들로부터 받지 못하였다고 말하였다. 또한 그다음 회기에는, 불공평이라는 주제가 다시 제기되었다. Ruth는 내가 자신을 상담하기 어렵고 까다로운 내담자로 생각하기 때문에 빨리 상담을 종결하기 바라고 있다고 추측하였다. 비록 내가 상담 초기에 좌절하고, 지겨워 하고, 그녀에게 거리감을 느꼈지만, 이제는 그녀와의 상담이 생기 있게 느껴지고 진심으로 그녀의 어려움에 공감할 수 있게 되었다. 나는 나의 이런 감정 변화를 그녀에게 말해야 할지 고민하였고 일단 말하지 않기로 하였다. 왜냐하면 내가 나의 이런 변화를 설명하지 않아도 느낄 수 있을 것이라고 생각하였고 오히려 말로 설명하는 것이 진심으로 느껴지지 않을 것이라고 판단하였기 때문이었다.

계속적인 탐색을 통해 그녀는 내가 자신을 어떻게 생각할지 걱정이 되고 내가 자신을 진심으로 신경 써주길 바란다고 말하였다. 그리고 이런 바람은 자신을 더욱 슬프게 만들었고 동시에 자신이 솔직하게 자신의 감정을 털어놓을 수 있었다는 점이 만족스럽다고 말하였다. 그 회기를 마치며 내가 이미 정해진 종결 시점을 바꾸지 않고 상담을 종결하려는 것에 대해 그녀가 상처를 받았고 화가 났다는 것에 대해 탐색하였다. 나는 그녀의 감정에 공감하면서 상처받고 화가 난 것은 지극히 자연스러운 일이라고 말하였다.

28회기에 Ruth는 남자들이 과하게 구애하지 않으면 남자들을 믿기 어렵다고 말하였다. 하지만 아이러니하게도 과하게 구애하는 남자들은 대체로 바람둥이거나 결국은 신뢰할 수 없었던 사람들이었다. 따라서 그녀는 내가 자신을 과하게 위로하려고 노력하지 않음에도 우리의 관계에서 편안함을 느끼는 것이 좋다고 말하였다. 즉, 그녀는 나의 말이 아니라 우리의 관계를 믿기 시작한 것이다.

마지막 두 회기는 요약과 그동안의 변화를 단단히 하는 작업을 하였다. Ruth는 새로운 관계 패턴에 대한 씨앗이 조금씩 자라고 있는 것 같다고 말하였다. 그녀는 나와 헤어지는 것을 슬퍼하였고, 미래에 대한 불안감도 표현하였다. 그와 동시에 자신이 좀 더 낙관적인 사람이 되었고, 자신의 삶이 달라질 것 같다고 말하였다. 상담에서 일어나는 다양한 일들을 완벽하게 관련지을 수 없었고, 모든 주제에 대해 깊게 탐색할 수는 없었다. 단기 상담은 특히 이러한 한계점이 있을 수 있다. 하지만 나의 경험으로는 상담에서 완벽한 종결이란 없다. 다만 시간 제한적 치료에서 종결이란 우리가 모든 문제를 해결해야 한다는 야심 찬 목표가 좌절되는 경험을 하게 해 주고(이러한 경험은 특히 초심자에게 반드시 필요하다), 이를 통해 우리는 삶이란 불가피하게 애매모호하고 우리가 할 수 있는 것에는 한계가 있다는 점을 깨닫게 된다.

요약

정신분석은 100년 전쯤에 처음으로 개발되었고, 시간이 지나면서 많이 진보하였다. 정신분석은 더 유연성 있고, 덜 권위적이고, 다양한 인종, 문화적 · 사회경제적 지위를 가진 내담자의 욕구에 민감해졌다. 또한 정신분석 연구자들도 많이 늘어났고, 정신분석의 효과성을 지지하는 연구 결과들도 증가하고 있다.

오랫동안 정신분석은 심리치료나 건강관리 시스템에서 독보적인 역할을 하고 있다. 1960년대 중반과 말에 정신분석은 일종의 포위되는 경험을 하게 되었다. 한쪽에서는 행동치료가, 또 다른 한쪽에서는 인본주의에 의해 포위되었다. 행동치료는 정신분석이 과학적 근거가 부족하다고 비판하였던 것에 반해 인본주의는 정신분석이 인간에 대해 너무 단순하게 설명하며 인간의 긍정적 측면을 간과하였다고 비판하였다.

행동주의가 비판한 대로 정신분석은 과학적 근거한 부족한 것이 사실이나 점차 정신분석학 연구에 대한 관심이 늘어나고 있다. 그럼에도 불구하고 자연과학 분야를 벗어난 정신분석학의 관점(예: 해석학적 측면, 삶에 대한 철학, 비판 이론)을 우습게 보는 것은 큰 실수일 것이다

그에 반해 정신분석이 인간의 고귀함과 존엄성을 간과하였다는 인본주의의 비판에 주목할 필요가 있다. 실제로 많은 사람들이 정신분석 치료를 받으며 외상적 경험을 하였는데, 특히 미국 자아심리학의 전성기에는 더욱 그러하였다. 그들은 치료를 받은 후 이해받고, 더 나아지기보다는 상처받고 환자 취급을 받아 마음이 상하였다. 현대 정신분석은 1960년대 나타난 인본주의의 긍정적 · 창의적 · 낙관적 측면을 받아들여 통합하였다. 이러한 변화는 내담자, 치료자, 및 학생들에게 큰 도움이 되었다.

그러나 정신분석학자들이 Freud의 일부 의견을 버리지 않은 것이 중요하다. 예를 들어, 인간은 자신의 본능과 문명 간의 갈등이 있었고, 삶의 고통스럽고 잔인한 면을 받아들이는 것이 중요하다는 생각들을 꼽을 수 있다. Freud는 정신분석의 목표 중 하나가 신경증적 미스터리를 인간의 일상적인 불행으로 전환시키는 것이라고 보았다. 이러한 그의 생각은 지금 현재 긍정주의, 기회, 행복을 강조하는 미국의 전통과 반대되는 면이 있지만, 우리로 하여금 미국의 문화가 지금 고통받고 열등감을 느끼는 사람들을 소외시키고 침묵하게 만들 수도 있다는 점을 상기시켜 준다.

아주 유명한 일화가 있는데, 1909년 Freud가 Jung과 Ferenczi과 함께 대서양 연안을 건너 Clark 대학교에서 강의를 하였을 때, Jung은 미국 사람들이 정신분석에 관심을 보이

는 것에 몹시 흥분하였다고 한다(이 강의는 미국 사람들로 하여금 정신분석을 받아들이게 하는 계기가 되었다). 그에 반면에 Freud는 자신의 반응을 자제하며 이렇게 말하였다. "미국인들은 우리가 전염병을 가져오는 것을 아직 알지 못하는 것 같다"(Fairfield, Layton, & Stack, 2002, p. 1). 미래를 생각해 볼 때, 정신분석의 원리 중 미국의 주류 문화에 맞지 않는 원리들이 있지만 그 원리들을 버리지 않는 것이 중요할 것이다. 미국 정신분석은 전성기 때 그 영향력이 크긴 하였지만, 이러한 성공에는 부작용도 따랐다. 미국 정신분석은 일부 엘리트의 편협하고 문화적으로 보수적인 학문이 되었다. 현재 정신분석이 비주류가 된 것을 기회로 삼아 초기의 정신분석이 가지고 있었던 혁명적이고 진보적인 특징을 다시 찾고 발전시키는 것이 중요할 것이다.

추천 도서

Mitchell, S. A., & Black, M. J. (1995). *Freud and beyond: A history of modern psychoanalytic thought*. New York: Basic Books.

이 책은 정신분석 이론과 실제가 형성 및 발전하는 데 기여한 학자들을 소개한다. 깊이 있지만 읽기 쉬우며, 복잡하고 이론적인 설명을 명쾌하게 전달한다. 이 책은 임상적 기법을 다루지는 않지만, 전반적인 정신분석에 대해 알고 싶은 독자들에게는 매우 유용한 책이다.

McWilliams, N. (2004). *Psychoanalytic psychotherapy: A practitioner's guide*. New York: Guilford Press.

이 책은 초보 상담자들을 위해 출간된 책으로, 저자인 McWilliams는 전문적인 용어를 사용하지 않고 정신분석의 중요한 이론과 기술을 설명하고 있다. 또한 정신분석 상담의 기법과 전략에 대해 상세하게 소개하고, 상담에서 나타나는 딜레마나 어려운 상황을 어떻게 해결해야 하는지에 대한 설명도 포함하고 있다. 또한 저자는 상담자의 자기관리, 상담자의 전문성 발달, 상담자를 위한 상담과 같은 중요한 주제에 대해서도 훌륭한 조언을 제시하고 있다.

Safran, J. D. (2012). *Psychoanalysis and psychoanalytic therapies*. Washington, DC: American Psychological Association.

이 책은 정신분석이 Freud와 그의 동료들의 시대부터 어떻게 변화되어 왔는지 그리고 정신분석의 이론, 실제, 및 연구에 대해 다루고 있다. 또한 정신분석의 주요 개념과 개입 그리고 사례를 통해 정신분석 치료의 과정도 소개한다. 특히 이 책은 6회기 상담 내용을 담은 DVD(미국심리학회에서 구매 가능)와 연계되어 있고 정신분석의 역사를 문화적 · 역사적 · 정치적 관점에서 설명하고 있다는 점에서 다른 책들과 차이점이 있다.

Safran, J. D. (2008). *Psychoanalytic therapy over time*.

www.apa.org/pubs/videos/4310864.aspx

Psychotherapy in Six Sessions Video Series(6회기 상담 비디오 시리즈) 중 하나임.

포맷: DVD (특수 자막)

이 DVD는 Jeremy D. Safran의 관계적 정신분석 접근 상담을 보여 준다. 총 6회기에 걸쳐, Safran 박사는 심각한 우울증, 물질 남용, 학대하는 남자 친구와의 문제를 호소하는 젊은 내담자를 상담한다. 내담자는 치료 관계에서 나타나는 갈등과 역동을 탐색함으로써 자신의 욕구를 깨닫게 되고, 미래에 대해 긍정적으로 생각하게 된다. 상담 과정에서 내담자는 처음에는 두려워하고 분노하는 모습을 보이다가, 시간이 지나면서 점차적으로 치료자를 신뢰하고 적절하게 자기주장을 하게 된다. 이 사례는 Safran(2012)에서도 소개된다.

사례집

'Sophie'의 사례. In S. A. Mitchell (1993), *Hope and dread in psychoanalysis*. New York: Basic Books.

Stephen Mitchell은 이 책에서 Sophie의 사례를 보여 주는데, Sophie는 30대로 건축을 전공하는 학생이며 우울증과 남성과의 문제를 호소한 내담자이다. Mitchell은 이 사례를 통해 정신분석의 중요한 원리와 기법을 설명한다. 특히 이 사례에서 주목할 점은, 정신분석 치료에서는 내담자의 주관적인 세계와 치료자 간에 끊임없는 갈등이 발생하는데, 이때 치료자는 내담자의 경험을 확인하고 공감하면서도, 시간이 지남에 따라 내담자가 자신의 존재와 관점을 발견하도록 돕게 된다는 것이다.

'Alec'의 사례. In P. M. Bromberg (2000). Potholes on the royal road: Or is it an abyss. *Contemporary Psychoanalysis*, *36*, 5-28.

Phillip Bromberg는 Alec의 사례를 통해 어떻게 치료자와 내담자가 전이와 역전이 작업을 함으로써 진정한 관계를 맺어 가는지 보여 준다. 특히 치료자와 내담자가 어떤 방식으로 서로에 대한 감정(예: 서로에 대한 분노, 숨겨진 수치심)을 솔직하게 표현함으로써 관계를 형성할 수 있는지 보여 주는 훌륭한 사례이다.

'Simone'의 사례. In J. D. Safran (2012). *Psychoanalysis and psychoanalytic therapies*. Washington, DC: American Psychological Association. [Reprinted in D. Wedding & R. J. Corsini (2013), *Case studies in psychotherapy* (7th ed.). Belmont, CA: Brooks/Cole.]

Simone은 26세의 흑인 여성으로, '텅 빈 마음'과 신경성 폭식증을 호소한 내담자이다. 이 내담자는 사귀는 사람이 지나치게 '원하는 것이 많다'는 생각이 들면 그 사람과 헤어지는 일을 반복하여 관계를 오래 지속하지 못하였다. 치료자인 Jeremy Safran는 내담자의 '텅 빈 마음'과 폭식증의 원인을 파악하기 위해 많은 시간을 보냈다. 내담자는 매 회기마다 그리고 전체적인 상담 과정에서 자신의 감정을 바라보는 능력에서 불안정한 모습을 보였다. 상담이 진행되면서 이러한 그녀의 행동이 사실은 버림받는 것에 대한 두려움과 관련이 있음이 밝혀졌고, 내담자는 점차 치료자를 신뢰하게 되고 치료에 전념하게 되었다.

Simone의 사례는 전이-역전이를 탐색하는 것이 어떻게 내담자로 하여금 자신의 관계적 갈등과 패턴을 이해하는 데 활용되는지 그리고 치료 관계가 어떻게 내담자의 자기-타인 표상을 수정하는 데 도움이 되는지 보여 주는 좋은 사례이다.

Alfred Adler(1870~1937)

제 3 장 Adler 심리치료

Michael P. Maniacci, Laurie Sackett-Maniacci, and Harold H. Mosak

개관

Adler 심리치료는 Alfred Adler가 창시하였다. 그의 체계에 대한 최초의 명칭은 개인심리학으로, 그는 인간의 본성을 총체주의적 · 목적론적 · 현상학적 · 사회적 · 구성주의적 관점에서 바라보았다. 그는 사람들을 자신들의 세계를 적극적으로 구축하는 공동 창시자로 인식하였고, 친사회적 적응이 건강한 삶을 위한 필수 요소라고 믿었다. 열등감, 자기중심성, 적대적 경쟁과 경쟁심, 특정한 생물학적 경향, 낙담 등이 정신병리를 이끌어 낸다. 심리치료자들은 그들의 내담자들이 더 나은 자존감과 타인을 보는 평등주의적 관점과 삶과 타인에 대한 주도적이고 구성주의적인 관점을 가질 수 있도록 돕기 위하여 그들의 내담자들과 협동적이고 유연하면서도 적극적으로 작업하였다.

기본 개념

Adler 심리치료는 Adler가 Sigmund Freud의 동료였을 때 처음 만들어졌다(Hoffman, 1994). Adler(1931/1964b)가 직접 명시하였듯이 비록 Freud의 영향이 매우 컸지만 Adler는 Freud와는 매우 다른 자기만의 개념들과 가정들을 곧 발표하였다. Adler 심리학의 기본 가정들은 다음의 12가지 원리들로 요약될 수 있다(Mosak & Maniacci, 1999).

1. **총체주의.** Adler는 사람을 부분으로 나누어서는 안 된다고 믿었다. 감정 과정 대 지적 과정, 의식 대 무의식, 개인 대 집단 등은 모두 인위적인 이분법이다. Adler학파는 사람을 우선적으로 보려 하였고 부분적으로 나누려 하지 않았다(예: "나의 분노가 나를 제압하였다."). Adler학파는 개인을 전체적인 관점으로 접근하였듯이 개인 간 역동도 그렇게 접근하였다. 사람들은 사회적 맥락 속에서 고려되어야 한다. 전체로서의 인간과 분리하여 감정을 평가하는 것은 그 사람의 사회적 맥락을 고려하지 않고 평가하는 것만큼이나 비생산적이다. 이 연구 분야는 한 개인의 사회적 망 속에 있는 전체로서의 인간에 관한 것이다.
2. **목적론.** Adler 심리학은 목적과 관계가 있다. 아리스토텔레스(Asitotle, 1941)가 기원전 350년에 어떤 것을 이해하기 위해 개요를 정한 것처럼, 다음 네 가지 원인들에 따라서 분석하여야 한다.
   - 질료인: 무엇으로 만들어지는가?
   - 작용인: 무엇에 의해 만들어지는가?
   - 형상인: 어떤 형태를 가지고 있는가?
   - 목적인: 어떤 목적을 위해 만들어지는가?

   심리치료의 많은 체계들은 처음 세 가지 요인만 강조하지만(Adler학파도 인식하였듯이), Adler학파는 네 번째 원인을 강조하였다. 예컨대, 불안을 다음과 같은 방법으로 볼 수 있다.
   - 질료인: 빠른 심장 박동, 땀에 젖은 손바닥, 숨 가쁨, 땀
   - 작용인: 두려운 어린 시절 상황에 대한 노출, 신경전달물질 GABA의 혼란 경향
   - 형상인: 공황장애 또는 범불안장애 등의 불안장애 진단
   - 목적인: 책임을 지고 통제 상태에 있기 위해 자신과 타인에게 보내는 신호

   비록 많은 체계들이 처음 세 가지 원인에 동의하고 그것들에 대해 더 널리 서술하겠지만 Adler학파는 네 번째 것—통제 상태에 있는 것—을 추가한 점에서 비교적 유일한 편이다. 불안의 목적은 어떠한 사물이나 사람(자신을 포함한)을 돌보고 통제하는 것이다. 예를 들어, 감정들은 거의 같은 방법으로 이해될 수 있다. 사랑의 목적인은 무언가를 향해 나아가는 것이다. 무관심의 목적인은 힘을 얻기 위함이다(만약에 누군가 아무것에도 관심이 없다면 그 또는 그녀를 조종하는 것은 쉽지 않다). 증오의 목적인은 무언가로부터 멀어지는 것이다.
3. **창의성.** 사람들을 단순히 반응하는 자가 아닌 행동하는 자로 본다. 이미 언급하였듯이 그들을 세계를 함께 창조하는 자들로 본다. 부모들이 자녀들에게 영향을 준다는 것은 널리 이해되지만, 자녀들도 부모들에게 영향을 준다는 사실은 종종 간과된다. 갓 태어난 아이는 가족 역동이 그 아이에게 영향을 주는 것만큼이나 가족 역동에 영향을 준다. 사람들은 타인이 자신에게 어떤 영향을 주는지에 대하여 매우 잘 의식하지만 자신이 다른 사람들에게 어떤 영향을 끼치는지에 대해서는 좀처럼 자각하지 않

는다. 그러나 모든 관계들은 양방향이다(앞에서 소개된 총체주의를 참고하라). 비록 유전과 환경은 발달에서 매우 중요하지만, 아이들이 그들이 경험하는 내부 및 외부 세계를 보는 관점 역시 매우 중요하다. Adler학파가 즐겨 서술하였듯이 어떠한 두 명의 아이들도 같은 가정에서 자란 적이 없다. 각 아이가 태어남에 따라 그 가족의 역동은 계속하여 변하기 때문이다. 다른 어떠한 아이도 첫째가 되는 것이 어떠한지 모를 것이며, 다른 누구 역시도 막내가 되는 것이 어떠한지 모를 것이다.

4. 현상학. 아이들이 어떤 물질적 · 효율적 원인들을 갖고 태어났는지를 이해하는 것은 중요하지만, 그들이 갖고 태어난 것을 스스로 어떻게 인식하는지를 아는 것도 똑같이 (간혹은 더욱) 중요하다. 아이들이 그들의 상황을 보는 관점들을 이해함으로써 그들의 세계를 들여다보는 핵심적 통찰을 얻을 수 있다. '재능'을 가진 것 같은 (외부 기준에 따라) 많은 아이들이 그 재능을 '저주'로 인식한다. 저자들 중 한 명(Michael P. Maniacchi)이 만났던 한 젊은 내담자가 강력하고 최상의 체격을 지닌 재능이 있는 운동선수가 되는 것은 그가 절대로 스포츠나 신체 활동 시 '설렁설렁 할' 수 없기 때문에 그것은 축복이 아니라고 말하였다. 그는 항상 잘 해내야 한다는 압박감을 느꼈다. '첫번째' 또는 '최고'보다 덜한 것은 실망으로 간주되었다. Adler학파는 객관적 상황을 알기를 물론 원하지만 아주 흔히 주관적 상황이 훨씬 더 도움이 된다.

5. 유연한 결정론(soft determinism). Adler학파는 유연한 결정론을 지지한다. 엄격한 결정론은 "A가 B를 야기한다."라고 명백하게 서술한다. 비결정론은 "원인은 따로 없고 모든 것은 자유 의지의 문제이다."라고 말한다. Adler학파는 그 차이점을 나누는 경향이 있다. 즉, "그것이 그 사람에게 유익하고 그것이 또한 그 사람이 상황을 인식하는 방법이라면 A는 아주 흔히 B를 야기한다."라는 식이다. 유연한 결정론은 원인이 아닌 영향을 강조한다. 그것은 확실성이 아닌 가능성에 대해 말한다. 다른 책에서 지적되었듯이(예: Mosak & Maniacci, 1999), 선택한다는 것이 늘 원한다는 것을 뜻하지는 않는다. 사람들은 꼭 원하지 않아도 그것을 대안으로 선택할 수도 있다. 예를 들어, 만약 건물이 불에 타고 있다면 나는 창문 밖으로 뛰어내리는 것을 선택할 수 있지만 그것이 내가 창문 밖으로 뛰어내리기 원한다는 것을 뜻하지는 않는다. 다음으로, 선택할 자유는 항상 선택의 자유를 뜻하지는 않는다. 삶은 한계를 가지고 있고 우리는 무제한의 메뉴 중에서 선택할 만큼 자유롭지는 않다. 삶에는 한계가 있고, 그런 한계 속에서 우리는 여전히 몇 가지 선택권을 가지고 있다(비록 선택 가능한 것들이 좋은 것이 아닐지라도 말이다). 마지막으로, 선택, 책임감, 그리고 비난은 명확해질 필요가 있다. 모든 것을 말하고 행할 때, 굳이 비난받을 필요는 없더라도 사람들은 그들의 선택에 대하여 책임을 져야 한다. 자신이 무엇을 선택하였는지 모른다는 사실이 그 선택을 하지 않았다는 것을 의미하지는 않는다. 이전에 상술한 가정들을 고려한다면 왜 특정한 사람들이 특정한 선택을 내리는지 충분히 이해할 수 있다. 그들을 비난하는 대신에 Adler학파는 그들의 선택들을 지적하고—그들에게 그들의 선택에 대해 가르치고—그다음에 회기의 안과 밖에서 그들을 다시 가르치고, 그들에게 새로운 선택들을 가르치고, 그들에게 새로운 기술과 배울 기회를 제공한다.

6. **사회적 장 이론**(social field theory). 총체주의에 관한 가정에서 언급되었듯이 Adler학파는 행동이 일어나는 사회적 장을 자세히 조사하는 경향이 있다. 누군가가 '울고 있다'는 것을 아는 것으로는 충분하지 않다. 그 사람이 어디서 우는가, 누구와 우는가, 그가 우는 것을 누가 가장 먼저 알았는가, 누가 가장 늦게 알았는가, 그가 우는 것을 전혀 모르는 사람은 누구인가, 그의 울음에 가장 크게 영향을 받은 사람은 누구인가 등의 질문들은 울게 된 배경을 설명한다. 그 사람은 '슬프기 때문에' 울기도 하고(작용인), 울음이 타인에게 영향을 줄 수 있기 때문에 울기도 한다(목적인). 울음은 어떤 효과를 가져올 수 있는가?

   Adler(1956)는 삶에는 세 가지의 주요 과제가 있다고 기록하였고, 다른 Adler학파 학자들이 그의 초기 체계화를 더 자세히 설명하였다(예: Manaster & Corsini, 1982; Mosak & Maniacci, 1999). Adler에게 세 가지 주요 생활 과제는 일, 공동체, 그리고 사랑이었다. 모든 정신병리는 하나 또는 그 이상의 주요 생활 과제들을 피하기 위해 만들어졌다. 내담자들이 그 생활 과제들을 어떻게 만나는지, 또는 만나지 않는지를 봄으로써 심리치료자들은 그들을 더 잘 이해할 수 있다.

7. **노력으로서의 동기**(motivation as striving). Adler 심리학에서 이 개념을 표현하는 가장 보편적인 방법은 사람들이 부정적으로 지각된 상황에서 긍정적으로 지각된 상황으로 이동하기 위해 동기가 부여된다고 말하는 것이다. '부정적으로 지각된 상황'과 '긍정적으로 지각된 상황'은 사람에 따라, 상황에 따라 다르다. 누군가에게는 부정적인 상황이 '약한' 것이고 긍정적인 상황이 '강한' 것일 수 있고, 누군가에게는 '뚱뚱한' 것과 '마른' 것일 수도 있다. 또 다른 누군가에게는 '가난한' 것과 '부유한' 것, 또는 '증오를 받는' 것과 '사랑을 받는' 것일 수도 있다. Adler는 이 분야에서 일하는 동안 각각의 입장에 대해 다른 표현들을 사용하였다(Adler, 1956; Ansbacher, 1964, 1978).

   부정적인 상황은 다음과 같이 다양하다.

   - 열등한
   - 약한
   - 증오를 받는
   - 무시된
   - 과제에 부적절한

   긍정적인 상황은 다음과 같이 다양하다.

   - 우월한
   - 진정한 남자
   - 힘
   - 안전
   - 자존감
   - 완벽
   - 극복

- 완성

Adler의 초기 저술에서 그는 부정적인 상황에 대한 기분이 먼저 온다고 믿었다. 즉, 아이들이 열등감을 먼저 느낀 후에 우월해지기 위해 분투한다는 것이다(Adler, 1912/2002; Ansbacher, 1964). 생각과 경험이 자라면서 Adler는 그 순서를 뒤바꾸었다. Adler의 인생이 끝날 때까지 그는 아이들 모두가 몇 가지 목적을 이루기 위해 먼저 분투하고 오직 그들이 좌절하였을 때에만 열등감이나 부족함을 느낀다고 생각하였다(Adler, 1935/2012b). 이것은 매우 중요한 변화였다. 그리고 사실상 용어 변화보다 훨씬 더 중요한 변화였다. Adler의 처음 입장은 Freud의 긴장 감소 모델의 변형이었다. 사람들은 그들이 감소해야만 하는 긴장을 느꼈고, Adler는 오직 차단된 성욕으로부터 오는 긴장 대신 그것이 열등감으로부터 온다고 느꼈다. Adler는 인간 본성의 성장 모델로 변화하였다. 주요 목표는 긴장 감소가 아니라 노력하는 것이었으며 사람이 자신의 목표를 성취할 수 없을 때에만 부차적으로 긴장감이 생겼다(Ansbacher, 1964, 1977, 1978).

8. **개별 기술적 지향**(idiographic orientation). Adler학파는 인간의 법칙 정립적 성향보다 개별 기술적 성향을 강조하였다. 그 사례의 특성이 보편성보다 더 중요하다. 사람들이 주요우울장애를 갖고 있다고 말하는 것은 사실상 법칙 정립적이다. 그들은 특정한 우울증을 어떻게 드러내는가? 누구와 있을 때 드러내는가? 어디서 그리고 언제 드러내는가? 그들은 더 슬퍼하거나 더 과민한가? 우울할 때 외로움을 느끼고 고립되는가, 아니면 사교적이고 애정에 굶주리는가? 현상학, 창의성, 총체주의, 사회적 장 이론, 노력 등의 가정들을 고려하면, 훨씬 더 자세한 자료가 요구된다. Mary의 주요우울장애는 자녀들이 가을에 학교로 돌아가 혼자 있을 때에만 '생기는' 것으로 보인다. Jane의 주요우울장애는 그녀의 남편이 주변에 있고 그녀를 통제하려고 할 때에만 '심해지는' 것으로 보인다. 둘 다 주요우울장애의 진단기준에 부합되겠지만 개별 기술적 성향은 그들을 치료할 때 매우 중요하다.
9. **사용의 심리학**(psychology of use). 이 개념은 이전에 언급된 개념들로부터 자라난 것이다. 사람이 무엇을 '가지고 있는지' 아는 것은 중요하지만, 그가 가진 것을 그가 어떻게 '사용하는지' 아는 것이 더 중요할 때가 종종 있다. 소유의 심리학에서 사용하는 언어와 다르게 사용의 심리학에서 쓰는 용어는 훨씬 더 활동적이고, 지시적이며 복잡하다. "Bill은 꽤 성질이 있다."라는 말은 Bill이 성질을 '가지고 있다'는 것이므로 소유의 심리학을 나타낸다. Adler학파는 이것을 다르게 표현할(그리고 개념화할) 것이다(McKay & Dinkmeyer, 1994; Rasmussen, 2010). "Bill은 타인을 통제하는 데에 그의 성질을 사용한다." 또는 "그가 좋아하지 않는 것들을 없애기 위해 그의 성질을 사용한다." 등이다. 이런 이유로 특정한 심리적 과정들이 정서, 기억 또는 인지와 같은 상당히 흥미로운 방법으로 재구성된다. Adler학파는 이런 정서들이 어떻게 사용되는가에 관심을 갖는 것만큼 사람이 갖는 특정한 감정들에 대해 관심이 많지 않다. 마찬가지로, 사람이 무엇을 기억하는지도 중요하지만, 사람들이 그 기억에 어떤 목적을 부여하는지 아는 것이 훨씬 더 흥미롭다(이 장 77쪽의 '심리치료 과정'에서 Adler학파가 성

격을 어떻게 평가하는지 보라). 많은 사람들은 똑똑할 것이다, 하지만 그들은 어떻게 그들의 지능을 사용하는가? 어떤 목적을 위해 사용하는가?

10. **'마치 ~인 것처럼' 행동하기**(acting "as if"). 사람들은 그들 세계의 지도를 만든다. 그리고 그들은 그 지도가 마치 현실을 정확하게 나타낸 것처럼 행동한다. 그들이 그 지도를 고수하는 정도는 Adler학파에게 흥미로운 것이다. 어떠한 지도도 지형 자체보다 중요할 수는 없다. 아니면 생존이 위험하다. 만약 Jack이 사람들은 항상 안전하고 믿을 만하다고 믿는다면, 대부분의 경우에 그것은 유용할 것이다. 하지만 그러한 가정으로 인해 그가 해를 입는 위험에 처하게 될 수 있고, 그가 자신의 믿음을 너무 완고하게 고수하고 그것이 마치 사실인 것처럼 너무 자주 행동하면 그는 현실을 회피하게 된다. 인생은 Jack의 지도를 따르지 않을 것이다. Jack은 그러한 지나친 일반화가 가져오는 결과들에 따르거나 맞서야만 한다. Adler학파는 삶의 상세한 부분들에 있어 사람들의 지도가 얼마나 유용한지 분석하는 경향이 있다. Adler가 '생활의 양식(style of life)'이라고 일컬었던 것을 현대의 Adler학파는 '생활양식(lifestyle)'이라고 불렀는데, 그것은 사람들이 따라 행동하는 그 지도에 대한 단서를 제공한다. 생활양식은 다음 네 가지 주요 요소로 요약될 수 있다(Mosak & Maniacci, 1999; Shulman & Mosak, 1988).
    - 자기개념: 내가 누구이고 아닌지에 대한 모든 설명
    - 자기 이상: 내가 누구여야만 하고 누구여서는 안 되는지에 대한 모든 설명
    - 세계관: 사람, 삶, 그리고 세계에 대한 모든 설명
    - 윤리적 신념: 무엇이 옳고 그른지, 좋고 나쁜지에 대한 모든 설명

    심리치료는 지형과 지도 사이의 '적합도'의 문제로서 (부분적으로) 개념화될 수 있다. 더 적합할수록 행동이 부적응적으로 나타날 가능성이 더 적을 것이다.

11. **자기 충족적 예언**(self-fulling prophecy). 사람들이 자신의 지도가 마치 '진짜거나' '사실이거나' '정확한 것'인 것처럼 행동할 때 그들은 그들이 받는 피드백을 적극적으로 구체화하는 경향이 있다. 그들이 받는 피드백은 정말 부분적으로 그들이 보낸 전방공급 메커니즘(feed-forward mechanisms)의 부산물이다. 마치 사람들이 적대적인 것처럼 행동한다면, 그들은 적대적인 반응들을 꽤 자주 받게 될 것이고 그것은 그 후 그들의 신념을 정당화하는 것처럼 보일 것이다. Adler학파가 기록하였듯이 "믿는 것은 보는 것이다"(Mosak & Maniacci, 1998, p. 4).

12. **낙관주의**(optimism). Adler(1956)는 자신이 종종 진술한 것과는 반대로 인간의 중립적 본성에 대하여 꽤 강조하였다. 그는 사람들이 근본적으로 선하다고 믿지 않았고, (Freud와 마찬가지로) 사람들이 근본적으로 악하다고도 믿지 않았다. (이미 묘사된 것처럼) 사람들은 많은 요인들에 따라 선하기도 하고 악하기도 할 수 있다. 인간 본성의 중립성은 낙관론적인 심리치료적 입장에 이르게 한다. 모든 사람들은 아무리 그들이 낙심하거나 역기능적으로 보일지라도 언제든지 그들은 더 나은 자신이 될 수 있다. 교육, 격려, 새로운 선택에 대한 가르침, 공감, 이해, 기관 열등을 유용하게 보상하기 위한 도움, 통찰력, 새로운 기술 습득은 사람들이 더 나은 기분을 느끼고 더 잘하

고 더 나은 사람이 되도록 도울 수 있다. Adler 심리학의 개별 기술적 성격을 고려해 볼 때, '더 나은(better)'이 뜻하는 것은 사람에 따라 그리고 상황에 따라 따르다. 낙관론에서 희망, 믿음, 그리고 연민은 매우 중요하다. 만약 치료자가 그것들을 사용하지 않고 내담자에게 보여 주지 않는다면 내담자들은 흔히 그러한 것들을 스스로 찾을 수 없다.

다른 체계들

Adler 이론은 사람들을 이해하기 위한 종합적인 체계뿐만 아니라 Adler학파 임상가들이 만나는 사람들을 돕기 위해 방향을 설정하기 위한 방법을 제공한다. Adler 이론과 다른 이론들의 관계는 2요소 방식으로 묘사될 수 있다. 첫째, 다양한 이론들의 이론적 기반들은 Adler 심리학이 포괄하는 가정들과 같은 가정들을 공유한다. 둘째, 다른 이론들이 사용하는 치료적 접근법들은, 유사한 가정들에서 발생하지 않았음에도 불구하고, Adler학파가 사용하는 접근법들과 일치한다. 이 2요소에 의한 설명은 Adler 이론과 다른 이론들 사이에 상당한 양의 공통 부분이 있음을 설명한다. 더 나아가서 이것은 (1) 각각 다른 이론적 방향에서 실행하는 임상가들이 내담자를 돕는 방법에서 그들의 레퍼토리를 넓힐 수 있는 능력과 (2) Adler 심리학이 제대로 통합된 것으로 보일 수 있는 포괄적 이론을 제시한다는 견해를 증명한다. 다음은 Adler 심리학을 다른 다양한 접근법들과 비교하는 많은 방법들에 대한 서술이다.

Adler 심리학은 다양한 기본적 가정들에 근거를 둔 현상학적 · 총체주의적 · 목적론적 · 낙관론적 · 사회적으로 잉태된 이론(socially embeded theory)이다. 그 가정들은 상식적인 요소를 가지고 다양한 이론들을 만들어 낸 것으로, Adler 이론과 다른 이론들(인지행동과 새로운 인지행동 이론들, 해결 중심 이론, 긍정심리학, 애착 이론, 다문화 이론 등)의 비교를 위한 좋은 기반을 제공한다.

인지행동치료

Adler는 최초의 현상학적 · 인지적 치료자였다(Mosak & Maniacci, 1999). Adler 이론처럼 인지치료 이론은 사람들의 사고 체계와 그들의 감정 및 행동 사이의 관계를 강조한다(Watts, 2003). Adler학파는 인지행동치료와 일치하는 과제인 내담자들의 생활양식 신념들을 이해하려고 노력한다. 인지치료자들은 내담자의 생각 속에 그가 가지고 있는 비현실적 기대들을 나타내는 '~해야만 한다' 진술들과 같은 왜곡들을 찾아내려고 노력한다. 이러한 '~해야만 한다' 진술들은 Adler학파가 찾고자 하는 비현실적인 이상적 자기 신념들과 유사할 수 있다. 또한 인지 이론은 사람이 무엇을 생각하는지뿐만 아니라 사람이 어떻게 생각하는지를 강조한다. 예를 들어, 인지 이론의 주요 개념인 **이분법적 사고**(상호 배타적인 범주에서 현상 등을 보는 경향)는 내담자가 실수로 '이상-이하', '남성적인-여성적인', 또는 '모두 다-아무것도 아닌 것'으로 느낌을 평가하거나 둘로 나눈다는 Adler의 **대조적인 통각 방식**(antithetical modes of apperception)이라는 개념과 비슷하다(Adler,

1912/2002).

이 두 이론의 치료적 접근법 또한 비슷한 점을 가지고 있다. 인지행동 이론과 Adler 이론은 치료적 관계의 중요성을 강조한다. Adler가 전통적인 정신분석적 접근법으로부터 갈라져 나온 중요한 이유 중 하나는 전반적으로 강력한 치료적 관계를 확립하는 것이고, 특히 상호적이고 평등하며 정중한 라포를 확립하는 것을 강조한다는 것이다. 인지치료자들도 강력한 치료적 동맹을 확립하는 것을 상당히 강조하였다. 두 이론적 방향 모두 교육적인 노력으로서 치료에 접근하였다(Watts, 2003).

새로운 인지행동 접근법들: 마음챙김과 수용전념치료

마음챙김과 수용전념치료는 지난 10년 정도에 걸쳐 활용되며 성장한 새로운 인지 이론들이다(Hayes, Follette, & Linehan, 2004). 이 두 이론은 비슷한 토대를 가지고 있고 Adler 이론과도 비슷한 점들을 가지고 있으며 Adler의 테두리 안에서 활용될 수 있다. 두 이론 모두 사실상 인지적이라는 점에서 사람들이 무엇을 그리고 어떻게 생각하는지가 그들의 행동과 안녕에 영향을 준다는 Adler적 관념을 공유한다. 마음챙김과 수용 접근법은 내담자들이 내적 · 외적 자극들을 인지하고 그 자극들을 판단하는 것이 아니라 수용하도록 한다. 즉, 비록 Adler 치료자가 전통적으로 부정적 신념과 사고 패턴을 확인하고 수정하도록 돕지만 마음챙김과 수용 치료는 내담자들이 그들의 현재 사고 패턴을 고치지 않고 '적절한 생각들'로 수용하는 것을 돕는다. 비록 이런 면에서는 이 두 접근법이 약간 다를 수 있지만 두 이론 모두 내담자들이 자신의 안녕을 증진시키고 자신의 가장 친한 친구가 되는 법을 배우고, 그리고 불안과 열등감을 더 잘 수용하게 되도록 도우려고 노력한다.

수용전념치료(Hayes, Follette, & Linehan, 2004)의 전념 측면 역시 Adler 치료와 비슷한 접근법을 가지고 있다. 전념 치료는 내담자가 자신의 삶이 무엇을 의미하고자 원하는지 분명히 표현하도록 도우려고 노력한다. 이러한 표현으로부터 치료자는 내담자가 삶의 계획을 세우고 자신의 목표들을 향해 앞으로 나아가도록 돕는다. 이러한 진보적이고 목표 지향적인 접근법은 Adler의 접근법과 일치한다. 좀 더 구체적으로 말하면, Adler 치료자는 내담자들이 자신의 생활 과제들(즉, 일, 사랑, 사회적 · 영적 · 개인적 과제들) 가운데 무엇을 바꾸고 싶은지 명확하게 하는 것을 돕기 위해 내담자들과 협력한다.

해결 중심 치료

많은 이유로 심리치료는 단기적 치료 모델로 이동하였다. 해결 중심 치료와 Adler 치료 모두 단기적 치료 접근법에 잘 맞는다(de Shazer, 1988). 또한 이 두 이론들은 다른 유사점들도 가지고 있다. 즉, 두 이론 모두 목표 지향적이다. 이렇게 하여 두 이론은 모두 협력적 관계를 통해 내담자의 목표를 확인하기 위하여 작업한다. 그들이 강조하는 것은 내담자가 앞으로 나아가는 것을 돕는 것이다. 목적론과 증상 및 행동의 목적 탐색에 대한 강조는 Adler 이론에서 필수적인 것이다. 실제로 Adler학파는 예전부터 증상들의 잠재적 목적을 확인하기 위한 수단으로서 '질문'을 사용해 왔다(Mosak & Maniacci, 1998). 해결 중심 치료자들은 '기적 질문'을 이용해 왔다(de Shazer, 1998, p. 5). Adler는 de Shazer에 의해 인용되지는 않았지만 그 전략의 사용은 사실상 거의 동일하다.

Adler 치료와 해결 중심 치료의 목표 지향적 초점에 더하여 다른 중복되는 영역이 있다. 두 이론의 치료자들 모두 사람들의 낙관적 관점을 수용하고 내담자들의 강점을 확인하고 세우는 것에 초점을 두며 강한 치료적 동맹을 세우는 것에 집중한다. 마지막으로, 해결 중심적 단기 치료는 미래에 초점을 둔다. 비록 Adler 치료자들은 현재와 과거에도 초점을 두겠지만, Adler 치료 역시도 이러한 관점을 가지고 있다. Adler학파는 가끔 내담자들이 현재 있는 곳까지 어떻게 오게 되었는지 또한 그들이 과거의 경험들을 그들의 현재 동기와 목표들로 어떻게 확장시켰는지 이해하기 위한 방법으로서 내담자들의 과거를 '잠깐 살펴보기도' 한다.

애착 이론

Adler 이론은 발달에서의 애착의 역할을 고려하고, 애착 이론(Wallin, 2007)은 그것을 더 자세하게 분석한다. 어린 시절의 경험들을 통하여 어린이들은 주로 보호자들과의 상호작용을 통하여 자기 자신과 다른 사람들의 작업 모델을 발전시킨다. 애착 이론은 일반적인 애착 유형들을 구분하는데, 각 유형은 특정 상황에서 보편적으로 결정된 관점이나 기대에 따라 분류되는 것으로 보인다. 비록 애착 이론은 가끔 너무 결정론적이고 개인의 창조적인 힘을 인정하는 것이 결여되어 있기도 하지만 내담자의 생활양식을 탐색하는 것을 늘릴 수 있다. 애착 이론은 Adler 이론과 같이 사회적 장의 중요성을 강조한다. Peluso, Peluso, Buckner, Kern과 Curlette(2009)의 연구에서 그들은 애착 유형과 생활양식이 비슷한 구념(constructs)임을 발견하였다.

긍정심리학

지난 10년 정도에 걸쳐서 긍정심리학은 기존의 의학적 모델을 수용하였던 많은 이전의 심리학 체계들과는 상반되게 새롭고 낙관적이며 강점 지향적 심리학으로 부상하였다(Carlson, Watts, & Maniacci, 2006; Seligman, 2011). 긍정심리학은 우리를 '아프게' 하는 측면들과 대조적으로 우리의 안녕과 연관된 측면들에 초점을 둔다. 긍정적인 감정들, 삶 속에 참여하는 것, 의미를 감지하는 것, 대인관계 등과 같은 요소들은 안녕의 감각을 증진시키는 요소들로서 확인되어 왔다(Seligman, 2011). 안녕과 연관된 요소들뿐만 아니라 개인의 강점들에 맞춰진 초점은 Adler 심리학과 상당한 공통 부분을 지니고 있다. 이러한 공통 부분에도 불구하고 긍정심리학 문헌들은 Adler의 생각들을 거의 언급하지 않는다. 실제로 개인에게 무엇이 좋은지에 초점을 두는 것과 개인을 격려하는 것을 강조하는 것과 사회적 관심(즉, 소속감을 느끼는 것과 다른 사람들과 함께 참여하는 것)을 개인 안에서 확장시킨다는 Adler의 관점 모두 긍정심리학에서 약술하는 요소들과 일치한다.

역사

선구자들

Adler는 자주 시간을 앞서 가는 사람으로 묘사된다(예: Ellenberger, 1970). 그리고 그의 가정들은 그 시대에 널리 알려진 의학적이고 과학적인 선도자와 종종 조화되지 않았다(Maniacci, 2012). 이것에 대한 몇 가지 이유들은 다른 책에서 많은 저자들에 의해 자세히 설명되어 왔지만(Carlson & Maniacci, 2012), 다음과 같이 요약할 수 있다.

Adler는 과학자였다. 그는 의학 전공 학위를 받았고 개업의였다. 그는 초기에 물질주의적이고 비교적 단호한 결정론적인 관점에서 사례들을 기록하고 개념화하였다. 그러한 관점은 그로 하여금 그의 고향인 빈의 사람들, 특히 Freud의 인정과 관심을 얻게 하였다. 그의 단호한 결정론적 입장은, 그가 여전히 Freud와 그의 동료들이 구성한 활동적인 초기 핵심 구성원이었던 1907년에 처음으로 발표한 기관 열등에 대한 출판물에서 가장 명백하게 드러난다(Adler, 1907/1917). 그러나 이러한 관점은 Adler를 오랫동안 만족시키지 못하였다.

Adler는 의학 및 정신의학 논문들과 출판물들뿐만 아니라 다방면으로 폭넓게 독서하였다. 기관 열등에 대한 그의 첫 번째 출판물 바로 뒤에 Adler는 과학 분야 외의 저자들을 언급하기 시작하였다. 그는 그 시대에 매우 일반적이었던 물질주의적 관점의 논리와 가정들로 만족하지 못하였다. 사실 한 출판물에서 Adler는 자신의 심리학 체계에 가장 큰 영향을 준 것들이 "성경, 셰익스피어, 그리고 괴테"(Adler, 1956, p. 329)라고 기록하였다. 1912년에 출판된 그의 첫 주요 심리학 교재에서 가장 자주 언급된 저자들 중 두 명이 철학자 Friedrich Nietzsche와 Hans Vaihinger였다(Adler, 1912/2002; Maniacci, 2012). Adler는 성격과 심리학을 묘사하는 새로운 방법을 위해 분투하였고, 그 시대의 주류 과학자들은 그의 사고를 위한 개념적 토대를 제공하지 않아 그는 다른 곳을 보게 되었다.

Adler는 인간을 사회적 동물로 보는 관점과 같은 많은 개념들을 아리스토텔레스에게서 차용해 왔다. 그는 상식, 실용적 지혜, 그리고 목적인의 개념 또한 차용하였다. Adler는 Immanuel Kant와 그의 제자 중 하나인 Vaihinger(1911/1965)에게서 상식의 개념과 인지 지도에 대한 생각에 대해서 더 큰 강화를 받았다. 그는 권력에의 의지에 대한 개념, 사람들에게 영향력을 행사하고 힘을 얻는 잠재적 수단으로서의 '질병(illness)' 또는 '병(sickness)', 목적을 달성하고 개인의 행동들을 정당화하는 방법으로서의 기억의 창조적 사용 개념을 Nietzsche(1901/1967)로부터 차용하였다.

또한 Adler는 셰익스피어로부터 많이 배웠다(Maniacci, 2012). 그는 곳곳에서 셰익스피어의 등장인물들을 인용하였고 셰익스피어의 인간 본성에 대한 빈틈없는 이해를 칭찬하였다. Adler는 기관 열등의 보상과 과잉 보상에 대한 개념에 있어서 주요 자료 중의 하나로 셰익스피어를 인용하였다(Adler, 1956, p. 168에서 Richard 3세라는 인물에 대한 언급 참고). 또한 Adler는 셰익스피어로부터 사람들을 문제로 이끄는 것은 그들의 성격과 그 상황에서 요구되는 것 사이의 부조화라는 것을 배웠다. 셰익스피어는 등장인물들이 비록 그들의 강점으로부터 비롯된 문제들을 갖고 있을지라도 매우 도덕적이고 지적인 덕목들을 갖춘 등장인물들을 종종 묘사하였다. 예를 들어, Othello는 명예롭고 정직하며 충성스러운 사람이었지만 그는 비극적으로 타인들을 지나치게 신뢰하거나 지독하게도 충분히 신뢰하지 못하였다. 그는 예상하지 못한 상황을 만나면, 말하자면 친구의 기만과 같은 상황을 그는 잘 다루지 못하였고 결국 몰락으로 치닫게 되었다. 이것은 어느 하나의 문제가 아니라 성격과 상황의 결합이 문제로 이어진 것이다.

마지막으로, Adler(1931/1946b)는 Freud로부터 여러 개념들을 차용하였다. 그의 말년의 저술에서조차 그는 무의식 과정, 꿈 해석, 추측, 성격 형성에서의 아동기의 결정적 역할, 그리고 그 시대까지 정신장애를 치료하는 주요 방법이었던 신체적 시도 대신 '대화 치료' 개발의 중요성이라는 개념들은 Freud의 덕을 보았다.

초창기

Adler는 1870년 2월 7일에 빈에서 태어나 1937년 5월 27일에 스코틀랜드의 애버딘(Aberdeen)에서 강의를 하던 중에 생을 마감하였다. 그는 1895년에 안과학 학사로 빈 대학교를 졸업하였다. 그는 사람들이 세계를 바라보는 데 있어서 불안이 자신의 건강에 어떻게 영향을 줄 수 있는지에 대해 매우 잘 알고 있었다. 그는 머지않아 일반 내과로, 그다음에는 신경학으로 바꿨다. 그는 제1차 세계대전 동안 오스트리아 군부대의 의사로 일하였고 그전까지는 정치적으로 굉장히 활동적이었다. 그는 여성 해방 운동들에 참여하였고 공중의학과 노동자 계층의 건강에 대하여 글을 썼으며 장애가 있는 사람들과 가난한 사람들을 옹호하였고 소외된 사람들을 위해 오스트리아에서 클리닉들을 세웠다. 그는 교도소, 병원, 요양원들을 자문하였다. 그는 공개 강의들을 제공하였고 학교에서도 일하였으며 생활지도 교사들과 공립학교 교사들이 학생들을 잘 지도하도록 그들을 훈련시켰고 부부 클리닉들을 세웠다.

1902년 언젠가 Adler는 Freud와 수요일 저녁에 만나 심리학과 의술에 관련된 문제들을 상의하자는 초대장을 받았다(Hoffman, 1944; Orgler, 1939/1963). Freud가 Adler에게 평가를 위해 몇 명의 환자들을 보냈다는 사실과, (만약 이러한 일이 있었다면) 치료가 주로 의학적이었는지 정신의학적이었는지는 불확실해도, Adler가 Freud의 친척 한 명을 치료하였을 것이라는 사실에 대한 약간의 증거는 존재하지만, Freud가 Adler를 어떻게 알게 되었는지에 대해서는 충분하게 명확하지는 않다. 그럼에도 불구하고 그들은 만났고 Freud는 그에게 감명을 받았다. 짧은 시간 내에 Adler는 수요심리학회(빈 정신분석학회로 이름을 정하기 전)의 회장으로 선출되었고 (Freud와 함께) 그들의 학술지의 공동 편집장이 되었다.

두 사람은 9년 동안 함께 일하였다. 그들은 다정해 보였지만 사실상 친구는 아니었다. Adler는 그 최초 학회의 구성원들 중 유일하게 Freud로부터 정신분석을 받지 않은 사람이었다. 그가 왜 '교육 분석(training analysis)'을 받지 않았는지는 전혀 설명되지 않았지만 그것은 그들의 최종적인 결별의 결정적인 요인이었을 수 있다. Adler는 그의 선배들과는 매우 다른 방식과 기질을 가지고 있었고, 그는 '정신분석'을 매우 다르게 진행하였다. 환자들을 비스듬히 기대어 눕게 하고 그 뒤에 앉아 필기를 하며 환자들이 자유 연상을 하도록 하는 것과는 반대로 그는 환자들을 앉히고 그들이 마주하는 실생활의 어려움들에 대해 자유롭게 말하게 하였다. Adler는 특히 치료 초반에 질문을 하고 면담을 구조화하는 것을 지지하였는데, 그것은 만약 분석가가 지나치게 지시적이면 뒤따를 수 있는 잠재적 '정보의 오염' 때문에 Freud가 위험하다고 생각하였던 방법이었다. Adler는 부부, 어린이, 그리고 가족들을 만났고, 클리닉, 교도소, 학교들에서 신체장애를 가진 사람들을 만났으며 다른 전문가들 앞에서 그의 방법들을 보여 주었다. Freud는 그의 작업을 누구에게도, 초청되었을 때조차도 보여 주지 않았다. 신경증 환자들부터 정신병 환자들 그리고 범죄자들까지 아무나 치료하였던 Adler와는 반대로 Freud는 아주 특정한 집단만을 개인적으로 다른 사람들이 없는 데서 만났다. 만약 환자들이 Freud의 치료 기준에 적합하지 않으면 그는 그들을 치료하지 않았다. Adler는 어떤 특정 개인에게 효과가 있는 것을 찾을 때까지 그의 방법들을 수정할 기세였다(Maniacci, 1999).

1911년에 그들의 차이는 정점에 다다랐다(Adler, 1956; Ansbacher, 1978). Adler의 글과 강의들이 Freud의 것들과 점점 더 갈라져 가고 있는 과정에서 한 회의가 열리게 되었다. 몇몇의 요점들이 쟁점이 되었는데, 그중 두 가지는 양립할 수 없게 되었다. 첫째, Freud가 그의 관점들을 발표하였고, 약 일주일 후에 Adler가 자신의 것을 발표하였다. Freud는 여자가 생물학적으로 남자보다 열등하다고 느꼈고 여자들에게 음경이 없는 것이 남자들과 같이 남근기를 겪을 수 없도록 결정한다고 생각하였으며 그러므로 그들은 여생 동안 심리학적으로도 열등할 운명이고 주도권과 지휘권의 직책들을 맡아서는 안 된다고 믿었다(예: Freud, 1933/1965, p. 119). 자신의 첫째 딸과 둘째 딸이 박사학위(각각 철학과 의학)를 받도록 확실하게 뒷받침해 주었던, 매우 교양 있고 정치적으로 활동적인 여성과 결혼한 Adler는 이에 동의하지 않았다(Hoffman, 1994). 그는 체질적 열등감 때문이 아닌 사회적 열등감 때문에 여성들이 더 자주 정신과 진료를 받는다고 느꼈다. 그들은 동등한 권리와 존중을 얻지 못하였고 사회적 지위가 낮은 사람들로서의 신분을 얻었으며 그들은 그들의 사회적 상황 속에서 세력의 재균형을 위해 정신과적 증상을 나타냈다. 그들이 약간의 세력과 지배권을 행사할 수 있는 유일한 방법이 정신과적 증상들을 통한 것이었다. Freud는 그것은 용납할 수 없는 입장이라고 생각하였다.

둘째, Freud는 오직 억압만을 통해 사람들이 함께 생존하기를 희망한다며 인류에게 억압은 필요한 기능이라고 생각하였다. 근본적으로, 사람들은 억압이 없다면 서로를 죽일 수 있는 동물들이었다. Adler는 이에 동의하지 않았다. Adler는 억압은 오직 사람들이 사회적 삶의 논리를 받아들이기 거부하고 타인과 협력하여 일을 하기 위해 자신들의 '욕구들'을 사용할 수 없었기 때문에 필요한 것이라고 느꼈다. 만약 사람들이 삶에 옳은 의미를 부여하고, 잘 적응하고 협력하며 인정을 베풀도록 교육을 받았다면 사람들은 자기 자신이나 타인들과 충돌할 필요가 없었다. 사람들은 동물이 아니라 그들이 교육을 제대로 못 받고 상황들을 충분히 명확하게 볼 수 없는 것이다. 그들이 만약 따뜻하고 정중하고 공평하게 대우를 받았더라면 그들은 성장하고 협조적이고 훌륭한 사회구성원이 되었을 것이며 사회는 그 덕분에 더 좋아질 것이다.

학회는 투표를 하였고 Adler가 패배하였다. Adler의 입장은 Freud의 것과 양립할 수 없다고 공표되었고, Adler는 회장과 편집장직에서 물러났다. 열띤 토론이 끝나고 Adler의 추종자들은 Adler의 입장을 지지하였던 그들의 표 또한 달갑지 않다는 통보와 Adler의 새로운 집단(형성 중에 있었던)의 회원이 되면 그들은 더 이상 Freud의 집단에 소속될 수 없다는 통보를 받았다. 균열이 공식화되었다.

Adler와 그의 동료들은 그들만의 그룹을 만들었고 명칭을 찾아보았다. 성격심리학으로 정해졌지만 머지않아 다른 사람이 그 명칭의 소유권을 주장하여 취소되었다. 총체주의적 심리학도 시도되었지만 한 새로운 그룹이 이미 **총체주의**(게슈탈트 심리학자들로 독일에서 알려져 있던)라는 단어의 소유권을 갖고 있었다. 비록 아무도 '자유로운'이 무엇을 뜻하는지(그것은 그 시기에 그곳에 있던 사람들에 의해 'Freud로부터 자유로운'을 뜻한다고 암시되었다) 알지 못하였지만, Adler와 그의 그룹은 그들 자신을 자유로운 정신분석학회라고 부르게 되었다. 또다시 그 명칭은 다름 아닌 **정신분석**이라는 단어가 본인의 그룹의 전유물이 되길 원하였던 Freud의 반대에 직면하였다. Adler는 (아마도 마지막으로) 양보하였고 그의 집단을 총체주의의 유의어, 나눌 수 없다는 뜻의 라틴어 *individuum*으로부터 온 개인심리학으로 부르게 되었다. 유감스럽게도 Adler의 본래의 의도와 정반대인 '각각의'라는 뜻으로 자주 잘못 이해된다. 하지만 여전히 그 명칭으로 남아 있다(Maniacci, 2012).

Adler는 Freud 전에 시작한 그의 일들을 계속하였다. 그는 사회적으로 깨어 있었고 활동적이었으며, 광범위하게 강의를 하고 자주 출판하였고, 세계 곳곳에 수련원들을 열었다. Adler와 그의 추종자들은 클리닉들을 세우고 집단치료, 아동지도, 가족치료, 부부치료, 그리고 심리학적 정보가 예방용으로 사용되고 가능한 한 일찍 그리고 많은 사람들에게 다다를 수 있도록 일반 대중들을 위한 자립 안내서 집필을 지지하였다.

현 상태

Adler 심리학의 현 상태는 활력, 혁신, 전진을 반영하며 많은 Adler학파의 최근 작업에서 볼 수 있다. 이러한 작업들은 수련과 평생교육을 위한 기회들과 상담과 치료 그리고 건강함(wellness) 등과 같은 다른 분야에 Adler 심리학이 포함되는 것을 말한다.

현재 Adler학파는 미국 시카고, 미네소타 주, 워싱턴, 샌프란시스코에서 Adler 이론의 상위 학위들과 박사 후 수련을 제공하고 있다. 북아메리카 Adler 심리학회(North American Society of Adlerian Psychology: NASAP)는 수련 기회와 임상의와의 협력, 그리고 학회와 소식지를 통한 동지애를 제공하는 단체이다. 또한 임상 실무와 교육에서의 Adler의 원리와 기법들의 사용에 관련된 연구와 논문들을 포함하는 동료 심사(peer-reviewed) 학술지이며 분기별 Adler 학술지인 「개인심리학 학술지(*Journal of Individual Psychology*)」를 출판한다. Henry Stein이 편집한 『Alfred Adler의 임상 실무 논문집(*Collected Clinical Works of Alfred Adler*)』과 John Carlson이 만들고 미국심리학회가 배부한 수련 영상(전체

영상 목록은 Carlson, Watts, & Maniacci, 2006, p. 280 참고)과 같은 다양한 Adler 교육용 자료들 또한 존재한다. Mozdzierz, Peluso와 Lisiecki(2009)와 Rasmussen(2010)은 Adler 이론 및 치료를 이 분야의 현재 연구들과 연결하는 새 책들을 집필하였다. 두 책 모두를 적극 추천한다.

건강함(wellness)은 Adler가 집필하고 작업하기를 계속하였던 또 다른 관련 분야이다. 건강함—개개인의 신체적 · 정신적 · 사회적 안녕에 대한 관심—은 타인을 돕는 데에 계속하여 원동력이 된다. Thomas Sweeney(2009, pp. 36-43)와 같은 Adler학파 학자들은 사람의 건강함 정도를 측정하기 위해 WEL과 5F-Wel이라는 평가도구를 개발하였다. 이 평가도구들은 Adler 심리학과 건강, 삶의 질, 그리고 장수에 대하여 알아보는 여러 학문 분야에 걸친 연구들로부터 파생되었다. Laurie Sackett-Maniacci는 시카고 근처에 위치한 러시-코플리 심장연구소(Rush-Copley Heart Institute)의 심혈관 질환자들을 위한 반구조화 집단을 계속하여 운영한다. 그 집단들은 건강함과 병에 대한 적응, 부적응적 건강행동 수정, 그리고 스트레스 대처 기술 향상에 대한 주제들에 초점을 맞춘다. 이것은 그녀가 시카고의 다이아몬드 두통 클리닉(Diamond Headache Clinic)에서 처음으로 연구하였던 환자들과의 작업의 연속이다(Sackett-Maniacci, 1999). 이 연구는 만성 편두통 환자들의 생활양식 요인들을 조사하였고 목표가 된 치료 분야들을 위한 안내서 역할을 해 왔다.

성격

성격 이론

Adler 심리학은 생활의 양식, 또는 더 보편적으로 불리듯이 **생활양식**(Ansbacher, 1977)의 관점에서 성격을 묘사한다. 첫째로, 약간의 설명이 순서대로 나열되어 있다.

기질은 본래 유전적인 것으로서 아이들이 가지고 있는 타고난 특질을 일컫는다. 전문가들은 얼마나 많은 기질들이 있는지에 대해 논의해 왔지만, 사람들이 확실한 성향을 가지고 태어난다는 사실은 명확해 보인다. 그러한 기질들은 학습이나 사회화를 통하여 빠르게 바뀐다.

성격은 아이들이 사회화 과정을 통해 발달시키는 특성들과 특징들의 집합체이다. 그들의 기질적 성향들과 유아기 경험들이 있다면, 성격은 발달한다.

생활양식(Adler가 정의한 것처럼)은 성격, 특성, 기질, 그리고 삶의 사회적 행렬 속에서 자리를 찾기 위한 심리적 · 생물학적 과정들의 사용이다. 이전에 암시되었듯이 누군가 수줍어하는 기질을 **가질** 수도 있지만 Adler학파가 가장 관심을 갖는 것은 그 사람이 그것을 사회적으로 유용하게 또는 쓸모 없는 방식으로 어떻게 **인식하고 사용하는지**에 관한 것이다. 생활양식과 애착 이론 사이의 관계는 중요하다(Peluso et al., 2009). 아이들은 믿게 되고, 따라서 '마치' 그들의 자리를 찾기 위해 요구되는 것으로 인식되는 특정한 것들을 해야만 그들이 소속될 수 있는 '것처럼' 행동한다(Dreikurs & Soltz, 1964). 예를 들어, Karl은 자신의 자리를 찾기 위해서는 자신이 대장이 되어야 한다고 믿을 수 있다. 그는 대장이 됨으로써 그의 자리를 찾기 위해 큰 덩치, 늠름한 목소리, 그리고 적극적인 성향을 사용한다. 만약 그가 격려를 받는다면 그는 지도자가 될 수도 있을 것이고, 만약 낙담한다면 그는 남을 괴롭히는 아이가 될지도 모른다. 가해자와 지도자 모두 비슷한 생물학적 성향, 특성, 그리고 특징들을 가지고 있을지도 모른다. 누군가는 그것들을 사회적으로 건설적인 방법으로 사용하지만, 다른 누군가는 그렇게 하지 않는다.

생활양식의 발달에 영향을 주는 요인들은 아주 많다(Mosak & Maniacci, 1993, 1999; Powers & Griffith, 1987; Shulman & Mosak, 1988). 간략한 개요를 통해 그중 몇 가지를 상세히 소개한다.

1. **활동 수준**(degree of activity). Adler(1927/1957, 1956)는 **활동 수준**을 언급하였고, 이것은 부분적으로 습득되고 부분적으로 기질로부터 만들어진(아마도 내분비 기능 등이라고 1927년에 믿었다) 것이라는 사실을 암시하였다. 어떤 아이들은 다른 아이들보다 그저 더 활동적이다. 이것이 보호자들의 활동 수준과 어떻게 어울리는지가 결정적이다. 부조화는 문제가 될 수 있다. 낮은 활동 수준을 가진 부모와 높은 활동 수준을 가진 아이의 조합은 최선의 조합은 아닐 것이다. 아동기에 아이들이 보이는 활동 수준은 주로 그들이 나중에 성인으로서 문제해결에 사용하는 기운의 양이 된다.
2. **기관 열등**(organ inferiority). 몇몇의 아이들은 구조적으로 열등한 기관체계를 가지고 있다. 거기서부터 보상의 법칙이 다음 세 가지 차원들로 시작된다(Dreikurs, 1967; Maniacci, 1996b).
   - 신체적(somatic) 차원: 신장 하나가 더 약한 다른 하나의 신장을 보충하기 위해 과활동적으로 되듯이 한 기관체계가 대체한다.
   - 교감신경적(sympathetic) 차원: 신체의 약한 부분을 무의식적으로 보호하기 위해 신체는 움직이고 앉고 눕는 방식을 바꿀 것이다. 약한 다리를 수용하기 위해 팔이 발달하는 것이 그 예이다.
   - 정신적(psychic) 차원: 뇌 또는 마음은 어떤 신체적 기능들을 지나치게 강조하거나 충분히 강조하지 않는 신념 체계를 발달시킬 수 있다. 시력이 안 좋은 어떤 사람이 시각적 자극에 대해 매우 사로잡히게 되고 화가가 될 수 있다. 만곡족(club foot)을 가진 사람이 세계 최고의 운동선수가 될 수도 있다(영국의 시인이자 귀족이었던 George Gordon Byron 경이 그랬듯이).

   기관 열등은 생활양식 발달에 영향을 줄 수 있다. 예를 들어 보상의 법칙(Adler, 1956)을 통해 직접적으로 그 과정을 만들 수 있고, 부모, 형제자매, 보호자, 그리고 타인들의 인식과 태도 등을 통해 간접적으로 영향을 줄 수 있다. 그들은 아이를 특별하게 대할 것이고, 그것이 그 생활양식에 영향을 줄 수 있다.
3. **출생순위와 형제관계**(birth order and sibling relationships). Adler(1920/2012a)는 아이들의 출생순위에 대해 논의하였다. 그는 외동, 첫째, 둘째, 중간, 막내의 다섯 가지의 위치를 구별하였다. 그는 또한 각 위치의 특유의 속성들을 묘사하였다. 예를 들어, 외동들은 완벽주의자인 경향이 있고, 첫째들은 지도자가 되며, 둘째들은 반항아가 되

고, 중간 아이들은 타인을 즐겁게 하는 사람이 되고, 그리고 막내들은 관심을 구하는 사람이 된다. Adler학파를 포함한 많은 저자들은 출생순위 역할들에 대한 베스트셀러 책들을 써 왔다(Forer & Still, 1976; Leman, 1985). Adler 심리학에서 출생순위 개념의 사용에 대해 논의되어 왔고, Adler학파 사이에서도 다른 의견들이 존재한다(Shulman & Mosak, 1977). 그럼에도 불구하고 전통적으로 정의되어 온 출생순위 역할들에 깔끔하게 맞지 않더라도 형제자매 관계는 매우 중요하다. 부모들은 생활양식의 발달에서 결정적이지만 형제자매들 또한 그렇다. 그리고 형제자매 관계가 가끔은 더 중요하기도 하다. 그것을 이해하는 것은 어렵지 않다. 아이들은 종종 부모님보다 형제자매들과 더 많은 시간을 보낼 것이다. 그리고 그 여분의 시간은 아이들이 결정하는 많은 선택들에 영향을 줄 수 있다. 형제자매 관계와 아이들이 아동기에 그들 스스로를 위해 만든 역할은 종종 그들의 삶에서 나중에 어른으로서 많은 다른 맥락과 역할에 걸쳐 사회화를 위해 갖는 태도로서 나타난다.

4. 가족의 가치(family values). 가족들이 추구하는 가치들은 생활양식에 영향을 준다(Powers & Griffith, 1987; Shulman & Mosak, 1988). 전형적으로, 그러나 독점적이지는 않게, 가치들은 세 가지 종류로 나누어진다. 즉, 어머니의 가치, 아버지의 가치, 가족의 가치이다.

   어머니의 가치는 어머니 또는 어머니와 같은 존재가 가지고 있다. 아버지의 가치들은 아버지 또는 아버지와 같은 존재가 지니고 있다. 둘 다 중요하지만, 둘 중 어느 것도 필연적으로 구속하지는 않는다. 무슨 뜻일까? 만약 어머니는 교육에 가치를 두고 아버지는 그렇지 않다면 아이들은 그 가치를 받아들이는 것에서 주로 자유감을 갖는다. 만약 그 가치를 수용하였다면 그들은 어머니와 조화를 이룰 수 있고, 만약 그렇지 않았다면 그들은 여전히 아버지와 유대관계를 맺을 수 있다. 가족 가치는 부모 둘 다 가지고 있는 것이다. 이것이 구속이다. 따라서 가치를 받아들이는 것은 가족의 주요 권위자들과 조화를 이루는 것과 같은 것을 의미하게 된다. 그리고 거부하는 것은 어떤 주요 권위자들과의 동맹과 유대를 허락하지 않는다. 그것은 아무런 조화를 이루지 못하는 것과 같을 수 있다. 아이들이 아동기에 받아들이거나 거부하는 가족 가치들은 종종 성인기의 심리사회적 스트레스원이 된다.

5. 가족 분위기(family atmosphere). 각 가족을 특징짓는 정서적 분위기가 있다(Dewey, 1971). 감정적으로 더 민감하고 지적인 가족들은 감정적으로 더 차갑고 거리가 멀거나 적대적인 가족들과는 다른 분위기를 지닌다. 우세한 분위기에 대한 아이들의 반응은 종종 어른들과 같은 기분을 느끼게 한다(Powers & Griffith, 1987). 비록 어른의 기분은 기질, 유전, 그리고 전체적인 건강과 영양의 부산물일 수 있지만, 그것은 그들의 유아기에 가족 분위기로 인지된 것에 대한 반응인 경우 또한 매우 잦다. 예를 들어, 적대적이고 예측 불가능한 유아기 가족 분위기는 아이들로 하여금 만약 어른들이 미래를 위해 자기 자신들을 준비시키는 최선의 방법으로 믿었다면 어른들처럼 불안하고 내성적인 기분을 갖게 할 수 있다.

6. 양육 유형(parenting style). 허용적인 Adler학파는 양육 역동에 대해 오랫동안 집필해

왔다. 독재적 · 민주적 · 허용적인 유형들과 (몇 개만 언급하자면) 각 유형들이 아이들의 생활양식에 줄 수 있는 영향들은 수십 년 동안 기록되어 왔다. 일반적으로 Adler 학파는 아이 양육의 민주적인 유형이 Adler학파가 사회에서 매우 중요하다고 여기는 소속, 협력, 유용한 유대와 같은 특성들에 가장 좋은 영향을 준다고 믿으며 이 유형을 오랫동안 지지해 왔다(Dreikurs, 1971; Dreikurs & Soltz, 1964).

학교, 종교, 경제 상태, 또래, 그리고 문화와 같은 다른 요인들 또한 중요하다. Adler학파가 생활양식을 평가할 때, **생활양식 면접**을 하는 동안에 위의 모든 요소들과 그 외의 요소들이 조사된다. 이 요인들이 평가되면, 내담자와의 공동 작업 안에서 생활양식의 핵심 구조가 형성될 수 있다. 때로는 아래의 예처럼 내담자의 자기개념, 이상적 자기, 세계관과 윤리적 신념들이 표현될 수 있다.

- 나는 작고 약하다(자기개념).
- 나는 크고 강해야 한다(이상적 자기).
- 이 세상은 오직 진짜 남자들만 살아남을 수 있는 힘든 곳이다(세계관).
- 다른 개들에게 먹히는 것보다는 최고의 개가 되는 것이 낫다(윤리적 신념).

이런 생활양식은 Adler 관련 문헌에서 '우월성을 추구하는 사람'으로 묘사되어 왔다(Mosak & Maniacci, 1999).

자기개념이 이상적 자기에 미치지 못할 때 열등감이 생긴다. 자기개념이 세계관에 못 미칠 때 일반적으로 무능감이 뒤따른다. 자기개념이 윤리적 신념을 따라가지 못할 때 죄책감이 나타난다. 역사적으로 이러한 것들이 '감정'으로 묘사되지만 현실에서는 그저 신념들 속 불일치의 결과물이다. 신념들 사이 일치의 결여는 고통이나 주관적 괴로움 또는 어딘가의 불편처럼 느껴진다. 이러한 불일치에 대해 사람이 어떻게 보상하는지, 아니면 하지 않는지는 매우 중요하다(Mosak & Maniacci, 1999).

사람이 격려를 더 받을수록 그(녀)가 고통을 친사회적인 방법으로 다룰 가능성이 더 크다. 사람이 더 낙담할수록 그(녀)가 정신병리적 증상들을 갖게 될 가능성이 더 커진다. 이것은 Adler학파에서 종종 잘못 이해되기도 하는 중요한 점이다. 모든 사람들은 생활양식 신념들 안에 약간씩의 불일치를 가지고 있다. 그것은 정상적인 것이다. 아무도 자신의 기대에 늘 부응하지 못한다. 그(녀)가 기대에 미치지 못할 때, 그 상황을 어떻게 다룰 것인가? 그것이 바로 중대한 문제이다.

사람들은 소속되고 유대를 형성하고자 한다. 우리는 사회적 존재들이다. 애착은 생존과 같은 것을 의미한다. 아이들은 어떻게 애착해야 하는지 또는 어떻게 소속해야 하는지를 인식할 수도 있고 오인할 수도 있다. 아이들이 격려를 받는 한 그들의 열등감과 상관없이 그들은 존재감을 갖게 되며 일반적으로 그들은 건강하고 생산적인 방법으로 삶의 어려움들에 적응할 것이다.

다양한 개념들

Adler학파는 단순한 언어와 개념들을 선호하는 경향이 있다. Adler 심리학은 '깊이(depth)'의 심리학이 아니고, '생명력(breath)' 관점을 선호한다(Powers & Griffith, 1987, p. 5). 어느 한 생각이나 발달 단계를 깊이 파는 것이 아니라 패턴과 주제를 찾아내기 위하여 상황과 과정을 연결 지어서 보려고 한다. 생활양식은 사람들이 삶 속에서 경험하는 반복해서 일어나는 패턴에 대한 청사진을 제공해 준다. 이것은 Adler 심리학에서 논의된 개념들에 반영되었다.

✳ 상식과 사적 논리

사고는 두 가지 범주로 나뉠 수 있다. 상식은 공동체에 의해서 공유된 사고, 다른 사람들에 의해 공유되고 합의된 사고를 말한다. 그것은 상호작용과 교류를 통해 학습된다. 사적 논리는 한 개인에게 고유한 사고를 일으킨다. 그것은 가장 흔히(언제나는 아니지만) 원가족인 작은 집단을 제외하고 공유되지 않는다. 상식은 거의 언제나 언어적이며 언어에 기반을 둔다. 그리고 사적 논리는 언어적일 수 있지만 가장 흔하게는 태도로 나타나고, 개인적이며, '느껴지는' 것이다. Adler(1956)는, 인간은 자신들이 이해하는 것보다 더 많이 안다고 선언하고 이것을 사적 논리라고 불렀다. 사람들은 자신이 죽을 수밖에 없다는 것을 알고, 나쁜 일들이 자신에게 일어날 수 있고 또한 일어난다는 것을 상식으로 안다. 사적 논리에서 많은 이유로 사람들은 자신이 특별하고 면역성이 있다고 믿기 때문에 모험을 할 수 있다. 초기 공식화에서 Adler(1912/2002)는 사람이 가지고 있는 상식의 수준이 전반적인 정신건강의 척도라고 강조하였다. 상식의 총량이 크면 클수록 전반적인 적응은 더 낫다. 인지 지도는 지형과 들어맞는다. 그러나 Adler가 모든 것을 아주 잘 배웠듯이 더 많은 것이 필요하였다.

공동체감(community feeling)은 중요한 개념이다(Ansbacher, 1992b). 간혹 사회적 관심으로 언급되기도 하는 공동체감은 협력적이고 평등주의적인 방식으로 공동체 또는 집단의 일부분이라고 느끼는 것을 말한다(Mosak & Maniacci, 1999). 공동체감을 보이는 사람은 마치 그들이 있어야 할 곳에 있는 것처럼 그 세계에서 편안하게 느낀다. 그들은 다른 사람들을 존중하면서 공평하게 다룬다. 그들은 그들이 속한 방식이 다른 사람들이 자신들의 역할을 찾는 데 방해하지 말아야 한다는 것을 알고 또한 그들은 공존하기 위한 방법을 발견한다. Adler가 관찰한 것처럼 상식은 타락될 수 있다. 공동체의 상식인 것처럼 보였던 것이 상스럽게 부적절할 수도 있다(그가 제2차 세계대전을 위한 독일의 준비에서 관찰하였던 것처럼). 공동체감과 사회적 관심은 그의 이론에서 상식의 타락 가능성을 제어하는 수단으로서의 역할을 한다. 상식은 지금 그리고 여기에서 적응하도록 인도하는 데 반해, 공동체감은 언제나 모든 사람들을 좀 더 나은 선(good)으로 인도하려고 한다. 이 개념은 선이 어느 특정 문화나 시대에 의해서 정의되는 것이 아니라 오히려 종(species) 전체를 위해서 정의될 수 있다는 생각을 포함하고 있다.

이성(reason)은 Adler 이론에서 매력적인 개념이다. 지능은 문제를 푸는 능력이고 Adler는 그 개념을 수용하였다. 그는 인간적인 요소, 타인과 그들의 안녕에 대한 관심을 포함하는 지능이 이성이라고 느꼈다(Adler, 1928/1964a). 많은 사람들은 지적일 수는 있지만 이성적일 수는 없다. 그들의 지능은 더 나은 선을 위해서는 활용되지 않으며, 그것은 공동체감이 결여되어 있다.

생활 과제(life tasks)는 사람들에게 현재 진행되고 있는 주요 연극이다(Adler, 1956). 사람들은 자신의 역할을 찾기 위해서 일하고 사회활동을 하고 사랑한다. 전형적으로 서양문화에서는 일은 초기에 만나는 생활 과제 중에서 가장 쉬운 것이다. 그것은 공동체감을 필요로 하지 않는다. 사회화 또는 사회적인 과제들은 공동체감을 더 요구한다. 사랑과 친밀감은 그것을 가장 많이 요구한다. 심리적 문제로 빠지는 사람들은 흔히 먼저 사랑의 과제에서 어려움을 보인다.

보호작용(safeguarding operations)은 생활 과제들을 회피하기 위해서 사람들이 활용하는 기제이다(Adler, 1956; Mosak & Maniacci, 1999). 삶, 자기, 둘 사이의 상호작용에 대한 잘못된 개념 때문에 사람들은 '마치' 생활 과제는 단지 특별한 방식으로만 만나는 것처럼 행동하려고 시도하는 것 같다. Gerry는 단지 그녀가 옳다면 소속하고 행동할 수 있다고 믿는 것 같다. 그녀가 옳다고 사람들이 말하는 한 모든 것은 좋다. 사람들이 그렇게 말하지 않을 때 문제가 생긴다. 그녀는 자신의 요구사항들을 충족시킬 수 있는 삶을 재배열하기 위한 시도로서 주변의 다른 방법보다 핑계, 증상, 회피, 두려움, 그리고 모든 종류의 어려움들을 발전시킨 것 같다. 정신분석가들은 전통적으로 보호작용을 **방어기제**로 정의하였다.

스트레스(stress)는 사람이 세상에서의 자기 입장을 의심하는 것이라고 개념화할 수 있다(Mosak & Maniacci, 1999). 사람들은 단순히 생리적인 이유로 피곤할 수 있다. 다른 한편으로 사람들의 생활양식이 주변 상황과 어울리지 않는 것처럼 보일 때 스트레스가 생긴다. 그들의 지도가 그 지형에 적절하지 않는 것이다.

무의식(unconcious)은 Adler 심리학에서 명사보다는 동사로서 더 많이 사용된다. 총체주의적 가정을 고려하면 Adler학파는 의식적인 과정과 무의식적인 과정 사이의 모순을 인식하지 않는다. 사람들은 그들이 지금 무엇을 하고 있는지 무의식적이지만 생각이나 충동이 있는 '무의식적인 곳'은 없다. 전형적으로 그들은 그것에 대해서 설명해 본 적이 없기 때문에 지금 하고 있는 것에 대해 무의식적인 것이다. 속담에도 있듯이 눈은 눈 이외의 모든 것을 볼 수 있으며, 그리고 사람들은 생활양식 신념을 대부분 무의식적으로 배운다. 생활양식이 하나의 외상적 경험으로부터 형성되는 경우는 거의 없다. 가장 흔하게는 오랜 시간에 걸쳐서 엄청나게 많은 교류, 경험과 상호작용을 통해서 학습된다. 한 가지 사건이 상징적으로 의미 있는 것으로 회상되지는 않지만 생활 사건들과 상호작용들의 총합이 패턴과 지도를 만든다.

움직임(movement)은 Adler학파가 자주 쓰는 용어이다. 그것은 행동을 의미하지만 그것보다 더한 의미가 있다. 한 사람의 의도에 대한 가장 좋은 지표는 그(녀)가 무엇을 하였는가 하는 것이지만 움직임은 또한 의도를 의미한다. Adler학파는 생각하고 느끼고 행동하는 것에 초점을 맞춘다. 그러나 Adler 심리치료는 주로 단순한 행동수정이 아니라 동기수정, 또는 감정과 정서의 변화에 관심이 있다(Manaster & Corsini, 1982).

심리치료

심리치료 이론

Adler 이론은 일관성이 있고 통합되어 있다. Adler 이론이 존재하는 동안 기본 가정은 거의 변화가 없었다. 근본 원리는 기본 가정으로부터 변화할 수 있지만 그것은 정상이다. 예컨대, 사회적 장 이론의 관련성에 대한 기본 가정은 변하지 않았고 학문 분야를 넘어서 대단한 지지를 받았다. 그러나 사회적 장이 의미하는 것은 변하였다. Adler 시대에서는 동성애가 정신병리적인 것으로 여겨졌으나(Adler, 1978; Ansbacher, 1978), 오늘날 Adler학파는 그렇게 생각하지 않는다(Chandler, 1995). 따라서 동성애에 대한 Adler학파의 관점이 변하였다 하더라도 사회적 장을 이해하고 그 안에서 호의적이고 평등주의적인 방식으로 이것을 다루어야 할 필요성에 대한 근본적인 가정은 바뀌지 않았다. 동성애자든 아니든, 사람들이 서로를 어떻게 대하는지 이해하는 것, 그리고 서로를 협력적이고 공정하고 정답고 호의적으로 대하도록 가르치는 것은 Adler 시대에 적절하였던 것처럼 오늘날에도 역시 적절하다.

비록 기본 가정이 변하지 않았고 일관적이며 분명하게 서술하고 있을지라도 치료의 과정은 계속해서 발달한다(Carlson, Watts, & Maniacci, 2006; Kopp, 1995; Mozdzierz, Peluso, & Lisiecki, 2009; Oberst & Stewart, 2003; Sperry, 1989, 1995; Sweeney, 2009). 사람과 상황이 시간 저편의 문화 속에서 발전함에 따라 Adler학파가 무엇을 하고 어떻게 그것을 하는가는 계속해서 적응하고 변화한다. 이것이 1911년까지 Freud와 Adler 사이에 벌어진 논쟁의 핵심이었다. Freud는 그의 이론을 그 시대의 과학과 제휴시켰기 때문에(예: 증기 기관과 뉴턴의 물리학) 과학이 변하면 정신분석 이론도 따라서 변한다. 그러나 그의 기법은 변하지 않았다. 고전적 정신분석은 여전히 동일하다. 만일 환자가 그 체계에 맞지 않는다면 그들은 고전적 정신분석에서 존속할 수 없다. Adler 이론은 그 시대의 과학과 연합되지 못하였다. 그래서 그의 체계는 비유나 개념들을 변화할 필요가 없었다(Kopp, 1995; Maniacci, 2012). 그는 환자들의 요구에 이론을 적응시킨 것 같고, 오늘날도 똑같이 사실이다. Adler 심리치료는 개개의 독특한 사례(이론의 개별 기술적인 속성)에 꼭 맞게 연결되어 있기 때문에 그것을 약술하는 것은 어렵다. 여전히 다음 여섯 가지 핵심요소가 Adler 심리치료의 목표로 요약될 수 있다(Mosak & Maniacci, 2011).

1. 공동체감을 촉진하기
2. 열등감을 감소시키고 심리적 증상을 감소시키기
3. 생활양식을 더 적응적이고 유연하고 친사회적으로 만들기 위해 수정하기
4. 부적절한 동기와 부정적인 가치관을 변화시키기
5. 자기와 타인의 평등과 수용을 격려하기
6. 사람이 세계 공동체에 기여하는 구성원이 되도록 돕기

의학적 모델에서와 같이 진단은 전형적으로 치료 그 자체와는 관련이 없는 것이다.

Adler학파는 이전에『정신장애의 진단과 통계 편람(*Diagnostic and Statistical Manual of Mental Disorders*: DSM-IV)』(American Psychiatric Association, 2000)에서 활용되었던 것과 같은 다축 체계를 반대하지 않고 또한 전통적인 정신과의 사례개념화(case conceptualization)와 Adler의 사례개념화(case formulation) 사이에 어떻게 단일화시킬 수 있는지에 대해 광범하게 저술하기까지 하였다(Maniacci, 1999, 2002; Maniacci & Sackett-Maniacci, 2002; Sperry, 2002).

DSM-IV의 5개 축은 이전에 다음과 같이 정의되었다.

- 축 I—임상적 증후군과 장애
- 축 II—성격장애
- 축 III—의학적 조건
- 축 IV—심리사회적 스트레스 요인들
- 축 V—기능척도에 대한 전반적인 평가

축 I에서 전형적인 진단은 기분부전장애, 만성형에 낮은 정도에서 중간 정도 수준의 우울증이었을 것이다. 축 II에서 아마도 의존형 성격장애로 장부에 올라갔을 것이다. 축 III에서 환자는 다리가 부러져 움직임이 제한되었을 것이다. 축 IV에서 심리사회적 스트레스 요인으로 기분부전장애 진단의 시작을 촉진하였던 최근의 이혼이 목록에 기록될 수 있었다. 축 V는 일하기와 사회활동에 참여하기 영역에서 전반적인 기능을 1점(극단적으로 낮음)부터 100점(극단적으로 높음)까지 수량화해 주는 전반적인 기능 평가(Global Assessment of Functioning: GAF)를 사용하였다. 전형적인 진단적 결과는 이와 같을 것이다.

- 축 I—기분부전장애
- 축 II—의존성 성격장애
- 축 III—왼쪽 경골의 골절, 당뇨병(내과의 진단에 의해서)
- 축 IV—최근의 이혼
- 축 V—현재 GAF 45(심각한 손상)

대조적으로 Adler의 사례개념화는 이렇게 되었을 것이다.

- 축 I—정리 정돈
- 축 II—생활양식
- 축 III—기관 열등(기관 전문어)
- 축 IV—충격
- 축 V—생활 과제의 표준

사례개념화는 아마도 이럴 것이다. Hillary는 소속하기 위해서 다른 사람들이 필요하다고 믿는다(축 II). 이것을 그녀의 원가족에서 배웠고 또한 어린 시절에 당뇨가 시작됨으로써 배웠다. 그녀의 필요를 충족시키는 데 다른 사람의 도움이나 지원이 없었다면 그녀는 아마도 죽었을 것이다(축 III). 그녀는 Adler(1956)가 충격이라고 언급하였던 뜻밖의 상황으로 빠졌다. 그녀의 남편이 그녀를 떠나 다른 여자한테 가 버렸다(축 IV). 그녀는 남편 없이 집을 수리하다가 떨어져 다리가 부러졌다(축 III). 이것은 단지 살아남기 위해서는 누군가 필요하다는 그녀의 의식을 강화하였다(축 II). 무의식적으로 그녀는 격노하고 또한 조용히 화내는 성미를 가지고 있다(축 I). 겉으로 화내는 것이 아마도 전 남편이나 타인들, 심지어 아버지까지 떠나도록 하였을 것이다. 그래서 그녀는 혀를 깨물고 조용히 분노해야만 하였다. 그렇게 해서 목적을 달성한다. 그녀의 기분부전증(dysthymia)은 그녀의 성인 아이가 그녀 가까이 오도록 하고 전 남편을 나쁜 사람으로 보이게 만든다. 성인 아이는 자기가 필요한 지지를 얻고 전 남편이 나쁘게 보이도록 만든다. 그리고 전 남편이 충분히 기분 나쁘다면 그가 돌아올지도 모른다는 희망을 가진다. 생활 과제에서 그녀의 기능은 극적으로 감소하였다(축 V). 그녀는 일할 수 없고 사람들이 그녀에게 다가오지 않는 한 교제하는 것을 멈췄고 그리고 남자들에게 정나미가 떨어졌다.

이런 사례개념화 때문에 Adler학파는 다른 훈련법과 이론의 전문가들과 소통하게 된다. 비록 완전하지는 않다 하더라도 DSM 언어와 다축 체계는 더 넓은 소통과 강한 협력을 허용할 수 있다(Maniacci, 2002). 게다가 치료 계획을 용이하게 할 수 있다. Adler학파는 그들의 이론과 진단 체계 모두를 활용하여 무엇을 할 것인지 계획할 수 있다. 종합적인 치료 계획은 아마도 이것과 비슷할 것이다(Carlson, Watts, & Maniacci, 2006; Maniacci, 1999).

1. 위기 안정
2. 의학적 · 신체적 중재
3. 단기 목표
4. 장기 목표
5. 보조적인 서비스

1수준의 개입은 어떤 위기이든지 가장 결정적인 것을 다루는 것이 목표이다. 예컨대, 살인 또는 자살 사고이다. 1수준의 이 개입은 전형적으로 주요 문제가 무엇이든지 축 I에 있는 것을 본격적으로 착수하기 위해 고안되었다. 2수준의 개입은 축 I과 축 III을 목표로 한다. 어떤 기초적인 의학적 개입 또는 신체적 개입도 의사나 다른 보건의료 제공자들에 의해서 다루어져야 할 것이다. 3수준의 개입은 전형적으로 사실상 단기이고 내담자들이 전형적으로 경험하는 고통과 불안을 즉각적으로 제거해 주기 위한 목적이다. 이 목적을 가장 효과적으로 달성할 수 있는 방법은 축 IV의 역동에 초점을 맞추는 것이다. 내담자가 자신의 스트레스 원인(충격)을 더욱 효과적으로 다룰 수 있는 것을 배우게 되면 스트레스 원인을 관리하기 위하여 필요한 축 I 중재의 필요성은 사라진다. 4수준의 중재는 전형적으로 축 II에서 발견된 주요 생활양식의 문제를 수정하기 위한 장기 목표를 수반한다. 이것은 잠깐의 시간이 걸릴 수 있고 만일에 임상가들이 적어도 증상의 제거(축 IV를 목표로 하는 중재에 의해서)를 시도하지 않고 이러한 문제들을 다루려 한다면 내담자들이 치료를 중도 포기하거나 낙담할 가능성이 증가한다. 분석, 통찰, 그리고 해석과 같은 좀 더 전통적인 중재도 일반적으로 여기서 활용된다. 5수준의 중재는 보조적인 서비스라고 불린다. 왜냐하면 그것들은, 학업 문제를 위한 개인 지도, 영적 문제를 위한 성직자 자문, 약물 남용 문제를 위한 12단계 지지집단, 그리고 심리 · 직업 · 신경심리검사의 실시 등과 같이, 전통적으로 정의된 심리치료에서 제공되는 서비스에 추가할 수 있는 과정이기 때문이다. 이 모든 것들은 생활 과제인 축 V에서 기능하기를 더욱 증진시키고, 따라서 내담자를 미래의 충격에 대비하여 더 잘 준비시키는 것을 목표로 한다.

심리치료 과정

Adler 심리치료는 네 단계를 가지는 것이 특징이다(Dreikurs, 1967). 사실상 이것은 단계가 아니라 과정인데, 그것은 실제적으로 대략 다음과 같은 순서로 나타나지만 언제나 일어날 수 있는 과정이다. 네 단계는 **관계 형성**, 전형적으로 생활양식에 대한 자료 수집을 통하여 내담자의 역동에 대한 **탐색과 노출**, 내담자가 인생 · 자신 · 타인들에 대해 붙인 의미에 대해 통찰과 재교육을 얻기 위한 생활양식에 대한 **해석**, 그리고 공동체감(community feeling)과 사회적 관심을 촉진하기 위하여 새로운 기술과 태도를 가르치는 과정인 **재교육**(reorientation)이다.

Adler학파는, 관계는 동등한 사람들 간에 상호 존중하는 것이라고 믿는다. 심리치료자는 심리학에 대해서 전문가일지 모르지만 내담자는 자기 자신에 대해서 전문가이다. 둘 모두는 원하는 결과를 얻기 위하여 협력적으로 일할 필요가 있다. 치료의 목표는 언제든지 가능할 때마다 상호 결정된다. 만일 내담자나 치료자 중 어느 하나가 일방적으로 치료 목표를 강요한다면 치료는 실패할 가능성이 있다. 저항은 동등한 두 사람 간에 목표가 조정되지 않은 것으로 정의된다.

치료는 두 세계의 만남으로 정의될 수 있다(Mahoney, 1980). 이상적으로 심리치료자는 상식과 공동체감을 대표한다. 내담자는 이런 것들에 대한 오해를 대표하고, 사적 논리는 내담자의 사고를 지배한다. 내담자의 세계는 다소의 주제 또는 쟁점에 대하여 합의되지 않는다. 원가족에서 한때는 효과가 있었을 수도 있지만 지금은 그렇지 않고, 내담자는 고통을 받고 있으며 내담자의 방식을 고집스럽게 생활에 강요하려 하지만 별 효과가 없다. 치료자는 우선 내담자의 세계에 합류해야만 하고 내담자의 관점에서 인생을 살펴봐야 한다. 내담자가 이해받고 온정적으로 수용받는다고 느낄 때 치료자는 서서히 관점을 바꾸고 내담자가 더 상식적인 다른 관점에서 인생을 보도록 격려하기 시작한다. 만일 관계가 견고하다면 내담자는 따라올 것이고 새로운 관점에서 사물들을 볼 것이다. 변화의 과정은 이미 시작되었다.

탐색은 전형적으로 생활양식의 평가를 수반하지만 또한 초기 면접에서 시작한다. 한두 회기의 초기 면접 후에 내담자가 이해받는다고 느끼고 그 과정의 유용성을 알 수 있다면 전형적으로 한두 회기는 생활양식을 개념화(formulate)하는 데 필요한 관련 역사적 자료를 모으는 데 시간을 쓴다. 앞에서 언급된 Adler 사례개념화를 Adler와 Adler학파는 **포괄적 진단**(general diagnosis)이라고 부른다(Adler, 1956; Carlson, Watts, & Maniacci, 2006; Powers & Griffith, 1987). 내담자들은 말하자면 초기에 횡단적으로 면접을 받았기 때문에 어느 정도 법칙 정립적인 용어로 기술된다. 그들은 다음의 다섯 가지 주요 영역에서 면접을 받는다(Maniacci, 1999).

1. 정보 확인하기
2. 문제 진술하기
3. 문제와 관련된 최근 내력
4. 현재의 기능 정도
5. 치료에 대한 기대

다섯 가지 주요 영역은 (일반적으로) 아래의 질문들을 대답한다.

1. 정보 확인하기: 당신은 누구인가? 당신은 어디에 살고 어디에서 일하는가? 당신은 교육을 얼마나 받았는가? 당신은 누구와 사귀고 있는가? 당신은 의학적으로 아픈가, 약을 먹고 있는가, 어떤 종류의 치료를 받고 있는가?
2. 문제 진술하기: 왜 여기에 왔는가? 왜 지금 왔는가? 언제부터 그랬는가? 그 문제가 시작되었을 때 당신의 삶에서 그 밖의 어떤 일이 일어났는가? 그 문제가 일어났을 때 가장 먼저 알아차린 사람은 누구인가? 당신이 이 문제를 가짐으로써 누가 가장 영향을 받는가?
3. 문제와 관련된 최근 내력: 이러한 문제를 얼마나 오래전부터 가지고 있었는가? 어릴 때 친구들과 어떻게 잘 지냈는가? 무엇 때문에 특정한 사람들을 친구로 선택하였는가? 선생님들과는 어땠는가? 어떤 선생님에게 가장 잘 배웠는가? 어떤 선생님에게 가장 덜 배웠는가? 이 문제로 인해 이전에 치료를 받은 적이 있는가? 누구한테서 치료를 받았는가? 그 치료에서 무엇이 효과가 있었고 무엇이 효과가 없었는가? 무엇이 도움이 되었고 무엇이 그렇지 않았는가?
4. 현재의 기능 정도: 어디에서 일하는가? 만일 일을 하지 않는다면 어떻게 시간을 보내는가? 어떤 종류의 일을 좋아하는가? 당신의 사회생활은 무엇과 같은가? 누가 당신의 친구인가? 왜 하필이면 그들인가? 당신의 애정생활은 무엇과 같은가? 당신은 만족하는가? 왜 만족하는가, 왜 만족하지 못하는가? 어떤 사람이 무엇 때문에 당신에게 매력적인가, 무엇 때문에 따분한가?
5. 치료에 대한 기대: 만일 당신이 이 문제를 갖지 않았다면 당신의 인생이 어떻게 다를 것인가? 당신은 이 문제가 왜 일어났다고 생각하는가? 당신은 이 문제에 대해서 우리가 어떻게 하면 좋겠는가? 얼마나 오래 걸리겠는가? 치료가 끝났다는 것을 우리가 어떻게 알 수 있는가? 그 밖의 어떤 사람들이 포함되어야 하는가? 언제나 가장 유명한 사람은 누구인가, 그리고 왜 유명한가?

더 많은 질문들이 있지만 초기 면접 질문지가 출판되었고 Adler학파의 저서 어딘가에 자세히 설명되어 있다(Adler, 1956; Carlson, Watts, & Maniacci, 2006; Dreikurs, 1967; Maniacci, 1999; Powers & Griffith, 1987). 이런 질문들이 개요를 제공해 주고 포괄적인 진단을 개념화해 준다.

다음 부분은 생활양식 평가인데, Adler는 이를 **특별 진단**(special diagnosis)이라 불렀다(Adler, 1956; Carlson, Watts, & Maniacci, 2006; Maniacci, 1999; Powers & Griffith, 1987). 사례의 특성, 즉 독특한 개별 기술적인 특성이 특별 진단을 통해 돋보이게 된다. 내담자는 초기 아동기 경험에 대해 물어보는 반구조화된 면접을 받는다. 그들은 다음의 주요 영역에서 면접을 받는다(Dreikurs, 1967; Shulman & Mosak, 1988).

- 형제관계와 출생순위 역동
- 형제 서열에 따른 특성
- 신체적 발달
- 학교 경험
- 성적 발달
- 사회적 발달
- 인생에 주어진 의미를 포함하는 종교적 · 영적 발달
- 부모 또는 돌보는 사람의 설명
- 부모의 결혼생활 또는 부부 관계 설명
- 공동체의 문화적 · 경제적 역동
- 어린이들의 생활 속에 있는 다른 역할 모델과 어른들

이러한 영역들이 평가된 후에 내담자들의 **가장 오래된 기억들**(earliest memories)을 끌어낸다. 초기회상은 생생하게 그릴 수 있고 그들에게 분명히 말할 수 있는 10세 이전의 기억들을 말한다(Shulman & Mosak, 1988). 그것들은 "어느 날 이 일이 일어났다."라는 식의 구체적으로 기술되어야 한다("우리는 언제나 해변에 가곤 하였다."처럼 일반적인 설명과는 대조적으로). 자세한 이야기가 수집된 후에 내담자들은 가장 생생한 기억의 순간을 찾아내고 관련된 감정이나 기억과 연합된 감정을 묘사하도록 요구받는다. 전형적으로 7~10개의 기억들이 수집되지만 더 적은 개수가 여러 상황에서 필요한 모든 것일 수 있다. 초기기억들은 투사적 기법으로 해석되고 내담자의 생활양식을 두드러지게 드러내는 패턴을 끌어낸다(Clark, 2002; Mosak & DiPietro, 2006). 초기회상의 예는 다음과 같다. "나는 여섯 살이었다. 내가 밖으로 걸어 나갔을 때 나는 길에서 20달러 지폐를 발견하였다. 나는 와! 어쩌면! 하고 생각하였다. 가장 생생한 부분: 지폐를 발견한 것. 감정: 행복감."

이 회상은 낮은 활동 수준의 사람으로서 적은 노력으로 대단한 것을 얻는 것을 가치롭게 여기는 누군가를 나타낼 수 있다. 만일 이런 주제가 다른 회상에서도 지속된다면 생활양식의 핵심요소를 드러낼 수 있는 중심 주제(Mosak, 1977)는 확인된 것이다.

포괄적 분석이 처음에 사례개념화를 통해 제공되고 나중에 내담자를 위해 생활양식 구성요소가 논의되고 요약될 때 해석은 시작된다. 고전적인 생활양식 요약은 다음의 네 부분으로 구분된다(Shulman & Mosak, 1988).

1. 가족 구도(family constellation)의 요약
2. 초기회상의 요약

3. 내담자의 잘못된 전제 목록, 이것은 내담자의 사적 논리를 위한 기초로서 역할을 함(문헌에서 '잘못', '기본적 실수', '방해하는 태도, 신념 행동', '방해하는 사고', '성장을 방해하는 신념'으로 다양하게 칭함. Adler, 1956; Dreikurs, 1967; Powers & Griffith, 1987; Shulman & Mosak, 1988)
4. 내담자의 자질과 강점 목록

전술한 Hillary의 사례로 되돌아가 언급하면 그녀의 생활양식 평가는 다음의 것을 드러냈다.

✻ 가족 구도의 요약

Hillary는 네 자녀 중 막내로, 세 오빠들과 어머니의 보살핌을 받은 외동딸이다. Hillary의 당뇨병은 가족 모두를 놀라게 하였고, 가족들은 Hillary를 질식시킬 정도로 과보호하였다. Hillary는 가족들의 친절을 받아들였고 관심과 돌봄을 이끌어 내기 위해 친절을 활용하기도 하였지만 아버지에게는 효과가 없었다. 아버지는 엄격하였고 까다로웠다. Hillary는 아버지를 어떻게 조종해야 할지 전혀 몰랐다. Hillary는 오빠들과 학교 선생님들을 어떻게 조종해야 할지 알게 되었으며, 더 나아가 그녀에게 아프고 허약한 것이 얼마나 강력할 수 있는 것인지를 입증하였다.

✻ 초기회상의 요약

나는 잃어버린 어린 영혼이다. 나는 인생의 위험으로부터 나를 보호하기 위하여 타인들이 필요하다. 사람들은 그들이 나를 보살필 때 나에게 도움이 되지만 나를 비난할 때에는 그렇지 않다. 인생은 내가 홀로 있을 때에는 예측할 수 없지만 다른 사람들의 보호를 받을 때에는 안전하다.

✻ 방해하는 태도, 신념, 행동

1. Hillary는 인생은 위험하다고 믿는다.
2. Hillary는 인생을 안전하게 만들기 위해 타인을 붙잡아 두어야만 한다고 가정한다. Hillary는 혼자서 그것을 할 수 없다.
3. Hillary는 도움은 원하지만 비난은 혐오한다.

✻ 자질과 강점

1. Hillary는 도움을 수락할 것이다.
2. Hillary는 배려심 깊고 진실로 친절한 사람이다.
3. Hillary는 나누고 주는 것을 좋아한다.

생활양식 평가는 내담자에게 공개되고 그녀의 피드백을 끌어낸다. 만일 그녀가 질문이나 이의를 갖는다면 그것들은 진지하게 받아들이고 논의된다. 만약 필요하다면 그녀가 편안하게 느낄 때까지 요약은 수정된다.

새로운 방향 설정(reorientation)은 내담자가 생활양식 요약을 받아들이자마자 시작한다. 작업은 기본적 오류를 수정하고 자질을 촉진하면서 시작한다. 많은 책략들이 골치 아픈 생활양식의 신념을 수정하도록 돕는 Adler 심리치료자들에게는 유용하다(K. A. Adler, 1967; Carlson & Slavik, 1997; McKay & Dinkmeyer, 1994; Mosak & Maniacci, 1993, 1998; Nikelly, 1971; Rasmussen, 2010; Sherman & Fredman, 1986; Sperry, 1989, 1995; Starr, 1977; Watts & Carlson, 1999).

심리치료 기제

✻ 모델링

Adler(1956)는 많은 사람들이 그들의 삶 속에서 처음으로 좋은 인간관계를 심리치료에서 경험하였다는 것을 느꼈다. 따라서 치료자가 적절한 행동의 모델을 보여 주는 것은 중요하였다. 이상적으로 심리치료적 관계는 공통의 과제를 함께 작업하는 동등한 사람들 사이에 있어야만 하는 것이다. 공감, 목표 정렬(goal alignment), 그리고 상호 발견과 격려를 통해 내담자는 사물을 다르게 보기 시작한다. 심리치료자의 다음 목표는 그것을 치료 밖의 다른 사람들에게까지 펼치는 것이다.

✻ 추측하기

이것은 아마도 어떤 사람들에게는 명백하게 보이지만 다른 사람들에게는 무모한 것으로 보일 수 있다. 그러나 Adler학파 학자들은 추측한다. 그들은 전형적이지만 언제나 "이러이러한 것일 수 있을까?" 또는 "아마도 당신은 이러이러하기 때문에 그렇게 한다."와 같은 형태는 아니더라도 내담자들에게 가설을 제공한다. 추측하기(guessing)는 여러 가지 것들을 한다. 첫째, 그것은 치료를 가속시킨다. 모든 치료자들은 가설을 형성하지만 많은 치료자들이 그것을 나누지 않는다. 추측하고 추측을 나눔으로써 Adler학파는 내담자로부터 유익한 피드백을 받는다. 둘째, 추측하기는 **불완전할 용기**(courage to be imperfect)를 보여 준다. Adler학파는 단순히 내담자로부터 승인 반응을 기대하고 만일에 승인이 없다면 "내가 틀렸군요. 다시 해 봅시다."라고 말한다. 이러한 상담자의 태도가 내담자를 지연시키지는 않는다. 흔히 그들은 합류하고 도와준다. 셋째, 그것은 관계를 촉진시킨다. 내담자들은 자주 다른 치료자들이 단순히 조용하게 앉아 있을 때보다 더 좋다고 보고하면서 흔히 이해받았다고 느끼고 피드백에 대해 감사한다. 넷째, 그것은 빠른 문제해결과 탐색으로 이끈다. 모든 사람들이 지금 진행되고 있는 것에 합의할 때까지 치료로 나아가는 것은 힘든 일이다.

✻ 패턴 인식

일단 그들이 수용되었다고 느끼면 내담자들은 자신의 패턴을 인식하고 자신의 선택과 목표에서 일관성을 이해할 필요가 있다. 생활 과제를 통틀어 관련성을 찾아봄으로써 어린 시절부터 성인기에 이르기까지 생활양식 평가를 통해 일관성을 이해하고 그리고 상담을 받으면서 자신의 생활양식을 활성화시키는 자신을 이해하면서 내담자들은 자신의 인생에 대한 유용한 통제감을 얻는다. 그들이 처음부터 자신들의 선택을 잘 모를 때 자신들의 선택을 수용하고 새로운 선택을 하는 것은 어렵다.

✻ 과제 설정

회기 중에 내담자들에게는 해야 할 어떤 것이 주어진다. 그들은 사회기술을 실천하고 편지를 쓰고 역할 연기를 하고 그림을 그리거나 단순히 다르게 생각하도록 촉진된다. 회기 중에 실습하면서 더 편안하게 느끼기 때문에 이 과제들은 치료에서 일어난 학습을 현실세계의 상황에 일반화하기 위해서 숙제로 부과된다.

✻ 격려

격려(encouragement)는 Adler 심리학의 전문용어이다. 용기는 '결과가 불확실할 때조차도 위험을 기꺼이 감수함'으로 정의되었다(Mosak, 1995). 격려하기는 내담자에게 용기를 불어넣는 것을 의미한다. Adler학파는 정신병리로 인도하는 주요 역동은 낙담—자신과 타인에 대한 신뢰의 결여—이라고 믿는다. 감정을 반영하기, 다시 시도하도록 부드러운 자극을 제공하기, 자신들의 재능에 확신을 보이기, 결점이 있는 내담자들을 수용하고 여전히 그들에 대한 존중을 드러내기, 관심과 흥미를 보이기, 이 모든 것들은 용기를 북돋는 데 도움이 된다.

✻ 초기회상

초기회상은 내담자가 자신의 패턴을 찾아내고 목표를 확인하도록 돕기 위한 평가에 가장 흔하게 활용된다(Mosak, 1977; Mosak & DiPietro, 2006). 그들은 또한 변화를 촉진하기 위해서 활용될 수 있다. 한 가지 방법은 내담자들이 현재 하고 있는 것과 초기회상 사이의 유사점을 지적하는 것이다. 내담자들이 자신들의 인생에서 '재발의 주기성'(Dreikurs, 1933/1950, p. 44)을 깨달을 때 매우 놀랄 만하다. 초기회상의 다른 활용은 어린 시절로부터 고통스런 기억을 가져와서, 이번에는 "그것을 당신이 원하는 어떤 방식대로 만들기 위해" 재작업하면서, 그것을 다시 말하도록 요구하는 것이다. 그들이 "완전한 통제 아래에 있고(are in complete control)" 그것을 "다시 할" 수 있다고 지시받는다. 이것은 흔히 그들의 추론 능력의 한계에 대한 분명한 묘사이다. 가장 영리한 내담자들조차도 어떻게 회상을 사회적으로 유용한 방식으로 재구조화하는지 그 방법을 찾는 것이 얼마나 어려울 수 있는지에 놀란다(Maniacci, 1996a). 한 예가 성인 남자 내담자에게서 얻은 다음의 기억이다.

> 7세. 나는 자전거를 타고 있었고 길 모퉁이에 너무 가깝게 돌진하였다. 나는 자전거에서 떨어졌고 팔에 상처가 났다. 끔찍하게 아팠으나 나는 너무 당황하여 집에 갈 수도 없었고 부모님에게 보일 수도 없었다. 그래서 나는 잔디로 상처를 지워 없애려 하였고 피가 멈췄는지 보기 위해 기다리려 하였다. 피는 멈추지 않았고 지저분하였다. 가장 생생한 부분: 잔디로 팔을 닦기. 감정: 고통과 수치심.
>
> 치료자의 독창적인 해석은 다음과 같다.
>
> 그는 너무 가깝게 돌진하였다. 그는 위험을 감수하고 이번에는 나쁘게 보이는 것이 두려워서 그것을 덮으려고 한다. 그가 덮는 것은 자주 최초의 위반보다 더 나쁜 것이

다. 그는 자기를 도와주는 사람을 신뢰하지 않는다. 그 기억을 개조하라고 요구하자, 그는 다음의 것을 만들었다.

7세. 나는 자전거를 타고 있었고 길 모퉁이에 너무 가깝게 돌진하였다. 나는 자전거에 떨어졌고 팔에 상처가 났지만 그렇게 나쁜 것은 아니었다. 나는 공원에 있는 식수대에서 상처를 씻을 수 있었고 그것을 덮었다. 그래서 아무도 그 상처를 볼 수 없었다.

그의 사적 논리의 한계는 분명하다. 그는 기억의 어떤 측면을 바꿨지만 결정적인 주제는 바뀌지 않았다. 그는 여전히 길 모퉁이에 너무 가깝게 돌진하는 모험가이고 여전히 그의 실수를 만회하기 위해서 노력한다. 네 번의 추가적인 재구조화 시도 후에 비로소 그는 좀 더 신중하고 사려 깊은 변화를 더욱 깊이 깨닫고 구체화할 수 있었다. 그때까지도 그는 여전히 너무 주저하기 때문에 사람들을 신뢰할 수 없었다.

✻ 꿈 해석

Adler학파는 꿈 해석을 활용한다. Freud와 처음 만난 지 30년 이상이 지난 후 인생의 끝자락에서조차 Adler(1931/1964b)는 그의 공로를 인정하였고 꿈을 이해하려는 Freud의 시도를 좋게 말하였다. Adler는 꿈에 대한 Freud의 견해에 대해 동의하지는 않았지만 Freud의 노력을 존중하였다. Adler학파는 꿈을 미래를 준비하는 방안(Adler, 1956; Gold, 1981; Shulman, 1973)이자 미래 행동 과정의 예행연습으로 보는 경향이 있다. 꿈의 주요 기능 중 하나는 깨어 있는 상태로 지속하고 그 결과 특정 방향으로 행동을 격려하는 감정이나 기분을 만들어 내는 정서의 공장이라는 것이다. 오랫동안에 걸친 것으로, 생활양식을 근거로 한 주제인, 초기회상과는 달리 꿈은 내담자의 더 최근의 관심사를 반영한다. 되풀이되는 꿈은 더 오랫동안에 걸친 역동을 가장 잘 상징할 수 있지만 일반적으로 말하면 꿈은 현재의 문제를 해결하기 위한 시도이다. 다음은 성인 여자 내담자의 꿈이다. "나는 침대에서 일어났고 나는 혼자였다. 나는 입에서 재미있는 것을 느꼈는데 내가 확인해 봤을 때 이빨이 없었다. 가장 생생한 부분: 이빨이 없음. 감정: 일종의 행복감."

초기회상과는 다른, 꿈의 주요 심상은 내담자가 만들고 있는 참조를 이해하기 위하여 연상과 정의가 필요하다. 주요 연상은 다음과 같다. 침대=편안하고 본래의 그녀 자신일 수 있는 장소, 혼자 있는=자유, 이빨=힘, 이가 없는 것=내가 늙음. 이렇게 연결이 되기 전까지 그 꿈은 혼란스러웠다. 그녀의 남편은 침대에 없었다. 이것에 대하여 질문하였을 때 그녀는 입을 쩍 벌리고 웃으며 말하였다. "만세! 나는 그 자식보다 더 오래 살았다!" 당연히 부부 상담을 권하였으나 그녀는 거절하였다.

✻ 질문하기

Adler학파는 질문(questioning)하고 내담자들이 답을 찾도록 인도하는 데 매우 능숙하다. 초기 면접 동안에 주어질 몇 가지 질문에 대한 개요는 이전에 소개되었다. 몇 가지 질문의 중요성이 지금 상술된다.

"만일 당신이 증상을 지니고 있지 않다면 무엇이 다를 것인가?" 이것이 '질문'이라고 이야기된 것이다. Adler학파는 이것을 수십 년 동안 활용해 왔다(Mosak & Maniacci, 1988). 그것은 두 가지 원칙적인 목적을 위한다. 첫째, 그것에 대한 대답은 흔히 내담자가 회피하는 것을 드러낸다. 내담자는 공포 증상을 보인다. 그녀는 질문을 받았고, 만일 공포가 없다면 그녀는 열심히 일하고 그녀의 아이들과 더 많은 시간을 보낼 수 있을 것이라고 대답한다. Adler학파의 견해로는, 이것은 그녀가 공포를 일과 사랑 과제를 회피하기 위하여 활용하고 있다는 것을 암시한다. 둘째, 질문은 차별적인 진단을 돕기 위해 활용될 수 있다. 만일 내담자가 "나는 아마도 숨을 죽이고 폭발할 지경에 있는 심장을 느낄 수 없었을 것이다."라고 대답하였다면 전적으로 다른 의미가 가정된다. 그녀의 대답에는 사교적인 목적이 분명히 없다. 그녀의 '공포'는 불안이 아닐 가능성이 매우 높다. 아마도 어느 정도 신체적으로 생긴 병리일 것이다. 다른 반응은 "나는 아마도 숨을 죽이고 폭발할 지경에 있는 심장을 느낄 수 없었을 것이다. 그리고 나는 열심히 일하고 아이들과도 더 많은 시간을 보낼 것이다."인데, 이것은 분명히 두 종류의 대답 사이에서 혼합이고 심리사회적 문제뿐만 아니라 신체적 문제도 일어나고 있는 것을 암시한다. 그녀는 아마도 사회적인 목적을 위해 진성(genuine) 기질성 병리를 활용하고 있을지도 모른다. 두 문제 모두 다루어질 필요가 있다.

"당신의 증상에 누가 가장 큰 영향을 받을 것인가?" 이 질문은 전형적으로 증상의 표적을 끌어낸다(Dreikurs, 1967). 많은 내담자들은 (처음에) 자신들이 자신의 증상에 의해 가장 영향을 많이 받는다고 대답할 것이다. 임상가들은 지지적이고 공감적이며 그 후에 한층 더 나아가 질문할 수 있다. "나는 그것이 어렵다는 것을 알아요. 그러나 당신 다음에 누가 가장 영향을 받을까요?" 흔히 내담자는 그때 "오! 내 아내요."라고 알아차릴 것이다. 이것은 증상이 내담자의 아내와 관련된 어떤 것인가를 바꾸거나 다시 균형을 잡기 위해 활용되고 있다는 것을 암시한다. 그것은 탐색해 볼 필요가 있다.

"당신의 증상이 언제 시작되었나요? 그때 당신의 생활에서 또 다른 어떤 일이 있었나요?" 이것은 축 IV, 즉 심리사회적 스트레스 원인 또는 Adler학파가 충격 또는 **외인성 요인**이라고 부르는 것을 검사한다. 이것은 자주 내담자가 다룰 준비가 되지 않은 어떤 상황이 발생하였다는 것을 보여 준다(Dreikurs, 1967; Maniacci, 2002).

"누가 언제나 가장 유명한 사람인가, 그리고 왜 그러한가?" 이 질문은 전형적으로 내담자에게 가장 중요한 조직적 가치(organizing value)를 드러내 준다(Lombardi, 1973). 대답이 중요한 만큼 '왜?'라는 질문에 대한 반응은 더욱 결정적이다. 일반적인 대답은 '예수 그리스도'이다. 이에 대한 대답은 대단히 다양하다. "왜냐하면 그는 우리의 죄를 위해 죽었기 때문에."라는 대답은 "그의 이름은 어느 곳에나 다 알려졌기 때문에."라는 대답과는 전혀 다른 것이다. 첫 번째 예에서는 도움 되기와 희생이 주요 가치일 수 있다. 두 번째 예에서는 주의(attention)와 승인(acknowledgement)이 중요할 것이다.

✻ 가족 조각하기

가족 조각하기(family sculpting)라는 행동 지향적인 기법은 가족 역동과 기대를 드러내기 위해 고안되었다(Sherman & Fredman, 1986). 이것은 가족 상담 또는 집단 상담에서 가장 쉽게 수행될 수 있지만 개인치료에서도 또한 수행될 수 있다. 내담자들은 일어나도록 요구받고 다른 사람들을 활용하고 그들 자신들이 역할 연기를 하면서 그들의 가족 구성원들(그들의 현재 가족이나 원가족)을 조각하도록 요구받는다. 그들은 가족 구성원들을 방의 어느 위치에든지, 어떤 자세로든지 하게 할 수 있는데, 그것은 내담자들이 가족 구성원을 어떻게 보는지 상징화하는 것이다. 그들이 성격의 배역을 조각한 후에 그들이 정말 그렇게 되기를 원하는 방식으로 그 집단이 이상적인 자세를 취하도록 조각을 다시 하도록 요구받는다. 두 조각을 비교한다.

누구를 처음으로 조각하였는지 주목하는 것은 흥미로운 일이다. 대부분 그 사람은 내담자가 가장 관심을 집중시키는 가족의 주요 구성원이다. 그다음에 내담자는 자신들의 증상은 대단히 자주(most often) 첫 번째 조각으로 묘사된 사람을 이상적인 조각으로 바꾸기 위하여 고안된 것이라는 것을 배운다. 그들이 깨닫지는 못하지만 대단히 흔히 있는 경우이다.

✻ 직면

Adler학파는 직면(confrontation)하는 것을 꺼리지 않는다(Mosak & Maniacci, 1998; Shulman, 1973). 그러나 비록 내담자들이 자주 직면을 당하지만 직면은 결코 적의가 있거나 품위를 손상시키는 방식으로 행해지지 않는다. 직면은 해석과는 다르다. 해석은 반응을 요구하지 않는다. 그것은 치료자에 의해서 진술문으로 제시된다. 직면은 반응을 일으키기 위한 것이고 그 때문에 불편을 증가시킨다. "당신은 그녀에게 말하는 것이 두렵다."가 해석인 것과는 대조적으로 "그래서 당신은 언제 그녀에게 말할 예정인가?"는 직면이다. "언제?" 또는 "당신이 계속해서 그것을 하면 지금부터 2시간 후엔 어떻게 느낄까?"와 같은 질문은 내담자들이 자신들의 선택에 대한 책임을 받아들이고 치료자가 의미 있는 대화에 참여하도록 하곤 한다.

✻ 수프에 침 뱉기

Adler(1956)는 이 불쾌하지만 대단히 유익한 전략을 Charles Dickens의 『올리버 트위스트(*Oliver Twist*)』에서 빌려 왔다. 고아원에서 아이들은 배가 몹시 고팠다. 고아원의 아이들은 주식으로 흔히 묽은 수프를 받는다. 양이 충분하지 않았기 때문에 아이들은 큰 방의 복도로 뛰어 내려가 다른 아이들의 수프 그릇에 침을 뱉었다. 그 아이는 역겨워서 그 수프를 포기할 것이고 침을 뱉은 아이는 두 배의 수프를 먹게 될 것이다. 그 아이가 그래도 그 수프를 먹는다면 아마도 그 맛은 끔찍할 것이다. Adler는 내담자들이 그 증상을 포기하는 방식으로 내담자의 증상을 재구성하는 해석을 활용할 수 있다. 만일 내담자가 여전히 그 증상을 활용한다면 그들은 아마도 '손상된' 것이다. 예컨대, 손 씻기에 강박적인 매우 거만한 내담자가 그의 증상이 타인들에 대한 경멸을 표현하는 것이라고 들었다. 청결할 때는 거의 신앙 수준으로 청결하고, 손 씻기를 안 할 때는 "물건을 손대지 않으면서 정상적인 것으로 인정하려는 것을 보니 당신은 틀림없이 신과 같이 되고자 하는 소망이 있을 것입니다." 이런 설명이 그의 입에는 다소 나쁜 맛을 남겨 두어서 손 씻기를 급격하게 감소시켰다.

적용

누구를 도울 수 있는가

Adler 자신과 Adler학파는 일반적으로 다양한 내담자들과 작업한다. 앞에서 언급한 것처럼 Adler는 다양한 상황을 망라해 모든 종류의 내담자들과 함께 일한다. 심리치료는 내담자를 기반으로 진행하기 때문에 (이론을 기반으로 하는 것과는 반대로) Adler 심리학의 기본적 가정을 위반하지 않는 한 전략을 수정하는 것은 쉽다.

Adler학파가 아닌 치료자들은 "Adler 치료가 별 효과가 없는 내담자들이 있는가?"라고 자주 질문한다. 놀라운 대답은 "아니다"이다. Adler학파는 융통성이 있고 그들의 유형은 차라리 절충적이다. 효과적으로 사용될 수 없는 전략이나 접근법을 찾는 것은 어렵다. 어떤 내담자들은 심리치료에 적합하지 않고 또한 내담자들이 협력하지 않는다면 어떤 것도 그들에게 일어나지 않는다.

Adler학파는 신경증, 정신병적 증상, 성격장애, 질병, 적응장애, 대인관계 문제, 직업적 문제, 진로 상담 주제들, 사업 자문(business consultation), 학교 문제들을 작업해 왔고 그런 문제를 지닌 사람들을 계속 돕는다. Adler학파는 기업, 학교, 상담소(clinic), 병원, 교도소, 교회, 사원 등에서 자문하고 그들과 함께 일한다.

Adler학파는 또한 부모교육과 부부교육 프로그램에 오랫동안 관여해 오고 있다. Adler(1927/1957), Dreikurs와 Soltz(1964), Dinkmeyer, McKay와 Dinkmeyer(1997), Popkin (1987), Nelsen(1996), West(1986), Main(1986), Leman(1995)은 모두 요즘에도 여전히 출판되고 있는 베스트셀러의 부모교육과 부부교육 프로그램들을 저술하였다.

게다가 Beecher와 Beecher(1966/1986), Dreikurs(1946), Newman, Berkowitz와 Owen(1971), Forer와 Still(1976), Leman(1985), McKay와 Dinkmeyer(1994), Dinkmeyer와 Carlson(1984)은 일반 대중들을 위하여 가장 잘 팔리는 자기 수양을 돕는 책들을 저술하였다. 이것은 Adler(1927/1957) 자신이 1927년에 그의 베스트셀러인『인간 본성 이해하기(*Understanding Human Nature*)』로 시작하였던 전통으로 돌아가는 것이다.

치료

Adler학파는 모든 종류의 치료를 실용적으로 시행한다. 심리치료를 창설한 거의 모든 사람들처럼 개인적인 1대1 치료는 여러 해 동안 황금 표준(gold standard)이었다. Adler 자신과 다른 Adler학파 학자들은 그 뒤 줄곧 실천의 범위를 확장하였다(Ansbacher, 1992a).

부부와 결혼 치료에 관한 문헌은 계속해서 증가하고 있다(Carlson & Perry, 1998, 1999; Dinkmeyer & Carlson, 1984, 1989; Evans & Dinkmeyer, 1993; Huber & Baruth, 1981; Kern, Hawes, & Christensen, 1989; Sperry & Carlson, 1991). Adler 심리학의 사회적 장 이론의 가정을 생각해 볼 때 이것은 자연스러운 발전이다. Adler 관점에서 부부 상담은 독특할 수 있다. 사람들에게 판에 박힌 듯 실시되었던 생활양식 평가의 과정은 또한 부부에게도 활용되었다. 그 전술을 **생활양식 조화시키기**(lifestyle matching)라 부른다. 각 사람의 생활양식을 평가하고 그다음에 두 사람이 그들의 생활양식을 손에 쥐고 화해한다. 전형적으로 다음의 특성에 따라 두 사람의 개요를 비교하고 조화한다.

- 심리적 우월 요소
- 성별 기대
- 가족 분위기
- 가족 가치관
- 삶에 대한 현재의 접근법

심리적 우월 요소란 양쪽 배우자가 그들의 형제관계를 어떻게 보고 있는지를 말한다. 둘 다 모두 앞장서고 책임을 짐으로써 그들의 자리를 찾은 맏이였는가? 한 사람은 막내이고 다른 사람은 중간이었는가? 이러한 역할이 무엇을 의미하였는가? 그들이 다른 사람들과 관계하는 것을 어떻게 배웠는가? 그들은 다른 사람들이 그들에 응하여 무엇을 하기를 기대하였는가?

성별 기대란 배우자들이 남성성과 여성성의 주제에 대하여 어떻게 생각하는지 조사하는 것이다. 그들 각각의 가정에서 주어진 전통적인 역할이 있었는가? 누가 무엇을 어떻게 하였는가? 그들은 서로의 기대에 맞지 않을 수 있는 성별에 대한 독특한 관점을 가지고 있는가?

가족 분위기는 거의 조사되었다. 각 배우자는 유사한 가족 분위기에서 성장하였는가? 만일 그렇지 않다면 그들은 어떻게 다른가? 이미 언급한 것처럼 어린 시절 가족 분위기와 성인의 상관관계는 흔히 성인의 우세한 정서처럼 보인다. 정서와 감정적 색조에서 잘 안 맞는 것이 있는가?

가족 가치관은 논의되고 이어서 조화를 이루게 된다. 논의된 것처럼 우세한 가족 가치관은 그들의 성인으로서 서로 관계 있는 것을 스트레스 요인으로 볼 수 있다. "이런 문제들은 내게 중요하다.", "나는 이러한 문제들에 대해 우려하기 때문에 철저하게 조사한다." 부부의 가치관은 일치하는가? 그들은 그것을 논의하고 타협하는가, 아니면 "깔개 밑으로 쓸어 넣는가?"

인생에 대한 현재의 접근은 각 배우자의 초기회상의 중심 주제를 주목함으로써 검토한다. 중복 부분은 있는가? 그들이 근본적으로 다른가? 한 사람은 주로 모험가이고 다른 사람은 가정적인 사람인가? 그들은 둘 다 경쟁적인 태도를 가졌는가, 아니면 둘 다 중재자인가?

Adler학파는 가족치료 방법(family treatment)에 몰입한다(Bitter & Main, 2011; Carlson, Sperry, & Lewis, 1997, 2005; Christensen & Schramski, 1983; Dagley, 2000; Grunwald & McAbee, 1999; Kottman, 1995; Maniacci & Carlson, 1991; Mosak & Maniacci, 1993; Sherman, 1999; Sherman & Dinkmeyer, 1987; Sherman & Fredman, 1986). 가족치료 방법은 전형적으로 Adler 심리학에서는 가족 상담(family counseling)과 가족치료(family therapy)의 두 영역으로 윤곽이 그려진다.

가족 상담은 흔히 공적인 환경(비록 그 위에 사적으로 정기적으로 시행될 수 있지만)

에서 시행될 수 있고 자주 Adler학파가 지역사회에 건립한 가족교육센터의 주춧돌이다. 이 전통은 Adler와 Dreikurs로 거슬러 올라가고 현재에 이르기까지 지속된다. 가족들은 분류되고 두 가지 방식으로 참여하도록 초대된다. 즉, 무대 위의 실연 가족으로서, 그리고 바라보는 청중으로 참여한다. 청중 속의 가족들은 미래에 무대로 초청될 수 있다. 가족들은 취침시각, 집안의 자질구레한 일, 경미한 가족 싸움, 형제간 경쟁, 그리고 일반적인 협력의 결여와 같은 전형적인 가족 문제에 대해 상담을 받는다. 추천은 직접적이고 호의적이며, 그들은 보통 일반 대중에게 널리 보급된 Adler 기반 자조 육아 지침(Adlerian-based self-help parenting manuals; 예: Nelsen, 1996)을 따른다.

가족치료는 사적으로 이루어진다. 주제는 가족 상담과 매우 흡사할 수 있지만 또한 얼마간 다를 수도 있다. 비행, 약물 남용, 무시의 문제, 심각한 갈등뿐만 아니라 극단적인 무례, 경멸과 같은 더 개인적이고 더 자기 본위의 주제들이 검토된다. 비록 많은 전형적인 Adler식의 부모 추천들이 여전히 적용되고 있지만 그 위에 각 구성원들의 핵심적인 생활양식 역동이 흔히 초점이 된다.

Adler학파는 집단치료에 대해 열광적이다(예: Corsini, 1971; Shulman, 1973). 가족 상담과 가족치료 사이의 차이와 유사하게 집단들도 스펙트럼을 따라 볼 수 있다.

집단 상담은 본질상 주로 심리교육이다. 집단은 부부 집단, 양육 집단, 심장수술 후 생존자 집단처럼 내용이 매우 구체적일 수 있다. 책을 읽고 토론할 수도 있고 미니 강의도 제공될 수 있다(예: Dinkmeyer, McKay, & Dinkmeyer, 1997).

집단치료는 가족치료와 유사한 역동을 많이 가지고 있다. 흔히 더 복잡하고 뒤얽힌 문제들이 검토되며, 구조는 덜 설교적이고 더욱 탐구적이고 상호작용한다.

중다 심리치료(multiple psychotherapy)는 오랫동안 Adler학파에 의해서 활용되어 왔다(Dreikurs, Shulman, & Mosak, 1984). 많은 Adler학파는 실무에서 다른 Adler학파와 같이 일하는 것을 선호한다. 두 번째 치료자가 때때로 회기에 들어와 앉아 있고 피드백을 주도록 하는 것이 보통이다. 이것은 다음의 훈련을 촉진시킨다. 내담자, 가족, 집단에게 도전하는 것을 활용하기, 그리고 치료자의 맹점 때문에 사례가 초점에서 너무 멀어지지 않도록 하기. 치료자는 상담을 효과적으로 이끌기 위하여 협력, 상호 존중을 유지하면서 갖는 의견 차이, 그리고 '당근과 채찍 역동'의 모델이 될 수 있다. 중다 심리치료에 대한 Adler식 접근의 독특한 점은 생활양식을 평가하기 위해 두 사람의 치료자를 활용하는 것이다. 고전적 접근에서는 한 명의 치료자가 자료를 얻기 위하여 2~3회기를 사용하고 다른 치료자는 해석을 하기 위해 합류하고 요약문을 작성하고 기본적인 오해와 자질을 열거한다(이와 같은 회기들의 실제 축어록을 보기 위해서는 Powers & Griffith, 1987을 참조).

Adler학파는 또한 일상적으로 예술치료(Dreikurs, 1986), 동작치료, 심리극(Starr, 1977), 그리고 역할 연기(Corsini, 1966)를 활용한다. 어떤 치료자들은 최근에 마음챙김, 명상, 바이오피드백(biofeedback), 뉴로피드백(neurofeedback), 그리고 이완훈련으로까지 영역을 넓혔다.

＊ 세팅

Adler학파는 많은 세팅(setting)에서 활동하지만 개인 상담소, 병원, 전문 상담소, 학교, 교도소, 회사, 그리고 가족교육센터가 가장 일반적인 세팅이다. 개인적인 선호와 취향 외에 사무실을 배치하는 데 있어서 특별한 Adler 방식은 없다. 공통의 요소는 필시 아늑함, 평등, 편안함의 느낌일 것이다.

＊ 검사

Adler 심리치료는 대부분 심리교육적 치료 모형이기 때문에 분명한 기질성 병리를 배제하고 신체적 중재의 필요성을 평가하기 위하여 흔히 건강진단을 추천한다. '질문'에 대한 반응을 포함하여 많은 요인들에 의존하기 때문에 다른 심리치료가 시도되기 전에 건강진단이 요구될 수 있다.

Adler학파는 자주 심리검사를 활용하고 몇몇 학자들은 그에 대하여 저술하였다(예: Carlson, Watts, & Maniacci, 2006; Sperry, 1995). Adler학파가 쓰는 가장 보편적인 심리검사는 지능검사, 투사검사(가장 흔히 로샤검사와 주제통각검사 또는 TAT), 그림검사(사람 그리기 검사, 집-나무-사람 검사), 객관적 성격검사(MMPI)이다.

두 가지 표준화 검사가 출판되었다. Adler 대인관계 성공 기본척도(Basic Adlerian Scales for Interpersonal Success; BASIS-A)는 지난 수십 년에 걸쳐서 연구와 실제에 광범위하게 활용되었다. 그것은 Adler 이론에 근거한 65문항의 검사이다. 그것은 다섯 가지 영역, 즉 사회적 관심 소유하기, 사이좋게 지내기, 책임지기, 인정 바라기, 신중하기 영역에서 개인을 측정한다. 게다가 성격 특성을 자세히 설명하는 다섯 가지 지원척도가 있는데, 엄격함(harshness), 권리(entitlement), 모든 사람들이 좋아함(liked by all), 완벽 추구(striving for perfection), 유연함(softness)이 그것이다. 기존의 다른 검사인 아동 통각 스토리텔링 검사(Children's Apperceptive Storytelling Test: CAST)는 사회적 시나리오를 묘사하는 표준화된 일련의 카드를 갖는다는 점에서 TAT와 유사하다. 내담자들은 Adler 원리로부터 나온 여러 개의 영역을 따라서 부호화되고 채점되는 이야기를 말하도록 재촉받는다.

＊ 치료자

Adler학파는 전형적으로 익명의 치료자로서 일하지 않고, 그들은 좀처럼 단순히 뒤로 빼거나 관찰만 하지는 않는다. 그들은 상호작용하고 도전하며 질문하고 논박하지만 언제나 정중하고 동등한 태도로 한다. 물론 그들도 실수를 저지를 수 있지만—모든 사람이 하듯이—그러나 그들은 이 실수를 불완전할 용기를 본받을 수 있는 기회로 본다. Adler학파는 추측하는 경향이 있기 때문에 그들은 "도움을 주기 위해 상담 과정에서 특별히 애를 쓴다." 모든 치료자들이 추측하기 때문에 치료는 빠르게 진행된다. 그러나 Adler학파는 적어도 내담자들과 추측을 공유하는 경향이 있고 머지않아 피드백을 받는다.

＊ 환자의 문제

Adler 치료자들은 가장 도전적인 상황을 의도적으로 회피할 것이다. Adler학파가 직면하는 세 가지 가장 보편적인 문제—내담자 싫어하기, 내담자에 대해서 그리고 내담자로부터 오는 성적 감정 느끼기, 그리고 자살—는 아마도 모든 치료에서 나타난다.

처음 두 문제는 Adler학파에게 고유한 것이 아니고 다른 치료에서와 마찬가지로 똑같이 다루어진다. 치료자가 좋아하지 않는 내담자와 협력적으로 작업하는 것은 어렵다. 그게 될 수 있을까? 아마도. 그게 되어야만 하는가? 그것은 매우 복잡하고, 명확한 대답은 없다. 이러한 경우에는 슈퍼비전과 자문을 강력하게 추천하고 또한 중다 심리치료가 도움 될 것이다. 다른 치료자에게 의뢰하는 것이 이런 경우에는 적절하다. 내담자와의 성적 친밀감은 결코 용납될 수 없고 결코 일어나서는 안 되며 또한 하나의 가능한 예외를 제외하고는 어떤 모양의 이중 관계도 안 된다. Adler학파는 예컨대, 가족에서 개인치료 그리고 다시 돌아가는 식으로 치료 양식들(format) 사이에서 자주 이동할 것이다. 비밀유지의 한계가 분명히 설명되고 유지된다면, 그리고 내담자들이 의사소통, 경계선과 기대에 대하여 분명하게 인지한다면, 치료의 흐름은 자연스럽게 이어질 것이며 일반적으로 어렵지 않다.

자살은 또 다른 문제이고, 자살 위협은 언제나 심각하게 다루어져야 한다. 다시 말하지만 Adler학파는 대부분 이러한 상황을 다른 학파에서 하였던 것처럼 다룬다. 즉, 계약서를 쓰고, 관련된 보호자에게 전화를 걸고, 그리고 필요하면 입원을 시킨다. Adler식 관점의 특이점은 이전에 설명한 '수프에 침 뱉기' 전략이다. 일단 상황이 억제되고 안전하다면 내담자들은 그들의 자살 사고 목적, 위협, 계획, 실행을 직면할 수 있다. 회피, 보복과 앙갚음, 그리고 무력감이 공통적인 목적이고 그래서 상세히 검토되고 탐색되어야 한다(K. A. Adler, 1961, 1967).

증거

심리학 분야는 내담자들에게 최상의 치료를 제공해 주기 위하여 증거 기반 접근을 지향하였다. Adler학파도 증가하고 있는 Adler의 많은 개념과 기법들을 타당화하는 연구에 몰두하고 산출해 냄으로써 이러한 움직임에 대한 도전을 직면하였을 뿐만 아니라 도전을 향해 다가갔다. Adler학파가 마주 대한 도전은 다음 두 부분으로 나뉜다. (1) Adler학파는 개인의 개별 기술적인 측면을 이해하고 다루는 데 초점을 맞춘다. (2) 내담자들은 간혹 증거 기반 치료에 대한 강조와 연합된 단순한 연구 방법론에는 맞지 않는 복잡한 문제들과 사건들을 보인다.

Adler학파는 그들이 봉사하는 내담자들의 개별 기술적 측면을 오랫동안 강조해 왔다. 그들은 내담자가 스스로 창조한 목표와 신념 체계뿐만 아니라 증상의 역할을 아는 데 관심이 있다. 이렇게 하여 Adler학파는 '증상을 다루기'보다는 '사람을 다루려' 시도한다. 내담자의 경험, 목표와 신념 체계, 그리고 증상의 역할에 대한 평가는 한 내담자로부터 다른 내담자에 이르기까지 독특한 사진을 만들어 준다. 따라서 이런 과정에 대한 연구는 무작위 통제 실험법과 대비하여 사례 연구 접근법에 더 적합하다. 게다가 Adler학파는 내담자의 개별 기술적 표상(idiographic presentation)에 근거하여 각 내담자를 구분하는 광범한 기법들을 활용하기 때문에 인지행동치료에서 본 것과 같은 증상을 다루기 위한 매뉴얼화된 접근법이 어렵게 되었다. 전적으로 증거 기반 치료로 나아가는 데 어려움을 설명해 주는 마지막 특성은 연구에 대한 질적 접근 대 양적 접근에 있어서 본래의 차이에 있다. 비록 Adler학파가 후에 제시되는 바와 같이 양적 연구를 수행하였다 하더라도 Adler 심리학은 특별히 질적 연구와 사례 연구 접근법에 더 적합하다.

증거 기반 모형에 있는 두 번째 도전은 치료와 상담을 받으러 오는 모든 내담자들은 아니라 하더라도 많은 내담자들이 보이는 복합 표상(complex presentation)을 의미한다(involve). 물론 이것은 다른 체계에 대해서도 또한 도전이다. 내담자들은 전형적으로 '단지' 우울증 또는 '단지' 불안보다는 다양한 증상을 가지고 치료를 받으러 오고, 이 증상들은 흔히 서로 뒤섞인다. 그래서 결과적으로 단지 일련의 증상을 목표로 하는 것을 어렵게 만든다. 게다가 내담자들은 고립된 상태에서 살지 않고 그들의 인생은 복잡하고 변화하는데, 그것은 또한 치료에서 증상 유형뿐만 아니라 초점 영역을 뒤섞어 버린다. 비록 Adler학파가 각 내담자의 생활양식과 그것이 어떻게 현재의 문제와 관련 있는지 이해하는 것에 대한 Adler학파의 강조점은 독특하지만 그것이 모든 내담자들에게 전면적으로 영향을 끼치는 증상 치료의 '처방전'을 제공하지는 않는다. Adler 치료에 대한 연구는 아마도 어렵겠지만 Adler 이론에 대한 연구는 풍부하다.

이러한 도전에도 불구하고 Adler 이론은 많은 연구를 이루었다. 예컨대, 상당한 연구가 출생순위에 대한 연구(Eckstein et al., 2010)에서 보이는 것과 같이 Adler 이론의 얼마간의 법칙 정립적 개념들을 주목하였다. 초기회상(Mosak & DiPietro, 2006)과 '질문'의 활용(Sackett-Maniacci, 1999)과 같은 기법의 타당도와 신뢰도를 확인하는 많은 연구들도 수행되었다. 또한 생활양식의 주제들을 측정하는, 사실상 양적 연구인, 상당한 양의 증거가 있다. 이것은 연구에서 BASIS-A 검사를 활용함으로써 확인될 수 있다(Kern, Gormley, & Curlette, 2008).

출생순위는 광범하게 연구되었고 성격 발달의 타당한 개념으로 밝혀졌다. Eckstein 등(2010)은 출생순위에 대한 연구들을 메타 분석하였고 출생순위와 관련된 몇 개의 생활양식(성격) 요인들을 발견하였다. 예컨대, 성공과 성취 경향성은 첫째들에게서 발견되었고, 둘째들은 높은 사회성의 경향성을 보이는 것으로 나타났으며, 독자는 또한 성취동기가 높은 것이 발견되었다. 비록 출생순위 그리고 출생순위와 성격의 관계에 대한 증거와 관련된 약간의 논쟁이 있을지라도 심리적 출생순위의 위치에 따라 출생순위 특성에 차이가 있음이 연구에 의해 지지되었다.

생활양식의 개념은 Adler 이론의 특징이다. 생활양식 평가는 내담자의 주관적 경험에 대한 종합적인 그림을 찾아내는 것이 목표이고, 그리고 그런 기능에 있어서 객관적 검사를 도전할 수 있는 매우 주관적인 도구이다. 그러나 생활양식의 주제들을 측정할 수 있는 능력을 제공할 더 객관적인 틀에서 생활양식을 측정하기 위한 시도들이 있었다. BASIS-A 검사가 생각으로는 그런 목적으로 설계되었다. 오늘날까지 BASIS-A 검사는 많은 조사 연구에서 광범하게 활용되어 왔다. 이런 연구들의 개관에서 Kern, Gormley와 Curlette (2008)는 BASIS-A 검사의 타당도와 약물 남용자들, 수감된 성범죄자들, 만성 편두통 환자들, 섭식장애자들 그리고 그 외 사람들을 포함하는 다양한 모집단에 대한 활용을 증명하였다. 또한 BASIS-A 검사는 생활양식의 개념과 애착 이론에서 기술된 애착 유형의 개념의 유사성을 결정하기 위하여 활용되었다(Peluso et al., 2009).

Mozdzierz, Peluso와 Lisiecki(2009)에 따르면, 연구는 효과적인 치료에 나타나는 것으로 보이는 네 가지 결정적인 요소를 밝혔다. 즉, 온정, 공감, 수용, 위기 감수에 대한 용기가 그것이다. Adler학파는 온정, 상호 존중에 근거한 협력적 관계를 확립하려고 노력하였고, 격려하고 동기화하고 내담자에 대한 관심을 보이기 위해 활용되는 기법에 대하여 많이 저술하였다(Mosak & Maniacci, 1998). 또한 초기회상은 내담자를 이해하고 공감하는 방법으로서뿐만 아니라 도움을 청하는 배경 신념에 근거하여 내담자들과 어떻게 작업할 것인가를 결정하는 수단으로서 활용되어 왔다(Kern, Stoltz, Gottlieb-Low, & Frost, 2009). 초기회상은 또한 내담자가 도움을 찾을 때 선호하는 방법에 따라 치료자들이 그들의 방식과 중재를 조정할 수 있기 때문에 치료적 동맹을 향상시킨다.

Adler 이론의 범위를 넘어서 수행된, Adler의 많은 개념들을 타당화한 연구도 있다. 특별히 탁월한 두 개의 예가 Roy Baumeister와 Brene Brown의 연구이다. Baumeister와 Leary(1995)는 소속 욕구의 개념을 타당화하였다. 소속 욕구는 사회적 관심에 대한 Adler의 개념과 관련해서 볼 때 그의 생각의 핵심적인 부분이다. 수치심과 회복력에 관한 그녀의 질적 연구에서 Brown(2007)은 인간은 '~보다 못한 감정'(예: 열등한, 부적절한)에서 '~보다 나은 감정'(예: 완벽, 탁월)으로 가려고 노력하도록 동기화된다는 Adler 생각에 대한 지지를 발견하였다. 마찬가지로 Jeffery Binder(2004)와 John Gottman(1999)은 Adler의 여러 개념들에 대해 경험적으로 타당화하였다.

다문화 세계에서의 심리치료

심리치료는 대인관계 과정이다. Adler학파는 특히 그것을 두 세계의 만남으로 본다. 내담자 세계와 치료자 세계라는 이러한 상호접촉은 재치와 존중이 필요하다.

다문화 세계에서 심리치료는 밀고 들어오는 것으로 지각될 수 있다. 이것은 특별히 임상가들이 내담자들의 세계관을 올바로 이해하는 데 실패하였을 때 일어난다. Adler학파는 생활양식 평가를 활용하여 이러한 문제를 상당히 대처하고 있다. 초기 아동기 상황, 자녀양육 방식과 가치관, 종교적 · 경제적 · 문화적 주제들, 교육적 사회적 상황들에 대한 탐구과정을 통하여 Adler학파는 많은 문화와 종족들의 역동에 빠르게 학습되었다. 추측하기와 피드백 주기도 마찬가지로 도움이 되기 때문에 내담자들은 임상가들이 가지고 있는 어떤 선입관도 교정하고 수정할 수 있다. 저자들은 매우 많은 내담자들과 몇 년에 걸쳐서 자세한 생활양식 평가들을 수행하였다. 나라들을 열거하면 중국, 가나, 이스라엘, 아일랜드, 이라크, 이란, 남아프리카공화국, 벨리즈, 타이, 베트남, 한국, 일본, 프랑스, 영국, 캐나다, 이탈리아, 컬럼비아, 터키, 그리고 독일이다. 여러 생활양식들은 마찬가지로 미국 원주민들에게 실시되었다. 생활양식 평가의 과정은 내담자들이 그들 자신뿐만 아니라 세계에 대해서 우리에게 알려 주도록 도와주었다. 그들은 결코 그것을 강요적이거나 문제가 있는 것으로 보지 않았고 우리는 그들의 이야기를 들음으로써 대단히 많은 덕을 보았다. 다양한 문화로부터 온 내담자들과 작업하는 것은 각각의 새로운 내담자와 다문화주의 안에서 개인적인 개별지도를 받는 것과 매우 흡사하다.

사례

Kate는 심리치료에 마지못해 나타났다. Kate는, 이전에 단기 심리치료를 위해서 저자 중의 한 사람(M. P. Maniacci)을 만나 보았던 그녀의 친구 두 명에 의해서 '의뢰되었다.' Kate는 불편하였지만 기꺼이 '한두 번' 만나 보기로 하였다. 잠깐 동안의 쑥스러운 침묵 후에 그녀는 자기의 이야기를 시작하였다.

정보 확인하기

Kate는 48세이고 이전에 13년간 결혼생활을 한 후에 16년간의 두 번째 결혼생활을 하고 있었다. 그녀는 남편의 전 결혼에서 얻은 아들이 하나 있고 자신의 첫 번째 결혼에서 얻은 세 아이(딸 하나와 아들 둘)가 있는데 모두 성인이다. 그녀는 석사학위를 받았고 초등학교 사서로 일하였으며, 비록 폴란드-가톨릭 신자인 아버지와 미국 원주민(체로키족) 어머니 사이에서 태어났지만 신앙심이 깊지 않았다. 그녀는 약을 먹지는 않았지만 오랫동안의 불안과 사회적 철회(social withdrawal)의 과거력을 가지고 있었다.

나타나는 문제

Kate는 "나는 언제나 죽음에 대해 생각해요."라고 말하였다. "약물을 과다복용하였던 16세 때를 제외하고, 나는 결코 자살 행동을 하지 않았어요." 그녀는 친구에게 전화를 건 후 기절하였으며 구급 의료사들(paramedics)이 불려 왔다. "나는 어머니를 받아들일 수 없었고 내 아이들은 정서적으로 나를 협박해요."라고 강하게 말하였다. 그녀는 '평생' 불안하였고, 불안하지 않았던 때를 정확히 지적하지 못하였다. 그녀가 자살 사고를 실행하였다면 그녀의 아이들과 어머니는 가장 큰 상처를 입었을 것이나, 그녀는 '아직은' 어떤 구체적인 계획도 만들지 않았다. 그녀가 좋아하는 막내 아이가 몇 주 후에는 결혼할 예정이다. 그리고 그들의 아버지와 그녀의 다른 두 아이들로부터 오는 중압감 때문에 막내 아이는 Kate에게 자신의 결혼식에 초대되지 않을 것이라고 통보하였다.

관련된 최근 이야기

Kate는 12살 많은 언니, 11살 많은 오빠, 10살 많은 오빠, 그리고 5살 많은 셋째 오빠와 함께 다섯 남매 중 막내였다. Kate는 "절대 옳지 않고 결코 옳은 일을 할 수 없었어요.", "나는 예정에 없던 막내 자식이었어요."라고 말하였다. Kate는 언제나 가장 큰 언니가 (비밀로) 엄마라고 의심하였지만 아무도 거기에 대해서 이야기해 주지도 않고 또 그것을 부인하지도 않았다. Kate는 첫 번째 남편이 자신을 때리면서 만일 떠나지 않는다면 그녀와 아이들을 총으로 죽이겠다고 세 번씩이나 협박하였기 때문에 그녀는 첫 번째 남편을 떠났다. 이때 많은 '고통'이 따랐고 아이들을 남편에게 남겨 두었다. 아이들은 그녀를 결코 용서하지 않았고 그녀 또한 자신을 용서하지 않았다. 그녀는 "이혼 상담을 조금 받았으나 어떻게 할 수가 없었습니다."라고 말하였다.

현재 기능 정도

Kate는 자신의 직업과 그녀가 같이 일하는 아이들을 사랑하고, 직장에서는 "매우 배타적이고 개인적이지만" 학생들에게 많은 존경과 사랑을 받는다는 것을 인정하였다. "나는 단지 어느 누구와 어떤 것이라도 나누기를 거절하였을 따름이에요." Kate는 '성공적인 출발' 후에 아무도 그녀를 더 이상 실망시키지 않았다고 말하였다.

Kate는 친구들과 자주 만나지만 스스로 자신에 대해서 '진짜 자기'를 유지하면서 친구들과 거리를 유지한다. 재미로 그들은 오토바이를 탄다. 그녀의 가장 친한 친구인 Gail도 '비슷한 배경'을 갖고 있으며 그녀 또한 다른 사람들이 그녀에게 가까이 다가오는 것을 허용하지 않는다. "우리는 말이 없지만 가깝습니다." Gail은 저자들 중 한 사람(Michael P. Maniacci)의 내담자였고, "너를 그를 믿을 수 있어, 그는 달라."라고 말하였다. 그것은 Kate에게 충분하였다. 그녀의 우정은 언제나 탄탄하게 시작되었으나 그 후 그녀가 "그들에게 싫증나고 그들은 나를 실망시키고 다치게 하면서 상처를 입힌" 후에 맥이 빠졌다.

Kate의 결혼은 '훌륭'하였다. "나는 결국 버릇없는 응석받이예요!" 그녀의 남편은 그녀를 위해 요리하였고 그녀의 차에 기름을 채웠고 그녀를 깊이 사랑하였다. "내가 원하는 대로 해 주기를 바랐어요."라고 그녀는 덧붙였다. "그것이 어떻게 지속될 수 있을까요?", "그가 떠나는 것은 단지 시간 문제"였고, 그리고 그녀는 그가 머무는지 보기 위하여 떠들썩하게 행동함으로써 그를 은밀하게 시험하였다. 그는 놀랍게도 언제나 그녀 곁에 머물렀다.

치료 기대

만약 Kate가 그토록 만성적으로 자살 경향이 아니었다면 그녀의 인생에서 무엇이 달라졌겠느냐고 물었을 때 그녀는 "나는 상상할 수가 없어요. 난 언제나 그래왔어요."라고 대답하였다. 그 후 그녀는 잠시 멈춘 후에 "나는 편히 쉬고 그대로 놔두었을 거예요. 나는 살아남기 위해서 그렇게 열심히 일할 필요가 없었어요."라고 덧붙였다. 그녀는 왜 그토록 자살을 생각하였는지 몰랐다. 그녀는 더 이상 자신을 신뢰하지 않았기 때문에 왜 자신의 생각이 언제나 자살에 머물러 있는지 알기 위해서 치료를 받기로 하였다. 그녀의 남편은 "이해하지 못하고" 그녀의 아이들은 "상관하지 않기" 때문에 그녀는 치료를 받을 때 자신 외에는 아무도 원하지 않았다. 이제껏 가장 유명한 사람이 누구라고 생각하는지에 대한 대답으로 그녀는 두 가지 대답을 갖고 있었다. 처음에는 "아무도" 없다고 대답하였고 몇 분 후에는 "만일 당신이 죽게 되면 명분을 찾아 나서기" 때문에 "예수"라고 덧붙였다.

종합적 진단

Kate는 생존자, 즉 혼자서 떨어져 있었더라면 더 좋았을 것이라고 믿으면서 인생을 살아온 사람이었다. 그녀는 다른 사람들을 보살필 수 있었지만 다른 사람들이 자기를 보살펴 줄 것은 기대하지 않았다. 그녀는 남편의 돌봄에 대하여 행복해하면서도 비관적이었고 또한 그것이 계속되지는 않을 것이라고 믿었다. Kate는 자살 경향이 있는 것처럼 보이지 않았고 자신이 실로 얼마나 강한지 보여 주기 위해 자신을 시험하는 것처럼 보인다는 설명을 들었다. 그녀가 남편으로부터 애지중지 대우받는 것을 "지나치게 편안해"하였던 것을 가정한다면 그녀는 어김없이 자살하지 않음으로써 정식으로 자신이 강하다는 것을 (단독으로) 증명해야 하였다. 그녀는 그에 따라 행동하지 않을 때마다 승리감, 정복감, 성취감을 느꼈다. 그녀는 남편이나 다른 사람들로부터 어떤 도움도 없이 그녀 혼자의 힘으로 모든 것을 이겨낼 만큼 충분히 강하였다!

- 축 I—다른 경우라면 명확히 말할 수 없는 불안장애
- 축 II—회피성 성격장애(경계선적 특성이 있는)
- 축 III—보고사항 없음
- 축 IV—아이들과의 갈등, 남편과 지나치게 편안함
- 축 V—GAF: 현재 65, 지난해 최고 65(오래 지속되는 중간 손상)

Kate는 진단의 (언어적) 요약을 전달받고는 "매우 놀랐다." 그녀는 결코 이전에는 그렇게 생각하지 못하였다. 그녀는 눈물을 흘리며 뛰쳐나왔다. "난 생각해야 해요."라고 덧붙였고 떠나기 전에 다음 약속 일자를 잡았다. 그녀는 10회기의 단기 치료 계약서를 제공받았다. 그녀는 10회기는 '조금 많다'고 생각하였지만 동의하고 급히 나왔다.

2회기. 아들의 결혼이 다가오고 있어서 Kate는 그것을 어떻게 할 것인지 논의하기 위해 한 회기를 원하였다. 치료자는 전화를 걸어 그녀를 초대하였다. 이것은 이전보다 최악이었다. 적어도 그녀가 초대되지 않았을 때 그녀는 긴장을 피할 수 있었다. 지금은 무엇인가? 그녀는 심호흡과 이완기법들을 배웠고 다음과 같은 지시를 받았다. 결혼식에서 낮은 수준의 활동을 하고 다른 사람들이 자기에게 다가오도록 기다리는 대신에 그녀가 "돌보고 자기를 주장하고 그리고 사람들에게 따뜻하게 인사할 수 있을 것이다." 높은 수준의 활동으로 그녀는 더욱 책임감으로 느끼고 따라서 불안을 덜 느낄지도 모른다. 그녀는 그 생각을 좋아하였지만 그녀가 성공할 수 있을지는 몰랐다. 그 회기가 끝나자 그녀는 자신의 기억으로는 처음으로 자살 사고를 갖지 않고 1주일 전체를 보냈다고 흥분하여 추가하였다. 그녀는 왜 그런지 설명할 수는 없었지만 그녀가 얼마나 강한지 증명해 주는 마지막 설명과 관련이 있을 것 같다고 느꼈다.

3~5회기: 정밀진단(special diagnosis). Kate의 생활양식은 두 회기 동안 수집되었고 세 번째 회기 동안 그녀에게 요약해 주었다. 그녀에게는 신체적으로 학대를 하는 알코올 중독자 아버지가 있었는데, 그는 어머니와 자녀들을 정기적으로 구타하였다. 모든 자녀들은 뿔뿔이 흩어졌다. 체로키족(역자 주: 미국 여러 원주민 중 한 부족)인 어머니는 '백인'

과 결혼한 것 때문에 작은 고향 마을에 있는 그녀의 부족민들에게 놀림을 받았고 '백인들'에게서도 역시 거부당하였다. 학교에서 환영받지 못하였고 한 사람을 제외하고 다른 모든 친구들에게 따돌림을 당하였으며 사립 '인디언' 학교로 보내졌기 때문에 그녀는 그녀 자신과 책으로 움츠러들었다. Kate의 초기회상은 다음과 같다.

1. 6세. Bill, James, Rich와 함께 나는 뒷마당에서 놀고 있었다. Rich는 차고로 들어가자고 말하였고 내가 아는 그다음 상황은 차고가 전소되었다는 것이다. 가장 생생한 부분: 화재. 감정: 즐거움 그다음에는 공포.
2. 6세. 모래상자에 앉아 있음. 내가 도망가기를 바라면서 모든 사람들이 내 이름을 큰 소리로 외치기 시작하였다. 엄마의 절친한 친구(여자)가 나를 잡고 집으로 데려왔는데, 아버지가 나를 보고 격노하여 고함을 쳤다. 가장 생생한 부분: 웃음, 모든 소동이 무엇 때문인지 나는 이해하지 못하였다. 감정: 즐거움.
3. 8세. 내 개(수컷)가 죽었다. 나는 학교에서 집으로 돌아왔고 엄마가 "네 몹쓸 개가 죽었다."라고 말하였다. 가장 생생한 부분: 슬프고 도망치려 함. 왜냐하면 당신이 만일 엄마 앞에서 운다면 문제가 될 수 있기 때문에. 감정: 슬픔.
4. 9세. 교장선생님(남자)과 어떤 숙녀가 우리 학급으로 걸어 들어왔고 사무실로 오라고 말하였다. 나는 무엇이 잘못되었는지 물었고 그들은 "너는 인디언이야."라고 말하였다. 가장 생생한 부분: 그곳에서 엄마가 울고 있었다. 감정: 슬픔, 나는 인디언이라는 것 때문에 곧바로 학교에서 쫓겨났다.
5. 7세. 나는 뒷문으로 나갔고 내가 돌아왔을 때는 그 문이 잠겨 있었다. 나는 여자 친구의 집으로 건너갔지만 그녀의 엄마는 그들이 파티를 하고 있기 때문에 들어올 수 없다고 나는 또 다른 집으로 갔는데 그들은 집에 없었다. 나는 앉아서 울었다. 가장 생생한 부분: 어딘가 갈 곳을 찾는데 아무도 그곳에 없다는 것을 알게 됨. 감정: 슬픔과 유기감.
6. 7세. 현관에서 할아버지와 앉아 있음. 폭풍우가 치는 날씨였고, 엄마는 우리를 지하실로 들여보내느라 정신이 없었다. 할아버지가 "만일 하나님이 너를 데려간다면 여기 아니면 저기일 것이다."라고 말씀하셨다. 사람들이 여자아이들처럼 소리 지르고 거리로 뛰어나가는 것을 보니 우스꽝스럽다. 토네이도가 우리 바로 옆으로 지나가 버렸다. 가장 생생한 부분: 흥분과 토네이도. 감정: 흥분됨.
7. 6세. 현관에서 자전거를 탐. 오빠가 자전거 안장을 붙잡고 있다가 내게 말하지 않고 놓아 버렸다. 나는 브레이크 잡는 법을 몰랐고, 자전거가 전복되고 다른 오빠의 무릎으로 떨어졌다. 가장 생생한 부분: 나를 가르치는 오빠 Dave. 감정: 추측건대 행복함. 설사 내가 다쳤다고 해도 오빠 Dave와 함께한 모든 것이 나를 행복하게 해 주었다.
8. 5세. 나는 잘못된 스쿨버스 정류장으로 갔다. 건널목 안내인이 거기에 없었고 나는 너무 멀리 갔다. 나는 울었고 하얀색 밴을 탄 어떤 남자가 나를 집으로 데려다 주었다. 우리가 집에 도착하였을 때 엄마는 그를 보고 소리를 질렀다. 가장 생생한 부분: 그가 나를 차에 태워 집으로 데리고 온 것 때문에 엄마가 그에게 소리를 지름. 감정:

집에 와서 기뻤는데 혼란스러움. 왜 엄마는 그를 보고 그렇게 화를 냈을까?

가족 구도의 요약

Kate는 다섯 아이 중에서 다섯째이고 심리적으로는 독자이다. 그녀는 대부분 서로 관계가 전혀 없는 한 명의 언니와 세 명의 오빠들과 같이 자랐고, 따라서 2-1-1-1의 가족 구도를 형성하였다. 그녀의 가정은 아버지의 폭군적인 행동에 의해 지배된 가정이었다. 아버지는 주로 다른 사람들에게 그들 자신의 열등감을 보여 줌으로써 그의 우월성을 나타냈다. 어머니는 아버지와 같이 있을 때 좌절되었지만 어버지가 떠나면(그는 한 번 떠나면 종종 며칠을 떠나 있었다) 얼굴이 활짝 폈다. 그럴 때마다 집은 달라졌고 사람들은 스스로 즐거워할 수 있었다. Kate은 그러한 순간들을 가치 있게 여겼고 심지어 소중히 간직하였다. 그녀는, 아버지가 떠났을 때의 어머니처럼, 친절하고 성실하고 베풀기를 원하였지만 오래 지속할 수 없었다. 아버지의 무지 또는 마을의 편견으로부터 Kate는 거절감과 수치심을 느꼈다. 그녀는 엄마와는 다르게 자기 자신을 위해 싸우고, 그녀를 괴롭히는 사람들이 책임을 모면하게 두지 않기로 결심하였다. 그러한 그녀의 태도는 아주 약간의 효과가 있을 뿐이었다. 그녀의 친구의 아버지, 그녀의 어머니(가끔), 그리고 그녀의 우상화된 오빠 (그가 주변에 있을 때) 모두 그녀가 전적으로 무력하게 되지 않도록 도왔다. 그녀의 경직된 외모에도 불구하고, 그녀의 약점들을 계속 유지하기로 결심하였던 인디언 학교에서의 긍정적인 경험 또한 도움이 되었다. 그녀가 싸울 수 없을 때에는 주로 책과 독서를 통해 환상으로 빠져 들어가는 것을 선택하였다. 그녀는 앞으로 다른 누구에게 절대로 의존하지 않기로, 그리고 그녀가 기죽기 전에 싸우기로 스스로에게 맹세하였다. 하지만 내면에서는 여전히 특별한 입장을 기대하고 특별한 누군가가 그녀가 희망과 사랑—궁극적으로는 수용—을 찾도록 도와주기를 바랐다.

초기회상 요약

좋은 것은 오래가지 않는다. 나는 최악을 위해 내 자신을 준비시켜야 하고 화를 내며 "어린 여자아이"처럼 소리 지르지 않는 것이 좋을 것이다. 내가 (내면적으로) 화가 났을 때에도 극심한 공포가 일어나는 것을 거절한다. 나는 때때로 상황이 어떻게 그처럼 나쁘게 진행되는지 알지 못하지만 그것들은 그렇게 될 것이다. 나는 한 남자가 나를 지지하고 내가 성취하도록 도와줄 수 있도록 의존하고 싶다. 하지만 내가 그렇게 하고 그가 떠나면, 나는 그에게 완전히 빠져 버렸기 때문에 나는 상처를 받을 것이다.

중재하는 태도, 신념, 행동들

1. Kate는 최악을 대비하느라 너무 바빠서 최선을 놓친다.
2. Kate는 정서적인 것과 약한 것을 혼동한다.
3. Kate는 지지를 원하고 그것을 받지 못할 때 상처를 받지만, 사람들에게 그것 또

는 자신의 두려움에 대해 말하지 않는다.

4. 무의식적으로 Kate는 자신도 모르게 '소진할' 때까지 애쓴다. 그녀는 부정적인 것에 집중하느라 너무 바빠서 그녀가 두려워하는 것을 오히려 촉진시킬 수도 있다.
5. Kate는 자신의 강점과 그녀가 견뎌 낸 모든 것들에 대하여 자기 자신을 충분히 인정해 주지 않는다.

자질과 강점

1. Kate는 걱정한다
2. Kate는 용감하다.
3. Kate는 도움을 받을 것이다.
4. Kate는 재미있게 노는 법과 즐기는 법을 안다.
5. Kate는 탁월한 학생이다.
6. Kate는 일단 누군가에게 마음과 충성심을 주게 되면, 극도로 충실하다(아마 그녀는 심지어 자기보다 다른 사람을 더 신뢰할지도 모른다).

Kate는 깜짝 놀랐다. 그녀는 "와! 정말 정확하네요. 그게 바로 저예요! 맹세컨대 이건 마치 당신이 나와 함께 자란 것 같아요."라고 말하였다. 그녀는 그녀의 생활양식 평가의 준비된 사본을 가지고 집에 가서 생각하고 반추하였다.

6회기. Kate는 변화를 보고하였다. 그녀는 결혼식에 가서 모든 사람들에게 따뜻하게 인사하였으며 그녀를 향한 기분 나쁜 눈길들 중 일부에는 아예 주의를 기울이지도 않았다. 그녀는 왠지 "그렇게 외롭지는 않은" 것처럼 다르게 느꼈다. 왜 그런지는 설명할 수 없었다. 그녀는 그녀가 이해받았고, 자기가 더 이상 어린 소녀가 아니라는 것을 깨달았다고 생각하였다.

7~10회기. 이후의 4회기는 아주 부드럽게 진행되었다. Kate는 자신의 평가에 관하여 많은 질문을 하였다. 이 회기들에서는 그녀의 인생에서의 자신의 역할에 대한 잘못된 이해에 초점을 맞췄다. 그녀는 자신의 가치를 증명해야겠다고 생각하였지만 익명으로 그것을 해야 하였기 때문에 어려웠다. 만약 그녀가 너무 많이 눈에 띄었다면 그녀는 지목되었을지도 모르고, 학교에 대한 기억처럼, 지목됨으로써(훌륭한 사람으로라도) 받는 보상은 아마도 거절일 수 있다. 그녀는 "한 번에 두 마리의 토끼를 좇으려고 시도"하고 있었다(Beecher & Beecher, 1966/1986, p. 73). 만일에 그녀가 너무 돋보였다면 그녀는 자신에게 주의를 끌게 되고 그것이 문제가 될 수도 있었다. 그래서 그녀는 조용히 있었지만 그 후 그녀는 자신이 제 값을 하지 못하고 있다고 느꼈고 그래서 사람들이 자신을 가치 있는 사람으로 보지 않고 자신을 버리고 떠날 것이라고 느꼈다. 그녀는 조용히 있어도 비난을 받았고, 그렇지 않아도 비난을 받았다. 회기 중에 그녀는 자신의 부정적인 사고와 그녀가 의견을 말하였을 때 예상되는 거절을 논박하는 연습을 하였다. 10회기에서 그녀는 "조금만 더 머물 수 있는지" 애정을 가지고 질문하였다. 회기를 더 하는 것으로 결정되었다.

11~16회기. Kate는 중재하는 태도 4번—그녀는 무의식적으로 문제에 대해 자기 자

신을 준비시키고 있을지도 모른다—을 검토하기를 원하였다. 그녀는 인생에서 어떻게 더 많은 것을 기대할 수 있는지 그리고 어떻게 선을 수용할 수 있는지 배우기를 원하였다. 그녀의 어머니처럼 그녀는 유일하게 진정으로 좋은 시간은 아버지가 일 때문에 마을을 떠났을 때 갖는 것이었고 아마도 그녀가 진짜로 휴식을 갖고 즐길 수 있는 유일한 시간은 그녀가 혼자 있을 때였다고 늘 믿었다는 것—그리고 그녀의 결혼에 적용이 가능한 시사점—이 언급되었다. 슬프게도 그녀는 혼자 있는 시간을 남몰래 갈구하였고 그녀가 남편을 사랑한 것 못지않게 남편이 집에 있는 것을 좋아하는 것이 왠지 잘못된 것이라고 느꼈다고 고백하였다. 그녀는 그것을 변화시키려고 노력하였다. 더 이상 자살 사고(suicidal ideation)와 불안은 없고, 훨씬 더 큰 자기수용과 함께 그녀의 회기는 끝났다. 그녀가 얻은 것들은 3개월과 6개월 후의 전화에 의한 추수 회기까지 지속되었다.

17~18회기. 마지막 회기를 마치고 7개월 후에(즉, 6개월 후 추수전화로부터 1개월 뒤), Kate가 전화를 걸어 추가 2회기를 요청하였다. "진심으로 놀랐지만 아직은 눈이 열리는 정도까지는 아닌" 어떤 일이 일어났고, 그녀는 그것을 전화로 말하고 싶지는 않아하였다. Kate, 남편, 그리고 몇 명의 친구들은 오토바이를 타고 국토를 횡단하게 되었다. 북서 지역의 산허리에서 그녀는 사진을 찍기 위해 돌아다녔다. 그녀의 남편과 친구들의 경고에도 불구하고 그녀는 절벽의 끝으로 갔다. 절벽이 무너지고 그녀는 떨어졌다. 그녀는 카메라를 떨어뜨리고 넝쿨을 잡고 "사랑하는 인생"을 위해 버텼다. 그녀는 미친 듯이 애를 써서 기어가듯이 올라갔고 그녀의 남편과 친구들은 땅바닥에 엎드리고 손에 손을 잡아 체인을 만들어 그녀를 끌어올렸다. 그녀는 거의 한 시간 동안 울었다. 그녀가 넝쿨을 잡고 기어 올라가기 시작한 순간 두 가지가 그녀의 마음을 스쳐 지나갔다고 얘기하였다. 첫째, 초기면접에서의 "추측"이 생생하게 마음에 떠올랐다. 그녀는 정말로 죽고 싶지 않았다. 둘째, 그녀는 중재하는 태도 4번—그녀는 부정적인 것을 위해 무의식적으로 자신을 준비시키는 사람이다—에 휩싸였다. 그녀는 절대 그것을 다시 하지 않을 것이다.

Kate는 잘 지내고 있다. 1년, 2년, 3년 후 전화를 통한 추수 회기에서 어떤 증상도 나타나지 않았다. 그녀는 최근에 그녀가 지불해야 하였던 마지막 회기에 대한 수표를 동봉한 편지 한 통을 다음의 설명과 함께 보내왔다.

> Mike 박사님께,
>
> 지금까지 아주 좋고요, 제가 상담료를 내는 것을 잊어버렸다고 박사님께서 생각하실 것으로 확신합니다. 그런데 아니에요. 그냥 설명하기 어려울 뿐이에요. 사실 지금은 박사님께서 수표만 가지고 편지는 던져 버려도 돼요. 아니면 나의 이상한 생각들 중 하나를 알려면 계속 읽으셔도 돼요.
>
> 저는 이 편지를 쓰고 수표를 보내는 것에 대해서 거의 날마다 생각하였지만 매번 시작할 때마다 저는 친구에게 완전히 이별인사를 하는 것처럼 느꼈습니다. 그래서 일종의 괴상한 방법으로 제 마음은 저에게 만일 네가 그에게 지불하지 않으면 너는 언제나 종결 없이 연결되어 있을 것이라고 말하고 있었습니다. 좋아요, 여기서 박사

님은 "언제나 전화 한 통이면 될 거야, 그렇지?"라고 말하시겠지요. 하지만 박사님이 저를 변하도록 도와주시던 것을 끝내는 것은 저에게는 너무나도 슬픈 일이에요. 저는 인생이 저에게 무언가를 던질 때 박사님의 설명을 듣고 있는 제 자신을 발견합니다. 제가 통제할 수 없는 무언가를 통제하려고 시도할 때 저는 박사님이 한숨을 쉬고 눈을 이리저리 굴리는 소리를 듣습니다. 뿐만 아니라 저는 박사님이 저는 지금 괜찮고 그 외 모든 것들은 그 뒤에 올 것이라고 저에게 말씀하시면서 박사님이 손으로 박사님의 무릎을 두드리는 것도 봅니다. 그러니 제가 어떻게 그것을 끝내겠습니까? 제가 끝내는 것을 왜 원하겠습니까? 제가 상황들을 균형감 있게 보도록 박사님께서 도와주셔서 제가 많이 변하였기 때문에 저는 지금 괜찮고 모든 사람들은 기다릴 수 있으니 그동안 제가 수표를 보내는 것을 지체하였다고만 저는 말할 수 있습니다.

기쁜 성탄절과 멋진 새해를 맞이하시길 바랍니다.

거듭 감사합니다.

Kate.

요약

Adler 이론은 건재하다. 총체주의적이고(holistic) 목적론적이며(teleological) 현상학적이고(phenomenological) 대인관계적이며(interpersonal) 동기부여적이고(motivational) 인지적인(cognitive) 측면이 현재 대세이고, 다른 많은 체계들도 그것의 기본 신조와 원리들을 계속 재발견하고 있다. Ellenberger(1970)는 "Adler 외에는 승인받지 않고 모든 측면에서 그렇게 많은 것을 빌어다 쓸 수 있는 다른 저자를 찾기가 쉽지 않다."(p.645)고 언급하였다. Adler 자신도 1933년에 다음과 같이 기록하였다.

> 개인심리학은, 원래 얼마 되지 않았지만, 인류사회의 사상, 시, 그리고 꿈에 영원한 영향을 줄 것이다. 그것은 앞서 가는 많은 제자들과, 개척자들의 이름을 거의 모르는 많은 사람들을 끌어 모을 것이다. 그것은 몇몇 사람에 의해서 이해될 것이지만 잘못 이해하는 사람들의 수가 더 클 것이다. 많은 지지자들이 생길 것이고 또한 여전히 더 많은 적들도 있을 것이다. 개인심리학의 단순성 때문에 많은 사람들이 그것을 너무 쉽게 생각할 것에 반해서 그것을 잘 아는 사람들은 그것이 얼마나 어려운지 깨닫게 될 것이다(Adler, 1933/1950, p. vii).

Adler 심리치료를 이해한 후에 임상가들은 다양한 체계들과 다른 많은 학파들의 발견물을 통합하는 것이 쉽다는 것을 발견한다. 그것은 내담자들과 잘 소통하고 치료 계획, 사례개념화, 그리고 현대의 진단 언어를 통합하기 위해 편안한 가교 역할을 할 수 있다.

추천 도서

Adler, A. (1956). *The Individual Psychology of Alfred Adler: A systematic presentation in selections from his writings* (H. L. Ansbacher & R. R. Ansbacher, Eds.). New York: Basic Books.

이 책은 수십 년간 Adler 핵심 저서의 주요 참고 문헌이었다. 이 책은 여전히 Adler의 원문에 대해서 자세한 소개를 원하는 모든 사람에게 필독서이다.

Adler, A. (2002-2006). *The collected clinical works of Alfred Adler:* Volumes 1-12 (H. Stein, Ed.). San Francisco: Classical Adlerian Translation Project. (Original works published 1898-1937)

Adler의 임상 작업은 새롭게 번역되고 편집되었으며 온라인, 인쇄본, 그리고 Kindle로 이용할 수 있다. 새로운 번역은 관심 있는 모든 사람들이 완성한 걸작품이다.

Carlson, J., & Maniacci, M. p. (Eds.). (2012). *Alfred Adler revisited*. New York: Routledge.

편집자들은 Adler의 원문 논문 23편과 21세기 다양한 영역의 전문가들의 논평을 모아 정리하였다. 이런 전문가들의 논문과 함께 그들에 의한 새로운 서문들은 새로운 활력과 자극을 보여 준다. 논문들은 초기회상에서부터 꿈 분석, 출생순위, 정신분석, 교육과 치료뿐만 아니라 더 많은 것을 망라한다.

Carlson, J., Watts, R. E., & Maniacci, M. p. (2006). *Adlerian therapy: Theory and practice*. Washington, DC: American Psychiatric Association.

이 책은 Adler 치료에 대한 가장 최근의 책이다. 개인, 부부, 집단, 그리고 개정된 참고 문헌, 자원, 그리고 Adler 치료를 다른 양식으로 보여 주는 비디오 목록과 함께 자세하게 망라되어 있다.

Hoffman, E. (1994). *The drive for self: Alfred Adler and the founding of Individual Psychology*. New York: Addison-Wesley.

이 책은 Adler의 가장 훌륭한 자서전이다. 공을 들여서 연구하였기 때문에 이전에는 학자들에게 알려지지 않은 많은 자세한 내용들을 포함하고 있다. Abraham Maslow와 함께한 Adler의 연구에 관한 부분은 특히 매력적이다.

Manaster, G. J., & Corsini, R. J. (1982). *Individual Psychology: Theory and practice*. Itasca, IL: F. E. Peacock.

이 책은 Rudolf Dreikurs의 두 학생들이 영어로 발간한 첫 번째 교재이다. 그것은 Adler 영역에서 고전으로 남아 있으며 Adler 심리학에서 가장 잘 쓰여진 책 중의 하나이다.

Mosak, H. H., & Maniacci, M. P. (1998). *Tactics in counseling and psychotherapy*. Itasca, IL: F. E. Peacock.

이 교재는 Adler 심리치료에서 활용되고 "…할 때 나는 무엇을 하는가?"의 관점에서 소개된 100가지 이상의 전략을 망라한다.

Mosak, H. H., & Maniacci, M. P. (1999). *A primer of Adlerian psychology: The analytic-cognitive-behavioral psychology of Alfered Adler*. Philadelphia: Brunner/Mazel.

이 책은 Adler 이론의 기본 가정과 성격 발달, 생활양식, 정신병리, 그리고 중재와 같은 세밀한 주제를 검토한다.

Mozdzierz, G. J., Peluso, P. R., & Lisiecki, J. (2009). *Principles of counseling and psychotherapy: Learning the essential domains and nonlinear thinking of master practitioners*. New York: Routledge.

이 책은 효과적인 치료의 모든 측면에 필요한 기술들 그리고 상담과 치료에서 핵심 역량의 발달에 대해서 배우기 원하는 초보자와 유경험자 임상가들 모두에게 탁월한 교재이다. 이 책은 심리치료의 복잡한 과정을 분석하기 때문에 Adler학파나 그 외의 학자들 모두에게 영향을 준다.

Rasmussen, P. R. (2010). *The quest to feel good*. New York: Routledge.

Adler 이론과 치료에 대한 새롭고 탁월한 시각에서 저자는 Alfred Adler와 Theodore Millon의 저작을 통합하고 임상가나 내담자들 모두를 위해 좋은 희귀한 책을 저술하였다. 정서에 대한 최신의 연구와 Adler 이론을 통합한 것은 탁월하다.

사례집

Adler, A. (1929). *The case of Miss R.: The interpretation of a life story* (E. Jenson & F. Jenson, Trans.). New York: Greenberg.

Adler의 이 고전은 사례가 그에게 넘겨질 때까지 치료하지 않았던 환자의 사례사를 그가 해석한 것을 풀어놓은 축어록이다. 이것은 Adler의 많은 기본적 원리를 보여 주는 복잡한 사례이다.

Adler, A. (1964). The case of Mrs. A. In A. Adler, *Superiority and social interest: A collection of later writings* (H. L. Ansbacher & R. R. Ansbacher, Eds.) (pp. 159-190). Evanston, IL: North-western University Press. (Original work published 1931)

미스 R 사례와 유사하게 Adler는 전문가 독자들을 위해 사례를 한 줄씩 해석하였다. 이것은 또 다른 도전적인 사례이지만 훨씬 짧다.

Dreikurs, R. (1997). Family counseling: A demonstration. In J. Carlson & S. Slavik (Eds.), *Techniques in Adlerian psychology* (pp. 466–484). Washington, DC: Accelerated Development. (Original work published 1972)

이것은 전문가들 청중 앞에서 실시된 사례의 실제 축어록으로서, D 박사가 가족 상담을 어떻게 하는지 보여 주는 고전적 사례이다.

Manaster, G. J., & Corsini, R. J. (1982). *Individual psychology: Theory and practice*. Itasca, IL: F. E. Peacock.

17장은 그가 단지 도와주려 할 때 계속해서 문제가 생기는 내담자의 축어록을 제공한다. 이것은 사례를 가르칠 때 특별히 유용하다.

Maniacci, M. P. (1998). The psychotic couple. In J. Carlson & L. Sperry (Eds.), *The disordered couple* (pp. 57-81). Bristol, PA: Brunner/Mazel.

15회기 동안 남자 신경증 환자에게 Adler 관점의 부부치료가 제공되었다. 1개월, 3개월, 6개월, 1년, 4년의 추수 회기에서 그가 정신병에서 벗어났다는 것을 발견하였다.

Maniacci, M. P. (1999). Clinical therapy. In R. E. Watts & J. Carlson (Eds.), *Interventions and strate-*

gies in counseling and psychotherapy (pp. 59-85). Philadelphia: Accelerated Development.

임상 치료는 복잡한 사례에 대한 심리치료로 정의된다. 이것은 4년에 걸친 94회기와 몇 년에 걸친 추수 회기를 포함하는 자세한 사례사이다. 이 사례는 DSM-IV 진단 체계와, 포괄적 진단으로부터 특수진단과 장기 치료에 이르기까지, Adler 사례개념화의 통합을 보여 준다. 심리검사와 개인 및 가족치료가 도전적이지만 어려운 중다 진단을 받은 여성을 치료하는 데 활용되었다.

Maniacci, M. P., & Sackett-Maniacci, L. (2002). The use of the DSM-IV in treatment planning: An Adlerian view. *Journal of Individual Psychology*, *58*, 388-397.

이것은 DSM 진단공식화와 Adler 사례개념화의 통합을 보여 주는 또 다른 예이다. 이 사례는 Adler 심리치료 외래환자를 경험한 사람으로서 치료 저항 편두통으로 여러 번 입원한 남자이다. 이것은 총체주의의 개념과 심리학 활용의 분명한 예이다.

Mosak, H. H. (1997). Life style assessment: A demonstration focused on femily constellation. In J. Carlson & S. Slavik (Eds.), *Techniques in Adlerian psychology* (pp. 39-55). Washington, DC: Accelerated development.

이 책은 생활양식 평가 현장 실연의 축어록을 보여 준다. Mosak은 문제의 10대 청소년이 자신과 그녀의 불편한 가족관계를 이해하도록 돕기 위해서 짧은 시간 상담하였다.

Mosak, H. H., & Maniacci, M. P. (2013). The case of Roger. In D. Wedding & R. J. Corsini (Eds.), *Case studies in psychotherapy* (7th ed.). Belmont, CA: Brooks/Cole.

강의실 앞에서 진행된 9회기의 음성 녹음 회기에서 Mosak은 매우 불안한 광장공포증 남자가 그의 공포를 극복하고 자신과 세상에 대해 더욱 편안하게 되도록 돕는다. 이것은 Adler학파의 치료 방법에 대한 세밀한 연구이다.

Carl R. Rogers(1902~1987)
© Bettmann/CORBIS

제 4 장 내담자 중심 치료

Nathaniel J. Raskin, Carl R. Rogers, and Maorie C. Witty

개관

Carl Ransom Rogers는 1940년 12월 11일 미네소타 대학교에서 열린 Psi Chi[1] 모임에서 심리치료에 대한 자신의 생각을 발표하였다. 그의 발표에 대하여 격렬한 토론이 이루어지는 것에 다소 놀라면서 Rogers는 자신의 생각이 무엇인가 새로운 것을 담고 있다는 것을 알게 되었다. 이렇게 내담자 중심 치료는 시작되었다.

1950년대에 이르러 다른 인본주의 심리학자들의 관점과 함께 Rogers의 새로운 관점은 당시 지배적이었던 정신분석과 행동주의 패러다임을 공격하였다. 후일 제3세력이라고 일컬어지는 학문은 이렇게 심리학계에 등장하게 되었다. 반세기가 지난 오늘날 Rogers는 20세기의 가장 위대한 심리학자 중 하나로 인정받고 있으며, 심리치료자들 사이에서 그들의 임상 실제에 영향을 끼친 인물로 가장 많이 거론되는 사람이다.

그러나 역설적이게도 이 접근은 임상심리학 박사 과정 프로그램에서 거의 보이지 않는다. 이렇게 시간이 지났지만 내담자 중심 치료는 인간(human being)을 자기 결정적이며 자아실현을 하는 절대적인 주체인 **사람**(person)으로 볼 것을 요구하는, 지금도 여전히

[1] 심리학 우수학생 연합회(International Honor Society in Psychology).

혁신적으로 여겨지는 시각을 제공한다.

치료 매뉴얼과 경험적으로 지지받는 치료의 등장으로 이 접근이 빛을 잃게 되었다고 걱정하는 비관적인 사람들에 대하여 오스트리아의 저명한 사람 중심 치료자이며 학자인 Peter Schmid는 다음과 같이 이야기하였다.

> 나는 전혀 그런 생각에 동의하지 않는다. (…) 반대로 나는 사람 중심 접근의 핵심이 그 효과성을 차치하고라도 그 혁신적인 측면과 심오한 인본주의, 그 중대한 잠재성, 특히 해방을 향한 잠재성 면에서 아직 깊이 파악되지 않았다고 확신한다. Carl Rogers의 입장과 관점은 절대로 구시대적인 것이 아닐뿐더러 우리는 아직 그것을 제대로 파악하지도 못하고 있다(Schmid, 2000, p. 12).

기본 개념

✻ 사람

내담자 중심 치료를 계속 생명력 있게 만드는 관점은 인간은 사람(person)이라는 주장에 담겨 있다. 이는 매우 명백한 사실처럼 보이지만 실제로는 많은 상황에서 우리의 사회적 역할, 성적 역할, 인종, 민족, 사회 계층이나 능력 등이 우리의 사람됨(personhood)을 무너뜨리고 있다. 이 주장으로 인해 내담자 중심 치료는 사람을 알코올 중독, 조현병, 경계성 장애 등 진단의 대상으로 취급하는 의학적 모델에 기반한 다른 접근들과 구분된다(Schmid, 2003, p. 108). 사람됨은 인간이 다른 목적의 수단으로 사용될 수 없음을 의미하는 윤리적 권리이다. 모든 인간은 다르게 환원될 수 없는 목적 그 자체이며, 귀하게 존중받을 가치가 있다.

Arthur Bohart는 거의 모든 치료 이론이 치료자에 집중하고 있으므로 '치료자 중심적'이라고 할 수 있다고 하면서 이 불균형을 보여 주는 아프리카 속담을 다음과 같이 인용하였다. "사자들이 자신들의 역사가를 갖기 전까지는 모든 사냥 이야기는 사냥꾼들을 칭송할 것이다." Bohart가 보기에 내담자는 유용한 치료 환경과 치료 과정을 적극적으로 사용하거나 조작한다. 내담자는 치료자의 태도를 수동적으로 받아들이는 그릇과 같은 존재가 아니라 그 상황에서 독특한 사람으로서 자신에게 가장 유용한 것을 함께 만들거나 그것과 상호작용하는 능동적인 변화 주체이다(Bohart, 2008; Bohart & Tallman, 1999).

✻ 동기

Rogers의 동기(motivation) 이론의 핵심인 실현 경향성 개념은 뇌손상을 입은 군인을 연구한 독일의 신경학자 Kurt Goldstein에 의해 처음 제시되었다. 그는 전인적 성격 이론에서 개인은 그 스스로를 실현시키기 위해 노력하는 전체(totalities)로 이해되어야 한다고 주장하였다(Goldstein, 1934/1959).

Rogers는 Goldstein의 이론과 내담자에 대한 자신의 관찰에 근거하여 모든 살아 있는 유기체는 스스로를 유지하고 향상시키고자 하는 내적 경향성에 의해 동기화된 역동적 과정을 살아간다고 주장하였다. 내담자 중심 이론의 명백한 원리인 이 실현 경향성은 유기체의 모든 하위 체제에서 계속적으로, 방향성 있게, 그리고 전체적으로 작용한다(Bohart, 2007; Bozarth & Brodley, 1991; Brodley, 1999c/2011; Rogers, 1951, p. 487; Rogers, 1963).

Rogers(1980)는 이 실현 경향성이 인간과 미생물과 같은 유기체에서뿐만 아니라 별, 은하세계에서 복잡성, 규칙, 상호연관성이 증가하는 우주의 융합 과정에서 관찰되는 더 일반적인 형성 경향성의 일부일 것이라고 생각하였다. 이 관점에서 보면 인간과 모든 살아 있는 유기체는 더 큰 복잡성을 향해 진화하면서 그 자신을 유지하고 향상시키며 자신의 잠재 능력을 실현하는 존재이다.

Rogers의 실현 경향성 이론이 그 특성상 도덕적인 것이 아니라 생물학적이라는 점을 주목해야 한다. 사람들이 자기 파괴적인 선택을 할지라도 이 실현 경향성은 일정한 방향성을 가지고 지속적으로 작용할 것이지만 환경적 요인에 의해 왜곡될 수 있다(Merry, 2004, pp. 23-24). 이론적으로는 한 사람과 그의 환경이 완벽하게 조화를 이루면 그 사람은 Rogers가 제시한 완전하게 기능하는 사람으로 발전하면서(Rogers, 1961, pp. 183-187). 더욱더 경험에 개방적이며, 현재 순간을 살고, 자신의 경험을 자기 삶의 안내자로 신뢰하게 된다.

* 인간의 특성

Clyde Kluckhohn(문화인류학자, 1905~1960—역주)의 "각 사람은 어떤 면에서는 모든 다른 사람과 같고, 일부는 다른 사람과 같으며, 어떤 면에서는 어느 누구와도 같지 않다."라는 유명한 명제는 Rogers가 인간의 특성을 어떻게 이해하였는지를 아는 데 도움이 된다. 인간의 특성에 대한 Rogers의 이론적 관점은 다음과 같은 인간의 공통성을 강조한다. 모든 어린아이는 긍정적 존중이 필요하다(각 사람은 모든 사람과 같다). 그러나 치료적 관계에서 각자는 전적으로 독특하다(우리 중 누구도 다른 사람과 같지 않다).

그래서 Rogers는 연구 결과를 수집하고 일반적 명제를 증명하기 위해 노력할 때는 과학자로 여겨지지만, 독특한 한 사람의 치료자로서 그런 일반적 명제와 근본적으로 불일치하는 만남을 가질 때는 현상학자라고도 여겨질 수 있다(Van Belle, 1980).

분명 Rogers의 성격 이론은 모든 사람에게 해당되는 개념으로 만들어졌다. 예를 들어 "자기에 대한 자각이 시작되면서 개인의 긍정적 존중에 대한 욕구가 발달한다. 이 욕구는 모든 사람에게 있으며, 개인의 모든 삶의 영역에 지속적으로 존재한다"(Rogers, 1959b, p. 223).

Rogers는 모든 유기체는 내적인 **유기체적 가치화 과정**(organismic valuing process)을 지니고 있으며, 자의식이 발달하는 과정에서 자신의 경험을 동화시키는 정도까지만 진솔해지고 온전하게 될 수 있다고 보았다. Rogers에게 **진솔성**—개인 경험의 온전함과 통합—은 심리적 적응의 표식이다. 진솔성은 방어나 경직과는 반대되는 특성이다.

각 사람의 개별성과 독특성에 대한 Rogers의 신념에도 불구하고 그의 이론은 모든 사람의 공통적인 특성을 기술하는 방식으로 형성되었다. 즉, "모든 사람은 다른 사람과 같다". 그의 입장은 객관주의자, 현실주의자의 전제를 기초로 하고 있다. 비록 매 회기마다 내담자가 하는 이야기가 독특하고 내담자 자체가 시간이 지남에 따라 변화하는 유동적인 과정이지만 내담자 중심 치료를 통해 더 진솔해지는 결과가 나오는 것은 예측 가능한 결과이며 치료적 조건을 제공하는 모든 치료적 관계에서 나타난다고 Rogers는 말하였다.

철학자이며 임상가인 Barbara Held는 내담자 중심 치료의 기초가 되는 현실주의자의 전제를 이야기 치료와 같은 반현실주의적이며 포스트모던적인 접근과 다음과 같이 비교하였다.

> 비록 Rogers에 의해 인본주의적 치료 움직임이 시작되어 각 내담자에 대한 독특하고 주관적인(또는 현상학적인) 관점을 강조하게 되었지만, 문제의 원인과 해결에 대해서는 완전히 일반적인 법칙, 즉 전적으로 현실주의적인 법칙이 더 심화되었다. 예를 들어 그 움직임으로 인해 현실주의자들은 자각 과정에서 경험을 상징화하고 통합하는 데 실패하면 자기개념에 손상을 입고 문제의 구렁텅이에 빠지게 된다고 주장하게 되었다(Rogers, 1961). (…) 각 이론체계에서는 이런 실패가 그 체계에서 정의한 모든 문제의 사실적인 진짜(모든 사람에게 일반적인) 원인이라고 주장한다(Held, 1995, p. 21).

Rogers의 인간 특성 이해는 낙관적이며 순진하다. 비판자들은 Rogers의 실현 경향성 이론과 인간의 선함에 대한 그의 신념을 혼동한다. 그러나 Rogers는 인간(또는 어떤 살아 있는 유기체라도)이 선천적으로 선하거나 악하다고 보지 않았다. 또한 인간의 파괴적 능력에 대해서 순진하지 않았다(Schmid, 2013, pp. 42-43 참조). 그는 수많은 문제로 고통받는 내담자들을 만난 경험을 기반으로 하여 존중, 무조건적 긍정적 수용, 공감적 이해의 분위기를 제공할 때 내담자들이 긍정적이고 친사회적인 방향으로 움직여 가는 것을 발견할 때 언제나 용기를 얻는다고 말하였다.

> 즉 유기체는 항상 추구하며, 항상 주도하고, 항상 "어떤 것을 향한다." 인간에게는 하나의 핵심적인 에너지원이 있다. 그것은 부분이 아닌 전체 체제가 잘 기능하는 것이다. 이는 완성을 향한 실현 경향성이라고 할 수 있으며, 유기체의 유지와 향상을 포함한다(Rogers, 1980, p. 123).

✻ 치료자

내담자 중심 치료자는 인간은 생리적 상태나 장애, 심리적 한계, 트라우마, 억압적 환경 조건이나 제한에도 불구하고 성장과 자기실현을 위한 자원을 지니고 있다고 믿는다. 내담자의 내적 성장 경향성과 자기 결정 권리에 대한 치료자의 믿음은 상담에서 치료자의 '비지시적 태도'에서 나타난다(Brodley, 1997/2011; Raskin, 1947/2005, 1948).

내담자 중심 치료는 사람들로 하여금 자신의 목적, 목표, 의도를 추구하게 하는 환경을 제공한다는 상위목표를 가지고 있다. 치료자는 내담자를 자유스럽게 하는 이 과정에서 결코 내담자를 무기력하게 만들 수 없다(O'Hara, 2006, p. 121 참조).

이 기본자세가 치료자의 의도가 무엇인지를 핵심적으로 보여 준다. 치료자의 비지시적 태도는 책임감 결여나 수동성을 의미하는 것이 아니며, 내담자 중심 치료자의 자유를 가로막지도 않는다. 이는 심리치료의 평등 지향 이념을 충실하게 지키는 것으로서 일부 학자들이 말하는 **정통 교리**의 표현(Cain, 2010, p. 45 참조)이라기보다는 심리치료의 길을 잃지 않게 안내해 주는 윤리 기준이다. 이는 비권위주의적 태도로서 내담자의 자율성을 보호하는 것에 초점을 두고 있다. Rogers가 1951년에 이야기한 다음 내용은 지금도 여전히 우리에게 도전을 준다.

> 여기에서 가장 중요한 점은 개인의 가치와 중요성에 대한 상담자의 태도이다. 우리는 다른 사람을 어떻게 대하는가? 우리는 각 사람이 자신만의 고유한 가치와 존엄성을 가지고 있다고 보는가? 우리가 이런 관점에 언어적으로 동의한다면 행동적으로 얼마나 이를 나타낼 수 있을까? 우리는 각 사람을 가치를 지닌 개인으로 대하는 척하면서 태도나 행동으로는 은밀하게 그들을 깎아내리고 있지 않은가? 우리는 개인을 가장 최고의 가치를 지닌 존재로 보는 철학을 가지고 있는가? 우리는 자신의 방향을 스스로 정할 수 있는 내담자의 능력과 권리를 존중하는가, 아니면 내담자의 삶은 우리를 통해서 가장 잘 인도될 것이라고 믿고 있는가? 우리는 다른 사람을 지배하고 싶은 욕구나 바람을 얼마나 가지고 있는가? 우리는 다른 사람이 자신만의 가치를 선택하는 것을 기꺼이 허용하는가, 아니면 우리가 그를 대신해서 그의 가치, 기준, 목표를 선택하게 된다면 그가 가장 행복하게 될 것이라는 (대개 말로서 표현되지는 않은) 신념에 따라 행동하는가?(Rogers, 1951, p. 80)

내담자 중심 치료자로 성장하기 위해서 우리는 인간관계에서 개방적이고 진실하며 공감적인 사람이 되어 가기를 배우는 훈련을 기꺼이 받아야만 한다. Rogers는 이 공감적 지향을 **존재하는 방식**(way of being)이라고 표현하였다(Rogers, 1980).

내담자 중심 치료에서 진솔성, 무조건적 긍정적 존중, 공감적 이해는 상담 기법이 아니며 전문가 역할의 어떤 측면도 아니다. 치료자가 되기 위해서는 먼저 이런 태도들이 치료자의 가치와 신념에 부합해야 한다. Rogers는 내담자 중심 치료자를 훈련시키려고 하지 않았다. 그는 치료자들이 자신의 가치와 성격에 맞는 상담 방법을 찾기를 원하였다.

> 어떤 학생도 내담자 중심 치료자로 훈련받을 수 있거나 훈련받아야만 하는 것이 아니다. 그[2]가 발견한 자신의 태도와 그가 사람을 다루는 데 효과적이라고 경험한 가설이 내담자 중심의 철학과 일치하게 된다면 그 경험을 일반화할 수 있는 흥미로운 방향을 발견한 것일 뿐이지 그 이상은 아니다. 그가 자신의 경험에 충실한 것이 이미 알려진 어떤 치료적 이론에 자신을 맞추어 가는 것보다 훨씬 더 중요하다. 상담자로 훈련받는 학생이 효과적인 치료자로 자신을 개발하는 능력은 이런 자신에 대한 신뢰에 달려 있다(Rogers, 1951, p. 433).

[2] 인칭대명사에 대한 설명. Rogers는 남성 대명사를 사용한다는 점에서 1940~1950년대의 남성 중심의 심리학계의 전형적인 모습을 보여 준다. 여기에서는 Rogers가 사용한 인칭대명사를 그대로 사용하였다. 하지만 인종과 성 역할에 대한 Rogers의 생각은 1960년대 들어 그의 딸 Natalie Rogers와 다른 여성주의자들 및 인간연구소(Center for the Study of the Person)에서 일하였던 Maureen O'Hara, Gay Leah Swenson Barfield, Maria Villas Bowen, Suzanne Spector 등의 반인종주의 활동가들의 공격을 받았다.

✻ 관계

모든 심리치료 접근이 보여 주는 긍정적인 성과의 상당한 부분이 치료적 관계에 달려 있다는 Rogers의 가설(1957)은 여러 심리치료 성과 연구를 통해 지지받고 있다(Asay & Lambert, 1999, p. 31; Elliot, Bohart, Watson, & Greenberg, 2011; Patterson, 1984).

내담자 중심 치료의 독특한 맥락에서 치료자가 구현하는 치료적 태도는 자유스럽고 안전한 치료 환경을 만든다. 내담자는 이 환경에서 자유스럽게 자신이 원하는 방식대로 상담에 참여한다. 지금 현재 경험되는 어떤 것이든 적극적으로 이야기할 수 있으며 침묵 또한 받아들여진다. 내담자가 상담 과정을 이끌어 간다. Bohart는 치료자가 제공하는 환경과 더불어 긍정적인 변화를 이끌어 내는 내담자의 적극적이고 자기 치유적인 활동을 설명하였다. 이 상호작용 모델에서 **내담자는 적극적으로 치료를 공동으로 구성한다**(Bohart, 2004, p. 108).

치료자와 내담자 모두 고유한 특성을 지닌 사람이므로 이들이 어떤 관계를 맺을 것인지를 미리 예측하거나 설명할 수 없다. 그것은 도움을 요청하는 사람에게 상담자가 하는 반응에 의해 만들어지는 독특한 만남이다. 내담자 중심 치료자는 가능한 한 언제든지 내담자의 요구에 즉각적으로 반응하면서 그것과 조화를 이루어 간다. 이와 같이 내담자의 요구를 기꺼이 수용하는 치료자의 행동—질문에 대답하고, 시간을 변경하고, 내담자를 위해 전화를 하는 행동—은 내담자와 그의 목적, 목표에 대한 기본적인 신뢰와 존중으로부터 나온다(Brodley, 2011a; Moon & Rice, in press).

상담 현장에서 내담자 중심 치료를 하는 상담자들은 내담자 개인과 집단 모두 스스로의 목표를 형성하고 추구할 수 있는 능력이 있다고 생각한다. 이는 흔히 지속적인 지도와 감독을 받아야 한다고 여겨지는 아동, 학생, 노동자와 관련하여 특별한 의미가 있다. 내담자 중심 접근은 치료를 선택하거나 거부하고, 내담자가 생각하기에 도움이 되는 치료자(같은 나이, 인종, 성, 성적 지향 등)를 선택하고, 상담 회기의 빈도와 상담 기간을 선택하고, 무엇을 탐색해야 할지를 결정하는 등 치료 과정의 설계자가 되는 인간의 권리를 지지한다.

마찬가지로 집단 상담에서도 이런 치료적 조건이 형성되어서 집단이 스스로의 존재 방식을 찾을 수 있다고 신뢰를 받게 되면 집단원들은 자신들에게 맞는 집단 상담 과정을 형성하고 그 상황에서 제한된 시간 내에 갈등을 해결해 나간다(Rogers, 1970).

✻ 핵심 조건

진솔성, 무조건적 긍정적 존중, 내담자의 내적 참조체제에 대한 공감적 이해는 내담자 중심 치료에서 치료자가 제공하는 세 가지 조건이다(Rogers, 1959b). '핵심 조건'으로 불릴 만큼 중요해진 이 조건들의 효과성에 대한 방대한 연구가 Rogers의 이론 전개 이후 이루어졌다(Cooper, Watson, & Hölldampf, 2011; Elliott, 2001; Elliott & Freire, 2010; Patterson, 1984). 이 세 가지 조건이 이론적으로는 구분되지만 치료자의 경험에서는 하나로 기능한다(Rogers, 1957). "무조건적 긍정적 존중은 불가능하다."라는 주장은 Rogers의 치료적 태도가 각 내담자를 대하는 각 치료자의 역동적 경험의 연속선상에 있다는 것을 간과

한 것이다. 우리는 학습자로서 이런 태도 경험을 방해하는 우리 속의 장애물들을 검토하고 성찰하는 것이 필요하다.

진솔성. 진솔성은 상담자가 경험의 흐름을 자각하여 이해하고 통합하며 상징화하는 지속적인 과정을 의미한다. 이에 대해 Rogers는 다음과 같이 말하였다. "내게 진솔하다는 것은 바로 지금의 느낌을 내가 알고 있으며 그것을 기꺼이 드러내려고 하는 것이다"(Baldwin, 1987, p. 51).

내적인 경험의 흐름을 인식하고 그 내적 경험을 수용하는 심리치료자는 통합되고 온전한 모습을 지녔다고 할 수 있다. 그러므로 치료자가 공감적 이해가 부족하거나 무조건적 긍정적 존중을 하지 못하더라도 이 경험을 부인하거나 왜곡하지 않고 인식할 수 있다면 그는 진솔한 상태이다(Brodley, 2001/2011b, p. 57). 그러나 이 진솔성의 수준이 낮아지면 그만큼 치료적 환경의 효과가 작아진다.

치료자 속에 있는 진솔함의 상태는 알아차릴 수 있는 투명함이나 진실함, 편안하게 자신을 드러내는 행동 등에 잘 나타난다. 치료자의 진솔성이 시간이 지나도 계속되면, 내담자는 치료자가 은밀한 진단을 내리거나 내담자에게는 금지된 행동을 하는, 속으로 엉뚱한 사람이 아니며, 치료자가 보여 주는 개방성이 진실한 것임을 알게 된다(Brodley, 2911b; Moon, 2005).

무조건적 긍정적 존중. 치료자는 내담자에 대한 무조건적 긍정적 존중을 하고 싶은 마음으로 내담자를 만나기 시작한다. 이 개념은 다른 사람을 따스하게 인정하고 비판단적으로 높여 주는 것을 의미한다. 치료자는 내담자의 사고, 감정, 바람, 의도, 이론, 귀인 등을 독특하고 인간적이며 내담자의 현재 경험에 적합한 것으로 수용한다. 이상적으로는 내담자에 대한 상담자의 존중은 특정한 선택, 의견, 행동—비록 그 행동이 비윤리적이거나 치료자에게 혐오스럽다 할지라도—에 의해 영향을 받지 않는다. 항상 완전하게 무조건적이 된다는 것은 이상에 불과할 수도 있지만 그런 이상적인 태도를 갖기 위해 노력하다 보면 내담자에 대한 수용, 존중, 인정은 내담자에 대해 더 이해할수록 깊어진다는 점을 알게 된다. *Tout comprendre, c'est tout pardonner*. 이 프랑스어 문장은 '모든 것을 알게 되면 모든 것을 용서하게 된다'는 뜻이다.

어떤 내담자를 무조건 긍정적으로 존중하는 치료자의 능력이 오랫동안 변함없이 나타나기 위해서는 일상생활에서 자주 나타나는 판단적 반응을 탐색하여 알아차리고 비판적 반응을 억제하기 위해 열심히 노력하는 발달 과정을 거쳐야 한다. 초보 치료자는 자신의 수용 역량을 넓히고 편견과 자동적 판단을 없애며, 각 내담자는 각자가 알고 있는 환경 **그리고 그들이 알아차리지는 못하더라도 그들에게 영향을 미치는 환경 속에서** 가장 최선을 다하는 독특한 사람임을 받아들이기 위해 노력해야 한다(Bozarth & Brodley, 1986. 고딕체는 인용하면서 추가함).

내담자의 참조체제에 대한 공감적 이해. 내담자 중심 치료자의 공감적 이해는 복합적인 과정이다. 그것은 내담자의 표현, 의미, 이야기를 파악하고 싶어 하는 태도이다. 이는 내담자의 부정적이거나 비판적인 반응을 비롯한 의사표현에 대해 열린 태도를 가질 뿐만 아니라 치료자 자신의 의견, 편견, 이론—Rogers의 이론도 포함해서—을 기꺼이 유보하는 것을 의미한다. 공감적 이해의 실천은 내담자 자신의 표현과 의미를 상담 과정의 중심에 둔다.

Rogers의 치료 이론에서 공감적 태도는 특정한 반응 형식을 따르지 않는다. 많은 사람들이 이것을 오해하고 있다. Rogers는 내담자가 말한 것을 다시 반복해서 말하는 것을 권장하지 않았다. 이렇게 깊이 없이 문자적으로 단순하게 앵무새처럼 따라 하는 것은 내담자 중심 치료에 전혀 어울리지 않는다. 때로는 내담자의 말이 너무 모호한 경우에 치료자가 그 말을 그대로 반복해 줄 수도 있으나, 대부분의 경우 치료자는 내담자가 말하려고 하는 '핵심'을 찾으려고 노력하여 내담자의 의도, 방법, 정서적 연합 등을 파악하는 공감적 이해를 하게 된다. 초보 치료자들은 내담자의 '핵심'을 찾고 이를 자신의 말로 즉각적으로 표현하려고 노력하는 것이 좋다. 단순히 감정 단어에만 초점을 두어서는 정확한 공감적 반응을 할 수 없다.

✻ 내담자

치료 과정에서 내담자 측면의 기본 개념은 자기개념, 평가 준거, 경험 등이다. 내담자 중심 치료자는 도움을 요청하는 사람에게 중요한 것이 무엇인지에 집중하는 과정에서 내담자 스스로에 대한 인식과 감정이 매우 중요하다는 것을 알게 된다(Raimy, 1948; Rogers, 1951, 1959b). 자기개념의 주요 요소는 자기 존중이며, 치료에 오는 내담자는 이것이 부족한 경우가 많다. 초기 심리치료 연구에 따르면 성공적으로 치료를 마친 내담자들은 자기에 대한 태도가 상당히 긍정적으로 변화하였다(Sheerer, 1949). 최근 연구들은 긍정적 치료 결과의 이 중요한 측면을 잘 다루지 않고 있다.

Rogers 입장의 연구자들도 내담자가 평가 준거(locus of evaluation)라는 연관된 영역에서 변화한다는 것을 발견하였다. 내담자가 자기 존중감을 가질수록 삶의 기준과 가치의 근거를 다른 사람으로부터 자기 자신에게로 전환하게 된다. 치료를 받기 시작하는 사람들은 대부분 다른 사람들이 자신들을 어떻게 생각하는지를 과도하게 걱정한다. 즉, 평가의 준거가 외부에 있다. 치료가 성공해 가면서 내담자들은 자신에 대해서뿐만 아니라 타인에 대해서도 좀 더 긍정적인 태도를 갖게 되고, 자신의 가치와 삶의 기준에 대해 다른 사람에게 덜 의존하게 된다(Raskin, 1952). 이런 내담자들은 외적 평가 준거에서 내적 평가 준거로 전환하였으며, 따라서 더 진정으로 자기 결정적인 사람이 되었다고 할 수 있다. Ryan과 Deci는 이런 내용을 지지하는 자기 결정 이론을 개발하였다.

> 자신만의 동기를 가지고 행동하는 사람과 외부통제를 받아 행동하는 사람을 비교하면 전자가 후자에 비해 더 흥미와 열정, 확신을 갖고 있으며, 이는 좋은 수행 실적, 지속성, 창의성 (…) 높은 수준의 활력 (…) 자기 존중감 (…) 일반적인 행복 등의 결과로 나타난다. (…) 이는 능력에 대한 인식이나 자기 효능감이 같은 수준인 사람들에게도 동일하게 나타난다.

내담자 중심 치료의 세 번째 핵심 개념은 모든 내담자는 아니라도 대부분의 내담자들은 경험에서 성장한다는 것이다(Rogers, Gendlin, Kiesler, & Truax, 1967). 그 성장은 자신과 세계에 대한 경직된 경험 방식에서 개방적이고 유연한 경험 방식으로 변화하는 것이다.

이 장에서 설명한 치료적 태도들과 세 가지의 내담자 관련 개념들은 치료자의 실천과 심리치료의 성과 간의 관계를 탐색하는 많은 연구에서 신중하게 정의되고, 측정되며 연구되어 왔다. 수많은 연구 결과, 내담자는 진솔한 치료자와의 관계에서 무조건적 긍정적 존중과 공감적 이해를 경험하게 되면 자기개념이 더 긍정적이고 현실적이 되며, 더 자기표현을 하고 더 자기 주도적이 되며, 자신의 경험에 대해 더 개방적이고 자유롭게 되고, 더 성숙한 행동을 하고 스트레스에 더 효과적으로 대처하게 된다(Rogers, 1986a).

다른 체계들

Rogers의 이론과 연구는 Barbara Temaner Brodley, Eugene Gendlin, Fred Zimring, Nat Raskin, Julius Seeman, Maureen O'Hara 등 Rogers의 학생과 동료들의 이론과 상담 방법의 발전을 자극하였다.

Rogers의 심리 이론과 직접적으로 연관되면서도 독립적인 이론으로서 충분히 체계화된 이론으로는 Prouty의 **전 치료**(pre-therapy; Prouty, 1994), Gendlin의 **경험적/집중 지향 치료**(experiential or focusing-oriented therapy; Gendlin, 1996), Greenberg의 **정서 중심/과정 경험적 치료**(emotion-focused or process-experiential therapy: EFT; Greenberg, 2002), Bohart(2005)와 Worsley(2004)의 **통합 모델**(integrative models) 등이 있다.

이와 같은 이론들이 너무 많아 여기에서 일일이 살펴볼 수는 없지만 지난 25년간 사람 중심 이론과 상담 방법은 상담계의 전면에 나서게 되었다. 비판 이론, 여성주의 진영의 비판, 사회 구성주의 등의 영향을 받아 지금의 내담자 중심 이론가들은 Rogers 이론이 중시하는 가치와 윤리적·정치적 분석 간의 연결을 시도하고 있다. 최근에는 의학적 모델을 전적으로 거부하지 않고 인간에 대한 Rogers의 접근을 진단 범주에 적용하는 방안 등 Rogers의 기본적인 입장에 대한 논쟁이 진행되고 있다(Proctor, Cooper, Sanders, & Malcolm, 2006). 일부의 사람 중심 상담자들은 사람 중심 접근에 '질병' 개념을 받아들이자고 주장하기도 하지만 Sanders는 내담자의 스트레스와 고통을 '질병'으로 보게 되면 질병이 개인 안에 있는 것으로 보고, 내담자를 낙인찍고 하찮은 존재로 보게 되며, 문제의 사회적 원인을 파악하고 제거하는 일을 하지 못하게 된다고 주장하였다(Sanders, 2007; Van Blarikom, 2006, 2007).

Burstow(1987)는 사람 중심 접근의 평등주의적 특성을 문제로 여겼는데, 이는 Gillian Proctor(2002)가 권력을 분석하면서 한 것과 같다. Peggy Natiello(1994)는 여성주의 원칙에 입각하여 내담자 중심 상담을 하였는데, 여기에서는 치료적 관계를 치료자와 내담자 간의 협력적 관계로 이해한다(Natiello, 1994). Maureen O'Hara는 사람 중심 접근이 가지고 있는 해방적 특성에 대해 설명하면서 포르투갈의 교육자인 Paolo Freire(O'Hara, 2006),

Carol Wolter-Gustafson(2004, 1999), Gillian Proctor(2002) 등의 입장과 비교하였는데, 이들은 모두 심리치료 실무와 내담자 중심 접근의 권력과 관계성에 대한 비판적 분석을 하였던 학자들이다.

Barbara Temaner Brodley가 비지시적 태도를 다시 중요하게 보고 상세히 언급한 것도 이론의 발달에 포함된다. 그녀의 이론화 작업은 Rogers의 이론과 상담 방법이 지속적으로 유지되는 데 막대한 영향을 끼쳤다. Barry Grant가 사람 중심 상담 방법에서 '오직 윤리(ethics-only)' 접근을 외치고, Pete Sanders가 이 접근을 정치에 적용하고, Dave Mearn이 관계의 깊이에 대해 연구하고, Mick Cooper가 실존적 접근을 표방하고, Peter Schmid가 Emanual Levinas의 철학에 기초한 윤리 기반 대화 만남(ethic-based dialogue encounter)을 거론하는 등, 새로운 입장이 성장하고 있다. Elliott과 Freire(2010)는 내담자 중심 치료, 경험적 치료, 과정 지시적(process-directive) 치료의 효율성 및 효과성의 증거들을 검토하였다.

✻ 집중 지향 치료

Eugene Gendlin의 경험 철학은 후일에 **집중 지향 치료**(focusing-oriented therapy)라고 불리게 되는 **경험적 치료**(experiential therapy)를 발달시켰는데, 이 접근에서는 몸의 경험 과정에 초점을 둔다. Gendlin은 몸이 느끼는 감각은 경험의 심오한 복잡성을 알 수 있는 자원이라는 이론을 개발하였다. '정확한' 단어만이 심오함을 포착해 낼 수 있으므로 '정확한' 단어를 사용할 때 "바로 그거야!"라는 느낌과 함께 몸이 편안해진다.

Gendlin은 몸에 주의집중하는 방법을 배울 수 있는 일련의 절차를 개발하였다. 신체 감각을 수용적으로 경청하면 Gendlin이 **느낌의 전환**(felt-shift)라고 말한 경험 과정을 이루어 내는 구체적인 심상과 단어들이 떠오른다. 이 접근은 미국에서뿐만 아니라 국제적으로도 열광적인 지지를 받았으며 일대일 치료 상황에서뿐만 아니라 다양한 상황에도 적용되었다.

이런 몸 안에서 일어나는 감각적이고 깊은 정서적 몰입 경험에 대한 Rogers의 언급이 Gendlin의 집중 이론보다 앞서 있었다는 것이 흥미롭다. Ikemi(2005)는 Rogers가 Gendlin과 협력하기 시작하기 전인 1951년에 신체 경험의 중심성에 대해 강조하였다는 것을 발견하였다. "내면 깊은 곳으로부터 그리고 생리적으로도 경험되지만 한 번도 의식으로 떠오르지 않은 정서와 현재의 태도를 자기 안에서 발견하는 경험이 치료의 가장 깊고 중요한 현상이다"(Rogers, 1951, p. 76).

성격의 변화와 경험에 대한 Gendlin의 이론은 변화의 중심을 치료자가 Rogers의 이론에 입각한 치료적 태도를 수행하는 것에서 내담자의 경험 과정으로 바꾸었다. 경험의 수준이 핵심적인 치료 변인이라고 본다면 당연히 경험의 수준을 높이는 것이 치료의 목표가 된다. 이에 따라 치료자는 내담자 경험의 신체적 측면과 경험 과정의 수준에 주의를 기울이게 된다. 비록 경험적/집중 지향 치료자들이 경험 수준과 상담 성과 간의 상관이 비교할 수 없을 정도로 높다고 하지만 많은 내담자 중심 치료자들은 경험에 집중하는 자기 반성적인 자각을 보이지 않는 내담자들에게서도 성공적인 상담 성과가 있다고 보고하고 있다(Brodley, 1988, 1990 참조).

내담자 중심 치료자들은 집중의 개념이 이 치료의 현상을 보여 주기는 하지만 한 사람을 전체로서 만나는 것에서 벗어나는 방향을 가지고 있기 때문에 이렇게 집중된 경험을 자극하기 위해 노력하는 것을 찬성하지 않는다. 이렇게 집중 접근은 내담자 중심 치료로부터 갈라져 나왔다. 또한 집중 지향 치료는 내담자가 신체적으로 느껴지는 감각 과정에 접촉할 수 있게 해 주는 안전한 환경을 조성하는 데 관계 조건이 핵심적이라고 하면서도 치료 관계 내에서 집중하기를 가르치려고 하지는 않는다(Brodley 1990; Gendln, 1990 참조).

✻ 정서 중심 치료

이 치료 접근은 Rogers가 위스콘신 대학교로 떠난 직후 시카고 대학교에서 Rogers의 동료들과 공부하였던 Laura North Rice의 저서를 통해 촉발되었다. Rice가 "기억을 다시 떠올리게 하는 치료자의 기능"을 새롭게 언급한 것은 내담자의 경험을 더 생생한 감정의 방향으로 강조하여 내담자가 정서적 경험을 더 직접적으로 할 수 있게 하기 위해서다(Greenberg, Rice, & Elliott, 1993). Greenberg와 Elliott은 요크 대학교에서 Rice와 협력하면서 정서 중심 치료를 과정 경험적 접근으로 변화시켰다. 내담자가 말하는 내용보다는 정서를 심화시키고 강하게 하는 것이 치료의 초점이 된다.

Cain(2010)에 따르면 정서 중심 치료는 내담자 중심 치료를 Gendlin의 경험 집중 접근, 실존주의, 게슈탈트 방법 등과 혼합하였다. 정서 중심 치료는 내담자의 어려움은 정서를 잘못 다루고 회피하는 데서 비롯된다고 주장하는 "경험적으로 지지되는 인본주의적 치료"로 불린다. 정서를 접촉하고 경험하기 어려운 내담자가 정서 중심 치료자의 정서 유발 자극 명료화, 게슈탈트 접근의 두 의자 작업, 치료자의 코칭 등을 통해 이전에는 막혀 있던 경험을 이끌어 내게 된다. 내담자 중심 접근의 근본적인 입장과 연관성을 유지하면서 Greenberg는 "관계의 질적 수준과 내담자 자체는 언제나 치료적 과제, 방법, 목적보다 우선한다."라고 강조한다(Cain, 2010, p. 53).

Prouty의 전 치료. Garry Prouty는 Gendlin과 함께 연구하면서 경험 이론에 크게 영향을 받았다. 발달장애나 정신증, 조현병으로 진단받은 내담자들에 대한 혁신적인 상담 경험을 통해 그는 전 치료의 원리와 기법을 개발하였다. Prouty는 일반적인 치료적 방법들은 이렇게 다른 사람들과 관계를 맺거나 충분히 의사소통하기 어려운 사람들에게는 효과적이지 않다고 보았다. Prouty의 방법은 지나치게 위축되어 있고 의사소통하기 어려운 사람들을 대상으로 하여 접촉을 자극하고 회복시키는 것을 목표로 한다.

치료에서 자신을 드러내지 못하는 내담자들이 Prouty의 반응 양식에 반응할 수 있다. 그의 혁신적인 방법에는 치료자가 "당신은 지금 당신 눈을 가리고 창 옆에 서 있네요."라고 말하며 내담자의 자세나 몸짓, 표정 등을 거울처럼 보여 주는 접촉 반영(contact reflections)이 있다. 이런 단순하고 문자적인 반응이 내담자로 하여금 치료자와 접촉하게 하여 결국 신뢰 관계가 형성되어 스스로 자기를 표현하는 단계까지 갈 수 있다(Prouty, 1994). 미국의 Margaret Warner, 덴마크의 Lisbeth Sommerbeck 등의 내담자 중심 치료자는 정신증 증상을 지닌 입원환자를 대상으로 이 접근을 사용하였다.

지금까지 사람 중심 접근 안에서 일어난 새로운 접근들을 살펴보았다. 다음으로 사람 중심 입장과 많이 중첩되는 두 접근을 살펴보는데, 하나는 1999년에 시작된 긍정심리학이고 다른 하나는 1970년대 초기 여성 해방운동에서 시작된 여성주의 치료 움직임이다.

긍정심리학. 최초의 긍정심리학 모임은 1999년 개최되었으며, 국제긍정심리학모임(International Positive Psychology Summit)은 2002년에 열렸다. 이 긍정심리학 운동은 Martin Seligman이 주도하였으며(Seligman & Csikszentmihalyi, 2000), 내담자 중심 상담과 인본주의 심리학의 주요 입장을 더 넓은 의미로 확대하였다. Seligman과 Csikszentmihalyi는 오랫동안 심리학이 질병, 병리학, '치료' 등만 강조하는 의학적 모델에 매여 있다는 것을 강조하였다. 그들은 이런 접근의 발달은 제2차 세계대전 후 국립정신건강연구소(National Institute of Mental Health)에서 주도한 장애 및 정신병리에 대한 연구와 치료에 대한 경제적 지원에 기인한 것으로 보았다. 그들은 이제 미국 심리학자들이 긍정을 강조해야 할 때라고 주장하였다. 몰입 경험, 행복, 주관적 만족, 낙관주의, 내적 동기, 자기 결정 등이 많은 우수한 연구자와 심리학자들을 끌어들였다.

긍정심리학의 전체적인 주제는 변화의 동력으로서 내담자의 강점에 초점을 두는 것이 바람직하다는 것이다. 내담자의 강점에 주목하게 되면 긍정적인 정서 상태가 만들어진다. 이 정서는 결과로뿐만 아니라 변화의 원동력으로 작용한다(Fitzpatrick & Stalikas, 2008). 인간의 강점, 잠재력, 회복력을 강조하는 이 입장은 사람 중심 이론에서 인간 유기체 안에 있는 **실현 경향성**을 강조하는 것과 일치한다. Bohart와 Tallman은 1999년에 출간된 ***How Clients Make Therapy Work***에서 내담자를 자기 스스로 건강과 균형을 회복할 능력을 지닌 변화의 주체로 정확하게 강조하였다. 1999년 긍정심리학 운동이 선포된 이래 Bohart와 Tallman의 생각은 긍정심리학의 성장을 기대하며 촉진하고 있다.

두 접근이 중첩되는 두 번째 사항은 Rogers가 심리치료 과정에서 발견한 현상을 과학적 방법으로 연구한 점이다. Seligman과 Csikszentmihalyi는 긍정심리학 연구를 수행할 때 엄격한 과학적 접근을 사용할 것을 강조하였다. "우선 우리는 분명히 과학자이다. 우리가 지지하고 격려하는 연구는 반복되고, 축적되며, 객관적이어야 한다."(Seligman & Csikszentmihalyi, 2001, pp. 89-90) 긍정심리학 운동을 '과학'에 적합한 학문으로 자리 잡게 하기 위해 Seligman과 Csikszentmihalyi는 다음과 같이 선언하였다. "인본주의 심리학은 경험적 증거들을 많이 축적하지 않았다. (…) 거기에서는 자기(self)를 강조하고 자기중심성을 격려한다(Seligman & Csikszentmihalyi, 2000, p. 7). 1960년대 인본주의 치료 운동이 연구 기반을 갖추지 않고 자기애와 비과학적인 자기 조력을 격려하였다는 주장은 여러 인본주의 심리학자들의 분노를 촉발하였다. 이에 대해 Bohart와 Greenberg는 다음과 같이 답변하였다.

> 우리는 Seligman과 Csikszentmihalyi 자신들이 인본주의 심리학을 조금 더 학문적으로 살펴보기를 바란다. 이론이나 상담 실제 모두 결코 자기애적인 자기나 개인적 충족에만 편협하게 초점을 두지 않는다(Bohart & Greenberg, 2001, p. 81).

자기 지향성, 주관적 만족, 내적 자기 결정의 특성을 지닌 인간에 대한 강점 중심의 비전이 다시 나타나는 것을 환영하는 Lambert와 Erekson도 긍정심리학자들이 내담자 중심 치료가 쌓아 온 학문적 기반의 역사를 모르고 특히 그 접근의 효율성에 대한 강한 지지 증거들에 대해 무지하다고 비판하였다.

> 이 맥락에서 병리적 증상을 감소시키고 내담자의 주관적 만족감을 향상시키는 내담자 중심 치료의 효율성과 효과성에 대한 실제적인 연구 결과들을 주목하는 것이 필요하다. 내담자 중심 치료의 효율성은 긍정적 정서 상태의 변화를 측정한 수많은 연구물이 보여 주는 지난 50년간의 성과와 과정 연구에 기초하고 있다(Lambert & Erekson, 2008, p. 224).

또한 Lambert와 Erekson은 내담자는 부정적 정서로부터 벗어나야 한다는 생각에 대해서 다음과 같이 비판하였다.

> 내담자에게서 긍정적 느낌을 증가시키기 위해서는 전통적인 내담자 중심 치료의 입장에서 보았을 때 긍정 정서에 대한 지금의 강조가 얼마나 이상하게 보이는가 하는 생각을 치료에 추가하거나 정교화해야 한다. 대부분의 내담자 중심 치료자들은 내담자를 현재의 느낌에서 주의를 돌려 긍정적 느낌으로 이끌어 가는 것이 내담자를 위하는 일이라고 생각하지 않을 것이다(Lambert & Erekson, 2008, p. 223).

Joseph과 Linley(2006)는 긍정심리학 연구의 대단한 성장을 인정하지만 만약 긍정심리학 운동이 계속 '우울을 위한 행복 훈련'과 같은 긍정적 개입을 포함하는 의학적 모델에 기초한다면 '질병' 초점을 극복하려는 시도는 실패할 것이라고 경고한다. 긍정심리학은 '장애에 대해 적합한 치료를 활용'하는 의학적 모델을 뛰어넘기보다는 단순히 치료상자에 하나의 도구를 첨가하는 것에 그칠 수 있다. 독자들은 긍정심리학 연구자의 주장의 근거를 확인하고 이에 대한 비판들도 살펴보기 바란다(Held, 2002, 2005; Joseph & Linley, 2006; Kristjánsson, 2010; Lambert & Erekson, 2008; Sugarman, 2007; Yen, 2010).

여성주의 심리학. 1960년대 후반에 여성주의가 다시 일어나고 의식증진 운동이 나타나며 여성들의 자발적인 모임이 생겨난 것은 여성운동가들에게 혁명적인 일이었다(Brown, 1994). 여성운동가들이 시민의 권리를 위해 투쟁하면서, 그리고 다른 진보적 움직임을 통해 그들의 관점, 목적, 견해 등이 남성 지도자들에게 예속되었다는 것을 알게 되면서 그들이 공통적으로 경험하였던 막연함, 불평등, 차별 등에 맞서 여러 방면에서 적극적 활동이 나타나게 되었다. 전에는 전혀 다루어지지 않았던 주제들이 공개적으로 논의되었고, 여성빈곤, 강간, 가정폭력, 경제적 차별, 아동 성학대, 여성의 이성애 규범론, 운동경기에서의 배제 등에 대한 정화 작업이 진행되었다. 이것들을 포함한 여러 가지 요인들이 집단적 행동을 촉발하였다. 급진주의자로부터 개혁론자까지 모인 여성주의 운동은 다원적이고 다양한 국면을 지닌 현상이 되었다.

당시 학문 분야에 있던 여성들은 신분제도 안에 있는 여성에 대한 부당한 차별에 대해 통렬한 비판을 가하였으며, 성차별주의자들의 남성 우월주의를 명백하게 드러나게 하였다. 하버드 대학교에서 수련한 실험심리학자인 Naomi Weisstein은 임상심리학 분야에 대한 일련의 비판을 모아 *Kinder, Küche, Kirche as Scientific Fact: Psychology Constructs the Female*(Weistein, 1970)을 출간하였다. Weisstein의 비판은 이미 고전이 되었지만 지금 시대에도 역시 적절한 내용인데, 여기에서 Weisstein은 심리학은 명백하고 암묵적으로 여성에 대한 사회적 통제를 강요하는 행위들의 집합체라고 폭로하였다.

여성에 대한 사회적 역할 기대, 경제적 종속, 정치적 무력화, 폭력 등이 사회적 통제와 협박의 전략임을 밝히고 비판하면서 여성들은 자신들이 지금까지 독특한 개인적인 문제로 여겨 왔던 것들이 속속들이 정치적인 것이었음을 인식하고 자신들의 경험을 존중하게 되었다.

여성 치료자들은 여성운동의 영향을 받아 지배적인 치료 패러다임과 이론 학파를 비판적으로 보기 시작하여 남성 이론 창시자의 권위에 대한 비판을 일으켰다. 여성 치료자들은 진단 분류 체계가 여성 억압적이며, 치료 행위가 남성의 권위를 재확인하고 있으며, 여성의 생리적 특성에 대한 본질주의자들의 전형적인 입장이 근거 없는 것임을 밝힘으로써 심리학을 뒤집어 놓았다. Freud학파의 "해부학은 운명이다."라는 주장은 비판의 대상이 되었다. 진짜 혁명이 일어난 것이다.

그러나 주류 심리학은 여전히 여성의 문제를 개인 심리의 문제로 보고 있다. 자기애적 상처, 불안 애착 양식, 역기능적 인지 등으로부터 Rogers의 '가치 조건화'에 이르기까지 여러 '논쟁'이 제기되고 있지만 전통적인 이론가들은 심리적 문제의 내적 근원을 찾을 수 있다는 확신을 주장하였다.

전문가와 학문이 취하는 경제적 이익은 명백하다. 이런 원인 모델에서 여성은 '콤플렉스', 여성의 역할에 대한 '적응' 문제, 성적 '냉담' 등의 문제에 대해 오랫동안 비싼 개인치료를 받아야 하였다. 이른바 '불행 사업(misery business)' 분야의 실무자들은 자신들의 특정 기법을 여성이 겪는 병리에 대한 해답으로 유지해 왔다.

여성주의자들은 개인의 지각된 경험은 사회적으로 구성된다는 사실을 심리학의 여러 구념들(constructs)이 감추고 있다고 비판한다. Kitzinger와 Perkins는 다음과 같이 주장하였다.

> 경험은 항상 그것이 의미를 얻게 되는 (암묵적인 또는 명백한) 이론적 틀을 통해 인식된다. 느낌과 정서는 단지 즉각적이고 비사회적이며 개인적으로 발생하는 반응이 아니다. 이들은 사회적으로 구성되었으며 일정한 사회적 규준을 전제로 한다. 경험은 결코 '원래 그대로'가 아니다. 그것은 해석과 재해석이라는 사회적 망에 갇혀 있다. 내면으로부터 발생하는 순수하고 사회화되지 않은, 오염되지 않은 '경험'이라는 개념을 독려하고 영속화함으로써 치료자들은 우리 '내면 세계'의 사회적 뿌리를 감추고 모호하게 만들어 왔다(Kitzinger & Perkins, 1993, pp. 191-192).

거의 모든 분야의 심리학자들이 질병의 내적 원인에 대한 본질주의자의 설명, '여성이 원하는 것'에 대한 환원주의자들의 분석, 여성이 무엇을 원해야 하는가에 대한 처방 등을 하면서 남성 권위의 철옹성을 대변하고 있다(Gergen & Kaye, 1992, p. 169 참조). 여성주의 치료자들은 이를 대신하여 윤리를 강조하며 일대일 변화 모델 이상의 것을 주장한다. 많은 여성의 문제는 그들의 심리에서 비롯된 것이 아니라 그들을 억압하는 사회구조에서 나온 것이다. Rodis와 Strehorn은 다음과 같이 설명한다.

> 여성주의는 심리학 관계와 치료 과정은 사회적이면서 대인관계적인 정의(justice)에 대한 대화에 집중해야 한다고 분명하고 강하게 주장한다. 여성주의자들은 내담자의 문제 대부분이 사회적 불의로부터 나온 것이므로 정의를 도덕적 이상으로 다시 정립하고 기능적 현실로서 더 정의로운 사회를 건설하면 긍정적 변화가 일어날 것이라고 주장한다(Lerman & Porter, 1990; Prilleltensky & Walsh-Bowers, 1993; Rodis & Strehorn, 1997).

여성주의 이론가들이 직면하는 지속적인 문제는 기존 이론에 대한 반응과 비판만 할 것이 아니라 이제는 여성을 치료하는 혁신적인 방법을 개발하는 것이다. 전반적으로 '지지'하고 돌보는 전통적인 모델에서 벗어나 여성들의 저항에 힘을 실어 주는 모델로 진보하면서 이런 변화가 이루어졌다. 오늘날 여성주의 치료자들은 정신분석, 대인관계, 인본주의, 체계 이론, 트라우마 치료와 같은 주제별 접근 등을 여성주의 상담 방법으로 통합하여 사용한다.

명백한 비판꺼리가 없고 심지어 치료 맥락에서의 권력 문제까지 인정하는 널리 활용되는 치료 모델들을 비껴 가고 극복하고 반박하는 과정에서 여성주의 상담자들은 완전히 새로운 모델을 형성하지 못하는 문제에 직면한다. Gergen은 이를 다음과 같이 지적하였다.

> 대부분의 치료 학파의 궁극적인 목적은 그 의미와 상담 실제에서 패권을 잡는 것이다. 모든 다른 학파와 설명은 굴복해야 한다. 정신분석은 행동수정을 뿌리뽑고 싶어하며, 인지행동치료자들은 체계적 치료를 잘못된 치료로 보는 것과 같다. 그러나 가장 즉각적으로 그리고 잠재적으로 해로운 결과는 내담자에게 돌아간다. 결국 이런 과정으로 인해 내담자는 열등함을 배우게 된다(Gergen & Kaye, 1992, p. 171).

내담자 중심 여성주의 치료자는 Gergen의 주장에 반발한다. 중립적인 수용적 태도로 내담자가 인식한 세계를 탐색하는 내담자 중심 치료는 삶에 대한 내담자의 설명을 이론이나 헤게모니 입장의 설명으로 대치하지 않는다. 우리는 내담자에게 재확신시키거나 직면하지 않으며, 힘을 북돋아 주어서 그들이 '교육받는' 위치에 놓이지 않도록 한다. 이 점에서 내담자 중심 상담은 모든 내담자들에게 힘을 북돋아 주려는 여성주의 치료의 목표와 일치한다. 동시에 우리는 치료가 내담자를 여러 가지로 도울 수 있지만 사회적 변화를 위한 집단적 행동을 대체할 수 있는 것은 아니라는 점에 동의한다. 치료 기관은 심리적 문제가 본질적으로 개인 내면의 '장애'가 표면으로 드러난 것이라는 깊이 뿌리박힌 생각을 강화시키고 있다.

역사

선구자들

Carl Rogers에게 가장 큰 영향을 준 것은 그가 훈련받은 전통적인 아동지도법이 도움이 안 된다는 것을 안 것이다. 그는 컬럼비아 대학교의 사범대학에서 검사법, 측정, 진단적 면담, 해석적 치료 등을 배웠다. 이어서 정신분석 입장의 아동지도연구소 인턴 과정에서 사례를 철저하게 수집하고 투사적 성격검사를 실시하였다. Rogers는 원래 이 진단적이며 처방적이고 전문적으로 비인격적인 접근을 신뢰하면서 로체스터 아동지도연구소에 갔는데, 실제 경험을 하고 나서 이 방법이 효과가 없다는 것을 알게 되었다. 그는 이에 대한 대안으로서 전문가의 역할을 취하지 않고 내담자가 이끄는 대로 따르려고 노력하였다. 이 방법이 더 내담자에게 효과적이었다. 그리고 그는 펜실베이니아 사회사업 대학교와 필라델피아 아동지도상담소의 Otto Rank와 동료들의 연구에서 이 대안적 접근에 대한 이론적이고 실제적인 지지를 발견하게 되었다.

Rank와 함께 로체스터에서 3일간의 세미나를 개최한 것이 특히 중요한 사건이다(Rogers & Haigh, 1983). 또한 Rank학파에서 훈련받은 사회사업가인 Elizabeth Davis와 협력하게 된 것이 중요한 계기가 되었는데, Rogers는 Davis를 통해 "표현된 감정에만 전적으로 반응한다는 생각을 처음으로 갖게 되었다. 그녀를 만나면서 후일 감정 반영이라고 불리는 것을 알게 되었다"(Rogers & Haigh, 1983, p. 7).

Rogers의 치료 방법과 후일의 이론은 그 자신의 경험에서 비롯된 것이다. 동시에 Otto Rank와의 몇 번의 연결은 Rogers의 초기 저작에 명백하게 나타나 있다. Rank학파의 여러 특징은 비지시적 치료의 원리와 밀접한 관련이 있다. Rank는 명백하고 설득력 있게, 그리고 반복적으로 기법과 해석으로 하는 치료를 거부하였다.

> 각 사례는, 그리고 한 사례에서도 상담 시간은 각각 다르다. 그 시간의 경험은 상황마다 다르게 나타나고 즉각적으로 적용되는 영향력의 역동에 의해 그 순간에 생겨나기 때문이다. 내 기법은 사실 기법이 없는 것이다. 지속적으로 기법으로 나타나는 경험과 이해를 가능한 한 많이 활용하지만 결코 이데올로기적으로 적용되는 기법의 규칙으로 정형화되지 않는다. 분석가의 중요한 과제가 경험을 실현하거나 인정하는 것이 아니라 (이데올로기적인) 해석이라고 여기고 기법이 이론과 동일한 이데올로기적인 치료에나 기법이 있는 것이다(1945, p. 105).

Rank가 실제 심리치료를 어떻게 하였는지, 특히 치료 시간에 그가 무엇을 얼마만큼 하였는지는 잘 알려져 있지 않다. *Will Therapy, and Truth and Reality*(1945)에 제시된 비체계적인 참고 문헌을 통해 보면, 그는 교육적이고 해석적인 기법을 비판하고 환자가 스스로 자신의 치료자가 되는 것을 높이 평가하였지만 치료 관계에서는 명백하게 내담자보다 월등한 힘을 가지고 있었다.

초창기

Carl Ransom Rogers는 1902년 1월 8일 일리노이 주에 있는 오크파크에서 태어났다. Rogers의 부모는 종교적 근본주의에 입각한 고된 노동과 책임의 가치를 믿었으며, 음주, 춤, 카드놀이 같은 오락활동을 싫어하였다. 친밀하며 헌신적인 가족들이었지만 애정을 겉으로 드러내지는 않았다. 고등학교 시절 Rogers는 가족이 운영하는 농장에서 일하면서 농업의 과학적 측면과 실험에 관심을 보였다. 그는 부모와 형제들을 따라 농업을 전공하기 위해 위스콘신 대학교에 입학하였다. Rogers는 가족의 종교적 전통도 이어받았다. 그는 학내 YMCA에서 적극적으로 활동하여 1922년 베이징에서 개최된 세계기독학생연맹대회에 참가하는 10명의 미국 대표에 선발되었다. 그때 그는 목사로서의 진로를 준비하는 데 도움이 될 것이라고 생각해서 전공을 농학에서 역사로 변경하였다.

Rogers는 위스콘신 대학교를 1924년에 졸업하고 어릴 적부터 친구였던 Hellen Elliott과 결혼하고 유니온 신학교(Union Theological Seminary)에 입학하였다. 2년 후 Rogers는 몇 개의 심리학 강의를 듣고 나서 컬럼비아 대학교의 사범대학으로 옮겨서 후일 그가 말하는 'Freud적인 것과 과학적인 것 그리고 진보적인 교육적 사상이 대비되면서 혼합된 것'을 접하게 된다(Rogers & Sanford, 1985, p. 1374).

사범대학 졸업 후 Rogers는 뉴욕 주 로체스터에 있는 아동지도센터에서 12년간 일하였고 곧 실무적인 심리학자와 관리자가 되었다. 그는 논문을 쓰기 시작하여 곧 국가적 수준에서 활동하게 되었다. Rogers는 1939년에 『문제 아동의 임상적 치료(*The Clinical Treatment of Problem Child*)』를 출간하고 오하이오 주립 대학교의 심리학과 교수직을 제안받았다. 이곳에서 Rogers는 문제 아동과 그 부모들을 돕는 새로운 방법을 가르치기 시작하였다.

Rogers는 1940년에 『문제 아동의 임상적 치료』에서 제시한 아동지도 방법의 핵심 내용을 가르쳤다. 그가 볼 때 이 접근은 그 분야에서 합의한 방향으로의 움직임을 대변하고 있어서 혁명적이라기보다는 점진적인 변화를 추구하는 것이었다. 상담 과정은 아동에게 검사를 실시하고 부모를 면담하는 심리 평가로부터 시작하여 그 결과를 기초로 치료 계획을 수립하였다. 치료 과정에서는 비지시적인 원칙을 따랐다.

Rogers의 관점은 점차 더욱 급진적으로 변화하였다. 1940년 12월 11일에 내담자 중심 치료의 시작을 알리는 "심리치료에서의 몇 가지 새로운 개념(Some Newer Concepts in Psychotherapy)"이라는 논문 발표가 미네소타 대학교에서 이루어졌다. 1942년에 Rogers는 이 논문 발표 경험을 보완하여 『상담과 심리치료(*Counseling and Psychotherapy*)』를 출판하였다. 이 책에는 여덟 개의 면담 사례 녹음기록이 수록되었고, 내담자가 갈등 상태, 부정적 태도가 강한 상태에서 통찰, 독립, 긍정적 태도로 변화하는 일반화된 과정이 제시되었다. Rogers는 상담자가 조언이나 해석을 하지 않고 내담자의 감정을 지속적으로 알아차리고 수용해 줄 때 내담자의 변화 과정을 촉진할 수 있다고 가정하였다. 상담과 심리치료에 대한 이 새로운 접근을 지지하는 연구물이 나오기 시작하였는데, Porter의 연구(1943)는 심리치료의 과정과 성과를 다룬 일련의 개척자적 박사학위 논문들의 시작이 되었다. 매우 짧은 시간 동안 심리치료와 심리치료 연구 분야에 대한 완전히 새로운 접근이 생겨났다. 이 접근과 그에 따른 연구들을 통해 결국에는 심리치료가 임상심리학자의 핵심적 전문 기능이라고까지 여겨지게 되었다.

Rogers는 제2차 세계대전 중 통합 서비스 체제(United Service Organization)의 책임자로 활동한 후 시카고 대학교의 교수로 임용되어 시카고 대학교 상담센터의 소장이 되었다. 시카고 대학교에서 재직한 12년 동안 내담자 중심 이론, 철학, 상담 실제, 연구, 적용, 함의 등이 크게 발전하였다.

1957년 Rogers는 "치료적 성격 변화의 필요 충분 조건(The Necessary and Sufficient Conditions of Therapeutic Personality Change)"이라는 최고의 논문을 발표하였다. **진솔성**, **무조건적 긍정적 존중**, 내담자의 내적 참조체제에 대한 **공감적** 이해가 치료적 성격 변화를 위해 상담자가 제공하는 세 가지 핵심 조건으로 제시되었다. 이 이론적인 설명은 내담자 중심 접근뿐만 아니라 모든 유형의 치료에 적용되어 이 분야에서 이 이론의 영향은 아무리 말해도 지나치지 않을 정도이다. 이어서 치료, 성격, 대인관계에 대한 그의 이론이 더욱 종합적이고 탄탄하게 만들어졌다(Rogers, 1959b).

인간 성장과 행동의 '고도의 합리적' 특성에 대한 Rogers의 철학은 더욱 정교화되었고 Søren Kierkegaard, Abraham Maslow, Rollo May, Martin Buber 등 심리학의 '제3세력'을 형성하여 당시 지배적이던 행동주의와 정신분석을 공격하였던 인본주의 학자들의 철학과 연결되었다.

Rogers가 오하이오 주에서부터 가지고 있던 내담자 중심의 원리는 상담실 밖에서도 활용될 수 있다는 생각이 시카고 대학교로 옮겨서 학생과 상담센터 직원들에게 힘을 북돋아 주면서 더욱 명확하게 나타났다. Shlien의 말에 따르면 Rogers는 첫 직원 회의를 하는 날 모든 직원의 봉급표를 가지고 와서 그 액수에 만족하느냐고 질문하였다. 이는 고리타분한 학문적 위계 체제에서는 전혀 들어 보지 못한 것이었으며, 이를 통해 Rogers는 최초의 여성주의자였음을 알 수 있다. 『내담자 중심 치료(*Client-Centered Therapy*)』(1951)의 절반은 내담자 중심 치료의 실제를 다루고 있으나 나머지 부분에서는 놀이치료, 집단치료, 치료자 훈련, 리더십, 행정 등을 다루었다.

1957년에 Rogers는 위스콘신 대학교의 심리학 및 정신의학 교수가 되었다. 동료 교수 및 대학원생들과 함께 대형 연구 프로젝트를 수행하였는데, 이 연구는 입원한 조현병 환자들에게 내담자 중심 접근이 효과가 있을 것이라는 가설을 기초로 하였다(Rogers et al., 1967). 수많은 복합적인 결과들을 통해 두 가지의 상당히 명확한 결론이 도출되었다. (1) 가장 성공적인 치료 효과를 보인 환자들은 가장 높은 수준의 공감을 경험한 사람들이다. (2) 상담의 성공과 실패에 더 높게 상관을 보이는 것은 치료 관계에 대한 치료자의 판단이 아니라 내담자의 판단이다. 이 연구 결과는 치료의 핵심 조건에 대한 최근의 연구와 일치한다. 이에 대해 Bohart와 Tallman은 다음과 같이 말하였다.

> 연구 결과 치료 관계나 동맹에 대한 내담자의 지각이 치료자의 지각보다 치료 결과와 더 높은 상관을 보인다. (…) 공감에 대한 내담자의 평정점수가 객관적 관찰자의 평정

점수만큼 또는 그보다 더 높게 치료 결과와 상관을 보인다. (…) 치료 관계의 협력적 특성에 대한 내담자의 평정점수가 치료자의 평정점수보다 치료 결과와의 관계에서 더 높은 상관을 보인다(Bohart & Tallman, Cooper et al., 2010, p. 106에서 재인용).

Rogers는 1964년 위스콘신 대학교 전임 연구직에서 물러나 캘리포니아 주의 라졸라에 살기 시작하였다. 그는 4년간 서부행동과학연구소(Western Behavioral Science Institute)에서, 1968년도부터는 인간연구소(Center for Studies of the Person)에서 상임연구자로 재직하였다. Rogers는 캘리포니아 주에서 20년 넘게 살면서 사람 중심 접근을 적용한 수업(*Freedom to Learn for the 80's*, 1983), 교육 행정, 참만남 집단(*Carl Rogers on Encounter Groups*, 1970), 결혼 및 여러 유형의 동료 관계, 그리고 새로운 유형의 '자기 스스로 힘을 북돋우는 사람'과 함께 나타날 것으로 믿은 '조용한 혁명'(*On Personal Power*, 1977)에 대한 책을 저술하였다. Rogers는 이 혁명이 '심리치료, 결혼, 교육, 행정, 정치의 본질'을 변화시킬 잠재력을 가지고 있다고 믿었다(Rogers, 1977). 이 저서들은 수백 명의 사람들과 집단의 경험을 관찰하고 해석한 내용을 기반으로 하고 있다.

Rogers와 그의 동료들은 사람 중심 접근을 국제적 분쟁을 해결하는 데 적용하고 싶어 하였다. 이를 위해 남아프리카, 동유럽, 소련 등을 방문하고 아일랜드의 가톨릭과 개신교를 만나고, 중앙 아메리카 분쟁에 연관된 나라의 대표들을 만났다(Rogers & Ryback, 1984). 공감, 진솔성, 무조건적 긍정적 존중을 경험한 개인과 집단은 자기 주도적 변화라는 건설적인 과정을 이루어 갈 것이라는 내담자 중심의 기본 가설을 연구할 수 있는 자료는 Rogers의 저서 이외에도 많은 소중한 필름과 비디오테이프에서 얻을 수 있다.

현 상태

1982년 이후로 2년에 한 번씩 멕시코, 영국, 미국, 브라질, 네덜란드, 그리스, 남아프리카 공화국 등에서 사람 중심 접근에 관한 국제회의가 개최되고 있다. 이 회의가 열리지 않는 해에는 벨기에, 스코틀랜드, 오스트리아, 포르투갈, 미국 등에서 내담자 중심 및 경험적 심리치료에 대한 국제 학술대회가 개최되었다.

Rogers는 세상을 떠나기 5개월 전인 1986년 12월에 시카고 대학교 국제관에서 열린 사람 중심 접근 개발협회(Association for the Development of the Person-Centered Approach: ADPCA) 창립행사에 참여하였다. 사람 중심 치료자이자 Rogers의 친구인 David Cain은 사람 중심 접근과 관련된 조직이 만들어지는 것을 허락해 달라고 요청하였다. 그때까지 Rogers는 권력의 집중이나 관료화가 될 만한 것은 어떤 것도 반대하였다. Rogers가 마지막으로 참여한 이 모임에서 ADPCA와 학술지 「사람 중심 평론(*Person-centered Review*)」이 발간되기 시작하였다.

해마다 개최되는 회의가 항상 도전적이고 가끔은 까다롭지만 이 조직은 계속 활력을 유지하고 있다. ADPCA는 매년 모임을 갖고 있으며 www.adpca.org를 통해 온라인으로 접속할 수 있다. 교육자, 간호사, 심리학자, 학생, 예술가, 사업 자문가 등이 참여하면서 이 접근의 가능성에 관심을 갖고 있는 사람들의 모임이 점점 더 커지고 있다.

ADPCA 첫 모임에서 사람 중심 접근 워크숍에 대한 다른 방안이 마련되었다. 조지아 대학교의 명예교수인 Jerold Bozarth와 서너 명의 대학원생들이 Rogers가 세상을 떠난 1987년 2월 4일의 일주일 뒤에 워크숍을 시작하였다. 이 워크숍은 1987년 2월 11일부터 15일까지 조지아 주의 웜스프링스(Warm Springs)에 있는 재활센터에서 열렸다. 이 센터는 Franklin Roosvelt가 소아마비에 걸린 후 치료받았던 곳이다.

이 워크숍은 1987년 이래로 웜스프링스에서 매년 열리고 있으며 오랫동안 촉진자나 진행자 없이 진행하는 형태를 유지하고 있다. 전체 모임에 대한 계획 없이 모이며, 논문 발표나 워크숍 시간을 중심으로 조직되지 않는다. 이 모임은 아마도 이런 모임에 관심 있는 사람들이 참여할 수 있는 유일한 전적으로 자기 주도적인 집단 경험일 것이다.

지금까지 이 모임에는 대부분 백인, 중류층 사람들이 참여해 왔으며, 남녀 성비는 성 정체성의 변화 기조에 따라 꽤 비슷해졌다. 점차적으로 아프리카계 미국인, 라틴계 사람들과 소수의 일본인과 중국인들도 참여하기 시작하였다. 연령대는 20대 초반부터 80대에 이른다. 미국에서 열리는 모임에는 다른 나라에서 온 참여자들도 있으며, 많은 미국인들이 다른 나라에서 열리는 모임에 참여한다.

「사람 중심 평론」은 1992년에 Jerold Bozarth와 Fred Zimring이 공동 편집하는 「사람 중심 연구지(*Person-Centered Journal*)」로 이어졌고 지금도 ADPCA에서 선출한 편집자들에 의해 출간되고 있다.

2000년에 포르투갈의 리스본에서 열린 사람 중심 접근 국제학술대회에서 사람 중심 및 경험적 심리치료와 상담 국제협회(World Association of Person-Centered and Experiential Psychotherapy and Counseling: WAPCEPC)가 결성되었다. 이 협회는 여러 나라에서 온 심리치료자, 연구자, 이론가들로 구성되었으며, 사람 중심 접근의 혁명적 특성을 적극적으로 다시 주장하고 있다. www.pce-world.org에서 이 협회의 활동, 학술대회 일정, 구성원에 대한 정보 등을 볼 수 있다. 이 협회는 동료들이 심사하는 학술지인 「사람 중심과 경험적 심리치료(*Person-Centered and Experiential Psychotherapy*: PCEP)」를 발행한다. 이 학술지는 인본주의 입장의 상담자들과 연구자들의 광범위한 관심사들을 다루는 경험적 · 질적 · 이론적 연구들을 싣는다. PCEP 홈페이지에서 2001년 이후 연구물들의 전문을 볼 수 있다. 사람 중심 접근의 현재 상태를 더 알기 위해서 Howard Kirschenbaum과 April Jourdan의 논문(2005) "The Current Status of Carl Rogers and the Person-Centered Approach"를 참고할 수 있다.

성격

성격 이론

Rogers는 심리학 이론에 대해 무관심하였던 태도를 버리고 '치료 및 성격, 대인관계 이론'(Rogers, 1951)이라는 명확한 19개의 명제를 개발하였다. 이는 한편으로는 이론에 대한 Rogers의 태도가 달라졌다는 것을 의미하며, 다른 측면에서는 이 종합적인 이론화는 논리적인 진화의 결과로 이해될 수 있다. 자기와 이상적 자기에 대한 아동의 의식적인 태도가 중요하다는 Rogers의 믿음은 그가 아동을 대상으로 고안한 성격검사의 근간이다(Rogers, 1931). 방어가 줄어들고 자각이 자기 주도적으로 확대되면서 내담자가 성장해 가는 모습에 대한 설명이 치료 과정에 대한 논문(Rogers, 1940)에 제시되어 있다.

Rogers는『내담자 중심 치료』(1951)에서 자신이 관찰한 내용을 토대로 하여 성격과 행동에 대한 이론을 개발하였다. 이 이론은 다음의 19가지 기본 명제에 기초하고 있다.

1. 모든 개인은 자신이 중심인 끊임없이 변화하는 경험의 세계에 존재한다.
2. 유기체는 지각된 장(field)에 반응한다. 개인에게는 이 지각된 장이 '현실'이다.
3. 유기체는 이 현상적 장에 대해 조직화된 전체로서 반응한다.
4. 유기체는 이 경험하는 유기체를 실현하고 유지하며 증진시키고자 하는 한 가지 기본적인 경향성을 이루기 위해 노력한다.
5. 행동은 지각된 장에서 경험한 유기체의 욕구를 충족시키려는 목표 지향적인 시도이다.
6. 정서는 이런 목표 지향적인 행동을 수반하면서 일반적으로는 이를 촉진한다. 여기에서 정서의 종류는 그 행동이 아직 추구하는 상태인가, 아니면 이제 완성해 가는 상태인가에 따라 달라지며, 정서의 강도는 그 행동이 유기체의 유지와 향상을 위해 얼마만큼 중요하게 인식되느냐에 따라 달라진다.
7. 개인의 행동은 그의 내적 참조체제를 통해 볼 때 가장 잘 이해될 수 있다.
8. 총체적인 지각된 장의 일부분이 점차적으로 분화되어 자기를 형성한다.
9. 환경과의 상호작용의 결과로, 그리고 특히 다른 사람들과의 평가적인 상호작용의 결과로 자기의 구조가 형성된다. 이는 'I' 또는 'me'의 특성과 관계, 그리고 이 개념들에 부여된 가치를 지각하는 조직화되고 유동적이며 지속적인 정형화된 인식틀이다.
10. 경험에 부여되는 가치와 자기구조(self-structure)의 일부인 가치는 유기체가 직접 경험한 경우도 있고, 내사되거나 타인으로부터 얻었지만 마치 자신이 직접 경험한 것처럼 왜곡되게 인식된 경우도 있다.
11. 개인이 일생 동안 경험을 해 나가면서 이 경험은 (1) 상징화되고 지각되어 자기로 조직화되거나, (2) 자기구조와 관계가 없다고 지각되어 무시되거나, (3) 자기구조와 불일치하기 때문에 상징화되지 않거나 왜곡된 형태로 상징화된다.
12. 유기체가 채택한 대부분의 행동 양식은 자기개념과 일치한다.
13. 어떤 경우에는 상징화되지 않은 유기체의 경험과 욕구에 따라 행동한다. 이런 행동은 자기구조와 불일치하며, 그 개인이 '소유한' 것이 아니다.
14. 유기체가 감각적이고 본능적인 중요 경험을 부인하여 심리적 부적응 상태가 되면 그 경험은 상징화되거나 조직화되지 않아 자기구조에 포함되지 못한다. 이렇게 되어 앞으로 발생할 심리적 긴장의 기초가 마련된다.
15. 유기체의 모든 감각적이고 본능적인 경험이 상징화되어 자기개념과 일관된 관계로 동화되거나 동화될 수 있는 자기개념을 가지고 있을 때 심리적 적응 상태가 된다.

16. 유기체 및 자기구조와 불일치하는 경험들은 모두 위협으로 지각된다. 이런 지각이 많아지게 되면 자기구조는 스스로를 유지하기 위해 더 경직되게 조직된다.
17. 자기구조에 대한 위협이 전혀 없는 경우와 같은 어떤 상황에서는 자기구조와 불일치하는 경험도 인식되고 검토되며 그런 경험을 동화하고 포함할 수 있게 자기구조가 수정된다.
18. 개인이 자신의 모든 감각적이고 본능적인 경험을 지각하고 그것을 하나의 일관되고 통합된 체제 안으로 받아들이게 되면 다른 사람을 더욱 이해하게 되고 그들을 분리된 개인으로 인정할 수 있게 된다.
19. 개인이 자신의 유기체적 경험을 더 많이 인식하고 자기구조로 받아들이게 되면 자신의 현재 가치 체계—대개 왜곡되어 상징화된 내사에 기초한—를 지속적인 유기체적 가치화 과정으로 바꿔 가게 된다(Rogers, 1951, pp. 481-533).

Rogers는 이 명제들에 대해 다음과 같이 말하였다.

> 이 이론은 근본적으로 현상학적인 특성을 지니고 있으며 설명적 의미를 지닌 자기개념을 기초로 하고 있다. 그것은 성격 발달의 최종 단계로 경험의 현상학적인 장과 자기의 개념적 구조가 기본적으로 일치하는 상태를 제시한다. 이 상태에 이르게 되면 내적 긴장과 불안, 또는 잠재적 불안으로부터 자유스러워지고, 현실 적응이 최대화되며, 다른 잘 적응한 인류 구성원과 상당히 일치하는 개별화된 가치 체계를 수립하게 된다(Rogers, 1951, p. 532).

이 명제들에 대한 심층적인 탐색이 1950년대 초반 시카고 대학교 상담 및 심리치료 연구소에서 신중하게 설계되고 실시된 연구를 통해 이루어졌다. 치료를 받지 않는 통제 기간 및 치료 과정과 치료 후의 자기개념과 이상적 개념의 변화를 Stephenson(1953)의 큐소트 기법을 사용하여 측정하였다. 많은 결과가 Rogers의 가설을 지지하였다. 예를 들어 치료 기간 중 자기와 이상 간의 일치가 유의미하게 증가하였으며, 지각된 자기의 변화로 인해 심리적 적응 수준이 높아졌다(Rogers & Dymond, 1954).

Rogers의 성격 이론은 발달적이라기보다는 성장 지향적 이론으로 이해된다. 물론 이 표현이 정확하기는 하지만 Rogers가 아동들이 유아기부터 직면하는 양육 태도에 민감한 관심을 보였다는 점을 보여 주지는 않는다.

> 내가 사람 중심 접근을 우리 생활의 많은 영역으로 수평적으로 확산하는 데 매료된 반면 수직적 방향에 더 관심을 둔 사람들도 있었다. 이들은 출산 과정에서 아기를 대할 때 아기는 이해받아야 하고, 의사소통이 존중받아야 하며, 공감적으로 다루어져야 하는 한 명의 사람으로 여겨지는 것을 매우 중요하게 생각하였다. 이는 프랑스 산부인과 의사인 Frederick Leboyer의 새롭고 고무적인 공헌이다. 그는 오직 사람 중심 방법이라고 부를 수밖에 없는 방법으로 적어도 1,000명 이상의 아기들의 출산을 도왔다(Rogers, 1977, p. 31).

Rogers는 이어서 Leboyer가 빛과 소리에 대한 유아의 극단적인 민감성, 피부의 연약함, 두뇌부의 취약성, 숨쉬기 위한 힘겨운 노력 등을 설명하면서 배려, 사랑, 존중의 생애 시작 경험을 제공하는 구체적인 방법을 부모와 전문가에게 제시하였다.

아동에 대한 민감성은 네 번째 명제에 대한 Rogers의 설명에 더 나타난다. 유기체는 한 가지 기본적인 경향성과 추구하는 바를 가지고 있는데, 이는 경험하는 유기체를 실현하고 유지하고 향상시키는 것이다.

> (자기 향상과 성장의) 전 과정은 어린아이가 걷는 방법을 학습하는 것을 통해 상징적으로 설명될 수 있다. 첫 걸음을 걷기 위해서는 힘겨운 노력과 고통을 겪어야 한다. 몇 걸음 걸었을 때 즉각적으로 주어지는 보상이 아이가 넘어지고 부딪치면서 겪는 고통과 상응할 수 없다. 아이는 그 고통 때문에 잠시 동안은 계속 기어 다니려고 할 수 있다. 그러나 어린아이로 계속 남아 있으면서 얻는 만족보다 성장을 향해 전진하려는 성향이 더 강하다. 아이들은 고통을 경험하면서도 자기를 실현할 것이다. 이런 방식으로 그들은 고통스러운 과정에도 불구하고 독립적이고 책임감 있으며, 스스로를 관리하며 사회화되어 간다. 심지어 다양한 환경으로 인해 성장하지 못하는 경우에도 그 경향성은 여전히 나타난다. 앞으로 전진하는 행동과 뒤로 퇴행하는 행동 간에 명확한 선택을 할 기회가 주어진다면 그 경향성이 발휘될 것이다(Rogers, 1951, pp. 490–491).

성격에 대한 Rogers의 가설 중 하나(명제 8)는 발달하는 유아의 사적 세계 중 일부가 'me', 'I', 'myself' 등으로 지각된다는 것이다. Rogers는 유아들이 환경과 상호작용하는 과정에서 자신, 환경, 환경과 연관된 자신에 대한 개념을 형성해 간다고 설명하였다.

Rogers의 다음 명제는 발달이 건강한 방향으로 될 것인지, 아니면 부적응의 방향으로 될 것인지에 대한 이론에 핵심적인 역할을 한다. 그는 아주 어린 유아들이 아주 명확하게 '직접적인 유기체적 가치화(direct organismic valuing)'를 한다고 본다. 그들은 '나는 추워, 그리고 나는 추운 것이 싫어', '나는 안겨 있는 것이 좋아'와 같은 경험을 한다. 이런 경험은 비록 유아들이 이런 유기체적 경험을 설명할 어휘나 상징을 가지고 있지 않을 때에도 일어난다. 이 자연적 과정이 진행되는 원리는 유아들이 자기를 향상시킨다고 인식되는 경험에는 긍정적인 가치를 부여하고, 자기를 유지하고 향상시키지 못하고 오히려 위협하는 경험에는 부정적인 가치를 부여하는 것이다.

이 상황은 아동이 다른 사람에 의해 평가받기 시작하면서 변화한다(Holdstock & Rogers, 1983). 아동의 행동에 따라 이들에게 주어지는 사랑과 평가가 달라진다. 아이가 어린 동생을 때리거나 미워하게 되면 나쁘거나 사랑스럽지 않다는 이야기를 듣게 된다. 그러면 그 아이는 긍정적인 자기개념을 유지하기 위해 경험을 왜곡한다.

> 이런 방식으로 부모의 태도는 내사될 뿐만 아니라 마치 자신의 감각적이고 본성적인 경험에 기초한 것처럼 왜곡된 방식으로 경험된다. 그래서 비록 분노의 표현은 자주 '자기'를 향상시키고 만족시킨다고 상징화하는 것이 더 정확한데도 불구하고 아이는 왜곡된 상징화를 통해 분노의 표현은 나쁜 것으로 '경험'한다. 이미 있었던 구조에 맞

> 추기 위해 감각적이고 본능적인 증거를 왜곡하여 형성된 '자기'는 조직화와 통합을 이루고 개인은 그것을 보전하려고 노력한다(Rogers, 1951, pp. 500-501).

이런 유형의 상호작용은 다른 사람의 평가에 의존하게 할 뿐만 아니라 자기에 대한 혼란, 자기 의심, 자기 부인 등의 씨앗을 만든다. Rogers는 만약 부모가 아이가 동생을 때리는 행동을 못 하게 하면서도 아이의 부정적인 감정을 수용하고 아이를 전체로서 받아들여 준다면 이런 결과를 피할 수 있다고 하였다.

다양한 개념들

Rogers의 성격과 행동 이론에는 다양한 용어와 개념들이 나오는데, 이들은 종종 이 접근만의 독특하고 구별되는 의미를 지니고 있다.

✻ 경험

Rogers의 이론에서 **경험**은 개인의 사적 세계를 지칭한다. 우리는 매 순간 경험을 인식한다. 예를 들어 자판을 치면서 손가락에 접촉하는 자판의 압력을 인식한다. '나는 공격적인 사람이다'와 같은 어떤 경험은 인식하기 어렵다. 사람이 자신의 전체 경험을 실제로 인식하는 데에는 한계가 있지만 각자는 그것을 완벽하게 알 수 있는 유일한 사람이다.

✻ 현실

사회적으로 보면 현실은 주변에 있는 사람들 간에 매우 일치하는 지각으로 구성되지만, 심리적으로 보면 현실은 기본적으로 개인적 지각으로 이루어진 사적 세계이다. 두 사람이 한 특정인이 정치가라는 현실에 동의할 수 있다. 한 사람은 그 정치가가 국민을 돕고자 하는 선한 사람이라고 생각하고 이 현실에 기초하여 그에게 투표한다. 다른 사람은 그 정치가가 인기를 얻기 위해 예산을 사용하고 있다고 생각하기 때문에 그에게 투표하지 않는다. 치료에서 감정과 인식이 변화하면 인식된 현실이 변화한다. 이는 내담자가 '지금의 나로서 자기(the self that I am now)'를 점점 더 받아들이면서 확실해진다.

✻ 조직화된 전체로서 유기체의 반응하기

사람은 배가 고프지만 보고서를 완성하기 위해 점심을 거를 수도 있다. 내담자는 심리치료를 받으면서 무엇이 자신에게 중요한지를 더 분명하게 알게 되어 그 명확해진 목표를 향해 행동을 변화시킨다. 정치인이 자신의 가족이 더 중요하다고 판단하면 선거에 나가지 않기로 결심할 수 있다. 무기력하게 만드는 환경 속에 사는 내담자는 잘못된 생활환경을 변화시켜 휴식을 취하고 자기를 돌볼 수 있게 된다.

✻ 유기체의 실현 경향성

이것은 Kurt Goldstein, Hobart Mowrer, Harry Stack Sullivan, Karen Honey, Andras Angyal과 여러 저자들의 핵심 사상이다. 아이가 걷기 위해 고통스럽게 애쓰는 것을 그 예로 생각할 수 있다. Rogers와 여러 성격 이론가들이 보기에 개인은 외부의 압력이 없다면 병들기보다는 건강하려고 하며, 남이 정한 결정을 따르기보다는 스스로 선택하고자 하며,

일반적으로 유기체에게 전체적으로 적합한 발달을 추구한다. Deci와 Ryan(1985, 1991)의 자기 결정 이론(self-determination theory: SDT)의 자극을 받아 최근의 많은 연구들은 인간 생활의 자연스러운 모습인 내재적 동기를 지원하거나 제한시키는 환경을 탐색하였다. Ryan과 Deci는 이런 인간의 능력을 다음과 같이 표현하였다.

> 아마도 내재적 동기만큼 인간의 긍정적 잠재 능력을 잘 보여 주는 단일 현상은 없을 것이다. 이는 새로움과 도전을 추구하고, 자신의 능력을 확장하고 발휘하며, 탐색하고, 배우는 내적 경향이다. 이 내적 성향을 유지하고 향상시키기 위해 지지적인 환경이 필요하며 지지적이지 않은 환경에서는 이 성향이 쉽게 방해받을 수 있다는 명백한 연구 결과들이 있다. 이 내재적 동기를 촉진시키거나 방해하는 환경에 대한 연구는 무엇이 인간의 긍정적 특성을 발휘하게 하거나 가로막는지를 이해하는 데 필요한 첫 걸음이다(Ryan & Deci, 2000, p. 70).

Rogers의 이론에서 실현 경향성은 왜곡할 수 없는 명백한 원리이다. 치료 상황에서 치료자는 이 개념을 실제적으로 활용하게 되는데, 특히 내담자의 행동과 사고방식이 자기 파괴적이거나 비합리적으로 보일 때에도 치료자는 내담자가 자기와 유기체를 실현하려고 노력하는 것으로 인식한다. 이 상황에서 내담자의 '자기 정향' 능력(Bohart, 2004)과 자기조절 능력에 대한 내담자 중심 치료자의 신념이 엄격하게 검증받게 된다. 치료자는 실현 경향성의 가설을 굳게 지키기 위해 내담자에 대한 무조건성(unconditionality)을 이해하고 유지하기 위해 노력해야 한다(Brodley, 1999c/2011).

✻ 내적 참조체제

이는 개인의 지각의 장이다. 이는 경험과 감정에 부여된 의미와 함께 우리가 축적해 온 학습과 경험의 전체적인 연속선상에서 우리의 고유한 관점을 통해 세상이 우리에게 보여지는 방식이다. 내담자 중심 입장에서 이 내적 참조체제를 활용하면 사람들이 왜 지금처럼 행동하는지를 충분히 이해할 수 있게 된다. 이는 행동, 태도, 성격에 대한 외적인 판단과 구분된다.

✻ 자기, 자기개념, 자기구조

이 개념은 다음과 같이 설명될 수 있다.

> 'I' 또는 'me'의 특성에 대한 인식, 그리고 다른 사람 및 삶의 다양한 측면과 'I' 또는 'me'와의 관계에 대한 인식, 이러한 인식에 부여된 가치들로 이루어진 조직화되고 지속적이며 개념적인 게슈탈트이다. 이는 반드시 인식되지는 않지만 인식될 수 있는 게슈탈트이다. 이는 유동적으로 변화하는 과정이지만 어느 한 순간에는 최소한 부분적으로라도 조작적인 용어로 정의 내릴 수 있다(Meador & Rogers, 1984, p. 158).

✻ 상징화

이는 개인이 경험을 자각하거나 인식하는 과정이다. 자기개념과 불일치하는 경험은 상징화하지 않으려는 경향이 있다. 예를 들어 자신을 믿을 만하다고 생각하는 사람은 거짓말하는 행동을 상징화하지 않으려 한다. 애매한 경험은 자기개념과 일치하는 방식으로 상징화된다. 자신감이 부족한 강사는 조용한 청중을 감동받지 않는다고 상징화하는 반면, 자신감 있는 강사는 그들이 관심을 가지고 주의집중하고 있다고 상징화한다.

✱ 심리적 적응 또는 부적응

개인의 감각적이고 본능적인 경험과 자기개념이 일치하는가, 아니면 일치하지 않는가 하는 점이 심리적 적응 또는 부적응을 결정한다. 연약하고 불완전한 모습을 포함하는 자기개념은 실패 경험의 상징화를 촉진한다. 그런 경험을 부인하거나 왜곡하려는 욕구가 없기에 심리적 적응의 상태가 이루어진다. 자신을 항상 정직하다고 여기는 사람이 딸에게 좋은 의도로 거짓말을 하면 불편해지고 취약해진다. 그 순간 자기개념과 행동 간에 불일치가 발생한다. 이 불편한 행동에 대한 통합—"나는 쉽게 일을 처리하기 위해 가끔 거짓말을 하는 거야."—은 다시 일치를 회복시키고 행동 또는 자기개념을 바꿔야 할지에 대한 고민에서 벗어나게 해 준다. 심리적 적응이란 유기체가 자신의 유기체적 경험을 신뢰롭다고 여겨서 언제든지 자각될 수 있도록 열린 태도를 유지하는 상태이다.

✱ 유기체적 가치화 과정

이는 가치판단을 내리기 위해 개인이 자신의 감각적 증거에 자유스럽게 의존하는 계속적인 과정이다. 이는 내사된 가치의 고정된 체계가 주로 '당위'와 '의무' 그리고 옳고 그른 것을 다루는 것과 대비된다. 이 유기체적 가치화 과정은 개인을 신뢰하는 사람 중심 치료의 가설과 일치하며, 각자 개인에 따라 형성되지만 가치와 행동에 대한 매우 책임감 있는 사회화된 체계를 만든다. 책임감은 사람들이 상황에 대한 직접적이고 유기체적 과정에 기초하여 선택할 때 생긴다. 이는 다른 사람들이 자신을 어떻게 생각할지를 걱정하고, 다른 사람들이 말해 준 것이 생각과 행동의 '올바른 방법'이라고 여기면서 행동하는 것과는 다르다.

✱ 완전히 기능하는 사람

Rogers는 유기체적 경험을 동화시킬 수 있고 이 계속되는 경험을 의식화하여 상징화할 수 있는 사람을 '완전히 기능하는' 사람으로 정의하였다. 이 사람은 자신의 모든 감정을 경험할 수 있으며 그 감정 중 어떤 것도 두려워하지 않고, 자신의 경험을 자유로이 의식하며 탐색한다. Seeman(1984)은 이렇게 가장 잘 기능하는 개인의 특성을 밝히는 장기간의 연구를 수행하였다. 이 경험적 연구의 결과는 긍정적 자기개념의 보유, 더 민감한 생리적 반응성, 환경의 효과적인 활용 등을 강조한다.

심리치료

심리치료 이론

Rogers의 치료적 성격 변화 이론에 따르면 진솔한 치료자가 내담자의 내적 참조체제에 대해 무조건적 긍정적 존중과 공감적 이해를 경험하고, 내담자가 상담자의 태도를 인식하면, 내담자의 성격 구조가 건설적으로 변화한다(Rogers,1957, 1959b). 진솔성은 다른 두 치료적 조건의 기초를 이룬다. Watson은 이를 다음과 같이 말하였다.

> 만약 내담자가 상담자를 진솔하지 않다고 인식한다면 상담자가 다른 두 조건의 태도를 가지고 말한다고 생각하지 않을 것이다. 이런 전제에서 본다면 상담자의 진솔성에 대한 내담자의 인식은 효과적인 치료의 필요충분조건이다(Watson, 1984, p. 19).

이 핵심적인 조건들이 어느 정도 치료자에 의해 실현된다면 그 치료 접근이 무엇이든 상관없이 처음 몇 번의 면담으로도 내담자들은 이런 조건들을 알아차리게 된다는 것이 여러 연구를 통해 밝혀졌다. 단기 집중 워크숍이나 단회 상담에서도 자기 수용, 경험의 즉시성, 관계의 방향 등이 변화하여 내적 기준으로 자신을 평가하기 시작할 수 있다.

✻ 내담자의 내적 참조체제에 대한 공감적 이해

내담자 중심 치료에서 공감적 이해는 치료자의 인지적 과정, 정서적 반응, 표현 행동 등을 포함하는 적극적이고 즉시적이며 지속적인 과정이다. 이에 대한 일반적인 오해를 바로잡기 위해 Rogers는 행동이 아닌 태도를 언급한다. 이 이론은 내담자에게 반응하거나 내담자와 함께 있기 위해 사용하는 특정한 기법을 제시하거나 설명하지 않는다. Raskin은 자주 인용되는 1947년 논문에서 이 과정을 다음과 같이 설명하였다.

> 이 수준에서 상담자는 내담자가 표현하는 감정을 적극적으로 함께 경험하며, 의사소통하는 그 사람의 내면을 이해하기 위해 최대한 노력하고, 내담자의 태도를 관찰하는 것이 아니라 그 안으로 들어가서 살아 보려고 노력하고, 변화하는 특성의 모든 분위기를 파악하고자 애쓴다. 즉, 다른 사람의 태도에 흠뻑 젖는 것이다. 그리고 이렇게 하려고 애쓰는 동안 상담자는 다른 방식의 행동이나 태도를 가질 수 없다. 다른 사람의 태도를 살아가려고 한다면 그들을 진단할 수 없으며, 그 과정을 빨리 하려는 생각을 할 수 없다. 상담자는 내담자와는 다른 사람이기 때문에 내담자에 대한 이해는 자연스럽게 생기는 것이 아니다. 다른 사람의 감정에 대해 다른 방식으로 주의집중하는 것이 아니라 이렇게 적극적인 주의집중을 지속적으로 강하게 해야 한다(Raskin, 1947/2005, pp. 6-7).

겉으로 드러난 치료자의 공감적 이해 반응의 정확성이 자주 강조되어 왔으나 더 중요한 것은 내담자 세계에 대한 치료자의 내적 공감적 이해 경험이다. 여기에서 상담자는 내담자의 세계에 대한 자신의 새로운 이해를 기꺼이 수정하려는 자세를 가지고 내담자와 함께 점검하려고 해야 한다. 이렇게 할 때 치료자는 내담자의 의미와 감정에 계속 더 가까이 갈 수 있고, 다른 사람에 대한 존중과 이해를 바탕으로 하는 계속적으로 깊어지는 관계가 생겨난다. Brodley는 Rogers의 치료 축어록에서 '공감적 이해 반응'이 80~90%를 차지한다고 기록하였다(Brodley, 1994/2011). Brodley의 연구는 Rogers의 치료가 그의 평생 동안 매우 일관성 있으며, 내담자를 신뢰하고 비지시성 원리를 따르는 데에서 벗어나지 않았음을 보여 준다. 그러나 Rogers는 다른 치료자들에게 자신의 언어 반응을 그대로 따라하라고 하지 않았다. Rogers의 반응은 자신에게 유용한 방법일 뿐이라고 Rogers는 말하였다. 다른 사람은 자신만의 고유한 관계 방법을 발견할 수 있다.

✻ 무조건적 긍정적 존중

이 조건에 대한 다른 용어로는 한 인간으로서의 내담자, 그의 행동, 신념, 가치 등에 대한 따뜻한 수용, 비소유적인 돌봄, 비판단적인 개방성 등이 있다. 치료자가 편견과 편향을 갖고 상담에 들어갈 수밖에 없지만, 이런 조건의 관계를 맺게 되면 치료자는 평가적이거나 판단적인 반응을 자각하고 그것을 멀리하려고 모든 노력을 기울인다. 치료자의 반응이 문제가 있어서 무조건적 긍정적 존중이 위협받게 되면 책임감 있는 치료자는 믿을 만한 슈퍼바이저의 도움을 받아 자신의 판단적 행동의 근원을 찾아 제거한다.

> 내담자가 그 순간 어떤 모습이든지 치료자가 그에 대해 긍정적 · 비판단적 · 수용적 태도를 갖게 되면 치료적 움직임이나 변화가 더 일어나게 된다. 이는 혼란, 후회, 두려움, 분노, 용기, 사랑, 자존감 등 무엇이든지 그 순간에 떠오르는 감정을 경험하도록 내담자를 허용하는 치료자의 적극적 태도이다. (…) 치료자가 내담자의 모습 중 어떤 조건에 맞는 것만이 아니라 모든 것을 인정하고 칭찬해 줄 때 내담자에게 긍정적 변화가 생길 수 있다(Rogers, 1986a, p. 198).

✻ 진솔성

Rogers는 진솔성을 다음과 같이 생각하였다.

> 진솔성은 치료적 성장을 이루는 가장 기본적인 태도 조건이다. 그것은 치료자가 자신의 문제나 감정을 내담자에게 드러낸다는 것이 아니다. 또한 치료자가 마음에 떠오르는 모든 생각을 충동적으로 내뱉는다는 것이 아니다. 그렇지만 치료자는 자신이 경험하는 감정을 부인하지 않으며, 관계에 존재하는 지속적인 감정에 개방되어 있고 이를 기꺼이 표현하려고 한다. 이것은 전문가의 가면 뒤에 숨고자 하는 유혹을 거부하는 것이다(Rogers & Sanford, 1985, p. 1379).

✻ 치료적 관계 조건

공감, 진솔성, 무조건적 긍정적 존중 등 '치료자가 제공'하는 조건에 더하여 내담자와 관계된 세 가지 조건이 여섯 가지의 필요충분조건 안에 포함되어 있다. 여기에 제시된 Rogers의 만약-그러면 설명은 내담자 중심 치료뿐만 아니라 다른 모든 치료에도 적용될 수 있다는 것을 주목해야 한다. Bozarth는 이를 1959년의 이론적 설명에 명백하게 나타난 내담자 중심 이론과 대비되는 Rogers의 '통합적' 설명이라고 규정한다(Bozarth, 1996).

1. 내담자와 치료자는 심리적으로 접촉해야 한다.
2. 우리가 **내담자**라고 부르는 첫 번째 사람은 불일치, 취약함 또는 불안 상태에 있다(Ehrbart, 2004, p. 158 참조).
3. 우리가 **치료자**라고 부르는 두 번째 사람은 일치하거나 통합적으로 관계한다.

4. 치료자는 내담자에 대해 무조건적 긍정적 존중을 경험한다.
5. 치료자는 내담자의 내적 참조체제에 대한 공감적 이해를 경험하며 이 경험을 내담자와 의사소통하기 위해 노력한다.
6. 치료자의 공감적 이해와 무조건적 긍정적 존중을 내담자와 의사소통하는 것이 어느 정도 달성된다(Rogers, 1957, p. 96).

Rogers는 첫 번째와 두 번째 조건을 치료를 위한 사전 조건이라고 하였다. 여섯 번째 조건은 치료자가 제공한 조건들을 내담자가 지각하는 것인데, 흔히 간과되지만 핵심적인 것이다. 공감, 진솔성, 무조건적 긍정적 존중을 측정하여 상담 성과와 연관시키는 연구들은 사람 중심 치료의 전제들을 지지한다. 내담자 자신이 측정하면 성과와의 상관이 더 높다. Orlinsky와 Howard(1978)가 내담자의 공감 지각과 상담 성과의 관계에 대한 15편의 연구를 검토하여 보니 12편의 연구가 내담자가 지각한 공감의 결정적인 중요성을 지지하고 있었다.

Orlinsky, Grawe와 Parks(1994)는 최신자료를 사용하여 Orlinsky와 Howard의 연구(1978)를 다시 하였는데, 이들은 긍정적 존중 및 치료자의 지지와 성과의 관계를 다룬 76편의 연구를 분석하였다. 총 154개의 결과 중 56%가 예상하였던 긍정적 관계를 나타냈고, 내담자의 평정이 사용되었을 경우 이러한 긍정적 관계는 65%까지 높아졌다. Watson(1984)이 말한 것처럼 이 이론은 상담자의 태도에 대한 내담자의 지각을 요구하기 때문에 치료자의 태도를 가장 잘 특정할 수 있는 사람은 내담자라고 할 수 있다.

또한 Elliott 등(2011)은 최신의 메타 연구에서 "내담자가 지각한 공감이 관찰자나 치료자가 평정한 공감보다 상담 성과를 더 잘 예측한다."라는 결과를 발표하였다. 그러나 이런 연구들은 빙산의 일각에 불과하다. Rogers가 1957년 그의 기본입장을 밝힌 논문을 발표한 이래로 이에 관한 수백 편의 연구가 수행되었다.

심리치료 과정

내담자 중심 치료는 내담자를 치료의 건축가로 지속적으로 존중하는 면에서 다른 치료와 구분된다(Raskin, 1947/2005; Rogers, 1951; Witty, 2004). 내담자 중심 치료에서 이렇게 비지시적 태도를 고수하는 것은 다른 치료 모델에서 내담자에 대한 사전 목표를 설정하는 것과 대비된다. 이 기본 태도로 인해 내담자 중심 치료는 정서 집중(emotion-focused), 집중 지향(focusing-oriented), 실존적(existential), 경험적(experiential) 접근 등 인본주의를 바탕으로 한 여러 가지 사람 중심 과정 지향 치료(person-centered process-directive therapy)와 구분된다.

내담자 중심 접근에서 치료자는 내담자가 어떤 방식으로 자신의 세계를 드러낼지라도 그것을 이해하려고 노력하면서 치료를 시작한다. 첫 면담은 내담자의 과거를 듣거나 진단을 내리고 내담자가 치료 가능한지를 판단하거나 치료의 길이를 정하는 시간이 아니다.

치료자는 내담자를 존중하며, 내담자가 편안하게 여기는 방식대로 진행하도록 허용하며, 편견이나 치료자의 사적인 관심사를 배제한 채 내담자의 말에 귀 기울인다. 치료자는 긍정적 감정이든 부정적 감정이든, 대화든 침묵이든, 모든 내담자의 반응에 열려 있다. 첫 시간은 수백 시간의 이후 치료 시간 중 첫 번째 시간일 수도 있지만 단 한 번으로 끝나는 치료 시간일 수도 있다. 이것은 내담자가 정할 일이다. 내담자가 질문하면 치료자는 그 질문에 어떤 감정이 담겨 있는지 알아차리고 그것에 반응하려고 노력한다. "내가 이 엉망인 상태에서 어떻게 벗어날 수 있을까요?"라는 질문은 "나는 가망 없어요."라는 감정의 표현일 수 있다. 치료자는 이 말에 대한 이해와 수용을 전달한다. 만약 이 질문이 정말 조언을 구하는 것이라면 치료자는 우선 그 질문의 의미를 명확하게 한다. 치료자가 대답을 가지고 있으면 답을 준다. 우리가 대답을 가지고 있지 않은 경우가 많은데, 이때에는 치료자가 그 이유를 설명한다. 치료자가 단순히 모르고 있거나 아니면 대답을 주기 위해 필요한 이해가 충분하지 않을 수 있다.

혼란과 절망의 순간에는 내담자와 함께 기꺼이 머물러 있으면 된다. 안심시키고 충고하는 행동은 거의 도움이 안 되는데, 이는 내담자가 자신의 어려움을 다루는 나름대로의 접근을 신뢰하지 않는다는 것을 은연중에 나타내기 때문이다. Brodley와 몇몇 내담자 중심 상담자들(1999a/2011)은 내담자를 안심시키고 지지하려는 치료자의 태도는 치료자 자신의 불안을 나타내는 것이라고 생각한다. 그러나 규칙이 있는 것은 아니어서 어떤 사례에서는 즉각적인 안심시키기 반응을 할 수도 있다. 그것은 관계에 따라, 그리고 치료자의 자유와 확신에 따라 주어질 수 있다.

상담에서 규칙으로 지켜야 할 비지시성이란 치료자가 내담자의 직접적인 질문에 오직 존중의 태도로 반응하는 것이다(Brodley, 2011d; Grant, 1990). 이 장의 후반부에 제시된 사례에서 치료자는 내담자의 질문에 직접적으로 답한다. 비지시성의 원칙과 일치하는 방식으로 질문에 대답하기를 배우는 것이 내담자 중심 치료를 훈련하는 것이다. 우리는 일상생활에서 너무나도 자주 우리 자신의 참조체제를 주장하고 바로 답변을 주려고 한다. Brodley는 이를 다음과 같이 설명하였다.

> 내담자 중심 상담에서 비지시적 태도란 내담자의 질문과 요구를 상담 관계에서의 내담자의 권리로서 존중하는 것이다. 이 권리란 자신의 치료의 내용과 과정을 스스로 결정할 수 있는 내담자의 권리이며, 치료자의 철학, 윤리, 능력의 범위 내에서 치료자의 참여 방식을 결정할 수 있는 내담자의 권리이다. 이런 내담자의 권리를 치료자가 존중하였을 때 협력적 관계가 형성된다(Natiello, 1994 참조).

내담자의 권리를 이렇게 개념화하는 것은 다른 상담 접근과 매우 다르다. 다른 접근에서는 이론에 따라 다소간의 차이가 있지만 내담자의 질문을 존중하고 대답해 주는 것이 좋을지의 여부를 권위적 입장에서 치료자가 결정한다. 그러나 내담자 중심 접근에서는 내담자를 위한 의사결정을 꺼린다(Brodley, 1997/2011, p. 24).

집단치료나 가족치료를 선택할 것인지에 대해 내담자와 의논하는 과정에도 존중은 나타난다. 일반적으로 다른 접근의 치료자들은 내담자를 집단에 '넣거나' 전체 가족의 상담 참여를 치료 조건으로 제시한다. 그러나 이 접근에서는 치료의 특성, 빈도, 내담자가 상담 받고 싶은 상담 기간 등을 정할 때 내담자가 중요한 파트너로 참여한다. 내담자와 관련된 모든 주제에서 내담자는 최고의 전문가로 대접받는다.

1956년에 열린 미국 심리치료자 학술대회에서 발표한 논문에서 Rogers는 '심리치료의 본질' 중 '내담자 중심 관점'을 제시하였다(Rogers, 1959a). 그는 성격 변화의 '기본단위'를 개념화하였는데, 심리치료는 이런 기본단위들이 때로는 조금 가깝게 때로는 긴 간격을 두고, 그리고 서로 간에는 준비 경험 기간을 가지고 연속적으로 발생하여 이루어진다고 보았다(p. 52). Rogers에 따르면 그런 '움직임의 때'는 다음 네 가지 특성을 지니고 있다.

1. 그것은 실존적인 현상으로 발생하는 것이다. 그것은 어떤 것에 대한 생각이 아니라 관계 안에서 지금 어떤 것을 경험하는 것이다.
2. 그것은 장애물이나 금지, 방해 등이 없는 경험이다.
3. 과거 '경험'은 결코 완전히 경험되지 않았다.
4. 이 경험은 자기개념으로 받아들여지고 통합될 수 있는 특성을 가지고 있다.

심리치료 기제

인간을 더 효과적으로 기능하게 하는 자기개념의 변화를 설명하는 이론적 접근은 크게 두 가지로 나누어 볼 수 있다. 내담자 중심 치료를 비롯한 대부분의 심리치료 패러다임에서는 변화란 자기개념을 왜곡시켜 취약함과 증상을 만들어 내는 숨겨진, 또는 부인된 감정과 경험을 '파내는' 과정을 통해 이루어진다.

발달 과정에서 대부분의 아동들은 가치란 선행, 도덕적이거나 종교적인 기준, 학업이나 운동 성적, 또는 판독이 불가능하여 오직 추측해야만 하는 어떤 요인들을 조건으로 결정된다는 것을 배운다. 아주 심한 경우 아동의 주관적 실체가 다른 사람에게 아무 의미도 없다고 너무나도 지속적으로 부인되어서 아동 스스로 자신의 지각과 경험의 타당성을 의심한다. Rogers는 이 과정을 '조건적 가치를 획득하기'로 설명하고 그 결과로 자기는 '불일치'하게 된다고 하였다. 자기 정의(self definition)와 자기조절을 시도하였지만 엄격한 가치조건에 부딪쳐 온 사람은 자기의식과 개인 정체감을 수립하기 위해 우선 자신이 선호하는 것이나 자신의 감정, 의견을 표현하는 것이 필요하다. 전통적인 이론의 관점에서 볼 때 이런 사람은 오랫동안 습관적으로 자신의 감정과 반응을 억눌러 왔다. 탐색되지 않아 '잊혀진' 경험의 '음침한 늪'이라는 이미지가 널리 사용된다.

그러나 지금까지 '감추어지고' '지각되지 않았던' '감정'이 어떻게 '실체'로서 존재하는가에 대한 문제제기가 이루어져 왔다. 전통적 입장에서는 이런 고통스런 감정들이 (과거 경험으로부터 와서) 존재하기도 하며, (표현될 때 처음 경험되므로) 의식으로 상징화되기 전까지는 존재하지 않는다는 식으로 모순되게 설명한다. 이 모순은 논리적으로도 맞지 않으며, 치료자가 내담자의 이야기를 들을 때 어디에 초점을 두고 공감적 이해를 해야 할 것인지의 문제 때문에 해결되어야 한다.

Rogers의 동료인 Fred Zimring은 이 문제를 다음과 같이 명료화하였다. "내담자가 알지 못하는 자료에 치료자가 주의를 기울인다면 그는 내담자의 내적 참조체제에 들어가 있지 않은 것이고, 이는 중요한 '필요'조건을 충족시키지 못하는 것이다"(Zimring, 1995, p. 36). 게다가 우리가 어떻게 내담자가 말하기도 전에 내담자도 모르는 것을 알 수 있는가? Zimring은 Rogers의 필요충분조건 이론을 공감적 이해의 치료적 실천과 일치시키는 새로운 패러다임을 제시하여 감추어졌거나 알려지지 않은 감정이라는 문제가 되는 개념을 사용하지 않도록 하였다. 다음은 그의 연구 결과를 요약한 것이다.

Zimring은 인간은 다른 사람과의 상호작용을 통해서만 사람이 되어 가며, 이 과정은 특정한 문화에서 이루어진다고 주장한다. 서양문화에서 자란 사람에게는 '묻혀진 갈등'이라는 개념이 문화적 유산으로 주어진다. 자각되어야 하는 병리적 실체가 '내면에' 있다. 그것이 상처받은 '내면 아이'든지 '억압된 기억'이나 개인의 '버림받은 문제'이든지 간에 여기에는 그런 무의식을 의식하기 전까지는 심리적 부적응이 계속될 것이라는 전제가 있다.

이와는 달리 Zimring은 사실 우리 각자는 Rogers의 내적 참조체제 개념과 유사한 현상학적 맥락 안에 살고 있으며 그 맥락은 항상 '만들어 가는' 과정 중에 있다고 보았다. 이런 의미에서 자기는 새로운 각 상황의 매 순간마다 만들어졌다가 없어지곤 하는 하나의 관점(a perspective)이다. 그것은 하나의 고정된 독자적인 실체가 아니라 개인과 환경 간의 상호작용에서 발생하는 역동적 자산이다. Zimring은 이것을 다음과 같이 설명한다.

> 이전의 패러다임에서는 우리의 경험이 내적 의미와 반응에 의해 결정된다고 본다. 그렇다면 우리가 기분이 좋지 않으면 우리 경험에 영향을 미치는 어떤 내적 의미를 우리가 알지 못한다는 것이 된다. 새로운 패러다임에서는 우리 경험은 다른 자원을 가지고 있다고 본다. 경험은 우리가 그 순간 있는 맥락으로부터 나온다. 한 맥락에서는 다른 맥락에서와는 다른 느낌을 갖는다(Zimring, 1995, p. 41).

Zimring은 서양문화의 맥락에서는 '내면'과 '외면'이라는 용어를 사용해서 생각하는 경향이 있다고 설명한다. 그러나 실제로 우리는 주관적이고 반성적인(reflective) 내적 세계와 객관적인 일상의 세계를 모두 구성한다. 즉, 이 두 맥락에 대한 우리 고유의 내적 표상들과 상호작용하는 것이다. 사람마다 내적 주관적 맥락에 대한 인식과 접근이 다르다. 이는 엄격한 가치 조건을 받아들인 사람이 주관적 경험의 중요성을 어떻게 무시하거나 없애는지를 제시한 Rogers의 설명을 통해 이해될 수 있다. Zimring은 주관적 맥락에 전혀 접근하지 못하는 내담자의 상담 사례를 통해 이를 설명한다(Zimring, 1995).

> 이런 사람들은 대부분의 시간 동안 자신을 객관적 세계의 일부분으로 보고 있다. 주관적 영역이 있을 수 있는 어떤 것을 설명하라고 하면 이들은 그것의 객관적 측면만 강조한다. 한 남성이 자기 딸의 추도식에서 울었던 일을 설명하였다. 울 때 어떤 느낌이었는지를 물어보니 그는 다음과 같이 대답하였다. "울음을 멈추고 싶었어요." 내담자 중심 상황에서 보면 이 사람은 '어려운' 내담자일 수 있다(어려움은 이 내담자에게 있는 것이 아니라 내담자가 주관적 세계를 말'해야 한다'는 치료자의 비현실적 기대에 있다). 다른 치료 접근의 입장에서 보면 이 내담자는 방어적이다. 나는 다른 설명을 제시하고자 한다. 이 내담자는 반성적인 주관적 세계를 발달시키지 못하였다(p. 42).

주관적 맥락에서는 우리가 새로운 현재 경험, 개인적인 연관성, 생동감과 같은 반응의 질에 주목하기 때문에 그 순간 우리는 논리, 이유, 성공, 실패 등에 의해 결정되는 객관적 맥락의 기준에서 벗어난다. 주관적 맥락을 경험하면 평가에 대한 내적 준거를 갖게 되어 (Zimring이 정의한 특정한 방법을 통해) 도덕적거나 병리적인 판단으로부터 자유스러워진다. 마지막 자유투를 실패하여 우승을 놓쳐서 비난받는 상황에서 그 비참한 좌절감을 어떻게 다룰 것인지를 상상해 보는 방식으로 우리는 우리의 내적 표상에 있는 객관적 맥락에 들어갈 수 있다. 그러나 이는 'I'가 'me'에게 반응하는 것이 아니라 나에 대한 실망의 감정에 주목할 때 가능하다. 이렇게 해야 주관적 맥락에 가까이 가며, 감정이 변화하도록 허용한다고 말할 수 있다.

그러므로 Zimring은 두 가지 다른 내적 맥락의 유형을 설명하는 것이다. (1) 우리 문화에서 중요하고 의미 있다고 강조되는 객관적 맥락, (2) 실생활에서 별로 가치를 인정받지 못하는 주관적 맥락. 자신을 'me'라는 객체로 생각하는 것은 객관적 처리 상태(objective transactional state)를 받아들이는 것이고, 'I'라는 주체로 생각하는 것은 주관적 처리 상태(subjective transactional state)를 받아들이는 것이다. 내담자 중심 치료자는 내담자의 이야기에 주목하고 그것을 이해하기 위해 신중하게 노력함으로써(비록 그 이야기가 농구 경기에서 'me'에게 일어난 일에 대한 것일지라도) 주관적 맥락을 암묵적으로 타당화하고 결국 그 사람의 주관적 맥락 자체와 그것에 대한 접근을 강화한다.

> 여기에서 제시된 이론은 자기(self)는 행동을 결정하는 실체로 존재하는 것이 아니라 현상학적이고 사회적인 맥락에 대한 반응에서 발생하는 담론에 존재하며, 관점과 행동에 존재하는 것이라고 본다. 자기에 대한 이 관점은 자기의 변화 과정에 대해 새로운 관점을 제시한다. 자기의 변화는 감추어진 참된 자기를 발견해서 일어나는 것이 아니라 관점과 담론이 변화할 때 일어난다. 자기는 새로운 맥락을 개발할 때 변화하며 이는 감정에 있어서도 동일하다(Zimring, 1995, p. 47).

어떤 내담자에게는 내담자 중심 치료의 촉진적 대인관계 맥락에서 자신의 주관적 내적 맥락을 접촉해 가는 일이 시간이 걸리는 어려운 과정이 될 수 있다. 그러나 결국에는 그 맥락에 접근하게 되고 그것을 표현하는 능력이 길러진다. 치료 관계 안에서만 드러날 수 있었던 자기(I)가 다른 맥락에서도 나타나기 시작한다. 한 아시아계 미국인 여인이 최근에 다음과 말하였다. "나는 아버지의 분노를 실제로 접하면서 살았다. 아버지가 원하는 것을 내가 하지 않는다는 의미로 아버지는 내게 '불친절'하다고 소리 질렀다. 나는 나 자신을 전혀 인식할 수 없었었다."

치료자가 제공하는 조건을 내담자가 인식하는 것이 치료에서의 진전에 왜 그렇게 중요한지가 이제 명확해진다. 내담자의 내적 참조체제(Zimring의 용어로는 **주관적 맥락**)에 대한 타당화는 의사소통하는 내담자와 공감적 반응을 하는 치료자 간의 상호작용 과정에서 우연히 얻어지는 부산물이다. 자신이 고유하고 특별한 존재로 받아들여진다는 것을 내담자가 알게 되면 자기가 되는 개인의 경험이 강화되고 변화된다. 여기에서 내담자는 '사회적 유형, 심리적 이론, 도덕적 원칙 등 다른 어떤 것의 한 가지 사례로 취급되지' 않는다(Kirtwood, 1990, p. 6). Zimring은 공감적 이해가 내담자로 하여금 me 상태에서 I 상태로 변화하게 만들어 주며 결국 I가 자라게 된다고 설명한다.

> 우리는 인간의 고유한 측면, 즉 우리가 가장 개별적인 존재로 인정되는 측면에 반응한다. 인간의 이런 독특한 측면이 중요하다는 전제를 가지고 이런 측면에 반응하면서 우리 반응이 타당한지를 검토할 때 우리는 인간의 의도와 내적 세계에 대한 타당화를 실제로 보여 준다. 일단 이것이 일어나면, 즉 사람들이 자신의 의도와 내적 세계, 내적 참조체제에 대한 타당화를 신뢰하게 되면 이제는 외적 참조체제가 아니라 내적 참조체제로부터 올라오는 반응을 하게 된다(Zimring, 2000, p. 112).

내담자 중심 치료는 다른 치료 접근과 마찬가지로 내담자의 생활기능과 자기 경험을 향상시키려고 한다. 그러나 다른 치료와는 달리 내담자 중심 치료는 이 목적을 달성하기 위해 기법을 사용하거나 치료 계획을 세우거나 목표를 수립하지 않는다. Brodley는 이를 다음과 같이 설명한다.

> 이상해 보일 수 있겠지만 내담자 중심 상담에서의 치료적 효과는 우연히 발견되는 것이다. 이는 치료자가 내담자와 함께 있어 주고 풍부하게 의사소통하는 과정에서 치료자의 구체적인 의도의 결과로 생겨나는 것이 아니라는 점에서 그렇다. 내담자를 위해 추구하는 의도적인 목표가 없는 것이 이 접근의 치료적 효과의 핵심이다. 특히 상담자의 표현 태도에 내재해 있는 비지시성이 내담자의 자율성과 자기 결정을 보호하는 데 도움이 된다. 이는 내담자의 경험을 치료의 설계자로 삼는 효과가 있다. (…) 내담자 중심성(client-centeredness)은 그것의 비지시성과 표현성—진정으로 비진단적이며 어떤 다른 목적의 도구가 절대로 되지 않는—을 통해 해롭지 않게 도움을 주는 특별한 능력을 발휘한다(Brodley, 2000/2001, pp. 137-138, 고딕체는 인용자가 추가함).

적용

누구를 도울 수 있는가

내담자 중심 치료는 문제 중심이 아니라 사람 중심이기 때문에 내담자를 '문제를 제시'하면서 치료에 오는 진단적 유형의 한 사례로 여기지 않는다(Mearns, 2003). 치료자가 다른 사람을 존경받을 만한 사람으로 만난다면 '질병'에 대한 정확한 '개입'의 활용이 아니라 점차 협력적인 관계를 만들어 가야 한다(Natiello, 2001). 물론 내담자는 이유를 가지고 치료에 오며 때로는 그 이유가 어느 정도 '문제'를 포함한다. 그러나 그 문제를 미리 정해진 유형의 한 가지 사례로 가정하거나 보지 않는 것이 중요하다. Mearns는 이 입장을 다음과 같이 설명한다.

> 각 사람은 고유한 '문제'를 지니고 있으므로 고유한 존재로 다루어져야 한다. 문제에 대한 정의는 치료자의 부드러운 촉진적 반응에 따라 다른 측면들을 점차적으로 상징

> 화해 가면서 내담자가 하는 일이다. 즉, 내담자가 '문제를 정의'하는 작업이 치료다. "치료가 진단이며, 이 진단은 상담자의 인지 속에서가 아니라 내담자의 경험 안에서 이루어지는 과정이다."라는 말은 매우 의미 있고 정확한 표현이다(Mearns, 2003, p. 90; Rogers, 1951, p. 223).

사람에 대한 이 철학은 각 사람을 역동적 전체(dynamic whole)로 보게끔 한다. 인간의 삶은 복잡성, 분화, 더 효과적인 자기세계 창조를 향해 진화하는 과정이다. 이와는 달리 의학적 모델은 문제가 되는 '갈등', '자기 패배적인' 행동, '비합리적 지각'과 같은 '부분'의 개념으로 사람을 파악한다. 내담자 중심 치료를 지지하는 사람들은 문제, 장애, 진단 등은 과학뿐만 아니라 정신의학자, 제약 회사, 보험 회사 등의 사회적이고 정치적인 영향을 받아 만들어진 개념으로 본다.

내담자 중심 치료에 대한 일반적 오해 중에는 이 접근의 적용 가능성에 대한 것도 있다. 인본주의 치료 진영이 아닌 곳에서 이 접근을 다음과 같이 비판한다. (1) 백인, 서양인, 중류 계층, 말이 능숙한 내담자에게 편향된 접근이어서 사회적 취약 계층, 비백인, 집단적 문화에 속한 사람에게는 비효과적이다. (2) 축 II의 성격장애와 같은 '중증 장애'에 대해서는 피상적이고 한계가 있으며 비효과적이다. (3) '반영' 기법만 사용하므로 효과가 검증된 '치료'를 내담자에게 제공하지 못한다. 이 접근에 대한 논박과 반박을 더 알고자 한다면 다음 문헌을 참고하기 바란다. Bozarth의 *Person-Centered Therapy: A Revolutionary Paradigm*(1998), Brian Levitt의 *Embracing Non-Directivity*(2005), Moodley, Lago와 Talahite의 *Carl Rogers Counsels a Black Client*(2004). Mier와 Witty는 Rogers가 흑인 내담자와 상담한 사례를 분석하여 경험과 내담자의 내적 참조체제와 같은 이 이론의 개념들이 세계적으로 적용될 수 있다는 것을 보여 주었다. 다문화 상담 관계의 긴장과 한계는 치료자의 개인적 한계와 편향에서 나오는 것이다(2004, p. 104).

내담자 중에는 가족이나 친척 관계, 종교, 민족의 습관 등 집단 정체성을 통해 기본적으로 자기를 정의하는 사람도 있다. 이들이 살아오는 동안 많은 사람들이 여러 집단 소속의 용어를 사용하여 이들을 정의하였을 것이다. '나는 성 전환자다', '나는 트라우마에서 생존한 사람이다', '나는 전업주부다' 등이 그 예이다. 치료 관계에서 자기에 대한 이런 정의가 드러나고 내담자의 개인적 정체성에 핵심이 되는 것으로 받아들여지고 이해되기도 한다. 그러나 인간 중심 치료자가 내담자로 하여금 자율성, 독립성, 또는 개인주의와 자기신뢰 등의 서구의 사회적 가치를 갖게 하려고 하는 것으로 보는 것은 이 접근을 잘못 이해한 것이다. 내담자에 대한 존중과 이해는 치료자에 의한 목표 설정을 배제한다. 자문을 통해 치료자는 모든 유형의 편견을 검토하고 내담자의 문화, 종교적 가치, 전통 등에 대해 더 개방적이고 수용적인 태도를 갖게 된다.

인본주의 전통과 정신분석 전통의 여성주의 학자들은 내담자 중심 치료가 내담자 문제의 정치적 맥락을 알려 주지 않은 채 개인에게만 집중한다고 비판하였다. 비록 내담자 중심 치료자들이 심리교육적인 목표를 가지고 있지 않은 것은 사실이지만, 이런 비판을 하는 사람들은 내담자 중심 관계에서 사회적이고 정치적인 관점이 나타나는 방식을 알아차리지 못하였다. Wolter-Gustafson(2004)과 Proctor와 Napier(2004)의 최근 연구는 내담자 중심 접근과 최근 등장한 여성주의자의 '관계적' 치료 접근이 일치하는 면이 있다는 것을 보여 준다.

1987년 사망하기 전 Baldwin과의 짧은 인터뷰에서 Rogers는 그가 비지시적 태도라고 말하였던 것과 일치하는 다음의 언급을 하였다. "목표는 내가 존재하는 방식을 따라 내 자신 안에 있어야 한다. (…) 치료자의 목표가 상담 성과에 있지 않고 치료 과정에 한정될 때 치료는 효과적이 된다"(Baldwin, 1987, p. 47에서 인용).

정신건강 체계에 익숙한 내담자들은 자주 자기개념에 임상적 진단을 포함시켜서 그런 용어로 자신을 설명하기도 한다. 예를 들면 "나는 주요우울장애로 고생하는 것 같아요. 정신과 의사는 내가 한 개의 엔진으로만 날아가는 비행기라고 해요."라는 식이다. 비록 내담자 중심 치료자는 진단적 시각으로 내담자를 보지 않지만 이런 자기 설명도 내담자의 다른 자기 정의 내용과 동일하게 이해하고 받아들여야 한다. 이런 종류의 자기 유형화는 나약하고 순진한 내담자가 상표를 선택해서 자신에게 부착하는 외적 평가 준거의 일례일 수 있음을 주목해야 한다. 또는 반대로 자신의 경험과 역사에 대한 장기간의 숙고 끝에 나온 평가를 드러낸 것이어서 정말로 독립적인 자기 평가일 수도 있다. 내담자가 스스로를 '미쳤다'고 하거나 '정신병에 걸렸다'고 하더라도 내담자 중심 치료자는 "오, 그렇게 자신을 비하시키지 말아요. 당신은 미치지 않았어요."라고 말하지 않는다. 내담자의 생각이 명백하게 잘못되었기 때문에 내담자에게 어떻게 생각해야 하는지를 가르쳐야 하는 것이 아니다. 우리는 시간을 두고 치료 과정이 진행되면 내담자가 자기 수용과 정확한 자기 평가를 하게 될 것이라고 믿는다.

내담자 중심 치료는 비진단적인 입장을 가지고 있지만 단순히 개인적 성장 경험을 추구하는 사람뿐만 아니라 다른 사람에 의해 정신증, 발달장애, 공황장애, 거식증 등으로 진단받은 내담자도 상담한다. 진단명에 관계없이 어떤 사람에게도 치료가 적용될 수 있다는 생각은 사람은 항상 진단명 그 이상의 것을 가지고 있다는 믿음에 기초하고 있다. 우리는 그 사람의 자기에 대한 표현과 자기와 장애와의 관계 및 자기와 환경과의 관계에 대한 표현을 이해하려고 노력한다. Rogers는 진단 과정은 불필요하며 '대부분 큰 시간 낭비'라고 명확하게 말하였다(Kirschenbaum & Henderson, 1989, pp. 231-232). Rogers는 이에 대해 다음과 같이 상세하게 언급하였다.

> 오늘날 상담 분야에 가장 널리 퍼져 있는 생각은 신경증을 치료할 때는 이렇게 하고, 정신증을 치료할 때는 저렇게 하며, 강박증 환자에게는 이런 치료적 조건을 제공하고, 동성애자에게는 저런 치료적 제공을 제공한다는 것이다. (…) 나는 심리치료의 핵심적 조건은 하나의 형태로 존재한다는 생각을 제시한다. 내담자와 환자는 그것을 매우 다르게 사용할 수 있다. (…) 심리치료에서 치료자가 내담자에 대한 정확한 심리학적 진단을 해야 하는 것은 아니다. 심리치료자들을 많이 관찰할수록 그런 진단적 지식이 심리치료에서 핵심이 아니라는 생각을 더 많이 하게 된다(Kirschenbaum & Henderson, 1989, pp. 230-232).

치료자는 내담자에게 자기 스스로의 답변을 찾기 위해 노력해야 한다고 이야기해서 내담자가 직접적인 질문을 하지 않도록 해야 한다. 그렇지 않으면 내담자는 자주 치료자의 도움을 요청하게 된다. 질문에 대답하는 것에 대해 사람 중심 치료자 내에서도 약간 이견이 있지만 많은 내담자 중심 치료자들은 내담자의 자기 방향을 따라가면 당연히 내담자의 직접적인 질문에 대답하게 된다고 생각한다. 이런 치료자들은 질문 내용에 따라 치료자의 생각을 제시할 수도 있는데, 여기에는 약물 요법, 행동치료를 포함한 다른 대안적인 치료 접근을 소개해 주기 위한 의도에서 진단적 관찰을 말하는 것도 포함된다. 그러나 이런 제안이 내담자 주도로 이루어진다는 점이 중요하며, 치료자는 자신의 제안을 내담자가 수행하도록 할 수는 없다.

내담자 중심 치료자들은 심리적 · 생리적 · 사회적 원인을 지닌 생활상의 문제를 호소하는 수많은 내담자들을 성공적으로 상담해 왔다. 여기에서 공통점은 문제, 질병, 자기 파괴적 행동과 내담자의 관계를 이해하며, 자기 치유와 성장을 위해 내담자와 협력하고, 내담자가 직면한 도전들에 대처할 자원을 보유하고 있다고 믿는 것이 필요하다는 것이다. 어떤 심리치료 학파도 조현병이나 알코올 중독을 치료하고 착취적 관계에서 누군가를 벗어나게 해 줄 수 있다고 주장할 수 없다. 그러나 존중과 수용의 동반자 관계에서는 그 행동이나 부정적 경험에 대한 내담자의 내적인 관계가 변화하여 자기 수용과 자기 이해가 커지고 결국 자기 보존적인 행동을 더 하게 된다.

내담자 중심 치료가 '너무 심각하지 않은' 내담자에게만 적용될 수 있다는 전형적인 생각에도 불구하고 몇몇 내담자 중심 학자와 상담자들이 '정신질환'으로 심각하게 손상된 내담자에게 이 접근이 성공적으로 사용된 사례들을 보여 주었다. 예를 들어 Garry Prouty가 '정신증 환자'로 여겨지는 내담자와 한 상담이 그의 저서 *Theoretical Evaluation in Person-Centered/Experietial Therapy*(1994)에 수록되어 있다. 덴마크의 임상가인 Lisbeth Sommerbeck는 그녀의 저서 *The Client-Centered Therapist in Psychiatric Context: A Therapist's Guide to the Psychiatric Landscape and its Inhabitants*(2003)에서 동료들은 전통적인 의학적 모델의 입장으로 '환자'를 치료하는 정신의학 기관에서 자신만이 내담자 중심 치료자로서 상담하면서 대처해야 하는 주제들을 제시하였다.

조현병으로 진단받은 환자에 대한 최근 치료 경향은 장기 치료와는 달리 사회기술 훈련, 직업 치료, 투약 등에 집중하고 있다. 내담자들은 전문가가 규정한 대로 투약 처방을 '수행하고', '적합한' 행동과 사회적 기술을 보이며, 내담자의 관심 범위 내에 있다고 여겨지는 지시를 따르도록 자극을 받는다. 이들이 여기에서 벗어나 내담자 중심 관계의 효과를 맛볼 수 있는 기회는 없다. 내담자 중심 관계에서는 내담자가 약물처방이 도움이 되지 않는다는 생각을 표현할 때 "약물을 복용하지 않으면 결국 병원에 다시 가게 될 거라는 점을 알고 있잖아요."라고 즉각적으로 반응하지 않는다. 각 사람의 내적 경험과 지각에 대한 존중은 그 사람을 자기와 경험에 관한 권위를 지닌 사람으로 인정해 준다. 이는 기술 훈련, 향정신 약물치료, 정신의학의 긍정적 측면을 부정하는 것이 아니다. 약물치료와 그런 프로그램이 정말 도움이 된다면 그것의 사용 여부를 내담자들이 결정하도록 하면 된다. 가족이나 치료자, 정부기관이 그것을 수행하도록 강제하는 것은 내담자를 자신의 인생 경로를 결정할 수 없는 존재로 권위적으로 다루는 것이다.

Rogers의 기억에 오랫동안 남아 있던 사례로 위스콘신 대학교에서 수행한 만성 정신질환자 연구 대상에 포함되었던 Jim Brown 사례가 있는데, 이는 'Mr. Vac' 사례로 알려져 있다(Bozarth, 1996; Rogers et al., 1967). 이 환자와의 두 번에 걸친 인터뷰에 대한 상세한 설명에 환자가 치료자의 온정과 돌봄을 지각하게 되자 그의 견고한 껍질이 부서지고 고통스러운 울음과 함께 자신의 상처와 슬픔을 쏟아 내는 '변화의 순간'이 기술되었다. 이 돌파구는 Rogers가 20분까지 지속되는 침묵으로 가득 찬, 일주일에 두 번 하는 인터뷰에서 28세 남성에게 다가가려고 집중적인 노력을 기울인 결과로 생겨났다. "우리는 두 명의 (…) 진솔한 사람으로 관계하였다. 교육과 신분, 심리적 어려움의 수준 등의 차이는 참만남의 순간에 전혀 중요하지 않았다. 우리는 관계 속의 두 사람이었다"(Rogers et al., 1967, p. 411). 8년 후 이 내담자는 Rogers에게 전화를 걸어 직업에서의 계속적인 성공과 안정된 생활환경에 대해 이야기하고는 Rogers와의 치료적 관계에 대해 감사를 표하였다(Meador & Rogers, 1984).

이 설명은 이 접근이 문제 중심적 특성보다는 사람 중심적 특성을 지니고 있음을 강조한다. Rogers는 가장 개인적인 것이 가장 세계적인 것이라는 자신의 신념을 자주 이야기하였다. 내담자 중심 접근은 사랑받지 못하는 것에 대한 두려움, 위험에 처하는 것에 대한 두려움, 변화와 상실에 대한 두려움, 수없이 많은 생활상의 문제 등에 사람들이 대처하는 다양한 방법을 존중한다. Rogers는 존중받고 사랑받고 싶은 소원, 어딘가에 소속되고 이해받고 싶은 바람, 우리 생활에서 일관성, 가치, 의미를 추구하는 면에서 사람들은 어느 정도 차이가 있지만 상당히 유사하다고 보았다.

내담자 중심 치료자들은 내담자에게 도움이 될 수 있는 모든 자원을 활용하려고 하며, 내담자가 물어보면 그런 자원에 대한 정보를 제공한다. 여기에는 자조 집단, 다른 유형의 치료, 운동 프로그램, 약물처방 등 치료자가 알고 있는 것 중에서 효과적이고 윤리적이라고 생각하는 것들이 다 포함된다. 심리교육적인 절차와 치료에 대해서는 내담자가 자원을 직접 찾아보도록 하기보다는 치료자가 "그것을 하고 나서 당신이 무엇을 생각하는지를 살펴보세요."라는 방식으로 제안한다. 항상 내담자는 무엇이 도움이 되는지 안 되는지, 어떤 전문가와 기관이 삶의 향상에 도움이 되는지 해가 되는지를 결정하는 권위자이다.

치료자가 내담자의 주도성을 허용하므로 내담자가 자신과 갈등을 겪고 있는 동료, 배우자, 자녀 등 다른 사람을 데려오고 싶어 하는 경우가 있다. 이에 대해 내담자 중심 치료자는 유연하게 대처하며, 대개 이렇게 내담자와 협력하는 대안적 방법을 받아들인다. 그러나 윤리적으로 내담자에게 우선적으로 집중하기 때문에 다른 사람은 내담자 중심 접근을 따르는 부부치료나 가족치료로 의뢰하는 것이 적절할 수도 있다. Nathaniel Raskin, Ferdinand van der Veen, Kathryn Moon과 Susan Pildes, John McPherrin, Ned Gaylin, Motomasa Noriko 등 여러 학자들이 사람 중심/내담자 중심 접근으로 부부와 가족을 상담한 사례에 대하여 저술하였다.

사람의 '유형'에 관한 이런 무관심은 사람 중심 접근으로 다문화적이고 국제적인 분쟁을 해결하는 과정에 나타난다. 북아일랜드의 구교와 신교에게(Rogers & Ryback, 1984),

그리고 남아프리카공화국의 흑인과 백인에게(Rogers, 1986b) 동일한 수준의 공감이 제공된다. 촉진자가 적대적인 집단의 태도와 감정을 알아주어 그 집단의 지도자들이 공감을 받게 되면 다른 편에 대한 전형적인 오해가 사라지게 되어 갈등 해결이 촉진된다. 위스콘신 대학교에서 Rogers의 학생이었던 Marshall Rosenberg는 '비폭력 대화'라는 갈등에 대한 중요한 접근법을 개발하였다(Rosenberg, 2003). 의사소통에 관한 이 접근은 다른 사람이나 집단을 비인격화하지 않는 방식으로 내담자 중심적인 조건들을 수행한다.

치료

내담자 중심 치료자들은 **치료**라는 용어를 피하려고 하는데, 이는 '치료'가 의미하는 것이 비유가 아니라 의학적 처방(medical treatment)이기 때문이다(Szasz, 1978/1988). 내담자 중심 접근은 원래 성인에 대한 개인 심리치료의 맥락에서 논의되어 왔다. **내담자 중심**이라는 용어에서 **사람 중심 접근**으로 그 의미를 확대한 것은 내담자 중심 원리가 인간의 복지와 심리적 성장을 주요 목적으로 하는 모든 상황에 적용될 수 있는 가능성 때문이다. 기관의 책임자들은 자주 시행착오를 통해서 비지시성의 원리에 따라 핵심 조건들을 수행하는 방법을 배우기도 한다.

어느 임상심리학 전공 대학원생이 실습 과정으로 교도소에서 재소자를 상담한 경험을 예로 살펴보자. 이 학생은 그를 'Mr'로 부르면서 한 시간 동안 이야기에 초청하였고 그가 말하고 싶지 않거나 거부하고 싶으면 그렇게 할 수 있다고 해 주었다. 이런 공손한 치료는 그가 교도관으로부터 받았던 대우와 너무나도 달랐기 때문에 치료가 마친 후에 그는 이 학생에게 장문의 편지를 써서 사람으로 대우받은 것에 대해 감사를 표하였다. 그러므로 내담자가 비자발적으로 '치료'에 오게 될지라도 핵심 조건들을 따라 일관되게 상담할 수 있다.

✻ 놀이치료

Rogers는 필라델피아 아동지도소에서 Jessie Taft가 어린이들을 대상으로 한 놀이치료를 크게 칭찬하였는데, 특히 그는 그녀가 아동이 말하거나 행동으로 표현하는 부정적인 감정을 받아들여서 결국에는 아동이 긍정적인 태도를 갖도록 하는 것에 감동을 받았다. Rogers의 대학원 학생 조교였던 Virginia Axline은 놀이치료를 아동을 위한 종합적인 치료체제로 구성하였다. Axline은 자기 주도와 자기실현에 대한 Rogers의 입장을 따라 두려움으로 위축되고 때로는 학대받은 아동들이 용기를 내어 오랫동안 묻혀 있던 정서를 표현하고 자신이 되는 즐거움을 경험하도록 하는 일에 열정을 바쳤다. 그녀는 아동들이 대화만으로는 자기실현의 장애를 극복할 수 없을 경우 놀이를 사용하였다.

Axline은 놀이치료, 아동 대상 집단치료, 학급에서의 활용, 부모-교사 관계, 교사-행정가 관계 등에 대한 연구에 크게 기여하였다. 또한 그녀는 놀이치료가 독해 부진 학생, 아동의 정신지체 판별, 어린아이들 간의 인종 갈등을 다루는 데 효과가 있음을 보여 주었다(Axline, 1947; Rogers, 1951).

Ellinwood와 Raskin(1993)은 내담자 중심 놀이치료에 대해 종합적으로 논의하면서

Axline이 구성한 원리들부터 시작해서 그 원리들이 부모와 아동이 함께하는 상담으로 발전해 간 과정을 보여 주었다. 이들은 아동과 성인에 대한 공감, 내담자의 자기 주도적인 변화 능력에 대한 존중, 치료자의 진솔성 등을 강조하면서 사례를 보여 주었다. 최근 Kathryn Moon은 아동을 대상으로 한 내담자 중심 상담에서의 비지시적 태도를 명료화하였다(Moon, 2002).

✻ 내담자 중심 집단 작업

내담자 중심 원리는 1940년대에 일대일 상담에서 시작되었지만 10년이 지나기 전에 집단 치료, 학급 수업, 워크숍, 조직 개발, 리더십의 개념 등에 활용되었다. 상담과 심리치료에서 시작한 이 원리가 교수법, 집중 집단, 평화와 갈등 해결 등으로 확산되어 갔다.

✻ 학급 수업

비지시적 접근을 옹호하기 시작한 콜럼버스에서 Rogers는 수업을 기획하고 학생의 성적을 매기는 전문가의 역할을 수행하였다. 그는 후일 『학습의 자유(*Freedom to Learn*)』에서 밝힌 새로운 철학을 시카고에서 실행하기 시작하였다.

> 나는 교사가 되기를 그만두었는데 그렇게 하는 것은 쉽지 않았다. 그것은 점차적으로 일어났다. 나는 학생을 신뢰하면서부터 그들이 서로 간의 의사소통에서, 수업의 내용을 학습하는 데에서, 인간으로서 성장하는 데에서 엄청난 일들을 해내는 것을 발견하였다. 무엇보다도 그들은 내가 더 자유스럽게 내 자신이 될 용기를 주었고 이것은 심오한 상호작용을 하게 해 주었다. 그들은 자신의 감정을 이야기하였고, 내가 전혀 생각하지 못하였던 질문을 던졌다. 내게 그리고 그들에게도 새롭고 흥미로운 아이디어가 마구 솟아올랐다. 내가 이런 말로 수업을 시작할 수 있을 때 우리 사이에 중요한 구별은 사라지게 되었다고 생각하였다. "이 수업의 제목은 '성격 이론'(또는 다른 무엇이라도)입니다. 그러나 이 수업에서 무엇을 할 것인지는 우리에게 달려 있습니다. 우리는 매우 일반적인 영역 내에서 우리가 달성하고 싶은 목표를 중심으로 수업을 만들어 갈 수 있습니다. 우리는 우리가 원하는 방식대로 수업을 진행할 수 있습니다. 우리는 시험이나 성적과 같은 고민거리를 어떻게 하고 싶은지를 함께 결정할 수 있습니다. 나는 사용 가능한 많은 자료들을 가지고 있으며, 다른 자료들도 여러분이 찾도록 도울 수 있습니다. 내가 보기에 나도 그 자료들 중의 하나이며, 여러분이 원하는 만큼 나를 사용해도 좋습니다. 그러나 이것은 우리의 수업입니다. 자, 우리는 이 수업을 어떻게 하고 싶은가요?" 이런 말은 "우리는 우리가 원하는 것을 우리가 원하는 방식대로 배울 수 있습니다."라는 의미이다. 이것은 학급 분위기 전체를 완전히 다르게 만들었다. 이 시기에는 이것을 이렇게 생각하거나 표현하지 않았지만 당시 나는 교사와 평가자에서 학습 촉진자로 변하였는데, 이는 매우 다른 직업이었다(Rogers, 1983, p. 26).

이 변화는 Rogers에게 쉽지 않았다. 이는 또한 이끌림을 받는 데 익숙하기 때문에 성적 부여에 자기 평가 방법을 사용하는 것이 낯설고 부담스러웠던 학생들에게도 쉽지 않았다.

✻ 집중 집단

1960년대 초반 집중 집단(intensive group)이라는 또 다른 중요한 발전이 이루어졌다. 1964년 Rogers가 캘리포니아 주로 이주하면서 집중 집단에 대한 그의 관심이 시작되었으며 1970년에 기본적인 참만남 집단의 15개 발달 단계를 발표하였다. Rogers는 이 과정의 핵심을 **기본적 참만남**으로 시각화하였다. 이는 집단 내의 한 사람이 집단 내의 다른 사람에게 온전한 공감으로 반응하고, 그 사람은 그것을 가지고만 있지 않고 나눈다는 것을 의미한다. Rogers는 개인치료자의 기본적 자질을 예로 들어 집단 지도자 또는 촉진자의 역할을 설명하였다. 또한 그는 집단을 전체로서뿐만 아니라 개별 집단원에 대해서도 수용하고 존중하는 것이 중요하다고 보았다. 영상 자료인《자기로의 여행(*Journey into Self*)》에서 기본적인 참만남 집단의 뛰어난 사례를 볼 수 있다. 여기에서 공동 촉진자인 Rogers와 Richard Farson의 진솔성, 즉시성, 돌봄, 공감적 행동 등을 매우 분명하게 볼 수 있다(McGaw, Farson, & Rogers, 1968).

✻ 평화와 갈등 해결

더 큰 집단 간의 갈등을 해결하는 평화적인 방법을 모색하는 일이 1980년대 사람 중심 운동의 분기점이 되었다. 이 영역에서 사람 중심 운동의 관심의 범위는 개인적 갈등에서 국가 간의 갈등으로 확대되었다. 이는 북아일랜드, 남아프리카, 중앙아메리카 등의 집단에서 일어났다. 오스트리아에서 열린 '중앙아메리카의 도전(Central American Challenge)' 회의에는 상당히 많은 외교관과 정부관리가 참여하였다(Rogers, 1986c). 이 회의의 중요한 목표는 외교관들의 공감 능력을 향상시켜 향후 국제회의에서 더 큰 능력을 발휘하도록 외교관들에게 사람 중심 경험의 모델을 제공하는 것이었다. Rogers(1987)와 동료들은 동유럽과 소련에서도 사람 중심 접근 워크숍을 열었다.

Rogers는 캠프 데이비드 협정에 대한 사람 중심 입장의 해석과, 핵재앙을 피하기 위한 과업을 제시하기도 하였다(Rogers & Ryback, 1984). 평화적인 갈등 해결을 위한 이 모든 노력의 핵심에는 다음과 같은 생각이 있다. 갈등 중에 있는 집단이 공감, 진솔성, 돌봄을 경험하고 그런 상황에서 움직이게 되면 상대방에 대한 전형적인 부정적 생각이 약해지면서 서로 연결되어 있다는 개인적이고 인간적인 감정을 갖게 된다(Raskin & Zucconi, 1984).

증거

비록 내담자들이 내담자 중심 치료가 그들을 성공적으로 도울 수 있다는 우리의 주장을 지지할 경험적 증거를 달라고 요구하지는 않지만 그런 질문은 전적으로 타당한 것이고 우리는 그에 대한 대답을 할 수 있어야 한다. 치료자가 된다는 것은 성공적으로 남을 돕는 전문가로 자신을 제시하는 것이다. 만약 돕는 데 실패한다면 치료자는 내담자에게 그 실패에 대해 해명할 윤리적 책임을 져야 한다(Brodley, 2011c).

비록 의학적 '치료' 모델이 내담자 중심 철학 및 상담 실제와는 상반되지만 객관적이고 경험적인 연구에서는 그렇지 않다. 인본주의 학자들은 치료 이론 모델, 연구 도구와 치료 실제 간의 연결은 매우 복잡하고 다원적이어서 필연적 관계를 찾기가 어렵다고 보는데, 이는 그들이 서로 다른 과학철학과 현상학으로부터 나왔기 때문이다. 기본적인 질문은 다음과 같다. 과학적인 연구 결과와 상담 실제와의 관계는 무엇인가? 그 관계는 어떠해야 하는가?

✻ 이 접근의 증거

Carl Rogers는 치료 과정에 대한 헌신적인 연구자요 학생이었다. 그는 1957년 미국심리학회에서 특별과학공헌상(Distinguished Scientific Contribution Award)을 수상하였다. 그는 다른 어떤 상보다도 이 상을 명예롭게 생각한다고 말하였다.

내담자 중심 학자와 연구자들은 내담자 중심 접근의 효율성과 효과성에 대한 질문에 답변하는 연구를 지속적으로 하고 있다. 그러나 최근 10여 년간 대규모의 양적인 연구는 없었고, 이론적 · 철학적 · 윤리적 · 자연적인 질적 연구가 *Person-Centered Review*, *The Person-Centered Jornal*, *Person-Centered and Experiential Psychotherapy Journal*, *Journal of Humanitsic Psychology* 등에 많이 실리고 있다. 과정 경험적 치료에 대한 연구는 예외인데, 독일에서 연구가 진행되고 있다(Eckert, Hoger, & Schwab, 2003). 내담자 중심 치료는 비록 간접적인 지지이기는 하지만 '공통 요인' 연구로부터 강력한 지지를 받고 있다.

✻ 공통 요인

Saul Rosenzweig(1936)는 심리치료의 성과는 이론별로 독특한 기법에 의한 것이 아니라 모든 치료에 공통적인 요인(치료자의 개인적 특성, 내담자의 자원, 치료적 관계의 효과)의 결과라는 가설을 처음 제시하였다. 이 가설을 **도도새 추론**이라고 부른다.

도도새는 소설『이상한 나라의 앨리스』에 나온다. 동물들이 앨리스의 눈물에 젖은 후에 몸을 말리기 위해 경주를 하기로 한다. 그런데 이들이 여러 방향으로 달렸기 때문에 경주가 중단된다. 동물들은 도도새에게 판결을 부탁한다. 도도새는 다음과 같이 판결한다. "모든 자가 승리하였으니 모두 상을 받아야 한다!" 모든 주요 심리치료가 사실상 동등한 효과 크기를 갖는다는 주장을 흔히 **도도새 효과**라고 한다.

수십 년간의 메타 분석 연구는 도도새 효과를 강력하게 지지하며, 공통 요인보다 특정 치료 학파와 특정 기법이 더 중요하다는 생각을 부인한다(Elliott, 1996, 2002; Lambert, 2004; Luborsky, Singer, & Luborsky, 1975; Smith & Glass, 1977; Wampold, 2006). 매우 다른 철학과 가치에 기반한 치료들도 여러 다양한 성과 측정 연구에서 비슷한 크기의 성공적 성과를 낸다는 것은 매우 흥미로운 일이다.

성과를 구성하는 요소를 **치료적**(therapeutic) 요소와 **치료 외적**(extratherapeutic) 요소로 구분할 수 있다. 치료적 요소로는 치료자, 치료 관계, 특정 치료 접근과 관계된 특정 기법 등이 있다. 내담자 중심 치료에서는 치료자가 경험한 태도와 이 태도를 의사소통하는 것뿐만 아니라 이 태도에 대한 내담자의 지각도 긍정적 성과를 만드는 원인 요인이며 필요충분조건이라고 여겨진다.

치료적 효과에는 비지시적 내담자 중심 치료자가 가끔 사용하는 특정 기법의 효과도 포함되는데, 이는 내담자가 그 기법 사용을 제안하고 치료자가 그 특정 기법을 사용할 능력이 있을 경우에 그렇다. Asay와 Lambert(1999)의 연구는 상담 성과의 변량은 치료적 요인에 의해 30% 정도, 기법에 의해 15% 정도 이루어진다고 평가하였다. 플라세보 또는 기대 효과는 성과 변량의 15%를 설명한다(내담자 변인이 나머지 40%를 설명한다). 이는 내담자가 치료 과정을 어느 정도 성실하게 따르기만 해도 생활 상황과 경험에서 긍정적인 변화를 경험할 수 있다는 것이다.

치료 외적 요인에는 내담자의 환경, 내담자가 싸우고 있는 다양한 문제와 상황, 적절한 사회적 지지의 존재 또는 부재, 치료 과정에 영향을 미치는 여러 특별한 사건(상실 경험이나 다른 변화들) 등이 있다. 또한 여기에는 그 사람의 창조적인 자원과 스스로 결정할 수 있는 능력, 회복 탄력성이나 경직성, 생활상의 문제를 해결해 본 삶의 경험, 치료 경험의 적극적 활용 등 Bohart가 내담자 요인으로 설명한 것들이 포함된다(Bohart, 2006, pp. 223-234). 이 요인이 전체 변량의 40% 정도를 설명한다. 내담자와 내담자 상황이 치료 성과 공식에 크고도 명백하게 기여한다(Bohart, 2004).

만약 내담자가 자발적으로 치료에 오지 않고, 치료 과정과 치료자에게 적대적이며, 상담에 잘 출석하지도 않으면 긍정적인 상담 성과가 나오기는 어렵다. 이와는 달리 내담자가 도움을 받고자 하는 강한 욕구를 가지고 상담 관계에 들어오고, 열린 마음으로 치료받고자 하며, 지속적으로 상담에 참여하고, 치료자와 관계할 능력이 있으면 상담 경험을 통해 도움을 받을 수 있다. **공통 요인 연구**라고 불리는 연구 전통에서는 치료 관계가 치료적 변화의 일차적인 자원이라는 점을 지지하는 강하고 매우 일관된 결과를 제시해 왔다. 이 연구에서는 기법은 실제 치료 결과에 무시할 정도까지는 아니지만 덜 기여한다. 그러나 많은 상담자들은 공통 요인의 위상에 대해 저항하면서 자신들의 기법이 변화를 일으키는 특별한 것이라고 주장한다.

맥락적 요인 또는 공통 요인의 위상을 지지하는 다른 학자들과 함께 Bozarth(2002)는 특정 기법(흔히 인지행동이나 여타의 행동적 접근)이 치료적 성공에 결정적이라는 생각에 반대한다. 게다가 그는 그가 **특정화 신화**(specificity myth)라고 말한 생각—특정 장애는 특정한 '치료'를 필요로 한다—은 허구라고 주장한다. 많은 메타 분석 연구들을 개관하고 재분석한 Bruce Wampold(2001)의 책 *The Great Psychotherapy Debate*는 Bozarth의 주장을 지지한다. Wampold는 잘 알려진 도도새의 판결은 강하고도 반복적으로 확인되었다고 결론지었다. Wampold는 최신의 연구에서 자신의 결과를 재확인하였다(2006).

Wampold와 여러 학자들의 연구에도 불구하고 도도새 판결에 대한 저항은 계속되고 있다. 새로운 학파와 그에 따른 기법들이 심리학 분야에 수입과 지위를 만들어 내면서 여러 상담자들이 스스로를 전문가라고 여기는 '증상'이 증가하며 '치료' 또한 계속 증가하고 있다. 그러나 심리치료 성과에 대한 큰 그림에서 보면 맥락적 치료 모델을 강하게 지지하는 증거가 있다. Wampold가 지적하였듯이 특정 요소는 전체 치료 맥락의 한 측면으로서만 중요하다(2001, p. 217).

✻ 핵심 조건에 대한 증거

내담자 중심 접근의 입장에서는 핵심 조건에 대한 내담자의 지각을 성과 측정 도구로 사용한다면 상담 성과에 미치는 핵심 조건의 효과를 지지하는 증거를 내세울 수 있다(이는 치료자가 경험하는 조건들을 내담자가 지각해야 상담에서 도움을 받을 수 있다는 Rogers의 원래 가정에 포함되어 있다).

Truax와 Mitchell(1971)은 992명을 대상으로 한 14편의 연구물을 분석하여 핵심 조건과 성과 간의 관계를 연구하였다. 66개의 유의미한 정적 상관과 하나의 유의미한 부적 상관이 나타났다(Kirschenbaum & Jourdan, 2005, p. 41).

Patterson(1984)은 "Empathy, Warmth, and Genuineness: A Review of Reviews"에서 1970년대와 1980년대에 실시된 핵심 조건에 대한 많은 연구에서 나온 결론을 검토하였다. Patterson은 내담자 중심 치료가 실험조건이거나 통제조건이었던 많은 연구에 참여한 치료자들이 숙련된 내담자 중심 치료자가 아니었다고 결론지었다. 연구자들은 알면서 또는 모르기 때문에 내담자 중심 치료를 내담자가 말한 것에 대한 적극적 경청이나 단순한 반복 반응과 같은 것으로 취급하였고, 그래서 치료는 심리치료에서의 변화를 위해 필요한 조건을 충족시키지 못하였다. 그럼에도 불구하고 많은 연구들은 이 접근을 지지하는 긍정적 결과를 보여 주었다. Patterson은 만약 연구에 참여한 치료자들이 Rogers의 입장에 충실하게 상담하고 핵심 조건을 더 잘 형성하였다면 더 의미 있는 성과 측정이 되었을 것이라고 추정하였다(Patterson, 1984). 또한 그는 여러 연구에서 실제 긍정적인 증거가 보여도 내담자 중심 치료에 대한 편견도 있다는 것을 지적하였다.

Orlinsky와 Howard(1986)는 관계 변인과 관계에 대한 내담자의 지각을 다루는 여러 연구를 개관하였다. 이 연구 결과 중 50~80%는 유의미한 정적 상관을 보이는데, 이는 이 영역들이 내담자의 성과와 매우 일관되게 상관이 있음을 보여 주는 것이다. 이는 특히 치료적 관계에 대한 내담자의 관찰에 기초하여 과정 측정이 이루어질 때 그렇다(Orlinsky & Howard, 1986, p. 365).

Orlinsky, Grawe와 Parks(1994)는 Orlinsky와 Howard의 연구를 업데이트하여 긍정적 존중 및 치료자의 인정 반응과 상담 성과 간의 관계를 다룬 76편 연구의 결과를 요약하였다. 이 연구에서 나온 154개의 연구 결과 중 56%는 예상된 정적 관계를 보였는데, 내담자의 평정이 사용되면 65%로 증가하였다.

Bohart, Elliott, Greenberg와 Watson(2002)은 1961년부터 2000년까지의 연구를 조사하여 공감과 상담 성과를 다룬 연구에 대한 광범위한 메타 분석을 실시하였다. 여기에는 3,026명의 내담자가 참여하였고, 공감과 상담 성과 간의 관계를 다룬 190개 연구의 결과가 도출되었다. 효과 크기의 중앙값은 0.32로서 이는 유의미한 상관이 있음을 나타낸다. 마지막에 살펴본 이 두 연구에서 고려할 점은 핵심 조건 중 하나만 다룬 연구는 Rogers의 내담자 중심 치료 모델을 검증한 것이 아니라는 것이다. 6개의 필요충분조건이 모두 연구 설계에 포함되어야 한다(Watson, 1984). 그렇긴 해도 상담 성과와 공감, 그리고 상담 성과와 긍정적 존중 간에 정적 상관이 나온 것은 이 모델에 대한 부분적인 지지를 나타낸다.

과정 경험 연구자들이 한 최근의 연구들은 내담자 중심 치료를 평가하는 것의 어려움을 보여 준다. 우울증에 대한 Greenberg와 Watson(1988)의 경험적 치료 연구는 과정 경험적 개입(핵심 조건의 맥락에서)을 내담자 중심 관계조건과 비교하였다. 기본적으로 이 연구는 우울증에 대해 과정 경험적 개입이 관계조건과 같은 수준의 효과를 낸다는 것을 보여 주었다. 비록 과정 지향성이 장기간의 추수 연구에서는 약간의 지지를 받았지만 치료 종료 시점이나 6개월 후의 추수 연구에서는 차이를 보이지 않았다(Greenberg & Watson, 1998). 그러나 여기에서도 '내담자 중심'의 실험조건이 매뉴얼을 따라 만들어졌기 때문에 비교조건은 내담자 중심 치료를 대표하는 것이 아니다. Bohart는 이 특별한 연구에 대해 다음과 같이 논평하였다.

> 어떤 면에서 내담자 중심 치료가 매뉴얼화되었다는 것이 사실이다(Greenberg & Watson, 1998). 나는 개인적으로 이 매뉴얼을 본 적이 있다. 그것은 매우 잘 만들어졌지만 그들이 만든 것은 다른 지적인 세계로 인도하는 내담자 중심 치료의 뛰어난 모조품이다. 내가 이해한 바로는 그것은 내담자 중심 치료를 충분히 보여 주지 못한다. 다시 말하지만 매뉴얼을 따라간다는 생각은 내담자 중심 치료의 기본적 특성과 어긋난다. 내담자 중심 치료를 매뉴얼화한다는 것은 마치 신데렐라의 언니가 자기 발을 잘라 유리구두에 맞추는 것과 같다. 그렇게 해서 맞출 수야 있겠지만 연구하는 현상에 맞는 과학적인 유리구두를 찾는 것이 맞지 않는 것에 맞추려고 난도질하는 것보다 낫지 않을까? (Bohart, 2002, p. 266)

내담자 중심 치료를 치료 패키지로서가 아니라 독특한 관계로 연구할 때의 문제점을 말한다고 해서 이 접근에 대한 적절한 연구 방법을 찾는 것의 중요성을 부인하는 것은 아니다(Mearns & McLeod, 1984). 이 모델을 더 적절하게 연구할 수 있는 방법이 인본주의적 연구자들에게서 제시되고 있는데, 여기에는 Elliott의 단일 사례 해석학적 설계, Bohart의 관결 모델, Lennie의 치료 시간 중 내담자 경험 연구, 그리고 지난 20여 년간 등장한 많은 질적 연구들이 해당된다.

최근에 Elliott과 Freire(2010, 2008), Elliott(2002)은 인본주의 치료 접근(내담자 중심 치료, 과정 경험 치료, 집중 지향 치료, 정서 집중 치료 등)에 대한 광범위한 메타 분석을 실시하여 약 180개의 성과 연구를 평가하였다. 이들의 분석은 191개 연구의 14,000명의 사람들 중에서 203명의 내담자 표본을 살펴보았다. 이들의 연구 결과는 다음과 같다.

1. 사람 중심 경험적 치료는 큰 사전-사후 변화를 보였다. 평균 효과 크기는 1.01 표준편차였다(매우 큰 효과임).
2. 사람 중심 치료의 치료 후 성과는 안정적이다. 이 성과는 단기(12개월 전)와 장기(12개월 후) 추수 연구에서 지속적으로 나타났다.
3. 무처치 통제집단 무작위 임상 실험 연구에서 사람 중심 경험적 치료를 받은 내담자는 무처치 내담자에 비해 일반적으로 크게 더 변화하였다(통제된 효과 크기는 0.78 표준편차임).
4. 비교 치료 통제집단 무작위 임상 실험 연구에서 인본주의 치료를 받은 내담자는 인지행동치료를 비롯한 비인본주의 치료를 받은 내담자와 같은 수준의 변화를 보였다(Elliott, 2002, pp. 71-72; Elliott & Freire, 2008).

Elliott과 Freire는 자신들의 메타 분석 연구는 인지행동적 접근과 비교해서도 내담자 중심 경험적 치료를 강력하게 지지한다고 결론지었다. 인지행동치료가 사람 중심 치료보다 높은 성과를 보인 연구도 연구자 충성(실험자 편향)을 통제하면 그 차이가 사라진다.

✻ 자기 결정적인 내담자에 대한 증거

Ryan, Deci와 동료들의 연구는 사람을 자율성, 능력, 관계성을 향해 선천적으로 동기화된 존재—Bohart와 Tallman(1999)이 기술한 적극적 내담자—로 보는 관점을 지지한다. 주관적 안녕, 회복 탄력성과 경직성, 자기 결정과 심리적 안녕을 다룬 문헌들은 적극적이고 생산적이며 의미를 만들어 가는 사람을 지지한다. 이는 Rogers가 자신의 치료에서 관찰한 것이며, Rogers는 이를 바탕으로 실현 경향성을 인간 삶의 유일한 동기로 제시하였다.

✻ 경험적으로 지지되는 치료

1995년에 미국심리학회 산하 임상심리학회(12분과)의 심리학적 과정의 향상과 보급 과제 특별 팀(Task Force on Promotion and Dissemination of Psychological Procedure, 현재는 미국심리학회 12분과 과학과 실천 위원회)은 '경험적으로 타당한'이라는 표현을 보장할 수 있는 '치료'를 정의 내리는 과제를 부여받았다. 이는 의학계에서 '최고의 의술'을 정의하는 시도를 따른 것이다. 거식증, 강박장애, 우울, 범불안장애 등과 같은 특정 장애에 대해 최고의 의술을 찾으려는 시도에 담긴 생각은 명확하다. 이런 문제를 지닌 사람을 돕는 데에 특정 치료가 다른 치료에 비해 더 효과적인가? 그러나 이 질문과 그 의미를 깊이 탐색해 보면 여러 문제점이 드러나며, 이것을 설명하다 보면 연구에 내포된 현상학적 가정이 더 명확해진다.

경험적으로 지지되는 치료(empirically supported treatment: EST) 운동은 제약 회사에서 신약의 효과를 검증할 때 사용하는 '황금 기준' 연구 설계를 사용할 것을 요구한다. 이 연구 설계는 이중 가림막 절차를 통해 연구 대상자의 무작위 표집 및 실험집단과 통제집단으로의 무작위 배정을 하도록 해서 의사나 환자가 모두 누가 진짜 약을 받았는지를 모르게 한다. 심리치료 효과 검증에서는 이중 가림막 절차가 불가능하다(치료자는 어떤 치료가 '사용'되는지 알고 있다). 그러므로 한 치료적 접근에 충실한 치료자를 다른 치료적 접근에 그만큼 충실한 치료자와 비교하지 않으면 연구자 오염 변인이 즉각적으로 영향을 미치게 된다.

또 다른 문제는 무엇을 어떻게 통제할 것인가이다. Wampold(2001)는 모든 통제집단은 진심 어린 심리학적 치료를 해야 한다고 주장하였다. 단순한 대기자나 집단적 사례 관리 상태여서는 안 된다. 무작위 배정으로 인한 손실은 무작위 임상 실험(randomized clinical trials: RCTs)에 공통적으로 나타나는 문제이다. Elliott(1988)은 연구 대상자의 수가 너무 적어 연구자 오염 변인과 여타의 타당성 위협 요소들을 해결할 수 없는 검증력이 약한 연구들에 대한 문제를 제기하였다.

Wampold(2006)가 경고하였듯이 어떤 '치료'가 경험적으로 지지되는 치료라고 인정받기 위한 기준을 충족시키지 못하였다고 해서 그 기준을 사용하여 연구된 치료만큼 효과적이지 않은 것은 아니다. Wampold(2001)는 다음과 같이 주장하였다.

> 간단하게 말해 EST 운동의 개념적 기초는 의학적 심리치료 모델에 있기 때문에 행동치료나 인지치료와 같이 의학적 모델에 잘 부합하는 치료를 선호한다. (…) 이런 의학적 모델 편향으로 인해 인본주의적 치료나 역동적 치료는 그 효과성에도 불구하고 명백하게 불이익을 받는다. (…) 더 큰 맥락에서 보면 (…) EST에 우선권을 주는 것은 연구된 모든 치료가 치료적이기로 의도되었기만 하면 동일하게 효과적이라는 과학적 결과를 무시하는 것이다. (…) EST 운동은 다른 모델이 명백하게 해롭지 않고 의학적 모델은 다른 모델과 비슷하게 효과적인데도 불구하고 의학적 모델만을 합법화해서 심리치료의 학문과 실제에 엄청난 파괴적 영향을 끼치고 있다(pp. 215-216).

내담자 중심 치료 연구의 관점에서 본다면 핵심 조건 중 하나만 다룬 많은 연구의 문제는 Rogers가 제안한 내담자 중심 모델은 아직 검증되지 않았다는 것이다. Rogers는 치료자가 제공하는 조건과 태도는 단일 게슈탈트로서 전체적으로 기능하며, 내담자는 내담자에 대한 치료자의 관계를 지속적으로 지각하고 추론하면서 이 조건의 존재 수준을 인식한다고 주장하였다. 공감에 대한 많은 연구는, 특히 다른 치료적 접근에서 수행한 연구는, 우리가 보기에는 전혀 다른 조건을 연구하였다. 내담자에 대한 목표를 세우지 않고, 일정 수준의 긍정적 존중을 경험하며, 내담자의 참조체제로 내담자의 의사소통을 공감적으로 이해하려고 노력하는 진솔하고 비지시적인 내담자 중심 치료자는 유대감, 과업, 목표를 세우기 위해 '치료적 동맹'을 정교하게 형성해 가는 치료자와는 다른 모습을 보인다. Rogers식의 치료는 통제집단에서 '비지시적 치료'를 실시하면서 치료자들이 공감적 반응을 하는 연구와는 전혀 다르다. 이 연구들은 내담자 중심 치료에 대해서 (긍정적이든 부정적이든) 아무것도 타당한 것을 보여 주지 못한다. 이런 방법론적인 결함과 개념 정의상의 차이에도 불구하고 정신역동 관점의 연구는 긍정적 존중과 상담 성과 간에 관계가 있음을 지지한다(Farber & Lane, 2002, p. 191).

진솔성에 대한 연구 결과는 다소 모호하지만 공감적 이해와 긍정적 존중에 대해서는 강한 지지가 존재한다. 진솔성 연구의 문제들 중 일부는 진솔성에 대한 개념 정의의 혼란에서 비롯된다. 인간 중심 연구자를 비롯한 많은 연구자들은 진솔성을 자기개방을 통해 투명성을 확보하는 것으로 행동적인 정의를 내린다. 사실 비록 Rogers가 상담 관계에서 내담자 중심 치료자가 치료 관계에서 진실하고 인간적이 될 자유를 지니고 있음을 옹호하였지만 무엇이든 생각나는 대로 말하라고 한 것은 아니다. 치료자가 '지속적인 느낌'을 가지고 있을 때에만 내담자에게 그 주제를 말할 것인지를 고려해야 한다. 다른 핵심적인 조건을 유지할 필요가 있기 때문에 언제 그리고 어떻게 치료자가 자신의 참조체제를 치료에 들여올 것인가를 조절해야 한다.

연구에서 진솔성은 내적인 통합 상태로 정의되어야 한다. 이는 무조건적 긍정적 존중과 공감의 태도와 함께 상담 회기 내내 자연스럽게 오르락 내리락 한다. 치료적 태도는 치료자가 내담자의 이야기를 경청할 때 하나의 게슈탈트로 결합한다. 치료자의 진솔성은 우선 치료자에 의해 평가되어야 한다. 내담자는 치료자를 성실하고 진실하며 투명하다고 인식하는지를 평가할 수는 있지만 그것은 진솔성 그 자체가 아니라 치료자의 언어적 · 비언어적 행동에 기초하여 추론한 것일 뿐이다. Watson(1984)은 Rogers의 1957년의 가설(그는 모든 치료에 적용하려 하였다)은 지금까지 적합하게 있는 그대로 검증된 적이 없다고 주장하였다. 소수의 예외가 있지만 이는 Watson이 1984년에 내담자 중심 치료에 관해 이용할 수 있었던 자료를 면밀하게 검토한 이후 30년이 지난 지금도 여전히 사실이다.

인간을 객체로, 즉 독립변인의 작용에 따라 움직이는 최종 결과물로 연구하는 전략의 대안으로 인본주의 연구 패러다임이 있다. 여기서는 내담자가 치료 과정에 대한 공동 연구자로 참여한다. 이 접근에 대한 지침은 미국심리학회 산하 인본주의 심리학 분과의 인본주의 심리학 서비스의 보급을 위한 실천방안 개발 과제 특별 팀(Task Force for the Development of Practice Recommendations for the Provision of Humanistic Psychological Services)에서 만든 문서에 수록되어 있다(2005).

EST 논쟁과 관련된 주제를 (인본주의 입장에서) 더 종합적으로 개관하려면 다음 문헌을 참고하라. Bohart(2002); Elliott, Greenberg, & Lietaer(2004); Kirschenbaum and Jourdan(2005); Norcross, Beutler, and Levant(2006); Wampold(2001, 2006); Western, Novotny, & Thompson-Brenner(2004). Norcross, Beutler와 Levant가 편집한 *Evidence-based Practices in Mental Health: Debate and Dialogue on the Fundamental Questions*(2006)은 EST 운동에 대해 논쟁하고 RCT 연구 모델에 대해 도전하며 그 지속되는 의미에 대해 논쟁하는 연구들을 광범위하게 모아 놓았다.

다문화 세계에서의 심리치료

'특정화 가설'에 반대하는 Rogers의 입장을 따르는 사람들은 각 인종, 문화 또는 민족 집단, 성 정체성, 성적 지향, 사회 계층에 대해 문화별로 특정한 접근을 해야 한다는 입장에 대해 내담자 중심 치료자들이 회의적 반응을 보이는 것이 놀랍지 않을 것이다. 수련받고 있는 치료자를 문화적 차이에 민감할 수 있도록 훈련하려는 시도는 서로 다른 집단에 대해 단순히 전형적인 생각과 태도만을 갖게 하기도 한다. 우리는 집단 내 차이가 집단 간 차이보다 크다고 주장한다. 집단이 자신을 정의하는 내용은 계속 만들어 가는 중이며, 이와 유사하게 집단 구성원은 대부분 여러 집단에 속해 있어서 정체성의 변화가 날로 더 심해지는 상황에 있다(Patterson, 1996).

내담자 중심 접근에서는 내담자가 스스로를 어떻게 다르게 경험하는지를 주장하는 경우가 아니라면 '차이'를 전제하지 않는다. 동시에 이 접근에서 일하는 우리는 사람들이 저마다 개인적 역사, 민족, 종교의 유무, 인종적 정체성 등으로 인해 완전히 독특하다는 점을 이해한다. 항상 그렇듯이 우리가 해야 할 일은 내담자가 자신에 대해, 그리고 그가 인식하고 건설하는 세계에 대해 이야기하는 의미를 공감적으로 이해하는 것이다.

그렇다면 내담자 중심 치료는 '모든 사람에게 하나의 상품(one size fits all)'을 권하는 접근인가? 이에 대한 대답은 다소 복잡하다. 인간의 독특함은 누구에게나 해당된다는 점에서는 '그렇다'이다. 그러나 '우리는 모두 인간이다!'라는 식으로 요즘 유행하는 모든 차이를 부정하는 주장에 대해서는 '아니다'이다. 이 친절해 보이는 주장은 주인으로서의 지배적인 지위를 가지고 있지만 그 지위가 '숨겨진' 치료자에 의해 치료로 유입되는 많은 숨겨진 편견들을 감추어 주고 있다. 다문화 치료 움직임은 이런 종류의 생각과 행동의 현상을 민감하게 알아차리고 도전하는 데 기여해 왔다. 내담자 중심 치료자는 다른 접근의 치료자와 마찬가지로 편견에 빠지기 쉽다. 자신의 편견에 도전을 받은 치료자와 여전히 그것을 부인하는 치료자 간에는 공감적 이해 과정에 질적인 차이가 있을 것이다. 이 주장은 앞으로 더 연구가 되어야겠지만 공감의 질과 깊이는 지배성의 다양한 사회적 위계상에서 치료자 자신의 위치가 어디인가에 대한 이해가 깊어지는 것에 영향을 받을 것이다.

우리는 기본적으로 누가 내담자로 오든 관계없이 충실하게 핵심 조건들을 따르는 상담을 한다. 또한 초기의 치료적 관계를 형성하는 능력은 모든 종류의 차이에 대한 치료자의 개방성과 이해, 존중에 달려 있다.

사례

축어록을 설명하면서 이 접근의 원리를 보여 주는 것이 사람 중심 접근의 특징이 되어 왔다. 이는 치료자와 내담자 간의 상호작용을 자세히 묘사해 줄 뿐만 아니라 독자로 하여금 그에 대한 해석에 동의하거나 동의하지 않을 기회를 제공한다. 다음의 면담은 1986년 7월에 헝가리의 세게드(Szeged)에서 열린 다문화 워크숍에서 이루어졌다. Rogers의 이전 동료이자 학생인 John Shlien이 내담자 중심 치료를 배우는 집단을 구성하였고, 당시 30년 이상 내담자 중심 치료를 해 온 Barbara Temaner Brodley 박사가 자원하여 시범 면담을 해 주었다. 최근 미국에서 석사학위를 취득한 젊은 유럽 여성이 자원해서 내담자 역할을 하였다. 청중으로는 영어를 말할 줄 아는 서너 명과 8~10명의 헝가리 사람이 있었다. 헝가리 사람들은 면담을 방해하지 않으면서 동시통역을 듣기 위해 한쪽 구석에 모여 있었다. 면담은 내담자의 요청에 따라 20여 분간 하기로 계획되었다.

시범 면담[3]

Barbara: 시작하기 전에 좀 긴장을 풀었으면 해요. (내담자에게) 지금 괜찮은가요? 나는 청중 여러분에게 내가 내담자를 공감적으로 이해하려 하며 순전한 공감적 따라가기를 하려고 한다는 점을 알려 주고 싶어요. 내담자가 자신의 관심사와 자신에 대해 내게 말하고 표현한 것에 대해 내가 공감적으로 이해한 내용을, 필요하다고 생각되면 표현할 것입니다. (내담자를 향해서) 그리고 당신이 어떤 질문을 해도 그것에 대답하려 할 것이란 점을 알려 주고 싶어요. (내담자: 좋아요.) 당신이 질문을 가지고 있다면 말이지요.

내담자 1: 당신은 나의 첫 번째 여자 상담자예요. 그것을 아셨나요?

상담자 1: 난 몰랐어요.

[3] Fairhurst(1999)으로부터 허락받고 게재함.

내담자 2: 저에게는 그것이 중요해요…. 음… 그것이 내가 말하려고 하는 관계거든요. 이번 여름을 유럽에서 보내기로 한 이후로 계속 내 마음에 있는 것이었어요. (상담자: 음.) 음… 나는 지난 2년간 미국에서 공부를 하였고 (침묵) 1984년에 ***를 떠날 때에는 지금의 내가 아니었어요.

상담자 2: 당신에게 어떤 일이 일어났군요.

내담자 3: 내게 여러 일이 일어났지요! (웃음) 그리고 이번 여름에 우선 부모님을 다시 만나기 위해 유럽으로 돌아왔어요. 내가 2년 전에 ***를 떠날 때에는 공황상태에서 떠났어요. 다시는 돌아오지 않겠다고 결심하면서. 그들을 다시는 보지 않을 거라고 결심하면서. 그리고….

상담자 3: 어디론가 도망치면서.

내담자 4: 그래요, 그래, 그래. 무엇으로부터인가 도망치면서… 내가 여기까지 올 거라고 생각 못 하였어요. 다시 돌아와서 그들을 다시 보리라고는.

상담자 4: 음. 그때는 확신하였군요.

내담자 5: 나는 화가 났었어요. (상담자: 음.) 난 너무 화가 났어요. 내가 ***로 돌아가기 전에 이렇게 모든 것을 이야기할 수 있어서 좋아요. 이 워크숍과 이후 여행을 말하는 거예요. 그리고 8월 정도에 ***로 돌아갈 거예요. (상담자: 음.) 그러나 기끔, 나는, 아, 그들을 다시 만나려고 한다는 사실에 놀라곤 해요. 어떻게 그렇게 할 수 있지? 어떻게 그럴 수 있을까? 하는 생각이 들어요.

상담자 5: 차츰차츰 그 일을 하고 있군요. 언젠가는 거기에 도달할 거예요.(내담자: 음, 음.) 그때에는 어떨 것 같아요? (내담자: 음, 음.) 혹시? 당신은… 음… 무서울 것 같나요? (내담자: 예.) 또는 (내담자: 예.) 어떨 것 같아요?

내담자 6: 그래요, 아마도…. 어느 날인가 엄마에 대해 생각해 보았는데… 알게 되었어요. 미국에 있을 때였는데, 내가 엄마와 매우 경쟁적인 관계로 지냈다는 것을 알게 되었어요. 그리고… 재밌는 일은, 3일 전 부다페스트 거리에서 어떤 여자를 만났는데 그녀를 보니 엄마가 떠오르더라고요. 근데 지금의 엄마가 아니라 20년 전의 엄마를요. 왜 그런지는 모르겠어요. 나는 그 사실에 엄청나게 놀랐는데 엄마가 이제는 나이 들고 약해졌다는 것 때문이에요. 엄마는 그 여자처럼 강하고 지배적인 사람이 아니에요. ***에서 엄마는 그런 모습이었고 나는 그런 엄마를 너무나도 무서워하였어요.

상담자 6: 음, 음. 이제는 늙고 약하고 쪼그라든….

내담자 7: 쪼그라든. 그래요. 정확한 말이에요. (상담자: 음, 음.) 바로 그거예요. (울기 시작함)

상담자 7: 그것이 당신에게 이런 생각을 하게 하였군요. 그녀는 (내담자: 예.) 매우 약하고 쪼그라진 상태라는 생각.

내담자 8: 그리고 그 여자의 눈을 보니 내가 ***에 있을 때는 알지 못하였던 엄마를 (말을 엄추고 울면서) 알게 되었어요. 그것은 두려움이었어요. (상담자: 음, 음.) 나는 그 여자의 눈에서 두려움을 보았어요. (상담자: 두려움.) 예, 나는 그것을 몰랐지요.

상담자 8: 그러면, 20년 전의 엄마를 닮은 여자를 보았을 때, 당신이 예전에 알지 못하였던 어떤 것을 그 여자의 눈에서 보았는데, 사실은 당신의 엄마의 눈에 있던 것이라는 거지요. (내담자: 예.) 그리고 그것은 두려움의 성격을 띤 것이고. 그리고 그것이 당신에게 아주 큰 충격을 주었고요.

내담자 9: 예. 그 여자가 나의 도움을 필요로 하는 것 같았어요. (울음) (침묵) 내가 지금 이렇게 우는 것이 좋아요. (상담자: 음, 음.) 내가 울고 있는 것이 좋게 느껴져요. (상담자: 음, 음.)

상담자 9: (침묵) 엄마가 장래에 어떻게 될지 생각한 것이군요. 엄마가 당신을 필요로 할 거라는 생각.

내담자 10: 바로 그거예요. 장래의 일. 지금의 일이 아니에요. (침묵) 바로 여기에서 느껴져요. (손을 배에 가져다 댐)

상담자 10: 그 느낌은 나중에 엄마가 두려움을 가질 것이고, 당신을 아주 많이 필요로 할 거라는 것이죠. (내담자: 예.)

내담자 11: 맞아요. (침묵) 그리고 나는 ***로 돌아가는데 내가 준비가 되어 있는지, 엄마를 돌볼 준비가 되어 있는지 모르겠어요. 엄마가 표현하는 필요를 맞닥뜨릴 준비가 되어 있는지 모르겠어요. (울음 계속)

상담자 11: 음, 음. 음, 음. (침묵) 당신이 그곳에 갔을 때 엄마에게서 그것이 더 확실히 보일까 봐 두려워하는군요. 또는 이 여자를 보고 나서 전보다 그것을 더 보게 될까 두렵거나. 그리고 그것이 당신에게 부담이 될 것이고, 당신은 그것을 감당할 준비가 되어 있지 않아 두려워하는군요.

내담자 12: 맞아요. 그래요. 그건 내게 너무 힘들 거예요. 아니, 지금 여기 헝가리에서 나는 그것이 너무 힘든 일이라고 생각하고 있어요! (울음 계속)

상담자 12: 음, 음. 최소한 지금으로서는 그때에 어떤 느낌이 들지 확실하지 않지만 그 일이 일어나면, 그것을 보게 되면 무엇인가 어려울 것이라고…. (내담자: 그것을 받아들이기가.) 그것을 받아들이기가.

내담자 13: 예, 그래요. 그것은 재미있었어요. 나는 그녀를 바라보았지요. 나는 그녀를 주목해서 보았고 그녀도 나를 주목해서 보았어요. 그녀는 헝가리 사람이지요. 그녀는 내가 왜 자기를 바라보는지 몰랐고, 나도 왜 내가 그러는지 몰랐어요. 그런데 그것은 마치 내가 그녀의 모든 것을 받아들이고, 그녀를 내 것으로 만들고, 나를 준비하고 싶어 하는 것 같아요. 그리고 내가 느꼈던 모든 분노가 사라졌다는 것을 갑자기 깨달았어요. 남은 것이 없어요. 다 사라졌어요. (울음)

상담자 13: 음, 음. 당신 말은 당신과 이 나이 든 여자가 서로를 바라보고 그것이 당신에게는 엄마에 관한 의미로 다가올 때, 당신은 그 순간에 그녀를 받아들이고 그녀에게 무엇인가 주고 싶었던 거라는 말이지요. 당신이 그녀를 받아들인다는 것을 그녀가 알게 하고 싶은 것이지요.

내담자 14: 예. (유보적인 태도로)

상담자 14: 중요한 점은 당신이 더 이상 엄마를 무서워하지 않는다는 것을 알게 된 것이지요. 당신은 그녀의 지배성을 무서워하지 않지요.

내담자 15: 예, 예.

상담자 15: 그리고 그것은 굉장한 (내담자: 발견.) 발견이고, 굉장한 현상이지요. (내담자: 그래요.) 두려움과 억압이 정말 갑자기 사라진 거예요.

내담자 16: 그리고 다른 감정이 또 있었어요. 그녀에게 미안해요.

상담자 16: 당신의 엄마.

내담자 17: 예. (침묵) 그런데 난 전혀 그녀에게 미안하고 싶지 않아요. (울음) 전에는 자주 그랬어요. 오랫동안 나는 누군가를 사랑하면 동시에 미안한 느낌을 가지곤 하였어요. 나는 그 두 가지를 분리할 수 없었어요. (침묵) 지금 무슨 말을 하려고 하는지 모르겠네요…. 내가 그녀를 사랑하였다는 것인지, 내가 그녀에게 미안한 느낌이 든다는 것인지, 아니면 둘 다를 말하려는 것인지 모르겠어요.

상담자 17: 강하지만 당신이 느끼고 싶지 않았던 미안한 느낌 같은 것이지요. 그리고 그 불쌍한 마음의 한 부분으로 사랑의 느낌이 있었는지 모르겠다는 것이고요.

내담자 18: 예.

상담자 18: 두 감정이 섞여 있어 혼란스럽군요. (내담자: 예.) 또한 연민을 느끼면서도 (내담자: 어, 어.) 그것에서 멀어지려고 하고…. (내담자: 으음, 으음.)

내담자 19: 그런데 정말 그 여자가 엄마를 닮았는지, 또는 내가 그녀를 엄마와 닮은 사람으로 보고 싶어 하였는지 모르겠어요. 아마도 나는 준비가… (침묵) 그렇게 할 준비가 된 것 같아요. 나는 엄마를 한 사람으로 볼 준비가 되었어요. 그리고 내가 내 삶을 지금까지 어떻게 보아 왔는지 모르기 때문에 한마디로 말하기 어렵네요. 그러나 나는 그녀를 거리에 있는 여자, 그냥 한 여자로만 본 것이 아니라 다른 여자로, (감정이 올라와 떨리는 목소리로) 약하고 불안하며 불쌍한 그리고 (부드럽게) 상처받은 다른 여자로 본 거예요.

상담자 19: 그리고 당신은 자신이 변화해서 그렇게 본 것인지, 즉 엄마 안에 있는 것을 다 볼 수 있을 정도로 마음이 열려 있는 것인지, 그런 변화의 관점에서 그 여인을 경험한 것인지 잘 모르겠다는 것이지요. 아니면 당신이 그녀를 보았을 때 정말 엄마를 많이 닮았던 것인지 아니면 정말 어떻게 생긴 사람이었는지를 모르겠다는 것인가요? (내담자: 예.) 어떤 것을 모르겠다는 거지요?

내담자 20: 예.

상담자 20: 그러면 내가 보기에 정말 중요한 것은 당신이 이 여인을 통해 당신 마음에서 엄마를 아주 새로운 방법으로 보게 된 것인데, 바로 한 인간으로서, 약하고 두려워하고 불쌍한 사람으로 말이에요.

내담자 21: 으음, 으음, 그게 더 인간적으로 느껴져요….

상담자 21: 더 인간적으로 느껴진다. (내담자: 으음.) 그녀를 인간으로 보니까, (내담자: 또한.) 당신 자신이 더 인간적으로 느껴진다.

내담자 22: 예.

상담자 22: 으음, 그녀가 당신을 대하였던 방식의 위력 때문에, 폭군 또는 다른 어떤….

내담자 23: 좀 그랬지요. 어떤 것은 이제 기억나지 않아요.

상담자 23: 그러나 당신에게는 전체 인간으로 다가오지 않았고, 나약한 사람도 아니었지요.

내담자 24: 으음. (침묵) 제가 상담 시작할 때 선생님이 저의 첫 여자 상담자라고 말하였지요. (상담자: 으음.) 나는 여자 상담자를 지옥 보듯이 피하였어요. (상담자: 으음.) 나는 지금까지 남자 상담자만 만났는데 이제 그 이유를 알겠어요. 그 이유를 말로 표현하기는 어렵지만 왜인지 알겠어요.

상담자 24: 그녀에 대한 느낌 때문에 여자 상담자를 피해 남자 상담자를 만났다는 건가요?

내담자 25: 예. (침묵) 그리고 다른 것도 많아요. 그러나 지금은, 음, 모든 사람이 다른 사람으로 보여요. 그게 또한 나를 한 사람으로 느끼게 해 주어요.

상담자 25: 으음. 모든 사람을 (내담자: 모든 사람.) 더 원만하게… 음…. (내담자: 예.) 상담자를 포함해서.

내담자 26: 상담자는 거대한, 내게는 오랫동안 거대한 존재였어요. 아주 거대한 권위적 모습 뭐 그런 거지요. (상담자: 으음.) 그래서 여자 상담자를 무서워하였나 봐요. 여자 상담자는 내게 너무 위협적이었어요. (상담자: 으음.) 4년 전에, 3년 전에. 그러나 지금은 모든 사람이 인간으로 느껴져요.

상담자 26: 모든 사람이 인간이다. 당신이 미국으로 가기 위해 집을 떠난 후에 (내담자: 예.) 생긴 여러 변화 중의 하나군요. 대단해요. (내담자: 그것은….) 사람들이 당신에게 여러 종류의 모습이 아니라 인간으로 여겨진다는 것이요.

내담자 27: 정말 그래요. 정말 맞아요. 그것은 내가 ***를 떠난 후에 생겼어요.

상담자 27: 으음.

내담자 28: 그리고 내 느낌에는…. (청중을 바라보며)

상담자 28: 이제 시간이 다 된 것 같아요?

내담자 29: (고개를 끄덕이며) 감사합니다.

상담자 29: 천만에요. 감사합니다. (내담자는 상담자에게 기대고 서로 따뜻하게 웃으면서 포옹한다)

내담자 30: 정말 감사합니다. (계속 포옹하고 있다)

Brodley는 이 면담에 대해 다음과 같이 논평하였다.

> 내담자 중심 치료 면담을 평가할 때 나는 이해의 오류와 태도의 오류를 구분한다. 태도의 오류는 치료자가 진솔성, 무조건적 긍정적 존중, 공감적 이해 또는 비지시적 태도를 유지하는 것과는 다른 의도를 가질 때 발생한다. 예를 들면 치료자가 정신이 분산되어 내담자에게 공감적으로 이해하려는 노력을 하지 못하는 경우이다. 또는 치료자가 정서적으로 혼란스럽고 불안정할 때이다. 또는 치료자가 무조건적 수용을 하지

못하는 것을 의사소통의 억양이나 내용에서 드러낼 경우이다. 이해의 오류는 치료자가 수용적으로, 공감적으로 이해하려고 노력하지만 내담자가 도달하거나 표현하려고 애쓰는 것을 놓치거나 오해할 때 생긴다. 이 짧은 면담이 이루어질 당시 나는 50대 후반이었고, 자원한 내담자는 20대 중반이었다. 내담자 엄마의 나이와 비슷한 내 나이가 면담 내용에 얼마나 큰 영향을 미쳤는지를 잘 알아야 한다. 우리는 서로에게 매력을 느끼며 좋은 화학작용을 일으켰다. 내담자와 나는 면담 전후에 잠깐 만났는데 그녀는 나에게 긍정적 반응을 경험하여(나도 그녀에게 경험하였다) 내가 정말 치료자라는 생각이 들어 내담자로 자원한 것이다. 나는 그녀가 이야기를 풀어놓을 때 그녀에게 정서적으로 마음을 열었고 강한 감정을 느꼈다. 한 헝가리인 관찰자는 면담 후에 나에게 이렇게 말하였다. "이제 내담자 중심 치료를 알겠어요." 내가 상담하는 도중 눈물을 보인 것을 보았던 것이다(Brodley, 1999b; Fairhurst, 1999, pp. 85-92에서 인용).

논평

이 면담은 내담자 중심 치료의 몇 가지 원리를 구체적으로 보여 준다. 내담자는 첫말로 "당신은 나의 첫 번째 여자 상담자예요. 그것을 아셨나요?"라고 질문한다. Barbara는 즉각적으로 "난 몰랐어요."라고 대답한다. 내담자는 첫 여자 상담자와 이야기하는 것이 그녀에게 중요하다는 것을 명백하게 드러내고 있다. 다른 상담자들은 이 질문에 대해 즉각적으로 "그것이 왜 중요한가요?"라고 되물을 수 있겠지만, 내담자 중심 상담자는 비지시적 태도를 유지하면서 내담자를 자극하거나 이끌지 않는다. 여기에서 내담자는 그것이 왜 중요한지를 탐색하거나 그렇게 하지 않을 자유를 갖는다. 그녀는 "그것이 내가 말하려고 하는 관계거든요."라면서 Barbara가 여자인 것이 중요한 이유를 말하지만, 면담 후반이 되기까지 그것을 다 설명하지 않는다. 그리고 그때에도 그것을 말로 하기가 어렵다는 새로운 통찰을 갖게 된다. 내담자 24에서 그녀는 "제가 상담 시작할 때 선생님이 저의 첫 여자 상담자라고 말하였지요. 나는 여자 상담자를 지옥 보듯이 피하였어요. 나는 지금까지 남자 상담자만 만났는데 이제 그 이유를 알겠어요. 그 이유를 말로 표현하기는 어렵지만 왜인지 알겠어요."라고 말한다.

비지시적인 태도에 충실한다고 해서 내담자에게 말하고 싶은 것을 억지로, 의식적으로 피해야 하는 것은 아니다. 상담자가 성숙해지면 비지시적 태도는 편안한 경험을 포함한다. 이전에는 상담 중 대화에 대해 책임을 느끼던 상담자가 이제는 무엇을 언제 이야기할 것인지에 대해 내담자를 신뢰한다. 이 면담에서 내담자는 자신에게 중요한 경험—다시는 보지 않으리라고 다짐하였던 부모를 만나기 위해 그녀가 하는 몇 주간에 걸친 여행—을 향한 대화를 확실하게 주도한다. 그녀는 지난 2년 동안 미국에서 석사학위 공부를 하였고 고국과 가족에게 온 적이 없다고 말한다. 그녀는 부모에게 강한 분노를 느끼면서 집을 떠났고, 그래서 단순하게 평화로운 이별이 아니라 스스로 도망쳤던 이 공백 기간이 지난 지금 그들을 만나는 것이 어떨지 모르겠다고 이야기한다.

이 부분에서 상담자는 이야기의 내용에 대한 상담자의 이해와 내담자의 즉시적인 의미를 점검하는 반응을 한 후 몇 번 공감적 언급을 하였다. 상담자가 내담자의 이야기의 초점을 잠정적으로 파악한 후에야 공감적 이해를 경험할 수 있었다. 상담자 5에서 상담자는 "차츰차츰 그 일(집으로 돌아가는 여행)을 하고 있군요. 언젠가는 거기에 도달할 거예요. 그때에는 어떨 것 같아요? 당신은 무서울 것 같나요?"라고 말하였다. 이 반응은 수용되었고, 내담자는 3일 전 부다페스트 거리에서 그녀의 주의를 끌었던 여자를 만났던 일을 이야기하기 시작하였다. 내담자가 왜 이 여자를 엄마와 연결하였는지는 불분명하지만 내담자는 미래의 늙고 약한 엄마를 즉각적으로 생각하게 된 것으로 인해 크게 충격받았다고 이야기한다. "엄마는 그 여자처럼 강하고 지배적인 사람이 아니에요. (고향에서) 엄마는 그런 모습이었고 나는 그런 엄마를 너무나도 무서워하였어요." 상담자가 '늙고 약하고 쪼그라든'이라고 한 반응은 내담자의 즉시적인 경험을 명확하게 파악한 정확한 공감 반응이다. 이것이 감정을 직접 경험하는 것과 감정에 대해 이야기하는 것(내담자가 자기 집과 부모를 떠날 때 얼마나 화가 났었는지를 회상할 때) 사이의 중요한 차이이다. 상담자의 반응 후에 내담자는 "쪼그라든. 그래요. 정확한 말이에요."라고 한다. 여기에서 내담자는 말로 정의할 수는 없지만 깊이 경험되는 정서에 접근하게 된다.

내담자 중심 치료는 이런 방식으로 내담자의 내적 경험을 풀어놓도록 자연스럽게 자극한다. 경험적 접근의 용어로 '느껴진 감각(felt sense)'이 상징화되고 드러나게 되어 경험에 대한 새로운 게슈탈트가 형성된다(Gendlin, 1961). 그러나 과정 지향과 정서 중심 상담자의 목표와는 달리 내담자 중심 상담자는 내담자가 말하는 것을 이해하는 것 외에 초점을 만들거나 '느껴진 감각을 심화시키려고' 노력하지 않는다. 이런 식으로 내담자 중심 치료에서 자주 일어나는 강력한 집중적인 효과는 의도하지 않은 상태에서 뜻밖에 일어난다. 비지시적 상담자의 입장은 도구적(instrumental)이 아니라 표현적(expressive)이다(Brodley, 2000/2011). Barbara가 사용한 '쪼그라든'이라는 단어는 미래의 어머니에 대한 내담자의 지각을 드러냈고, 내담자는 울기 시작한다.

내담자는 나이 든 여자에 대한 지각 경험을 더 탐색하면서 그 여자의 눈에서 두려움을 보았는데, 그 두려움은 전에도 엄마의 눈에 있었다는 것을 알게 되었고, 그때에는 그것을 본 줄도 모르면서 보았다고 말한다. 이는 Rogers가 역하지각(subception)이라고 말한 것이다. Barbara는 이 사건에 대한 그녀의 이해를 점검한다. 이 사건은 3일 전에 일어났고, 그 여자는 낯선 사람이지만 내담자에게는 미래의 엄마를 보여 주는 사람이다. 상담자는 이 여자의 눈 속에 있는 두려움을 내담자가 지각한 것이 "당신에게 아주 큰 충격을 주었"다고 언급한다. 내담자는 깊은 감정을 느끼면서 즉시적으로 대답한다. "예. 그 여자가 나의 도움을 필요로 하는 것 같았어요."라고 말하고 내담자는 계속 운다. 공개석상에서 가능한 즉시적인 경험을 하면서 그녀는 "내가 지금 이렇게 우는 것이 좋아요. 내가 울고 있는 것이 좋게 느껴져요."라고 말한다. 잠시 후 내담자는 자신의 손을 배에 얹으면서 "여기에서 느껴져요."라고 말한다. 이는 상담자에게 내담자가 직접적이고 신체적으로 경험을 지각하고 있다는 것과 내담자가 스스로에게 울도록 허용한 것이 좋게 느껴진다는 것을 알게 해 주는 것이다.

우리가 보기에는 상담자의 치료적 조건형성이 이런 깊은 경험을 표현하도록 촉진하였다. 우리가 확신할 수는 없지만 내담자가 몇 명의 남자 상담자를 만났다는 사실은 Rogers의 두 번째 조건(내담자는 취약하고 불안하다)이 이 내담자에게 적용될 수 있다고 볼 수 있는데, 이는 비록 단회 치료 회기이지만 내담자가 여자 상담자와 처음으로 상담하려고 하면서 모험을 하고 있기 때문이다. 그녀는 이 경험과 관련해서는 취약한 상태이지만 공개 워크숍이라는 부끄러울 수도 있는 상황에서 개인적 성장의 기회를 적극적으로 활용한다.

이 경험을 살펴보는 또 다른 방법은 복합성의 관점에서 보는 것이다. 내담자는 미래의 엄마에 대해 슬픔과 가여움을 느끼고 표현하는 동시에 고통도 표현하면서 행복 또는 충만함을 경험한다. 내담자는 자신에게 의미 있는 것을 다룰 수 있는 권한을 갖게 되어 그 형성된 의미를 나타내고 싶다는 마음을 갖는다. 내담자는 '내용'을 제공하는 동시에 의미를 표현하는 자기 자신을 경험한다. 여기에는 드러나지 않을 수도 있는 의사소통의 자기 반성적인 측면이 있다. 이 사례에서 내담자는 자신의 경험과 표현을 밖으로 드러냈다. 공감적 이해의 목적은 속에 있는 숨겨진 감정을 찾아내는 것이 아니라 표현되는 것에 대한 내담자 내면의 관계와 이야기를 모두 온전히 파악하는 것이다. 그 사람의 의도나 방법은 드러난 내용에 의해 한 번에 이해되어야 한다(Brodley, 2000/2011; Zimring, 2000).

면담의 다음 부분에서 내담자는 자신이 그 헝가리 여자를 바라보고 있으면서 그 여자를 받아들여서 자기 자신을 준비하는 것처럼 느꼈고, 그녀의 부모에 대한 분노가 완전하게 사라진 것을 알게 되었다고 말한다. 그녀는 "내가 느꼈던 모든 분노가 사라졌다는 것을 갑자기 깨달았어요. 남은 것이 없어요. 다 사라졌어요."라고 말한다. 이 경우 그녀는 면담 며칠 전에 있었던 강력한 경험을 이야기한다. 그리고 바로 그녀는 이 생각 중에 엄마에 대해 미안한 느낌을 갖게 된다. 그녀가 반가워하지 않는 이 느낌은 전에는 사랑과 구분되지 않았었다. 내담자 19는 Rogers가 말하는 **움직임의 순간**(moment of movement)으로서, 내담자는 "그런데 정말 그 여자가 엄마를 닮았는지, 또는 내가 그녀를 엄마와 닮은 사람으로 보고 싶어 하였는지 모르겠어요. 아마도 나는 준비가… (침묵) 그렇게 할 준비가 된 것 같아요. 나는 엄마를 한 사람으로 볼 준비가 되었어요. (…) 나는 그녀를 거리에 있는 여자, 그냥 한 여자로만 본 것이 아니라 다른 여자로, 약하고 불안하며 불쌍한 그리고 상처받은 다른 여자로 본 거예요."라고 말한다.

헝가리 여자와의 우연한 만남으로 인해 엄마에 대한 내담자의 생각이 내담자가 저항하고 두려워하였던 권위적인 인물에서 내담자가 만날 준비가 되어 있는 '거리에 있는 여자, 그냥 한 여자'로 바뀌게 되었다. 이 변화로 인해 그녀 자신도 한 사람으로 느껴지게 되었다. 내담자 25에서 그녀는 "모든 사람이 다른 사람으로 보여요. 그게 또한 나를 한 사람으로 느끼게 해 주어요."라고 말한다. 이 면담을 이해하는 한 가지 방법은 내담자가 엄마의 필요를 알아차릴 준비가 안 된 상태에서 "아마도 나는 준비가… (침묵) 그렇게 할 준비가 된 것 같아요."라는 상태로의 움직임이 있다는 것이다. 이런 수용과 공감적 이해의 분위기에서 상담자와 내담자가 상호작용하였기에 내담자는 자신의 힘과 적응 능력을 알아차리기 시작할 수 있었다.

이 상황의 다른 측면은 여자 상담자에 대한 내담자의 두려움인데, 이는 명백하게 엄마에 대한 두려움 및 분노와 관련된다. 과거에는 부정적 감정을 투사하였던 여자 상담자와의 즉시적인 상호작용에서 내담자는 매우 다른 정서와 반응, 따뜻한 수용과 진짜 여자 상담자의 존재를 경험한다. 이것은 개인적 일치를 회복시켜서 내담자는 면담 중에 불안이나 두려움으로 반응하지 않게 된다. 이 통합적인 경험으로 인해 내담자는 과거에 두려워하였던 엄마에서 미래에 내담자를 필요로 하는 약한 인간으로서의 엄마로 생각이 바뀌는 경험을 한다. 그래서 그녀는 더욱더 자율적인 사람이 된다. 그녀는 더 이상 분노에 사로잡혀 있지 않으며, 엄마를 약한 사람으로 만날 준비가 되었거나 또는 거의 준비가 되어 있다. Ryan과 Deci가 언급한 것처럼, 자율성은 독립을 통해서뿐만 아니라 자유 의지를 통해 배울 수 있다(Ryan & Deci, 2000, p. 74). 돌아갈 준비가 되었다는 느낌이 들고 자유의 감각이 커지면서 내담자의 개인적 권위 또는 힘이 커지고, 다른 사람을 '모습'이 아니라 그저 개별적인 사람으로 보는 인간적인 존재로 자신을 인식하게 된다. 내담자는 자신의 내면의 주관적 맥락에 더 접근하게 되었을 뿐만 아니라 내담자 중심의 핵심 조건인 심리적으로 촉진적인 환경 안에서 스스로 더 충실한 사람이 되어 간다.

내담자 중심 치료 과정이 지속되면 내담자는 자기 권위와 개인적 힘이 더 강해지는 느낌을 갖게 된다. 그들은 외부 권위에, 특히 그것이 정당하지 않을 때 저항할 수 있게 되며, 다른 사람과 더 깊게 연결할 수 있게 된다. 자기개념의 이런 변화로 인해 더 효과적인 학습과 문제해결, 그리고 삶에 대한 높은 차원의 개방성을 갖게 된다.

요약

사람 중심 접근의 핵심적인 전제는 개인이 자기이해를 위해, 그리고 자기개념, 행동, 태도를 바꾸기 위해 사용할 수 있는 막대한 자원을 가지고 있다는 것이다. 이 자원은 분명하게 정의할 수 있는 촉진적인 심리적 환경에서 작동되며 활용될 수 있다. 이런 환경은 공감적이고 보살피는 진솔한 심리치료자에 의해 형성된다.

사람 중심 접근에서 하는 공감은 내담자의 경험에 대한 지속적인 이해로 구성된다. 여기에는 이해가 완벽하고 정확한지를 내담자와 확인하는 과정이 계속되어야 한다. 이는 개인적이고, 자연스러우며, 자유스럽게 흘러가는 방식으로 이루어진다. 이는 기계적인 반영이나 되돌려 주기가 아니다. 돌봄은 내담자의 개성에 대한 깊은 존중으로, 그리고 비소유적이고 따뜻하며, 수용적인 돌봄 또는 무조건적 긍정적 존중으로 설명할 수 있다. 진솔성은 치료자가 느끼는 것과 말하는 것 사이의 일치, 그리고 치료자가 전문적으로 거리를 두는 역할로서가 아니라 사람 대 사람 기반으로 관계하려는 태도를 통해 알 수 있다.

사람 중심 접근에 의해 심리치료 연구 분야에서 성격과 행동의 변화는 치료적 환경이 주어지고 이를 적극적이고 활동적인 내담자가 활용할 때에 일어난다는 증거가 받아들여지게 되었다. 성공적인 내담자 중심 치료의 두 가지 일반적인 성과는 자존감 향상과 경험에 대한 개방성 증가이다. 내담자의 지각과 자기 주도 능력에 대한 신뢰로 인해 내담자 중심 치료는 교육, 집단 과정, 조직 개발, 갈등 해결에 적용되는 사람 중심 접근으로 확대되었다.

Carl Rogers가 1940년에 그의 여정을 시작할 때에는 스스로를 전문가로 보는 관점을 강화하는 방식으로 상담하는 사람들이 심리치료를 장악하고 있었다. Rogers는 내담자가 주도하는 과정을 상담자가 촉진하는 새로운 상담 방법을 만들었다. 반세기가 지난 후 사람 중심 접근은 내담자에 대한 무한한 신뢰와 인간의 존엄성에 대한 흔들리지 않는 충실함에서 독보적인 위치를 가지고 있다.

추천 도서와 웹사이트

Barrett-Lennard, G. T. (1988). *Carl Rogers's helping system: Journey and substance*, London: Sage Publications.

이 책은 심리치료와 인간관계에 대한 사람 중심 접근을 종합적이면서 학문적으로 소개한 책이다. 초반부에서는 내담자 중심 치료의 시작과 1920년대와 1930년대의 사회적 · 정치적 · 경제적 환경을 다루고 이후 초기 상담 실제와 이론에 대해 설명하고, 면담 내용과 상담 과정을 자세하게 검토하며, 아동과 가족에 적용하기와 집단, 교육, 갈등 해결, 지역사회 건설, 연구와 훈련에 활용하기 등을 다룬다. 마지막 부분에서는 이 조력 체제에 대한 회고와 전망을 다룬다.

Bozart, J. (1998). *Person-centered therapy: A revolutionary paradigm*. Ross-on-Wye. UK: PCCS Books.

이 접근의 뛰어난 교사이자 이론가인 저자의 개정된 논문과 새로운 논문 20편을 모은 책이다. 이 책은 이론과 철학, 상담의 기초, 상담의 실제, 연구, 함의 등으로 구성되어 있다. 이 책은 Carl Rogers의 이론적 기초를 돌아보고, 이 기초의 혁명적인 특성을 강조하며, 이 치료에 대한 급진적인 접근에 대한 이해를 확장하는 틀을 제시한다.

Raskin, N. J. (2004). *Contributions to client-centered therapy and the person-centered approach*. Ross-on-Wye. UK: PCCS Books.

Raskin의 논문 모음집인 이 책에는 경험적 연구, 사람 중심 접근의 이론적 발달에 대한 이론적 설명, Raskin이 인간으로서 그리고 치료자로서 성장한 과정에 대한 설명 등이 실려 있다. 이 책은 이 접근의 기초를 만든 이론가 중의 한 사람인 저자의 연구물에 대한 광범위하고 예리한 개관을 다루고 있다.

Rogers, C. R. (1951). *Client-centered therapy*. Boston: Houghton Mifflin.

이 책은 치료자의 오리엔테이션, 내담자가 경험하는 치료적 관계, 치료 과정 등을 다룬다. 이 책은 이전에 나온 *Counseing and Psychotherapy*에서 다룬 내용을 확장하고 발전시킨 것이다.

Rogers, C. R. (1961). *On becoming a person*. Boston: Houghton Mifflin.

아마도 가장 잘 알려진 Rogers의 저서인 이 책은 그의 개인적인 스타일과 긍정적 철학을 세계적으로 알리는 데 기여하였다. 이 책은 조력 관계에 대한 자서전적인 서술, 치료를 통해 사람들이 성장하는 방법, 완전히 기능하는 사람, 연구의 기능, 교육이나 가족생활, 의사소통, 창의성 등에 대한 내담자 중심 철학의 함의, 행동과학의 증가하는 힘이 개인에 미치는 영향 등을 다루고 있다.

Rogers, C. R. (1980). *A way of being*. Boston: Houghton Mifflin.

이 책의 표지에는 다음과 같이 씌어 있다. "이 책은 *On Becoming a Person*이 Rogers의 생애 초기를 다룬 것처럼 1970년대에 Rogers의 생활과 사고에 일어났던 변화를 다루고 있다. 이 책은 이전의 책에서 수많은 독자들을 매료시켰던 것처럼 직접적이고 개인적이며 분명하다." 이론에 관한 중요한 장뿐만 아니라 개인적인 내용을 다룬 부분도 많은데, 듣는다는 것과 듣게 하는 것이 Rogers에게 어떤 의미가 있는지를 다룬 부분과 그가 나이 들면서(이 책이 출판될 때 그의 나이는 78세였다) 성장하는 경험을 다룬 부분이 있다. 부록에는 1930년부터 1980년까지 나온 Rogers의 저서들의 연보가 제시되어 있다.

웹사이트

Association for the Person-Centered Approach(ADPCA): www.adpca.org

British Association for the Person-Centered Approach: www.hapca.co.uk

Center for the Studies of the Person: www.centerfortheperson.org

World Association for Person-Centered and Experiential Psychotherapy and Counseling(WAP-CEPC): www.pce-world.org

사례집

Ellis, J., & Zimring. E. (1994). Two Therapists and a client. *Person-Centered Journal*, *1*(2). 77-92.

이 논문은 한 내담자를 두 치료자가 상담한 짧은 면담 축어록을 담고 있다. 면담은 8년의 격차를 두고 이루어졌기 때문에 두 내담자 중심 치료자의 스타일과 효과를 비교할 수도 있고, 그 기간 동안의 내담자 변화도 살펴볼 수 있다.

Knight, T. A. (2007). Showing clients the doors: Active problem solving in person-centered psychotherapy. *Journal of Psychotherapy Integration*, *17*(1). 111-124. [Reprinted in D. Wedding, & Corsini, R. J. (Eds)(2011). *Case Studies in psychotherapy* (6th ed.). Belmont, CA: Cengage.]

이 사례는 치료자가 복잡한 문제를 지닌 내담자의 욕구 표현에 잘 반응하면서 비지시적이고 사람 중심적인 접근을 어떻게 유지할 수 있는지를 잘 보여 준다.

Raskin, N. J. (1996). The case of Loretta: A psychiatric inpatient. In B. A. Farber, D. C. Brink & P. M. Raskin, *The psychotherapy of Carl Rogers: Case and commentary* (pp. 33-56). New York: Guilford.

이는 정신증 환자와의 치료 면담을 보여 주는 소수의 축어록 중의 하나로서, 편집증적 조현병으로 진단된 정신증 입원환자에게 내담자 중심 치료를 적용한 실제 사례를 보여 준다. 이 면담에서 치료자가 제공한 공감, 진솔성, 무조건적 긍정적 존중 등의 치료 환경에 증상이 심각한 환자가 긍정적으로 반응하는 것을 볼 수 있다. 면담이 진행되는 동안 다른 곳에서 다른 환자가 지르는 소리가 들리는 것이 매우 인상적이다.

Rogers, C. R. (1942). The case of Herbert Bryan. In C. R. Rogers, *Counseling and psychotherapy* (pp. 261-437). Boston: Houghton Mifflin.

이 사례는 아마도 새로운 비지시적 접근을 보여 주는 개인 심리치료를 처음으로 완전히 기록하고 설명한 출판물일 것이다. 각 면담 후에 Rogers는 내담자의 감정에 대한 요약과 추가적인 논평을 달았다.

Rogers, C. R. (1961). The case of Mrs. Oak. In C. Rogers, *On becoming a person*. Boston: Houghton Mifflin.

이 고전적인 사례 연구는 Carl Rogers와의 일련의 치료 회기를 통해 이루어진 내담자의 개인적 성장을 보여 준다.

Rogers, C. R. (1967). A silent young man. In C. R. Rogers, G. T. Gendlin, D. V. Kiesler, & C. Truax (Eds.), *The therapeutic relationship and its impact: A study of psychotherapy with schizophrenics* (pp. 401-406). Madison: University of Wisconsin Press.

이 사례 연구는 조현병 환자들에 대한 내담자 중심 치료를 연구하는 내담자 중심 연구 프로젝트에 참여한 매우 위축된 조현병 입원 환자를 Rogers가 1년여 동안 상담한 회기들 중 두 개의 면담을 다루고 있다.

Witty, M. C. (2013). Client-centered therapy with David: A sojourn in loneliness. In D. Wedding & R. J. Corsini (Eds), *Case Studies in psychotherapy* (7th ed.). Belmont, CA: Cengage.

이 사례 연구는 20대 초반에 조현병으로 진단을 받았던 남성의 간략한 개인사를 다루고 있다. 이 연구는 내담자에 대한 현상학적 관점에서의 이론적 개념화뿐만 아니라 치료 회기의 축어록과 치료자의 평가를 담고 있다.

Albert Ellis(1913~2007)

제 5 장 합리적 정서적 행동치료

Albert Ellis and Debbie Joffe Ellis

개관

합리적 정서적 행동치료(REBT)는 임상심리학자인 Albert Ellis가 1950년대에 발전시킨 성격 및 심리치료 이론이다. 이 치료는 매우 부담이 되는 정서적 결과(C)가 중요한 활성화 사건(A)을 뒤따라 일어날 때, 흔히 A가 C를 일으킨 것처럼 보이지만 실제로는 그렇지 않다는 입장을 취한다. 대신에 정서적 결과는 주로 B, 즉 개인의 **신념 체계**에 의해 생겨난다. 극심한 불안과 같은 바람직하지 않은 정서적 결과가 일어날 때, 이것은 흔히 개인이 가지고 있는 비합리적인 신념과 관련이 있으며, 따라서 이러한 신념들을 합리적이고 행동적으로 도전하여 효과적으로 논박할 때(D 지점에서), 혼란스러운 결과가 줄어든다. 초창기부터, REBT는 사고, 감정, 욕망, 행동이 서로 상호작용하는 것으로 보았으며, 인지와 정서를 통합적으로 보았다. 따라서 REBT는 폭넓은 인지적-정서적-행동적인 심리치료 이론이자 실제이다(Ellis, 1962, 1994; Ellis & Harper, 1997; Ellis & Ellis, 2011).

이 접근법은 이전에는 **합리적 정서적 치료**(RET)로 알려졌으나, 이를 **합리적 정서적 행동치료**(REBT)라고 하는 것이 더 정확하다. 초기부터 REBT는 정신과 신체를 모두 중요하게 여겼으며, 사고/감정/욕구(심리학에 따르면 마음의 내용)와 행동(신체의 작용)을 중요하게 여겼다. 이것은 전체적인 접근법이다. 이 접근법은 성격 변화가 양방향에서 일어날 수 있음을 강조해 왔다. 치료자는 사람들과 대화를 통하여 그들의 마음을 변화시켜 이전과는 다르게 행동하도록 하거나, 내담자들의 행동을 변화시켜서 그들의 사고를 바꿀 수 있도록 돕는다는 것이다. REBT에 관한 몇몇의 초기 저서에 실려 있고, 『Albert Ellis 독본(*The Albert Ellis Reader*)』(Ellis & Blau, 1998)에 다시 수록되었으며, 『합리적 정서적 행동치료(*Rational, Emotive Behavior Therapy*)』(Ellis & Ellis, 2011)와 같은 최근 저서에 수록된 바와 같이, REBT 이론에서는 인간이 깊은 자기 파괴적 신념에 대항해서 행동하지 않는다면 그것을 변화시키기가 어렵다고 말하고 있다. 그래서 **합리적 정서적 행동치료**라고 부르는 것이 가장 정확하다.

기본 개념

REBT의 주요 명제는 다음과 같다.

1. **사람들은 합리적(자기 건설적)으로 될 잠재성뿐만 아니라 비합리적(자기 파괴적)으로 될 잠재성도 가지고 태어난다.** 그들은 자기를 보존하고, 자신의 생각에 대해 생각하며, 창의적이 되고, 심미적이 되고, 다른 사람들에게 관심을 가지며, 실수를 통해 배우고, 삶과 성장을 위해 자신의 잠재력을 실현시키는 등의 경향성을 가지고 있다. 또한 그들은 자기를 파괴하고, 짧은 안목의 쾌락주의자가 되고, 사물을 철저히 생각하지 않으려 하고, 매사를 질질 끌며, 똑같은 실수를 되풀이하며, 미신적이며, 편협해지고, 완벽주의적이고 과장되며, 성장을 위해 자신의 잠재력을 실현하기를 피하는 등의 경향성도 아울러 가지고 있다.
2. **사람들의 비합리적인 사고, 자해적 습관, 소망적 사고 및 편협성은 흔히 그들의 문화 및 가족에 의해 악화된다.** 사람들은 어린 시절에 피암시성(또는 조건화 가능성)이 가장 크게 작용한다. 왜냐하면 그 시기에 가족과 사회적 압력에 의해 가장 많은 영향을 받기 때문이다.
3. **인간은 지각하고, 사고하고, 감정을 표현하고, 행동하는 것을 동시에 한다.** 따라서 그들은 동시에 인지적이고 능동적이며(목적을 가지며) 또한 운동적이다. 사람들이 생각하지 않고서 행동하는 일은 드물다. 그들의 감각이나 행동은 이전의 경험과 기억, 결론의 짜임새 내에서 이해된다. 그들의 감정은 특정 상황 및 그 상황의 중요성에 대한 평가 등을 포함하고, 또한 보통 그것들에 의해 촉발되기 때문에 생각하지 않고서 감정을 느끼는 일은 드물다. 또한 그들의 지각, 사고, 정서 등의 과정이 행동의 근거를 제공하기 때문에, 지각, 사고, 정서 없이 행동하는 일은 드물다. 사람들의 '정상적인' 행동이 그들의 지각, 사고, 정서, 행동의 함수인 것처럼, 그들의 혼란된 행동도 역시 그렇다. 이런 이유 때문에 그들의 잘못된 기능을 바꾸도록 도와주기 위해서는 다양한 지각적-인지적, 정서-유발적, 행동주의적-재교육 방법을 사용하는 것이 대체로 바람직하다(Bernard & Wolfe, 1993; Ellis, 1962, 1994, 2001a, 2001b, 2002, 2003a; Ellis &

Ellis, 2011; Walen, DiGiuseppe, & Dryden, 1992).

4. 모든 주요한 심리치료들이 다양한 인지적·정서적·행동적 기법을 쓰고 있고, 또 모든 심리치료들(주술적 치료 같은 비과학적 방법을 포함해서)이 그것을 믿고 있는 사람들을 도와준다고 할지라도, 그 효과나 그 효율성이 모두 같지는 않다. REBT처럼 고도로 인지적이며, 활동적-지시적이고, 과제를 부과하며, 훈육 지향적인 치료들은 보통 단기간에 그리고 더 적은 치료 회기 내에 더 큰 효과를 보이는 것 같다.

5. REBT는 무조건적 수용의 철학을 강조한다. 특히, 무조건적 자기 수용(unconditional self-acceptance: USA), 무조건적 타인 수용(unconditional other acceptance: UOA), 그리고 무조건적 삶의 수용(unconditional life acceptance: ULA)을 강조한다. 이에 관해서는 『자기 존중의 신화(*The Myth of Self-Esteem*)』(Ellis, 2005a)에 설명되어 있다. 무조건적인 수용의 인본주의적 원리는 인간의 가치에 관하여 다음의 입장을 취한다. "나는 존재한다, 나는 존재할 자격이 있다, 나는 오류를 범할 수 있는 인간이다, 그리고 나는 결점을 가지고 실수를 하는 나를 대단한 성취를 하든 안 하든 무조건적으로 수용하도록 선택할 수 있다. 단지 내가 살아 있기 때문에, 그리고 단지 내가 존재하기 때문에." 이 치료는 조건적인 자기 존중이 모든 인간 장애 중에서 가장 큰 장애 중 하나라고 말하는데, 그 이유는 조건적 자기 존중이 사람들로 하여금 자신이 잘 하거나 다른 사람들의 인정을 받을 때는 스스로를 칭찬하고, 자신이 잘못하거나 다른 사람들이 인정을 하지 않으면 스스로 깎아내리기 때문이다. 특성과 행동을 평가하는 것이 유용할 때가 있다. 그 이유는 그 평가가 실수를 통해서 배우게 하고 향상하고 성장하게 해 주기 때문이다. 그러나 과일반화를 하고 개인의 전체적 가치와 존재를 평가하며 완전히 '좋은' 사람 또는 '나쁜' 사람으로 평가하는 것은 부정확하고 해가 된다. 개인의 전체성은 정의를 내리고 측정하기에는 너무 복잡하고 덧없는 것이다. 따라서 REBT에서는 자기 존중이 아니라 USA(무조건적 자기 수용)를 권장한다.

UOA(무조건적 타인 수용)는 사람들이 다른 사람들의 부당한 생각, 느낌 및 행동을 비난하지만 다른 사람들도 자신과 마찬가지로 오류를 범할 수 있는 인간임을 수용하는 입장을 취한다. ULA(무조건적 삶의 수용)는 우리가 창조하지도 변화시킬 수도 없는, 사랑하는 사람의 죽음이나 신체적 불구, 허리케인, 홍수 등과 같은 역경을 수용하기를 권장한다.

REBT는 삶이 즐거움과 함께 불가피한 고통도 포함하고 있음을 인식하고 변화시킬 수 없는 불쾌한 상황을 수용하는 것이 정서적인 안정, 자기실현 및 위대한 성취를 가져올 수 있음을 인식한다.

6. 합리적 정서적 행동치료자들은 내담자와 상담자 사이의 따뜻한 관계가, 비록 꽤 바람직하기는 하지만 효과적인 성격 변화를 가져오는 데 필요조건이거나 충분조건이라고 믿지 않는다. 그들은 내담자의 무조건적 수용과 밀접한 협력 관계를 강조하는 한편 내담자가 자신의 불가피한 오류 가능성에 대하여 스스로를 무조건적으로 수용하도록 적극적으로 장려한다. 이에 더하여, 치료자들은 교훈적 토론, 행동수정, 독서 치료, 시청각 자료의 도움 및 활동 지향적인 과제 부여 등 다양한 실제적인 방법들을 사용할 수 있

다. 내담자가 과도하게 의존적이 되는 것을 막기 위해, 치료자는 내담자들이 자기 수련과 자기 지시를 할 수 있는 더 좋은 방법을 가지고 있다고 확신시키는 엄격한 방법들을 흔히 사용한다.

7. 합리적 정서적 행동치료자들은 역할 연기, 주장 훈련, 둔감화, 유머, 조작적 조건형성, 암시, 지지, 그리고 그 밖의 모든 '책략'들을 사용한다. Arnold Lazarus가 그의 '다중 양식적' 치료를 제시하면서 지적한 바처럼(Lazarus, 1989), 그런 광범위한 방법들은 내담자로 하여금 심층적인 인지적 변화를 이루도록 도움을 주는 데 효과적이다. REBT는 증상 제거가 내담자가 달성할 수 있는 유일한 변화로 여겨지는 경우를 제외하고는, 증상 제거만을 목표로 삼지 않는다. REBT는 주로 사람들이 그들의 가장 기본적인 가치들, 특히 그들을 혼란에 빠지게 하는 가치들을 검토하고 변화시키도록 고안된 것이다. 만일 내담자가 직업에서 실패할까 봐 심각한 두려움을 가지고 있다면, REBT는 내담자로 하여금 단순히 이러한 특정 증상을 포기하도록 도와줄 뿐만 아니라 내담자에게 자신의 기본적인 '두려워하는' 경향을 최소화하는 방법을 보여 주려고 노력한다. 따라서 REBT의 통상적 목표는 내담자가 가지고 있는 근본적인 증상을 유발하는 경향성을 감소시키도록 돕는 것이다.

REBT의 일반적인 목표는 사람들이 가지고 있는 근본적인 증상을 만들어 내는 경향을 감소시키도록 돕는 것이다. REBT에는 다음 두 가지 기본 형태가 있다. 일반적 REBT는 인지적 행동치료와 거의 동의어이고, 선택적 REBT는 일반적 REBT를 포함할 뿐만 아니라 심오한 철학적 변화도 강조한다. 일반적 REBT는 내담자에게 합리적이거나 건강한 행동을 가르치는 경향이 있다. 선택적 REBT는 내담자들에게 불합리한 생각과 부적절한 행동을 논박하는 방법과 더 창조적이고 과학적이며 회의적인 사고를 하는 방법을 가르친다.

8. REBT는 대부분의 신경증적 문제들이 비현실적이며, 비논리적이고, 자기 파괴적 사고를 포함하고 있으며, 장애를 일으키는 관념들을 논리적-경험적 그리고 실증적인 사고로 단호하게 논박한다면, 그런 관념은 최소화될 수 있다는 입장을 취한다. 사람들이 유전적으로 얼마나 결함이 있든지 간에, 그리고 그들이 어떤 정신적 외상을 경험하든 간에, 그들이 지금 불쾌한 자극(A 지점에서)에 대해 과잉 반응하거나 과소 반응하는 주된 이유는 그들이 지금 어떤 독단적이며 불합리하고 검토되지 않은 신념(B 지점에서)을 가지고 있기 때문이다. 이 신념들은 비현실적이기 때문에, 객관적인 정밀검토를 하면 견디어 내지 못할 것이다. 그런 신념들은 흔히 그 자체나 다른 것들을 신성시하거나 악마시하며, 경험적으로 점검되고, 논리적으로 공격당하고, 비현실적이라는 것이 밝혀질 때 자취를 감추는 경향이 있다. 따라서 심한 정서적인 문제가 있는 여자가 애인이 자기를 거부하고 있다면, 그것은 바람직하지 않다고 단순히 믿는 것이 아니다. 그녀는 또한 (a) 그것이 끔찍하다, (b) 견디어 낼 수 없다, (c) 자기는 절대로 거부될 수 없으며 거부되지 않아야 한다, (d) 어떤 바람직한 파트너도 자기를 결코 수용하지 않을 것이다, (e) 한 애인이 자기를 거부하였으므로 자기는 무가치한 사람이다, (f) 그렇게 무가치한 존재이므로 자기는 거부당해 마땅하다 등을 믿는 경향이 있다. 그러한

보편적인 암묵적 가설들은 비논리적이며 비현실적이고 파괴적이다. 그것들은 내담자에게 더 적응적이고 체계적으로 생각하는 방법을 보여 주는 합리적 정서적 행동치료자들에 의해 드러나고 논박당할 수 있다. 그리고 합리적 정서적 치료자는 어느 정도는 들춰 내고 의심하는 과학자이다.

9. REBT는 사람들의 생활에서 일어나는 활성화 사건 또는 역경(Adversities: A)이 정서적 결과(C)에 기여할 수는 있지만 이것을 '일으키지'는 않는다는 것을 보여 준다. 그 결과는 이 사건들에 대한 사람들의 해석, 비현실적이고 과일반화한 신념들(B)에서 나온다. 따라서 혼란의 실제 '원인'은 그들 자신의 내부에 있지 그들에게 일어난 사건에 있는 것이 아니다(비록 무시무시한 경험이 분명히 사람들이 생각하고 느끼는 것에 상당한 영향을 준다 할지라도). REBT는 몇 가지 강력한 통찰을 내담자에게 제공한다. 제1의 통찰은 사람들의 자기 파괴적 행동은 보통 A(불행한 사건)와 B(A에 대한 신념)의 상호작용에 의해서 나타난다는 것이다. 따라서 혼란스런 결과들(C)은 대개 A×B=C 공식을 따른다.

제2의 통찰은 비록 과거에 정서적으로 혼란스러웠다 할지라도(더 정확하게는 스스로 혼란스럽게 만들었다 할지라도), 그들이 지금 혼란스러운 것은 비슷한 신념들을 스스로 계속 주입하기 때문이라는 점을 이해하는 것이다. 이러한 신념들이 계속 유지되는 것은 그것들이 일단 '조건형성' 되어서 '자동적으로' 유지되기 때문이 아니다. 아니다! 사람들은 지금 여기에서 신념들을 능동적으로 강화하고 있으며, 그들 자신이 현재 능동적으로 하고 있는 자기 선전과 구성이 그것들을 생생하게 유지시킨다. 그들이 이러한 역기능적 신념들을 지속시키는 것에 대한 자기 자신의 책임을 완전히 인정하고 직면하지 않는다면, 이것들을 근절하기는 어려울 것이다.

제3의 통찰은 힘든 작업과 연습만이 이러한 비합리적인 신념들을 교정할 수 있으며, 그것을 바르게 유지시킬 수 있다는 점을 아는 것이다. 제1의 통찰과 제2의 통찰만으로는 충분하지 않다! 비합리적인 신념을 계속해서 재숙고하는 것과 그것을 취소하도록 고안된 행동들을 반복적으로 행하는 것만이 그런 신념들을 제거하거나 최소화할 수 있다.

10. 역사적으로, 심리학은 자극-반응(stimulus-response: S-R) 과학으로 간주되었다. 후에, 비슷한 자극이 서로 다른 사람에게 서로 다른 반응을 일으킨다는 것이 분명해졌다. 이 편차가 생기는 데는 자극과 반응 사이에 무엇인가가 있음을 의미한다.

다음의 유추가 도움이 될 것이다. 만일 당신이 똑같은 당구공을 같은 지점에서 정확히 같은 힘으로 쳐서 그 공이 당구대의 가장자리에서 튕겨 나오도록 한다면, 그 공은 항상 정확히 똑같은 지점으로 되돌아올 것이다. 그렇지 않으면 아무도 당구를 하려고 하지 않을 것이다. 그러므로 당구공을 치는 것은 자극(S)이고 튕겨 나온 공의 움직임은 반응(R)이다. 그러나 당구공 안에 작은 사람이 있어서 공이 맞은 후 공의 방향과 힘을 어느 정도 조절할 수 있다고 가정해 보자. 그러면 공은 여러 지점으로 향할 수 있기 때문에 공은 여러 방향으로 움직일 수 있다.

이러한 유추의 개념은 독일 라이프치히에서 Wilhelm Wundt와 함께 공부한 미국 심리학자인 James McKeen Cattell이 1800년 후반부에 심리학에 소개한 개념이다. 그렇게 함으로써 그는 **개별 특성적 심리학**(idiographic psychology)이라고 알려진 완전히 다른 종류의 심리학을 시작하였으며, 반면에 Wundt나 그 제자들이 연구하였던 그전의 심리학은 **규범적 심리학**(nomothetic psychology)으로 알려지게 되었다. Wundt와 그를 뒤따르는 사람들은 평균적 행동 또는 자극-반응 행동을 연구하였으며, 개개인의 다양함을 평가절하하였다. 그들에 따르면 진실은 평균이라는 것이다. Cattell은 여기에 동의하지 않았으며, 개인차로 알려진 새로운 종류의 심리학을 시작하였다. 결과적으로 S-R 개념은 S-O-R의 개념으로 바뀌었다. O는 '유기체(organism)'를 말하지만, 실제 의미는, 공(또는 사람)이 자신의 마음을 가지고 있으며, 마음을 갖고 있지 않은 공이 가는 것처럼 그 장소에 그대로 갈 수 없다는 것이다. 왜냐하면 O는 독립성을 지니고 있기 때문이다.

REBT는 정확히 같은 개념을 가지고 있다. 합리성(Rationality)과 정서(Emotion), 즉 RE는 마음의 내용을 나타낸다. 그리고 REBT 치료자는 바로 이 합리성과 정서에 영향을 주고자 한다(이 결합을 개인의 철학이라 부르자). 그들은 사람들이 자기와 타인에 대한 새로운 이해(합리성)와 새로운 느낌(정서)의 틀을 가짐으로써 그들의 행동을 변화시킬 수 있도록 하는 목표를 가지고, 사람들의 사고와 감정을 변화시키려 한다. REBT 치료자는 내담자에게 사고와 감정이 어떻게 결합하고 있는지 보여 줌으로써, 당구공 속의 작은 사람에게 방향을 변화시킬 능력을 준다. 그래서 공을 다시 치면(특별한 자극에 직면하면), 공은 더 이상 그전에 갔던 장소로 가지 않는다.

REBT에서, 우리는 개개인이 내담자, 치료자, 사회가 원하는 방식으로 다르게 행동하도록 그들의 사고와 감정을 변화시킴으로써 그들에게 힘을 주기를 원한다. 동시에 REBT는 사람들이 다르게 행동하도록 하고—여기에서 바로 (행동에 대한) B가 나온다—그럼으로써 다르게 생각하고 느끼도록 격려한다. 상호작용은 양방향에서 모두 이루어진다! 사고, 느낌, 행동하기는 인간에게 따로 분리된 과정처럼 보인다. 그러나 Ellis가 1956년에 시카고에서 열린 미국심리학회 연차대회에서 발표한 그의 첫 논문에서 말하였듯이, 그것들은 실제로 전체적으로 함께 움직이며 서로 불가피하게 영향을 주고받는다(Ellis, 1958). 우리가 생각할 때, 우리는 느끼고 행동한다. 우리가 느낄 때, 우리는 생각하고 행동한다. 우리가 행동할 때, 우리는 생각하고 느낀다. REBT가 내담자의 장애를 변화시키도록 돕기 위해 여러 인지적 · 정서적 · 행동적 방법을 사용하는 이유가 바로 여기에 있는 것이다.

다른 체계들

REBT는 심리치료의 정신분석학파와는 달리 자유 연상과 내담자의 과거사에 대한 강박적인 수집이나 꿈의 분석을 피한다. REBT는 장애에 관하여 추정하고 있는 성적 기원설이나 오이디푸스 콤플렉스에도 관심이 없다. 치료에서 전이가 일어날 때, 합리적 치료자는 그것을 공격하는 경향이 있는데, 그러한 공격은 내담자에게 그 전이 현상은 치료자(또는 그 밖의 사람들)에게 사랑을 받아야만 한다는 비합리적인 신념에서 나오는 경향이 있음을 보여 주는 것이다. REBT 치료자들은 Freud학파보다는 Karen Horney, Erich Fromm, Harry Stack Sullivan 및 Franz Alexander 같은 현대의 신분석학파에 훨씬 더 가까우나, 그러한 분석학파들이 사용한 것보다 설득, 철학적 분석, 활동 과제 부과 및 다른 직접적인 기법을 훨씬 더 많이 사용한다.

REBT는 Adler학파의 이론과 상당히 중첩되지만, 초기 아동기 기억을 강조하면서, 사회적 관심이 치료 효과의 핵심이라고 주장하는 Adler학파와는 다르다. REBT는 구체적인 내면화된 신념들을 공개하고, 분석하고, 논박한다는 점에서 Adler의 개인심리학보다 훨씬 더 구체적이며, 그런 점에서 개인심리학보다는 일반적 어의론적 이론 및 철학적 분석에 가깝다. 또한 Adler학파의 치료보다 훨씬 더 행동적이다.

Adler(1931, 1964)는 사람들이 기본적인 가공적 전제와 목표를 가지고 있으며, 그런 잘못된 가설을 근거로 상당히 논리적으로 진행해 간다고 주장한다. 반면에, REBT는 사람들이 장애가 있을 때, 비합리적인 전제와 그 전제들에서 나온 비논리적 추론, 두 가지를 다 가질 수 있다고 주장한다. 따라서 개인심리학에서는 자신이 우주의 제왕이어야만 한다는 비현실적인 전제를 가지고 있으나, 실제로는 평범한 능력밖에 없는 사람은 자신이 완전히 열등한 사람이라고 '논리적으로' 결론 내리고 있다고 본다. 그러나 REBT에서는 똑같은 비합리적 전제를 갖고 있는 바로 그 사람이 이러한 '논리적' 추론에 덧붙여 다른 몇 가지 비논리적인 결론을 내릴 수 있다고 본다. 예를 들면 다음과 같다. (1) 자신은 왕년에 그의 가족의 제왕이었으므로 우주의 제왕이 되어야 한다. (2) 그의 부모는 그가 뛰어나게 해내는 경우에만 그에게 감동할 것이므로, 따라서 그는 뛰어나게 해내야만 한다. (3) 그가 우주의 제왕이 될 수 없다면, 아무것도 하지 않는 것이나 마찬가지이며 인생에서 어디에도 있을 곳이 없다. (4) 그가 되어야만 하는 존엄한 제왕이 되지 못하였기 때문에 그는 고통을 받아 마땅하다.

REBT는 Jung학파의 치료적 조망과 상당한 공통점이 있는데, 특히 내담자를 총체적으로 본다는 점에서, 치료의 목표가 혼란된 증상의 제거뿐만 아니라 성장과 잠재력을 성취하는 것을 주장한다는 점과 개별성을 강조한다는 점에서 그러하다. 그러나 REBT는 Jung학파의 치료와는 근본적으로 다른데, 왜냐하면 Jung학파가 꿈, 환상, 상징의 산출 및 내담자 사고의 신화적 또는 원형적 내용에 몰두하고 있기 때문이다. REBT 치료자들은 대부분 이러한 기법들이 시간 낭비라고 생각한다.

REBT는 몇 가지 방식에서 인간 중심 치료 또는 관계치료와 밀접한 합의점을 지닌다. 이 두 치료는 모두 Carl Rogers(1961)가 무조건적 긍정적 존중이라 부른 것과 합리적 정서적 심리학에서 완전한 수용, 무조건적 수용 또는 포용력이라 부르는 것을 강조하기 때문이다. 합리적 치료자들은 다음 사항을 능동적으로 가르친다는 점에서 Rogers학파 치료자와는 분명히 다르다. (1) 비난은 많은 정서적 장애의 핵심이다. (2) 비난은 끔찍한 결과를 초래한다. (3) 사람들이 자신의 수행을 계속 평가하면서도 자기 자신은 평가하지 않도록 배우는 것은 어렵지만 가능한 일이다. (4) 그들의 과장된(당위적인) 자기 평가적 가정에 도전함으로써 그리고 또 있을 수 있는 실패와 거부를 일부러 감수함으로써(활동 과제의 부과를 통해), 자기 평정을 포기할 수 있다. 합리적 정서적 치료를 실천하는 사람들은 인간 중심 치료자들보다 더 적극적-지시적이고 정서적-환기적(evocative)이다(Ellis, 1962, 2001a, 2001b; Ellis & Ellis, 2011; Hauck, 1992).

REBT는 많은 점에서 현상학적으로 지향된 실존 심리치료이다. 그 이유는 REBT 치료의 목표가 내담자로 하여금 자신의 자유를 명확히 정의하도록 돕고, 개별성을 연마하도록 도우며, 다른 사람과 대화를 나누면서 살고, 자신들이 경험하는 것이 매우 중요하다는 것을 받아들이고, 순간의 즉시성에 완전히 존재하며, 인생에서 한계를 수용하는 것을 배우도록 도와주는 점에서 통상적인 실존주의자들의 목표와 중첩되기 때문이다(Ellis, 2001b, 2002, 2005a, 2010). 그러나 스스로 실존 심리치료자라 칭하는 많은 사람들은 오히려 반지성적이며, 치료의 기법에 대하여 편견을 가지고 있고, 혼란스럽게 비지시적이다. 반면에 REBT 치료자는 날카로운 논리적 분석, 분명한 기법들(행동수정 과정을 포함하여) 및 지시와 교수법을 많이 사용한다.

REBT는 행동수정과 공통점이 상당히 많다. 그러나 많은 행동치료자들은 주로 증상 제거에 관심을 가지고 조건형성과 탈조건형성의 인지적 측면은 무시한다. 따라서 REBT는 Aaron Beck, Arnold Lazarus, Donald Meichenbaum 같은 인지적 다중 양식적 행동수정가들과 훨씬 더 가깝다. 긍정심리학 운동의 창시자 중 한 사람인 Martin A. Seligman은 Ellis에 대하여 다음과 같이 말하였다(Bernard, Froh, DiGiuseppe, Joyce, & Dryden, 2010). "그는 긍정심리학의 찬양받지 못한 영웅이다."

✻ REBT, CT 및 CBT

REBT와 Aaron T. Beck이 개발한 인지치료(Cognitive Therapy: CT) 그리고 인지행동치료(Cognitive Behavior Therapy: CBT)는 공통점이 많다. 시간이 지나면서, 인지행동치료는 좀 더 절충적이고 통합적이 되어 갔고(Ellis, 2003c), 지난 20~30년 동안 변화되면서 인지치료는 초창기보다 REBT와 더 비슷해졌다. 그러나 이들 간의 중요한 차이는 남아 있으며, REBT의 독특한 측면 때문에 계속 주요 치료와 이론으로 남아 있게 되었다. Ellis는, 최근에 특히 2007년에 그가 사망한 이후로 일부 저자들과 치료자들이 하듯이, 좀 더 일반적인 인지행동치료와 REBT를 섞는 것을 찬성하지 않았다(Ellis, 2010).

오늘날 REBT와 인지치료의 주요 차이는 다음과 같다.

- REBT는 그 이론과 실제에서 요구하는 것, 특히 해야만 하는 것(shoulds)과 암묵적인 당위성(musts)의 중요성을 매우 강하게 주장한다. REBT 치료자들은, 내담자들이 거의 항상 드러나거나 숨겨져 있는 그들의 정서적 장애에 기여하고 있는 '당위성'을 가지고 있다고 가정한다. 그리고 치료자들은 때때로 첫 번째 회기에서 빠르게 내담자의 핵심 신념을 찾아내어, 내담자들이 이러한 신념들을 분명히 확인하고 바꾸어 가기 시작하도록 한다.
- REBT는 인지치료보다 더 철학적인 면을 강조한다(Ellis, 2003c; 2005b; Padesky & Beck, 2003, 2005). 그것은 장애를 가진 사람들이 근본적인 삶의 향상을 이루는 개념적이고 철학적인 변화를 하도록 돕는다. 어떤 면에서는 불교에서처럼, 마음을 건강하게 사용하여 더 큰 행복을 가져 오도록 장려한다. REBT는 강력한 정서적이고 행동적

인 함축성을 가진 인지적 기법들을 사용한다. 또한 강력한 생각하기와 행동하기를 수반하는 정서 유발적 기법들을 사용하며, 강력한 생각 및 정서와 함께 행동적 기법을 사용한다. 그것은 인지적 · 정서적 · 행동적 방법들을 통합하고, 아주 열정적으로 적용한다.

- REBT는 무조건적 수용을 실천하는 것의 이점을 강조한다. 특히, (1) 무조건적 자기 수용(USA), (2) 무조건적 타인 수용(UOA), (3) 무조건적 삶의 수용(ULA)을 강조한다. 또한 구성주의의 철학, '더 좋은 느낌을 갖고 더 좋아지기', 헌신과 노력의 철학, 유머의 강조, 그리고 삶에 대해 명확한 의미와 목적을 가지는 것을 적용하도록 장려한다.
- REBT 치료자들은 인지치료자들보다 기법을 더 직접적으로, 더 강력하게, 더 강하게 그리고 더 빠르게 사용하는 경향이 있다. 강력하고 결정적이며 활기찬 REBT가 비지시적 REBT와 인지치료보다 더 효과적인지 검증하기 위해서는 다양한 내담자들에게 어떤 방법이 더 효과적인지 실험을 해 보는 것이 가장 도움이 될 것이다.

역사

선구자들

합리적 정서적 행동치료의 철학적 기원은 공자, 노자, 부처 같은 아시아 철학자들, 특히 고대 그리스 철학자인 에피쿠로스와 그리스와 로마의 스토아 철학자인 에픽테토스와 마르쿠스 아우렐리우스로 거슬러 올라간다. 초기 스토아학파 학자들의 저서는 대부분이 소실되었지만, 그 주요 요지는 1세기에『편람(*The Enchiridion*)』에서 "인간은 사물 때문이 아니라, 사물을 받아들이는 견해로 인해 혼란을 겪는다."라고 밝힌 에픽테토스의 저술을 통해 전해 내려 왔다.

REBT의 주요 선구자였던 현대의 심리치료자는 Alfred Adler이다. 그는 "**인간의 행동은 그의 관념에서 나온다고** 나는 확신한다."라고 말하였다(1964, 고딕체는 원본에 있는 것임).

> 개인은 … 흔히 가정하는 것처럼, 미리 정해진 방식으로 자신과 외부 세계를 연결하지 않는다. 그는 항상 자신 및 자신의 현재 문제에 대한 해석에 따라 자신을 외부 세계와 관련시킨다. … 외부 세계에 대한 자신의 관계를 결정짓는 것은 삶에 대한 그의 태도이다(Adler, 1964).

Adler(1931)는 인간의 장애를 A-B-C 또는 **자극-유기체-반응**(S-O-R) 이론으로 적절하게 표현하고 있다. 어떤 경험도 성공이나 실패의 원인이 될 수 없다. 우리는 자신의 경험이 가져다주는 충격, 이른바 심리적 외상으로 인해 고통받는 것이 아니다. 하지만 우리는 그것에서 우리의 목표에 맞는 것들을 만들어 낸다. 우리는 자신의 경험에 의미를 부여함으로써 자기 결정적이 된다. 그리고 우리가 특정 경험을 미래 생활의 근거로 삼으려 할 때, 그것은 거의 오류이다. 상황에 의해서 의미가 결정되는 것이 아니라, 우리가 상황에 부여한 의미에 의해 우리 스스로를 결정하는 것이다. 개인심리학에 관한 최초의 저서에서

Adler의 좌우명은 *Omnia ex opinione suspense sunt*("모든 것은 의견에 달려 있다")였다.

REBT의 다른 주요 선구자는 설득적 형태의 심리치료를 사용한 Paul DuBois이다. Alexander Herzberg는 과제 부과를 창안한 사람 중의 하나이다. Hippolyte Bernheim, Andrew Salter 및 그 밖의 많은 치료자들은 아주 적극적-지시적 방식으로 최면과 암시를 사용하였다. Frederick Thorne은 지시적 치료라 불리는 치료를 창안하였다. Franz Alexander, Thomas French, John Dollard, Neal Miller, Wilhelm Stekel 및 Lewis Wolberg 등은 모두 정신분석적 심리치료를 실시하였지만, 실제 치료 면에서 Freud학파 이론의 주류와 사실상 매우 거리가 있었으므로 적극적-지시적 치료의 범주로 분류되는 것이 더 합당하며, 또한 많은 방식에서 REBT 선구자와 동일하다고 볼 수 있다.

이에 덧붙여, REBT가 처음으로 정립되던 때인 1950년대의 초기 동안에 많은 사람들이 Ellis(1962)가 정리한 방법들과 상당히 중첩되는 이론과 방법론을 독립적으로 내놓기 시작하였다. 그중에는 Eric Berne, Jerome Frank, George Kelly, Abraham Low, E. Lakin Phillips, Julian Rotter 및 Joseph Wolpe가 포함된다.

초창기

1940년대 말과 1950년대 초에 걸쳐 몇 년간 정신분석을 실시해 보고 난 뒤에, Ellis는 내담자들이 아무리 많은 통찰을 얻거나 초기 아동기의 사건을 아무리 잘 이해하여도 증상이 사라지는 경우는 거의 없으며, 새로운 증상을 일으키는 경향성이 여전히 계속 유지되고 있다는 것을 발견할 수 있었다. Ellis는 그 이유가 내담자들이 아주 어렸을 때 자신의 무가치성에 대한 비합리적이고 잘못된 생각을 단순히 주입받았기 때문이 아니라, 자신과 다른 사람에게 역기능적 요구를 구축하고 이러한 명령을 스스로에게 적극적으로 재주입시키고 있기 때문임을 깨닫게 되었다(Ellis, 1962, 2001b, 2002, 2003a, 2004a, 2010; Ellis, D. J., 2010a).

Ellis는 또한 내담자에게 그들이 가지고 있는 몇 가지 기본적인 비합리적 전제를 버리도록 압력을 넣으면, 그들은 흔히 그런 생각들을 버리는 것에 저항하는 경향이 있음을 발견하였다. 이것은 Freud학파가 가정한 것처럼 그들이 치료자를 증오하거나, 스스로 파멸하기를 원하거나, 부모 심상에 저항하고 있기 때문이 아니라, 그들은 자연히, 말하자면 정상적으로, 그렇게 해야만 하는 경향이 있기 때문이다. 그들은 (a) 반드시 잘해야 하며 다른 사람들의 승인을 얻어야 하고, (b) 다른 사람들은 반드시 사려 깊고 공정하게 행동해야 하며, (c) 환경적 조건은 반드시 좌절이 없고 만족스러워야 한다고 주장한다. Ellis는 인간이 자기 대화적이며, 자기 평가적이며, 자기 해석적이라고 결론지었다. 사람들은 흔히 애정, 승인, 성공 및 쾌락에 대한 욕망 등의 강한 선호를 갖고 있으며, 이것들을 욕구로 잘못 정의한다. 따라서 그들은 많은 '정서적' 문제를 만들어 낸다.

사람들은 오로지 사회적 학습의 산물인 것은 아니다. 그들의 이른바 병리적 증상은 생물사회학적 과정의 결과이다. 그들은 인간이기 때문에, 강력하고 불합리하며 경험적으로 입증될 수 없는 관념들을 가지게 되는 경향이 있다. 그리고 그들이 그런 관념들을 가지고 있는 한 그들은 보통 '신경증'이라 부르는 상태에 처하게 되는 경향이 있다. 이러한 주요한 비합리적인 관념들은 변화무쌍하거나 발견하기 어려운 것이 아니다. 그것들은 몇 가지 주요한 제목 아래 열거될 수 있고, 일단 이해되면, 그것들은 REBT 분석에 의해 속히 밝혀질 수 있다.

또한 Ellis는 이러한 비합리적 가정들은 생물사회적으로 너무 깊이 뿌리 박혀 있어서, 보통 미약한 방법에 의해서는 전혀 흔들림이 없을 것임을 알았다. 수동적인 비지시적 방법들(감정의 반영, 자유 연상 등)은 그 가정들을 좀처럼 변화시키지 못하였다. 온화함과 지지는 흔히 내담자로 하여금 비현실적인 관념들을 지니고 더 '행복하게' 살도록 도와주었다. 암시 또는 '긍정적 사고'도 때로는 밑에 깔려 있는 부정적인 자기 평가를 은폐할 수 있게 해 주며, 또한 그것들과 더불어 더 '성공적으로' 살아갈 수 있도록 해 준다. 소산과 정화는 흔히 그들의 기분을 좋아지게 해 주지만, 이러한 요구를 제거하기보다는 강화하는 경향이 있다. 고전적인 둔감화는 때로 내담자에게 불안과 공포를 제거해 주지만, 불안을 일으키고 공포를 만들어 내는 근본적인 의미와 철학들을 파헤치지 않는다.

Ellis는 주요한 자기 파괴적 '당위성(musts)'과 명령에 대하여 적극적이고 지시적이며 인지적-정서적-행동적 공격을 하는 것이 효과적임을 발견하였다. REBT에 따르면, 효과적인 심리치료의 정수는 개인의 자기 파괴적 관념, 특성 및 수행에 대한 캠페인과 함께 인간으로서 자신과 다른 사람에게 완전한 포용력(즉, 개인의 자기 파괴적 아이디어, 특성 및 수행에 대항하는 캠페인과 함께 자기 자신과 다른 사람에 대하여 인간으로서 무조건적인 수용을 하는 것)을 보이는 것이다.

Ellis가 이전에 취하였던 정신분석적 접근을 버렸을 때, 그는 더 좋은 결과를 얻게 되었다(Ellis, 1962, 2010). REBT를 사용하기 시작한 다른 치료자들도 합리적 정서적 절차로 바꾸어 실행하였을 때, 이전 치료에서 몇 달 또는 몇 년이 걸렸던 것보다 더 많은 진전을 겨우 몇 주 만에 보였음을 발견하였다(Ellis, 2002; Lyons & Woods, 1991; Walen et al., 1992).

현 상태

임상심리학회 회원들에게 심리치료의 역사상 가장 영향력 있는 사람이 누구냐고 물었을 때, 사람들이 가장 많이 언급한 사람은 Carl Rogers, Albert Ellis 그리고 Sigmund Freud의 순서였다(Corsini, 2005). 이 조사는 동료들의 눈에 비친 Albert Ellis의 위상을 나타내 주는 지표가 될 수 있다. 1980년대에 캐나다에서 비슷한 조사가 이루어졌는데, 그때는 Albert Ellis가 가장 영향력이 있는 사람이었다.

2013년에 하와이 호놀룰루에서 열린 미국심리학회의 개회식에서, Albert Ellis는 심리학에 대하여 뛰어난 전생애적 공헌을 한 사람으로 APA에서 사후 수상을 하였다. 이것은 Albert Ellis에게 적합한 헌정이었으며, 이 상은 그의 탄생 100주년을 기념하는 해에 이루어졌다. 이 상을 수상한 다른 뛰어난 심리학자들은 Albert Bandura, B. F. Skinner, Kenneth B. Clark, Herbert Simon과 Daniel Kahneman이다.

비영리적인 과학 및 교육 조직체인 Albert Ellis 연구소(The Albert Ellis Institute)는 건

강한 생활 원리를 가르치기 위해서 1959년에 설립되었다. 뉴욕시티에 본부가 있고, 미국과 다른 나라의 몇 개 도시에 지부가 있는데, 이 기관들은 합리적 정서적 행동적 접근을 보급하기 위하여 다음과 같은 활동을 하고 있다. (1) 합리적 생활 원리에 관한 성인 교육 과정, (2) 대학원 졸업 후 훈련 프로그램, (3) 개인치료 및 집단치료를 하는 적정 수준의 비용을 받는 진료소, (4) 책, 전공논문, 팸플릿, 시청각 재료, REBT에서 가장 최근에 개발된 내용을 출판하는 「합리적 정서적 및 인지적 행동적 치료 저널(*Journal of Rational-Emotive and Cognitive-Behavior Therapy*)」.

역설적으로, Albert Ellis는 2004년부터 Albert Ellis 연구소와 껄끄러운 관계를 가졌다. 2005년에 Albert Ellis 연구소의 이사회에서는 Ellis를 이사회에서 제명하고 연구소의 모든 임무에서 그를 제외하였다. Ellis의 승인을 받지 않은 상태에서 조직 강령이 바뀌었다. 이전의 강령은 합리적 정서적 행동치료를 권장하고 가르치는 것이었으나 새 강령은 합리적 정서적 치료와 인지행동치료를 모두 권장하는 것이었다. Ellis는 REBT를 인지행동치료와 뒤섞는 것을 반대하였으며(Ellis, 2010), 그는 자신의 이름을 딴 연구소가 REBT를 전파하고 REBT에 관한 연구를 하는 데 전념하기를 원하였다.

2006년 5월까지, Ellis는 연구소의 옆방을 빌려 거기에서 워크숍을 계속하였다. 심각한 질병과 그의 죽음 이외에는 그가 작업을 하고 다른 사람들을 돕는 것을 멈추게 할 수 있는 것은 아무것도 없었다. 2006년 1월에, 맨해튼에 있는 뉴욕 주 대법원에서는 Ellis가 참석하지 않은 회의에서 그를 축출한 것은 잘못된 것이라고 판결하였다. 판사의 결정으로 그는 다시 이사회에 재임명되었다. 판사는 Ellis 박사에 대한 연구소의 자세를 "표리부동"하다고 지적하고, "어떤 종류의 언급이나 직면할 권리를 주지 않고 수행된 해임은 우리의 민주주의와 법적 절차, 공정한 행동 및 법의 정신의 기본적 과정을 공격하는 것이며 이와 반대되는 것"이라는 판례법을 인용하였다.

2006년 5월, 감격적인 금요 저녁 워크숍(그는 이 유명한 워크숍을 40년 이상 진행해 왔다)을 마친 몇 시간 후에 Ellis는 흡인성 폐렴으로 입원하였다. 그후 14개월 동안, 그는 놀라운 결정력과 용기를 가지고 회복하려는 모든 노력을 기울였다. 그는 병상에서 그리고 재활 시설에서 그의 학생들과 함께 워크숍을 하였으며(Ramirez, 2006), 저술 작업을 하였고, 『현대 심리치료』의 내용을 수정하였으며, 다른 사람들을 도왔다. 그는 자주 엄청난 통증에 시달렸고, 건강 문제는 더 심해졌으며, 그의 대단하고 영웅적인 투쟁에도 불구하고, 2007년 7월 24일에 결국 그는 아내의 품에서 평화롭게 사망하였다.

REBT 네트워크는 2006년에 설립되었고, 합리적 정서적 행동치료와 Abert Ellis 박사의 업적을 홍보하기 위하여 2012년에 EllisREBT가 설립되었다. 이 기관들은 Albert Ellis 연구소와는 아무 관련이 없다. 2006년에 Ellis는 Albert Ellis 연구소가 많은 면에서 REBT의 이론 및 실제와 어긋나는 프로그램을 따르고 있다고 말하였다. REBT 네트워크에는 REBT 훈련을 받은 심리치료자들이 등록되어 있다. 이에 덧붙여, 수천 명의 치료자들이 주로 REBT 원리를 따르고 있고, 훨씬 더 많은 수의 치료자들이 실제 작업에서 REBT의 주요 측면을 활용하고 있다. 오늘날 거의 모든 인지행동적 치료자들이 채택하고 있는 인지적 재구성은 주로 REBT에서 나온 것이다. REBT 치료자들은 또한 많은 다른 정서적이고 행동적인 기법들을 사용하는데, 무조건적인 수용, 열정적으로 비합리적인 신념을 논박하기, **높은 좌절 내구력**(high frustration tolerance)의 발달을 특히 강조한다.

2004년에 Albert Ellis는 오스트레일리아의 심리학자인 Debbie Joffe와 결혼하였는데, 그는 자기 아내를 "내 인생의 가장 위대한 사랑"이라고 불렀으며 그녀를 신뢰하여 그의 작업을 이어나가도록 하였다(Ellis, 2010). 그녀는 Ellis가 사망할 때까지 그의 작업의 모든 측면에서 Ellis 박사와 밀접하게 일하였고 저술활동을 계속하며 미국 남부와 북부 그리고 전 세계를 다니며 REBT에 관한 발표와 워크숍을 진행하고 있다. 그녀는 또한 내담자들과 개인치료도 하며, 남편의 일을 이어 나가는 데 헌신하고 있다. 최근에는 REBT와 불교에 관한 원고를 완성하였으며, 이것은 그가 죽기 전에 부부가 함께 작업하던 것으로 노화의 문제와 슬픔에 대처하도록 사람들을 돕는 데 REBT를 적용하기 위한 저술이었다.

2012년 4월에, 오스트레일리아 남부에 첫 번째 Albert Ellis 전문가 학습 센터가 문을 열었다(Bruce, 2012). 이 학습 센터는 REBT의 원리를 가르치고, 학생, 부모, 교사, 건강 보조 전문가 및 다른 사람들에게 **합리적 정서적 행동 교육**(REBE)을 제공한다.

Albert Ellis의 생애와 REBT의 역사에 관심이 있는 사람은 『합리적 정서적 행동치료—나에게 효과가 있으니 당신에게도 효과가 있을 것이다』(Ellis, 2004)와 자서전 *All Out!*(Ellis, 2010)을 읽으면 도움이 될 것이다.

성격

성격 이론

성격의 생리적 기초

REBT는 인간 성격의 생물학적 측면을 강조한다. 간접적으로는, 다른 체계들도 역시 다음과 같은 내용의 말을 하면서 이를 강조한다. "인간은 초기 아동기 동안에 부모에게 쉽게 영향을 받고, 따라서 몇 년에 걸친 심리치료 같은 개입이 이러한 초기에 주입된 영향력을 포기하게 하고 훨씬 더 독립적으로 사고하기 시작할 수 있도록 해 주지 않는다면, 그 후의 삶에서도 이러한 영향이 비슷하게 지속된다." 이러한 심리치료 체계들은 암암리에 '환경주의자'의 입장을 취하는데, 실제로는 매우 생리적이고 유전적인 기초를 가지고 있는 것이다. 그 이유는 **특정한, 선천적인 소인**을 가지고 있는 사람만이 '환경적으로 결정'되는 경향이 있기 때문이다.

REBT는 (1) 사람들은 구성주의자(constructivists)로 태어났으며, 인간 성장에 대한 괄목할 만한 자원을 가지고 있고, (2) 많은 중요한 방식으로 자신의 사회적 운명과 개인적 운명을 변화시킬 수 있는 능력이 있다고 주장하지만, 그와 동시에 (3) 사람들이 비합리적으로 생각하고 스스로에게 해를 끼치려는 강력한 선천적 경향성도 가지고 있다고 본다(Ellis, 1976, 2001b, 2003a, 2004b).

이러한 대부분의 인간 성향들은 사람들이 원하고 '필요'로 하는 경향과 그들이 '필요'로 하는 것을 즉각적으로 얻지 못할 때, (1) 자신, (2) 타인, (3) 세상을 비난하는 경향을 가지고 태어난다는 것으로 요약될 수 있다. 결과적으로, 그들은 자신의 모든 생활을 '유치하게'(또는 '인간적으로') 생각하며, '성숙한' 또는 현실적인 행동을 달성하고 유지하기 위해서는 아주 많은 노력을 해야만 한다. 이것은 Abraham Maslow와 Carl Rogers가 지적해 온 다음과 같은 사실, 즉 인간은 인상적인 자기실현 능력을 가지고 있다는 점을 부인하는 것은 아니다. 인간은 그런 능력을 지니고 있고, 또한 이 능력들은 강력한 생득적 성향이다. 그러나, 아~, 인간은 자주 생득적인 그리고 후천적인 자기 방해적인 방식으로 자기 자신을 파괴한다.

인간의 기본적인 성격 또는 기질은 환경적인 영향뿐만 아니라, 강한 생물학적 영향을 받는다는 많은 증거가 있다. 인간은 다소간의 요구성을 가지고 태어날 뿐만 아니라 그렇게 양육되기 때문에, 그들이 요구하는 것에서 바라는 것(desiring)으로 바꾸려면 많은 어려움을 겪는다. 그들의 요구성이 주로 타고나기보다는 습득한 것이라 하여도, 장애를 향한 이 경향을 개선시키는 데 여전히 많은 어려움이 있는 것 같다. REBT는 인간이 그럼에도 불구하고 그들의 역기능적 행동을 변화시키는 선택을 한다는 점을 강조하며, 그렇게 하는 많은 방식을 구체적으로 보여 준다. REBT는 특히 인간을 쉽게 희생자 위치로 떨어뜨리는 경직성을 제거하도록 돕는 유연한 사고와 행동을 강조한다.

✻ 성격의 사회적 측면

인간은 사회집단 내에서 양육되며, 인생의 대부분을 타인에게 어떤 인상을 심어 주려 하고, 타인의 기대에 맞춰 살고, 타인의 수행을 능가하려고 노력하는 데 바치고 있다. 표면적으로, 그들은 '자아 지향적'이거나 '정체성을 추구'하거나 '자기중심적'이다. 그러나 훨씬 더 중요하게, 타인이 자신을 인정하고 승인한다고 믿고 있을 때, 보통 자기 '자신'을 '선량하고' '가치 있는' 사람으로 본다. 대인관계에서 '자기 자신'을 발견하고 충족시키는 것과 Adler가 '사회적 관심'이라 부르는 것을 상당한 정도로 가지고 있을 때 그 사람은 현실적이고 분별 있는 사람이다. 왜냐하면, John Donne이 아름답게 표현한 대로, 실제로는 그 어느 누구도 고립된 섬이 아니기 때문이다. 건강한 개인은 중요한 타인들을 사랑하고 그들에게 사랑받는 것과, 자신들이 만나는 거의 모든 사람들과 관계를 맺는 것을 즐긴다. 사실상, 대인관계가 좋은 사람일수록 더 행복해질 수 있다.

그러나 우리가 정서적 장애라 부르는 것은 흔히 타인들이 생각하는 것에 대해 지나치게 많은 염려를 하는 것과 관계가 있다. 이것은 다른 사람들이 자신을 좋게 생각해 줄 때만 자기 자신을 수용할 수 있다는 신념에서 기인하는 것이다. 장애가 있을 때, 그들은 타인의 승인을 얻으려는 욕망을 상승시키며, 그러한 승인에서 통상적으로 얻게 되는 실제적인 이득을 사랑받으려는 절대적이고도 긴박한 욕구로 확대시킨다. 그렇게 함으로써 그들은 불안해지고 우울해지기 쉽다. 실존주의자들이 지적한 대로, 우리는 세계 내의 존재이기 때문에 타인들이 우리를 어느 정도 가치 있게 봐 주는 것이 꽤 중요하다. 그러나 타인에게서 받는 수용의 중요성을 과장하는 우리의 경향성은 흔히 자기 비하를 가져온다(Ellis, 1962, 2001a, 2002, 2005a; Ellis & Harper, 1997; Hauck, 1992).

✻ 성격의 심리학적 측면

구체적으로, 사람들은 어떻게 심리적 장애를 갖게 되는가? REBT에 따르면, 그들은 대개 다음과 같이 쓸데없이 스스로 혼란을 겪는다. 개인이 A 지점에서 불쾌한 일을 경험한 후에 C 지점에서 혼란을 느낄 때, 그들은 거의 언제나 다음과 같은 매우 부적절하고 비합리적인 신념(B)을 스스로 확신시킨다. "나는 이 불행(adversity)을 견딜 수 없다! 그런 일이 있다는 것은 끔찍하다! 그런 일은 있어서는 안 된다! 그런 일에서 벗어날 수 없는 나는 쓸모없는 사람이다!" 이런 신념들은 다음과 같은 이유에서 비합리적이다.

1. 사람들은 불쾌한 불행을 결코 좋아할 수는 없겠지만, 그것을 참아낼 수는 있다.
2. 끔찍하다(awful)는 것은 부풀린 의미가 있고, 경험적 근거도 없는 본질적으로 정의될 수 없는 용어이기 때문에 역경이 끔찍하게 될 일은 거의 없다. 해로운 사건을 끔찍하다고 부를 때, 장애가 있는 사람은 그것이 (a) 매우 불편하다는 것과 (b) 불편하고, 불리하고, 무익한 것 이상이라고 말하고 있는 것이다. 그러나 사실상 어떤 해로운 자극이 완전히 불편하고, 불리하고, 무익한 것이 될 수 있겠는가? 아니면 될 수 있는 가장 나쁜 것이 되겠는가?
3. 그들의 생활에서 불행한 일이 절대로 있어서는 안 된다고 생각함으로써, 사람들은 진정으로 자신이 신과 같은 힘을 가지고 있으며, 또한 그들이 존재하기를 원하지 않는 것은 무엇이든 절대로 존재해서는 안 된다고 주장한다. 이 가설은 적어도 입증될 수 없는 것이다!
4. 자신이 불행한 사건을 피할 수 없었기 때문에 쓸모없는 사람이라고 주장함으로써, 사람들은 자신이 우주를 통제할 수 있어야 한다고 여기며, 따라서 그들은 할 수 없는 일을 성공적으로 하지 못한다는 이유로 자신은 분명히 쓸모없다는 입장을 취한다.(얼마나 허튼 소리인가!)

REBT의 기본적 입장은 슬픔, 유감, 성가심, 좌절감과는 구별되는 정서적 혼란이 주로 비합리적 신념에서 유발된다는 것이다. 이 신념들은 우주의 어떤 일은 확실하게 현재의 방식과는 반드시, 당연히, 꼭 달라야 한다는 것을 마술적으로 주장하기 때문에 비합리적이다. 이러한 비합리적 신념들이 현실(A 지점의 불행한 사건)과 겉으로 보기에는 서로 연결되어 있지만, 그것들은 경험주의의 영역을 넘어선 독단적인 개념이다. 비합리적 신념은 일반적으로 다음과 같이 진술된다. "내가 어떤 것을 원하기 때문에, 그것이 존재하는 것은 바람직하거나 선호될 뿐만 아니라 절대적으로 존재해야만 하며, 만약 그것이 실제로 존재하지 않는다면, 그것은 끔찍한 일이다!" 분명히 이런 명제는 어느 것도 입증될 수 없다. 그러나 이런 명제들은 문자 그대로 수없이 많은 사람들이 매일 열렬히 간직하고 있는 것이다. 그것이 바로 믿을 수 없을 정도로 많은 사람들이 장애를 갖게 되는 방식이다!

일단 사람들이 정서적으로 혼란되면, 또는 그보다도 스스로 혼란되면, 다른 이상한 일이 흔히 일어난다. 대부분의 경우에 사람들은 자신이 불안하거나, 우울하거나, 그렇지 않다면 흥분되어 있음을 알며, 또한 보통 자신의 증상이 바람직하지 않으며, (우리 문화권에서는) 사회적으로 승인되지 않는다는 것도 알고 있다. 매우 흥분되어 있거나 '미친' 사람을 누가 승인하거나 존경하겠는가? 따라서 그들은 자신의 정서적 결과(C)나 증상을 또 다른 활성화 사건 또는 불행(A)으로 만들며, 이런 새로운 A에 대해 제2의 증상(C2)을 만들어 낸다!

따라서 당신이 원래 A("나는 오늘 업무를 잘 수행하지 못하였다.") 그리고 B("끔찍하지 않은가!")라는 식의 생각으로 시작한다면, 당신은 C (불안감, 쓸모없음, 우울 등)에 휘말리게 될 것이다. 당신은 이제 A2("나는 불안하고 우울하며 무가치하다!")로 모든 것을 새로 시작할 수 있다. 그리고 B2("끔찍하지 않은가!")로 진행한다. 이제 당신은 C2(훨씬 더 큰 불안, 쓸모없음, 우울)로 끝맺게 된다. 다시 말하면, 일단 불안하게 되면, 당신은 자주 불안한 것에 대해 스스로 불안해진다. 당신이 일단 우울하게 되면, 당신은 우울한 것에 대해 스스로 우울해진다 등이다. 당신은 이제 한 가지 결과 또는 증상의 대가로서 두 가지 결과나 증상을 갖게 되고, 흔히 다음과 같은 악순환을 반복하게 된다. (1) 어떤 과제를 잘못한 것에 대해 자기 자신을 비난한다, (2) 이 자기 비난 때문에 죄책감과 우울을 느낀다, (3) 죄책감과 우울을 느끼고 있는 것에 대해 자신을 비난한다, (4) 자신을 비난한 것에 대해 다시 자신을 비난한다, (5) 자신을 비난하는 것을 알면서도 그 비난을 그치지 않는 것에 대해 자신을 비난한다, (6) 심리치료의 도움을 받으면서도 여전히 더 나아지지 않는 것에 대해 자신을 비난한다, (7) 다른 사람보다 장애가 많은 것에 대해 자신을 비난한다, (8) 자신은 아무 희망이 없을 정도로 장애가 심하며, 그에 대해 아무런 조치도 취할 수 없다고 결론을 내린다, 등으로 끝없는 소용돌이에 휘말린다.

원래의 자기 비난이 무엇이든 간에—그리고 활성화 사건(A)은 실제로 그만큼 중요하지는 않기 때문에, 그 일이 무엇인지는 결코 문제가 되지 않는다—당신은 결국 자기 생활의 원래 '외상적 사건'과는 단지 표면적으로만 관계되는 혼란된 반응의 연쇄로 끝을 맺는 경향이 있다. 극적인 심리치료가 흔히 오도되는 이유가 바로 그것이다. 그들은 '외상적 사건'에 대한 자기 비난적 태도를 강조하기보다는 이러한 '외상적 사건들'을 잘못 강조하는 우를 범하고 있다. 그리고 이러한 치료가 불안에 대한 불안 같은 이차적 장애를 가지고 있는 사람을 돕는 데 실패하는 이유가 바로 이 때문이다. 대부분의 주요 심리치료들 역시 A(불행)나 C(정서적 결과)를 강조한다. 그러나 장애를 일으키는 가장 중요한 요소인 B(신념 체계)를 고려하지 않는다.

게다가, 외상 후 스트레스 장애(PTSD)에서처럼 불행과 정서적 결과가 중요하다고 가정한다 해도, 여기에 치료적 주의를 집중함으로써 우리가 얻을 수 있는 것은 그리 많지 않다(Ellis & Ellis, 2011). 불행은 과거에 속한다. 그 누구라 하더라도 과거를 변화시킬 수는 없다.

환자의 현재의 감정 측면에서 볼 때, 우리가 그 감정에 초점을 둘수록 그 감정들은 더 나빠질 가능성이 있다. 우리가 그들의 불안에 관해서 계속 이야기한다면, 그것은 그들에게 그 감정을 다시 경험하게 만들며, 그들은 더 불안하게 된다. 그들의 장애 과정을 차단하는 가장 좋은 관점은 그들로 하여금 불안 생성적인 신념 체계(B 지점)에 초점을 맞추도록 하는 것이다. 왜냐하면 이 신념이 장애의 주요(유일한 것은 아니지만) 원인이기 때문이다.

예를 들어, 한 남자 환자가 치료 회기 동안에 불안을 느끼고, 치료자는 그에게 불안해 할 일은 아무것도 없다고 안심시켜 준다면, 그는 다음과 같이 생각함으로써 그 문제를 완화적으로 '해결'하려 할 것이다. "나는 바로 지금, 여기에서 어리석게 행동하게 될까 봐 두려워. 그것은 끔찍한 일이 아닌가! 아니야. 그렇게 끔찍하지는 않을 거야. 왜냐하면 이 치료자는 어쨌든 나를 수용해 줄 것이니까." 그렇게 하여 그는 불안을 일시적으로 감소시킬 것이다.

또는 치료자가 내담자의 생활에서 그를 불안하게 만들 가능성이 있는 과거의 불행에 초점을 맞출 수 있다. 예를 들어, 치료자는 내담자에게 그의 어머니가 그의 결함을 지적해 왔고, 암송을 잘하지 못하는 것 때문에 선생님이 그를 비판할까 봐 항상 두려워하였으며, 그를 인정하지 않을지도 모르는 권위적 인물에게 말을 건네는 것을 여전히 두려워하며, 그리하여 상황 A1, A2, A3, … A11에서 그가 겪은 과거와 현재의 모든 두려움 때문에 그는 지금 치료자와 있을 때도 불안해한다는 것을 보여 준다. 그래서 내담자는 자기 자신에게 이렇게 확신시킨다. "아! 이제 나는 내가 일반적으로 권위적인 인물과 만날 때 불안해한다는 것을 알겠다. 내가 나의 치료자와 있을 때도 불안해하는 것이 이상할 게 없구나!" 그런 경우에, 그는 기분이 훨씬 나아질 것이고 일시적으로 불안을 없앨 수 있을 것이다.

치료자는 이 내담자에게 그가 어렸을 때 그리고 지금도 권위적 인물에 대해 불안해하는데, 왜냐하면 자신은 인정받아야만 하며, 권위적인 인물이 그를 인정하지 않는다면 그것은 끔찍한 일이라고 내담자가 늘 믿어 왔고 지금도 믿고 있기 때문이라는 것을 보여 주는 편이 훨씬 더 좋다. 그러면 불안한 내담자는 A(권위적 인물에 의한 비평)와 C(그의 불안감)에 집중하는 것에서 B(그의 비합리적 신념 체계)에 집중하는 것으로 전환할 경향이 있을 것이다. 이러한 전환은 그가 즉각적으로 불안하지 않게끔 도와준다. 왜냐하면, 내담자가 "내가 스스로 불안하도록 나 자신에게 (B 지점에서) 무엇을 말하고 있는가?"라는 생각에 초점을 둘 때, 그는 "치료자에게 어리석은 말을 하거나 그가 나를 승인하지 않는다면 끔찍한 일이 아닌가!"라는 자기 파괴적이고 소용없는 생각에 초점을 맞출 수 없게 되기 때문이다. 그는 비합리적 신념을 적극적으로 (D 지점에서) 논박하기 시작할 것이고 (그가 자기 스스로 "치료자에게 내가 어떤 어리석은 소리를 지껄이고 그래서 그가 나를 인정해 주지 않으면 운이 없는 거야. 하지만 그게 끔찍하거나 가공할 만한 일은 아니야!"라고 확신시킴으로써) 일시적으로 그 신념들을 바꿀 수 있을 뿐만 아니라, 다음번에 이런 자기 파괴적인 신념에 훨씬 덜 몰두하게 되는 경향이 있을 것이다. 따라서 치료자가 그에게 A와 C보다 B에 주로 초점을 두게 도움을 줌으로써, 내담자는 자신의 불안과 관련해서 완화적 결과보다는 치유 및 예방적인 결과를 얻게 될 것이다.

이것이 REBT의 기본적 성격 이론이다. 인간은 대체로 자신의 정서적 결과를 스스로 만들어 낸다. 인간은 그렇게 하려는 뚜렷한 경향을 가지고 태어나며, 사회적 조건형성을 통해서 그런 경향성을 (최소화하기보다는) 가속화하는 것을 배운다. 그럼에도 불구하고, 사람들은 (자신의 생각에 대해 생각하는 독특한 능력을 가지고 있기 때문에) 자신이 혼란을 야기하는 어리석은 믿음을 갖고 있다는 것을 이해하는 능력과 (사람은 또한 자기 훈육 또는 자기 재조건화의 독특한 능력을 가지고 있기 때문에) 자기 파괴적 신념을 변화시키기 위해 자신을 훈련하는 능력을 가지고 있다. 만일 사람들이 자신의 당위적인 신념 체계를 이해하고 논박하는 것에 관하여 생각하고 열심히 작업한다면, 그들은 놀라운 완화적·치유적·예방적 변화를 일으킬 수 있다. 그리고 그들이 매우 적극적-지시적이고 과제 부과적인 치료자에 의해서 자신의 잘못된 사고와 부적절한 정서 및 행동에 대하여 노력을 집중하도록 도움을 받는다면, 역동 지향적 치료자, 내담자 중심 치료자, 인습적인 실존주의자 또는 고전적인 행동수정 중심 치료자들에게만 치료받을 때보다도 그들의 신념을 변화시킬 가능성이 더 크다.

비록 REBT가 주로 성격 변화의 이론이기는 하지만, 그것은 또한 그 자체가 성격 이론이라 할 수 있다(Ellis, 1994, 2001b, 2002).

다양한 개념들

Ellis는 (1) Sigmund Freud하고는 쾌락 원리(또는 좁은 범위의 쾌락주의)가 대부분의 인간생활에서 작용하는 경향이 있다는 점에서, (2) Karen Horney와 Erich Fromm하고는 초기 가족의 영향뿐만 아니라 문화적 영향력이 사람들의 비합리적 사고를 조장하는 데 중요한 역할을 하는 경향이 있다는 점에서, (3) Alfred Adler하고는 가상적인 목표가 인간생활에 질서를 부여하고 그것에 작용하는 경향이 있다는 점에서, (4) Gordon Allport하고는 개인이 특정 방식으로 행동하기 시작하면, 그가 아무리 다르게 생각하거나 행동하려고 해도 그렇게 하기가 어려워진다는 점에서, (5) Ivan Pavlov하고는 인간의 큰 대뇌피질은 흔히 인지적으로 조건형성되는 이차적인 신호체계를 제공한다는 점에서, (6) Jerome Frank하고는 사람은 암시의 영향에 대단히 취약하다는 점에서, (7) Jean Piaget하고는 능동적인 학습이 수동적인 학습보다 훨씬 더 효과적이라는 점에서, (8) Anna Freud하고는 인간은 흔히 자신의 실수를 인정하기를 거부하고, 밑에 깔려 있는 수치심과 자기 비난을 덮기 위해 방어와 합리화에 의지한다는 점에서, (9) Abraham Maslow와 Carl Rogers하고는 인간은 아무리 큰 장애가 있더라도 개발되지 않는 많은 성장력이 있다는 점에서 견해를 같이 한다.

한편, REBT는 많은 대중적 성격 이론의 어떤 측면과는 심각한 차이를 가지고 있다.

1. REBT는 사람들이 분명한 리비도적 본능을 가지고 있으며, 만일 그 본능이 방해받으면 반드시 정서적 장애가 초래된다는 Freud학파의 개념에 반대한다. 또한 REBT는 모든 인간이 인정받으려 하고 성공하려는 욕구를 가지고 있으며, 이것들이 방해받으면 자기 자신을 수용할 수 없거나 행복해질 수 없다는 William Glasser와 여러 다른 치료자들의 견해에도 반대한다. 대신에, REBT는 인간의 강한 욕망이 사람들이 어리석게도 그렇다고 정의할 때만 욕구나 필요성이 된다고 생각한다.
2. REBT는 오이디푸스 콤플렉스가 사람들이 부모(및 타인)의 인정을 절대적으로 받아야 하며, (열망하는 것이나 거의 모든 다른 일에서) 실패해서는 안 되고, 그들이 인정받지 못하거나 실패할 때 자신은 쓸모없다고 믿는 비합리적인 신념보다 하위에 속하는 비교적 중요하지 않은 표제라고 간주한다. 사실상 이른바 모든 성적인 문제들, 즉

성교 불능, 심한 억제, 강박적 행동은 부분적으로는 인정과 성공 및 즉각적인 만족이 필요하다는 비합리적인 신념에서 기인하는 것으로 여겨진다.

3. REBT는 인간의 환경, 특히 아동기에 부모의 환경은 사람들이 비합리적으로 사고하고, 또 혼란되어 있는 강한 경향성을 재확인시켜 주지만, 그런 경향성을 만들어 내지는 않는다고 본다. 부모와 문화는 아동에게 표준과 가치를 가르치지만, 항상 그런 것들에 대해 반드시 그렇다고 가르치지는 않는다. 사람들은 자연적으로 쉽게 사회적으로 받아들여진 표준 위에 경직된 명령을 덧붙인다.
4. REBT는 신비적, 종교적, 초인적, 마술적이라는 용어들이 엄밀한 의미로 사용될 때, 이 용어들을 모두 회의적인 시각으로 본다. REBT는 이성 그 자체는 제한적이고, 거룩한 것이 아니고, 절대적이 아니라고 믿는다(Ellis, 1962, 1994). REBT는 인간이 어떤 경우에는 자신을 초월할 수 있거나 자신과 세계를 알 수 있는 능력과 자기 자신의 문제를 해결할 수 있는 능력을 고양시켜 줄 수 있는 변경된 의식 상태, 예를 들어 최면을 경험할 수 있다고 주장한다(Ellis, D. J., 2010a) 그러나 REBT는 인간이 그들의 인간성을 초월할 수 있다거나 인간 이상의 것, 즉 초인이 될 수 있다고는 믿지 않는다. 인간은 더욱 숙련되고 더욱 유능하게 될 수 있지만, 여전히 오류를 범하기 쉽고 결코 신적인 존재가 될 수 없다. REBT는 개인이 초인성에 대한 모든 요구를 포기하고 자신 및 세계의 본질적인 한계를 받아들일 때 장애가 최소화된다고 본다.
5. REBT는 비록 인간에게는 자각되지 않은 많은 사고, 감정, 심지어는 행동까지도 존재한다는 것을 인정하지만, 인간의 어떤 부분도 무의식이라고 부르는 실체를 통해서는 구체화될 수 없다고 믿는다. '무의식적'이거나 암묵적인 사고와 감정은 대부분 의식 수준 바로 밑에 있고, 또 흔히 깊이 억압되어 있지 않아서, 보통 단기간의 예리한 탐색에 의해 의식화될 수 있다. 따라서 어떤 아내가 남편에게 자신이 인식하고 있는 것보다 더 화가 나 있고, 그녀의 분노가 무의식적인 과장된 사고, 즉 "어쨌든 그의 뒷바라지를 해 왔으니까 그는 절대적으로 나와 더 자주 성관계를 가져야만 한다."라는 사고에 의해 동기화된 것이라면, (내담자가 이러한 무의식적 감정과 사고를 가지고 있다는 것을 의심하는) 합리적 정서적 행동치료자는 보통 내담자가 다음과 같이 하도록 유도할 수 있다. (a) 그녀는 남편에게 화가 나 있다는 가설을 세우고 이 가설을 검증할 수 있는 증거를 찾는다. (b) 분노감이 느껴질 때마다 과장된 사고를 스스로 점검해 본다. 대부분의 경우에 자유 연상, 꿈의 분석, 전이 관계의 분석, 최면이나 기타 무의식적 과정을 밝혀 보려는 '심층 중심' 기법들에 의존하지 않고서도 REBT 치료자는 이 과정들을 곧—때로는 몇 분 내에—밝혀낼 수 있다. 그들은 내담자에게 그들이 무의식적으로 가지고 있는 태도, 신념, 가치 등을 보여 주고, 이에 덧붙여 그들의 자기 패배적이고 숨겨진 생각을 의식으로 가져오는 방법과 능동적으로 그것들을 논박하는 방법을 가르쳐 준다.

사람들은 REBT가 정신분석, Rogers학파, 게슈탈트 치료, 정통적인 행동치료 등과 얼마나 의미 있게 다른가는 쉽게 알 수 있지만, Adler의 개인심리학 같은 더 밀접하게 관련된 학파와 어떻게 다른지는 잘 모른다. REBT는 Adler학파 이론의 거의 모든 내용에 동의하지만, 훨씬 더 냉정하며 행동 지향적이다(Ellis, 1994; Ellis & Dryden, 1997; Ellis & MacLaren, 1998). REBT는 또한 초기 아동기 기억과 출생순위의 중요성에 대한 Adler학파의 강조점을 최소화한다. 그러나 Adler학파가 강조하는 **기본적 오류**는 REBT의 비합리적 신념과 비슷하다.

REBT는 몇 가지 방법에서 Beck의 인지치료와 중첩되지만 REBT는 다음과 같은 중요한 점에서 인지치료와 다르다.

1. REBT는 보통 인지치료보다 더 적극적이고 더 지시적이며, 더 빠르고 더 강력하게 내담자의 불합리한 신념을 논박한다.
2. REBT는 인지치료보다 절대론자가 가진 **당위성**을 강조하며, 대부분의 주요한 비합리성은 독단적인 절대성이나 당위성에서 유래한다고 본다.
3. REBT는 책, 팸플릿, 시청각 자료, 대화, 워크숍 같은 심리교육적 접근을 본질적 요소로 사용하며 인지치료보다 그것을 더 많이 사용할 것을 강조한다.
4. REBT는 건강한 부정적 감정(예: 슬픔과 좌절)과 건강하지 못한 부정적 감정(예: 우울과 적대감)을 명확히 구별한다.
5. REBT는 인지치료가 무시하는 수치심-공격 연습, 합리적 정서적 심상 및 **강한** 자기 진술과 자기 대화 같은 여러 가지 정서 유발적인 방법을 강조한다.
6. REBT는 인지치료보다 실제적 둔감화를 좋아하는데, 내파적으로(implosively) 이루어지는 것을 선호한다.
7. REBT는 사람들이 과제를 수행하는 것을 돕기 위해 강화뿐만 아니라 처벌도 자주 사용한다(Ellis, 2001b, 2002, 2003a).
8. REBT는 인지치료보다 근본적으로 자기와 타인과 세계에 대한 철학적이고 **무조건적인** 수용을 강조한다(Ellis, 2005a).

REBT는 인본주의적이고 어느 정도 실존주의적이다. REBT는 처음에는 사람들이 그들의 정서와 행동 장애를 최소화시키도록 도와주지만, 또한 그들이 보통 때보다 더 행복해지도록 격려하며, 더 많은 자기실현과 인간 성장을 추구하도록 한다(Ellis, 1994). REBT가 사람들이 인간이고 살아 있기 때문에 그들이 잘 수행하든지 못하든지에 관계없이 무조건적인 타인 수용(UOA)뿐만 아니라 무조건적인 자기 수용(USA)을 하도록 강조한다는 점에서 다른 치료보다도 Rogers(1961)의 인간 중심적 접근과 어떤 면에서 더 가깝다(Ellis, 2001a, 2002, 2003a, 2005a; Ellis & Blau, 1998; Ellis & Ellis, 2011; Ellis & Harper, 1997; Hauck, 1992).

심리치료

심리치료 이론

REBT 이론에 따르면, 사람들이 자신의 소망이 만족되어야 하고, 그들이 성공하고 인정받아야 하며, 타인이 자신을 공정하게 대해야 하고, 세상이 더 즐거운 곳이 되어야 한다고 요구(demand)할 때 신경증적인 장애가 일어난다. 만일 사람들의 요구성(그리고 그들의 욕망이 아니라)이 그들을 정서적 문제에 빠뜨리게 된다면, 그들은 몇몇 세련된 방식과 세련되지 않은 방식으로 고통을 경감시키는 경향이 있다.

✻ 기분전환

보채는 아이에게 사탕을 줌으로써 일시적으로 기분을 전환시키는 것과 마찬가지로, 성인 요구자들도 기분전환을 함으로써 일시적으로 회피할 수 있다. 따라서 거부당하는 것을 두려워하는 사람(즉, 주위 인물들이 자신을 수용해야 한다고 요구하고 있는 사람)을 만난 치료자는 내담자가 스포츠, 미적 창조, 정치적 주장, 요가 운동, 명상, 아동기의 사건에 몰두하는 것 등의 활동에 주의를 돌리도록 할 수 있다. 그렇게 기분전환이 되는 동안, 내담자는 다른 사람들에게 수용을 요구한다거나 자기 자신을 불안하게 만드는 시간적 여유나 경향성을 거의 갖지 못하게 될 것이다. 그 사람은 근본적으로는 여전히 요구자라는 점에서 기분전환 기법은 주로 완화적 기법이며, 기분전환 활동에서 벗어남과 동시에 그는 아마도 유치한 명령적 행동으로 다시 돌아갈 것이다.

✻ 요구를 만족시키기

내담자의 주장이 항상 충족될 수만 있다면, 그는 기분이 더 나아질 것이다(그러나 반드시 실제로 더 좋아지는 것은 아니다). 이러한 종류의 '해결책'을 마련하기 위해서, 치료자는 내담자에게 사랑과 인정을 제공하고, 유쾌한 감각을 제공(예를 들어, 포옹과 마사지를 해주는 참만남 집단에 참여하기)하고, 내담자의 요구를 만족시킬 수 있는 방법을 가르쳐 주고, 결국은 만족감을 느끼게 될 것이라고 내담자를 안심시켜 줄 수 있다. 많은 내담자들은 이런 처치를 받으면 기분이 무한히 좋아질 것이나, 그들 중 대부분은 그런 절차를 통해 요구성이 최소화되기보다는 강화될 것이다.

✻ 마술과 신비주의

요구하는 소년은 마술을 통해 진정시킬 수 있다. 예를 들면, 그의 부모는 요술 할머니가 그 요구들을 곧 만족시켜 줄 것이라고 말해 줄 수 있다. 유사하게, 청소년과 성인 요구자들은 무엇이 그들을 괴롭히고 있는지를 들어 주는 것만으로도, 치료자가 그들의 문제를 사라지게 하는 일종의 마술사가 될 수 있다고 믿도록 (치료자나 다른 어떤 사람에 의해서) 유도될 수 있다. 이러한 마술적인 해결책은 때로 그것을 완전히 믿는 사람에게는 기분이 더 나아지고 장애가 되는 증상을 버리게 되는 멋진 결과를 가져온다. 그러나 그런 해결책이 오랫동안 작용하는 일은 좀처럼 드물며, 또한 흔히 종국에는 일종의 환멸을 초래할 수도 있다.

✽ 요구성의 최소화

비합리적인 요구성에서 기인하는 문제들을 가장 세련되게 해결하는 방법은 그 사람이 덜 요구하도록 도와주는 것이다. 아동이 성숙해짐에 따라, 정상적으로 그들은 덜 유치해지고 자신의 욕망이 즉시 만족되어야 한다는 주장을 덜 하게 된다. REBT는 내담자로 하여금 최소한으로 요구하게 하고 최대한으로 용인하도록 한다.

REBT 치료자들은 때때로 기분전환, 내담자의 '욕구'를 만족시키기, (드문 경우에) 마술과 같은 일시적인 '해결책'을 사용하기도 한다. 그러나 이러한 것들은 더 세련되고 영속적인 해결책을 수용할 여지가 거의 없는 내담자들에게 주로 사용하는 낮은 수준의 세련되지 못한, 단지 완화적인 해결책에 불과하다는 것을 알고 있다. 치료자는 가장 고차원적인 해결책을 추구하기를 선호한다. 즉, 당위성, 완벽주의, 과장성, 편협성 등에 대한 최소화를 추구한다.

REBT에서, 치료자는 인지적 · 정서적 · 행동적 절차를 사용하여 내담자가 가지고 있는 절대론자의 핵심 철학을 최소화하도록 돕는다.

1. REBT는 인지적으로 내담자에게 완벽주의를 포기하는 것이 더 행복하고, 불안에 덜 사로잡힌 생활이 되도록 도와준다는 것을 보여 주려고 시도한다. 이 치료는 내담자들에게 그들의 **당위성**(should, ought, musts)을 인식하는 방법, 합리적(선택적) 신념을 비합리적(절대적) 신념에서 분리시키는 방법, 자신의 문제에 대해 논리적이고 실용적이 되는 방법, 현실이 아주 냉혹할 때조차도 그것을 수용할 수 있는 방법 등을 가르친다. REBT는 정서장애를 가진 사람들을 더 효율적으로 사색하도록 하여, 그들이 만들어 왔던 쓸데없는 문제를 만들어 내지 않도록 돕는 것을 지향하고 있다. REBT는 내담자와 치료자가 일대일의 소크라테스식 대화를 하는 방법을 적용할 뿐만 아니라, 집단치료를 통해 집단의 다른 구성원들이 비효율적으로 사고하는 내담자와 토의하고 설명하고 사유하도록 격려한다. REBT는 논리적 정확성과 어의적 정확성을 가르친다. 즉, 어떤 사람이 거부당한 것은 그가 언제나 거부될 것이라는 의미가 아니며, 어떤 여성이 실패한 것은 그녀가 성공할 수 없다는 의미가 아니라는 것을 가르친다. 이 치료는 내담자에게 일어날 수 있는 최악의 일이, 그들이 매우 감상적으로 공상해 낸 것처럼, 정말로 나쁜 것인지를 스스로에게 계속 되묻도록 도와준다.
2. REBT는 선호와 **당위성**을 극화시키는 다양한 수단들을 사용해서 이 둘을 뚜렷하게 구분할 수 있도록 해 준다. 따라서 치료자는 내담자에게 **역할 연기**를 적용하여 다른 아이디어들을 받아들이는 방법을 보여 줄 수 있고, 부조리에 대한 걱정을 만들어 내는 아이디어들을 줄이기 위하여 **유머**를 사용하고, 운이 없는 특성을 가지고 있다 해도 내담자가 수용될 수 있다는 것을 보여 주기 위해서 **무조건적 수용**을 사용하고, 사람들에게 그들의 '미친 생각' 중의 일부를 버리도록 설득하고, 또 그것을 더 효율적인 생각으로 바꾸게 하기 위해서 **강한 논박**을 사용한다. 치료자는 또한, 개인 상담이나 집단 상담에서, 일단 시도해 보면 그것이 그렇게 모험적이 아니라는 것을 증명해 주는 모험을 시도해 보도록(예를 들어, 집단의 다른 구성원에게 그에 관하여 어떤 생각을 가

지고 있는지 말하는 것), 자신을 드러내도록(예를 들어, 그들의 성 문제를 상세히 말하도록), 그들이 실패해도 타인들이 그들을 수용할 수 있다는 것을 스스로 확신하는 것, 자신의 (적대감 같은) '수치스러운' 감정과 접해서 그들이 이 감정들을 만들게끔 스스로에게 말하고 있는 바로 그것에 초점을 맞출 수 있도록 내담자를 격려한다. 경험적 연습은 내담자가 자신의 감정을 부인하는 것을 극복하고, 그들의 자기 패배적인 정서를 변화시키기 위해 REBT의 ABCD(D는 논박을 의미한다) 작업을 하도록 도와준다. 치료자는 유쾌함을 제공하는 기법도 사용하는데, 이것은 단지 내담자가 가지고 있는 즉각적 만족에 대한 비이성적인 요구를 만족시켜 주기 위한 것이 아니라, 자신이 할 수 없다고 잘못 생각하였던 많은 유쾌한 행동을 할 수 있는 능력이 그들에게 있음을 보여 주기 위한 것이며, 그들의 행동에 대해 타인들이 눈살을 찌푸린다 할지라도, 단순히 쾌락 그 자체만을 목적으로 쾌락을 찾을 수 있다는 것을 보여 주는 것이기도 하다.

3. **행동치료**는 REBT에서 내담자가 더 효과적인 수행방식을 습관화할 수 있도록 도와줄 뿐만 아니라, 그들의 인지를 바꾸도록 도와주기도 한다. 따라서 희망하던 사람에게 데이트를 신청하는 것, 어떤 과제에서 의도적으로 실패하기(예를 들면, 대중 앞에서 잘못 말하려는 시도를 실제로 하는 것)와 같은 모험을 감수하는 것, 실패 상황에 처한 자신을 상상하는 것, 그들이 특히 위험하다고 여겼던 색다른 활동에 몰두하는 것 등을 함으로써 멋진 수행을 하려는 그들의 요구성은 줄어들 수 있다. 내담자가 나쁜 상황에 머물면서 적어도 일시적이라도 그 상황을 수용하도록 스스로 가르치고, (대학에 등록하는 것과 같은) 어려운 과제를 하고, 어려운 시기에 봉착해 있지만 매우 혼란된 느낌을 갖지 않거나 그 일에서 '손을 떼지' 않는 자신을 상상하고, 불어를 공부하거나 상사를 위해 보고서를 완성하는 것 같은 불쾌하지만 바람직한 과제를 하고 난 다음에만 영화를 보러 가거나 친구를 만나는 유쾌한 일을 하도록 치료자가 격려함으로써 다른 사람들이 자신을 공정하게 대해야 하며 세상은 친절해야 한다는 내담자의 요구성이 도전을 받을 수 있다. REBT는 자주 바람직하지 않은 행동(예를 들어, 흡연이나 과식)을 변화시키려는 사람들의 노력을 강화하기 위하여 또는 비합리적인 사고(예를 들면, 자기가 흡연을 하거나 과식하는 것에 대하여 비난하기)를 변화시키기 위하여 조작적 조건형성을 적용한다.

REBT는 심리치료에는 여러 종류가 있으며, 그 대부분이 어느 정도는 효과가 있음을 받아들인다. 효율적인 치료체계는 (a) 시간 및 노력의 경제성, (b) 빠른 증상 감소, (c) 여러 유형의 내담자들 대다수에 대한 효율성, (d) 제시된 문제에 대한 해결책의 심도, (e) 치료 결과의 지속성을 포함한다. 철학적으로 볼 때, REBT는 절대성과 싸우고 많은 신경증적 장애의 주요소인 유치한 요구성을 약화시키기 위해 끈질기게 되풀이한다(Ellis, 1962, 1994, 2002). 이 치료 이론은 만일 사람들이 과장되게 주장하는 대신에 강하게 선호하는 것을 배울 수 있다면, 그들의 바람은 충족되고, 그들은 자기 자신을 분명히 덜 장애를 가진 사람으로 그리고 장애 가능성이 더 적은 사람으로 만들 수 있다는 것이다(Ellis, 1999,

2001a, 2001b, 2002).

심리치료 과정

REBT는 내담자가 더 현실적이고 관대한 인생 철학을 갖도록 도와준다. 그 방법 중 몇 가지는 다른 치료자들이 사용한 방법들과 유사하기 때문에 여기에서 상세히 설명하지 않겠다. 여기에서는 REBT의 가장 뚜렷한 특징이 되는 측면인 인지적-설득적 측면을 주로 다루고 있다.

REBT 치료자들은 일반적으로 내담자의 과거사를 듣는 것, 장탄식을 하도록 격려하는 것, 감정에 사로잡히도록 동정적으로 장단을 맞추는 것, 감정을 주의 깊고 예리하게 반영해 주는 것 등에는 많은 시간을 할애하지 않는다. 그들은 때로 이 기법들을 모두 사용하기도 하지만 보통 그 기법들을 최소로 유지하려고 노력하는데, 그 이유는 이러한 성질의 이야기를 길게 하는 것이 내담자의 기분을 더 좋게 하기는 하지만, 실제로 더 좋아지도록 도와주지는 못하는, 비위를 맞추는 치료의 한 유형일 뿐이라고 간주하기 때문이다. 이 방법들은 작용한다 해도 매우 쓸모가 없고 곁길로 빠지는 것이다.

비슷하게, 합리적 정서적 행동적 치료자는 자유 연상, 꿈 분석, 전이 관계의 해석, 내담자의 현재 증상을 과거 경험의 면에서 설명하기, 자기 공개(disclosure), 이른바 오이디푸스 콤플렉스의 분석, 기타 '역동적으로' 지향된 해석이나 설명 등은 거의 사용하지 않는다. 어쩌다 사용한다 하여도, 내담자들이 자신의 기본적인 불합리한 생각들을 파악할 수 있도록 도와주는 데에나 사용한다.

따라서 만일 한 남성 치료자가 자신의 여성 내담자가 이전의 아동기 동안에 아버지에게 반기를 들었던 것과 마찬가지로 치료자 자신에게 반기를 드는 것을 알아차렸다면, 그는 현재의 반항을 이전의 패턴에서 나온 것으로 해석하지 않고, 대신에 다음과 같은 식으로 말한다.

> 당신은 아버지가 당신이 독단적이라고 생각하고 있는 어떤 규율을 따르라고 계속 강요하였기 때문에, 그리고 "아버지는 나를 인정하지 않지만 당연히 나를 인정해 줘야 해! 나는 앙갚음을 할 거야!"라고 자신에게 확신시켜 왔기 때문에, 자주 아버지를 증오하였던 것 같군요. 나는 당신이 지금 나에 대해서도 거의 같은 생각을 스스로 말하고 있다고 생각합니다. 그렇지만 아버지에 대한 당신의 분노를 품은 반항은 어리석은 것입니다. 왜냐하면 (1) 당신 아버지는 괴상한 행동을 하는 완전히 괴짜가 아니며, (2) 그분이 당신을 당연히 인정해야 할 이유는 전혀 없으며(그분이 그렇게 하는 것이 더 좋았을 이유는 몇 가지 있기는 하지만), (3) 당신이 아버지께 화가 난 것과 '앙갚음을 하겠다'는 시도는 아마도 그분이 당신에게 더 친절하게 행동하도록 격려하기보다는 오히려 실제로 더 잔인하게 만들 것이기 때문입니다.
>
> 결과적으로 당신은 대부분의 아동들이 그러하듯이 아버지의 행동에 대해 불쾌해하는 것과 그에게 '정당하게' 화내는 것을 혼동하고 있어요. 그리고 당신에 대한 그분의

실제 또는 상상 속의 부당한 처사에 대해 쓸데없이 자신을 화나게 만들지요. 내 경우에서도, 당신은 아마 그와 아주 비슷한 일을 하고 있는지도 모르지요. 내가 당신에게 해 보라고 한 모험을 감수할 수 있고, 그 모험이 너무 부담이 된다고 주장할 수도 있지요(그러나 사실은 약간 부담이 되는 수준입니다). 그리고 내가 제안한 것이 잘못되었다고 가정한 후에(실제로 내가 그럴지도 모르지만), 잘못되었다고 생각되는 나의 행위를 비난하지요. 게다가, 당신은 내가 어떤 점에서 '나쁘고' '지겨운' 당신 아버지를 닮았기 때문에, 내가 '나쁘고' '지겹다고' 거의 확실히 가정하고 있을 겁니다.

그러나 이것은 (모든 점에서 내가 아버지를 닮았다는) 또 하나의 비논리적 결론이고 (내가 만일 그릇된 행동을 한다면, 당신 아버지처럼 나쁜 사람이라고 간주하므로) 불합리한 전제입니다. 그래서 당신은 나와 아버지 사이에 잘못된 연결을 만들어 내고 있을 뿐만 아니라, 몇 년 동안 그렇게 해 왔던 대로, 지금도, 세상은 당신에게 안락한 보금자리여야 하며, 모든 사람이 당신을 공정하게 대해야만 한다는 요구를 만들어 내고 있는 것입니다. 자, 당신의 비합리적인 명제와 비논리적인 추론에 어떻게 도전해 볼 겁니까?

REBT 치료자들은 흔히 꽤 빠르게 진행되는 능동적-지시적-설득적-철학적 방법론을 사용한다. 대부분의 경우에, 그들은 재빨리 내담자들이 가지고 있는 몇 가지 기본적인 역기능적 신념들을 정리한다. REBT 치료자들은 이러한 관념들을 방어하고 있는 내담자에게 도전하고, 내담자가 논리적으로 입증할 수 없는 비논리적인 명제를 가지고 있다는 것을 보여 주고, 이 관념들을 논리적으로 분석하고 그것들을 적극적으로 논박하고, 어째서 그런 생각들이 소용이 없으며 그것들이 거의 예외 없이 더 큰 장애를 초래하게 되는지 단호하게 보여 주고, 때로 매우 해학적인 방식으로 어리석은 그런 관념들을 줄여 주고 그것들이 어떻게 하면 더 합리적인 생각으로 대치될 수 있는지 설명해 주고 내담자에게 과학적으로 사고할 수 있는 방법을 가르쳐서, 그들이 자신을 자기 파괴적인 감정과 행동으로 이끄는 비합리적인 생각과 비논리적인 추론을 관찰하고 논리적으로 분석하고 최소화할 수 있게 해 준다.

그러나 (근친상간, 강간, 아동학대나 다른 폭력적 상황 같은) 심한 심리적 외상을 겪었던 내담자와 작업할 때는, REBT 치료자는 꽤 공감적이고 이러한 심리적 외상 사건이나 생활상의 다른 주제에 대한 내담자의 역기능적 신념을 단호하게 논박하기 전에 천천히 진행한다.

항상 그런 것은 아니지만 때때로, REBT가 얼마나 적극적-지시적으로 이루어지는가를 보여 주기 위해서, 심리적 외상이나 폭력적 과거를 경험하지 않은, 매우 불안정하고 자기 비하적인 컴퓨터 프로그램 부서의 부장으로 일하는 25세의 여성과 진행한 회기의 축어록을 제시하겠다.(C=내담자, T=치료자)

T-1: 무엇부터 시작하면 좋을까요?

C-1: 모르겠어요. 전 지금 꼼짝 못 하겠어요!

T-2: 꼼짝 못 하겠다고요? 무엇 때문에요?

C-2: 당신 때문에요!

T-3: 아니에요. 분명히 나 때문이 아니에요. 아마도 자기 자신 때문이겠지요!

C-3: [신경질적인 웃음.]

T-4: 내가 당신에게 하려고 하는 것 때문인가요?

C-4: 맞아요! 선생님이 절 위협하고 있는 것 같아요.

T-5: 그렇지만 어떻게요? 내가 뭘 하고 있는데요? 분명히, 내가 칼을 들고 당신을 찌르지는 않을 건데요. 자, 어떤 방식으로 내가 당신을 위협하고 있나요?

C-5: 전 아마도, 분명히 알게 될 것이 두려운가 봐요. 나 자신에 대해서 말이에요.

T-6: 글쎄요. 그렇다면 당신이 자신에 대해 어떤 끔찍한 것을 발견하였다고 가정해 볼까요? 당신이 어리석게 생각하고 있다든지, 뭐 그런 거. 자, 그게 왜 그렇게 끔찍하지요?

C-6: 왜냐하면, 나는, 내가 지금 나에게 가장 중요하기 때문인 것 같아요.

T-7: 아니에요. 나는 그게 대답이라고 생각하지 않아요. 정반대라고 믿어요! 당신에게 가장 중요치 않은 것이 당신이라는 거죠. 내가 당신이 어리석게 행동하고 있다고 말한다면, 당신은 머리를 칠 준비가 되어 있지요. 당신이 자기 비난자가 아니라면, 내가 무어라 하든 개의치 않을 겁니다. 그게 당신에게 중요할 수도 있지요. 그렇지만 당신은 그것을 고치려고 하겠지요. 그러나 만일 내가 당신에 관해 정말로 부정적인 말을 한다면, 당신은 무자비하게 자신을 두들겨 댈 것입니다. 안 그래요?

C-7: 예, 대체로 그렇겠지요.

T-8: 좋아요. 그러니까 아마도 그게 당신이 진정 두려워하는 것이겠지요. 당신은 나를 두려워하지 않아요. 당신은 자신의 자기 비난을 두려워하지요.

C-8: [한숨] 맞아요.

T-9: 그러면, 왜 자신을 비난해야 하나요? 당신이 이제까지 내가 만난 사람 중 가장 나쁜 사람이라고 가정해 보지요? 그냥, 한 번 그렇게 가정해 봅시다. 좋아요, 이제 당신이 왜 자신을 비난해야 하지요?

C-9: [잠깐 멈춤] 그래야만 해요. 내 생각에는 지금 이 시점에는, 다른 행동 패턴을 전혀 모르는 것 같아요. 언제나 그래요. 내 생각에 나는 영 똥(shit) 같아요.

T-10: 예, 그렇지만 그건, 그건 그렇지 않아요. 당신이 스키나 수영하는 법을 모른다면, 그것을 배울 수 있어요. 마찬가지로 당신이 무슨 행동을 하든 간에 자신을 비난하지 않은 것 또한 배울 수가 있어요.

C-10: 모르겠어요.

T-11: 그렇다면, 답은 이거로군요. 어떻게 하는지 모른다.

C-11: 아마 그럴 거예요.

T-12: 내가 받은 인상으로는 당신은 "내가 무엇을 잘못하면 나 자신을 호되게 꾸짖어야만 한다."라고 말하는 것 같군요. 당신이 우울한 이유가 바로 그것 때문이 아닌가요?

C-12: 그래요. 그런 것 같아요. [잠시 침묵]

T-13: 자, 바로 지금 당신이 자기 자신을 침울하게 만드는 게 주로 뭐죠?

C-13: 이 시점에서, 그것을 아주 근사하게 말할 수는 없는 것 같아요. 서류[우리 진료소에서는 내담자가 회기를 시작하기 전에 서류를 적어 내도록 한다.]를 적기가 아주 어려웠어요. 나는 모든 것이라고 말하는 경향이 있기 때문이지요. 나는 모든 것이 변화되기 원한다, 나는 모든 것이 우울하다 등.

T-14: 예를 몇 가지 들어 주세요.

C-14: 내가 무엇 때문에 우울하냐고요? 나는, 어, 내가 인생에 무슨 목적을 가지고 있는지 모르겠어요. 나는…, 내가 어떤 사람인지 모르겠어요. 그리고 내가 어떤 방향으로 가고 있는지 모르겠어요.

T-15: 예, 그러나 그건…. 그래서 당신은 "나는 무지하다."라고 말하고 있군요. [내담자가 고개를 끄덕임] 그럼, 무지하다는 것이 왜 그렇게 끔찍한가요? 당신이 무지하다는 것은 아주 좋지 않은 일이죠. 당신이 그렇지 않았더라면, 즉 당신에게 목적이 있고, 어디로 가고 있는지를 알고 있었다면 더 좋았을 겁니다. 그러나 최악의 경우를 가정해 봅시다. 남은 인생에서 목적이 없고, 이런 식으로 머물러 있다고 가정해 보자고요. 그렇게 가정해 봅시다. 자, 당신은 왜 그렇게 나쁜가요?

C-15: 모든 사람이 반드시(should) 목적이 있어야만 하기 때문이지요.

T-16: 그 반드시라는 것은 어디서 나온 생각입니까?

C-16: 내가 바로 그렇게 믿고 있기 때문이죠. [잠시 침묵]

T-17: 알겠어요. 그렇지만 그것에 대해 잠시 생각해 봅시다. 당신은 분명히 똑똑한 여성입니다. 자, 그 반드시가 어디에서 온 것이죠?

C-17: 난, 난 모르겠어요! 지금은 분명하게 생각할 수 없어요. 나는 너무 초조해요! 미안합니다.

T-18: 글쎄요. 그렇지만 당신은 분명하게 생각할 수 있어요. 당신은 지금 "아, 절망적이야! 난 분명하게 생각할 수 없어. 생각도 분명하게 하지 못하는 나는 얼마나 형편없는 사람인가!"라고 말하고 있나요? 그래요. 당신은 그것 때문에 자기를 비난하고 있어요.

[C-18에서 C-26까지 내담자는 이 회기에 잘 반응하지 못하고 있는 것 때문에 혼란을 겪었으나, 치료자는 그것이 크게 중요한 것이 아니라는 점을 알려 주고 그녀를 진정시켰다.]

C-27: 나는 목적 없이 존재한다는 것, 음, 목적 없이 존재할 이유가 있을 거라고는 상상도 못 하겠어요!

T-28: 아니요. 그렇지만 대부분의 사람들은 별 다른 목적이 없지요.

C-28: [화가 나서] 좋아요. 그렇다면, 그것에 대해 나쁘게 느끼지 말아야만 하겠군요.

T-29: 아니에요. 아닙니다. 아니에요! 잠깐 기다리세요. 당신은 건너뛰었어요. [웃음] 당신은 한쪽 끝에서 다른 쪽 끝으로 건너뛰었어요! 있지요, 당신은 건전한 말과 전혀 건전하지 않은 말을 하나씩 하였어요. 자, 만일 우리가 당신이 이 둘을 분리하도록 할 수 있다면, 그건 당신이 완벽하게 할 수 있는 일인데요, 당신은 문제를 해결할

수 있을 겁니다. 당신이 진정으로 의미하는 바는 이것이지요. "내가 목적을 가지고 있다면, 더 좋을 것이다. 왜냐하면 더 행복해질 것이기 때문에." 맞아요?

C-29: 예.

T-30: 그렇지만 당신은 마술적으로 건너뜁니다. "그러니까, 나는 해야만 한다"라고요. 자, 이제 "목적을 갖는 것이 더 좋다"와 "나는 마땅히, 나는 반드시, 나는 그래야만 한다"의 차이를 아시겠어요?

C-30: 예, 압니다.

T-31: 그렇다면 그 차이는 뭐죠?

C-31: [웃음] 난 그냥 선생님의 말에 동의한 것뿐이에요!

T-32: 예! 알겠어요. 그건 전혀 좋지 않아요. 우린 그런 식으로 영원히 계속 나아갈 수 있습니다. 그리고 당신은 내 말에 동의하겠지요. 그러면 난 이렇게 말할 겁니다. "아, 얼마나 대단한 여자인가! 이 사람이 내게 동의하는구나." 그런 다음 당신은 여기를 나가서 늘 그랬듯이 어리석게 생활하겠지요.

C-32: [웃음. 이것은 진정한 이해와 유머가 섞인 웃음이다.]

T-33: 제가 말하였던 대로 당신은 완벽하게 생각할 수 있습니다. 포기하지 마세요. 여태껏 당신은 그래왔지요. 그게 바로 당신이 장애를 갖게 된 이유지요. 생각하는 것을 거부하기 때문입니다. 그걸 다시 한 번 정리해 봅시다. (1) "인생에 목적이 있다면 더 좋을 것이다. 내가 우울하지 않다면. 내가 훌륭하고, 멋지고, 즐길 수 있는 목적이 있다면." 우리는 그게 왜 더 좋은지 이유를 댈 수 있습니다. "왜 그게 더 좋은지는 아주 분명하다!" 자, "나는 반드시 더 좋은 것을 해야만 한다."라는 말이 왜 마술적인 것일까요?

C-33: 선생님 말씀은 내가 왜 그렇게 느끼느냐는 건가요?

T-34: 아닙니다. 아니에요. 그건 신념입니다. 당신은 그렇게 믿고 있기 때문에 그렇게 느끼는 겁니다.

C-34: 예.

T-35: 당신이 캥거루라고 믿는다면, 당신은 껑충껑충 뛸 겁니다. 그리고 캥거루처럼 느끼겠지요. 당신은 믿는 대로 느낍니다. 느낌은 당신의 신념에서 나오지요. 이제, 잠시 당신의 느낌에 관해서는 잊어버립시다. 왜냐하면, 신념을 변화시키지 않고서는 느낌을 진정으로 변화시킬 수 없기 때문이지요. 그래서 나는 당신에게 이걸 보여 줍니다. 당신은 두 가지 신념 또는 그걸 그렇게 부르기로 한다면, 두 가지 느낌을 가지고 있다는 것을. 하나는 "인생에 목적이 있다면 더 좋을 것이다." 동의하십니까? [내담자가 고개를 끄덕임] 그건 완전히 조리에 맞는 말입니다. 그건 분명히 옳습니다. 우리는 그것을 증명할 수 있지요. 두 번째는 "따라서 나는 더 좋은 것을 해야만 한다."입니다. 자, 이들은 두 가지 다른 진술입니다. 똑같은 말인 것 같지만, 사실은 굉장히 다른 말이지요. 첫 번째 말은 내가 전에 말하였던 대로 건강한 내용입니다. 왜냐하면, 그것을 증명할 수 있기 때문이지요. 그건 현실과 관련이 있어요. 우리는 목적을 가지는 것의 장점을 나열할 수 있어요. 당신뿐만 아니

라 거의 모든 사람에 대해서요.

C-35: [이제 침착하다. T의 설명을 잘 경청하고 있다.] 으흠.

T-36: 그렇지만 두 번째 말, "따라서 나는 더 좋은 것을 해야만 한다."라는 말은 미친 소리입니다. 자, 왜 그게 미친 소리이지요?

C-36: 전 그 말을 미친 소리로 받아들일 수 없는데요.

T-37: 누가 당신에게 해야만 한다고 말하였기 때문인가요?

C-37: 그게 모두 어디에서부터 시작됐는지 모르겠어요. 누군가가 그 말을 하였겠죠.

T-38: 알아요. 그렇지만 누가 그런 소리를 하였든, 그는 정신이 올바르지 않은 사람이라고 말씀드리고 싶어요.

C-38: [웃음] 맞아요.

T-39: 세상에 꼭 그래야만 하는 게 있다는 것이 가능할까요?

C-39: 글쎄, 있지요.

T-40: 그렇지만 없습니다! 그래요. 그게 바로 정서장애예요. 더 좋을 것이다 대신에 반드시, 마땅히, 꼭을 믿는 것이지요. 사람들에게 장애를 일으키는 것이 바로 그것입니다. 당신이 자기 스스로 이렇게 말하였다고 해 보세요. "내 주머니에 지금 당장 1달러가 있으면 좋겠다." 그런데 당신은 90센트밖에 없습니다. 자, 어떤 느낌이 들겠어요?

C-40: 특별히 혼란스럽지는 않겠지요.

T-41: 그래요. 당신은 다만 조금 낙담하겠지요. 1달러가 있었더라면 더 좋았을걸 하면서요. 그렇지만 이렇게 말하였다고 봅시다. "내 주머니에는 언제나 1달러가 반드시, 꼭 있어야만 해." 그런데 90센트밖에 없습니다. 자, 어떤 느낌이 들겠어요?

C-41: 그렇다면 굉장히 혼란스럽겠지요. 선생님의 추론 방식에 따르면.

T-42: 그렇지만 그건 당신이 단지 90센트만 가지고 있기 때문은 아니지요.

C-42: 제가 반드시 1달러를 가지고 있어야만 한다고 생각하였기 때문이지요.

T-43: 바로 맞혔어요! 그 반드시 때문이라고요. 그리고 한 단계만 더 나가 봅시다. 이렇게 가정해 보세요. "내 주머니에는 항상 1달러가 있어야만 해." 그런데 당신은 1달러하고도 10센트가 있다는 것을 발견하였습니다. 어떤 느낌이 들겠어요?

C-43: 무척 기쁠 것 같은데요.

T-44: 아니요! 불안하지요.

C-44: [웃음] 선생님 말은 내가 죄책감이 들 거라는 거죠? "여분의 돈을 어째서 가지고 있을까?"

T-45: 아니요.

C-45: 죄송해요. 선생님 말을 알아들을 수가 없군요, 나는.

T-45: 당신이 생각하고 있지 않기 때문입니다! 잠시만 생각해 보세요. 자, 당신이 "1달러가 반드시 있어야 해. 1달러가 있어야만 해."라고 말하였는데, 1달러 10센트가 있었다면, 여전히 불안하지 않겠어요? 누구나 그럴 겁니다. 만일 사람들이 "1달러를 가지고 있어야만 해."라고 말하였는데, 1달러 10센트를 가지고 있다는 것을 발견

하였다면 왜 누구나 불안하게 될까요?

C-46: 그건 그들의 '반드시'를 위배하였기 때문입니다. 내 짐작에는, 자신이 생각하고 있는 것이 옳다는 그들의 규칙을 위배하였기 때문인 것 같아요.

T-47: 글쎄요, 그 순간에는 불안하지 않을 수도 있지요. 그렇지만 그들은 20센트를 쉽사리 잃어버릴 수 있을 겁니다.

C-47: 아! 그런가요.

T-48: 예! 그들은 여전히 불안할 겁니다. 있지요, '반드시'라는 것은 "언제나 나는 해야만 한다."라는 뜻이니까요.

C-48: 아, 선생님의 말뜻을 알겠어요. 맞아요. 선생님의 말뜻을 알겠어요. 그들은 돈을 쉽사리 잃어버릴 수 있고, 따라서 불안감을 느끼겠군요.

T-49: 예, 모든 불안은 '반드시'에서 오는 겁니다.

C-49: [오랜 침묵] 선생님은 왜 어떤 사람에게 불안에 가득 찬 상황을 처음부터 만드시나요?

T-50: 내가 그렇게 한다고는 생각하지 않습니다. 나는 수많은 사람들을 만나는데, 당신은 이것을 스스로 불안하게 만드는 몇 안 되는 사람 중의 한 사람입니다. 다른 사람들은 약간 그러는데, 당신은 그것을 매우 불안하게 만들고 있어요. 당신이 이 상황을 포함해서 모든 일에 '반드시'를 집어넣는다는 것이 바로 그것을 증명해 주고 있어요. 대부분의 사람들은 여기에 매우 느긋하게 들어옵니다. 그들은 결국 자신을 도와줄 방법을 알고 있는 사람과 이야기하기에 이르렀고, 그래서 그들은 내가 개떡 같은 소리를 안 하는 것, 그들의 어렸을 때 이야기를 전혀 묻지 않는 것, 날씨 등을 이야기하지 않는 것에 매우 행복해합니다. 그리고 나는 그들을 괴롭히고 있는 것들을 단번에 알지요. 나는 그들에게 5분 이내에 이야기해 줍니다. 나는 방금 당신에게 대부분의 정서장애가 가지고 있는 비밀을 설명하였어요. 만일 당신이 내가 말한 대로 따르고, 그것을 사용한다면, 당신은 남은 평생 동안 어떤 일에서도 절대 혼란을 일으키지 않을 겁니다!

C-50: 으흠.

T-51: 당신은 매번 혼란되기 때문에 그러면 '더 좋다'를 '반드시'로 바꾸고 있습니다. 모든 장애가 다 그래요! 아주, 아주 간단합니다. 자, 무슨 이유로 내가 이것을 설명하지 않고, 당신의 시간을 낭비하고, 그리고 관련 없는 일에 대해 이야기를 하겠습니까?

C-51: 내가 처음에 위협당하지 않았더라면, 아마도 선생님의 설명을 더 잘 이해하였을 겁니다.

T-52: 그렇지만 내가 머리를 쓰다듬고 등을 가볍게 토닥거려 주고 그랬다면, 당신은 일생 동안 머리를 쓰다듬어 주어야 한다고 생각할 겁니다. 당신은 똑똑한 여자예요!

C-52: 좋아요.

T-53: 그게 또 다른 당위성입니다. "그는 머리를 쓰다듬어 주어야만 하고, 그것을 천천히 해야만 한다. 나 같은 변변찮은 사람은 그래야 이해할 수 있다. 그러나 그가 빠

른 속도로 진행하고, 나로 하여금 생각하게 만든다면, 맙소사, 나는 오류를 범할 것이다. 그리고 그건 끔찍하다." 더욱 개똥 같은 소리! 당신은 그런 개똥 같은 소리를 믿을 필요가 없어요! 당신은 내가 말하고 있는 것을 완벽하게 따를 수 있습니다. 만일 당신이 "나는 완벽하게 잘 해야만 한다"는 것에 관해 걱정하는 것을 그만둔다면 말이지요. 당신이 거기 앉아서, 기본적으로 생각하고 있는 것이 그런 것이기 때문입니다. 자, 왜 당신은 완벽하게 잘 해야만 하죠? 당신이 그걸 알게 되기 전에 우리가 스무 번쯤 그걸 되풀이해야 한다고 생각하나요?

C-53: 난 멍청하게 보이고 싶지 않아요!

T-54: 아녜요, 보세요. 지금 당신은 자신에게 거짓말을 하고 있어요. 다시 건전한 생각을 말하고, 그런 다음 건전치 못한 생각을 덧붙였기 때문이지요. 건전한 생각은 이거죠. "멍청하게 보이고 싶지 않다. 똑똑하게 보이는 것이 더 좋으니까." 그러나 그런 다음 당신은 즉각 건전하지 못한 생각으로 건너뜁니다. "그리고 만일 내가 멍청하게 보인다면, 그건 끔찍한 일이야."

C-54: [이해를 하고, 아주 즐겁게 웃는다.]

T-55: "나는 똑똑하게 보여야만 한다." 알겠어요?

C-55: [확신 있게] 예.

T-56: 똑같은 헛소리예요! 만일 당신이 "아, 나는 얼마나 멍청한가! 그는 날 미워해! 죽겠구나."라고 하는 대신에 그 헛소리를 들여다본다면 당장에 곧 나아질 것입니다.

C-56: 선생님은 듣고 있었군요! [웃음]

T-57: 뭘 들어요?

C-57: [웃음] 내가 만들어 낸, 그와 같은, 내 마음속의 엉뚱한 생각들이요.

T-58: 맞아요! 나는 당신이 그런 말들을 만들어야 한다는 것을 알고 있기 때문이지요. 나는 좋은 이론을 가지고 있으니까요. 그리고 내 이론에 따르면, 사람들은 자신에게 그런 쓸데없는 생각들을 스스로 주입하지 않는 한 혼란될 수 없지요.

C-58: 내가 왜 그렇게 혼란되는지 이유를 통 모르겠어요.

T-59: 그렇지만 당신은 잘 알고 있어요. 내가 방금 당신에게 이야기하였잖아요.

C-59: 그래요. 알아요!

T-60: 왜 당신은 그렇게 혼란되었지요? 그걸 다시 한 번 말해 보세요.

C-60: 나는 여기 들어올 때 내가 무엇을, [아주 즐겁게 웃음] 내가 무엇을 하게 되고 또 해야 하는지, 그러니까 내가 스스로에게 부과한 역할 같은 것을 알기 때문에 혼란되었던 것 같아요.

T-61: 예?

C-61: 그리고 따라서 선생님은 그것에서 벗어나라고 제게 강요하였지요. 그리고 나는 그게 마음에 들지 않았어요.

T-62: "대단하게 보이지 않는다면 끔찍하지 않겠는가! 내가 필요한 역할을 멋지게 벗어난다면, 그리고 그에게 즉시 바른 답변을 하고, 그래서 그가 매우 기뻐한다면, 그리고 '야, 이 여자는 얼마나 똑똑한가!'라고 말한다면 괜찮을 거다." 이거죠.

C-62: [재미있게 웃음] 맞아요!

T-63: 개똥 같은 소리! 당신은 지금처럼 똑같이 혼란되어 있었을 거예요! 그건 당신에게 조금도 도움이 되지 않았을 겁니다! 사실, 더 나빠졌을 거예요! 여길 들어올 때와 아주 똑같은 철학을 가지고서, 여길 나가게 되었을 거니까요. "내가 행동을 잘하고, 사람들이 나를 쓰다듬어 주면, 음, 그들이 내 머리를 쓰다듬을 때, '난 정말 대단한 여자야!'라고 말하면서 모든 일이 잘 될 거야"라고요. 그건 형편없는 철학이에요! 내가 당신을 미치도록 사랑한다 해도, 그다음에 당신과 이야기하게 될 사람은 당신을 미워할 수도 있으니까요. 그런 식으로 나는 갈색 눈을 좋아하고, 다른 사람은 푸른 눈이나 다른 색의 눈을 좋아하는 거지요. 그러면, 당신은 죽을 지경이지요! 당신은 내심 이렇게 생각하고 있으니까요. "나는 수용되어야만 한다. 나는 지적으로 행동해야만 한다!" 자, 어때요?

C-63: [아주 진지하게 생각에 잠겨서] 사실이에요.

T-64: 알겠어요?

C-64: 예.

T-65: 자, 당신이 그 교훈을 배우게 되면, 당신은 매우 가치 있는 시간을 갖게 되는 거지요. 스스로 혼란될 필요가 없으니까요. 앞에서 내가 말한 대로, 만일 내가 당신을 세상에서 가장 형편없는 사람으로 본다고 해도, 그건 어디까지나 내 의견입니다. 내가 그렇게 이름을 붙인 거죠. 그러나 그게 당신을 똥 같은 사람으로 만드나요?

C-65: [생각에 잠긴 침묵]

T-66: 그래요?

C-66: 아니요.

T-67: 무엇이 당신을 똥 같은 사람으로 만드나요?

C-67: 그렇다고 생각하는 것이죠.

T-68: 맞습니다! 그렇다는 당신의 믿음 때문이죠. 그것밖에는 다른 것이 없어요. 그리고 결코 꼭 그렇게 믿어야만 할 필요는 없지요. 알겠어요? 당신이 자기 생각을 통제합니다. 나는 나의 생각을, 당신에 대한 내 믿음을 통제하지요. 그렇지만 당신이 그것 때문에 영향을 받을 필요는 없어요. 당신은 언제나 자기가 생각하는 것을 통제하지요. 그런데 당신은 그렇지 않다고 믿어요. 그러면 우울로 돌아가 봅시다. 앞서 내가 말한 대로, 우울은 자책에서 나옵니다. 바로 거기에서 우울이 생겨나지요. 지금 당신이 스스로 자책하고 있는 게 뭡니까?

C-68: 내가 기준에 맞춰 살 수 없기 때문이에요. 사람들이 나에 대해 생각하는 것과 내가 나에 대해 생각하는 것 사이에는 근본적인 갈등이 있어요.

T-69: 맞아요.

C-69: 그리고 다른 사람을 비난하는 것은 공정하지 않은 것 같기 때문이지요. 아마도 나는 자신을 지도자의 역할에 밀어붙이는가 봐요. 하지만 어쨌든, 지금의 느낌은 나의 모든 인생이 내가 아닌 어떤 다른 모습이 되도록 강요받아 왔다는 것이에요. 그리고 나이가 들수록 이러한 겉모습, 음, 이러한 외양을 유지하기가 더 어려워질

것 같아요. 음, 보호막이 점점 더 얇아져서 끝내는 더 이상 어쩔 수 없는 지경이 되고 말 거예요.

T-70: 자, 그렇지만 실제로, 예, 나는 당신이 약간 틀린 것 같아요. 왜냐하면, 이상하게 들리겠지만, 거의 정반대가 일어나고 있으니까요. 당신은 이 역할로 자신을 밀어붙이고 있어요. 그래요. 일종의 리더 역할이요. 맞아요?

C-70: 예.

T-71: 그리고 그들은 당신이 그 역할을 충분히 수행할 거라고 생각하고 있어요.

C-71: 모두가 보통 그래요.

T-72: 그리고 공교롭게도 그들의 생각이 옳다고 여겨지는 일들이 일어나고요.

C-72: 그렇지만 그건 나를 점점 더 지치게 해요.

T-73: 당신이 무언가 다른 일을 안 하고 있기 때문이지요. 있지요, 당신은 당신에 대한 그들의 기대를 만족시켜 주고 있어요. 분명히, 그들이 당신을 지도자로 생각하지 않을 것이기 때문이 아니라, 만일 당신이 지도자가 아닌 사람같이 행동한다면, 당신은 아무것도 아니라고 그들이 생각할 것이기 때문이지요. 그래서 당신은 그들의 기대를 만족시켜 주고 있어요. 그렇지만 당신은 지도력에 대한 당신 자신이 갖고 있는 이상적이긴 하나 비현실적인 기대는 만족시켜 주지 못하고 있어요.

C-73: [눈물을 글썽이며] 예, 그러지 못하고 있는 것 같아요.

T-74: 있지요, 그게 문제예요. 따라서 당신은 그들에게, 당신의 업무에서 잘하고 있습니다. 그렇지만 당신은 천사가 될 수 없어요. 완벽할 수는 없는 거지요! 그리고 당신은 진정한 지도자가 되기 위해서는 완벽해야만 하지요. 따라서 당신은 사기꾼이고요! 알겠어요? 이제, 당신이 자신에 대한 그런 형편없는 기대를 포기한다면, 그리고 그들의 기대로 돌아간다면, 당신은 아무런 문제가 없을 것입니다. 분명히 당신은 그들에게나 그들의 기대에 맞춰 잘하고 있으니까요.

C-74: 글쎄, 그러지 못하였어요. 한 번은 아주 성공적인 상황을 포기해야 해야만 하였어요. 그리고 음, 내가 그만둘 때, 그 일이 여전히 성공적이라고 사람들은 생각하였어요. 그렇지만 난 그냥 계속할 수는 없었어요.

T-75: "나는 반드시, 반드시 내가 보기에 진정으로 지도자가 되어야만 하고, 꽤 완벽해야만 하기 때문이죠." 있지요, "내가 세상을 만족시킨다 하더라도, 나는 내가 잘못하였다는 것을 알고, 그렇게 해야만 하는 것보다 못하였다는 것을 알게 된다면, 난 얼간이다! 그리고 그들은 그런 나의 진짜 모습을 알아채지 못하였으며, 그래서 그것은 나를 이중 얼간이로 만든다. 나는 실제로 얼간이인데도 그들에게 그런 사람이 아닌 것처럼 꾸미고 있으니까!"

C-75: [동의하는 표정으로 웃는다. 그런 다음 침착하게] 맞아요!

T-76: 그렇지만 그건 당신의 어리석은 기대입니다. 그 사람들이 아니에요. 이상하게 들리겠지만, 당신은 우울, 자책 등등의 장애를 가지고 있으면서도 탁월하게 잘하고 있어요. 이런 엉터리 같은 장애가 없다면, 당신이 어떻게 하게 될지 생각해 보세요! 있지요, 당신은 그들을 만족시키고 있으면서 동시에 자책하는 데 대부분의 시

간과 에너지를 낭비하고 있습니다. 그런 자책이 없다면 무엇을 하게 될지 생각해 보세요! 아시겠습니까?

C-76: [자기 비난의 악순환에 마침표를 찍는다. 최소한 일시적이라도 그것을 확신한다. 아주 의미 있게 대답한다.] 예.

심리치료 기제

앞에서 제시한 부분적인 축어록에서(내담자와의 첫 회기 중 약 15분 동안의 내용) 치료자가 다음과 같은 몇 가지 일을 하고자 하였음을 알 수 있다.

1. 내담자가 일으키는 감정이 무엇이든, 치료자는 이 감정들 이면에 있는 주요한 비합리적 사고—특히 치료자를 포함해서 어떤 사람이 그녀를 싫어하는 것은 **끔찍한** 일이라는 생각—로 되돌아가려고 노력한다.
2. 치료자는 내담자의 생활에서 얻은 증거와 일반 사람들에 대한 그의 지식에서 얻은 증거를 사용해서 주저하지 않고 내담자를 논박한다.
3. 치료자는 내담자보다 보통 한 걸음 앞서간다. 예를 들면, 내담자가 자기 스스로 자기 비난자라고 말하기 전에 치료자는 내담자가 그렇다는 것을 말해 준다. REBT 이론을 기초로, 내담자가 불안하고 우울하고 죄책감이 있다면, 그 생각 속에 **반드시**, **당연히** 및 **꼭**을 가지고 있다는 것을 알기 때문에, 내담자에게 이 **당위성**을 인정하게 하고, 그 다음 그것들을 논박한다(T-16, T-17).
4. 치료자는 자신이 생각해 낼 수 있는 철학적 접근 중 가장 강력한 것을 사용한다. 치료자는 내담자에게 계속 말한다. "최악의 일이 일어났고, 당신이 실제로 잘못하였고, 다른 사람들이 당신을 미워한다 해도, 당신은 **정말로** 그렇게 나쁜가?"(T-15). 내담자의 행동 중 어느 것도, 그것이 아무리 지긋지긋하더라도, **내담자**를 훼손시키지 않는다는 것을 확신시켜 줄 수만 있다면, 치료자는 내담자가 **심층적인** 수준의 태도 변화를 이루도록 도와준 것이라고 가정한다.
5. 치료자는 내담자가 혼란된 상태를 보여도 물러서지 않으며(C-17), 이 감정들에 대해 거의 동정을 보이지 않지만, 그것을 바로 지금 내담자가 어리석은 생각을 여전히 믿고 있고, 따라서 스스로 혼란되게 하고 있다는 것을 입증하는 데 **사용한다**. 치료자는 내담자의 '전이' 감정에 오래 머무르지 않는다. 치료자는 감정의 이면에 있는 **관념들**을 해석하고, 왜 그 생각들이 자기 파괴적인지 보여 주고, 그 생각들이 내담자의 요구적인 철학을 바꾸는 데 도움이 되는 대신에 아마도 강화시켜 주리라는 것을 지적해 준다.
6. 치료자는 내담자에게 꽤 엄격하게 대하지만 또한 완전한 수용을 보여 주고 내담자의 능력, 특히 자신이 변화하기 위한 건설적 능력에 대한 확신을 보여 준다.
7. 내담자의 생각이 불합리하다는 것을 단지 **말로만** 하는 대신에 내담자 스스로 그것을 보도록 계속 노력한다(T-36). 내담자가 **치료자의** 합리적 철학을 수용하고 따라 하는 것만 원하지 않고 이를 통해 생각하기를 원한다. 그러나 치료자는 내담자의 **감정**이

사고에서 유래한다는 것과 같은, 관련된 심리 과정을 설명한다(T-35, T-68).

8. 치료자는 몇 번 의도적으로 강한 표현을 사용한다(T-18, T-50). 이것은 다음과 같은 역할을 한다. (a) 내담자를 이완시키도록 도와주고, (b) 치료자가 전문가이기는 하지만, 또한 동시에 세상의 평범한 인간이라는 것도 보여 주며, (c) 내담자에게 정서적인 충격을 주어 치료자의 말이 더 극적인 효과를 갖게 한다. 이 경우에 내담자가 먼저 자신을 '똥 같다'라고 말한 것을 주목하라(C-9).
9. 내담자의 생각에는 동정을 표하지 않지만, 치료자는 실제로는 매우 공감하고 있다. 합리적 정서적 행동치료자들은 내담자의 표면적인 감정(내담자가 잘못하고 있다거나 타인들이 내담자를 혹사하고 있다는 지각)보다는 표현되지 않은 사고(자신 및 세상에 대한 부정적인 관념)에 관심을 기울이기 때문이다. 그들은 내담자의 감정과 그 감정 밑에 깔려 있는 신념을 강조한다. 이것은 많은 치료에서 간과하는 공감의 양수겸장의 형태이다.
10. 치료자는 내담자가 그의 메시지를 진정으로 이해하고 있는지 계속 점검한다(T-65, T-66, T-67).
11. REBT의 초기 회기에서 흔히 볼 수 있듯이 치료자가 대부분의 말과 설명을 한다. 치료자는 내담자에게 자신을 표현할 기회를 많이 주지만 내담자의 반응을 그 후의 가르침을 위한 출발점으로 이용한다. 치료자는 매 '강의'를 간략하고 날카롭게 하며, 그것을 내담자의 문제와 감정에 구체적으로 관련시킨다. 또한, 때때로 치료자는 생각들을 마음에 새기도록 하기 위해 잠시 멈춘다.

이 초기 REBT 회기의 첫 부분에서 볼 수 있듯이, 내담자는 치료자로부터 온정과 사랑을 받지는 않는다. 전이와 역전이가 저절로 발생하지만, 그것들은 재빨리 분석되며, 그 이면에 있는 철학이 밝혀지고, 그 과정 내에서 사라지는 경향이 있다. 내담자의 깊은 감정(수치, 자기 연민, 슬픔, 분노)은 분명히 존재한다. 그러나 내담자는 이 감정들을 충분히 내놓거나 강력하게 소산시킬 기회를 그리 많이 갖지 못한다. 치료자가 이 감정들 밑에 있는 아이디어들을 지적하고 공격함에 따라, 그것들은 급격히 변화하고, 때로는 반대되는 감정(유머, 즐거움, 반성적 숙고)으로 거의 기적적으로 바뀐다. 치료자의 '침착함', 철학적 해석 및 내담자가 불안과 우울 이외에 다른 것을 느낄 수 있다는 주장으로 인해 내담자는 자신의 파괴성을 건설적인 감정으로 바꾸는 경향이 있다. 이것이 REBT가 순수한 합리주의자 유형의 치료자라기보다는 구성주의자인 이유이다(Ellis, 1994, 1999, 2001a, 2001b, 2002).

회기가 진행됨에 따라 내담자는 다음과 같은 경험을 하는 것 같다. (1) 불충분한 행동에도 불구하고 자기 자신을 완전히 수용하는 것, (2) 자신을 위한 생각과 같은, 자신이 어떤 일을 할 수 있다는 자신감을 되찾는 것, (3) 자신의 완벽주의적인 당위성이 자신을 혼란스럽게 하는 것이지 (치료자를 포함한) 타인의 태도가 그런 것이 아니라는 점, (4) 자신이 (치료자 그리고 함께 일하는 몇 사람과의 관계에서) 비효율적으로 수행하더라도 여전히 그것을 회복할 수 있고, 다시 시도할 수 있고, 장차 아마 더 잘할 것이라는 점을 깨닫기 시작하는 현실 검증, (5) 자기 불안에 대해 (치료자와 같은) 다른 사람들을 비난하는 것을 그만 둘 수 있고, 불안을 일으키는 어떤 일을 스스로 하고 있다는 것을 수용할 수 있도록 몇 가지 방어들을 감소시키는 것.

여기에 기록된 이 회기의 15분 동안, 내담자는 이러한 건설적인 사고와 감정을 단지 어렴풋이 알게 된다. 그러나 REBT의 의도는 내담자가 자신의 혼란된 증상을 자기가 일으켰다는 통찰, 즉 단순한 정신역동적 통찰이 아닌 철학적 통찰을 계속하도록 하며, 이런 통찰들을 자신과 타인 및 세계에 관하여 가지고 있는 가장 지속적이고도 깊게 자리 잡은 사고방식을 변화시키는 데 사용하며, 그럼으로써 결국은 관념적으로, 정서적으로, 또 행동적으로, 훨씬 더 적은 자기 패배감을 갖도록 하는 것이다. 그녀가 마침내 (증상의 감소뿐만 아니라) 태도 변화를 하지 못한다면, 상당한 도움을 받을 수는 있겠지만, 그녀는 기본적이고 지속적인 성격 변화를 추구하는 REBT의 이상적 목표에는 여전히 미치지 못할 것이다.

적용

누구를 도울 수 있는가

REBT에서 다루는 유형을 말하는 것보다는 다루지 않는 유형을 말하는 것이 더 쉽다. 현실 접촉감이 없는 사람, 심한 조증 상태, 심한 자폐 또는 뇌 손상 상태 및 심한 지적 장애의 상태에 있는 사람들은 정상적으로 REBT에 의해 (대부분의 다른 치료로도) 치료되지 못한다. 그런 사람들은 의학적인 치료에 의뢰하거나 보호관리 시설에 의뢰하거나, 조작적 조건형성 노선을 따르는 행동치료에 의뢰하게 된다.

어려움을 가지고 있는 대부분의 사람들은 REBT로 치료된다. 그런 사람들에는 (1) 부적응, 중간 정도의 불안 또는 부부 문제가 있는 내담자, (2) 성 문제가 있는 내담자, (3) 보통의 '신경증' 환자, (4) 성격장애가 있는 사람, (5) 무단결석자, 비행 청소년 및 성인 범죄자, (6) 경계성 성격장애가 있는 사람과 그 외의 성격장애가 있는 사람, (7) 망상 및 환각을 가지고 있는 사람을 포함해서 어느 정도의 현실 접촉을 하고 있는 급성 정신병 환자, (8) 지능이 어느 정도 높은 지적 장애자, (9) 정신적 · 신체적 문제를 가지고 있는 내담자들이 포함된다.

다양한 유형의 문제를 가지고 있는 무수한 사람들이 REBT로 치료되지만, 그들 모두가 다 동등한 효율성을 가지고 치료된다고 주장할 수는 없다. 사실상, 모든 심리치료에서 그런 것과 마찬가지로, REBT 접근은 심한 장애가 있는 내담자들보다는 (성 불능과 같은) 단일한 주 증상을 가지고 있는 사람들에게 더 효과적이다(Ellis, 2001b, 2002). 이는 정서적 혼란의 경향성은 대체로 선천적이며, 단지 획득된 것만은 아니라는 점과 또 심한 장애를 가지고 있는 사람들은 그렇지 않은 사람들보다 생래적으로 완고하고 비뚤어진 사고를 하게 될 소인이 많아서 결과적으로 그들은 잘 개선되지 않는다는 REBT 이론의 가설을 확증한다. 더욱이, REBT는 생각을 변화시키는 데 몰두하고 주어진 과제를 열심히 할 것을 강조한다. 그리고 가장 극적으로 고통을 받는 사람(예를 들어, 심하게 우울한 사람)들 중 많은 수가 경미한 증상을 가지고 있는 사람들보다 상당히 덜 노력하고, 더 많이 회피하는 경향(치료를 회피하는 것을 포함하여)을 가지고 있다는 것을 임상적으로 관찰할 수 있다. 그럼에도 불구하고, 사실상 경험이 많은 REBT 치료자들은 다른 학파 치료자들보다 매우 다양한 내담자들에게 더 좋은 결과를 얻을 수 있다고 주장한다(Ellis, 1994; Lyons & Woods, 1991; McGovern & Silverman, 1984; Silverman, MaCarthy, & McGovern, 1992).

REBT는 예방적 목적에도 적절히 응용될 수 있다. 합리적 정서적 절차는 교육 분야와 밀접하게 관련되어 있으며, 정서적 예방에 무한한 잠재성을 가지고 있다(Ellis, 2003b). 많은 임상가들은 정상 아동이 심하게 혼란되지 않도록 예방할 수 있는 방법을 보여 주었다. 장애가 없는 초등학교 학생들이, 정규적인 학과 교육과 더불어 REBT 교육을 꾸준히 받는다면 자신과 타인을 이해하는 것을 배울 수 있으며, 이 험난한 세상에서 더 합리적이고 행복하게 사는 방법을 배울 수 있다는 증거들이 있다(Ellis & Bernard, 2006; Ellis & Ellis, 2001; Vernon, 2001).

치료

REBT는 사실상 모든 유형의 개인과 집단 심리치료를 사용한다. 주요 방법들 중 일부는 다음과 같다.

✻ 개인치료

REBT를 받는 대부분의 내담자들은 개인치료를 받게 되는데, 일주일에 한 번씩 5회기에서 50회기까지가 보통이다. 그들은 한 주 동안 가장 혼란스러웠던 감정이나 결과(C)를 말하는 것으로 회기를 시작한다. 그런 다음 REBT 치료자는 내담자로 하여금 그렇게 불쾌한 기분이 들기 전에 일어난 역경(A)이 무엇이었는지를 발견하여, 그러한 역경과 관련되어 어떤 비합리적 신념(B)을 그들이 가지고 있는지를 내담자가 볼 수 있도록 도와준다. 그들은 내담자들에게 자신의 비합리적인 신념을 논박하도록(D) 가르치며, 흔히 그 논박을 돕기 위해 구체적인 활동 과제를 준다. 그리고 그다음 회기에서 그들이 일주일 동안 REBT 접근을 사용하기 위해 얼마나 노력하였는지를 알아보는데, 필요한 경우에는 REBT 자기 조력 양식의 도움을 받는다. 내담자가 REBT를 행한다면 그들은 효과적인 새로운 철학(E)에 도달할 것이며, 이는 노력과 연습을 통해서 이루어진다.

특히, REBT 치료자들은 내담자들에게 다음 세 가지를 보여 주려고 노력한다. (1) 자기 자신을 인간으로서 완전히 수용함으로써 불안, 죄의식, 우울 등을 최소화하는 방법, (2) 다른 사람들을 무조건적으로 수용함으로써 분노, 적대감, 폭력을 최소로 줄이는 방법, (3) 불쾌한 현실이 불가피한 것일 때는 참는 것을 배움으로써 좌절에 대한 낮은 인내력 및 무력감을 줄이는 방법이다(Ellis, 2001a; Ellis, 2005a; Ellis & Blau, 1998; Ellis & Ellis, 2011; Fuller et al., 2010; MaCracken et al., 2008).

중독 문제를 가진 사람들과 작업할 때는, 모든 중독자들이 비슷한 것은 아니며, 사람들이 중독되는 데 영향을 미치는 많은 요인들이 있으며, 성격장애를 가진 사람들이 더 쉽게 중독이 되며, 그런 내담자들 중 많은 사람들이 몇 가지 중독을 함께 가지고 있거나 이중 진단을 받는다는 점을 인식하는 것이 중요하다(Ellis & Ellis, 2011; Ellis, D. J. 2010b; Velten & Penn, 2010).

집단치료

REBT는 특히 집단치료에 적용될 수 있다. 그 이유는 집단에서는 구성원들이 그 집단의 다른 구성원에게 REBT의 원리를 적용하는 방법을 배울 수 있고, 다른 집단원들이 그 원리를 더 잘 배우고 연습해 볼 수 있도록(집단 지도자의 직접적인 지도 감독 아래) 도와줄 수 있다. 게다가, 집단 작업에서는 집단 성원들이 과제 할당을 받을 수 있는 기회(그것들 중 일부는 집단 내에서 수행된다), 주장 훈련을 할 수 있는 기회, 역할 연기에 참여할 수 있는 기회, 다른 사람들과 상호작용할 수 있는 기회, 언어적 및 비언어적 모험을 할 수 있는 기회, 다른 사람의 경험을 통해 배울 수 있는 기회, 집단회기 후에 치료적으로 또는 사회적으로 상호작용할 수 있는 기회, 치료자 및 집단의 다른 성원들로부터 자신의 행동이 직접 관찰될 수 있는 기회가 더 많다(Ellis, 2001b; Ellis & Dryden, 1997).

* REBT 워크숍, 합리적 참만남 마라톤과 집중적 워크숍

REBT는 마라톤 참만남 집단과 대규모의 일일 집중 워크숍을 성공적으로 이용해 왔는데, 여기에는 많은 언어적 · 비언어적 연습, 극적인 위험 부담 절차, 감정을 불러일으키는 강의, 개인적 참만남, 과제 부과 및 다른 정서적이고 행동적인 방법이 포함된다. 연구에 의해 이런 마라톤과 집중 워크숍은 유익하고 즉각적이며 오래 지속되는 효과가 있음이 밝혀졌다(Ellis & Dryden, 1997; Ellis & Joffe, 2002).

* 단기 치료

REBT는 원래 단기 치료를 위해 고안되었다. 심한 장애가 있는 사람은 최소한 6개월 동안의 개인치료와(또는) 집단치료를 받는 것이 좋다. 그러나 잠시 동안 치료를 받으려고 하는 사람들에게 REBT는, 1회기에서 10회기에 이르는 동안에, 정서적 문제를 이해하고, 그들의 주요 철학적 근원을 보고, 장애를 만들어 내는 근본적인 태도를 변화시키기 시작하도록 A-B-C 방법을 가르쳐 줄 수 있다(Ellis, 2001b).

이와 같은 방법은 상관에 대한 적대감이나 성교 불능 같은 특정한 문제를 가지고 있는 사람과 너무 전반적인 장애를 지니고 있지 않은 사람에게 특히 더 효과가 있다. 그런 사람들은 REBT의 도움을 받게 되면, 몇 회기 만에 거의 완전히 '치유'될 수 있다. 그러나 오래 지속되는 문제를 가지고 있는 사람도 단기 치료를 통해 상당한 정도의 도움을 받을 수 있다.

REBT에서 채택되는 특별한 두 가지 책략은 치료 과정을 압축시켜 준다. 그 첫째는 전 회기를 녹음하는 것이다. 그런 다음 내담자는 그 녹음을 자신의 집이나 자동차, 사무실 등에서 여러 번 들으며, 그들이 자신의 문제들과 그 문제들을 다루는 합리적-정서적 방식을 더욱 정확하게 파악할 수 있게 된다. 면대면 회기 동안에 무엇이 진행되는지를 이해하는 데 어려움을 경험하는 많은 내담자들(왜냐하면, 본인이 말하는 것에 지나치게 집중하거나, 주의가 쉽게 분산되거나, 지나치게 불안해하기 때문에)은 치료자와 대면하는 때보다 그 회기들의 녹음을 들을 때 더 많은 것을 얻을 수 있다.

둘째, REBT 합리적 자기 조력 양식은 내담자들에게 치료 회기 사이에 또는 치료가 끝난 후, 어떤 정서적 문제가 생길 때 사용하는 방법을 가르쳐 주는 데 자주 이용된다. 그 양식은 208~209쪽에 나와 있다.

✱ 부부치료 및 가족치료

처음부터 REBT는 부부 상담과 가족 상담에 널리 사용되었다(Ellis, 1962, 2001b; Ellis & Dryden, 1997; Ellis & Haper, 1997, 2003). 대개 부부나 연인이 함께 치료에 참여한다. REBT 치료자들은 서로에 대한 불평을 경청하며, 그 불평이 정당한 것이라 하더라도 그들이 만드는 심한 혼란이 정당화되는 경우는 거의 없다는 것을 보여 주려 한다. 불안, 우울, 죄책감 및 특히 적대감을 최소로 줄이기 위해 참여자 중 어느 하나 또는 두 사람 모두에게 치료 작업을 한다. 그들이 REBT 원리를 배우고 적용하기 시작함에 따라, 흔히 몇 회기 내에 혼란을 덜 느끼게 된다. 그렇게 되면, 그들 간의 부조화는 최소화되고 유대감은 최대화될 수 있다.

물론 때때로 그들이 별거하거나 이혼하는 편이 더 낫다고 결정할 수도 있지만, 보통은 더 행복한 결혼생활을 이룩하기 위해 그들의 문제를 다루기로 결정한다. 그들은 자주 계약, 타협, 의사소통 및 기타 관련 기술들도 배운다. 치료자는 두 사람이 함께 살기로 결정하든 안 하든 간에, 각자를 정서적인 도움을 받을 수 있는 개인으로서 관심을 둔다. 그러나 그들이 스스로 돕는 작업을 많이 할수록 그들의 관계는 더 나아지는 경향이 있다(Ellis, 2001b; Ellis & Crawford, 2000; Ellis & Harper, 2003). Albert Ellis와 Debbie Joffe Ellis는 자신들의 삶과 두 사람의 관계에 기쁘고도 성공적으로 REBT를 적용하였다(Eckstein, 2012; Eckstein & Ellis, 2011; Ellis, 2010).

가족치료를 할 때, REBT 치료자들은 때로는 가족 전원을 함께 만나거나, 한 회기에는 아이들을 만나고 다른 회기에는 부모를 만나거나, 가족 모두를 개인적으로 만나기도 한다. 가족 성원들 간의 실제 상호작용이 어떠한지 알아보기 위해서 몇 번의 연합 회기를 갖는다. 함께 만나든 개별적으로 만나든 간에, 부모는 흔히 자녀를 수용하고 그들을 나무라지 않는 방법을 제시받으며, 마찬가지로 자녀들도 부모와 형제들을 수용할 수 있다는 것을 알게 된다. 자신과 타인에 대한 무조건적 수용이라는 일반적인 REBT 원리가 반복해서 학습된다. REBT의 다른 절차들과 마찬가지로 흔히 사용되는 독서 치료는 『합리적 삶을 위한 지침(*A Guide to Rational Living*)』(Ellis & Haper, 1997), 『합리적 상담의 첫걸음(*A Rational Counseling Primer*)』(Young, 1974), 『당신을 확실히 행복하게 만들고 방해를 덜 받도록 하는 방법(*How to Make Yourself Happy and Remarkably Less Disturbable*)』(Ellis, 1999), 『더 좋게 느끼고, 더 좋아지고, 더 좋아진 상태로 있기(*Feeling Better, Getting Better, Staying Better*)』(Ellis, 2001a), 『자기 존중의 신화(*The Myth of Self-Esteem*)』(Ellis, 2005a), 『합리적 정서적 행동치료(*Rational Emotive Behavior Therapy*)』(Ellis & Ellis, 2011)

같은 REBT 자료로 상담을 보완해 준다.

REBT 치료의 장면은 다른 유형의 치료와 매우 흡사하다. 대부분의 개인치료는 사무실에서 실시되지만, 치료자와 환자 사이에 책상이 없어도 되며, REBT 치료자들은 정장 차림을 하지 않고 아주 단순한 언어를 사용하는 경향이 있다. 그들은 상대적으로 안전한 전문가적 정체성을 가지고 있기 때문에 보통의 치료자보다 더 개방적이고 진지하며 덜 '전문가'적인 경향이 있다. 사용되는 주요 특수 장치는 녹음기인데, 환자가 회기를 녹음하여 집에서 다시 들어 보도록 한다.

REBT 치료자들은 매우 능동적이고 주저하지 않고 자신의 견해를 말하며, 개인 생활에 대한 직접적인 질문에 보통 대답해 주며, 특히 초기 회기 동안 말을 많이 하고, 집단치료에서는 꽤 정력적이고 자주 지시적이다. 동시에 그들은 내담자를 무조건적으로 수용한다. 그들은 설명, 해설 및 '강의'를 상당히 많이 할 수도 있으며, 개인적으로 호감이 가지 않는 내담자와도 쉽게 작업할 수 있다. REBT 치료자들은 모든 이에게 완전한 아량을 베푸는 경향이 있기 때문에, 내담자가 그들을 흔히 온정적이고 배려해 주는 사람으로 여기게 된다.

내담자들이 자기 자신을 변화시키려고 하기보다는 마술적인 손쉬운 해결책을 찾으려 하기 때문에 변화에 저항하는 것이라는 점을 보여 줌으로써 저항을 다룬다. 저항이 치료자에 대한 내담자의 특별한 감정으로 해석되는 경우는 흔하지 않다. 만일 내담자가 치료자를 유혹하려 한다면, 이것은 보통 '전이'의 측면에서 설명되지 않고, (1) 사랑을 받으려는 욕구, (2) 도움을 주는 사람에게 보이는 정상적인 매력, (3) 친밀한 정신적-정서적 접촉을 하는 두 사람 간의 자연스러운 성적 충동의 측면에서 설명된다. 만일 치료자가 내담자에게 관심을 갖게 되면 치료자는 대개 그것을 인정하지만 내담자와 성관계를 갖는 것이 왜 비윤리적인가를 설명해 준다(Ellis, 2002).

증거

많은 실험에서 직접적으로 또는 간접적으로 REBT의 이론을 검증하였으며, 현재 수백 편의 연구에서 REBT의 주요 가설들을 타당화하고 있다. 200편 이상의 성과 연구들이 출판되었는데, 그 연구들은 REBT가 다양한 종류의 장애를 가진 사람들의 사고, 감정 및 행동을 변화시키는 데 효과적이라는 것을 보여 주고 있다(DiGiuseppe, Terjesen, Rose, Doyle, & Vadalakis, 1998). 이러한 연구들은 REBT 논박과 다른 방법들이 치료가 없는 것보다 더 잘 작용하며, 다른 심리치료보다도 더 효과적임을 보여 주는 경향이 자주 있다(DiGiuseppe, Miller, & Trexler, 1979; Engels, Garnefski, & Diekstra, 1993; Haaga & Davison, 1993; Hajzler & Bernard, 1991; Jorn, 1989; Lyons & Woods, 1991; McGovern & Silverman, 1984; Silvermann et al., 1992).

특수한 내담자에게 REBT를 적용한 것도 효과적이다. 분노조절장애가 있는 사람(Ellis, 2003a), 종교적인 내담자(Nielsen, Johnson, & Ellis, 2001), 어린 학생들(Seligman, Revich, Jaycox, & Gillham, 1995)에게 특히 좋은 효과가 있다.

이에 덧붙여, 수백 편의 다른 성과 연구들이 인지치료자들, 특히 Aaron Beck(Alford & Beck, 1997)과 그의 동료들에 의해 이루어졌는데, 그 연구들 또한 REBT의 임상적 가설을 지지하고 있다. 끝으로, 1,000편 이상의 연구에 따르면, Ellis의 비합리적 사고 목록 원본에서 파생된 비합리성 척도들이 그 척도들로 검증되었던 진단상의 장애와 유의미하게 관련된다는 것이 드러났다(Hollon & Beck 1994; Woods, 1992). REBT와 다른 인지행동적 치료의 효과에 대해서는 아직도 더 연구할 부분이 많이 있지만, 기존의 연구 결과들은 인상적이다.

＊ 구체적인 연구들

많은 연구자들이 REBT의 주요 가설을 검증하였고, 연구의 대부분은 REBT의 주요 주장을 지지한다(Hajzler & Bernard, 1991; Lyons & Woods, 1991; McGovern & Silverman, 1984; Silverman et al., 1992). 이 연구들은 (1) 내담자들은 더 수동적인 심리치료 접근보다는 고도로 능동적 지시적인 접근에 의해 더 효과적인 도움을 받는 경향이 있고, (2) 효과적인 치료는 활동 지향적인 과제의 부과를 포함하며, (3) 사람들은 대체로 스스로 혼란되기를 선택하며, 또한 이러한 장애를 버리는 것도 선택할 수 있고, (4) 내담자에게 그의 신념을 수정하도록 도와주는 것은 그가 의미 있는 변화를 이루도록 하는 데 도움이 되며, (5) 모델링, 역할 연기, 기술 훈련 및 문제해결 등 많은 효과적인 인지적 치료 방법이 있다는 것을 보여 준다.

어떤 조건에서는 약물처방만 한 것보다 약물과 REBT를 병행하였을 때 더 효과가 있었다. 이런 결과는 주요우울장애(Macaskill & Macaskill, 1996), 기분저하장애(Wang, Jia, Fang, Zhu, & Huang, 1999)에서 나타났다. REBT는 입원한 조현병 환자에서 효과적인 부가적 결과를 보여 주었고(Shelley, Battaglia, Lucely, Ellis, & Opler, 2001), 강박장애, 사회공포증과 사회불안장애의 치료에서 통제 조건보다 더 우수한 결과를 보였다(Dryden & Dryden, 2008)

REBT가 인지행동 심리치료(CBTs) 중에서 첫 번째로 나온 것이기 때문에, 그 치료들은 모두 REBT의 측면들을 포함하고 있으며, CBT의 연구 프로그램들(특히 Aaron T. Beck의 CT)은 또한 REBT의 임상적 적용의 효율성을 지지하고 있다. Butler, Chapman, Forman과 Beck(2005)의 연구에서는 다양한 임상적 장면에서 CBT의 실증적 타당성을 증명하는 종합적인 메타 분석을 시행하였다.

현재 사용되고 있는 모든 인지행동치료의 선구자이기는 하지만, 아직도 REBT는 다른 인지행동치료들이 완전히 공유하지 않는 정서적 장애에 대한 독특한 이론을 제공하고 있다. REBT 모델의 독특성은 무엇보다도 인간이 '선호'를 '요구'로 바꾸는 경향에서 정서적 장애가 일어난다는 주장에서 나오는 것이다. REBT는 인간의 '반드시'가 Beck(1976)의 '자동적 사고'보다 앞선다고 가정한다(Ellis & Whiteley, 1979).

이 외에도 수백 편의 임상 및 연구 논문들이 REBT의 주요 성격 이론을 지지하는 경험적 증거를 제시하였다. Ellis와 Whiteley(1979)는 이 연구들 중 여러 편을 재검토하였다. 이 연구들은 다음과 같은 가설들을 입증하였다.

1. 인간의 사고와 정서는 두 가지 구분되거나 상이한 과정을 구성하는 것이 아니라 상당히 중첩된다.
2. 비록 활성화 사건이나 역경(A)이 정서적 · 행동적 결과(C)에 의미 있는 영향을 준다 하더라도, A에 대한 사람들의 신념(B)이 더 중요하게 그리고 더 직접적으로 C를 '일으킨다.'
3. 사람들이 스스로에게 하는 말의 형태뿐만 아니라 말의 종류도 그들의 정서 및 행동에 의미 있는 영향을 주며 흔히 그들을 정서적으로 혼란시킨다.
4. 사람들은 생각하고, 자신의 생각에 대해 생각할 뿐만 아니라, 자신의 생각에 대한 생각에 대해서도 생각한다. 그들의 생활 중에 A(불행한 사건)에서 어떤 일이 일어난 후에 C(결과)에서 강한 감정을 느낄 때마다, 그들은 C를 새로운 A로 만드는 경향이 있다. 즉, 자신의 정서적 혼란에 대해 지각하고 생각하며 그에 따라 흔히 새로운 것을 만든다.
5. 사람들은 자신에게 일어난 일을 단어, 구, 문장으로 생각할 뿐만 아니라 심상, 공상, 꿈으로 생각한다. 비언어적인 인지들은 그들의 정서와 행동에 의미 있게 영향을 주며, 또한 그런 행동을 변화시키기 위해서도 사용될 수 있다.
6. 인지가 정서와 행동에 기여하는 것과 마찬가지로 정서도 또한 인지와 행동에 의미 있는 영향을 주거나 인지와 행동을 '일으킨다.' 그리고 행동은 인지와 정서에 기여하거나 인지와 정서를 '일으킨다.' 사람들이 이 세 가지 행동양식 중 어느 하나를 변화시키면, 동시에 나머지 두 가지도 변화하는 경향이 있다(Ellis, 1994, 1998).
7. 인지행동치료학파 중에서 유일하게 REBT는 철학적 접근을 하는데, 이는 내담자의 신념 체계와 삶의 철학을, 특히 요구성과 비수용성에 관하여, 전반적으로 변화시키려는 시도이며(Ellis, 2005a; Ellis & Ellis, 2011), 심리치료 외의 장면에서 그의 기능을 증진시키려는 시도이다(Ellis, 2004a). 더욱이 REBT가 치료 장면 이외에서, 예컨대 대중 연설에서 효과적으로 자원자와 청중들에게 적용될 수 있다는 것을 보여 주는 연구(Ellis & Joffe, 2002)가 있다. 심리치료 이외의 장면에서 REBT를 적용한 여러 연구들이 Ellis와 Blau(1998)에 요약되어 있다. Froh 등(2007)은 비합리성은 낮은 삶의 만족도를 예언할 수 있지만, 이 관계는 인간관계에 의하여 적어도 부분적으로 매개된다는 결과를 보여 주었다.

Ellis가 2007년에 사망한 이후에 REBT에 관하여 실속 있는 연구가 많이 이루어지지 못한 것은 유감이다. 어떤 논문들은 REBT의 효율성을 보여 주었으며, 어떤 것들은 REBT와 CBT를 병합하였고, 몇 개는 코칭의 분야와 섞은 것도 있고, Cohen(2007)은 긍정심리학의 개념과 통합을 하였다.

몇몇 저자들은 더 진보된 탐색과 미래의 연구들이 필요하다고 결론을 지었다. REBT를 이론과 실제로서 더 발전시키려면, (1) 사람들이 대부분 절대적인 당위성(shoulds and musts)의 관점에서 생각하는 것에 의하여 스스로 장애를 일으킨다는 REBT의 기본 정신에 관한 연구들, (2) 분노, 불안, 우울, 중독과 인간관계의 주제를 다루기 위해 REBT를 사용하는 특수한 연구들, (3) 핵심적인 REBT 절차 대 일반적인 CBT 및 다른 치료적 체계의 상대적 효율성에 관한 새로운 연구들이 필요하다.

다문화 세계에서의 심리치료

심리치료의 다문화적 측면은 주요 주제이므로 모든 치료자가 이를 인정하는 것이 중요하다(Sue & Sue, 2003). REBT는 항상 다문화적 자세를 지니고, 유연성과 열린 마음을 가지는 것을 권장해 왔기에, 이 치료법을 사용하는 치료자는 가족, 종교, 문화적 관습이 다른 내담자를 치료할 수 있다. 그 이유는, 이 치료가 내담자의 문화적 목표, 가치와 아이디어에 대해 논박하거나 버리라고 하는 경우는 없으며, 이러한 목표가 절대적으로 반드시 이루어져야 한다는 과장된 주장에 대해 논박하기 때문이다.

내담자가 비교적 가난하고 검은 피부를 가진 파키스탄 출생의 이슬람교도인데, 중산층 백인 기독교인들이 주로 거주하는 미국의 한 도시에 산다고 가정해 보자. 그 내담자는 자신의 이웃이나 회사 동료들과 자연히 어느 정도 실제적인 차이가 있을 것이고, 아마 이런 차이로 인해 혼란이 있을 수 있다. REBT 치료자가 내담자가 살고 있는 지역의 대다수의 일원이고 내담자의 일부 관점과 취향에 대하여 '유별나다(peculiar)'고 본다 할지라도, 치료자는 그 내담자를 무조건적으로 수용할 것이다. 내담자가 가진 문화와 종교적 가치가 그 지역사회의 가치와 다르다고 해도, 내담자에게는 합법적이고 좋은 것이므로 존중받을 것이다.

이 내담자는 자신의 목표나 목적을 따르도록 지지받을 것이다. 내담자가 그것들을 고수함으로써 동네 사람을 불쾌하게 만든 결과를 기꺼이 수용한다면 말이다. 내담자가 지역사회의 비판 때문에 고통을 당한다면, REBT로 자신을 비하하지 않는 방법을 보여 줄 수 있고, 내담자의 '유별난' 문화적 · 종교적 방식은 그것이 너무도 경직되어서 기본적 목표를 방해할 때만 의문시될 것이다.

따라서 내담자가 자신의 종교와 문화의 사회적 · 성적 풍습을 경멸하고 그것들을 완벽하게 따르지 않았기 때문에 자신이 쓸모없다고 결론 내린다면, 절대적으로 반드시 그것들을 엄격하게 고수해야만 한다는 경직된 요구를 하는 것이 무가치와 우울의 느낌을 가져온다는 것을 보여 준다. 당위성을 선호로 변화시킨다면 내담자는 이러한 문화적 규칙을 따를 것인지 말 것인지 결정할 수 있고, 무가치와 우울을 느끼지 않을 수 있다.

그러므로 REBT는 비교 문화적 심리치료에 관련된 다음 세 가지 원리를 가지고 있다.

1. 내담자는 그 자신과 타인을 무조건적으로 수용할 수 있고, 삶의 역경에 처하였을 때 큰 좌절을 관대하게 다룰 수 있다.
2. 치료자가 그런 규칙을 따르고, 내담자가 그것을 따르고 유연한 생활을 하도록 북돋아 준다면, 다문화적 문제가 때로는 심각하게 있을 수 있지만 이들은 최소한의 문화 간, 문화 내 편견을 가지고 해결될 수 있다.
3. 대부분의 다문화적 주제는, REBT가 특히 그것에 저항하여 작업하는, 선입견과 편협성을 포함하고 있다[Ellis, 2004b의 『관용으로 가는 길(*The Road to Tolernace*)』을 참조).

REBT 자기 조력 양식

A (활성화 사건 또는 역경)

- 당신이 혼란스러워지는 상황(카메라가 무엇을 찍는가?)을 간단하게 요약하라.
- A는 내부적이거나 외부적일 수 있고, 현실이거나 상상일 수 있다.
- A는 과거, 현재, 미래의 사건일 수 있다.

IBs (비합리적 신념)

비합리적 신념을 확인하기 위해 다음을 찾아보라.

- 독단적인 요구
  (반드시, 당연히, 꼭 해야 한다)
- 끔찍한 것
  (그것은 지독하고, 끔찍하고, 잔인한 것이다)
- 좌절에 대한 낮은 인내
  (나는 그것을 견딜 수 없다)
- 자기/타인 평가
  (나는/그는/그녀는 나쁘다, 무가치하다)

D (비합리적 신념에 대한 논박)

논박을 위해 자신에게 물어보라.

- 이 신념을 잡고 있는 것이 나를 어디에 이르게 하는가? 그것은 **도움이** 되는가, 아니면 자기 패배적인가?
- 이 비합리적 신념의 존재를 지지하는 증거는 어디에 있는가? **사회적 현실과 일치**하는가?
- 나의 신념은 **논리적인가?** 그것은 내가 선호하는 것을 따르는가?
- 그것은 정말 **끔찍한** 것인가(더 이상 어쩔 수 없을 정도로)?
- 나는 정말 그것을 **견딜 수 없는가?**

C (결과)

주요 건강하지 않은 부정적 **정서**:

주요 자기 패배적 **행동**:

REBT 자기 조력 양식(계속)

건강하지 않은 부정적 정서는 다음을 포함한다.

- 불안
- 우울
- 분노
- 좌절에 대한 낮은 인내
- 수치감/당혹감
- 상처
- 질투심
- 죄책감

E (효과적인 새로운 철학)

더 합리적인 생각을 위해 다음의 노력을 한다.

- 비독단적인 선호
  (소망, 소원, 욕구)
- 나쁜 것을 평가하기
  (그것은 나쁘고, 불행하다)
- 좌절감에 대한 높은 인내
  (나는 그것을 좋아하지 않지만, 견딜 수 있다)
- 자신과 타인에게 완전히 분노하지 않기
  (나와 타인은 잘못을 저지를 수 있는 인간이다)

F (효과적인 정서와 행동)

새로운 건강한 **부정적 정서**:

새로운 건설적 **행동**:

건강한 부정적 정서는 다음을 포함한다.

- 실망
- 염려
- 초조함
- 슬픔
- 유감
- 좌절

✱ 내담자 문제들

내담자가 제시하는 문제가 무엇이든지 REBT 치료자는 우선 내담자가 실제로 겪고 있는 어려움에 대해 혼란된 정서와 행동 반응들을 표현하도록 도와주고, 이러한 반응들에 깔려 있는 기본 관념이나 철학을 보고 그것에 맞서도록 도와준다. 이것은 관리자를 위한 워크숍 과정에서 뚜렷이 나타난다. 이 워크숍 과정에서 관리자들은 사업, 경영, 조직, 개인적 문제 및 기타 문제들을 계속 내놓는다. 그러나 그들은 이러한 실제적인 문제들이 그들의 자기 파괴적 신념과 연결되어 있음을 보게 되고, REBT는 바로 이 문제를 해결하도록 주로 도움을 준다(Ellis, Gordon, Neenan, & Palmer, 1998).

그러나 어떤 사람들은 지나치게 억제되어 있고 방어적이어서 스스로 느끼도록 허용하지 않으며, 따라서 밑바탕이 되는 정서적 문제를 인식할 수도 없다. 그리하여, 심리적 도움을 받으러 온 이유는 오로지 아내가 그들의 관계가 좋지 않다고 고집을 부리기 때문이며, 아내의 불평 외에는 자신을 괴롭히는 문제가 전혀 없다고 주장하는 성공적인 사업가는 직접적인 직면을 통해 자신의 자만심에 충격을 받을 수 있다. REBT 집단치료는 그런 사람에게 특히 도움이 될 수 있어서, 그는 마침내 밑바탕이 되는 불안과 분노를 표현하고, 자신이 정서적 문제를 갖고 있음을 알기 시작한다.

REBT 회기 동안에 나타나는 극단적인 감정, 예컨대 울음, 정신병적 행동, 자살이나 살인 의도의 폭력적 표현은 자연적으로 다루기가 어렵다. 그러나 치료자는 그가 가지고 있는 인생 및 치료에 대한 합리적 철학에 의거해서 내담자를 다루는데, 이 합리적 철학에는 다음의 아이디어들이 포함된다. (1) 내담자의 갑작스러운 감정 분출은 일을 어렵게 만들지만, 그것이 끔찍하거나 소름끼치거나 파행적인 것은 아니다. (2) 개개의 감정 폭발 이면에는 어떤 비합리적인 생각들이 있다. 자, 그 생각은 무엇인가? 그것은 어떻게 해서 내담자의 주의를 끌 수 있었으며, 그것을 변화시키기 위해 무엇을 할 수 있는가? (3) 어떤 치료자도 언제나 모든 내담자를 도울 수는 없다. 만일 이 특정 내담자가 도움을 받을 수 없어서 다른 곳에 의뢰되거나 치료를 받지 못하게 된다면, 그것은 불행한 일이다. 그러나 그것은 치료자가 실패자라는 의미는 아니다.

심한 우울은 보통 REBT 치료자가 내담자에게 (1) 그들이 하였던 일 또는 하지 않았던 일에 대해 자신을 비난함으로써, (2) 우울하고 나태한 것에 대해 자기 자신을 비난함으로써, (3) 그리고 환경적 조건의 혼란과 가혹함을 이유로 자신의 운명을 한탄함으로써 자신의 우울을 만들어 내거나 악화시킨다는 것을 가능한 한 빨리, 직접적으로 또 격렬하게 보여 줌으로써 다루어진다. 이러한 자기 비난은 들추어내어질 뿐만 아니라 철저하게 공격당하며, 그동안 치료자는 내담자에게 안심과 지지를 제공할 수 있고, 보충적인 약물치료를 받도록 의뢰할 수 있으며, 도움을 얻기 위해 친척이나 친구에게 이야기할 수 있고, 관련된 행동에서 일시적으로 물러나도록 권할 수 있다. 내담자의 극단적인 자기 비하 및 자기 연민에 대한 즉각적이고도 직접적인 논쟁을 통해서 치료자는 흔히 단기간에 몹시 우울해지고 자살 경향이 있는 사람들을 돕는다.

가장 어려운 내담자는 만성 회피자 또는 기피자로서, 이들은 계속 마술적 해결을 추구한다. 이런 사람들에게는 그런 마술적 해결은 없으며, 만일 그들이 더 나아지기 위해서 열심히 노력하기를 원치 않는다면 계속 고통받는 것도 그들의 특권이며, 그들이 나태하다고 해서 형편없는 사람인 것은 아니지만 그들이 자기 자신을 돕는다면 훨씬 더 즐겁게 살 수 있다는 것을 보여 준다. 그들을 돕기 위해서는 집단치료와 같은 여러 사람들이 관여된 치료를 받도록 하는 것이 흔히 한 가지 선택 방법이 된다. 이런 종류의 둔감한 내담자들이 REBT 치료에서 얻는 결과는 비교적 빈약하지만(그리고 모든 다른 치료에서도 마찬가지이지만), 치료자가 갖고 있는 끈기와 힘은 이런 종류의 저항을 결국 극복해 낸다(Ellis, 1994, 2002; Ellis & Tafrate, 1998).

사례

이 절은 25세의 컴퓨터 프로그래머에 관한 것으로, 이 장의 앞(189~197쪽)에 초기 회기가 제시되어 있으며 내용이 비교적 짧다. 이 내담자의 나머지 사례 자료들은 다음과 같다.

배경

Sara는 정통파 유대교 가정 출신이다. Sara가 두 살 때 어머니는 출산 도중에 사망하였으며, Sara는 사랑하지만 엄격하고 다소 거리감 있는 아버지와 지배적인 친할머니 밑에서 자라났다. Sara는 학교 공부는 잘하였지만, 대학 시절을 포함해서 지금까지 거의 친구가 없었다. 꽤 매력이 있기는 하였지만 자기 몸매를 항상 부끄러워하였고, 데이트도 거의 하지 않았으며 주로 일에 파묻혀 지냈다. 25세 때, 그녀는 자료 처리 회사의 부장이 되었다. 그녀는 성욕이 많았고, 일주일에 여러 번 수음을 하였다. 그러나 자신이 무엇을 하고 있는지 모를 정도로 술에 취하였을 때 딱 한 번 남자와 성관계를 가졌을 뿐이었다. 대학 시절 이후로 늘 과식과 과음을 일삼았다. 매우 고전적인 정신분석을 3년간 받았는데, 분석가가 "매우 친절하고 도움이 되는 사람"이라고 생각하였지만 그 과정에서는 도움을 거의 또는 전혀 받지 못하였다. 이 경험의 결과로 치료에 대해 꽤 깊은 환멸을 가지고 있었으며, 그녀를 상당히 좋아하였던 그 회사의 사장이 Sara의 끊임없는 음주를 더 이상 참을 수 없으니 이 장의 공동 저자인 Albert Ellis에게 가 보라고 주장하였기 때문에 찾아오게 되었을 뿐이다.

치료

치료는 이 장의 앞에서 나온 축어록과 같은 노선을 따라 6회기 동안 계속되었고, 그 후 24주간의 REBT 집단치료 및 한 번의 주말 합리적 참만남 마라톤이 행해졌다.

인지적으로, 내담자 Sara는 자신이 거의 완벽하게 되어야만 한다고 믿고 있는 것과 주변의 중요한 사람들에게 어떠한 방식으로든 비판받으면 안 된다고 굳건하게 믿고 있는 것이 바로 자신의 핵심적인 문제라는 것을 반복해서 보게 되었다. 그녀는 자기를 평가하는 것을 삼가고 그 대신에 자신의 수행을 평가하도록 계속 배웠다. 또 자신이 과식, 강박적 음주 및 어리석은 증상을 결코 제거하지 못한다 해도, 인위적으로 그렇게 정의하는 경우를 제외하면, '벌레'와 같은 하찮은 존재일 수는 없다는 것도 배웠다. 또 그녀가 남자와 친숙해지고, 직장에서 동료와 상관에게 인정받는 것이 바람직하긴 하지만 반드시 필요한 것은 아니라는 점도 배웠다. 먼저 적대감을 가지고 있는 자신을 수용하고, 그런 다음 타인에게 그토록 적대적이 되도록 하였던 다른 사람에 대한 유치한 요구를 버리도록 배웠다. 비록 Sara가 자신 및 다른 사람들이 극도로 능률적이어야만 하며, 엄격한 규율을 따라가야 한다는 것을 '사실'로 철저히 믿고 있는 사람이라 해도, 그리고 치료자 및 다른 집단 성원들이 보내는 그녀의 도덕적 당위성에 대한 공격에 수긍하였다가 다시 저항하긴 하였지만, Sara는 결국 자신의 내면화된 신념에서뿐만 아니라 말에서도 당위성을 '그것이 더 나을 것이다'로 대치할 수 있게 되었다. 그녀는 자신의 원래의 종교적인 정통파적 관행을 완전히 뒤엎었다고 주장하였지만, 그것은 개인생활 및 세상사에서 확실성을 지나치게 요구하는 것으로 대치되었을 뿐이라는 것을 알게 되었다. 그래서 Sara는 그것도 결국 버렸다(Ellis, 2003b).

정서적으로, Sara는 치료자가 그녀의 생각 중 많은 것을 무자비하게 공격하고 때로는 그것이 불합리하다고 익살스럽게 격하시켰지만, 치료자에게 한 인간으로서 완전히 수용되었다. 몇몇 집단 성원들은 Sara가 다른 성원들의 어리석음과 회피를 얼마나 화가 나서 비난하는지를 보도록 도와줌으로써 그녀를 단호하게 직면시켰다. 그리고 그녀는 그들의 부적절성에도 불구하고 이 '나쁜' 사람들과(그리고 집단 밖에 있는 사람들과도) 관계를 맺도록 도움을 받았다. 치료자와 다른 집단 성원 및 그녀가 참여하였던 주말 합리적 참만남 마라톤 집단의 성원들은 Sara에게 단호하게 솔직한 언어를 사용하였다. 이것은 처음에는 Sara를 어이없게 만들었지만, 나중에는 그녀도 느긋해지기 시작하였으며 비슷한 말을 사용하였다. 그녀가 몇 주일 동안 술독에 빠져서 완전히 우울해지고 절망에 빠졌을 때, 집단 성원 중 두 명이 그들이 이전에 가졌던 술과 약물로 인한 문제들을 꺼내어 이야기하고 그들의 인생에서 거의 불가능해 보였던 기간을 어떻게 뚫고 나왔는가를 보여 주었다. 다른 성원들은 많은 전화와 방문을 통해 꾸준히 그녀를 지지해 주었다. 때로 Sara가 침묵을 지키거나 부루퉁해 있으면 치료자와 집단의 다른 성원들은 그녀에게 마음을 열고 실제 감정을 말로 표현하도록 압력을 주었다. 그런 다음, 그녀의 방어들을 추적하였고 어리석은 생각들(특히 타인들이 자신을 거부한다면 끔찍한 상처를 입을 것이라는 생각)을 들추어내어 그것들을 어떻게 뿌리 뽑을 수 있는지 보여 주었다. 마라톤 동안, Sara는 생애 처음으로 그때까지는 완전히 모르는 사람이었던 남자와 정서적으로 접촉할 수 있게 되었는데, 이것은 그녀에게 오랫동안 친밀감을 가로막아 온 장애물을 내려놓을 수 있으며 그녀가 사랑할 수 있음을 보여 주었다.

행동적으로, Sara는 공공장소에서 매력적인 남성에게 이야기하라는 과제 할당을 받음으로써 거부당할 것이라는 두려움을 극복할 수 있었다. 그녀는 먼저 일정한 시간 동안 다이어트를 계속하였을 때만 자신에게 보상(예: 고전음악 듣기)이 되는 경험을 허용함으로써 장기적으로 다이어트 하는 법을 배웠다(전에는 한 번도 해 본 적이 없었다). 치료자 및 다른 성원들과 역할 연기를 함으로써 그녀는 직장에서 또 사회생활에서 적대감 없이 주장하는 훈련을 받았다(Ellis, 2003a).

해결

Sara는 다음과 같은 몇 가지 방식에서 진전을 보게 되었다. (1) 그녀는 완전히 술을 끊었고, 체중을 11kg 가량 감량하였으며, 금주와 체중 감량을 유지하는 듯하였다. (2) 자신과 타인에 대한 비난을 상당히 덜 하게 되었고 친한 친구도 사귀기 시작하였다. (3) 세 명의 남자와 만족스러운 성관계를 맺고 그중 두 번째 남자와는 꾸준히 만나게 되었다. (4) 자책감과 우울증이 거의 없어졌고 자신의 실패를 받아들였으며, 자신을 평가하기보다는 즐기는 데 초점을 두기 시작하였다.

추적

Sara는 6개월 동안 REBT 개인 및 집단 회기를 가졌고, 그 이듬해 간헐적인 추적 회기를 가졌다. 그녀는 처음 치료를 받기 시작한 후 약 1년 뒤에 계속 만나던 애인과 결혼하였으며, 약혼 후에 그와 함께 결혼 전 상담 회기를 가졌다. 치료 종결 2년 6개월 후에, Sara와 남편은 결혼생활과 직업 및 그들의 사회생활 등 모든 면에서 순조롭다고 보고하였다. 그녀의 남편은 Sara가 REBT 원리를 사용하고 있는 것의 가치를 특히 인정한 듯하였으며, "아내는 치료자와 집단에서 배운 바를 열심히 적용하고 있으며, 솔직히 이 작업으로 인해 줄곧 향상되어 가고 있는 것 같다."라고 말하였다. 그녀도 웃으면서 열렬히 동의하였다.

요약

합리적 정서적 행동치료(REBT)는 아주 다양한 인지, 정서 및 행동적 치료 방법을 통합하는 포괄적인 성격 변화 체계이다. 이것은 정신건강과 장애에 대한 분명한 이론에 토대를 두고 있으며, 적용되는 많은 기법들은 이 이론과 연결되어 있다. 또한 그 주요 가설들은 아동양육, 교육, 사회적 · 정치적 쟁점들과 관련이 있으며, 인간의 지적-정서적 영역을 확장시키는 것 그리고 인간의 독특한 성장 잠재력을 고양시키는 것과 관련이 있다. REBT 심리학은 빈틈이 없으며, 경험적으로 지향되고, 합리적이며, 마술적이 아니다. 이 이론은 이성, 과학 및 기술의 사용을 권장한다. 이 이론은 인본주의적이며 실존주의적이고, 쾌락주의적이다. 그것은 한 개인의 개인 내적 또는 대인관계적 삶에서 성장과 자기실현을 증가시킬 뿐 아니라 정서적 혼란을 줄이는 것이 목적이다.

REBT 이론은 사람들이 생물학적으로 그리고 문화적으로 선택하고, 창조하며, 즐기려는 선천적 경향성을 가지고 있으며, 그러면서도 지나치게 순응적이며, 피암시적이고, 미워하며, 자신의 즐거움을 어리석게 차단하는 경향성도 강하게 가지고 있다고 주장한다. 사람들은 관찰하고, 사유하고, 경험을 증진시키고, 자신들의 어떤 본질적인 한계점을 초월하는 비범한 능력을 가지고 있기는 하지만, 또한 그들은 사회적 현실을 무시하고, 추리를 잘못 사용하며, 흔히 건강과 행복을 파괴하는 절대적 **당위성**을 창안해 내는 강한 경향을 가지고 있다. 사회적 현실을 받아들이기를 거부하고, 계속적으로 **당위성**을 찾고, 자신과 타인들을 신성시하거나 악마시하는 데 골몰하기 때문에 사람들은 자주 정서적 장애에 빠지게 된다.

사람들의 삶의 A(그들의 역경) 지점에서 유해한 자극이 나타난다면, 그들은 보통 이런 사건들을 객관적으로 관찰하고, rB(그들의 합리적 신념) 지점에서 이 사건이 불행스럽고, 불편하고 불리하다고 결론지어, 그것이 더 좋게 변화되기를 바란다. 그리고 C 지점(결과)에서 적절하게 슬프거나 후회스럽거나 좌절되거나 또는 화나게 된다. 이런 건강한 부정적 감정들은 그들이 역경을 개선하거나 변화시키기 위해 무언가 하도록 도와준다. 그들의 타고난 그리고 습득된 쾌락주의와 구성주의는 그들로 하여금 역경에 관하여 합리적 사고들("나는 이것이 싫어. 내가 그것을 변화시키기 위해 무엇을 할 수 있는지 찾아보자.")과 건강한 부정 감정들(슬픔과 분노)을 갖도록 고무하여 그들의 환경을 재조직하고 더 즐겁게 살도록 해 준다.

그러나 아주 흔히, 자신의 삶에서 유사한 역경이 일어날 때 사람들은 이런 사건들을 참을성 없이 그리고 과장되게 보고, iB(그들의 비합리적 신념) 지점에서, 그것들이 끔찍하고 무시무시하며 재앙적인 것이고, 그것들은 **반드시** 없어야 하며, 절대로 그것들에 맞설 수 없다고 결론을 내린다. 그다음에 그들은 C 지점에서 쓸모없음, 죄의식, 불안, 우울, 무력감 등과 같은 자기 패배적인 느낌을 가지게 된다. 그들이 가진 이 부적절한 감정은 대개 역경에 대해 건설적인 일을 하지 못하도록 방해하고, 그들은 자신의 비생산성에 대해 자기 자신을 비난하고, 수치감, 열등감 및 절망감을 더 많이 경험하는 경향이 있다. 그들의 선천적이고 획득된 자기 비하적이고 반인본주의적이며 신과 악마를 창출해 내는 철학은 불행한 활성화 사건에 대해 어리석은 생각("이것과 나는 얼마나 끔찍한가! 내가 그것에 대해 할 수 있는 일은 아무것도 없다.")을 하게 하고, 툴툴거리게 하고 폭언을 하게 하며, 즐겁게 살지 못하도록 하는 부적절한 감정(자신, 타인 및 세상에 대한 증오)을 가지도록 한다.

REBT는 사람들로 하여금 자신의 비합리적이고, 과장되고, 완벽주의적인 **반드시**, **마땅히** 및 **꼭**과 **끔찍하게 만드는 경향**을 관찰하고, 이해하며, 끊임없이 논박할 수 있도록 독특하게 고안된 인지적-정서적-행동적 심리치료 방법이다. 이 이론은 사람들이 마술과 절대성과 파멸을 포기하고, 신성한 것이나 절대적으로 중요한 것은 아무것도 없다는 것을(비록 많은 것들이 예외적으로 불쾌하고 불편하다 할지라도) 인식하도록 하며, 요구하기보다는 바라도록 하는 철학과 그들이 변화시킬 수 있는 것은 변화시키고 변화시킬 수 없는 것은 기품 있게 참는 철학을 점차로 가르치고 실행하도록 하는 과학의 논리적-경험적 방법을 이용한다(Ellis, 1994, 2002, 2005a; Ellis & Blau, 1998; Ellis & Ellis, 2011).

결론적으로, 합리적 정서적 행동치료는 사람들이 지나치게 동조적이고 암시적이며 즐기지 못하게 되는 경향성에 재빨리 그리고 효과적으로 저항하도록 돕는 성격 변화의 방법이다. 이 이론은 정서적 · 행동적으로뿐만 아니라 적극적이고 교훈적으로 인간성의 한 측면을 부각시키고 고양시키는 반면, 그들의 인간성의 또 다른 측면과는 더 행복하게 지내거나(그리고 억압하거나 억누르지 않고) 변화시키는 방법을 사람들에게 보여 준다. 따라서 이 이론은 이상적이고 미래 지향적일 뿐만 아니라 현실적이고 실용적이다. 또한 사람들이 더 완전하게 지금 그리고 여기를 실현하고, 경험하며, 즐기도록 돕는다. 그러나 또한 자기 자신의 (그리고 타인의) 미래에 대한 계획을 세우는 것을 포함하는 장기적인 쾌락주의를 지지한다. 이러한 이론적 입장이 그 명칭에 내포되어 있다. 합리적 그리고 정서적 · 현실적 그리고 상상적, 경험적 그리고 인본주의적이다. 이는 인간 자체가 복잡한 것과 같다.

웹사이트와 추천 도서

웹사이트

Dr. Debbie Joffe Ellis: www.debbiejoffeellis.com
EllisREBT: www.ellisrebt.com
REBT Network, www.rebtnetwork.org

추천 도서

Ellis, A. (1962). *Reason and emotion in psychotherapy*. Secaucus, NJ: Citadel.

합리적 정서적 행동치료에 대한 독창적 세미나와 획기적인 책.

Ellis, A. (2004a). *Rational emotive behavior therapy—it works for me—it can work for you*. Amherst, NY: Prometheus Books.

Albert Ellis의 생애와 작업을 훌륭하게 개관한 자서전.

Ellis, A. (2004b). *The road to tolerance: The philosophy of rational emotive behavior therapy*. Amherst, NY: Prometheus Books.

이 책은 REBT의 이론적 뒷받침을 개관하고, 인간이 가지고 있는 보편적인 약점을 가지고 있는 환자에 대한 관용을 지지하고 있다.

Ellis, A. (2005a). *The myth of self-esteem*. New York: Prometheus Books.

이 책은 삶과 심리치료에 대한 Ellis의 접근과 무조건적 수용에 대한 REBT의 강조점을 개관하고, Ellis의 폭넓은 지성에 대한 통찰을 제공한다. 별도의 장에서 Jean-Paul Sartre, Martin Heidegger, Martin Buber, D. T. Suzuki와 선 불교에 대해 다루고 있다.

Ellis, A. (2010). *All out! An autobiography*. Amherst, NY: Prometheus Books.

Albert Ellis의 마지막 작업인, 매력적이고 압축이며 매우 중요한 이 자서전은 기억할 만한 일화들, 그의 삶에서 만난 중요한 사람들, 그가 어려움에 대처하였던 방식, REBT를 개발하였던 일, 그의 애정 생활 및 개인적인 성찰들을 포함하고 있다.

Ellis, A., & Dryden, W. (1997). *The practice of rational emotive behavior* therapy. New York: Springer.

이 책은 합리적 정서적 행동치료(REBT)의 일반적 이론과 기본적인 실제를 제시하고 그것을 어떻게 개인, 부부, 가족, 집단 및 성 치료에서 사용할 것인가를 제시하는 특별한 장들로 구성되어 있으며, REBT 치료 절차에 관한 많은 세부사항을 제공한다.

Ellis, A., & Ellis, D. J. (2011). *Rational emotive behavior therapy*. Washington, DC: American Psychological Association.

이 책은 압축적이면서도 방대한 책으로, 분명하고 직설적인 방식으로 REBT의 주요 측면들을 제공한다. 이 책은 접근법의 본질에 관심이 있는 학생, 치료자 및 모든 다른 사람들에게 이상적이다.

Ellis, A., & Harper, R. A. (1997). *A guide to rational living*. North Hollywood, CA: Wilshire Books.

이제까지 출판된 자기 조력서 중 가장 널리 읽히는 책이며, 인지행동치료자가 내담자에게 추천하는 책으로 완전히 개정되고 다시 집필되었다. 자기 질문과 과제에 기초하여 REBT에 간결하고 간단하게 접근하며, 여러 정서 문제를 독자 스스로 해결할 수 있도록 돕는다.

사례집

Ellis, A. (1971). A twenty-three-year-old woman, guilty about not following her parents' rules. In A. Ellis, *Growth through reason: Verbatim cases in rational-emotive therapy* (pp. 223-286). Hollywood; Wilshire Books. [Reprinted in D. Wedding & R. J. Corsini (Eds.). (2013). *Case studies in psychotherapies*. Belmont, CA: Brooks/Cole.]

Ellis는 자기 처벌적이고, 충동적이고, 강박적이며, 남자를 두려워하고, 인생의 목표가 없고, 부모와 관계에서 죄책감을 가진 것 때문에 도움을 구하러 온 여자 내담자를 치료한 1, 2, 4회기의 축어록을 제시하고 있다. 치료자는 곧바로 그녀의 주요 문제에 주의를 집중하고, 내담자가 자신의 삶에서 원하는 대로 하는 것에 대해, 그녀의 부모가 그녀의 행동과 신념에 당황할지라도 죄책감을 느낄 필요가 없음을 보여 준다.

Ellis, A. (1977). Verbatim psychotherapy session with a procrastinator. In A. Ellis & W. J. Knaus, *Overcoming procrastination* (pp. 152-167). New York: New American Library.

사회학 박사논문을 끝내지 못하고 꾸물대는 내담자를 치료한 1회기 축어록이다. Ellis는 합리적 정서적 행동치료의 전형적인 태도인 직접적이고 소박한 방법으로 그녀의 문제를 다루었으며, 그 후에 그녀는 단 1회기 상담의 결과로, 이전에 몇 년 동안 연기해 온 논문을 마쳤다고 보고하였다.

Ellis, A., & Dryden, W. (1996). Transcript of demonstration session, with comments on the session by Windy Dryden and Albert Ellis. In W. Dryden, *Practical skills in rational emotive behavior therapy* (pp. 91-117). London: Whurr.

치료자이자 한 인간으로서 부적절한 감정 문제를 해결하려는 지원자인 한 치료자와 가진 회기의 축어록이다. Albert Ellis는 자기 비하를 하게 하는 어떤 핵심 신념을 그녀에게 보여 주며, 어떻게 이 신념을 논박하며, 이 신념을 포기하는지 보여 준다. 그 후에 Ellis와 Windy Dryden은 REBT 관점에서 분석하기 위해 축어록을 개관한다.

Ivan Pavlov(1849~1936)
© Bettmann/CORBIS

B. F. Skinner(1904~1990)
© Bettmann/CORBIS

Joseph Wolpe(1915~1997)
The Milton H. Erickson Foundation

Albert Bandura
© Albert Bandura

제 6 장 행동치료

Martin M. Antony

개관

기본 개념

20세기 중반에 시작된 행동치료는 진화하고 있다. 오늘날, 행동치료는 점진적인 근육이완에서부터 노출치료로, 그리고 마음챙김 명상까지 전략을 넓혀 나가고 있다. 행동치료는 개인이 환경에 반응하는 방식뿐만 아니라 개인의 행동에 영향을 미치는 환경 안의 요인을 바꾸는 것을 목적으로 한다. 행동치료자들은 **행동**이라는 용어를 근육의 움직임, 생리적인 반응, 감정, 그리고 인지를 포함하여 넓게 정의한다. 활동하는 대부분의 행동치료자들이 오늘날 자신의 작업을 **인지행동치료**로 정의하고 전통적인 행동주의적인 방법뿐만 아니라 이 책의 다른 장(5장 합리적 정서적 행동치료와 7장 인지치료 참조)에서 설명하는 인지적 방법도 사용한다. 행동치료 전략은 다양할 뿐만 아니라, 그것을 사용하는 치료자들 역시 다양하다. 행동치료자들은 어떤 전략이 어떤 문제에 유용한지 논의한다. 그리고 종종 치료자들은 특정 전략을 더 선호한다.

행동적인 접근은 다양하지만, 행동치료의 특징은 다음과 같다(Antony & Roemer, 2011).

- 행동치료는 행동을 바꾸는 데 초점을 맞춘다. 행동치료는 부적응적 행동의 빈도를 감소

시키고 적응적이고 도움이 되는 행동의 빈도를 증가시키는 것을 목적으로 한다. 궁극적인 목표는 개인이 모든 상황에서 다양한 반응을 선택할 수 있는 내담자의 행동 목록 안에서 유연성을 증가시키는 것이다.

- 행동치료는 경험주의에 근거한다. 행동치료자들은 자신의 작업에 가설을 세우고, 과학적 접근을 채택한다. 그들은 문제행동에 기여하는 변인들을 여러 방면으로 생각한다. 그리고 다양한 행동 평가 방법을 통해 가정을 시험한다. 그들은 치료를 통하여 자료를 모으고 가설을 적절하게 수정한다. 그들은 치료를 통하여 개입의 효과를 평가하는 증거 기반 접근을 사용한다.
- 행동은 기능을 가진 것으로 여겨진다. 행동치료에서 모든 행동은 그것이 발생하는 맥락 안에서 이해된다. 행동은 부분적으로 환경으로부터의 강화와 처벌 패턴의 결과로 여겨진다. 예를 들어, 긍정적인 행동(예를 들어 소란을 피우지 않고 등교하기)이 아니라 문제행동(예를 들어 학교 갈 때 울기)으로 주의를 끄는 아동은 더 주목을 끄는 방법으로 문제행동의 빈도를 증가시킬 수 있다. 대부분 행동적 문제는 개인 안에 내재되어 있지 않다. 그것은 환경이나 개인과 행동이 상호작용을 하는 방법으로 환경 안에 내재된 것으로 여겨진다. 행동치료자들은 문제행동을 상황에서 이해 가능하다고 받아들이기 때문에 내담자, 내담자의 행동이나 문제를 비난하지 않는다.
- 행동치료는 처음 문제 유발 요인보다 유지 요인을 강조한다. 행동치료는 문제가 발생된 단계의 초기 발달적인 사건을 확인하고 이해하도록 내담자를 돕는 데 관심이 없다. 대신에, 행동치료는 환경에의 일관성뿐만 아니라 부적응적인 학습 행동(공포상황의 회피, 편향된 생각, 칭얼거리기 등)을 포함한 행동의 현재 결정요인들을 바꾸는 데 초점을 맞춘다.
- 행동치료는 연구에 의해 지지된다. 행동치료(CBT를 포함)는 심리치료 중 가장 잘 연구되어 왔다. 행동치료는 불안장애, 우울장애, 섭식장애, 조현병, 중독, 아동의 행동장애, 그리고 많은 다른 것들을 포함하여 수백 편의 연구에 의해 지지되고 있다 (Sturmey & Hersen, 2012).
- 행동치료는 적극적이다. 행동치료자는 충고나 제안을 제공한다(달리 말하자면, 행동치료는 지시적인 접근이다). 내담자도 상담 과정에 적극적으로 참여한다. 회기 안에서, 그리고 회기들 사이에 과제를 통해서 행동적인 전략을 연습한다. 예를 들어, 내담자는 일반화된 불안이나 걱정을 줄이기 위해서 이완연습을 할 수 있다. 또는 폐쇄공포증을 극복하기 위하여 공포가 감소할 때까지 반복적으로 밀폐된 공간에 계속 노출할 수 있다.
- 행동치료는 숨김이 없다. 행동치료의 목표는 내담자 자신이 치료자가 되는 데 필요한 기술을 배우게 하는 것이다. 그러므로 내담자는 자신의 문제를 이해할 수 있는 행동적 모델의 설명, 각 전략에 대한 자세한 논거, 그리고 행동적 기법을 이용하는 단계적 방법에 대한 설명을 듣는다. 행동 평가 과정 동안 수집된 자료는 내담자에게 공유된다. 내담자는 치료 목표를 수립하고 각 회기를 위한 안건을 정하는 것을 포함하여 치료 과정 안에서 적극적인 파트너 역할을 맡는다.

다른 체계들

행동치료는 인지치료와 합리적 정서적 행동치료와 같은 지시적이고 단기적인 다른 심리치료 이론들과 밀접하게 연관되어 있다. 사실, 이 세 이론의 상담자들은 종종 자신을 인지행동치료자로 간주한다. 그리고 전통적인 행동 전략(예: 공포 상황에 노출하기)과 인지적으로 접근하는 치료자들에 의해 최초로 개발된 기술들(부정적인 사고 패턴을 검토하고 바꾸기)을 포함한 전략을 사용한다. 초기 행동치료는 생각과 감정 같은 관찰 불가능한 반응에 주의를 기울이지 않았지만, 현대의 행동치료자들은 사고가 개인이 환경에 반응하는 방식에 중요한 역할을 한다고 믿는다. 행동치료처럼 인지치료와 합리적 정서적 행동치료는 단기적이고, 지시적이고, 투명하며(transparent), 증거 기반적이며, 적극적이다. 그리고 과거에 문제를 최초로 야기한 요인을 이해하는 작업을 하는 대신에 심리적인 문제를 유지하게 하는 요인을 바꾸는 데 초점을 맞춘다.

아마도 행동치료는 정신분석(분석적인 심리치료 같은 정신역동적 접근)과 가장 다를 것이다. 정신분석은 관찰 가능한 행동적 증상이 무의식적 갈등과 동기의 징후라고 가정하지만, 행동치료는 행동을 있는 그대로 평가한다. 개인이 항상 자신이 특정 방식으로 행동하는 이유를 항상 의식한다는 것은 아니다. 인간이 자신의 지각 밖의 정보를 다루고 있음을 수용할 만한 증거들이 있다. 그리고 행동치료자는 우리가 동기와 가정을 항상 의식하지 않음을 받아들인다. 그럼에도 불구하고, 행동치료자들은 정신분석을 수행하는 사람들이 가지고 있는 무의식에 대한 많은 관점(심리성적 갈등의 역할, 방어기제, 전이, 그리고 꿈 분석자들의 해석에 의해 부여되는 상징성)을 받아들이지 않는다.

행동치료와 비교하여, 정신분석은 지시적이지 않고, 명료하지 않으며, 증거 기반적이지 않고, 치료자의 해석에 더 의존적이고, 현재의 문제행동을 유지시키는 요인보다 오히려 문제에 발달적으로 기여하였던 것에 대한 통찰력을 개발하는 데 초점을 맞춘다. 행동치료자들과 다르게, 정신분석가들은 또한 좋은 심리치료를 하기 위해, 치료자들이 자신의 분석을 경험해야 한다고 믿는다. 대조적으로, 행동치료자들은 자신이 행동치료를 경험하는 것이 더 좋은 결과를 이끄는 데 필수적이라고 가정하지 않는다. 행동치료와 비교하여, 전통적인 정신분석은 훨씬 더 비싼 치료가 될 것이다. 최근에 단기 정신분석가들이 늘어났어도, 정신분석 치료는 종종 몇 년(때로는 일주일에 몇 회기씩)이 걸린다.

마지막으로, 정신분석적인 이론은 행동치료의 결과를 설명할 수 없고, 그것은 종종 정신분석의 원리와 모순된다. 예를 들어, 정신분석 이론은 증상을 바꾸는 데 초점을 맞추는 치료법(예를 들어 공포증에 대한 노출치료)이 문제의 근원이 아닌 표면적인 것에 집중하기 때문에) 궁극적으로 덜 효과적일 것으로 예측하였다. 정신분석가들은 증상 대체에 대해서 말한다. 증상 대체는 표면 증상이 다루어질 때 근원이 되는 문제가 다른 형태로 나타나는 것을 의미한다. 그러나 증상 대체의 개념을 지지하는 증거는 없다. 오히려, 행동치료가 일반화의 과정을 통해서 직접적으로 목표가 되지 않은 기능 영역의 개선을 이끌 것이다. 그것은 이 장의 후반부에 논의된다.

내담자 중심 치료는 지시적이지 않으며 회기 사이에 과제를 포함하지 않는다는 점에서 행동치료와 다르다. 행동치료자들이 전통적으로 치료적인 관계에 덜 관심을 기울였지만 내담자 중심 치료에서 중요하게 보여지는 몇 가지 개념은 (지지적이고, 따뜻하고, 신뢰하고, 통합된 치료자를 포함하여) 행동치료를 포함한 모든 심리치료자들에게 중요하다.

행동치료는 다른 심리치료와 몇 가지 특징을 공유한다. CBT와 같이, Adler 심리치료는 신념의 변화의 중요성을 강조하고, 특히 개인의 자기 가치를 최소화하는 신념의 변화를 강조한다. 그리고 행동 전략과 함께 사용되는 행동 기반의 기술들(과제 설정 등)을 사용한다. 또한 Adler 치료와 행동치료는 비정상적인 행동이 질병의 증거보다 오히려 '삶의 문제'라는 관점을 공유한다. 행동적 관점에서는 비정상적이고 부적응적 행동은 정상적이고 적응적인 행동과 같은 방법을 통해 학습된다.

게슈탈트 치료는 감정을 통제하려 시도하는 것보다 내담자가 감정과 느낌을 경험하도록 역할극을 포함하여 행동적인 전략들을 사용한다. 행동치료처럼 대인관계적 심리치료는 단기 심리치료이고, 고도로 구조화되고 행동적인 전략들(사회기술 훈련 등)을 포함한다. 또한 가족치료는 행동치료와 중복되는 부분이 있다. 사실, 행동치료는 가족 상황 안에서 수행될 수 있다(일반적으로 **행동주의적 가족치료**라고 부른다).

역사

선구자들

행동치료에 대한 최초 기록은 200년 전에 살았던 로마의 철학자, 대 플리니우스와 관련이 있다. 대 플리니우스는 알코올 중독을 치료하기 위하여 전략적으로 유리잔의 밑바닥에 거미를 놓았다. 이것은 현대의 **혐오치료**라고 볼 수 있다(Franks, 1963). 역사에 기록된 또 다른 행동적 개입은 18세기 프랑스 아베롱(Aveyron)의 Victor(아베롱의 야생 소년으로 알려져 있다)의 치료와 관련이 있다. Victor는 12살이 될 때까지 사람과의 접촉 없이 자랐다. Victor는 **모델링**, **행동 조성**, **강화**로 추론되는 전략을 사용하는 Jean Marc Gaspard Itard(1962)에게 치료를 받았다.

행동 전략이 먼 과거에도 사용되었다는 것을 기록이 보여 줄지라도, 과거의 사례가 1950년의 행동치료의 발달에 영향을 미쳤다는 증거는 없다. 행동치료의 근원은 1900년대 중반 초기에 몇 가지의 사건으로 거슬러 올라간다. 이들 중 첫 번째는 1900년대 초기에 학습 과정에 실험적 연구를 도입한 러시아 심리학자 Ivan Pavlov의 **고전적 조건형성** 실험이다(Pavlov, 1927). 고전적 조건형성은 짝지어진 두 자극과 연관되어 있다. 그것은 중립 자극(불빛 또는 종소리)이 중립적이지 않은 자극(음식 또는 충격)의 발생과 연합하는 것이다. Pavlov는 중립적인 불빛이나 목소리를 음식 자극과 지속적으로 함께 제공하여 개가 타액을 분비하는 것을 가르칠 수 있다는 것을 보여 주어, 고전적인 조건형성의 과정을 처음으로 증명하였다(Pavlov, 1927).

행동치료의 발달을 형성한 두 번째 요인은 인간에게 고전적인 조건형성의 과정을 처음으로 시도하였던 John B. Watson의 작업으로, 미국에서의 행동주의의 시작이었다.

1920년에 Watson과 Rayner는 Albert라고 불리는 아이가 쥐와 큰 소리를 연합한 후 흰쥐에 대한 공포를 학습하도록 하면서 현재의 고전적인 실험을 수행하였다(Watson & Rayner, 1920). 종종 **행동주의**의 창시자로 여겨지는 Watson은 관찰 가능한 행동만 심리학의 초점이 되어야 한다고 믿었고, 감정과 사고 같은 관찰 불가능한 경험이 연구되는 것에 반대하였다(Watson, 1913).

현대적 행동주의적인 전략들은 고전적인 조건형성에 대한 초기 연구의 직접적인 결과로 1920년대와 1930년대에 처음으로 기술되었다. 예를 들어, Mary Cover Jones(John Watson의 학생)는 토끼를 두려워하는 어린 소년을 치료하기 위해 **모델링**과 **노출**을 결합하여 사용하였다(Jones, 1924). 그녀는 아이가 토끼를 데리고 노는 다른 아이를 관찰하도록 하였고 소년이 점차적으로 접근하기를 격려하였고, 두렵지 않을 때까지 토끼를 만지도록 하였다. 비슷하게, Mowrer와 Mowrer(1938)는 아동기 야뇨증을 치료하기 위해 고전적 조건형성의 원리를 사용하였다. 그들은 습기에 민감한 패드를 아동의 시트 밑에 놓고, 패드를 아이가 침대에 오줌을 쌀 때마다 울리는 종소리에 연결하였다. **종소리와 패드**라고 불리는 이 치료는 야뇨증 아동을 치료하는 데 가장 효과적인 방법으로 여겨지고 있다.

고전적 조건형성에 대한 연구에 더하여 **조작적 조건형성**에 대한 연구(또한 **도구적 조건형성**이라고도 불린다)는 행동치료의 성장에 중요한 영향을 미쳤다. 그것은 Edward Thorndike(1911)와 B. F. Skinner(1938)의 공헌으로 여겨진다. 조작적 조건형성의 원리는 행동이 궁극적으로 환경의 변인(contingencies)에 의해 통제된다고 가정한다. 특히, 긍정적인 결과(또는 **강화**)는 해당 행동의 빈도를 증가시키고 반면에 부정적인 결과(또는 **처벌**)는 행동의 빈도를 감소시킨다. 이 원리는 문제행동의 치료에 직접적인 의미를 담고 있다. 개인 환경에서 강화와 처벌의 패턴을 바꿈으로써 개인의 행동을 바꾸는 것을 가능하게 하였다. 사실, 출판되지 않은 논문에서 정신병의 고통을 치료하기 위해 조작적 조건형성 원리의 사용을 처음 **행동치료**라는 용어로 언급한 것은 Skinner와 동료들이었다(Lindsley, Skinner, & Solomon, 1953).

행동치료의 확장을 위한 맥락을 제공하였던 세 번째 요인은 1949년 임상심리학 대학원 교육에 관한 1949년 Boulder 학회였다. 이 학회는 후에 심리학 분야가 과학자와 상담자 모두가 되기 위한 심리학자로서의 트레이닝의 중요성을 강조하는 **과학자-실무자** 훈련 모델이 확장되는 계기가 되었다(Benjamin & Baker, 2000). 그 결과, 많은 심리학자들은 정신분석(당시 가장 영향력 있는 심리치료법이었다)을 그만두기 시작하였고 대신에 행동치료와 같이 엄격하게 과학적인 연구를 사용하기 좋은 접근을 선호하기 시작하였다.

초창기

남아프리카공화국, 영국, 미국, 캐나다에서 행동 문제에 대한 원리를 적용하기 시작한 행동치료 연구 집단은 1950년대에 나타났다(행동치료의 초기, Franks, 2001 참조; Lazarus, 2001 참조). 남아프리카공화국과 영국에서 행동치료의 발달은 대개 고전적 조건형성의 실험 연구의 영향을 받았고, 북아메리카의 행동치료의 근원은 조작적 조건형성의 이론과 연구였다.

남아프리카공화국의 의사인 Joseph Wolpe는 처음으로 고전적 조건형성을 연구하였고 심리학자 Leo Reyna, James Taylor, 그리고 Cynthia Adelstein의 지도 감독 아래 의대학생으로서 학습 이론을 연구하기 시작하였다. 남아프리카공화국의 연구에서 영향을 받아, Wolpe는 공식적으로 연구된 노출치료의 가장 초기 형태의 하나인 **체계적 둔감법**이라고 불리는 치료를 개발하였다. 체계적 둔감법은 근육을 이완시키면서 동시에 상상을 통해 점진적으로 공포상황에 직면시킨다. Wolpe는 (이완과 공포감을 동시에 느끼기는 불가능하기 때문에) 이완된 감정과 공포상황의 이미지를 연결함으로써 내담자의 공포가 감소할 것이라고 믿었다. 왜냐하면 이완되면서 공포를 동시에 느낄 수는 없기 때문이다. Wolpe는 치료의 근간이 되는 과정을 **상호 억제**(reciprocal inhibition)라고 불렀다(Wolpe, 1958). 체계적 둔감법을 지지하는 증거가 있지만, 오늘날 체계적 둔감법은 거의 추천되지 않는다. 대신에 현대 노출 기반의 치료는 실제 상황에서의 노출(상상에서의 노출보다)을 사용한다. 그리고 이완이 효과성을 높이지 않는 것으로 보이기 때문에 이완 연습은 노출과 연합되지 않는다(Moscovitch, Antony, & Swinson, 2009 참조).

Wolpe는 1940년대 후반부터 1960년까지 요하네스버그의 Witwatersrand 대학교에서 일하였다. 그 후 버지니아 대학교 의학과로 옮겼고, 1965년에는 템플 대학교로 옮겼다. Wolpe는 **조건형성 치료**라는 것을 지도하기 위하여 그의 팀(그들 스스로를 행동치료의 중요한 기여자로 여기는 심리학자 Arnold Lazarus와 Stanley Rachman을 포함한다)을 훈련시켰다(Lazarus, 2001). Lazarus는 **조건형성 치료**부터 **행동치료**로 이름을 바꾸자고 1957년에 제안하였다. Lazarus(1958)는 또한 출판된 저널에서 **행동치료** 또는 **행동치료자**라는 용어를 처음으로 사용하였던 사람이었다(Skinner가 5년 전에 출판되지 않은 보고서에 행동치료라는 용어를 사용하였던 것을 몰랐다). 템플 대학교에 있는 동안(1970년) Wolpe는 그의 멘토였던 Leo Reyna와 *Journal of Behavior Therapy and Experimental Psychiatry*라는 학회지를 창간하였다.

영국에서는 독일 태생의 심리학자인 Hans Eysenck가 런던에 있는 정신의학 기관(Maudsley 병원)에서 행동치료를 가르쳤다. 행동치료는 Eysenck가 영향을 끼쳤던 몇 가지의 지배적인 이론 중의 하나였다. 그는 성격 이론 영역의 기여자로 잘 알려져 있다. Eysenck는 1963년에 첫 번째 행동치료 학회지 *Behavior Research and Therapy*를 발간하였으며, 이 학회지는 1960년대에 행동치료라는 용어를 알리는 데 기여하였다. Eysenck의 학생들은 그 후로 몇 년 동안 행동치료 분야에서 중요한 기여를 하였다. 예를 들어, Stanley Rachman(Eysenck가 남아프리카공화국의 Wolpe 집단에서 선발하였던)은 영국과 캐나다에 있는 브리티시컬럼비아 대학교에서 광장공포증, 강박장애 그리고 다른 불안 기반의 문제들을 위한 효과적인 행동치료법을 개발하였다. Eysenck의 학생인 Cyril Franks는 1957년에 미국으로 이주하였고, 1966년에 그곳에서 Association for the Advancenment of the Behavioral Therapy(AABT)를 창립하였다. 동시에 AABT의 학회지, *Behavior Therapy*의 첫 번째 편집자로, 그리고 회장으로 활동하였다. 1967년에 AABT는 Association for Advancement of Behavior Therapy로 이름을 바꾸었고, 2005년에는 Association for Behavioral and Cognitive Therapy(ABCT)로 바꾸었는데, 이는 인지적인 접근을 포함하기 위한 것이었다.

북아메리카에서 행동치료의 근원은 조작적 조건형성의 영역에서 이루어진 Skinner의 작업과 밀접하게 연관되어 있다. Nathan Azrin(Skinner의 학생)은 조작적 조건형성 원리를 기반으로 한 치료를 개발한 초기 개척자이다. 그는 **응용 행동 분석**(applied behavior analysis)의 분야를 개척하였고, 물질사용장애 치료를 위한 강화 기반 프로그램을 개발하였고, 원하지 않는 습관을 반복하는 것을 행동적으로 치료하기 위한 기법을 개발하였다. 캐나다에 있는 서스캐처원(Saskatchewan) 병원의 심리학자인 Teodoro Ayllon과의 공동 연구에서 Azrin은 또한 후에 보상으로 바뀌는 토큰을 제공함으로써 소망하는 행동을 강화시키는 **토큰 경제**(token economy)라고 불리는 방법을 개발하였다(Ayllon & Azrin, 1968). 토큰 경제는 특히 약물치료가 유행하기 전에 정신질환 환자의 파괴적인 행동을 다루는 데 인기가 있었다.

현 상태

행동치료의 경계는 Alber Ellis가 1955년에 합리적 심리치료라고 불리는 것을 처음으로 시작하였을 때(1962년에 **합리적 정서치료**로, 1993년에 **합리적 정서적 행동치료**로 명칭을 바꿈; Ellis, 2001) 인지기술의 도입과 함께 확장되기 시작하였다. Aaron Beck(**인지치료**의 창시자)과 다른 연구자들(Donald Meichenbaum, Marvin Goldfried, Gerald Davison, Michael Mahoney 등)은 이후에 인지적인 접근의 대중화에 기여한 부정적인 생각을 바꾸기 위한 효과적인 전략을 개발하였다(Lazarus, 2001). 많은 행동치료자들(Rachman과 Lazarus를 포함)이 그들의 작업에 통합적인 인지 전략을 사용하기 시작하였고, 이미 오래 전부터 CBT가 전 세계적으로 사용되고 있었다. Lazarus(2001) 외에도 인지행동치료라는 용어는 처음에 1977년 *Annual Review of Behavior Therapy*에서 Cyril Franks에 의해 소개되었으며(Franks & Wilson, 1978), 이 학술지는 행동치료에서 CBT로의 전환에 대해서 논의하였다.

Albert Bandura의 작업은 또한 행동치료 분야에 중요한 영향을 미쳤다. Bandura는 고전적 또는 조작적 조건형성을 통한 학습 이외에도 사람이 다른 사람을 관찰함으로써 배우고 이 과정(종종 **사회 학습** 또는 **모델링**이라고 언급되는)이 바라는 행동이나 바라지 않는 행동에 기여할 수 있다고 주장하였다(Bandura, 1969). 오늘날 바라는 행동의 모델링(부모나 심리치료자 또는 다른 사람들에 의해)은 종종 행동주의 치료에 포함된다. Bandura의 사회 학습 이론(현재 **사회인지 이론**으로 언급된다)은 인지의 역할을 통합하였다(Bandura, 1986).

과거 수십 년 동안, 행동치료의 '제3의 물결'이라고 언급된 것은 **수용 기반 행동주의 치료**(acceptance-based behavioral therapies)이다(Hayes, Follette, & Linehan, 2004). 이것은 원하지 않는 생각, 느낌, 감정을 통제하거나 직접적으로 바꾸려고 하기보다 받아들이는 것의 중요성을 강조한다. 이 치료는 **수용전념치료**(acceptance and commitment therapy: ACT; Hayes, Strosahl, & Wilson, 2012), **마음챙김 기반 인지치료**(mindfulness-based cognitive therapy)(Segal, Williams, & Teasdale, 2013), **변증법적 행동치료**(dialectical behavior therapy)(Linehan, 1993) 등을 포함한다. 수용 기반의 치료(특히 ACT)는 또한 내담자가 자신에게 중요한 것을 깨닫고 자신의 가치와 일관된 방식으로 살아가기 위해 행동을 바꾸도록 가르치는 것을 포함한다. 수용 기반의 접근이 빠르게 인기를 얻고 전반적인 지지를 얻을지라도 전통적인 행동치료와 CBT를 능가할지는 아직 모른다.

오늘날, 행동주의적인 치료(CBT를 포함)는 심리적이고 행동주의적인 문제를 다루는 접근법으로 폭넓게 사용되는 것 중의 하나이다. 다양한 전문가 집단(미국정신의학회 등)에서 치료 가이드라인을 출판하고 있을 뿐만 아니라 독립적인 정부 지원 기관(영국의 National Institute for Health and Clinical Excellence)이 지속적으로 심리학적인 치료법으로 행동주의 치료법을 소개하고 있다. 20개 이상의 과학적인 학술지들이 행동치료에 헌신하고 있고, 그리고 많은 나라들이 행동주의 또는 인지행동치료법의 수행을 하는 사람을 위한 전문가 협회를 가지고 있다. 행동치료는 영역을 확장하고 있고 앞으로도 성장과 진화를 계속할 것이다.

성격

성격 이론

특성 이론은 개인이 다양한 상황에서 관찰될 수 있는 행동의 독특하고 지속적인 패턴이 있다고 가정하고 이 패턴이 개인의 **특성**(낮은 것부터 높은것까지 강도가 다양한)을 이해시켜 줄 수 있다고 가정한다. 심리학자들이 성격에 대해 연구한 이후로 연구자들은 특성의 실제 개수와 가장 중요한 특성이 무엇인지에 동의하지 않았다. 예를 들어, Gordon Allport는 체계적으로 특성 이론을 연구한 심리학자로, 처음으로 개인의 특성을 설명하는 18,000개의 용어들을 사전에서 확인하였다(Allport & Odbert, 1936). 이 목록은 Allport에 의해 약 4,500개로 축소되었다. 후에 Raymond Cattell이 171개 특성으로 분류하였고(Cattell, 1943), 후에 16개의 성격 요인이 분류되었다(Cattell, 1946, 1989).

오늘날, **개방성**(호기심 vs 주의 깊은), **성실성**(조직된 vs 신중하지 않은 또는 쉽게 행동하는), **외향성**(외향적인 vs 고립된 또는 내성적), **친화성**(동정적인 vs 차가운 또는 불친절한), 그리고 **신경증**(민감한 또는 두려운 vs 안전한 또는 자신감 있는)을 포함한 Costa와 McCrae(1992)의 **5요인 모델**(또는 빅 5)은 성격의 주요한 유형을 묘사하는 가장 영향력 있는 접근법일지 모른다. 각각의 요인 내에는 좀 더 좁게 초점을 맞춘 서로 연 관된 특성의 무리가 있을 것으로 가정된다.

전통적으로, 행동주의 접근들은 행동(특히 관찰 가능한 행동) 연구, 그리고 행동에 영향을 미치는 환경적인 조건에만 초점을 맞추었다. 대부분의 경우, 행동주의자들은 성격에 대한 고전적인 특성 접근을 거부하고 행동을 예견하는 능력에 대해서도 회의적이다. 안정된 특질이나 특성으로 행동을 설명하기보다, 행동주의자들은 행동이 우선적으로 환경적인 변인들(강화, 처벌, 고전적 조건형성 등)에 의해서 영향을 받고 개인들이 상황마다 다르게 행동할 것이라고 믿는다. 예를 들어, 한 상황에서 적극적인 개인이 다른 상황 에서는 신중할 수도 있다.

예를 들어 행동주의 관점에서 교사는 집, 학교, 병원에서와 자동차를 운전하는 동안에 다르게 행동할 것으로 기대된다. 성격과 행동의 관계에 대하여 연구가 우리에게 말하는 것은 무엇인가? 1968년에 심리학자 Walter Mischel은 연관된 연구들을 검토한 후에 행동이 상황적인 신호에 의존적이고 사람들이 상황이 달라져도 일관적으로 행동한다는 것을 지지하는 연구가 거의 없다고 밝혔다(Mischel, 1968). 이는 성격 특성에 대한 고전적 주장에 대한 반격이었다.

그러나 행동주의 관점이 완벽하게 연구에 의해 지지되는 것은 아니다. 행동에 영향을 미치는 개인의 기질에 대한 개념을 지지하는 연구 결과도 있다. 예를 들어, Jerome Kagan과 연구자들은 태아기 기질의 두 유형(감정 표현을 하지 않는, 부끄러운, 소심한 vs 감정 표현을 잘하는, 사회적인, 외향적인)이 생물학(유전 등)에 강하게 영향을 받고 있고, 두 유형이 환경에서 사건과 어떻게 상호작용하는지에 따라 행동의 발달을 예견할 수 있다고 증명하였다(Kagan, 1997).

오늘날, 대부분의 행동치료자들은 행동에 영향을 미치는 기질적 특성의 중요성에 대해 인정하고, 기질의 패턴은 개인의 학습 내력과 생물학적 요인 모두에 의해 영향을 받는다는 것을 가정하였다. 동시에, 행동주의자들은 행동의 많은 부분이 상황마다 다양하다는 것을 인정하고, 행동이 상황적 신호에 의해 결정된다는 것을 인정한다.

다양한 개념들

행동치료는 행동의 발달뿐만 아니라 행동을 변화시키는 전략에 대한 학습의 중요성을 강조한다. 여기에서는 고전적 조건형성, 조작적 조건형성, 대리학습, 그리고 규칙에 지배되는 행동을 포함한 행동치료의 기본 개념을 논의한다.

✻ 고전적 조건형성

고전적 조건형성(Pavlov의 조건형성 또는 반사적 조건형성이라고도 알려져 있다)은 **조건 자극**(conditional stimulus: CS)이라는 하나의 자극이 **무조건 자극**(unconditional stimulus: US)을 발생하도록 하는 학습의 형태를 말한다. 무조건 자극(US)은 **무조건 반응**(unconditional response: UR)이라고 알려진 특정한 반응을 자연스럽게 야기하는 전형적인 자극이다. 예를 들어, 충격(US)은 고통(UR)을 야기하고, 굶주림(US)은 배고픔(UR)을 야기하는 것 등이다. 무조건 자극(US)과 조건 자극(CS)를 짝지음으로써 사람(또는 동물)은 조건 자극(CS)에 노출될 때마다 무조건 자극(US)의 발생을 예상하고 조건 자극(CS)이 단독으로 제시되더라도 결국에는 **조건 반응**(conditional response: CR)을 나타낸다. 예를 들어. 학교에서 폭력을 당한 어린이(US)는 극심한 스트레스와 감정적인 고통(UR)을 경험할 것이다. 이후에 폭력이 멈출지라도, 이 어린이는 학교(CS)에서 여전히 공포와 두려움(CR)을 경험한다. 고전적 조건형성은 때때로 왜 우리가 어떤 상황에서 부정적인 감정(공포, 화)을 경험하고 다른 상황에서는 긍정적인 감정(즐거움, 사랑)을 경험하는지 설명할 수 있다. 이것은 또한 왜 우리가 어떤 상황에는 접근하고 다른 상황은 회피하는지 설명하는 것을 도울 수 있다. 사실, 고전적 조건형성 이론은 성적 흥분(개인이 신발과 같은 무생물에 성적으로 집착하게 되는 것 등), 특별한 환경적인 신호에 대한 반응에 대한 배고픔, 특별한 상황에 의해 종종 계기가 되는 약물 남용, 그리고 다른 경험의 패턴을 설명하기 위해 사용되어 왔다.

소거는 무조건 자극(US)이 존재하지 않을 때 조건 자극(CS)이 나타나는 것을 뜻하고, 궁극적으로 조건 반응(CR)이 일어나지 않는 것이다. 간단히 소거의 과정을 통하여, 조건 자극(CS)은 더 이상 무조건 자극(US)을 발생시키지 않으며, 그러므로 반응을 하는 것을 멈춘다. 소거의 원리는 공포상황에의 노출을 통해 공포 감소의 과정을 설명할 수 있다. 부정적인 결과 없이 반복적으로 공포상황에 직면함으로써 개인은 공포상황에 반응하는 것을 멈춘다. 그러나 (US와 CS의 연속적인 재연합과 같은) **자발적 회복**(reinstatement)을 통하여 공포는 빠르게 되돌아온다. 예를 들어, 차사고를 경험하고 운전에 대한 공포를 극복한 후에 운전에 대한 공포를 갑자기 경험할지도 모른다. 그리고 강렬한 공포의 감정을 느끼고 소거는 이전의 학습을 지우지 못할지도 모른다.

✻ 조작적 조건형성

조작적 조건형성은 행동의 빈도, 형태, 또는 강도가 결과에 의해 영향을 받는다는 학습을 일컫는다. 예를 들어, 높은 기준을 가지고 세부사항에 집중하였을 때 칭찬이나 보상을 받았던 아동은 보상을 받지 않았던 아동들보다 더 완벽주의적인 성향이 될 것이다. 강화와 처벌은 조작적인 조건형성이 작동하는 두 가지 주요한 방법이다.

강화. 강화는 행동의 빈도나 강도를 증가시키도록 해주는 하나 의 결과이다. **정적 강화**는 행동 후에 보상(음식, 돈, 애정)하는 자극이 주어질 때 발생한다. **부적 강화**(또는 **도망치기**)는 행동 후에 부정적인 자극이 제거될 때 발생한다. 예를 들어, 공황 상태 동안 고속도로에서 경찰에게 검문을 받았던 사람은 고속도로를 떠난 후에 경험하는 안도 때문에 '고속도로 벗어나기'에 부적 강화를 받을지도 모른다. 비슷하게, 알코올이나 다른 약물에 의존적인 사람은 불편한 금단 상태를 감소하기 위해 약물을 사용할 때마다 약물 사용을 부적으로 강화한다.

처벌. 처벌은 행동의 빈도나 강도를 감소시키는 원인의 결과이다. 강화와 같이, 처벌에도 두 형태가 있다. **정적 처벌**은 행동 후에 구타, 놀림, 해고와 같은 부정적인 결과가 일어날 때 발생한다. **부적 처벌**은 학교에서 잘못된 행동을 하면 용돈을 줄이기 또는 채소를 먹지 않으면 후식을 먹지 못하게 하기와 같이 행동 후에 소망된 자극이 제거될 때 발생한다.

소거. 조작적 조건형성의 맥락에서 소거는 더 이상 긍정적인 결과가 뒤따르지 않기 때문에 행동이 중지되는 것을 의미한다. 예를 들어, 짜증 내기가 더 이상 강화되지 않을 때 (아동이 더 이상 짜증의 결과로 원하는 것을 얻지 못한다) 짜증 내기를 그만두는 것이다.

변별 학습. 변별 학습은 반응이 어떤 상황에서는 강화되거나 처벌되고 다른 상황에서는 그렇지 않을 때 발생한다. 변별 학습은 사람들이 왜 상황마다 다르게 행동하는지 설명해 준다. 예를 들어, 강박장애를 겪는 사람은 집에서 손을 계속 씻어야 한다고 강박적으로 느낄 수 있다. 하지만 일할 때나 학교와 같은 공공장소에서는 손 씻는 것에 저항할지도 모른다.

일반화. 일반화는 행동이 습득된 상황 외에 다른 상황에서도 학습된 행동이 발생하는 것을 의미한다. 예를 들어, 밤 늦게 공원을 걷다가 강도를 만난 사람은 다른 시간에 다른 공공장소에서 혼자 있는 것에 대해 공포감을 느낄지도 모른다.

* 모방학습

모방학습(또는 **관찰학습**)은 다른 사람의 행동을 관찰함으로써 환경적인 요인에 대하여 학습하는 것을 의미한다. 예를 들어, 차사고를 목격하면 직접 사고를 경험하지 않았을지라도 운전에 대한 공포를 느끼기에 충분하다. 비슷하게, 다른 사람이 코카인을 사용하면서 즐거워하는 것을 본 청소년은 코카인을 시도해 볼지도 모른다.

* 규칙 통제의 행동

사람들은 듣거나 읽는 정보를 통해 간접적으로 학습한다. 이 과정을 때때로 **규칙 통제의 행동**(rule-governed behavior) 그리고 **교육에 의한 학습**(instructional learning)이라고 부른다. 예를 들어, 차량이 다가오는 것을 확인하지 않고 거리를 걷는 위험을 부모가 설명하면, 그 결과로써 아동은 길을 건너기 전에 왼쪽과 오른쪽을 보는 것을 학습할지도 모른다. 비슷하게 다른 사람에게 들은 소문 때문에 전혀 만난 적 없는 다른 사람에게 강한 미움을 느낄 수 있다.

심리치료

심리치료 이론

행동치료는 모든 행동이 연합, 결과, 관찰, 또는 의사소통이나 언어를 통해 배운 규칙을 통해서 학습된다고 가정한다. 심리치료는 내담자에게 넓게 정의되는 (인지, 정서, 그리고 심리학적인 반응) 행동을 변화시키는 교정적 학습 경험을 제공함으로써 내담자를 돕는 것을 목적으로 한다.

행동치료에서 학습은 고도로 구조화되어 있고 적극적이다. 내담자는 심리치료 회기에서 그리고 과제로 어떤 것을 '하도록' 기대된다. 식사 일지 쓰기, 공포상황에의 노출, 그리고 이완연습 등이 그 예이다. 다른 심리치료와는 다르게 행동치료에서 일어나는 변화는 많은 경우 회기 사이의 과제 수행의 결과로 일어난다. 내담자에게는 집, 직장, 타인과의 상호작용과 같은 일상의 상황에서 회기 동안 그들이 배운 것을 적용할 것이 기대된다.

✳ 치료적인 관계

행동치료는 치료적인 관계의 중요성을 무시한다는 오해를 받기도 한다. 그리고 이것은 이해가 되기도 한다. 행동치료는 치료자와 내담자의 관계를 강조하지 않는다, 그리고 행동치료에서 치료적인 관계는 덜 중요하다고 보는 사람도 있다. 예를 들어, Lang, Melamed와 Hart(1970)는 공포의 감소를 위해 체계적 둔감법을 수행하기 위한 자동화된 절차에 대한 연구를 하였다. 그들은 체계적 둔감법을 자동적으로 수행하기 위해 디자인된 장치는 공포행동을 감소시키는 데 실제 상담자만큼 효과적이라고 보고하면서 둔감화가 대인관계적 상호작용에 의존하지 않음을 주장하였다(p. 220). 컴퓨터가 수행하는 치료법과 자조(self-help) 치료 사용을 지지하는 문헌들이 점점 늘어나고 있다. 그것은 치료적인 관계가 중요한지 아닌지에 대한 질문을 증폭시킨다.

하지만 연구들은 치료적인 관계는 행동치료를 포함하여 모든 심리치료에서 중요하다고 밝히고 있다(Norcross, 2011). 예를 들어, 공감, 긍정적인 유대, 일치성, 진솔성, 그리고 자기 노출 같은 치료 요인들은 모두 심리치료에서 긍정적인 결과를 이끌어 내는 것으로 알려져 있다. 이것은 행동치료에도 적용된다. Antony와 Roemer(2011)의 개관 연구에 따르면, 치료자의 특성은 그들이 바라는 행동, 바라는 대인관계 기술의 모델, 그리고 치료에서 약속을 수행하기, 과제에의 순응성, 치료 목표를 위한 협력을 위한 즉각적인 사회적인 강화를 제공하기 때문에 변화를 촉진시킬 것으로 기대된다.

자조 치료에서도 치료적인 관계가 중요하다는 증거가 있다. 예를 들어, 공황장애를 위한 CBT에 대한 자조 도서의 효과성에 대한 연구는 자조 치료가 치료자가 수행하는 치료만큼 효과적이라는 것을 발견하였다. 하지만 자조 도서를 잘 읽고 있는지 그리고 치료에의 순응을 확인하기 위해 치료자와 때때로 만날 때에만 자조 도서의 치료가 효과적이라는 것을 밝혀냈다(Febbraro, Clum, Roodman, & Wright, 1999).

행동주의 전략은 일반적으로 처방된 것처럼 사용될 때 효과적이다. 행동치료에서 도전은 치료에 완전히 몰입하기 위하여 그리고 치료에서 효과를 얻기 위한 시간과 에너지를 투자하기 위하여 내담자를 동기화하는 것이다. 치료에 대하여 양가감정을 가진 내담자는 행동치료를 시작하기 전에 **동기강화상담**(내담자가 치료에 대한 양가감정을 탐색하고 해결하도록 돕도록 디자인된 내담자 중심 접근)의 도움을 받을 수 있다. 동기강화상담은 물질사용장애, 섭식장애, 불안장애, 그리고 다양한 문제를 위해 CBT 결과를 향상시키기 위해 사용되어 왔다(Miller & Rollnick, 2013).

심리치료 과정

✳ 행동치료의 형태와 구조

행동치료의 구조와 형태는 다른 심리치료와 비교하여 꽤 다양하다. 치료는 종종 치료자와의 개인적인 만남으로 구성되지만, 집단, 가족, 부부 상담의 형태로 수행된다. 예를 들어, 가족 구성원이 부적응적인 행동을 강화하는 경우에 내담자의 문제행동을 강화하지 않는 전략을 배우기 위한 치료 회기에 참여한다. 행동주의 개입은 보통 치료자에 의해 수행되지만, 또한 다른 사람(부모, 교사, 건강관리 전문가, 교도관 등)에 의해 감독되기도 한다. 치료 전략은 자조 도서, 인터넷 기반의 프로그램, 그리고 최소한의 치료자와의 접촉과 함께 다른 방법을 통해 학습될 수 있다.

다른 심리치료처럼, 행동치료 회기는 한 시간 정도 지속된다. 하지만 회기의 길이는 다양하다. 예를 들어, 노출치료 회기는 한 시간보다 길게 지속될 수도 있고, 집단치료 회기는 종종 최소 90분에서 2시간까지 지속될 수도 있다. 회기는 치료자의 사무실에서 진행될지도 모르지만 행동치료자가 내담자를 만나는 환경 역시 다양하다. 예를 들어, 학교에 있는 행동치료자는 행동주의적인 관찰과 개입의 목적으로 아동의 학급을 방문할지도 모른다. 레스토랑이나 쇼핑몰과 같은 공공장소에서 공포를 경험하는 내담자와 작업하는 심리치료자는 노출치료 회기 동안 내담자와 함께 이 장소를 방문할지도 모른다.

보통 행동치료는 회기가 제한되어 있다. 대다수의 연구에서 행동주의 치료는 10~20회기가 진행되지만 다양할 수 있다. 예를 들어, 동물에 대한 공포는 1회기 정도로 성공적으로 치료될 수 있다(Hood & Antony, 2012). 경계성 성격장애 같은 경우 치료는 1년 이상 더 오래 지속될 수 있다(Lynch, Trost, Salsman, & Linehan, 2007). 연구 영역 밖에서 (전형적으로 먼저 회기 수가 결정되어 있는) 치료는 환자의 회복 정도와 치료비의 적정성(affordability)에 따라 일상의 임상적인 수행에서 더 오래 지속될 수도 있다. 지속기간과 상관없이 치료의 목표는 내담자가 치료에 더 이상 오지 않는 것이다. 내담자는 문제행동을 바꾸는 것뿐만 아니라 치료가 끝나면 자신의 증상 개선을 유지할 수 있는 전략을 배운다.

✻ 윤리적인 문제

행동치료는 흔히 강압적이라는 오해를 받는다(내담자가 원하지 않는 것을 강요받는다는 것 등). 행동치료는 강압적이지 않으며, 지지적인 치료 관계의 맥락에서 수행될 때 효과적이다. 행동치료에서 사용되는 많은 전략은 내담자가 일상에서 기술을 연습하는 것에 의존하고, 내담자가 완전하게 몰입하지 않거나, 치료에 도움이 될 수 있는 긍정적인 기대를 가지지 않으면 치료가 효과적이지 않을지도 모른다. 노출치료가 하나의 예가 되기도 한다. 노출치료에서 내담자는 그들이 더 이상 두려워하지 않을 때까지 공포상황에 직면한다. 비록 두려운 상황에의 노출이 공포 기반의 문제에 효과적인 치료법일지라도 긍정적인 결과는 내담자가 일상적으로 연습하느냐에 달려 있다. 이 상황에서 인식된 통제는 또한 중요하다. 다른 말로, 노출 연습을 끝내도록 혹은 자신들이 하고자 하는 것보다 더 빨리 단계를 밟도록 강요받는 내담자들은 치료에서 도움을 받기가 어렵다.

물론, 어떤 유형의 심리치료(그리고 많은 다른 유형의 전문적인 관계)에서든 치료자와 내담자 사이에는 큰 힘의 차이가 있다. 그리고 내담자의 최적의 관심사가 아닌 방향으로 치료자가 영향을 끼칠 가능성도 있다. 치료자는 자신이 내담자에 대한 잠재적인 영향력이 있다는 것을 알고, 내담자를 위한 추천을 하는 것이 중요하다.

행동치료에서 발생하는 다른 윤리적인 문제는 누가 치료 목표를 결정하는가이다. 내담자와 치료자가 가장 적절한 치료 목표에 대해 동의하지 않는 경우가 있다. 예를 들어, 불면증 치료를 받는 내담자는 외상 후 스트레스 장애(PTSD)에 연관되어 수면 문제가 발생하였을지 모르지만 치료가 수면 문제에만 집중해야 함을 주장하면서 외상에 관한 문제를 다루는 것을 거부할 지도 모른다. 그런 경우에, 치료자는 내담자가 왜 외상에 대해 말하는 것이 불면증을 개선하는 데 중요한지 논의할 수 있지만, 결국 치료 목표를 결정하는 것은 내담자이다. 내담자가 치료의 초점에 영향을 크게 미치지 못하는 몇 사례가 있다(행동 문제가 있는 어린 아동, 폭력적으로 행동하는 치매 노인, 법원에 의해 치료가 의뢰된 내담자 등). 그러나 이런 사례에서조차도 내담자와 치료자가 목표를 공유하지 못한다면 치료는 별로 유용하지 않을 것이다.

행동치료는 회기가 상담자의 사무실에서 언어로 진행되는 것보다 다른 활동을 포함한다는 점에서 다른 형태의 치료와 다르다. 예를 들어, 섭식장애가 있는 내담자는 상담자와 식사를 같이 할지도 모른다. 버스 타는 것에 대한 공포가 있는 내담자는 상담자와 버스 타는 것을 연습할지도 모른다. 상담자가 매번 명확한 전문가로서의 경계를 가지는 것과 내담자가 치료에서 연습되는 활동의 목적을 완전하게 이해하는 것이 중요하다(섭식장애 극복의 목적으로 함께 식사하는 것은 사회화를 목적으로 함께 식사하는 것과 다르다). 상담자는 또한 비밀을 유지하는 것이 중요하다. 예를 들어, 만약 치료가 공공장소에서 시간을 보내는 것을 포함한다면, 상담자 또는 내담자가 아는 사람을 만날 가능성이 있다. 상담자와 내담자는 그런 상황을 어떻게 다룰지 미리 계획한다.

심리치료 기제

전통적으로, 행동치료자는 치료의 효과를 설명하기 위해 학습원리(강화, 처벌, 소거)에 의존해 왔다. 그러나 점점 내담자가 행동치료 동안 변화함에 따라 변화 과정을 설명할 수 있는 정보처리 과정, 감정처리 과정, 인지적 재평가(reappraisal)에 기반한 모델이 발전하였다. 예를 들어, Foa와 동료의 감정처리 과정 이론은 많은 행동치료자들이 노출치료를 기반으로 한 기제를 이해하는 방식을 바꿔었다(Foa & Kozak, 1986; Foa, Huppert, & Cahill, 2006). 모델에 따르면, 두려운 관계는 자극 요소(예: 개), 반응 요소(예: 두려움), 그리고 의미 요소(예: 나는 공격받을 것이다)에 의해 구성된 고통 네트워크에서 기억에 저장될 것이다. 조건화 경험은 이 요소의 하나를 경험하는 것(예: 개를 보기)이 다른 요소(예: 공포, 공격받을 것에 대한 생각) 또한 활성화되도록 하기 위하여 요소들을 서로 연합시킨다. 이론에 따르면, 공포상황에의 노출은 (1) 공포 네트워크가 완전히 활성화되기, (2) 새로운 교정적 정보를 통합하기에 의해 작업된다.

✻ 내담자 향상의 예측 요인

최근 행동치료 연구는 치료에 가장 잘 반응하도록 하는 요인들을 확인하기 시작하였다. 문제와 개입에 따라 연구 결과가 다소 다르지만, 많은 연구들이 치료법과 진단적인 집단 연구들에서 몇 가지 요인들을 얻을 수 있었다. 예를 들어, 불안장애를 위한 CBT에는 성격장애의 여부, 심각한 우울증, 더 심각한 불안장애 증상, 더 스트레스적인 인생 사건, 두려움에 대한 미숙한 통찰력, 더 낮은 동기, 가족 구성원과의 부정적인 의사소통 패턴, 그리고 치료에의 낮은 순응성(회기 결석, 과제 미수행 등)이 치료 결과에 부정적으로 영향을 미쳤다. 비슷한 요인들이 다른 상황의 연구 결과에도 영향을 미치는 것으로 알려져 있다(Antony, Ledley, & Heimberg, 2005 참조).

적용

누구를 도울 수 있는가

행동주의 치료와 인지행동적인 치료의 효과는 불안장애(Antony & Stein, 2009), 우울증(Cuijpers et al., 2012), 물질사용장애(Hallgren, Greenfield, Ladd, Glynn, & McCrady, 2012; Vedel & Emmelkamp, 2012), 조현병(Jones & Meaden, 2012), 섭식장애(Touyz, Polivy, & Hay, 2008), 성기능장애(Wincze & Carey, 2001), 수면장애(Smith, et al., 2002), 경계성 성격장애(Kliem, Kröger, & Kosfelder, 2010), 그리고 도박 문제(Gooding & Terrier, 2009) 등, 여러 심리적인 문제들에 대한 수많은 연구에서 증명되어 왔다. 행동주의 치료는 성인과 아동, 많은 다른 형태의 특별한 집단 모두에서 효과적이었다.

행동주의 치료에 대한 포괄적인 연구 개관은 이 장에서 다루기에는 무리이다. 그러나 행동주의 전략이 불안장애(특히 공황장애와 강박장애), 우울증, 물질사용장애, 그리고 조현병에 유용하다는 것을 간략히 설명하고자 한다. 다양한 장애를 위한 행동치료(그리고 다른 증거 기반의 접근들)에 대한 증거를 자세히 개관한 연구들을 참조하기 바란다(Nathan & Gorman, 2007; Sturmey & Hersen, 2012).

✻ 불안장애

불안장애에 관한 행동치료의 사용은 여러 연구에서 지지된다(Antony & Stein, 2009; Olatunji, Cisler, & Deacon, 2010). 예를 들어, 공황장애(예측하지 못한 공황과 연관된 상황, 공포의 결과에 대한 걱정, 심각한 공포를 주는 상황 회피)에서 증거 기반의 치료는 종종 심리교육, 노출(공포상황과 공포감정 둘 다), 인지적 재평가(Koerner, Vorstenbosch, & Antony, 2012 참조)의 결합을 포함한다. 강박장애는 강박(강력하고 원하지 않는 생각, 이미지, 분노)과 충동(compulsions, 피해를 예방하거나 두려움을 감소시키기 위한 강박의 반복을 발생시키는 행동들)이 연합된 것이다. 강박장애와 관련해서는 반응 억제와 결합된 노출(직접 또는 상상) 기법, 그리고 최근에는 인지적으로 결합한 치료법이 가장 많이 연구되었다(Williams, Powers, & Foa, 2012 참조).

행동 전략(노출, 인지적인 기술, 이완훈련, 마음챙김 그리고 수용 기반의 전략)은 각 장애마다 사용되는 전략에 차이가 있을지라도 불안 기반의 장애(범불안장애, PTSD, 사회불안장애, 공포장애)에 효과가 있다는 것이 알려져 왔다(Antony & Stein, 2009 참조). 예를 들어 이완훈련이 범불안장애에 단독으로 사용되어도 효과가 있지만, 다른 불안장애를 위해 다른 전략과의 결합으로 사용되는 경우가 많다. 특정한 공포(phobia)에서, 중요한 증거 기반의 전략은 공포상황에의 노출이다.

✻ 우울증

행동주의 그리고 인지행동적인 접근(행동활성화, 인지적 재평가, 문제해결 훈련, 사회기술 훈련, 마음챙김 기반의 치료)은 단극성 우울증의 치료와 미래의 우울한 에피소드의 예방 모두에 효과적인 것으로 알려져 있다(Cuijpers, van Straten, Andersson, & van Oppen, 2008; Piet & Houggard, 2011). CBT가 아닌 효과적인 접근으로는 대인관계적 심리치료, 단기 정신역동적 심리치료, 비지시적으로 지지하는 심리치료, 그리고 부부치료가 우울증의 치료에 꽤 효과적이다(Cuijpers et al., 2012). 양극성 장애에서 우울증(때로 **조울장애**라고 불린다)에 대한 CBT의 효과는 중간 정도이며, 심리치료 단독보다는 약물치료와 함께 시행될 때 효과적이다.

✻ 물질사용장애

물질사용장애 치료에 대한 수십 년의 연구는 유지 요인 관리, 지역사회 강화, 행동주의적 부부치료와 가족치료, 인지행동 접근을 포함한 행동주의 접근을 지지한다(Hallgren et al., 2012; Vedel & Emmelkamp, 2012). (물질사용을 중단하기 위한 양가감정 해결을 위한) 내담자 중심의 접근인 동기강화상담을 지지하는 많은 연구들이 있다. 그러나 이러한 치료를 지지하는 증거들에도 불구하고, 사회(특히 미국)는 물질을 남용하는 사람들을 감금 및 격리하고 비효율적이거나 증거가 없는 치료를 제공하는 것과 같은 도움이 되지 않는 방법을 사용한다(Miller & Carroll, 2006).

✻ 조현병

토큰 경제와 같은 행동치료의 최초의 연구들은 조현병이나 관련된 문제들로 인해 고통받는 환자들에 대한 것이었다. 사회기술 훈련, 유지 요인 관리(예를 들어 토큰 경제 등), 행동주의적인 가족치료를 포함한 몇몇의 행동주의 기술(의사소통 훈련, 문제해결 훈련, 다른 전략들)은, 인지행동주의 치료와 더불어, 조현병 환자들의 삶의 질을 증진시키는 데 유용하다(Mueser & Jeste, 2008). 그러나 행동치료가 단독으로 사용되기보다는 조현병 환자는 반드시 항정신병 약물치료를 받아야만 하고, 조현병을 다루는 가장 효과적인 접근은 약물치료와 심리치료의 결합이다.

치료

행동치료는 다양한 범위의 기술을 포함한다. 사실 *Encyclopedia of Behavior Modification and Cognitive Behavior Therapy, Volume 1(Adult Clinical Application)*(Hersen & Rosqvist, 2005)은 50가지의 주요한 기술과 62가지의 부수적인 기술들을 담고 있다. 모든 행동주의 전략을 검토하기는 불가능하겠지만, 이 장에서는 행동 평가, 노출 전략, 반응 예방, 조작적 조건형성 전략, 이완훈련, 자극 통제 절차, 모델링, 우울증을 위한 행동활성화, 사회기술 훈련, 문제해결 훈련, 그리고 수용 기반의 행동주의 치료를 포함한 기술들에 대한 개요를 설명한다. 인지 전략이 행동치료자들에 의해 사용되지만, 이 책의 다른 곳(5장과 7장을 참조)에서 설명하기 때문에 이 장에서는 다루지 않았다.

✻ 행동 평가

행동치료에서 평가와 치료는 서로 관련된다. 모든 내담자에게 치료 전에 평가를 실시하고, 평가 과정은 치료 과정 내내 계속되고, 종종 치료 후에도 실시된다. 행동 평가는 **목표행동**(치료 동안 바뀔 행동) 확인하기, 치료에 가장 적절한 과정 결정하기, 치료의 영향력 평가하기, 치료의 결과 평가하기를 포함하여 몇 가지 기능을 수행한다. 행동치료자들은 내담자의 행동이 상황마다 다르다고 가정하기 때문에 행동 평가는 대개 **다양한 방법**(면접, 내담자 행동 직접 관찰, 모니터링, 기록, 체크리스트, 자기보고식 증상 체크, 생리적 정보), **다양한 정보 제공자**(내담자, 가족, 교사, 친구 등)에 의존하고 이것은 **다양한 상황**(집, 직장, 학교, 치료자의 사무실)에서 이루어진다.

목표행동(target behavior)은 전형적으로 치료자와 내담자에 의해 협력적으로 정해진다. 이상적인 목표행동은 내담자나 다른 사람들에게 스트레스를 주거나, 손상을 입히고, 위험하게 하는 행동이다. 목표행동은 내담자의 행동 목록 안에서 유연성을 증가시키는 목표와 함께 선택된다. 치료 목표는 **행동주의적인 결점**(예: 미숙한 사회기술, 부족한 분노 통제)과 **과잉행동**(예: 강박적인 손 씻기, 자신의 행동을 지나치게 감시하기), 그리고 다른 내담자 환경의 문제(예: 데이트할 기회가 별로 없음, 강화 후에 바라는 행동이 일어나지 않음)를 포함한다.

행동 평가의 주요 구성요소는 **기능 분석**이다. 기능 분석의 목적은 목표행동의 유지 요인을 확인하는 것이다. 이상적으로, 기능 분석은 목표행동에 대한 변인의 영향력을 측정하고, 환경에서 변인을 조작하는 것을 포함한다. 예를 들어, 아이의 투정이 부모의 주의집중으로 인해 유지되고 있다면, 부모가 1주 또는 2주 동안 투정에 집중하지 않고 아이의 행동에 대한 영향을 평가하는 것으로 가설을 검증할 수 있다. 행동을 설명하는 관계를 확인하는 실험을 실제 상황에서 수행하는 것은 종종 어렵고, 인과관계는 면접, 질문, 그리고 측정 도구와 같은 다른 변인에 의해 영향을 받는다. 'ABC'라는 약어는 기능 분석의 과정 동안 평가되는 중요한 변수를 요약하기 위해 종종 사용된다. A는 목표행동의 **선행사건**(Antecedents), B는 **행동**(Behavior), C는 **결과**(Consequences)이며, 내담자의 환경에 의한 강화 또는 처벌을 포함한 행동의 결과이다. 대부분의 행동치료자들은 생물학적인 요소와 같은 내담자의 행동에 기여하는 내적인 변인들(뇌손상, 수면 부족으로 인한 피로 등)과 성격까지도 고려한다.

행동주의 면접. 행동주의 면접은 치료자가 행동의 형태와 기능 모두를 이해하도록 돕는다. 면접하는 동안, 치료자들은 빈도, 기간, 심각성을 포함한 문제행동에 대한 세부적인 설명을 듣는다. 면접 동안 치료자들은 전형적으로 문제의 발달과 과정에 대하여 묻는다. 다른 중요한 면접의 목적은 목표행동의 선행사건과 결과를 확인하는 것이다. 중요한 질문에 대한 대답을 얻는 것 외에도 면접은 치료자에게 내담자에 의해 보고되지 않는 내담자의 행동(의사소통 방식, 눈 맞춤 등) 정보를 직접적으로 제공한다.

행동주의 관찰. 행동주의 관찰은 행동을 평가하기 위해서뿐만 아니라 선행사건과 결과를 알기 위해서 내담자를 관찰하는 것을 포함한다. **자연스러운 관찰**은 내담자의 자연스러운 환경에서 내담자의 행동을 평가한다(예를 들어, 학급에서 내담자의 파괴적인 행동의 에피소드를 기록하는 선생님 등). **아날로그 관찰**(analog observation)에서 평가는 조작된 환경(예를 들어, 구직 면접 역할극)에서 발생한다. 행동주의 관찰은 또한 내담자의 행동에 대한 기록(오디오 또는 비디오), 행동이 발생하는 수를 따라가며 기록하기, 또는 행동의 결과 확인하기(내담자의 팔에 자해 자국을 찾음으로써 자해 평가하기 또는 소변검사와 함께 약물과 알코올 남용을 평가하기 등)과 같은 간접적인 방법에 의존할 수 있다. 행동주의 관찰(그리고 평가의 다른 형태)의 어려움 중의 하나는 **반응성**이다. 반응성은 보통의 상황에서의 내담자의 행동이 그대로 재연되지 않고, 평가 과정 자체에 의해 개인의 행동이 영향을 받을 때 발생한다. 예를 들어, 치료자와 면접하는 부부는 자신들만 있을 때와 치료자의 사무실에 있을 때 다르게 행동할지도 모른다. 비슷하게, 매일 담배 피우는 것을 기록할 것을 요구받은 내담자는 기록하지 않을 때보다 담배를 더 적게 피울지도 모른다. 반응성을 감소시키는 방법은 **조용한**(unobtrusive) 관찰(예: 일방경을 이용한 관찰) 방법을 사용하거나 행동을 측정하기 시작하기 전에 내담자가 습관화하는 것을 허용하거나 상황을 평가하는 것에 적응하게 하는 것이다.

관찰 양식과 일지. 행동치료자들은 치료 회기 사이에 문제행동이 발생할 때마다 내담자에게 모니터하고 일지를 쓰라고 요구한다. 기록은 치료가 시작하기 전에 문제행동의 기초적인 수준을 설계하거나 시간이 지나면서 행동 변화를 측정하기 위하여 사용될 수 있다. 기록은 내담자가 평소에는 알아챌 수 없는 문제행동을 인식하도록 돕는다. 종종 내담자가 겉으로 드러나는 행동(알코올 남용, 공포상황 회피 등)뿐만 아니라 생각, 감정, 신체적 감각, 직면하는 상황, 원하지 않는 분노, 목표행동의 선행사건과 결과를 기록하도록 한다.

자기보고 척도. 자기보고 척도는 평가행동이나 다른 관심 영역(우울증이나 분노 수준)을 평가하는 질문지를 의미한다. 그들은 전형적으로 지필이나 컴퓨터를 사용하여 실시된다. 시간과 비용이 소요되는 행동주의적인 관찰이나 면접과는 다르게 자기보고 척도는 실시하고, 채점하고, 해석하는 데 시간이 적게 들고 유용하다. 그들은 또한 신뢰도와 타당도에 대한 증거를 가지고 표준화되어 있다. 다른 방법과 비교하여 자기보고 척도의 주요한 단점은 특정 내담자에 대한 구체적 정보를 제공하지 않는다는 것이다. 자기보고 척도들은 평가되는 요소(내담자의 우울증이 얼마나 심각한가)의 강도나 심각도를 제시하는 정도의 전체적인 정보를 제공할 수 있다.

정신생리적인 평가. 행동 평가는 때때로 내담자의 생리적 반응을 측정하는 것을 포함한다. 예를 들어, 성기능장애로 치료받는 남자는 성적 발기의 변화를 재는 도구에 성기를 끼우는 과정을 포함한 **성기기록계**(penile plethysmography)를 경험할지도 모른다. 과긴장으로 행동치료를 받는 내담자는 치료의 영향력을 평가하기 위한 혈압 테스트를 받을 지도 모른다. 수면장애로 치료를 받는 내담자는 수면 중의 신체 움직임, 뇌활동, 근육활동, 또는 눈의 움직임을 재기 위한 평가를 경험할 수도 있다. 마지막으로, 불안장애를 경험하는 내담자는 공포와 분노의 신체적인 양상을 재는 유용한 도구를 사용하며 치료 과정 내내 심장박동이나 피부 전도도가 측정될 수도 있다.

✻ 치료 계획

치료를 시작하기 전에, 치료자와 내담자는 치료 목표를 설정한다. 목표는 구체적이고 측정 가능해야 한다. 예를 들어, 내담자의 '아이를 때리지 않기'라는 목표는 '더 좋은 부모 되기'보다 더 적절한 행동주의 목표이다. 후자의 목표는 막연하고 구체화하기 어렵다. 이와 관련하여, 목표는 특정한 행동이나 결과에 입각해야 한다. 예를 들어, 직장에서 '더 성공적이' 되기를 바라는 내담자는 성공이 무엇을 의미하는지 먼저 확인해야 한다(더 빠르게 일하기, 실수 줄이기, 상사로부터 긍정적인 피드백 받기, 임금 인상 등). 목표는 또한 현실적이고 성취 가능해야 한다. 마지막으로, 목표를 성취하기 위한 기한이 설정되어야만 한다.

행동치료는 다양한 범위의 기술을 포함하며 특정 내담자에게 어떤 전략이 효과적인지 알기가 어렵다. 치료 전략을 선택하는 데 두 방법이 사용된다. 하나는 세부적인 **기능 분석**의 결과에 기초하고, 다른 하나는 내담자의 **진단 프로파일**에 기초한다. 실제에서, 두 방법 모두 사용된다.

첫 번째 접근을 사용하여, 치료 전략은 행동 평가의 결과로부터 나온다. 예를 들어 평가가 내담자의 우울증이 활동 감소의 함수임을 결정한다면, 치료는 내담자가 그들의 활동 수준을 증가시키도록 격려하는 전략(이 장의 뒷부분에서 논의된다)인 **행동활성화**를 포함하게 될 것이다. 내담자의 알코올 남용이 내담자의 사회적인 환경(술집에서 일하는 것, 술을 많이 마시는 친구들과 사회화되는 것)에 의해 강화되는 것으로 평가된다면 치료 목표는 환경 안에서 강화의 패턴을 바꾸는 것(내담자가 새로운 직업을 찾거나 새로운 친구를 사귀도록 돕기)이 될 수 있다.

두 번째 접근은 내담자의 진단에 기초하여 치료 전략을 선택한다. 행동치료자는 특별한 장애나 문제가 있는 개인을 치료하기 위해 설계된 매뉴얼(manual)에 의존하는 경향이 있다. 특정한 문제에 대한 행동치료에 대한 연구는 치료가 어떻게 수행될 것인지에 대한 일관성을 확인하기 위한 매뉴얼 기반 치료를 개발하였다. 상담 실제에서 증거 기반의 프로토콜 사용은 치료가 원래 계획된 방법으로 수행될 가능성을 증가시켰다. 치료 매뉴얼 사용의 이점에도 불구하고, 임상 장면에 있는 내담자는 연구에 참여하는 내담자와 다를 수 있기 때문에 표준화된 프로토콜에 의존하는 것은 비판을 받았다. 물론, 가장 길게 기술된 매뉴얼이 가장 유용하지는 않다. 대신에, 매뉴얼은 다양한 내담자의 욕구를 충족시킬 수 있도록 수정이 가능하다.

내담자의 진단(세분화된 기능 평가와 반대로)에 기초한 치료 전략을 고르는 것은 진단을 받은 내담자가 상대적으로 동질적인 경우, 강력한 치료가 내담자의 장애에 이용 가능할 때, 그리고 세분화된 행동 평가가 수행되는 시간과 비용이 더 클 때 유용할 것이다. 예를 들어, 공포증(예를 들어 거미, 높이, 뾰족한 것에 대한 공포증)을 가진 사람은 대부분 노출 기반 치료에 잘 반응한다(Hood & Antony, 2012). 그리고 실제로 모든 출판된 치료가이드라인이 공포증을 위해 노출을 선택하였다.

✳ 노출 기반 전략

노출은 가장 많이 연구되었고, 효과가 증명된 전략이다. 주로 불안장애의 치료에 사용되는 데 다른 상황(섭식장애 내담자의 '금지된' 음식에의 노출 등)에 대한 공포와 불안을 치료하는 데도 사용될 수 있다. 가장 중요한 점은, 노출은 회피하는 대신 직접적으로 공포자극에 직면하는 것을 포함한다. 대부분의 행동치료자들은 노출이 공포와 불안을 치료하는 필수적인 요소라고 간주한다.

가장 흔하게 사용되는 노출치료의 형태는 **실제 장면에의 노출**(in vivo exposure)이다. 그것은 실제 상황에서 경험하는 공포에 노출되는 것을 포함한다. 예를 들어, 운전하는 것에 대한 공포가 있는 사람은 운전을 연습하도록 격려받는다. 대중연설이나 낯선 사람 만나기 등, 사회상황에 공포가 있는 누군가는 이 상황에 직면하는 연습을 격려받는다. 실제 상황에의 노출은 종종 치료자와 함께 수행되거나 숙제와 함께 치료 회기에서 수행된다.

노출의 두 번째 형태는 **상상적인 노출**이다. 그것은 두려운 상황에 대한 정신적 이미지에의 노출을 포함한다. 상상적 노출은 Wolpe의 체계적인 둔감법의 중요한 구성요소이다. 그러나 오늘날 상상적인 노출은 대개 외부 물체가 상황에 대한 두려움을 감소시키기보다는 두려운 생각이나 정신적인 상상을 억압하는 사람에게 추천된다. 예를 들어, PTSD를 가진 사람은 종종 외상(성적 학대에 대한 기억)을 억압하고 강박장애가 있는 사람은 강박 생각이나 이미지(사랑하는 누군가를 해칠 것 같은 비합리적인 사고)를 억압한다. 원하지 않는 생각을 억압하는 것은 오히려 생각과 연관된 스트레스나 생각의 빈도를 증가시킬 수 있다. 반대로, 원하지 않고 공포감을 주는 생각에 대한 반복되는 노출은 공포의 감소를 이끌고 궁극적으로 생각의 빈도를 현격히 감소시킬 수 있다.

노출의 세 번째 형태는, **내부감각 노출**(interoceptive exposure)이라고 불리는 것인데, 이것은 그들이 더 이상 공포를 느끼지 않을 때까지 공포를 주는 물리적인 감각을 경험하는 것을 포함한다. 이 노출은 심작박동, 어지러움, 호흡곤란과 같은 신체 징후를 경험할 때 두려움 또는 공포가 있는 사람을 치료하는 데 사용될 수 있다. 이것은 전형적으로 공황과 관련된 감각을 경험하거나 신체적 느낌에 대한 공포를 경험하는 사람들 같은 공황장애를 가진 사람들(어지럽고 높은 장소에서 고소공포증을 느끼는 사람, 다른 사람 앞에서 손을 떨거나 땀을 흘리는 사회적인 공포를 느끼는 사람들)을 포함한다. 내부감각 노출 수행의 예는 호흡곤란의 느낌을 감소시키기 위한 과호흡하기(빠르게 호흡하기), 심장박동, 마비, 따끔거림, 질식의 감정을 감소시키기 위해 좁은 빨대로 숨쉬기, 어지러움을 감소시키기 위해 앉은 채로 의자 회전하기 등을 포함한다(Antony, Ledley, Liss, & Swinson, 2006).

노출은 전형적으로 점진적이고 덜 공포를 일으키는 자극과 함께 시작되며 점진적으로 공포상황에 노출시킨다. 치료자와 내담자는 함께 **노출 위계**를 작성한다. 두려운 상황을 나열한 목록은 아래쪽에 덜 두려운 상황을, 위쪽에 더 두려운 상황을 놓는다. 내담자는 더 쉬운 상황부터 연습하면서 공포가 감소됨에 따라 더 어려운 상황에 직면한다. 공포물체, 상황, 생각, 감정을 포함하는 노출 연습 이외에도 사진, 비디오, 또는 실제 상황 프로그램

(virtual reality program)에 의해 발생된 컴퓨터 이미지에 대한 노출을 포함할 수 있다.

어떤 가이드라인은 노출에 가장 가능한 반응을 확인할 것이다(Abramowitz, Deacon, & Whiteside, 2011; Vorstenbosch, Newman, & Antony, 인쇄 중 검토). 노출은 이것이 예측 가능(내담자가 회기 동안 무슨 일이 일어날지를 아는 것)하고 통제 가능(내담자가 연습 동안 일어나는 일에 대해 통제할 수 있는 것)할 때 가장 효과적이다. 노출은 종종 연습이 빈번할 때(매주보다 매일) 더 좋다. 연습이 끝나기 전에 내담자의 공포가 완벽하게 감소될 필요가 없더라도 긴 연습은 짧은 연습보다 더 효과적이다. 마지막으로, 치료자에 의한 모델링(공포물체 또는 상황에 어떻게 접근할지 증명하는 것)이 비록 이 상황에서 더 좋은 결과를 이끌 수 있다는 것을 제안하는 연구들도 있지만 아직 이 결과는 논쟁 중이다.

✻ 반응방지

반응방지(response prevention)는 자극과 반응 사이의 연합을 끊기 위하여 원하지 않는 행동을 금지하는 것을 포함한다. 예를 들어, 강박장애 치료에서 내담자는 공포를 주는 대상과 상황에 대한 노출을 수행하면서, 강박적인 의식(씻기, 확인하기, 세기 등)을 멈출 것을 격려받는다. 반응방지 없이, 강박장애에 대한 노출은 특히 강박적인 행동(자주 손 씻기)이 노출에 대한 모든 가능한 이익(오염된 물체 만지기)을 줄일 수 있기 때문에 효과가 감소할 수 있다. 반응방지는 또한 충동 통제 문제의 치료나 원하지 않는 습관(손톱 깨물기, 피부 벗기기 등)의 치료, 다른 불안 기반의 문제에 대한 안전 행동의 활성화를 위해 사용된다. 그들이 바꾸기를 시도하는 행동에 초점을 맞추는 대신에 내담자는 그것이 사라질 때까지 불편함을 견디라는 격려를 받는다. 몇 사례에서 경쟁되는 행동이 소개될지도 모른다. 예를 들어, 금연을 시도하는 내담자는 껌 씹기를 격려받을 수 있다.

✻ 조작적 조건형성 전략

조작적 조건형성 이론의 기본이 되는 전략은 바라는 결과(강화) 후에 행동이 증가하고 바라지 않는 결과(처벌) 뒤에 행동은 감소될 것이라는 가정에 기초한다. 조작적 조건형성 치료(때때로 **응용 행동 분석**이라고 불린다)는 환경에서 강화와 처벌의 패턴을 바꾸는 것을 포함한다. 그것은 바라는 행동을 증가시키기 위해 강화(숙제를 완료하는 아동에 대한 보상으로 더 늦게 자도록 허용하기)를 늘리거나, 바라지 않는 행동(아동의 떼쓰기)을 강화시키는 자극 제거하기, 그리고 처벌을 사용하는 것(어린 동생을 때리는 것을 멈추지 않는 아동을 타임아웃하기)을 포함한다. 조작적 조건형성에 기초한 기술에 관한 세부적인 설명은 Fisher, Piazza와 Roane(2011)을 참조하라.

강화 기반의 절차. **차별적인 강화**(differential reinforcement, 바라지 않는 행동의 감소와 바라는 대안행동의 발생을 위한 강화)는 아동의 행동 문제, 체중 감량 프로그램, 공격성, 중독 등의 문제에 성공적으로 사용되어 왔다. 차별적 강화의 예는 아동이 집안일을 하면 인터넷 사용을 허용하기, 약물을 사용하지 않은 것이 확인되면 집을 보조받기 등을 포함한다. **토큰 경제**는 강화 원리에 의존하는 조작적 조건형성의 다른 예이다. 이 절차는 내담자의 파괴적인 행동을 다루는 것을 돕는 입원환자 병원에서 사용되어 왔다. 토큰 경제 환경에 참여하는 내담자는 바라는 행동에 토큰을 받고 강화자(예를 들어 돈, 특권)를 위한 토큰을 가지게 된다. **환경관리**는 원하지 않는 행동이 더 이상 강화되지 않도록 내담자의 환경을 바꾸는 강화 기반 전략이다. 이 방법은 사회환경(예를 들어 물질을 사용하는 친구와 시간 보내기, 물질이 쉽게 이용 가능한 장소에서 놀기)과 개인적인 '내적 환경'(예를 들어 약물 사용 후 기분이 붕붕 뜨는 상태, 물질이 사용될 때 두려움의 감소 경험하기)이 알코올과 다른 약물의 사용을 강화시키는 물질사용장애의 치료에서 사용된다. 환경을 통해서, 개인은 물질을 사용하지 않는 사람과 더 많은 시간을 보내기를 지지받고 물질이 쉽게 사용 가능한 장소로부터 떨어져 있게 되고 두려움을 다루는 데 더 적응적인 방법을 사용할 것을 지지받을 것이다.

처벌 기반 전략. 처벌은 바라지 않는 행동을 감소시키기 위해 바라지 않는 결과에 노출시키는 것이다. **혐오적 조건형성**(aversive conditioning)이란 용어는 처벌 기반 절차를 설명하기 위해 사용된다. 혐오적 조건형성의 예는 **술 끊는 약**(Antabuse)라고 불리는 알코올 의존에 사용되는 약물이다. 만일 술 끊는 약을 복용하는 동안 알코올을 복용한다면 구역질, 어지러움, 두통, 호흡곤란 등과 같은 다양한 불만족스러운 증상을 경험한다. 그럼으로써 이 약을 복용하는 동안 알코올 섭취를 멈추는 것을 학습한다.

일반적으로, 처벌 기반의 절차는 장기적으로 행동을 바꾸는 데 효과적인 것으로 간주되지 않았다. 처벌에 대한 반응으로 잠시 행동을 변화시킬지라도 부정적인 결과가 제거되면 바로 재발한다. 또한 사람들은 부정적인 결과를 회피하는 방법을 찾는다(처벌 기반의 치료에 대한 순응은 거의 좋지 않다). 예를 들면 디설피람(disulfiram)을 복용하는 사람은 약물 사용은 그만두지만 술은 계속 마시기도 한다. 장기간의 행동 변화에서, 강화 기반의 전략이 처벌보다 더 효과적이다.

* 이완훈련

이완훈련은 불안함과 스트레스가 몸에 미치는 영향을 감소시키기 위한 전략을 말한다. 과호흡의 효과를 예방하기 위해 천천히 **횡격막 호흡**(또는 **호흡 재훈련**)을 하는 것, 긴장감을 감소시키고 스트레스를 다루기 위해 **심상**(guided mental imagery)을 사용하는 것, 체내 근육의 긴장을 감소시키기 위해 **점진적인 이완**(progressive relaxation)을 사용하는 것을 포함한다(이완 기반의 기술과 관련된 문헌을 검토하려면 Hazlett-Stevens & Bernstein, 2012를 참조).

점진적인 이완은 무작위 통제 임상 실험을 통해 범불안장애, 두통, 고혈압, 그리고 다른 문제들에 효과가 있음이 입증되었다(Hazlett-Stevens & Bernstein, 2012). 이 전략은 1900년대 초에 Edmund Jacobson에 의해 처음으로 개발되었고(Jacobson, 1938), 1970년대에 긴장과 이완을 번갈아 반복하고, 주의 기울이기와 호흡 연습을 하도록 Bernstein과 Borkovec에 의해 수정되었다(Bernstein, Borkovec, & Hazlett-Stevens, 2000). 16개의 근육집단의 긴장과 이완을 번갈아 반복한다. 내담자는 20분 정도 걸리는 운동을 매일 하도록 격려받았다. 1주나 2주 후에는 16개의 근육집단을 8개의 근육집단으로 줄인다. 몇 주 후에, 4개의 근육집단으로 줄이고 긴장-이완 사이클에서 긴장 부분을 뺀다. 치료의 마지막 단계에서 내담자는 긴 호흡을 함으로써 이완하고, 긴장을 날려 보낸다. 치료 과정의 목표는 내담자가 빠르게 이완하는 것을 배우고, 치료 후에 과도한 긴장으로 두려움을 느끼기 전에 기술을 다양한 상황에서 적용하는 것이었다.

✻ 자극 통제 절차

자극 통제는 특정한 신호나 자극을 통제하는 행동을 의미한다. 행동치료의 맥락에서, 자극 통제 절차는 행동이 부적절한 자극에 의해 영향을 받는 문제를 교정하는 것을 목표로 한다. 자극 통제 절차는 불면증 치료에 사용된다. 수면장애를 가진 개인은 잠자기보다는 독서, 흡연, 텔레비전 시청, 전화 통화, 먹기 등과 같은 일을 하면서 침대에서 시간을 보내게 되어 수면에 어려움을 겪는다. 그 결과, 침대와 수면의 연합은 약해지고, 잠자는 것이 더 어려워진다. 불면증이 있는 사람은 이례적인 시간에 잠을 자는 경향이 있어서(예를 들어 낮잠 자기, 부족한 잠을 보상하기 위해 늦게 일어나는 것) 더 이상 저녁 시간이 잠을 자기 위한 신호가 되지 않는다. 불면증 치료의 중요한 구성요소는 침대가 잠과 연합되고 적절한 시간에 잠을 자기 위하여 다시 자극을 통제하는 것이다. 불면증이 있는 사람은 잠, 성적인 친밀감을 위해 침대에 있을 것을 지지받고, 잠을 잘 수 없을 때는 침대에서 나와야만 한다. 낮잠을 자지 않고, 잠자리에 매일 같은 시간에 들고, 설사 잠을 잘 못 잤더라도 매일 아침 같은 시간에 일어나기를 요청받는다. 불면증 치료 외에도 자극 통제 절차는 물질 사용의 치료(다양한 자극이 물질 사용의 충동을 지지하기 위한 능력)뿐만 아니라 다른 문제들에도 사용되어 왔다(Poling & Gaynor, 2009 참조).

✻ 모델링

우리는 다른 사람의 행동을 관찰하면서 행동하는 것을 배우고, 이 과정을 **모델링**이라고 부른다. 예를 들어, 다른 사람이 공포스러워 하는 것을 관찰함으로써 공포 대상을 학습할 수 있다. 그리고 다른 사람이 두려움 없이 상황에 직면하고 어떤 부정적인 결과도 얻지 않는 것을 본다면 공포를 극복하는 것을 학습할 수 있다. 공포 대상에 접근하는 방법에 대한 치료자 모델링은 노출치료를 용이하게 한다. 모델링은 복잡한 삶의 기술(낯선 사람과 대화하는 방법, 학급에서 행동하는 방법, 부모나 파트너와 효과적으로 대화하는 방법 등) 또는 특별한 치료 기술(이완, 문제해결)을 가르치는 데 유용하다. 모델링은 단독으로는 잘 사용되지 않으며, 기술 훈련이나 노출처럼 다른 전략과 통합되어 사용된다(모델링에 대한 더 세분화된 설명은 Alden, 2005 참조).

✻ 우울증을 위한 행동활성화

행동활성화는 우울증이 긍정적 강화의 결핍에 의해 유지된다는 개념이다. 우울증은 비활성화와 철회에 의해 야기되며, 잠재적인 강화물의 접촉의 기회를 감소시키고 결과적으로 강화받을 기회가 적어진다. 행동활성화는 "내담자가 다양하고 안정적이고 의미 있는 긍정적인 강화와의 접촉을 증가시키기 위해 특별한 활동을 치료적으로 계획하는 것"으로 정의된다(Kanter & Puspitsari, 2012, p. 217). Martell, Dimidjian과 Herman-Dunn(2010)에 따르면, 행동활성화는 우울감을 유지시키는 환경적인 요인의 역할과 치료에서 통합적인 활동 계획이 차지하는 중요성에 대하여 썼던 Charles Ferster, Peter Lewinsohn, Aaron Beck, 그리고 Lynn Rehm과 같은 연구자들의 이전 작업에 기초하여 1990년대에 Neil Jacobson에 의해 개발되었다.

Martell 등(2010)은 행동활성화에 기초가 되는 몇 가지 중요한 원리를 설명하였다. 첫째, 개인의 느낌을 바꾸는 데는 행동을 바꾸는 것이 필요하다. 둘째, 인생의 변화로 인해 우울해질 수 있는 경우 도움이 되지 않는 단기간의 대처 기술을 사용하면 개인이 우울증에 깊이 빠져들게 된다. 셋째, 내담자에게 어떤 전략이 도움이 되는지를 알기 위해서는 내담자의 행동 전후의 사건을 이해해야 한다.

행동활성화의 중요한 특징은 행동계획이다. 더 활동적이 됨으로써, 내담자는 긍정적인 강화를 경험하기 시작하고, 인생에 다시 몰입하기 시작한다. 내담자의 활동을 증가시키는 것 이외에도 활동실행의 다른 요소는 활동, 기분 점검, 목표 설정, 내담자가 행동의 선행사건과 결과를 인식하도록 돕기(기능 분석), 경험에 집중하는 연습(마음챙김 훈련과 유사), 문제해결 훈련, 우울한 생각을 바꾸는 전략의 선택, 재발을 예방하는 전략의 사용 등과 같은 다른 구성요소를 포함한다(Martell et al., 2010).

✳ 사회기술 훈련

대인관계와 사회적인 상호작용에서 효과적으로 기능하는 것은 성공과 건강한 삶을 위해 중요하다. 이 영역들이 손상되면 다른 사람과의 단절을 초래할 수 있고 학교, 직장, 그리고 다른 영역에서 궁극적으로 건강한 관계를 형성할 수 없는 무능력과 기능의 손상을 포함하여 부정적인 결과를 초래할 수 있다.

사회기술 훈련은 모델링, 교정적 피드백, 행동연습(rehearsal), 그리고 내담자가 효과적으로 의사소통하는 능력을 증진시키고 사회적 상호작용에서 더 잘 기능하도록 하는 다른 전략을 포함한다. 예를 들어, 자기주장적이 되고 싶어 하는 내담자는 다른 사람들에게 이용당하는 것보다 그들의 욕구를 직접적으로 표현하는 방법(부당한 요구 거절하기, 다른 사람에게 그들의 행동을 바꾸도록 요청하기)을 배울지도 모른다. 사회기술 훈련은 때때로 사회불안장애, 우울증, 조현병, 부부 스트레스, 지적 장애, 자폐 스펙트럼 장애, 그리고 의사소통과 사회기술의 손상과 관련될 수 있는 다른 문제들의 치료에 사용된다. 사회기술 훈련의 목표행동은 눈 맞춤, 신체 언어, 언어적인 능력(목소리 크기, 어조), 경청 기술, 대화 기술, 자기주장 기술, 갈등 기술, 인터뷰 기술, 만남 기술, 대중연설 기술과 같은 것을 포함한다. 내담자의 기능 수준에 따라 더 사회적인 기술(예를 들어 버스에 어떻게 타는지, 식당에서 어떻게 주문하는지)은 또한 개입의 목표가 될 수 있다.

사회기술 훈련의 과정은 지지적이고 비판단적인 분위기에서 잠재적인 사회기술의 결핍을 확인하는 것으로 시작한다. 일단 목표행동이 확인되면 다음 단계는 목표행동을 바꾸는 효과적인 방법을 확인하는 것이다. 치료자는 새로운 행동(예를 들어 눈 맞춤 증가시키기, 똑바로 앉기, 간단한 대화하기 등)의 모델이 된다. 그리고 내담자는 기술을 연습할 기회를 갖고 교정적 피드백을 받는다. 연습은 행동주의적인 역할극의 상황이나 실생활의 사회적 상호작용의 맥락 안에서 발생할 수 있다. 때로는 내담자의 수행이 녹화되고 나서 내담자와 치료자가 함께 관찰한다. 이것은 내담자가 자신의 행동을 관찰할 기회를 갖고 필요하다면 교정할 수 있도록 한다. 사회기술 훈련에 대한 더 자세한 설명은 Kinnaman과 Bellack(2012) 그리고 Segrin(2009)의 연구를 참조하라.

✻ 문제해결 훈련

사람들은 문제를 성공적으로 해결할 수 있는 역량을 당연시한다. 그러나 효과적인 문제해결 기술을 개발하는 것은 교육이나 연습을 필요로 한다. 일상의 도전 속에 결정을 하는 것은 변덕스럽고 혼란스러운 감정을 느끼게 할지도 모른다. 가능한 결과를 생각하지 않고 충동적으로 해결하려는 것이 문제가 될 수 있다. 문제해결 훈련은 다섯 가지 주요 단계를 가르침으로써 체계적으로 문제를 해결하도록 도울 수 있다.

1단계: 문제 정의하기. 내담자는 최대한 구체적으로 문제를 묘사한다. "아침에 심각한 문제가 생겼다."보다는 "아이들을 학교에 데려다 줘야 하는데 차가 움직이지 않는다."가 더 낫다. 몇 가지 문제가 있다면 우선순위대로 나열하고 가장 중요한 문제를 확인한다.

2단계: 가능한 해결책 확인하기. 이 단계는 종종 브레인스토밍으로 언급된다. 여기에서 걸러지는 것 없이 최대한 많은 해결책을 생각해 낸다. 이 단계에서 내담자는 제시된 해결책이 좋을지 나쁠지에 대해서 걱정해서는 안 된다. 예를 들어, 1단계에서 언급된 예에 대한 가능한 해결책으로 "아이를 택시나 버스를 태워 학교에 보내기", "아이를 집에 머무르게 하기", "친구 또는 이웃에게 아이를 태워 달라고 하기", "차를 수리하고 아이를 늦게라도 학교에 보내기"가 있다.

3단계: 해결책 평가하기. 이 단계는 2단계에서 생각해 낸 해결책의 비용과 효과를 검토하는 것을 포함한다.

4단계: 가장 좋은 해결책 선택하기. 3단계에서의 분석에 기초하여 가장 좋은 해결책을 선택한다. "큰아이는 택시를 태워 학교에 보내고, 막내는 하루 종일 집에 있도록 하기"와 같은 하나 이상의 선택을 포함할 수 있다.

5단계: 실행. 4단계에서 선택한 행동을 실행한다. 실행단계에서 적용될 해결책을 방해하는 새로운 문제를 만나기도 한다. 이 경우에 내담자는 해결책의 목록으로 돌아가고 다른 선택을 하거나 실행에서 문제를 해결하기 위한 문제해결의 단계를 다시 경험하도록 할 수 있다.

문제해결 훈련은 부정적인 생각에 도전하기, 동기 강화하기, 우선순위 설정하기, 목표 설정하기, 효과적으로 시간 관리하기, 조직화하기와 같은 기술을 포함한 역량을 개발하는 것에 초점을 맞출 수 있다. 문제해결 훈련은 우울증, 범불안장애, 사회불안장애, 조현병, 부부 스트레스 등의 치료에 사용되어 왔다(Nezu & Nezu, 2012 참조).

✻ 수용 기반의 행동치료

영국의 극작가인 Oscar Wilde는 "나는 감정에 휘둘리기를 원하지 않는다. 나는 감정을 사용하기 원하고 즐기기를 원하고, 지배하기를 원한다."라고 명언을 남겼다. 원하지 않는 감정, 사고 기억을 통제하기를 원하는 것은 자연스럽다. 그러나 회피, 다른 것에 주의를 돌리기, 안전한 행동, 미루기, 강박과 같은 통제 경향 행동은 장기간 그리고 과하게 되면 유용하지 않다.

대부분의 행동 전략은 내담자의 행동주의적 레퍼토리에서 유연성을 증가시키기 위해 사용되었고, 과정은 원하지 않는 생각과 감정을 통제하기보다 받아들이는 것을 학습하는 것을 포함한다. **마음챙김**은 수용을 촉진시키는 전략이다. 마음챙김에 대한 가장 빈번하게 인용된 정의는 Kavat-Zinn(1994)의 "특별한 방식으로, 목적적으로, 현재에, 비판단적으로 집중하기"이다(p. 4). 마음챙김 훈련을 경험하는 사람은 주의를 딴 곳으로 돌리거나, 목적적으로 과거의 사건에 대해서 따라가거나, 미래에 대해 걱정하는 것보다 그들이 발생할 때 경험(사고, 감각, 감정)을 수용하는 것을 배운다. 사고, 감정, 감각이 그 자체로는 좋지도 나쁘지도 않다는 것을 배우고 이 경험을 수용한다. 마음챙김 연습은 명상, 마음챙김 호흡 연습, 마음챙김 몸의 탐 사, 마음챙김 식사 등을 포함한다. 마음챙김은 새로운 것이 아니다. 이것은 불교에서 2500년 전부터 시작되었다. 과거 20여 년 동안 마음챙김 기반의 전략을 행동치료와 통합하고, 잘 통제된 연구에서 마음챙김 기반의 치료를 체계적으로 연구하였다는 것이 새로운 것이다.

마음챙김을 포함한 치료법들은 다음과 같다. 이들 중의 하나는 **수용전념치료**(ACT)라고 불리는, Stephen Hayes와 동료들(2012)에 의해 개발된 심리치료이다. 수용전념치료는 두 가지 구성요소를 포함한다. 첫 번째 요소는 수용력을 기르는 것이다. 원하지 않는 생각, 감정, 그리고 이전의 사건(**경험적 회피**라고 불린다)을 피하거나 통제하기 위해 시도하는 것보다 수용전념치료는 내담자에게 알아차리고, 받아들이고, 이전의 사건을 포용할 것을 가르친다. 내담자는 (각 생각이 중요하거나 의미 있음을 가정하는 것보다) 생각으로부터 스스로를 떨어뜨려 놓고 관찰자의 관점으로 바라본다. 수용전념치료의 두 번째 구성요소는 내담자가 자신의 가치관을 깨닫고 행동을 가치와 일치시키고 더 많은 생동감을 가져오고 삶에 의미를 부여하고 궁극적으로 행동 레퍼토리에 유연성을 증가시키는 것을 포함한다.

넓게 사용되는 다른 수용 기반의 행동치료는 **변증법적 행동치료**(DBT)이다. 그것은 심리학자 Marsha Linehan(1993)에 의해 개발되었다. 변증법적 행동치료는 전통적인 인지행동기술을 수용과 스트레스를 견디기 위한 마음챙김 기반의 전략에 결합한다. 처음에는 경계성 성격장애를 치료하기 위해 개발되었는데, 지금은 섭식장애, 물질사용장애, 그리고 외상 기반의 문제를 포함한 다른 많은 문제를 치료하기 위해 사용되고 있다. 다른 행동치료와 인지행동 접근과 비교해서, 마음챙김과 수용 기반의 접근은 여전히 상대적으로 새로운 영역이다. 이 접근들을 지지하는 많은 연구가 있으나(Hayes, Villatte, Levin, & Hildebrandt, 2011), 이 접근들의 효과성에 근거가 되는 기제와 인지행동주의적인 다른 접근을 결합시키는 범위에 대하여 비판하는 문헌들이 있다(Arch & Craske, 2008; Hofmnn & Asmundson, 2008).

증거

단기간에 효과적인 치료를 제공하라는 건강관리 체제(managed health care)의 압력을 받아, 심리학자들은 자신의 작업을 더 비판적으로 검토해 왔다. 최근에는 단기 치료들이 개발되었고, 심리치료의 효과성을 검토하는 연구들은 끝없이 시행되어 왔다. 2012년 8월 9일, 미국심리학회는 심리치료의 효과에 관한 결의를 채택하였다(American Psychological Association, 2012). 결의에는 "대부분의 유효하고 구조화된 심리치료들은 효과가 비슷하다."라는 언급이 포함되었다. 결의에 포함되지 않은 것은 **유효한**(valid)과 **구조화된**(structured)이라는 용어에 대한 정의이다. 대부분의 유효하고(연구되고) 가장 구조화된 심리치료의 형태는 행동주의와 인지행동주의적 전통이다.

✳ 경험적으로 지지되는 치료로서의 행동치료

1995년에 임상심리학회(미국심리학회의 12분과)는 특정 문제에 특정 심리치료가 효과적인지 결정하는 기준을 정의하였다(Task Force on Promotion and Dissemination of Psychological Procedures, Division of Clinical Psychology—American Psychological Association, 1995). 그리고 미국심리학회(1995)는 지속적으로 자료를 업데이트하고 있으며(http://psychologicaltreatments.org), 이 작업은 풍부한 논의와 강렬한 논쟁을 일으켰다.

경험적으로 유용한 치료의 기준은 경험적인 지지의 두 가지 수준, 즉 **엄격한**(이전에는 '잘 설계된'으로 언급되었다)과 **적정한**(이전에는 '적절하게 효과적인'으로 언급되었다)을 정의한다. **논쟁적인**(controversial)이라는 용어는 상반된 결과를 지지하는 연구 또는 효과적이지만 효과적이지 않다는 연구 결과가 있을 때 사용된다. **강한 지지** 기준을 충족하기 위해서 특별한 개입은 치료가 위약(placebo)보다 더 우세함을, 다른 형태의 치료보다 더 우세함을, 또는 설계된 치료와 동등함을 보여 주는 잘 통제된 연구 결과가 있어야 한다. 연구는 치료가 의도된 대로 진행되는 것을 확인하는 치료 매뉴얼을 사용할 것이 요구되고, 내담자 정보가 명확하게 묘사되고 치료의 효과가 최소한 다른 두 치료 팀에 의해 제시되어야 한다. 적정한 지지의 기준은 다소 덜 엄격하지만 비슷하다. 예를 들어, 이 기준들을 충족시키기 위해서, **두** 개의 독립적인 팀에 의해 치료의 효과가 증명되는 것이 요구되지는 않는다(Chambless et al., 1998; Woody & Sanderson, 1998).

77개의 특정 장애에 대한 효과가 증명된 치료가 있고, 이들 중 60개는 행동적이거나 인지행동적인 치료이고 다른 것은 행동주의적인 요소를 포함한다(Society of Clinical Psychology, 2012). 최근에 업데이트된 연구 문헌은 특정한 문제에 행동주의적이고 인지행동주의적인 치료를 지지하는 증거를 반영한다.

내담자가 효과가 있는 치료를 받을 기회를 가져야 하지만, 무엇이 증거를 구성하는지에 대하여 심리치료자들 사이에서 논란이 있다. 어떤 저자는 경험적으로 지지되는 치료의 목록을 비판해 왔고, 그 목록에 근거한 연구들이 결점이 있고 완벽하지 않다고 비판해 왔다. 비판자들은 매뉴얼 기반 치료에 의존하는 것이 인간을 돌보기보다 치료자들을 기술자로 만들고 치료적인 관계를 위협하고, 임상적인 발전을 제한하고, 건강관리 회사와 보험 회사가 그들이 보장할 치료에 대하여 전체적으로 엄격해지도록 하였다고 비판하였다. 어떤 비판자들은 연구 참여자(덜 복잡하고, 더 잘 기능을 하는)는 지역사회 건강관리 클리닉에서 치료를 해야 하는 내담자와 다르다고 비판하였다.

매뉴얼화되고 경험적으로 유효한 치료의 지지자들은 제기되는 이슈에 도전하고 이들 비판이 증거 기반의 치료와 그들이 기초로 하는 연구에 대한 오해에서 비롯되었음을 주장한다(Addis, 2002). 매뉴얼 기반 치료의 지지자들은 매뉴얼 사용이 치료자들이 집중을 지속할 수 있도록 하고, 훈련과 치료자의 슈퍼비전을 촉진시키며, 치료자의 작업을 더 신빙성 있게 한다고 주장한다(Wilson, 1998). 또한 매뉴얼이 가정되는 것보다 훨씬 더 많은 유연성을 제공하고, 연구된 매뉴얼 기반 치료 전통이 과거 수십 년 동안 있었던 수많은 새로운 치료의 개발을 도왔다는 것을 증명하였다.

✻ 치료자의 상담실에서 자료 모으기

경험적으로 지지되는 치료를 담은 임상심리학회 목록 같은 치료 가이드라인은 치료자에게 특정한 문제에 더 효과적인 치료를 위한 표준적인 접근에 대한 중요한 정보를 제공한다. 그러나 비록 증거 기반의 매뉴얼화된 치료의 사용이 유용하더라도, 이 접근들은 또한 제한적이다. 먼저, 많은 내담자들은 치료에 부분적으로 반응하고 모든 사례가 다 같지 않다. 치료 가이드라인의 기초가 되는 대집단으로 통제된 연구는 특정한 내담자를 위한 치료를 선택하는 방법에 대한 제한된 정보만을 제공한다. 특히 내담자가 표준적인 치료에 완전히 반응하지 않는다면 더욱 그렇다.

행동치료는 역사적으로 세부적인 기능 분석을 기초로 각 내담자에게 맞춤형의 치료 접근을 제공하였다. 행동치료자는 상담자가 물어야 할 질문은 "어떤 치료가 특정한 진단에 효과적인가?"라는 일반적인 질문이 아니라, 행동주의 심리학자 Gordon Paul(1967)이 몇십 년 전에 남긴 질문인 "**특정 문제를 가진 어떤 내담자에게 어떤 상담자에 의해, 어떤 개입이, 어떤 상황**에서 효과적인가?"라는 구체화된 질문이라고 주장한다.

비록 연구자들이 특정 형태의 치료에 반응하는 내담자를 예견하는 방법을 확인하려는 시도를 해 왔지만, 규모가 큰 연구를 통해 Paul의 질문에는 대답하기 어렵다. 그러므로 연구 문헌을 읽는 것에 덧붙여 치료자들은 특정 내담자의 특정 상황을 고려해야만 한다. 내담자의 문제에 관해 입증된 치료가 없는 경우에 특히 그렇다. 여전히, 어떤 내담자의 독특한 상황에 집중하는 것은 객관적인 자료의 중요성을 강조하면서 행해질 수 있고, 이것은 주의 깊게 통제되고 경험적으로 접근되어야 한다.

치료에서 경험적인 접근을 하는 것은 (1) 내담자와 문제에 대한 편견 인식하기(같은 문제를 가진 다른 내담자에게 효과적인 개입에 대한 같은 반응을 가정하기 않기), (2) 치료에 대한 편견 인식하기(모든 내담자가 같은 개입에 반응하지 않는다는 사실 이해하기, 내담자가 많은 이유로 변화한다는 사실 인식하기, 어떤 변화는 치료나 치료자와 관련이 없다는 사실 이해하기), (3) 내담자가 문제를 유지하는 변인들에 대한 가정을 테스트하는 치료 과정을 통하여 자료를 수집하기, (4) 개입의 효과를 평가하는 치료 과정에 대한 자료를 수집하기를 포함한다.

행동치료자들은 치료의 효과를 평가하기 위하여 **단일 사례 실험 연구**를 실시한다

(Barlow, Nock, & Hersen, 2008). 단일 사례 실험 연구에서 내담자는 먼저 목표 문제를 위한 기초선을 설계하기 위해 치료를 시작하기 전에 평가를 받는다. 평가는 치료를 통하여 계속되고, 장기간의 효과를 평가하기 위한 치료가 끝난 후에도 실시된다. 마지막으로, 개입의 양상이 다양하거나 내담자의 변화가 관찰되는지 평가하도록 조작되는데, 사실 이는 개입이나 다른 변수의 결과이다.

역전설계(reversal design)는 단일 사례 실험 연구의 한 예이다. 그것은 개입의 시작 후에 기초선 단계를 가지는 것이다. 일정한 기간이 지나면 개입은 철회되고(기초선으로 되돌아가고), 아마도 다시 소개되고 후에 다시 철회된다. 예를 들어, 만약 치료자가 카페인 섭취를 줄이는 것이 불면증을 개선시킨다는 것을 믿는다면, 치료는 처음에 일상적으로 카페인 섭취를 하면서 1주일 동안 기초선 자료를 수집하고, 이후 1주일은 카페인 섭취를 줄이는 치료 기간을 가진다. 그러고 나서 1주일 동안 보통의 카페인 섭취를 하고 다시 카페인이 없는 다른 1주일을 보낸다. 만약 치료자와 내담자가 카페인과 수면 간의 기대되는 관계가 개입의 각 단계 동안 똑같다는 것을 알아챈다면 그러고 나서 그들은 개입이 관찰되는 변화에 영향을 미칠 것이라는 것에 자신감을 가질 수 있다. 반복(replication)은 중요하다. 효과가 한 번만 나타나면, 개입이 변화를 가져왔는지를 알기 어렵다. 역전설계에는 제한점이 있다. 예를 들어, 치료가 철회된 후에 효과가 계속되면 치료를 평가하는 것은 유용하지 않다.

다문화 세계에서의 심리치료

행동치료자들은 행동치료의 기본이 되는 몇 가지 중요한 원칙(예: 고전적 조건형성, 강화, 처벌) 그리고 방법(예: 노출)은 다양한 문화, 심지어 다양한 인종에서도 적용 가능하다고 가정한다. 학습의 원칙에 대한 많은 이해가 Wolpe(처음으로 개의 학습에 대해 연구)나 Skinner(쥐와 비둘기의 학습에 대해 연구)에 의해 수행된 동물에 대한 개척적인 연구들을 포함한 인간이 아닌 종에 대한 연구로부터 시작되었다. 그럼에도 불구하고, 행동원칙이 다른 문화에 적용 가능할지라도, 행동치료는 명백하게 전 세계적으로 효과적인 것은 아니다(심지어 선진국인 서구 문화에서도 그렇다). 내담자에게 행동 기법 연습하기를 요청하는 것보다 행동치료에는 훨씬 더 많은 것이 있다. 치료는 치료적인 관계의 맥락에서 발생하고, 문화가 치료자와 내담자, 그리고 치료의 수용성 사이의 관계, 궁극적으로 행동주의 틀 안에서 작업하는 내담자의 복지에 영향을 미칠 수 있는 다양한 방식이 있다.

노출치료를 받는 강박장애 내담자를 생각해 보자. 만약 내담자가 강박장애를 위한 행동모델이 이해가 되고 두려운 자극에 대한 노출과 충동 예방과 결합이 도움이 될 것이라고 믿는다면, 치료에 대한 순응과 성공의 가능성은 높다. 하지만 만약 내담자가 강박장애 증상이 귀신 들려서 나타난 것이며 증상을 통제하고 강박적인 생각을 없애고 그들을 괴롭히는 상황을 회피하는 것이 유일한 방법이라고 생각한다면? 또는 내담자가 유일하게 수용하는 문제를 극복하는 방법이 기도를 통한 것이라고 믿는다면? 이들은 노출을 꺼리기 때문에, 노출이 '효과적인 접근'이라는 것은 중요치 않다.

행동치료에서 내담자가 그들의 문화적인 가정과 신념에 적합하지 않은 방법을 사용하도록 격려하는 것 또는 내담자의 가치나 기대와 더 적합하도록 행동주의적인 방법을 수정하는 것은 도전 과제이다. 치료자들은 행동치료나 CBT에 대한 더 문화적으로 반응적인 접근을 채택하도록 교육을 받고 있다(Hays & Iwamasa, 2006). 이는 자신의 편향에 대한 더 많은 인식, 문화적 경험에 의해 영향을 받은 내담자의 고유한 방법을 학습하는 것을 포함한다. 내담자의 행동에 대한 환경의 영향에 대해 생각할 때, 그들은 긍정적 또는 부정적 문화적인 영향력을 환경 정의에 통합할 필요가 있다(Hays, 2006).

문화는 내담자의 행동과 치료에 대한 반응에 다양한 방식으로 영향을 미칠 수 있다. 건강 관련 전문가에게 실제적인 충고를 구하는 문화는 기도나 영적 지도자에게 조언을 구하는 문화에서보다 행동 문제를 다루는 것을 가치 있게 여기기 때문에 행동치료자에게 더 적합하다. 또한 문화는 치료자에 대한 내담자의 반응에 영향을 미칠지도 모른다(예를 들어, 치료자의 성이나 옷 입는 방식을 포함한다). 치료자와 내담자의 문화적인 차이는 심리치료를 어렵게 만드는 언어적인 장벽을 만들 수도 있고, 치료자에 대한 내담자의 신뢰에 영향을 미칠 수 있다. 예를 들어, 아메리칸 인디언 내담자는 유럽계 미국인에게 학대받은 역사에 대해 크게 영향을 받았을 수 있다. 그리고 어떤 내담자는 유럽계 조상을 가진 치료자를 신뢰하는 것이 어렵다고 느낄지도 모른다(McDonald & Gonzalez, 2006).

소수민족 치료에 대한 연구는 많지 않다. 그리고 행동치료도 예외가 아니다. 그럼에도 불구하고, 이 연구들은 행동치료와 CBT가 미국에 사는 소수민족뿐만 아니라 미국이 아닌 나라에 사는 사람에게도 효과적이라는 것을 밝혀냈다. 예를 들어, Hinton 등(2005)은 CBT가 치료에 거부적인 PTSD나 공황장애를 가진 캄보디아 난민에게 효과적으로 작용한다는 것을 밝혀냈다. 문화적으로 수정된 CBT와 약물치료를 결합한 접근이 우울증에 효과적이었다. 파키스탄에서 시행된 연구는 항우울제(antidepressants) 약물치료와 CBT를 병행할 때의 효과와 항우울제를 단독으로 사용할 때의 효과를 비교하였다(Naeem, Waheed, Gobbi, Ayub, & Kingdon, 2011). 다양한 문화 집단에 CBT를 적용한 포괄적인 연구들을 보려면, Hays와 Iwamasa(2006)를 참조하라.

사례

배경

Simon은 40세의 대학 교수로, 5살과 12살 자녀를 두었다. 그는 고향에서 2시간 거리의 중소도시에 살고 있다. Simon에게는 양친과 두 명의 형이 있었다. 그는 어린 시절을 대체로 행복하였다고 묘사한다. 어렸을 때 그는 낯선 사람들을 보면 다소 부끄러워하고 두려워하였는데도 몇몇의 가까운 친구가 있었다. 그는 고등학교에서 친구를 사귀기 어려워하였고 혼자 또는 가족과 시간을 보냈다. 그는 고등학교 동창들에게 줄곧 괴롭힘을 당하였다고 보고하였다. 그는 학교에서 더 인기 있는, 자신보다 더 매력적이고 더 활동적인 학생들에게 열등감을 느꼈다. 다른 사람에 대한 Simon의 불안은 고등학교 시절 동안 증가하였고 대학 시절 내내 계속되었다.

Simon은 박사 과정에 있을 때 동료였던 아내를 만났고, 만난 지 1년 후에 연애를 하기 시작하였다(그녀가 그에게 먼저 다가왔다). Simon은 아내와의 관계를 지지적이고 가까웠다고 묘사하였다. 아내는 사람을 만나기를 좋아하였지만, Simon이 가족들과 시간을 보내기를 좋아하였기 때문에 그리고 그가 다른 부부들과 어울리는 것을 좋아하지 않았기 때문에 친구들과 시간을 보내는 것을 그만두었다.

문제

Simon의 주호소 문제는 대중연설, 타인의 이목 집중, 새로운 사람들과의 만남, 일상적인 대화, 파티, 미팅, 그리고 전화 통화 등 사회적인 상황에 두려움을 느끼고 회피를 한다는 것이다. 그는 가족들이나 가까운 친구들과는 편안함을 느껴도 낯선 사람이나 직장 동료들 또는 학생들과의 만남에서 심각한 불안을 경험하였다. 불안한 상황에서 전형적으로 손이 떨리고, 심장이 두근거리고, 집중하지 못하였다. 그는 가능하다면 사무실 모임을 회피하였고, 점심을 혼자 먹었고, 꼭 필요할 때만 미팅에 갔다.

Simon은 몇 가지 자기보고 질문지에 응답하였다. 사회적 상호작용 불안척도(Social Interaction Anxiety Scale: SIAS; Mattick & Clarke, 1998) 점수는 42점이었고, 사회적 상호작용을 포함한 상황(예: 파티, 대화)에서 불안이 약간 높았다. 사회불안척도(Social Phobia Scale: SPS; Mattick & Clarke, 1998) 점수는 38점이었고, 수행 관련 상황(예: 대중연설, 모임에서 주목 받는 것)에서 약간 높았다. Simon은 또한 행동접근테스트(Behavioral Approach Test: BAT)를 받았는데 낯선 사람(예: 그가 치료를 받고 있었던 상담실에서 만난 초면의 상담자)과의 10분 정도의 조작된 대화가 포함되었다. 행동접근테스트 동안 Simon은 75~100의 높은 불안 수준을 보였고 땀 흘리기, 심장박동 증가 등의 신체 변화를 나타내었다.

Simon이 강의를 회피하지는 않을지라도, 두려움을 다루기 위해 교실의 조명을 어둡게 하고, 비디오 보여 주기(말하는 대신), 티셔츠 입기(앞에서 땀 흘릴 가능성을 줄이기 위하여), 그리고 학생들과 눈 맞춤 회피하기(부족한 눈 맞춤이 학생들이 그가 답할 수 없을지도 모르는 질문을 덜 하기를 바라면서) 등의 다양한 전략을 사용하였다(**안전행동**으로 알려져 있다). Simon의 가장 큰 두려움은 다른 사람 앞에서 당황하거나 창피를 당하는 것이었고, 자신이 남들에게 지루하고 무능하고 두려움이 많은 사람으로 보이는 것이었다.

그렇지만 Simon은 강의를 잘하는 교수로 평가되었다. 동료들은 그와 함께 있는 것을 즐기는 것처럼 보였다. 과거에 동료들은 Simon을 점심에 초대하였지만 최근에는 하지 않았다(이는 아마도 그가 항상 거절하였기 때문일 것이다). 사회적인 상황에서, Simon은 눈 맞춤을 회피하였고 대화를 시작할 적절한 단어를 찾는 것을 어려워하였다. 그의 치료 목표는 사회상황에서 더 편안하게 느끼는 것이었다.

Simon은 **사회불안장애**라는 진단을 받았다. 그는 고등학교 동안 지속된 부끄러움과 사회공포의 지속적인 과거력을 가지고 있었는데, 이는 아마도 빈번하게 괴롭힘을 당한 결과 때문인 것 같다(고전적인 조건형성). 평가 동안 Simon의 두려움은 사회상황에서 회피와 불안을 다루기 위한 안전행동 때문에 유지되는 것으로 나타났다. 안전행동은 사회상황을 회피하고 경험하는 안도와 그의 사회적인 두려움을 수용하고 사회적 관계를 피한 아내(조작적 조건형성)에 의해 강화되었던 것 같다. Simon의 두려움은 사회상황에서 다른 사람에 의해 부정적으로 평가될 것 같고, 자신이 부정적인 평가를 다룰 수 없을지도 모른다는 신념과 관계된 것으로 보였다. Simon은 사회기술의 결함을 보고하였고, 특히 다른 사람과의 눈 맞춤이나 소소한 이야기를 나누는 것에서 부족하였다. 그의 어려움은 아내에 의해 확인되었고 (Simon과 면담에 같이 참여한) 치료자에 의해서도 관찰되었다.

치료

Simon의 치료는 교육, 인지 전략, 노출, 안전행동 감소, 사회기술 훈련이라는 다섯 가지 구성요소를 포함한다. 마지막 회기는 Simon에게 학습한 것을 유지하고 학습한 것을 잊지 않도록 예방하는 전략을 가르치는 것에 초점을 맞춘다.

교육(1회기). 첫 번째 회기의 초점은 사회불안의 특성과 이것의 치료에 대한 교육이다. Simon은 생각, 느낌, 그리고 행동의 관계, 특히 자신의 생각과 행동이 두려움을 유지시키는 방식에 대하여 학습하였다. 예를 들어, 그는 비록 회피가 짧은 시간 동안 두려움을 감소시킬지라도, 회피는 두려워하는 상황이 사실은 안전하다는 것을 학습하지 못하도록 하여 장기간 동안 두려움을 유지시킨다. Simon은 과제로『수줍음과 사회불안 워크북』의 도입 부분을 읽기를 권유받았다(Antony & Swinson, 2008).

인지 전략(2회기, 3회기). Simon은 생각이 두려움을 야기할 때 가능성 과대평가(나쁜 일이 일어날 가능성의 과대평가. 예를 들어 다른 사람이 그를 부정적으로 판단할 것이라고 가정하기)이나 재앙화(부정적인 사건의 영향에 대한 과대평가 또는 대처하는 그의 능력을 과소평가하기. 예를 들어 교실에서 교수 활동이 완벽하지 않다면 재앙이 올 것이라고 가정하기)에 대한 강조와 불안을 고조시키는 생각을 확인하였다. Simon은 자신의 신념에 대한 증거를 검토하고 두려워하는 상황에 대해서 더 유연하게 생각할 수 있도록 한다는 목표를 가지고 상황을 해석하는 대안적인 방식을 생각해 볼 것을 배웠다. 2, 3회기에는 인지 전략에 주로 집중하고 있지만 이후 몇 회기 동안 이 전략들에 할애할 수 있다. 과제는 생각기록 완성하기, 행동 실험 수행하기(예: 학급에서 일부러 실수하기 그리고 결과 평가하기) 그리고 사회불안에 대한 인지 전략의 사용에 대한 책을 읽기 등이 포함되었다(Antony & Swinson, 2008).

노출(4~10회기). 노출치료에 대한 세부적인 설명은 노출의 효과를 극대화하는 가이드라인을 포함하여 4회기에서 소개되었다(노출 연습이 최대한 예견적이고 통제적이고, 안전행동의 최소한의 사용으로, 노출치료가 자주 쓰이고 장기화될 수 있다고 설명한다). 먼저, Simon의 노출 연습은 행동역할극으로 구성되었다. 예를 들어, Simon은 회기 동안에는 치료자가, 그리고 회기 밖(집에서 과제를 하는 동안)에서는 아내가 동료 역할을 하는 역할극을 포함한 노출을 연습하였다. 6회기까지, 치료는 동료와 말하기, 학생이 질문하도록 하기, 동료와 점심 먹기, 다른 부부들과 사회적인 관계 맺기, 그리고 다양한 두려운 상황과 같은 실제의 노출 연습과 통합되었다. 과제는 두려운 사회상황에의 반복 노출을 연습하는 것을 포함하였고, 인지 전략의 사용은 계속되었으며, 불안을 줄이는 노출의 사용에 대한 독서는 계속되었다(Antony & Swinson, 2008).

안전행동의 감소(6~10회기). 6회기에서 Simon은 노출 연습과 함께 안전행동을 줄이기 시작할 것을 권유받았다. 예를 들어, 그는 일부러 수업에 두꺼운 옷을 입고 강의하는 동안 땀이 나도록 한다. 그는 수업 시간에 학생들과 눈을 맞추고, 강의하는 동안 조명을 밝게 하고, 비디오를 보는 시간을 줄인다. 마침내, 그는 아내에게 그의 불안행동 수용을 멈추도록 요청하였다. Simon이 친구들과 기꺼이 어울리지 못할지라도 Simon이 사회화가 될 수 있도록 아내는 친구들과 만남을 가지도록 지지받았다. 과제는 이 시점까지 전략이 학습되도록 계속 연습하는것을 포함한다.

사회기술 훈련(9회기, 10회기). 치료의 마지막 2회기 동안 Simon은 눈 맞춤을 증가시키는 것을 연습하였고, 다른 사람들과 잡담을 하였다. Simon은 사회상황에서의 자신의 행동을 관찰할 수 있도록 비디오에 녹화되는 노출 연습을 완수하였다. 그러고 나서 치료자와 함께 비디오를 보았고 눈 맞춤을 증가시키고 더 안정적으로 간단한 대화를 하기 위한 전략에 대해 논의하였다. 또한 Simon은 치료의 마지막 주 동안 회기 안에서 그리고 과제로 사회기술의 연습을 노출 연습과 통합시켰다.

재발 예방(11회기). 치료의 마지막 회기에서 Simon과 치료자는 Simon의 향상을 검토하고 불안을 느낄 때 생각을 계속 기록하고, 이전에 두려워하였던 상황에의 노출을 연습하는 것을 포함하여 그가 상담을 통해 얻은 것을 유지하기 위한 전략을 논의하였다. Simon은 만약 불안 수준이 다시 높아진다면 다시 치료자를 만나도록 지지받았다.

해결

치료의 끝부분에서, Simon은 그의 불안이 많이 감소하였다고 보고하였다. 사회적 상호작용 불안척도 점수는 42점에서 19점으로 감소하였는데, 19점은 낮은 점수이다. 사회불안척도 점수는 38점에서 22점으로 감소하였으며, 이 또한 낮은 점수이다. Simon은 치료를 시작할 때 완성하였던 행동접근테스트를 다시 받았다. 그는 행동접근테스트 동안 심장박동이 거의 증가하지 않았고 불안 수준은 100의 30이었다(치료 전에는 100의 75). 치료의 끝부분에서, Simon은 사회상황을 거의 회피하지 않았다. 그와 아내는 주기적으로 다른 부부들과 어울렸고 그는 지금 최소 1주일에 한 번은 동료들과 점심을 먹으며 그는 더 이상 가르치는 동안 안전행동에 의존하지 않는다. 그의 회피행동의 감소에도 불구하고 그는 여전히 사회적 만남들을 예상할 때 불안을 경험하고 있지만 불안 수준은 전형적으로 상황에 직면한 후에 즉시 감소되었다.

추수

Simon은 치료가 끝나고 6주 후에 추수 상담을 받았다. 방문 동안 그의 보고와 사회적 상호작용 불안척도와 사회불안척도의 점수에 기초하면 그가 치료 과정에서 얻은 결과물은 유지되고 있었고, 사후 평가에서 변하지 않았다.

요약

1950년대 행동치료의 발달 이후로, 행동치료는 과학적인 방법과 경험적으로 지지되는 학습원리에 뿌리를 두고 번성하고 있고 심리치료를 진보시키고 있다. 행동치료는 과거 20년 동안, 점점 내담자에 의해, 그리고 간략하고 효율적이고 효과적인 치료법을 제공하는 보험 회사에 의해 신뢰를 얻었다. 이 흐름은 다양한 사회 문제와 건강 상태를 치료하기 위한 행동치료와 CBT의 역할을 확장시켰다.

행동치료는 단기적이고, 증거에 기반하고, 지시적이고, 활동적이고, 협력적이고, 문제를 야기하는 것보다 문제행동을 유지시키는 요인에 초점을 맞춘다는 점에서 다른 접근들과 다르다. 이것은 고전적이고 조건적인 조건형성에 대한 초기 연구에 뿌리를 두고 있지만, 행동치료는 인지치료와 통합되어 확장되었고, 최근에는 마음챙김과 수용 기반의 접근법과 통합되어 사용된다.

행동치료는 공포증, 사회불안장애, 공황장애, 범불안장애, 강박장애, 트라우마 관련 장애, 우울장애, 물질사용장애, 조현병, 섭식장애, 성기능장애, 아동기의 행동장애, 수면장애, 경계성 성격장애, 충동조절장애, 부부 스트레스뿐만 아니라 운동과 의학 치료에의 순응 같은 건강한 라이프스타일 행동을 포함한 다양한 범위의 문제를 치료하는 데 효과적임이 증명되었다.

행동치료는 행동 평가, 기능 분석, 노출 기반의 전략, 반응 예방, 조작적 조건형성 전략(예: 강화, 역조건형성), 이완훈련, 자극 조절 절차, 모델링, 행동활성화, 사회기술 훈련, 문제해결 훈련, 수용 기반 접근, 인지 전략 등을 포함한 많은 기술들을 통합한다. 다양한 집단을 넘어서 행동치료의 효과성에 대해 더 많은 연구가 요구되지만, 행동치료가 문화, 나이, 그리고 다른 다양한 주제를 넘어서 유용할 수 있다는 것을 일반적으로 지지하는 증거가 나타났다.

＊ 행동치료의 미래 방향

과거 60년 동안, 행동치료 연구는 행동치료의 개발과 평가에 초점을 맞추었다. 결과적으로 행동 개입은 잘 설계되었고, 연구의 초점이 점점 이동하고 있다. 다음 주제는 특히 연구에서 중요하게 나타나는 영역에 관한 것이다.

효과성 증가시키기. 주요한 심리적 장애에 행동치료적 개입이 효과적이라는 연구 결과들이 있지만, 치료에서 내담자는 부분으로만 도움을 얻거나 어떤 내담자에게는 전혀 효과가 없을 수도 있다. 그러므로 연구자들은 더 많은 사람들이 혜택을 입기 위해서 존재하는 치료들을 강화시키는 방법을 발견하기 위한 작업을 하고 있다(Antony et al., 2005). 존재하는 치료의 개선은 결과에 영향을 미치는 공헌 인자와 내담자 개선을 방해하는 독특한 장벽을 측정하는 효과적인 방법을 이해하는 것을 요구한다.

치료 메커니즘 이해하기. 행동치료자들은 항상 다양한 치료가 왜 효과가 있는지를 이해하기 위해 헌신해 왔고, 이 주제는 계속 연구의 중요한 영역이 될 것이다. 예를 들어, 마음챙김과 수용 기반의 전략을 포함하는 행동치료의 확장으로 연구자들은 두 접근의 목표, 메커니즘, 방법이 전통적인 행동치료와 인지행동치료와 어떻게 비슷하고 다른지를 더 잘 이해하기 위한 새로운 연구를 하고 있다(Arch & Craske, 2008).

보급(dissemination) 강화하기. 효과적인 행동치료의 유용성과 임상 실제에서 이 치료들의 사용 사이에 넓은 차이가 있다는 것이 널리 인식되고 있다. 최근에, CBT 연구자들은 이 차이를 설명하기 위해 시도해 왔고, 몇몇의 연구들은 연구 환경 밖에서 증거 기반의 치료의 사용을 증가시키고 그들로부터 많은 효과를 얻은 사람들을 치료하는 접근을 증가시키는 방법을 탐색하기 시작하였다(McHugh & Barlow, 2012).

디사이클로세린(D-Cycloserine: DCS)을 비롯한 인지적 강화자의 역할. 몇 년 전까지, 디사이클로세린은 대개 결핵을 치료하는 항생제로 사용된 것으로 알려져 왔다. 그러나 최근에, 디사이클로세린은 불안장애를 위한 노출치료 동안 소멸 학습을 강화시키는 능력이 있는 것으로 더 잘 알려져 있다(게다가, 항생효과가 있는 이 디사이클로세린은 뇌에서 N-메틸D-아스파르트 글루타민성 수용체의 부분적인 억제제로 기능한다. 이것은 학습과 기억에 연관되어 있다). 노출 수행 전에 섭취하면, (위약효과와 비교하여) 디사이클로세린은 회기 동안 노출의 효과를 강화시키고 내담자가 더 빠르게 치료될 수 있도록 회기 안에서 노출의 효과를 더 빠르게 하는 것으로 알려져 있다(메타 분석을 보려면, Bontempo, Panza, & Bloch, 2012 참조). 디사이클로세린이 노출의 효과를 증가시킨 증거가 늘어나고 있지만 다음과 같은 질문은 남아 있다. (1) 노출치료 동안 디사이클로세린에 의해 목표로 되는 학습 과정은 무엇인가? (2) 디사이클로세린이 다른 행동치료나 인지행동치료의 효과를 강화시키는가? (3) 디사이클로세린을 복용하는 최선의 방법은 무엇인가?(복용량, 빈도, 타이밍) (4) 디사이클로세린이 불안장애 외의 다른 문제에 대한 행동치료를 강화시킬 수 있는가?

다양한 인구집단에 행동치료 적용하기. 행동치료에 대한 연구는 다양한 문화적 · 종교적인 배경, 신체적 장애의 수준, 성 정체성, 교육 수준, 사회경제적 지위, 나이, 그리고 그 외 사람들마다 다른 배경을 포함하여 다양한 인구집단에서 행동치료의 효과성을 검증하지 않았다. 이 작업이 시작되었지만(Hays & Iwamsa, 2006; Martell, Safren, & Prince, 2004) 더 많은 작업을 통해 행동치료가 다양한 배경을 가진 사람들에게 적용될 수 있게 하는 방법을 잘 이해하는 것이 요구된다.

결론

행동치료(그리고 CBT)는 가장 많이 연구되었고 가장 잘 연구되었다. 행동치료는 계속 경계를 확장할 것이고, 새로운 과학적인 발견과 사회적인 압력에 반응하여 변화할 것이지만, 또한 이미 우리 생활의 일부이다.

추천 도서와 웹 자료

Antony, M. M., & Roemer, L. (2011). *Behavior therapy*. Washington, DC: American Psychological Association.

이 책은 행동치료의 이론과 실제에 대한 개관을 제공한다. 이 책은 행동치료의 역사, 이론적 근거, 현대 행동치료의 기법들, 행동치료의 효과에 대한 근거, 그리고 이 분야의 미래 발전을 개관한다.

Haynes, S. N., O'Brien, W. H., & Kaholokula, J. K. (2011). *Behavior assessment and case formulation*. Hoboken, NJ: John Wiley & Sons.

행동 평가는 행동치료 과정의 중요한 부분이다. 이 책은 기능 분석에 대한 자세한 정보와 가장 많이 사용되는 행동 평가 기법을 포함하여 최신의 행동 평가와 사례개념화에 대한 논의를 제공한다.

O'Donohue, W. T., & Fisher, J. E. (2012). *Cognitive behavior therapy: Core principles for practice*. Hoboken, NJ: John Wiley & Sons.

이 현대적 지침은 이 분야의 지도자적 전문가가 가장 중요한 행동치료 전략에 대해 소개하는 장들을 포함한다. 이 책이 다루는 행동치료 전략은 기술 훈련, 노출치료, 이완 기반 전략, 문제해결 훈련, 행동활성화, 수용 기반 접근, 인지적 재구조화 등이다.

Roemer, L., & Orsillo, S. M. (2009). *Mindfulness- and acceptance-based behavioral therapies in practice*. New York: Guilford Press.

이 실용적인 책은 마음챙김과 수용 기반 전략을 임상 실제에 통합하는 통일된 틀을 제공한다. 이것은 마음챙김 기반 인지치료, 마음챙김 기반 재발 예방, 수용전념치료, 그리고 변증법적 행동치료를 포함한 다양한 접근의 전략들을 다룬다.

Spiegler, M. D., & Guevrement, D. C. (2010). *Contemporary behavior therapy* (5th ed.). Belmont, CA: Wadsworth Cengage Learning.

이 집성된 교재는 근간이 되는 이론, 관련 연구, 그리고 임상 수행과 중심 기법 논의를 통해 현대 행동치료에 대한 종합적인 정보를 제공한다. 이 책은 심리학, 교육, 사회복지, 간호 그리고 재활의 적용을 언급하여 다학문적 접근을 취한다.

사례집

Barlow, D. (1993). Covert sensitization for paraphilia. In J. R. Cautela, A.J. Kearney, L. Ascher, A. Kearney, & M. Kleinman (Eds.), *Covert conditioning casebook* (pp. 188-197). Pacific Grove, CA: Thomson Learning. [Reprinted in D. Wedding & R. J. Corsini (Eds.). (2013). *Case studies in psychotherapy* (7th ed.). Belmont, CA: Brooks/Cole-Cengage Learning.]

이 자세한 사례는 소아성애증을 가진 51세 목사에게 암묵적 감각화(covert sensitization)을 적용한 예이다.

Boisseau, C. L., Farchione, T. J., Fairholme, C. P., Ellard, K. K., & Barlow, D. H. (2010). The development of the unified protocol for the trans diagnostic treatment of emotional disorders: A case study. *Cognitive and Behavioral Practice*, *17*, 102-113.

이 사례는 특정 진단명과 상관없이 정서장애(예: 불안장애, 우울증)을 치료하는 데 사용한 인지행동적 프로토콜을 제시한다.

Martin-Pichora, A. L., & Antony, M. M. (2011). Successful treatment of olfactory reference syndrom with cognitive behavioral therapy: A case study. *Cognitive and Behavioral Practice*, *18*, 545-554.

이 사례는 자신에게서 불쾌한 냄새가 난다고 믿는 여성 내담자를 성공적으로 치료한 예이다. 이 문제에 대한 행동주의적 치료로는 처음으로 출판된 연구이다.

Peterson, B. D., Eifert, G. H., Feingold, T., & Davidson, S. (2009). Using acceptance and commitment therapy to treat distressed couples: A case study with 2 couples. *Cognitive and Behavioral Practice*, *16*, 430-442.

이 사례는 관계 스트레스에 수용전념치료를 적용하는 방법을 보여 준다.

Aaron T. Beck
Courtesy of Aaron T. Beck, PhD,
University of Pennsylvania

제 7 장 인지치료

Aaron T. Beck and Marjorie E. Weishaar

개관

인지치료는 사람들이 생활 사건에 인지, 정서, 동기 및 행동적 반응의 조합을 통하여 반응한다는 입장을 취하는 성격 이론에 근거를 두고 있다. 이러한 반응들은 인간의 진화와 개인의 학습 내력에 근거하고 있다. 인지 체계는 개인이 사건을 지각하고, 해석하고, 의미를 부여하는 방식을 다룬다. 그것은 물리적 환경과 사회적 환경에서 들어오는 정보를 처리하고 거기에 알맞게 반응하기 위해 다른 감정, 동기 및 신체적 체계와 상호작용한다. 때때로 잘못된 지각, 역기능, 또는 상황에 대한 개인 특유적 해석 때문에 반응들이 부적응적으로 된다.

인지치료의 목표는 인지 체계를 통해 작용하는 모든 체계에서 정보처리를 조정하고 긍정적 변화를 주도하는 것이다. 협력적인 과정을 통해, 치료자와 환자는 환자가 자신, 다른 사람, 그리고 세상에 대해 가지고 있는 신념을 검증한다. 환자가 가지고 있는 부적응적인 결론은 검증 가능한 가설로 다루어진다. 대안적인 해석을 검토하기 위해, 그리고 더 적절한 신념을 지지해 주고 치료적 변화로 이끄는 상반된 증거를 산출해 내기 위해 행동적인 실험과 언어적 절차가 사용된다.

기본 개념

인지치료는 이론, 전략 체계, 그리고 일련의 기술로 생각할 수 있다. 어떤 유기체든 생존하기 위해서는 정보처리를 해야 한다는 생각에 이론의 기초를 두고 있다. 만일 우리가 환경으로부터 적절한 정보를 얻고, 그것을 통합하고, 이러한 통합의 토대 위에서 행동 계획을 형성하는 기능적인 장치를 가지지 못하였다면, 우리는 곧 죽거나 죽음을 당할 것이다.

생존에 관여하는 각 체계—인지, 행동, 정서, 그리고 동기—는 **도식**(schemas)으로 알려진 구조로 구성되어 있다. 인지 도식은 자신이나 타인에 대한 사람들의 지각, 그들의 목표와 기대, 기억, 환상, 그리고 이전의 학습을 포함한다. 이것은 정보처리 과정을 통제하거나 막대한 영향을 준다.

불안장애, 우울장애, 조증, 편집증, 강박신경증, 그리고 다른 다양한 정신병리적 상태에서는 특정한 편파(bias)가 개인이 새로운 정보를 조직화하는 방법에 영향을 준다. 따라서 우울한 사람은 자신, 세계 및 미래에 대해 부정적 관점을 갖는 것을 포함하여 부정적인 편파를 갖는다. 불안에서는 위험의 주제를 선택적으로 지각하려는 체계적인 편파나 **인지적 전환**(cognitive shift)이 있다. 편집증 상태에서 지배적으로 나타나는 전환은 학대나 간섭에 대한 무분별한 귀인이고, 조증에서는 개인적 이득에 대한 과장된 해석으로 전환이 일어난다.

특정한 생활 상황의 영향 아래 있는 사람들이 편파된 방식으로 자신들의 경험을 해석하기 시작하도록 하는 어떤 특정한 태도들이 이러한 전환에 기여한다. 이것은 **인지적 취약성**(cognitive vulnerabilities)으로 알려져 있다. 예를 들면, 아무리 작은 상실이라도 큰 박탈을 나타내는 것이라는 신념을 가진 사람은 최소한의 상실에도 파국적으로 반응할 수 있다. 갑작스럽게 죽을지도 모른다고 느끼는 사람은 정상적인 신체 감각을 죽음이 임박하였다는 신호로 과잉 해석하여 공황 발작을 경험할 수도 있다.

이전에, 인지치료는 인지적인 도식의 활성화와 다른 체계의 변화 사이의 직선적 관계를 강조하였다. 즉, 인지(신념과 가정)가 정서와 동기와 행동을 유발한다는 것이다. 최근의 임상적 · 진화적 · 인지적 심리학의 발달에 힘입어, 최신 인지치료는 모든 체계가 하나의 **양식**(mode)으로 함께 작용한다고 본다. 양식은 성격을 구성하고 진행되는 상황을 해석하는 인지적 · 정서적 · 동기적 · 행동적 도식의 연결망이다. 불안 양식 같은 일부 양식들은 **원초적**인데, 이는 보편적이며 생존과 연결되었다는 의미이다. 이야기하거나 공부하는 등의 다른 양식들은 부차적이며 의식의 통제를 받는다. 비록 원초적 양식들이 진화적인 면에서 적응적인 것으로 생각되어 왔지만, 그들이 잘못된 지각이나 과잉 반응에 의해서 유발되었을 때는 개인이 일상생활에서 부적응을 경험하게 할 수도 있다. 심지어 성격장애조차도 이전에는 적응적이었던 전략들의 과장된 형태로 볼 수도 있다. 성격장애에서는 원초적 양식이 끊임없이 작동하는 것이다.

원초적 양식들은 경직되고, 절대적이고, 자동적이고, 편파된 원초적 사고를 포함한다. 그럼에도 불구하고, 의식적인 의도가 원초적 사고를 넘어서서 그것을 더 유연하게 만들 수 있다. 자동적 반응과 반사적 반응은 의도적인 사고, 의식적 목표들, 문제해결, 그리고 장기적 계획으로 대체될 수 있다. 인지치료에서는, 양식과 그것의 통합적 체계를 철저히 이해하는 것이 사례개념화의 일부를 이룬다. 이 치료 접근은 부적응적 반응을 인식하고, 이를 넘어서기 위해 의식적 통제를 사용하도록 환자들에게 가르친다.

✻ 전략

인지치료의 전체적인 전략은 기본적으로 역기능적인 해석을 탐색하고 그들을 수정하려고 노력하는 환자와 치료자 사이의 협동적인 과업 수행을 포함한다. 이러한 **협동적 경험주의**(collaborative empiricism)는 환자를 자극을 해석함으로써 살아가지만 일시적으로 자신의 정보 수집과 통합된 장치에 의해 방해를 받는 실제적 과학자로 간주한다(Kelly, 1955). 협동적 경험주의에서, 치료자는 단지 환자의 마음을 변화시키기 위해서뿐만 아니라 환자의 관점을 이해하기 위해 질문을 한다. 이에 대하여, 환자는 그가 어떤 다른 일들이 일어나기를 바라는지 그리고 자신이 변화를 만들어 내는 데 도움이 되기 위하여 무엇을 할 수 있을지를 설명하는 데 적극적인 역할을 담당한다(Padesky, 1993).

두 번째 전략인 **안내받는 발견**(guided discovery)은, 현재 환자의 잘못된 지각과 신념이 나타나는 맥락을 발견하고 그것을 과거의 유사한 경험과 연결시키는 것을 향하고 있다. 따라서 치료자와 환자는 환자가 가진 장애의 발달사를 말해 주는 융단을 협동적으로 짜 나간다. 안내받는 발견에 내포되어 있는 의미는 치료자가 환자에게 대답을 제공해 주는 것이 아니라, 자료를 수집하고 다양한 방식으로 그 자료를 검토하고, 환자에게 새로운 조망을 얻기 위해서는 무엇을 해야 하는지 묻는 것을 통해 그들이 발견할 것에 대하여 흥미를 갖는다는 것이다(Padesky, 1993).

두 전략은 모두 **소크라테스식 대화**(Socratic dialogue)를 사용하여 시행되는데, 이 방법은 환자의 관점을 밝혀서 그가 가진 적응적이고 부적응적인 양상들을 점검하도록 질문을 하는 것이다. 소크라테스식 대화의 단계는 (1) 정보를 얻기 위한 질문을 하고, (2) 듣고, (3) 요약하고, (4) 환자가 가지고 있는 원래의 신념에 대해 발견된 정보에 적용할 통합적이거나 분석적인 질문을 하는 것이다(Padesky, 1993). 통합적이거나 분석적인 질문의 예를 들면, "자신이 아무것도 제대로 할 수 없다는 당신의 신념에 이 새로운 정보가 어떻게 적용되나요?"이다.

인지치료는 개인적 결론의 계속적인 평가를 통하여 현실 검증을 증진시키려는 시도를 한다. 즉각적인 목표는 인지적 왜곡과 편파적인 판단을 감소시켜, 더 '중립적인' 조건으로 정보처리를 전환하여 더 균형 잡힌 방식으로 사건들을 평가하도록 하는 것이다.

역기능적 양식을 치료하기 위한 세 가지 주요한 접근 방식이 있다. (1) 역기능적 양식들을 비활성화하는 것, (2) 역기능적 양식들의 내용과 구조를 수정하는 것, (3) 역기능적 양식들을 중립화하기 위해 더 적응적인 양식들을 구성하는 것. 치료에서는 첫 번째와 세 번째 접근들이 종종 동시에 달성된다. 즉, 특정 신념이 역기능적임을 보여 주면서 새로운 신념이 더 정확하거나 적응적이라는 것을 보여 주는 것이다. 역기능적 양식의 비활성화는 기분전환이나 안심을 통해 일어날 수 있지만, 개인의 밑바탕에 있는 핵심 신념이 수정되지 않는다면 영속적인 변화가 일어나지는 않는 것 같다.

기법

인지치료에서 사용하는 기법들은 일차적으로 정보처리에서 일어나는 오류와 편파를 바로잡고 그릇된 추론을 조장하는 핵심 신념들을 수정하는 방향을 향하고 있다. 순수한 인지적 기법들은 환자의 신념들을 확인하고 검증하는 것, 신념들의 기원과 기초를 탐색하는 것, 경험적 또는 논리적 검증에 실패하면 신념들을 교정하는 것, 그리고 문제해결에 초점을 둔다. 예를 들면, 어떤 신념들은 그 사람의 문화, 성 역할, 종교, 사회경제적 지위와 연결된다. 치료는 이런 신념들이 어떻게 환자에게 영향을 주었는지 이해하면서 문제해결을 향해 나가게 된다.

비슷한 방식으로 핵심 신념이 탐색되며, 그 신념의 타당성과 적응성이 검증된다. 이러한 신념들이 정확하지 않다는 것을 발견한 환자는 새로운 신념들이 더 정확하고 기능적인지 결정하기 위해 여러 다른 신념의 세트를 검증해 보도록 장려된다.

인지치료는 또한 기술 훈련(예: 이완 훈련, 주장 훈련, 사회기술 훈련), 역할 연기, 행동적 시연, 그리고 노출치료와 같은 행동적인 기법들을 사용한다.

다른 체계들

환자의 정서적인 반응, 이야기 및 상상에서 공통 주제를 확인하는 것과 같은 인지치료에서 사용하는 절차들은 **정신분석적 방법**과 유사하다. 그렇지만 인지치료에서 공통이 되는 맥락은 의식적인 해석에 쉽게 접근할 수 있는 의미인 반면, 정신분석에서는 그 의미가 무의식적인(또는 억압된) 것이고 추론되어야만 한다.

정신분석, 정신역동적 심리치료와 인지치료는 인간이 즉시 자각하지 못하는 신념에 의해 행동이 영향을 받을 수 있다고 가정한다. 그렇지만 인지치료는 환자의 고통에 일조하는 사고들이 무의식 속에 깊이 묻혀 있는 것은 아니라고 주장한다. 게다가, 인지치료자들은 환자의 자기보고를 더 깊이 감춰진 생각들에 대한 스크린으로 간주하지 않는다. 인지치료는 증상들 사이의 연결, 의식적인 신념 및 현재의 경험들에 초점을 맞춘다. 정신분석적 접근은 리비도적 욕구와 유아 성욕 같은 억압된 아동기의 기억과 동기적 구성개념으로 이루어져 있다.

인지치료는 매우 구조화되어 있고, 길어야 12~16주로 단기적이다. 치료자는 환자와 협동하는 데 적극적으로 관여한다. 정신분석적 치료는 장기적이며 비교적 비구조화되어 있다. 분석가는 대체로 수동적이다. 인지치료는 역기능적 아이디어에 논리를 적용하고 역기능적인 신념들을 검증하기 위해 행동적 실험을 사용함으로써 편파된 정보처리를 전환시키려고 시도한다. 정신분석가들은 캡슐에 싸인, 해결되지 않은 아동기 갈등의 무의식적 잔재들을 꿰뚫기 위해 자유 연상과 심층적 해석에 의존한다.

인지치료와 합리적 정서적 행동치료(REBT)는 심리적인 역기능에서 인지의 우선적인 중요성을 강조하며, 치료의 과업을 부적응적인 가정들을 변화시키는 것으로 보고, 적극적이고 지시적인 치료자의 자세를 갖는다는 점이 서로 비슷하다. 그럼에도 불구하고, 두 접근 사이에는 몇 가지 차이점이 있다.

REBT 이론은 고통받는 개인은 비합리적인 사고를 가지게 만드는 비합리적인 신념을 가졌고, 직접적인 논박을 통하여 이것들을 수정함으로써 그것들은 사라질 것이며 장애가 말끔히 치료된다고 주장한다. 인지치료자들은 해석과 신념들을 가설로 바꾸도록 환자를 돕는데, 그것은 그 후에 경험적 검증을 받게 된다. 실상, 인지치료자들은 환자들에게 자신들의 신념에 의문을 갖고 검증하도록 가르치며, 따라서 환자가 스스로 자신의 치료자가 되어 자신을 돕는 기술을 배우도록 해 준다. 인지치료자들은 문제가 되는 신념들이 비합리적이기보다는 부적응적이기 때문에 비합리적이라는 용어보다는 역기능적이라는 말을 더 좋아한다. 그것들은 비합리적이기 때문이 아니라 정상적인 인지 과정을 간섭하기 때문에 심리적 장애를 가져온다.

인지치료에서는 각 장애들이 자체적으로 전형적인 인지적 내용 또는 인지적 특수성을 지녔다고 주장한다는 점에서 이 두 접근 사이의 근본적인 차이가 있다. 우울증, 불안, 공황장애의 인지적 프로파일은 상당히 다르며, 사실상 상이한 접근을 요구한다. 반면에, REBT는 모든 정신병리의 기저에는 불합리한 신념들의 유사한 세트가 자리 잡고 있다고 가정한다.

인지치료 모델은 정신병리에서 인지적 결함의 영향을 강조한다. 어떤 내담자들은 자신들의 인지적 결함 때문에 지연되거나 장기적인 부적 결과를 예측하지 못하게 되어 문제를 경험한다. 다른 내담자들은 집중, 통제된 사고, 또는 회상에 어려움을 겪는다. 이러한 어려움들은 심한 불안, 우울, 공황 발작에서 일어난다. 인지적인 결함은 잘못된 해석뿐만 아니라 지각적 오류를 일으킨다. 나아가, 부적절한 인지적 처리는 자살하려는 사람들에서 발생하는 것과 같이 대처능력 또는 기술의 사용을 방해할 수도 있으며, 대인관계 문제의 해결을 방해할 수도 있다. 인지치료와 합리적 정서적 행동치료를 완전히 비교해 보려면 Padesky와 Beck(2003)을 참조하기 바란다.

인지치료는 몇 가지 행동치료 유형과는 많은 유사점을 가지고 있지만 다른 것들과는 매우 상이하다. 행동치료 내의 여러 접근들은 인지적 과정을 강조하는 정도가 매우 다양하다. 행동적 스펙트럼의 한 끝에는, 가능한 한 해석이나 추론과 같은 '내적 사건'을 무시하는 접근인 응용 행동 분석이 있다. 다른 한편 끝으로 옮아갈수록 다양한 인지행동적 접근에 이를 때까지 인지적 매개 과정에 대한 주의가 증가된다. 이 지점에서는 순수하게 인지적인 것과 명료하게 행동적인 것 사이의 구별이 모호해진다.

인지치료와 행동치료는 몇 가지 특징들을 공유한다. 즉, 경험적이고, 현재 중심적이고, 문제 지향적이고, 문제들에 대한 명백한 규명을 요구하며, 그 문제로 생기는 결과뿐 아니라 그것들이 발생한 상황에 대한 명백한 규명도 요구한다는 것이다. 급진적 행동주의와는 대조적으로, 인지치료는 내적인 경험들, 즉 사고, 태도, 심상에 같은 종류의 기능적 분석을 적용한다. 행동과 마찬가지로, 인지도 새로운 학습을 촉진하는 행동 경험을 통해 적극적인 협동을 함으로써 수정될 수 있다. 또한 단순한 조건형성 패러다임에 기초한 행동적 접근과는 대조적으로 인지치료는 개인이 자신의 환경에 적극적으로 참여하며, 자극을 판단하고 평가하며, 사건들과 감각들을 해석하고, 그들 자신의 반응들을 판단한다고 본다.

공포증의 치료에 대한 노출기법과 같은 몇몇 행동적 기법에 대한 연구들은, 인지적 변화와 행동적 변화가 함께 작용한다는 것을 증명한다. 예를 들면, 광장공포증에서 인지적 개선과 행동적 개선은 함께 이루어져 왔다(Williams & Rappoport, 1983). 부정적인 자동적인 사고를 언어화하고 있는 동안 광장공포증을 일으키는 상황에 단순하게 노출시키면 인지적인 측정치에서 개선을 가져올 수 있다(Gournay, 1986). Bandura(1977)는 인지를 변화시키는 가장 효과적인 방법 중의 하나는 수행을 변화시키는 것임을 입증하였다. 현실 생활 노출에서, 환자들은 위협이 되는 상황뿐만 아니라 위험에 대한 개인적 기대와 자신들의 반응으로는 대처할 수 없다는 가정에 직면한다. 경험 그 자체가 인지적으로 처리되기 때문에, 노출은 인지적인 절차로 간주될 수 있다.

인지치료는 불안 그리고 불안을 일으키는 사고와 심상을 포함하는 다른 장애를 치료하는 포괄적인 접근이다. 우울한 환자와 작업을 한 결과(Beck, Rush, Shaw, & Emery, 1979)는 바람직한 인지적 변화가 있기 위해서 반드시 행동 변화가 있어야 되는 것은 아니라는 점을 보여 준다. 이런 이유에서, 사건에 대한 환자의 기대, 해석, 반응을 아는 것이 필수적이다. 인지적인 변화는 가정되는 것이 아니라 증명되어야 한다.

역사

선구자들

인지치료의 이론적 토대는 다음 세 가지 주요 근원에서 나왔다. (1) 심리학에 대한 현상학적 접근, (2) 구조 이론과 심층심리학, (3) 인지심리학. 현상학적 접근은 자기에 대한 개인적 관점과 개인적 세계가 행동의 중심이라고 가정한다. 이러한 개념은 원래 그리스의 스토아학파 철학에서 시작되었고, 의식의 주관적인 경험을 강조한 Immanuel Kant(1798)의 저서에서 찾아볼 수 있다. 또한 이러한 접근은 Adler(1936), Alexander(1950), Horney(1950), Sullivan(1953)의 저서에서도 증명된다.

두 번째 주요 영향은 Kant와 Freud의 구조 이론과 심층심리학이었는데, 특히 인지를 일차적 과정과 이차적 과정으로 단계적으로 구조화한 Freud의 개념에서 영향을 받았다.

더 최근에 발달한 인지심리학에서도 영향을 받았다. George Kelly(1955)는 **개인적 구성개념**의 사용과 행동의 변화에서 신념의 역할에 대한 강조를 통하여 당대의 사람들 중에서 인지적 모델을 기술한 첫 번째 사람으로 여겨진다. 정서와 행동의 변화에서 인지에 우선순위를 둔 Magda Arnold(1960)와 Richard Lazarus(1984)의 이론 같은 정서의 인지 이론 또한 인지치료에 기여하였다.

초창기

인지치료는 1960년대 초에 우울증에 대한 Aaron Beck의 연구 결과로 시작되었다(Beck, 1963, 1964, 1967). 정신분석 훈련을 받은 Beck은, 그 핵심에 '자기를 향한 분노'를 둔 우울에 관한 Freud의 이론을 입증하려고 시도하였다. 이러한 공식을 구체화하기 위해, Beck은 우울증 환자들을 임상적으로 관찰하고 전통적인 정신분석으로 그들이 받는 치료를 연구하였다. Beck은 그들의 사고와 꿈에서 변형된 분노를 발견하기보다는 오히려 그들의 인지처리에서 일어나는 부적 편파를 관찰하였다. 임상적인 관찰과 실험적인 검증을 계속해 나가면서, Beck은 정서장애와 우울의 인지적 모델에 대한 자신의 이론을 발전시켰다.

Albert Ellis(1962)의 작업은 인지행동치료의 발전에 중요한 자극을 주었다. Ellis와 Beck은 모두 사람들이 의식적으로 이성을 사용할 수 있다고 믿었고, 환자가 가진 밑바탕이 되는 가정을 중재의 목표로 보았다. 유사하게, 두 사람은 분석적인 훈련을 거부하였고, 수동적인 경청 대신 환자와 적극적이고 직접적인 대화를 하였다. Ellis는 환자들이 가지고 살아온 철학이 비현실적임을 직면시키고 설득한 반면, Beck은 "증명할 수 있는 현실을 연구해 나가는 동료로 내담자를 변화시켰다"(Wessler, 1986, p. 5).

당대의 수많은 행동주의자들의 연구는 인지치료의 발전에 영향을 주었다. Bandura(1977)의 강화에 대한 기대 개념, 자기와 결과 효능성, 인간과 환경 간의 상호작용, 모델링 및 대리학습이 행동치료에서 인지적 영역으로 전환을 촉진시켰다. 행동의 인지적 통제에 대한 Mahoney(1974)의 초기 작업과 지속적인 그의 이론적 공헌도 또한 인지치료에 영향을 미쳤다. 인지치료 및 합리적 정서적 치료와 함께 Meichenbaum(1977)의 인지-행동 수정은 세 개의 주요한 자기 통제 치료 중의 하나로 알려졌다(Mahoney & Arnkoff, 1978). 대처 기술 패러다임에서 Meichenbaum의 인지 수정과 기술 훈련의 조합은 특히 불안, 분노, 스트레스를 다루는 데 유용하다. 심리학에서 구조주의자들의 활동과 심리치료의 통합을 위한 현대적인 활동은 지금의 인지치료를 형성하는 데 영향을 주었다.

현 상태

＊ 연구: 인지적 모델과 성과 연구

연구들은 인지적 모델의 이론적 측면과 임상적 장애를 가지고 있는 사람들에 대한 인지치료의 효율성을 모두 검증하였다. 우울증의 인지적 모델의 관점에서 보면, 모든 유형의 우울증, 즉 단극성 우울증, 양극성 우울증, 반응적 우울증 그리고 내생적 우울증에서 부적으로 편파된 해석이 발견되었다(Haaga, Dyck, & Ernst,1991). 우울증에는 인지적 삼요소, 자극에 대한 부적으로 편파된 인지적 과정, 그리고 기능부전적인 신념들이 작용한다는 것이 또한 발견되었다(Hollon, Kendall, & Lumry, 1986). 우울증에 대한 인지치료의 효과를 보여 주는 여러 연구 결과들이 Clark, Beck과 Alford(1999)에 요약되어 있다. 최근에 Beck(2008)은 정보처리의 기초에서부터 초기 외상적 경험이 기능부전적 신념에 미치는 효과와 우울증을 촉발시키는 요인에 대한 민감성을 포함하는 것에 이르는 우울증의 인지적 모델의 진화를 추적하였다. 그는 요즈음에는 유전적 · 신경화학적 · 인지적 요인들이 어떻게 우울증과 상호작용하는가에 관심을 두고 있다.

불안장애에 대하여는, 모든 불안장애 진단에서 위험과 관련된 편파가 나타났다. 여기에는 공황 발작에서 신체적 감각의 위험을 예견하는 것, 사회불안에서 평가에 대한 왜곡된 지각을 하는 것, 그리고 외상 후 스트레스 장애(PTSD)에서 자기와 세상에 대하여 부정적인 평가를 하는 것이 포함된다. 더욱이, 각각의 정신장애에 대하여 독특한 인지 프로파일이 있다고 하는 인지적 특수성 가설은 여러 장애에 관한 연구에서 지지되었다(Beck, 2005).

통제된 연구들에서 인지치료가 다음의 장애를 치료하는 데 효과가 있다고 보고되었다. 공황장애(Beck, Sokol, Clark, Berchick, & Wright, 1992; Clark, 1996; Clark, Salkovskis, Hackmann, Middleton, & Gelder, 1992), 대인공포증(Clark, 1997; Eng, Roth, & Heimberg, 2001), 범불안장애(Bultler, Fennell, Robson, & Gelder, 1991), 물질사용장애(Woody, et al., 1983), 섭식장애(Bowers, 2001; Fairburn, et al., 1991; Garner, et al., 1993; Pike, Walsh, Vitousek, Wilson, & Bauer, 2003; Vitousek, 1996), 부부 문제(Baucom, Sayers, & Sher, 1990), 강박장애(Freeston et al., 1997), 외상 후 스트레스 장애(Ehlers & Clark, 2000; Gillespie, Duffy, Hackmann, & Clark, 2002; Resick, 2001) 그리고 조현병(Grant, Huh, Perivoliotis, Stolar, & Beck, 2011; Turkington, Dudley, Warman, & Beck, 2004; Zimmerman, Favrod, Trieu, & Pomini, 2005) 등이다.

게다가, 인지치료는 불안과 우울에 대하여 다른 치료들보다 재발률이 훨씬 더 낮은 것으로 나타났다(Clark, 1996; Eng et al., 2001; Hollon, DeRubeis, & Evans, 1996; Hollon, et al., 2005; Hollon, Stewart, & Strunk, 2006; Strunk & DeRubeis, 2001).

✻ 자살 연구

Beck은 자살과 그 예방에 관한 핵심적인 이론적 개념을 개발하였다. 자살 위험에 관한 그의 발견 중 가장 중요한 것은 절망의 개념이다. 자살적 관념을 가지고 있는 입원환자와 외래환자에 대한 종단적 연구에서, Beck의 절망 척도(Beck Hopelessness Scale)에서 절단 점수인 9점 이상일 경우 자살 행동이 예견되는 것을 발견하였다(Beck, Brown, Berchick, Stewart, & Steer, 1990; Beck, Steer, Kovacs, & Garrison, 1985). 자살의 예언자로서 절망은 후속 연구에서 증명되어 왔다.

최근의 무작위 통제 실험에서 이전에 자살을 시도한 적이 있고 심각한 정신병리를 가지고 있으며 물질사용의 문제를 가지고 있는 자살 위험이 높은 사람들에 대한 단기 인지치료의 효과를 검증하였다. 그 결과, 18개월 동안 자살을 재시도하는 비율이 50% 이상 감소되었다(Brown et al., 2005).

✻ 심리치료 통합

인지치료는 새로운 치료적 접근을 하기 위하여 다른 치료 양식들과 통합하는 작업을 해왔다. Jeffrey Young(Young, Klosko, & Weishaar, 2003)이 개발한 도식 치료는 성격장애뿐만 아니라 만성적 우울과 불안의 기저에 있는 인생 초기에 형성된 부적응적인 핵심 신념을 수정하는 데 초점을 두고 있다. 또 다른 접근법은 마음챙김 인지치료(Segal, Williams, & Teasdale, 2002)인데, 이것은 우울의 회복력을 촉진하고 재발을 막기 위해 수용과 명상 전략을 사용한다.

✻ 평가 척도

Beck의 연구는 Beck 우울 항목표(BDI: Beck, Steer, & Brown, 1996; Beck, Ward, Mendelson, Mock, & Erbaugh, 1961)를 비롯하여, 자살 관념화 척도(Beck, Kovacs, & Weissman, 1979), 자살 의향 척도(Beck, Schuyler, & Herman, 1974) 및 절망 척도(Beck, Weissman, Lester, & Trexler, 1974), Beck 불안 항목표(Beck & Steer, 1990), Beck 자기개념 검사(Beck, Steer, Brown, & Epstein, 1990), 역기능적 태도 검사(Weissman & Beck, 1978), 사회적 의존성-자율성 척도(Beck, Epstein, & Harrison, 1983), Beck 청년 항목표(Beck & Beck, 2002), 성격 신념 질문지(Beck & Beck, 1995), 그리고 Clark-Beck 강박사고-강박행동 항목표(Clark & Beck, 2002) 등 여러 가지 평가 척도를 만들어 내었다. Beck 우울 항목표는 이 중 가장 널리 알려진 것이다. 그것은 수백 편의 성과 연구에서 사용되었고, 환자와 내담자의 우울증을 탐지하기 위해 심리학자들, 의사들 및 사회사업가들에 의해서 일상적으로 사용되었다.

✻ 훈련

펜실베이니아 의과대학에 속한 인지치료 센터는 외래환자 서비스를 제공하고 있으며, 연구기관으로서 이론을 개발하기 위해 경험적 발견과 임상적 관찰을 통합시키고 있다. 펜실베이니아 주, 발라 신위드(Bala Cynwyd)의 Beck 연구소는 외래환자 서비스와 훈련을 모두 제공한다. 이에 덧붙여, 현재 미국에는 인지치료를 교육하는 10개의 다른 기관이 있다. 인지치료에 대한 연구와 치료 노력이 미국과 유럽의 수많은 대학과 병원에서 이루어지고 있다. 「국제 인지치료 소식지(*International Cognitive Therapy Newsletter*)」가 인지치료자들 간 정보를 교환하기 위해 1985년에 시작되었다. 다섯 개 대륙의 치료자들이 소식지 네트워크에 참여하고 있다. 1971년에 창설된 유럽 행동 및 인지치료 학회는 2013년에 모로코의 마라케시에서 제43차 연례회의를 하였다. 전 세계의 일곱 개 학회가 연합한 세계 행동 및 인지치료 회의가 2013년 페루의 리마에서 열렸다. 국제인지심리치료학회는 2014년 홍콩에서 제8차 국제 인지 심리치료 회의를 주최하였다.

인지치료 분야에서 일하고 있는 지도자급의 임상가, 교육자, 연구자들이 1999년에 비영리 기관인 인지치료학술원(Academy of Cognitive Therapy)을 설립하였다. 인지치료학술원은 인지치료 기술을 가지고 있는 임상가들을 확인하고 자격증을 주기 위해서 객관적인 평가를 한다. 1999년에 의과대학원 자격 위원회(Accreditation Council of Graduate Medical Education)에서는 레지던트들이 인지행동치료를 자신 있게 할 수 있도록 정신과 레지던트 프로그램의 훈련을 위임하였다.

인지치료자들은 심리학, 정신의학 및 행동치료 학술지에 일상적으로 기고한다. 인지치료의 연구물을 다루는 학술지로는「인지치료와 연구(*Cognitive Therapy and Research*)」와「인지치료 국제 저널: 국제 계간(*International Journal of Cognitive Psychotherapy*)」,「인지행동 실습(*Cognitive and Behavioral Practice*)」이 있다.

인지치료는 미국심리학회, 미국정신과학회, 미국자살학회 등 여러 학회의 연례 회의에서 발표된다. 행동치료 발전 학회(Association for the Advancement of Behavior

Therapy)가 중요 세력이 되어 왔기 때문에 2005년에 학회의 이름을 행동 및 인지치료 학회(Association for Behavioral and Cognitive Therapies: ABCT)로 바꾸었다. Norcross와 Karpiak(2012)가 수행한 최근의 연구에서 인지치료는 심리학자들이 하는 심리치료 중에서 절충적 치료와 통합적 치료를 뛰어넘는 선도적 치료로 밝혀졌다.

심리치료의 단기적 형태로서 가진 효율성 때문에, 인지치료는 비용 효율성을 주장해야 하는 장면에서, 또는 환자와의 단기 접촉을 필요로 하는 장면에서 널리 쓰이고 있다. 그것은 입원환자와 외래환자 모두에게 적용된다.

많은 재능 있는 연구자들과 혁신적인 치료자들이 인지치료의 발전에 기여하였다. 인지치료와 다른 형태의 치료법을 비교한 통제된 성과 연구가 불안장애, 공황, 약물 남용, 식욕 부진증과 폭식증, 노인우울증, 급성우울증, 기분변조장애 등을 대상으로 수행되었다. Beck의 제자들과 동료들은 우울, 불안, 외로움, 부부 갈등, 섭식장애, 광장공포증, 통증, 성격장애, 물질사용장애, 양극성 장애 및 조현병의 본질과 치료에 대해 연구한다.

성격

성격 이론

인지치료는 인간의 반응과 적응에서 정보처리가 담당하는 역할을 강조한다. 사람들이 반응을 요구하는 것으로 어떤 상황을 지각하였을 때 인지, 정서, 동기 행동적 도식의 세트가 모두 동원된다. 예전에 인지치료는 인지가 대체로 감정과 행동을 결정하는 것으로 보았지만, 현재에는 인간 기능의 모든 측면이 각기 하나의 양식으로 동시에 활성화되는 것으로 본다.

인지치료는 성격이 선천적 기질과 환경의 상호작용에 의해 조성된 것이라고 본다(Beck, Freeman, & Davis, 2003). 성격의 속성은 환경에 대한 반응에서 발달된 기본적 도식 또는 대인적 전략을 반영하는 것으로 본다.

인지치료는 심리적 고통이 몇 가지 요인에 의해서 생겨난 것이라는 입장을 유지한다. 사람들이 질병에 대해 생화학적 소인을 가질 수 있으나, 그들은 자신의 학습 내력 때문에 특정 스트레스 자극에 반응한다. 정신병리학적 현상들(그러나 반드시 원인은 아닌)은 정상적인 정서적 반응과 동일한 연속선 위에 있지만, 과장되고 지속적인 방식으로 나타난다. 예를 들면, 우울증에서 슬픔과 흥미상실은 강렬해지고 지속되며, 조증에서는 자기과장에 많은 투자를 하고, 불안증에서는 취약성과 위험에 대한 극단적 감각이 있다.

사람들은 상황이 자신의 중요한 관심사를 위협한다고 지각할 때 심리적 고통을 경험한다. 그럴 경우에, 그들은 사건을 매우 선택적으로 지각하고 해석하게 되며, 자기중심적이고 완고해진다. 이것은 정상적인 인지 활동의 기능적 손상을 가져온다. 개인 특유적 사고를 멈추거나 집중하거나 회상하거나 추론하는 능력이 감소된다. 현실 검증과 전체적인 개념화를 재확인하도록 하는 교정 기능은 약해진다.

✻ 인지적 취약성

사람들은 저마다 자신에게 심리적 고통을 가져오는 개인 특유의 취약성과 민감성의 틀을 지니고 있다. 이러한 취약성은 성격 구조와 관련되어 나타난다. 성격은 기질과 인지적 도식에 의해 조성된다. 인지적 도식은 개인의 기본적 신념과 가정들을 포함하고 있는 구조이다. 도식은 개인적 경험과 중요한 타인과의 동일시를 통해 생의 초기에 발달한다. 이러한 개념들은 그 이후의 학습 경험에 의해 강화되며, 이는 다시 다른 신념, 가치 및 태도의 형성에 영향을 미친다.

인지적 도식은 적응적일 수도 있고 역기능적일 수도 있다. 그것은 일반적일 수도 있고 특수할 수도 있다. 어떤 개인은 서로 경쟁하는 도식을 가질 수 있다. 인지적 도식은 일반적으로는 잠재되어 있지만, 특별한 자극이나 스트레스 자극, 또는 환경에 의해 자극받을 때 활성화된다. 성격장애에서 도식은 매우 쉽게, 그리고 자주 유발되어서 성격장애를 가진 사람은 매우 다양한 상황에서 고정관념적인 태도를 가지고 과잉 반응하게 된다.

✻ 성격의 차원

Beck, Epstein과 Harrison(1983)은 특정 군집을 이룬 성격 속성이나 인지적 구조들이 특정한 정서적 반응 유형들과 연관되어 있다는 생각을 가지고 연구를 해 왔다. 그들은 우울증 및 다른 가능한 장애들과 관련된 두 가지 주요 성격 차원, 즉 사회적 의존성(sociotropy)과 자율성을 발견하였다. Beck의 연구는 의존적인 사람들이 관계가 깨어진 후 우울해졌음을 밝혔다. 자율적인 사람들은 원하던 목표를 얻는 데 좌절하거나 실패한 뒤에 우울해졌다. 사회적 의존성 차원은 가까움, 보살핌 및 의존성으로 정리할 수 있으며, 자율성 차원은 독립성, 목표 설정, 자기 결정, 자기 강요적 책임으로 정리할 수 있다.

또한, 연구에 따르면 사회적 의존성과 자율성의 '순수한' 사례가 있기는 하지만 대부분의 사람들은 상황에 따라 두 양상을 나타낸다. 따라서 사회적 의존성과 자율성은 행동 양식이며 고정된 성격 구조가 아니다. 이러한 입장은 고정된 성격 차원을 가정하는 성격의 정신역동적인 이론과는 현저히 대조가 된다.

따라서 인지적인 치료에서는 성격을 생물학적으로, 그리고 사회적으로 모두 영향을 받는 개인의 인지적 조직과 구조를 반영하는 것으로 본다. 인간의 신경해부학과 생화학적인 제약 내에서, 개인적 학습의 경험은 개인이 어떻게 발달하고 반응하는지를 결정짓는 것을 돕는다.

다양한 개념들

인지치료는 심리적 고통의 발달에서, 중요한 생활 사건들의 영향을 포함하여 개인의 학습 내력을 강조한다. 이 치료는 환원적 모델이 아니며, 흔히 많은 요인들이 상호작용하여 심리적 고통이 온다는 것을 인식한다.

개인의 학습 내력에 대한 인지치료의 강조는 사회 학습 이론과 강화의 중요성을 인정한다. 사회 학습적 조망은 개인의 발달적 내력과 그들이 사건에 부여하는 개인 특유적인 의미와 해석을 철저하게 살펴본다. 같은 사건이 두 사람에게 매우 다른 의미를 지닐 수 있기 때문에 인지치료에서는 인지의 개인 특유적 본성을 강조한다.

도식과 밑바탕이 되는 가정의 반영으로 성격을 개념화하는 것 역시 사회 학습 이론과 관련되어 있다. 개인이 경험을 구조화하는 방식은 과거 행동의 결과, 중요한 타인에게서의 대리학습, 미래에 대한 기대에 기초를 둔다.

✻ 인과 이론

심리적인 고통은 궁극적으로 서로 상호작용하는 수많은 선천적 · 생물학적 · 발달적 · 환경적 요인들에 의해 일어난다. 그러므로 정신병리의 단일 '원인'은 없다. 예를 들면, 우울증은 유전적인 민감성 같은 소질 요인들, 지속적인 신경화학적 비정상성을 야기하는 질병들, 특정한 인지적 취약성을 유도하는 발달적 외상, 적절한 대처 기술을 제공하지 못하는 부적절한 개인적 경험, 비현실적인 목표, 가정, 또는 명령 같은 반생산적인 인지 양식으로 특징지어진다. 신체적 질병, 심각하고 급성적인 스트레스 및 만성적 스트레스 또한 촉진 요인이 된다.

✻ 인지적 왜곡

심리적 고통을 갖게 되면 **인지적 왜곡**이라고 부르는 추론의 체계적 오류가 나타난다 (Beck, 1967). 이것들은 다음과 같다.

- **임의적 추론**: 지지하는 증거가 없이 또는 심지어 반대 증거에 직면하면서도 특정한 결론을 이끌어 내는 것. 한 예로, 직장에 다니는 엄마가 특히 바쁜 하루를 보낸 후에 "나는 나쁜 엄마야."라고 결론 내리는 것이다.
- **선택적 추상화**: 다른 정보를 무시한 채 맥락에서 이끌어 낸 세부적 근거에 의해 상황을 개념화하는 것. 한 예로, 시끄러운 파티에서 자기 여자 친구가 잘 듣기 위해 다른 남자에게 머리를 기울이는 것을 보고 질투하게 되는 남자의 경우이다.
- **과일반화**: 하나 또는 몇 개의 고립된 사건에서 일반적인 규칙을 추출해 내고, 그것을 관련이 없는 상황에까지 너무 광범위하게 적용하는 것. 실망스러운 데이트를 하고 나서, "남자들은 다 똑같아. 나는 항상 거절당할 거야."라고 결론 내리는 여자의 경우이다.
- **침소봉대와 최소화**: 무언가를 실제로 그런 것보다 훨씬 더 중요하게, 또는 훨씬 덜 중요하게 보는 것. 어떤 학생이 "내가 교실 안에서 아주 조금이라도 신경과민이 되면 그것은 곧 재난을 의미한다."라고 파국적으로 생각하는 경우이다. 또 어떤 학생은 자기 엄마가 말기의 병에 걸렸다는 사실에 직면하기보다는 '감기'에서 곧 회복될 것이라고 결정한다.
- **개인화**: 인과적 연결을 지지하는 증거 없이 외부적 사건을 자기 자신에게 귀인시키는 것. 어떤 남자가 붐비는 거리를 건너며 아는 사람에게 손을 흔들었다. 상대방의 응하는 인사를 받지 못하자, 그는 "내가 저 사람에게 무언가 잘못한 게 틀림없어."라고 결론 내렸다.
- **이분법적 사고**: 두 가지 극단 중 하나로 경험을 범주화하는 것. 예를 들면, 완전한

표 7.1 신경증적 장애의 인지적 프로파일

장애	정보처리를 할 때 체계적 편파
우울증	자기, 경험 및 미래에 대한 부정적 관점
조증	자기와 미래에 대해 우쭐해진 관점
불안장애	육체적 또는 심리적 위험에 대한 감각
공황장애	신체적/정신적 경험에 대한 파국적 해석
공포증	특정한, 피할 수 있는 상황에서 위험의 감각
편집증적 상태	다른 사람들에 대한 귀인의 편파
히스테리	운동 또는 감각이 비정상이라는 개념
강박 관념	안전에 대한 반복된 경고 또는 의심
강박 행위	지각된 위협을 피하기 위한 의례
자살 행동	문제해결에 있어 절망과 결손
신경성 식욕 부진증	살찌는 것에 대한 두려움
건강염려증	심각한 의학적 장애에 대한 귀인

성공이나 완전한 실패로 구분하는 것이다. 어느 박사학위 지원자가 "내가 그들이 본 적도 없는 최고의 답안을 쓰지 못한다면, 나는 학생으로서 실패자야."라고 말하는 경우이다.

✻ 심리적 장애 내에 있는 체계적 편파

대부분의 심리적인 장애는 정보처리에서 편파가 있다는 것이 특징이다(표 7.1 참조). 이러한 편파는 일반적으로 의사소통 또는 위협과 같은 '외부적' 정보에 적용되며, 정보처리의 초기 단계에서 작동을 시작할 수도 있다. 예를 들어, 개인의 지향적 도식(orienting schema)은 상황을 위험이나 상실을 가져오는 것으로 확인하고 반응하기 위한 적합한 양식을 신호해 준다.

✻ 우울증의 인지적 모델

우울의 특징은 **인지적 삼요소**이다(Beck, 1967). 우울한 사람은 자기, 세상, 미래에 대해 부정적인 견해를 가지며, 자기를 부적절하고 버림받고 쓸모없는 사람으로 지각한다. 막대한 요구가 존재하며 목표에 접근하지 못하도록 막는 거대한 장애물이 있다는 신념에서 부정적 견해가 두드러진다. 세상에는 즐거움이나 만족이 없는 것 같다고 생각한다. 우울한 사람의 미래에 대한 관점은 현재의 어려움이 개선되지 않을 것이라는 신념을 반영하여, 비관적이다. 이러한 절망은 자살하려는 생각으로 이끌 수도 있다.

우울증의 동기적·행동적·신체적 증상들은 이러한 인지적 양식에서 나온다. 이 증상들은 개인의 신념에 영향을 주고 또 받는다. 예를 들어, 의지의 마비(paralysis of will)라는 동기적 증상은 사건의 결과를 대처하거나 통제하는 능력이 부족하다는 신념에 기인한 것이다. 결과적으로, 어떤 목표에 자기를 투입하는 것을 꺼린다. 자살 소망은 종종 견딜 수 없는 문제에서 탈출하고자 하는 욕구를 반영한다.

우울증 환자들에게서 종종 관찰할 수 있는 의존성의 증가는 자기를 무능력하다고 보는 관점, 정상적인 생활 과제에 대한 어려움을 과대평가하는 것, 실패에 대한 기대 그리고 더 능력 있는 사람이 이를 떠맡아 줄 것에 대한 욕망을 반영한다. 우유부단함은 단지 자신이 올바른 의사결정을 할 수 없을 것이라는 신념을 반영한다. 우울의 신체적 증상들, 즉 에너지 저하, 피로, 무력감 또한 부정적인 기대와 관련이 있다. 우울증 환자와 작업하는 것은 무력감과 피로를 실제로 감소시키는 활동을 시작하는 것을 말한다. 더욱이, 부정적인 기대에 대해 논박하고 운동능력을 보여 주는 것이 회복에서 중요한 역할을 한다.

✻ 불안장애의 인지적 모델

불안장애는 정상적인 생존 기제의 과도한 기능이나 역기능으로 개념화된다. 따라서 정상적인 사람과 불안한 사람은 위협에 대처하기 위해 동일한 기본적 기제를 가지고 있다. 즉, 도피하거나 자아방어를 위해 생리적 반응을 나타낸다. 신체적 위험의 경우와 마찬가지로 심리사회적인 위협에 직면할 때도 같은 생리적 반응이 일어난다. 불안한 사람의 위험에 대한 지각은 잘못된 가정에 근거하거나 과민한 것인 반면, 정상적인 반응은 위험의 정도와 크기를 정확하게 평가하는 것이다. 덧붙여, 정상적인 사람들은 논리와 증거를 사용하여 그들이 잘못 지각한 것을 고칠 수 있다. 불안한 사람들은 위험의 징조를 감소시킬 수 있는 다른 증거와 안전의 단서를 인식하는 데 어려움이 있다. 따라서 불안의 경우에 인지적 내용은 위험의 주제를 맴돌며, 사람들은 손상의 가능성을 극대화하고 그것에 대처할 자신의 능력은 극소화하려는 경향이 있다.

✻ 조증

조증 환자는 우울증 환자와 반대되는 편파된 사고를 가지고 있다. 그 사람들은 부정적인 경험을 차단하거나 그것을 긍정적인 것으로 재해석하고, 다양한 상황에서 우호적인 결과를 비현실적으로 기대하면서 각각의 생활 경험에서 중요한 이득을 선택적으로 지각한다. 능력, 가치, 성취에 대한 과장된 개념들은 도취감을 유도한다. 과장된 자기 평가와 과도하게 낙관적인 기대가 주는 지속적인 자극은 막대한 에너지 원천을 제공하고, 조증인 사람을 지속적인 목표 지향적 활동으로 몰고 간다.

✻ 공황장애

공황장애를 가진 환자들은 설명되지 않는 증상이나 감각이 있을 때 그것을 재난이 다가오는 신호로 간주하는 경향이 있다. 그들의 인지처리 체계는 신체적 또는 심리적 경험에 대한 주의에 초점을 맞추며 이런 내적인 정보 원천을 가지고 재난이 다가온다는 신념을 형성한다. 각 환자는 특정한 '방정식'을 가지고 있다. 한 예로, 가슴이나 위에서 느껴지는 고통은 심장발작을 말하며, 숨이 가쁜 것은 숨을 쉴 수 없다는 것을 의미한다. 그리고 몽롱해지는 것은 즉각적으로 의식을 잃는다는 신호이다.

어떤 환자들은 갑자기 화가 들끓는 것을 자기가 통제력을 잃어버리고 누군가를 해치게 될 것이라는 신호로 간주한다. 다른 환자들은 순간적인 혼동, 잠깐의 혼란, 또는 경미한 혼미를 정신을 잃을 것이라는 신호로 해석한다. 공황 발작을 경험하는 사람들의 결정적인 특징은 생존 체계(심장혈관계, 호흡기, 중추신경계)가 붕괴될 것이라는 결론이다. 그들은 두려움 때문에 내적인 감각에 지나치게 주의를 기울이는 경향이 있으며, 따라서 다른 사람들은 알아채지 못하고 지나치는 감각을 찾아내고 과장한다.

공황장애를 가진 환자들은 특정한 인지적 결함, 즉 자신의 증상과 파국적인 해석을 현실적으로 보지 못하는 무능력을 보인다.

✻ 광장공포증

특정 상황에서 한 번 이상의 공황 발작을 경험한 환자들은 그 상황을 회피하는 경향이 있다. 예를 들면, 슈퍼마켓에서 공황 발작을 경험한 사람들은 그곳에 가기를 피할 것이다. 만약 억지로 가야만 할 상황이 되면, 그들은 자신의 감각에 대해 점점 민감해질 것이고 공황 발작이 있을 것이라고 예상하기 시작할 것이다.

그러한 발작에 대한 예상은 다양한 자동화된 증상들을 야기하는데, 그것은 큰 재난이 다가온다는 신호(예를 들면, 심장 발작, 의식 상실, 질식)로 잘못 해석되며, 충분히 공황 발작을 유도할 수 있다. 공황장애를 가지고 있으면서 치료를 받지 않은 환자들은 종종 광장공포증을 발달시킨다. 그들은 결국 집에 틀어박혀 있거나 그들의 활동을 제한받게 되어 집을 떠나 멀리 여행할 수 없고, 어디에든 가려면 동행자가 필요하다.

✻ 공포증

공포증에서는 특정한 상황에서 신체적 · 심리적 상해를 입을 것이라는 예상을 한다. 환자들이 이러한 상황을 회피할 수 있는 한, 그들은 위협받는다고 느끼지 않으며 비교적 편안해질 수 있다. 그들이 이러한 상황으로 들어갈 때, 그들은 심각한 불안에 대한 전형적으로 주관적이고 생리적인 증상을 경험한다. 이러한 불쾌한 반응의 결과로, 미래에 그 상황을 회피하려는 그들의 경향성은 강화된다.

평가 공포증에서는 사회적 상황, 시험, 대중 연설에서 비방을 받거나 실패할 것에 대한 두려움이 있다. 잠재적인 '위험'(거부, 평가절하, 실패)에 대한 행동적이고 생리적인 반응은, 이러한 반응들 때문에 환자들이 두려워하는 일들을 일어날 수 있을 정도로 환자의 기능을 방해할 것이다.

✻ 편집증적 상태

편집증적인 사람은 다른 사람들에 대해 편견을 가지고 있다. 편집증 환자는 다른 사람들이 일부러 매도하고, 간섭하고, 비판할 것이라는 가정을 끈질기게 지니고 있다. 잠정적인 모욕이나 거부를 정당하다고 믿는 우울증 환자들과는 대조적으로 타인들이 자신을 불공정하게 취급한다는 생각을 계속한다.

우울증 환자와 달리, 편집증 환자는 낮은 자기 존중감을 경험하지 않는다. 그들은 실제적인 상실보다는 예상되는 공격, 방해, 또는 침입의 **불공정성**에 더욱 관심이 있으며, 그들은 예상되는 편견과 타인의 악의 있는 의도에 대해 악담을 한다.

✻ 강박장애

강박 관념을 가진 환자는 대부분의 사람들이 안전하다고 생각하는 상황을 불확실하다고 평가한다. 보통은 잠재적으로 안전하지 못한 환경에 불확실성이 달라 붙으며, 심지어 위험의 증거가 없을 때조차도 지속적으로 의심한다.

강박 관념을 가진 사람은 자신이 안전에 필요한 행동을 하였는지 여부를 지속적으로 의심한다(예를 들면, 가스오븐을 껐는지 또는 밤에 문을 잘 잠갔는지). 그들은 세균에 오염되었을까 봐 두려워하고, 아무리 안심을 시켜도 그 두려움을 경감시킬 수 없다. 강박 관념의 주요 특징은 이 책임 의식이며, 자신이 스스로 혹은 다른 사람을 해칠 수도 있는 행동을 하거나 하지 않는 것에 대해 책임이 있다는 신념이다.

강박충동은 예견된 재난을 상쇄시키기 위해 고안된 의식을 수행함으로써 과도한 의심을 감소시키려는 시도이다. 예를 들어, 손 씻기 강박충동은 신체의 일부분에서 모든 오염이나 더러움을 제거하지 못하였다는 환자의 신념에 기초한다. 어떤 환자들은 더러움을 위험의 원천으로 간주하는데, 이를 신체적인 질병의 원인 또는 더럽고 불쾌한 악취의 원천으로 간주한다. 그들은 이러한 신체적인 또는 사회적인 위험의 원천을 제거하지 않을 수 없다.

✻ 자살 행동

자살하려는 사람들의 인지 과정은 두 가지 특징이 있다. 첫째, 높은 수준의 절망이나 일이 좋아질 수 없다는 신념이다. 둘째, 인지적인 결함, 즉 문제해결의 어려움이다. 비록 절망이 빈약한 문제해결을 두드러지게 하고 그 반대도 성립되지만, 생활 상황에 대처하는 데 어려움을 겪는 것은 그 자체로 자살할 잠재성에 기여할 수 있다. 사고는 더 경직되어 가고, 반응의 레퍼토리가 줄어들면서 자살이 유일한 대안인 것처럼 보인다.

✻ 신경성 식욕 부진증

신경성 식욕 부진증과 폭식증은 "내 몸무게와 몸매가 나의 가치와(또는) 사회적 수용성을 결정한다."라는 핵심 가정과 관련된 부적응적 신념들이 모여 있는 것을 나타낸다. 이러한 가정의 중심에는 "만일 내 몸무게가 늘어난다면 나는 흉하게 보일 것이다.", "내 인생에서 내가 통제할 수 있는 유일한 것은 내 몸무게이다.", "만일 내가 굶지 않는다면, 나는 완전히 거대해질 것이다."와 같은 신념들이 있다.

식욕 부진증은 정보처리에서 전형적인 왜곡을 보인다. 그들은 식사 후의 포만감을 뚱뚱해진다는 신호로 잘못 해석한다. 그리고 그들은 거울이나 사진에 비친 그들의 모습을 실제보다 더 뚱뚱한 것으로 잘못 지각한다.

✻ 조현병

조현병에서는 신경생물학적 · 환경적 · 인지적 · 행동적 요인들이 복합적인 상호작용을 한다. 특수한 인지적 결함과 함께 두뇌의 통합적 기능이 손상되어 스트레스를 주는 생활 사건에 대한 취약성을 증가시키고 역기능적인 신념(예컨대, 열등감)과 행동(예컨대, 사회적 위축)을 가져온다. 스트레스에 대한 반응으로 과도한 심리생리적 반응과 반복되는 부정적 생각들이 일어난다. 코르티코스테로이드의 발산으로 도파민 활성화 체계가 작동을 하게 되고, 그것이 망상과 환각을 가져오게 된다. 주의의 문제나 수행 기능의 손상 또는 작용하는 기억의 손상 등의 신경인지적 결함의 결과로 인지적 혼란이 오게 된다. 이러한 장애는 고조된 거부에 대한 민감성과 상호작용하여 의사소통의 일탈과 마구 끼어드는, 부적절한 사고를 초래한다. 망상은 외부 귀인과 같은 인지적 편파와 결론으로 뛰어드는 인지적 단축에서 나온다. 지각을 왜곡하는 것이 부정적인 자기 도식과 연합하여 환청을 일으키고, 이것은 '목소리'가 통제 불가능하며, 강력하고, 결코 비켜 가는 법이 없으며, 외부에서 오는 것이라는 신념에 의해서 악화된다. 사회적 · 직업적 활동과 즐거움을 주는 활동에 참여하는 것은 사회적 무감각, 즐거움에 대한 낮은 기대, 과제 수행에 관한 패배주의적 신념과 같은 역기능적 태도에 의하여 확대되는 신경인지적 손상에 의해서 용인이 된다. 수행과 성공에 대한 낮은 기대가 부정적 증상을 더 키운다.

심리치료

심리치료 이론

인지치료의 목표는 잘못된 정보처리를 수정하는 것이며, 부적응적 행동과 정서를 유지시키는 가정들을 수정하도록 환자를 돕는 것이다. 역기능적인 신념을 변화시키고, 더욱 현실적인 적응적 사고를 증진시키기 위해 인지적 방법과 행동적 방법이 사용된다. 인지치료는 처음에는 증상 완화를 다루지만, 궁극적인 목표는 사고의 체계적인 편파를 제거하는 것이다.

인지치료는 신념을 치료자와 환자가 함께 동의한 행동적 실험을 통해 검사되는 검증 가능한 가설로 취급하여, 환자의 신념에서 변화가 오도록 한다. 인지치료자들은 환자에게 그 신념이 비합리적이라거나 틀렸다고 말하지 않으며, 치료자의 신념을 채택해야만 한다고 말하지도 않는다. 대신, 치료자는 환자의 신념이 가진 의미, 기능, 유용성, 그리고 결과를 알아내기 위한 질문을 한다. 환자는 궁극적으로 그들의 정서적 결과와 행동적 결과를 잘 인식하여 모든 개인적 신념을 거부할지 수정할지 유지할지 여부를 결정한다.

인지치료는 부정적인 신념을 긍정적인 신념으로 대치하는 것이 아니다. 그것은 소망적 사고에 바탕을 두고 있지 않으며 현실에 바탕을 두고 있다. 유사하게, 인지치료는 사람들의 문제가 상상에 의한 것이라는 입장을 취하지 않는다. 환자들은 기능적 결함뿐만 아니라 심각한 사회적 · 재정적 문제 또는 건강 문제를 가지고 있을 수 있다. 그렇지만 현실적인 문제에 덧붙여, 그들은 자신의 반응 범위를 제한시키고 해결을 하지 못하도록 그들을 막고 있는 자기 자신, 자신의 상황 및 자원에 대한 편파된 견해를 가지고 있다.

인지적 변화는 환자들에게 위험을 받아들이도록 함으로써 행동 변화를 촉진할 수 있다. 바꾸어 말하면, 새로운 행동을 적용해 보는 경험은 새로운 조망을 유효하게 한다. 정서는 사건에 대해 대안적인 해석을 포함하도록 조망을 확대시킴으로써 완화될 수 있다. 정서가 촉발될 때 학습이 증진되기 때문에, 정서는 인지적 변화에서 일정한 역할을 한다.

따라서 치료적 변화에서 인지적 · 행동적 · 정서적 통로가 상호작용하지만, 인지치료는 치료적 변화를 증진시키고 유지시키는 데 있어 인지의 탁월함을 강조한다.

인지적 변화는 자발적 사고(voluntary thought), 연속적이거나 자동적 사고 및 가정의 여러 가지 수준에서 일어난다. 인지적 모델에 따르면, 인지는 위계적으로 조직화되어 있으며 각 수준은 접근 가능성과 안전성의 면에서 그다음 수준과 차이가 있다. 가장 접근하기 쉽고 가장 불안정한 인지는 자발적 사고이다. 다음의 수준은 자동적 사고인데, 환경에 의해 촉발될 때 자발적으로 떠오르게 된다. 그것들은 사건이나 자극과 개인의 정서적 · 행동적 반응 사이를 중재하는 사고이다.

자동적 사고의 한 가지 예는, 사회적으로 불안한 사람이 파티에 가기 전에 경험하는 "모든 사람들은 내가 신경과민인 것을 알 것이다."라는 생각이다. 자동적 사고는 정서를 동반하며, 그 당시에 그것들이 그럴듯하게 경험되고, 매우 현저하며, 내적으로 개인적 논리와 일치한다. 그것들은 한 번도 도전받는 일 없이 신뢰를 얻게 된다. 자동적 사고가 자발적 사고보다 더 안정적이며 접근하기가 더 어렵지만, 환자들은 그것들을 인식하고 통제하는 것을 배우게 된다. 자동적 사고에서는 인지적 왜곡이 분명히 일어난다.

자동적 사고는 기저에 있는 가정에서 나온다. 예를 들면, "나는 다른 사람들의 행복에 책임이 있다."라는 신념은, 타인에게 고통을 주는 자로 자신을 지각하는 사람들에게 수많은 부정적인 자동적 사고를 유발시킨다. 가정은 지각을 인지로 조형하고, 목표를 결정하고, 사건에 대한 해석과 의미를 제공한다. 가정들은 매우 안정적이며, 환자의 의식 밖에 있을 수도 있다.

핵심 신념은 인지적 도식 내에 포함되어 있다. 치료는 이러한 절대적 사고를 확인하고 그 효과를 무효화하는 것을 목표로 삼는다. 만일 신념 자체가 변화될 수 있다면 환자는 미래의 고통에 의해 덜 상처받는다. 도식 치료에서는 이러한 핵심 신념을 **초기의 부적응적 도식**(early maladaptive schemas: EMSs)이라고 부른다(Young et al., 2003).

✻ 치료적 관계

치료적 관계는 협동적이다. 치료자는 고통과 역기능의 근원을 평가하고 환자가 목표를 명료화하도록 돕는다. 심한 우울증이나 불안의 경우에, 치료자가 지시적 역할을 해야 할 필요가 있을 수도 있다. 다른 경우에는, 치료의 목표를 결정하는 데 환자들이 주도적일 수도 있다. 협동의 일부로서, 환자는 사고에 수반되는 정서와 행동뿐만 아니라 다양한 상황에서 일어나는 사고, 심상 및 신념을 제공한다. 환자는 또한 각 회기에서 계획(agenda)을 설정하는 것을 돕고, 회기 사이에 과제를 함으로써 책임감을 공유한다. 과제는 치료가 더욱 빠르게 진행되도록 해 주고 환자에게 새로 학습한 기술과 조망들을 연습할 기회를 준다.

치료자는 환자가 어떻게 신념과 태도가 정서와 행동에 영향을 주는지 이해하도록 돕는 안내자로 기능한다. 또한 치료자는 인지적 변화와 기술 습득을 유도하는 교정적 경험을 증진시키는 촉매자이다. 따라서 인지치료는 심리치료의 학습 모델을 사용한다. 치료자는 신념과 행동을 검토하고 수정하는 데 있어서 전문적 위상을 지니지만, 수동적인 전문가의 역할을 채택하지는 않는다.

인지치료자들은 환자의 관점을 적극적으로 따라간다. 온정, 정확한 공감 및 진솔성을 사용함으로써(Rogers, 1951 참조), 인지치료자들은 환자의 개인적 세계관을 이해한다. 그렇지만 이러한 자질들 자체만으로는 치료적 변화에 충분하지 않다. 인지치료자들은 문제를 상술하고, 중요한 부분에 초점을 맞추며, 구체적인 인지적 · 행동적 기법들을 가르친다.

인지치료자들은 훌륭한 대인관계 기술을 가지고 있으면서 또한 융통성이 있다. 그들은 환자가 편안한 정도에 민감하고, 자기 공개를 적절하게 사용한다. 그들은 필요할 때 지지적 접촉을 제공하며, 인지적 접근의 목표와 계획 내에서 작업을 한다. 목표가 되는 증상에 따라 치료적 기법을 융통성 있게 사용한다. 예를 들면, 우울증의 무기력은 행동적 중재가 가장 좋은 반응을 가져오는 반면에, 우울증의 자살 생각과 비관주의에는 인지적 기법이 가장 좋은 반응을 일으킨다. 훌륭한 인지치료자는 임의적이거나 기계적으로 기법을 사용하지 않으며, 충분한 이론적 근거와 기술 그리고 각 환자의 욕구에 대한 이해를 지니고 기법을 사용한다.

협동을 유지시키기 위해, 치료자는 대개 각 회기의 끝부분에서 환자로부터 피드백을 유도한다. 피드백은 환자에게 무엇이 도움이 되었고 무엇이 도움이 안 되었는지, 환자가 치료자에 대해 염려를 하였는지 여부와, 환자가 의문을 가지고 있는지 여부를 발견하는 데 초점을 둔다. 치료자가 회기를 요약하거나 환자에게 그렇게 하도록 요구할 수도 있다. 치료자가 협동을 조장하는 또 다른 방법은 각각의 절차가 사용된 이유를 환자에게 제시하는 것이다. 이것은 치료 과정을 현실화하고, 환자의 참여를 증가시키며, 환자가 치료적 변화에 대하여 점차적으로 더 많은 책임감을 지게 되는 학습의 패러다임을 강화해 준다.

✻ 정의

인지치료에서 사용하는 세 가지 근본적인 개념은 협동적 경험주의, 소크라테스식 대화, 안내받는 발견이다.

협동적 경험주의. 치료적 관계는 협동적이고 치료 목표를 함께 결정할 것을 요구하며, 피드백을 이끌어 내고 제공하며, 그렇게 함으로써 어떻게 치료적 변화가 일어나는지를 알린다. 치료자와 환자는 환자의 인지를 지지하거나 반대하는 증거를 검토하면서 공동 연구자가 된다. 과학적 탐구에서처럼, 해석이나 가정은 검증 가능한 가설로 취급된다.

특정 인지가 어떤 유용한 효과를 제공하는지 여부를 결정하기 위해 경험적 증거가 사용된다. 이전의 결론은 논리적 분석의 대상이 된다. 환자가 정보의 대안적 원천이 있음을 깨닫게 됨으로써 편파된 사고가 드러난다. 이러한 과정은 필요할 때 어느 한쪽이 더 적극적인 역할을 취하면서, 환자와 치료자 간의 동반관계로 수행된다.

소크라테스식 대화. 질문은 인지치료에서 중요한 치료적 도구이며, 소크라테스식 대화가 선호되는 방법이다. 치료자는 새로운 학습을 증진시키는 일련의 질문들을 주의 깊게 구상한다. 치료자가 하는 질문의 목적은 일반적으로 다음과 같다. (1) 문제를 명료화하거나 정의를 내리기 위해, (2) 사고, 심상, 가정의 규명에 도움을 주기 위해, (3) 환자에게 사건의 의미를 검토하게 하기 위해, (4) 유지되고 있는 부적응적 사고와 활동의 결과를 평가하기 위해.

소크라테스식 대화는 치료자가 제시한 질문에 근거하여 환자가 논리적인 결론에 도달하는 것을 내포한다. 질문은 환자를 '함정에 빠뜨리거나' 불가피한 결론으로 이끌거나, 그들을 공격하는 데 사용되지 않는다. 질문은 치료자가 환자의 관점을 이해할 수 있게 해 주고, 환자가 그들의 가정을 객관적이고도 방어적이 아닌 태도로 볼 수 있도록 민감성을 부여한다.

Young, Rygh, Weinberger와 Beck(2008, p. 274)은 치료의 과정을 통하여 질문이 어떻게 변화되는지를 기술하였다.

> 치료의 초기에는, 환자의 특별한 어려움에 대해 풍부하고 자세한 그림을 얻기 위해서 질문을 한다. 그것들은 배경과 진단적 자료를 얻는 데 사용되며, 환자의 스트레스 내구력, 내성(introspection)의 능력, 대처 방법 등을 평가하기 위해 사용된다. 또한 환자의 외적 상황과 대인관계의 맥락에 대한 정보를 얻기 위해, 그리고 작업할 구체적 대상 문제에 도달하기 위해 환자와 작업함으로써 애매한 불평을 수정하기 위해 사용된다.

치료가 진행됨에 따라, 치료자는 문제에 대한 접근을 탐색하기 위해, 환자가 가능한 해결책의 장점과 단점을 비교하도록 하기 위해, 특별한 부적응적인 행동을 유지하는 것의 결과를 검토하기 위해, 자동적 사고를 유발하기 위해, 그리고 부적응적 가정과 그 결과를 보여 주기 위해 질문을 사용한다. 요약하면, 치료자는 대부분의 인지적 치료 기법에서 질문을 사용한다.

안내받는 발견. 안내받는 발견을 통해 환자는 부적응적인 신념과 가정들을 수정한다. 치료자는 새로운 기술과 조망의 습득을 유도하는 새로운 경험(**행동적 실험**)을 설계함으로써 문제행동과 논리적 오류를 명료하게 하는 '안내자'의 구실을 한다. 안내된 발견은 치료자가 환자에게 새로운 신념 체계를 채택하도록 권하거나 부추기지 않는다는 것을 의미한다. 그보다는, 치료자는 환자가 현실적 조망을 얻기 위해 정보, 사실 및 확률을 사용하도록 장려한다.

심리치료 과정

초기 회기

첫 면접의 목적은 환자와 관계를 시작하고, 중요한 정보를 유도해 내며, 증상을 완화하는 데 있다. 치료를 시작할 때의 감정과 사고에 대해 질문을 함으로써 환자와 관계를 수립하기 시작할 수 있다. 환자의 기대에 대해서 논의하는 것은 환자를 편안하게 하는 데 도움을 주고, 환자의 기대와 관련된 정보를 치료자에게 제공하며, 인지와 정서 간의 관계를 증명하는 기회를 제시한다(Beck, Rush, Shaw, & Emery, 1979). 또한 치료자는 인지치료에 환자를 사회화하기 위해, 협동적 틀을 구축하기 위해, 치료에 대해 가지고 있는 잘못된 개념들을 다루기 위해 초기 회기를 사용한다. 치료자들이 첫 회기에서 얻고자 하는 정보의 유형은 진단, 과거 역사, 현재의 생활 상황, 심리적 문제, 치료에 대한 태도 및 동기이다.

문제 정의와 증상 완화는 첫 회기에서부터 시작된다. 비록 문제의 정의와 배경을 파악하는 데 몇 회기가 걸릴 수도 있지만, 첫 회기에서 매우 구체적인 문제에 초점을 맞추고 신속한 완화를 제공하는 것은 때때로 중요하다. 예를 들면, 자살하려는 환자는 절망감을 없애기 위한 직접적인 개입이 즉각적으로 필요하다. 증상 완화는 구체적인 문제해결, 애매하고 일반적인 불평을 작업 가능한 목표로 명료화하는 것, 또는 장애에 대한 객관성을 얻는 것(예를 들면, "환자의 증상은 불안을 나타낼 뿐이며 잘못된 것은 없다." 또는 "집중 곤란은 우울의 증상이지 두뇌 질병의 신호는 아니다.") 등의 여러 가지 근원에서 올 수 있다.

문제 정의는 문제의 기능적 · 인지적 분석 모두를 필요로 한다. 기능적 분석은 문제의 요소들을 확인하는 것이다. 그것이 나타나는 방법, 그것이 발생하는 상황, 그것의 빈도 · 강도 · 지속기간, 그리고 그것의 결과를 분석한다. 문제의 인지적인 분석은 정서가 유발될 때 그 사람이 가지는 사고와 심상을 규정하는 것이다. 그것은 또한 사고와 심상을 통제한다고 개인이 느끼는 정도, 고통스러운 상황에서 무엇이 일어날 것이라고 상상하는지 그리고 그러한 결과가 실제로 일어날 가능성에 대한 조사를 포함한다.

초기 회기들에서 인지치료자는 환자보다 더 적극적인 역할을 한다. 치료자는 정보를 수집하고, 환자의 문제를 개념화하고, 환자를 인지치료에 사회화시키며, 증상을 완화하기 위해 적극적으로 개입한다. 환자는 첫 회기를 시작하면서부터 과제를 받는다.

초기 단계에서는 대개 정서와 행동 사이의 연결을 인식하는 것을 과제로 부여한다. 예를 들어, 환자들에게 그들이 스트레스를 겪을 때 일어나는 자동적 사고를 기록하도록 요구할 수 있다. 따라서 환자는 초기부터 사고와 행동들을 스스로 탐지하도록 훈련받는다. 후기 회기에서, 환자는 과제를 결정하는 데 있어 점차 적극적인 역할을 하며, 과제는 매우 구체적인 가정을 검사하는 데 초점이 맞추어진다.

초기 회기 동안 문제의 목록이 만들어진다. 문제의 목록은 구체적인 증상, 행동, 또는 만연된 문제들을 포함할 수 있다. 이러한 문제들에 중재의 대상으로서 우선순위를 매기게 된다. 우선순위는 고통의 상대적 중요성, 진전의 가능성, 증상의 심각성, 특정한 주제나 화제의 만연성에 기초를 둔다.

만일 치료자가 치료 초기에 문제를 해결하도록 환자를 도울 수 있다면, 이러한 성공은 환자가 더 나은 변화를 이루는 동기가 될 수 있다. 각각의 문제에 접근할 때, 치료자는 적용할 인지적 또는 행동적 기법을 선택하고 환자에게 기법에 대한 이론적 설명을 제공한다. 치료의 전 과정을 통해서, 치료자는 기법들이 정확하게 적용되고 있는지, 성공적인지, 그리고 그것들이 어떻게 과제나 회기 밖의 실제적인 경험과 통합될 수 있는지를 확인하기 위해 다양한 기법들에 대한 환자의 반응을 이끌어 낸다.

✻ 중간 및 후기 회기

인지치료가 진행됨에 따라, 환자의 증상에서 환자의 사고양식으로 강조점이 이동한다.

사고, 정서, 행동 사이의 연결은 주로 자동적 사고의 검토를 통해 증명된다. 일단 환자가 기능을 방해하는 사고에 도전할 수 있게 되면, 그들은 그러한 사고를 만들어 낸 기저의 가정들을 고려할 수 있다.

후기 회기에서는 대개 행동적 기법보다는 인지적 기법을 더 많이 강조하며, 그것은 여러 가지 역기능적 사고를 포함하는 복잡한 문제에 초점을 맞춘다. 이러한 사고들은 흔히 행동적 실험보다 논리적인 분석에 의해 더 쉽게 다루어진다. 예를 들면, "나는 결코 내가 삶에서 원하는 것을 얻을 수 없을 것이다."라는 예견은 쉽게 검증되지 않는다. 그렇지만 사람들은 이러한 일반화의 논리에 의문을 제기할 수 있고, 그것을 신념으로 유지하는 데에 어떤 이익과 불이익이 있는지 검토할 수 있다.

흔히 환자의 의식 밖에 있는 그러한 가정은 종종 자동적 사고의 주제로서 발견된다. 시간과 상황에 따라 자동적 사고를 관찰함으로써 가정이 나타나거나 추론될 수 있다. 일단 이러한 가정과 그것이 가지고 있는 힘이 한 번 인식되면, 치료는 그것들이 환자에 대해 타당성, 적응성, 유용성이 있는지 검토함으로써 그것을 수정하는 것을 목표로 한다.

후기 회기에서, 환자는 문제와 해결책을 확인하고 과제를 부여하는 것에 대하여 더 많은 책임감을 지게 된다. 환자가 문제를 해결하는 데 인지적인 기법을 더 많이 사용할 수 있게 됨에 따라, 치료자는 교사이기보다는 조언자로서 역할을 한다. 환자가 더 자기 충족적이 될수록 회기의 빈도는 감소한다. 치료는 목표에 도달하고 환자가 그들의 새로운 기술과 조망을 실행할 수 있다고 느낄 때 종결된다.

✻ 치료의 종결

치료의 길이는 우선적으로 환자가 지닌 문제의 심각성에 달려 있다. 단극성 우울증의 일반적인 치료 길이는 일주일 간격으로 15~25회기이다(Beck, Rush, Shaw, & Emery, 1979). 심각한 우울증 환자는 대개 4~5주 동안에는 1주일에 두 번의 회기가 필요하며, 그 다음 10~15주 동안에는 1주일에 한 번의 회기를 요한다. 대개의 불안증 사례는 이와 비슷한 기간 내에서 다루어진다.

일부 환자들은 낡은 사고방식을 포기하는 데 수반되는 불안을 인내하기가 극도로 어렵다는 것을 알게 된다. 그들에게는 치료가 몇 달 동안 계속될 수도 있다. 또 다른 환자들은 초기에 증상 완화를 경험하고 초기에 치료를 종결한다. 이러한 사례들에서는 구조적 변화가 일어나는 일은 거의 없으며 문제가 재발하기 쉽다.

시작부터, 치료자와 환자는 치료가 시간 제한적이라는 기대를 공유한다. 인지치료는 현재 중심적이고 시간 제한적이기 때문에 장기적인 치료보다 종결과 연결된 문제가 훨씬 더 적은 경향이 있다. 환자가 자기 신뢰를 발달시킴에 따라 치료 회기는 덜 빈번해진다.

인지치료에 대한 이론적 설명을 제시함으로써 첫 회기에 이미 종결이 계획된다. 환자는 스스로 자신의 치료자가 되도록 배우는 것이 치료의 목표라는 말을 듣는다. 문제 목록은 치료에서 무엇이 성취될 수 있는지를 명확하게 한다. 행동 관찰, 자기 점검, 자기보고 및 때로 질문지(예를 들면, Beck 우울 항목표)로 문제 목록상의 목표를 향한 진전을 측정한다. 환자의 피드백은 치료자가 인지적 변화를 조장하는 경험을 설계하는 데 도움을 준다.

어떤 환자들은 재발이나 자기 스스로 기능하는 것에 관해 염려한다. 이러한 염려 중 몇몇은 이분법적 사고("나는 아프거나 또는 100% 완치된다.") 또는 부정적 예언("나는 다시 우울해져서 내 스스로 도울 수 없게 될 것이다.")과 같은 인지적 왜곡을 포함한다. '치유'를 하거나 핵심 성격을 다시 구축하기 위해서가 아니라 더욱 효과적으로 문제를 다루는 방법을 환자에게 가르치기 위한 것이 치료 목표라는 점을 재검토하는 것이 필요할 수도 있다(Beck, Rush, Shaw, & Emery, 1979). 우울증의 재발 가능성과 같은 심리적 장애에 대한 교육이 전 치료 과정 동안 이루어져서 예후에 대해 현실적인 조망을 갖도록 한다.

보통의 치료 과정에서 환자는 성공과 퇴보를 모두 경험한다. 그러한 문제들은 환자에게 새로운 기술을 연습할 기회를 제공해 준다. 종결에 다가감에 따라 환자는 퇴보가 정상적이고 이전에 다루어졌던 것임을 상기할 수 있다. 치료자는 환자에게 이전의 구체적인 문제들이 치료 과정에서 어떻게 다루어졌는지 기술하도록 요구할 수도 있다. 치료자들은 또한 환자에게 미래의 어려움을 상상하게 하고 그것을 어떻게 다룰 것인지를 보고하게 함으로써 종결에 앞서 인지적인 시연을 사용할 수 있다.

종결을 하고 나서 한 달 후와 두 달 후에 대개 한두 번의 보충(booster) 회기를 가진다. 그런 회기는 환자가 얻은 이득을 통합 정리하고 새로운 기술을 채택하도록 도와준다.

심리치료 기제

여러 가지 공통 요인들이 효과적인 치료에 영향을 미친다. 모든 성공적인 심리치료의 형태에는 다음과 같은 세 가지 공통적인 변화기제가 있다. (1) 이해할 수 있는 틀, (2) 문제 상황에서 환자가 정서적으로 개입하는 것, (3) 그 상황에서 현실 검증을 하는 것.

인지치료는 역기능적인 가정을 수정하는 것이 효과적인 인지적 · 정서적 · 행동적 변화를 가져온다고 주장한다. 환자는 자동적 사고를 인식함으로써, 그것들을 지지하기 위해 사용하는 증거들에 의문을 가짐으로써, 그리고 인지를 수정함으로써 변화된다. 그다음으로, 환자는 새롭고 더욱 적응적인 사고방식에 일치하는 행동을 한다.

변화는 환자가 문제 상황을 실제적 위협으로 경험하는 경우에만 일어날 수 있다. 인지치료에 따르면, 핵심 신념은 정서와 연결되어 있고, 정서적 각성과 함께 그 신념에 접근할 수 있으며 수정할 수 있다. 그리고 한 가지 변화기제가 부적응적인 행동이나 증상을 만들어 내는 인지적인 배열에 접근 가능하도록 해 주는 중심축이 된다. 이 기제는 정신분석가들이 '무의식의 의식화'라고 부르는 것과 같은 말이다.

단지 정서가 일어나고 인지가 동반되는 것만으로는 지속적인 변화를 일으키는 데 충분하지 않다. 사람들은 때때로 인생에 아무 도움이 안 되는데도, 때로는 폭발적으로 정서를 표현한다. 그렇지만 치료적 환경은 환자가 정서적인 각성과 현실 검증을 동시에 경험하도록 허용한다. 다양한 심리치료에서, 치료적이라고 하는 것은 환자가 문제 상황에 관여하면서도 그것에 객관적으로 반응하는 것을 말한다. 인지치료의 용어로 말하면, 이것은 인지를 경험하는 것을 의미하며 치료적 틀 안에서 인지를 검증하는 것을 의미한다.

적용

누구를 도울 수 있는가

인지치료는 문제가 정확하게 서술될 수 있고 인지적 왜곡이 명백한 경우에 가장 적합한 현재 중심적이고, 지시적이며, 적극적이고, 문제 지향적인 접근이다. 원래는 주요 정신병적 장애를 치료하기 위해 개발되었지만 성격장애도 치료하도록 다듬어졌다. 적용의 범위가 넓어서 다양한 임상적 문제와 비임상적 문제에 적용할 수 있다. 원래 개인의 심리치료에 사용되었지만, 지금은 부부, 가족 및 집단에도 사용된다. 이것은 입원환자와 외래 환자에게 단독으로 또는 약물치료와 병행해서 사용된다.

인지치료는 단극성 우울증의 효과적인 치료로 널리 인정받고 있다. Beck, Rush, Shaw와 Emery(1979, p. 27)는 인지치료 단독, 또는 약물과 결합한 인지치료에 사용하기 위한 기준을 목록으로 만들었다. 이것은 환자가 약물을 거부하거나, 심리치료를 선호하거나, 항우울제 부작용이 있거나, 항우울제의 적합한 사용에 저항력이 있는 것으로 증명된 경우에 선택되는 치료이다. 최근에 이루어진 DeRubeis 등(2005)의 연구에 따르면, 인지치료는 중간 정도에서 심각한 정도에 이르는 주요우울장애 환자의 초기 치료에 약물치료만큼 효과가 있었다.

인지치료는 양극성 정서장애나 정신병적 우울증의 경우에는 단독적인 치료로 권장되지 않는다. 그것은 또한 조현병 같은 다른 정신병의 치료에도 단독으로 사용되지 않는다. 불안을 지닌 일부 환자들은 약물치료로 시작할 수 있지만, 인지치료가 약물에 의존하지 않고 기능하도록 그들을 가르친다.

인지치료는 적절한 현실 검증 능력을 가진(즉, 환상과 망상이 없는) 환자, 집중력이 좋은 환자, 충분한 기억 기능이 있는 환자에게서 최상의 결과를 가져온다. 자신의 자동적 사고에 집중할 수 있고, 치료자-환자 역할을 수용할 수 있고, 시험을 하기 위해 불안을 기꺼이 참으며, 영구적으로 가정을 변화시킬 수 있고, 그들의 문제에 책임을 가지고 있고, 완전한 치료를 위하여 기꺼이 만족을 지연할 수 있는 환자에게 적합하다. 비록 이러한 이상이 항상 충족되지 않을지라도, 이 치료는 성과 기대와 구조의 융통성을 약간 조정하여 진행될 수 있다. 예를 들면, 치료가 영구적으로 도식을 변화시키지는 못하더라도 환자의 일상적 기능을 개선할 수는 있다.

인지치료는 다양한 수준의 수입, 교육 및 배경을 가진 사람들에게 효과적이다(Persons, Burns, & Perloff, 1988). 환자가 사고, 감정, 행동 사이의 관계를 인식하고 자기 조력에 대한 약간의 책임을 갖는다면 인지치료에서 이득을 얻을 수 있다.

치료

인지치료는 (1) 환자들의 부정적 · 자동적 사고를 점검하고(인지), (2) 인지, 정서, 행동 사이의 관계를 인식하고, (3) 왜곡된 자동적 사고를 지지하거나 대항하는 증거를 검토하고, (4) 편파된 인지를 더 현실 지향적 해석으로 대체해 주고, (5) 그들의 경험을 왜곡시키는 사전 신념을 확인하고 변화시키도록 환자들을 가르치게 설계된, 매우 구체적인 학습 경험으로 구성되어 있다(Beck, Rush, Shaw, & Emery, 1979).

이러한 목표에 도달하기 위해서 인지치료에서는 인지적 기법과 행동적 기법을 모두 사용한다. 언제 그 기법을 사용하는지는 환자의 기능 수준과 특정한 증상 및 제시되는 문제에 달려 있다.

✻ 인지적 기법

환자의 자동적 사고를 유도하고, 그 생각 뒤에 있는 논리를 분석하고, 부적합한 가정을 확인하고 그 가정들의 타당성을 검토하기 위해 언어적 기법이 사용된다. 자동적 사고는 환자에게 혼란된 상황 동안 발생하는 생각들에 대해 질문함으로써 알아낼 수 있다. 만약에 환자가 그 생각을 회상하는 데 어려움이 있다면, 심상이나 역할 연기를 사용할 수도 있다. 자동적 사고는 그것들이 실제 생활 상황에서 발생할 때 더 정확하게 보고될 수 있다. 그런 '생생한' 인지는 접근하기 쉽고, 힘이 있으며, 습관적이다. 환자는 혼란될 때 사고를 인식하고 확인하는 것과 그것들을 기록하는 것을 배운다.

인지치료자는 환자의 자동적 사고를 해석하지 않고, 그것의 의미, 특히 환자가 꽤 중립적인 사고를 보고하면서도 강한 정서를 나타낼 때, 그 의미를 탐색한다. 그런 경우, 치료자는 그러한 생각들이 환자에게 어떤 의미인지를 질문한다. 예를 들면, 초기 방문 후에, 불안한 환자가 굉장한 고통 속에서 치료자에게 전화를 하였다. 그는 방금 불안의 약물치료에 관한 논문을 읽었다. 그의 자동적 사고는 "약물치료는 불안에 도움이 된다."였다. 그가 여기에 부여한 의미는 "인지적 치료는 나에게 도움을 줄 가능성이 없다. 나는 다시 실패할 운명에 처하였다."였다.

자동적 사고는 직접적인 증거나 논리적 분석에 의해 검증된다. 증거는 과거와 현재의 환경에서 도출될 수 있지만, 과학적인 탐구에서 늘 그렇듯이, 가능한 한 사실에 가까워야 한다. 또한 행동적 실험에서도 자료가 얻어질 수 있다. 예를 들어, 만약 어떤 사람이 그가 대화를 이끌어 갈 수 없다고 믿는다면, 그는 세 사람과 짧은 대화를 시작하려고 노력해야 할 것이다. 행동 실험이 가진 경험적 성질 때문에 환자는 더 객관적인 시각으로 생각할 수 있다.

환자의 사고에 대한 검토 역시 인지적 변화를 가져올 수 있다. 질문을 통해 사고 내에 있는 논리적 불일치, 모순 및 다른 장애를 밝혀낼 수도 있다. 인지적 왜곡을 확인하고 명시하는 것은 그 자체로 도움이 되는데, 그 이유는 그런 다음 환자에게 구체적인 오류를 고치게 하기 때문이다.

환자들은 대개 자동적 사고보다 부적응적인 가정에 다가가기가 훨씬 더 어렵다. 몇몇 환자들은 그들의 가정을 분명하게 할 수 있는 반면, 대부분은 어려움을 겪는다. 가정은 자동적인 사고 내에 있는 주제로 나타난다. 치료자는 환자에게 구체적 사고에 기저하고 있는 추상적인 법칙에 대해 질문할 수도 있다. 치료자는 또한 이러한 자료에서 가정을 만들고 이를 확인하기 위해 환자에게 이러한 가정들을 제시할 수도 있다. 자신의 가정을 확인하기 어려웠던 한 환자는 치료자가 추론한 가정을 읽고 눈물을 흘렸는데, 이는 그 가정이 중요함을 나타내는 것이었다. 환자는 항상 치료자에게 동의하지 않을 권리를 가지고 있으며, 자신의 신념에 대한 더 정확한 진술을 발견할 권리가 있다.

일단 가정이 확인되면 수정의 과정에 들어간다. 이것은 여러 가지 방법으로 일어날 수 있다. 즉, 환자에게 가정이 합리적인가를 물음으로써, 그 가정을 유지하는 것에 찬성하거나 반대하는 이유를 만들어 내도록 함으로써, 가정에 모순이 되는 증거를 제시함으로써 가능하다. 특정 가정이 특정 상황에서는 합리적일 수 있으나, 이를 보편적으로 적용하려 할 때는 역기능이 나타나게 된다. 예를 들면, 직장에서 높은 생산성을 가지려는 것은 일반적으로 바람직하다. 그러나 휴식 시간에 높은 생산성을 유지하려는 것은 불합리할 수도 있다. 직무를 통해서 최고의 능력을 발휘해야 한다고 믿는 의사는 초기 탈진의 가능성을 고려하지 않을지도 모른다. 따라서 단기간에 그를 성공적으로 만들었던 것이 장기적으로는 문제를 일으킬 수도 있다. 특수한 인지적 기법은 탈파국화(decatastrophizing), 재귀인, 재정의, 탈중심화를 포함한다.

'만약에(What-if)' 기법으로 알려진, **탈파국화**(Beck & Emery, 1979)는 환자가 두려워하는 결과에 대해 준비하는 데 도움을 준다. 이것은 특히 대처 계획과 결합될 때, 회피를 감소시키는 데 도움을 준다(Beck & Emery, 1985). 만약 예상하였던 결과가 발생된다면 이 기법은 문제해결 전략을 확인하는 데 도움을 줄 것이다. 탈파국화는 종종 정보의 범위를 넓히고 환자의 시간 조망을 넓히는 시간 투사 기법과 함께 사용된다.

재귀인 기법은 사건의 대안적인 원인을 고려함으로써, 자동적 사고와 가정을 검증한다. 이것은 특히 환자가 사건을 개인적인 것으로 받아들이거나 자기 때문에 그 사건이 생겼다고 지각할 때 도움이 된다. 증거가 부족할 경우, 다른 사람이나 단일 변인이 사건의 유일한 원인이라고 결론짓는 것은 비합리적이다. 재귀인 기법은 한 상황에서 발생하는 모든 변인에 대한 검토를 요구함으로써 현실 검증과 적당한 책임 할당을 촉진한다.

재정의는 문제가 개인적 통제를 넘어선 것이라고 믿는 환자를 움직이게 하는 방법이다. Burns(1985)는 "아무도 나에게 관심이 없다."라고 생각하는 외로운 사람이 "나는 다른 사람과 접촉하고 돌봄을 받을 필요가 있다."라고 문제를 재정의하도록 권한다. 문제를 재정의하는 것에는 문제를 더 구체적이고 특수하게 만들고 환자 자신의 행동의 관점에서 말하는 것이 포함된다.

탈중심화는 주로 다른 사람들의 관심이 자기에게 쏠려 있다고 잘못 믿는 불안한 환자를 치료하는 데 사용된다. 왜 다른 사람들이 자신들을 응시하고, 자신들의 마음을 읽을 수 있는지 그 뒤에 자리 잡은 논리를 검토한 후에, 이러한 특정 신념을 검증하도록 행동적 실험이 설계된다. 예를 들면, 학급에서 발표하기를 꺼렸던 학생은 학우들이 자신을 끊임없이 쳐다보고 있으며, 자신의 불안을 눈치 챈다고 믿었다. 그 자신의 불편함에 초점을 두는 대신에 친구들을 관찰함으로써, 그는 어떤 학생은 필기를 하고 있고 어떤 학생은 교수를 바라보고 있으며 또 어떤 학생은 낮잠을 자고 있는 것을 보았다. 그는 자신의 학우들이 다른 데에 관심이 있다고 결론을 내리게 된다.

인지적 영역은 사고와 심상으로 이루어져 있다. 일부 환자는 시각적 심상을 사고보다도 더 잘 접근하고, 보고하기도 쉽다. 이것은 대개 불안 환자들의 경우이다. 한 연구에서 불안 환자 중 90%가 불안의 에피소드 도중이나, 그전에 시각적 심상을 보고하였다(Beck, Laude, & Bohnert, 1974). 그런 다음, 이 심상에 대한 정보를 수집하는 것은 개념적 체계를 이해하기 위한 또 다른 방법이다. 자발적 심상은 사건에 대한 환자의 지각과 해석에 대한 자료를 제공해 준다. Beck과 Emery(1985)와 Judith Beck(1995)은 왜곡된 인지를 수정하는 데 사용되는 다른 구체적인 심상 절차를 논의하였다.

어떤 경우에는 심상이 그 자체로 수정된다. 정신적 외상과 관련된 심상 같은, **침입적 심상**은 그것의 충격을 줄이기 위해 곧바로 수정될 수 있다. 환자들은 일어난 일에 관하여 '각본을 다시 쓰는 것'을 통해 심상의 측면들을 바꿀 수 있고, 공격자를 무력해질 때까지 그 크기를 줄이거나 심상 속에서 자기 자신에게 힘을 부여할 수 있다. 그러한 심상을 재구조화하는 것의 핵심은 실제로 일어난 일을 부인하는 것이 아니라 일상적인 기능을 방해하는 심상의 능력을 줄이는 데 있다.

또한 심상은 정서에 다가설 수 있는 힘이 있기 때문에 역할 연기에도 사용된다. 건강한 자기와 부정적인 사고 사이의 대화 같은 경험적인 기법들은 감정을 재편성하고 환자가 해롭고 자기 패배적인 패턴에서 벗어날 수 있는 권리를 가졌다는 신념과 느낌을 갖도록 돕는다.

✽ 행동 기법

인지치료는 자동적 사고와 가정을 수정하기 위해 행동 기법을 사용한다. 그것은 특정한 부적응적 신념에 도전하거나 새로운 학습을 증진시키도록 고안된 행동적 실험들을 사용한다. 예를 들면, 행동 실험에서 환자는 개인적 자동적 사고가 가져올 수 있는 결과를 예견하고, 서로 합의된 행동을 수행한 후, 새로운 경험의 관점에서 그 증거를 평가할 수 있다.

행동 기법은 또한 환자의 반응 레퍼토리를 확장시키거나(기술 훈련), 그들을 이완시키거나(점진적 이완), 활동하도록 만들거나(활동 계획), 회피적 상황을 준비시키거나(행동적 시연), 두려운 자극에 노출시키기(노출치료) 위해 사용된다. 행동적 기법은 인지적 변화를 촉진시키는 데 사용되기 때문에, 각 행동 실험 후 환자의 지각, 사고 및 결론을 아는 것이 중요하다.

- **과제**는 환자에게 회기 사이에 인지적 원칙을 적용할 기회를 준다. 전형적인 과제 부과는 자기 관찰과 자기 점검, 효과적인 시간의 구조화, 그리고 상황을 구체적으로 다루기 위한 절차 수행에 초점을 맞춘다. 자기 점검은 다양한 상황에서 환자의 자동적 사고와 반응에 적용된다. 자동적 사고에 도전하는 것과 같은 새로운 기술도 과제로 연습할 수 있다.
- **가설 검증**은 인지적 요소와 행동적인 요소를 모두 지니고 있다. '가설'을 설정할 때는 그것을 상세히 구체적으로 만들어야 한다. "나는 훌륭한 의사가 아니다."라고 주장한 레지던트는 무엇이 그런 결론에 도달하게 하였는지 목록을 만들도록 요구받았다. 치료자는 그 레지던트가 간과한 다른 요소, 즉 환자와 라포를 맺는 능력이나 압력이 있을 때 결정을 내리는 능력 등을 제시하였다. 그 후에 그 레지던트는 자신의 행동을 점검하였고, 자신의 가설을 검증하기 위해 그의 동료와 지도 감독자에

게 피드백을 받고서 "나는 결국 좋은 의사이다."라는 결론에 도달하였다.

- **노출치료**는 불안 환자가 경험하는 사고와 심상, 심리적인 증상 및 긴장의 자기보고 수준에 대한 자료를 제공한다. 특정 사고와 심상에 대한 왜곡을 조사할 수 있고, 특정 대처 기술을 가르칠 수 있다. 환자의 개인 특유적 사고를 직접적으로 다룸으로써, 인지치료는 환자의 특정 욕구에 초점을 맞출 수 있다. 환자는 그들의 예견이 항상 정확하지는 않다는 것을 배우고 난 후 미래의 불안한 사고에 도전하는 자료를 갖게 된다.
- **행동적 시연과 역할 연기**는 후에 현실 생활에 적용되는 기술과 기법을 연습하는 데 사용된다. 모델링 역시 기술 훈련에서 사용된다. 객관적인 정보의 근원이 수행을 평가하는 데 이용될 수 있도록 역할 연기는 종종 비디오로 녹화된다.
- **기분전환 기법**은 강한 정서를 줄이고 부정적 사고를 감소시키기 위해 사용되는데, 여기에는 신체적 활동, 사회 계약, 일, 놀이 및 시각적 심상이 포함된다.
- **활동 계획하기**는 구조를 제공하고 몰입을 촉진한다. 숙달 정도와 하루 중 활동을 할 때마다 경험하는 기쁨을 평정함으로써(0에서 10점 척도를 사용하여), 다음과 같은 몇 가지 목표들을 성취할 수 있다. (1) 자신이 항상 일정한 수준의 우울을 가지고 있다고 믿는 사람들은 기분의 기복을 본다. (2) 성취할 수 없고, 어떤 것도 즐길 수 없다고 믿는 사람들은 증거에 의해 반박된다. (3) 그리고 유전된 결점 때문에 그들이 소극적이라고 믿는 사람들은 어떤 계획을 포함하고 있는 활동을 보게 되고 그 자체가 강화되는 것을 보게 된다.
- **단계적 과제 부과**는 치료자가 할당된 과제의 난이도를 점진적으로 증가시키는 동안 환자가 위협을 주지 않는 수준에서 활동을 개시하도록 요구한다. 예를 들면, 사회적 활동의 어려움을 겪고 있는 어떤 사람은 다른 한 사람 또는 안면이 있는 몇 사람과 접촉을 시작하거나, 아주 짧은 기간 동안 사람들과 사회적 활동을 할 수 있다. 단계적으로, 환자는 다른 사람과 보내는 시간을 증가시킨다.

인지치료자는 다양한 장면에서 일한다. 의사, 학교나 대학, 그리고 인지치료가 이 환자에게 특히 도움이 될 것이라고 믿는 다른 치료자들이 환자를 의뢰한다. 많은 환자들은 스스로 찾아온다. 인지치료학술원은 그들의 웹사이트(www.academyofct.org)에 의뢰할 수 있는 국제 치료자 목록을 가지고 있다.

인지치료자는 일반적으로 45분의 회기를 고수한다. 인지치료의 구조 때문에 많은 것들이 이 시간 내에 성취될 수 있다. 환자는 각 회기에 앞서서, Beck의 우울 항목표 같은 질문지를 완성하도록 요구받는 경우가 많다. 대부분의 회기는 치료자의 사무실에서 이루어진다. 그렇지만 불안 환자와 현실 생활에 대한 작업을 할 때는 치료자의 사무실 밖에서 한다. 어떤 치료자는 광장공포증을 가진 사람과 대중교통을 이용하여 여행할 수도 있으며, 설치류 공포증을 가진 사람과 애완동물 가게에 가고, 비행기를 두려워하는 사람과 함께 비행기를 탈 수도 있다.

항상 비밀 보장이 되며, 치료자는 녹음과 녹화에 대한 공식적인 동의를 받는다. 그런 기록은 기술 훈련이나 환자의 가정을 반박할 증거를 제시하는 하나의 방법으로 사용된다. 예를 들면, 이야기할 때마다 자신이 신경과민인 것처럼 보인다고 믿는 환자는 그녀의 가정을 검증하기 위해 대화 중에 녹화를 할 수 있다. 카메라에 비친 그녀의 모습은 그녀의 가정이 오류라는 것을 확신시켜 주거나, 개선할 구체적인 행동을 확인하도록 도움을 줄 수 있다. 환자들은 종종 회기 사이의 자료 내용을 검토하기 위해 그 회기에 녹음한 것을 집으로 가져간다.

회기는 대개 일주일 단위로 이루어지며, 심한 장애를 가진 환자들은 초기에는 더 자주 만난다. 인지치료자는 위급한 경우에 대비하여 자신의 전화번호를 환자들에게 알려준다.

가능할 때마다 그리고 환자의 허락을 받아, 친구들이나 가족 구성원과 같은 가까운 사람들이 치료 목표를 검토하고 자신들이 도움을 줄 수 있는 방법을 알아보기 위해 치료 회기에 참여한다. 가족 구성원이 질병의 본질을 잘못 알고 있거나, 과도하게 걱정하거나, 비생산적인 방향으로 행동하고 있을 때 이것은 특히 중요하다. 환자와 가까운 주변 사람들은 치료에 훌륭한 보조자가 될 수 있고, 과제를 격려하고 환자의 현실 검증을 도움으로써 행동 개선을 유지하는 데 도움이 될 수 있다.

인지치료의 실제에서 문제가 발생할 수도 있다. 예를 들면, 환자는 치료자가 말하는 것을 오해하여 분노, 불만을 느끼거나 절망할 수 있다. 치료자가 그러한 반응을 지각할 때, 치료자는 다른 자동적 사고와 마찬가지로 환자의 생각을 이끌어 낸다. 치료자와 내담자는 함께 대안적인 해석을 찾는다. 실수를 한 치료자는 책임감을 가지고 실수를 교정한다.

문제는 때때로 행동이 얼마나 빨리 변해야 하는가에 대한 비현실적 기대에서 나오거나, 잘못되고 융통성 없는 기법 적용 또는 중심적인 논제에 대한 주의 부족에서 나온다. 치료에서 일어나는 문제들은, 치료자가 자신의 자동적 사고에 주의를 기울이고, 강한 감정을 만들거나 적합한 문제해결을 막는 논리의 왜곡을 찾는 것을 요한다.

Beck, Rush, Shaw와 Emery(1979)는 어려운 환자와 치료에 성공하지 못하였던 경험을 가진 사람들과 작업하기 위한 지침을 다음과 같이 제공한다. (1) 환자가 문제를 가진 것으로 보기보다는 문제 있는 존재라고 보는 고정관념을 버린다. (2) 낙관적으로 지낸다. (3) 자기 자신의 역기능적 인지를 확인하고 다룬다. (4) 환자를 비난하는 대신에 과제에 초점 맞추기를 유지한다. (5) 문제해결적 태도를 유지한다. 이 지침을 따름으로써, 치료자는 어려운 환자를 더 잘 다룰 수 있다. 치료자는 또한 좌절이 자동적으로 분노와 절망을 이끄는 것이 아니라는 것을 증명하면서 환자에게 모델이 될 수 있어야 한다.

증거

증거에 기반한 심리학의 실제(Evidence-based practice in psychology: EBPP)에서는 심리평가, 사례 구성, 치료적 관계, 그리고 효과적인 심리학적 돌봄을 제공하는 중재의 원리를 경험적으로 지지하는 적용을 할 것을 주장한다(APA Presidential Task Force on Evidence-Based Practice, 2006). 어떤 심리학적 처치에 대한 증거의 근거는 그것의 효율성의 관점에서 평가되거나, 결과에 대한 인과적 관계를 보여 주고, 그것의 유용성이나 일반화 가능성과 실행 가능성을 보여 주는 것이다. 다시 말하자면, 그것의 내적 타당도와 외적 타당도를 말한다. 그렇다면 할 수 있는 가장 좋은 연구는 환자의 특성, 문화 및 선호의 맥락에서 임상적 전문성을 심리학과 공중보건의 효율적인 실천을 촉진하는 것과 결합하는 것이다.

증거에 기반한 실제의 기본적인 요소는 구체적인 상황에서 특정한 장애나 문제에 대한 작업을 보여 주는 경험적으로 지지되는 처치이다. 다른 건강 분야와 마찬가지로, 심리학에서는 무작위 통제 실험(Randomized controlled trials: RTCs)이 인과적 추론을 하고 처치 효과에 대하여 가장 직접적이고 내적 타당성을 제공하기 위한 표준이다. 여러 연구들에서 나온 결과를 통합하기 위한 체계적 방법인 메타 분석은 처치 결과와 효과의 크기를 양적으로 측정하기 위하여 사용된다. 질적 연구나 단일 사례 실험 설계와 같은, 다른 연구 설계는 경험을 묘사하고, 새로운 가설을 만들어 내고, 개인에게서 인과적 관계를 검증하기 위해 사용되지만, 여러 사람에 대하여 처치가 작용하는지 검증하기 위해서는 RCT와 메타 분석이 가장 적절한 방법이다.

인지치료와 인지행동치료(이론을 넘어서서 인지와 행동의 전략을 결합한 치료)는 경험적 연구에 기반을 두고 있다. 개별적 RCT들과 여러 범주의 장애에 대한 성과 연구 문헌들을 재검토한 문헌들 그리고 메타 분석은 모두가 우울과 불안장애의 치료에 인지치료와 인지행동치료가 특히 성공적임을 보고하였다(Beck, 2005; Butler, Chapman, Forman, & Beck, 2006; DeRubeis & Crits-Christoph, 1998; Gloaguen, Cottraux, Cucherat, & Blackburn, 1998; Gould, Otto, & Pollack, 1995; Wampold, Minami, Baskin, & Callen Tierney, 2002). Butler 등(2006)이 16개의 방법론적으로 엄격한 메타 분석 연구를 재검토한 바에 따르면 단극성 우울증, 범불안장애, 광장공포증을 수반하거나 수반하지 않는 공황장애, 사회공포증, 그리고 아동기 우울장애와 불안장애에서 큰 효과가 있었다. 부부 문제, 분노, 아동기 신체화 장애와 만성적 통증에 대하여는 중간 정도의 효과 크기를 보였다. 조현병과 폭식증에서는 부가적인 인지행동치료가 비교적 작은 효과 크기를 나타내었다. 다른 연구들은 CT-CBT가 항우울 약물보다 더 낮은 재발률을 보이며(Hollon et al., 2005), 우울장애와 불안장애의 치료 종결 이후에 증상 재발의 위험을 감소시킨다는 것(Hollon, et al., 2006)을 발견하였다.

심리치료 연구에서 RCT에 의존하는 것에 대한 한 가지 비판은 이 방법이 동반 질병(comorbidity)이나 다른 실험 통제를 위협하는 요소들을 제거하기 위하여, 연구되는 표집을 너무도 주의 깊게 선별하기 때문에 실제 장면에서 여러 장애를 함께 가지고 있는 집단을 대표할 수 없다는 것이다. 그러나 Brown 등(2005)의 기준점이 되는 연구는 자살의 위험이 매우 높은 사람들 가운데 자살 시도를 방지하기 위한 인지치료가 성공적임을 보여주었다. 이 연구의 참여자들은 하나 이상의 정신병적 장애를 가지고 있었고, 68%가 물질 남용의 문제를 가지고 있었다. DeRubeis 등(2005)의 연구에서도 유사하게 동반 질병을 가진 환자들을 포함하고 있다.

가장 우수한 연구들에 덧붙여, 증거에 기반한 치료적 실제의 요소는 임상적 전문성,

즉 장애를 평가하고 진단하고 치료하는 진전된 임상적 기술이다. DeRubeis 등(2005)의 연구에서는 임상적 전문성의 중요성을 보여 주고 있는데, 이 연구에서는 우울증의 초기 치료에 인지치료가 약물치료만큼 효과적일 수 있으나, 그 효과성의 정도는 치료자의 경험 수준이나 전문성에 달려 있었다.

CT-CBT의 일반화 가능성이 몇 연구들에서 검토되었다. Stirman과 동료들(Stirman, DeRubeis, Crists-Cristoph, & Rothman, 2005)은 RCT 연구 피험자들의 특성이 임상 장면의 환자들의 특성과 짝을 이루고 있음을 발견하였다. 이와 유사하게, Persons와 동료들(Persons, Bostrom, & Bertagnolli, 1999)은 임상 장면에서 인지치료로 우울증을 치료받은 환자들이 RCT의 환자들의 특징과 비교할 만한 정도로 향상이 되었음을 발견하였다. 게다가, 영국의 National Health Service 병원의 조현병 환자들이 약물치료에 부가적으로 인지치료를 받았을 때 증상이 좋아지는 것을 발견하였다(Terrier, 2008).

증거에 기반한 치료를 훈련하는 권한은 의과 대학원 학위 위원회에서 가지고 있기 때문에, CT-CBT는 미국의 정신과 레지던트 프로그램에서 가르치고 있다. 인지치료 전문가의 수가 증가함에 따라, 이 치료를 필요로 하는 더 많은 사람들을 위해 치료를 다듬어 가는 것과 지역사회 장면에서 비용 효율적이고 적용 가능한 방식을 찾는 방향으로 연구가 이루어질 수 있을 것이다.

다문화 세계에서의 심리치료

인지치료는 환자의 신념, 가치관, 태도 등을 이해하는 것으로 시작한다. 이런 것들은 문화적 맥락 안에서 존재하기 때문에, 치료자는 그 맥락을 이해해야만 한다. 인지치료는 이 신념들에 환자가 적응할 수 있는지 그리고 그것들이 어려움이나 역기능적 행동을 가져오지는 않는지에 초점을 맞춘다. 인지치료자는 추상적인 방식으로 신념을 바꾸려 하지도 않고, 자신의 신념을 환자에게 심어 주려는 시도도 하지 않는다. 그보다는, 환자가 자신의 신념을 시험해 보고 이 신념들이 정서적인 안녕을 증진시켜 주는지 알아보도록 돕는다. 때로는 개인의 신념이 주변의 문화적 가치와 어긋나는 경우가 있다. 또 다른 경우에는, 빠른 현대화나 새로운 나라로 이민을 가는 경우처럼, 문화가 변하면 개인의 신념도 변할 수 있으며, 그렇지 못하면 스트레스를 받게 될 수도 있다. 이런 경우에는, 인지치료가 환경적인 제약에 그들의 신념을 조화시키도록 돕거나 해결책을 발견하도록 힘을 부여할 수 있다.

Beck의 작업은 12개 이상의 언어로 번역되었고, 인지치료자들은 전 세계의 조직에서 나오고 있다. 인지치료 연구가 많은 나라에서 이루어지고 있고, 주로 선진국에서 이루어지고 있다. 인지치료 연구를 개발도상국으로 확장하는 작업이 필요하다.

사례

불안한 환자의 치료 경로를 보여 주는 이 사례는 행동적 기법과 인지적 기법을 모두 사용하고 있다.

문제 제기

환자는 21세의 남자 대학생으로, 잠들기가 어렵고 자주 깨며, 말을 더듬고 떠는 증상이 있으며, 초조함과 어지러움 및 염려를 느낀다고 호소하였다. 그의 수면장애는 시험 직전과 체육 시합이 있을 때 특히 심하였다. 그는 자신이 가지고 있는 언어상의 문제는 '완전한 단어'를 찾으려 하기 때문에 생긴 것이라고 생각하였다.

환자는 경쟁을 중요하게 생각하는 가정에서 자랐다. 장남으로서, 그는 모든 대회에서 이겨야 하였다. 그의 부모는 자녀가 자신들보다 더 성취하고 성공해야 한다고 확고하게 믿었다. 부모가 환자의 성공에 너무나도 강하게 동일시하였기 때문에 환자는 "내 성공이 부모님의 성공이다."라고 믿게 되었다.

환자는 집 밖에서도 다른 아이들과 경쟁하도록 배웠다. 아버지는 그에게 "아무도 너보다 더 잘하게 해서는 안 된다."라는 말을 상기시켰다. 타인을 적으로 보는 결과로, 그는 거의 친구가 없었다. 외로움을 느낀 그는 개구쟁이 노릇을 하고, 자신의 이미지를 높이고 가족을 더 매력적으로 보이게 하기 위해 거짓말을 하는 등, 무슨 수를 쓰든지 친구들을 매혹하려 하였다. 그는 대학에서 아는 사람들은 있었지만 친구는 거의 없었는데, 그 이유는 그가 자기를 드러내지 못하고 다른 사람들이 자신의 진면모를 알까 봐 두려워하였기 때문이었다.

✻ 초기 회기들

진단, 상황 및 개인사에 관하여 초기 자료를 수집한 후에 치료자는 환자의 인지가 어떻게 그의 고통에 기여하고 있는지를 정의하고자 하였다(T = 치료자, P = 환자).

T: 어떤 상황에서 가장 혼란스러운가요?

P: 제가 스포츠에서 잘 못할 때요, 특히 수영을 잘 못할 때. 저는 수영 선수거든요. 그리고 제가 실수를 하였을 때, 심지어는 친구하고 카드놀이를 할 때도 그래요. 여학생한테 거절을 당하면 정말로 속상하지요.

T: 어떤 생각이 마음속에 지나가나요? 말하자면, 수영을 잘 못하였다고 할 때?

P: 제가 1등이 아니면, 승자가 아니면 사람들이 나를 못나게 볼 것 같아요.

T: 그리고 카드놀이를 할 때 실수를 하면?

P: 내 자신의 지능을 의심하지요.

T: 여학생이 거절을 하면?

P: 제가 특별하지 못하다는 의미죠. 인간으로서 가치를 잃는 거예요.

T: 생각들 사이에 어떤 연결이 있는 것을 아시겠어요?

P: 다른 사람이 나를 어떻게 생각하느냐에 제 기분이 달려 있는 것 같네요. 그렇지만 그건 중요해요. 저는 외롭기는 싫어요.

T: 외롭다는 것은 당신에게는 무슨 의미인가요?

P: 그건 내가 무언가 잘못되었다는 의미가 될 수 있어요, 내가 실패자라는 의미 말이에요.

이 시점에서 치료자는 환자의 신념이 어떻게 조직되었는지에 관하여 가설을 세우기 시작한다. 즉, 그의 가치는 타인에 의해 결정되고, 자신은 원래 무엇인가 잘못된 것이 있어서 매력이 없고, 실패자라는 것이다. 치료자는 이러한 신념들의 중요성을 지지할 증거를 찾으면서 다른 가능성들도 남겨 둔다.

치료자는 환자를 도와서 치료에서 작업하고 싶은 목표를 정하는데, 다음의 목표들이 포함되도록 한다. (1) 완벽주의를 줄이기, (2) 불안 증상을 줄이기, (3) 수면장애를 줄이기, (4) 밀접한 우정 관계를 늘이기, (5) 부모의 가치와 별개로 자신의 고유한 가치를 개발하기. 처음에 다룬 문제는 불안이었다. 표적 상황으로는 다가오는 시험을 선택하였다. 이 학생은 필요한 것보다 훨씬 더 많이 공부하고, 걱정을 하면서 잠자리에 들고, 결국은 잠이 들지만, 한밤중에 깨어나 세세한 것에 관하여 생각하거나 자기가 해낼 일이 가져올 결과에 대하여 생각하고, 그리고 지친 상태에서 시험을 보러 간다. 환자가 자신이 해낼 일에 관해 끊임없이 생각하는 것을 줄이기 위해서, 치료자는 시험에 관해 계속 생각하는 것이 어떤 이점이 있는지 환자에게 물어보았다(T = 치료자, P = 환자).

P: 글쎄요, 계속 시험에 대해 생각하고 있지 않으면 무언가 잊어버릴지도 모르지요. 계속 시험에 대해 생각하고 있으면 더 잘할 수 있을 것 같아요. 준비가 더 잘되어 있을 것이고요.

T: 덜 '준비된' 채로 어떤 상황을 맞은 적이 한 번이라도 있나요?

P: 시험은 아니에요. 그렇지만 한번은 큰 수영 시합이 있을 때 그 전날 밤에 친구들하고 외출한 일이 있는데, 시합에 대해 아무 생각도 하지 않았어요. 집에 와서, 자고, 일어나서, 수영을 하였지요.

T: 그렇게 하니까 어땠어요?

P: 좋았어요. 기분도 아주 좋았고 수영도 잘하였어요.

T: 그 경험에 기초해서 볼 때, 자신이 해낼 것에 대하여 조금이라도 덜 걱정할 이유를 찾을 수 있을까요?

P: 그럴 것 같아요. 걱정하지 않았다고 해서 해를 입지는 않았으니까. 사실은, 걱정을 하면 꽤 방해가 되지요. 결국은 내가 무엇을 하느냐보다 내가 어떻게 하느냐에 더 초점을 맞추게 되지요.

환자는 자신이 생각을 반추하는 것을 줄여야 할 근거를 스스로 찾아내었다. 그다음에 그는 자신의 부적응적인 행동을 포기하고 새로운 무엇인가를 시도할 것을 고려할 준비가 되었다. 치료자는 환자에게 점진적 이완을 가르쳐 주었으며 환자는 불안을 벗어나는 한 방법으로 운동을 사용하기 시작하였다.

환자는 또한 어떻게 인지가 행동과 기분에 영향을 주는지에 관하여 배웠다. 걱정이 방해가 된다는 환자의 말을 받아서 치료자는 그다음을 진행하였다(T = 치료자, P = 환자).

T: 시험에 대해 걱정할 때 불안을 느낀다고 말하셨지요. 이제 시험 전날 밤에 침대에 누

워 있다고 상상해 볼 수 있을까요?

P: 예. 그려 볼 수 있어요.

T: 시험에 관해 생각한다고 상상하면서 준비가 충분히 안 되었다고 생각해 보세요.

P: 예.

T: 지금 느낌이 어때요?

P: 초조해져요. 심장이 뛰기 시작해요. 일어나서 공부를 더해야 할 것 같아요.

T: 좋아요. 준비가 안 되었다고 생각하면, 불안해지고 자리에서 일어나고 싶군요. 이제, 시험 하루 전에 잠자리에 누웠다고 상상을 하세요. 보통 때처럼 공부를 하였고 준비가 되었어요. 당신이 하였던 일에 대하여 상기를 합니다. 자신이 준비를 잘 하였고 과제를 안다고 생각하지요.

P: 오케이. 이제 자신감이 느껴져요.

T: 자신의 생각이 어떻게 불안감에 영향을 주는지 아시겠어요?

환자는 자동적 사고를 기록하고, 인지적 왜곡을 알아차리고 그것에 반응하도록 지시를 받는다. 그는 시험 전날 밤 잠들기가 힘들면 자동적 사고를 기록하라는 과제를 받았다. 그가 침대에 누워 있을 동안에 하는 자동적 사고 중의 하나는 "나는 시험에 관해 생각해야만 해."였다. 그의 반응은 "이 시점에서 시험에 대해 생각해 봐야 달라지는 것은 없다. 나는 공부를 하였다."였다. 또 다른 생각은 "나는 지금 잠을 자야만 한다! 나는 여덟 시간은 꼭 자야 한다."였다. 그의 반응은 "나는 여지가 남아 있다. 그러니까 시간이 있다. 잠자는 것은 염려를 해야 할 정도까지 중요한 것은 아니다."였다. 그는 자신이 맑고 푸른 물에 떠 있는 긍정적인 심상을 생각하는 것으로 전환할 수 있었다.

학업, 체육, 사회적 상황 등 여러 상황에 걸쳐서 그의 자동적 사고를 관찰함으로써, 환자는 자주 있는 인지적 왜곡으로 이분법적 사고(예: "나는 승자가 아니면 패자이다.")를 확인하였다. 완전히 좋거나 완전히 나쁜 그의 행동이 가져오는 결과를 지각함으로써 기분에서 중요한 변화가 이루어졌다. 그의 이분법적 사고를 변화시키는 데 도움이 된 두 가지 기법은 문제의 틀 바꾸기(reframe)와 두 이분법적 사고 사이에 연속선을 만드는 것이었다.

다음은 문제의 틀 바꾸기를 한 예이다(T=치료자, P=환자).

T: 어떤 사람이 패배자라서가 아니라 다른 이유로 당신에게 아무 반응도 보이지 않을 이유를 생각할 수 있나요?

P: 아니요. 내가 정말 대단한 사람이라는 것을 확신시켜 주지 않으면 그들은 나에게 끌리지 않을 거예요.

T: 어떻게 그들에게 확신을 시키는데요?

P: 솔직히 말하자면, 내가 한 일을 과장을 해요. 학점에 대해 거짓말을 하거나 대회에서 1등을 하였다고 말하지요.

T: 그러면 어떻게 되나요?

P: 사실, 별로 잘되지는 않아요. 저는 불편해지고 그 사람들은 제 이야기를 듣고 혼동되지요. 어떤 때는 그들이 별로 상관하지 않는 것 같아요. 또 어떤 때는 내 자신에 관해

서 장황하게 말한 다음에 그 사람들은 그냥 가 버려요.

T: 그러니까 어떤 경우에는 당신에게 화제의 초점을 맞추는 동안에 그 사람들이 반응을 하지 않는 거군요.

P: 맞아요.

T: 이것이 당신이 승자라거나 패자라는 것과 무슨 관계가 있나요?

P: 아니요. 그 사람들은 내가 정말 누구인지 전혀 모르지요. 내가 말을 너무 많이 하니까 그냥 가 버리는 거예요.

T: 맞아요. 그 사람들이 당신의 말하는 방식에 반응하는 것 같군요.

치료자는 환자가 원래 무엇인가 잘못되었다는 상황에서 사회적 기술이 문제가 되는 것으로 문제의 틀 바꾸기를 한다. 더욱이, '나는 패배자다'라는 주제는 아주 강력한 것이어서 그는 이것을 '주 신념'이라고 이름 붙였다. 이 가정은 그의 부모가 실수나 단점이라고 생각하는 것에 대하여 끊임없이 비판을 하였던 과거로 거슬러 올라간다. 그의 내력을 재검토한 후에, 그는 자신의 거짓말이 사람들을 가까이 오지 못하도록 막는 역할을 하였으며, 그들이 가까이 하고 싶어 하지 않는다는 그의 신념을 강화해 주었음을 보게 되었다. 이에 덧붙여, 그는 부모가 그를 성공하게 만들었으며 자기 혼자 성취한 것은 아무것도 없다고 믿고 있었다. 이것은 그를 화나게 만들었고 자신감을 사라지게 하였다.

✽ 후기 회기들

치료가 진행됨에 따라, 환자의 과제는 잠차로 사회적 상호작용에 초점을 맞추게 되었다. 그는 말을 걸고 다른 사람에 대하여 더 알아보기 위해 질문하는 연습을 하였다. 그는 또한 자신에 관하여 작은 거짓말을 하는 대신에 '혀를 깨물기'를 연습하였다. 그는 사람들의 반응을 모니터하여 반응은 다양하지만 대체로 긍정적임을 알게 되었다. 다른 사람의 말을 들음으로써, 열린 마음으로 자신의 단점을 받아들이고 자신의 실수에 대하여 농담할 수 있는 사람들을 존경하고 있음을 발견하였다. 이 경험을 통해, 환자는 자기 자신을 포함하여 사람들을 승자와 패자로 분류하는 것이 소용없음을 이해하게 되었다.

후기 회기들에서, 환자는 자신의 행동은 부모의 행동을 반영한 것이고 또 부모의 행동은 자신의 행동을 반영한 것이라는 신념을 기술하였다. 그는 "부모님이 근사하게 보이면, 그것은 내가 그렇다는 의미이고, 내가 근사하게 보이면 부모님이 점수를 얻어요."라고 말하였다. 그는 "부모님과 내가 별개라는 것을 깨달으니, 내가 거짓말을 멈출 수 있다는 것을 깨닫게 되었어요."라고 덧붙였다. 그가 자신의 부모와 얼마나 다른지를 인식하는 것은 그들의 절대적 기준에서 벗어나도록 해 주었고 다른 사람들과 관계를 맺을 때 덜 자의식을 갖도록 허용하였다.

이에 따라, 환자는 성공과는 아무 상관이 없는 관심과 취미를 찾을 수 있게 되었다. 학교 수업에 대하여 중간 정도의 현실적인 목표를 설정할 수 있었고, 데이트를 시작하였다.

요약

인지치료는 경험적 근거를 가지고 효율성을 보여 주었기 때문에 빠른 속도로 성장하였다. 인지 이론에서 개념의 일부를 빌려 오고 행동치료와 내담자 지향적 심리치료에서 몇 가지 기법을 빌려온 인지치료는 성격의 폭넓은 이론적 구조, 잘 정의된 치료 전략 및 매우 다양한 치료 기법들을 가지고 있다. 이보다 앞서 개발되었으나 같이 발달하고 있는 인지적 정서적 행동치료와 비슷하게, 이 새로운 심리치료 학설은 그 이론적 기반에 대한 강한 경험적 지지를 얻고 있다. 여러 건의 성과 연구가 그 효율성을 증명해 주었는데, 특히 우울증의 치료에서 효과가 검증되었다. 우울에 관련된 이론적 공식은 100건 이상의 경험적 연구에서 지지를 받았다. 우울증의 인지적 삼요소, 특정 장애에 특정 인지 프로파일이 있다는 개념, 인지적 처리 및 자살에 대한 절망의 관계 등의 다른 개념들도 강한 지지를 받았다.

주요우울장애, 범불안장애, 기분저하장애, 약물 남용, 알코올 중독, 공황장애, 식욕부진증, 폭식증 등의 인지치료에 대한 성과 연구들이 이루어졌다. 이에 덧붙여, 인지치료는 강박장애, 건강염려증 및 다양한 성격장애의 치료에도 성공적으로 적용되었다. 인지치료는 향정신성 약물과 함께 망상을 가진 환자와 양극성 장애의 치료에도 사용되었다.

인지치료가 대중의 인기를 얻는 것은 그 이론적 틀이 강한 경험적 지지를 받으며 임상 전집에 대하여 다수의 성과 연구를 하였다는 것에 그 이유를 찾을 수 있다. 이에 더하여, '인지적 혁명'이라고 하는 시대정신이 심리치료 분야에서 이 새로운 치료를 더 쉽게 받아들이도록 하였다는 것에는 의심의 여지가 없다. 인지치료의 또 다른 매력은 이것이 검증하기 쉬울 뿐만 아니라 가르치기도 쉽다는 것이다. 심리치료자가 유능한 인지치료자로 어느 정도의 수준에 이르는 데 보통 1년 정도면 충분할 만큼 다양한 치료적 전략과 기법들이 기술되고 정의되어 왔다.

인지치료가 환자의 문제를 이해하고 적절한 기법을 적용하는 데 초점을 두고 있기는 하지만, 치료자의 전반적인 치료적 특성에도 관심을 가지고 있다. 결과적으로, 기본적 특질인 공감, 수용 및 개인적 존중을 아주 가치 있게 여긴다.

치료가 진공 속에서 이루어지는 것이 아니기 때문에, 인지치료자들은 환자의 인간관계에 깊은 주의를 보내며 환자들이 회피할 수도 있는 문제들에 지속적으로 직면시킨다. 더 나아가, 치료적 변화는 환자가 그들의 문제에 정서적으로 관여하는 경우에만 일어날 수 있다. 따라서 치료 도중에 정서를 경험하는 것은 매우 중요하다. 치료자에 대한 환자의 태도와 환자에 대한 치료자의 태도 역시 중요하다. 치료자에 대한 과다하고 왜곡된 반응들은 다른 관념적 자료들이나 마찬가지로 유도되고 평가된다. 치료자가 있는 장면에서 환자들은 흔히 초기 경험에서 파생된 그들의 오해를 바로잡는다.

인지치료는 정신역동치료와 행동치료 사이에 화해의 기회를 제공할지도 모른다. 인지치료는 여러 방식으로 이 두 영역에게 공통된 바탕을 제공한다. 현재, 행동치료 흐름 내에서 인지치료자의 수가 증가하고 있다. 사실상, 많은 행동치료자들이 자신을 인지행동치료자로 보고 있다.

미래를 내다볼 때, 인지치료의 이론적 배경의 경계선이 점차로 확장되어 인지심리학과 사회심리학을 포함하거나 이들에게 영향을 미칠 것이 예상된다. 이미 인지치료에 이론적 배경을 제공하고 있는 사회심리학에 대한 관심이 증대하고 있다.

비용 절감의 시대에 살고 있는 지금 이 단기적 접근은 환자뿐만 아니라 제3의 지불인에게도 점점 더 인기가 있을 것이다. 인지치료가 약속을 지키는지 확인하기 위해, 앞으로 이 치료의 과정과 효과에 대한 경험적 연구들이 수행될 것이 분명하다.

추천 도서

Beck, A. T., Freeman, A., Davis, D., & Associates. (2004). *Cognitive therapy of personality disorders* (2nd edition) New York: Guilford Press.

이 책은 성격장애를 인지적으로 개념화하는 연구와 이론들을 제시하고 있다. 중재 기법과 함께 각 성격장애가 가진 특별한 신념들과 태도가 제시되어 있다.

Beck, A. T., Rush, A. J., Shaw, B. F., & Emery, G. (1979). *Cognitive therapy of depression*. New York: Guilford Press.

이 책은 Beck의 책 중 가장 영향력이 있는 책이라 할 수 있으며, 우울의 인지적 모델과 치료적 개입을 제시한다. 이 책은 인지치료에서 실제로 일어나는 바를 체계적으로 정리하고, 그에 따라 다른 심리치료들이 따라갈 수 있도록 기준을 정해 주고 있다.

Beck, J. S. (1995). *Cognitive therapy: Basics and beyond*. New York: Guilford Press.

Judith Beck 박사가 인지치료를 위한 편람을 개정하여 제시하고 있다. 이 책에서 Beck 박사는 인지적 사례개념화를 어떻게 개발할 것인가로 시작하여, 독자가 어떻게 더 깊은 수준의 상태를 확인하고, 종결을 준비하며, 문제를 예견할 것인지를 알려 주고 있다.

Clark, D., A., & Beck, A. T. (2010). *Cognitive therapy of anxiety disorders: Science and practice*. New York: Guilford Press.

이 책은 연구 결과에 근거하여, 불안장애에 관하여 완전하게 서술하고 있다. 그리고 공황장애, 사회공포증, PTSD, 강박장애와 범불안장애를 포함하는 구체적인 불안장애의 치료를 제시한다.

Ellis, T. E., & Newman, C. F. (1996*). Choosing to live: How to defeat suicide through cognitive therapy*. Oakland, CA: New Harbinger Publications.

이 책은 내담자와 치료자 모두를 위한 것이다. 여기에 제시된 전략들은 연구에 확실한 근거를 두고 있으며 절망감을 감소시키고 문제해결을 향상하는 데 목표를 두고 있다. 이 책은 임상 연구에서 치료 매뉴얼로 사용되어 왔다.

Kingdon, D. G., & Turkington, D. (2005). *Cognitive therapy of schizophrenia*. New York: Guilford Press.

이 책은 오랫동안 심리치료적인 접근으로는 치유될 수 없는 병이라고 생각되어 왔던 조현병이 약물치료와 함께 직접적으로 환각과 망상을 다루는 인지치료를 조합해서 사용하였을 때 어떻게 치료될 수 있는지를 보여 준다.

사례집

Beck, A. T., Rush, J., Shaw, B., & Emery. G. (1979). Interview with a depressed and suicidal patient. In *Cognitive therapy of depression* (pp. 225-243). New York: Guilford Press. [Reprinted in D. Wedding & R. J. Corsini (Eds.). (2013). *Case studies in psychotherapy*. Belmont, CA: Brooks/Cole.]

자살 충동 환자와 면담을 한 것으로 초기 회기에서 인지치료자들이 하는 평가와 중재의 유형에 대한 개요를 보여 준다. 면담의 축어록에서 볼 수 있듯이, 한 회기 내에 본질적인 변화가 일어난다.

Bennett-Levy, J., Butler, G., Fennell, M., Hackmann, A., Mueller, M., & Westbrook, D. (Eds.). (2004). *Oxford guide to behavioral experiments in cognitive therapy*. Oxford, UK: Oxford University Press.

이 책에 있는 여러 사례들은 행동 실험의 유용성을 보여 준다. 실험들의 창조성과 다양성은 임상가들이 내담자의 부적응적 신념들에 도전하기 위해 행동적 실험을 사용하도록 일깨운다.

Greenberger, D., & Padesky, C. A. (1995). *Mind over mood: A cognitive therapy treatment manual for clients*. New York: Guilford Press.

이것은 내담자들에게 인지적 기법을 가르치는 워크북이다. 이것만 사용할 수도 있으나 치료를 받으면서 사용하면 가장 도움이 된다. 이것은 인지적 기법을 가르치기 위한 세 가지 인지적 사례를 사용하고 있기 때문에 치료자들이 훈련을 시키는 데 훌륭한 자원이 된다.

Wright, J. H., Basco, M. R., & Thase, M. E.(2006). *Learning cognitive-behavior therapy: An illustrated guide*. Washington, D.C.: American Psychiatric Publishing.

내담자에게 인지적 기법을 적용한 DVD 시범과 함께, 이 교재는 독자들에게 사례 구성에서 복잡한 사례의 치료에 이르기까지 단계적으로 안내해 준다.

Irvin Yalom
Courtesy of Irvin Yalom

Rollo May(1909~1994)
Courtesy of Kirk Schneider

제 8 장 실존 심리치료[1]

Irvin D. Yalom and Ruthellen Josselson

개관

실존 심리치료는 인지행동치료나 정신분석처럼 독립된 '학파'가 아니라 다른 접근들과 통합될 수 있는 치료 형태이다. 심리치료에 대하여 새로운 규칙들을 제공하는 기법 중심의 접근이라기보다는, 모든 치료의 일부분이 될 수 있으며 아마도 일부분이 되어야 할, 인간 경험에 대한 한 가지 사고방식을 제시한다.

모든 사람은 **궁극적인 관심사**, 즉 죽음, 자유, 고립과 의미성이라는 시간 초월적이고 난해한 주제에 직면해야만 한다. 심리치료에 대한 실존적 접근은 어떤 사람, 즉 치료자가 환자와 함께 기꺼이 인생의 가장 깊고 가장 성가신 문제들에 굴하지 않고 걸어 나가는 것이다. 실존 심리치료는 인간의 고통에 대한 태도이며 매뉴얼이 없다. 그것은 인간의 본질과 불안, 절망, 슬픔, 고독, 고립 및 사회적 무질서(anomie)의 본질에 관하여 깊은 의문을 제기한다. 이러한 인간 경험의 의미를 숙고함으로써, 실존 심리치료자들은 인간을 도우려는 바로 그 노력 때문에 인간을 왜곡시키는 보편적 오류에 빠지지 않는 치료 방법을 고안하였다.

사실상 많은 치료자들이 그렇게 이름을 붙이지 않고 실존 심리치료를 하고 있다.

[1] 이 장에는 Rollo May와 Irvin Yalom이 『현대 심리치료』의 이전 판에서 쓴 내용들이 포함되어 있다.

Yalom(1980)은 실존 심리치료 세미나에서 미국 요리 교실에 참가하였던 이야기를 하였다. 그 요리 선생님은 영어를 모르는 사람이었고 주로 시범을 통하여 가르쳤다. 그러나 Yalom이 아무리 노력을 해도 선생님처럼 맛있는 요리를 만들 수가 없었다. 그는 선생님을 좀 더 주의 깊게 관찰하기로 결정하였으며, 어느 날 수업 시간에 선생님이 준비를 마치고 조수에게 접시를 넘겨주는 것을 보았다. 조수는 그것을 부엌으로 가지고 가서 오븐에 넣었다. Yalom은 조수가 오븐에 접시를 넣기 전에 자기 마음에 드는 여러 가지 양념을 한 주먹 집어넣는 것을 관찰하고 깜짝 놀랐으며, 그것에 감화를 받았다. 그는 이러한 '집어넣기'를 치료자와 환자 사이의 상호작용과 연결하였는데, 이 집어넣기는 이론적인 '조리법'에는 개념화되어 있지 않기 때문에 알려지지 않은 것이다. 그러나 아마도 이러한 공개되지 않는 가외의 요소가 결정적인 것일 수도 있다. 그리고 아마도 이러한 집어넣기는 인간의 실존에서 공통되는 주제일 것이다. 간단히 말해, 실존 심리치료인 것이다.

기본 개념

실존주의자들은 사람이 경험의 주체이며 내성(self-reflection)의 객체인 의미를 생성하는 존재라고 생각한다. 우리는 스스로 자각할 수 있기 때문에, 우리가 언젠가는 죽어야 하는 존재라는 것을 아는 유한한 피조물이다. 그러나 우리의 유한성을 숙고한 경우에만 우리는 어떻게 살 것인지 배울 수 있다. 사람들은 그들의 존재에 대하여 스스로 질문을 한다. 나는 누구인가? 삶은 살 가치가 있는 것인가? 삶은 의미가 있는가? 나는 나의 인간성을 어떻게 깨달을 수 있는가? 실존주의자들은 궁극적으로 우리 각자가 이러한 질문들에 당면하게 되고, 우리 각자는 우리가 누구이며 우리가 무엇이 될 것인지에 책임이 있다는 입장을 취한다.

실존주의자들은 이론들이 사람들을 비인간화하고 그들을 대상으로 삼는 것에 민감하기 때문에, 진실한 경험이 인위적인 설명보다 우선한다. 경험이 기존의 이론적 모델에 의해 만들어질 때, 경험은 진실성을 잃어버리고 그것을 경험하는 사람과 분리된다. 그러므로 실존 심리치료자들은 '객관적인' 진단 범주보다는 경험의 주관성에 집중한다.

✻ 궁극적 관심사

한때는 모든 치료자들이 의심하였던 선택, 책임감, 생명의 유한성, 또는 삶의 목적과 같은 주제는 환자들의 중심적 관심사이다. 점차로 더, 환자들은 목적의 상실이나 의미의 상실과 같은 모호한 불평을 가지고 치료자를 찾아온다. 그러나 치료자에게는 이러한 관심사를 증상으로 재구성하여, 진솔하게 환자와 함께 그들이 찾고 있는 삶의 의미를 살펴보기보다는 약물이나 매뉴얼로 만들어진 연습들을 처방하는 것을 더 편안해한다. 많은 진단이 가능한 제시된 '증상들'은 실존적 위기를 가릴 수 있다.

실존적 현실에서 나오는 실존적 딜레마는, 비록 우리가 우리 존재의 지속성을 갈망할지라도, 우리가 유한한 피조물이며 미리 정해진 삶의 구조와 운명이 없이 실존 속으로 던져졌으며, 우리 각자가 가능하면 완전하고 행복하고 윤리적이고 의미 있게 사는 방법을 결정해야만 한다는 것이다. Yalom은 인간 조건의 이러한 기본적인 도전을 포함하는 네 가지 범주의 '궁극적 관심사'를 정의하였는데, 이는 바로 자유, 고립, 의미, 죽음이다.

✻ 자유

실존적 의미에서 **자유**라는 용어는 정치적 자유나 개인의 심리적 자각이 증가하는 것에서 오는 삶에서 더 큰 범위의 가능성을 이야기하는 것이 아니다. 그보다는, 우리가 모두 미리 정해진 설계 없이 우주 속에서 살고 있으며, 우리 자신이 삶의 작가라는 의미이다. 삶은 어떤 근거가 없으며, 우리만이 우리의 선택에 책임이 있다. 이 실존적 자유는 엄청난 책임감을 수반하며 항상 엄청난 두려움과 연결되어 있다. 이 자유는 사람들이 너무도 두려워하는 것이라서, 그들은 독재자, 스승들 및 신들에게 그 짐을 덜어 달라고 요청한다. Erich Fromm(1941)은 자유로부터 도피하기 위한 노력에 따라오는 '복종에 대한 욕망'을 묘사하였다.

궁극적으로, 우리는 우리가 경험하는 것과 세계에 대하여 책임이 있다. 책임감은 자유와 불가분하게 연결되어 있다. 왜냐하면, 우리는 우리의 세계에 대하여 가지는 감각과 우리의 모든 행동과 행하기에 실패하는 것에 책임이 있기 때문이다. 이런 의미에서 책임감을 음미하는 것은 아주 불안정한 것이다. 만일 우리가, Sartre의 용어로, 우리가 경험하는 모든 것에 대한 '논란의 여지가 없는 작가'라면, 우리의 가장 소중한 아이디어, 우리의 가장 고상한 진리, 우리가 가진 확신의 기반은 모두 우주 안에 있는 모든 것이 우발적이라는 자각에 의해 약화된다. 우리는 자신이 자기의 모든 경험에 대하여 책임이 있다는 앎(knowings)의 짐을 떠맡게 된다.

책임감을 보완해 주는 것이 우리의 **의지**이다. 비록 이 개념이 후에 사회과학에 의해서 **동기** 같은 용어로 대체되면서 약화되기는 하였지만, 사람들은 여전히 그들이 내리는 결정에 대하여 궁극적인 책임이 있다. 개인의 행동이 어떤 동기에 의해서 설명된다는(즉, 원인이 된다는) 주장은 그 사람의 행동에 대한 책임을 부인하는 것이다. 그런 책임감을 파기하는 것은 Sartre가 **나쁜 믿음**이라고 부른, 진실하지 못한 삶을 사는 것이다. 우리의 궁극적인 자유에 대한 강한 두려움 때문에, 사람들은 과다한 방어를 세우게 되고, 그중의 일부는 정신병리가 되는 것이다. 치료의 작업은 거의 개인의 경험에 대한 책임감을 지거나 재개하는 것이다. 사실상, 치료 작업은 내담자가 적극적으로 자신의 자유를 증가시키고 받아들이는 것으로 생각할 수 있다. 몇 가지만 예를 든다면, 파괴적인 습관, 자기 스스로 의지를 마비시키는 것, 자기 제한적 신념으로부터 자유로워지는 것이다.

✻ 고립

개인은 다른 사람으로부터 고립될 수도 있고(**대인관계적 고립**) 또는 자기 자신으로부터 고립될 수도 있다(**개인 내적인 고립**). 그러나 그보다 더 기본적인 고립의 유형은 우주 내에서 우리의 고독을 품고 있는 **실존적 고립**이다. 우리가 다른 인간 존재들과 연결이 될 때 더 편안하기는 하지만, 그럼에도 불구하고 우리는 이 세상에 혼자 왔다가 혼자 떠나며, 다른 사람과 접촉하려는 우리의 소망과 우리가 혼자라는 것(aloneness)에 대한 지식 사이에서 일어나는 긴장을 항상 다루어야만 한다. Erich Fromm은 고립이 불안의 일차적 근원이라고 믿었다.

혼자라는 것은 그 역시 치료에서 아주 흔한 주제인 고독과는 다른 것이다. 고독은 친밀성이 무너지는 것을 지원해 주는 사회적 · 지리적 · 문화적 요인의 결과이다. 또는 사람들이 사회적 기술이 부족하거나 친밀성에 반하는 성격을 가지고 있을 수도 있다. 그러나 실존적 고립은 더 깊이 들어간다. 이것은 실존에 고정되어 있는 좀 더 근본적인 고립이며 개인과 타인 사이에 건널 수 없는 심연이다. 그것은 시인과 작가들이 공통적으로 다루는 주제인, 사람이 죽을 때는 누구나 혼자 간다는 것을 인식하는 데서 가장 공통적으로 경험되는 것이다. 그러나 많은 사람들이 이 세상에서 자기를 생각해 주는 사람이 아무도 없는 순간이 있다는 느낌의 위협을 인식할 때 실존적 고립의 두려움을 만나게 된다. 또는 타국에서 홀로 아무도 없는 해변가를 걸어갈 때, 우리는 아주 두려운 생각에 부딪힐 수도 있다. "지금 이 순간에 내가 어디에 있는지 아무도 모른다." 만일 다른 사람이 아무도 생각해 주지 않는다면, 그 사람은 여전이 실재하는 것일까?

배우자를 잃은 사람들과 작업을 하면서, Yalom은 그들의 고독뿐만 아니라 거기에 따르는 아무도 봐주는 사람이 없는—그들이 언제 집에 오는지, 언제 잠자리에 드는지, 언제 일어나는지 아는 사람이 하나도 없는—삶의 절망감에 놀랐다. 많은 사람들이 아주 만족스럽지 못한 관계를 계속하는데, 그 이유는 분명히 그들이 실존적 고립의 경험을 완충해 줄, 삶의 목격자를 갈망하기 때문이다.

치료자-환자 관계에 관한 전문서적들은 참만남, 진솔성, 정확한 공감, 긍정적인 무조건적 배려, '나-너'의 관계에 대한 논의를 많이 한다. 깊은 유대감이 실존적 고립의 문제를 '해결'하지는 못하지만 위로는 될 수 있다. Yalom은 그의 암 환자 집단에 참여하였던 사람을 기억한다. 그는 "나는 우리가 어둠 속을 헤쳐 나가는 배이고 우리 각자가 외로운 배라는 것을 알지만, 그래도 근처에서 다른 배가 일렁이는 빛을 내며 지나가는 것을 보면 엄청난 위안이 됩니다."라고 말하였다. 그렇지만 우리는 궁극적으로는 혼자이다. 치료자라 하여도 그것은 바꿀 수 없다. Yalom은 치료에서 중요한 이정표는 환자가 "[치료자가] 더 이상 아무것도 제공해 줄 수 없는 어떤 점이 있다. 인생과 마찬가지로 치료에는, 고독한 작업과 고독한 실존의 피할 수 없는 기본적 성질이 있다"(1980, p. 137)는 것을 깨닫는 것이라고 지적하였다.

개인이 자신의 삶에 대하여 완전한 책임을 지는 정도만큼, 그는 또한 실존적 고립감에 직면하게 된다. 개인이 다른 대상에 의하여 창조되거나 보호받는다는 감각을 포기한다는 것은 우주의 엄청난 무관심에 직면하고 그 안에서 개인이 가지는 근본적인 고립을 직면한다는 것이다.

✻ 의미

비록 절대적인 것은 전혀 없으며 우리에게 주어진 것이 전혀 없다고 해도, 모든 인간은 삶에서 어떤 의미를 찾아야만 한다. 우리는 자신만의 세계를 창조하며 왜 살아야 하는지 어떻게 살아야 하는지에 관하여 스스로 답을 찾아야 한다. 삶에서 우리의 주요 과제 중 하나는 삶을 지지해 주는 충분히 견고한 목적을 만들어 내는 것이다. 가끔 우리는 의미를 발견하였다는 느낌을 갖는데, 그것은 저 밖에서 우리를 기다리고 있는 듯이 보인다. 우리가 계속해서 확고한 목적을 제공하는 삶의 구조를 찾는 것은 흔히 우리를 위기에 빠뜨린다. 치료자들이 흔히 인식하고 있는 것보다 더 많은 사람들이 삶의 목적에 대한 염려 때문에 치료자를 찾아온다. 그들의 호소 문제는 다음과 같은 여러 가지 다양한 형태를 가진다. "나는 더 이상 아무런 열정도 없어요.", "내가 왜 살고 있지요? 분명히 인생은 더 깊은 의미를 가지고 있을 텐데요.", "나는 너무 공허해요. 그냥 남보다 앞서려 하는 것은 너무도 무의미하고 소용이 없어요.", "나이 50인데, 아직까지도 나는 성인이 되어서 무엇을 하기 원하는지 모르겠어요."

실존 심리치료자인 Allen Wheelis(1999)는 그의 회고록 『듣는 사람(*The Listener*)』에서 그의 개 Monty와 가졌던 순간을 다음과 같이 이야기한다.

> 내가 몸을 굽혀 막대를 집어 들면, Monty는 곧바로 내 앞에 와 있다. 이제 굉장한 일이 일어난 것이다. 개에게 사명이 생겼다. 개가 그 사명을 평가하는 일은 전혀 일어나지 않는다. 개는 오로지 그것을 수행하는 데 헌신한다. Monty는 막대를 잡기 위하여 어떤 장애물도 상관하지 않고 아무리 먼 거리라도 뛰거나 수영하여 간다.
>
> 그리고 그것을 잡으면, 다시 가져온다. Monty의 사명은 단지 그것을 잡는 것이 아니라 다시 가져오는 것이다. 그러나 Monty가 나에게 다가올 때는 더 천천히 움직인다. 그것을 나에게 주고 싶고 자신의 사명을 완수하고 싶기는 하지만, Monty는 사명을 마치고 다시 기다리는 자세로 가고 싶지 않은 것이다.
>
> Monty에게도 마찬가지이지만 나에게도, 자기를 넘어서 무엇인가에 봉사하는 것이 필요하다. 내가 준비가 될 때까지 Monty는 기다려야만 한다. 막대를 던져 주는 내가 있다는 것이 Monty에게는 행운이다. 나는 하느님이 내 막대를 던져 주시기를 기다리고 있다. 오랜 세월을 기다려 왔다. 언제, 만약 그렇게 하신다면, 하느님이 다시 나에게 주의를 돌리시어, 내가 Monty에게 하듯이, 내가 사명감을 갖도록 해 줄지 누가 알겠는가? (www.yalom.com/lec/pfister에서 인용함)

누군가 내게 나의 막대를 던져 주기만 한다면…. 우리 중에 이런 소망을 안 가져 본 사람이 누가 있겠는가? 단지 삶의 목적에 대한 감각만 가지고 있는 것보다 어딘가에 삶의 진정한 목적이 존재한다는 것을 알 수 있다면 얼마나 안심이 될 것인가? 만일 모든 목적이 자기가 만들어야만 하는 것이라면, 우리는 실존의 궁극적인 허무에 직면해야만 한다. 우리 스스로 자신의 막대를 던져야 하는 것이다.

의미감은 확대되고 충족되고 자기 초월적인 노력으로 몰입하는 것에서 생겨난다. 치료자의 작업은 그러한 작업에 따르는 장애물을 확인하고 제거하도록 돕는 것이다. 만일 개인이 삶의 강물 속으로 진지하게 잠겨 들어간다면, 의미에 대한 의문은 사라져 버린다.

✳ 죽음

우리가 죽을 수밖에 없다는 것을 인식하는 것은 이 모든 궁극적인 관심사를 무색하게 만드는 가장 고통스럽고 어려운 일이다. 우리는 실존적인 고립의 맥락 속에서 의미를 찾으려 애쓰고, 선택할 수 있는 자유 속에서 우리가 선택하는 것에 대하여 책임을 지지만, 언젠가는 존재가 사라지게 된다. 그리고 우리는 그림자 속에서 그런 자각을 하면서 우리의 삶을 살아간다. 죽음은 언제나 우리가 소풍을 나갔을 때 멀리서 울리는 천둥과 같지만, 우리 중 대부분은 그것을 부인하려는 소망을 가지고 있다.

물론, 우리가 사는 매 순간마다 죽음을 의식하면서 살 수는 없다. Yalom에 따르면, 이것은 마치 태양을 쳐다보는 것과 같다. 우리가 두려움 속에서 얼어붙은 채로 살아갈 수는 없기 때문에, 우리는 죽음의 공포를 경감시킬 방법을 만들어 낸다. 우리는 자신의 자녀들을 통하여 우리 자신을 미래에 투사하거나, 부와 명성을 추구하거나, 강박적인 행동들을 발달시키거나, 궁극적인 구원에 대한 확고한 신념을 키워 나간다. 우리의 죽음에 대한 두려움은 존재하지 않음에 대한 근본적인 공포이며, Hegel이 말하였듯이, 더 이상 가능성이 불가능한 상태이다. 그리고 죽음에 대한 두려움은 많은 증상들 뒤에도 위장된 형태로 잠복해 있다. 그렇지만 죽음을 직면하는 것은 우리에게 더 충만하고 풍부하고 더 자비로운 삶을 살도록 해 준다.

모든 것은 사라진다. 이것은 슬픈 실존적 진실이다. 삶은 정말로 직선적이며 다시 되돌릴 수 없다. 이 지식은 우리로 하여금 스스로를 점검해 보도록 해 줄 수 있으며, 우리가 어떻게 가능한 한 충분히 우리의 삶을 살 수 있을 것인지 질문하도록 해 준다. 실존 심리치료자들은 마음을 기울여 그리고 목적을 가지고 삶을 살아가며, 절대적인 자유와 선택의 맥락 속에서 우리의 가능성과 한계를 인식하는 것의 중요성을 강조한다. 이 관점에서 보면 죽음은 삶을 풍요롭게 해 준다.

✻ 치료적 입장: 여행 동반자

인간 실존의 기정사실로서 궁극적인 관심사를 자각하는 것은 치료자와 환자 사이의 관계를 여행의 동반자로 근본적으로 바꾸어 놓는다. 이런 관점에서 보면, 환자나 치료자, 내담자나 상담자, 분석가나 분석받는 사람이라는 이름표도 이 관계의 속성에는 부적절하게 된다. 왜냐하면, 이 이름표들은 '그들'(괴로워하는 사람들)과 '우리'(치유하는 사람들) 사이의 거리를 상정하기 때문이다. 그러나 우리는 모두 여기에 함께 있으며, 어떤 치료자도 어떤 사람도 생래적인 실존의 비극에 면역이 된 사람은 하나도 없다. 인간 조건의 본질을 나누는 것은 실존 심리치료 작업의 주춧돌이 된다.

다른 체계들

많은 다른 심리치료 체계들이 실존 심리치료의 기본 원리 중의 일부를 사용하고 있다. 가장 최근에 이르러, 많은 심리치료 학파에서 지금 여기 그리고 지금 이 순간에 대한 자각에 대한 관심이 증가하고 있는 것은 실존 심리치료자들이 진솔성과 진지한 참만남에 초점을 두고 접근하는 것을 반영하고 있다. 게슈탈트 치료와 마찬가지로, 표현적 치료, 역동적 치료, 체계적 치료 등에서 변화가 생생한 경험에 의해서 일어난다는 가정을 기초로 치료적 관계에 대한 경험에 큰 관심을 가지고 있다. 실존 심리치료자의 입장은 Adler학파, Rogers학파, 신 Freud학파 및 관계론적 정신분석 치료자들과 현상학적이고 전체적이며 목표 지향적이라는 점에서 정합이 된다. 분석적 심리치료처럼, 실존 심리치료도 꿈 작업을 장려하고 자서전적인 주제뿐만 아니라 그들의 실존적 주제와 관련하여 분석을 한다. 인지치료와 마찬가지로, 실존 심리치료는 신념 체계의 숙고를 장려하고 개인의 선택에 대한 책임을 지고 자유의 문제로 고심하는 목표를 가지고 의미를 검증하는 것을 장려한다. 부적응적인 신념을 개인적으로 의미 있는 가치로 대치하는 목적을 가지고 있는 인지적 재구성은 실존적 접근과 온전히 일치한다. 실존 심리치료는 오로지 행동의 감소나 증상의 제거를 목표로 하거나 매뉴얼에 의해 치료하는 다른 치료법들과 부분적으로 함께 한다. 실존 심리치료는 증상을 실존적 위기를 나타내는 신호로 보며, 개인이 세계 속에 있는 자기의 경험을 탐색하는 것의 필요성과 그에 따라 각 개인마다 독특한 접근이 필요하다는 입장을 취한다. 심리치료의 실존적 접근은 모든 치료에서 제시하고 있는 실제적인 측면에 관심을 갖지만 치료자가 실존적 주제에 민감하도록 그리고 그들의 환자와 함께 직설적으로 이를 토론할 수 있는 준비를 하도록 하기 위해 실존적 주제를 전면에 세운다. 실존 심리치료는 이론적 체계 내에서 일하는 치료자들이 스스로를 모든 것을 아는 전문가라기보다는 많은 사람들이 지나간 실존의 길을 함께 걷는 동행으로 생각하도록 장려한다. 그러나 이러한 구분은 치료학파보다는 개별적인 치료자와 더 많은 관련을 가지고 있다.

역사

선구자들

물론, 이러한 주요 실존적 관심사가 새로운 것은 아니다. 역사의 기록이 시작된 이래 철학자들, 신학자들, 시인들이 이 주제와 싸움을 해 왔다. 역사를 통하여, 많은 사상가들이 이 의문을 제기해 왔다.

그리스의 철학자 에피쿠로스는, 그가 죽음에 대한 관심사는 개인이 의식하지는 못하는 것이며 위장된 모습으로 나타날 때 추론을 할 수 있을 뿐일지 모른다고 강조하였을 때, 무의식에 대한 현대적 아이디어를 예견하였다. 그는 죽음에 대한 불안을 완화하는 몇 가지 논쟁을 구성하여, 이를 학생들에게 가르쳤다. 에피쿠로스는 영혼이 신체와 함께 죽어서 사라진다고 믿었다. 따라서 사후세계에 대하여 두려워할 것은 아무것도 없는 것이다. 그는 우리가 결코 지각할 수 없는데 왜 죽음을 두려워해야 하는지에 대해 의문을 가졌다. 그가 발전시킨 또 다른 논쟁은 대칭적인 것이다. 즉, 우리의 전생 역시 죽음 이후처럼 비존재의 상태라는 것이다. 러시아의 위대한 소설가인 Vladimir Nabokov는 후에 이렇게 썼다. "우리의 삶은 두 어둠의 영겁 사이에 잠깐 반짝이는 불빛이다"(1967, p. 17). 성 아우구스티누스는 오로지 죽음을 직면하였을 경우에만 개인의 자기가 태어난다고 믿었다. 그리고 철학이 시작된 이래로 많은 철학자들이 죽음에 대한 생각이 삶을 풍요롭게 한다고 결론을 내렸다.

초창기

실존주의라는 현대적 용어는 1940년대에 이 철학을 개발한 프랑스의 철학자 Jean Paul Sartre와 Gabriel Marcel과 가장 큰 관련이 있다. 또한 실존 심리치료자들은 Martin Heidegger, Edmund Husserl, Emmanuel Levinas, Martin Buber의 영향을 받았다.

실존 심리치료의 중심적인 기초를 세운 철학자들은 19세기 지성의 거장인 Soren Kierkegaard와 Friedrich Nietzsche이다. 두 사람은 모두 과학기술의 세계에 사는 사람들이 기계적으로 비인간화되어 가는 것에 대하여 반응을 보였으며, 모든 시대를 통틀어 가장 뛰어난 심리학자로 평가되고 있다. Kierkegaard의 불안과 절망에 대한 심오한 분석에 관한 글을 읽거나 Nietzsche가 분노의 역동 그리고 억압된 정서적 힘에 수반되는 죄책감과 적대감에 대해 정확히 통찰한 글을 읽으면, 그것이 현대의 심리적 분석이 아니라 150년도 더 된 옛 시절의 글이라는 것을 인식하기가 어렵다.

Freud의 동료이며 친구인, 스위스의 정신의학자인 Ludwig Binswanger(1881~1966)는 심리치료와 실존주의를 처음으로 결합한 의사였다. 1944년에 출판된 그의 유명하고 이제는 고전이 된 Ellen West의 사례(Binswanger, 1958 참조)는, 자살을 하기로 결정한 거식증 환자에 관한 것으로, 심리치료계에서 많은 논쟁을 불러 일으켰다. Binswanger의 작업은 정신의학과 정신분석의 이론적 틀에 불만을 가진 사람들의 반응으로 중부 유럽에서 발달된 넓은 의미의 현상학적-실존적 심리치료 지향의 한 부분이었다. 이 운동의 구성원들로는 Medard Boss, Eugene Minkowski, Erwin Straus, Roland Kuhn 등이 있는데, 이들은 객관적-서술적인 과학적 이론을 통하여 인간의 실존을 자세히 설명하려는 노력은 치료의 근간을 이루는 진정한 참만남에 대해 주의를 주는 것을 방해한다고 생각하였다. 1988년에, 영국에서 실존적 분석 협회가 구성되었고, 학회지 「실존적 분석(*Existential Analysis*)」을 출간하였다.

실존 심리치료는 『실존: 정신의학과 심리학의 새로운 차원(*Existence: A New Dimension in Psychiatry and Psychology*)』의 출간으로 1958년 미국에 도입되었는데, 이 책은 Rollo May, Ernest Angel, Henri Ellenberger가 편집한 것이다. 처음의 두 장인 "심리학에서 실존적 운동의 기원"과 "실존심리학의 공헌"은 May가 썼으며, 실존 심리치료의 주요 내용을 제시하고 요약한 것이다. 이 책의 나머지 부분은 유럽의 실존주의자들(Henri Ellenberger, Eugene Minkowski, Erwin Straus, V E. von Gebsattel, Ludwig Binswanger, Roland Kuhn)이 쓴 에세이와 사례 연구들로 이루어져 있다.

뉴욕에 있는 신 Freud학파 연구소인 William Alanson White 연구소에서 훈련을 받은 Rollo May는, 1950년대 초 유럽에서 실존 심리치료에 관한 책을 접하였을 때는 이미 개업하고 있는 분석가였다. 실존적 아이디어를 정신분석과 조화시키려고 하였던 그의 저서들은 특히 미국에서 실존 심리치료 분야의 중요한 교재가 되었다. 그는 여러 다른 책들을 비롯해, 『인간의 자기추구(*Man's Search for Himself*)』(1953), 『자유와 운명(*Freedom and Destiny*)』(1981), 『신화에 대한 갈구(*The Cry for Myth*)』(1991)를 저술하였다.

William Alanson White 연구소의 설립자(1946년)인 Erich Fromm 역시 실존적 주제

를 탐색하는 많은 책을 썼다. 『자유로부터의 도피(*Escape from Freedom*)』(1941)는 자유로운 선택의 실존적 공포에 대항하여 방어하는 방법으로 권위에 복종하는 인간의 성향에 대하여 초점을 맞추고 있다. 『사랑의 기술(*The Art of Loving*)』(1956)은 실존적 고립의 딜레마에 대하여 다루고 있다.

실존 심리치료 분야에서 최초의 종합적 교재는 Irvin Yalom(1980)이 쓴 『실존 심리치료(*Existential Psychotherapy*)』이다. 이 책과 뒤이어 출판된 사례집 『사랑의 처형자(*Love's Executioner*)』(1989)와 『Momma와 삶의 의미(*Momma and the Meaning of Life*)』(1999), 그리고 소설 『니체가 눈물을 흘릴 때(*When Nietzsche Wept*)』(1992), 『카우치에 누워서(*Lying on the Couch*)』(1996), 『쇼펜하우어 치유(*The Schopenhauer Cure*)』(2005), 『스피노자 프로블럼(*The Spinoza Problem*)』(2012)에서 Yalom은 치료 회기에서 실존 심리치료자가 실제로 하는 일들을 자세히 살펴보려고 시도하였다. 그의 저서 『태양을 바라보기: 죽음의 공포를 극복하기(*Staring at the Sun: Overcoming the Terror of Death*)』(2008)에서는 높은 수준의 죽음에 대한 불안을 경험하고 치료하는 데 초점을 맞추고 있다.

심리치료에 실존적 접근법을 제공한 다른 저자들도 미국에서 인기를 얻고 있다. Viktor Frankl의 『인간의 의미 추구(*Man's Search for Meaning*)』(1956)는 널리 읽히며 많은 영향력을 가진 교재로, 의지, 자유, 의미, 책임감에 초점을 맞추고 있는 의미치료(logotherapy)를 시작하게 한 것이다. 샌프란시스코의 실존적 정신분석가인 Allen Wheelis(1973)는 죽음의 망령과 의미의 추구가 중심 역할을 하는 그의 치료적 참만남에 대하여 웅변적인 저술을 하였다. 그의 14권의 책 중에서 『사람들은 어떻게 변하는가(*How People Change*)』가 가장 잘 알려져 있다. 그는 심리치료에 대하여 다음과 같이 썼다.

> 만일 (…) 우리가 자각을 얻는 것을 결정하는 원인이 우리의 경험 안에 있거나, 경험 속으로 가져오게 되면, 그리고 우리가 이 소득을 이해하고 현재의 선택권을 창조하는 데 사용하면, 자유가 증가할 것이며, 그것과 함께 우리는 더 큰 책임감을 과거, 현재, 미래에 가지게 된다(1973, p. 117).

현 상태

실존 심리치료의 정신은 어떤 종류의 치료에도 기초가 되는 전제조건(presupposition)을 다루는 것이기 때문에, 이들은 결코 특수한 조직체를 형성하지는 않았다. 이 치료는 인간 존재에 대한 개념에 관심이 있었으며, 특수한 기법에는 관심이 없었다. 이것은 실존 심리치료가 상당히 영향력이 있으나, 단지 그것이 기법상의 특수한 훈련이 아니기 때문이라는 이유 때문에 이 유형의 치료에 대한 적절한 훈련 과정이 매우 드물다는 딜레마에 빠지게 만들었다. 실존적인 지향을 하는 치료자들은 개인적 치료와 슈퍼비전 그리고 철학 서적과 위대한 문헌들을 읽는 것을 통하여 지식을 넓혀 나가는 경향이 있다.

여러 학파에서 훈련받은 치료자들이 이 책에서 서술하고 있는 것과 유사한 가정들을 가지고 있다면, 합법적으로 자신을 실존적이라고 부를 수 있다. Irvin Yalom은 신 Freud학파의 전통에서 훈련을 받았다. Arnold Lazarus처럼, 한때는 행동치료자였던 사람조차도 그의 중다 양식적 심리치료에서 몇 가지 실존적 전제를 사용한다. Fritz Perls와 게슈탈트 치료는 실존적 바탕을 가지고 있다. 이것은 모두 실존 심리치료가 인간을 이해하는 방식이기 때문에 가능하다.

그의 고전적인 영향력 있는 교재를 출간한 지 25년 후에, Yalom(2008)은 실존 심리치료의 입장을 요약하면서 다음과 같은 말로 심리치료가 포괄적 관점을 가져야 할 필요성을 제시하였다.

> 심리적 고통의 주제는 우리의 생물학적인 유전적 실체(정신약리학적 모델)에서만 오는 것이 아니며, 억제된 본능적 추구에 대한 우리의 투쟁(Freud학파의 입장)에서만 오는 것도 아니며, 배려심 없고 사랑하지 않으며 신경증적인 우리의 내면화된 의미 있는 성인들(대상관계적 입장)에게서만 오는 것도 아니며, 혼란된 사고의 유형(인지행동적 입장)에서만 오는 것도 아니며, 잊혀진 외상적 기억의 파편들이나 개인의 경력과 주변의 의미 있는 사람들과의 관계에서 오는 현재 삶의 위기에서만 오는 것이 아니라, 또한—또한—우리의 실존에 대한 직면에서도 온다(2008, p. 180).

인간의 욕구보다는 시장의 힘에 의해 움직이면서, 증상을 감소시키기 위한 방향을 취하면서 단기적이고 매뉴얼에 기초한 치료에 집중하는 현대의 분위기에서는 모든 인간 중심적인 심리치료 접근들은 고통을 겪는다(McWilliams, 2005). 어느 전문 분야든 대부분의 훈련 프로그램에서, 기술적 편의성과 보호 관리 회사들의 지시를 따르는 것을 선호하는 것에 의해 인간 경험의 미묘함에 초점을 두고 가르치는 비중이 점차로 줄어들고 있다. 힘들게 심리치료를 받게 된 삶이 점차로 기계화되고 덜 인간적이고 친밀하게 되어가는 것을 유감스럽게 바라보던 Yalom은, 초심자들과 노련한 치료자 모두가 쉽게 접근할 수 있는, 치료자들을 위한 안내서로『치료의 선물(*The Gift of Therapy*)』(2002)이라는 책을 썼다. 거대한 시장 규모로 판단할 때, 심리치료자들 중에도 많은 사람들이 실존과 그들의 환자와 함께하는 주제에 관여하고 있다. 실존 심리치료의 정신은 아마도 더 깊은 형태의 치유가 다시 점차로 더 넓게 적용될 수 있는 미래의 세대들에게 작용할 수 있을 것이다.

성격

성격 이론

Tolstoy의『Ivan Illych의 죽음(*The Death of Ivan Illych*)』에서 주인공인 Ivan Illych는 자기밖에 모르며, 자만심에 차 있고, 거만한 관료로서 고통 속에서 죽어가는데, 갑자기 자신이 잘못 살아왔기 때문에 힘들게 죽는다는 것을 깨닫게 된다. "'나는 아마도 내가 살아야만 하는 대로 살지 못한 것 같다. 그렇지만 내가 모든 것을 제대로 하였다면 어땠을까? 그것은 갑자기 그에게 일어났다."(1980, p. 145). Ivan Illych는 생의 마지막 날들을 보내면서 자기 삶을 불모의 땅으로 만들어 놓았다는 것을 깨닫고, 자신의 가족과 좀 더 진실하고 공감적으로 관계를 맺게 되고, 그에 따라 생의 마지막에 그의 삶을 만회하게 된다. 성격 이론의 실존적인 초점은 사람들이 가능한 한 진실하고 의미 있게 살아가는지의 여부에 관심이 있다.

실존 심리치료는 성격 구조의 역동적 모델을 가정하는 **역동적 심리치료**의 한 형태이다. 그것은 성격이 서로 갈등을 일으키고 있는 힘들로 이루어져 있는 한 체계라고 보는 Freud에게서 비롯된 것이다. 성격을 구성하고 있는 일련의 정서와 행동들(적응적인 것과 병리적인 것 둘 다)은 서로 다른 의식의 수준에 존재할 수 있으며, 일부는 완전히 자각 밖에 있으며, 서로 갈등을 일으킬 수 있다. 따라서 우리가 어떤 사람의 '정신역동'에 대하여 이야기할 때, 우리는 그 사람의 갈등, 의식적 · 무의식적인 힘, 동기, 두려움을 말하는 것이다. 역동적 심리치료는 성격 구조와 역동 모델에 기초를 둔 심리치료이다.

✻ 실존적 정신역동

본능과 환경적 요구(또는 환경이 내면화된 초자아) 사이의 갈등을 상정하는 Freud의 모델과 대조적으로, 그리고 아동기의 힘 있는 중요한 인물과의 상호작용에서 나오는 갈등을 상정하는 대인관계적 대상관계 모델과 대조적으로, 성격의 실존적 모델은 기본적 갈등이 개인과 존재의 '기정사실(givens)' 사이에 있다는 입장을 취한다. 따라서 실존적 체계는 Freud학파의 체계인

추동 → 불안 → 방어기제

를

궁극적인 관심에 대한 자각 → 불안 → 방어기제

라는 실존적 체계로 대치한다.

만일 우리가 외부 세계를 '괄호' 안에 넣는다면, 만일 우리가 일상적으로 우리의 삶을 채우는 매일매일의 관심사를 옆으로 밀쳐놓는다면, 우리는 이 세계에서 인간 실존의 피할 수 없는 부분인 궁극적 관심사(앞에서 자세히 다루었음)의 딜레마에 직면해야만 한다. 이 각각에 대한 개인의 직면은 실존적 참조준거에서 오는 내적 갈등의 내용을 구성한다.

사람으로서, 우리는 물리적 환경에 의해, 다른 사람이 있거나 없는 것에 의해, 유전에 의해, 사회적 또는 문화적 변수에 의해 영향을 받는다. 다른 말로 하면, 우리는 우리의 운명에 의해 영향을 받는다. 우리가 특정한 방식으로 자극을 받기 때문에, 우리는 특정한 방식으로 반응한다. 그러나 주체로서, 우리는 이런 일들이 우리에게 일어나고 있다는 사실을 자각한다. 우리는 이 정보를 지각하고, 곰곰이 살펴보고, 행동을 한다. 우리는 어떤 경험이 가치가 있으며 어떤 것이 그렇지 않은지 결정하고 이러한 개인적 공식화에 따라서 행동을 한다. 결정적인 것은 "자기 밖에 서 있을 수 있고, 자기가 경험의 주체일 뿐만 아니라 경험의 객체임을 알고, 자신을 객관적인 세계 속에서 활동하고 있는 독립체로 볼 수 있는 인간의 능력이다"(May, 1967, p. 75). 인간으로서, 우리는 세계를 보고, 그것을 보고 있는 우리 자신을 볼 수 있다. 이 자신에 대한 의식이 사람들로 하여금 결정론을 피하고 그들이 하는 일에 개인적으로 영향을 받는 것을 피할 수 있게 해 준다.

자기에 대한 의식은 자극과 반응의 경직된 사슬의 밖에 서 있고, 잠시 멈추고, 이 멈춤

> 으로 인해 어느 한쪽에 무게를 줄 수 있고, 어떤 반응을 할 것인지 결정을 내릴 수 있는 힘을 우리에게 준다(May, 1953, p. 161).

한 사람을 충분히 이해하려면 그 사람의 상황(객관적인 부분)과 그 사람이 그 상황을 어떻게 주관적으로 구조화하고 가치를 두는지(주관적인 부분)에 대한 지식이 모두 있어야 한다.

실존 심리치료는 개인차의 이론을 제시하지 않지만, 각 개인이 궁극적인 관심사를 어떻게 다루어 나가는지에 대하여 세심하게 주의를 기울인다. 따라서 성격의 실존적 이해는 심리치료에 대한 접근과 본질적으로 연결되어 있다.

다양한 개념들

불안은 존재와 비존재에 대한 위협 사이의 충돌로 귀인할 수도 있을 것이다. 따라서 어느 정도 불안이 있는 것은 정상적이며 모든 성격의 불가피한 측면이다. 불안에 직면하는 것은 우리 모두에게 큰 도전이다. 이 불쾌한 정서는 우리가 자신의 내적 잠재력을 용기 있게 주장하기로 선택할 때마다 더 강해진다. 우리의 실존을 공감적으로 확언하는 것은 또한 우리가 다른 어떤 사람이 아니라는 것을 상기시켜 준다. 우리가 세계 내 존재(*Dasein*)로 있는 것을 부인하면서, 죽음에 대한 우리의 이해를 억압하거나 주지화하는 것과 사회적 동조와 무관심의 분명한 안전성을 택하는 것은 너무나도 유혹적이다. 건강한 경로는 존재와 분리될 수 없는 부분으로 비존재를 수용하는 것이다. 이것은 우리가 살아가야 할 삶을 충만하게 살 수 있도록 해 준다.

> 실존의 의미를 파악하려면, 그가 실존하지 않을 수도 있음을 파악해야만 하며, 매 순간을 소멸될 수 있는 가능성의 벼랑 끝을 걸어가야 하고, 어느 알지 못하는 순간에 죽음이 도착할 것이라는 사실에서 결코 도피하지 않을 수 있어야 한다. (…) [따라서] 죽음에 대한 직면은 삶 그 자체에 대하여 가장 긍정적인 현실을 제공한다(May, 1958, p. 47).

* 자유

보통 우리는 자유를 불안의 근원으로 생각하지 않는다. 정반대로, 자유는 일반적으로 명백하게 긍정적인 개념으로 간주된다. 서양문화의 역사는 자유를 향한 열망과 투쟁으로 점철되어 있다. 그러나 실존적 참조준거에서 자유는 공포에 붙박혀 있다.

실존적 참조준거에서 자유란, 인간이 응집되어 있는 거대한 설계를 지닌 구조화된 우주에 들어가지 못하고 결국 그곳에서 나오지도 못하는 것을 의미한다. 자유란 인간이 그 자신의 세계, 자신의 인생 설계, 자신의 선택과 행동에 책임이 있다는 사실을 말한다. Sartre가 주장하였듯이, 인간은 "자유롭도록 운명 지워져 있다"(1956, p. 631). Rollo May(1981)는 이를 확실하게 하기 위해서 자유는 개인으로 하여금 그의 운명의 한계를 직면토록 한다고 주장한다. 그는 운명을 "삶의 '기정사실'을 구성하고 있는 한계와 재능의 패턴이며 (…) 우리의 운명은 취소될 수 없으나 (…) 우리는 어떻게 반응할지, 우리의 재능을 어떻게 실행할지 선택할 수 있다."(p. 89)라고 정의하였다.

우리가 자신의 자기(self)와 자신의 세계를 창조할 수 있다면, 그것은 우리 아래에 아무런 바닥, 즉 근거가 없다는 말이다. 오직 깊은 구렁과 텅 빈 공간과 무(nothingness)만이 있다. 이것은 엄청난 함축성을 갖고 있다. 자유와 근거 없음에 대한 자각은 우리의 근거와 구조를 가지고자 하는 욕구와 소망과 갈등을 일으키고, 불안을 만들어 내며, 다양한 방어기제들을 일으킨다.

자유에 대한 자각은 개인의 삶에 대한 책임을 포함하고 있다. 사람들은 그들이 자신의 삶에서 기꺼이 책임을 지고자 하는 정도와 책임을 부인하는 양식에서 엄청난 차이를 보인다. 예를 들면, 어떤 사람들은 그들의 상황에 대한 책임감을 다른 사람들에게, 삶의 주변 환경에, 그들의 상사나 배우자에게 전치시키고, 그리고 그들이 치료를 받으러 왔을 때는 치료에 대한 책임을 심리치료자에게 전이시킨다. 다른 사람들은 자신을 외부의 사건에 의해서 고통을 받는 순진한 희생자로 경험함으로써 책임감을 부인하며(그리고 그들 자신이 이 상황을 일어나게 만들었다는 것을 자각하지 못한다), 또 다른 사람들은 일시적으로 '정신이 나감으로써' 책임을 회피한다. 그들은 자신의 행동에 대해서 자기 자신조차도 설명할 수 없는 일시적인 무분별한 상태로 들어간다.

자유의 또 다른 측면은 **의지**이다. 자신의 상황에 대한 책임을 자각하는 것은 활동의 입구로 들어가는 것이거나, 또는 치료 상황에서는 변화의 입구로 들어가는 것이다. 의지란 책임에서 활동으로 가는 통로이고, 소망에서 결정으로 움직여 가는 것이다(May, 1969). 많은 사람들은 소망을 경험하거나 표현할 때 매우 큰 어려움이 있다. 소망은 느낌과 가깝게 있으며, 정서가 차단된 사람들은 느낄 수 없고, 따라서 원할 수도 없기 때문에 자발적으로 행동할 수 없다. **충동성**은 소망들을 서로 구별하지 못함으로써 소망하기를 피하는 것이다. 대신, 사람들은 모든 소망에 대하여 충동적으로 그리고 재빨리 행동한다. 또 다른 소망의 장애인 **강박성**은, 사람들이 의식적인 욕망과는 반대방향으로 나가는 무의식적인 내적 요구에 의해 움직이는 것이 특징이다.

일단 개인이 한 소망을 충분히 경험하게 되면, 그는 **결정**에 직면하게 된다. 그들이 소망하는 것은 아주 명확하지만 여전히 결정하거나 선택할 수는 없는 사람들이 많다. 그들은 자주 결정하는 데 대혼란을 겪는다. 그들은 다른 사람에게 그 결정을 위임하려고 시도하거나 그들이 무의식적으로 일어나게 하였던 상황이 그들을 위해 결정을 한다는 방식으로 행동한다.

따라서 성격은 사람들이 어떻게 자유의 딜레마를 다루어 가는가에 의해 영향을 받는다. 의무에 묶이는 것부터 의존에 대한 변덕스러움까지, 사람들은 그들의 자유를 부인하거나 전치하는 일련의 기제를 가지고 있다.

✻ 고립

실존적 고립, 즉 우리에게 내재된 우주 속에서 혼자 있다는 개념은 성격 구조의 두 번째 역동적 갈등이다. 의식이 생겨날 즈음에 각 개인은 의식으로 하여금 그 자신에게 의지하고 나머지 세계와 자기를 분리시키도록 함으로써 일차적 자기를 창조한다. 개인이 그렇게 한 후에만, '자의식'이 다른 자기들을 구성하기 시작한다. 그러나 개인은 (1) 그가 타인들을 만들어 내며, (2) 그의 의식을 타인들과 함께 결코 완전히 공유할 수 없다는 지식으로부터 도망갈 수 없다. 죽음에 직면하는 것보다 더 강하게 실존적 고립을 생각나게 하는 것은 없다. 죽음에 직면한 사람들은 반드시 갑작스럽게 고립을 자각하게 된다.

우리의 근본적인 고립에 대한 자각은 보호받고, 더 큰 전체에 합병되고, 그 부분이 되려는 충족될 수 없는 소망을 일으킨다. Bugental(1976)은 모든 관계는 합병과 고립이라는 쌍둥이 위험요소 사이에 그것의 부분이 되는 것(a part of)과 떨어져 나오는(apart from) 양극에서 균형을 잡고 있는 것이라고 하였다. 많은 대인관계적 정신병리에는 실존적 고립에 대한 두려움(그리고 그것에 대항하는 방어)이 기저하고 있다. 흔히 개인이 타인의 존재에 관심를 보살피는 마음에서 타인과 관계를 맺기보다는 어떤 기능을 위하여 상대방을 이용하려고 애쓰는 관계를 가질 때 어려움을 겪는다. 만일 어떤 사람이 고립의 면전에서 두려움으로 압도된다면 타인들을 향할 수 없으며, 그 대신에 타인들을 고립에 대한 방패로 이용할 것이다. 그런 경우, 진실한 관계를 맺을 수 있을지도 모르는 상황이 뒤죽박죽이 되어 실패와 왜곡이 일어날 것이다.

어떤 사람들은 혼자 있을 때 공황을 경험한다. 이 사람들은 자신의 존재를 의심하기 시작하고 다른 사람이 있는 경우에만 존재한다고 믿으며, 다른 사람이 응답을 해 주거나 그들을 생각하는 경우에만 존재한다고 믿는다.

많은 사람들은 용해(fusion)를 통해서 고립을 다루려 한다. 그들은 자신의 자아 경계를 누그러뜨리고 다른 사람의 일부가 된다. 그들은 개인적 성장과 성장에 수반되는 고립감을 피한다. 사랑에 빠지게 되는 경험의 기저에는 용해가 있다. 낭만적 사랑에서 놀라운 일은 고독한 '나'가 '우리' 안으로 사라진다는 점이다. 다른 사람들은 집단, 큰 목적, 나라, 계획에 용해될 수 있다. 다른 모든 사람들처럼 되는 것—의복, 어투, 습관에 동조하며 다른 생각이나 느낌을 갖지 않는 것—은 고독한 자기의 고립으로부터 우리를 구한다.

강박적인 성욕 또한 무서운 고립에 대한 공통적인 반응이다. 난잡한 성관계는 고독한 사람에게 강력하지만 일시적인 휴식을 제공한다. 그것은 관계를 서투르게 모방한 것이기 때문에 일시적이다. 성적으로 강박적인 사람은 타인의 전체 존재와 관계를 맺는 것이 아니라, 그의 욕구에 부응하는 그 사람의 부분하고만 관계를 맺는다. 성적으로 강박적인 사람은 그들의 파트너를 모른다. 그들은 유혹과 성행동을 부추기는 부분만을 보여 주고 또 본다.

✻ 무의미성

세 번째로 성격에 영향을 주는 실존적 영향은 무의미성이다. 모든 인간이 죽어야 하고, 자신의 세계를 세워야 하고, 냉담한 우주 안에서 혼자 있어야 한다면, 인생이 지닐 수 있는 가능한 의미는 무엇인가? 우리는 왜 사는가? 우리는 어떻게 살아야 하는가? 인생에 예정된 설계가 없다면 각 인간은 삶에서 각자의 의미를 구성해야 한다. 따라서 근본적인 질문은 "자신의 인생을 지탱할 수 있을 만큼 충분히 튼튼한 자기 창조적 의미를 갖는 것이 가능한가?"이다. 세 번째의 내적인 갈등은 이 딜레마에서 온다. 의미를 필요로 하는 존재가 아무런 의미도 없는 우주 속에서 의미를 어떻게 발견할 수 있는가?

인간은 의미를 필요로 하는 것 같다. 우리의 지각적 신경심리학적 조직은 무작위적 자극을 즉시 유형화한다. 우리는 자동적으로 무작위적 자극을 도형과 배경으로 조직한다. 깨진 원을 만났을 때, 우리는 그것을 자동적으로 완전한 것으로 지각한다. 어떤 상황 또는 자극 세트들이 유형화되지 않을 때, 우리는 그 상황을 우리가 인식할 수 있는 패턴으로 짜 맞춘다.

개인이 무작위적 자극을 조직하는 것과 동일한 방식으로 그는 자신의 실존적 상황에 직면한다. 유형화되지 않은 세상에서 개인은 대단히 불안정하게 되고 존재의 패턴, 존재에 대한 설명, 존재의 의미를 찾는다.

생의 의미감은 또 다른 이유 때문에도 필요하다. 우리는 의미 도식에서 가치의 위계를 만든다. 가치는 우리에게 삶을 수행하기 위한 청사진을 제공한다. 가치는 우리가 사는 이유를 말해 줄 뿐 아니라 사는 방법을 말해 준다.

인간으로 성장하려면, 자신의 실존의 핵심인, 자신의 의미의 구조에 끊임없이 도전하여야만 하고, 이것이 필연적으로 불안을 가져온다. 따라서 인간이 된다는 것은 개인의 자각을 확장하려는 충동을 갖는다는 것이지만 그렇게 하려면 불안이 일어난다. 성장과 거기에 따르는 정상적인 불안은 더 광범위한 목적을 위하여 즉각적인 안전을 포기하는 것을 포함한다(May, 1967). 진실한 사람은 미지의 영역을 탐색하는 것의 위험을 인식하고, 그럼에도 불구하고 미지의 영역을 탐색한다. 미지의 세계를 향하여 나가는 것과 연관된 불안은 개인의 자유를 연습하고 의미를 탐색하는 불행한 투신이다.

사람들이 자신의 삶에 대하여 이야기를 할 때, 그 의미는 함축적이다. 그들의 개인적 이야기는 그들의 목적과 가치를 중심으로 구성되고, 그들이 자신의 삶을 이야기하는 것은 독특한 개인으로서 그리고 사회적으로 위치를 차지하고 있는 존재로서 자신을 어떻게 이해하고 있는가를 반영한다. 그러면, 그 이야기는 성격의 또 다른 차원이나 수준이 되며(McAdams & Pals, 2006) 삶의 목적을 구성하는 개인적인 통일감과 정체성을 드러낸다.

✻ 죽음

네 번째이고 가장 중심적인 갈등이 될 수 있는 것은 죽음에 직면하는 것이다. 죽음은 궁극적인 실존적 관심사이다. 모든 사람에게 죽음은 다가오며, 이를 피할 수 없다는 것이 분명하다. 이것은 무서운 진실이고, 마음속 깊이 우리는 도덕적 두려움을 가지고 이것에 반응한다. Spinoza가 말한 것처럼 "모든 것은 자신의 존재를 지속하고자 하는 소망을 가지고 있다"(1954, p. 6). 실존적 관점에서 보면 핵심적 내부 갈등은 불가피한 죽음의 자각과 삶을 지속하고자 하는 동시적 소망 사이에 있다.

죽음은 개인의 내적 경험에서 중요한 역할을 한다. 그것은 그 어느 것보다도 개인을 끈질기게 따라다닌다. 그것은 인생의 피막 아래에서 계속 덜그럭거린다. 어린아이들에게도 죽음에 대한 관심이 만연하고 있으며, 아동의 주요 발달 과제 중 하나는 소멸에 대한 공포를 다루는 것이다. 이 공포에 대처하기 위하여 우리는 죽음을 자각하는 것에 대항하는 방어를 곤두세운다. 그러한 방어는 부인하는 것을 기초로 한다. 그것들은 성격 구조를 조성하며, 부적응적인 경우 임상적 증상을 일으킨다.

정신병리는 대부분 죽음을 초월하지 못한 결과로서 나타난다. 즉, 증상과 부적응적인 성격 구조는 죽음에 대한 개인적 공포에 그 원천을 두고 있다. 많은 방어기제들이 죽음을 자각하는 데서 오는 불안을 다루기 위하여 적용되는 것 같다. 이들 중에는 개인적인 '특이성'에 대한 비합리적인 신념과 '궁극적인 구원'의 실존에 대한 비합리적인 신념이 포함된다(Yalom, 1980).

특이성. 사람들은 개인적 불가침성, 불가해성, 불멸성에 대하여 깊고 강한 신념을 지니고 있다. 합리적인 수준에서는 그러한 신념들의 어리석음을 인식하지만, 그럼에도 불구하고, 깊은 무의식적 수준에서는 통상적인 생물학적 법칙이 자신에게는 적용되지 않는다고 믿는다. 사람들은 개인의 특이성이 무시무시한 법칙을 어느 정도 무효화할 수 있다는 신념 뒤에서 그들의 죽음의 공포에 대한 두려움을 위장할 수 있다. 다시 한 번, Tolstoy의 Ivan Illych가 적절한 예를 제시해 준다.

> 그의 가슴 깊은 곳에서 그는 자신이 죽어가고 있음을 알았지만, 그는 그러한 생각에 익숙하지 않을 뿐만 아니라, 단지 그 생각을 잡을 수도 없었고 잡지도 않았다.
>
> 그가 Kiezewetter의 논리에서 배운 삼단논법, "Caius는 사람이다, 사람은 죽는다, 따라서 Caius도 죽는다", 이것은 항상 옳다고 생각하였지만, 그것은 Caius에게 적용되는 것이지 분명히 그에게 적용되는 것은 아니었다. 그 Caius—추상적인 사람—가 죽는다는 것은 완전히 맞지만, 그는 Caius가 아니며, 추상적인 사람이 아니고, 모든 다른 사람과는 확실히, 확실히 분리되어 있는 생명체이다. 그는 아빠와 엄마가 있는, 어린 Vanya였다. Caius가 어떻게 Vanya가 그렇게 좋아하던 줄무늬가 있는 가죽공의 냄새를 알 수 있었겠는가? Caius는 자기 엄마의 손에 그런 식으로 뽀뽀를 하였을까? Caius는 그런 식으로 사랑에 빠졌을까? Caius는 그가 하였듯이 회의를 주재하였을까? Caius는 정말로 죽을 운명을 가졌고, 그가 죽는 것은 그에게는 옳은 일이지만, 나에게는, 어린 Vanya, Ivan Illych에게는, 내 모든 생각과 감정을 동원하여도, 완전히 다른 일이다. 내가 죽어야 한다는 것은 있을 수 없는 일이다. 그건 너무도 끔찍한 일이다(pp. 131-132).

심리치료자들이 단순히 자기애(narcissism)라거나 자격부여(entitlement)라고 부르는 것이 실제로는 특이성이 죽음에 대한 해독제가 될 것이라는 신념에 의한 속임수일 수도 있다. 이와 비슷하게, 일중독이거나 남보다 앞서야 한다는 생각에 사로잡히거나, 미래를 준비하거나, 재산을 축적하거나, 더 힘 있거나 유명한 사람이 되려는 것은 불멸성을 보장받으려고 무의식적으로 노력하는 강박적인 방식일 수 있다.

특이성의 방어는 일시적으로는 만족스럽게 작용할 수 있지만, 이런 사람들에게 그들의 신념 체계가 무너지고 보호받지 못하는 평범함이 침범해 올 때 삶의 위기가 찾아온다. 그들은 특이성의 방어가 더 이상 불안을 물리쳐 주지 못할 때 흔히 치료자를 찾아온다. 예를 들면, 심한 병에 걸리거나, 전에는 항상 위로 올라가는 길이고 영원할 것 같았던 것들이 방해를 받았을 때이다. 트라우마가 있을 때, 때로는 "왜 나야?"라는 의문이 트라우마 생존자들에게 때때로 따라다닌다. "왜 내가 아니지?"라고 질문하는 것은 특이성의 방어적 감각을 약화시키고, 궁극적으로(그리고 비합리적으로) 죽음에서 자기를 지켜줄 것 같았던 특이성을 약화시킨다.

궁극적인 구원자의 존재에 대한 신념. 두 번째 부인 체계는 궁극적 구원자에 대한 신념이다. 사람들은 자기의 구원자가 사람이거나 신성이라고 상상할 수 있지만, 그 신념은 누군가가 무관한 세계에서 그들을 내려다보고 있다는 것이다. 저승사자를 궁지에 몰기 위해서, 사람들은 자신의 안녕을 영원히 수호하고 지켜 주는 자신만의 전능한 구세주가 있다는 신념을 무의식적으로 만들어 낼 수 있다. 이런 특정 방어기제가 너무 커지게 되면 수동적이고 의존적이고 아첨하는 성격 구조를 가지게 된다. 그런 사람들은 자주 궁극적인 구원자를 찾아내고 환심을 사는 데 그의 일생을 바친다.

Yalom의 환자 중의 한 명인 Elva라는 나이 든 여성은 자기 지갑을 날치기당한 것 때문에 트라우마가 되어 치료에 찾아왔다. 결과적으로 나타난 공황의 내면에 그리고 그 아래에 있던 것은, 그녀의 내면 깊은 곳에서, 계속해서 자기를 지켜 줄 것으로 믿었던 떠나간 남편을 보내 줄 수가 없었던 것이었다. 지갑을 날치기당한 것과 그에 뒤이은 취약감은 궁극적 구원자로 믿고 있던 남편에 대한 신념에 도전을 한 것이다. 이 경우에, 우리는 그러한 신념이 어떻게 무관해 보이는 경험에 의해 위장되는지를 볼 수 있다.

심리치료

심리치료 이론

심리치료를 하고 있는 치료자들 중 상당수가 그들 자신이 실존적으로(또는 '인본주의적으로') 지향되어 있다고 생각한다. 그러나 실존 심리치료에서 체계적인 훈련을 받은 사람은 거의 없다. 실존 심리치료에서는 종합적인 훈련 프로그램이 거의 없기 때문에 이에 관해서는 합리적인 확신을 가질 수 있다. 많은 훌륭한 서적들이 실존적 참조준거의 측면들을 설명하기는 하였지만(Becker, 1973; Bugental, 1976; Koestenbaum, 1978; May, 1953, 1967, 1969; May, Angel, & Ellenberger, 1958), Yalom(1980)의 책이 실존 심리치료 접근에 대한 체계적이고 포괄적인 견해를 제시하려고 한 최초의 책이다.

실존 심리치료는 포괄적인 심리치료 체계가 아니다. 그것은 참조준거이다. 즉, 환자의 고통을 특별한 방식으로 보고 이해하는 하나의 패러다임이다. 실존 심리치료자는 치료를 시작할 때 환자의 번민의 근원에 대한 전제를 가지고 있으며, 환자를 행동적 관점이나 기계적 관점에서 보지 않고 인간으로 본다. 그는 다른 접근들에서 사용하는 기법들이 기본적인 실존적 명제와 일치하고, 인간적이고 진정한 치료자-환자의 만남과 일치하는 한, 다른 접근들에서 사용하였던 많은 기법들을 채택할 수 있다.

대다수의 경험 있는 치료자들은 이념적으로 어떤 특정 학파를 옹호하느냐에 관계없이, 많은 실존적 통찰과 실존적 접근을 채택한다. 예를 들면, 모든 유능한 치료자들은 개인의 유한성에 대한 이해가 흔히 내부에서 조망의 이동이 일어나도록 촉매작용을 하며, 치유를 하는 것은 관계이며, 환자는 선택 때문에 괴로워하며, 치료자는 환자의 행동하려는 '의지'를 촉진해야 하며, 대다수의 환자들은 그들 삶의 의미가 결여되어 있기 때문에 괴로워한다는 것을 인식한다.

치료자의 신념 체계가 그가 만나는 임상적 자료의 유형을 결정한다는 것 또한 사실이다. 치료자들은 환자에게 특정 자료를 제공하도록 미묘하게 또는 무의식적으로 신호를 보낸다. Jung학파의 환자들은 Jung학파의 꿈을 꾼다. Freud학파의 환자들은 거세, 불안, 남근 선망의 주제를 발견한다. 인지치료자들은 '비합리적인' 신념에 초점을 둔다. 치료자의 지각 체계는 그의 관념 체계에 의해 영향을 받는다. 따라서 치료자는 그가 얻고자 하는 자료에 채널을 맞춘다. 그것은 실존 심리치료에서도 마찬가지이다. 치료자가 그의 정신적 장치를 바른 채널에 맞춘다면, 환자들이 실존적 갈등에서 나온 관심을 얼마나 자주 논의하는가를 보고 놀라게 될 것이다. 더욱이, 실존적인 주제에 대하여 오랫동안 지속적인 관심을 가져온 환자들도 있다. 이런 사람들은 그들의 실존적 딜레마에 대하여 말을 할 수 있고 그들이 관심을 갖는 주제를 중요하게 여기는 치료자와 깊게 연결된다.

실존 심리치료자는 실존적 주제에 대하여 감수성을 가지고 있는 사람이다. 어떤 치료자도 늘 실존적 주제에만 초점을 맞추지는 않는다. 이런 주제들은 일부 환자들에게 일부 치료 단계에서 중요하지만 모든 치료 단계에서 중요한 것은 아니다.

실존 심리치료의 기본적 접근은 다른 역동적 치료와 전략적으로 유사하다. 치료자는 환자가 적어도 부분적으로는 무의식적인 어떤 실존적 갈등에서 야기된 불안을 경험한다고 가정하며, 이 갈등은 적어도 부분적으로는 무의식적이며 '존재의 문제'에서 발생하는 것이다(Wheelis, 1973). 환자는 여러 개의 비효과적이고 부적응적인 방어기제를 사용하여 불안을 다룬다. 이런 것들은 불안을 일시적으로 경감시킬 수는 있지만, 궁극적으로는 완전하고 창조적으로 사는 개인의 능력을 무력화하여 거의 대부분이 미래에 이차적 불안을 가져오게 된다. 치료자는 환자의 무의식적 갈등을 이해하고, 부적응적인 방어기제를 확인하고, 그의 파괴적인 영향력을 발견하고, 자기와 타인들을 다루는 지금까지의 한정된 양식을 교정함으로써 이차적 불안을 감소시키며, 일차적 불안에 대처하는 다른 방식을 개발하는 것이 목표인 자기 탐색의 과정에 착수하도록 돕는다.

실존 심리치료의 기본 전략은 다른 역동적 치료와 비슷하지만, 내용은 근본적으로 다르다. 많은 측면에서, 과정 또한 다르다. 실존 심리치료자들이 환자의 기본적 딜레마를 이해하는 양식이 다르기 때문에 심리치료의 전략에서도 많은 차이가 있다. 예를 들면, 성격 구조에 대한 실존적 견해는 어떤 특정 순간의 경험의 깊이를 강조하기 때문에, 실존 심리치료자들은 환자가 개인적 과거를 찾아내도록 돕는 데 많은 시간을 소비하지 않는다. 그들은 환자의 현재 생활 상황과 현재 처해 있는 무의식적인 두려움을 이해하려고 노력한다. 실존 심리치료자는 다른 역동적 치료자들처럼, 훌륭한 심리치료 작업에서 치료자-내담자 관계의 성질이 중요하다고 믿는다. 그러나 전이를 강조하지는 않으며, 관계 그 자체를 근본적으로 중요한 것으로 본다. 실존 심리치료자는 현재 시제에서 작업을 한다. 개인은 역사적인 종단적 관점에서가 아니라 '지금-여기'의 횡단적 관점에서 이해되며, 그 자신을 이해하도록 도움을 받는다.

심층(deep)이라는 단어를 생각해 보라. Freud는 심층을 '초기'로 정의하였고, 따라서 가장 심층적인 갈등이란 개인의 인생에서 가장 초기의 갈등을 뜻하였다. Freud의 정신역동은 발달적인 것에 기초를 두고 있다. 근본적 그리고 일차적이라는 말은 시간적 개념으로 파악되며, 이 말들은 '최초'와 동의어이다. 따라서 불안의 근본적인 근원은, 예컨대 가장 초기의 재난, 즉 격리와 거세로 간주된다.

실존적 조망에서 보면, 심층은 그 순간에 개인이 직면하고 있는 가장 근본적인 관심을 의미한다. 과거(즉, 개인의 과거에 대한 기억)는 그것이 우리의 현 존재의 일부일 때만 그리고 그것이 우리가 직면하고 있는 궁극적인 관심의 현재 양식에 공헌하는 한도 내에서만 중요하다. 실존적 조망에서는 모든 다른 근거의 아래에 놓여 있는 즉각적이고 현재 존재하고 있는 근거가 중요하다. 따라서 성격에 대한 실존적 개념은 개인의 즉각적인 경험의 심도를 자각하는 데 있다. 실존 심리치료는 과거를 끄집어내려 하지 않으며 과거를 이해하려 하지도 않는다. 대신에 그것은 곧 현재가 될 미래를 지향하며, 과거는 그것이 현재에 의미가 있을 때만 탐구한다. 치료자는 우리가 과거를 창조한다는 것과 우리의 현재의 존재 양식이 우리가 과거 중 어떤 것을 기억하기로 선택할지를 지시한다는 점을 언제나 명심해야 한다. 치료적 초점은 환자의 자기 경험에 주어지고 삶에 관여하며 살아가는 데 환자가 가지고 있는 자기실현, 더 나가서는 자기 초월의 능력에 관심을 둔다.

심리치료 과정

실존적인 틀에서는, 불안이 실존에 부착되어 있기 때문에 다른 참조준거에서 불안을 보는 방식과는 다른 의미를 갖는다. 실존 심리치료자들은 불안의 심각한 수준은 완화하려 하지만 그것을 제거하려고 하지는 않는다. 불안 없이는 삶을 살 수도 없고 죽음에 직면할 수도 없다. May(1977, p. 374)가 우리에게 상기시켜 주듯이, 치료자의 과업은 불안을 견딜 수 있는 수준까지 감소시킨 다음에 그것을 건설적으로 이용하는 것이다.

우리는 실존적 접근에서 수행하는 심리치료 과정을 궁극적 관심사에 내재되어 있는 치료적 영향력을 고려함으로써 가장 잘 이해할 수 있다. 궁극적인 인간의 관심사 각각(죽음, 자유, 고립, 무의미성)은 치료 과정에 대한 함축성들을 지니고 있다.

✻ 실존 심리치료와 자유

자유의 주요소는 책임으로, 이는 실존 심리치료자의 치료적 접근에 깊은 영향을 주는 개념이다. Sartre는 책임을 저작권과 동일시한다. 즉, 책임질 수 있다는 것은 자신의 인생 설계의 저자라는 것을 뜻한다. 실존 심리치료자들은 계속해서 각 환자가 자신의 고통에 대한 책임을 지도록 초점을 맞춘다. 환자가 외로워지거나, 만성적으로 학대받거나 무시당하는 것은 유전자가 나쁘거나 운이 나빠서가 아니다. 환자들은 그들이 자기 자신의 상황을 책임져야 한다는 것을 깨달아야 비로소 변화할 동기가 생긴다.

치료자는 책임 회피의 방법과 예들을 확인해야 하고, 그리고 환자들이 이것들을 알도록 해야 한다. 치료자들은 환자의 주의를 책임감에 맞추기 위해서 여러 가지 기법들을 사용할 수 있다. 많은 치료자들은 환자가 책임감을 피하는 말을 할 때마다 환자를 중단시킨다. 환자가 자신이 어떤 것을 할 수 없다고 말하면, 치료자는 곧 "당신은 그것을 '하지 않을 것'이라는 말이지요."라고 즉시 논평한다. 어떤 것을 할 수 없다고 믿는다면, 그 사람은 자신이 처한 상황에 대하여 스스로 능동적인 기여를 하고 있음을 자각하지 못한다. 그런 치료자들은 환자들이 그들 자신의 느낌, 말 그리고 행동을 소유하도록 격려한다. 만약 한 환자가 '무의식적으로' 어떤 것을 하였다고 말한다면, 치료자는 "그것은 누구의 무의식인가요?"라고 물을 수 있다. 일반적인 원리는 분명하다. 환자가 자신의 인생 상황에 대하여 슬퍼할 때마다 치료자는 환자가 그 상황을 어떻게 창조하였는가를 묻는 것이다.

환자의 초기 호소들을 마음에 두고, 치료의 적절한 시점에서 그것들과 환자가 치료 장면에서 보이는 행동을 나란히 놓는 것은 도움이 될 수 있다. 예를 들어, 고립감과 외로움 때문에 치료를 찾았던 한 환자를 생각해 보자. 치료 과정 동안 그 환자는 그의 우월감과 타인들에 대한 경멸과 멸시를 장황하게 표현하였다. 그런 태도들은 확고히 유지되었다. 즉, 환자는 지시받는 것에 대하여 상당한 저항을 나타냈으며, 그런 의견들을 거의 변화시키지 않았다. 치료자는 환자가 타인들에 대한 경멸을 논의할 때마다 "그리고 당신은 외롭군요."라고 기억시킴으로써 환자가 그의 개인적 곤경에 대한 책임을 이해하도록 도왔다.

책임은 자유의 한 요소이다. 앞에서 우리는 또 다른 요소인, **소망**과 **결정**으로 나누어질 수 있는 **의지**에 관하여 기술하였다. 치료 과정에 **소망**이 담당하는 역할을 생각해 보자. 치료자는 환자와 함께 다음과 같은 대화에 얼마나 자주 참여하는가?

- "나는 무엇을 해야 할까요? 나는 무엇을 해야 하죠?"
- "당신이 하고 싶어 하는 것을 못 하게 하는 것은 무엇이죠?"
- "그러나 나는 내가 무엇을 하고 싶어 하는지를 몰라요! 내가 그걸 알았다면 당신을 찾아올 필요도 없었을 거예요!"

이런 환자들은 실제로 그들이 무엇을 반드시, 꼭 해야만 하는지는 알고 있지만 그들이 하고 싶어 하는 것을 경험하지는 못한다. 많은 치료자들은 소망을 갖는 능력이 없는 환자들을 치료하면서, "당신은 무엇을 원해 본 일이 전혀 없나요?"(1969, p. 165)라고 소리치고 싶은 May의 입장을 공유하였다. 그 환자들은 의견이 없고, 주장이 없고, 자신의 소망이 없기 때문에 매우 큰 사회적 어려움을 가지고 있다.

소망할 수 없음은 흔히 더 전반적인 장애—즉, 느낄 수 없음—가 된다. 많은 경우에, 대부분의 심리치료는 환자의 차단되어 있는 정서를 풀도록 돕는다. 이 치료는 느리고 단조롭다. 무엇보다도, 치료자는 참아야 하고, 수없이 "어떻게 느끼십니까?", "무엇을 원하세요?"라는 질문을 반복하면서 환자에게 계속 압력을 주어야 한다. 치료자는 반복해서 그 차단의 근원과 성질 및 그것 뒤에 있는 억압된 느낌을 조사할 필요가 있을 것이다. 소망하거나 느낄 수 없음은 만연된 성격적 특성이며 영속적인 변화를 가져오기 위해서는 상당한 시간과 치료적 인내가 필요하다.

정서 차단에 덧붙여, 소망을 회피하는 또 다른 양식이 있다. 어떤 사람들은 소망들을 구별하지 않고, 모든 소망에 대해 충동적으로 행동함으로써 소망을 회피한다. 그런 경우, 치료자는 환자가 소망들을 내적으로 구별하여 각각에 우선권을 배정하도록 도와야 한다. 환자는 상호 배타적인 두 가지 소망이 있을 때 그중 하나는 포기해야 한다는 것을 배워야 한다. 예를 들면, 의미 있고 사랑하는 관계가 소망이라면 이와 갈등을 일으키는 많은 대인관계적 소망들—정복, 권력, 유혹 또는 종속에 대한 소망—은 부인되어야만 한다.

결정은 소망과 행동 사이의 다리이다. 어떤 환자들은 비록 그들이 소망할 수는 있지만 결정할 수 없기 때문에 여전히 행동할 수 없다. 결정하기 어려운 더 일반적인 이유 중의 하나는 모든 긍정(yes)은 부정(no)을 포함하고 있다는 점이다. 즉, 결정에는 반드시 포기가 따르며 결정은 다른 선택권—때로는 결코 다시 올 수 없는 선택권—의 단념을 요구한다. 환자는 대안이 제외되는 바꿀 수 없는 사실을 맞이해야만 한다.

치료자는 환자가 선택을 할 수 있도록 도와야만 한다. 환자들은, 치료자가 아니라, 그들 자신이 선택권들을 만들고 골라야 한다는 것을 인식해야만 한다. 효과적으로 의사소통하도록 돕기 위해 치료자들은 환자가 자기 자신의 느낌을 소유해야 한다고 가르친다. 개인 자신의 결정한 바를 소유하는 것도 똑같이 중요하다. 어떤 환자들은 각 결정이 갖는 다양한 함축적 의미 때문에 당황한다. '만약에(what if)'는 그들을 괴롭힌다. 만약에 내가 직장을 그만두었는데 다른 직장을 찾을 수 없다면 어떨까? 만약에 내가 아이들을 홀로 남겨 두었는데 그 애들이 상처를 입으면 어떨까? 환자가 각 '만약에'의 전체 시나리오를 차례로 고려하여, 일어날 수 있는 모든 결과에 대하여 공상을 해 본 후, 거기에서 생기는 느낌들을 경험하고 분석하는 것이 유용할 때가 종종 있다.

환자들은 또한 불확실성을 참아 낼 수 없는 것에 의해서 마비가 된다. 젊은 여성 과학자가 자기가 바라마지 않는, 자기 가족이 살고 있는 고향으로 돌아가야 할지 아니면 자기가 전혀 좋아하지 않는 현재의 도시와 직업에 머물러야 할지를 결정하지 못해 치료를 받으러 왔다. 무엇보다도, 그녀는 평생의 배우자가 될 수 있는 남자를 만나기 원하였으며, 이는 그녀가 공부를 하고 자신의 경력을 쌓기 위하여 최근에 살았던 어떤 도시에서도 해내지 못하였던 일이었다. 그녀는 과학적인 방식으로 모든 가능성을 연구하였고, 철저하게 검토를 하였다. 예를 들면, 자기 고향에서 어떤 남자가 파트너를 찾고 있는지 데이트 웹사이트를 검색하였다. 아무도 적합한 사람이 없는 것 같았다. 만일 그녀가 좋은 직업을 포기하고 고향에서 그보다 못한 직장에 다니는데, 여전히 아무도 못 만나면 어떻게 될 것인가? 그러면 그녀는 여전히 외로울 것이고 이제는 후회와 통한만 남을 것이다. 그녀가 원하는 것은 누군가가 바른 결정을 해 주는 것이었다. 그녀와 함께한 치료적 과제는 삶의 불확실성이 불가피함을 직면하도록 돕는 것이었다. 아무리 과학적으로 접근한다고 해도 개인의 결정에서 보장이 되는 것은 없다.

치료자가 의지를 창조하는 것이 아니라 그것을 해방시킨다는 가정이 의사결정에 대한 일반적인 자세이다. 치료자가 결정 스위치를 돌리거나, 환자를 단호하게 격려할 수는 없다. 치료자의 과제는 의사결정의 장애물을 제거하도록 돕는 것이다. 일단 그렇게 하면, 개인은 Karen Horney(1950)가 말한 대로 도토리가 참나무로 발전하듯, 더 자율적인 위치로 자연스럽게 이동할 것이다.

치료자는 환자가 결정은 피할 수는 없는 것임을 이해하도록 도와야 한다. 사람은 항상 결정하며 때로는 자신이 결정하고 있다는 사실을 스스로 숨긴다. 환자들이 결정의 불가피성을 이해하도록 돕고 그들이 어떻게 결정하는가를 확인하도록 돕는 것은 중요하다. 예를 들면, 많은 환자들은 다른 사람이 그들을 위해 결정하도록 함으로써 수동적으로 결정한다. 그들은 상대방이 떠나기로 결정하도록 무의식적으로 행동함으로써 불만족스러운 관계를 끝맺을 수도 있다. 그런 경우, 최종 결과는 달성되지만, 그 환자는 많은 부정적 영향을 경험하게 될 것이다. 환자의 무력감은 강화되고 그는 자신의 인생 상황을 만들어 가는 사람이 되기보다는 우연히 어떤 일이 일어나는 사람으로 자기 자신을 계속 경험하게 된다. 우리가 결정하는 방식은 때때로 결정 내용만큼 중요하다. 적극적인 결정은 자신의 힘과 자원에 대한 개인의 적극적인 수용을 강화한다.

✻ 실존적 고립과 심리치료

어떤 관계도 실존적 고립을 제거할 수는 없으나, 사랑이 고통을 보상할 수 있는 것과 같은 방식으로 혼자임은 공유될 수 있다. 실존적 고립의 경험은 너무도 고통스러워서 거기에 대항하는 방어가 빠르게 그리고 굳건하게 도입된다. 그러나 우리의 고립된 상황을 깊게 인정할 수 있는 역량은 또한 다른 (유사하게 고립된) 존재들과 진실한 관계를 맺을 수 있도록 해 준다. 심리치료에서 성장하는 환자들은 친밀성의 보상적 측면뿐만 아니라 그것의 한계를 배운다. 즉, 그들은 타인에게서 얻을 수 없는 것이 무엇인가를 배운다.

환자가 실존적 고립을 직접 겪도록 돕는 것이 치료의 중요한 단계이다. 삶에서 친밀성과 진정한 관계를 충분히 경험하지 못한 사람들은 특히 고립을 견디지 못한다. 사랑이 있고 지지적인 가정의 청소년들은 비교적 쉽게 가족과 떨어져서 살 수 있고, 젊은 시절의 격리와 고립을 참을 수 있다. 한편, 괴롭고 갈등이 많은 가정에서 자란 청소년들은 가족을 떠나는 것이 아주 어렵다. 가족이 장애가 있으면 있을수록 청소년들이 떠나기는 더욱 어렵다. 그들은 격리에 대해서 준비가 되어 있지 않으며, 고립과 불안에 대한 피난처로서 가족에게 매달린다.

많은 환자들은 혼자 시간을 보내는 데 큰 어려움을 가지고 있다. 어떤 사람들은 다른 사람의 눈이 있어야만 그들이 존재한다는 느낌을 갖는다. 결과적으로 그들은 '홀로 있는' 시간을 제거하는 방식으로 그들의 인생을 구성한다. 여기에서 일어나는 두 가지 주요 문제들은, 그들이 필사적으로 특정한 종류의 관계를 추구하며, 고립에 따라오는 고통을 피하기 위해서 다른 사람을 이용한다는 것이다. 치료자는 그 환자에게 맞는 지지 체계를 발견하여 그가 일정량의 고립에 직면하도록 도와야 한다. 치료가 진전된 단계에서, 어떤 치료자들은 자기 주도적 고립 기간을 갖도록 조언해 주며, 이 기간에 환자는 자기의 사고와 느낌을 기록하도록 한다.

실존적 고립에서 오는 불안은 다른 사람과 의미 있고 상호 보완적인 관계를 창조하는 것을 통하여 가장 잘 완화될 수 있다. 사랑받지 못하였다고 느끼는 많은 환자들이 실제로는 사랑할 역량이 부족한 것으로 인해 고통을 받는다. 그들이 다른 사람에게 필요로 하는 것에 너무도 사로잡혀서, 그들은 다른 사람들에게 줄 수가 없고 서로 주고받는 것에 참여할 수가 없다. 사랑한다는 것은 다른 사람의 안녕과 성장에 적극적으로 관심을 갖는다는 것을 말한다. 『사랑의 기술(*The Art of Loving*)』에서 Erich Fromm(1956)은 "혼자 있는 능력은 사랑하는 능력의 조건이다."(p. 94)라고 썼다. 혼자임을 견디지 못하는 두 배우자는 그들을 붙들어 주는 A자 형 사다리를 만들어 내지만 결혼의 기초로는 빈약한 것이다.

치료자는 '나'와 '당신(Thou)'의 공간에서 환자를 만날 수 있는 진실한 인간의 참만남의 모범을 보여야만 한다. 그것이 치유를 하는 치료적 관계이다. 치료자 편에서 보이는 현존, 진솔성 그리고 수용성이 환자와 실제적 관계 속에서 진정한 만남을 하도록 초청하는 태도를 형성한다. 치료자의 목표는 무엇인가를 유도하는 것이 아니라 환자의 삶으로 무엇인가를 가져오는 것이다. 치료자는 이 과제를 사심 없이 수행하며, 환자의 세계로 들어가서 환자가 경험하는 그대로 경험하려고 시도한다. 실존 심리치료자는 이것을 심리치료의 기법으로가 아니라 여행 동반자의 입장에서 하려고 노력한다.

✻ 무의미성과 심리치료

무의미성을 효과적으로 다루기 위해서, 치료자는 우선 그 주제에 대한 민감성을 증가시켜야 하며, 다른 방식으로 듣고, 개인의 인생에서 의미의 중요성을 자각해야 한다. 어떤 환자들에게는 무의미성의 문제가 깊고 만연되어 있다. Carl Jung(1966)은 한때 그의 환자들 중 30% 이상이 개인적 무의미성 때문에 치료를 찾는다고 추정하였다(1996, p. 83).

치료자는 환자의 인생에 전반적인 초점과 방향을 맞추어야 한다. 환자는 그들 자신을 넘어서서 도달하고 있는가? 그렇지 않으면 그는 단지 살아 있는 것에 머물러 있는 일상적 틀에 빠져 있는가? Yalom(1981)은 환자가 그러한 추구를 초월한 어떤 것에 초점을 맞추도록 돕지 않으면 치료는 거의 성공할 수 없었다고 보고하였다. 환자가 단지 이 주제들에 더 민감해지도록 함으로써, 치료자는 환자가 자기 외부에 있는 가치들에 초점을 맞추도록 도울 수 있다. 예를 들면, 치료자는 환자의 신념 체계에 의문을 품는 데서 시작하며, 타인에 대한 사랑을 깊이 탐구하고, 장기적인 희망과 목표를 물을 수 있으며, 창조적인 관심과 추구를 탐색할 수 있다.

Viktor Frankl은 현대 정신병리에서 무의미성이 차지하는 중요성을 크게 강조하였는데, 그는 "행복은 추구될 수 없고 단지 결과적으로 발생할 뿐이다."라고 말하였다(1969, p. 165). 우리가 의도적으로 자기만족을 추구할수록, 그것은 더욱더 우리를 피할 것이다. 반면, 우리가 어떤 자기 초월적인 의미를 실행할수록 더 많은 행복이 찾아올 것이다.

치료자들은 자기중심적 환자들이 타인에 대한 호기심과 관심을 개발하도록 돕는 방법을 발견해야만 한다. 치료 집단이 특히 여기에 잘 부합된다. 즉, 치료 집단에서는 '주지 않고 받기만 하는' 자기 몰입적인 자기애적 환자들이 흔히 더 두드러지게 나타난다. 그런 경우, 치료자들은 집단 과정 중 여러 시점에서 타인들이 어떻게 느끼는가를 이 환자들이 추측해 보도록 정기적으로 요구함으로써 타인을 공감할 수 있는 능력과 성향을 향상시키려고 할 수도 있다.

그러나 무의미성 문제에 대한 주요 해결책은 참여(engagement)를 하는 것이다. 무한하게 배열되어 있는 인생 활동에 성심 성의껏 참여하면 자신의 생활 사건들을 어느 정도 통일된 방식으로 유형화할 가능성이 커진다. 가정을 이루고, 다른 사람에게 그리고 생각이나 계획에 대하여 관심을 갖고, 탐색하고, 창조하고, 수립하는 이 모든 참여들이 두 배로 보상을 준다. 그것들은 내적으로 풍부하게 만들어 주며 정리되지 않은 거친 실존적 자료가 쏟아지는 것에서 유래한 기분저하를 완화한다.

치료자는 그가 소망을 다룰 때 가졌던 것과 같은 태도로 참여하는 것에 접근해야 한다. 환자에게는 인생에 참여하려는 소망이 항상 있으므로, 치료자는 환자가 가는 길에 놓여 있는 장애물을 제거해 주어야 한다. 치료자는 환자가 다른 사람을 사랑하지 못하도록 막는 것이 무엇인가를 탐색해야 한다. 그는 타인과의 관계에서 왜 전혀 만족하지 못하는가? 왜 일에서 거의 만족을 얻지 못하는가? 무엇이 환자로 하여금 그의 재능과 관심에 상응하는 일을 발견하지 못하도록 하는가? 왜 환자는 창조적이거나 종교적이거나 자기 초월적인 노력을 무시해 왔는가?

✻ 죽음과 심리치료

죽음에 대한 개인적 직면은 우리의 유한성에 대한 자각을 증가시켜 인생의 조망에 급진적인 변화를 일으키고 이것이 개인적 변화를 가져온다. 암으로 죽어 가는 Carlos라는 환자는 가능하면 많은 여자들과 성관계를 가져야 한다는 선입견에 사로잡혀 있었다. 그러나 그의 치료자인 Yalom이 그가 이제까지 살아온 자기의 삶을 숙고하도록 주장하자, Carlos는 마지막 달에 놀랄 만한 변화를 보였다. 죽음에 임박하였을 때, Carlos는 치료자에게 자신의 삶을 구원해 준 것에 대하여 감사를 표하였다.

✻ 깨어나는 경험으로서의 죽음

깨어나는 경험은 개인을 실존적 상황에 직면하도록 몰아대는 절박한 경험의 한 유형이다. 가장 강력한 깨어나는 경험은 우리의 개인적 죽음에 대한 직면이다. 그러한 직면은 우리가 세상을 살아가는 방식에 커다란 변화를 제공하는 힘을 가지고 있다. 어떤 환자들은 그들이 단지 '실존은 연기될 수 없다'는 것을 배웠다고 보고한다. 그들은 더 이상 미래의 어느 시점까지 삶을 연기할 수 없다. 그들은 사람이 현재에서만 진실로 살 수 있다는 것을 깨닫는다. 신경증 환자는 좀처럼 현재에 살지 않고, 과거에 생긴 사건들에 계속 사로잡혀 있거나 앞으로 예상되는 사건을 두려워한다.

깨어나는 경험에 직면하면 사람들은 그들이 받은 축복을 따져 보고 자연 환경을 자각하게 된다. 즉, 인생의 기본적 사실들, 변화하는 계절, 보기, 듣기, 만지기, 사랑하기 등이다. 사소한 염려나, 우리가 할 수 없거나 부족하다는 생각이나, 우리의 명성을 위협당하는 것은 일상적으로 우리가 경험할 수 있는 것들을 위축시킨다.

치명적인 병을 앓는 많은 환자들은 죽음을 직면함으로써 생긴 개인적 성장을 보고할 때 다음과 같이 애석해하였다. "이러한 진실을 알기 위하여 지금까지 기다려야만 하였던 것, 우리 몸이 암으로 망가져 버릴 때까지 기다려야 하였던 것이 비극이다." 이것은 치료자에게 엄청나게 중요한 메시지가 된다. 치료자는 '일상적인' 환자들(예컨대, 신체적으로 아프지 않은 환자들)이 생애의 더 이른 시기에 죽음에 대한 자각을 증가시키도록 돕기 위해 영향력을 발휘할 수 있다. 이러한 목적을 마음속에 가지고, 일부 치료자들은 환자가 자신의 죽음을 직면하도록 하는 구조화된 연습을 채택하기도 한다. 몇몇 집단 지도자들은 성원들에게 그들 자신의 묘비명이나 사망 기사를 쓰도록 함으로써 간단한 집단 경험을 시작하거나 집단 성원들이 자신의 사망과 장례식을 상상하도록 하는 유도된 공상을 제공한다.

많은 실존 심리치료자들은 인위적으로 도입된 죽음 직면이 필요하거나 권할 만한 것이라고 믿지 않는다. 대신, 그들은 죽음의 신호가 일상생활의 일부를 구성하고 있다는 점을 환자가 인식하도록 도우려 한다. 만약 치료자와 환자가 주파수가 맞는다면, 모든 심리치료 과정에서 죽음에 대한 불안이 있다는 상당한 증거가 있다. 모든 환자들은 부모, 친구, 동료의 죽음을 통한 상실 때문에 고통스러워한다. 죽음의 불안이 꿈을 괴롭힌다. 모든 악몽은 생생한 죽음의 불안에 대한 꿈이다. 우리 주변의 모든 곳에서 노화를 떠올릴 수 있다. 우리의 관절은 삐걱거리기 시작하며, 피부에 검버섯이 나타나고, 동창회에 나가서 다른 모든 사람들이 어떻게 나이를 먹어 가는지 놀라면서 주목하기 시작한다. 우리 자녀들은 자란다. 인생의 주기는 우리를 에워싼다.

죽음에 직면하는 중요한 기회는 환자들이 가까운 사람의 죽음을 경험할 때 일어난다. 애도에 관한 전통적 문헌은 애도 작업의 두 가지 측면에 주로 집중한다. 즉, 상실과 애도 감정을 강력히 부채질하는 양가감정의 해결이다. 그러나 세 번째 차원을 고려해야 한다. 우리의 가까운 사람의 죽음은 우리 자신의 죽음을 직면시킨다.

우리가 죽은 사람과 어떤 관계에 있느냐에 따라 비탄은 아주 다른 성질을 지니게 되는 경우가 흔하다. 부모의 상실은 우리를 자신의 취약성에 직면시킨다. 부모가 그들 자신을 구할 수 없었다면, 누가 우리를 구할 것인가? 부모가 죽을 때 우리 자신과 무덤 사이에는 아무것도 없다. 부모가 죽는 순간, 우리 자신이 우리의 자녀와 부모의 죽음 사이에 장벽을 만든다.

배우자의 죽음은 흔히 실존적 고립에 대한 두려움을 불러일으킨다. 중요한 주변 인물의 상실은 가능하면 둘이서 함께 세상을 마치려고 하지만, 그럼에도 불구하고 우리가 견디어야 하는 기본적인 외로움이 있다는 자각을 증가시킨다. Yalom은 아내가 수술 불가능한 암에 걸렸다는 것을 알고 난 후 한 환자가 밤에 꾼 꿈을 보고하였다.

> 나는 옛날 우리 집[가족이 3대째 살아왔던 집]에 살고 있었어요. 프랑켄슈타인 괴물이 그 집에서 나를 쫓고 있었어요. 나는 두려웠습니다. 그 집은 낡았고, 부식됐어요. 타일은 푸석푸석하였고, 지붕은 새고 있었어요. 어머니 위로 온통 물이 새고 있었습니다[그의 어머니는 6개월 전에 돌아가셨다]. 나는 그와 싸웠어요. 나는 무기를 잡았어요. 그것은 마치 낫처럼 손잡이가 있고 구부러진 칼날이 있었습니다. 나는 그것을 휘둘렀고 그를 지붕으로 던져 올렸습니다. 그는 아래에 있는 도로에 뻗어 버렸습니다. 그러나 일어나서 다시 한 번 온 집을 다니며 나를 추적하기 시작하였습니다(1981, p. 168).

이 꿈에 대한 환자의 첫 번째 연상은 "나는 수만 마일을 가야 된다는 것을 알고 있다."였다. 분명히 아내의 임박한 죽음은 그에게 자신의 인생과 몸도 역시 유한하다는 것을 상기시켰다(꿈에서는 낡은 집으로 상징되었다). 이 환자는 어렸을 때, 이 악몽에서 되돌아온 괴물에게 자주 쫓겨 다녔다.

아동들은 죽음의 불안을 다루기 위해 여러 가지 방법들을 시도한다. 가장 일반적인 것 중의 하나는 죽음의 의인화이다. 즉, 죽음을 어떤 유한한 피조물—괴물, 잠의 귀신, 유령 등—로 상상하는 것이다. 이것은 아이들에게는 아주 무서운 것이지만 진실보다는 훨씬 덜 무서운 것이다. 그들은 자신의 죽음의 씨앗을 그런 것들 안으로 옮긴다. 죽음이 어떤 물리적인 형태로 '저 밖에' 있다면 그것을 벗어나거나, 속이거나, 진정시킬 수 있다.

치료자는 삶의 이정표를 사용하여 환자가 인생의 실존적 사실에 초점을 맞추도록 하는 또 다른 기회를 제공한다. 생일이나 기념일 같은 간단한 이정표도 유용한 수단이 된다. 이러한 통과 신호들은 흔히 고통을 일으킬 수 있다(따라서, 우리는 종종 즐거운 잔치를 하는 등의 형식으로, 반동 형성에 의하여 그러한 이정표들을 다룬다).

개인의 경력에 대한 위협, 심한 질병, 은퇴, 관계를 맺는 것 그리고 관계를 끝내는 것과 같은 주된 생활 사건들은 중요한 깨어나는 경험이고 죽음의 불안에 대한 자각을 증가시키는 기회를 제공한다. 보통 이러한 경험들은 고통스러우며, 치료자는 고통의 경감에 전적으로 집중해야만 한다고 느낀다. 그러나 그렇게 함으로써, 그들은 그 순간에 자신을 드러내는 깊은 치료 작업을 할 수 있는 좋은 기회를 놓치게 된다.

생일, 비탄, 동창회, 꿈 또는 빈 둥지는 개인을 깨어나게 하는 주된 요소이다. 이러한 것들은 한 사람이 어떻게 삶을 살아왔는지 반영해 주는 계기가 된다. 『자라투스트라는 이렇게 말하였다(*Thus Spake Zarathustra*)』에서 Nietzsche(1954)는 도전을 제기하였다. 만일 당신이 똑같은 삶을 영원토록 또 살고 또 산다면, 그것은 당신을 어떻게 바꾸겠는가? 자신이 영원토록 같은 삶을 또 살고 또 산다는 아이디어는 괴로움을 주는 것일 수 있으며, 일종의 작은(petite) 실존적 충격 치료라고 할 수 있다. 이는 흔히 정신이 번쩍 들게 하는 사고의 실험으로 작용하며, 자기가 진정으로 어떻게 살고 있는지 심각하게 생각해 볼 수 있게 해 준다.

불안의 일차적 근원으로서의 죽음. 죽음에 대한 두려움은 불안의 일차적 근원이다. 그것은 인생 초기에 나타나며, 성격 구조를 형성하는 도구이며, 전 생애를 통하여 고통을 야기하고 심리적 방어가 일어나게 하는 불안을 계속 만들어 낸다. 그러나 죽음에 대한 불안은 존재의 아주 깊은 수준에 있으며, 대단히 억압되어 있고, 완전한 정도까지 경험되는 일은 좀처럼 없다는 것을 아는 것이 중요하다. 흔히 죽음의 불안 그 자체는 임상 장면에서 쉽게 볼 수 없다.

죽음의 불안이 치료적 대화에서 겉으로 들어나지 않을지라도, 죽음의 자각에 근거한 불안의 이론은 치료의 효율성을 대단히 증진시키는 참조준거를 치료자들에게 마련해 줄 수 있다. 죽음의 불안은 각 개인이 '살지 않았던 삶'의 양과 직접적으로 연결된다. 자신이 삶을 풍요롭게 살았다고 느끼는 사람들, 즉 자신의 잠재력과 운명을 충족시켰다고 느끼는 사람들은 죽음에 직면하였을 때 덜 공포를 느낀다.

그러나 치료를 시작할 때부터 뚜렷한 죽음에 대한 불안으로 뒤덮인 환자들도 있다. 때로는 환자가 죽음에 대한 불안이 밀려오는 상황에 놓여 있어서, 치료자가 이 주제를 피할 수 없는 경우도 있다. 장기간의 집중적인 치료에서는 언제나 죽음의 불안을 발견해야 하고 치료적 작업에서 이를 고려해야 한다.

심리치료 기제

비록 깨어 있는 치료자는 궁극적 관심사를 피해 가거나 그 주제를 바꾸려고 하지 않지만, 실존 심리치료는 이러한 궁극적 관심사를 논의하는 것에 한정되지도 않으며, 심지어는 거기에 초점을 두고 있지도 않다. 그렇지만, 실존 심리치료의 기제는 실존과 존재함에 대한 불안에 참여하는 것을 권장함으로써 기본적인 인간 경험에 대하여 분명한 조망을 가질 가능성을 극대화한다. 실존 심리치료의 기제는 '지금-여기'에 초점을 맞추는 것과 치료자-환자의 관계를 여행 동반자로 보는 것을 포함하고 있다. 치료적 입장은 공감에 근거를 두고 있고 꿈을 사용하는 것을 포함할 수도 있다.

✻ 공감

공감은 다른 사람들과 연결을 하려고 할 때 우리가 가지고 있는 가장 강력한 도구이다. 그것은 인간을 연결시켜 주는 접착제이며, 깊은 수준에서 한 사람이 다른 누구인가의 느낌을 느낄 수 있게 해 준다. 실존 심리치료자는 환자의 관점에서 세상을 보려고 노력한다. 환자들은 치료자와는 아주 다른 방식으로 치료 시간을 본다. 거듭 말하거니와, 치료자들은, 아주 경험이 많은 사람조차도, 환자가 이전 시간에 강한 정서적 경험을 하였다고 치료자는 기억하지 못하고 있는 이야기를 할 때 이런 현상을 재발견하고 놀라게 된다. 다른 사람이 어떻게 느끼는지 정말로 알기는 너무도 힘든 일이다. 너무도 자주, 치료자로서 우리는 우리 자신의 느낌을 다른 사람에게 투사한다.

공감을 하기 위해서 환자가 한 것과 같은 경험을 하였어야 할 필요는 없다. 그들은 "나는 인간이며 인간사 중에 정말 이해가 안 되는 것은 아무것도 없다."라는 금언을 따르려고 할 수도 있다. 이것은 치료자 편에서 환자가 제공하는 행동이나 환상이 아무리 악랄하거나, 폭력적이거나, 욕정에 가득 차 있거나, 가학적이든 간에 거기에 부합되도록 자신의 그런 부분을 열어 놓을 것을 요구한다.

✻ 지금-여기

실행하는(doing) 치료의 핵심은 지금 여기에 강한 초점을 맞추는 것을 포함한다. 바로 지금, 바로 여기에서 환자와 치료자 사이에 있는 대인적 공간에서 무슨 일이 일어나고 있는가? 치료는 어떤 면에서 사회적 소우주이며, 만일 치료가 고도로 구조화된 것이 아니라면, 조만간에 환자의 대인관계적이고 실존적인 문제들이 치료 관계의 지금 여기에서 스스로 드러나게 된다. 만일 삶에서 환자가 요구적이거나 두려워하거나 도도하거나 소극적이거나 유혹적이거나 통제적이거나 판단적이거나 다른 방식으로 대인관계에서 적응을 못할 경우에, 이 성향들은 치료 시간의 지금 여기에서 생생하게 드러날 것이다. 치료자는 단지 환자와의 상호작용에서 무엇이 일어나는지 깨어서 알고 있으면서 환자가 외부의 관계에서 겪는 어려움을 어떻게 보고하는지 유사점을 찾아내려고 노력한다. 충분히 지금 여기에 다가가기 위해서, 치료자는 자신의 감정에 다가가야 하며 이것을 그들의 상호작용에서 어떤 일이 일어나는지에 대한 지표로 사용해야 한다. 만일 치료자가 지루하다면, 환자가 그 지루함을 유도하는 무엇인가를 하고 있는 것이다. 아마도 환자는 친밀감을 갖는 것을 두려워하거나 조용하게 치료자에게 격분하고 있을지도 모른다. 치료자는 상호작용하고 있는 그 순간에 느끼는 자신의 감정을 인정함으로써만 환자가 연출하는 것에 다가갈 수 있다. 이를 잘 하기 위해서, 깊은 자기 인식과 세련되고 친절하게 피드백을 주는 기술이 있어야 하며, 환자를 비난하지 않아야 하고, 무엇보다도 필요한 경우에 자기 자신이 문제가 되는 상호작용에 기여한 부분을 인정할 준비가 되어 있어야 한다.

지금 여기에 주의를 두는 것은 상호작용이 일어나는 그 순간의 즉각성(immediacy)에 주의를 두도록 하는 것이다. 환자들은 이것이 익숙하지 않거나 지금-여기의 과정에 관여하는 것에 저항할 수도 있다. 그러나 완전히 현재에 있는 치료자가 완전히 현재에 있는 환자와 진정한 연결을 구축하고, 두 사람이 그들의 경험의 현상을 공유하는 것으로써 치료 시간의 가장 큰 활력이 나타나는 것은 여기이다.

관계가 진전되어 감에 따라 그 속에서 일어나는 것에 초점을 유지하는 것은 치료자의 과제이다. 간단하게 점검하는 것이 이 관계를 주의의 중심에 놓을 수 있다. 예를 들면 다음과 같은 질문을 해 보는 것이다. "오늘은 당신과 내가 어떻게 해 나가고 있나요?", "지난 회기에 나에 대한 느낌을 집으로 가지고 간 게 있나요?", "오늘은 정말로 전환이 일어난 것을 알아챘어요. 처음에는 우리가 아주 멀리 있었는데 지난 20분 동안에 우리가 아주 가까워진 느낌이 들어요. 당신도 같은 것을 경험하나요? 그러면 무엇이 우리를 더 가까워지게 하였을까요?" 치료는 언제나 번갈아 일어나는 상호작용의 연속이며 그 상호작용에 대한 반영이다.

지금 여기에서 일어나는 것은 항상 환자의 삶에서 유사성을 갖고 있다. 환자가 치료 시간에서 자기 체험을 하는 모험을 감수하게 됨에 따라, 그들은 바깥 세상에서도 그러한 모험을 감수할 용기를 더 많이 가지게 된다. 환자가 그들의 완전한 참여를 막고 있는 것, 그들의 속박감, 그들의 책임 회피, 다른 사람과 관계를 맺기 어려움 등을 인식하면, 그들은 자신들의 삶의 프로젝트와 관계를 방해하는 것이 무엇인지 더 잘 이해하게 된다. 환자들은 양질의 진정한 관계를 위한 내적인 기준을 새로 개발한다. 이것을 치료자와 함께 달성하게 되면, 그들은 미래에도 이와 유사하게 좋은 관계를 형성하게 될 자신감과 의도를 가지게 된다.

치료자는 환자를 위하여 어떤 결정도 내리지 않으며 무엇이 환자에게 가장 좋은지 그가 안다는 내적인 확신에 대하여 깨어 있어야 한다. 치료자의 역할은 '촉매'가 되는 것이다(Wheelis, 1973). 치료는 목적을 가진 삶을 가로막는 방어벽을 제거해 주고 환자가 자신의 행동에 대하여 책임을 지도록 도와주는 목표를 가지고 있으며, 해결책을 주는 것은 아니다.

✱ 꿈

꿈은 환자의 내면적 삶에 접근하는 아주 중요한 길이다. 꿈은 치료 관계, 실존적 경험, 무의식적 환상들을 언급하며, 그 사람의 가장 깊은 측면에 대한 은유를 포함하고 있다. Yalom(2002)은 『치료의 선물(*The Gift of Therapy*)』에서 꿈이 어떻게 치료를 생동감 있게 하고 방향을 제시할 수 있는지를 보여 주기 위해 다음의 이야기를 하였다.

> 나는 우리 집 현관에서 아버지가 책상 앞에 앉아 계신 것을 보았습니다. 나는 집에 들어가서 아버지께 차에 기름을 넣을 돈을 좀 달라고 말하였어요. 아버지는 주머니에서 많은 돈을 꺼내어 주시며 내 지갑을 가리켰습니다. 내가 지갑을 열자 거기에는 이미 돈이 가득 차 있었어요. 그래서 나는 자동차에 기름이 하나도 없다고 말하였고, 아버지는 밖에 있는 내 차에 가서 연료 계기판을 가리켰는데, 거기에는 '가득함'이라는 표시가 있었어요(p. 232).

이 꿈의 분석에서 Yalom은 다음과 같이 지적하였다.

> 이 꿈의 주요 주제는 비어 있음 대 가득함이다. 환자는 자기 아버지에게서(그리고 나에게서, 내가 볼 때 꿈에 나오는 방이 내 사무실의 모양과 아주 흡사하였기 때문에) 무엇인가를 얻기 원하는데, 그녀는 자신이 무엇을 원하는지 알아낼 수가 없다. 그녀는 돈과 기름을 청하였지만 이미 그녀의 지갑은 돈이 많이 들어 있었고 기름통은 가득 차 있었다. 그 꿈은 그녀의 만연된 공허감을 묘사하고 있으며, 그녀가 올바른 질문을 찾아내기만 하면 내가 그녀를 가득 채워 줄 수 있는 힘을 가졌다는 그녀의 신념을 나타내고 있다. 따라서 그녀는 자신이 과녁을 빗나갔다는 것을 잘 알면서도 나에게서 무엇인가를, 즉 칭찬, 맹목적 사랑, 특별한 대접, 생일 선물을 얻어 내려는 갈망을 지속적으로 가지고 있었다. 치료에서 나의 과업은 그녀의 주의를 다른 방향으로 돌리는 것, 즉 다른 사람에게서 공급을 받는 것에서 멀어지고 자신의 내적 자원의 풍부함을 향하도록 하는 것이었다(p. 233).

✻ 여행 동반자

때로는 몇 시간씩 아무런 실존적 내용에 관한 언급 없이 지나가기도 하지만, 치료자-환자의 관계는 매 회기마다 실존적 관점에 의해 영향을 받는다. 실존 심리치료자들은 자신들을 실제적이고, 자기를 드러내는 **여행 동반자**로 경험하고 제시한다.

우리는 모두, 환자나 치료자의 역할이든지 그냥 인간으로서든지 우리의 필연적인 죽음, 우주 내에서 혼자 있음, 삶의 의미를 발견함 그리고 우리의 자유를 인식하고 우리가 이끄는 삶에 대한 책임을 지는 것을 받아들이는 법을 배워야 한다. 지혜로운 치료자는 이러한 이슈들이 우리가 함께 투쟁해 나가야 할 것임을 인식한다. 치료자는 단지, 희망컨대, 이러한 관심사들에 수반하는 것들을 정직하게 이야기할 수 있다는 점에서 특혜를 받았을 뿐이다.

실존적 접근에서 사람들과 작업하는 것은 전문가 역할을 하는 것, 기법이나 매뉴얼 또는 임상적 규정을 따르는 것을 훨씬 더 넘어서는 것이다. 그보다는, 보호구역을 제공하고, 현재 존재와 되어 갈 존재를 탐색하고 삶의 실존적 기정사실에 직면하기 위한 관계를 제공한다(Craig, 2012).

삶의 궁극적 관심사와 정면으로 대면하는 것은 인간 삶에서 유대관계가 최우선적임을 깨닫게 한다. 실존심리학의 중심이 되는 것은 치료자와 환자의 관계이다. 그러나 이런 관계에 대하여 미리 처방된 공식은 없다. 치료적인 모험은 항상 자발적이고 창조적이고 불확실하다. 사실상, 치료자는 매 환자마다 새로운 치료를 창조한다. 치료자는 즉흥성과 직관을 가지고 환자를 탐색한다. 심리치료의 핵심은 돌봄이며, 둘 중의 한 사람(항상 그렇지는 않지만, 일반적으로 환자)이 좀 더 어려움을 가지고 있는 두 사람이 깊은 인간적 만남을 하는 것이다. 두 사람이 모두 같은 실존적 이슈인 의미, 고립, 자유와 죽음에 노출된다. '그들'(고통을 당하는 사람)과 '우리'(치유자) 사이에 구별이 없다.

효과적인 치료에서 너무나도 중요한 **진솔성**은 치료자가 실존적 이슈를 정직하게 다룰 때 새로운 차원을 취하게 된다. 우리는 이상한 고통으로 괴로움을 겪는 환자가 냉정하고, 결점 없는, 전문적인 치유자를 필요로 한다는 의학적 모델의 흔적을 지워 버려야 한다. 우리는 실존의 핵심에 자리 잡은 웜(worm)인 죽을 운명에 대한 상처라는 똑같은 공포를 만나게 된다. 죽음의 불안을 다루는 환자와 진정으로 함께하려면, 치료자는 자신이 가진 죽음의 불안에 개방되어야만 하는데, 말로만 하거나 표면적인 방식이 아니라 심오한 자각을 가지고 해야 한다. 이것은 결코 쉬운 일이 아니며, 어떤 훈련 방법도 치료자에게 이런 유형의 작업을 준비시켜 주지는 않는다.

여행 동반자는 그들 사이의 관계의 공간인 지금 여기에 초점을 맞추고, 죽음의 공포를 부드럽게 만드는, 삶의 의미와 유대감을 발견하지 못하도록 막는 걸림돌에 흔히 깔려 있는 인간 상호작용의 딜레마를 함께 탐색한다. 치료적 관계의 역동이 전개되는 그대로 그것에 초점을 맞추면 생동감과 참여가 가능해진다. 치료자의 가장 가치 있는 도구는 자기 자신이며, 따라서 자신의 치료를 통해서만 수행될 수 있는 개인적 탐색은 치료자 훈련의 필수적인 부분이다. 심리치료는 심리적으로 부담이 되는 일이며, 치료자는 심리치료의 많은 직업적 어려움에 대처할 자각과 내적인 힘을 길러야만 한다. 치료자들은 개인적 치료를 받는 것을 통해서만 자신의 맹점과 어두운 면을 자각하고 이에 따라 인간의 소망과 충동을 광범위한 범위로 공감할 수 있게 된다. 개인적인 치료는 또한 학생 치료자가 환자의 자리에서 치료 과정을 경험할 수 있게 해 준다. 즉, 치료자를 이상화하는 경향, 의존성에 대한 열망, 돌보아 주고 주의 깊게 들어 주는 사람에 대한 감사, 치료자에게 부여된 힘 등을 경험할 수 있게 해 준다. 자기 인식은 한 번 얻어지면 영원히 지속되는 것이 아니다. 치료자들은 삶의 많은 단계에서 치료에 다시 들어가는 것을 통해서만 이득을 볼 수 있다.

✻ 치료자의 투명성

환자와 함께 길을 가는 여행의 동반자로서, 치료자는 가능한 한 진지하고 진솔하려고 노력한다. 치료자는 지금 여기에서 자신의 느낌을 기꺼이 드러내야만 하며, 환자와 상호작용을 하면서 그의 내부에서 경험하는 것에 관하여 완전히 열려 있어야 한다. 실존 심리치료의 관점에서는 **검토된** 치료적 관계가 치유를 하는 것이다.

실존 심리치료자들은 기꺼이 환자가 그들을 문제 삼도록 허용하며 또한 그들의 실수를 인정한다. 치료자가 자기 공개를 하는 것은 항상 치료를 촉진시킨다. 그러나 심사숙고를 하는 치료자는 또한 경계선과 그런 자기 공개에서 경계선이 가지는 의미에 대하여 명심하여야 하며 다양한 형태로 환자의 부당한 이용에 개입하려는 유혹을 물리쳐야 한다. 치료자는 치료를 증진시키려고 자기 공개를 하는 것이지, 자신의 욕구나 규칙 때문에 자기 공개를 하는 것이 아니다. 이런 종류의 일을 하는 데 개인치료를 받는 것이 그렇게까지 중요한 이유는 바로 이것 때문이다.

치료자는 환자와의 관계에서 지금 여기에서 일어나는 것에 대한 느낌을 주로 공개하여야 한다. 그러한 자기 공개는 잘 진행이 되어야 하고 기술적으로 해야 하며, 절대로 충동적으로 해서는 안 된다. 예를 들어, 치료자는 환자가 이야기해 준 결과로 환자와 더 가까워짐을 느꼈을 때 이를 환자에게 말할 수 있으며, 환자가 좀 더 강렬한 정서적인 이슈를 직면하지 않으려 할 때 더 멀게 느껴진다고 말할 수 있다. "나는 당신이 나를 비난할까 봐 당신 삶의 다른 사람들처럼 두려워하고 있는 것을 알게 되었어요.", "당신이 나를 떠받드니까 내가 당신에게서 아주 멀어지는 것 같은 느낌이 듭니다.", "당신이 내가 말하는 것마다 승인이나 거부에 대한 사인으로 내 말을 유심히 살펴보는 듯해서, 내가 말을 할 때 아주 조심을 해야 할 것처럼 느껴지네요." 치료자는 환자에게 파괴적으로 느껴지는(또는 파괴적이 될 수 있는) 자기 공개를 하지 않도록 주의를 기울여야만 한다. 그들은 치료의 진행속도를 존중해야만 하며 환자가 들을 준비가 되어 있는 것과 준비가 되어 있지 않은 것을 존중해야만 한다.

적용

누구를 도울 수 있는가

임상 장면이 보통 실존적 접근을 적용할 수 있는지 여부를 결정한다. 각 치료 과정에서, 치료자는 그 임상 장면에 적합한 목표를 고려해야 한다. 한 예로서, 1~2주 정도 입원하는 급성 환자의 경우에 치료 목표는 위기를 중재하는 것이다. 치료자는 증상을 경감시키고 환자의 기능을 위기 전 수준으로 회복시키려 한다. 더 깊고 더 의욕적인 목표들은 그 상황에서는 비현실적이고 부적절하다.

환자들이 증상의 경감뿐만 아니라 더 큰 개인적 성장을 얻기 원하는 상황에서는 실존적 접근이 일반적으로 유용하다. 의욕적인 목표를 갖는 철저한 실존적 접근은 대부분 장기 치료에 적합하지만, 단기간의 접근에서도 실존적 양식의 일부 측면(예: 책임, 결정하기, 진정한 치료자-환자의 만남, 애도 작업 등의 강조)이 치료에 결합되는 경우가 흔하다.

치료에 대한 실존적 접근은 일종의 경계선적 상황(즉, 죽음에 직면하기, 어떤 중대한 취소할 수 없는 결정에 직면하기, 갑작스런 고립, 한 인생 영역에서 다른 인생으로 통과를 나타내는 이정표 등)에 처한 환자들에게 분명히 더 적합하다. 그러나 이러한 두드러진 실존적 위기들에 치료가 한정되는 것은 아니다. 실존 심리치료는 여러 양식을 지니고 있는 다양한 범위의 환자들에게 적용될 수 있다(Schneider, 2007). 모든 치료 과정에는 실존적 갈등에서 유래하는 환자의 고통이 있다는 충분한 증거가 있다. 그러한 자료를 이용할 수 있는지 여부는 완전히 치료자의 태도와 지각 능력에 달려 있다. 이 수준에서 작업할 것인지 여부를 결정하는 것은 치료자와 환자가 함께 해야 한다.

치료

실존 심리치료는 개인치료 장면에 주로 적용된다. 그러나 집단치료, 가족치료, 부부치료 등을 포함하는 다양한 장면에 여러 실존적 주제들과 통찰이 성공적으로 적용될 수 있을 것이다.

책임감의 개념은 특히 폭넓게 적용될 수 있다. 그것은 환자가 자신의 행동이 다른 사람에게 어떻게 비치는지, 자신의 행동이 다른 사람들에게 어떤 느낌을 주는지, 자신이 다른 사람들로 하여금 자신에 대해 어떤 의견을 갖도록 만드는지, 그리고 다른 사람의 의견이 그들의 자신에 대한 의견을 어떻게 조성하는지를 배우는 집단치료 과정의 주춧돌이다. 집단원들은 다른 사람들이 자신들을 대하는 방법과 그들이 자기 자신을 대하는 방식에 책임이 있다는 것을 이해하기 시작한다(Yalom & Lecsz, 2005). 사실상, 환자들은 어떻게 그들이 바깥세상에서 그들을 힘들게 하는 바로 그 반응들을 다른 사람들이 하도록 만드는지 볼 수 있게 된다(Josselson, 2007).

집단치료에서, 모든 성원들은 동시에 '태어난다.' 각자는 집단에 동등하게 발을 들여놓는다. 각자는 점차 집단에서 특정 인생 영역을 만들고 형성한다. 따라서 각자는 그가 집단에서(인생에서도 마찬가지로) 스스로 만드는 대인관계적 위치에 대해 책임을 져야 한다. 그다음에 집단의 치료적 과제는 개인이 서로 관계 맺는 방법을 바꾸도록 허용할 뿐만 아니라, 강력한 방법으로 그들이 자기 인생에서 곤경을 만들었던 정도를 명심하게 하는 것이다. 이는 분명히 실존 심리치료 기제이다.

흔히 치료자는 환자가 자기 인생의 곤경에 기여한 정도를 확인하기 위해 치료자 자신의 느낌을 사용한다. 예를 들면, 48세 된 우울한 여성은 자녀들이 자신을 대하는 방법에 대해 몹시 불평하였다. 자녀들은 어머니의 의견을 무시하였고, 어머니에게 안달을 부렸으며, 어떤 심각한 문제가 생길 때는 아버지에게 의견을 물었다. 치료자가 그의 감정의 주파수를 이 환자에게 맞추었을 때, 그녀의 목소리에서 치료자가 그녀를 심각하게 대하지 않고 다소 어린애처럼 대하도록 만드는 칭얼대는 성질을 자각하게 되었다. 그는 그 감정을 환자와 공유하였고, 그것은 그녀에게 매우 유용한 것이었다. 그녀는 많은 영역에서 자신의 유치한 행동을 깨닫게 되었고, 자녀들이 그녀가 취급되기 '청하였던' 대로 대하였음을 깨닫기 시작하였다.

때때로 치료자들은 의사결정의 위기 때문에 대혼란을 일으키는 환자를 치료해야만 한다. Yalom(1980)은 그런 상황에서 이루어지는 치료적 접근을 기술하였다. 치료자의 기본적 전략은 환자가 결정의 실존적 함축성을 드러내고 평가하도록 돕는 것이다. 한 환자는 66세의 과부로, 여름 별장을 파는 것 때문에 고통을 받아 치료를 받게 되었다. 별장 정원을 가꾸고, 별장을 유지하고 관리하려면 부단한 주의가 필요해서 쇠약한 여인으로서는 상당히 힘들었던 것 같았다. 경제적 형편도 그 결정에 영향을 미치기 때문에 그녀는 결정하는 데 도움을 받기 위해 많은 재정적 자문과 현실적 자문을 요구하였다.

치료자와 환자는 그 결정에 내포된 많은 요인들을 탐색한 다음, 점점 더 깊게 탐색하기 시작하였다. 곧 몇 가지 고통스런 문제들이 나타났다. 예를 들면, 1년 전에 남편이 죽었는데 그녀는 아직도 그의 죽음을 슬퍼하고 있었다. 그 집은 여전히 그의 존재로 가득 차 있었고 서랍과 벽장은 그의 물건들로 가득 차 있었다. 그 집을 팔 것인지를 결정하려면 남편이 결코 돌아오지 못할 것이라는 사실과 타협해야만 하였다. 그녀는 자신의 집을 '인기 품목'이라고 생각하였고 그녀의 사랑스런 저택에 매혹되지 않고도 자기 집을 방문할 사람이 있을까 하는 심한 의혹을 가지고 있었다. 따라서 집을 파는 결정은 그녀 친구들의 성실성을 시험하는 것과 고독과 고립에 대한 모험을 의미하였다. 그리고 또 다른 이유는 그녀 인생에서 가장 큰 비극—자녀가 없는 것—에 있었다. 그녀는 늘 재산을 자기 자녀와 손자들에게 상속하기를 바랐다. 따라서 집을 파는 결정은 그녀의 중요한 상징적인 불멸의 프로젝트가 실패하였음을 인정하는 결정이었다. 치료자는 집을 파는 결정을 더 깊은 주제로 향하는 받침대로 사용하였고, 결국은 그녀가 남편, 자기 자신 및 태어나지 않은 자식을 애도할 수 있도록 도왔다.

일단 그 결정의 더 깊은 의미들이 훈습되자 결정을 내리기가 점차 쉬워졌고, 대략 12회기 후에 환자는 힘들이지 않고 집을 파는 결정을 내렸다.

의미에 관한 문제는 흔히 실존적 접근을 사용하는 치료자들이 가장 다가가기 좋은 것이며, 치료 학파들은 의미에 초점을 맞추는 것을 강조하기 시작하였다(Wong, 2010). 살아온 삶에 대한 무의식적 의미를 살펴보는 것과 함께 의미를 의식적으로 평가하는 것은 환자가 더 충만하고 열정적으로 삶을 살 수 있도록 해 준다.

실존적으로 지향된 치료자들은 그들의 환자와 정직하고, 상호 개방적인 관계를 맺으려 노력한다. 환자-치료자 관계는 환자에게 다른 관계들을 명료화하도록 돕는다. 환자들은 거의 항상 치료자와 맺는 관계 중에서 어떤 측면을 왜곡한다. 치료자는 자기 인식과 타인들이 자기를 어떻게 보는가에 대한 경험을 바탕으로 환자가 현실과 왜곡을 구별하도록 도움을 줄 수 있다.

치료자와 친밀한 만남의 경험을 하는 것은 대부분의 타인들과 관계를 맺는 것의 범위를 넘어서는 함축적 의미를 가지고 있음이 분명하다. 한 가지 예를 들자면, 치료자는 일반적으로 환자가 특히 존경하는 어떤 사람이다. 그러나 그보다 더 중요한 것은 치료자는 흔히 환자를 **정말로** 아는 어떤 사람, 흔히 유일한 사람이라는 것이다. 누군가에게 자신의 가장 어두운 비밀을 말할 수 있고, 이 모든 것이 그 사람에게 받아들여질 수 있다는 것은 매우 긍정적인 것이다.

Erich Fromm, Abraham Maslow 및 Martin Buber 같은 실존적 사상가들은 모두 다른 사람을 진정으로 배려한다는 것은 타인의 성장을 배려하고 타인의 삶에 무엇인가를 가져오기 바라는 것을 의미한다고 강조한다. Buber(1965)는 교육자나 치료자가 가져야만 하는 태도로서 **드러냄**(unfolding)이라는 용어를 사용하였다. 교육자나 치료자는 그곳에 있는 모든 것을 드러낸다. 드러냄이라는 용어는 풍부한 함축성을 가지고 있으며, 다른 치료체계가 가지고 있는 치료자 목표와는 매우 대조적이다. 그는 **만남**과 실존적 의사소통을 통해 드러낸다. 아마도 환자-치료자 관계의 기술에서 가장 중요한 개념은 May 등(1958, p. 80)이 제안한 현존(presence)이란 용어일 것이다. 치료자는 환자와 함께 있어야 하며, 환자와의 진실한 만남을 위해 노력해야 한다.

증거

심리치료의 평가는 항상 어려운 과제이다. 일반적으로 더 집중적이고 구체적인 접근과 목표를 지닐수록 결과를 측정하기가 더 쉽다. 증상의 해소나 행동의 변화는 꽤 정확하게 수량화된다. 그러나 세상에서 인간이 존재하는 양식의 더 깊은 층에 영향을 미치려 하는 의욕적인 치료들은 수량화를 거부한다. 이런 평가의 문제들은 Yalom(1980)이 보고한 다음 삽화에 예시된다.

> 46세의 한 어머니가 그녀의 네 자녀 중 막내를 대학에 보내기 위해 공항으로 데리고 갔다. 그녀는 자녀를 기르면서 오늘을 기다리며, 지난 26년을 살아왔다. 더 이상의 부담은 없고, 더 이상 끊임없이 타인을 위해 살 필요가 없고, 더 이상 밥을 짓지 않고, 옷을 빨지 않아도 된다. 이제야 그녀는 자유를 찾았다.
>
> 그런데, 그녀가 이별을 고할 때 예기치 않게 크게 흐느껴 울기 시작하였고 공항에서 집으로 오는 길에는 몸에 심한 떨림을 느꼈다. "이건 자연스러운 거야."라고 그녀는 생각하였다. 그것은 그녀가 매우 사랑하는 사람과 이별하는 것에 대한 슬픔일 뿐이다. 그러나 그것은 그 이상의 것이었고, 떨림은 곧 생생한 불안으로 전환되었다, 그녀가 찾아간 치료자는 그것이 일반적인 문제, 즉 빈 둥지 증후군이라고 확인해 주었다.

물론 그녀는 불안하였다. 다른 무엇이 가능하겠는가? 몇 년 동안 그녀는 어머니로서의 임무에 자신의 자존심을 의지하였고, 갑자기 자신을 확인할 어떤 방법도 찾을 수가 없었다. 그녀의 생활에서 모든 일상적인 일과 구조가 변화되었다. 발륨(Valium)의 복용, 지지적인 심리치료, 주장 훈련 집단, 몇몇 성인교육 과정, 한두 사람의 애인을 갖는 것, 그리고 시간제 자원봉사자로 일하는 것 등의 도움으로 그녀의 떨림은 점차 약해졌고, 그다음에 사라졌다. 그녀는 발병 전의 안락과 적응 수준으로 돌아왔다.

이 환자는 어떤 심리치료 연구 계획에 참여하게 되었고, 그녀의 심리치료에 대한 결과가 측정되었다. 그녀의 처치 결과들은 측정 항목(증상 체크리스트, 목표 문제의 평가, 자존심) 모두에서 우수한 것으로 기술될 수 있었다. 분명 그녀는 상당히 호전되었다. 그렇지만, 그럼에도 불구하고, 이 사례는 치료적 기회를 잃어버린 사례 중의 하나로 완전히 다르게 생각할 수도 있다.

거의 동일한 생활 상황에 있는 다른 환자를 고려해 보자, 이 두 번째 환자의 치료에서, 실존적 지향을 갖는 치료자는 떨림을 느끼지 않게 하기보다는 그것을 키워 주려 하였다. 이 환자는 Kierkegaard가 말한 '창조적 불안'을 경험하였다. 불안은 치료자와 환자를 중요한 탐구 영역으로 유도하였다. 물론, 이 환자는 빈 둥지 증후군으로 고통받았는데, 그녀는 자존심에 문제가 있었다. 그녀는 자녀를 사랑하였지만 또한 자신이 전혀 가져 보지 못한 생의 기회를 가진 것에 대해 자녀를 시기하였던 것이다. 그리고 물론 그녀는 이런 '천박한' 느낌 때문에 죄책감을 느꼈다.

치료자는 단지 그녀가 자신의 시간을 채울 수 있는 방법을 찾도록 하지 않고 그 빈 둥지를 두려워하는 것에 대한 의미를 탐색하도록 하였다. 그녀는 항상 자유를 원하였지만 지금은 그것에 위협을 느끼는 듯하다. 왜?

꿈이 떨림의 의미를 보여 주었다. 그 꿈은 단지 아들이 만지작거리고 흐트러뜨렸던 35밀리 영사 슬라이드를 그녀가 손에 쥐고 있는 것으로 구성되었다. 그러나 이 슬라이드는 특별해서 그 안에서 움직임이 보였다. 그녀는 슬라이드에서 아들이 한꺼번에 온갖 자세를 취하고 있는 것을 보았다. 꿈의 분석에서, 그녀의 연상은 시간의 주제를 둘러싸고 선회하였다. 그 슬라이드는 시간과 움직임을 잡아서 가두었다. 그것은 모든 것에 생기를 주었지만, 여전히 모든 것을 멈춰 서게 하였고, 인생을 얼어붙게 하였다. 그녀는 다음과 같이 말하였다. "시간은 계속 흐르지요. 그리고 내가 시간을 멈출 수 있는 방법은 없습니다. 나는 John이 성장하길 원치 않았어요. 내가 좋아하든 싫어하든, 시간은 흐릅니다. 시간은 John에게도 흐르고 또한 나에게도 흐르지요."

이 꿈은 그녀 자신의 유한성에 분명히 초점을 맞추게 하였고, 그녀는 여러 가지 산만한 것들로 시간을 채우기에 급급하기보다는 이전보다 더 풍부한 방법으로 인생의 시간에 감사하는 것을 학습하였다. 그녀는 Heidegger가 진정한 존재라고 서술한 영역으로 이동하였다. 그녀는 사물의 존재 방식에 감탄한 것이 아니라 존재 자체에 감탄하였다. 그녀는 삶은 심각하게 직선적이며 다시 돌릴 수는 없다는 것과 모든 것이 사라진다는 것, 그리고 자신이 아직도 목적을 가지고 의미 있는 삶을 살 시간이 있다는 것을 깨달았다. 첫 번째 환자보다는 두 번째 환자가 치료에서 더 도움을 많이 받았다고 주장할 수 있지만, 어떤 표준적인 결과 측정치도 이 결론을 증명할 수는 없을 것이다. 사실상, 두 번째 환자는 첫 번째 환자보다도 더 많은 불안을 계속해서 경험하였을 수도 있다. 그러나 불안은 실존의 일부이며, 성장하고 창조를 계속하는 인간은 누구도 그것에서 벗어날 수는 없을 것이다.

이러한 이득은 무작위 통제를 하는 객관적 형태의 연구를 계속 피하게 한다. 그러나 거의 모든 심리치료 연구에서, 특히 공통 요인에 관한 연구에서는 실존 심리치료의 중심 주제인 대인관계가 치유를 한다는 점을 입증하고 있다(Frank & Frank, 1991; Gelso & Hayes, 1998; Norcross, 2002; Safran & Muran, 1996; Wampold, 2001). Victor Frankl의 작업에서 나온 의미치료(logotherapy)는 실존적 관심사로서 의미를 부각시키고 삶의 목적에 대한 경험을 측정하기 위한 몇 가지 도구를 개발하였다(Schulenberg, Hutzell, Nassif, & Rogina, 2008). 의미라는 문제는 심리치료 연구자들이 가장 많이 연구한 궁극적 관심사일 것이다.

다문화 세계에서의 심리치료

실존 심리치료는 사회와 문화 내에 있는 전체적 인간의 상황을 고려한다. 문화적 · 인종적 · 국가적 정체성은 부가적인 것이 아니다. 그것들은 내담자의 현상의 본질적 측면이며 치료에 내재되어 있는 것이다. 실존 심리치료는 인간의 독특성과 차이의 모든 측면에 관심이 있으며 연령, 성적 지향, 민족성 등을 고려하며 탐구한다. 다문화적이거나 다인종적인 사람들, 또는 현상학적 세계 사이에서 움직이는 사람들에게는 활동에 대한 자유를 인식하고 받아들이는 것이 가장 우선적일 수 있다(Tayler & Nanney, 2011).

모든 인간은 문화적 배경과는 상관없이 실존의 딜레마를 공유하고 있으며, 자유, 고립, 무의미성 및 죽음의 궁극적 관심사와 타협을 이루어야만 한다. 이러한 관심사를 다루기 위해 자신들의 문화 체계(흔히 종교적이다)에서 제공되는 대규모의 공식을 받아들이는 사람들을 다루는 데는 잠정적인 문제가 생겨난다.

Yalom은 그에게 자문을 구하였던 젊은 정통파 랍비와 이러한 것으로 인해 씨름하였다. 그 랍비는 자신이 실존 심리치료자가 되기 위하여 훈련을 받았지만 자신의 종교적 배경과 실존 심리치료의 심리학적 공식화 사이에서 일종의 불일치를 경험하고 있다고 말하였다. 회기의 초반에는 공손한 태도를 취하였으나, 랍비의 거동은 천천히 변하였고, 자신의 신념에 대하여 대단한 열정을 가지고 말하기 시작하였다. Yalom은 그가 찾아온 진짜 목적이 자기를 종교적인 삶으로 전향시키려는 것이 아닐까 의문을 갖게 되었다.

Yalom은 그들의 견해가 근본적으로 상반된 것을 인정하였다. 무소부재하고 전지전능한 개인적 하느님이 자기를 지켜보고, 보호하고, 삶의 설계를 제공하고 있다는 랍비의 신념은 정말로 우리가 자유롭고, 혼자이며, 돌봐 주지 않는 우주 속으로 무작위로 던져진 것이며, 죽을 운명을 가지고 있다는 실존적 입장의 핵심과는 양립할 수 없는 것이었다.

랍비는 그의 얼굴에 강한 우려를 나타내며 반응하였다. "그렇지만 당신은 어떻게 이런 신념만을 지니고 살 수 있지요? 그리고 아무런 의미도 없이? 자신보다 더 위대한 것이 있다는 신념이 없이 어떻게 살 수 있나요? 모든 것이 사라져야 할 운명을 가졌다면 거기에 무슨 의미가 있을 수 있나요? 나의 종교는 나에게 의미와 지혜, 신성한 위안, 살아갈 길을 제공해 주지요."

이에 대하여 Yalom은 다음과 같이 대답하였다. "랍비, 나는 그것이 합리적인 반응이라고 생각하지 않아요. 그러한 상품들—의미, 지혜, 도덕성, 잘 사는 것—은 하느님에 대한 신념에 의존하는 게 아닙니다. 그리고, 예, 물론, 종교적 신념은 당신이 기분 좋고 편안하고 고결한 느낌을 갖게 해 주지요. 그것이 정확히 종교가 발명된 목적이니까요. 당신은 내가 어떻게 사느냐고 물었지요. 나는 잘 살고 있다고 믿어요. 나는 인간이 만들어 낸 교의에 따라 살고 있어요. 내가 의사로서 히포크라테스 선서를 믿고 다른 사람들을 치유하고 성장하게 돕도록 내 자신에게 지시하지요. 나는 도덕적인 삶을 삽니다. 나는 내 주변에 있는 사람들에게 연민을 느낍니다. 나는 내 가족 그리고 친구들과 사랑하는 관계 속에서 살고 있어요. 나는 도덕적 나침반을 제공해 줄 종교가 필요 없습니다."

Yalom은 다른 사람의 종교적 신념을 훼손하려는 욕망을 가진 적이 전혀 없지만, 궁극적 관심사에 대한 개인적 투쟁을 무색하게 만드는 강한 종교적 신념은 실존적 관심사를 탐색하지 못하게 만들 수 있다. 대부분의, 아마도 모든 문화는 실존적 관심사에 정면으로 대면하는 위협에 대하여 방어하는 신념 체계를 만들어 낸다. 실존 심리치료자가 가지고 있는 딜레마는 이러한 신념 체계들이 환자에게 의미를 부여하는 방식을 인식하고, 그 자신의 신념에 관하여 진지성을 유지하면서, 여전히 환자가 삶의 목적과 의미에 대한 참여를 증가하도록 하는 방법을 찾는 데 있다.

그의 문화적 배경이 절대적인 효행을 지시하는 우울한 환자는 자기 자신의 삶이 목표를 추구하기가 어렵다. 자신의 삶의 선택에 대하여 스스로 책임을 지려는 노력은 아버지가 자신에게 요구하는 대로 해야만 한다는 환자의 선언과 만나게 된다. 그러면 실존 심리치료자는 이 환자가 이 관점에서 의도적인 선택을 하였다는 것을 보도록 도와주어야만 한다. 자기 자신의 욕망을 따르기보다는 아버지에게 복종하기로 선택하는 것. 복종 자체는 개인이 완전히 책임을 지는 실존적 선택이 될 수 있다.

사례

단순한 이혼 사례

50세의 과학자인 David는 27년 동안 결혼생활을 해 왔는데, 최근에 아내와 헤어져야겠다는 결심을 하였다. 자신의 결정을 아내에게 말하는 것을 예상할 때 경험하였던 불안 때문에 그는 치료를 받게 되었다.

그 상황은 여러 면에서 전형적인 인생 중반의 시나리오였다. 그 환자는 두 자녀가 있으며 막내가 이제 막 대학을 졸업하였다. David의 생각으로는 아이들이 항상 그와 아내를 서로 맺어 주는 주요소였다. 이제는 아이들이 스스로 돌볼 수 있고 완전히 성년이 되었기 때문에, 결혼생활을 지속할 합당한 이유가 없다고 느꼈다. 그는 몇 년 동안 결혼생활에 만족하지 못해서 이전에 세 번 아내와 별거하였지만, 겨우 며칠 만에 불안해지고 풀이 죽어 집으로 돌아왔다고 보고하였다. 결혼생활도 나빴으나, David는 그래도 그것이 혼자 있는 고독보다는 덜 불만족스러운 것이라고 생각하였다.

그가 결혼생활에 만족하지 못하는 이유는 주로 권태이다. 열일곱 살 때 아내를 만났을 당시에 그는 극도로 불안정하였으며, 특히 여성과 관계에서 그러하였다. 그녀는 그에게 관심을 보인 최초의 여성이었다. David(그의 아내 역시)는 육체노동자 가정 출신이었다. 그는 대단한 수재였고, 그의 가족 중 대학에 들어간 첫 번째 사람이었다. 그는 동북부의 명문 대학(ivy league)의 장학생이 되었고, 두 개의 석사학위를 취득하였고, 훌륭한 연구자로 경력을 쌓았다. 그의 아내는 지적으로 우수하지 못해서 대학에 가지 않았고, 결혼 초에는 대학원에 다니는 David를 돕기 위해 일하였다.

결혼생활 내내, 아내는 아이들을 돌보는 일에 몰두하였던 반면, David는 전문직을 얻기 위해 지독히 노력하였다. 그는 항상 아내와 관계가 공허하다고 느꼈고 그녀의 친구들에게는 싫증을 느꼈다. 그의 견해로는 부인은 매우 평범한 성격의 소유자였고 성격적으로는 매우 위축되어 있어서 아내와 단둘이 있을 때는 속박당하는 느낌이 들었고, 함께 친구들과 어울릴 때는 당황스러웠다. 자신은 지속적으로 변화하고 성장하는 것을 경험한 반면, 부인은 더욱더 완고해지고 새로운 생각을 받아들이지 못하는 것 같았다. 중년의 위기에서 이혼을 원하는 남성의 전형적인 시나리오는 '다른 여성', 그보다 15년 연하의 지적이고 발랄하고 매력적인 여성의 출현으로 완성되었다.

David의 치료는 오래 걸렸고 복잡하였고, 치료 과정 동안 몇 가지 실존적 주제들이 나타났다. 책임감은 부인을 떠나려는 그의 결정에서 중요한 문제였다. 먼저 도덕적인 책임감이 있다. 요컨대, 그의 아내는 자녀를 낳아 기르고 그가 대학원에 다닐 수 있도록 도와주었다. 그와 아내의 나이로 볼 때 그가 훨씬 더 잘 '팔리는' 나이였다. 즉, 그는 의미 있게 더 높은 수입을 얻을 수 있었고 생물학적으로도 아버지가 될 수 있었다. 그렇다면, 그는 아내에게 어떤 도덕적 책임감을 가져야만 하는가?

David는 높은 도덕심을 가지고 있었고, 평생 동안 이 문제로 괴로워하게 될 것이다. 이것은 치료에서 탐색되어야만 하였고, 따라서 치료자는 David의 의사결정 과정 동안에 그를 명확하게 도덕적 책임감의 문제에 직면시켰다. 예상되는 기분저하를 다루는 가장 효과적인 양식은 결혼생활을 향상시켜서 그것을 지키는 데 모든 노력을 기울이는 것이었다.

치료자는 David가 결혼 실패에 대한 그의 책임감 문제를 검토하도록 도왔다. 그는 아내가 그와 함께하는 존재방식에 어느 정도 책임이 있는가? 예를 들면, 치료자는 그와 상호작용할 때 David의 성마른 성격에 다소 위협을 느꼈다. 또한 치료자는 David가 비난하거나 판단할까 봐 자신이 염려하고 있다는 것을 알아차렸다. David는 얼마나 비판적이었는가? 아내를 윽박지르지 않을 수는 없었는가? 즉 그가 더 관대한 사람이었다면, 아내를 더 융통성 있고 자발적이고 자각을 하도록 도왔을 수도 있지 않았겠는가?

또한 치료자는 David가 다른 중요한 문제를 탐색하도록 도왔다. 그는 자기 인생의 다른 곳에서 생긴 불만을 결혼에 치환하였는가? 다음의 꿈은 몇 가지 중요한 역동성을 향한 길을 나타내 준다.

> 나는 집 수영장 근처의 땅에 물이 흥건하게 고이는 문제가 있었다. John(암으로 죽은 내 친구)은 땅으로 가라앉았다. 그것은 늪 같았다. 나는 늪을 뚫기 위해 거대한 힘을 가진 굴착기를 사용하였다. 땅 밑에서 일종의 공간을 발견하기 원하였지만, 그 대신에 5~6피트 아래에서 콘크리트 석판을 찾았다. 나는 석판에서 누군가 나에게 501달러를 지불한 영수증을 찾았다. 그 꿈에서 영수증 때문에 몹시 걱정하였는데, 왜냐하면 영수증이 지불되어야 하는 액수보다 더 큰 액수였기 때문이었다.

이 꿈의 주요 주제 중 하나는 죽음과 노화에 대한 것이다. 먼저, 암으로 고생한 그의 친구에 대한 주제가 있었다. David는 거대한 굴착기를 사용해서 그 친구를 찾으려 하였다. 꿈에서 David는 굴착기로 뚫는 동안 어떤 거대한 신비감과 힘을 경험하였다. 그 굴착기의 상징은 분명히 남근적이며, 적절한 성욕의 탐색을 주도하는 듯하였다. David는 늘 성적인 추동을 가졌고, 그 꿈은 그가 어떻게 성(그리고 특히 젊은 여성과 관계된 성)을 노화와 죽음을 극복하기 위한 양식으로 사용하는가를 예시하였다. 결국 그는 콘크리트 석판(영안실, 묘, 묘비를 연상시킨다)을 발견하고 놀라게 된다.

그는 꿈에 나타난 숫자(석판은 5~6피트 깊이에 있었고 그 영수증은 정확히 501달러였다)에 흥미를 느꼈다. 연상을 할 때 David는 그가 50세였고, 그 꿈을 꾼 밤이 그의 51번째 생일이었다는 흥미로운 관찰을 하였다. 자신의 나이를 의식적으로 생각하지는 않았지만, 그 꿈은 무의식적으로 그가 50세를 넘는 것에 대해 상당한 관심이 있다는 것을 분명히 보여 주었다. 5~6피트 깊이에 있던 석판과 500달러를 약간 넘는 영수증에 덧붙여, 꿈에서 그는 영수증에 기입된 액수가 너무 많은 것에 대해 상당한 관심을 보였다. 의식 수준에서, 그는 노화에 대하여 많은 부인(denial)을 사용하였다.

David의 주 고통이 노화와 쇠약을 자각하는 것에서 나온 것이라면, 아내와 경솔하게 별거하는 것은 엉뚱한 문제를 해결하려는 시도일 수도 있다. 따라서 치료자는 David가 노화와 죽음에 대한 감정을 철저히 탐색할 수 있도록 도왔다. 치료자의 관점은 그가 이 문제를 완전히 다룰 수 있을 때만, 결혼이 가진 어려움의 정도를 더 잘 확인할 수 있다는 것이다. 치료자와 David는 몇 달에 걸쳐 이 문제들을 탐색하였다. 그는 아내를 이전보다 더 솔직히 대하려 하였고, 곧 두 사람은 몇 달 동안 부부 문제 치료자를 만나기로 합의하였다.

이 단계들이 진행된 후, David 부부는 결혼에서 더 이상 얻을 것이 없다고 결정하고 헤어졌다. 그의 별거 후의 몇 달은 매우 어려웠다. 물론 치료자는 이 시기에 지지를 해 주었으나, David가 불안을 제거하도록 돕지는 않았다. 대신에 그는 David가 건설적인 형태로 자신의 불안을 사용하도록 도우려 하였다. David는 바로 두 번째 결혼을 하려고 서둘렀지만, 치료자는 그가 전에 별거를 할 때, 매번 아내에게 돌아가도록 하였던 그의 고립에 대한 두려움을 계속해서 고찰하도록 하였다. 이제 두려움 때문에 곧바로 두 번째 결혼으로 뛰어들지 않았음을 확인하는 것이 중요하였다.

David는 이 충고를 지키기가 어려웠는데, 이유는 그가 만난 새로운 여인을 너무도 사랑한다고 느꼈기 때문이었다. '사랑에 빠진' 상태는 인생에서 가장 커다란 경험 중 하나이다. 그러나 치료에서는 사랑한다는 것이 많은 문제를 일으킨다. 낭만적인 사랑은 너무도 위력적이어서 가장 잘 지향된 치료적 노력조차도 잠식시켜 버린다. David는 새 연인이 그의 유일한 이상형의 여성임을 알았고, 모든 생을 그녀에게 바치려 하였다. 그녀와 함께 있을 때 그는 영원한 행복감을 경험하였다. 즉, 모든 고독한 '나'라는 측면은 '우리'라는 오직 매우 행복한 상태만을 남긴 채 사라져 버렸다.

마지막으로, David가 치료에서 작업할 수 있었던 것은 새 친구가 그의 포옹하는(embrace, 역자 주: 성관계를 우회적으로 표현하는 말이기도 함) 힘을 다소 두려워하게 되었기 때문이었다. 그다음에야 비로소 그는 기꺼이 혼자되는 것에 대한 심한 두려움과 한 여성과 결합하려는 그의 반사적 욕망을 고찰할 수 있었다. 점차로 그는 고독에 둔감하게 되었다. 그는 자신의 감정을 관찰해서 감정 일지에 기입하고, 치료에서 그것을 열심히 그리고 잘 작업하였다. 예를 들면, 그는 일요일이 최악의 시간임을 알아내었다. 그의 주중 스케줄은 극도로 빡빡하였지만 아무런 어려움도 없었다. 일요일은 매우 불안한 날이었다. 그는 일요일에는 자신을 스스로 돌봐야만 한다는 것이 불안하게 만들었음을 자각하게 되었다. 만일 그가 어떤 일을 하기 원한다면, 자기 스스로 스케줄을 만들어야 하였다. 그는 더 이상 아내가 그를 위해 해 주는 일에 의존할 수 없었다. 그는 문화에서 의례가 담당하는 기능의 중요성을 발견하였으며 그의 인생에서 빡빡한 스케줄이 공허함, 즉 그가 아무런 구조를 가지고 있지 않음을 감추고 있었다는 것을 발견하였다.

치료에서 이러한 관찰들은 그가 보살핌을 받고 보호되기 원하는 그의 욕구에 직면하도록 해 주었다. 고립과 자유에 대한 두려움은 몇 달 동안 그를 괴롭혔지만, 점차 그는 이 세상에서 홀로되는 방법을 배웠고 이것이 갖는 의미는 자신의 존재에 책임을 질 수 있다는 것이다. 간단히 말해, 그는 그 자신의 어머니와 아버지가 될 수 있는 방법을 학습하였다. 이는 항상 심리치료의 주목표이다.

요약

실존 심리치료는 환자를 추동, 원형 또는 조건형성의 복합체, 또는 비합리적인 신념, 또는 '사례'로서가 아니라 전체 인간으로 본다. 사람들은 희망, 두려움 그리고 관계를 가지고 있으며, 의미 있는 삶을 창조하기 위해 씨름하는, 투쟁하고 느끼고 생각하며 고통받는 존재로 간주된다. 그것은 본질적으로 삶에 대하여 비극적인 관점을 갖는 것에 대하여 삶을 확언하는 접근을 택한다. 불안은 항상 있겠지만 창조적이고 삶을 향상시키는 방향으로 채널을 맞출 수 있다. 죽음의 불가피함을 아는 것은 삶을 풍요롭게 한다.

실존 심리치료가 '지나치게 철학적'이라는 종래의 비판은 모든 효과적인 심리치료가 철학적 함의를 가지고 있다는 점을 사람들이 인식함으로써 완화되었다. 환자와 치료자가 진솔한 인간적 참만남을 하는 것은 새로운 의미, 새로운 형태의 관계 그리고 자기실현의 가능성을 생기게 한다. 실존 심리치료를 창시한 사람의 핵심적 목표는 실존 심리치료에서 강조하는 것이 모든 학파에 영향을 주는 것이었다. 이런 현상이 일어나고 있는 것이 아주 분명하다. 실존 심리치료는 기법이 아니다. 그것은 온전히 현존하는 치료자가 있는 상태에서 "즉각적이고 전형적인 형태로 한 사람 고유의 실존과 참만남을 하는 것"(May, 1967, p. 134)이다.

현 시대는 사랑과 결혼, 가족, 전해 내려오는 종교 등에 대한 문화적 · 역사적 관습이 붕괴되는 시대이다. 이러한 주어진 현실 속에서, 의미, 책임감, 그리고 유한한 삶을 온전히 사는 것에 대한 실존적 강조가 점차로 중요하게 될 것이다.

추천 도서

Becker, E. (1973). *Denial of Death*. New York: Free Press.

퓰리처상을 받은 책으로, Becker의 논지는 인간의 행동장애와 정신장애의 가장 깊은 뿌리는 우리가 죽음을 부인하는 데 있다는 것이다. 이 책은, 특히 치료자들에게 죽음에 대한 불안을 숙고하고 이와 타협하는 데 유용한 자원이다. 환상과 '불멸성의 투사'의 필요성에 대한 명상에 관한 주제가 포함되어 있다.

Wheelis, A. (1973). *How people change*. New York: Harper & Row.

실존 심리치료의 태도를 보여 주는, 짧고 서정적이며 아주 읽기 쉬운 책이다. Wheelis는 의도적인 변화의 어려움을 극적으로 표현하고, 변화하기 위한 노력으로 의지, 용기 및 행동의 필요성을 논의한다.

Yalom, I. D. (1980). *Existential psychotherapy*. New York: Basic Books.

이 책은 실존 심리치료의 교재로, 이 장에서 제시한 아이디어를 더 자세히 설명하고 있다. 이 책의 주 과제는 이론과 임상적 적용 사이에 다리를 놓는 것이다. 여기에는 이 접근법의 철학적 기초와 함께 많은 사례들이 포함되어 있다. (참조: www.psychotherapy.net에서 볼 수 있는 DVD *Confronting Death and Other Existential Issues in Psychotherapy*. Yalom이 실존적 조망을 제시하고 있고 그것이 어떻게 심리치료적 참만남을 생생하게 하는 데 세련되게 사용될 수 있는지 보여 주고 있다.)

Yalom, I. D. (2002). *The gift of therapy*. New York: Happer Collins.

이 책은 85개의 1~2쪽짜리 '가르침'들로 이루어진 실존 심리치료의 지혜들을 포함하고 있다. 각각의 가르침들은 간단한 사례를 제시하고 있다.

사례집

Linder, E. (1973). The jet-propelled couch. In *The Fifty-minute Hour*. New York: Dell.

심리치료 문헌 중 위대한 고전이며, 직접적으로 실존적 사고를 하고 있지는 않지만, 우리는 모두가 인간일 수밖에 없으며 우리는 말 그대로 '여행 동반자'임을 보여 준다. 심리치료를 공부하는 학생들의 필독서이다.

Schneider, K. J. & Krug, O. T. (2010). *Existential-humaistic therapy: Theories of psychotherapy*. Washington, D. C.: American Psychological Association.

이 책은 독자들이 실존 심리치료의 실제적 적용을 이해하는 데 도움이 되는 많은 사례들을 포함하고 있다. 그리고 실존적이고 인본주의적 이론들이 어떻게 다른 이론적 접근에서 나온 전략이나 기법과 통합될 수 있는지를 보여 준다.

Yalom, I. D. (1989). *Love's executioner and other tales of psychotherapy*. New York: Basic Books. [이 책의 사례 연구인 "If Rape Were Leagal..."이 D. Wedding & R. J. Corsini (Eds.). (2013). *Case studies in psychotherapy*. Belmont, CA: Brooks and Cole에 재인쇄되어 있음]

실존 심리치료의 실제적인 적용이 치료자-환자의 만남에 관한 이 비교적 긴 이야기에 제시되어 있다. 중요한 것은 치료자의 진솔성과 자기 공개가 어떻게 치유를 촉진시키는지를 보여 주는 예이다.

Yalom, I. D. (1999). *Momma and the meaning of life*. New York: Basic Books.

이 책은 심리치료에 대한 더 많은 이야기를 제공한다. 죽음의 불안에 직면하였을 때 비탄을 천천히 그리고 복합적으로 해소해 나가는 모습을 보여 주는 "Seven Lessons in the Therapy of Grief"라는 제목의 이야기를 보기 바란다.

Yalom, I. D. & Elkins, G. (1974). *Everyday gets a little closer*. New York: Basic Books.

이 분명한 책에서는 Yalom과 그의 환자 Ginny Elkins가 그들의 치료 회기에 대한 노트를 하고 기록을 각자 적었다. 환자와 치료자가 얼마나 서로 다르게 치료적 만남을 경험하는지를 탁월하게 보여 주고 있다.

Fritz Perls(1893~1970)
Courtesy of the Gestalt Journal Press

제 9 장 게슈탈트 치료

Gary Yontef and Lynne Jacobs

개관

게슈탈트 치료는 Frederick('Fritz') Perls와 그의 동료인 Laura Perls와 Paul Goodman이 창설한 치료이다. 이들은 1940~1950년대의 다양한 문화적 경향과 지적 경향들을 종합하여 새로운 치료를 만들어 냈다. 이 새로운 치료는 이들이 생존하였던 당시의 두 가지의 주요 이론들, 즉 행동주의와 고전적 정신분석에 대한 정교한 임상적 대안과 이론적 대안을 제공하는 것이었다.

게슈탈트 치료는 정신분석의 개정판으로 시작하여(Perls, 1942/1992), 완전히 독립적이고 통합된 체계로 빠르게 발전하였다(Perls, Hefferline, & Goodman, 1951/1994). 게슈탈트 치료는 경험적이고 인본주의적인 접근이기 때문에, 이 치료는 분석가의 무의식에 대한 해석에 의존하는 고전적인 정신분석을 이용하기보다는 환자의 자각(awareness) 및 자각 기술에 대하여 작업한다. 또한, 게슈탈트 치료에서 치료자는 분석을 할 때 중립적 역할로 남아 있음으로써 전이를 증진시키기보다는, 능동적이고 친밀하게 환자와 관계를 맺는다. 게슈탈트 치료 이론에서는, 고전적 정신분석이 택하는 기술적이고 단순한 Newton 방식의 체계 대신에 과정에 기초한 포스트모더니즘의 관계적 장(field) 이론을 받아들인다.

게슈탈트 치료자는 환자의 자각을 개발할 뿐만 아니라 환자의 자각의 레퍼토리와 행동적 도구들을 개발하는 적극적인 방법들을 이용한다. 게슈탈트 치료에서는 적극적인 방법과 적극적인 개인적 참여를 사용하는데, 이는 자각, 자유 및 환자의 자기 지향을 증가시키기 위한 것이며, 행동치료와 참만남 집단에서처럼 정해진 목표를 향해서 환자를 지도하기 위한 것이 아니다.

게슈탈트 치료 체계는 진정으로 전체적이고, 정서적 · 감각적 · 인지적 · 대인적 · 행동적 구성요소들을 모두 이용한다(Joyce & Sills, 2009). 게슈탈트 치료에서는, 치료자와 환자가 창조적으로 자각 작업을 실행하도록 장려한다. 게슈탈트 치료에서는 규정된 기술 또는 금지된 기술이란 없다.

기본 개념

✻ 총체론과 장 이론

대부분의 인본주의적 성격 이론들은 총체론적이다. 총체론(holism)은 인간은 본질적으로 자기 규제적이고, 성장을 지향하며, 개인과 그의 증상은 환경과 떨어져서는 이해될 수 없다고 주장한다. 총체론과 장 이론은 게슈탈트 이론에서 상호 관련되어 있다. 장 이론은 개인의 맥락(context)이 자기와 타인들을 경험하는 데 어떻게 영향을 주는지 이해하는 한 가지 방법이다. Einstein의 상대성 이론이 멋지게 설명하고 있는 장 이론은 현실의 성질과 현실에 대한 우리의 관계의 성질에 관한 이론이다. 이 이론은 현실을 맥락의 관점에서 보는 것을 명료하게 표현하기 위한 첫 시도 중 하나이다. 과학에서 탄생한 장 이론은 오늘날 거의 모든 심리학적 이론에 영향을 준 현대 포스트모던적 감수성에 대하여 초기에 공헌을 하였다. 맥락적으로 일어나는 과정을 강조하는 사상을 가진 학파들은 Einstein과 다른 장 이론가들의 작업을 기반으로 삼고 있다. 장 이론, 총체론 그리고 게슈탈트 심리학이 조합되어 게슈탈트 성격 이론의 주춧돌을 형성하고 있다.

장들은 특수한 맥락의 이론으로 이끄는 어떤 특성들을 가지고 있다. 모든 맥락 이론에서처럼, 장은 서로 상호 의존적인 요소들로 구성되어 있다고 이해할 수 있다. 그러나 여기에는 다른 특성들도 있다. 한 예를 들면, 어떤 개인의 행동과 경험을 조성하는 데 기여하는 변수들은 현재의 장 내에 있다고 말할 수 있으므로, 사람들은 그들이 살고 있는 장 또는 맥락을 이해하지 않고는 이해할 수 없다. 어떤 환자의 인생 이야기는 무엇이 실제로 그의 과거에 일어났는지를 말해 줄 수 없다. 그러나 그 이야기는 그가 '지금-여기'에서 자신의 역사를 어떻게 경험하는지를 말해 줄 수는 있다. 역사의 연출은 어느 정도는 현재의 장 조건에 의해 형성된다.

3년 전에 일어났던 한 사건은 현재 장의 부분이 아니기 때문에 개인의 경험에 영향을 줄 수 없다. 개인이 그 사건에 대한 기억을 지니고 있는 방법과 3년 전의 사건이 장에서 그가 자신의 지각을 조직하는 방법을 바꾸어 놓았을 수도 있다는 사실이 개인의 경험을 조성시킨다. 장의 또 다른 특성은 개인의 경험의 조직이 지금 여기에서 일어난다는 것과 그것은 계속 진행되면서 장의 조건에 따라서 변화될 수밖에 없다는 것이다. 또한 아무도 장에 속해 있음을 초월할 수 없다. 그러므로 현실의 성질에 대한 모든 귀인들은 그 장 내에서 차지하고 있는 주관적인 위치에 따라 상대적으로 달라진다. 장 이론은 치료자와 과학자를 포함하여 누구도 현실에 대한 객관적인 관점을 가질 수 있다는 신념을 인정하지 않는다.

『변화의 역설적 이론(*Paradoxical Theory of Change*)』은 게슈탈트 치료 철학의 핵심이다(Beisser, 1970). 역설은 개인이 현재의 자신의 모습이 아닌 사람이 되려고 시도하면 할수록, 더욱 같은 상태에 머물게 된다는 것이다. 개인이 틀 속에 자신을 억지로 집어넣으려 하면 할수록, 개인은 전체가 되기보다는 더욱 분열하게 된다. 자신의 느낌, 신념, 상황 그리고 행동의 진실을 알고 받아들이게 되면 전체성이 구축되고 성장을 지지하게 된다.

유기체적 자기조절은 개인이 아는 것과 소유하는 것, 즉 개인이 감지하고, 정서적으로 느끼고, 관찰하고, 필요로 하거나 원하고 믿는 것과 하나가 되는 것을 요구한다. 개인이, 그가 어떻게 영향을 받고 또 다른 사람들에게 영향을 미치는지를 포함하여, 자신의 현재 존재에서 무엇이 일어나고 있는지를 의식적으로 자각할 때 진정한 성장이 시작된다. 개인은 진행되고 있는 경험과 분명히 하나가 되고, 실제로 진행되고 있는 것과 접촉하며, 그가 진실로 느끼고 원하는 것과 하나가 되고 그것을 신뢰하며, 자신이 실제로 할 수 있고 하고자 하는 것 또는 하고 싶지 않은 것에 대하여 자기와 타인에게 정직함으로써 전체를 향해 움직이게 된다.

개인이 변화 가능성을 포함하여 지금 여기에서 자기를 알고 감지하고 느낄 때, 그는 완전히 현재에 있을 수 있고 만족스럽지 못한 것을 수용하거나 변화시킬 수 있다. 과거에 살고, 미래를 걱정하고, 그가 되어야만 하였던 모습이나 될 수 있었던 모습에 대한 착각에 매달리는 것 등은 유기체의 삶과 성장에 핵심인 정서적이고 의식적인 자각과 즉각적인 경험을 감소시킨다.

게슈탈트 치료는 자기 지식, 수용, 성장을 목표로 한다. 성장은 현재 실존에 몰두하고, 정합된 접촉, 자각 및 그 순간에 실제로 일어나고 있는 것을 실험함으로써 이루어진다. 게슈탈트 치료는 지금 여기에 초점을 맞출 뿐, 그랬어야만 한다, 그럴 수 있었다 또는 그랬다 등에는 초점을 맞추지 않는다. 이 현재 중심의 초점에서 개인은 자신의 욕구, 소망, 목표, 가치 등을 분명히 알 수 있다.

게슈탈트 치료에서는 접촉, 의식적 자각, 그리고 실험 등의 개념을 강조한다. 각 개념이 아래에 설명되어 있다.

- **접촉**은 지금 여기에서, 그리고 매 순간 출현하고 있는 것과 접촉하고 있는 상태를 말한다.
- **의식적 자각**은 어떤 주의를 요구하는 상황에서 개인이 접촉하고 있는 것에 주의의 초점을 맞추는 것이다. 자각 또는 초점이 맞추어진 주의는 더 세련된 접촉 기술을 요구하는 상황, 복잡하거나 갈등을 포함한 상황, 그리고 습관적인 사고와 행동양식들이 작용하지 않고 개인이 경험을 통하여 배우지 못하는 상황에서 필요하다. 예를 들어, 무감각해지는 상황에서 개인은 무감각의 경험에 집중할 수 있고, 이것이 인지적 명확성을 가져올 수 있다.

- 실험은 이해를 증가시키기 위해 새로운 어떤 것을 시도해 보는 행동이다. 실험은 정서의 고양 또는 전에는 자각하지 못하였던 어떤 것에 대한 깨달음을 가져올 수 있다. 실험하기, 즉 새로운 어떤 것을 시도해 보기는 정신분석의 순수한 언어적 방법과 행동치료의 행동 통제 기술에 대한 대안적 방법이다.

현 상태를 유지한다거나 새로운 패턴을 받아들여야 한다는 데 집착하지 않고 새로운 어떤 것을 시도해 보는 것은 유기체의 성장을 촉진시켜 줄 수 있다. 예를 들어, 환자들은 더 명료해지거나 해방된다는 증거가 전혀 없이 종종 불행한 사건들에 관한 이야기를 반복한다. 이런 상황에서, 게슈탈트 치료자는 환자에게 관련된 사람에게 (실제로 또는 역할 연기를 통해서) 정서를 직접적으로 표현하라고 제안할 수 있다. 이것을 통해 환자들은 흔히 해방감을 경험하거나 다른 느낌, 예를 들어 슬픔이나 감사 등의 출현을 경험하게 된다.

접촉, 자각, 그리고 실험은 기법적인 의미를 갖지만, 이런 용어들은 또한 일상적인 방식으로도 사용된다. 게슈탈트 치료자는 기법상의 정의를 앎으로써 그의 실무를 향상시킬 수 있다. 그렇지만 이 장을 간결하게 꾸미기 위해서 우리는 그런 용어들의 일상적 용법을 주로 사용할 것이다. 게슈탈트 치료는 치료자와 환자가 접촉을 하는 것으로 시작하는데, 이는 환자가 지금 경험하고 있고 행하고 있는 것에 닿게 함으로써 이루어진다. 치료자는 환자가 접촉하고 있는 것에 집중하고 이를 명료화하도록 돕고, 환자의 자각에 집중하도록 도와서 탐색의 깊이를 더하게 한다.

✻ 자각 과정

게슈탈트 치료는 자각 과정에 집중한다. 다른 말로 하면, 개인의 자각 흐름의 연속성에 집중한다. 사람들은 정형화된 자각을 지니고 있고 이것이 치료 작업의 초점이 된다. 이 초점을 통하여 환자는 현 순간에 자신이 생각하고, 느끼고, 결정하는 것에 대해서 분명해질 수 있다. 그리고 그 사람이 어떻게 하는지도 분명해진다. 이것은 자각되지 않는 것에 집중하는 것도 포함한다. 자신의 자각 연속선상의 순서를 주의 깊게 살펴보고 비언어적인 행동을 관찰함으로써, 환자는 접촉에 대한 방해를 인식할 수 있고 무엇이 자각될 수 없었는지를 자각할 수 있다. 예를 들어, Jill이 슬프게 보일 때마다 그녀는 슬픈 느낌을 보고하는 것이 아니라 즉각적으로 화를 낸다. 분노가 Jill의 슬픔과 취약성을 차단하는 기능을 하는 동안에는 끝날 수가 없다. 이런 상황에서, Jill은 자신의 슬픔에 대한 자각을 할 수 있을 뿐만 아니라 슬픔을 차단하려는 자신의 경향을 자각함으로써 자기 탐지 기술을 획득할 수 있다. 두 번째 자각(어떻게 그녀가 자신의 슬픔에 대한 자각을 방해하는가)은 **자각 과정에 대한 자각**이라고 한다.

자각에 대한 자각은 환자가 자기 자신에 더 가까이 접근하고, 혼동되어 있었던 과정을 명료화하고, 지각의 정확성을 향상시키고, 이전에 차단되어 있던 정서적 에너지를 풀도록 도와줌으로써 이루어질 수 있다(Joyce & Sills, 2009). Jill은 애인이 그녀의 분노에 대해 보이는 방어적 반응 때문에 난처함을 느꼈다. 자신이 실제로는 단지 화가 난 것이 아니라 상처와 슬픔을 느꼈다는 것을 깨달았을 때, 그녀는 자신의 취약성, 상처, 그리고 슬픔을 표현할 수 있었다. 그녀의 애인은 그녀의 분노를 받아들이는 것보다 이것을 훨씬 더 잘 받아들였다. 더 작업을 진행하여, Jill은 자신의 슬픔을 차단하고 있는 것은 아동기에 상처받은 느낌을 표현하였을 때 가족들이 창피를 주었던 것에서 기인하였음을 깨달았다.

게슈탈트 치료자는 환자의 주관적 현실의 타당성에 존경심, 연민, 그리고 헌신하는 마음을 가지고 환자의 자각과 접촉 과정에 집중한다. 치료자는 자기 자신의 자각과 경험을 공개함으로써 그 과정의 모델이 된다. 치료자는 치료 관계에서 가능한 한 서로 협동하는 방식으로 존재하고, 자신의 행동과 느낌에 책임을 진다. 이렇게 할 때, 치료자는 능동적이고 제안을 제시할 수 있을 뿐만 아니라 변화의 역설적 이론과 모순되지 않으면서 전적으로 환자를 수용할 수 있다.

다른 체계들

✻ 고전적인 Freud학파의 정신분석과 게슈탈트 이론

Freud학파의 정신분석의 핵심은 기본적인 생물학적 동기에 중심을 두는 신념과 이 기본적 추동들과 사회적 요구들(필수적인 요구와 부모와 사회적인 신경증에 뿌리를 두고 있는 요구 모두)의 필연적인 갈등에 의해 생겨난 비교적 영속적인 구조를 형성하는 것이다. 모든 인간 발달, 행동, 사고 및 느낌은 그런 무의식적인 생물학적 · 사회적 갈등에 의해 결정된다고 믿었다.

환자 자신의 느낌, 사고, 신념, 소망 등에 대한 진술은 믿을 만한 것으로 여겨지지 않았다. 왜냐하면, 이것들은 단순히 무의식에 뿌리를 두고 있는 더 깊은 동기를 위장하는 것들이기 때문이었다. 무의식은 환자가 분석을 마칠 때까지는, 직접적으로 접근할 수 없는 구조이다. 그렇지만 무의식은 전이신경증에서 자신을 나타내게 되며, 분석자의 전이에 대한 해석을 통하여 '진실'이 밝혀지고 이해되었다.

정신분석은 단순한 패러다임에 의해 진행된다. 자유 연상(검열하거나 집중하지 않고 이야기하는 것)을 통하여 환자는 정신분석 치료에 자료를 제공하였다. 분석가들은 그들이 신봉하였던 동기 이론의 특수한 견해에 따라 이 자료들을 해석하였다. 분석가는 자신의 생활과 개인적인 세부사항들을 제공하지 않았다. 그는 완전히 객관적이어서 모든 정서적 반응들을 피할 의무가 있었다. 분석가는 **절제의 규칙**(환자의 소망을 만족시켜 주지 않는 것)과 **중립의 규칙**(분석가가 환자의 갈등 중 어느 것도 선호하지 않는 것)이라는 두 가지 기본적인 규칙들을 가지고 있다. 분석가가 보이는 편향(deviation)은 역전이로 간주되었다. 환자가 분석가에 대하여 무엇을 알려고 하는 모든 시도는 저항으로 간주되었다. 환자가 분석가의 개인적 측면에 대해 아무것도 알 수가 없었고 알면 안 되기 때문에, 분석가에 대한 관점은 모두 환자의 무의식에서 오게 되는 투사였다.

비록 전이의 해석이 초점을 다시 지금 여기로 되돌리게 해 주지만, 불행하게도, 정신분석에서는 지금 여기 관계의 잠재력이 나타나지 않는데, 이것은 실제적인 현재 관계에 집중하지 않기 때문이며, 환자의 감정이 무의식적 동기와 해결되지 않은 갈등의 결과로 해석되기 때문이다. 정신분석에서는 보통 과거에 초점을 두고 논의를 하며, 분석가와 환자 사이에서 **그 순간**에 실제적으로 일어나고 있는 일에는 초점을 두지 않는다.

정신분석을 이렇게 간단히 요약하는 것은 완전히 정확하다고는 할 수 없다. 왜냐하면, Adler, Rank, Jung, Reich, Horney, Fromm, Sullivan을 비롯한 많은 분석가들이 여러 가지 면에서 정통 Freud학파의 가정에서 벗어났으며, 이런 학자들이 게슈탈트 치료 체계가 생겨나는 풍토를 제공하였기 때문이다. 게슈탈트 치료처럼, 이런 파생된 체계들에서는 환자가 무의식적인 힘에 이끌린다는 Freud학파의 비관적 관점 대신에 인간 성장에 대한 잠재력을 믿고 관계와 의식적 자각의 힘을 음미하는 입장을 취하였다. 이 접근들은 자료를 자유 연상에 제한하지 않는다. 그 대신에 치료자가 분명하게 보여 주는 연민의 태도를 높이 평가하였고, 더 넓은 범위의 개입을 허용하였다. 그렇지만 이 접근들이 정신분석적 전통 속에 남아 있다는 것 때문에 여전히 족쇄가 채워져 있었다. 게슈탈트 치료는 더 급진적인 입장을 취하였다.

행동수정은 단순한 대안을 제공하였다. 즉, 행동을 관찰하고, 환자의 주관적 보고를 무시하고, 고전적 조건형성이나 조작적 조건형성을 사용하여 자극-반응 관계를 조작함으로써 문제행동을 통제한다. 행동적 접근에서는 측정될 수 있고, 계산될 수 있고, '과학적으로' 증명될 수 있는 것을 강조하였다.

행동적 접근은 Freud학파 정신분석의 개인 내적이고, 단호한 정신적 접근과 반대되는 것이었다. '지금-여기'의 행동을 관찰하고 그 자체를 중요한 자료로 택하였으나, 환자의 주관적이고 의식적인 경험은 신뢰할 만한 자료로 간주하지 않았다.

게슈탈트 치료는 제3의 선택을 제공하였다. 게슈탈트 치료에서는 환자의 자각이 단순히 다른 더 깊은 동기를 감추는 것으로 간주하지 않는다. 정신분석과 달리, 게슈탈트 치료는 이용 가능한 모든 자료를 사용한다. 행동수정에서처럼, 게슈탈트 치료자들은 신체의 관찰을 포함하여 주의 깊게 행동을 관찰하고, 지금 여기에 초점을 맞추고, 능동적인 방법을 사용한다. 환자의 자기보고는 실제적인 자료로 간주된다. 그리고 행동수정이나 정신분석과는 다르게, 치료자와 환자는 공동으로 치료 작업을 진행한다.

✻ 인간 중심 치료, 합리적 정서적 행동치료 및 게슈탈트 치료

게슈탈트 치료와 인간 중심 치료는 공통된 뿌리와 철학을 가지고 있다. 둘 다 인간 성장에 대한 잠재력을 믿고, 치료자가 온화함과 신뢰성(일관성)을 보여 주는 관계에서 성장이 일어난다고 믿는다. 인간 중심 치료와 게슈탈트 치료 둘 다 환자의 주관적 자각을 가지고 작업하는 현상학적 치료이다. 그렇지만 게슈탈트 치료는 더 능동적인 현상학적 접근을 취한다. 게슈탈트 치료의 현상학은 실험적 현상학이다. 자각 실험을 이용함으로써 환자의 주관적 경험이 더 분명하게 된다. 이런 실험들은 종종 행동적 기법과 비슷하지만, 환자의 행동을 통제하기보다는 환자의 자각을 명확히 하기 위해 고안된 것이다.

게슈탈트 치료자가 환자를 만날 때는 두 사람 모두의 주관성을 가치 있게 평가하는 입장을 취한다는 것이 또 다른 차이점이다. 게슈탈트 치료자는 환자에게 그 자신의 느낌이나 경험에 대해 이야기할 가망성이 인간 중심 치료자보다 훨씬 더 높다.

게슈탈트 치료는 합리적 정서적 행동치료(REBT)의 직면적인 접근과 Carl Rogers의 비지시적 접근 둘 다에 대한 대안을 제공한다. 인간 중심적 치료자는 완전하게 환자의 주관적 보고를 신뢰하는 반면, REBT 치료자는 환자에게 그의 비합리적인 또는 역기능적인 사고방식을 직면시킨다. 게슈탈트 치료는 집중적인 자각 실험과 개인적 공개를 사용하여 환자가 그의 자각을 확대하도록 도와준다.(1960~1970년대 동안, Perls는 회피를 다루기 위한 매우 직면적인 모델을 보급시켰다. 이것은 단지 게슈탈트의 한 모델이지, 오늘날 실행되고 있는 게슈탈트 치료를 대표하는 것은 아니다.)

게슈탈트 치료는 두 가지 중요한 면에서 인간 중심적 접근과 비슷해졌다. 먼저, 게슈탈트 치료자들은 더 지지를 하고, 자비심을 보이고, 친절하게 되었다. 이에 덧붙여, 치료자는 환자가 경험하는 진실보다도 더 정확한 '객관적' 진실을 갖지는 못한다는 것이 분명해졌다.

✳ 더 새로운 정신역동 모델들과 관계적 게슈탈트 치료

게슈탈트 치료와 정신분석은 함께 발달하였다. 게슈탈트 치료에서 관계의 개념은 Martin Buber의 '나-너(I-Thou)' 관계를 모델로 삼고 있지만, 이것은 1980년대 후반기에 이르러서야 분명히 드러나게 되었다(Hycner & Jacobs, 1995; Yontef, 1993). 게슈탈트 치료가 치료자와 환자 사이의 관계에 초점을 맞추었을 때, 그것은 고전적 정신분석과 추동 이론에서, 직면을 바람직한 치료적 도구로 사용하는 것에서, 그리고 치료자는 건강하고 환자는 아프다는 신념에서 벗어났다(Staemmler, 2011). 게슈탈트 치료는 상호 주관적인(intersubjective), 상호적인, 주고받는 정서적 영향이라는 개념을 포용하였고, 자각을 탐색하는 부분으로서 공유된 의미를 찾는 것을 포용하였다(Wheeler, 2000).

정신분석도 비슷한 패러다임의 전환을 겪었으며, 두 체계는 어느 정도 서로 수렴되어 왔다. 이것이 가능하였던 이유 중의 일부는 현대 정신분석적 이론들(특히 대상관계와 상호 주관적 이론)이 고전적 Freud학파 정신분석의 한계점들을 받아들이지 않았기 때문이었다. 이 새로운 이론들은 환원주의와 결정론을 피하였고, 환자 자신의 관점을 최소화하는 경향성을 거부하였다. 이런 움직임은 정신분석과 게슈탈트 치료의 이론과 실제가 더 가까워지도록 하였다(Orange, 2011). 게슈탈트 치료는 현대 정신분석이 지금은 거부하고 있는 정신분석의 측면에 대한 반동으로 형성되었다.

현대 정신분석과 게슈탈트 치료가 공유하는 기본적 교의는 다음과 같다.

- 전체 인간과 자아감 강조
- 과정적 사고 강조
- 주관성과 감정 강조
- 성격 발달에 대한 생활 사건들(예를 들어, 아동기의 성적 학대)의 영향 인정
- 사람들이 퇴행하기보다는 성장하고 발달하는 쪽으로 동기화되어 있다는 신념
- 유아는 개인적 상호작용, 애착, 만족에 대한 기본적 동기와 능력을 가지고 태어난다는 신념
- '타인' 없이는 '자기'도 없다는 신념
- 마음의 구조와 내용은 본능적 욕구보다도 타인들과 상호작용을 통하여 형성된다는 신념

자신의 삶을 조성하고 규정하는 관계에서 고립되어 있는 개인을 말한다는 것은, 게슈탈트 치료자와 마찬가지로 현대 분석가들에게도 의미가 없다.

✻ 인지행동치료, REBT 및 게슈탈트 치료

게슈탈트 치료가 환자의 사고 과정에 대한 작업을 하지 않는다는 가정은 틀린 것이다. 게슈탈트 치료는 언제나 환자가 생각하고 있는 것에 주의를 두어 왔다. 게슈탈트 치료자들은 인지치료를 하는 그들의 동료들처럼 불안을 만들어 내는 데 '미래화(futurizing)'가 하는 역할을 강조하고, REBT 치료자들처럼 도덕적 사고에 의한 죄의식의 창조와 불합리한 조건부 가치('당위성')에 대한 생각을 토론한다. REBT나 인지행동치료에서 비합리적인 것으로 명명된 많은 사고들 역시 게슈탈트 치료의 중요한 초점이 된다.

지금의 게슈탈트 치료는 REBT나 인지행동치료와 중요한 한 가지 차이가 있다. 현대 게슈탈트 치료에서 치료자는 무엇이 진실로 비합리적인가에 관하여 아는 척하지 않는다. 게슈탈트 치료자는 과정을 관찰하고, 환자가 자신의 사고를 관찰하도록 지시하고, 환자가 경험하고 믿게 되는 바에 가치를 부여하고 존경하면서 대안적 사고방식을 탐색하도록 한다.

역사

선구자들

게슈탈트 치료의 독창적 '발견들'은, 성격과 치료를 이해하는 풍부하고 다양한 근원에서 개발된 새로운 통합적 체계들보다는 실제적으로 덜 독창적이었다. Fritz와 Laura Perls는 1940년에서 1960년까지 함께 책을 쓰고 가르치고 연구하였던 그들의 후기 미국 동료들(Isadore From, Paul Goodman 및 다른 사람들)과 함께 과학, 철학, 종교, 심리학, 예술, 문학, 그리고 정치 분야에서 20세기 혁명의 사납고 대담한 물결을 헤쳐 나갔다. 이 기간 동안 모든 학문 분야의 지식인들 사이에서 엄청난 교류가 있었다.

Fritz Perls가 의학 박사 학위를 받고 Laura Perls가 사회복지학 박사 학위를 받은 1920년대 동안, 프랑크푸르트암마인은 심리학의 지적 산실이 되었다. 그들은 뛰어난 게슈탈트 심리학자들, 실존적 현상학적 철학자들, 자유주의 신학자들, 그리고 정신분석적 사고를 가진 학자들과 직접, 간접적으로 접촉하였다.

Fritz Perls는 정신분석에 대해서 잘 알고 있었고, 실제로 훈련받은 분석가였다. 그렇지만 Perls는 고전적 정신분석의 독단주의에 거부감을 느꼈다. Perls는 Freud가 서양세계 문화에 가져다준 혁명적인 기본적 아이디어—의식적 자각의 밖에 놓여 있는 동기의 존재—가 다른 사고의 흐름, 특히 총체론, 게슈탈트 심리학, 장 이론, 현상학 그리고 실존주의로 잘 스며들 필요가 있다고 보았다.

이런 지적인 분야들은 각각 독특한 방법으로 인간이 된다는 것의 의미에 대한 새로운 관점을 만들려는 시도를 낳았다. 그들의 관점은 **인본주의적** 관점이라고 불리게 되었고, 게슈탈트 치료는 이 관점을 심리치료 분야에 소개하였다. Freud학파 분석가들은 인간의 삶은 생물학적으로 결정되고, 갈등을 겪고, 속박을 필요로 한다는 것이 본질적 진리라고 주장하였다. 실존주의자들은 본질을 넘어선 실존의 중요성, 사람들이 자신의 삶의 방향을 선택한다는 신념 및 인간의 삶은 생물학적으로 결정되지 않는다는 주장을 옹호하였다. 정신분석 내에서 Perls는 좀 더 이단적인 분석가들, 특히 Otto Rank와 Wilhelm Reich의 영향을 받았다. Rank와 Reich는 의식적 경험, 정서적 지혜와 갈등의 '운반자'로 작용하는 신체, 그리고 지금 여기에서 치료자와 환자 사이의 능동적 개입 과정을 강조하였다. Reich는 **성격 갑옷**(character armor)이라는 중요한 개념을 소개하였는데, 이것은 한 개인을 고착되고 사회적으로 결정된 역할에 묶어 두는 경험, 행동 및 신체 자세의 반복적인 패턴을 말한다. Reich는 또한 환자의 말보다는 그가 말하는 방식과 움직이는 방식이 더 중요하다고 생각하였다.

Rank는 개인의 창조적인 힘과 독특성을 강조하였고, 환자 자신이 최상의 치료자라고 주장하였다. Perls와 마찬가지로, Rank도 '지금-여기'에서 일어나는 치료적 관계의 경험이 중요하다고 강조하였다.

Fritz와 Laura Perls는 주로 유럽 대륙의 철학자들에게서 영감을 받았다. 이들은 주체와 객체, 자기와 세계 사이를 나누는 것은 착각이라고 주장하면서 데카르트 철학의 이원론에서 이탈한 사람들이었다. 이 집단에는 실존주의자들, 현상학자들, Ludwig Wittgenstein 같은 철학자들이 포함되었다.

이 새로운 접근은 장 이론, 게슈탈트 심리학자들, Jan Smuts의 총체론, 그리고 선(禪) 사상과 수행에 의해 영향을 받았다. Perls는 이런 사상을 전경과 배경 지각의 게슈탈트 심리학과 융합하였고, 강력하게 게슈탈트 심리학에 영향을 받은 심리학자 Kurt Goldstein과 Kurt Lewin의 연구와 융합하였다.

첫 저서, 『자아, 배고픔과 공격(*Ego, Hunger and Aggression*)』(1942/1992)에서 Perls는 사람들이 인간-환경의 장 속에 묻혀 있는 것으로 설명하였다. 이 장은 지각을 조직하는 욕구들이 의식으로 출현할 때 발달한다. 또한 Perls는 '창조적 무관심'에 관하여 썼는데, 이것은 어떤 사람이 특별한 상황에서 정말로 필요한 것이 무엇인지 변별할 수 있게 해 주는 것이다. 이런 변별에 의해 우리의 경험을 환경과 분리된 것으로 조성시켜 주는 대비의 경험과 양극성에 대한 자각이 출현하게 된다. Perls는 이것을 서양의 선 수행이라고 생각하였다.

Fritz와 Laura Perls는 나치 지배기 동안에 독일을 떠났고, 후에 나치에 점령된 폴란드에서 도망하였다. 그들은 남아프리카공화국으로 가서, 그곳에서 정신분석 훈련 센터를 열었다. 같은 시기 동안, 1940년대에 남아프리카공화국의 수상이었던 Jan Smuts는 **총체론**이라는 용어를 만들어 냈고, 이 총체론에 대하여 글을 썼다. Jan Smuts가 주도하기 시작한 인종차별 정책 때문에 Fritz와 Laura Perls는 남아프리카공화국을 떠났다.

총체론의 기본적 교훈은 유기체가 자기조절적 실체라는 것이다. Fritz Perls가 볼 때 게슈탈트 심리학, 유기체적 이론, 장 이론, 그리고 총체론은 조화가 잘 되었다. 게슈탈트 심리학은 Perls에게 게슈탈트 치료의 조직 원리들을 제공하였고, 그의 인생의 다양한 영향들을 통합시키는 인지적 도식을 제공하였다.

게슈탈트(Gestalt)라는 말은 영어로 번역되지 않는다. 이것은 지각적 전체 또는 경험의 윤곽을 말한다. 사람들은 조각조각들로 지각하여 그것을 나중에 조직된 지각으로 합치는 것이 아니다. 그 대신에, 사람들은 모양을 갖춘 전체로서 지각한다. 이 모양들(patterns)은 요소들 사이의 상호관계를 반영한다. 이 관계성은 구성요소들을 검토한다고 해서 전체적으로 파악되는 것은 아니며, 부분들 각각의 관계를 살펴봄으로써 그리고 전체에 대한 부분들의 관계를 살펴봄으로써만 파악될 수 있는 것이다. 게슈탈트 심리학 발전을 주도한 인물로는 Max Wertheimer, Kurt Koffka 및 Wolfgang Köhler가 있다.

Kurt Lewin은 게슈탈트 원리들을 단순한 지각 심리학 외의 다른 영역까지 적용시키고, 게슈탈트 심리학의 이론적인 함축성을 설명함으로써 이 분야를 확장하였다. 그가 이 개념을 창시한 사람은 아니지만, 그는 특히 게슈탈트 심리학의 장 이론 철학을 해명한 사람으로 잘 알려져 있다. Lewin(1938)은 장 이론의 원리가 Newton의 이론이나 실증적 사고와는 다르다는 점을 논의하였다. 장 이론에서 세계는 시간적으로 연속되는 관계들의 체계적인 망(web)으로 연구되며, 분리된 분자 또는 이분법적인 분자로 연구되지 않는다. 이런 관점에서 보면 모든 것은 생성되는 과정에 있으며 정체되어 있는 것은 아무것도 없다. 이 장 이론의 관점에서, 현실은 관찰자와 관찰되는 대상 사이의 관계에 의해서 형성된다. 그렇다면, '현실'은 관점의 함수이며, 진정한 실증적인 사실이 아니다. 같은 적법성을 갖는 여러 개의 현실이 있을 수 있다. 현실의 본성에 관한 이러한 관점은 게슈탈트 이론이 여성, 동성애자 그리고 비유럽인들에 대하여 가지고 있던, 이전에는 차별대우를 받았던 다양한 목소리에 문을 열도록 하였다.

Lewin은 환경적 가능성들과 유기체의 욕구들 사이에서 일어나는 상호작용에 의해서 게슈탈트가 형성된다는 생각을 가설로 만들고 연구함으로써, 게슈탈트 심리학자들이 할 일을 하였다. 욕구가 지각과 행동을 조직한다. 지각은 관계 속에 있는 개인과 주변 환경의 상태에 의해 조직된다. 유기체적인 기능에 관한 게슈탈트 치료 이론은 지각과 총체론에 관한 게슈탈트 심리학 원리에 기반을 두고 있다. 유기체적 자기조절 이론은 게슈탈트 치료의 성격 이론의 주춧돌이 되었다.

현상학과 실존주의의 철학적 신조는 Perls가 독일과 미국에 있을 동안에 명성을 얻게 되었다. 게슈탈트 치료는 대화적(dialogic) 실존 사상가들의 연구에 깊은 영향을 받았다. 특히 Martin Buber에게 직접 교육을 받은 Laura Perls는 그에게 깊은 영향을 받았다. 자기는 언제나 타인과 관련된 자기(self-with-other)라는 피할 수 없는 실존적 사실에 대한 Buber의 신념은 게슈탈트 사고와 자연적으로 들어맞았고, Buber의 나-너 관계에 대한 이론은 Laura Perls의 가르침을 통해 게슈탈트 치료에서 환자와 치료자 관계에 대한 기초가 되었다.

초창기

Perls가 최초로 쓴 책은『자아, 배고픔과 공격』(1942/1992)이었지만, 게슈탈트 치료 체계를 처음으로 포괄적으로 통합한 것은『게슈탈트 치료(*Gestalt Therapy*)』라는 책이었다(Perls et al., 1951/1994). 이 영향력 있는 출판물은 조직되고 통합되었으며 위에서 기술한 지적인 시대정신을 접하였던 작가들이 형성한 새로운 게슈탈트를 나타내었다. 게슈탈트 치료의 뉴욕 연구소가 곧 건립되었고, 초기 세미나 참석자들이 특별히 뉴욕, 클리블랜드, 마이애미, 로스앤젤레스 등에서 정기적인 훈련 워크숍을 개최함으로써 이 치료를 다른 도시들에 전파시켰다. 집중적인 연구 집단이 도시들 각각에 형성되었다. 학습은 원래의 연구 집단 구성원들의 정규적인 워크숍으로 대체되었고, 결국은 이 도시들 각각에 게슈탈트 훈련 연구소가 세워졌다. 클리블랜드의 게슈탈트 연구소는 다양한 배경을 가진 훈련생들에게 많은 공을 들였고 매우 다양한 교수진을 개발하였다.

게슈탈트 치료는 인본주의적인 심리치료에 영향을 미쳤던 많은 이념들을 개척하였다. 예를 들어, 게슈탈트 치료는 현상학적으로 경험에 주의를 두고 치료적 관계에서 치료자와 환자가 서로를 경험하는 방식에 주의를 두게 하는 고도로 발달된 방법론을 가지고 있다. 현상학은 현실이 관찰자와 관찰되는 대상 사이의 관계에서 형성된다고 가정한다. 간단히 말해서, 현실은 해석된다.

게슈탈트 치료에서 대화적 관계는 Martin Buber의 생각 중 세 가지 중요한 원리들에서 파생하였다(Hycner & Jacobs, 1995). 첫째, 대화적 치료 관계에서 치료자는 공감적 연대성과 비슷한 포함(inclusion)을 수행한다. 치료자는 환자의 경험을 같이 나누고, 타인의 존재를 상상하고, 마치 이것이 자신의 신체 내부에 있는 감각인 것처럼 느낌과 동시에 자기감을 유지한다. 포함은 환자의 경험에 합병되는 것이기보다는 접촉이 발달된 형태이다. 이런 방식을 통해 환자의 경험을 상상함으로써, 대화적 치료자는 환자의 실존과 잠재성을 확인한다. 둘째, 치료자는 믿을 수 있고 일치된 사람으로, 그리고 투명하고 자기 공개를 하려고 노력하는 한 개인으로 자기를 노출한다. 셋째, 대화 치료에서 치료자는 대화에 전념하고, 참여자들 사이에서 발생하는 것에 내맡김으로써 그 결과를 통제하지 않는다. 이런 관계에서는 환자뿐만 아니라 치료자도 함께 변하게 된다.

실존적인 현상학적 방법에는 대부분 실존적인 사고가 그 밑에 있다. 게슈탈트 치료의 현상학은 Edmund Husserl의 실존적 현상학과 게슈탈트 심리학의 현상학이 섞인 것이다.

초기 지각을 취하고, 그 순간 실제적으로 경험된 것을 기대되었거나 단순히 논리적으로 유도된 것과 분리시킴으로써 현상학적 이해가 이루어진다. 현상학적 방법은 기술적(記述的)으로 자각 과정을 연구함으로써 자각의 명료성을 증가시킨다. 이렇게 하기 위해서 현상학자들은 가정을 하지 않는데, 특히 무엇이 타당한 자료를 구성하는가에 대한 가정을 하지 않는다. 현상학적 탐색을 계속함으로써 자료들이 다듬어지기는 하지만, 초기에는 모든 자료를 타당한 것으로 간주한다. 이것은 환자의 자각은 타당하고 무의식적 동기의 관점에서 설명하기보다는 탐색되어야만 한다는 게슈탈트 치료 관점과 꽤 일관된다.

비록 다른 이론들이 나-너 관계, 또는 체계적인 현상학적 집중하기를 충분히 통합하지 못하기는 하였지만, 그들은 치료자와 환자 사이의 직접적인 접촉의 흥분과 활기, 직접적인 경험에 대한 강조, 실험의 이용, '지금-여기'와 정서적 과정 및 자각에 대한 강조, 유기체적 자기 규제에 대한 신뢰, 선택에 대한 강조, 환자의 '내적' 세계에 주의를 둘 뿐만 아니라 그의 맥락에도 주의를 두는 것에 의해 영향을 받았다.

현 상태

게슈탈트 연구소, 문헌 및 학술지들이 최근 수십 년 동안에 전 세계로 확산되었다. 미국 주요 도시마다 최소한 하나 정도의 게슈탈트 치료 훈련 센터가 있고, 유럽에 있는 대부분의 나라들, 북부 아프리카와 남부 아프리카 그리고 오스트레일리아에 다중 게슈탈트 치료 훈련 연구소들이 있다. 전 세계에서 게슈탈트 치료자들이 개업하고 있다.

다양한 나라와 지역에서 전문가 모임을 후원하고, 기준을 세우고, 그리고 연구와 공공 교육을 지원하는 포괄적인 조직체를 형성하기 시작하였다. 미국에는 국내 회원과 국제 회원을 모두 포함하는 '게슈탈트 치료 향상을 위한 학회(Association for the Advancement of Gestalt Therapy)'가 있다. 전문가들만 이 조직에 가입하는 것은 아니다. 이 학회는 조직적인 수준에서 게슈탈트 치료 원리들을 지키면서 관리하려는 의도를 가지고 만들어졌다. 국제 게슈탈트 치료 학회는 철저한 국제적 관리와 인터넷과 전자 우편을 통해 좀 더 쉬운 구조의 모임을 형성하려고 시도하는 새로운 집단이다.

게슈탈트 치료는 구전되어 온 전통이 풍부한 것으로 알려져 있으며, 역사적으로 게슈탈트 연구 문헌들은 그 이론과 실제의 깊이를 전부 반영하지 못하고 있다. 게슈탈트 치료는 경험적 접근에 관심이 있는 치료자들을 끌어들이는 경향이 있다. 게슈탈트 치료 접근은 강한 경험적 구성요소 없이는 교육하기가 거의 불가능하다.

Polster 부부(1973)의 영향력 있는 책이 출판된 이래로, 게슈탈트 치료의 구술적 전통과 문어적 전통 사이의 간격이 메워졌다. 지금은 게슈탈트 치료 문헌이 많아졌으며, 많은 책들이 게슈탈트 치료 이론과 실제의 다양한 측면을 다루고 있다. 현재 영어로 출판되는 네 가지 학술지가 있다. 즉, *International Gestalt Journal*(기존의 *The Gestalt Journal*), *British Gestalt Journal*, *Gestalt Review*, *Gestalt Journal of Australia and New Zealand*이다. 게슈탈트 학술지 출판부는 또한 게슈탈트에 관한 책들의 포괄적인 저서목록, 논문, 비디오테이프, 녹음테이프 등을 보유하고 있으며, 그 목록은 인터넷 www.gestalt.org에서 찾아볼 수 있다. 또 다른 인터넷 사이트 gestalt!(www.g.gel.org), '게슈탈트 치료 향상을 위한 학회'에서 발간하는 학술지는 여러 연구 논문들의 자원을 제공하고 있으며 온라인 학술지이기도 하다. 게슈탈트 치료 문헌 또한 세계 도처에서 많이 출판되고 있다. 유럽, 북아메리카와 남아메리카 그리고 오스트레일리아 등에는 여러 나라 언어로 발간되는 최소한 하나 정도의 학술지가 있다. 여러 나라에서 영어로 쓰인 책들이 번역되어 폭넓게 읽혀지는 것에 덧붙여, 프랑스, 독일, 이탈리아, 포르투갈, 덴마크, 한국, 스페인 등에서 출판된 중요한 독창적인 이론적 연구 논문들이 있다.

과거 10년 동안 게슈탈트 치료에서 성격과 치료를 이해하는 방식에 중요한 변화가 있었다. 때때로 논쟁이 있기는 하였지만, 일반적으로 성장을 위한 관계적 조건들, 특히 치료적 관계를 이해하는 데 있어서 많은 변화가 있었다. 상호 의존성에 관한 인식이 증가하였고, 자기 충족성에 부여하는 문화적 가치의 수치스러운 효과를 더 잘 이해할 수 있었고,

아동기에 어떻게 수치심이 만들어지고 대인관계에서 촉발되는지에 대하여 더 큰 깨달음이 있었다(Fairfield & O'Shea, 2008; Lee & Wheeler, 1996; Yontef, 1993). 게슈탈트 치료자들이 수치심에 대해 그리고 어떻게 수치심이 촉발되는지에 대해 더 철저하게 이해함에 따라, 게슈탈트 치료자들은 초기보다도 덜 직면적이고 더 수용적이면서 더 많이 지지하게 되었다(Jacobs, 1996).

성격

성격 이론

게슈탈트 이론은 고도로 발달된 다소 복잡한 성격 이론을 가지고 있다. 건강한 기능과 신경증적 기능에 대한 개념은 실제로 아주 단순하고 분명하지만, 이들을 이해하기 위해서는 선형적인 인과관계적 사고에서 과정적, 장 이론적 세계관으로 패러다임의 전환을 해야 하므로 파악하기가 언제나 쉬운 것이 아니다.

게슈탈트 치료는 급진적인 생태학적 이론인데, 이것은 살아 있는 유기체를 환경과의 상호작용과 분리하여, 즉 유기체를 그것의 부분인 환경적 장과 분리하여 고찰하는 것은 의미 있는 방법이 아니라고 주장하는 이론이다(Perls et al., 1951/1994). 심리학적으로 마치 어떤 사람의 지각을 통하지 않고 환경을 지각할 의미 있는 방법이 없는 것과 마찬가지로 대인관계와 분리하여 한 개인을 고찰하는 의미 있는 방법은 없다. 게슈탈트 치료 장 이론에 따르면, 지각이 전적으로 '객관적'일 수는 없다.

인간이 거주하고 있는 '장'은 다른 인간들로 가득 채워져 있다. 게슈탈트 이론에서는 개인의 환경적 장과 분리된 자기는 없다고 말한다. 더 구체적으로, 자기는 타인 없이는 존재하지 않는다. 자기는 관계 속의 자기를 의미한다(Philippson, 2001). 접촉이 모든 존재의 통합적인 측면—실제로, 경험은 접촉 없이는 존재하지 않는다—인 반면에 인간들 사이의 접촉이 성격의 형성과 기능을 지배한다.

장은 경계들(boundaries)에 의해서 변별된다. 접촉 경계는 이중적인 기능을 가진다. 이것은 사람을 서로 연결시키지만, 또한 분리를 유지시킨다. 타인과 정서적 유대를 맺지 못한다면 우리는 굶주리게 되지만, 정서적 분리가 없다면 우리는 분리된 자율적 정체성을 유지하지 못한다. 유대는 생물학적이고 사회적이며 심리적인 욕구를 충족시키는 반면, 분리는 자율성을 창출하고 유지시키고, 해로운 침입 또는 과중한 짐에서 보호해 준다.

타인과 접촉하고 철회하는 것을 통하여 욕구가 충족되고 사람들은 성장한다. 사람은 분리와 유대에 의해 경계와 정체성을 성립한다. 효과적인 자기규제는 접촉을 포함하는데, 이 접촉에서 개인은 잠재적으로 자양분이 되거나 해가 될 수 있는 것이 새롭게 출현하고 있음을 인식하게 된다. 개인은 자양분이 되는 것을 동일시하고 해가 되는 것을 거부한다. 이런 종류의 변별된 접촉은 성장을 이끈다(Polster & Polster, 1973). 이런 변별을 조절하는 중요한 과정이 자각과 접촉이다.

심리학적 성장을 위한 가장 중요한 과정은 각자가 상대방의 욕구, 느낌, 신념, 관습 등을 자각하고 존중하면서 상대방의 경험을 인정하는 두 사람 사이의 상호작용으로 이루어져 있다. 치료에서는 이런 형태의 대화적 접촉이 필수적이다.

✻ 유기체적 자기조절

게슈탈트 치료 이론은 사람들이 선천적으로 자기조절적이며 자신의 문제들을 해결하도록 동기화되어 있다는 입장을 취한다. 욕구(needs)와 욕망(desires)은 위계적으로 조직되어 있어서, 가장 급한 욕구가 우선권을 차지하고 이 욕구가 충족될 때까지 개인의 주의를 끈다. 이 욕구가 충족되어야, 다음 욕구 또는 관심이 개인의 주의의 중심이 된다.

✻ 게슈탈트(전경/배경) 형성

유기체적 자기조절의 개념에 대한 부수적 산물을 **게슈탈트 형성**이라 한다. 게슈탈트 심리학은 우리가 통일된 전체를 지각한다고 가르쳤을 뿐만 아니라 우리가 접촉의 현상을 통하여 지각한다고 가르쳤다. 관심을 끄는 전경은 상대적으로 단조롭고 지루한 배경과 대조를 이룬다. 예를 들어, 여기에 있는 단어들은 독자에게 시각적 전경인 반면, 이 방의 다른 측면들은 시각적으로 덜 분명하다. 이 측면들에 대한 언급으로, 독자가 여기에 있는 단어들을 배경으로 밀어 넣게 되면 그때서야 탁자, 의자, 책, 또는 탄산음료가 전경으로 출현한다. 전경들과 배경들은 매우 빨리 변할 수 있지만, 우리는 한 번에 하나의 분명한 전경만을 지각할 수 있다.

✻ 의식과 무의식

게슈탈트 심리학을 성격 기능의 이론에 접목시킨 가장 중요한 결과는 의식과 무의식에 대한 관념이 완전히 Freud의 생각과는 다르다는 것이다. Freud는 무의식은 비인격적(impersonal)이고, 계속해서 발산하려는 압력을 받는 생물학적인 충동으로 채워져 있다고 생각하였다. 유능하게 기능한다는 것은 숨겨진 무의식적 내용을 보존하기 위하여 억압과 승화를 성공적으로 사용하는 것에 달려 있다. 이런 충동들은 단지 상징적 형태로만 경험될 수 있다.

게슈탈트 치료의 '무의식'은 매우 다르다. 게슈탈트 이론에서는 자각과 비자각(unawareness)의 개념이 무의식을 대체하였다. 개인은 중요하고 강력하고 관련된 어떤 것이 전경으로 출현하도록 허락되지 않는 한 그것을 자각하지 못한다. 게슈탈트 치료자들은 잠시 자각 속에 있는 것과 잠시 자각 밖에 있는 것 사이의 유동성을 반영하기 위하여 자각/비자각의 개념들을 사용한다. 이것은 지각에 대한 게슈탈트 심리학의 이해를 따라가는 것으로, 배경에 대하여 전경을 형성하는 것이다. 배경이라는 것은 일시적으로 자각의 밖에 있는 것으로, 즉각적으로 자각 안에서 전경이 될 수 있다.

신경증 환자에게는, 현상학적 장의 어떤 측면이 어떤 목적을 가지고 규칙적으로 배경으로 쫓겨난다. 이 개념은 대략 Freud학파의 역동적 무의식과 비슷하다. 그러나 게슈탈트 치료자들은 환자가 그것을 이해하기 전에 치료자가 해석을 해 줄 필요가 있는 '일차적 과정' 무의식을 믿지 않는다.

게슈탈트 치료자들은 영구적인 배경 상태로 쫓겨났다는 것은 현재의 장 조건에 대한 환자의 지각뿐만 아니라 환자의 현재 갈등을 반영한다는 입장을 취한다. 한 환자가 치료적 관계의 조건이 충분히 안전하다고 지각할 때, 이전에 뒤로 물러나 있던 주관적 상태의 더 많은 측면들이 치료적 대화를 통하여 자각될 수 있다.

✳ 건강

건강에 대한 게슈탈트 치료의 개념은 실제적으로 매우 단순하다. 건강한 유기체적 자기조절에서 개인은 변하는 욕구 상태를 알아차린다. 즉, 가장 중요한 것이 개인 자각의 전경이 된다. 그리고 전체가 된다는 것은 단순히 자신의 진행되는 순간순간의 경험과 하나가 되고 이 동일시가 자신의 행동을 조직하도록 허락하는 것이다.

건강한 유기체적 자각은 인간과 비인격적 환경의 자각을 포함하며, 타인의 욕구를 반영하지 않거나 고려하지 않는 것이 아니다. 예를 들어, 자비심, 사랑 그리고 환경을 돌보는 것은 모두 유기체적 기능의 부분이다.

건강한 기능은 인간-환경의 장에서 실제적으로 발생하고 있는 것과 접촉을 요구한다. 접촉은 장과의 관계에서 개인의 경험과 닿아 있는 존재의 성질이다. 출현하는 것에 의해 조직될 행동을 자각하고 허용함으로써, 사람들은 세계 내에서 상호작용하고 경험으로부터 학습한다. 새로운 것을 하려고 시도함으로써, 사람들은 다양한 상황에서 작용하는 것과 작용하지 않는 것을 학습한다. 전경이 출현하도록 허락되지 않을 때, 전경이 어떻게든지 방해받거나 오도될 때, 자각과 접촉에 혼란이 오게 된다.

✳ 성장하려는 경향성

게슈탈트 치료자들은 사람들은 성장하려는 경향성이 있고 조건이 허락되는 한 최대한으로 발달할 것이라고 믿는다. 게슈탈트 치료는 사람들이 선천적으로 자기조절적이며 성장지향적이며, 사람과 증상을 포함한 그들의 행동은 환경과 떨어져서 이해될 수는 없다고 주장한다.

게슈탈트 치료는 존재의 실존적 주제들, 즉 유대와 분리, 삶과 죽음, 선택과 책임, 성실과 자유 등에 흥미를 보인다. 자각에 대한 게슈탈트 치료의 이론은 실존적 사조와 인본주의적 사조에서 파생되었으며, 경험을 향한 근본적인 현상학적 지향이다. 게슈탈트 치료는 경험을 연구함으로써 인간을 이해하려고 한다. 무엇이 경험되는가 그리고 어떻게 경험되는가의 측면에서 의미가 이해된다.

✳ 삶은 관계적이다

게슈탈트 치료는 자각과 인간관계를 분리할 수 없는 것으로 간주한다. 자각은 전 생애를 통해 지속되는 관계의 매트릭스를 통해 초기 아동기에 발달한다. 관계는 어떻게 사람이 자각을 경험하는가에 의해 조절된다. 사람들은 그들이 어떻게 타인과의 관계 속에서 스스로 경험하는가에 의해 자신을 정의한다. 이것은 어떻게 사람들이 타인에 의해 대접받고 어떻게 그들이 타인을 생각하고 타인에게 행동하는가에서 파생한다. Martin Buber로부터 유래한 게슈탈트 치료 이론에서는 타인들과의 관계를 제외한 '나', 즉 자아감이란 없다. 오직 '나-너'의 '나' 또는 '나-그것'의 '나'만이 있을 뿐이다. Buber가 말하였듯이, "모든 실제적 삶은 만남이다"(1923/1979, p. 11).

산다는 것은 욕구가 충족되고 충족되지 못하는 연속이라 할 수 있다. 개인은 항상적 균형을 성취하여 다음에 출현하는 욕구 쪽으로 계속 이동하여 간다. 건강에서 경계란 건강(유대)을 증진시키는 것과 교환을 허락하기에 충분할 정도로 투과성이 있어야 하고 자율성을 보존하고 건강하지 못한(분리) 것을 배제하기에 충분할 정도로 견고해야 한다. 이것은 특정한 때와 특정한 환경에서 가장 긴급한 욕구들을 동일시할 것을 요구한다.

다양한 개념들

＊ 경계 장애

최적의 조건에서는, 연결과 철회 사이에 계속적인 움직임이 있다. 함께 연결되는 경험이 반복적으로 방해받았을 때, 개인은 **고립**(isolation)의 상태에 남겨지는데, 그것이 경계 장애이다. 그것을 장애라고 하는 이유는 그것이 고착되고, 모든 범위의 욕구에 반응하지 못하며, 출현하는 것과 밀접한 접촉을 허용하지 않기 때문이다. 마찬가지로, 철회의 욕구가 방해받으면, 대응되는 경계 장애, 즉 **융합**(confluence)이 일어난다. 융합은 분리된 정체성의 경험을 상실하는 것이다.

최적의 기능에서, 어떤 것이 받아들여질 때—그것이 관념이든, 음식이든, 사랑이든 간에—그곳에는 접촉과 자각이 있다. 개인은 무엇을 받아들이고 그 받아들인 것에 어떤 의미를 부여할 것인지를 변별해 낸다. 자각하지 않고 사물(관념, 정체성, 신념, 등)을 받아들일 때, **내사**(introjection)라는 경계 장애가 생긴다. 내사는 유기체적 기능으로 완전히 통합되지 않는다.

통합하고 전체가 되기 위해서는 받아들인 것을 동화하여야 한다. **동화**(assimilation)는 받아들이게 될 것을 경험하고, 그것을 분해하여, 유용한 것은 지니고 유용하지 않은 것은 버리는 과정이다. 강의를 들을 때, 동화의 과정은 학생이 선별을 하여 오직 유용한 것만 간직하도록 해 준다.

어떤 사람이 자기의 경험에 대한 자각을 회피하기 위한 노력으로 자기 안에서 발생하는 현상을 다른 사람에게 그릇되게 귀인하였을 때, **투사**(projection)의 경계 장애가 나타난다. 충동이나 욕망이 두 사람 사이에서 일어나는 일 대신에 한 사람에게 일어나는 일을 향할 때(예를 들어, 다른 사람이 위로해 주기 원할 때 스스로 어루만지는 것), **반전**(retroflection)의 경계 장애가 생긴다. 이 과정 각각에서 개인의 일부분이 소유되지 않고 전경이 되거나 조직화되고 활동에 에너지를 주도록 허용되지 않는다.

＊ 창조적 적응

모든 부분들이 함께 할 때, 개인은 **창조적 적응**이라고 부르는 모든 것을 포괄하는 원리에 따라 기능한다. "모든 접촉은 유기체와 환경의 창조적 적응이다"(F. Perls et al., 1994, p. 6). 모든 유기체들은 그들이 적응해야만 하는 환경에서 살아간다. 그러나 인간 또한 환경을 조성하여 환경이 인간의 욕구와 가치들을 따르도록 할 필요가 있다.

창조적 적응의 개념은, 사람이 성장 지향적이며 자신의 문제를 가능한 한 최선의 방법으로 해결하려 한다는 견해를 따른다. 이것은 그들 자신의 자원과 환경에 있는 자원을 가장 완전히 사용하여 문제를 해결하는 것을 의미한다. 자각은 한 번에 하나의 전경에만 집중될 수 있기 때문에, 창조적 자각의 대상이 아닌 과정들은 완전히 자각이 될 때까지는 습관적인 적응 양식으로 작용한다.

창조적 적응이라는 용어는 환경을 변화시키는 것과 현재 조건에 적응하는 것 사이의 창조적인 균형을 나타낸다. 사람은 전적으로 관계 속에서 살아가기 때문에, 사회적 요구나 타인의 욕구와 같은 상황의 요구에 적응하는 것과 그들 자신의 개인적 관심에 따라 어떤 새로운 것을 창조하는 것 사이에서 균형을 이루어야만 한다. 이것은 개인과 자신의 환경 사이의 계속적이고 상호적이며 호혜적인 협상이다.

욕구가 전경이 되는 과정이 작용하고, 그다음에 새로운 전경이 출현함에 따라 사라지는 것을 **게슈탈트 형성 주기**(Gestalt formation cycle)라고 한다. 모든 게슈탈트 형성 주기는 창조적 적응을 필요로 한다. 욕구 상태를 해결하기 위해서는 양극성의 두 측면이 모두 필요하다. 배가 고픈 사람은 환경에서 새로운 음식을 취해야 한다. 이미 먹어 버린 음식은 그 문제를 해결할 수 없을 것이다. 새로운 행동이 일어나야만 하고, 개인의 욕구를 충족시키기 위해 환경에 접촉하고 적응하여야 한다.

다른 한편으로, 개인이 이전의 학습과 경험, 수립된 지혜, 사회적 관습을 끌어들이지 않고는 새로운 경험을 창조하는 쪽으로 균형을 이룰 수 없다. 예를 들어, 개인은 환경 내에서 음식의 자료로 사용될 수 있는 것이 무엇인지 인식하기 위해 어제의 배움을 사용하는 반면에, 동시에 새로운 음식의 가능성을 실험하는 데 창조적이어야 한다.

✻ 성숙

좋은 건강은 좋은 게슈탈트의 특질을 갖는다. **좋은 게슈탈트**는 명확성과 형태를 가지고 있는 조직된 지각의 장을 말한다. 잘 형성된 전경은 더 넓고 덜 뚜렷한 배경에 대비하여 분명히 두드러진다. 두드러진 것(전경)과 맥락(배경) 사이의 관계는 의미이다. 좋은 게슈탈트에서는 의미하는 것이 분명하다.

환경적 가능성의 맥락에서 일어나는 창조적 적응의 결과로 건강과 성숙이 온다. 그것은 개인의 게슈탈트 형성 과정이 자유롭게 기능하는 것과, 접촉과 자각의 과정이 불안이나 억제 또는 습관적으로 선택하는 태도에 의해 분열되지 않는 것을 필요로 한다.

건강한 상태에서 전경은 필요할 때 변화한다. 즉, 욕구가 충족되거나 더 긴급한 욕구로 대체될 때 전경은 또 다른 초점으로 이동한다. 그것은 (히스테리에서처럼) 만족을 방해할 만큼 빠르게 변화되지도 않고, 또는 (강박증에서처럼) 새로운 전경이 지배할 여지가 없을 만큼 느리지도 않다. 전경과 배경의 양극성이 이분법적으로 나뉠 때, 개인은 (충동성에서처럼) 맥락이 없는 전경이나 초점이 없는 맥락에 남겨지게 된다(F. Perls et al., 1951/1994).

건강한 사람은 자연 환경에 창조적인 적응을 한다. 건강한 사람은 환경의 요구들에 적응하고 자기 자신의 욕구들을 충족하기 위해 환경을 조절한다. 적응만으로는 동조하는 것이며 정체를 가져온다. 한편, 고립된 개인의 억제되지 않는 창조성은 병적인 자기애로 귀착될 것이다.

✻ 혼란된 성격 기능

정신질환이란 단지 관심사에 대해 분명한 전경을 형성할 수 없고, 개인의 순간순간 경험과 동일시하고(또는 동일시하거나) 자각한 것에 반응할 수 없는 것이다. 접촉과 자각 과정이 혼란된 사람은 흔히 만성적으로 빈약한 환경에 의해서 조성된다. 빈곤, 정서적 박탈, 고립과 같은 빈약한 환경은 창조적 적응을 위한 개인의 능력을 감소시킨다.

그렇지만 신경증적 자기조절조차도 창조적 적응이 될 수 있다고 간주된다. 게슈탈트 치료자들은 신경증적 조절이 과거의 어려운 상황에서 만들어진 창조적인 적응의 결과인데, 변화된 장 조건에 재적응하지 못한 것으로 보았다. 예를 들어, 어떤 환자가 여덟 살이었을 때 아버지가 돌아가셨다. 환자는 몹시 상심하였고, 무서웠으며, 외로웠다. 환자의 삶에서 유일한 어른인 어머니는 비탄에 잠겨 환자가 아버지의 죽음에 대해 고통스럽고 무서워하는 반응을 동화하는 것을 도울 수 없었다. 환자는 정신착란이라고 말해도 좋을 정도로 스스로를 분주하게 함으로써 자신의 견딜 수 없는 상황에서 도피하였다. 그것은 한정된 자원을 가진 장에서는 그녀의 욕구를 위한 창조적 적응이었다. 그렇지만 그녀가 어른이 되었을 때 장 조건이 변화하였음에도 불구하고, 같은 방식의 적응을 계속 사용하였다. 이 환자의 최초의 창조적 적응은 반복적인 성격 패턴으로 굳어지게 되었다. 이런 일은 흔히 일어나는데, 왜냐하면 최초의 해답이 위급한 상황에서 충분히 잘 작용하였고 최초의 위급함을 닮은 현재의 경험들이 개인의 위급한 순응을 촉발시키기 때문이다.

신경증적 자기조절은 유기체적 자기조절을 대신하는 경향이 있다. 환자들은 예전의 해법을 반복적으로 사용하는 것이 현재 장에서 자기가 갖는 문제에 대하여 자각을 하며 반응하는 능력을 침식시키기 때문에 자신의 자기조절을 신뢰할 수 없다. '당위성', 즉 개인의 경험을 수용하기보다는 개인의 경험을 통제하고 조종하는 시도가 유기체적 자기조절을 대체한다. 치료의 부분적 과제는 치료 상황 내에서 새로운 '긴급상황'을 만드는 것이지만, 이것은 '안전한 긴급상황'이다. 여기에서 환자는 오래된 상황을 상기시키는 어떤 요소들에 당면할 수 있지만(정서의 강도가 증가하는 것같이), 그것은 또한 치유를 촉진하는 데 이용될 수 있는 요소들을 담고 있다(대표적인 예로, 치료자의 지지하는 평온한 태도). 그 새로운 상황은, 충분히 안전하다면, 더 유연하고 민감한 새로운 창조적 적응을 촉진할 수 있다.

✻ 양극성

경험은 배경에 대한 전경으로써 게슈탈트를 형성한다. 전경과 배경은 서로 정반대에 위치한다. 건강한 기능에서, 전경과 배경은 욕구와 장 조건이 변함에 따라 바뀐다. 이전 배경의 측면이 무엇이었는가는 다음 전경으로 거의 즉시 드러난다.

삶은, 예를 들어 삶-죽음, 힘-취약성, 관계-분리 등과 같은 양극성에 의해 지배된다. 개인의 창조적 적응이 현재의 장 조건에 따라 흐르고 이에 민감할 때, 이 양극성들의 상호작용과 계속적으로 균형을 재조정하는 것은 실존을 풍부하게 장식해 준다.

신경증적 조절에서, 배경의 어떤 측면은 틀림없이 자각 밖에 남겨지는데(대표적인 예로, 환자의 견딜 수 없는 외로움), 그러면 양극성은 유동성을 잃고 이분법적으로 굳어지게 된다. 신경증적 조절에서, 환자는 자신의 강점은 쉽게 동일시할 수 있지만, 취약성의 경험은 무시하거나 부인한다. 이러한 선택적인 자각은 해결할 수 없는 갈등으로 가득 찬 삶과 위기로 인해 괴로움을 겪거나 수동성에 의해 무감각해지는 결과를 낳는다.

✻ 저항

총체론과 유기체적 자기조절의 개념은 저항의 이론을 정반대로 뒤집어 놓았다. 정신분석에서 저항의 원래 의미는 자기에 대한 고통스러운 진실과 직면하기를 꺼리는 것을 가리킨다. 그러나 자기조절 이론은 모든 현상들은, 저항까지도, 맥락을 고려할 때, 유기체적 목적을 달성하기 위한 것으로 볼 수 있다고 가정한다.

게슈탈트 이론에서, 저항은 거북하기는 하지만 유기체의 통합에 결정적으로 중요한 표현방법이다. 저항은 위험할 것이라고 판단되는 전경(생각, 느낌, 충동, 또는 욕구)의 형성을 방해하는 과정이다. 예를 들면, 어떤 사람은 눈물이 치료자를 위해서이지 환자를 위한 것이 아니라는 신념을 가지고 있거나, 울면 비웃음을 당할 것이라는 신념을 가지고 있어서 눈물을 억제할지도 모른다. 또는 어떤 약점을 보여 주는 것 때문에 과거에 비웃음을 받은 적이 있었던 사람은 현재 주변 환경이 무정하고 관대하지 않다고 추측할 수 있다. 억제된 경험은 대개 자각하지 못하면서 저항된다. 예를 들어, 어떤 환자는 상처받기 쉬운 모든 경험을 자각 밖으로 몰아낼 수 있다. 그렇지만 상처받기 쉬운 경험은 조용히 전경의 형성 과정을 조성하고 숨어 있으면서 배경 속에 여전히 살아 있다. 그것은 삶의 일부분인 양극단의 한 쪽이기 때문에 사라질 수 없는 것이다. 그래서 그들 양극에 있는 두 가지 속성들 사이에서 유동적인 관계를 갖는 대신에, 환자는 강점과 취약성 사이의 굳어진 이분법을 발달시키며 그가 취약함을 느낄 때마다 불가피하게 불안해진다. 그 결과로, 대단한 육체적 용기를 증명하는 위험을 감수하는 남자가 자신이 사랑하는 여인에게 헌신하는 것을 생각하면 설명할 수 없는 두려움을 느끼게 될 수도 있다. 치료에서 갈등을 탐색하게 되자, 그는 자신이 상처받는 느낌을 몹시 두려워해 왔으며, 그 감정들이 활성화되고 자각되는 것에 저항해 왔다는 것을 깨닫게 되었다. 저항은 그의 자기조절의 습관적인 양식이 원래대로 남아 있도록 지킴으로써 그를 보호한다. 본래의 창조적 적응이 일어났을 때, 그의 힘에 대한 동일시와 취약성에 대한 추방은 순응적이었다. 게슈탈트 이론은 그가 그런 식으로 적응하였던 것을 '망각하였다'고 긍정적으로 가정하고, 그래서 그는 현재 관심이 되는 전경, 즉 헌신을 하도록 결정하게 될 자신의 능력을 저해하게 될지도 모를 취약성을 조금이라도 가지고 있을 가능성을 자각하지 않는 상태에 남아 있게 된다고 가정한다.

환자가 그의 저항을 막연하게 깨닫게 되더라도, 그는 자신의 이분법적 적응을 감히 변화시킬 수 있을 정도로 현재의 맥락이 충분히 다르다고 확신할 수 없을 수도 있다. 비교적 안전한 치료적 관계 속에서 반복적으로 경험을 하게 되면서, 그는 자신의 취약한 측면과 마주하여 강점-취약성의 양극단에 다시 활기를 불어넣기에 충분할 정도로 자신의 취약한 측면과 접촉하게 될 수 있다. 이것은 순간순간의 창조적 적응 과정을 다시 시작할 수 있게 해 준다.

정서는 개인을 현재 장과 관계하도록 이끌고, 드러나는 전경에 상대적 긴급성을 설정하도록 도와주기 때문에 건강한 기능의 중심이 된다. 정서적 과정은 게슈탈트 형성 과정에 없어서는 안 되며, 건강한 개인에게 '자기 신호'로 작용한다. 예를 들어, 개인이 갑자기 수치심을 경험하였을 때, 건강한 사람은 그들이 무엇을 하고 있든지 간에 그것을 더 이상 하지 말아야 한다는 신호로 삼는다. 불행하게도, 자기조절이 혼란된 사람은 수치심을 그런 신호로 경험할 수 없고, 대신에 그것에 압도당하는 경향이 있다.

✻ 접촉과 지지

"접촉은 그것이 지지받는 한도 내에서만 가능하다. (…) 지지는 한 개인, 관계 또는 사회에 대한 경험을 지속적으로 동화하고 통합하는 모든 것이다"(L. Perls, 1992). 적절한 지지는 전체 장의 함수이다. 그것은 자기 지지와 환경적 지지 모두를 필요로 한다. 개인은 호흡으로 자기 자신을 지지해야 하지만, 환경은 공기를 제공해야만 한다. 건강한 사람은 자신의 현재 상태와 환경적 요구와 접촉하는 데서 벗어나지 않으며, 과거(미해결 과제)나 미래(파국화)에 살지 않는다. 현재 속에서만 사람들은 스스로를 지지할 수 있고 스스로를 보호할 수 있다.

✻ 불안

게슈탈트 치료는 불안의 내용(즉, 무엇을 불안해하는가)보다는 오히려 불안의 과정에 관심을 갖는다. 처음에 Fritz Perls는 흥분에서 지지를 뺀 것이 불안이라고 정의하였다(Perls, 1942/1992; Perls et al., 1951/1994). 불안은 인지적으로 또는 비지지적인 호흡 습관을 통해 일어날 수 있다. 불안의 인지적 창조는 현재의 중심에 남아 있지 못하고 '미래화하는 것'의 결과이다. 부정적인 예상, 오해, 그리고 비합리적인 신념들은 모두 불안을 촉발시킬 수 있다. 사람들이 '미래화'할 때, 그들은 아직 존재하지 않는 어떤 것에 초점을 두게 된다. 예를 들어, 어떤 사람이 연설하는 것에 관해서 청중들이 보일 부정적인 반응에 잠재적으로 몰두할 수 있다. 미래의 실패에 대한 두려움은 현재의 수행에 손상을 입힐 수 있다. 무대공포증은 신체적인 각성에 잘못된 꼬리표를 붙이고 잘못된 귀인을 하는 것이 공황 발작을 촉발하는 하나의 고전적인 예이다.

불안은 또한 비지지적인 호흡에 의해 창조될 수 있다. 각성이 되면 유기체는 산소를 필요로 한다. "건강하고 자기조절적인 개인은 동원(mobilization)과 접촉이 일어남에 따라 더 많은 산소가 필요하게 되며, 이를 충족하기 위해 자동적으로 더 깊이 호흡할 것이다"(Clarkson & Mackewn, 1993, p. 81). 사람이 충분하게 호흡하고, 에너지 동원의 증가를 허용하고, 현재 중심적이면서 인지적으로 유연해지며, 에너지를 활동으로 전환하면, 그는 불안보다는 오히려 흥분을 경험한다. 호흡을 지지하려면 충분한 들숨과 날숨이 요구되고, 호흡의 속도는 너무 빠르지도 않고 너무 느리지도 않아야 한다. 충분히 숨을 내쉬지 않고 급히 호흡을 할 때, 이산화탄소를 함유한 묵은 공기가 완전히 배출되지 않았기 때문에 신선하고 산소를 실은 피가 폐 세포에 도달할 수 없다. 그러면 그 사람은 익숙한 불안감, 예를 들면 맥박의 증가, 충분한 공기를 받아들일 없음, 호흡 항진(hyperventilation) 등을 경험하게 된다(Acierno, Hersen, & Van Hasselt, 1993; Perls, 1942/1992; Perls et al.,

1951/1994).

신체 지향과 기질적 이슈 모두에 초점을 두고 있는 게슈탈트 치료 방법은, 불안을 치료하기 위한 이상적인 치료법이다. 환자들은 인지적 자각과 신체 지향의 자각을 통해서 불안을 인지적이고 신체적으로 극복하는 것을 배운다(Yontef, 1993).

* 난국

난국(impasse)은 개인이 습관적인 지지를 이용할 수 없고 새로운 지지가 아직 동원되지 못하였을 때 경험된다. 그 경험은 실존적으로는 두려움의 하나이다. 그 사람은 되돌아갈 수도 없고, 앞으로 나가면 살아남을 수 있는지도 알지 못한다. 난국에 처한 사람은 앞으로 나가려는 에너지와 뒤로 물러나려는 에너지가 서로 싸우면서 마비되어 버린다. 이러한 경험들은 흔히 은유적인 용어로 표현되는데, 예를 들면 공허한, 텅 빈, 암흑, 벼랑에서 떨어지는, 물에 빠진, 또는 소용돌이에 휩쓸리고 있는 상태 등이다.

난국의 경험에 머무르는 환자는 믿을 만한 실존, 즉 최소한의 환상을 가진 실존, 좋은 자기 지지, 생명력, 창조력 및 인간 이외의 환경과 갖는 좋은 접촉을 경험할 수 있다. 이러한 양식에서, 게슈탈트 형성은 명백하고 선명하며, 중요한 것에 최대의 노력을 기울인다. 난국을 통과하기 위한 작업에 지지가 동원되지 않았을 때, 그 사람은 낡고 부적응적인 행동들을 계속 반복한다.

* 발달

최근까지, 게슈탈트 치료는 아동기 발달에 대해 잘 개발된 이론을 가지고 있지 않았으나, 현대 정신분석적 연구와 이론은 게슈탈트 치료자들이 꽤 오랫동안 보유하고 있던 조망을 지지해 준다. 이 이론은 유아가 자기조절 능력을 가지고 태어나고, 자기조절 기술의 발달과 개량은 돌보는 사람과 유아 사이의 상호적 조절(mutual regulation)에 달려 있으며, 돌보는 사람과 유아 사이의 접촉은 최선의 발달을 위해 자기조절에 대한 아동의 정서적 상태와 조화를 이루어야 하고, 아동은 정서적으로 조화를 이룬 상호적인 조절을 통한 관계성을 추구한다고 주장한다(Stern, 1985). 게슈탈트 치료자인 Frank(Frank & La Barre, 2011)는 Stern과 다른 사람들의 연구를 이용하여 구현(embodiment)과 관계성에 근거하여 종합적인 게슈탈트 발달 이론을 만들어 냈다. McConville과 Wheeler(2003)는 아동과 청소년에 대한 그들의 이론을 설명하기 위하여 장 이론과 관계성을 사용하였다.

심리치료

심리치료 이론

사람들은 일생을 통하여 성장하고 변화한다. 게슈탈트 치료자들은 개인이 접촉을 하는 한 필연적으로 성장한다고 믿는다. 대개, 사람들은 정서적 · 지각적 · 인지적 · 유기체적인 자기조절 능력이 증가하면서 발달한다. 그렇지만 때때로 발달 과정은 손상을 입거나 탈선되기도 한다. 사람들이 실수와 성장을 통하여 배울 수 있다면 심리치료는 필요 없다.

심리치료는 사람들이 경험을 통해 배우기를 계속 실패할 때 필요하다. 사람들이 처음에는 어려운 상황에서 창조적 적응을 하기 위해 자기조절 능력을 개발하였으나, 이것이 부적응적인 반복적 패턴 너머로 이끌어 주지 못하고 이제는 그들 자신이나 주변에 불행을 가져올 때 심리치료가 필요하다. 심리치료는 또한 위기를 적절하게 다루지 못하거나, 타인과 관계를 제대로 맺지 못한다고 느끼거나, 개인적 · 영적 성장을 위해 안내가 필요한 사람들에게 적용된다.

게슈탈트 치료는 환자들이 어떻게 경험을 통해 배우기를 회피하는지, 어떻게 그들의 자기조절 과정이 열려 있기보다 닫혀 있는지, 그리고 어떻게 접촉 영역에서 억제가 자각을 넓히기 위해 필요한 경험에 접근하는 것을 제한하는지 자각하도록 돕는 데 초점을 맞춘다. 물론, 자각은 다른 사람들과 상호작용을 통해서 발전한다. 인생의 최초의 순간부터, 관계의 매트릭스에서 기능적 패턴과 역기능적 패턴들이 모두 나타난다.

심리치료는 일차적으로 환자와 치료자 사이의 관계이며, 그 관계 속에서 환자는 배우고, 이제까지 잘못 배운 것을 버리고, 배운 것을 지키는 방법을 배운다. 환자와 치료자는 심리치료 상황에서 드러나는 사고와 행동의 패턴들을 확고하게 만든다. 게슈탈트 치료자들은 치료에서 드러나는 패턴은 환자의 삶에서 나타나는 패턴을 반복하는 것이라는 입장을 취한다.

✻ 치료의 목표

게슈탈트 치료의 유일한 목표는 자각이다. 이는 특정한 영역들에서 더욱 큰 자각을 성취하는 것과 필요할 때 자동적 습관을 자각하는 능력을 증진시키는 것을 포함한다. 앞의 것은 자각의 내용을 말한다. 뒤의 것은 자각의 과정을 말하며, 구체적으로 **자각에 대한 자각**이라고 부르는 일종의 자기 반영적인 자각을 말한다. 자각에 대한 자각은 그들의 자각 과정에서 일어나는 장애를 교정하기 위해 자각의 기술을 사용하는 환자의 능력이다. 내용으로서의 자각과 과정으로서의 자각은 모두 치료가 진행됨에 따라 더 넓어지고 더 깊어진다. 자각은 자기 지식, 환경에 대한 지식, 선택에 대한 책임, 자기 수용 및 접촉하는 능력을 요구한다.

처음에 환자들은 대개 문제해결에 관심이 있는데, 흔히 의사가 질병을 치료하는 식으로 치료자가 그들을 '고쳐 줄' 것이라고 생각한다. 그렇지만 게슈탈트 치료자는 병을 치료하는 데 초점을 두지 않고, 그렇다고 문제에 대해서 이야기하는 것에 한정하지도 않는다. 게슈탈트 치료는 환자들이 문제를 해결하는 데 필요한 자기 지지를 얻도록 돕기 위해 적극적인 관계와 적극적인 방법들을 활용한다. 게슈탈트 치료자는 치료적 관계를 통해 지지를 제공하고, 환자들이 자신의 자각과 기능을 어떻게 방해하였는지를 그들에게 보여 준다. 치료가 계속되면서, 환자와 치료자는 전반적인 성격 문제에 더욱 주의를 돌리게 된다. 게슈탈트 치료가 성공적인 결과를 얻으면, 환자는 많은 일에서 주도적이면서 문제해결, 기질에 관한 주제, 치료자와 갖는 관계의 문제, 그리고 그들 스스로의 자각에 대한 조절을 통합할 수 있다.

✻ 치료는 어떻게 이루어지는가

게슈탈트 치료는 개인의 행동을 직접적으로 변화시키기보다는 탐색한다. 그 목표는 의식을 향상시키는 것을 통한 성장과 자율성이다. 그 방법은 직접적인 참여(engagement)이다. 그것이 치료자와 환자 사이의 만남에 참여하는 것이든지 환자의 접촉과 자각 과정에서 문제가 되는 측면에 참여하는 것이든 상관이 없다. 참여 모델은 전적으로 게슈탈트의 접촉에 대한 개념에서 온다. 접촉은 삶과 성장이 일어나는 수단이고, 그래서 살아 있는 경험은 거의 모든 경우에 해석에 앞선다. 게슈탈트 치료자들은 비개인적인 전문가로서 거리를 유지하고 해석을 하기보다는 생생하고 흥분되고 따뜻하고 직접적인 존재로 환자와 관계한다.

이러한 개방되고 참여하는 관계에서, 환자들은 정직한 피드백을 받을 뿐만 아니라 진정한 접촉을 통하여 보고 들으며, 그들이 치료자에게 어떻게 경험되는지를 듣고, 그들이 치료자에게 어떻게 영향을 미쳤는지를 배우며, 혹시 흥미가 있다면 치료자에 대해서도 무엇인가 배울 수 있다. 그들은 자기의 조망, 감정, 생각에 관해 깊이 배려하는 누군가의 말을 들으면서 치유 경험을 하게 된다.

✻ '무엇을'과 '어떻게', '지금'과 '여기'

게슈탈트 치료에서는 환자가 **무엇을** 하고 그것을 **어떻게** 하였는지를 일정하고 주의 깊게 강조하는 이원적 초점이 있고, 또한 치료자와 환자 사이의 상호작용에도 비슷하게 초점을 둔다. 환자가 치료자와 관계를 맺는 치료 시간 동안 그리고 그들의 나머지 삶에서 자신들을 지지하기 위해 무엇을 하는가?

직접적인 경험은 게슈탈트 치료의 주된 도구이고 초점은 항상 '지금-여기'에 둔다. 현재는 과거와 미래 사이의 과도기이다. 일차적으로 현재 중심적이 아니라는 것은 시간 장애가 있음을 반영한다. 적절한 과거와 접촉하지 못하거나 미래를 계획하지 못하는 것도 마찬가지이다. 빈번히, 환자는 그들의 현재와 접촉하지 못하고 과거에 산다. 어떤 경우에는 환자들이 과거로부터 배울 수 없었던 것의 불행한 결과로, 마치 자신의 과거가 없는 것처럼 현재에 산다. 가장 흔한 시간 장애는 마치 미래가 현재인 것처럼 미래에 발생할 수 있는 것을 기대하고 살아가는 것이다.

지금은 환자의 현재 자각과 함께 시작한다. 게슈탈트 치료 회기에서, 우선적으로 일어나는 것은 아동기가 아니라, **지금** 경험되는 것이다. 자각은 **지금** 일어난다. 이전의 사건들이 현재 자각의 대상이 될 수 있지만, 자각의 과정은 **지금**이다.

지금 나는 나를 둘러싼 세계와 접촉할 수 있거나, **지금** 나는 추억이나 예상과 접촉할 수 있다. '지금'은 이 **순간**을 말한다. 환자들이 치료 시간 밖이나, 심지어 그 이전의 삶을 언급할 때, 그 내용은 **지금**으로 간주되지 않지만, 말하고 있는 행위는 지금이다. 게슈탈트 치료에서 우리는 다른 어떤 형태의 심리치료보다 지금을 지향한다. 이러한 '무엇을'과 '어떻게', '지금'과 '여기'의 방법은 기질적 주제와 발달적 주제를 다룰 때 자주 사용된다. 과거의 경험을 탐색하는 것은 지금에 닻을 내리고 한다(예를 들어, 현재 장에 있는 무엇이 특정한 과거의 기억을 촉발시켰는가를 결정한다). 가능할 때마다, 단지 과거를 되새기기보다 옛 경험을 직접 현재로 가져오는 방법이 사용된다.

게슈탈트 치료에서는 최고의 치료는 쌍안경적 관점을 요구한다는 자각이 일어나고 있다. 게슈탈트 치료는 환자의 자각 과정에 대한 기법적인 작업을 요구한다. 그러나 동시에 그것은 치료자와 환자 사이의 접촉에서 일어나는 함축성에 신중한 주의를 보내는 개인적인 관계를 포함한다.

✻ 자각

게슈탈트 치료의 기둥 중의 하나는 자각 과정에 대한 자각을 발전시키는 것이다. 자각은 깊고 충분하게 발달하였는가, 아니면 불완전한가? 자각의 어떤 특정한 전경이 다른 자각을 위한 자리를 만들기 위해 마음에서 물러가도록 허락되는가, 아니면 하나의 전경이 마음을 반복적으로 차지하고 다른 자각의 발달을 차단하는가?

삶의 진행되는 흐름 속에서, 자각될 필요가 있는 과정이 필요할 때 자각되는 것이 이상적이다. 거래 작용이 복잡해지면, 더 의식적인 자기조절이 필요하게 된다. 만일 이것이 개발되고 개인이 주의 깊게 행동한다면, 개인은 경험을 통해 배우게 될 것이다.

자각의 개념은 하나의 연속선상에 존재한다. 예를 들어, 게슈탈트 치료는 그저 어떤 것에 관해서 알고 있는 것과 자신이 하고 있는 것을 소유하고 있는 것을 구분한다. 어떤 것에 관해서 그저 알고 있는 것은 완전히 자각 밖에 존재하고 있는 것과 자각의 초점 내에 존재하는 것 사이의 경과를 나타낸다. 사람들이 어떤 것을 자각하였다고 보고하면서도 아직 그들이 바라던 변화를 전혀 이룰 수가 없다고 주장하는 경우에, 그들은 흔히 그 상황에 대해 무엇인가를 안다고 말하는 것이지, 완전히 그것을 느끼지 않으며, 그것이 어떻게 작용하는지 그 세부사항을 알지 못하며, 그들이 선택을 하고 있다는 것을 완전히 알지 못하며, 진솔하게 그것을 통합하고 그들의 것으로 만들지 않은 것이다.

충분하게 자각한다는 것은 그 사람과 환경의 가장 중요한 과정들에 자신의 주의를 돌리는 것을 의미한다. 이것은 건강한 자기조절에서 자연스럽게 일어나는 것이다. 개인은 무엇이 진행되고 있는지 그리고 그것이 어떻게 일어났는지를 알아야만 한다. 나는 무엇을 필요로 하고 나는 무엇을 하고 있는가? 나는 무엇을 선택하는가? 다른 사람이 필요로 하는 것은 무엇인가? 누가 무엇을 하는가? 누가 무엇을 필요로 하는가? 충분한 자각을 위해서는 이러한 더 세밀한 기술적(記述的) 자각이 환자에게 영향을 미치도록 해야만 하고, 그는 그것을 소유할 수 있고 적절한 방법으로 반응할 수 있어야 한다.

✻ 접촉

환자와 치료자 사이의 관계인 접촉은 게슈탈트 치료의 또 다른 기둥이다. 관계는 시간을 두고 하는 접촉이다. 관계에서 일어나는 것은 아주 중요하다. 이것은 치료자가 환자에게 말하는 것 이상이고, 사용된 기법 그 이상이다. 가장 중요한 것은 비언어적인 의미(자세, 목소리의 어조, 단어를 배열하는 방법, 관심의 수준)로, 이는 치료자가 환자를 어떻게 대하는가, 무엇이 중요한가, 그리고 어떻게 치료가 진행되는가에 관하여 환자에게 거대한 양의 정보를 전달해 준다.

훌륭한 치료 관계에서 치료자는 환자가 순간순간 무엇을 하고 있으며 치료자와 환자 사이에 무엇이 일어나고 있는가에 많은 주의를 기울인다. 치료자는 환자가 경험하는 것에 깊은 주의를 기울일 뿐만 아니라, 환자의 주관적인 경험이 치료자의 '현실'만큼 진실하고 소중하다고 철저하게 믿는다.

치료자는 환자와 관계에서 강력한 위치에 있다. 만일 치료자가 정직, 애정, 자비심, 친절 및 존경을 가지고 환자를 대한다면, 환자가 이제까지 자각하지 못하였던 것에 관하여 더 깊게 자각할 수 있는 비교적 안전한 분위기가 조성될 것이다. 이는 그들이 습관적으로 안전하게 나눌 수 없다고 느꼈던 생각과 감정을 표현할 수 있도록 해 준다.

치료자는 가능한 한 깊고 완전하게 환자의 경험으로 들어감으로써 자각의 작업을 안내하는 위치에 있다. Martin Buber는 개인이 상대방이 느끼는 것을 마치 내 몸에서 느끼는 것처럼 경험하면서 동시에 자신의 고유한 자기를 자각하는 것을 '포함'이라고 하였다.

환자의 고통을 경감시키기 위한 치료자의 인간적인 충동과 누군가가 그 속으로 기꺼이 들어가서 그들의 주관적인 고통을 이해해 주기를 바라는 환자의 피할 수 없는 욕구 사이에 어떤 긴장이 있다. 환자의 고통에 대한 치료자의 공감적 경험은 환자를 인간적인 접촉의 영역으로 데려온다. 그렇지만 환자가 더 좋은 기분을 느끼도록 노력하면 환자는 흔히 자신이 오직 좋은 감정을 느낄 때만 수용될 수 있다는 증거로서 그것을 경험하게 된다. 치료자가 이러한 메시지를 전달하려고 한 것은 아닐지라도, 치료자가 변화에 대한 역설적인 이론을 따르지 않을 때 이런 반작용이 자주 촉발된다.

✻ 실험

내담자 중심 치료에서, 치료자가 하는 현상학적인 작업은 환자의 주관적인 경험을 반영하는 것에 한정된다. 정신분석적 작업에서, 치료자는 해석과 반영에 한정된다. 게슈탈트 치료는 이런 개입의 레퍼토리를 모두 가지고 있지만, 부가적으로 실험적 현상학적 방법을 가지고 있다. 간단히 말하면, 환자와 치료자는 단순한 행동의 변화보다는 참된 이해를 달성하기 위하여 사고와 행동을 다루는 다른 방식으로 실험을 할 수 있다. 어떤 연구에서나 마찬가지로, 실험은 더 많은 자료를 얻기 위해 설계된다. 게슈탈트 치료에서 그 자료는 환자의 현상학적 경험을 나타낸다.

실험이 가지고 있는 최대의 위험은 취약한 환자들이 변화를 명령받은 것으로 믿을 수 있다는 것이다. 치료자의 자기 자각이 흐려지거나 변화의 역설적 이론에 헌신하지 못하는 경우에는 이러한 위험이 확대된다. 게슈탈트 치료에서는 치료자가 그 순간에 경험되는 것을 알고 지지하면서, 환자가 자기를 알고 수용하는 것이 변화의 양식이라는 태도를 분명히 하는 것이 참으로 중요하다. 만일 치료자가 실험은 자각의 실험이지 관찰된 것을 비판하는 것이 아니라는 점을 분명히 한다면, 환자의 자기 거부를 보태는 위험은 극소화될 것이다.

게슈탈트 치료에서는 치료자와 환자 사이의 상호작용에서 그리고 관계가 발달되도록 돕는 기능으로 실험이 이루어진다(참조 예, Swanson, 2009).

✻ 자기 공개

게슈탈트 치료에서 강력하고 특징적인 측면은 치료자들이 그 순간과 삶 모두에서 개인적인 경험을 공개하는 것을 허용하고 또 장려한다는 것이다. 전통적인 정신분석과 달리, 환자와 치료자가 모두 게슈탈트 치료의 자료를 제공하고, 환자와 치료자가 모두 서로 간의 현상학적 탐색의 과정을 통해 치료의 방향을 정하는 데 한몫을 한다.

이런 종류의 치료적 관계에서는 치료자들이 자신과 환자들 사이의 차이를 편안하게 여기는 것이 필요하다. 부가적으로, 치료자들은 환자들의 주관적인 현실에 대한 감각이 자신의 것만큼 타당하다는 것을 진실로 믿어야만 한다. 개인의 주관이 상대적임을 존중하는 것과 함께, 환자를 변화시키려는 요구 없이 치료자는 환자에 대한 그의 반응을 공개할 수 있다. 이러한 대화는 배려와 감수성을 가지고 시작되는데, 대개 상당히 흥미롭고 환기를 시키는 것이어서 흔히 환자의 효능감과 가치감을 증진시킨다.

대화(dialogue)는 게슈탈트 치료 관계의 기초이다. 대화에서 치료자는 포함, 공감적 참여, 개인적 현존, 예컨대 자기 공개를 실천한다. 그렇게 하는 과정에서, 치료자는 환자의 실존과 가능성을 확증한다. 치료자는 환자의 경험의 현실성을 상상하고 그것에 의하여 환자의 실존을 확증한다. 그렇지만 이것은 진정한 대화의 상호작용을 만들기에 충분하지는 않다.

치료자와 환자 사이의 진정한 대화는 또한 치료자가 상호작용과 그 상호작용에서 나타나는 것에 자기를 내맡길 수 있어야만 한다. 치료자는 상호작용에 의해 변화될 수 있는 가능성을 받아들여야 한다. 이것은 때때로 치료자가 부당하고, 상처를 주고, 거만하거나, 실수를 할 수 있음을 인정할 것을 요구한다. 이러한 인정은 치료자와 환자를 같은 수준에 있게 한다. 이런 종류의 열린 공개를 하려면, 방어를 줄이고 오만하게 자신의 개인적인 자기상을 유지하고픈 욕구를 다루기 위해 치료자가 개인적으로 치료를 받을 필요가 있다.

심리치료 과정

사람들은 아동기 동안 자아감을 형성하고 자각과 행동양식을 형성한다. 이것들은 습관적이 되고 흔히 새로운 경험에 의해 세련되거나 교정되지 않는다. 개인이 가족에서 나와 세상 속으로 움직일 때 새로운 상황과 마주치게 되고, 이 새로운 상황에서는 낡은 생각, 느낌, 행동 방식이 더 이상 필요하지 않거나 순응적이 아니게 된다. 그러나 옛 방식들은 그들이 자각 내에 있지 않기 때문에 계속된다.

게슈탈트 치료에서 환자들은 그들의 경험을 진지하게 받아들이는 누군가와 마주치게 되고, 이러한 차이와 존중하는 관계를 통해, 새로운 자아감이 형성된다. 게슈탈트 치료 관계와 현상학적인 집중하기 기법의 결합으로 환자는 이전에는 자각하지 못하였기 때문에 변화시킬 수 없었던 과정을 자각하게 된다. 게슈탈트 치료자들은 치료자와 환자 사이의 접촉이 순간순간에 개인의 관심에 대한 전경이 바뀌는 것과 접촉할 수 있는 역량을 개발하기 위한 장면을 설정한다고 믿는다.

게슈탈트 치료는 아마도 어떤 다른 체계보다 더 넓은 범위의 스타일과 양식을 가지고 있을 것이다. 치료 기간은 짧을 수도 있고, 길 수도 있다. 구체적인 양식들은 개인, 부부, 가족, 집단 및 큰 체계들을 포함한다. 스타일은 구조의 정도와 유형에 따라 달라진다. 즉,

사용된 기법의 양과 질, 회기의 빈도, 직면 대 자비심을 가지고 관계하기, 신체적 · 인지적 · 정서적 · 대인관계적 접촉에 초점을 맞추기, 정신역동적 주제에 대한 작업과 지식, 대화와 현재에 있는 것에 대한 강조와 기법의 사용 등에 따라 달라진다.

모든 게슈탈트 치료 스타일이 직접적인 경험과 실험, 직접적인 접촉과 개인적 현존, '무엇을'과 '어떻게', '지금'과 '여기'에 초점을 맞추는 것을 중요하게 생각한다. 치료는 맥락에 따라 그리고 치료자와 환자 두 사람의 성격에 따라 다양하다.

게슈탈트 치료는 치료자와 환자 사이의 첫 번째 접촉과 함께 시작한다. 치료자는 환자의 욕망과 욕구에 대해 묻고, 어떻게 그들이 치료를 진행할 것인지 설명한다. 시작할 때부터 지금 무엇이 일어나고 있는가와 지금 무엇이 필요한가에 초점을 둔다. 치료자는 즉각적으로 환자가 자신과 환경에 대해 분명하게 자각할 수 있도록 돕기 시작한다. 이러한 경우에 치료자와 맺는 잠재적인 관계는 환경의 일부분이다.

게슈탈트 치료에서 치료자와 예비 환자는 환자가 무엇을 필요로 하는지 그리고 이 특정한 치료자가 적합한지를 분명히 하기 위해 함께 작업한다. 만일 그 두 사람이 잘 맞을 것으로 보이면, 그들은 친분을 갖기 시작한다. 그 환자와 치료자는 관계를 가지고 서로를 이해하기 시작하고, 자각을 더 깊게 하는 과정을 시작한다. 초기에는 흔히 치료를 단기적으로 할지 장기적으로 할지가 분명하지 않으며, 심지어는 환자와 치료자 사이가 잘 맞는지 더 검토해 볼 필요가 있을지도 모른다.

전형적으로 치료는 환자의 즉각적인 감정과 현재의 욕구에 주의를 두고 환자의 생활환경과 개인사에 대한 어떤 감각을 가지면서 시작된다. 게슈탈트 이론에서 환자의 생활력에 대하여 묻는 것을 막지는 않지만 그렇게 하는 경우는 좀처럼 없다. 역사를 수집할 때는 그것이 현재의 치료 작업과 관련될 때 그리고 환자에게 편안하게 보조를 맞추면서, 치료 과정에서 수집된다.

어떤 환자들은 그들의 인생 이야기를 함께 나누는 것으로 시작하고 또 다른 사람들은 지금 발생하는 것에 초점을 둔다. 치료자들은 환자가 자신의 이야기를 할 때, 무엇이 나타나며 그것에 대한 그의 감정과 욕구는 무엇인지를 자각하도록 돕는다. 이 과정에서 치료자는 환자가 말하고 느끼는 것에 대하여 그가 이해한 것을 반영하는 진술을 하며, 또한 어떻게 자각(또는 같은 목표를 달성하는 질문들)에 초점을 맞추는지를 제안한다.

예를 들어, 어떤 환자는 최근에 일어난 사건의 내용을 말하면서 그 사건에 의해 그가 어떤 영향을 받았는지는 말하지 않을 수도 있다. 치료자는 보고하는 사건이 일어날 때 무엇을 느꼈는지 또는 그 이야기를 하면서 무엇이 느껴지는지 물어볼 수 있다. 치료자는 또한 그 이야기를 다시 한 번 살펴보면서, 그 이야기의 다양한 단계들과 관련된 감정을 인식하고 말로 표현하는 데 초점을 둘 수도 있다.

치료자는 또한 성격 유형을 포함하여 환자의 강점과 약점을 평가한다. 치료자는 그 환자의 자기 지지가 어떻게 그리고 어떤 구체적인 방식으로 불안정해지거나 활기차게 되는지 찾는다. 게슈탈트 치료는 사실상 심리치료를 받을 수 있는 모든 환자를 치료할 수 있다. 그렇지만 실제 치료는 각 개인의 특정한 욕구에 맞도록 조절되어야 한다. 유능한 게슈탈트 치료자는, 다른 종류의 치료자와 마찬가지로, 훈련을 받고 이런 변별을 할 수 있는 능력을 가져야만 한다. 훌륭한 치료자는 자신의 경험과 훈련의 한계를 알고, 이 한계 내에서 치료를 한다.

치료는 보통 개인치료나 부부치료, 또는 양쪽 모두로 시작된다. 집단치료가 치료 계획에 추가되는 경우도 있으며, 집단이 유일한 치료 양식이 될 수도 있다. Fritz Perls는 환자들이 게슈탈트 집단치료만으로도 치료될 수 있다고 주장하였다. 대부분의 게슈탈트 치료자들은 이 주장을 결코 수용하지 않았으며, 오늘날에는 완전히 거부된다. 게슈탈트 집단치료는 개인치료와 부부치료를 보완해 줄 수 있지만 이들을 대체할 수는 없다.

어린 아동들과 작업하려면 특수한 훈련이 필요하지만, 게슈탈트 치료자들은 모든 연령대의 환자들과 작업한다. 아동과 함께하는 게슈탈트 치료는 개인치료로, 게슈탈트 가족치료의 한 부분으로, 때로는 집단으로 한다(Lampert, 2003; Oaklander, 1969/1988).

심리치료 기제

게슈탈트 치료의 모든 기법들은 실험으로 간주되고, 환자들에게 반복적으로 "이렇게 해 보고 무엇을 경험하는지 보세요."라고 말한다. 많은 '게슈탈트 치료 기법'이 있으나 기법 자체는 별로 중요하지 않다. 게슈탈트 치료 원리와 일관되는 어떤 기법이라도 사용할 수 있고 사용하게 될 것이다. 사실, 게슈탈트 치료는 치료자들이 개입을 할 때 창조적이 되도록 분명히 격려한다.

✻ 집중하기

가장 일반적인 기법은 단순히 집중하는 것이다. 집중하기는 단순한 포함이나 공감에서부터 환자와 함께 있는 동안 치료자의 경험에서 주로 일어나는 연습에 이르기까지의 범위에 걸쳐 있다. 게슈탈트 치료에서 참여자들의 실제적이고 직접적인 경험 이외의 모든 것은 부차적이다. 치료자는 환자가 자신의 자각에 집중하도록 도움으로써 무엇이 중요한지를 명료화하도록 돕는다.

실험의 원형은 어떤 식으로든 "당신이 지금 여기에서 자각하거나 경험하는 것이 무엇입니까?"라고 묻는 것이다. 자각은 순간순간 계속해서 발생하고, 게슈탈트 치료자는 자각의 연속체에 특별한 주의를 기울인다. 이 중요한 초점은 한 순간에서 다른 순간으로 자각의 흐름이나 연속선 위에 있다.

게슈탈트 치료자는 또한 치료에서 중요한 순간에 주의를 기울인다. 물론, 이것은 치료자가 그것들이 발생하는 순간에 그것을 인식하는 민감성과 경험이 요구된다. 어떤 환자들은 만일 치료자가 오랫동안 조용히 있으면 버려진 것처럼 느낀다. 다른 사람은 치료자가 적극적이면 침입하는 것으로 느낀다. 따라서 치료자는 그가 집중하기를 사용하여 치료 과정을 촉진시킬 수 있는 이점에 반대되는 관찰의 내용을 알려 주거나 제안을 함으로써 환자의 자각 연속체를 혼란시킬 수 있는 가능성을 상쇄해야 한다. 이것은 치료자 혼자서 지시하는 것이 아니라 치료자와 환자가 대화를 해 나가면서 조절된다.

환자가 진행되고 있는 자각이 끝나기 전에 그것을 중단할 때 중요한 순간이 발생한다. 게슈탈트 치료자는 긴장의 수준, 근육의 상태, 또는 흥분 수준 등의 변화에 세심한 주의를 기울임으로써 비언어적 지표들을 포함하는 이러한 중단의 신호를 인식한다. 그 순간에 대한 치료자의 관찰과 해석은 환자가 그것을 확인하거나 부인하지 않는다면 적합하거나 유용한 것으로 추정되지 않는다. 한 환자가 그의 삶에서 어떤 사람과 있었던 사건에 관하여 이야기하는 순간, 이빨을 갈고 호흡을 멈추고 숨을 참을 수 있다. 이것은 자각의 방해로 볼 수도 있고 분노의 표현일 수도 있다. 또는, 치료자는 화난 표정이 슬픈 표정으로 변하기 시작하는 것을 볼 수 있을지 모르나, 슬픔의 감정은 보고되지 않을 수도 있다. 환자는 다른 주제로 바꾸거나 주지화하려고 시도할지 모른다. 이런 경우 슬픔은 자각의 수준이나 감정 표현의 수준에서 중단될 수 있다.

환자가 느낌을 말할 때, 또 다른 기법은 환자가 '머물러 있기'를 하도록 격려하는 것이다. 이 기법은 환자가 감정을 더 깊이 경험하고 훈습하는 능력을 수립해 준다. 아래의 삽화는 기법이 적용되는 예를 보여 준다(P = 환자, T = 치료자).

P: [슬퍼 보인다.]

T: 당신은 무엇을 자각하고 있나요?

P: 슬퍼요.

T: 거기에 머무르세요.

P: [눈물이 쏟아진다. 그다음 환자는 긴장하여 눈길을 돌리고 깊은 생각에 잠긴다.]

T: 당신이 긴장하는 것을 알겠군요. 당신은 무엇을 자각하고 있나요?

P: 슬픔에 머무르고 싶지 않아요.

T: 원하지 않는 그대로 있어요. 원하지 않는 것을 말로 표현해 보세요. [이 개입은 환자가 감정을 누이고 싶지 않은 저항을 자각하도록 이끌 것이다. 환자는 이렇게 반응할 수도 있다. "나는 여기에서 울고 싶지 않아요. 여기는 안전하지 않아요." 또는 "나는 부끄러워요." 또는 "나는 화가 나고 내가 슬프다는 것을 인정하고 싶지 않아요."]

게슈탈트 치료에서 환자가 주제를 바꾸는 순간에, 그것은 종종 치료자와 환자 사이의 상호작용에서 무엇인가 일어나고 있음을 반영하는 것으로, 자각이 일어난다. 치료자가 말하거나 행한 것 중에 어떤 것이 환자에게 불안정감이나 수치심을 일으킬 수도 있다. 거의 대부분의 경우에는 치료자가 여기에 집중하거나 대화를 통하여 탐색될 때까지 환자는 이를 자각하지 못한다(Jacobs, 1996).

✻ 실연

환자는 감정이나 생각들을 행동으로 해 보라고 요청을 받는다. 이 기법은 환자에게 (그 사람이 거기 있다면) "그것을 그 사람에게 말해 보세요."라고 격려하는 것처럼 간단할 수도 있고 역할 연기, 사이코드라마 또는 잘 알려진 게슈탈트 치료의 빈 의자 기법을 포함할 수도 있다.

때때로 실연(enactment)은 환자에게 과장하도록 하는 기술과 함께 사용된다. 이것은 정화를 얻기 위해 하는 것이 아니며, 때때로 감정에 대한 자각이 증가되는 결과를 얻는 실험의 한 형태이다.

창조적 표현은 실연의 또 다른 유형이다. 어떤 환자들에게는, 창조적인 표현이 말로만 할 때는 이룰 수 없는 방식으로 느낌을 명료화하도록 도와준다. 표현의 기술들은 일지 쓰기, 시, 예술 및 운동을 포함한다. 창조적인 표현은 특히 아동과 작업할 때 중요하다(Oaklander, 1969/1988).

✻ 정신적 실험, 유도된 공상 및 상상

아래에 예시된 것처럼, 때때로 어떤 환자는 실연하기보다는 시각화함으로써 어떤 경험을 지금 여기 안으로 더 효과적으로 가져올 수 있다(P = 환자, T = 치료자).

P: 나는 지난밤에 여자 친구랑 있었어요. 어떻게 그런 일이 일어났는지 모르겠지만, 발기가 되지 않았어요. [환자가 더 자세히 이야기를 한다.]

T: 눈을 감으세요. 지난밤을 상상하세요. 당신은 여자 친구와 함께 있어요. 당신이 매 순간에 경험하였던 것을 크게 말해 보세요.

P: 나는 장의자에 앉아 있어요. 내 친구는 내 옆에 앉아 있고, 나는 흥분되죠. 그런 후 나는 부드러워져요.

T: 다시 한 번 느린 동작으로, 더 자세히 검토해 봅시다. 모든 생각이나 인상에 대해서 민감해지세요.

P: 나는 장의자에 앉아 있어요. 그녀가 다가와서 내 옆에 앉아요. 그녀는 나의 목을 어루만져요. 아주 따뜻하고 부드러워요. 나는 흥분되고, 아시죠. 딱딱해요. 그녀가 내 팔을 어루만지고, 나는 그것이 좋아요. [잠시 멈춤. 놀라면서] 그런 후, 생각하였어요. 그렇게 긴장된 하루를 보냈으니 그것이 서지 않을지도 모른다고요.

어떤 사람은 단순히 언어화하기에 적합하지 않은 감정을 탐색하고 표현하기 위하여 상상을 사용할 수 있다. 예를 들어, 환자는 사막에 홀로 남아 있거나, 산 채로 벌레들에게 먹히거나, 소용돌이에 휩쓸리는 상상을 할 수도 있다. 꿈, 깨어서 하는 공상 및 공상의 창조적 활용을 통하여 끝없이 가능한 상상을 끌어낼 수 있다. 게슈탈트 치료자는 환자에게 그것을 논의하기보다는 지금 일어나고 있는 경험을 상상하라고 제안할지도 모른다. "당신이 지금 사막에 있다고 상상해 보세요. 당신은 무엇을 경험합니까?" 이것은 종종 "그대로 머무세요."로 이어진다.

상상은 지금 여기의 경험으로서 자연스럽게 환자의 자각 속에서 일어날 수도 있으며, 환자 그리고 또는 치료자가 의식적으로 만들어 낼 수도 있다. 환자는 갑자기 "지금 나는 밖에 혼자 있는 것처럼 추워요."라고 말할지도 모른다. 이것은 아마 그 순간 치료자와 환자 사이에 일어난 어떤 것을 나타낼 것이다. 즉, 환자는 치료자가 정서적으로 현재에 있지 않음을 경험할지도 모른다.

상상 기법들은 또한 환자의 자기 지지적 기법들을 확장시키는 데 사용될 수 있다. 예를 들어, 심하게 부끄러움을 타는 문제를 가진 환자와 작업할 때, 때로는 완전히 현재에 있고 사랑하는 존재로서 환자를 있는 그대로 사랑하고 수용하는 은유적인 좋은 어머니를 상상하는 것이 도움이 될 수도 있다(Yontef, 1993).

동양 심리치료에서 빌려온 많은 명상적 기법 역시 매우 유용한 실험이 될 수 있다.

✻ 신체 자각

신체 활동에 대한 자각은 게슈탈트 치료에서 매우 중요하게 받아들여지고 있으며, 신체 자각을 예민하게 하기 위한 특수한 게슈탈트 치료 방법이 있다(Frank, 2001; Kepner, 1987). 게슈탈트 치료자는 특히 호흡하는 패턴에 관심을 가진다. 예를 들어, 어떤 사람이 호흡을 할 때 집중하면서 느낌을 유지하지 못하면, 불안을 경험할 것이다. 일반적으로 불안한 환자들은 숨을 빨리 들여 마시고 충분히 내쉬지를 못한다. 일반적인 치료 회기에서 호흡의 실험을 할 수 있다. 또한 완전히 신체 지향적인 게슈탈트 치료 연습을 할 수도 있다(Frank, 2001; Kepner, 1987).

✻ 이완 기법과 통합 기법

어떤 환자들은 생각이 너무 경직되어서—이 특성은 문화적이거나 심리적인 요인들에서 온 것이다—대안적 가능성을 고려할 수조차 없다. 그가 믿고 있는 것과 반대되는 공상, 상상, 또는 정신적 실험 같은 이완 기법들은 이 경직성을 깨도록 도움을 주어서 적어도 대안을 고려할 수는 있게 해 준다. 통합 기법들은 환자가 함께 모으지 못하거나 적극적으로 떨어뜨려 놓은(분열시킨) 과정들을 함께 모으는 것이다. 환자에게 긍정적 극과 부정적 극의 양극단을 합하도록 요청하는 것은 아주 통합적이 될 수 있다("나는 그를 사랑하고 그의 경솔한 태도를 정말 싫어한다."). 말을 감각으로 바꾸거나, 말에 수반되는 감각을 찾는 것("당신의 몸에서 그것의 위치를 정할 수 있는지 보세요.")은 또 다른 중요한 통합 기법들이다.

적용

누구를 도울 수 있는가

게슈탈트 치료는 과정 이론이기 때문에, 치료자가 이해하고 편안하게 느끼는 환자라면 누구에게든 효과적으로 사용할 수 있다. 예를 들면, Yontef는 경계성 성격장애와 자기애성 성격장애 환자에게도 이것을 적용할 수 있다고 지적하였다(1993). 만일 치료자가 환자와 관계를 가질 수 있고, 게슈탈트 치료의 기본 원리와 각 새로운 환자들의 독특한 욕구에 이런 원리를 맞출 수 있는 방법을 이해한다면, 게슈탈트 치료의 원리인 **자각**(직접적 경험), **접촉**(관계) 및 **실험**(현상학적인 집중하기와 실험)을 적용할 수 있다. 게슈탈트 치료는 특별한 개인들을 위해 미리 정해진 기법의 설명서를 고집하지 않는다. 문화적으로 다른 배경을 가지고 있는 환자와 작업하기 원하는 치료자들은 그들이 환자의 삶과 문화에 대하여 이해하는 데 영향을 주는 장의 조건들에 참여함으로써 지지를 받을 수 있다(예를 들면, Jacobs, 2000 참조). 게슈탈트 치료에서 가지고 있는 대화의 태도와 다중적인 가치 문화에 대한 현상학적 추정은 치료자가 다른 문화권에서 온 환자와 작업하는 것을 지원해 주고, 환자와 치료자가 가지고 있는 배경과 추정 및 그 밖의 것들의 차이를 서로 이해할 수 있게 해 준다.

게슈탈트 치료의 철학과 방법론에서는 일반적인 원리들을 항상 특정한 임상 상황에 맞춰야 한다고 지시한다. 관계하고 선택하는 방식과 기법의 실행은 각 환자의 욕구에 맞추어져야 한다. 만일 환자에게 체계를 적응시키지 않고 만들어진 체계에 환자가 따르도록 한다면 그 치료는 효과가 없거나 해로울 것이다.

오랫동안 수용되어 왔던, 1960년대 Fritz Perls의 워크숍에서 택하였던 직면적이고 연극적인 스타일은 이 장에 소개된 게슈탈트 치료보다 훨씬 더 그 유용성이 한정되어 있다. 진단과 치료 계획을 세우는 데 일반 상식, 전문적 배경, 유연성 및 창조성이 특히 중요하다. 방법들, 강조점들, 예방조치들, 제한들, 위임들 및 보조 수단(약, 통원 치료 및 영양 지도 등)들은 여러 환자들의 성격 조직(예를 들어, 정신 이상, 사회 병리 또는 성격장애가 있는지)에 맞춰져야 한다.

게슈탈트 치료를 유능하게 수행하려면 게슈탈트 치료를 넘어서는 강력한 전반적 임상적 배경과 훈련이 필요하다. 게슈탈트 치료의 이론과 실천에 대한 훈련에 덧붙여, 게슈탈트 치료자들은 성격 이론, 정신병리학과 진단, 심리치료의 다른 체계들의 이론과 적용, 정신역동에 대한 지식, 포괄적인 개인치료 및 진보된 임상적 훈련, 지도 감독 및 경험 등에서 확고한 기반을 가지고 있어야 할 필요가 있다.

이런 넓은 배경은 게슈탈트 치료에서 특히 중요하다. 그 이유는 치료자들과 환자들이 회기 안과 밖에서 창조적이고 새로운 행동들을 경험해 볼 것을 장려하기 때문이다. 게슈탈트 치료에서 개별 치료자는 많은 재량권을 가지고 있다. 치료 스타일, 치료자와 환자의 성격 및 추정되는 진단에 따라 개별 치료자와 환자에 의해 수정이 이루어진다. 치료자의 자발적인 창조성을 안내하고 한정하기 위해 연구에 의한 좋은 지식, 다른 체계들 및 성격 조직의 원리들이 필요하다. 게슈탈트 치료자는 창조적이어야 하지만, 전문적인 식별력, 판단 및 적절한 신중성을 포기할 수는 없다. 인용할 거리가 아주 풍부한 기록된 자료들도 곧 가능하게 될 것이다.

치료

환자들은 흔히 유사한 문제점들을 가지고 있지만 그들의 성격의 구조와 치료 관계에서 전개되는 모습이 다르기 때문에 서로 다른 치료 방법이 필요하다. 다음의 두 가지 예에서, 두 환자는 모두 부모에게서 감정적으로 유기된 상태에서 자라났다.

Tom은 45세로, 자신의 지능과 자급자족 및 독립성을 자랑스러워하였다. 그는 충족되지 못한 의존의 욕구와 분노가 있다는 것을 자각하지 못하였다. 그의 자급자족에 대한 신념과 의존성을 부인하는 것 때문에 치료자는 존경과 민감성을 가질 필요가 있었다. 자급자족에 대한 신념은 욕구를 충족시켜 주는 것으로, 부분적으로는 건설적이었고, 환자의 자기 존중감의 기반이 되었다. 치료자는 환자의 긍지를 위협하지 않으면서 환자의 기저에 있는 욕구에 반응할 수 있었다(P = 환자, T = 치료자).

P: [자랑스럽게] 내가 어렸을 때 우리 엄마가 아주 바빴기 때문에 나는 자립하는 법을 배

워만 하였어요.

T: 당신의 강점을 인정합니다. 그러나 자립해야 하는 아이인 당신을 생각할 때, 당신을 쓰다듬고, 보살펴 주고 싶네요.

P: [조금 운다.] 누구도 나에게 그렇게 한 적이 없어요.

T: 슬퍼 보이네요.

P: 내가 어렸을 때가 기억납니다요.

Tom은 치료자가 환자에게 직접적으로 표현한 동정적 반응에 의해 감정이 일어났다. 타인의 도움이 필요하다는 것에 대한 부인은 직접적으로 도전받지 않았다. 탐색을 통해 부모의 부재에 대한 수치감과 보상적인 자립에 대한 자각이 이루어졌다.

Bob은 45세로, 상호작용이 완전히 긍정적이 아니면 수치를 느끼고 자기를 고립시키는 것으로 반응하였다. 그는 일관되게 자신을 지지하지 못하였으며, 완전히 타인들에게 의존하였다. 이전의 공감적이거나 동정적인 반응은 단지 환자가 자신에 대해 가지고 있는 부적절하다는 신념만 강화시켰다(P = 환자, T = 치료자).

P: [울음 섞인 목소리] 오늘 무엇을 해야 할지 모르겠어요.

T: [보기만 하고 말을 하지 않는다. 더 직접적인 이전의 개입은 치료자가 조금만 말을 하여도 내담자의 느낌이 아니라 치료자의 말을 따르도록 하는 결과를 만들었다.]

P: 내가 일주일을 어떻게 보냈는지 말할 수 있어요. [의문스럽게 치료자를 본다.]

T: 나는 당신이 바로 지금 끌어당기는 것처럼 느껴지네요. 내가 당신에게 지시해 주기를 원하는 것 같네요.

P: 예. 무엇이 잘못됐나요?

T: 아니요. 나는 지금 당신에게 지시하고 싶지 않아요.

P: 왜요?

T: 당신이 스스로 지시할 수 있어요. 나는 당신이 지금 자신의 내면의 자기에서 떠나도록 우리를 지시하고 있다고 믿어요. 나는 그것에 협력하고 싶지 않아요. [침묵]

P: 나는 길을 잃은 느낌이에요.

T: [눈 접촉만 하고 말을 하지 않는다.]

P: 당신은 나한테 지시하지 않을 거로군요, 그렇죠?

T: 예.

P: 그럼, 나를 돌볼 수 없다는 내 자신의 신념에 대해서 작업을 할까요. [이것은 환자가 실제로 느낌을 가지고 있는 주제였다. 환자는 버림받는 것에 대한 불안과 부모의 부재에 대한 반응으로 일어나는 수치심의 느낌을 자각하도록 하는 풍부한 작업을 주도하였다.]

✻ 집단치료

집단치료는 종종 전반적인 게슈탈트 치료 프로그램의 부분이 된다. 집단 게슈탈트 치료에는 세 가지 일반적인 모델이 있다(Frew, 1988; Yontef, 1990). 첫 번째 모델은 다른 참가자들이 상대적으로 조용하게 있으면서 간접적으로 작업하는 동안 참가자가 치료자와 일대일의 작업을 하는 것이다. 작업이 끝난 후에 다른 참가자들의 피드백과 상호작용이 따르며, 특히 작업에서 사람들이 어떤 영향을 받았는지에 초점을 맞춘다. 두 번째 모델에서는, 집단원들이 '지금-여기'의 직접적인 의사소통을 강조하면서 서로가 이야기를 나눈다. 이 모델은 Yalom의 실존주의 집단치료 모델과 비슷하다. 세 번째 모델은 같은 집단에서 이 두 활동들을 섞어 놓은 것이다(Yontef, 1990). 집단과 치료자는 움직임을 창조적으로 조절하고, 일대일의 초점과 상호작용 사이에 창조적인 균형을 맞춘다.

이 장에서 논의된 모든 기법들은 집단에서 사용될 수 있다. 이에 더하여, 실험적 집중하기를 집단에 특수하게 사용할 수도 있다. 게슈탈트 치료 집단들은 일반적으로 참가자들을 지금 여기에 데려오며 서로 접촉시키는 절차로 시작한다. 이것은 흔히 한 바퀴 돌기(rounds)나 등록하기(check in)라고 부른다.

게슈탈트 집단 작업의 단순하고 명백한 예는 치료자가 집단의 각 구성원이 다른 사람들을 보고 그가 지금 여기에서 무엇을 경험하는지 표현하라고 하는 것이다. 어떤 게슈탈트 치료자는 또한 참가자들에게 특별한 감정을 표현하도록 요구하는 것 같은 구조화된 실험을 사용한다("나는 … 때문에 당신을 원망한다" 또는 "나는 당신에게 … 때문에 감사한다"). 다른 게슈탈트 치료자들의 스타일은 집단에서 무엇이 나타나는가에 따라 유동적으로 조직화된다.

✻ 부부치료와 가족치료

부부치료와 가족치료 작업은 각 회기 내에서 각 개인들과 작업하면서 상호작용 그 자체를 작업한다는 점에서 집단 작업과 유사하다. 이 균형 안에서 게슈탈트 치료자들이 선호하는 것들은 다양하다(Lee, 2008; Yontef, 2012 참조). 또한 치료자 개입의 스타일이 얼마나 구조화되었는지 그리고 부부나 가족의 자발적인 기능을 치료자가 얼마나 따라가고, 관찰하고, 집중하는지도 다양하다.

부부는 흔히 서로에 대해 불평하고 비난하는 것으로 치료를 시작한다. 이 시점에서 작업은 이런 역동과 상호작용의 대안적인 양식에 주의를 기울이는 것을 포함한다. 게슈탈트 치료자들은 또한 비난 뒤에 무엇이 있는지 탐색한다. 흔히 한 사람이 비난의 방어적 기능을 자각하지 못하면서, 상대방이 자기에게 창피를 주는 것으로 경험하고 상대를 비난한다.

순환적 인과관계는 불행한 부부가 보이는 흔한 패턴이다. 상호작용이 어떻게 시작되는가에 상관없이, 자신이 부정적인 반응을 촉발하는 데 어떤 역할을 하는지 자각하지 못하면서 A가 B에게 반응을 촉발하고, 그런 후 A는 B의 반응에 대해 부정적으로 반응한다. 그의 부정적인 반응을 일으키는 역할을 자각하지 못한 채, B도 마찬가지로 A에 대해 부정적인 반응을 일으킨다. 순환적 인과관계는 다음의 예에서 설명된다.

남편이 직장에서 매일 밤 집에 늦게 들어오고 집에 와서는 무덤덤한 것에 대해 아내는 욕구불만을 표현한다. 남편은 인정받지 못하고, 공격받는 느낌을 느끼며, 자각하지 못하는 수준에서 비난받는 것에 대한 수치스러운 느낌을 또한 느낀다. 남편은 화가 나서 아내가 정이 없다고 비난을 한다. 아내는 남편이 방어적이고, 공격적이고, 무감각하며, 감정 표현을 하지 않는다고 책망한다. 남편도 마찬가지로 반응한다. 이 순환에서 매 반응은 점점 더 악화된다. 이 순환적 인과관계가 아주 나쁜 결과를 가져오면 관계가 완전히 붕괴될 수도 있고, 음주, 폭력, 성폭력을 유발시킬 수도 있다.

아내의 욕구불만의 밑바닥에는, 남편을 그리워하며, 외로움을 느끼고, 남편이 직장에서 너무 힘들게 일하는 것을 걱정하고, 정말로 그와 함께 있고 싶고, 자신이 더 이상 매력적이지 않기 때문에 그가 집에 오고 싶어 하지 않는다고 짐작하는 마음이 있다. 그러나 아내는 이런 감정들을 분명하게 표현하지 않는다. 남편은 아마도 집에서 아내와 함께 있기를 원할 것이고, 너무 힘들게 일하는 것에 화가 나지만, 또한 아내와 감정을 나누기 전에 일에 대한 스트레스에서 해방될 필요성을 느낄지도 모른다. 흔히 방어-공격 투쟁의 순환 속에서 상대방에 대한 배려와 관심은 사라진다.

비난은 때때로 수치심과 방어를 촉발한다. 이런 해로운 분위기에서는 아무도 듣지 않는다. 그곳에는 진정한 접촉이 없고 회복이나 치료가 없다. 판단하는 대신에 실제 경험을 표현하고 배우자가 경험하는 것을 정말로 듣도록 스스로 허용하는 것이 치료의 첫 걸음이다.

때때로 구조화된 실험이 도움이 된다. 한 실험에서, 부부가 각자 얼굴을 마주하고 앉아서, 의자를 서로의 무릎이 닿을 정도로 끌어당기고, 서로 바라보면서 그들이 각 순간에 자각하는 것을 표현하도록 한다. 다른 실험은 다음과 같은 문장을 완성시키는 것을 포함한다. "나는 … 때문에 당신에게 화가 난다" 그리고 "나는 … 때문에 당신에게 고맙다" 또는 "나는 …으로 당신을 괴롭힌다" 또는 "나는 당신이 …할 때 마음이 상한다" 등이다.

부부치료에서는 치료자가 듣는 양식에 대해 모범을 보이는 것이 매우 중요하다. 이때 치료자는 각 배우자의 경험을 언어화하는 능력을 증진시킨다고 생각되는 방향으로, 그리고 각자가 말하기뿐만 아니라 듣기도 잘하도록 격려하는 양식으로 모범을 보인다. 다양한 실험을 통하여 환자들은 언어적 표현이 돌에 새겨져 영구히 보존되는 것이 아니라 진행 중인 대화의 일부분이라는 것을 알 수 있다. 대화의 회복은 치료가 진전이 있다는 신호이다.

심리치료에 대한 앞 단락에서 설명하였듯이, 환자들은 치료 동안 다양한 치료 양식을 접하게 된다. 그들은 개인치료를 할 수도 있고, 집단치료 또는 부부치료를 할 수도 있고, 때때는 워크숍에 참가할 수도 있다. 환자들이 개인치료가 진행되는 동안 때때로 부가적인 워크숍에 참여하는 것은 흔한 일이다.

게슈탈트 치료자들은 일주일 단위로 환자들을 만나는 경향이 있다. 치료자-환자 관계에 주의가 집중될수록, 환자들은 더 자주 오기를 원하며, 그래서 어떤 게슈탈트 치료자들은 일주일에 한 번 이상 환자를 만난다. 많은 게슈탈트 치료자들은 또한 집단을 진행하고, 일반인을 위해서 교육을 하거나 워크숍을 지도한다. 가르치거나 훈련을 주로 하는 치료자들도 있다. 치료자의 관심사와 작업 환경의 요건만이 치료의 실제 모습을 한정 지을 수 있을 뿐이다.

증거

＊ 게슈탈트 치료가 증거에 기반을 둘 수 있는가

게슈탈트 치료에서는 '증거'에 관한 논의를 직접적으로 단순하게 접근할 수 있는 방법은 없으며, 게슈탈트 치료를 하는 사람들은 연구의 주제에 대하여 논란이 많다. 가장 세련된 연구 패러다임이라 할지라도 일차적으로 개인의 가치와 개인적 의미를 중심으로 돌아가는 대화의 노력을 적절하게 지지할 수 있을지에 관하여 회의적인 사람들이 있다.(이 장의 저자들도 이 관점에 동조하는 편이다.) 이것은 하나의 유용한 관점으로 작용하는 과학적 발견의 가치를 부정하는 것은 아니다. 트라우마, 애착, 발달, 인지, 정서적 과정, 그리고 신경심리학 등의 인간 행동의 폭넓은 주제에 관한 과학적 연구들은, 그 연구들이 비환원적인 방식으로 게슈탈트 치료의 이론과 실제의 전반적인 구조에 통합되는 한, 게슈탈트 치료자들에게 정보와 타당성을 제공해 주는 근원이 되어 왔다(예컨대, Staemmler, 2011 참조). 그러나 우리는 규범적 자료들이 개인적 가치, 역량, 선호 그리고 특정한 환자-치료자 짝의 경험보다 더 우위에 놓이는 것에 대하여 우려하고 있다.

그동안에, 개인적 의미에 민감한 연구 방법을 개발하고 세련되게 만드는 노력이 이루어졌다. 예를 들면, 2013년의 게슈탈트 치료 연구 회의에서는 비판적 현실주의와 그것이 어떻게 게슈탈트 치료와 연구적 노력 모두에 들어맞을 수 있는지에 대한 주요 발표가 있었고, 또 다른 발표로는 Merleau-Ponty와 Heidegger의 현상학적 철학을 연구하는 과정에 관련시킨 것이 있었다. 또한, 2013년의 게슈탈트 치료 연구 회의에 참석한 사람들이 보여주듯이, 전 세계에 걸쳐 게슈탈트 치료 연구에 열의를 보이는 사람들이 꽤 많다. 이 회의에서는 게슈탈트 치료 연구에 대하여 프랑스어, 체코어, 스페인어 통역이 있었고, 진행을 할 때 한국어와 포르투갈어로 통역을 하였으며, 멕시코의 석사 과정 연구 기관과 모든 훈련생에게 그들의 자격요건으로 단일 사례, 시간 연속 연구를 요구하려고 하는 칠레의 연구소도 있었다.

우리는 먼저 우리의 우려에 대하여 논의를 하고 그다음에 많은 게슈탈트 치료자들을 흥분하게 한 연구 관심사와 발견들을 제시할 것이다. 심리치료의 세계에서, 연구들은 점차로 '가장 좋은 실제'를 찾기 위한 모양을 취하고 있다. 미국에서는 '증거에 기반한 실제'와 '실증적으로 지지되는 치료'에 관한 연구가 보험 회사의 요구와 신체적 약물과 동등성을 수립하기 위하여 애쓰고 있는 치료자로 진화해 온 관리 보호 제공자들에게 부분적으로 조건부 항목이 되고 있다(Reed, Kihlstrom, & Messer, 2006). 측정 가능한 효과를 가진 매뉴얼화된 치료 접근법이 보험 회사와 관리 보호 제공자들에게서 오는 압력에 대한 직접적인 반응이다(Reed et al., 2006; Wachtel, 2010).

심리치료 연구에 대한 이러한 접근법에 의문을 가지고 있는 사람들은 흔히 연구자 본인들이다(Reed et al., 2006; Wachtel, 2010; Zeldow, 2009). Messer(2005)는 심리치료 연구자 스스로 발견한 것을 보여 주는 두 가지 사례 연구를 사용하였다. 증거에 기반한 실천에 대한 매뉴얼화된 접근은, '동반이환율'이 임상 장면 어디에나 있는 것임에도 불구하고, '동반이환율'에 직면하였을 때 거의 사용되지 않았다(Westen, Novotny, & Thompson-Brenner, 2004). Messer가 써 놓은 바는 아래와 같다.

> 진단은 환자들의 독특한 특성과 그들이 임상가에게 가져오는 우려를 포착할 수가 없으며, 과거에 그들의 문제가 일어난 구체적인 맥락과 현재 어떤 상태로 있는지도 포착하지 못한다. (…) 실증적으로 지지되는 치료의 강점은 (…) 전반적으로 환자들에게 적용할 수 있다는 것이다. 임상가들은, 그러한 실증적 발견에 참여할 필요가 있기는 하지만, 환자의 독특한 특성과 상황 및 소망을 인식하려면 그것들을 뛰어넘어야만 한다(2005, p. 32).

연구와 임상적 실제 사이의 관계를 탐색한 반가운 논문에서, Wolfe(2012)는 그의 '치료자 대표'와 '연구자 대표' 사이의 '두 의자 대화'에 참여하였다. 그렇게 하면서, 그는 (순간순간의 즉각적인 대화에서 경험, 기술 및 창의성에 의존해야 하는) 치료의 복합적인 예술을 과학적인 실제로 향하게 하는 데서 오는 문제를 분명하게 포착하였다. 역설적으로, 그는 자신이 사용한 두 의자 대화가 게슈탈트 치료에서 나왔음을 명기하였고, 연구를 통하여 환자들이 자각을 확장하고, 정서적 과정을 분명히 하고, 정서적인 갈등을 해소하도록 지지하는 것을 보여 주었다.

Wolfe(2012)는 실증주의적 인식론의 한계를 지적하였는데, 연구자들이 '강력한 증거'로 생각하는 무작위 통제 실험이 환자를 맥락에서 멀어지게 하고, 임상적 장면과는 아무런 유사성도 없게 되어 버린다고 하였다.

Hoffman(2008)은 포스트모던의 관점에서 비슷한 논쟁을 다음과 같이 제기하였다.

> 첫째, 포스트모더니즘은 실증적 연구가 객관적인 능력이 있다는 것에 의문을 갖는다. 치료에 대한 여러 다양한 접근을 평가하기 위해서는 다양한 유형의 연구를 하는 것이 좀 더 적합하다. 측정은 이론과 일치되어야만 한다. 그렇지 않으면 인식론적 문제가 치료의 타당성을 위협한다.
>
> 둘째, 모든 심리치료가, 적어도 어느 정도는 증상이 감소하고 삶의 질이 향상되는 것을 목표로 하고 있으나, 이것이 어떤 모습인지에 대해서는 의견이 서로 다르다. 다시 말하자면, 모든 심리치료가 같은 결과를 추구하지 않는다. 이것 때문에 어떤 심리치료가 어떤 내담자에게 가장 좋은지를 말하기가 매우 어렵게 된다.
>
> 셋째 관심사는 내담자의 가치에 관한 것이다. 만일 서로 다른 치료들이 서로 다른 가치를 가지고 있고 조금씩 다른 결과를 가져온다면, 어떤 치료 접근이 한 내담자에게 최고의 것이 될지는 부분적으로 가치의 문제이다. 다른 말로 하면, 어떤 심리치료 접근이 최선인지 선택할 때는 가치와 효율성이 고려되어야 한다.
>
> 심리치료 분야는 흔히 어떤 치료법이 최선인가를 놓고 옹졸한 논쟁을 함으로써 어리석게 보이기도 한다. 포스트모더니즘에서는 이것은 제대로 된 질문조차 아니라는 말로 이에 반응한다! 어떤 치료가 더 우수한가를 결정하는 것은 불가능하다. 그 이유는 그것이 너무도 많은 내담자와 치료자 요인에 달려 있기 때문이다. 더욱이, 치료자들이 어느 접근법이 가장 좋은지 결정할 때는 내담자에 대한 책임감에서 떠나 자신

들의 가치 체계를 도입하게 된다. 그 대신에, 치료자들은 내담자와 작업을 할 때 어떤 치료 접근이 내담자의 목표와 가치에 가장 잘 맞는지를 결정해야 한다(p. 2).

가장 생산적인 연구는, 어떤 치료가 다른 치료보다 더 나은지를 확인하려고 하기보다, Wolfe(2012)가 서술한 대로 "변화에 대해 실증적으로 지지를 받는 원리"(p. 105)를 추구해야 하고, 모든 유형의 심리치료에 적용할 수 있는 핵심적 과정을 확인하려고 해야 한다(예를 들면, 치료자와 내담자의 관계).

✻ 증거는 존재한다

관계에 대한 연구가 게슈탈트 치료에서 장려하고 있는 대화적 관계의 타당성을 제시하고 있기는 하지만, 각 심리치료 관계는 필연적으로 독특하고 반복할 수 없는 것이다. 분명히, 이것은 연구에 대한 표준화된 접근에 어려움을 일으킨다. 그럼에도 불구하고, 치료의 (예술적 측면과 함께) 과학적 측면에 가치를 두는 일부 연구자들과 치료자들은 본질적인 가치와 연구를 연결시키려고 노력하였다. 이 연구자들은 환자들이 더 충만한 삶을 살도록 돕기 위한 임상적 결정을 하는 어려운 작업을 실험적으로 지지하는 방법을 찾으려 한다(Brownell, 인쇄 중). 이들 중에는 전통적인 심리치료 연구와, 복합적이고 자각 지향적인 총체적 대화 과정 사이의 차이에 다리를 놓으려는 목적을 가진 연구 접근을 개척하는 게슈탈트 치료자들이 있다(Brownell, 2008). 그들은 임상적 작업의 복합성에 민감하고, 특히 임상적 실제의 중장기적 효과에 대한 증거를 얻을 수 있는 발전 도상에 있는 연구 모델들이다. 이것은 새로운 연구들을 상당히 많이 증가시켰다(Strümpfel, 2006). 활동 촉진적 연구들 또한 게슈탈트 치료 리스트서브와 잡지 및 도서들에 묘사되어 있다(예: Finlay & Evans, 2009). Brownell(2008)의 연구는 특히 언급할 만한데, 그는 2013년에 열린 주요 회의인, 게슈탈트 국제 연구 센터와 국제적 기구인 게슈탈트 치료 발전 위원회가 공동으로 주관한, '게슈탈트 치료에 대한 연구 전통 수립에 도전하기(The Challenge of Establishing a Research Tradition for Gestalt Therapy)'를 계획하고 준비하는 데 도움을 준 사람이다.

Strümpfel(2006)은 치료적 과정과 성과에 대한 74개의 출판된 자료를 재검토하여 10개의 메타 분석을 하고 거기에 자신의 계산을 더하였다. Strümpfel이 분석한 많은 연구들은 행동주의와 정신분석 접근보다는 인본주의적 치료에 대해 더 긍정적인 결과를 보고하였다.

Strümpfel의 연구가 게슈탈트 치료를 좀 더 근사하게 보이게 하지만, 다른 치료법 대신에 어떤 한 치료법에 들어맞는 연구는 두 가지 이유에서 회의적이다. 이들은 Lester Luborsky가 처음 조명한 이후에 여러 사람들에 의하여 확인되었다(Luborsky et al., 2003). 첫째, 치료자의 특정한 치료적 지향은 그 사람의 경험, 기술, 인간성에 비하여 상대적으로 의미가 없다. 둘째, 연구자들은 자신이 몸담고 있는 치료 양식과 가장 가까운 치료 지향에 대하여 의미 있는 긍정적 결과를 얻는 경향이 있다.

✻ 공통 요인

공통 요인에 관한 연구들은 또한 어느 특정한 이론을 넘어선다. 치료적 관계에 대한 연구와 그것의 예측력에 관한 연구는 잘 수립되어 있다. 이 연구는 치료자의 수용, 온화함, 진솔성과 같은 관계적 조건들이 성공적인 치료의 중요한 예측 변인임을 필연적으로 발견한다. 이런 조건들은 게슈탈트 치료의 대화적 관계에서 핵심적 요소이다(Jacobs, 2009; Staemmler, 2011; Yontef, 2002).

이와 유사하게, Norcross와 Wampold(2011)가 요약한 증거에 기반한 실제에 관한 메타 분석 연구는 다음과 같은 점을 제시하였다. (1) 치료의 유형에 관계없이 관계는 성과에 대하여 실질적이고 일관적인 공헌을 한다. (2) 치료적 관계는 적어도 특정 치료 방법이 설명하는 만큼 내담자가 향상되는(향상에 실패하는) 이유를 설명한다. (3) 관계를 포함시키지 않고 증거에 기반한 치료 실제를 발전시키려는 노력은 불안전하며 잠정적으로 길을 잘못 안내할 수 있다. (4) 관계는 치료 방법, 환자의 특성 및 치료자의 자질과 함께 치료의 효과성을 결정한다.

흥미롭게도 최근에 이루어진 유아-부모의 상호작용에 대한 연구가 관계 요인에 대한 연구에 새로운 지혜를 더해 주고 있다. 정신분석적 발달 연구자이며 임상가인 Lyons-Ruth는 유아와 아동의 의사소통 패턴과 애착을 연구하였는데, 게슈탈트 치료자들은 탄력 있는 유기체적 자기조절이라고 정의할 발달을 '협동적 의사소통'이 가장 잘 지지한다는 것을 발견하였다. 그녀는 치료는 반영적 이해에는 더 적게 초점을 맞추고 "환자와 치료자 사이에 이루어지는 상호작용에서 협동적인 의사소통의 영역을 더 많이 확장해야만 한다."라고 제안하였다(2006, p. 612). 이 결론과 인본주의적 치료자들의 연구는 게슈탈트 치료에서 아주 중요한 대화적 태도와 근사하게 어울린다.

Staemmler(2011)가 철저하게 살펴보고 요약을 한, 신경학과 유아 발달에 대한 연구들은 '지금-여기'의 중요성과 정서와 사고가 분리될 수 없다는 게슈탈트 이론의 관점을 지지한다(Damasio 1999; Stern, 2004). 이에 덧붙여, 게슈탈트 치료가 심리치료의 방법론에 몸에 대한 작업을 포함시킨 것은 부가적 힘을 더해 준다. 이상적으로 보면 신체 작업이 심리치료 효율성의 평가에 포함되어야 하지만 이것이 심리치료 연구에 포함된 적은 거의 없다(Strümpfel, 2006).

Leslie Greenberg와 그의 동료들은 지난 20년 동안 대규모의 연속적 연구를 시행하였는데, 맥락을 인정하면서 기법과 관계 요인 사이의 상호작용을 함께 다루는 과정 연구와 성과 연구들이 이루어졌다(예: Greenberg, Rice, & Elliott, 1993). 게슈탈트 치료는 일차적으로 접촉과 관계의 치료이다. 그것은 또한 경험적 방법이며 실험적 방법이고, Greenberg와 그의 동료들이 추진해 온 연구에 의해 지지를 받는다.

이 단락을 마무리하면서, 우리는 치료적 효율성을 이해하고 평가하려는 노력을 할 때, 서로 다른 접근법을 비교하든지 아니면 치유하는 수단으로 치료의 가치를 평가하든지 간에, 연구 증거를 사용하는 것에 대하여 조심하도록 한마디 하고자 한다. 치료적 양자 관계와 치료 과정은 어떤 경우에도 우리가 측정할 수 있는 것보다는 훨씬 더 복잡한 의미를 갖고 있다. 이러한 혼합에 덧붙여, 치료자들은 저마다 독특하며 자신의 성격에 짝지어지는 틀 안에서만 잘 치료를 할 수 있다. 따라서 연구가 가장 일반적으로 제안하기를, 예를 들어 게슈탈트 치료가 지속적인 관계를 추구하는 환자를 지지하는 데 아주 잘 맞는다고 하더라도, 치료자가 순간순간의 정서적 경험에 세밀한 주의를 두고 작업하는 데 흥미를 느끼지 않는다면, 그 사람은 자신의 환자를 돕기 위하여 다른 틀 안에서 작업을 할 필요가 있을 것이다. 사실상, 치료자가 어떤 이론적 지향을 하는가보다는 자신의 이론적 지향 내에서 얼마나 편안하게 작업할 수 있는가가 긍정적 성과를 내는 데 더 의미 있는 요인이 될 수 있다. 우리의 최근 연구 결과는 우리가 가지고 있는 질문과 우리가 사용할 수 있는 연구도구에 항상 제한된다.

다문화 세계에서의 심리치료

게슈탈트 치료의 설립자들은 모두 문화와 정치의 국외자들이었다. 어떤 사람들은 유대인이었고, Fritz와 Laura Perls를 포함하여 어떤 사람들은 유럽의 박해를 피해 온 이민자들이었다. 동성애자들도 있었다. 이들은 모두 자신의 삶의 경로를 탐색하고자 하는 사람들에게, 그 삶의 경로가 현존하는 문화적 가치에 근사하게 들어맞지 않더라도, 지지와 격려를 제공할 수 있는 과정 지향적인 이론을 개발하는 데 관심이 있었다. 따라서 성공적인 치료(예를 들면, 생식기 성욕의 성취)에 대한 내용 목표를 수립하는 대신에, 그들은 자각이라는 과정 목표를 수립하였다.

전 세계의 게슈탈트 치료자들은 다문화적이고 상호 문화적 프로젝트에 관여하고 그에 관하여 저술을 하여 왔으며, 정신건강 서비스나 공동체 조직 자문 분야에 종사하여 왔다(Bar-Yoseph, 2005). Heiberg(2005)는 노르웨이에 거주하는 비유럽 이민자들에게 그들의 경험에 관한 면접을 하여, 그들이 노르웨이의 주 문화권에 있는 사람들과 상호작용하는 데 수치심과 수치의 과정이 계속적으로 영향을 미친다는 것을 발견하였다. 그의 응답자 중 거의 대부분은 백인 치료자들에게서 치료를 받았고, 게슈탈트 환자들은 분석을 받거나 해석을 받기보다는 그들 자신의 용어로 자신들의 경험(특히 그들의 수치심)을 탐색하는 기회에 대하여 가장 열정적으로 말하였다. Gaffney(2008)는 분리되어 있는 북아일랜드 사회에서 슈퍼비전을 하는 데 따르는 미묘하고 전반적인 어려움들에 대하여 썼다. Bar-Yoseph(2005)는 다양한 다문화적 노력을 하고 있는 게슈탈트 치료자들이 쓴 논문집을 편집하였다.

거의 모든 문헌에서 일관되게 보이는 것은 효율적인 다문화적 상호작용은 치료자가 자신의 사회적 · 문화적 · 정치적 **자리매김**(situatedness)의 함축성을 이해하는 것이다. 여기에는 두 가지 이유가 있다. 첫째, 그러한 자각이 치료자로 하여금, 근본적으로 다르고 때로는 방해가 되는 세계관을 가진 사람과 친밀한 관계를 맺어야 할 때 일어나는 불가피하게 강한 정서적 반응에 길 안내를 하도록 돕기 위해서, 자신의 문화적 규준을 상대적으로 취급하도록 해 준다. 자신의 자리매김을 알고 그것을 상대적으로 취급할 수 있는 것은 다른 사람의 문화적 상황과 개인적 상황에 대하여 알기 원하도록 해 준다. 둘째, 비교적 내부자의 지위를 차지하고 있는 전문가와 흔히 문화적 국외자로서 주변적 지위를 가지고 있는 사람들 사이의 차이를 아는 것은 내담자와 의미 있는 대화를 하도록 문을 열어 준다. Billies(2005), Jacobs(2005) 그리고 McConville(2005)은 인종적으로 분리되어 있는 미국에서 백인 치료자가 되는 것의 의미를 탐색하면서 이 점을 분명히 하였다.

모든 저자들은 그들의 내담자와 현상학적·경험적 탐색을 하는 강력한 지원으로 장 이론을 인용한다. 그들은 또한 접촉과 자각 과정에 주의를 기울이고 이러한 과정들이 장 조건에 의하여 조성되는 방식이 치료자와 환자가 함께 작업하면서 창조적 적응을 만들어 가는 그들의 역량을 증진시킨다는 점을 강조하였다.

게슈탈트 치료의 차원에서 강하게 강조하는 또 다른 것은 대화적 태도로, 내담자에 의해서 영향을 받고 변화될 의향을 가지고 있는 겸손한 태도를 포함한다. 대화에서, 치료자는 환자에게서 환자의 문화에 대하여 배운다. 이 태도는 치료자가 그 자신의 편파에 대하여 더 많이 배우게 해 주고, 또한 내담자들이 힘을 부여받는 것으로 자주 경험하는 접촉을 촉진시킨다.

사례

배경

Miriam은 자주 무미건조한 목소리로 말을 하고, 자신의 느낌과 동떨어져 있는 듯하며, 심지어는 자신이 말하는 문장이 무슨 의미가 있는지도 분명하지 않게 말을 한다. Miriam은 아동기에 무섭고 수치스러운 학대를 받으며 살았고, 집을 떠난 지 35년쯤 된 지금도 고통에 시달리고 있고, 어떤 순간에라도 학대가 시작되기를 기다리는 사람처럼 위축되어 있었다. 자신의 삶에서 사람이 필요하다거나 사람을 원한다고 요구하지 못하는 것처럼, Miriam 스스로 치료를 원한다는 말조차 할 수 없었다. Miriam은 치료를 시작하면 자신이 더 훌륭한 자문가로서 활동하도록 기술을 개발할 수 있을 것이라고 생각하였다. Miriam은 치료를 매우 경계하였으나, 치료자가 한 강의에 참석하였을 때 이 특정한 치료자는 실제로 자기를 이해할 수 있을 것이라는 어렴풋한 희망을 느꼈다.

Miriam이 경험한 세계는 극도의 고립이 특징이었다. Miriam은 자신의 고립을 부끄러워하였으나 그것이 그녀를 안전하게 느끼게 하였다. 세상 사람들 속에서 움직일 때, 그녀는 두려움을 느끼고, 자주 분노하였고, 깊은 수치감을 느꼈다. 그녀는 가차 없이 자기 비난을 하였다. 그녀는 자신이 유해한 존재이며 본의 아니게 타인들에게 해를 끼친다고 믿었다. Miriam은 자기 자신의 소망이나 욕구를 인정할 수 없었다. 그 이유는, 만약에 그것을 인정한다면, 자신은 취약해지고, 경멸과 소멸의 '표적'(그녀가 표현한 말)이 될 것이기 때문이었다. 끝으로, 그녀는 비현실감 때문에 괴로워하였다. 자신이 생각한 것이나 지각한 것이 '현실'인지 상상인지 결코 알 수 없었다. 그녀는 자기가 무엇을 느끼는지 전혀 몰랐고, 자신은 느낌이 없다고 믿었으며, 느낌이 무엇인지조차도 몰랐다. 자신의 느낌들이 너무 강해졌을 때는 자신이 외계인이라고 공상을 하였다.

Miriam의 기본적 갈등은 고립과 융합의 양극성을 선회한다는 것이다. Miriam은 거의 대부분의 시간 동안 자신의 욕망을 인식하는 것조차도 수치스러워하였지만, 자신의 소망이 다른 것들과 연결되어 전경으로 드러나면 두려움에 압도당하였다. 그녀는 자신이 단지 다른 사람들 속으로 '융해'되기를 원하였다는 것을 인식하였고, 거리를 두는 것은 거부의 신호였고 자신이 그것을 참아낼 수 없다고 믿었기 때문에, 거리를 두는 시늉만 해도 견딜 수 없었다. 그녀는 견고하게 자신의 고립된 세계에 갇혀 있었다. 경직성의 결과로 그녀는 접촉과 철회의 리듬 속에서 오갈 수가 없었다. 그녀가 감히 치료자나 다른 사람들과 접촉하려고 나갈 때 나타나는 긴장과 불안의 상태를 조절하는 유일한 방법은 갑자기 부끄러움 속으로 움츠러들거나, 고립으로 다시 철회하거나, 자주 있는 일이지만 해리 상태에 빠지는 것이다. 그녀는 다시 감히 앞으로 나가는 모험을 하기에는 너무 창피하고 좌절되어서 꼼짝 못 할 것 같은 느낌을 가졌다. 그녀는 접촉에 대한 욕망을 가지면서 동시에 접촉에 대한 두려움을 갖는 경험을 균형 잡거나 조정할 수가 없었다.

치료를 받은 지 4년 정도 되었을 때 다음의 결과들이 발생하였다. 이 시점에서 Miriam은 감정을 확인하고 표현할 수 있게 되었으나, 다른 사람과 접촉 경계를 찾는 것은 아직도 위협이 되었다. 그녀는 마침내 치료자와 연결되는 감정을 느꼈기 때문에 이번 회기에서 깊은 기쁨의 감정을 느끼기 시작하였고, 또한 자기 삶에서 처음으로 어떤 기억들과 연결될 수 있었다고 보고하였다. 치료자와 밀접한 연결을 맺는 것에 대한 소망과 두려움을 다루느라고 두 사람이 함께 씨름하는 동안 축하의 분위기는 사라지고, 절망과 그리고 나중에는, 공황이 찾아왔다.

대화에서 여러 번 반복되었던 Miriam의 절망은, 치료자가 과거의 두려움을 살짝 건드리고, 깊이 숨어 있는 작고 헝클어지고 외로운 '동굴의 소녀'와 닿기를 그녀가 원할 때 더 자라났다. Miriam은 치료자의 '인내'(Miriam의 말) 때문에 버림받은 것처럼 느껴졌다고 말하였다(P = 환자, T = 치료자).

P: 당신은 정말 형편없는 환자로군요!

T: 그리고 이것은 나쁜 것이고요? [망설이며]

P: 지금은 그래요.

T: 당신은 필요하기 때문에….

P: [침묵] 무엇인가가 무엇인가를 나타내요. [무섭고, 약이 오르고, 혼란스러운 목소리로]

T: 내 인내가 바로 지금 당신에게 무엇을 가리키나요?

P: 내가 그냥 혼란 상태에 영원히 남겨질 거라는 것.

T: 마치 내가 당신과 함께 이것을 뚫고 나가기보다는 너무 멀리서 본다는 것처럼 들리네요. 이 말이 맞습니까?

P: 그런 것 같아요.

T: 그래서 당신은 우리가 함께 뚫고 나갈 것이라고 알려 주는 무언가가 필요하군요. 즉, 내가 당신을 버려두지 않을 …. [부드럽고 진지하게 말한다.]

몇 분 후에, 접촉에 대한 Miriam의 욕구와 두려움이 계속해서 탐색되었고, Miriam은 심지어는 신체적으로 접촉하기 원한다는 것을 받아들이는 정도까지 갔는데, 이는 그녀로서는 매우 큰 허락이었다. 다시 한 번, Miriam은 공황에 빠지기 시작하였다. 그녀는 누군가 자기를 만지게 한다는 그녀의 소망이 드러나서 그 일이 지금 일어나면 어떻게 될까 하는 두려움 때문에 겁을 먹었다. 그녀는 접촉을 허용하는 것의 취약성을 두려워하였고, 또한 거부되고 냉혹하게 버림받을까 봐 겁을 먹었다. 치료자는 Miriam의 접촉하려는 소망은 갈등의 한 측면일 뿐이며 다른 측면에 있는 그녀의 공포 역시 존중받을 필요가 있음을 강조하였다. 환자는 치료자의 경계를 버림받는 것으로 경험한 반면에, 치료자는 '단지 과거에 도달하는 것'으로 환자의 공포가 경계 침해를 다시 활성화하여 더 큰 해리를 촉발할 것에 대하여 염려하였다.

T: (…) 그래서 우리는 당신의 두려움과 당신의 소망을 모두 존중할 필요가 있어요. [Miriam은 두려워하는 것처럼 보이고 거의 해리될 지경이다.]. 지금 당신은 공포 쪽으로 이동하고 있어요. 나에게 말해 봐요.

P: [괴로운 듯 작은 소리로] 너무 많아요.

T: [부드럽게] 예, 너무 많아요. '너무 많은' 그것이 무엇이죠?

P: 어쨌든 당신이 나를 만진다면 나는 사라질 거예요. 그리고 나는 원하지 않아요. 나는 원해요. 나는 접촉을 연결되는 데 사용하길 원하고, 사라지는 데 사용하기는 원치 않아요.

T: 맞아요. 좋아요. 그래서 당신의 공포의 측면은 만지면 당신이 사라질지도 모른다고 말해요. 지금 그 공포를 같이 생각해 봐야 해요. 그리고 내가 제안하고 싶은 게 있어요. 내가 움직여서, 우리의 손가락 끝이 약 1인치 정도 떨어져 있는 데까지 가까이 가서 앉을 테니까, 당신이 어떻게 느끼는지 보세요. 해 보고 싶으세요? [환자가 고개를 끄덕이며 찬성하여 치료자는 움직인다. Miriam은 여전히 두려움과 절망으로 얼굴을 찡그리고 있다]. 좋아요. 이제 내가 당신 손가락을 만질 거예요. 깊게 숨쉬시고, 어떻죠?

P: [운다] 내가 만지는 것을 얼마나 두려워하는지! 나는 '좋은 느낌이야'와 '너무 무서워' 사이를 움직이고 있어요.

T: 그러니까 우리가 이것을 천천히 해야 해요. (…) 이해할 수 있겠어요? (…) 만일 우리가 천천히 하지 않는다면 당신은 사라질 거예요. 공포가 당신을 사라지게 만들 거예요. [아주 천천히, 신중하게, 조용히 말한다.] (…) 그러니까, 천천히 할 가치가 있어요. (…) 당신의 손가락들이 나를 느끼는 것을 이해할 수 있겠어요? (…) 느낌으로 가득 찬 것을?

P: 예. 마치 내 전 생애가 손가락 안에 있는 것 같아요. 여기서 사라지지 않고, 따뜻함….

환자가 경외감을 보고한 그다음 주에, 그녀는 일주일 동안 열린 워크숍에 참여하였다. 거기에서 그녀는 일주일 동안, 심지어는 누가 만졌을 때도, '그녀의 몸에' 머물렀다. 이 회기 이후 이 환자는 더 큰 연속감을 느꼈다고 보고하였다. 그리고 우리가 계속해서 그것을 쌓아감(쌓아갈 수 있다는 말조차 새롭고 흥미롭다)에 따라, 그녀는 덜 불안정하고, 더 개방되고, 더 '접촉'하였다.

더 많은 시간이 흘러가고, 우리는 일주일에 여러 번 함께 작업을 하였다. 오랫동안 지속되던 '외계인' 같은 느낌과 심하게 해리되고 부서질 것 같은 느낌이 해소되기 시작하였다. 환자는 점점 더 '인간'임을 느끼게 되었고, 다른 사람들과 더 자유롭게 친밀한 관계를 맺을 수 있게 되었다.

요약

게슈탈트 치료는 게슈탈트 심리학, 장 이론, 실존주의 및 현상학과 철학적으로 그리고 역사적으로 연결된 하나의 심리치료 체계이다. Fritz Perls, 그의 아내인 Laura Perls, 그들의 협력자인 Paul Goodman이 처음에 게슈탈트 치료의 기본 원리를 발전시키고 기술하였다.

게슈탈트 치료자들은 접촉, 의식적 자각 및 실험하기에 초점을 둔다. 현재의 순간과 환자의 현상학적 자각에 대한 타당성과 현실성을 일관되게 강조한다. 게슈탈트 치료에서 대부분의 변화는 치료자와 환자 사이의 나-너 대화의 결과로 발생하고, 게슈탈트 치료자들은 치료에서 그들의 개인사와 감정들을 드러내고 솔직해지는 것을 권장한다.

게슈탈트 치료 기법들은 집중하기 연습, 실연, 창조적 표현, 정신적 실험, 유도된 공상, 상상 및 신체 자각을 포함한다. 그렇지만 이런 기법들 자체는 상대적으로 덜 중요한 것이며, 게슈탈트 치료자들이 전통적으로 사용하는 도구일 뿐이다. 게슈탈트 치료의 이론과 일치된 기제는 모두 이 치료에 사용될 수 있다.

치료의 실제는 관리 치료(managed care)가 임상의 실제를 침해하는 것과 제약이 짝지어질 때 곤란을 겪게 된다. 인본주의 이론이 성장하는 시점에, 특정한 증상에 집중하면서 사람들을 절차 매뉴얼의 지시에 따라 고칠 수 있는 산물로 강조하는 것은 임상적 실제의 폭을 좁히는 것이 된다.

게슈탈트 치료는 게슈탈트를 지향하는 훌륭한 기법으로 유명하기 때문에 오로지 그러한 목적으로 사용하는 사람들이 쉽게 오용할 수가 있다. 저자들은 독자들이 아무리 상상력이 좋더라도 게슈탈트 치료와 증상 제거를 위하여 기법을 사용하는 것을 혼동하지 않도록 주의를 준다. 게슈탈트 치료의 기본적 지침은, 변화의 역설적 이론을 포함하여, 인간의 동조가 아닌 인간 자유의 발달을 향해 완전히 준비되어 있다. 그리고 그런 의미에서 게슈탈트 치료에서는 관리 치료에서 인간을 보는 관점을 거부한다. 그 원리에 충실할 때, 게슈탈트 치료의 실제는 단순한 증상의 제거나 적응에 대한 환원주의에 반대한다. 그것은 내담자가 그의 삶을 조성하는 의식적이고 소견을 가진 선택을 할 수 있도록 충분히 발달할 권리가 있다고 주장한다.

게슈탈트 치료는 매우 유연하고 창조적이고 직접적이기 때문에, 단기 치료와 장기 치료에 모두 잘 적용된다. 직접적인 접촉, 집중하기, 그리고 실험하기는 때때로 중요한 통찰을 가져온다. 이 적응력이 관리 치료와 정신건강 치료의 기금 문제를 다루는 데 자산이 된다.

1960년대에, Fritz Perls는 게슈탈트 치료가 독자적으로 활동할 것이고, 1970년대에는 심리치료에서 중요한 힘을 가질 것이라고 예언하였다. 그의 예언은 확실히 달성되었다.

1952년에는 게슈탈트 치료 운동에 활발히 참여하는 사람들은 아마도 10여 명 정도 되었을 것이다. 오늘날에는 미국과 다른 나라에 수백 개의 훈련 기관이 있으며, 수천 명의 잘 훈련된 세계적인 게슈탈트 치료자들이 있다. 불행하게도, 단지 몇 개의 워크숍에 참여하고 스스로 게슈탈트 치료자라고 부르는 서툰 사람들도 많이 있다. 게슈탈트 치료에 관심이 있는 학생과 환자들은 스스로 게슈탈트 치료라고 주장하는 사람들의 훈련과 경험에 깊이를 살펴볼 의무가 있다.

게슈탈트 치료는 일반 심리치료 장에 통합될 수 있는 많은 유용하고 혁신적인 심리치료 이론과 실제를 개척하였다. 현재 게슈탈트 치료는 이런 혁신들을 더 정교화하고 정제하는 중이다. 어떤 이름을 붙이든지, 실존적 대화의 원리, 환자와 치료자를 위한 직접적인 현상적인 경험의 사용, 유기체의 자기 규제에 대한 신뢰, 실험하기와 자각의 강조, 변화의 역설적 이론에 대한 인식 및 치료자와 환자 사이의 접촉에 세밀히 주의를 두는 것은 모두 게슈탈트 치료자들과 다른 치료자들이 사용하게 될 좋은 심리치료의 모델을 형성할 것이다.

추천 도서

Jacobs, L., & Hycner, R. (Eds.) (2009). *Relationnal approaches in Gestalt therapy*. New York: Gestalt Press.

이 편집서는 독자들이 게슈탈트 치료에서 현재 관심을 끌고 있는 주제에 익숙하게 해 주는 흥미롭고 사려 깊은 논문들을 포함하고 있다.

Mann, D. (2010). *Gestalt therapy: 100 key points and techniques*. New York: Routledge.

이 책은 전집의 일부로, 독자들에게 다양한 이론적 접근의 주 요점을 소개하고 있다. 이 책은 현명하고 매력적인 스타일로 쓰여 있으며, 게슈탈트 치료와 그것이 가르치는 인간성을 동시에 강조하고 있다. 이것은 게슈탈트 치료의 탁월한 개론서이다.

Polster, E., & Polster, M. (1999). *From the radical center: The heart of Gestalt therapy. Selected writings of Erving and Martin Polster*. A. Roberts (Ed.) Cambridge, MA: GIC Press.

게슈탈트 치료에 대한 감각을 얻고자 하는 사람들을 위한 이 책은 삽화가 포함되어 있어 즐겁게 읽을 수 있다. 이 책은 임상적 이론의 수준에서 쓰였고, 게슈탈트의 기본, 즉 과정, 지금-여기, 접촉, 자각 및 실험에 대해 다루고 있다. 아주 생생하게 쓰여 있기 때문에 독자는 아주 노련한 치료자가 하는 것처럼 게슈탈트 치료를 경험하는 느낌을 받을 것이다.

Staemmler, F. M. (2011). *Empathy in Psychotherapy: How therapists and clients understand each other*. New York: Springer Publishing.

이 책은 학문적으로 철저하게 연구를 한 수상작이다. 저자는 게슈탈트 치료가 공감적 지향을 하고 있음을 기록하였고, 이 책의 지식과 통찰은 공감적 참여에 대한 이해와 기술을 향상시키고 싶은 사람에게 도움을 줄 수 있을 것이다.

Wheeler, G. (2000). *Beyond individualism: Toward a new understanding of self, relationship and experience*. Hilsdale, NJ: Gestalt Press/Analytic Press.

저자는 게슈탈트 치료가 심리치료의 장에 가져온 패러다임 변화를 통하여 독자가 단순하고 명료하고 환기를 하는 방식으로 걸어가도록 이끈다. 저자는 그 길을 따라 예를 제시하는 실험을 제공한다. 독자는 이 책으로 인해 자신의 삶의 경험이 바뀌는 것을 막을 수가 없다. 이 책은, Polster의 책 *Gestalt Therapy Integrated*와 함께, 관심을 가지고 있는 임상가들에게 좋은 출발점을 제공한다.

Yontef, G. (1993). *Awareness, dialogue and process: Essay on gestalt therapy*. Highland, NY: Gestalt Journal Press.

이 평론서는 25년 이상의 기간 동안 발표된 논문들의 전집이다. 어떤 논문들은 게슈탈트 치료를 새로 접하는 사람들을 위해 쓴 것이지만, 대부분은 전문가를 위해 쓴 것이다. 이 평론들은 어떤 이론에서든 다루어야 하는 까다로운 이론과 임상적 문제들 중 일부를 세련되게 탐색하고 있다. 이 책은 게슈탈트 이론의 발전에 대한 포괄적인 그림을 보여 주고, 미래의 이론적 발판을 제공한다.

사례집

Feder, B., & Ronall, R. (1977). *A living legacy of Fritz and Laura Perls: Contemporary case studies*. New York: Feder Publishing.

게슈탈트 관점을 가진 여러 치료자들의 차이를 잘 보여 주고 있는 편집서이다. 다양한 스타일을 보면서 독자들은 자신의 스타일을 발견할 수 있을 것이다.

Hycner, R., & Jacobs, L. (1995). Simone: Existential mistrust and trust. *The healing relationship in gestalt therapy: A dialogic, self-psychology approach* (pp. 85-90). Highland, NY: Gestalt Journal Press.

Hycner, R., & Jacobs, L. (1995). Transference meets dialogue. *The healing relationship in gestalt therapy: A dialogic, self-psychology approach* (pp. 171-195). Highland, NY: The Gestalt Journal Press.

첫 번째 사례는 이스라엘에서 열린 워크숍에서 발췌한 예이고, 두 번째 사례는 세 회기의 축어록 사본이 포함된, 정신분석적으로 지향된 게슈탈트 치료자가 시행한 흥미 있는 사례이다. 두 명의 게슈탈트 치료자와 두 명의 정신분석가가 공개 토론회에서 두 번째 사례를 분석한 내용이 Alexander, Brickman, Jacobs, Trop과 Yontef(1992)에 수록되어 있다. 전이가 대화와 만난다. *Gestalt Journal*, *15*, 61-108.

Lampert, R. (2003). *A child's eye view: Gestalt therapy with children, adolescents and their families*. Highland, NY: The Gestalt Journal Press.

전체적인 사례 자료가 제공되어 있다.

Perls, F. S. (1992). Jane's three dreams. In *Gestalt therapy verbatim* (pp. 284-310). Highland, NY: Gestalt Journal Press.

세 가지 꿈이 축어록으로 제시되어 있다. 세 번째 꿈 작업은 해결되지 않은 두 번째 꿈의 연속이다. [이 자료의 일부분은 D. Wedding & R. J. Corsini (Eds.). (2005). *Case studies in psychotherapy*, Belmont, CA: Brooks/Cole에서도 볼 수 있다.]

Perls, L. P. (1968). Two instance of Gestalt therapy. In P. D. Purlsglove (Ed.). (1986). *Recognition in Gestalt therapy* (pp. 42-68). New York: Funk and Wagnalls. (Originally published in 1956).

Laura Perls는 서부 인디언 배경의 중하류 계층 출신인 25세의 유색인종 여성인 Claudia의 사례와 중부 유럽 유대인 망명자인 47세의 Walter의 사례를 내놓았다.

Staemmler F. (Ed.). (2003). The IGJ Transcript Project. *International Gestalt Journal*, *26*(1), 9-58.

이 흥미로운 프로젝트에서, 영국의 게슈탈트 치료자인 Denham-Vaughan은 한 환자와 작업한 내용의 요약을 제시하고 한 회기의 자세한 축어록을 제시하고 있다. 유럽과 미국의 치료자 네 명이 이 회기에 대한 그들의 논평을 하고, Denham-Vaughan이 거기에 대한 답을 한다. 그 결과는 게슈탈트 치료의 과정에 대한 좋은 예가 될 뿐만 아니라 게슈탈트 치료에서 관심과 논란거리가 되는 요점들에 관한 생생한 논의를 볼 수 있게 해 준다. [Reprinted in D. Wedding & R. J. Corsini. (2013). *Case studies in psychotherapy* (7th ed.), Belmont, CA: Brooks/Cole.]

Swanson, C. (2009). The scarf that binds: A clinical case navigating between the individualist paradigm and the "between" of a relational Gestalt approach. In L. Jacobs & R. Hycner(Eds.). *Relational approaches in Gestalt therapy* (pp. 171-186). New York: Gestalt Press.

치료적 대화에서 어떻게 실험이 이루어질 수 있는지에 대한 좋은 예와 함께 분열과 회복의 치료적 과정에 대한 유쾌한 이야기이다.

Gerald Klerman(1929~1992) and Myrna Weissman
Courtesy of Dr. Myrna Weissman

제 10 장 관계 중심 심리치료

Helen Verdeli and Myrna M. Weissman

개관

기본 개념

관계 중심 치료(interpersonal psychotherapy: IPT)는 단기의 증상 완화 중심 치료로, Gerald Klerman과 Myrna Weissman이 1970년에 정신병적 증상을 동반하지 않는 단극성 우울증을 치료하기 위해 개발하였다(Klerman, Weissman, Rounsaville, & Chevron, 1984; Weissman, Markowitz, & Klerman, 2000, 2007). IPT에 따르면 우울은 대인관계 맥락 안에서 나타나는 것으로, 우울증의 원인과는 상관없이 우울 에피소드를 촉진하는 것은 주요 애착 및 사회적 역할의 어려움이다. 특히 IPT에서는 네 가지 대인관계 문제 영역(애도, 대인관계 분쟁, 역할 변환, 대인관계 결핍)이 우울을 촉진한다고 가정하고 이 영역이 IPT 치료의 중심이 된다. IPT는 유전, 성격, 어린 시절 경험 등이 우울을 촉진한다는 점을 인정하면서도 (1) 내담자의 우울증이 발병한 것과 대인관계 문제를 연결시켜 명료화하고, (2) 대인관계 문제를 더 효과적으로 해결 또는 대처하기 위해 대인관계 기술을 증진시킴으로써 현재의 우울 증상을 완화시키고자 한다.

관계 중심 치료는 구조화와 매뉴얼에 기반을 둔 접근으로 다른 심리치료적 또는 약물적 개입과 비교, 연구되어 왔다(Weissman et al., 2007). 지난 30년간 실시된 무작위 통제 임상 실험(randomized clinical controlled trails: RCTs)는 IPT를 다음과 같은 문제를 치료하는 데 효과적인 증거 기반 접근이라고 입증하였다.

- 다양한 기분장애(예: 주요우울장애, 양극성 장애, 산후 우울증)
- 다른 심리장애(예: 폭식증, 폭식장애, 외상 후 스트레스 장애)
- 특정 연령 집단(청소년, 성인)
- 특정 임상 현장(병원 상담 센터: 외래 및 입원, 학교 상담센터, 일차 진료 병원, 감옥)
- 특정 치료 종류(개인, 집단, 부부, 전화)
- 심리적 장애의 다양한 단계(예방, 급성 질병 치료, 유지)
- 다양한 문화적 배경(서양 국가, 사하라 이남 아프리카, 아시아, 라틴아메리카)

이는 IPT의 우울증 치료 오리지널 매뉴얼이 포함하고 있는 기본적 가정을 따르고 있다. 내담자의 개별적 욕구를 충족하기 위해 IPT는 여러 형태로 약간씩 변형되었는데, IPT의 이론적 · 경험적 가정과 원리는 오리지널 매뉴얼에 자세히 설명되어 있다(Klerman et al., 1984). 또한 IPT의 효율성에 대한 최근의 경험적 데이터는 Weissman과 그의 동료가 출간한 *Comprehensive guide to interpersonal phychotherapy*(2000)에서 찾아볼 수 있으며, 현장에서 쉽게 활용할 수 있도록 Weissman과 공동 저자가 발표한 임상 매뉴얼(2007)도 있다.

✱ 우울증 또는 정신병리학

IPT는 우울증을 다음과 같은 세 가지 요소로 개념화하였다.

1. 증상 형성
2. 사회적 기능
3. 성격 변인

그동안 IPT는 위의 세 가지 요소 중 증상 형성과 사회적 기능에 초점을 맞추었다. IPT는 심리장애를 초래하고 유지시키는 변인으로 성격적 변인을 인정하면서도, 매우 단기적 치료 접근이기 때문에 바뀌는 데 시간이 오래 걸리는 성격에는 초점을 두지 않았다. 대신 IPT는 현재 내담자가 호소하는 증상과 향상될 수 있는 대인관계 문제를 다루는 데 주목하였다. 또한 사회적 기능, 증상 형성, 성격 변인 모두 서로 관련이 있으며, 대인관계가 향상된다면 다른 영역에서도 기능 향상이 나타날 것이라고 가정하였다(Weissman et al., 2000). 하지만 최근 Markowitz와 동료들은 경계성 성격장애의 만성적 기분 문제를 치료하기 위해 IPT의 기본 가정과 기법을 적용하여 장기적 치료를 실시하기도 하였다(Markowitz, Skodol, & Bleiberg, 2006).

✱ 치료의 단계

IPT는 초기, 중기, 말기 3단계로 실시된다. 각각의 단계에 대한 자세한 설명은 '심리치료 과정'에 나와 있다. IPT는 단계별로 실시된다는 점에서 인지기법이나 마음챙김 기법을 행동 기법을 사용하기 전이나 후 어느 때나 사용할 수 있는 인지행동치료나 변증법적 치료와 차이가 있다.

✻ 의학적 모델

의학적 모델을 적용한 치료에서 내담자는 치료 초반부터 '환자의 역할'을 한다. 상담자는 내담자에게 우울증에 대한 교육을 실시하는데, 이때 우울증은 충분히 치료가 가능한 질병이며, 우울증의 원인은 내담자의 오점이나 실패에 있지 않음을 강조한다(Klerman et al., 1984). 내담자의 증상에 우울증이라는 이름을 붙이고, 그들로 하여금 '환자의 역할'을 부여하고, 회복이 가능하다는 희망을 불어넣는 것은 (1) 미스터리한 내담자의 증상에 대한 신비감을 없애고, (2) 내담자가 더 이상 자신의 증상을 핑계 삼아 아무것도 할 수 없게 되지 않도록 하고, (3) 내담자와 우울증을 분리시키고 우울증을 치료 가능한 대상으로 바라보게 하며, (4) 새로운 대인관계 전략을 실행할 수 있도록 격려한다는 점에서 치료적 효과가 있다.

✻ 대인관계 문제 영역

IPT에서는 우울증을 촉진하는 원인으로 네 가지 대인관계 문제 영역을 꼽는데, 이는 애도, 대인관계 분쟁, 역할 변환, 대인관계 결핍이다. 이 네 가지 문제 영역 중 내담자에게 두드러지게 나타나는 문제 영역을 골라 초점을 맞추고 도움을 주는 것이 IPT의 치료 목표이다. 치료 초기부터 상담자와 내담자는 우울 증상을 유발시키고 유지시키는 현재의 대인관계 문제를 탐색한다. 그리고 현재 우울 증상과 관련이 있는 대인관계 문제 영역을 골라 이에 초점을 맞추게 된다.

이 네 가지 대인관계 문제 영역은 다음과 같다.

1. 애도(중요 인물이나 애완동물의 죽음)
2. 대인관계 분쟁(겉으로 드러나거나 미묘한 가족, 친구, 또래, 이웃 등과의 갈등)
3. 역할 변화[삶의 단계나 상황(예: 이혼, 이사, 승진, 출산, 가족의 질환, 대학 입학)에 따라 변화하는 역할에 적응하는 데 어려움이 있음]
4. 대인관계 결핍(사회적 고립, 또는 의사소통 문제로 인해 관계를 시작하거나 유지하는 데 어려움이 있음)

비록 많은 내담자들은 다양한 종류의 문제를 호소하지만 치료의 초점을 정하고 유지하기 위해서는 치료 초반에 한 가지 또는 최대 두 가지 영역을 선정하여 그에 집중하는 것이 좋다. 우울 증상을 완화시키기 위해서 모든 대인관계 문제 영역을 다룰 필요는 없다. 한 영역에서 나타나는 문제를 제대로 해결하면 다른 영역의 문제에도 긍정적 영향이 미칠 수 있다.

IPT의 문화적 적용에 관한 연구 결과에 따르면, IPT에서 강조하는 네 가지 대인관계 영역 문제는 문화와 관계없이 나타나는 인간의 보편적인 문제이다. 이 네 가지 문제는 우울이나 신경성 폭식증과 같은 심리장애의 원인이자 PTSD와 같은 심리장애로 인해 나타나는 결과로 볼 수 있다. 좀 더 일반적으로, 개인 내적 접근이나 인지행동치료의 접근이 서양의 문화적 배경, 가치, 가정에 영향을 크게 받은 반면에, 대인관계 맥락은 문화와 관계없이 모든 사람들이 보편적으로 경험하는 것이다. 일부 문화권에서는 심리적 문제나 심리치료에 대한 부정적 인식이 많기 때문에 대인관계 문제나 집단 간의 갈등을 해소시키고자 하는 IPT가 다른 접근에 비해 덜 위협적으로 느껴지고 더 수용될 가능성이 있다.

✻ 시간 제한적 치료 기간

IPT의 경우 상담 초기에 총 몇 회기를 진행할 것인지 결정하는데, 평균적으로 12~16주에 걸쳐 진행된다. 상담 초기에 치료 기간을 결정하는 이유는 증상 완화와 대인관계의 기능 향상이 단기간에 이루진다는 기대감을 불어넣을 수 있기 때문이다. 또한 내담자에게 자신감을 불어넣어 내담자와 상담자의 관계를 형성하는 데 도움이 된다. '지금-여기'에 초점을 두는 IPT는 내담자의 치료에 대한 지나친 의존도, 퇴행, 회피 행동에 대한 강화 등 장기 치료가 초래할 수 있는 문제를 예방할 수 있다는 장점이 있다(Weissman et al., 2000).

✻ 치료 효과에 대한 측정 가능

IPT는 원래 임상 연구에서 다른 치료 접근과 비교하기 위해 개발되었다. 이에 IPT는 (1) 치료가 일관적으로 실시될 수 있도록 매뉴얼화되었고 이는 연구적 관점에서 봤을 때 내적 신뢰도와 타당도를 위협하는 요소를 제거하였다고 볼 수 있으며, (2) 치료 과정에서 지속적으로 내담자의 우울 증상과 기능을 측정하도록 구조화되었다. 이러한 IPT의 특성은 중요한 치료적 효과를 가지는데, 예를 들어 치료 과정에서 내담자의 증상을 지속적으로 추적하는 것은 명확하고 객관적인 변화 정도를 알려 주고, 치료의 진행 정도를 알 수 있게 한다.

✻ 증거 기반

IPT를 개발한 Klerman와 동료들은 모든 치료 접근은 무작위 통제 임상 실험을 적용하여 평가해야 한다고 믿었다(Klerman et al., 1984). 무작위 통제 임상 실험들은 IPT와 다른 심리치료 및 약물치료를 비교하였고 이 연구의 결과는 IPT가 오랫동안 변화되어 오는데 지대한 영향을 미쳤다. IPT는 여러 심리장애를 치료하기 위해 그리고 여러 심리치료 유형과 다른 문화권에서 적용될 수 있도록 변화, 수정되어 왔다.

다른 체계들

Klerman과 Weissman은 이론, 임상 관찰, 경험적 증거를 토대로 우울을 치료하는 체계적인 상담 접근을 만들고자 하였고 IPT를 개발하였다. 이런 IPT의 근원을 고려할 때, IPT가 다른 심리치료 접근의 절차나 기법과 공통점(예: 정서 명료화, 정서와 대인관계의 연관성 탐색하기, 대화 방식 분석과 의사소통 및 대인관계 기술 향상, 과제 하기)이 많다는 점은 놀랍지 않은 사실이다. IPT는 다른 심리치료 접근의 목표(예: 현재 사회적 역할을 적절하게 수행하기, 사회적 고립에서 벗어나기, 소속감 회복하기, 삶의 의미 찾기)와도 공통점이 많다(Klerman et al., 1984).

하지만 IPT는 우울 증상 완화와 대인관계 문제해결에 초점은 둔다는 점에서 정신분석이나 정신역동치료와의 차별성이 있다. 정신역동치료는 과거 아동기 경험이 무의식 정신세계와 개인 내적 갈등을 결정짓는 변인이라고 가정하는 반면에, IPT는 내담자의 문제를 개인 내적 갈등으로 간주하기보다는 현재 대인관계 문제로 개념화한다. IPT에서는 과거 아동기 경험을 중요하게 생각하지만 이에 주목하지는 않는다. 대신 내담자가 현재 대인관계에서 느끼는 좌절감, 불안, 소망, 욕구에 주의를 기울인다. 또한 정신역동치료가 무의식적 사고를 강조하는 반면에 IPT는 무의식과 의식 수준에서 이루어진다. 정신역동치료는 개인의 성격에 대한 개입을 이루어지지만 IPT에서는 증상과 사회적 적응에 관한 개입이 이루어진다. 정신역동치료는 내재화된 대상관계를 다루는 반면에 IPT에서는 현재 대인관계를 다룬다. 정신역동 상담자는 내담자의 정신 내적 욕구에 귀 기울이지만 IPT 치료자는 내담자의 역할 기대와 대인관계 문제에 귀 기울인다(Klerman et al., 1984).

이러한 IPT와 정신역동치료의 차이점에도 불구하고 두 접근이 근본적으로 다르다는 것은 아니다. IPT 상담자도 내담자의 현재 대인관계 문제를 탐색하면서 투사, 부인, 고립, 퇴행과 같은 정신 내적 방어기제를 탐색할 수 있다. 두 접근에서 사용되는 기법도 크게 다르지 않다. 많은 정신역동 상담자들과 정신분석 상담자들도 IPT에서 사용되는 개념과 기법들을 이미 사용하고 있다.

IPT가 대인관계에 초점을 둔다는 점은 다른 시간 제한적 치료 접근, 특히 인지행동치료(CBT)와 매우 다른 점이다. CBT의 근원이 된 Aaron Beck이 개발한 인지치료(CT)의 개념이나 원리는 IPT를 개발한 Klerman과 Wissman에게 이론적 틀을 제공하였다. CBT과 비슷하게 IPT도 '지금-여기'에 초점을 두고 구조화되었으며, 내담자가 자신이 가진 자원에 대해 알아차릴 수 있도록 돕는다. 하지만 CBT와 달리 IPT는 과제를 통해 왜곡된 사고를 찾아내려고 하거나 개입 전략을 통해 대안적 사고를 찾으려고 하지 않는다. 그 대신에 IPT는 우울 증상을 촉진하거나 유지하게 만드는 비기능적 의사소통 패턴을 탐색하고 수정하고자 한다. 또한 CBT와 달리 대인관계나 사회역할 기능에 방해가 되는 부정적 인지나 행동(예: 죄책감, 자기주장의 결여, 부정적 편견)에만 초점을 맞춘다.

합리적 정서적 행동치료(REBT)와 비슷하게, IPT는 상담자의 적극적이고 지시적 역할을 강조한다. 하지만 REBT와는 달리 IPT는 직면을 통해 비이성적 사고를 찾으려 하지 않고 내담자의 대인관계가 내담자에게 어떠한 영향을 주는지 탐색한다.

마지막으로, Rogers 상담 이론의 기본 원리 중 하나, 즉 진솔하고 수용적이고 안전한 치료적 환경을 제공하면 내담자는 스스로 탐색하고 성장하게 된다는 원리는 IPT에서도 강조된다. 그러나 Rogers 상담자와 달리 IPT 상담자는 내담자가 상담 회기 내에서 편안함을 느끼는 것이 좋은 치료의 전제 조건이지만 이것만으로는 충분하지 않다고 생각한다. 대신 IPT 상담자는 내담자로 하여금 자신이 대인관계 문제에 어떠한 영향을 미치며 그 문제로부터 어떠한 영향을 받는지에 대해 이해하고 대인관계 문제에 좀 더 효과적으로 대처할 수 있도록 구체적인 기술을 배우고 연습하도록 돕는다.

역사

선구자들

IPT를 개발하는 과정에서 Klerman, Weissman과 동료들은 크게 세 가지 영역의 이론과 경험적 연구 결과에 영향을 받았다.

우울증의 대인관계 맥락. IPT를 개발한 사람들은 우울증이 생물학적 질병이지만 우울증의 시작이나 유지는 스트레스, 특히 중요한 애착을 상실하거나 상실할 것 같은 위협과 관련이 있다고 생각하였다. 이러한 그들의 생각은 Adolph Meyer의 심리장애 정신생물학적 이론(Meyer, 1957)과 Harry Stack Sullivan의 연구(Sullivan, 1955)에 기반을 두고 있다.

Meyer는 20세기 초반 가장 영향력 있던 미국 정신과 의사였다. 진화론의 영향을 받은 Meyer는 Darwin의 생물학적 진화론을 수정하고 생물학적 특성과 사회적 환경을 통합하여 자신의 이론을 창시하였다. 이 이론에 따르면, 심리장애는 개인이 변화하는 환경에 역기능적으로 적응하기 때문에 발생한다. Meyer는 과거 가족, 어린 시절의 경험 및 사회적 역할이 내담자가 환경적 스트레스나 상황에 어떻게 대처하는지에 영향을 미친다고 인정하면서도 내담자의 현재 경험, 대인관계, 환경과의 상호작용을 강조하였다. Meyer는 일상생활에서 일어나는 다양한 사건 및 사고들이 심리장애를 초래하는 원인이 된다고 주장하면서 내담자의 삶의 역사, 질병(신체적 · 심리적), 스트레스적 사건 간의 관계를 추적할 수 있는 'life chart'를 만들기도 하였다.

IPT의 대인관계에 대한 초점은 Meyer의 이론에 그 토대가 있지만, 사실 대인관계 패러다임을 개발하고 정교화한 사람은 Sullivan이었다. Sullivan는 정신과학을 대인관계의 학문이자 뇌, 개인, 환경의 상호작용과 사람을 공부하는 학문이라 주장하였다. Sullivan은 동료들과 함께 아동들에게는 가족 간의 관계, 성인들에게는 삶에서 일어나는 대인관계와 심리장애의 관계에 대한 포괄적인 이론을 개발하였다. Sullivan은 한 개인의 대인관계 네트워크를 이해해야만 그 사람의 심리장애를 이해하고 치료할 수 있다고 언급하였다(Sullivan, 1955).

애착 이론. Meyer와 Sullivan의 우울증의 개념화와 치료에 기반이 되는 대인관계 접근은 John Bowlby의 **애착 이론**(attachment theory)과 관련이 있다. Bowlby는 모든 사람은 선천적으로 **친밀한 관계**(애착)를 형성하고 싶은 욕구를 가지고 있고, 이러한 친밀한 관계를 잃거나 잃게 된다는 두려움이 정서적 스트레스, 슬픔, 심한 경우 우울증을 초래한다고 제안하였다. 즉, 애착 이론의 핵심 원리는 모든 사람에게는 주 양육자와 친밀한 관계를 형성하고 싶은 욕구가 있다는 것이다. 또한 주 양육자와 형성된 애착은 개인으로 하여금 자기 자신과 타인에 대한 심리적 표상('내적 작동 모델')을 형성하고 유지하게 하며, 이러한 심리적 표상은 인지, 정서, 행동에 지대한 영향을 미친다(Bowlby, 1980).

친밀한 관계를 잃거나 잃을 수 있다는 위기감은 정서적 스트레스, 슬픔, 불안을 초래한다. Ainworth(1978, 공동 저자: Blehar, Waters, & Wall)는 그녀의 유명한 '낯선 상황' 실험을 통해 세 가지 애착 유형을 도출하였다. 이 세 가지 애착 유형은 안정 애착, 양가적-불안적 애착, 회피적-불안적 애착이다. 그리고 나중에 추가된 네 번째 애착 유형은 혼란-불안적 애착이다(Main & Solomon, 1986). 양가적-불안적 · 회피적-불안적 · 혼란-불안적 유형은 모두 불안정 애착 유형으로 양육자가 예민하지 않고 거부적일 때 나타나는 행동적 전략이다. 이 유형들은 어느 정도 적응적인 측면이 있지만, 자기 결핍적인 특성이 있기 때문에 병리적으로 간주된다(Peluso, Peluso, White, & Kern, 2004).

이와 같은 원리에 영향을 받은 Bowlby는 심리치료의 목적이 내담자가 자신의 현재 대인관계를 탐색하고 이 대인관계가 어린 시절 애착 대상과의 관계에 어떠한 영향을 받는지 이해하도록 돕는 데 있다고 말하였다. 또한 치료적 전략은 어린 시절 애착 대상에 의해 형성된 왜곡된 사고를 수정하고 좀 더 적응적이고 유용한 대인관계를 형성할 수 있는 기술을 향상시키도록 고안되어야 한다고 설명하였다. 이는 내담자로 하여금 애착 문제로 인해 발생할 수 있는 다른 심리적 문제를 예방할 수 있다고 하였다. 현대 이론들과 애착 관련 연구들은 지속적으로 IPT에 시사점을 주고 있다. 이러한 연구들은 '성격 이론'에서 자세히 기술되었다.

생활 사건. IPT는 우울과 관련한 심리사회적, 생활 사건 문헌에 지대한 영향을 받았다. IPT가 처음 개발된 후, 체계적 생활 사건 인터뷰들이 연구에 사용되면서 심리장애를 초래하는 복잡하게 얽힌 변인들의 매트릭스에서 생활 사건이 어떠한 역할을 하는지 밝혀지고 있다. Eugene Paykel은 이 연구에서 중요한 인물이다. 그의 1978년 연구에서 Eugene Paykel은 스트레스적 생활 사건이 우울에 미치는 영향을 알아보기 위해 상대적 위험, 즉 스트레스적 생활 사건에 노출되었던 사람들과 노출되지 않았던 사람들의 사망 비율을 조사하였다. 그 결과, 심각한 스트레스적 사건을 경험한 후 우울증이 나타날 상대적 위험도는 6:1인 것으로 나타났다(Paykel, 1978). 이 연구 이후로 우울의 발병에 삶의 스트레스가 어떤 역할을 하는지에 대한 연구 결과들이 계속적으로 축적되고 있다('성격 이론' 참고).

초창기

IPT는 우울증을 치료하는 새로운 심리치료를 만들려는 의도로 개발된 것이 아니다. IPT를 개발하게 된 동기는 우울장애에 대한 항우울증 치료가 증상 완화 유지에 효과적인지 검증하기 위해 심리치료가 필요하였기 때문이다. 이미 삼환우울제가 급성 우울장애 증상을 감소시키는 데 효과적임은 증명되었지만 증상 완화를 유지시켜 주는 데도 효과적인지에 대한 연구 결과가 없었다. Klerman과 Weissman은 임상 연구는 실제 임상 상황과 비슷해야 한다고 생각하였다(Klerman et al., 1984). 이들은 그 당시 대부분의 내담자들이 약물치료와 심리치료를 동시에 받고 있었기 때문에, 실제 임상 상황과 비슷한 환경을 조성하기 위해 연구 과정에 심리치료를 포함시켜야 한다고 생각하였다. 이들은 차후 8주간의 임상 실험을 실시하였는데, 이 실험에 참여한 참여자들은 항우울제로 우울 증상이 완화된 내담자들이었다. 참여자들은 항우울제 치료 집단, 플라세보 집단, 심리치료를 병행한 약물치료 집단, 심리치료를 병행하지 않은 약물치료 집단 중 하나로 무작위 할당되었다.

연구를 시작하기 전, 연구 팀은 먼저 어떤 기법을 사용하는 심리치료를 연구에 포함시킬 것인지에 대해 논의해야 하였다. 그리고 상담자들은 구조화된 심리치료를 실시할 수 있도록 훈련을 받아야 하였고, 상담의 질이나 일관성에 대해 평가해야 하였다. 이 연구 과정에서 새롭게 개발된 심리치료는 단기 집중적이며, 현재의 문제에 초점을 맞추고 그 과정이 매뉴얼화되어야 하였다. 처음에는 *high contact*라고 불려진 이 심리치료 접근은 개방적 성격을 띠는 정신역동적 접근과 매우 상이하였다. 이 심리치료의 또 다른 차별성은 약물치료와 비슷하게 **구조화된 평가** 과정을 통해 내담자를 진단하고 그에 따라 치료 과정을 결정한다는 것이다.

이렇게 개발된 심리치료는 다음과 같은 기본 원칙을 따른다(Weissman, 2006).

1. 심리치료를 포함한 모든 치료는 무작위 통제 상황에서 그 효과성이 입증되어야 한다. (그 당시에는 심리치료에 대한 무작위 통제 임상 실험의 긍정적 결과는 없었다.)
2. 치료 결과는 사회적 기능과 삶의 질을 포함한 다양한 영역에서 구조화된 측정 도구를 활용하여 측정되어야 한다.
3. 치료 결과는 널리 퍼져 인용되기 전에 재검증받아야 한다.

치료를 시작할 때 결정해야 하는 사항은 치료의 양, 빈도, 진단 과정이다. 진단 과정은 IPT의 초기 단계에 진행되며 IPT의 가장 중요하고 핵심적인 과정이다. 이 과정은 현재 내담자에게 가장 중요한 사람들과 연관시켜 표준화된 척도인 **관계 중심 척도**(interpersonal inventory)를 실시하고, 우울 증상과 **대인관계의 양상**을 연결시키고, 우울 증상이 발생한 시기와 관련된 대인관계 **문제 영역**이 무엇인지 파악하는 작업을 포함한다. 네 가지 대인관계 문제 영역은 애착의 붕괴와 우울증을 촉진시키는 다양한 문제를 포괄하는데, Klerman과 Paykel이 생활 사건이 우울증의 발생과 재발에 어떠한 영향을 미치는지를 연구하기 위해 측정 도구를 개발하면서 도출되었다. 이러한 연구들을 바탕으로 high contact 치료 매뉴얼이 개발되었고, 차후 임상 현장의 다양한 사례를 바탕으로 개정되었다. 이 치료 매뉴얼의 개발로 인해 상담자들은 일관적으로 치료를 진행할 수 있도록 훈련받게 되었다.

증상 완화 유지에 관한 1년 종단 연구에서는 약물치료가 재발을 예방하고 심리치료가 사회적 기능을 증진시키는 것으로 나타났다(Klerman, Dimascio, Weissman, Prusoff, & Paykel, 1974). 이러한 심리치료의 긍정적 효과에 대한 연구 결과는 연구 팀으로 하여금 심리치료가 왜 효과적인지 살펴보고 싶은 동기를 유발시켰다. 이때 처음으로 심리치료에 **관계 중심**이라는 이름이 붙게 되었다. 차후 여러 연구에 의해 IPT만으로도 우울 증상의 완화가 나타나며, IPT와 약물치료를 함께 실시하는 것이 가장 효과적임이 확인되었다. 이에 대한 후속 연구는 National Institute of Mental Health's Multisite Collaborative Study에 의해 실시되었는데, 이 연구에서는 IPT, 인지치료, 약물치료의 효과성을 살펴보았다(Elkin et al., 1989). 1984년에 Klerman, Weissman과 동료들에 의해 IPT의 효과가 또 한 번 밝혀졌고, 이때 첫 번째 IPT 매뉴얼인 *Interpersonal Psychotherapy of Depression*이 발간되었다. 그 이후로 IPT는 다양한 내담자 집단에게 적용하기 위해 변형되었고 여러 많은 나라와 상담 현장에서 사용되고 있다.

현 상태

1970년대에 처음으로 개발된 후, IPT에 대한 관심이 꾸준히 늘어나고 있다. IPT는 변형되고, 연구되고, 다양한 기분장애와 다른 심리장애를 치료하는 데 효과가 있음이 입증되었다. IPT는 다양한 기분 장애를 치료하는 데 적용되었는데, 예를 들어, 우울 증상 완화 유지, 임신, 낙태 및 산후 우울증 치료, 아동과 청소년의 우울증 치료, 노인의 우울증 치료, 신체 질병을 가진 내담자의 우울증 치료, 기분부전장애 치료, 양극성 장애 치료 등에 IPT가 활용되고 있다. IPT는 섭식장애, 약물 중독, 불안장애, 경계성 성격장애, PTSD 등의 치료에도 적용되고 있다. 효과성 검토에 관한 연구들에 따르면, IPT는 기분장애(가장 많이 연구됨)를 치료하는 데 가장 효과적이며, 여러 장애에 대한 효과성은 일관적이지 않고, 일부 다른 장애에 대한 효과성은 아직 입증되지 않았다.

IPT는 개인 심리치료에 사용되기 위해 개발되었지만, 다양한 심리치료 방법(예: 집단, 부부, 전화 심리치료)에 맞게 변형되어 사용되고 있다. IPT는 현실적인 이유(예: 자금의 부족, 대중교통 문제, 시간 제약)와 임상적 이유(예: 내담자와 건설적인 관계를 형성하기 위해, 심리 문제에 대한 낙인을 없애기 위해)로 변형되어 사용되고 있다. 여러 무작위 통제 임상 실험에서 다양한 심리장애, 문화, 집단에 걸쳐 IPT 집단치료의 효과성이 밝혀졌다(예: Bolton et al., 2003; Wilfley et al., 1993). 또한 IPT를 간결화한 **관계 중심 상담**(interpersonal counseling: IPC)도 개발, 연구되었는데(Weissman & Klerman, 1986), IPC는 IPT 전체를 적용하기에는 어려움이 있는 현장(예: 일차 진료 병원에서 치료를 받고 있는 내담자가 이차적으로 우울증을 겪을 때)에서 사용된다. 또한 Weissman과 Verdeli(2012)가 평가(evaluation), 지지(support), 분류(triage)를 포함시킨 IPT-EST를 개발하였는데, 이는 원래 IPT의 초기 단계(진단, 대인관계 문제 영역 평가 및 확인, 우울 증상 관리)에 근거하여 3회기로 실시된다. IPT-EST의 경우 종결 직전에 지속적인 심리치료의 필요성 여부가 탐색된다. 현재 IPT-EST의 효과성에 대해서는 미국을 비롯한 여러 국가에서 연구되고 있다.

IPT는 여러 심리치료 방법에 맞게 변형되어 미국을 비롯한 여러 다른 국가에서 사용되고 있다. 오스트레일리아, 오스트리아, 브라질, 체코, 에티오피아, 핀란드, 독일, 그리스, 아이티, 헝가리, 아이슬란드, 인도, 이탈리아, 아일랜드, 일본, 케냐, 네덜란드, 뉴질랜드, 노르웨이, 포르투갈, 루마니아, 한국, 스페인, 스웨덴, 스위스, 타이, 터키, 우간다, 영구 등의 나라에 IPT 훈련 프로그램이 설립되어 운영되고 있다. 이러한 나라들에서는 새로운 IPT 변형들이 개발되었는데, 예를 들어 우간다의 남서쪽 지역에서는 우울증을 앓고 있는 성인과 국내 실향민 캠프에 살고 있으며 우울증을 앓고 있는 청소년을 치료하기 위해 IPT 집단 상담(IPT-G)이 개발되었다. 미국에서는 아프리카계 미국인이나 남아메리카계 소수민족을 대상으로 한 임상 실험에서 IPT의 효과성이 검증되었다. 또한 IPT 매뉴얼은 프랑스어, 스페인어, 이탈리아어, 일본어, 독일어, 포르투갈어, 덴마크어로 번역되어 사용되고 있다.

IPT를 개발할 때 쉬운 훈련 과정이 중시되었는데, 개발자들은 임상 진단에 대한 사전 지식이 있고 기본적 심리치료 기법(예: 공감하는 방법, 문제를 개념화하는 방법, 라포를 형성하는 방법, 전문적 경계선을 유지하는 방법 등)을 알고 있는 사람이라면 IPT를 쉽게 배울 수 있다고 생각하였다(Weissman, 2006). IPT는 처방적 성격을 띠고 목표 지향적이며 3단계로 진행되지만 상담자가 유연성, 자율성을 발휘할 수 있는 여지가 있기 때문에 다른 심리치료 기법을 사용할 수 있다는 장점도 있다.

IPT는 널리 활용되고 있고 그 효과성을 검증받았지만, 아직 소수의 전문가(정신과 의사, 심리학자, 사회복지사, 정신과 간호사) 훈련 프로그램에서만 IPT를 다루고 있다. 또한 IPT를 다루는 경우에도 실습 없이 강의 식으로만 IPT를 훈련시키고 있다(Weissman et al., 2006).

IPT를 배우고 싶은 학생들이나 전문가들을 위해 다양한 협회(예: 미국정신과학회)에서 IPT에 재교육 수련 과정을 개설하고 있다. 이러한 수련 과정은 반나절이나 하루 동안 강의식으로 진행되고 있다. 전 세계에 걸쳐 학술센터에서 제공하는 2~4일 일정 워크숍들이 훨씬 집중적으로 IPT를 다루는데, 이러한 워크숍에서는 실습을 해 볼 수 있는 교육 과정도 포함되어 있다. IPT 훈련에 관심 있는 상담자들은 반드시 IPT 전문가에게 슈퍼비전을 받아야 한다. 이미 심리치료 경험이 있는 사람이라면 IPT에 대한 강의를 듣고 세 가지 사례에 대한 슈퍼비전을 받으면 IPT를 충분히 효과적으로 사용할 수 있다(Weissman, 2006). IPT 상담자 또는 교육자가 되기 위한 가이드라인은 www.interpersonalpsychotherapy.org(International Society for Interpersonal Psychotherapy의 웹사이트)에서 찾을 수 있다. 이 협회에서는 2년에 한 번씩 IPT에 관심 있는 연구자, 학생, 상담자들을 위한 학회 겸 워크숍을 개최하고 있다. IPT에 대한 전반적인 사항을 알고 싶은 상담자들에게는 2007년 매뉴얼을 추천한다(Weissman et al., 2007).

성격

성격 이론

IPT는 성격 이론과는 큰 연관성이 없다. IPT에 따르면 심리적 장애/병리는 증상의 기능, 사회적 대인관계, 성격 문제로 개념화될 수 있는데, 전통적으로 IPT 연구와 치료는 이 세 가지 중 증상의 기능과 사회적 대인관계에 초점을 맞추었다. IPT 연구자들은 다음과 같은 이유로 성격 문제와 장애에 대해 큰 관심을 두지 않았다. 첫째, 우울장애와 동반되는 성격장애는 정확하게 진단하기 어렵다. 예를 들어 Fava와 동료들의 연구(2002)에 따르면, 우울 증상이 심한 내담자들에게 성격장애 증상이 자주 관찰되지만, 성격장애 증상은 우울 치료가 성공적으로 끝나면 없어지는 경우가 많다. 따라서 IPT에서는 우울 에피소드가 나타나는 동안에는 성격장애를 진단하지 않는다. 둘째, 상당수의 내담자들이 장기 치료를 원하지 않거나 받을 수 없다. 따라서 성격장애가 관찰된다 하더라도 단기 상담으로 고칠 수 없는 성격보다는 우울 증상 완화에 대한 개입을 실시하는 것이 효과적이다. 그러나 몇몇 경험 연구에 따르면, IPT로 인해 습득한 기술들이 성격장애를 반영하는 행동을 변화시키는 데 효과적인 것으로 나타났다. IPT는 내담자가 어떻게 느끼고, 관계를 맺고, 의사소통하는지에 대해 구체적이고 측정 가능한 변화를 불러일으키는 데 목표가 있다. 이와 관련하여 Markowtiz과 동료들은 다음과 같이 말하였다.

> 비록 IPT가 성격을 변화시키는 데 초점을 두지는 않지만, 자기주장, 직면, 효과적으로 분노 표현하기 등과 같은 기술 습득은 성격의 변화를 초래할 수 있다. 이러한 기술들은 대인관계 적응에서 새로운 기회를 만들어 주기 때문에 내담자들이 스스로 할 수 있다는 힘을 불어넣어 준다(Markowitz et al., 2006, p. 442).

지난 10년간 내담자의 성격 특성은 IPT의 치료 효과에 영향을 미치며 IPT의 치료 효과로 변할 수도 있음이 밝혀지고 있다. 이에 대한 증거는 애착 이론과 Markowitz와 동료들의 IPT와 경계성 성격장애의 연구에서 찾을 수 있다.

✻ 성격 변인과 환경: 애착에 대한 현재 연구 동향

앞서 387~389쪽에서 밝힌 대로, Bowlby의 애착 이론과 이의 변형된 이론들은 IPT의 이론적 기반이다. 애착 이론은 정상과 비정상적 대인관계를 이해하는 데 필요한 원리들과 대인관계가 생애 전반에 걸쳐 어떠한 영향을 미치는지에 대한 이론적 틀을 제시한다.

어린 시절 형성된 애착 패턴은 인간의 생애 전반에 걸쳐 유지된다. Ainsworth의 유아-양육자 애착 패러다임을 토대로 해서 현대 연구자들은 여러 성인 애착 유형을 구분하였다. Bartholomew의 네 가지 성인 애착 유형 모델에 따르면, 성인 애착은 자기 자신과 타인에 대한 내적 표상의 조합으로 개념화된다. 자신에 대한 내적 표상은 **불안** 차원과 관련이 있는데, 이는 타인과의 관계에서 안정감과 자기 위로를 느낄 수 있는 내적 자원을 가지고 있는지의 여부를 의미한다. 이와 다르게 타인에 대한 내적 표상은 **회피** 차원과 관련이 있는데, 이는 자기 자신을 신뢰하고 타인과 심리적 거리를 둠으로써 안정감을 느끼는지의 여부를 의미한다(Bartholomew & Horowitz, 1991). 이 두 차원의 조합에 따라 다음 **네 가지 가능한 애착 유형**이 있다. (1) 안정 애착 유형, (2) 거부 유형, (3) 몰입 유형, (4) 두려움 유형.

안정 애착 유형을 보이는 사람(**불안**과 **회피**에서 낮은 점수를 받은 사람)은 일반적으로 낮은 심리적 스트레스 수준을 보이는데(Hammen et al., 1995), 특히 우울 수준이 낮다(Mickelson, Kessler, & Shaver, 1997). 이와 반대로 불안정 애착을 보이는 사람은 낮은 자아존중감(Collins & Read, 1990), 감정 조절 전략 어려움(Brennan & Shaver, 1995), 정서적 지지 문제(Simpson, Rholes, & Nelligan, 1992)를 보이고, 우울 증상을 많이 보고한다(Murphy & Bates, 1997). 또한 두려움 유형과 우울의 정적 상관을 보고한 연구들도 있었다. IPT 우울 치료를 받은 162명의 여성 참여자들을 대상으로 한 Cyranowski와 동료들의 연구(2002)에서는 참여자의 43%가 두려움 유형을 보인 반면, 22%의 참여자만이 안정 애착 유형을 보였다.

애착 유형은 IPT 치료의 반응 정도와 상관이 있음이 밝혀졌는데, Cyranowski와 동료들의 연구(2002)에서는 애착 유형이 우울 증상의 완화에 단기적으로 영향을 미치는 것으로 나타났다. 우울 증상이 완화된 참여자와 완화되지 않은 참여자의 비율은 애착 유형과 상관이 없었지만, 우울 증상이 완화된 참여자 중 안정 애착의 참여자들이 두려움-회피 애착의 참여자들보다 빠른 우울 증상 완화를 보였다. 이러한 결과는 IPT와 같은 단기 상담에서는 두려움-회피 애착 내담자들이 상담자와 치료 관계를 형성하지 못할 수도 있음을 시사한다.

또한 IPT가 안정 애착 유형의 대인관계 문제를 해결할 뿐만 아니라 애착 유형 자체를 증진시킬 수도 있다는 연구 결과들이 보고되고 있다. Ravitz(2009)는 IPT가 불안정 애착을 보이는 우울증 내담자들의 불안하고 회피적인 행동을 감소시키는 데 효과적일 것이라는 가설을 세웠다. 그리고 연구 결과, 우울 증상이 완전히 완화된 내담자들에게서 애착 회피와 불안 또한 감소되었다. 이러한 연구 결과는 후속 연구에 의해 재검증되어야 하겠지만, 아주 흥미로운 가능성을 제시한다. 그 가능성이란 IPT가 현재 대인관계적 환경에 영향을 줄 뿐만 아니라 애착 유형에도 영향을 미쳐 차후 심리장애에 대한 취약성을 낮출 수 있다는 것이다.

✻ IPT와 경계성 성격장애의 치료

원래 IPT는 축 I 심리장애를 치료하는 데 그 목적이 있지만, Markowtiz와 동료(2006)들은 IPT가 경계성 성격장애(borderline personality disorder: BPD)를 치료하는 데 효과적일 수 있다고 주장하였다. 그 이유는 먼저, BPD와 우울장애가 동시에 발병하는 경우가 많기 때문이다. 둘째, BPD는 역기능적 사회관계와 관련이 있기 때문이다. 컬럼비아 대학교의 Markowtiz 연구 팀은 현재 BPD 내담자들에게 8개월간(34회기) IPT를 실시하고 그 효과성을 연구하고 있다. 이 연구에서 BPD는 분노, 절망, 충동성과 같은 감정을 폭발하는 "기분에 문제가 있는 만성적 질병'이라고 간주되었다. BPD가 만성적 질병이기 때문에 BPD 내담자들은 특히 자신의 정서적 문제와 현재 생활 사건을 연관시키지 못하고 자신의 성격에 문제가 있다고 잘못 생각하는 경우가 많다.

Markowtiz는 IPT가 다음과 같은 이유로 BPD 치료에 효과적이라고 설명하였다. IPT는 내담자들로 하여금 자신의 위기적 상황을 효과적으로 대처할 수 있는 새로운 기술을 배우게 함으로써 성공을 경험하게 한다. 위기를 성공적으로 극복하는 경험은 긍정적 자기상, 유능감, 통제력을 형성하는 데 큰 도움이 된다. 또한 IPT에 내포된 의학적 모델은 내담자들로 하여금 BPD를 만성적이지만 치료할 수 있는 질병으로 개념화할 수 있도록 한다. 게다가 IPT는 치료실 밖에서 대인관계 문제를 해결하는 것을 목표로 하기 때문에 상담자와의 불화가 생기는 가능성을 줄일 수 있다. 마지막으로, IPT는 직접적으로 성격을 수정하려고 하지는 않지만 대처 기술을 증진시킴으로써 역기능적 대인관계 패턴에 대한 변화를 유발할 수 있다. 이는 내담자들이 세상과 자기 자신에 대한 태도를 변화시킬 수 있는 새로운 대인관계를 맺을 가능성을 제공하게 된다.

다양한 개념들

IPT는 생활 사건, 생물적 요인, 사회적 상호작용, 성격 등이 심리장애의 발달 과정에 영향을 미친다고 강조한 연구들의 영향을 받았다. IPT와 이런 연구들은 공통적으로 심리장애는 유전적 변인, 성격, 환경적 변인들의 상호작용으로 발생한다고 제안한다.

과거 연구 방법론이 발전하면서, 특히 장기 역학 연구에서 체계적인 생활 사건 인터뷰를 적용하면서 심리장애의 발달에 영향을 미치는 다양한 변인 중 생활 사건이 어떠한 영향을 미치는지 명료화되기 시작하였다. 또한 심리장애와 관련된 유전적 변인들을 분리시킴으로써 유전적 변인과 환경과의 상호작용에 대한 연구도 가능해져 이에 대한 지식도 늘어나고 있다.

이와 관련하여 가장 영향력 있는 연구로 꼽히는 Capsi와 동료들의 연구(2003)에서는 5-HTT(세로토닌 수송체)가 스트레스 사건과 우울증의 관계를 조절하는지 살펴보았다. 그 결과, 짧은 반복 길이(short allele)를 가진 사람들이 스트레스 사건을 경험할 때 긴 반복 길이를 가진 사람들보다 우울증에 취약한 것으로 나타났다. 다시 말해 이 연구 결과는 **유전적 변인과 환경적 변인 간의 상호작용**을 보여 주는 결과로, 5-HTT(세로토닌 수송체)가 생활 사건이 우울에 미치는 부정적 영향을 조절한다는 것을 시사한다. 이와 같은 결과는 고혈압이나 당뇨증과 같은 장애과 비슷하게 심리장애도 유전 변인들이 환경과 상호작용하여 나타남을 의미하는데, 즉 **환경형**(phenotype, 임상적 상태)은 **유전형**과 환경의 상호작용의 결과물이라는 것이다. 유전적 변인에 대한 연구 결과들은 특정 유전 변인을 가지고 있는 사람을 치료할 때 그가 겪고 있는 현재 생활 사건들 또한 다루는 것이 중요하다는 것을 보여 준다.

Capsi의 연구 결과들은 아직 재검증되어야 하는데, 그 이유는 Capsi의 연구 결과에 문제가 있다기보다는 연구 방법에 문제가 있기 때문이다. 이들의 연구 결과는 지금까지 인간과 동물을 대상으로 한 통제 연구에서만 재확인되었다. 이와 같이 우울이 유전과 환경적 스트레스의 상호작용으로 인해 발생한다는 연구는 아직 초기 단계에 있다. 관련 심리치료 연구로는 Champagne과 동료들의 연구(2003)가 있는데, 이 연구는 쥐의 애착 스트레스가 어미의 핥기와 털 손질로 바뀔 수 있다는 결과를 보고하였다.

생활 사건 유형과 우울증 발생 간에 관련성이 있다는 연구 결과들이 보고되었다. Kendler, Prescott, Myers와 Neale(2003)은 치욕스러운 경험이 다른 유형의 생활 사건들에 비해 우울증 발생과 상관이 있다고 보고하였다. 게다가 성격적 특징은 생활 사건과 우울증 발생의 관계에 영향을 미치는 것으로 확인되었다(Shahar, Blatt, Zuroff, & Pilkonis, 2003).

유전과 성격적 변인은 쉽게 바뀌지 않지만, 사회적 환경에 대한 사람들의 반응은 상대적으로 바뀔 수 있다. IPT는 내담자의 대인관계를 증진시킴으로써 일상생활의 스트레스를 줄이고 사회적 지지를 높여 우울 증상을 완화하고자 한다. 이와 같은 사회적 능력 증진은 유전, 성격, 환경적 요인이 우울에 미치는 부정적 영향을 조절(즉 완충)할 것으로 기대된다.

심리치료

심리치료 이론

IPT는 내담자의 대인관계 양상을 변화시킴으로써 증상을 완화하고 대인관계 기능을 증진시키는 데 그 목적이 있다. 앞에서도 강조한 것처럼, IPT의 핵심은 대인관계이다. IPT는 따로 자신들만의 기법을 개발하지는 않았다. IPT에서는 다른 단기적 치료 접근에서 사용되는 기법들을 많이 사용하는데, 특히 대인관계 문제를 다루기 위해 이런 기법들을 사용한다. 단순히 여러 기법들을 모아 사용하는 대신 IPT 개발자들은 우울 증상의 적극적인 관리와 네 가지 대인관계 영역을 중심으로 기법들을 체계화하여 정리하였다.

IPT에서는 인지행동이나 합리적 정서와 같은 다른 단기적 치료보다 정서 또는 감정을 많이 탐색한다. 즉, IPT 상담자는 내담자가 언어적으로나 비언어적으로 어떻게 감정을 표현하는지에 대해 다음과 같이 피드백을 준다. "당신이 그녀에 대해 이야기할 때 눈이 너무 슬퍼 보였어요.", "당신은 그에게 화가 났다고 말하면서 웃고 있네요.", "당신은 어떻게 당신의 상사에게 그의 결정에 동의할 수 없다고 알렸나요?"

IPT는 대인관계 기술 증진 프로그램과도 차별성이 있다. IPT 상담자들은 내담자의 자기주장 기술을 향상시키고자 노력하지만 단순히 그 기술을 향상시키는 데 그치지 않고 내담자의 다른 사람에 대한 기대와 관련지어 그 기술을 향상시키려고 한다. 이는 내담자로 하여금 그동안 다른 사람과의 관계에서 자기주장을 하지 않음으로써 무엇을 잃었고 받지 못하였는지 이해하도록 돕고 자기주장에 대한 동기를 높일 수 있다. 여기서 달성하고자 하는 목표는 내담자의 선택 사항을 넓히고 그들로 하여금 새로운 사회적 지지를 추구할 수 있도록 하여 사회적 고립, 무기력감, 무망함 간의 악순환을 끊는 것이다.

IPT에서는 모든 대인관계가 어떤 비용을 치르더라도 유지되어야 한다고 생각하지 않는다. 어떤 대인관계는 내담자의 성장과 친밀감에 방해가 되기 때문에 내담자에게 해가 될 수 있다. 또한 어떤 관계에서는 한 사람이 관계를 유지하고 싶지 않을 수도 있다. IPT에서는 내담자가 관계의 장점과 단점을 충분히 탐색하고 그 관계에서 자신과 상대방의 욕구를 이해함으로써 "다시 한 번 이 관계를 회복시키기 위해 노력하겠는가?"에 대한 결정을 할 수 있도록 조력한다.

IPT의 사용에서 가장 큰 어려운 점은, 특히 초보 상담자에게 어려운 점은 치료 초기에 정해 놓은 문제 영역에 지속적으로 초점을 두는 것이다. 내담자의 일상생활에서 발생하는 위기적 상황을 큰 문제 영역과 연결시키지 않으면 치료는 초점을 잃을 수 있다. 일반적으로 내담자들은 한 가지 문제 영역을 해결함으로써 자신의 우울 증상을 완화시킬 수 있는 대인관계 상황을 해결할 수 있는 방법을 학습하게 된다. 그리고 이와 같은 학습 경험은 종종 새롭게 발생하는 대인관계 문제를 해결할 수 있는 도구가 된다. 때때로 16회기 치료가 충분치 않을 수 있고, 16회기 치료만으로 내담자가 나아졌다 하더라도 완전히 나아지지 않는 경우도 있다. 이런 경우에는 상담자와 내담자 간의 계약을 연장하고, 차후 상담회기에서 어떤 특정 대인 문제를 다룰 것인지에 대해 목표를 세우면 된다.

✻ 치료적 관계

IPT 상담자들은 적극적으로 질문하고 피드백을 하는데, 특히 상담 초기에 적극적인 역할을 한다(다음의 '심리치료 과정' 참고). 이들은 때때로 지시적인 면을 보이지만, 처방적인 방식으로 개입을 하지는 않는다. 다시 말해 상담자가 지시적으로 알려 주는 것이 아니라 내담자가 스스로 자신의 선택 사항, 아이디어, 자원을 찾도록 돕는다. IPT 상담자들은 CBT처럼 역기능적 사고 기록지나 기분 기록지와 같은 양식을 사용하지 않는다. 또한 정신분석과 같이 꿈을 해석하거나 무의식 욕구가 반영된 행동에 대해 해석을 내리지도 않으며, 퇴행을 격려하지도 않는다.

심리치료 과정

일반적으로 IPT는 우울증을 치료하기 위해 성인의 경우 16회기, 청소년의 경우 12회기로 진행되며, 3단계로 구성되어 있다. 자세한 심리치료 과정에 대한 설명은 Weissman과 동료들이 2007년에 발간한 매뉴얼을 참고하면 된다. 여기에서는 IPT의 3단계를 적용한 사례의 일부를 소개하고자 한다. 이 사례의 내담자, Paul은 22세의 대학생으로 우울 증상 때문에 대학상담센터를 찾았다. IPT 치료를 시작하기 전, 상담자는 접수 면접을 실시하였고, 자살 위험도와 약물치료의 필요성 여부를 평가하였다.

✻ 초기 단계(1~3, 4회기)

보통 1~3회기, 또는 4회기로 진행되는 초기 단계에서는 우울 척도(예: Hamilton Rating Scale for Depression, Beck Depression Inventory)를 실시하고 내담자의 특수한 우울 증상을 평가한다. 특수한 우울 증상의 예로, 어떤 내담자는 우울할 때 강한 질투심이나 불안감을 보이고 어떤 내담자는 음주량이나 흡연량이 늘 수 있다. 이와 반대로 음주를 그만두는 내담자도 있고, 두통, 소화불량, 어지러움과 같은 신체화 증상을 겪는 내담자도 있다. 내담자의 우울 증상에 대한 심층적인 임상 평가가 끝나면 상담자는 내담자의 진단명(또는 진단 여부)과 심리사회적 기능 수준을 결정하고, 3회기 또는 4회기에 걸쳐 초기 단계의 치료를 시작한다.

초기 단계에서 상담자는 다음을 목표로 한다. (1) 내담자에게 우울증에 대해 교육하고 우울증이 치료 가능한 병임을 설명하여 희망을 준다. (2) 내담자가 우울증으로 인해 발생한 문제들을 대처하고 우울증으로부터 회복될 수 있는 공간을 만들도록 한다. (3) 내담자로 하여금 대인관계와 사회적 역할의 어떤 면이 우울증과 관련이 있는지 또한 우울증으로 인해 대인관계와 사회적 역할의 어떤 면이 변하였는지 이해하도록 돕는다. (4) 나머지 치료 과정 동안 우울 증상을 촉진한 한 가지 또는 두 가지 대인관계 문제 영역에 초점을 맞출 것을 내담자와 약속한다. 이러한 목표를 달성하기 위해 상담자는 다음의 과제를 수행한다(Weissman et al., 2007).

- ❑ 우울증 진단이 맞는지 재확인하고 내담자의 문제에 우울증이라는 이름을 붙인다.
- ❑ 내담자에게 희망을 준다.

- ❑ 내담자에게 '환자 역할'을 부여한다. 즉, 내담자에게 지금 내담자가 우울증을 겪고 있으며 이러한 우울증 때문에 자신이 기대하는 만큼 기능하지 못할 수 있음을 알린다. 또한 당분간은 자신의 기대를 낮추는 것이 중요하며, 치료에 적극적으로 참여하여 우울증에서 벗어나야 한다고 설명한다.
- ❑ 내담자로 하여금 우울증이 자신의 삶에 어떠한 영향을 미치는지(예: 자신에 대한 기대를 낮춰야 함, 우울 증상이 없어질 때까지 중요한 결정을 내리는 것을 연기해야 함) 이해하도록 돕는다.

상담자: Paul, 당신은 지난 2년간 당신이 경험하였던 문제들에 대해 이야기하였어요. 집중력 저하 때문에 통계 시험에서 낮은 점수를 받았고 사회학 과제를 끝내는 것이 어려웠다고. 그리고 잠을 자는 게 어려워서 매일 5시 30분에 깬다고도 말하였어요. 슬프고 마음이 텅 빈 것 같은 느낌이 들고 이러한 당신의 모습을 친구들이 눈치 챘다고도 말하였어요. 쉽게 피곤해지고… 식욕도 없어서 지난 7주간 11파운드가 빠졌고… 이런 것들은 전형적인 우울 증상이에요. 우울증이란….

Paul: (눈물을 보이며) 나는 모든 것을 망치고 있어요…. 난 모든 면에서 실패자예요…. 그리고 이제 난 우울증까지 있어요. (손으로 얼굴을 가림)

상담자: 당신이 우울증을 겪고 있는 것은 당신 탓이 아니에요. 또한 당신이 실패자라는 뜻도 아니에요. Paul, 우울증은 흔한 심리적 문제이며 우울증에 효과적인 치료들은 많이 있어요. 당신은 좋아질 거예요. 지금부터 자신을 잘 돌보고 좋아질 수 있도록 주변 환경을 변화시키는 것이 중요해요.

Paul: 하지만, 난 그럴 시간이 없어요. 나는 학교에서 실패하고 있고…. 나에게는 정말 문제가 많아요. (몸을 떨며 눈물을 흘림)

상담자: 만약 당신이 다른 질병을 앓고 있다면 예를 들어 폐렴이 있다면…. 폐렴을 앓은 적이 있어요? 아니면 고열로 앓은 적은? (Paul은 고개를 끄덕였다.) 그런 상황에서도 당신은 평소처럼 수업에서 우수한 성적을 받을 거라 기대하나요?

Paul: 음. 아니, 그건 다르죠. 그건 진짜 병이잖아요.

상담자: 우울증도 진짜 병이에요. 우울증도 여러 증상을 동반하는 병이에요. 예를 들어 당신이 아까 말한 증상들, 그러니까 슬픔, 수면과 식욕 문제, 에너지와 동기 저하, 집중력 저하, 결정력 저하 등이요. 이런 증상들은 우울증의 전형적인 증상이에요. 한 가지 좋은 소식은 우울증을 치료하는 데 다양한 방법이 있다는 거예요. 지금 당장은 일상생활의 일들을 처리하기 위해 친구나 가족의 도움이 필요할지도 몰라요. 또한 당분간은 당신이 해야 할 일이나 하고 싶은 일을 다 할 수 없을지도 몰라요. 하지만 치료의 효과가 나타나면서 당신은 좋아질 거예요. 단지 시간이 걸릴 뿐이에요.

Paul: 저도 그러길 바랍니다. 계속 이렇게 살 수는 없어요. 통계 과목에서 F를 받을지도 몰라요. 아마도 무사히 졸업하지 못할지도 몰라요. 그냥 자퇴해야 할지도….

상담자: Paul, 지금은 학교를 그만둘지 말지 결정하기에는 좋은 타이밍이 아니에요. 우

울증 때문에 당신은 자신을 객관적으로 바라볼 수 없고 자신에게 어떤 선택 사항이 있는지 볼 수 없어요. 이건 어때요? 당신이 우울증에서 회복된 후에 학교를 그만둘지 말지 의논하는 게 좋겠어요. 만약 그때도 자퇴하고 싶으면, 그때 다시 생각해 보죠.

Paul: 네. 알겠어요. (조금 안정되어 보임) 근데 통계 과목은 어떻게 하죠?

상담자: 우울증 때문에 통계 과목에서 좋은 성적을 받지 못하는 건 당연한 일이에요. 통계 공부는 다른 공부보다 더 많은 집중력을 필요로 하잖아요. 그 수업과 관련하여 당신이 선택할 수 있는 것은 무엇인가요?

Paul: 이미 과목을 변경하거나 철회하기에는 늦었어요.

상담자: 네.

Paul: 아마도 incomplete[1]을 받을 수 있을지도 몰라요. 확실치는 않아요.

상담자: 아주 좋은 아이디어네요. 당신이 incomplete를 받을 수 있는지 어떻게 알아보면 되나요?

그리고 상담자와 Paul은 어떻게 통계 교수에게 찾아가 우울증에 대해 설명하고 불완전 이수(incomplete)를 받을 수 있는지에 대해 논의하였다. Paul은 통계 교수에게 불완전 이수를 요청하기보다는 큰 과제를 마칠 수 있는 시간을 더 달라고 하고 싶다고 말하였다. 또한 상담자가 통계에 대해 도움을 받을 수 있는 사람이 주위에 있는지 물어보자 Paul은 통계 조교가 지난번에 도와준 적이 있다고 답하였다. 이러한 논의 후, Paul은 어느 정도 진정되고 안심되어 보였다.

다음으로 상담자는 Paul의 우울증과 관련된 대인관계 상황에 대해 탐색하였다. 구체적으로 (1) 우울 증상이 처음 발생하였을 때 Paul에게 무슨 일이 일어나고 있었는지, (2) 대인관계 조사를 통해 Paul과 중요한 사람들의 관계 양상을 살펴보고, 대인관계의 어떤 면이 우울증과 연관이 있는지, 대인관계 차원에서 Paul의 자원은 무엇인지 탐색하였다.

상담자: Paul, 그러니까 지난 봄 학기 때 우울 증상을 처음 겪게 된 거죠?

Paul: 네. 그때가 연휴라 집에 갔다 돌아온 후였어요.

상담자: 집에 있을 때, 아니면 집에서 돌아온 후에 특별한 일이 있었나요?

여기서 상담자는 내담자의 우울증을 촉발한 문제 영역을 탐색하고자 하였다. 상담자는 "그 당시 당신에게 중요한 누군가가 죽었나요?" 또는 "애완견이 죽었나요?" 아니면 "당신과 친하였던 사람과 다투었거나 그 사람과 소원해진 걸 느꼈나요?", "아주 외롭거나 고립되었다는 느낌이 들었나요?", "그 당시 당신의 삶에 큰 변화가 있었나요?"와 같은 질문을 하였다.

Paul: 아니요. 큰 변화는 없었어요. 그냥 아주 큰 결정을 해야 하긴 하였어요. 지금은

---

[1] 미국의 대학에서는 학생이 신체적 질병이나 심리적 질병으로 인해 학기를 마칠 수 없을 때 특정 과목에 대해 incomplete를 신청할 수 있고, 차후 그 과목을 다시 수강하여 학점을 받을 수 있는 제도가 있다.

졸업한 후 무엇을 해야 할지 모르겠어요…. 집에 갔을 때 부모님에게 이런 이야기를 하였어요. 부모님이 먼저 물어보셔서 솔직하게 말씀드렸어요. 정말 모르겠다고, 졸업한 후 뭘 해야 할지 모르겠다고. 심지어 내가 무엇을 하고 싶은지도 모르겠다고 말이에요.

상담자는 Paul이 많이 걱정하고 있는 졸업 후의 역할 변화에 대해 정보를 수집하기 시작하였다. 또한 상담자는 Paul의 이야기에서 부모님과의 갈등이 있었던 것을 감지하여 이에 대해 탐색하였다.

상담자: 부모님이 어떻게 반응하셨어요?

Paul: 별 말씀 없으셨어요.

상담자: 부모님이 어떻게 생각하셨을지 짐작이 가나요?

Paul: 모르겠어요. 뭐 잠을 설칠 정도로 걱정을 하시지는 않을 거예요. 우린 그냥 원래 하던 대로 그렇게 시간을 보냈거든요. 모르겠어요. 무슨 일이 있었는지. 다른 때와 달랐던 게 없었던 것 같아요. 그냥 적당히 지겹고….

상담자: 집에 갔을 때 지겨울 거라고 예상하였나요?

Paul: 음, 제 생각에는 아마도 전 집에 갈 때마다 굉장히 바보 같은 기대를 하는 것 같아요. 이번에는 좀 다를 거라고. 그런데 늘 똑같아요.

상담자: 실망한 것 같네요. 이번에는 다를 줄 알았는데, 다르지 않았으니까요. (Paul이 고개를 끄덕인다.) 뭐가 다르길 기대하였나요?

Paul: 음. 부모님이 절 사랑하시는 건 알지만, 모르겠어요. 제가 집에 갔을 때 제 누나 Sarah도 집에 있었어요. Sarah랑 저는 아주 친한데, Sarah가 최근 약혼을 하였고 약혼자 Bill도 집에 있었어요. 가족들 모두 Sarah를 축하해 주느라 바빠서 저에 대해 신경을 쓸 여유가 없었던 거 같아요. Sarah는 최근 법대에서 입학 허가를 받았고, 아버지는 말도 안 되는 소리를 하셨어요. Sarah가 아버지의 법률사무소를 이어받아서 할 거라나. 근데 그게 말이 안 돼요. Sarah는 Bill의 고향인 캘리포니아로 이사를 가거든요. 그리고 거기에서 학교를 같이 다닐 거예요. 아, 오해하지 마세요. 저 정말로 Sarah랑 가까워요. 근데 모르겠어요. 이번에 집에 갔을 때는 그냥 너무 많이….

상담자: 이번 방문은 특별히 좀 힘들었던 거 같네요….

상담자는 조금씩 내담자의 우울증과 관련된 문제가 무엇인지(대학 졸업 후 역할 변환, 누나를 편애하는 아버지와의 갈등) 이해하기 시작하였지만, 더 많은 정보가 필요하였다. 그래서 계속 대인관계에 대한 조사를 실시하였다. 상담자는 Paul과 다른 사람들과의 상호작용 및 의사소통의 예를 탐색함으로써 Paul의 대인관계와 의사소통 양식의 장점과 단점을 찾고자 노력하였다.

상담자: 당신의 현재 상황에 대해 좀 더 이해하기 위해 당신의 삶에서 중요한 사람들에 대해 이야기해 보는 게 좋을 것 같아요. 누구에 대해 먼저 이야기할까요?

_____의 어떤 점이 좋아요?

_____의 어떤 점이 마음에 들지 않나요?

_____에게 당신이 어떻게 느끼는지 말해 본 적이 있나요?

무엇이 당신으로 하여금 말하지 않도록 하였나요? 만약 말하였다면 무슨 일이 일어났을까요?

_____와 즐거운 시간을 보낸 적이 있나요? 그때 두 사람은 무엇을 하였나요?

_____과의 관계에서 바꾸고 싶은 점이 있나요? 있다면 어떤 점을 바꾸고 싶어요?

만약 원하는 대로 바뀐다면 당신은 어떤 기분이 들까요?

_____과의 관계에서 바꾸고 싶지 않은 점이 있나요? 그게 무엇인가요?

대인관계 조사가 끝난 후, 상담자는 Paul의 우울증이 두 가지 문제로 인해 발생하였을 것이라고 생각하게 되었다. 첫 번째 문제는 Paul이 대학 졸업 후 무엇을 해야 할지 모른다는 것이다. Paul은 자신의 전공인 사회학으로 대학원에 가고 싶지 않다고 말하였다. 그는 응급실 의학 기술자(emergency medical technician: EMT)가 되고 싶고, 이와 관련된 개론 수업을 재미있게 들었다고 말하였다. 하지만 앞으로 이에 대해 무엇을 해야 할지 확신이 없었다. 두 번째 문제는 성공한 변호사인 아버지와의 소원한 관계이다. Paul의 아버지는 Paul의 누나인 Sarah의 강한 성격과 학업적 성취를 자랑스럽게 생각하지만 Paul을 무시하거나 조롱하였다. Paul은 아버지가 자신을 무시하거나 조롱할 때 방에서 나가 버리거나 "아버지 이야기를 듣지 않은 척"하였다며 아버지를 신경 쓰지 않는다고 말하였다. Paul은 어머니와 누나와는 가깝게 지내는데, 누나가 너무 훌륭하다는 점이 Paul을 힘들게 할 때도 있었다.("물론 그건 누나의 잘못이 아니에요. 하지만 누나는 늘 훌륭해요…. 누나를 질투하는 건 아니지만, 그냥 너무 훌륭하니까….") Paul은 몇 명의 친구가 있고 친구들 사이에서 '조용한 편'이지만, 매일 이야기하는 친구가 두 명 정도 있고 그중에서 특히 Lisa라는 친구와 특히 친하였다. 올해 누구를 사귄 적은 없었다.

상담자는 Paul에게 이와 같은 자신의 생각을 설명하고, 치료 계약을 맺었다.

상담자: Paul, 지난 3주간 우리가 나눈 이야기를 종합해 본 결과, 당신의 우울증은 크리스마스 연휴 직후 발생한 것 같아요. 제 생각에는 연휴 기간에 몇 가지 일들이 발생한 것 같아요. 먼저, 올해 5월에 졸업하고 무엇을 해야 할지 걱정하기 시작하였고, 둘째, 이렇게 미래에 대해 걱정하고 있는 상황에서 아버지에게서 부담을 받은 것 같아요. 아버지는 아주 높은 기대가 있으시고, 그래서 기분이 안 좋았을 거예요. 제 생각에는 당신에 대한 아버지의 반응이 당신이 가지고 있던 미래에 대한 걱정, 졸업 후에 무엇을 해야 할지 모르겠다는 불안감을 더 악화시킨 것 같아요. 이러한 문제들이 합쳐져서 우울증이 발생한 거죠. 당신이 상담에서 이야기하였던 모든 문제들, 그러니까 수업 시간에 어려웠던 점, 수면 문제, 집중력 문제, 식욕 부진 이런 것들이 연휴를 마치고 학기가 시작되면서 나타나게 된 것 같아요. 어때요? 제 말이 어떻게 들려요?

Paul: 네. 그런 것 같아요.

상담자: 이제부터 우리는 당신의 우울증을 촉발한 이러한 문제들에 대해 이야기할 거예요. 그리고 당신이 이러한 문제들을 해결할 자신감을 높일 방법도 찾아봐요. 학교를 졸업하고 졸업 후에 무엇이 하고 싶은지 또 아버지와의 어떻게 지낼 건지…. 우리 앞으로 13주 동안 매주 한 번씩 만날 거예요. 매주 약속시간에 늦지 않게 와 주세요. 혹시 약속을 지키지 못하면 미리 연락해 주세요.

✻ 중간 단계

이 단계에서는 대부분 대인관계에 대한 작업들이 이루어진다. 특히 내담자는 그들의 대인관계가 그들에게 어떤 영향을 미쳤는지 그리고 그들로 하여금 대인관계가 어떻게 변하였는지에 대해 명확하게 이해하게 된다. Paul의 경우, 상담자는 그의 역할 변화와 아버지의 조롱하는 듯한 태도를 우울증 발병과 연관시켰다. 비록 Paul과 아버지의 문제가 훨씬 이 전부터 있었던 일이었지만, 상담자는 이번 연휴에 있었던 일에만 초점을 맞추었다.

다음은 8회기의 축어록이다.

상담자: Paul, 안녕하세요? 지난주는 잘 지내셨어요?

Paul: 그럭저럭이요.

상담자: 우울 증상들은 어땠나요?

Paul: 그냥 별로 아무것도 하고 싶지가 않았어요. 잠도 더 많이 자고 여전히 집중도 잘 안 돼요.

상담자: 식욕은 어땠어요? [상담자는 내담자가 언급하지 않은 우울 증상에 대해 물어본다.]

Paul: 비슷하였어요.

상담자: 1~10 척도에서(10이 최악으로 우울하였을 때) 어느 정도지요?

상담자: 6 정도요.

Paul: 지난주 내내 6이었나요?

상담자: 아니요. 지난주 수요일에 상담 끝난 후에는 4 정도였어요 그리고 며칠 동안은 3이었던 것 같아요. 근데 다시 안 좋아졌어요.

Paul: 그럼 며칠은 잘 지낸 거네요. 정말 좋은 일이네요. 그 며칠 동안 무슨 일이 있었어요?

상담자: Lisa가 수요일 저녁에 전화를 하였어요. 같이 몇 편의 영화를 봤어요. Josh와 Annie도 같이 봤어요. 그리고 지난 번 상담에서 이야기한 것들, 예를 들어 제가 이론적인 건 별로 안 좋아하고 실제로 해 보는 일을 좋아한다는 그런 이야기들이 도움이 됐어요. 또 제가 EMT를 하였을 때 얼마나 행복하였는지…, 내가 쓸모 있는 사람처럼 느껴진 것, Harris 선생님이 모두 앞에서 내가 잘한다고 말씀하신 것, 뭐 그런 이야기들을 한 게 많이 도움이 됐어요. 그래서 지난주 상담을 마치고, 웹사이트를 찾아 진로 상담자랑 약속을 잡았어요.

상담자: 그렇게 한 것에 대해 어떻게 느껴지세요?

Paul: 좋았어요. 뿌듯하기도 하고. 안도감도 들고. 이제 나아지겠구나 그런 생각도 하였어요. 그리고 통계 교수님도 찾아가 이야기하였어요. 교수님께서 incomplete

을 받는 게 좋겠다고 말씀하셨고, 제 생각에도 그런 것 같아요.

상담자: 정말 많은 발전을 하였네요. Paul, 당신은 지난주에 우리가 이야기한 많은 것들을 실제로 하였어요. 진로에 대해 도움을 받을 수 있도록 진로 상담자를 알아보고, 통계 교수님과 이야기도 하고, 친구들과 좋은 시간도 보냈어요. 이런 일들을 하고 나니 기분도 많이 좋아졌고요. 근데 다시 상황이 어려워진 거네요. 언제부터 그런 거예요?

Paul: 토요일부터요. 아침에 일어났는데, 음, 침대에서 일어나기가 싫더라고요.

상담자: 음. 그건 꽤 큰 변화네요. 금요일에 무슨 일이 있었나요?

Paul: 아뇨. 별로. 그냥 집에 있으면서 TV 보고, 부모님이 전화를 하셨지만 별로 큰 일은 없었어요.

상담자: 음. 우리가 지난번에 이야기한 대로, 작은 일들도 가끔은 사람들의 기분에 큰 영향을 미칠 때가 있어요. 통화하면서 무슨 이야기를 하였나요?

Paul: 음. 별거 없었어요. 어머니가 Sarah가 사려고 계획 중인 아파트에 대해 이야기하셨어요. 아버지도 전화를 듣고 계셨어요. 전 통화하면서 하품을 하였어요. 되게 피곤하였거든요. 근데 부모님은 계속 Sarah에 대해 이야기를 하시는 거예요. Sarah의 시어머니가 Sarah와 약혼자의 모로코 여행 비행기 티켓을 사 주실 거라는 둥. 전 통계 수업에서 F을 받을지도 모르고, 내 인생을 어떻게 살아야 할지 모르는데, Sarah의 휴가에 대해 들어야 하였어요. 아버지는 왜 제가 하품을 하는지 물으셨고, 전 너무 피곤해서 자고 싶다고 말하였어요.

상담자: 아버지가 뭐라고 하셨나요?

Paul: "넌 늘 피곤하지. 왜 그런지는 모르겠지만."이라고 말씀하셨어요.

상담자: 기분이 어땠어요?

Paul: "아버지, 저 정말 피곤해요. 자러 가요."라고 말하였어요. 그러자 어머니는 잘 자라고 하시고, 아버지는 "음. 뭐 알았다." 뭐 그런 식으로 말씀하신 것 같아요. 그리고 전화를 끊었어요. 전 잠이 들었고 새벽 5시쯤 깼어요. 다시 잠이 오지 않아서 TV를 봤어요. 정말 하루 종일 피곤해서 Annie와 Josh와의 약속도 취소하였어요.

상담자: Paul, 이렇게 자세히 이야기를 하고 나니 뭐가 당신의 기분을 안 좋게 하였는지 알 것 같아요?

Paul: 아마 아버지와의 통화 때문인 것 같아요. 그 당시는 그렇게 기분 나쁘지 않았는데, 지금 생각해 보니….

상담자: 지금 기분이 어때요?

Paul: 열 받아요. 아버지는 늘 그런 식으로 날 무시하세요. 전 지금 그런 무시가 필요한 게 아닌데.

상담자: 네. 당신 말이 맞아요.

Paul: 지금 내 인생에는 너무나 안 좋은 일들이 많은데, 적어도 아버지라도 나를 괴롭히시지 않으면 좋잖아요. [눈물이 고였지만 우울해 보이지는 않음]

상담자: 지금 슬퍼 보이고 화가 난 것처럼 보이지만 우울해 보이지는 않네요. 지금 어려

운 일들이 많이 있잖아요. 학교도 졸업해야 하고 앞으로 무엇을 해야 할지 결정해야 하고, 게다가 지금 우울증도 겪고 있고요. 혹시 아버지에게 아버지의 조롱 섞인 말들이 당신을 힘들게 한다고 말해 본 적이 있나요?

Paul: 아마 아버지도 아실 거예요.

상담자: 네, 그럴지도 모르죠. 하지만 제가 궁금한 건 당신이 아버지에게 아버지가 당신을 힘들게 한다고 이야기해 봤는지 하는 거예요.

Paul: 아니요. 우리는 사이가 그렇게 좋지 않아요. 전 가능한 한 아버지와 거리를 두려고 해요.

상담자: 하지만 당신이 지난번에 말한 대로 그 방법(아버지와 거리를 두려는 것)은 별로 효과가 없는 것 같아요. 예를 들어 지난주를 생각해 봐요. 당신은 여러 가지로 당신에게 도움이 되는 일을 하고 있었어요. 그래서 기분도 좋았고요. 친구들을 만나서 기분도 나아졌고요. 그런데, 아버지와 통화한 후 다시 우울해졌어요. 물론 처음만큼 우울한 건 아니었지만. 우리가 상담 초반에 이야기한 대로, 우울증에서 회복되기 위해서는 뭔가 변화가 필요해요. 말하였죠? 여러 선택 사항을 만들어 두는 것이 좋다고. 아버지와의 관계에서 당신이 가진 선택 사항은 무엇이 있을까요?

Paul: 아버지랑 대화를 안 할 수는 없어요. 어머니가 전화하실 때마다 아버지가 저와 통화하고 싶어 하거든요. 그러면 항상 어머니는 아버지를 바꿔 주세요. 부모님은 Sarah랑 통화하실 때도 그러세요. 일종의 가족 전통 같은 거라서.

상담자: 어머니랑 통화하는 건 좋다고 하였죠? 그러면 어머니한테 아버지가 안 계실 때 전화를 하라고 부탁하는 건 어때요?

Paul: 어머니한테요? 아뇨. 제가 그런 부탁을 하면 어머니는 상처받으실 거예요. 그리고 왜 그러냐고 물으실 거예요. 어머니는 모든 게 평화롭기를 바라세요. 절대 제 요청을 들어 주시지 않을 거예요.

상담자: 그럼 아버지와 직접 이야기해 보는 건 어떨까요?

Paul: 아버지에게 제가 뭐라고 이야기해야 하죠?

상담자: 좋은 질문이에요. 뭐라고 이야기하고 싶으세요?

Paul: (웃으며) 나빠요. 당신은 내 인생을 망치고 있어요.

상담자: (웃으며) 아. 그렇게요?

Paul: OK. OK. 잘 모르겠어요. 아마도 이렇게 말할 수는 있을 거 같아요. "제가 지금 우울증을 앓고 있어요. 아버지가 그런 식으로 말씀하시는 게 저한테는 도움이 되질 않아요."라고.

상담자: 와, 정말 명확한데요. 자, 그럼 지금부터 역할 연기를 해 볼까요?

✻ 종결 단계(마지막 2회기)

IPT의 경우, 초기 단계에서 총 몇 회기로 상담을 진행할지 결정한다. 그리고 상담자는 두 번째 회기 또는 세 번째 회기마다 몇 번의 회기가 남았는지 분명하게 밝힌다. 이렇게 '마감일'을 분명하게 하는 것은 내담자로 하여금 적극적으로 상담에 참여할 수 있도록 격려하는 효과가 있다. 종결 단계에 상담자는 다음과 같은 일을 한다.

1. 내담자의 우울 증상에 대해 평가하고 내담자가 완전히 또는 부분적으로 심리치료에 반응하였는지 평가한다.
2. 종결에 대해 내담자가 느끼는 슬픔, 불안을 다룬다.
3. 상담 후에도 스스로 계속 나아질 수 있다는 자신감과 자립심을 키운다.
4. 상담에서 배운 기술을 복습한다.
5. 만약 심리치료가 성공적이지 않았다면 내담자가 느낄지도 모르는 죄책감을 완화시킨다.(예: "당신이 실패한 게 아니에요. 다만 이 치료가 당신에게 도움이 되지 않은 거예요. 당신에게 맞는 다른 선택 치료들이 있어요.")

종결 후 가능한 치료적 선택은 유지(maintenance) IPT이다. 유지 IPT는 치료 종결 후 1년간 매달 1번씩 상담을 실시한다. 상담자는 치료 기간에 배우고 연습하였던 대인관계 기술에 대해 강조하고 차후 우울증을 촉발할지도 모르는 새로운 대인관계 문제에 대해 다루게 된다.

다음은 Paul과의 종결 단계 회기 중 일부이다.

상담자: Paul, 당신은 지난 4개월간 정말 많은 변화를 만들어 냈어요. 먼저, 우울 증상이 많이 완화되었어요. 잠도 더 잘 자고, 식사도 잘 하고, 활기도 있고 뭔가 해야겠다는 생각도 많아졌어요. 또 집중력도 향상되었어요. 또 이러한 변화들로 인해 이번 학기에 모든 과목을 패스하였어요. 통계 수업의 경우에는 교수님과 잘 이야기해서 incomplete을 받았고요. 그리고 무엇보다도 졸업 후에 무엇을 해야 할지에 대해 많이 생각하였잖아요. EMT에 대해 더 알아보고, 관련 수업도 신청하였어요. 또 아버지랑 어떻게 하면 더 효과적으로 대화할 수 있는지에 대한 방법도 찾았잖아요. 이제 아버지는 당신의 우울증에 대해 이해하시고 예전보다 당신을 방해하지 않게 되었어요. 또 지지와 격려를 해 줄 수 있는 사람들도 찾았어요. 어때요? 제가 한 말들이 어떻게 들리세요?

Paul: 네. 이번 학기를 무사히 마친 건 정말 기뻐요. 못할 거라 생각하였거든요. 기분도 전보다 훨씬 좋아졌고요. 그런데… 아버지가 조금 달라지긴 하셨지만 아직도 확실히 이해하지 못하세요. 아버지는 제가 성공하길 바라시고, EMT로는 성공할 수 없다고 생각하세요.

상담자: 네. 그 부분이 우리가 상담에서 계속적으로 다루어야 할 부분인 것 같아요. 하지만 지난 몇 달간 당신이 이룬 것들은 충분히 당신의 우울 증상을 완화시키는 데 도움이 되었잖아요. 앞으로 당신이 다룰 문제들은 당신이 다시 우울증에 빠지지 않도록 하는 데 도움이 될 거예요. 자. 오늘 거의 시간이 다 되어 가네요. 다음 주가 우리의 마지막 상담인데요, 다음 주에는 당신이 종결에 대해 어떻게 생각하는지 혹시 미래에 우울증을 촉발시킬 상황은 어떤 것들이 있는지, 그런 상

황을 어떻게 대처할 수 있는지 그동안 상담에서 배운 기술들을 활용해서 생각해 보죠.

그리고 종결 회기에서는 그 전 회기에서 다루지 않은 종결 관련 과제들을 마무리하였다.

심리치료 기제

IPT는 우울증 이면의 무망감과 무기력감을 줄이고자 한다. IPT는 다음과 같은 이유에서 치료적 효과를 가진다.

- 우울증에 대한 신비감을 없앤다.(우울증은 치료 가능한 질병이다. 이유 없이 발생하지 않으며 대인관계 문제로 촉발된다.)
- 대인관계에서 의사소통이나 행동에 대한 선택 사항을 넓힌다.
- 자신감을 키운다.
- 분노를 건강하게 표현하는 것이 우울 증상 완화에 도움이 된다.
- 사람들과 역할에 대한 기대를 명확하게 한다.
- 사회적 고립을 줄인다.

매 회기 초반에 상담자는 내담자의 우울 증상을 평가하고, 지난주에 있었던 일을 확인한다. 그리고 증상 변화와 대인관계 상호작용 및 대인관계 사건을 연결시킨다. 증상을 평가한 후, 해당 IPT 단계의 과제를 다루면 된다. 각각의 대인관계 문제 영역과 관련하여 중간 단계에서 사용하는 전략은 표 10.1과 같다.

적용

누구를 도울 수 있는가

IPT는 원래 정신병적 증상을 동반하지 않는 단극성 우울장애를 치료하고자 개발되었다. 하지만 IPT는 다른 우울증 종류의 치료에도 변형되어 활용되고 있고, 그 결과도 긍정적이다. IPT가 변형되어 사용되어도 그 기본 원리, 특히 대인관계에 초점을 두는 것은 변하지 않는다. 최근 많은 연구들에서 하나의 치료 접근만으로는 효과적인 치료 효과를 낼 수 없다는 결과들이 보고되고 있다. 실제로 최근의 상담 연구들은 일반적으로 어떤 치료 접근이 효과적인지 증명하기보다는 어떤 상황, 문제, 내담자에게 어떤 치료 접근이 가장 효과적인지에 초점을 맞추고 있다. 따라서 최근 연구자들은 무작위 통제 임상 실험을 통해 치료 접근이 치료 결과에 영향을 주는 과정을 변화시키는 **조절 변인**(moderators) 또는 **효과 변경 인자**(effect modifiers)를 알아내려고 노력 중이다.

조절 변인은 어떤 상황, 어떤 내담자에게 특정 치료 접근이 가장 효과적인지 알려 줄 수 있다(Baron & Kenny, 1986). 조절 변인은 사전 또는 기저 상태에 보이는 특성으로 치

표 10.1 치료 중간 단계에 다루어야 할 문제에 대한 목적과 전략

목적	전략
애도(내담자에게 중요하였던 사람이나 동물의 죽음)	
• 죽은 사람에 대한 애도 과정을 촉진한다. • 사회적 고립의 악순환을 끊고 상실한 대상을 대신할 수 있는 사람과 관심 있는 취미나 일을 찾는다.	• 사망 직전에 일어났거나 도중 또는 직후에 일어났던 사건 및 결과를 순서대로 기술하도록 한다. • 상실한 사람과의 관계를 재구성하고 이를 균형 있는 시각으로 바라본다. • 상실한 사람 없이 미래에 닥칠 문제에 대처할 수 있도록 새로운 기술을 습득하고 사회적 지지를 구축한다.
대인관계 분쟁(중요한 사람과의 사이에서 드러나는 갈등이나 미묘한 갈등)	
• 이 표의 아래에 나와 있는 분쟁의 단계를 파악한다. • 과도한 기대나 잘못된 의사소통 방식을 변화시킨다. • 대인관계에서 나타나는 갈등을 적극적으로 해결할 수 있도록 돕는다.	• 어떤 잘못된 기대를 가지고 있는 두 사람 간의 상호작용을 탐색한다. • 이 관계에 대한 내담자의 욕구를 탐색한다. • 잘못된 의사소통 방식을 수정한다. • 분쟁 해결을 위해 새로운 의사소통 기술을 사용하는 것을 지지한다.
역할 변화(긍정적 또는 부정적 삶의 변화)	
• 이전의 역할을 상실한 것에 대해 애도한다. • 새로운 역할을 수행할 수 있도록 새로운 기술을 개발하고 사회적 지지를 찾는다.	• 이전의 역할을 상실한 것에 대해 감정을 표현한다. • 이전의 역할의 긍정적 · 부정적 측면을 탐색한다. • 새로운 역할의 긍정적 · 부정적 측면을 탐색한다. • 새로운 역할을 더 잘 수행하기 위해 필요한 자원과 기술을 습득한다.
대인관계 결핍(관계를 시작하거나 유지하는 데 어려움이 있음)	
• 사회적 기술을 습득하여 사회적 고립을 감소시킨다.	• 반복되는 대인관계 양상을 바라본다. 새로운 관계를 맺고 현 관계를 더욱 단단하게 하기 위해 새로운 사회적 기술을 연습한다.
대인관계 분쟁의 단계	
• 재협상(renegotiation)	• 두 사람은 여전히 대화 중이다. 두 사람 다 분쟁을 해결하고 싶지만 지금까지 실패해 왔다.
• 곤경, 막다른 길(impasse)	• 두 사람은 분쟁을 해결하는 것을 포기하였다. 두 사람은 헤어지고 싶지는 않지만 '곤경'에 빠졌다. 상담자는 이 두 사람이 재협상 또는 파멸 중 어느 길로 갈지 결정하도록 돕는다.
• 파멸(dissolution)	• 둘 중 한 사람은 관계를 끝내고 싶어 한다. 상담자는 그 사람이 한 번 더 노력하고 싶은지 탐색한다. 만약 그렇지 않다면 관계로부터 멀어질 수 있도록 돕는다.

료 접근과 상호작용하여 치료 결과를 만들어 내는 변인이다. 치료의 조절 변인을 찾는 것은 연구자와 상담자 모두에게 아주 중요한 일이다. 조절 변인은 무작위 통제 임상 실험에서 참여기준을 세우는 데 지침을 제시하고, 상담자에게는 어떤 내담자에게 어떤 치료 접근이 가장 적합한지 선택하는 데 도움을 준다(Kraemer, Frank, & Kupfer, 2006). 아직까지 IPT의 조절 변인에 대한 연구는 초기 단계에 있지만 몇 개의 조절 변인이 확인되었다.

기저(사전) 우울증 수준이 치료 결과의 조절 변인인지에 대해서는 연구 결과들이 모호하다. 일부 연구들에 따르면(예: Elkin et al., 1989), 심각한 우울증 내담자에게는 IPT(특히 약물치료와 병행하면)가 다른 접근(예: 인지행동치료)보다 더 효과적이지만, 별로 심각하지 않은 우울증의 경우에는 효과가 비슷한 것으로 나타났다. 하지만 이러한 연구 결과는 일관적이지 않게 나타났다.

신체적 불안(신체 또는 생리적 원인으로 인한 불안)은 IPT에 대한 반응률을 낮추는 것으로 나타났다. Feske와 동료들의 연구(1998)에 따르면, IPT 치료 후 우울 증상이 완화되지 않은 내담자는 높은 신체적 불안을 경험하고 우울 증상이 완화된 내담자에 비해 차후 공황장애로 진단받을 가능성이 높은 것으로 나타났다.

사회적 기능도 치료와 우울증 치료 결과를 조절하는 것으로 나타났는데, 기저(사전) 사회적 기능이 높은 내담자에게 적용한 IPT의 치료 효과가 높은 것으로 나타났다(Sotsky et al., 1991). 이러한 연구 결과는 IPT가 최소한의 기저 사회적 기능 능력이 있는 내담자들에게만 효과적일 수 있음을 시사한다.

애착 회피도 우울증 치료 결과를 조절하는 것으로 보이는데, McBride과 동료들(2006)은 애착 회피가 높은 내담자들에게는 CBT가 IPT보다 더 효과적이라고 보고하였다. 이들에 따르면 애착 회피가 높은 내담자들은 가까운 관계의 중요성을 부인하고 불안 상황에서 감정보다는 인지를 중요시하기 때문에 인지와 행동에 초점을 두는 CBT가 대인관계에 초점을 두는 IPT보다 효과적이다(McBride, Atkinson, Quilty, & Bagby, 2006).

치료

IPT는 현재 상황에서 증상과 증상의 근원을 이해하고, 현재 상황을 변화시키고 증상을 이해 가능하고 대처 가능한 것으로 재구성하고, 문제를 파악하고, 그 문제를 해결할 수 있는 방법을 제시함으로써 우울증을 치료하고자 한다. 다음으로는 대인관계적 목표를 달성하는 전략을 소개하고자 한다. 먼저 이러한 전략을 수행하는 데 사용되는 기법부터 살펴보자.

1. 기분과 대인관계 사건을 연결시킨다.
   예: "내담자: 저 슬퍼요.", "상담자: 무슨 일이 있었나요?" 또는 "내담자: 남자친구와 심하게 싸웠어요.", "상담자: 기분이 어땠나요?"

   이와 같은 기법은 내담자의 대화와 행동을 대인관계 맥락과 연결시켜, 내담자로 하여금 어떤 대인관계 상호작용이 자신의 우울증을 촉발하였고 역으로 회복에 도움이 될지 이해할 수 있도록 한다.

2. 의사소통 분석을 실시한다(의사소통에서 문제가 발생한 대인관계 상황을 구체적으로 분석한다).

   예: "Justin, 지난주에 상사와 싸워서 기분이 더 나빠졌다고 하였잖아요. 상사와의 다툼에 대해 자세히 이해하는 것이 아주 중요해요. 어떻게 다툼이 시작되었나요? 당신이 뭐라고 말하였나요? 상사는 어떻게 반응하였나요? 상사가 그렇게 말하였을 때 당신의 기분은 어땠나요? 그래서 뭐라고 말하였어요? 그때 정말로 하고 싶었던 말은 무엇이었나요?"

   이와 같은 의사소통 분석은 내담자로 하여금 자신이 정말 전달하고 싶었던 메시지가 무엇이었는지, 그 메시지를 전달하는 데 방해가 된 요소는 무엇이었는지 또는 전달한 메시지가 자신이 원하였거나 필요하였던 내용이 아니었는지에 대해 이해하도록 한다.

   이때 상담자는 카메라 은유를 사용할 수 있다("비디오로 녹화한 것처럼 자세하게 이야기해 주세요."). 의사소통 분석은 내담자가 대인관계에서 자신이 전달해야 할 메시지에 대해 이해하고 이에 대해 책임감을 증진시킬 수 있도록 돕는다.

3. 선택 사항을 제시한다(예: 결정 분석 실시). 분석 작업을 하는 대신 IPT 상담자는 내담자에게 "그것에 대해 무엇을 할 계획입니까?"라는 질문을 던진다. 상담자는 내담자로 하여금 상황에 어떻게 대처해야 할지에 대한 여러 방안을 세우도록 하고 그중 한 가지를 선택할 수 있도록 지지한다.

4. 역할 연기를 해 본다. 어떤 특정한 방안이 선택되면 상담자와 내담자는 이를 직접 해 보게 된다. 즉, 내담자와 상담자가 역할을 바꾸어 리허설을 해 보는 것이다. 그리고 상담자는 내담자가 어떻게 의사소통하였는지에 대해 피드백을 주고 더 효과적으로 의사소통할 수 있는 방법에 대해 알려 준다. 예를 들어 의사소통의 적절한 타이밍을 찾아야 하고, 과거에 일어났던 일보다는 현재의 문제에 초점을 두어야 하며, 사람이 아닌 행동에 대해 이야기해야 하고, 자신이 요청하는 바를 직접적으로 설명해야 한다고 알려 준다.

5. 과제를 내준다(역할 연기에서 나온 선택 사항에 대해). IPT의 과제는 CBT보다는 덜 처방적인 성격을 띤다. 내담자는 다음 회기 전에 대인관계에서 어떤 특정 상호작용을 해 볼 것을 과제로 받는다.

증거

심리치료와 약물치료의 효과성은 동등한 근거 기준으로 평가되어야 한다. 무작위 통제 임상 실험(RCT)의 결과를 가장 높은 수준의 근거라고 볼 수 있다. 심리치료의 **효율성 평가**(efficacy testing) 연구는 통제된 실험실 상황에서 동일 집단에게 전문 상담자가 심리치료를 실시하고 이를 평가하는 것이다. 반대로 **효과성 연구**(effectiveness study)는 일반 임상 현장에서 다양한 유형의 참여자를 대상으로 일반 상담자가 심리치료를 실시하고 이를 평가하는 것이다(Weissman et al., 2007).

다음으로 연구에서 밝혀진 IPT 근거에 대해 소개하려고 한다. IPT 효능에 대한 근거를 자세히 알고 싶으면 Weissman 등(2007)을 참고하면 된다.

＊ 기분장애 치료를 위한 IPT

항우울증 치료 이후 우울 증상의 완화 유지에 대한 연구(원래 이 연구에 사용하려고 IPT가 개발되었다)에서, IPT는 사회 기능을 증진시키는 것으로 나타났다. 이러한 긍정적 결과는 차후 여러 연구에서 반복적으로 검증되었고, 이로 인해 성인 대상 급성 단극성 우울장애 치료로 IPT는 증거 기반 접근으로 인정받게 되었다. 이러한 결과는 IPT가 그 자체만으로도 그리고 약물치료와 함께 사용될 때 효능이 높음을 시사한다(Elkin et al., 1989).

그 이후, IPT는 여러 우울증 집단에 적용 되기 위해 변형되었다. **우울증 청소년**을 치료하기 위해, Mufson과 동료들(1999)은 다음과 같이 기존의 IPT를 수정하여 IPT-A(청소년을 위한 IPT)를 개발하였다. (1) 총 회기의 수를 16회기에서 12회기로 줄인다. 청소년들은 일반적으로 오랫동안 심리치료를 받고 싶어 하지 않기 때문이다. (2) 치료 초기에 내담자의 적극적 참여를 유도하기 위해 전화로 접촉한다. (3) 부모님 및 학교와 협력적인 관계를 맺는다. IPT의 효율성은 여러 무작위 통제 임상 실험을 통해 증명되었다(예: Mufson, Dorta, & Wickramaratne, 2004). 또한 Young과 동료들은 우울증 위험군 청소년의 우울증을 예방하기 위해 사회기술 증진에 초점을 둔 집단 IPT를 실시하였다. 이와 더불어 여러 연구에서 IPT는 **노인 우울증**에도 효과적임이 밝혀졌다(Hinrichsen & Clougherty, 2006 참조).

IPT는 다음과 같은 근거로 **임신 및 산후 우울증**에도 성공적으로 사용되고 검증되었다. (1) 약물치료는 태아의 발달에 악영향을 미칠 수 있기 때문에 임신한 여성의 우울증을 치료하기 위해서는 특히 심리치료 접근이 중요하다. (2) IPT에서는 역할 변환, 대인관계 분쟁, 애도와 같은 주제를 다루기 때문에 자연스럽게 임신과 출산에 대한 이야기를 나눌 수 있다.

IPT는 **신체 질병**으로 우울증을 앓고 있는 내담자에게도 사용되었다. 심각한 신체 질병은 때때로 대인관계 스트레스와 역할 변화를 초래하고 가족과 의료진들과 갈등을 유발하기도 한다. 또한 누군가의 죽음을 앞두고 애도의 문제도 나타난다. IPT는 HIV, 암, 심장질환과 같은 신체 질병을 앓고 있는 내담자의 우울증 치료에 효과가 있는 것으로 나타났다.

양극성 장애는 생물학적 장애로 약물치료가 필요하지만, 심리치료, 특히 IPT가 내담자들로 하여금 약물에 잘 적응할 수 있도록 도와주는 것으로 나타났다. 양극성 장애의 우울 에피소드, 조증 에피소드, 정신병적 증상들은 심각하게 대인관계를 파괴시킬 수 있다. IPT는 양극성 장애의 우울 에피소드를 치료하고, 우울 에피소드와 관련된 대인관계 붕괴와 역할 변화에 초점을 맞춘다. 또한 다양한 상실 문제(예: 건강한 자신을 잃은 것에 대한 상실)도 다룬다. 그러나 IPT만으로는 양극성 장애의 조증 에피소드를 효과적으로 치료할 수 없기 때문에 Frank와 동료들은 행동 접근을 접목시켜 내담자가 조증 에피소드를 촉진할 수 있는 일상생활의 문제들을 피할 수 있는 사회 리듬 치료(social rhythm therapy:

SRT)를 개발하였다. 대인관계 사회 리듬 치료(IPSRT)는 조증을 치료하기 위한 것이 아니라 일상생활의 사회적 활동을 조절하고 대인관계를 증진시켜 이를 예방하려는 데 그 목적이 있다. IPSRT는 약물치료와 함께 실시될 때 차후 조증 에피소드가 발생하는 시간을 늘리는 데 효과적인 것으로 나타났다(Frank, 2005).

IPT를 **기분부전증**에 적용하기 위해서는 몇 가지 중요한 이론적 수정이 있어야 한다. IPT는 근본적으로 대인관계 문제가 현재 우울 증상을 촉진한다고 간주하고 이에 초점을 두는데, 이러한 접근은 만성적 우울 증상과 사회적 문제에는 적절하지 않다. 따라서 기분부전증을 치료하기 위한 IPT-D가 개발되었다. 이 치료에서는 내담자가 잘못된 대인관계 패턴을 이해하고, 새로운 선택 사항을 탐색하고 기분부전증이 치료 가능한 질병임을 깨닫게 되면서 역할 변화를 하게 된다(Markowitz, 1998). 약물치료를 병행한 IPT는 기분부전증을 치료하는 개인 및 집단 상담에 비해 효과적인 것으로 검증되었다.

* 기분장애가 아닌 다른 장애들을 위한 IPT

신경성 폭식증을 치료하기 위해 개발된 IPT(IPT-BN)은 폭식 에피소드를 촉진하는 대인관계 문제에 초점을 맞춘다. IPT-BN이 오리지널 IPT와 가장 다른 점은 증상 자체에는 별로 관심이 없다는 것이다. IPT-BN에서 상담자는 섭식과 관련된 주제에 대한 논의를 피하고 섭식 증상을 촉진하고 유지시키는 감정 및 대인관계 문제에 대해 탐색한다. 신경성 폭식증을 치료하는 데 있어 IPT-BN과 CBT의 효과성을 비교한 결과(예: Fairburn, Jones, Peveler, Hope, & O'Connor, 1993), IPT-BN을 받은 내담자가 CBT 내담자보다 증상이 완화되는 데 시간이 오래 걸리지만 장기적으로 더 유의한 향상을 보인 것으로 나타났다. 이는 IPT-BN의 매개효과를 시사하는 결과로, IPT는 CBT처럼 섭식 증상을 직접적으로 다루기보다는 증상을 촉진하는 대인관계 문제를 다룸으로써 결과적으로 섭식 증상을 감소시키는 데 효과가 있다는 것이다. IPT는 **폭식장애** 치료에도 효과적인 것으로 나타났다. **신경성 식욕 부진증**에 대한 IPT의 적용성도 연구되었는데 아직까지 효능이 검증되지는 않았다.

외상적 경험에 대한 반응으로 발생하는 PTSD를 대인관계 문제 때문에 촉진된 장애로 보기에는 무리가 있다. 대신 PTSD를 치료할 때 IPT 상담자는 PTSD 때문에 발생한 대인관계 문제에 초점을 맞춘다. 많은 PTSD 내담자들은 남을 신뢰하지 못하고, 자신들의 감정을 표현하는 데 어려움을 겪으며 남들과의 만남을 꺼린다. 다른 치료 접근과는 달리, IPT는 과거 외상 상황이나 자극에 대한 노출을 시행하지 않는다. 다만 내담자가 향상됨에 따라 자발적으로 과거 외상 상황에 자신을 노출하기는 한다. PTSD를 진단받은 저소득층 여성을 대상으로 한 무작위 통제 임상 실험에서 IPT가 PTSD 치료에 효과적이며 동시에 우울증에도 효과적인 것으로 나타났다(Krupnick et al., 2008). IPT가 사회공포증과 공황장애를 치료하는 데 어느 정도 효과적인 것으로 드러났지만, 아직까지 선행 연구들에 따르면 CBT가 **사회공포증**과 **공황장애**를 치료하는 데 가장 효과적인 치료 접근이다.

IPT는 단기 접근이자 증상 완화에 목표를 둔 축 I를 치료하기 위해 개발된 치료 접근이다. 따라서 Markowitz와 동료들(2006)이 이 IPT를 **경계성 성격장애**에 적용한 것은 상당히 획기적인 일이며, 그 효과성은 아직 연구 중이다(이에 대한 자세한 설명은 392~394쪽

'성격 이론' 참조).

약물 중독을 치료하는 데 IPT를 사용하는 것은 다음과 같은 두 가지 이유 때문이다. 즉, 약물 중독 내담자는 자신의 대인관계 문제를 보상하기 위해 마약이나 술을 남용하거나, 또는 약물 중독이 현재의 관계에 문제를 일으키고, 그로 인해 마약이나 술을 더 남용하여 약물 중독이 더 심각해지는 악순환이 나타나기 때문이다. 약물 중독 치료와 관련하여 IPT의 목표는 내담자들이 대인관계 문제를 해결하고 결핍된 대인관계 문제를 보완하여 약물 사용에 대한 욕구를 느끼지 않도록 하는 데 있다. 아직까지 IPT가 약물 중독 치료에 효과적이라는 결과는 나타나지 않았다. 하지만 몇 연구에서 IPT가 약물 중독과 우울증을 겪고 있는 사람들의 우울증을 감소하는 데 효과적이라는 결과가 보고되었다(예: Johnson & Zlotnick, 2012).

✻ 다른 적용들

IPT를 집단 상황에 적용하는 데에는 몇 가지 장점이 있다. 집단 IPT(IPT-G)는 내담자에게 자신과 같은 어려움을 겪고 있는 사람들을 만나게 해 줌으로써 그들을 안심시키고, 사회적 고립감을 줄이며, 상담 내에서 사회적 기술을 연습하고, 다른 사람들을 도움으로써 보람을 느끼게 해 준다. 또한 현실적인 관점에서 볼 때 집단 상담은 한 번에 많은 내담자를 볼 수 있기 때문에 수입 면에서 개인 상담보다 효율적이다. IPT-G의 한 가지 단점이라면, 특히 집단에 참여한 사람들의 호소 문제가 너무 다를 때 각각의 대인관계 문제에 대해 충분히 다룰 수 없다는 점이다. Wilfley와 동료들(1993)은 제거행동을 하지 않고 폭식만 하는 여성들을 대상으로 IPT-G를 성공적으로 시행하였다. 이들은 집단 상담의 단점을 보완하기 위해, 집단 상담을 시작하기 전에 2번의 개인 상담을 실시하였고(대인관계 조사를 실시하고 사례개념화에 대해 논의함), 개인별로 대인관계 문제에 대한 과제를 내줌과 동시에 모두에게 적용되는 대인관계 문제 영역에 대한 과제를 주었다. 이후 다른 연구들에서도 IPT-G의 효능에 대한 결과가 나타났는데, 예를 들어 우간다에 사는 우울증 내담자를 대상으로 IPT-G의 효능이 나타났다.

관계 중심 상담(IPT-C)은 소수의 회기로 이루어진다. IPC는 우울증을 이차적으로 겪고 있는 신체 질병 내담자에게 사용하기 위해 개발되었고(Weissman & Klerman, 1986) 현재 일차 진료 병원에서 사용되고 있다.

부부 IPT는 부부 중 한 사람이 우울증일 때 부부를 치료할 때 사용된다. 부부 상담을 시작하기 전에 상담자는 개인 면접을 통해 개별적으로 진단하고, 대인관계 조사를 실시하고, 자신의 사례개념화를 설명한다. 부부들의 공통적인 문제는 일반적으로 대인관계 분쟁과 역할 변화이다. Foley과 동료들이 실시한 예비 연구에 따르면 부부 IPT와 개인 IPT가 우울 증상을 완화하는데 비슷한 효과를 보였지만, 부부 IPT를 받은 참여자들이 결혼 만족도에서 높은 점수를 보이는 것으로 나타났다.

전화 IPT는 소수의 예비 연구에서 병세가 심각해 상담소에 올 수 없고 우울 증상을 보이는 암 환자들, 어느 정도 회복 중인 우울증 환자들, 낙태 후 우울 증상을 보이는 사람들을 대상으로 그 효능이 연구되었다(Weissman et al., 2007). 전화 IPT는 진단을 내리고 자살 위기를 평가하는 첫 회기를 제외한 모든 회기가 전화로 이루어졌다. 그러나 다른 점은 모두 오리지널 IPT와 동일하게 실시되었다.

다문화 세계에서의 심리치료

IPT는 전 세계적으로 많은 나라와 문화권에서 성공적으로 사용되고 있다. IPT는 미국의 소수민족들을 대상으로, 그리고 6개 대륙 30개의 국가에서 효과적으로 사용되고 있다. 게다가 IPT가 사하라 이남 아프리카에서 사용되었을 때 연구자들과 임상자들이 놀란 점은 우간다 시골 지역과 미국 대도시 지역에서 관찰되는 사람들의 문제가 비슷하다는 것이다.

사하라 이남 아프리카에서 IPT가 효과적, 실용 가능하게, 타당하게, 수용적으로 사용되기 위해서는 다음과 같은 몇 가지 전제 조건이 있었다(Verdeli, 2008).

- 지역사회의 정신건강 문제와 욕구를 이해한다.
- 측정 도구를 단순히 번역하는 것에 그치지 않고 타당화한다.
- 지역사회 주민들이 치료에 대한 필요성을 인식하고 동의한다.
- 지역사회 훈련생들 및 핵심 인물들과 지속적으로 대화함으로써 생태학적 타당도를 높이기 위해 치료를 선택하고 수정한다.
- 지역사회에서 어느 정도 교육을 받은 사람이 치료를 시행할 수 있을 정도로 실용적이고 실행 가능한 치료 개입을 개발한다.
- 국내 및 해외 학술 기관, 비정부기구(NGOs), 지역사회 기관들과 협력 관계를 맺고, 치료의 효과가 밝혀지면 널리 알린다.
- 서서히 지역사회 전문가들이 치료를 도맡아 하도록 한다.

✻ IPT 적용의 예: 우간다의 남서부 지역에서 실시한 집단 IPT

우간다 남서부 지역에서 IPT를 변형하여 실시한 예는 심리치료가 어떻게 변형되어 적용되는지 과정을 보여 주는 좋은 예이다. Bolton과 동료들은 우간다에 남서부 지역에 위치한 Masaka와 Rakai에서 우울증 내담자를 대상으로 IPT를 실시하고 효과성을 살펴보았다(Bolton et al., 2003).

질적 연구가 적용 과정에 알려 준 점. 지난 25년간 실시한 역학 연구에 따르면, 우간다 총 인구의 21%가 우울증이 있는 것으로 나타났다(Bolton et al., 2003). 2000년에 지역 연구가 시작되었는데, 이 지역에서 가장 많이 발생하는 지역 증후군은 **자기 혐오**(y'okwetchawa)와 **자기 연민**(okwekubagiza)이었다. 이 지역 증후군이 동반하는 많은 증상들이 DSM-IV에서 제시하는 우울 증상(예: 슬픔, 수면과 식욕 문제, 에너지 저하, 무가치감)과 상당히 겹친다. 그러나 지역 증후군들은 DSM에 언급되지 않은 다른 증상들도 동반하는데, 예를 들어 '인사를 받지 않기'와 '다른 사람의 도움을 고마워하지 않기' 등이 있다. 의사의 수가 부족하고 약물의 가격이 높아 이 지역에서는 항우울 약물이 금지되어 왔다. 따라서 다음과 같은 이유로 심리치료가 널리 활용될 여지가 높았다. (1) 일반 사람들도 심리치료를 할 수 있도록 훈련받을 수 있다(심리치료 전문가가 매우 부족하므로 이 점이 특히 중요하다). (2) 집단으로 실시할 수 있어 많은 사람이 적은 비용으로 심리치료를 받을 수 있다. (3) 그 효과성이 검증될 수 있다.

IPT는 다음과 같은 이유로 이 집단에 적합할 것으로 보였다. 즉, IPT가 우울증 치료에 효과적이고, 대인관계 문제를 중시하는 우간다 문화와 IPT의 성격이 잘 맞아떨어진다. IPT에서 초점을 두는 대인관계 문제 영역이 실제로 이 지역사회 사람들이 많이 겪는 문제인 것으로 나타났다(Verdeli et al., 2003). 특히 이 지역사회에서는 AIDS나 다른 질병으로 인해 가족이나 가까운 친구를 잃는 경우가 많아 애도가 주요 문제였다. 대인관계 분쟁의 원인으로는 소유물 경계, 정치적 논쟁, HIV 전염자인 남편의 성행위 욕구를 아내가 거절할 권리가 있는지 등에 대한 문제로 이웃 간에 다툼이 많았다. 역할 변화와 관련한 문제의 예로는 AIDS나 다른 질병으로 환자가 되거나, 결혼하고 남편 집으로 이사를 가거나, 남편이 두 번째 부인과 결혼하여 생기는 문제 등이 있다. 지역사회 근로자들에 따르면 대인관계 결핍은 이 지역에서 문제가 되지 않는다고 하여 이 문제 영역은 치료에서 빠지게 되었다(Verdeli et al., 2003).

역할 이전. 월드비전의 직원들이 집단 리더로 선택되었다. 대부분의 사람들이 상담이나 치료에 대한 배경지식은 없었지만, IPT 전문가가 실시한 2주의 훈련 과정을 마치고 유선상으로 슈퍼비전을 받았다. 이러한 접근은 세계보건기구(WHO)의 역할 이전(task shifting)과 그 맥을 같이하는데, 비전문가인 지역사회 근로자들에게 역할을 부여하는 것은 가능한 자원을 사용한다는 점에서 비용 면으로도 효율적이다(WHO, 2007).

지역사회에서 만든 변형. 치료에서 사용한 언어는 우간다 지역사회에 맞게 변형되었다. 예를 들어, 상실은 '사랑하는 사람의 죽음'으로, 대인관계 분쟁은 '의견 불일치'로, 전이는 '삶의 변화'로 재명명되었다(Clougherty, Verdeli, & Weissman, 2003). 또한 치료에서 사용되는 전략들도 지역사회 규범에 맞게 수정되었다. 예를 들어, 이 지역사회에서는 직설적 직면이 부적절하고 예의에 어긋나는 것으로 간주되기 때문에 간접적인 의사소통 방법이 사용되었다. 한 가지 효과적인 전략의 예가 여성으로 하여금 맛없는 음식을 하게 하는 것인데, 이는 남편에게 자신이 무엇인가 불만족스럽다는 것을 간접적으로 표현하는 전략이다. 또 다른 문화적 변형은, 집단 참여자들이 역할 변화를 초래한 끔찍한 일들(예: AIDS 전염, 태풍, 내전)에서 긍정적 의미를 찾기 어려울 때 상담자는 이들로 하여금 긍정적 의미를 찾기보다는 자신들이 통제할 수 있는 측면은 무엇이고 자신이 할 수 있는 일은 무엇인지에 대해 생각하고 이에 대해 자신감을 증진시키도록 한 것이다(Verdeli et al., 2003).

우간다 남서부 지역에서 실시한 치료에 대한 연구 결과. 무작위 통제 임상 실험에 따르면 IPT-G가 통제집단보다 우울증 치료에 더 효과적인 것으로 나타났다(Bolton et al. 2003). IPT-G는 지역사회의 인정을 받았고, 참석률도 아주 높았으며, 중도 탈락률은 7.8%에 불과하였다. 또한 집단 참여자들은 종결 후에도 자신들만의 만남을 계속 이어갔다.

✻ 우간다의 북부 지역에서 실시한 IPT

효과성. 전 세계에서 발생한 가장 끔찍한 재난 중 하나가 우간다 북부 지역에서 발생한

22년간의 내전이다. 20,000명이 넘는 아이들이 납치되어 신의 저항군(Lord's Resistance Army)의 군인으로 전쟁에 투입되었다. 2005년에 컬럼비아 IPT팀은 북부 지역에 위치한 난민 캠프에 살고 있는 청소년들을 위한 집단 IPT를 실시하였다. 지역 연구에 따르면, 이 지방의 우울증 발생률이 높다(Bolton et al., 2007). 북부 지역에서 실시한 연구에서는 치료 집단과 더불어 창작극(creative play: CP)과 대기집단이 포함되었다. CP는 IPT-G의 치료 효과가 일반적인 집단 상담의 효과만이 아닌 IPT에 의해 나타난 효과인지 검증하기 위해 포함되었다. 연구 결과, 다른 두 집단에 비해 IPT-G 집단의 참여자들이 유의한 우울 증상 완화를 보였다(Bolton et al., 2007). 이 연구 이후로, IPT 캠프 직원들은 월드비전 직원들과 함께 우울 증상을 보이는 아동들을 대상으로 IPT-G를 실시하였고, 이 과정에서 집단 리더들은 치료에 대한 지역사회의 많은 요구를 충족하기 위해 열심히 일하였다.

지속성. 2003년에 처음 우간다 연구가 실시된 후, IPT-G는 새로운 집단에게 계속 적용되면서 다른 지역으로 확대되어 갔다. 지금까지 IPT는 우간다 남서부 지역에 거주하는 2,500명 이상의 사람들과 북부 지역 8개의 난민 캠프에 거주하는 청소년들에 적용되었다. 이러한 결과는 다른 개발도상국에서는 이러한 연구들이 한 번 실시된 후 사라진다는 점을 고려할 때 매우 고무적인 결과이다(Verdeli, 2008).

보급/전파. 아프리카에서 IPT를 계속적으로 전파하기 위해, 훈련자들을 위한 훈련 워크숍이 2007년에 나이로비에서 개최되었다. 우간다 프로젝트에 참여하였던 12명의 가장 숙련된 훈련자들은 치료의 질을 높이고 훈련자와 슈퍼바이저를 위한 훈련 지침을 수정하였고, 이론적 문제와 기술적 문제들을 명료화하고 훈련기술을 가르쳤다.

우간다에서 실시한 IPT 무작위 통제 임상 실험 이후에 다른 많은 문화권에서도 IPT 효과성 연구가 실시되었다. 예를 들어 IPT가 인도 고아(Goa) 주 지역에 거주하며 스트레스가 높은 내담자를 대상으로 적용되었다. 치료의 효과성은 공공기관에서 치료를 받은 내담자들에게는 나타났지만 개인기관에서 치료를 받은 내담자들에게는 나타나지 않았다(Patel et al., 2010). IPT는 미국에 사는 히스패닉 우울증 내담자에게도 스페인어로 사용되었다. Blanco와 동료들(Markowitz et al., 2009)은 히스패닉 내담자들과 상담을 진행할 때 다음과 같은 문화적 사실을 유념해야 한다고 강조하였다. (1) 가족의 중요성(familismo)이 더 크다. (2) 이민은 큰 역할 변화를 초래하므로 이민과 문화적응에 대한 갈등이 많다. (3) 좀 더 바람직하면서 문화적으로 수용 가능한 성 역할 정체감 형성이 중요하다. (4) 문화적으로 적절한 직면이 필요하다.

사례

앞에서 소개한 Paul의 사례를 다시 정리해 보자. 앞서 언급한 대로, 22세인 Paul은 지난 몇 개월 동안 우울 증상(슬프고 텅 빈 느낌, 수면 부족, 집중력 문제, 식욕 부진, 피로)으로 대학상담센터를 찾았다.

Paul과의 임상 면접 결과, Paul은 우울증을 진단받았고, 그의 우울 척도(Hamilton Rating Scale on Depression: HAM-D)의 점수는 18점(심각한 우울증을 뜻함)이었다. 하지만 자살 사고가 없고 자율신경 증상 정도가 심각하지 않아, 약물치료는 병행하지 않기로 하였다.

Paul의 병력을 살펴보면, Paul은 누나가 하나 있고, 아버지는 큰 법률회사에서 일하고 있었다. 어머니는 Paul과 그의 누나, Sarah를 키우기 위해 주부로 살았다. Paul은 어린 시절부터 불안이 심한 아이였는데, 항상 두세 명의 친한 친구가 있었지만, 새로운 사람을 만나는 것을 어려워하였다. Paul은 누나인 Sarah와 가까웠는데, 누나는 Paul을 늘 보호하려고 하였다. 한편으로 그의 누나는 Paul에게 안정감을 주는 존재였지만 다른 한편으로는 열등감을 느끼게 하는 존재였다. Paul은 수줍음이 많은 평범한 학생이었고 자신감도 부족하였지만, 그의 누나는 활발하고 공부를 아주 잘하였다. Paul은 어머니와 가까웠지만, 아버지와의 관계에는 어려움이 있었다. 아버지는 자주 누나를 칭찬하였고 누나의 학업성취를 자랑스럽게 생각하였지만, Paul에게는 무시하거나 조롱하는 태도를 보였다. 이러한 아버지의 태도는 Paul을 혼란스럽고 좌절시키는 듯 보였다.

Paul은 검사 결과, 확실치는 않지만 주의력결핍 과잉행동장애(ADHD)가 의심되는 상태에서도 평균 학점을 받으며 대학까지 입학하였다. 그는 어떤 전공에 대해서도 특별한 흥미를 느끼지 않았고, 전공으로 사회학을 선택한 이유로 "그냥 쉬워 보이고 일반적이어서"라고 말하였다. 그러나 4학년 마지막 학기가 되자 Paul은 자신이 왜 사회학을 전공으로 선택하였는지 그리고 여름에 졸업을 하면 무엇을 해야 할지 걱정이 되었다. Paul은 구체적이고 이론적이기보다는 실용적인 직업이 자신에게 맞다고 생각하였다.

Paul의 우울증은 지난 겨울방학 이후에 시작되었다. 집중하기가 힘들고 수업을 따라가기가 힘들었다. 특히 통계 수업에서 F를 받을지도 모른다는 생각에 그냥 휴학이나 자퇴를 할까 하는 생각을 하였다. 상담 초기에 '환자의 역할'을 부여받자 Paul의 불안은 어느 정도 가라앉았고 Paul은 자신의 학교와 미래에 대해 적극적으로 생각하게 되었다. 또한 자신의 현재 가장 긴급한 문제를 어떻게 해결할 것인지 생각하기 시작하였는데, 특히 통계 수업을 어떻게 해야 할지 생각하였다.

대인관계 조사를 실시한 결과, 상담자는 Paul의 우울 에피소드가 그의 미래에 대한 불안(역할 변화)와 아버지의 높은 기대 및 그로 인한 부담감(대인관계 분쟁)에 의해 촉진되었다는 가설을 세우게 되었다. 또한 그의 누나가 최근 약혼을 하고 법대에 합격하였다는 소식이 Paul로 하여금 열등감을 불러일으켰다는 가설을 세웠다. 이러한 상담자의 가설에 Paul도 동의하였고 상담자와 Paul은 대학 졸업 후의 역할 변화와 아버지와의 갈등에 초점을 두어 상담을 진행하기로 하였다.

치료 중반쯤, 상담자는 Paul로 하여금 다른 사람의 생각과 자신의 생각을 분리한 후 자신의 역할 변화에 대해 객관적으로 바라보고, 역할 변화 과정에서 필요한 정보나 지지를 줄 수 있는 사람을 생각해 보게 하였다. 또한 아버지의 조롱 어린 말투가 자신의 우울증에 어떤 영향을 미치는지에 대해 자각하고 아버지와의 관계에서 선을 긋는 방법에 대해서도 생각해 보게 하였다.

그 후 2주 동안, Paul의 우울 증상은 완화되고 상담에도 적극적으로 임하게 되었다. Paul은 자신의 상황을 교수에게 알리고 교수의 제안에 따라 incomplete를 받게 되었다. 또한 자신의 친구인 Lisa와 시간을 많이 보내려고 노력하고 기숙사 동료들과 더욱 가깝게 지내게 되었다. 이러한 변화들은 대인관계에서 Paul의 자신감을 높였다. Paul은 졸업 후 무엇을 해야 할지에 대해 적극적인 모습을 보였다. 자신이 EMT 개론 수업을 즐겁게 수강하였다는 사실을 기억하고 이에 대해 더 알아보고 진로 상담자와도 약속을 잡았다. Paul은 아버지와의 관계에서 적당히 선을 그으려고 노력하였다. 아버지와의 관계가 가까워지지는 않았지만, 아버지와의 대화가 미치는 부정적 영향은 감소되었다.

점차 증상이 감소됨에 따라 종결을 앞둔 4회기 전, Paul의 HAM-D 우울 점수는 몇 점 내려갔다. 상담자는 Paul이 종결에 대해 보이는 불안감에 대해 안심시키고, 그동안 그가 얼마나 많이 향상되었는지 알려 주었다. Paul과 상담자는 그동안 나타난 변화에 대해 요약하는 시간을 가졌다. 우울 증상의 완화, 대인관계에서의 자신감 향상, 졸업 후 역할 변화와 아버지와의 갈등 문제를 어느 정도 해결하였다는 것이 주요 변화였다. 이렇게 긍정적 변화에 대해 요약하는 시간은 상담 종결 후에 어떻게 하면 계속 변화를 만들어갈 수 있을지, 차후 우울 에피소드를 촉진할 수 있는 문제들은 무엇인지, 그러한 문제들을 해결할 수 있는 자원은 무엇인지에 대한 논의로 이어졌다. Paul은 자신이 이룬 성과에 대해 자랑스러움을 느끼며 졸업 후 EMT 수업을 듣기로 결정한 것에 대해 흐뭇하다고 말하였다. 그는 아버지와의 관계에 대해 현실적인 기대를 가지고 있었고, 아버지가 자신을 덜 간섭하게 되었지만 여전히 자신이 원하는 진로를 인정하지 않는다고 하였다. 그는 어머니와의 관계는 만족스럽고 어머니는 자신의 진로에 대해 격려해 주신다고 하였다. 이제 Paul은 자기 자신과 미래에 대한 자신감이 생겼기 때문에 누나의 성공에 대해 진심으로 축하해 줄 수 있게 되었다. 마지막 종결 회기에 Paul는 "완벽하지는 않지만, 괜찮은 것 같아요."라고 말하였다.

상담이 종결되기 전에 상담자는 Paul에게 자신의 도움이 더 필요하면 다시 연락하라고 말하였다. 그리고 18개월 후 Paul이 다시 연락을 하였다. 그는 잘 지내고 있다며 우울 증상도 없고, 전임 EMT가 되었고, 일을 즐기고 있다고 말하였다. 그는 새로운 친구를 사귀지는 못하였고, 일을 열심히 하면서 간간이 데이트도 하고 있다고 설명하였다. 어머니와 누나와는 잘 지내지만, 아버지와의 관계는 여전히 소원하다고 말하였다. 여전히 아버지의 눈에 자신은 '그저 EMT'에 불과하며 '그를 실망시킨 존재'라고 말하였다. 최근에 아버지가 심장발작을 일으켰고, Paul은 너무 불안하고 걱정이 되어 아버지와 '화해'하기 위해 노력해야 한다고 생각하였다. 상담자는 이러한 Paul의 긍정적 변화를 축하하고 자신의 감정과 타인의 감정을 분리시키는 것이 중요함을 상기시켰다. 상담자는 Paul에게 지금 아버지와의 관계가 어쩌면 이보다 더 좋을 수 없을 정도이며 지금보다 아버지와 더 가까워질 수 없을 가능성도 받아들이도록 격려하였다. 이런 사실은 Paul을 슬프게 하였지만, 덜 죄책감을 느끼게 하였다. Paul은 아버지와의 관계가 앞으로 어떻게 되느냐는 것이 자신의 책임이 아님을 깨닫게 되었고 그의 불안은 감소하였다.

요약

처음에는 약물치료 연구에 필요한 심리치료를 만들기 위해 개발되었던 IPT는 Gerald Klerman, Myrna Weissman과 동료들이 다양한 심리치료 접근과 기법을 체계적으로 통합하여 개발하였다. 이들은 다양한 이론적 배경을 가진 상담자들이 자신의 전문 영역을 체계적으로 증명 가능하게 통합할 수 있는 일종의 논리적 틀을 만든 것이라고 볼 수 있다. 따라서 IPT는 지나치게 이론만 고집하거나 처방적이지 않다. 대신 내담자의 변화를 촉진하고 증상을 완화할 수 있도록 단기 상담 안에서 다양한 치료도구를 사용할 것을 강조한다.

이러한 IPT의 특징 때문에 다양한 전문적·문화적 배경을 가진 상담자들이 IPT에 관심을 가지게 되었고, IPT는 다양한 심리장애와 현장에 맞춰 수정, 변형되어 사용되고 있다. 이러한 IPT의 유연성과 활용성으로 인해 IPT는 끊임없이 검증되고 변화되어 가고 있다.

IPT는 문화와 상관없이 애도, 대인관계 분쟁, 역할 변화 등 대인관계 문제가 심리장애를 촉진한다고 가정한다. 선행 연구들에 따르면 IPT는 문화, 정치, 경제적 맥락에 상관없이 다양한 장애를 치료하는 데 효과적이다. IPT는 미국 청소년부터 사하라 이남 외상 생존자들까지 넓은 층을 대상으로 사용되고 있다.

Weissman은 서양세계에서 개발된 심리치료는 지금 위기를 맞고 있다고 주장하였다. 보험 회사와 관리의료의 등장으로 심리치료만 실시하거나, 심리치료와 약물치료를 병행하는 것이 약물치료에 비해 효과적인데도 불구하고 약물치료가 심리치료의 대안으로 사용되고 있다. 하지만 역설적으로, 그동안 자원이 부족하였던 국가들에서는 심리치료가 약물치료에 비해 경제적이므로 인기를 얻고 있다. IPT는 아프리카와 같은 나라에서 사용되면서 이러한 세계적 움직임의 선두자 역할을 하고 있다.

추천 도서

Klerman, G. L., Weissman, M. M., Rounsaville, B. J., & Chevron, E. S. (1984). *Interpersonal psychotherapy of depression*. New York: Basic Books.

이 책은 이 저자들이 출판한 첫 IPT 매뉴얼로, IPT의 효과성에 대해 다루고 있다. 우울장애의 특징과 발생률 및 IPT의 이론적 배경과 상담 기법에 대해서도 자세히 소개한다.

Weissman, M. M., Markowitz, J. C., & Klerman, G. L. (2000). *Comprehensive guide to interpersonal psychotherapy*. New York: Basic Books.

이 책은 두 번째 IPT 매뉴얼로, 우울장애 치료를 위한 IPT에 대한 새로운 내용, 기분장애 및 비기분장애 치료를 위한 IPT의 적용 방법 및 IPT의 효과성에 대한 연구들을 소개한다. 사례들과 상담 축어록이 포함되어 있다.

Weissman, M. M., Markowitz, J. C., & Klerman, G. L. (2007). *Clinician's quick guide to interpersonal psychotherapy*. New York: Oxford University Press.

이 책은 바쁜 상담자들을 위해 우울장애에 대한 IPT 치료와 다양한 심리장애, 내담자(예: 중장년층, 신체적 질병이 있는 내담자) 및 지역(예: 개발도상국)에 IPT가 어떻게 적용되는지 간결하게 소개하고 있다.

Mufson, L., Pollack Dorta, K. P., Moreau, D., & Weissman, M. M. (2004). *Interpersonal psychotherapy for depressed adolescents* (2nd ed.). New York: Guildford Press.

이 책은 IPT 청소년 상담(IPT-A)에 대한 책으로, 청소년의 우울증, 치료 과정에서 부모의 역할 등에 대해 다루고 있으며, 사례들도 포함되어 있다.

Frank, E. (2005). *Treating bipolar disorder: A clinician's guide to interpersonal and social rhythm therapy*. New York: Guildford Press.

이 책에서 저자는 대인관계 사회 리듬 치료(interpersonal and social rhythm therapy: IPSRT)를 소개하고 있는데, 이 치료는 IPT를 토대로 양극성 장애를 치료하기 위해 개발된 치료이다. 이 책은 IPSRT의 기법, 과정과 효과성 그리고 사례들을 제시하고 있다.

Hinrichsen, G. A., & Clougherty, K. F. (2006). *Interpersonal psychotherapy for depressed older adults*. Washington: American Psychological Association.

이 매뉴얼은 장년층을 대상으로 한 IPT에 대한 내용으로 구성되어 있는데, 예를 들어 장년층이 당면하는 문제들과 이 접근의 원리와 이론적 배경을 제시하고 있다.

웹 자료

www.interpersonalpsychotherapy.org

International Society for Interpersonal Psychotherapy의 웹사이트는 학생, 상담자, 연구자들에게 모임, 수련, IPT 연구나 실제에 대한 정보를 제공한다.

사례집

Crowe, M., & Luty, S. (2005). The process of change in interpersonal psychotherapy (IPT) for depression: A case study for the new IPT therapist. *Psychiatry*, *68* (1), 43-54. [Reprinted in D. Wedding & R. J. Corsini (2013). *Case studies in psychotherapy*. Belmont, CA: Brooks/Cole.]

우울 증상을 호소하는 42세의 이혼 여성을 IPT로 치료하는 과정을 보여 준다.

Markowitz, J. C., & Weissman, M. M. (Eds.). (2012). *Casebook of interpersonal psychotherapy*. New York: Oxford University Press.

이 책은 다양한 문제를 호소하는 내담자들을 치료하는 데 IPT가 어떻게 사용되는지 사례들을 통해 보여 준다.

Mufson, L., Verdeli, H., Clougherty, K. F., & Shoum, K. (2009). How to use interpersonal psychotherapy for adolescents (IPT-A). In J. M. Rey & B. Birmaher (Eds.), *Treating child and adolescent depression*. Baltimore: Lippincott Williams & Wilkins.

이 장은 우울한 청소년 Bill에 대한 IPT-A 상담 과정을 회기별로 자세히 보여 준다.

Weissman, M. M., Markowitz, J. C., & Klerman, G. L. (2000). *Comprehensive guide to interpersonal psychotherapy*. New York: Basic Books.

심각한 우울 증상과 자살 사고를 호소하는 27세의 내담자인 Ellen이 소개되는데, 이 사례를 통해 IPT의 핵심 원리들이 잘 설명된다.

Weissman, M. M., Markowitz, J. C., & Klerman, G. L. (2007). *Clinician's quick guide to interpersonal psychotherapy*. Oxford: Oxford University Press.

이 책은 다양한 심리 문제를 치료하는 데 IPT가 어떻게 활용될 수 있는지 여러 사례들을 통해 보여 준다.

Salvador Minuchin
Courtesy of Dr. Salvador Minuchin, The Minuchin Center

Virginia Satir(1916~1988)
© Cengage Learning

Michael White(1948~2008)
Courtesy of Michael White

제 11 장 가족치료

Irene Goldenberg, Herbert Goldenberg, and Erica Goldenberg Pelavin

가족치료는 이론이자 치료 방법으로, 가족이 교류하는 패턴의 맥락 속에서 임상적 문제를 살펴보는 방법을 제공해 준다. 또한 가족치료는 한 가족의 구성원들이 문제가 되고, 부적응적이고, 자기 패배적이며, 반복되는 관계의 패턴을 확인하고 변화시키도록 돕는 개입의 한 형태이다.

개인에 초점을 맞추는 치료법과는 달리, 가족치료에서 **환자로 지목된 사람**(identified patient, 가족 내에서 문제가 있다고 여겨지는 가족 구성원)은 가족 내에서 또는 가족과 외부 공동체 사이에서 생기는 문제가 되는 상호교류로 인해 문제를 표출하거나 문제가 되는 행동을 보여 주는 사람을 말한다. 가족의 변화를 돕는 것은 그 가족뿐만 아니라 개인의 기능을 향상시킬 수 있다. 최근에는, 가족의 기능을 이해하고, 개인, 가족 및 주변에 있는 문화적 공동사회를 고려하는 환경적 초점을 적용하기 위해 맥락을 넓혀 나가는 방향으로 치료적 노력이 이루어지고 있다.

개관

기본 개념

어떤 태도, 철학, 관점, 절차나 방법론이 과학적 사고(패러다임으로 알려진)를 지배할 때,

그러한 사고를 가지고 있는 학파의 관점 내에서 문제의 해결책이 찾아진다. 그러나 만약 우세한 패러다임에 의해 설명되지 않는 심각한 문제가 발생한다면, 기존의 체계를 확장하거나 대치시키기 위한 노력이 이루어진다. 일단 예전의 신념 체계가 변화하면, 관점이 바뀌면서 이전의 사건은 완전히 새로운 의미를 갖게 될 수도 있다. Kuhn(1970)에 따르면, 결과적으로 새로운 패러다임으로 전환될 때, 이를 과학적 혁명이라 한다.

심리치료 영역에서, 개인 환자와 작업할 때 진전이 더딘 것에 대하여 불만을 갖거나, 종종 환자에게 일어난 변화가 다른 가족 구성원에게 방해받을 때 좌절을 경험한 몇몇 임상가들이 1950년대 중반에 이러한 극적인 관점의 전환을 일으켜, 병리의 소재로서 가족을 보기 시작하였다. 그들은 개인의 성격 특성과 행동 패턴에 대한 전통적인 관심과 탐구에서 벗어나, 인간의 문제, 특히 증상의 발달과 완화의 문제를 개념화하는 새로운 방식을 제공해 주는 새로운 관점—가족이라는 준거 틀—을 채택하였다. 모든 패러다임의 전환에서처럼, 이 새로운 관점은 정신병리의 본질에 대한 새로운 전제를 필요로 하게 되었고, 자료를 모으고 개인의 기능을 이해하기 위한, 가족에 초점을 둔 새로운 방법들이 생겨나게 되었다.

분석의 단위가 개인일 때, 임상 이론은 환자의 문제를 설명하기 위해 불가피하게 내적인 사건들, 정신의 조직, 환자의 정신 내적 문제를 들여다본다. Freud로 거슬러 올라가는 전통을 따라, 이러한 노력들은 **왜** 이 사람에게 무엇이 일어났는지를 밝히려는 설명이나 가설을 만들어 내며, 현재 가지고 있는 어려움의 근원을 찾아내기 위해 과거를 재구조화하는 쪽으로 향하게 된다. 가족이라는 틀로 개념적 도약이 일어나자, 개별적 행동이 발생하는 가족의 맥락, 사람들 사이에서 행동이 일어나는 순서, 현재 **무엇이** 일어나고 있으며, 각 참여자에게 **어떻게** 영향을 미치는지 그리고 역으로 다른 가족 구성원에 의해 어떻게 영향을 받는지에 주목하게 되었다.

상호적 인과관계(reciprocal causality)에 대한 이러한 관점은 가족 구성원이 상호작용하는 반복적인 방식을 관찰할 기회와 치료적 개입을 시작하기 위해 그런 자료를 사용할 기회를 제공해 준다. 따라서 가족치료자들은 증상을 가진 한 사람보다는 역기능적이거나 손상된 가족 단위에 주의를 돌리는데, 증상을 가진 사람은 단지 그런 가족체계의 한 부분일 뿐이며 그 사람의 행동은 가족의 역기능을 표현하는 것으로 본다.

✻ 체계로서의 가족

관계의 준거 틀을 채택함으로써, 가족치료자는 가족의 **구조**(특정한 시간의 횡단면에서 어떻게 배열되고 조직되고 유지되는지)와 가족의 **과정**(시간에 걸쳐 전개되고, 적응하거나 변화를 이루는 방식)에 대해 동시에 주의를 기울인다. 그들은 계속 진행되고 살아 있는 체계이며, 개별 구성원들의 단순한 합 이상의 실체를 함께 구성하는 관련된 부분들이 이루는, 복잡하게 조직되어 있는 지속적인 인과적 망(causal network)으로 가족을 보았다. 그 체계가, 결국, 더 큰 사회적 맥락—외부의 공동체—의 한 부분이 된다.

체계가 어떻게 작동하는가를 이해하는 데 필요한 몇 가지 핵심 개념들이 있다. 그중에서도 **조직**(organization)과 **전체성**(wholeness)은 특히 중요하다. 체계는 서로가 어느 정도 일관된 관계를 유지하는 단위들로 구성되어 있으며, 따라서 우리는 체계가 그러한 관계들 사이에서 조직된다고 추론할 수 있다. 유사한 방법으로, 일단 결합된 단위나 요소들은 부분의 합보다는 큰 하나의 실체, 즉 전체를 만들어 낸다. 어느 한 부분에서 일어난 변화는 다른 부분의 변화를 일으키고, 더 나아가 전체 체계에 변화를 일으킨다. 체계 이론가들이 주장하듯이, 만약 이것이 사실이라면 체계를 적절히 이해하기 위해서는 각 부분에 대한 개별적인 연구보다는 전체에 관한 연구가 필요할 것이다. 요소들은 결코 분리되어 기능할 수 없기 때문에 체계 내에 있는 어떠한 요소도 따로 분리해서 이해할 수 없다. 가족 기능이 함축하고 있는 의미는 명확하다. 즉, 가족은 그 구성원들이 개인적 부분의 합을 초월하여 하나의 전체를 형성하면서, 집단으로 조직되어 있는 하나의 체계이다.

인류학자인 Gregory Bateson은 가족을 하나의 체계로 보는 것에 대하여 최초로 관심을 가진 연구자라고 할 수 있다. 그와 동료들은 초기 연구에서 조현병이 병리적인 가족 상호작용의 결과일지도 모른다는 가설을 검증하였다(Bateson, Jackson, Haley, & Weakland, 1956). 비록 가족치료자는 아니었지만, Bateson(1972)은 가족이 어떻게 **인공두뇌학적 체계**(cybernetic system)로 작동하는지를 맨 처음 본 인물로 특별히 인정받을 만하다. 조현병의 원인에 대한 현대의 견해는 환경적인 스트레스에 의해 악화되는 유전적인 소인을 강조하고 있으나, Bateson과 동료들이 정보의 흐름과 가족 내에 존재하는 의사소통 패턴에 처음으로 주의의 초점을 맞춘 것은 인정을 받아야 한다. 가족치료자들은 무엇이 일어나는지 그 내용을 연구하기보다는, 하나의 단위로서 가족 기능을 규정하는 가족 구성원 간의 상호작용 패턴들인 가족의 과정에 주의를 기울인다.

✻ 인공두뇌학적 인식론

인공두뇌학적 인식론(cybernetic epistemology)을 받아들이면서 임상 장면에 몇 가지 중요한 변화가 일어났다. 예를 들면, 병리의 소재가 환자로 지목된 사람에서 사회적 맥락으로 바뀌었으며, 문제가 있는 개인보다는 개인들 간의 상호작용을 분석하게 되었다. 한 개인이 다른 사람의 행동의 원인이 된다는 가정("네가 그것을 시작하였고, 나는 단지 네가 한 행동에 대해 반응하였다") 대신에, 가족치료자는 두 참여자가 순환적인 상호작용, 즉 자신에게 피드백이 되돌아오는 연속적 반응을 한다고 본다. 왜냐하면 각 가족 구성원마다 그 상황을 다르게 정의하기 때문이다. 각자는 원인이 다른 사람에게 있다고 주장하는데, 두 사람 모두 옳다. 그러나 사람들 사이에서 갈등의 시작점을 찾는다는 것은 헛된 일이다. 왜냐하면 단순하고 선형적이며 시작과 끝이 명백한 인과적 상황이 일어나는 것이 아니라, 복잡하고 반복되는 상호작용이 일어나기 때문이다.

자극-반응의 양식에서, 한 사건이 다른 사건을 유도해 낸다는 단순하고도 비상호적인 관점은 **직선적 인과관계**를 나타낸다. 가족치료자들은 **순환적 인과관계**의 입장에서 생각하는 것을 더 좋아한다. 상호적 작용(reciprocal actions)은 서로 작용하는 연결 고리를 통하여 관계망 안에서 일어난다. 이러한 관점에서 볼 때, 어떤 원인은 이전 원인의 결과인 것처럼 보이고, 그것은 다시 그다음 사건의 원인이 된다. 따라서 가족 내에서처럼, 체계 구성원들의 태도와 행동은 서로에게 강력하고 영속적이고 상호적인 방식으로, 그리고 결코 끝이 없는 순환으로 결합되어 있다.

'키잡이'라는 뜻의 그리스어에서 유래된 **인공두뇌학**(cybernetics)은 수학자인 Norbert Wiener(1948)가 **피드백 고리**(feedback loops)에 의해 작용하는 조절 체계를 묘사하기 위해 만들어 냈다. 이 기제를 가장 적절하게 비유하는 예로 가정 난방 체계의 자동 온도조절 장치를 들 수 있다. 바라는 온도를 맞추어 두면, 맞추어진 온도보다 떨어질 때 난로가 켜지고 바라는 온도에 도달하면 난로가 꺼지는 장치이다. 이 체계는 정해진 지점의 근처에서 균형을 이루고, 방의 온도에 대한 피드백 정보를 따른다. 그러므로 체계는 역동적인 평형을 유지하며, 균형이 위협받을 때마다 평형을 유지하도록 작용한다.

가족에서도 마찬가지이다. 위기나 다른 혼란이 발생할 때, 가족 구성원은 스트레스를 감소시키고 내적 균형을 회복하기 위해 가족이 학습한 기제를 활성화함으로써 안정된 환경—**가족 항상성**(family homeostasis)—을 유지하거나 다시 얻기 위해 노력한다.

가족들은 정보의 교환—피드백 기제로 작용하는 말, 외모, 제스처, 눈짓—에 의존하는데, 이 정보는 불균형이 생겼다는 신호와 관계가 이전의 균형 있는 상태로 되돌아가도록 도와주기 위해 몇 가지 교정적인 단계가 필요하다는 신호를 보낸다. 요컨대, 한 체계에서 출력된 정보는 그 체계의 기능을 바꾸거나, 고치거나, 지배하기 위해서 다시 입력된다. **부적 피드백**(negative feedback)은 감소시키는 효과를 통해 평형을 회복하는 반면, **정적 피드백**(positive feedback)은 편향을 가중시켜 더 큰 변화를 이끌어 낸다. 부적 피드백에서, 부부는 그들이 다투는 동안, 사실은 "지금 그만두지 않으면 나중에 후회할 거야."라는 의미의 정보를 교환할지도 모른다. 정적 피드백의 경우, 싸움이 고조되어 위험하고, 결정적인 정도에까지 이를 수 있다. 부부 싸움을 하는 두 사람 모두 결과에 대해 관심이 없는 지경에 이르기까지 다툼을 계속해 나갈 것이다. 그러나 어떤 상황에서는 정적 피드백이 일시적으로 불안정하긴 하여도, 그것이 통제를 벗어나지 않은 상태에서 부부가 역기능적인 교류 패턴을 재평가하고 그들의 관계 맺는 방식을 재검토하여, 체계의 규칙을 변화시키도록 도와준다면 유익할 수도 있다. 즉, 체계는 이전의 수준으로 되돌아갈 필요가 없을 뿐만 아니라, 아마도 정적인 피드백의 결과로, 더 높은 항상성의 수준에서 변화와 기능이 더 순조롭게 이루어질 수도 있는 것이다(Goldenberg & Goldenberg, 2013).

* 하위체계와 경계 및 더 큰 체계

주로 Minuchin, Nichols와 Lee(2006)의 연구에 의해, 가족치료자들은 가족이 여러 개의 공존하는 하위체계로 구성되어 있으며, 그 안에서 구성원들이 특정 가족 기능이나 과정을 수행하기 위해 함께 무리 짓는 것으로 보았다. 하위체계는 전반적인 체계 내의 요소들로 구성되어 있으며, 세대, 성 또는 가족 기능에 의해 결정될 수 있다. 각 가족 성원은 동시에 몇 개의 하위체계에 속하게 된다. 한 사람의 아내는 어머니이고, 딸이며, 여동생이기도 하므로 다양한 시기에 다른 구성원들과 서로 다른 보충적인 관계에 소속하며, 각각에서 다른 역할을 하는 것이다. 특정한 역기능적 상황에서, 가족들은 끼리끼리 장기적 제휴를 하는 무리로 분리될 수 있다. 남자들은 여자들과 다투고, 부모는 아이들과 대립하며, 아버지와 딸이 어머니와 아들에 대하여 갈등 상황에 놓일 수 있다.

가족 구성원들이 일시적인 동맹을 맺을 수도 있지만, 세 가지 핵심 하위체계는 언제나 지속되기 마련이다. 부부, 부모 및 형제자매 하위체계(Minuchin, Rosman, & Baker, 1978)가 그것이다. 부부 하위체계는 특히 가족에게 중요하다. 부부 하위체계에서 나타나는 역기능은 결과적으로 아이들이 희생양이 되거나 한쪽 부모에 반대되는 다른 쪽 부모와 동맹을 맺도록 아이들을 흡수하는 식으로 가족 전체에 영향을 주게 된다. 효율적인 부부 하위체계는 안전을 제공해 주며, 결혼의 상호작용에 대한 긍정적 모델을 제시함으로써 아이들에게 헌신에 대해 가르친다. 부모 하위체계는 그것이 효율적일 때, 아이들을 돌보고, 양육하고, 지도하며, 한계를 정하고, 훈육을 제공해 준다. 여기에서 일어나는 문제들은 흔히 청소년과 성인 사이의 세대 간 갈등 형태를 취하지만, 근본적인 가족의 부조화와 불안정을 반영할 때도 종종 있다. 형제자매 하위체계는 구성원들이 협상하고, 협동하고, 경쟁하고, 결국에는 다른 사람에게 애착하는 것을 배우도록 해 준다.

경계는 체계, 하위체계, 또는 개인을 외부 환경에서 분리시키는 보이지 않는 선이다. 사실상, 그것은 내부인으로 간주되는 사람들과 외부인으로 보이는 사람을 구분하여 체계의 통합성을 보호해 준다. 가족 내에 있는 경계는 경직되어 있는(과도하게 제한되어 서로에게 매우 적은 접촉만이 허락된) 것에서부터 혼란스러운(과도하게 흐릿해서 역할들이 서로 바뀔 수 있고 구성원들은 각각 다른 사람의 생활에 깊이 관여하고 있는) 것에 이르기까지 다양하다. 그러므로 하위체계 사이에 있는 경계의 명확성과 경계와 경계 사이의 투과성은 하위체계의 구성원 자격보다 더 중요하다. 과도하게 경직된 경계는 가족 구성원들이 서로 고립되었다고 느끼는 **유리된 가족**(disengaged families)이 되는 반면에, 혼란된 경계는 구성원들이 서로의 삶 속에서 뒤얽혀 있는 **뒤엉킨 가족**(enmeshed family)이 된다.

가족과 외부세계 사이의 경계는 환경으로 정보가 흘러가고 환경에서 정보가 흘러들어오도록 분명하게 허용할 필요가 있다. 체계의 관점에서는, 경계가 융통성이 있으면 있을수록 정보의 흐름도 더 좋아질 것이다. 이때, 가족은 새로운 경험에 개방되어 있고, 쓸모없이 퇴색한 상호작용 패턴을 바꾸거나 버릴 수 있으며, **열린 체계**(open system)로 작동한다. 경계가 쉽게 교차되지 않을 때, 그 가족은 편협하며, 주변에서 일어나는 일에 개방적이지 못하고, 외부세계에 대해 의심이 많으며, **닫힌 체계**(closed system)로 작동한다. 현실에서는, 어떠한 가족체계도 완전히 열려 있거나 완전히 닫혀 있지 않으며 연속선상에 존재한다.

✻ 인공두뇌학의 재검토와 포스트모던의 도전

초기에 체계 이론이 제안한 급진적 가정(순환적 인과관계, 피드백 고리, 경계, 하위체계)은 그들이 가지고 있는 관계 중심적이고 총체적인 특성에 의해 획기적인 것이었으나 한계가 있었다. 그 이유는 그들이 체계 내에서 일어나는 것을 묘사하려고 시도하는 외부의 관찰자에 국한되었기 때문이다(Becvar, 2003). 후에 다시 개정을 하였을 때, 때로는 이것을 **이차 인공두뇌학**이라고 부르는데, 관찰자(가족치료자)가 자신의 관찰의 효과를 인정하였으며, 관찰자는 문제를 정의하는 것을 도움으로써 목표와 성과에 영향을 준다는 것을 인정하였다. 제시된 문제에 대한 각 가족원들의 지각이 중요하고 가치 있는 것으로 인정받기 시작하였는데, 그 이유는 각 구성원들이 현실을 구성하는 방법이 더 큰 사회적 맥락에 영향을 주고 또 영향을 받기 때문이다. 오늘날 인기가 있는 포스트모던의 관점은, 특히 기계론적 모델의 근거로서 체계 은유를 거부한다. 포스트모더니즘은 우리가 현실이라고 부르는 것은 필연적으로 주관적일 수밖에 없다고 주장한다. "객관적 관찰자에 의하여 묘사될 수 있는 저 밖에 있는 보편적 진리는 없다"(Gergen, 1999).

따라서 모든 가족체계는 하나 또는 그 이상의 더 큰 사회적 체계—법정, 건강보호 체계, 학교, 복지, 보호관찰, 그리고 가장 최근에는 사이버체계에 내재되어 있는 심리적 도전들—에 의해 영향을 받는다. 이러한 개척 분야는 실질적인 관계와 경계의 복합성을 자각하고 이해해야만 하는 치료자들에게는 새로운 도전이 된다. 지각된 것과 실제적인 것 양쪽에서, 관계의 실마리를 푸는 것은 치료자들에게 어려움을 줄 수 있고 법적이고 윤리적인 이슈를 제시할 수 있다(Pelavin & Moskowits-Sweet, 2009).

비록 더 큰 체계와 접촉하는 것이 시간 제한적이고 일반적으로 장기적 갈등에서 자유로울 수 있으나, 많은 가족들이 그런 체계와 얽혀 있고, 이러한 얽힌 관계는 때때로 가족 구성원의 발달을 방해한다. 오늘날의 가족치료자들은 그러한 상호작용에 깊은 주의를 기울이고, 역기능적인 가족 그 자체를 넘어서 보며, 최고의 효과를 얻기 위한 광범위하고 협동적인 중재를 하기 위하여 다양한 기관들의 조언을 통합한다.

✻ 성별 민감성과 문화적 특이성

여성주의 운동뿐만 아니라 삶에 관한 조망의 다양성을 탐구하는 포스트모더니즘의 영향을 받은 가족치료자들은 가족 내에서 관찰할 수 있는 상호작용 패턴들 너머를 보기 시작하였으며, 오늘날에는 성별, 문화, 그리고 민족성이 어떻게 가족 구성원들의 조망과 행동 패턴을 형성하는지 검토하고 있다. 초기에 가족 내에서 주입된 성 역할 행동에 의해, 남자와 여자는 서로 다른 사회화 경험을 하게 되어, 그 결과로 기대되는 행동이 달라지고, 전혀 다른 기회를 가지게 되며, 인생 경험들이 달라진다. 지난 30년 동안, 일과 가족의 역할 및 책임이 극적으로 변화하였으며 새로운 남성-여성 상호작용과 가족의 적응을 필요로 하게 되었다(Barnett & Hyde, 2001).

성별, 문화적 배경, 민족성, 그리고 사회적 계층은 상호작용을 한다. 다른 것을 고려하지 않고 어느 하나를 다룰 수는 없다. Kliman(1999)이 말한 것처럼, 남자 또는 여자로서의 경험은 하류층, 또는 중류층이나 상류층이 되는 것, 또는 아프리카계 미국인, 중국인이나 아르메니아인이 되는 것에 영향을 주고 또 영향을 받는다. 현대의 가족치료자의 관점은 가족들과 작업할 때, (과거에 치료자들이 때때로 그랬던 것처럼) 진부한 성차별주의자나 가부장적인 태도를 강화시키지 않도록 주의하면서, **성별 민감성의 조망**(gender-sensitive outlook)을 갖도록 강조하고 있다. 오늘날, 가족치료자들은 가족 내에서 그리고 사회 전반에서 권력, 계층 및 지위에 따른 차이점에 주목하고 있다.

이와 유사하게, 오늘날 가족치료자들은 가족 기능에 대하여 종합적인 그림을 그리려면 최소한 문화적 맥락(인종, 민족성, 사회 계층, 종교, 성적 지향)과 도움을 청하는 가족의 모양새(복합 가족, 편부모 가족, 동성애 가족 등)를 이해하여야 한다고 믿는다. 폭넓은 다문화적 틀을 받아들이면 다원론적인 조망을 갖게 되고, 태도와 행동 패턴이 때때로 가족의 문화적 배경에 깊이 뿌리박고 있다는 것을 알게 된다. 이러한 다원적 관점은 또한 역사적인 고전적 가족 모델에는 맞지 않는 오늘날의 많은 가족에 내재하고 있는 독특한 문제들을 치료자가 더 잘 이해할 수 있게 해 준다(Sue & Sue, 2007).

문화적으로 민감한 치료(Prochaska & Norcross, 1999)의 개발은 많은 치료자들이 작업하고 있는 (자급자족, 독립심, 개인적 발달을 높이 평가하는) 백인 중산층의 조망을 넘어서 그런 가치관이 모든 민족에게 받아들여지는 것은 아니라는 점을 인식할 필요를 제시한다. 예를 들면, 전통적인 동양의 배경을 가진 많은 내담자들은 가족이나 사회 전반의 욕구보다 자신의 욕구를 더 낮게 놓도록 사회화된다. 다문화적인 틀을 개발할 때 가족치료자들은 문화변용(acculturation)이 여러 세대에 걸쳐 일어나는 지속적인 과정이며, 민족적 가치관은 내담자 가족의 육아 방식, 세대 간 관계, 가족 경계 등에 지속적인 영향을 준다는 것을 반드시 알아야 한다.

문화적인 역량이 있는 가족치료자는 가족을 상담하는 것이 전문적 지식에 의해 영향을 받을 뿐만 아니라 그 자신의 '문화적 여과장치'에 의해 영향을 받는다는 사실을 잘 알고 있다. 즉, 그의 가치관, 태도, 종교적 신념과 수행, (특히) 치료자가 자라온 문화적 배경에서 무엇을 정상적인 행동으로 보는가와 연결된 신념들이 영향을 준다는 것을 잘 알고 있다(Madsen, 2007). 그와 같은 내장되어 있는 기준을 무시하면, 자신에게 익숙하지 않은 가족 패턴을 비정상이라고 잘못 이름 붙이거나 잘못 진단할 수 있다. 그 가족의 문화적 전통에서는 그것이 적합한 경우에도 이런 일이 일어날 수 있다(McGoldrick & Hardy, 2008). 이와 비슷하게, 문화적으로 민감한 치료자는 이탈된 행동을 단순히 문화적 차이라고 하면서 그것을 간과하거나 최소화하지 않도록 주의를 기울여야 한다. Falicov(2000)에 따르면, 가족치료에서의 만남은 치료자와 가족이 가지고 있는 가족생활에 대한 문화적이고 개인적인 구성개념이 서로 맞물리는 것이다. 이것은 임상가와 내담자 모두에게 영성의 역할을 포함하며, 대처하고, 치유하고, 회복하기 위한 영적 자원을 다루어야 한다(Walsh, 2009). 만일 종교나 이전에 수립되어 있는 가족의 의례가 체계의 욕구를 만족시키지 않는다면, 협동적인 의례를 창조하는 것이 가족을 치유할 수 있다(Imber-Black, Roberts, & Alva Whiting, 2003).

다양한 범위의 가족들과 치료를 할 때, 치료자는 가족 구성원들이 성별, 인종, 사회계층, 또는 성적 지향 때문에 받은 제약이 있을 경우에는 그것을 이해하도록 도와야 한다. 한 사회에서 관습적으로 또는 선호되는 삶의 방식을 규정하는 문화적 이야기(White, 2007)는 때때로 독성(인종주의, 성차별, 연령 차별, 계층 차별)을 가지고 있고, 따라서 개인, 가족 및 집단을 제약하고 속박한다. 여기에서 치료자는 가족이 사회적 제약을 뛰어넘도록 문화의 주류가 만들어 놓은 한계를 다루어 주어야만 한다.

다른 체계들

체계의 아이디어가 다른 형태의 심리치료에까지 스며들면서, 가족치료와 다른 치료적 접근법 사이의 구분이 과거보다 덜 분명해졌다. 한편으로는 치료자들이 개인 환자에게 초점을 맞추는 동안, 많은 치료자들이 사람들의 문제를 가족이 확실하게 한 부분을 차지하고 있는 더 넓은 맥락 속에서 보기 시작하였고, 가족체계의 방법을 개인 심리치료에 적용해 왔다(Wachtel & Wachtel, 1986). 예를 들어, 대상관계 이론은 유아기가 시작될 무렵, 우리의 삶 속에서 만족스러운 '대상'(사람)을 찾는 것을 강조해 왔다. Scharff와 Scharff(2006)처럼, 정신분석에 근거한 대상관계 가족치료자들은 일반적으로 부모와 해결되지 않은 관계의 결과로, 각 개인이 과거의 대상을 어떻게 내면화하였는지 밝히고, 내사(introjects)라고 불리는 과거에 새겨진 각인들이 현재의 관계, 특히 배우자나 아이들과 관계에서 어떻게 계속 드러나는가를 가족 구성원들이 발견하도록 도와준다. 대부분의 가족치료자들이 전반적인 가족 기능을 향상시키기 위해서 현재의 대인 문제를 다루는 반면에, 대상관계 가족치료자들은 성인의 성격 형성의 일차적 결정자로 과거에서 이어지는 무의식적 관계성을 찾는다.

개념적으로, Adler학파의 심리치료는 가족치료의 형식과 잘 부합된다. 정신분석보다 생물학적 또는 본능적 구조에 훨씬 덜 의존하는 Adler 이론은 아동기부터 미해결된 문제보다는 행동의 사회적 맥락, 대인관계에 깊이 관여하고 있는 개인, 그리고 현재 상황과 미래 목표에 대한 중요성을 강조한다. Adler학파의 심리치료와 가족치료는 모두 통합적인 인간관을 가지고 있으며 의도와 의식적 선택을 강조한다. 부모 역할을 증진시키기 위한 훈련뿐만 아니라 아동 지도 운동을 창시한 Adler의 노력은 개인을 넘어서 가족 기능에 대한 관심을 반영하는 것이다. 그러나 개인에 초점을 둔 그의 노력은 개인의 문제에 기저하고 있는 역기능적 가족관계를 변화시키지는 못하였다.

Carl Rogers가 개발한 인간 중심 접근은 내담자가 지금-여기에서 가지고 있는 주제에 관심을 기울이고, 성장 지향적이며, 가족이 자기실현을 하는 방향으로 움직여 가도록 돕는 데 적용할 수 있다. 인본주의적 관점은, 가족이 성장에 방해를 받은 것이며 만약 성장을 촉진시키는 치료적 경험이 제공된다면 해결책을 발견할 것이라고 믿었던 Virginia Satir(1972)와 Carl Whitaker(Whitaker & Bumberry, 1988) 등의 경험적 가족치료자에게 특히 호소력이 있었다. 경험적 가족치료자는 보통 Rogers학파보다 더 지시적이고, 몇몇 경우에는 가족이 그들의 의사소통 과정을 개방하도록 돕기 위해 교사로서 역할을 한다(예를 들어 Virginia Satir가 개발한 방법을 사용하여).

실존 심리치료는 본질적으로 현상학적이며, 내담자의 실존에 대한 자각과 지금-여기를 강조하고 있다. 대부분의 가족치료자들이 개인의 조직화된 전체성에 지나치게 관심을 갖고 있었다는 점을 감안하더라도, 이 관점은 Walter Kempler(1991) 같은 일부 가족치료자들에게는 고향과 같았다. 그는 사람들이 과거에 대한 반성을 통해서보다는 현재의 선택과 결정을 통해서 그리고 미래에 그들이 되고자 하는 것에 대한 선택을 통해서 자신과 그들의 관계를 규정한다고 주장한다.

행동치료자들은 전통적으로 대부분의 체계 이론 옹호자들보다 인과관계에 대하여 더 선형적인 관점에서 가족 상호작용을 본다. 예를 들어, 행동주의자들은 강화물로 작용하는 부모의 반응이 아동이 소동을 피우는 행동을 유지시키고 강화하는 것으로 본다. 체계 이론가는 이것을 피드백 정보의 교환을 포함하여 가족체계 내에서 발생하는 상호작용으로 본다.

현재 대부분의 행동주의자들은 인지적 요인(태도, 사고, 신념, 기대)이 행동에 영향을 준다는 것을 인정하고 있으며, 인지행동치료는 심리치료의 한 주류가 되고 있다(Dattilio, Epstein, 2005). 그러나 문제가 부적응적 사고 과정에서 기인한다고 보는 합리적 정서적 행동치료의 관점은 대부분 가족치료자에게 지나치게 개인 지향적인 것으로 받아들여진다.

증거에 기반한 치료들은 필요한 특정 집단과 문화적 적응을 확인한다(Cardona et al., 2012).

역사

선구자들

Freud, Adler, Sullivan

가족치료는 신경증적 개인의 증상 행동을 발견하거나 완화하기 위한 개입 과정을 발견하려 하였던 Sigmund Freud가 이끌어 온, 지난 세기 초에 시작된 노력까지 거슬러 올라갈 수 있다. 그러나 Freud의 이론에서는 증상이 발달하는 데 개인의 환상과 가족의 갈등과 동맹(예: 오이디푸스 콤플렉스)이 강력한 영향을 끼친다고 인정하였지만, 치료에서는 가족이 포함되는 것을 분명히 피하였으며, 대신에 증상이 있는 사람의 개인적 또는 정신 내적 갈등을 풀도록 도와주는 것을 선택하였다.

Adler는 Freud보다 한 걸음 더 나아가 신경증적 행동에 대한 가족의 맥락을 강조하였고 개인의 성격 형성에 미치는 가족 구도(예: 출생순위, 형제자매 간의 경쟁)의 중요성을 강조하였다. 그는 가족 상호작용 패턴이 가족 내부에서든 외부에서든 개인의 현재 관계를 이해하기 위한 열쇠를 제공한다고 주장하면서, 형성기 동안에 가족의 중심 역할에 주의를 기울였다.

1920년대 초반, Harry Stack Sullivan은 조현병으로 입원한 환자와 작업하면서 대인관계 이론을 채택하였다. Sullivan(1953)의 주장에 따르면, 사람들은 그들의 "되풀이되는 대인관계 상황의 비교적 지속적인 패턴"(p. 10)의 산물이다. Sullivan은 가족과 직접적으로 작업하지는 않았으나, 과도기적인 청소년기에 가족이 담당하는 역할을 추론하였고, 그 시기를 조현병이 발생하는 전형적인 시기로 생각하였다. 그에게 훈련받았던 가족치료의 두 개척자 Don Jackson과 Murray Bowen에게 Sullivan이 준 영향력은, 그들이 반복적인 가족 상호작용 패턴에 대한 Sullivan의 초기 개념을 채택하고, 가족에 대해 적극적으로 치료적 개입을 하는 점에서 분명하게 나타난다.

일반 체계 이론

1949년대 초반, Ludwig von Bertalanffy(1968)와 그 밖의 사람들은 모든 생물체를 포함하는 포괄적인 이론적 모델을 발전시키기 시작하였다. 일반 체계 이론은, 복잡한 현상을 일련의 덜 복잡한 인과적 반응으로 주의 깊게 나누어서 이해한 후, 이를 직선적 방법으로 A가 어떻게 B의 원인이 되고 B가 어떻게 C의 원인이 되는지 등을 분석하는, 과학 내의 전통적인 환원주의의 관점에 도전하였다. 대신에, 이 새로운 이론은 체계에 초점을 맞출 것을 주장하였는데, 이것은 부분들 간의 상호관계가 훨씬 더 중요하다고 가정하는 것이다. 즉, A가 B의 원인이 될 수 있지만, B는 A에 영향을 미치며, 이는 다시 B에 영향을 주어 순환적 인과관계를 갖게 된다. 일반 체계 이론의 아이디어는 순환적 인과관계와 한 가족 구성원의 증상이 개인의 정신병리보다는 오히려 가족의 역기능을 신호한다는 신념을 가지고 있는 가족체계 개념에서 발견할 수 있다.

✻ 집단치료

John Bell(1961)은 가족이라는 자연발생적 집단에 소집단 행동에 대한 사회심리적 이론의 일부를 적용하는 가족 집단치료라 불리는 치료적 접근법을 발달시켰다. 집단치료의 전체적 관점을 채택하는 가족치료자는 친족 집단이 더 현실적인 상황이며, 가족 수준의 개입을 함으로써 강력하고 더 오래 지속되는 체계적 변화를 가져올 기회가 더 많다는 믿음을 가지고 치료 과정에 전체 가족을 포함시킨다.

초창기

✻ 조현병에 대한 연구

몇몇 연구자들은 1950년대에 독립적인 연구를 통하여, 가족의 영향력이 정신병 증상을 일으킬 수 있는 영역으로서, 조현병에 주의를 집중하기 시작하였다. 처음에는 직선적인 관점으로 초기 가족의 자녀 양육의 실제에서 조현병의 원인을 찾았으나, 연구자들은 궁극적으로 더 폭넓은 체계적 관점에 이르게 되었다. 다음에 제시된 사람들의 초기 노력은 특별히 주목할 만하다. 팰로앨토에 있는 Bateson의 집단, 예일 대학교의 Theodore Lidz의 연구, Murray Bowen과 Lyman Wynne이 국립정신건강연구소(National Institute of Mental Health: NIMH)에서 기울인 노력 등. 연구에서 발견된 결과와 뒤이은 이론화에 의해, 치료적 목적으로 가족 구성원을 함께 만난다는 생각이 후에 나타났다.

Bateson, Jackson, Haley와 Weakland(1956)의 획기적인 논문에서는 가족 내의 **이중구속**(double-bind) 의사소통 패턴이 가족 구성원들 중 한 사람의 조현병 발병을 설명해 주는 것으로 보았다. 한 개인이, 보통은 어린아이가, 습관적으로 매번 같은 중요한 사람, 일반적으로 부모로부터, 모순에 대한 비평은 금지당한 채로 모순된 메시지를 받을 때 이중구속이 존재한다. 즉, 말로는 "나는 네가 하는 말은 무엇이든지 관심이 있어."라고 하지만 비언어적으로 몸짓이나 눈빛으로 "저리 가, 너는 나를 귀찮게 하고 있고, 나는 더 이상 너에게 관심이 없어."라고 신호한다.

반응이 강요되지만, 어떤 반응을 하든지 실패하기 마련이므로 어린아이는 혼란을 겪게 되고, 그런 불일치되는 메시지에 반복적으로 노출된 후에는 궁극적으로 철수하게 되며, 자신이나 다른 사람과의 의사소통에서 진정한 의미를 이해할 수 없게 된다. 따라서 조현병은 대인관계의 현상으로, 그리고 가족의 의사소통 체계에서 실패한 결과의 원형(prototype)으로 다시 이론이 정립되었다.

Lidz와 그의 동료들(Lidz, Cornelison, Fleck, & Terry, 1957)은 조현병 환자는 어린 시절에 필요한 보호를 받지 못하고 어른이 된다면 자율성을 이루지 못할 것이라고 가정하였다. 이 가정에 따르면, 부모 중 하나 또는 모두가 억눌린 발달을 한 것은, 특히 부모가 갈등으로 고통받는 결혼생활을 할 가능성이 높기 때문에, 아이들에게 빈약한 역할 모델을 제공한다는 것이다. 이 연구자들은 조현병 가족에서 흔한 만성적 부부 불화를 두 가지 패턴으로 구분하였다. 그 하나는 **결혼 왜곡**(marital skew)이라고 하는데, 정서적 장애를 가진 한 배우자가 극도로 지배적으로 되는 것이 상대편에 의해서 받아들여지고, 아이들에게는 그 상황이 일반적이라고 암시하는 것이다. **결혼 분열**(marital schism) 시나리오에서, 부모는 배우자를 무시하고, 이혼 위협이 일반적이며, 부모 각자가 아이의 충성심과 애정에 대해 서로 경쟁한다.

Bowen은 특히 공생적 모자 결속에 관심을 가졌는데, 이것이 조현병을 야기한다고 가정하였다. Bowen(1960)은 그의 연구에서, 계속되는 가족 상호작용을 관찰하기 위해서 한 번에 몇 개월 동안 전체 가족을 입원시켜 가족 전반에 걸친 정서적 긴장감을 관찰하고 그의 견해를 확장시켰다. 결과적으로, 그의 입장은 초기의 정신분석적 관점에서 서로 간의 기능을 강조하는 것으로 바뀌었는데, 그는 이것을 **가족 정서체계**(family emotional system)라고 명명하였다.

NIMH에서 Bowen의 뒤를 이은 Lyman Wynne은 조현병 환자를 구성원으로 두고 있는 가족이 보이는 희미하고 모호하며 혼란스러운 의사소통 패턴에 주의를 돌렸다(Wynne, Ryckoff, Day, & Hirsch, 1958). Wynne은 실제로는 그렇지 않으나 겉으로는 상호적이고 개방적이고 서로 이해하는 관계로 보이는, 거짓된 가족의 친근감을 묘사하기 위해서 **거짓 상호성**(psedomutuality)이라는 용어를 만들어 냈다. 이러한 가족의 구성원들은 개인 정체감을 잘 발달시키지 못하고, 가족 밖에서 일어나는 개인적 경험에서 정확하게 의미를 추론하는 자신의 능력을 의심하며, 닫힌 경계를 가진 안전하고 친숙한 가족체계 내에 남아 있는 것을 더 선호한다.

✻ 가족생활의 정신역동

Nathan Ackerman은 아동의 정신분석 작업에 관한 훈련을 받았지만, 역기능적 가정을 평가하고 치료하는 한 단위로서 가족 전체를 대하는 것의 가치를 알게 되었다. 그의 획기적인 책인『가족생활의 정신역동(*The Psychodynamics of Family Life*)』은 새로운 분야를 정의한 첫 번째 교재라고 할 수 있다. Ackerman(1958)은 가족치료에서는 맞물린 정신병리를 해결하는 데 목표를 두기 때문에, 어떤 한 가족성원의 문제를 다른 구성원들과 분리해서 이해할 수는 없다는 체계적 관점을 주장하였다.

조현병이 없는 가족과 함께 치료 작업을 함으로써, Ackerman은 장애가 심하지 않은 환자들에게 가족치료를 적용하는 시범을 보였다. 1962년경 뉴욕에 있던 그와 서부 해안 지역의 Don Jackson은 그 분야에서 최초의 학술지인「가족 과정(*Family Process*)」을 만들었는데, 편집자로 Jay Haley가 함께 일하였고, 연구자와 개업한 치료자들이 아이디어를 교환하고 성장하는 가족치료 분야에 참여하게 해 주었다.

✻ 비행 가족

Salvador Minuchin(Minuchin, Montavlo, Guerney, Rosman, & Schumer, 1967)은 뉴욕 주 북부의 도시 빈민가 비행 청소년들을 대상으로 하는 기숙학교인 윌트윅(Wiltwyck) 남학교에서, 이론과 실제가 결합된 프로젝트를 시작하였다. Minuchin은 일반적으로 가난하고 잘 조직되지 않았으며, 아버지가 없는 가정 출신인 소년들과 그들의 가족에게 다가가는 데 전통적인 방법이 가지고 있는 한계를 인식하고, 불안정한 가족 구조를 재조직하도록 돕는 것을 목표로 하는 수많은 단기적이고 행동 지향적 치료 절차를 개발하였다.

현 상태

가족치료의 최근 경향은 모든 내담자나 상황에 맞는 단일 기법은 없기 때문에 절충주의와 치료적 접근의 통합을 향하고 있다(Lebow, 1997). 치료자들은 행동적이고 정서적인 다양한 문제를 가진 청소년과 전 가족을 대상으로 치료하는 데 연구를 바탕으로 한, 중다체계적인 증거에 기반한 접근들을 사용하고 있으며 현대의 치료적 문제를 다루기 위하여 서로 간에 이론들을 빌려 쓰고 있다.

상습범죄의 감소와 함께 청소년기의 다른 문제를 치료하는 데 촉망을 받고 있는 두 가지 치료는 기능적 가족치료(Sexton & Alexander, 2002)와 중다체계적 치료(증거에 기반한 치료로 알려져 있음)(Henggeler, Schoenwald, Borduin, Rowland, & Cunningham, 2009)이다. 두 치료 접근은 모두 상당한 정도의 연구 지지를 받고 있으며, 체계에 근거한, 비용 효율적 프로그램을 제공하고 있어서 지역사회에서 일하는 사람들이 위기 청소년 및 가족들과 작업하는 데 적용할 수 있다.

Goldenberg와 Goldenberg(2013)가 개념화한 바에 따르면, 가족치료에는 여덟 가지 이론적 관점과 이에 상응하는 접근 방법이 있다.

✻ 대상관계 가족치료

정신역동적 관점은 현재 대상관계 가족치료자들이 가장 잘 설명하고 있으며(Hughes, 2007; Scharff & Scharff, 2006), 그들은 어떤 '대상(즉, 다른 사람)'과 만족스러운 관계를 맺고 싶은 욕구가 생의 근본적인 동기라고 주장한다. 대상관계의 관점에서 보면, 우리는 만족을 얻기 위해 내사된 것—아동기 때의 상실이나 충족되지 못한 것에 대한 기억—을 현재의 다른 사람과의 관계에 가져오는데, 때때로 그 과정에서 가족관계를 '오염'시키게 된다. 따라서 그들의 주장에 따르면, 사람들은 주로 무의식적으로 아동기 동안에 형성된 기대에 근거를 두고 현재 다른 사람과 관계를 맺는다. 개인의 심리 내적인 문제와 가족 간의 대인관계의 어려움이 치료 상황에서 검토된다. 이해할 수 있게 해 주고 변화를 조장하면서, 가족 구성원이 과거에 어떻게 대상을 내면화하는가, 그리고 어떻게 그 대상들이 현재 관계에 끼어들고 있는가에 대하여 통찰을 얻도록 도와주는 것이 치료적 노력의 핵심이다. 구성원들이 원가족에서 해결되지 않은 대상을 알아내도록 돕고, 개인적 향상이나 가족관계에서 오는 만족을 방해하는 서로 얽힌 정신병리에 대한 이해를 증가시키는 것이 치료의 목표이다. Vergina Satir는 자신의 치료 방법에서 오늘날의 심신적 접근을 예상하였다.

✻ 경험적 가족치료

Satir나 Whitaker와 같은 경험적 가족치료자는 문제가 있는 가정은 치료자가 관여하는 친밀한 대인관계 경험을 통해서 **성장 경험**을 할 필요가 있다고 믿었다. 스스로 실제적이고 진실하며, 가끔 자기개방도 하는 경험적 치료자는 가족이 더 정직하고, 자신의 느낌과 욕구를 더 잘 표현하고, 개인적 성장과 대인관계에서 성장을 이루기 위해 자각에 대한 잠재력을 더 잘 사용할 수 있게 배우도록 해 줄 수 있다고 주장한다.

Virginia Satir는 자기 존중감을 정립하고, 적절하게 개방적으로 의사소통하는 법을 배우는 것을 근본적인 목표로 삼았다. 자신의 접근법을 **상징적-경험적 가족치료**라고 불렀던 Carl Whitaker는 그 자신의 충동과 환상에 대해 이야기하였으며, 가족 구성원이 상징적 의미를 가진 숨겨진 세계를 탐색하도록 돕고, 그들의 내적 성장 과정을 활성화하도록 그것들을 해방시킴으로써, 인간의 경험을 병리적인 면에서 벗어나게 하였다. 현재, 경험적 가족치료를 가장 잘 대표하는 치료는 정서 중심 부부치료(emotionally-focused couple therapy)(Furrow, Johnson, & Bradley, 2011)로서, 이것은 부부가 서로 정서적인 유대를 강화하도록 도와주면서 그들의 부정적인 상호작용을 변화시키려고 시도하는 인본주의와 체계적 토대에 근거한 경험적 접근이다.

✻ 다세대 가족치료

Murray Bowen은 가족 구성원의 사고, 감정, 행동이 가족체계에 연결되어 있어서 개인적 문제가 발생하고 다른 구성원과 연결되는 관계에 의해 문제가 지속된다고 주장한다. 가족과 강하게 정서적 유대(또는 **융해**)를 가지고 있는 사람이 가족 스트레스에 대하여 개인적인 정서적 반응을 하는 데 가장 취약하다. 개별화되는 정도, 즉 가족에게서 독립하여 분리된 자아감(또는 **자기 분화**)을 갖는 정도는 가족 내의 정서적 반응성에 압도되지 않고 저항할 수 있는 능력과 관계가 있다. 분화가 잘 될수록 개인이 역기능을 경험할 가능성은 적어진다.

Bowen(1978)은 역기능에 가장 취약한 아이가 가장 쉽게 가족 갈등에 말려들게 된다고 확신하였다. 가장 많이 애착하는 아이가 가장 낮은 수준의 분화를 할 것이고, 가장 미성숙할 것이며, 따라서 가족에게서 분리하기가 가장 힘들 것이고, 결혼 상대자도 그의 가정에서 제대로 분화되지 않은 사람을 고르게 될 것이고, 그들의 자녀 중 가장 덜 분화된 사람이 비슷하게 분화가 안 된 배우자와 결혼을 할 것이라는 식이다. 이러한 공식화에서 보면, 문제가 다세대에 걸친 전수 과정을 통해 계속 다음 세대로 이어진다. Bowen은 여러 세대에 걸쳐 융해와 취약성이 증가되어 조현병이 일어나게 될 수 있다고 주장하였다.

또 다른 다세대 가족치료자인 Ivan Boszormenyi-Nagy(1987)는 여러 세대에 걸쳐 연장되는 가족관계 내의 윤리적 차원(신뢰감, 성실성, 자격, 채무)을 강조한다. 그는 가족 내의 관계적 윤리에 초점을 맞추는데, 이것은 공정성을 지키고 다른 사람과 관계를 맺을 때 각 구성원의 주장, 권리 및 의무에 대한 주관적 감각이 충족되도록 하는 데 목적이 있다. Boszormenyi-Nagy 같은 **맥락적 치료자**들에게는, 세대에서 세대로 전해지는 가족 내의 관계 패턴이 바로 개인과 가족의 기능을 이해하는 열쇠가 된다.

✻ 구조적 가족치료

Minuchin(1974)의 구조적 관점은 가족이 어떻게 조직되고, 그들의 교류작용을 지배하는 규칙은 무엇인지에 치료의 초점을 두고 있다. 그는 전 가족체계를 구성하는 경계와 하위체계뿐만 아니라 가족의 규칙, 역할, 조정과 연합에 특별한 주의를 기울인다. 증상은 더 근본적인 가족 갈등에서 주의를 돌리게 하는 갈등 완화제로 본다. 치료적으로 보면, 구조주의자들은 가족을 재조직화하도록 '해동하는' 일을 도와줌으로써 경직되고 반복적인 가족 내의 교류방식에 도전하는 것이다(Minuchin et al., 2006).

✻ 전략적 가족치료

이 접근법은 원하지 않는 행동을 없애기 위해서 새로운 전략을 계획하는 것과 관련이 있다. Jay Haley(1996) 같은 전략주의자들은 가족 구성원에게 통찰을 제공하는 데에는 그다지 관심이 없다. 그들은 문제가 되는 행동을 지속시키는 체계의 측면을 바꾸도록 가족에게 과제를 부여하는 일을 더 선호한다. 어떤 때는 내담자가 증상을 포기하도록 **역설적 개입**(paradoxical intervention)의 형태를 띤 간접적 과제를 준다. 팰로앨토에 있는 정신 연구소(Mental Research Institute)에서 일하는 치료자들은 가족들이 문제에 대해 실행할 수 없는 '해결책'을 세우기 때문에, 그것이 또 문제가 되어 버린다고 믿는다. 따라서 이 치료자들은 바람직하지 못한 가족 상호작용 유형을 바꾸기 위한 목적으로 다양한 형태의 역설적 방법을 사용하는 단기 치료 절차를 발전시켰다(Watzlawick, Weakland, & Fisch, 1974).

이탈리아의 밀라노에서는 Mara Selvini-Palazzoli와 동료들(Selvini-Palazzoli, Boscolo, Cecchin, & Prata, 1978)이 전략적 가족치료의 변형인 **체계적 가족치료**(systemic family therapy)를 발전시켰으며, 이 치료는 정신병 환자와 식욕 부진증 환자에게 큰 성공을 거두었다. Selvini-Palazzoli(1986)는 가족 내에 있는 행동적 증상은 부모와 증상을 가진 아이들이 권력 투쟁을 벌이는 '치사한 게임(dirty game)'을 나타내는 것으로, 아이들은 한쪽 부모의 편을 들어 다른 한쪽 부모를 패배시키기 위하여 이 증상을 사용하고 있다고 보았다. 특히 Boscolo와 Cecchin(Boscolo, Cecchin, Hoffman, & Penn, 1987)은 **순환적 질문**(circular questioning) 같은 여러 가지 면접 기법을 개발하였는데, 이 기법은 가족 구성원들이 그들의 인생에서 새로운 선택을 할 수 있는 우선권에 대하여 연습하도록 힘을 부여하는 과정에서 자신의 신념 체계를 검토할 수 있도록 도와주는 것이다. Boscolo와 Cecchin은 이차적 인공두뇌학에 기초를 둔 체계적 인식론을 제시하였는데, 여기에서는 치료자가 외부 관찰자로서 가족체계를 기술하려고 시도하는 사람이라기보다는, 관찰되고 치료되는 존재의 한 부분이라고 본다. 치료자도 다른 참석자들과 마찬가지로 가족에 관해 특정한 관점을 가지고 있지만 진정으로 객관적인 관점을 지니고 있거나 가족에게 가장 좋은 것이 무엇인지 알고 있는 사람은 아니라고 본다. 그들의 접근법은 포스트모더니즘의 영향을 받은 사회 구성주의 치료의 발달을 증진시켰다.

✻ 인지행동적 가족치료

역기능적이고 문제가 되는 행동은 그 행동을 바꾸기 위한 강화의 유관성에 의해 제거할 수 있다는 생각을 가진 행동주의적 관점은 최근에 인지적 관점을 포함하면서 확장되었다(Beck & Weishaar, 2007; Berg, Dolan, & Trepper, 2008; Ellis & Dryden, 2007). 부부와 작업하거나 부모 교육을 제공하면서, 내담자들이 역기능적인 신념, 태도나 기대를 극복하게 도와주고, 자기 패배적인 사고와 지각을 자신과 미래에 대해 더 긍정적인 자기 진술로 대치하도록 도와주기 위해 인지적 재구조화가 고안되었다. 내담자는 현재의 왜곡된 신념을 변화시키는 것을 뛰어넘어 모든 신념들을 어떻게 더 잘 평가할 수 있는 방법을 배운다. 인지적 부부치료는 생의 초기에 (원가족, 대중 매체, 또는 가족의 민족성과 사회경제적 하위문화에서) 배운 왜곡된 신념들(도식이라 부름)을 재구성하는 방향을 취한다. 이 부적인 도식은 자동적 사고와 다른 사람에 대한 정서적 반응에 영향을 주고 잘못된 지각을 수정하거나 바꾸려면 인지적 재구성이 필요하다.

✻ 사회 구성주의자 가족치료

포스트모더니즘의 영향을 우선적으로 받은 사회 구성주의자들은 체계적 사고, 특히 초기 가족치료자들이 소개한 단순한 인공두뇌학 모델에 이의를 제기한다. 그들은 우리의 지각이 세상을 정확히 복제한 것이 아니며, 사람에 대하여 우리의 추정(assumption)이라는 한정된 렌즈를 통해 보는 하나의 관점이라고 주장한다. 우리 각자가 구축하는 현실에 대한 관점은 언어를 통해 전달되며, 다른 사람과의 관계와 문화적으로 공유된 추정에 의해 사회적으로 결정된다. 다양성을 존중하면서, 이 치료자들은 가족이 기능하는 수준을 결정하기 위해서는 민족성, 문화적 고려, 성별에 따른 이슈, 성적 지향 등이 반드시 고려되어야 한다고 주장한다.

사회 구성주의자의 관점에서 본 가족치료는 무엇이 기능적인 가족을 구성하는가 또는 특정 가족이 어떻게 변화해야 하는가 등에 대하여 아무런 선입견 없이 치료자와 가족 구성원이 협력하는 것이다. 그 대신에, 치료자와 가족 구성원은 그들이 어떤 사건에 부여하는 의미에 대한 근거를 제공하는 신념 체계를 검토하고, 그런 다음 과거의 삶에 대한 평가를 바꾸고, 더 큰 전망을 제시하는 새로운 대안들을 함께 고려한다. 이 관점을 지지하는 대표적 인물은 Steve de Shazer(1991), Berg(Berg et al., 2008)(해결 중심 치료) 그리고 Harlene Anderson(1997)(협동적 언어 체계 접근)이다.

✻ 이야기 치료

Michael White(1995) 같은 이야기 치료자는 우리 자신과 세상에 대하여 가지고 있는 지식을 전파하는 이야기를 통하여 우리의 현실감이 조직되고 유지된다고 주장한다. 자신들에 관하여 부정적이고 꽉 막힌 이야기를 하는 가족은 전형적으로 압도되고, 부적절하고, 패배적이고, 미래에 대한 선택권이 없다고 느낀다. 그들의 자기 이야기는 지쳐 있으며 변화를 가져오는 선택권이 없다는 것을 인정하는 것이다. 지배적인 문화적 이야기 또한 그들이 다른 사람들이 기대하는 대로 살 수 없다는 느낌을 갖게 해 준다. 치료에서는 문제로 가득 찬 이야기의 힘을 줄이도록 배우고, 이전에 성공한 경험이 있는 이야기로 대치함으로써 그들의 삶을 개선하도록 도움을 준다. 치료자의 역할은 내담자가 하나의 이야기를 다른 이야기로 대치하도록 돕는 것이 아니라, 그들이 삶을 여러 개의 이야기로 되어 있고 다양한 선택권과 가능성이 있는 것으로 보도록 돕는 것이다.

이야기 치료자는 가족 패턴이 문제를 일으키는 방법에는 관심이 없으며, 그보다는 문제가 가족에게 어떻게 영향을 주는가에 관심이 있다. 이야기 치료자에 따르면, 치료자의 과제는 가족에게서 대안적 이야기를 탐색하고, 자신에 대하여 새로운 추정(assumption)을 만들고, 그들의 이야기를 다시 씀으로써 새로운 가능성을 열도록 그들과 함께 공동작업을 하여 절망감에서 해방될 수 있도록 가족을 돕는 것이다. **외재화**(externalization)(문제를 정체성의 내면적 부분으로 보기보다는 자신의 밖에 있는 것으로 보는 것)는 새로운 선택에 주의를 두고 새로운 이야기를 만들어 낼 수 있도록 그들을 돕는다.

White는 특히 내담자들이 자신의 삶을 살아온 방식의 기초를 형성하였던 괴로운 이야기들을 재검토하고, 그들과 연대하여 새로운 대안을 구성하도록 내담자를 돕는 것에 흥미를 가지고 있었던 반면에, de Shazer는 새롭고 힘이 되는 해결책을 찾아내도록 그들과 대화를 함께 나누면서 내담자가 자신의 문제를 다르게 바라보도록 도와준다.

성격

가족치료자들은 모두 개인의 발달이 가족생활의 맥락에 그 뿌리를 두고 있다고 보기는 하지만, 그들이 하나의 집단으로 단일한 성격 이론을 지지하는 것은 아니다. 성격 형성에서 대인관계의 역할을 강조한 Sullivan(1953)의 견해를 확장시켜서, 가족치료자들은 행동을 사람이 다른 사람과 맺는 관계의 산물이라고 본다. 가족 구성원의 증상 행동은 어느 것이든, 과거에 가족과 가졌던 경험에 그 뿌리가 있을지 모르지만, 그 사람의 현재 상황에 대한 반응이다.

성격 이론

가족체계의 조망을 받아들이는 임상가들은 다양한 이론적 배경을 가지고 있다. 개인의 성격을 간과하지는 않지만, 가족과 같은 더 큰 체계의 한 단위로 개인을 재조명한다. 그러나 한 개인의 행동이 아무리 가족체계 내에 있는 다른 사람의 행동과 관련되고 이에 의존하고 있다고 해도, 각 가족 구성원이 살과 피를 지닌 인간으로서 독특한 경험, 개인적 희망, 야망, 관점, 기대, 잠재력을 지니고 있다는 것은 가족치료자들도 잘 알고 있다(Nichols, 1987). 대부분의 가족치료자는 각 개인의 단일성에 대한 관심을 잃지 않으면서 가족의 상호작용에 초점을 맞추려 노력한다. 궁극적인 목표는 가족을 구성하는 모든 사람들이 다 혜택을 얻는 것이다.

치료자가 성격 발달에 대해 어떤 견해를 가지고 있는가는 주로 그 사람의 기본적 이론 구조의 영향을 받는다. 정신분석에 뿌리를 두고 있는 대상관계 이론가들(Hughes, 2007)은 사람들의 기본적 욕구가 애착이라고 믿는다. 즉, 그들은 초기 아동기 경험의 결과로, 성인으로서 그들이 얼마나 빈약하거나 불안정한가에 근거하여 친밀성과 정서적 유대를 추구한다. 이 치료자들은 자녀의 관계에 대한 욕구를 부모가 채워 주지 못한다면 그 아이는 잃어버린 대상의 특성과 그 상실에 수반되는 분노와 거부를 모두 내면화한다는 신념을 가지고, 개인의 '대상 상실'의 성장 과정을 연구한다. 해결되지 않은 무의식적 갈등의 결과는 좌절로 진전되고 성인기에 자기 패배적 습관을 지니게 된다.

행동 지향적인 가족치료자들은, 정상적이든 비정상적이든, 모든 행동이 지식, 정보, 기대, 습관 등의 습득과 관련된 과정의 결과로서 학습된 것이라고 믿는다. 고전적 조건형성, 조작적 조건형성, 모델링의 개념들이 어떻게 성격이 학습되는가를 설명해 준다. B. F. Skinner의 초기 입장을 따르던 일부 엄격한 행동주의자들은 내적인 성격이 존재하는지 여부를 의심하였으며, 우리가 '성격'이라고 보는 것은 한 사람의 인생에서 겪는 환경적 경험의 총체에 지나지 않는다고 주장하였다. 내적 특성의 발달이 성격을 이룬다는 추론을 거부한 그들은, 그 대신에 그 사람의 환경 내에서 관찰 가능한 행동과 관찰 가능한 변화 사이의 관계를 추적하였다. 그들의 견해에 따르면, 상황이 행동을 결정한다.

인지적인 측면을 더 많이 받아들이는 치료자들은 사람들이 성격 특성을 지니고 있다고 믿었으며, 사람들이 하는 행동 중 일부분은 적어도 그러한 특성에 기인한 것이며 단순히 상황에 대한 반응은 아니라고 믿었다. 이 가족치료자들은 어떤 종류의 인지는 학습되고, 특성으로 스며들게 되며, 한 사람의 행동을 조정한다고 주장하였다. 사건에 대한 지각, 태도, 신념, 결과에 대한 기대 및 속성은 그러한 인지의 대표적 예이다. 특히, 부정적이거나 경직된 인지는 가족 내에서 부정적인 행동을 주고받는 데 기여한다. 치료적 개입은 부적응적인 인지를 변화시키려는 시도이다.

많은 가족치료자들은 성격을 가족생활 주기(family life cycle)의 관점(Carter & McGoldrick, 2005)에서 본다. 이와 같은 발달적 관점은 모든 가족에서 어떤 예측 가능한 사건이나 단계(결혼, 첫 아이의 출생, 자녀가 집을 떠나는 것 등)가 일어나며, 그 구조나 구성과는 무관하게 각 가족은 이러한 사건들을 어떤 방식으로 다루어 가도록 강요받는다는 점에 주목한다. 그 안에서 가족 구성원들이 성장해 나가는, 끊임없이 변화하는 가족 상황이 있기 때문에, 부적응적인 반응을 할 가능성이 높아진다. 가족의 위기 상황(예를 들면, 어린 시절 부모의 사망이나 장애아의 출생 등)과 어떤 중요한 전환점은 특히 취약해지는 시기이다.

연속성과 변화는 모두 가족이 인생 주기를 지나갈 때 나타나는 속성들이다. 일반적으로, 이런 변화는 점진적이며, 가족은 하나의 체계로서 재조직될 수 있고 성공적으로 적응해 나갈 수 있다. 그러나 어떤 비연속적인 변화는 파괴적이고 가족체계를 변형시킬 수도 있어서, 가족은 이전에 기능하던 형태로 결코 되돌아가지 못할 수도 있다. 이혼, 재혼 가족(stepfamily)의 형성, 심각한 재정적 실패, 가족 구성원의 만성적인 질병 등은 갑작스럽고 파괴적인 변화로서 가족체계에 격변과 불균형을 야기하는 요인이 될 수도 있다. 가족 구성원의 증상은 가족이 변화와 타협하면서 재조직하기 위해 투쟁하고 있는 이런 변화의 결정적 시기 동안에 나타나기가 쉽다. 가족치료자들은 위기의 기간을 가족이 한 단계 더 높이 기능할 수 있도록 돕는 기회로 삼기도 한다.

다양한 개념들

⁎ 가족 규칙

가족은 그 안에서 조직되고 수립된 패턴을 구성원들이 상호작용하면서 따라가는 규칙이 지배하는 체계이다. 가족 내에서 성장하는 동안 구성원들은 가족 간의 교류에서 무엇이 기대되고 무엇이 허용되는지 배운다. 부모, 자녀, 친척, 남성, 여성, 형과 아우는 모두 허용되는 행동 경계에 대한 정해진 규칙을 가지고 있다. 그것이 말로 표현되지는 않더라도 모두가 이해하고 있는 것이다. 그러한 규칙은 가족체계가 안정되도록 조절하고 돕는다.

가족치료자들은 특히 가족의 일상생활을 특징지어 주는 끈질기고 반복적인 행동의 연속에 관심을 기울인다. 왜냐하면 이러한 패턴이 가족의 전형적인 상호작용 양식을 드러내기 때문이다. **중복 원리**(redundancy principle)라고 하는 이 개념은, 가족이 서로 대하는 방법에서 일반적으로 제한된 범위의 대안을 가지고 있는 것을 말한다. 가족의 규칙을 수행하는 것은 개인의 행동을 일종의 추론된 내적 동기에 귀인시키기보다는 행동을 이해하는 상호작용의 방식을 나타낸다. 가족의 행동 패턴에 관한 초기 관찰자였던 Don Jackson(1965)은 변화하는 조건에 따라갈 수 있는 가족 규칙의 부족에서 가족의 역기능이 생긴다고 믿었다.

⁎ 가족 이야기와 추정

모든 가족은 세상에 대한 패러다임을 개발한다(가족 구성원들이 공유하는 지속적인 가정을 만든다). 어떤 가족들은 세상을 친절하고, 믿을 수 있으며, 질서가 있고, 예견할 수 있으며, 숙달할 수 있는 것으로 보고, 따라서 그들 자신을 유능하게 볼 가능성이 높다. 그들은 서로 의견이 다를 경우에도, 자신들의 견해를 서로 나누도록 가족원들을 격려한다. 다른 가족들은 세상을 대부분 위협적이고, 불안정하며, 따라서 예견할 수 없고 잠정적으로 위험한 것으로 본다. 이 사람들은 전부가 아니면 거의 대부분의 경우에 어떤 침입이나 위협에 대항하여 통일성을 앞세우기 위한 노력으로 모든 가족원이 동의할 것을 주장하는 경향이 있다. 가족이 그에 관하여 발달시키는 이야기는, 주로 그들의 역사와 한 세대에서 다음 세대로 전해 내려오는 것으로서, 그들의 일상적인 기능에 강력한 효과를 가지고 있다.

가족들은 필연적으로 자신들에 관한 이야기를 창조하는데, 이는 그들이 왜 그리고 어떻게 지금과 같은 방식으로 살고 있는지를 정당화하기 위해 특정한 가족 경험을 특정한 순서로 연결시키는 것이다. 특정한 지배적인 이야기들(그들이 어떻게 어린 나이에 고아가 되었는지, 그들이 어떻게 알코올 중독자인 부모와 살았는지, 부모의 이혼이 어떻게 친밀한 관계를 맺는 데 두려움을 갖게 하였는지, 할머니의 사랑과 헌신이 어떻게 그들이 사랑받고 보살핌을 받는 느낌을 갖게 해 주었는지 등)은 그들의 현재 행동과 태도를 설명해 준다. 이야기 치료자인 White(2007)는 그것에 의해 우리가 자신에 대한 지식과 우리가 살고 있는 세상에 대한 관점을 순환시키는 이야기를 통하여 우리의 현실 감각이 조직되고 유지된다고 주장하였다. 개인적 경험을 넘어서, 가족이 그들이 마주치는 사건과 상황에 대하여 귀인하는 의미와 이해가 그들의 사회적 · 문화적 · 역사적 경험에 스며든다(Anderson & Gehart, 2006).

✻ 거짓 상호성과 거짓 적대성

Wynne은 NIMH에서 조현병 환자가 있는 가족을 연구한 결과(Wynne, Ryckoff, Day, & Hirsch, 1958), 그 구성원들이 반복적으로 단편적이고 비합리적 의사소통 양식을 보인다는 것을 관찰하였다. Wynne은 그들이 서로 긍정 정서와 부정 정서를 표현하는 방식이 모두 비현실적 성질을 가지고 있음을 발견하였으며, 이를 **거짓 상호성**(pseudomutuality)이라고 이름 붙였다. Wynne은 이러한 가족의 구성원들이 서로 맞추는 데 여념이 없어서 독립된 정체성을 찾지 못한다고 보고하였다. 이 가족 구성원들은 잘 기능하는 가족에서 하는 것처럼 분리감과 일체감의 균형을 격려하기보다는 단지 일체감에만 관심이 있고, 개성을 표현하는 것은 전체 가족에 대한 위협으로 받아들여 이를 분명히 두려워하는 것으로 보였다. 일체감의 가면을 나타냄으로써, 그들은 항상성의 균형을 유지하는 방법을 배웠으나 서로의 의견 차이나 애정의 표현을 허용하지 않는다는 대가를 치르게 된다. 이 책략은 그들이 기저하고 있는 어떤 갈등에도 대처하지 못하도록 하며, 동시에 표면적인 일체감은 서로가 더 깊은 친밀감을 경험하지 못하게 방해한다.

Wynne의 연구는 또한 **거짓 적대성**(pseudohostility)도 확인하였다. 이는 유사한 결탁으로, 가족 구성원들이 서로 다투고 언쟁하지만 이것이 실제로는 더 깊이 있고 진솔한 감정을 피하기 위한 표면적인 책략에 불과한 경우이다. 구성원들은 서로 멀고 분리되어 있는 것처럼 보이고 그들의 적대감은 팽팽해 보이지만, 이 혼란은 단지 깊은 애착이나 증오를 서로에게 보이지 않으면서 결속을 유지하려는 한 가지 방법일 뿐이다. 거짓 상호성과 마찬가지로 그것은 왜곡된 의사소통의 방법이며 관계에 대한 비합리적인 사고를 부추긴다.

✻ 속임수

가족 갈등의 진면목을 모호하게 덮어 두어 현 상태를 유지하려는 또 다른 위장된 노력에 **속임수**(mystification)가 있다. 이것은 R. D. Laing(1965)이 자녀가 정신병리를 발전시켜 나가고 있는 가족의 역할을 분석하는 중에 처음으로 묘사한 개념이다. 이 개념은 자녀가 현재 일어나고 있다고 믿는 일을 부인함으로써 자녀의 경험을 왜곡하는 것을 말한다. 아이에게 "잘 시간이다."라고 말하거나 부모 자신이 피곤하고 혼자 있기 원한다고 설명하는 대신에, "너 피곤하겠구나. 가서 자라."라고 말하는 것이다. 그 결과로 그들은 자녀의 경험("나는 피곤하지 않다.")을 왜곡하며, 더구나 자녀들이 느낀 바를 당사자보다 더 잘 알고 있다고 덧붙인다면 더욱 왜곡하게 되는 것이다.

따라서 속임수는 어떤 가족이 갈등을 다룰 때 가족들 사이에 무엇이 진행되든지 어리둥절하게 하거나, 모호하게 하거나, 위장하는 것을 일컫는 말이다. 이러한 방책은 갈등을 방지하기보다 오히려 갈등의 의미를 흐리게 하며, 가족 구성원이 감정을 표현한다든지 해서 평형을 깨뜨리려고 할 때 작용하게 된다. 아내가 남편이 화난 것처럼 보인다고 말할 때, 남편이 실제로 화가 나 있으면서도 "나는 화나지 않았어. 대체 어째서 그런 생각들을 해내는 거요?"라고 말하면 아내에게 속임수를 쓰고 있는 것이다. 그는 갈등을 피해 이전의 균형 상태로 돌아가고자 하는 명백한 의도를 가지고 있으나, 오히려 아내의 내면에는 더 큰 갈등을 일으키게 된다. 왜냐하면 아내가 남편의 말을 믿는다면, 자신은 남편이 화가 났다고 상상하는 '미친' 사람임에 틀림없다고 느낄 것이며, 만약 자신의 감각을 신뢰한다면 악화되고 있는 결혼 관계를 다루어야만 하기 때문이다. 속임수는 한 사람의 지각과 모순이 되고, 극단적이거나 반복적인 경우에는 그 사람 스스로 자신이 현실감이 있는지 없는지에 의문을 품게 한다.

✻ 희생양 만들기

어떤 가족에서는 무슨 일이 일어나든지 특정한 개인이 그 책임을 지게 된다. 희생양 만들기(scapegoating)는 특정한 자녀가 부모의 갈등을 다른 방향으로 향하게 하는 효과를 가져와, 가족들에게 훨씬 더 위협이 될 수 있는 부모의 관계에 대한 문제를 볼 필요가 없게 만드는 것이다. 환자로 지목된 사람이 되는 희생양을 편리하게 골라냄으로써, 다른 가족 구성원들은 서로 직면하는 것을 피하거나 실제로 무엇이 일어나고 있는지 더 깊게 검토하는 것을 피할 수 있다.

희생양이 되는 구성원은 종종 그들 자신이 가족 내에서 희생양이 되는 과정에 적극적으로 참여하기도 한다. 자신에게 주어진 역할을 그냥 떠맡기만 하는 것이 아니라, 그 역할을 견고하게 지키기 때문에 그렇지 않은 활동은 할 수 없게 되는 것이다. 특히 역기능적 가정에서는, 한 사람이 반복적으로 구제할 수 없고, 파괴적이며, 감당할 수 없는 말썽꾸러기인 '나쁜 아이'라고 이름 붙여지고, 그는 점차 그렇게 행동하게 된다. 희생양이 된 아이들은 특정한 가족 역할을 맡게 되는데, 그것은 시간이 흘러가면서 고정되고, 만성적인 행동장애로 굳어지게 된다. 가족은 모든 문제를 한 사람의 탓으로 돌리면서 희생양이 된 사람이 그 역할을 유지하도록 하는 데 지속적으로 관심을 가지기 때문에, 희생양이 사라지려면 가족 내 상호작용 패턴의 변화가 먼저 일어나야만 한다. 그렇지 않으면, 흔히 증상을 가지고 있는 희생양이 된 사람은 가족을 위해 병리를 짊어지고 가는 일을 계속하게 될 것이다.

심리치료

심리치료 이론

가족치료자들이 모두 다음과 같은 기본 전제에 동의하겠지만, 가족치료에 단일한 심리치료 이론은 없다.

1. 사람들은 사회적 연결성의 산물이며, 그들을 도우려면 반드시 가족관계를 고려해야 한다.
2. 개인의 증상 행동은 관계의 맥락에서 일어나며, 그 사람을 돕는 개입은 그러한 잘못

된 상호작용 패턴이 변화하였을 때 가장 효과적이다.

3. 개인의 증상은 현재의 가족체계 교류 내에서 표면적으로 유지된다.
4. 개인치료 회기에서 개인 내적 문제를 밝히려고 시도하는 것보다 한 가족을 치료 단위로 보고 가족 상호작용에 초점을 두는 연합 상담이 변화를 유도하는 데 더 효율적이다.
5. 가족 하위체계를 평가하고 가족 내부 및 가족과 외부세계 사이의 경계의 투과성에 대하여 평가하는 것은 가족의 조직과 변화에 대한 민감성에 관하여 중요한 단서를 제공한다.
6. 개인의 정신병리학에 기초한 전통적인 정신병리학의 진단 분류를 통해서는 가족의 역기능을 이해하기 어렵고 개인을 병리적으로 바라보게 하는 경향이 있다.
7. 가족치료의 목표는 부적응적이거나 역기능적인 가족의 상호작용 패턴을 변화시키고자 하는 것이다.

시스템 사고는 대부분의 경우 가족의 치료적 개입에 대한 토대를 제공한다. 직선적 관계보다는 순환적 인과관계를 살펴봄으로써 가족 교류작용의 패턴, 특히 증상 행동을 유지하도록 돕는 반복되는 부적응적 패턴에 초점을 맞춘다. 개인적 욕구와 충동을 넘어서 가족 내 상호관계를 강조하게 되면, **단일체적**(monadic: 한 사람의 성격에 기초한 모형)에서 **양자 관계**(dyadic: 두 사람의 상호작용에 기초한)나 **삼자 관계**(triadic: 세 명이나 그 이상의 상호작용에 기초한) 모형으로 설명이 변화하게 된다.

단일체적 관점에서는, 남편이 차갑고 무관심한 사람이기 때문에 그의 아내에게 관심을 기울이지 않는다고 본다. 양자 관계의 방식을 채택하면, 사람들을 서로 간의 역동적 관계나 서로에게 미치는 영향력의 관점에서 볼 수 있다. 여기에서 치료자는 짝을 이루는 분리된 개인을 초월하여 이 두 명의 개인이 어떻게 함께하는 삶을 조직하는지에 관심을 두고, 더 구체적으로는 각자가 상대를 정의하는 데 어떻게 도움이 되는지를 본다. 양자 관계의 관점에서 볼 때, 남편의 무관심은 아내의 감정적 반응을 일으키고 아내는 관심을 요구하게 된다. 아내의 강요는 남편으로 하여금 친밀감에 대한 두려움을 야기해 철수하게 만들고, 남편은 점점 더 뒤로 물러선다. 아내는 더 주장적이 되고 갈등이 증폭됨에 따라 남편도 점차적으로 비효율적이 되어 간다. 그러한 부부를 돕는 가족치료자는 그들의 상호작용 결과에 주의를 돌릴 것이며, 부부(각 참여자가 아니라)를 치료 단위로 삼게 된다. 부부를 각자 만나기보다 함께 봄으로써 문제는 둘 모두에게서 생겨났고 해결책의 발견도 둘 모두에게 책임이 있다는 치료자의 견해를 강조하게 된다.

삼자 관계 모델에서, 가족치료자는 증상이나 표면화된 문제는 두 사람의 갈등 해결에 대한 무능력 때문이고 결과적으로 다른 가족 구성원들이 그 갈등 안으로 휘말린다고 추정한다. 학교 숙제를 하지 않고 그 때문에 학교에서 적응하지 못해서 아버지를 실망시킨 10세 미만의 아이는 아버지의 권위적 행동에 대한 적의를 간접적으로 표현하는 어머니와 동맹해서 그럴 수도 있다. 부부가 원래 지니고 있던 양자 관계의 갈등은 다중적 상호작용을 통해 삼자 관계의 갈등이 된다. 그 소년에게 학교 숙제를 하는 조건으로 돈을 주거나 특별한 TV 프로그램을 볼 수 있게 하는 행동주의적 계획이나 계약만을 세운다면, 복잡하게 연루된 가족 상호작용을 놓치게 된다. 가족치료자는 맥락 내에서 증상 행동이 가지는 전체적 영향력을 보아야만 한다. 어린이들은 전체 치료에 포함될 수도 그렇지 않을 수도 있으나, 치료에서는 말로 표현되지 않고 해결되지 않은 부부간의 갈등과 아이가 긴장을 표현하거나 행동화하도록 아이를 회복시키는 것을 확실히 다룰 것이다.

방금 제시한 예에서, 아이의 증상(학교 문제)은 가족의 항상성을 유지하지만 근원적이고 표현되지 않은 일련의 가족 갈등을 가려 버린다. 증상은 종종 가족의 항상성을 유지해 주는 기능을 한다: 이 경우에, 학교 문제에 대한 주의는 부모가 서로 간에 다투는 것과 균형이 깨지는 것을 막아 준다. 만약 학교 문제가 어떤 단계에서 가족 조직을 유지하지 못한다면, 그것은 지속되지 않는다. 따라서 체계 지향적 치료자는 다음을 궁금해한다. (1) 가족 구성원은 다른 구성원들이 부인하거나 경험하려고 하지 않는 증상을 통해 감정을 표현하는가? (2) 만약 환자로 지목된 사람의 증상이 없어진다면, 다른 가족 구성원들에게는 무슨 일이 일어나는가? (Wachtel, 2007). 따라서 증상은 가족에게 보호적 기능을 하거나 가족을 안정시키는 장치로 사용된다. 비록 그것들이 아주 의식적으로 작용하지는 않지만, 가족들은 항상성을 지키기 위해 증상을 유지시킬 것이다.

가족의 안정성을 유지하도록 돕는 것이 증상의 목적이라는 생각이 가족치료 이론의 주요 부분이 되었던 반면, 비평가들은 가족이 '아픈' 사람을 필요로 하고 있으며 가족의 복지를 위해 그 사람을 기꺼이 희생한다고 주장하였다. White(1995) 같은 **이야기 치료자**들은 아이의 문제가 반드시 심각한 가족의 갈등을 반영한다고 하는 개념을 거부하였다. White의 관점에서는 가족이 증상적 행동에 의해 보호되기보다는 압도되는 것이다. White는 모든 가족 구성원들이 증상의 압박에서 벗어나 자신의 삶에 대한 통제를 얻어 통합하는 쪽으로 향하도록 노력하였다.

가족치료자들은 보통 적극적 참여자들이며, 현재의 가족 기능에 중점을 둔다. 그들은 가족 구성원들이 가족체계의 기능 내에서 이전의 빈약한 균형으로 되돌아갈 수도 있는 단지 표면적인 변화가 아닌 영속적인 변화를 이루도록 돕는다. Watzlawick, Weakland와 Fisch(1974)는 **일차적 변화**(체계 그 자체의 조직은 바꾸지 않는 체계 내의 변화)와 **이차적 변화**(체계의 조직과 기능에서의 근본적인 변화)를 구별하였다. 전자는 체계 내에서 발생하는 구체적인 차이를 가리키며, 반면 후자는 체계 내의 규칙 변화를 포함하고, 결과적으로 체계 자체의 변화를 포함한다.

예를 들어, 다음은 일차적 변화이다. Ryan 씨 부부는 아들 Billy의 반복되는 학교 결석을 걱정한다. 그의 행동을 고치려고 그들은 아들에게 그가 무단결석을 하였다는 것을 알게 되면 어느 때라도 그다음 토요일에 '외출 금지'를 시킨다고 말하였다.

다음은 이차적 변화이다. Ryan 씨 부부는 아들 Billy의 반복되는 학교 결석을 걱정한다. 몇 회기에 걸쳐 가족치료자와 상담을 한 후, 그들은 Billy와 싸우는 것은 단지 그의 반항을 도와줄 뿐이고 따라서 무단결석을 하는 행동을 유지시키는 것이라고 깨달았다. 규칙을 변화시키고 그들 자신이 싸움에서 벗어나고자 하였던 부모는 Billy에게 이제부터는 그가 학교에 가든 안 가든 그것은 그와 학교의 문제이고, 따라서 그가 자신의 교육에 대한 책임을 져야 할 것이라고 말해 주었다.

이러한 예처럼, 문제 가족은 그들의 문제에 대한 논리적 해결책이 될 것으로 보이는 일차적 변화를 시도한다. 단일체적인 문제—Billy의 반항의 결과—를 추정하는 그들은 부적 피드백을 할 것이고, 일어나는 것과는 반대로 시도할 것이다. 가족은 실제로 단기간 동안은 몇 가지 행동 변화를 하겠지만, 그들은 여전히 같은 규칙에 지배받고, 휴전은 유지되지 않는 것 같으며, Billy는 조만간 다시 학교를 결석하게 될 것이다.

정적 피드백에 기초한 이차적 변화는 가족이 그 자체를 조직화하는 방식에서 변화를 요구한다. 여기에서 게임의 규칙은 변화해야만 하며, 관점은 바뀌어야만 하고, 예전의 상황을 새로운 시각에서 보고, 새로운 행동 패턴이 나올 수 있는 개정된 맥락이 제공된다. 대부분의 사람들은 일차적 변화를 시도해 봄으로써, 그리고 자기 영속적인 순환 내에서 같은 해결책을 반복함으로써 일상의 문제를 해결하려고 시도하는데, 이것은 단지 문제를 악화시킬 뿐이다. 특히, 심각한 문제가 있는 가족은 체계 내의 근본적인 이차적 변화가 필요하며, 그 결과 가족 구성원은 예전의 감정과 경험에 다른 의미를 부여할 수 있다.

심리치료 과정

✱ 첫 접촉

가족치료는 내담자가 도움을 청하면서 시작된다. 가족 중 한 사람이나 가족 모두가 가족 외부에 도움을 청함으로써 과정이 시작된다. 그렇게 하여, 문제가 존재하고 있고 가족이 그 문제를 자신들의 힘으로 해결하려는 시도가 성공하지 못하였다는 점을 인정하게 되는 것이다. 도움을 요청한 사람이 치료자가 도움을 줄 수 있는 사람인가 아닌가를 살펴보고 있는 동안에, 치료자는 그 가족에 대한 잠정적 가설을 세우게 된다. 그 사람의 자각 수준은 어떠한가? 그 사람은 어떤 인상을 심어 주려고 시도하고 있는 것일까? 관여하고 있는 또 다른 구성원들은 누가 있는가? 초기 회기에 가족이 자진해서 참여할 의사가 있는가?

직접 방문을 하든 전화를 걸든, 첫 접촉은 가족을 평가할 간단한 기회를 제공해 주며, 치료자가 가족체계 안으로 들어갈 수 있는 첫 번째 기회를 제공해 준다. 치료자가 주의 깊게 행동하여 어느 쪽 편을 들거나, 가족의 불안에 휩쓸리거나, 도움을 요청한 사람이 보고하는 것에 기초해서 가족 구성원 중 어떤 사람에게 지나치게 동정을 보이거나 화를 내지 않는다면, 그는 앞으로 있을 가족 회기를 위한 '게임의 규칙'을 세울 수 있다.

✱ 초기 회기

가족치료자들은 보통 가능하면 많은 가족들이 첫 회기에 참석하도록 격려한다. 방에 들어서면 가족은 앉고 싶은 곳에 앉으라는 권유를 받게 된다. 그들이 선택한 자리 배치(어머니와 아이가 가까이 앉고 아버지는 떨어져 앉는 것 등)가 가족 간의 동맹이나 연합 가능성에 관한 초기 단서를 제공해 준다. 가족 구성원 각자를 똑같이 중요한 참여자로 환영하면서, 치료자는 치료에 참여시키는 데 더 많은 지지와 격려가 필요한 사람이 있다는 것을 인식하게 된다.

가족이 그동안 시도해 왔던 일차적 해결책뿐만 아니라, 각자가 문제를 바라보는 시각에 관해서도 잘 들어야만 한다. 가족 내 상호작용 패턴, 특히 문제를 둘러싸고 발생하는 반복적인 행동들을 관찰하면서, 치료자는 환자로 지목된 사람이 가진 증상을 각 구성원의 이해관계가 관련된 가족 문제로 잠정적으로 재정의하기 시작한다. 치료자와 가족은 치료를 계속하기 원하는지 그리고 누가 참여할 것인지를 함께 탐색한다. 만약 그들이 치료를 계속하지 않기로 선택한다면, 다른 치료자에게 소개하는 것이 적절하다. 치료를 계속하기를 원한다면 치료 목표를 설정한다.

✻ 가족을 참여시키기

첫 회기를 시작할 때 치료자는 가족의 언어 유형과 감정적인 표현양식을 이해하고, 교류하는 스타일을 수용하면서 가족과 함께 작업 동맹을 구축하려고 시도한다. 치료자는 각 가족 구성원이 지지받고 있으며, 전에 표현하거나 탐색해 본 적이 없는 문제들을 입 밖으로 내어놓아도 안전하다고 느낄 수 있는 분위기를 만들도록 시도한다. 그들에게 '합류'하면서, 치료자는 그들이 이해와 배려를 받고 있으며, 그런 안전한 분위기에서는 불화를 일으키는 가족 문제에 직면하기 시작할 수 있다는 것을 알도록 한다.

✻ 가족 기능의 사정

다른 모든 형태의 심리치료와 마찬가지로, 가족치료에서는 치료자가 좀 더 정보가 많은 상태에서 치료 결정을 내리기 위해 가족에 관해 더 많이 알려고 시도하면서 공식적으로나 비공식적으로 어떤 형태의 사정을 하게 된다. 초기에 치료자는 다음과 같은 사항을 결정하려고 시도한다. (1) 전체 가족이 치료에 참석해야 할 필요가 있는가? (2) 함께 일하기에 적합한 가족 구성원은 누구인가? (3) 가족들의 불안을 가속화하여 가족 구성원이 증상을 갖도록 하는, 기저하고 있는 상호작용 패턴은 무엇인가? (4) 가장 효율적으로 이 가족을 도울 수 있는 구체적인 개입은 무엇인가? 나중 회기에서 치료자는 역기능적으로 반복되는 가족의 패턴을 바꾸려는 이전의 시도가 성공하였는지 여부를 살펴보고 가설을 보완하는 일을 계속한다.

인지행동 가족치료자는 가족의 부적응적인 행동 패턴에 대해 조심스럽게 체계적 행동 분석을 하는 경향이 있다. 그들은 종종 설문지를 사용하며, 어떤 행동이 수정되어야 할 필요가 있는지, 어떤 행동의 전후에 일반적으로 나타나는 사건이 있는지를 정확하게 알아낸다. 아이가 '성질을 낸다'고 말할 때 정확히 그 가족이 의미하는 바는 무엇인가? 그런 일이 얼마나 자주 일어나고, 얼마나 지속되며, 거기에 대한 가족의 구체적인 반응은 무엇이며, 그런 일이 있기 전후에 어떤 사건들이 있었는지 등을 묻는 것이다. 치료자는 그 문제의 범위와 그 행동을 촉발시키는 환경적 단서 그리고 그 문제를 지속시키는 가족 구성원들의 다양한 행동을 구체적으로 측정하려고 시도한다. 사정은 지속적으로 갱신되어서 바람직하지 않거나 문제가 되는 행동을 줄일 수 있는 개입을 계획하는 데 도움을 준다.

경험적 가족치료자들은 형식적인 가족사를 알아내는 데 많은 시간을 들이지 않는다. 그들은 '지금-여기'를 더 중시하고 현재의 상호작용을 검토하도록 가족을 도와준다. 공식적으로 사정을 하지는 않으며, 치료 과정 자체와 구분되지 않고 진행된다. 이런 치료자들은 자신의 느낌을 탐색하고 자신의 충동에 대해 말함으로써 스스로 모델이 된다. 경험적 치료자인 Carl Whitaker는 가족이 치료 초기에 다가올 치료적 관계와 그것이 어떻게 진행될 것인지에 관하여 스스로 정의하지 못한다는 확신을 가지고, 그 구조를 치료자가 통제하도록 주장하였다. 그는 가족 구성원들이 관계의 속성을 변화시키는 데 책임을 지도록 격려하는 것은 나중에 가서 해야만 한다고 믿고 있다.

형식적인 사정을 하는 것보다 가족과 어느 기간 동안 상호작용하는 것이 가족의 기능을 파악하는 데 더 도움이 된다는 Salvador Minuchin(1974)의 의견에 많은 가족치료자들이 동의하고 있다. 치료자들은 하위체계가 어떻게 가족의 과제를 수행하는지, 가족 내에 동맹과 협조가 어떻게 작동하는지, 상황이 바뀔 때 가족의 규칙이 얼마나 유연한지를 관찰한다. 그리고 가족 내에서나, 가족 간에, 외부의 세상에 대해 그 경계선을 얼마나 넘나들 수 있는지를 관찰한다. 이런 관찰은 치료자가 가설을 수정하거나 폐기하고 가족 기능의 상세한 사정에 근거를 둔 개입 전략을 짤 때 도움이 된다.

＊ 가족사 수집

그들의 이론적 성향과 일관되게, Scharff와 Scharff(2006) 같은 대상관계 가족치료자들은, 가족사를 검토하는 것이 현재 가족 기능을 이해하는 데 필수적이라고 주장한다. 사람들이 부모에게서 내사한 것(아동기의 기억)에 대한 애착을 현재 관계에 투사한다고 믿고 있기 때문에, 이 치료자들은 왜 그리고 어떻게 사람들이 자기 배우자를 선택하는가 등에 지대한 관심을 지니고 있다. 그 선택은 다른 사람을 통해 인생의 초기에 분리되었던 일차적 대상관계에서 잃어버렸던 부분을 다시 발견해 내려고 하는 것이다. 이와 유사하게 맥락적 가족치료자들(Boszormenyi-Nagy, 1987)은 환자와 함께 과거에 가족을 하나로 묶었던 상호 연결성을 찾아봄으로써 그가 현재의 정체된 관계를 타개하는 새로운 시도를 발견하도록 도와준다.

Bowen(1978)은 제시되는 문제의 역사를 명료화하기 위해 평가 면접을 실행하는데, 특히 이 증상이 가족 기능에 어떻게 영향을 미치는가를 이해하려는 시도에 중점을 둔다. 그는 증상을 보이는 사람의 정서적인 과정의 강도뿐만 아니라 가족의 정서적인 기능의 패턴을 평가하려고 시도한다. 이 가족의 관계체계는 어떠한가? 다양한 구성원들은 얼마나 잘 분화되어 있는가? 현재 스트레스의 근원은 무엇이며 가족은 어떻게 작용하는가?

Bowen은 역기능이 세대를 이어서 연장된 가족의 융해에서 기인된다고 믿었기 때문에 원가족에서 잘 분화가 되지 못한 징표를 탐색한다. 그 과정을 보조하기 위해 Bowen은 나무 형태로 된 도표를 그려서 가계도(genogram)를 구성하였다. 이것은 적어도 3세대를 포함하며, 재발하는 가족의 행동 패턴을 추적하기 위한 것이다. 융해/분화의 이슈나 가족에 대한 정서적 차단 같은 가계도에서 발달한 가설은 세대 간을 연결하는 기저하고 있는 정서적 과정을 좀 더 잘 이해하는 데 사용된다. 가족의 정서적 체계에 빠져들지 않기 위해, Bowen은 이 정보를 가족이 그들의 관계를 수정하고 특히 원가족에서 분화하도록 코치하는 데 사용한다.

Satir(1972)는 각 가족 구성원에게 연대기순으로 가족관계를 수집함으로써, 발달하는 관계의 기초 형성에 해당되는 개념에 대해 가족이 생각해 볼 수 있도록 하였다. 이것은 단순히 과거의 사실들을 모으는 것뿐만 아니라, 그 사실들이 어떻게 가족의 이념, 가치 그리고 헌신으로 가족 내에 스며들어 현재 가족의 기능에 영향을 미쳤는가를 이해하도록 사람들을 돕는 노력이다. 나중에 그녀는 가족 구성원이 과거의 역기능적인 패턴을 발견하고 풀어 줄 수 있게 과거의 어느 단계로 돌아가도록 가족을 이끌어 줌으로써 가족을 재구성하는 치료적 기술을 사용하였다.

구조적 치료자들과 전략적 가족치료자들은 현재 가족의 조직, 연합, 서열 등에 초점을 맞추는 것을 선호하면서 가족이나 개인의 역사에 별로 관심을 기울이지 않았다. 그들은 현재 가족의 패턴에서 역기능을 일으키고 있는 문제를 변화시키는 방법을 발전시키는 데 관심을 두었다. 그리고 그 패턴이 과거에 어떻게 녹아들어가 있는가에 대해서는 일반적으로 관심을 두지 않았다.

사회 구성주의자들은 미리 정해진 검사에 대한 내담자의 반응을 평가하는 외부 관찰자로 행동하기보다는 다양한 가족 구성원들이 스스로 세상을 어떻게 바라보고 있는가에 특별한 관심을 기울였다. 그들의 관점에 따르면, 치료자가 무엇이 기능적 가족을 구성하는가에 대하여 사전에 가지고 있는 견해는 오늘날의 복합적인 사회에 내재되어 있는 다양성에 주의를 두지 못하게 한다. 각 가족들의 개인적 견해는 특권을 가지고 있으며, 그 모든 견해가 동등하게 가치가 있다.

✻ 변화를 촉진시키기

가족치료자들은 가족의 기능을 변화시키기 위해 여러 가지 치료기법을 사용한다. 그 기법들은 다음과 같다.

1. 재구성 또는 틀 바꾸기(reframing). 이 기법은 좋은 의도를 강조하면서 새롭고 긍정적인 관점에서 문제행동에 새로운 꼬리표를 붙이는 것이다(어머니가 자신의 사생활을 침범한다고 생각하여 화가 난 청소년에게 "어머니는 네가 잘 되기를 바라고 있는데 돕는 방법을 아직 찾지 못하고 계셔."라고 말하는 것). 어머니가 자신을 신뢰하지 않고 있다는 아들의 관점에 동의하기보다는 어머니가 아들에게 더 잘해 주려고 한다는 표현은 아들이 어머니의 행동을 지각하는 맥락을 수정하게 해 주어서 같은 행동에 대한 그의 반응을 다르게 이끌어 낼 수 있다. 재구성(틀 바꾸기)은 어떤 행동 자체의 '사실'을 바꾸지 않고 그 행동에 부여하는 의미를 변화시킨다. 전략적 가족치료자들은 이 방법을 가장 즐겨 사용한다. 왜냐하면 이렇게 함으로써 내담자가 어떤 상황을 지각하고 해석하는 근거를 변화시킬 수 있도록 도울 수 있기 때문이다. 이 새로운 관점은 문제행동을 새로운 조명 아래 이해하기 때문에 가족체계에 변화를 가져오도록 이끌어 준다. 그러므로 재구성은 가족체계에 이차적 변화를 가져오는 방법이다.
2. 치료적 이중구속(therapeutic double-binds). 전략적・체계적 가족치료자가 선호하는 또 다른 기법은 제시하는 증상을 계속하도록 가족에게 지시함으로써, 가족을 치료적 이중구속으로 들어가게 하는 것이다. 강박적인 사람에게는 매일 구체적으로 일정한 시간 동안 자신의 문제에 관해 생각하도록 요청한다. 즉, 다투는 남편과 아내에게는 더 과장된 방식으로 그들의 싸움에 빠져들도록 지시한다. 가족 구성원에게 증

상 행동을 실연하도록 지시함으로써, 가족치료자는 '불수의적'이어서 통제할 수 없다고 주장되어 오던 증상의 표출이 수의적이 되도록 하는 것이다. 이와 같은 역설적 개입은 치료자가 추구하는 두 가지 반응 중에 하나를 불러일으키도록 설계되어 있다. 만약 환자가 증상을 지속한다는 것에 응한다면 증상 행동은 그의 주장처럼 불수의적인 것이 아니라 수의적인 통제 아래 놓이게 되는 것이어서 그만둘 수도 있다는 것이다. 반면에 그 증상을 계속하라는 지시가 저항에 부딪힌다면 그 증상을 포기하게 되는 것이다.

3. 실연(enactment). 구조적 가족치료자들이 흔히 쓰는 기법인 실연은 외부의 가족 갈등을 회기 안으로 끌어들임으로써 역할 연기의 효과를 지니게 되는 것이다. 그렇게 함으로써 가족 구성원들은 자기들이 어떻게 그 문제를 다루는가를 보여 주게 되고 치료자는 가족의 상호작용을 수정하고 구조적인 변화를 창안해 내는 개입 과정을 고안해 낼 수 있게 된다. 치료자의 격려를 받아, 가족 구성원들은 그 문제에 대해 진술하기보다는 자기들의 역기능적 교류를 행동으로 보여 주게 되는 것이다. 이렇게 되면 치료자는 집에서 무슨 일이 일어나고 있는지에 대해, 가족의 진술에 의지하는 대신 그 과정을 직접적으로 관찰할 수 있다. 또한, 이 접근 방법의 직접성 때문에 치료자는 바로 그 시점에서 개입을 할 수 있고, 그와 같은 개입의 결과를 목격할 수 있게 된다. 가족 구성원이 갈등으로 치닫게 되는 반복적 가족 상호작용에서 '풀려나도록' 도와주면서 치료자는 그들의 상호작용을 수정하도록 인도해 주는 기회를 갖게 된다.

   갈등으로 끝나는 가족의 반복적인 상호작용에서 가족을 '해방'하도록 돕기 위해, 치료자는 상호작용을 수정하도록 가족을 안내할 수 있다. 가족의 구조적 변화를 불러오는 대안적 해결책을 소개함으로써, 치료자는 가족이 새로운 행동의 순서들을 창조하도록 도울 수 있다. 신경성 식욕 부진증 청소년의 가족을 치료하면서 Minuchin(Minuchin et al., 1978)은 초기 회기에 함께 점심을 하도록 마련하여 식사 장면을 둘러싼 연출을 고의로 자극하기도 하였다. 딸이 먹기를 거절하는 것에 관한 가족의 투쟁을 관찰하면서 Minuchin은 부모의 하위체계가 효율적으로 작동하지 못하고 있음을 보여 줄 수 있었다. 부모가 딸이 음식을 먹도록 하기 위해 서로 협력하게 된다면 두 사람은 강력한 결속을 하게 된다. 동시에 딸은 자기가 유지해 온 너무나 강력하고 파괴적인 입장에서 벗어나게 된다. 이 실연은 가족이 함께 만들어 낸 체계를 바라보지 않을 수 없게 하였고, 그 회기에서 보이는 역기능적 행동을 실제로 변화시키지 않을 수 없게 하였다.

4. 가족 조각(family sculpting). 이것은 어렵고 위협적일 수도 있는 자신의 느낌이나 태도를 서로에게 말하는 것보다 가족 구성원이 차례로 '감독'이 되어서 공간 속에서 가족의 성원이 각각 신체적인 포즈를 취하도록 만드는 것이다. 그 결과, 종종 그 감독이 가족 내에서 자신의 위치를 어떻게 보고 있는가, 그리고 무슨 일이 누구에게, 누구에 의해서, 어떤 태도로 이루어졌는가에 대한 개인의 지각을 드러나게 해 준다. 감독이 자기가 지각한 것을 말로 나타낼 수 없거나 하고 싶지 않거나 간에 가족 경계, 연합, 역할, 하위체계 등이 대체로 드러나게 된다. 가족생활에 관한 개인의 관점을 보여 주

는 결과적 도표는 다른 구성원들이 파악할 수 있게 적극적이고 비언어적인 묘사를 해준다. 가족 조각은 느낌을 활동으로 나타내는, 지식을 사용하지 않는 방법이기 때문에 특히 Satir의 경험적 접근에 잘 맞는다.

5. **순환적 질문**(circular questioning). 이 기법은 개인적 증상보다는 가족 사이의 연계에 더 주의를 기울여 초점을 맞추는 체계적 가족치료자들(Boscolo et al., 1987)에 의해 사용된다. 치료자가 하는 질문은 같은 사건이나 관계에 대해 다른 구성원들이 가지고 있는 지각적인 차이점을 알게 해 준다. 상황에 대한 그들의 태도에 관하여 동일한 질문을 함으로써 치료자는 관계 속에 있는 참여자들에게 직면을 시키거나 심문하지 않고 문제를 좀 더 깊이 규명해 볼 수 있다. 이와 같이 비직면적인 치료 상황에서 가족은 기저에 있는 갈등의 원인을 탐색해 볼 수 있게 된다. 이 기법을 옹호하는 사람들은 질문하는 것이 가족이 공유하는 어려움을 보는 방법을 변화시킴으로써 가족 문제를 푸는 치료적 과정이라고 믿고 있다.
6. **인지적 재구조화**(cognitive restructuring). 인지행동치료자들이 사용하는 이 기법은 부적응적인 사고 과정이 문제행동의 근간을 이루고 있다는 데 기초하고 있다. 인지행동치료자들은 행동의 변화를 가져오기 위해 그 사건에 대한 내담자의 지각을 수정하려고 시도한다. 따라서 배우자가 관계에 관해 비현실적인 기대를 지니게 되면 흔해 빠진 의견 차이도 재난으로 여기게 된다("나는 쓸모없다."). Ellis와 Dryden(2007)이 말하였듯이, 다툼 그 자체보다도 그 일에 관한 해석이 파괴적으로 작동한다. 인지적인 재구조화는 지각을 상당히 수정할 수 있다("우리가 싸우는 것은 언짢은 일이지만 이것 때문에 내가 실패자이거나 우리 결혼이 불운한 것은 아니다.").
7. **기적 질문**(miracle question). 이 해결 중심적인 기법(de Shazer, 1991)에서, 내담자는 만약 기적이 일어나서 아침에 잠에서 깨어났더니 문제가 다 해결되었다면 무슨 일이 일어나겠느냐는 질문을 받게 된다. 각 가족 구성원은 어떻게 모든 것이 달라질지, 어떻게 각자 자신의 행동을 바꾸게 될지, 그리고 각자가 다른 구성원에게서 어떤 점들을 발견하게 될지 추측해 보도록 격려를 받게 된다. 이런 방법으로 목표가 정의되고 가능한 해결책이 드러나게 된다.
8. **외재화**(externalization). 가족을 지배적이고 문제로 가득 찬 이야기에서 해방시키기 위하여 이야기 치료자들은 외재화 기법을 사용한다. 이는 가족이 도움을 요청하게 된 문제에서 증상을 가진 구성원의 정체성을 분리시키도록 돕기 위해 고안된 방법이다. 문제를 가족 밖에 있는 것으로(가족 내부의 결함이거나 개인의 병리적 조건이라는 의미를 부여하기보다는), 그리고 각 가족 구성원의 생활에 제한된 영향력을 주는 것으로 재정리한다. 가족이나 가족 중 한 사람에게 무엇이 잘못되었는지 초점을 맞추는 대신에, 그들의 삶을 지배하려는 고유의 의지를 가지고 있는 이 외적이고 환영받지 못하는 이야기를 다루기 위해 가족이 뭉칠 것을 요구한다. 따라서 "엄마가 우울하다."라고 하면서 가족에게 문제를 만들기보다는 증상을 분리되고, 외부에 있고, 짐스러운 엔티티(entity)로 인격화한다("우울증이 엄마의 삶을 통제하려고 한다."). 그 가족은 문제를 외부의 것으로 봄으로써 단지 그 안에 빠져서 허우적거리는 대신에 문제를

다루는 새로운 선택권을 개발하기 위한 새로운 사고방식을 함께 생각해 낼 수 있다. 이 기법은 Michael White의 이야기 치료에서 사용되어 온 것이다(Epston & White, 1990).

심리치료 기제

가족치료자들은 일반적으로 가족과 일할 때, 적극적이고 문제해결적인 접근을 취한다. 전형적으로 그들은 과거에 일어난 개인의 심리 내적인 문제를 풀도록 도와주거나 드러내는 것보다 현재의 역기능적 상호작용의 주제를 다루는 데 흥미를 갖고 있다. 과거의 가족들 간의 교류 패턴이 탐색될 수도 있지만, 이것은 과거를 재구성하기 위해서라기보다는 현재 진행되고 있는 행동의 인과적 연쇄를 살펴보려는 것이다.

그들이 구체적으로 강조하는 바에 따라, 가족치료자들은 다음과 같은 변화가 한 가지 이상 성취되도록 내담자를 돕는다.

1. **구조적 변화**(structural change). 가족의 조직적인 구조와 현재 교류 패턴의 효율성을 사정한 후, 가족치료자는 가족 구성원들의 최적의 기능을 막고 있는 반복적 패턴에 적극적으로 도전할 수 있다. 예를 들어, Minuchin은 가족은 체계의 순응적 기제에 과부화되어 있기 때문에 상당한 스트레스를 경험하고 있다고 추정한다. 이는 전환기의 요구에 가족의 규칙을 수정하는 데 실패하였기 때문에 일시적으로 생겨나는 것이다. 가족이 도움이 되지 않는 패턴을 수정하도록 돕는 것은 새로운 규칙에 적응하고, 정합을 달성하고, 더 명료한 경계선을 설정하고, 더 유연한 가족 상호작용을 할 수 있는 기회를 제공해 준다는 것이다. 재구조화를 통해서 가족은 자신들의 궤도에 다시 진입할 수 있게 되고, 더 조화롭게 기능할 수 있고, 각 구성원들의 성장 가능성을 극대화할 수 있게 된다는 것이다.
2. **행동적 변화**(behavioral change). 비록 다른 방법론을 사용하고 있더라도, 모든 가족치료자들은 가족이 바람직한 행동의 변화를 성취하도록 도우려고 한다. 전략적 치료자는 내담자들이 해결하려고 하는 가족의 현재 문제의 치료에 그 초점을 맞춘다. 가족이 치료자를 조정하거나 억누르는 것을 막고 치료를 통제하기 위해서 전략적 치료는 매우 지시적인 방법을 쓴다. 그리고 치료자는 문제의 근원이나 숨은 의미를 찾기보다는 현재 문제를 경감시키기 위한 전략을 고안하게 된다. 역설적 개입과 같은 지시를 통해 증상을 지닌 사람이 오래된 역기능적 행동을 포기하도록 압력을 넣는다. 유사하게 체계적 치료자들(Selvini-Palazzoli와 그녀의 동료들이 사용하는 밀라노 접근)은 회기 사이에 가족이 수행하도록 과제나 의식을 숙제로 주기도 한다. 이들은 전형적으로 역설적 형태로 주어지게 되며, 낡고 경직된 가족의 규칙에 도전하는 과제를 수행하게 된다. 지시의 실연을 통하여 가족이 얻은 정서적인 경험에 행동적 변화가 따르게 된다.
3. **경험적 변화**(experiential change). Satir, Whitaker와 Kempler 같은 치료자들은 가족이 이전에 가두어 놓았던 것들을 느끼고 경험할 필요가 있다고 믿는다. 그들은 자신

의 경험을 탐색하고 공개하는 데 거리낌이 없는 열린 의사소통의 모델로 행동하는 성장 촉진적 상호교류를 지향하고 있다. Satir는 특히 가족이 서로 더 효율적인 방법으로 의사소통을 하는 것을 배우도록 돕고 그들이 경험하는 것을 그대로 표현하도록 가르치려는 의도를 가지고 있었다. Kempler 역시 가족이 서로에게 원하는 바를 요청하도록 배울 수 있게 도움을 주려고 한다. Whitaker는 가족 구성원이 숨겨진 충동이나 상징에 관해 말하는 것을 옹호한다. 왜냐하면 그는 모든 행동을 인간의 경험으로 보고 병적인 것으로 보지 않기 때문에, 내담자는 새롭고 더 정직한 관계를 정립하고 동시에 건전한 이별과 개인적 자율성을 유지하는 데 도전하게 된다. 정서 중심적 부부치료자도 내담자들이 그들의 원초적 정서와 실제적 느낌(말하자면 거부의 두려움 같은 것)을 얼마나 숨겨 왔는지, 그리고 그 대신에 방어적이고 강요적인 이차적 정서(두려울 때 화를 내거나 탓하는 것)를 보여 온 것을 인정하도록 돕는다. 그들의 치료 노력은 내담자의 부정적 상호작용의 연계 뒤에 숨어 있는 정서에 접근하고 이를 다시 처리하는 데 그 방향을 두고 있다.

4. **인지적 변화**(cognitive change). 정신역동적 입장을 가진 가족치료자들을 내담자 가족에게 통찰과 이해를 제공하는 데 관심이 있다. Boszormenyi-Nagy는 세대 간의 문제를 강조하고 있는데, 특히 어떻게 관계의 패턴이 한 세대에서 다음 세대로 전달되면서 현존하는 개인과 가족의 기능에 영향을 미치는지에 초점을 두고 있다. 자신의 '가족 원부(family ledger)'를 자각하게 됨으로써 다세대 간의 계산체계, 심리학적으로 말한다면 누가 누구에게 무엇을 빚지고 있는가를 내담자가 검토할 수 있게 되고 오랫동안 정착되지 않았거나 교정되지 않은 것을 검토하고 수정할 수 있게 된다는 것이다. Framo(1992) 또한 초기의 불만족스러운 대상관계를 보상하기 위해 현재 가족 구성원에게 다시 투사된 내사된 것에 관해 통찰하도록 내담자를 돕는다. 그는 내담자가 원가족의 구성원들을 몇 회기 동안 만나도록 해서 과거의 어떤 주제가 현재 가족 구성원에게 투사되어 있는지를 발견하게 하고, 또한 부모나 형제들과 교정적 경험을 갖도록 한다. White와 같은 이야기 치료자들은 내담자의 가치, 신념, 그리고 목적에 관해 열린 대화를 나눔으로써 그들이 더 넓은 범주의 선택을 고려할 기회를 갖도록 해 주고 그들의 경험에 새로운 의미를 부여하도록 돕는다.

적용

누구를 도울 수 있는가

✱ 개인적인 문제

가족 참조체제를 받아들이는 치료자는 내담자의 관계에 우선적으로 주의를 기울인다. 그는 한 사람의 내담자와 상담을 할 때에도, 임상적 개입을 계획하고 실행하기 위해 문제행동의 맥락을 찾아본다. 따라서 예를 들어, 가족과 멀리 떨어져 있는 대학생을 개인적으로 상담할 때도 다른 사람과 맺은 잘못된 관계가 문제를 만들어 내고 아직도 그것을 유지하도록 해 준다는 더 큰 맥락 속에서 그의 문제를 계속적으로 바라본다. 자녀가 가족체계 내에서 겪는 관계의 어려움에 관한 실마리를 얻고 그들의 관계 개선을 돕기 위해 부모가 한두 번쯤 회기에 참석해야 한다.

✳ 세대 간 문제

가족치료자는 부모와 갈등을 겪는 사춘기 자녀를 다룰 때처럼 부모-자녀의 주제를 자주 다루게 된다. Minuchin의 구조적인 접근이 가족을 돕기 위해 적용될 수 있다. 이 접근은 특히 가족의 생활 주기에서 전환기에 놓여 있는 시점이라면, 변화를 받아들여 시대에 맞지 않는 규칙들을 수정하도록 해 준다. 여기서 치료자는 부모의 하위체계를 강화하려고 시도하며, 더 명확하게 세대의 경계선을 정의하고, 가족이 새롭고 더 유연한 규칙을 정해 청소년이 도달할 수 있는 변화의 조건을 제공하도록 돕는다. 더 보편적인 예를 든다면, 이민을 온 외국 출신의 부모와 미국에서 자란 자녀들은 종종 세대 간의 갈등을 갖게 되는데, 그 갈등은 가치와 태도의 차이를 반영하고 있는 것이다. 이런 경우를 볼 때, 가족체계의 변화가 이루어지려면 가족 차원에서 개입할 필요가 있다는 것을 알 수 있다.

✳ 결혼 문제

문제가 있는 결혼은 오늘날 아주 흔하며, 가족 구성원이 가지고 있는 증상 행동과 관련된 많은 문제들은 그 가족이 갈등 상태에 있는 부모의 문제를 다루려는 노력에서 생긴 것이다. 배우자 중 한 사람이나 양쪽 모두가 가지고 있는 개인적 문제가 그들의 불행에 기여하고 있다는 점에 덧붙여 중요한 대인관계의 어려움이 자주 제시된다. 비효율적인 의사소통 패턴, 성적인 부조화, 장기적인 헌신을 약속하거나 유지하는 데 대한 불안, 금전적인 갈등, 시집이나 처가 식구들 그리고 자녀들과의 갈등, 신체적인 학대, 힘과 통제에 관한 갈등 등이 바로 그것이다. 일정 기간 동안 해결책 없이 반복되어 온 이 주제 때문에 배우자 중 한 사람이나 두 사람 모두가 결혼에 대한 불만이 높아지게 되고, 결혼은 위기에 봉착하게 된다. 한 사람이나 두 사람이 결혼을 지속해서 얻을 것이 없다는 결론에 도달하기 전에 결혼 상담을 받으려고 함께 오는 부부는 개인적인 심리치료를 받으려 하는 부부보다 그들의 관계를 구제할 가능성이 더 높다.

치료법

✳ 가족치료 관점

가족치료는 가족체계의 역기능적 측면을 변화시키는 방향으로 임상적 개입을 하는 형태를 지니고 있을 뿐만 아니라 증상이 있거나 문제가 있는 행동의 근원과 유지에 관련된 조망을 보여 주고 있다. 이와 같은 조망을 받아들여서, 치료자는 그가 만나는 전반적인 문제의 측면에 따라 전체 가족을 함께 만나거나 두 사람, 세 사람, 또는 하위체계로 나누어서 만날 수 있다. 치료 방법은 제기된 문제의 성격이나 치료자의 이론적 조망 그리고 그의 개인적인 스타일에 따라 달라질 수 있다.

그러나 가족치료는 곤란을 겪고 있는 가족을 한 단위나 집단으로 만나는 것 이상을 포함하고 있다. 가족 구성원을 함께 모아놓고, 단지 집단 장면에서, 개인을 개별적으로 치료한다면 관계를 치료하는 데 필요한 패러다임의 전환을 가져오는 데 실패하게 된다. 개인적인 심리적 병리가 일어나게 된 가족 맥락의 중요성을 인정하면서 개인의 심리적 병리를 치료자의 중심적 관심사로 놓는 것은 충분하지 않다. 오히려 가족치료는 개인의 심리내적인 갈등의 개선을 이차적인 것으로 보고 전반적인 가족의 기능을 향상시키는 데 초점을 두고 있다.

가족체계 양식 내에서 일하려면, 치료자는 전통적인 개인 심리치료가 그토록 관심을 갖는 수동적이고, 중립적이고, 판단하지 않는 태도를 포기해야만 한다. 가족 기능을 효율적으로 변화시키기 위해서 치료자는 가족의 대인관계 과정에 관여해야만 하며(균형이나 독립성을 잃지 않고), 어떤 선까지는 지지하고 배려해야 하고 다른 쪽으로는 도전하고 요구하게 되며, 각기 나이가 다른 구성원들에게 주의를 기울여야 하고(그러나 지나치게 동일시하지 않고), 가족의 상호작용과 교류 패턴의 궤도를 놓치지 않고 유연하게 정서적인 관여를 해야만 한다(Goldenberg & Goldenberg, 2008).

현재 각광을 받고 있는 **사회 구성주의적 가족치료**는 치료자와 가족의 관계에서 평등하고 협동적인 관계에 특별히 강세를 두고 있다. 가족 구성원은 살아온 자신의 '이야기'를 검토하고 치료자는 가족체계와 함께 내담자의 문제를 풀기 위해 새롭고 힘이 되는 방법을 찾아보는 것이다.

✽ 적용과 금기

가족치료가 모든 심리적 장애에 만병통치약은 아니지만, 치료자가 선택할 수 있는 개입 방법 중에 가치 있는 대안이 될 수 있다. 그러나 가족치료는 가족 내에서 일어나는 문제에 대해서는 명백히 선택할 수 있는 치료 방법이다. Wynne(1965)은 가족이 특히 관계에 어려움을 겪고 있을 때(예: 부모-자녀, 남편-아내), 모든 가족 구성원이 음으로 양으로, 의식적으로 무의식적으로, 그 문제에 기여하였을 때 가족치료를 적용할 수 있다고 제안한다. 많은 치료자들이 Wynne의 입장을 뛰어넘어, 모든 심리적 문제는 개인이든 가족 같은 집단이든 간에 궁극적으로 체계의 이슈와 연결되어 있으며 가족의 수준에서 개입할 여지가 있다고 주장한다.

어떤 상황에서 가족치료가 금기인가? 어떤 때에는, 파괴된 부분을 되돌리기에 너무 늦었거나 가족의 핵심 구성원이 올 수가 없거나 오기를 거절하기 때문에 가족과 상담할 수 있는 치료적 관계를 형성하거나 유지하기가 너무 어려운 경우가 있다. 때로는 심각하게 정서적으로 문제가 있는 구성원이 해롭고 파괴적인 동기와 행동으로 가족을 지배하거나, 너무나 폭력적이고 학대를 하거나 편집증적 관념을 지니고 있는 경우에는 가족의 어떤 구성원이 가족치료의 관점에서 혜택을 얻을 수 있더라도 전체 가족과 함께 일하는 것이 불가능하다.

✽ 치료 기간

가족치료는 문제의 속성과 복합성 여부, 가족의 저항과 개선, 치료의 목적 등에 따라 짧을 수도 있고 연장될 수도 있다. 전체 가족에게 가장 큰 혜택을 주는 변화가 각 가족 구성원에게 항상 최상의 혜택을 주게 되는 것은 아니며, 어떤 사람은 서로를 대할 때 오래되고 익숙한 방법에 집착하기도 한다. 어쨌든 일반적으로 가족치료는 대부분의 개인치료 접근 방법과 비교한다면 상대적으로 단기간에 이루어진다. 어떤 경우에는 10회기 정도의 만남으로 증상을 제거할 수도 있고, 다른 경우에는 증상을 사라지게 하기 위해 20회기 또는 그 이상이 필요하기도 하다. 전략적 치료에서는 어떤 문제에 주의를 기울여야 하는지 재빨리 초점을 맞춘다. 그리고 치료자는 제기된 문제를 제거하기 위해 가족의 역기능적 패턴을 변화시키는 행동계획을 고안해 낸다. 구조적 치료는 치료자가 가족에게 합류할 때, 그들의 교류 패턴을 알아낼 때, 그리고 환자로 지목된 사람의 행동 변화와 증상 감소를 선도하면서 구조의 변화를 주도할 때 간결하게 접근하는 경향이 있다. 반면에 대상관계 접근은 일관되게 정신분석적인 근거를 지니고 있어 더 길고 내담자의 초기 인생으로부터 얻은 자료를 다루는 경향이 있다.

✻ 치료 장면과 치료자

외래환자 사무실이나, 학교 상담 장면 그리고 환자가 있는 병동 등이 모두 다 치료장소로 사용될 수 있다. 초기에 그랬던 것처럼, 가족치료는 더 이상 심리치료의 주류에서 벗어나 있지 않으며, 모든 심리치료자들이 이를 수용하고 있다. 지금은 가족치료의 일부로 간주되고 있는 결혼 치료는 1970년대 이래 놀랄 만한 속도로 성장하고 있다.

정신과 의사, 심리학자, 사회사업가, 결혼과 가족 상담자, 그리고 목회 상담자들이 훈련과 강조점이 다름에도 불구하고, 모두 가족치료를 실행하고 있다. 오늘날 세 가지의 훈련 장면이 존재하고 있다. 가족치료에 관한 학위를 수여하는 프로그램, 독립적인 가족치료 연구소, 대학과 제휴하고 있는 프로그램이 바로 그것이다.

✻ 치료의 단계

대부분의 가족치료자는 참석자들이 다 모여 있을 때 전체적인 교류 패턴이 가장 명확해지기 때문에, 초기 회기에서 전체 가족을 만나고 싶어 한다(초기 회기에 참석한 어린아이들은 본인이 문제의 중요한 부분이 아닌 경우에는 후속 모임에 참석하지 않아도 된다.). 각 구성원이 참석해서 관계를 정립하고 가족 회기의 적절성을 사정한 다음에, 치료자는 가족의 역사에 관심을 보이고, Bowen 같은 치료자는 가족 가계도를 구성하기 시작한다. Haley 같은 치료자는 간결하게 가족이 어떤 문제를 제거하기를 원하는지 그들과 함께 타협하기 시작할 수도 있다. Minuchin이 시작하는 방식은 명령을 내리기보다는 제안을 하면서 평등한 역할을 함으로써 '가족에 합류'하는 것이다. 그는 가족의 의사소통 스타일을 수용하면서 문제를 사정하고, 치료 계획을 준비한다. de Shazer 같은 해결 중심 치료자들은 내담자가 특정 문제의 기원을 탐색하면서 시작하는 것을 권장하지 않으며, 그 대신에 그들이 함께 구축하고자 하는 해결책을 논의하는 협동적 '해결 대화(solution talk)'를 전개하기 좋아한다.

가족치료의 중간 단계는 대체로 가족 구성원들이 환자로 지목된 사람과 관련되어 제기한 문제나 증상적인 행동을 가족의 맥락에서 일어나는 관계의 문제로 재정의할 수 있도록 도움을 준다. 여기서 가족이 '환자'가 되고 그들이 모두 다 문제에 기여하였으며, 스며들어 있는 가족 패턴을 변화시키는 데 전원이 참여해야만 한다는 점을 인식하기 시작한다. 치료가 성공적이면 가족은 치료자의 인도를 받아서 관계의 변화를 시도하기 시작한다.

가족치료의 마지막 단계에서, 가족은 더 효율적인 대처 기술을 배우게 되고 서로에게 원하는 바를 요청하는 더 나은 방식을 배우게 된다. 그 사람들에게서 모든 문제가 사라지는 것은 아니지만 관계의 논점을 함께 해결하기 위한 문제해결적 기법을 배우게 되는 것이다. 가족치료는 개인치료보다 종결이 용이한데, 그 이유는 가족이 내적인 지지체계를 개발해 왔기 때문에 외부 사람인 치료자에게 지나치게 의존하지 않아도 되기 때문이다. 제기된 불만이나 증상이 대체로 사라지게 되면, 종결할 때가 된 것이다.

증거

초기의 가족치료 개척자들은 가족을 치료하는 새롭고 흥분되는 기법을 만들어 내는 데 열성을 기울였고, 거의 대부분이 연구의 지지를 받으면서 하지는 않았다. 해가 흘러가면서, 연구자와 치료자들 사이에 일종의 문화적 전쟁이 전개되었다. 연구자들은 임상가들이 최신 유행하는 기법들을, 일화적인 자료를 넘어서 그것들의 효과를 검증하기 위해 잠시 멈추는 법이 없이, 너무 쉽게 받아들인다고 주장하며, 치료자들은 출판되는 연구들이 사소해 보이며, 그들이 실제 문제를 가진 사람들과 매일매일 작업하는 것과는 상관이 없다는 입장을 취한다. 그러한 분립은 이제 가족치료자들이 임상적 서비스를 하는 것과 더 잘 통합되는 일련의 연구 논문들에 의해서 잘 다루어지고 있다(Sprenkle & Piercy, 2012).

부분적으로는 관리 보호 회사들이 가치 있는 치료를 제공하라는 압력을 주는 데 대한 반응으로, 부분적으로는 국립정신건강연구소(National Institute of Mental Health)와 같은 정부 기관이 그러한 연구에 더 많은 재정 지원을 해 주는 결과로, 어떤 가족치료 절차가 다양한 가족과 관련된 문제에 대하여 실증적으로 검증된 증거에 기반한 기법들을 제공하고 있는지를 결정하기 위하여 의미 있는 연구들이 수행되고 있다. 연구 자료보다는 개인적인 경험에 의존하는 데 익숙해져 있는 일부 치료자들은, 자신의 서비스에 대하여 배상을 받으려면, 증거에 기반한 자료를 제공할 수 있을 때 그렇게 함으로써 그들의 중재를 정당화하도록, HMO와 같은 제3의 지불인들에 의해 압력을 받고 있음을 알아차리기 시작한다.

증거에 기반한 실제는 연구자들이 심리치료에 대한 요즘의 연구 자료가 가지고 있는 강점과 한계를 측정하려는 시도를 말한다. 치료의 성공과 실패는 주로 치료 방법, 치료자, 그리고 치료 관계에 의해서 좌우되는 것으로 알려져 왔다. 체계가 기여하는 바가 무엇인지에 대한 연구에서 덜 분명하게 나타난 것은 과정에 대한 것이다. 많은 장애, 문제, 가족 구도(family constellation) 및 가족의 역기능들에 관한 자료는 부족한 상태이다(Levant, 2005). 치료에 관한 연구자들은 전형적으로 **과정 연구**(바라는 성과를 얻은 치료 회기 동안에는 실제로 어떤 일이 일어났는가?)와 **성과 연구**(특정한 문제를 다루는 데 가장 잘 작용하는 특정한 치료 접근은 무엇인가?)에 노력을 기울이고 있다. 과정 연구—좀 더 찾아

보기 힘든 것으로—는 성공적인 회기에서 실제로 어떤 일이 일어났는가를 조작적으로 서술하려고 하는 것이다. 배려심 있고 유능한 치료자와 신뢰하는 가족 사이에 맺어진 치료적 동맹이 확신을 갖게 하고 희망을 제공하였는가? 변화를 가져온 것은 통찰이나 더 많은 이해인가, 아니면 치료자와 다른 가족 구성원 사이에서 공유하는 치료적 경험 때문인가? 치료자가 장려하는 건설적 대화의 촉진인가, 아니면 부정적 감정의 차단인가? 가족치료의 초기 단계에 가장 효과가 있는 치료 중재 기법과 후기 단계에 더 효과가 있는 다른 치료 중재 기법들이 있는가?(Christensen, Russell, Miller, & Peterson, 1998; Heatherington, Friedlander, & Greenberg, 2005)

특정한 회기 내 과정과 결과적 성과를 연결하는 것은 그것을 따라갈 수 있는 실증적으로 검증된 지도를 개발하게 해 주지만, 불행하게도 몇 가지 예외를 제외하고는 대부분의 모델에서 아직 이루어지지 않고 있다. **정서 중심적 부부치료**에서는 애착 이론에 대한 연구와 매뉴얼로 된 절차를 상세히 설명한 것을 통합하였다. 일반적으로, 이제까지 이루어진 증거의 지지를 받는 연구들은 주로 행동적 접근과 인지행동적 접근을 수행하고 있다. 이들은 구체적인 목표를 가지고 있는 간단한 방법으로, 꼭 가장 효과적인 방법은 아니지만, 다른 치료 방법들보다 전통적인 연구 방법을 사용하기가 더 쉽다.

가족치료에 대한 성과 연구는 개인치료의 연구에서 부딪치는 같은 문제들을 다루어야 할 뿐만 아니라, 계속적으로 변화하고 있는 크고 복잡한 단위(가족) 내에서 일어나고 있는 다양한 상호작용을 평가하고 측정하는 부가적인 부담을 가지게 된다. 어떤 가족 구성원은 다른 사람들보다 더 많이 변할 수도 있고, 서로 다른 방식으로 변화할 수 있으며, 연구자는 치료의 효율성을 측정할 때 개인 내적 측면, 관계, 의사소통과 일상적인 집단의 변인들을 고려해야만 한다. 이에 더하여, 가족의 유형, 인종과 사회적 배경, 가족 기능의 수준 등과 같은 것들에 주의를 두어야만 한다. 최근에는, 발견 지향적이고 다양한 관점에 개방되어 있는 질적 연구 방법이 더 대중화되고 있다. 좀 더 전통적인 질적 연구 방법과 달리, 질적인 연구는 연구자가 성과 자료의 의미에 대하여 주관적 판단을 하는 서술적 보고에 의존하는 경향이 있다. (사례 연구, 심층적 면담 및 기록 분석에 근거한) 질적인 연구는 특히 탐색적 목적에 유용하며, 이에 비하여 양적인 연구는 일련의 실험적 가설을 평가하거나 정당화하는 데 사용되는 경향이 있다.

오늘날 출판된 성과 연구들은 두 가지 중의 한 형태를 취한다. **효율성 연구**(efficacy studies)와 **효과성 연구**(effectiveness studies)(Pinsof & Wynne, 1995)가 그것이다. 더 일반적으로 이루어지는 효율성 연구는, 특정한 치료가 대학이나 의료 기관과 같은 이상적인 조건에서 작용하는지를 결정하려는 시도를 한다. 처치 매뉴얼에 따르는 표준화된 면담 방법을 사용하고, 내담자들은 처치 또는 비처치 집단에 무작위로 배정되며, 독립적인 평가자가 성과를 측정하는 등의 방법을 사용한다. 효과성 연구는 정상적이고, 병원, 사회 기관, 개인 상담 사무실 같은 실제 삶의 조건에서 치료가 작용하는지 결정하려는 노력을 한다. 오늘날의 대부분의 연구들은 효율성 연구이고 또 그런 연구가 장려되고 있지만, 이들은 좀 더 현실세계의 상담실 조건에서 이루어지는 치료에 대하여 특별히 추천되지는 않는다. 주로 효율성 연구에 근거한, 조사 연구(Shadash, Ragsdale, Glaser, & Montgomery,

1995)에서 나온 전반적인 결과에 따르면, 가족치료를 받은 내담자들이 무처치 통제집단의 내담자보다 더 의미 있게 좋아졌다.

요즈음 성과 연구의 취지는 다양한 구체적인 심리적이거나 행동적인 곤란을 지니고 있는 내담자들을 위한 대안적 처치 중재의 상대적 이점(비용, 치료의 길이, 변화 정도의 관점에서)을 계속적으로 탐색하는 것이다. 단기 전략적 가족치료, 중다체계적 치료, 그리고 기능적 가족치료는 모두 품행장애의 치료에 사용되어 왔고, 특히 고위험군 청소년, 행동 표출 문제 및 부모 관리 훈련에 효과적인 것이 밝혀졌다. 부부간의 불화에 대한 심리교육 프로그램 역시 효과적인 것이 증명되었으며, 조현병 환자의 재발과 재입원을 감소시키는 프로그램도 마찬가지로 효과가 있었다.

증거에 기반한 가족치료를 개발하려는 최근의 움직임은 의료, 교육 및 다른 분야의 전문가들에게 점차로 더 많이 기대되는 책임의 필요성을 나타내고 있다. 심리치료 내에서, 작용하는 안내 서비스에 대해 실증적으로 검증된 근거를 수립하려는 공약이 점차로 증가하고 있다(Goodheart, Kazdin, & Sternberg, 2006; Nathan & Gorman, 2007). 연구의 뒷받침을 받는 임상적 중재는 치료적 노력을 더 효율적으로 만들어, 치료자들과 연구자들이 함께 공유하고 있는 목표인, 보건 복지의 질을 향상시키고 그에 따르는 비용을 감소시키려는 의도를 가지고 있다(Reed & Eisman, 2006). 그러나 감탄스럽게도, 그 노력은 비용과 시간이 많이 들며, 동질적인 내담자 전집을 필요로 하고, 내담자들을 처치 또는 비처치 집단에 무작위 배정하여야 하며, 세밀하게 훈련되고 감독을 받는 치료자가 어떻게 진행할 것인지를 나타내는 매뉴얼을 따라야 하고, 측정해야 하는 여러 개의 목표를 가지고, 치료 동안에 얻은 이득이 유지되는가를 보기 위하여 일정한 기간에 걸쳐 추수 연구를 해야 한다.

Westen, Novotny와 Thompson-Brenner(2004)는 연구자들이 실험실에서 새로운 치료법과 매뉴얼을 설계하는 노력을 하기보다는 실제 현장에서 무엇이 작용하는가에 집중하는 것이 더 낫다고 주장한다. 할 수 있는 가장 좋은 연구와 임상 전문성의 통합이 이상적인 해결책이라는 점에는 모든 사람이 동의하겠지만, 사실은 치료의 실제를 담당하는 사람들과 임상 연구자들은 서로 다른 관점을 가지고 움직인다.(전자는 내담자 중심이고, 서비스를 향상시키는 데 전념한다. 후자는 과학 중심이고, 임상적인 현상을 이해하고 검증하는 데 전념한다.) 경험이 많은 치료자들은 통합주의자가 되는 경향이 있는데, 누구에게 무엇이 작용하였는가에 대한 그들의 경험을 바탕으로 여러 접근에서 최고의 것을 택한다. 이제 학생들은 매뉴얼화된 기법들로 학계에서 훈련을 받으며, 그들의 내담자를 치료하는 데 매뉴얼화된 안내 지침을 따를 수 있게 되는 경향이 있다. 최근의 연구는 양적인 연구의 방법론적 강점과 한계에 초점을 맞추고 있다. 그러나 연구 방법론이 향상되고 있으며, 가족치료 연구는 이제 다른 어떤 중재 전략과도 비교할 만하게 되었다(Sprenkle & Piercy, 2012).

다문화 세계에서의 심리치료

21세기에 들어와 다문화적 인구에 의해 자극을 받은 이슈들을 다루는 치료자들의 수가 증가하고 있다. 상담실이 이민 온 사람들로 채워지고 혼혈 가족의 수가 기하급수적으로 증가하고 있으므로, 우리는 '타인'—특정하게 의미 있는 방식에서 우리와는 다른 사람들—과 작업하는 기본 원리에 주의를 기울여야만 한다.

치료자들이 일반 사회에서 일어나는 움직임과 특정 문화적 환경에서 일어나는 움직임에 대하여 이해하는 것은 매우 중요하다. 치료자는 자신의 개인적 강점을 반드시 알아야 하며, 가장 중요한 것은, 자신의 약점, 편파 또는 편견을 알아야만 한다는 것이다(Axelson, 1999).

언제 자문을 받는 것이 적합하고 언제 의뢰를 해야 하는지 이해하는 것도 중요하다. 내담자의 내적-외적 참조준거에 맞추는 것은 치료자가 내담자의 눈을 통하여 세상을 보도록 해 준다. 가족치료자는 상담실 안에 확증을 해 줄 수 있는 다른 가족 구성원들이 있기 때문에, 문화적으로 결정된 생각이나 활동과 개별 특성적인 행동을 구별하기가 더 쉽다. 치료자가 가족에서 원가족으로, 거기에서 다문화적 가족 가계도로, 거기에서 가족치료의 전반적 관점으로 움직이는 것이 논리적 단계이다(Ng, 2003). 그런 관점은 가족 역동에 영향을 준 인종적 · 경제적 · 종교적 · 정치적 요인들에 대한 정보를 포함해야만 한다.

가족치료 운동의 발달에서 중요한 부분은 '백인 남성 특권'이 가족치료 분야에서 민감한 주제가 되었을 때인 1980년대 여성 운동의 결과로 생겨난 교정적 활동이었다(McGoldrick, Giordano, & Garcia-Preto, 2005). 상담실에서 사람들을 보고 치료하는 방식을 결정하는 성 편견에 대한 자각은 완전히 새로운 아이디어였으며, 그 이후에 성의 이슈를 넘어서 인종, 사회 계층, 이민 상태, 종교와 그것들이 치료에 주는 영향에 주의를 주는 단계를 설정하였다. 경계선, 의사소통의 규칙, 정서를 표출하기, 여성/남성에 대한 기대, 의례, 이민과 난민의 상태, 그리고 이 변인들이 치료에 영향을 주는 방식을 이해하기 위하여 다문화 전문가의 필요성이 인식되었다.

가족치료에서 사회 구성주의 이론은 다문화적 상담에 부가적인 철학적 근거를 제공하였다. Michael White의 이야기 치료는 지배적인 문화적 명령의 도입에 대항하는 입장을 취한다. White는 지배적인 문화를 제시할 때 중심적 구성요소로 힘을 오용하는 것을 인식하였고, 국부적인 대안적 지식에 힘을 실어 주었다(Epston & White, 1990). 내담자들은 자신의 경험에 대한 전문가이다. 오스트레일리아의 원주민을 포함하여 다양한 민족 및 인종 집단과 작업을 한 White는 지역사회의 전통적인 토착민 치유자들의 참여를 포함하는 반영적 팀 접근을 하였다. White는 치료가 진공 속에서 이루어질 수 없다고 믿었다. 변화에 대한 드러나는 이야기가 의미 있으려면 내담자의 더 큰 문화적 지역사회와 공유를 해야만 한다. 이것은 어느 정도 치료자의 개인적 감정의 문제를 배제하고, 그것을 지역사회의 반영으로 대체한다. 이 과정은 국제적인 수준으로 옮길 수 있으며 내담자의 지역사회 내에 있는 다른 집단의 목소리를 포함할 수 있다. White의 철학의 핵심은 어떤 청중이 그들의 변화의 이야기를 가장 잘 증언해 줄 수 있는지를 결정하기 위해 치료자와 내담자가 협동을 한다는 것이다.

사례

배경

가족 구성원 중에서 문제 증상을 나타내는 것에 대해 걱정하는 사람이 도움을 구하는 것이 일반적인 경우이지만, 부부나 온 가족이 가족 단위에서 개선될 필요가 있다는 것을 인정하는 경우가 점점 더 많아지고 있다. 어떤 때는 치료를 예방의 방법으로 보기도 한다. 예를 들어, 이전 결혼에서 얻은 자녀를 데리고 재혼하려고 할 때 계부나 계모와 살아가면서 일어날 수 있는 문제에 관해 재혼하기 전에 가족치료자와 의논하려고 하는 경우이다.

38세인 Frank와 36세인 Michelle은 결혼을 일주일 앞두고 있었다. 두 사람은 자발적으로 찾아왔으며, 자녀들이 함께 섞여 살게 되는 문제에 대해 충분히 준비가 되었는지 우려하고 있었다. 치료자는 두 사람을 두 회기 동안 만났는데, 대부분 그들이 예상하는 일반적인 문제를 토론하고 그 개선방안에 대해 의논하였다. Frank의 자녀인 13살의 Ann과 12살인 Lance, 그리고 Michelle의 딸인 16살 Jessica는 이 회기에 참석하지 않았다. Michelle과 Frank는 어린 시절부터 아는 사이였고, Michelle은 나중에 큰 도시로 이주하였지만, Frank는 작은 시골 마을에 정착하였다. 그들의 가족은 과거에 친구였기 때문에 두 사람은 몇 년 동안 서로 방문하기도 하고 연락을 취하기도 하였다. Frank가 대학원에 가기 전에 두 사람 사이에는 사랑이 싹터서 가능하면 빨리 다시 만나자고 동의하였다. 아버지가 갑자기 세상을 떠났을 때, Michelle은 Frank에게 편지를 썼지만 답장이 없었고, 그녀는 상처를 받고 화가 났다. 그 반발로 Michelle은 Alex와 결혼하였는데, Alex는 약물 남용자였고 Michelle에게 폭언을 퍼부었으며 만성적으로 실직 상태였다. 2년 후에 두 사람은 이혼하였고, 독신 부모가 된 Michelle은 자신과 딸을 부양하기 위해 일하기 시작하였다. 이 모녀는 Michelle이 Frank와 다시 만나기 전 12년 동안 유별나게 가까운 사이였다.

Frank도 결혼을 하였다. 두 자녀가 태어나고 몇 년 후 아내는 암에 걸려서 5년 동안 투병하다가 세상을 떠났다. 이웃사람들이 돌봐 주기는 하였지만 두 아이는 홀로 남겨져 있는 적이 많았고, 장녀인 Ann은 남동생 Lance의 부모 역할을 하게 되었다. Frank가 Michelle을 다시 만났을 때, 미진하였던 사랑에 다시 불이 붙었고, 아주 친밀하게 느끼는 고양된 상태에서 두 사람은 결혼하기로 결정하였다.

문제

결혼 후 석 달쯤 지났을 때, 두 사람은 치료자에게 자녀들 간에 긴장이 고조되고 있다고 하면서 다시 연락을 취하였다. 누군가 들어 줄 안전한 장소를 원하는(겉으로는 서로 간에 전혀 말을 나누지 않았다) 아이들—Ann과 Lance(Frank의 아이들) 그리고 Jessica(Michelle의 아이—은 모두가 가족 회기에 참석하는 데 적극적으로 동의하였다. '즉석 가족'이 된 데 대한 스트레스에서 파생된 개인적 문제들이 드러났다.

Frank는 큰돈을 벌어 본 적이 한 번도 없었고 전처의 오랜 투병 때문에 빚이 누적되어 있는 상태였다 그는 가족을 제대로 부양하지 못하는 것에 대해 좌절감을 느끼고 죄책감을 느꼈다. Michelle은 남편의 잦은 출장을 질투하였는데, 많은 부분은 자신이 매력이 없다고 생각하는 데서 기인하였다(그 이유 때문에 그녀는 12년 동안 결혼하지 않았다). 그녀는 Frank가 누군가를 발견해서 아버지가 세상을 떠났을 때 그랬던 것처럼 그녀를 다시 버릴까 봐 두려웠다. 너무 스트레스를 받게 되자, 딸인 Jessica로부터 처음으로 멀어지게 되었다. 어머니에 대한 친근감을 잃게 되자 Jessica는 의붓형제들을 멀리하였고, Michelle이 Frank에게 보이는 어떤 관심에도 골을 내었다. 친밀감을 다시 회복하기 위해 Jessica는 대리 가족(불량배들)에게 의지하게 되어 학교에서 '낙서꾼(tagger)'(범죄를 저지르기 전에 벽에 낙서를 하는 사람)이 되었다. Ann과 Lance는 어머니를 잃고 슬퍼할 시간도 장소도 없는 상태에서 Michelle이 그들에게 어머니 노릇 하기를 달가워하지 않는다는 것을 알게 되었다. Ann은 으스대기 시작하고 시비를 걸고 지나친 요구를 하기 시작하였다. 12세인 Lance는 침대에 오줌을 싸기 시작하였다.

이런 개인적인 문제에 덧붙여 그들은 일반적인 복합 가족의 문제를 지니게 되었다. 의붓형제 간의 갈등, 부모의 역할을 받아들이기 어려운 부모의 저항감 그리고 경계선의 모호성이 바로 그런 문제들이었다.

치료

체계의 관점에서, 가족치료자는 전체 가족을 만나거나 필요한 대로 다른 구성원들을 만날 수 있다. 각 회기마다 전원이 다 나올 필요는 없었다. 그러나 체계의 지속적인 개념을 유지하는 것은 필수적이었다.

치료자는 두 번의 초기 회기 동안 부부와 '함께' 하였고, 두 사람은 결혼한 후에 그에게 돌아오는 것을 편안하게 여겼다. 가계도를 그리는 동안, 치료자는 각 자녀들과 관계가 진전될 수 있을 때마다 주의를 기울이며 조심스럽게 접근하였다. 부모-자녀의 애착이 결혼 관계보다 앞에 있었던 것을 인식하고 치료자는 그들이 집단으로서 새로운 가족에게 성실해지도록 도와주었다. 경계선 문제는 특별히 중요한 것이었는데, 그 가족이 거의 사생활 공간이 없는 작은 집에서 살고 있었기 때문에 자녀들이 부모의 관계에 종종 끼어들고는 하였다.

자녀들 없이 그 부부를 만났을 때 치료자는 두 사람이 어떻게 서로 지지하고 자녀를 양육하는 일을 나누어서 할 수 있는지 배우도록 도와주었다(각자는 결혼 초기 몇 달 동안 자신의 친자녀에게만 우선적인 책임을 졌던 것이다). 질투에 관해서 논의되었고 치료자는 그들이 전혀 갖지 못하였던 '신혼기간'이 필요하다고 제안하였다. 치료자의 격려를 받아 부부가 둘이서만 시간을 보낼 때 아이들은 친척집에 머물렀다.

그들이 상담을 받으러 돌아왔을 때 더 나은 수입을 올리지 못하는 데 대한 Frank의 우려에 관해 이야기를 하였다. 그와 Michelle은 그의 수입을 늘리고 집안일을 더 돕기 위한 방안을 생각해 보았다. Michelle은 아직 일하고 있었고, 덜 지쳐서 자녀들에게 더 관심을 기울일 수 있게 되었다. Frank와 Lance는 두 사람 사이의 친밀감을 강화하기 위해 Lance의 야뇨증을 없애는 자조 행동 프로그램에 함께 참석하는 데 동의하였다. Lance의 문제가 완화되자, 온 가족이 야뇨증 문제 때문에 겪어야 하였던 엉망진창인 상황과 냄새에서 벗어나 안도감을 느끼게 되었다.

치료자는 Ann이 특별하다는 느낌을 가질 수 있도록 Ann하고만 한 회기를 만나기로 결정하였다. 치료 장면에서 어린 소녀로 행동할 수 있었던 Ann은 Lance의 부모 역할을 하던 것에서 벗어나서 더 상냥해졌고, 다른 가족과 친해지기 위해 손을 뻗었다. Ann과 Lance는 아버지와 함께 추가 회기를 가졌고 어머니를 잃은 상실감을 함께 다루었다. Michelle과 Jessica는 사춘기에 따르는 모녀간의 이슈와 Jessica의 학교 문제를 다루기 위해 두 번의 회기를 따로 가졌다.

추수

대강 열두 회기 정도의 만남이 있었다. 처음에는 매주 만났고, 나중에는 격주, 그러고 나서는 석 달이 지난 후에 만났다. 그해 연말에는 가족이 더 잘 통합되고 더 기능적이 되었다. Frank는 직장에서 승진이 되었고, 가족이 더 큰 집을 빌려 공간이 좁아서 일어나는 문제들이 완화되었다. Lance의 야뇨증은 사라졌고, Lance와 Ann은 Michelle과 Jessica를 더 가깝게 느끼게 되었다. Ann은 실제보다 더 나이 든 사람으로 행동해야 하는 부담이 줄어들자, 사춘기 시절을 즐기게 되었고 학교 연극에 참여하게 되었다. Jessica는 아직 학업의 문제가 있었지만 불량배들에게서 벗어나서 인근 도시의 전문대학에 들어갈 준비를 하고 있었다.

이 가족은 그다음 3년 동안 다섯 번을 더 만났다. 만날 때마다 가족 구성원들은 도움이 필요하였던 역기능적인 측면에서 벗어나 양자 관계나 삼자 관계를 잘 정립해 나갈 수 있었다. 한 회기를 가질 때마다 그들은 자신의 궤도를 되찾게 되었다.

요약

1950년대에 시작된 가족치료는 개인의 심리 내적 문제에서 주의를 돌려 병리의 소재를 가족 내의 역기능적 교류 패턴에 두었다. 이 새로운 조망을 통해, 가족을 관계의 네트워크를 형성하고 항상성을 유지하는 데 목적을 둔 피드백 고리의 의미를 지닌 체계로 바라보는 관점을 가지게 되었다. 가족치료는 조현병 환자 가족의 의사소통 패턴을 이해하는 데 목적을 둔 연구에서 확대되어, 다양한 가족 문제에 치료적인 개입을 포함시키는 데까지 그 초점을 넓혀 나가게 되었다. 이러한 치료적인 시도는 체계 내에서 반복되는 역기능적이거나 문제가 되는 인과적 연쇄를 변화시키려는 경향을 지니고 있었다. 가족을 심리사회적 체계로 보는 초기 인공두뇌학적 관점은 현실에 대한 다양한 관점을 옹호하는 입장을 가지고 객관적으로 알 수 있는 세계라는 언급에 반대하는 포스트모더니즘의 논박을 받았다.

한 가족 구성원의 증상 행동들은 가족의 불균형을 나타내는 신호로 간주되었다. 증상은 현재의 지속되는 교류 작용에 의해서 생겨나고 또 유지된다. 인과관계를 직선적으로 보지 않고 순환적으로 보기 시작하면서, 치료자들은 구성원들 사이에서 자기 영속적이고 자기 패배적으로 반복되는 행동에 초점을 맞추기 시작하였다. 가족의 신념 체계 역시 자기 제한으로 면밀히 검토되었다.

치료적 개입은 여러 가지 형태를 띠고 있지만 현재 가족 기능에 영향을 미치는 과거의 충격에 접근하는 방법(대상관계적 · 맥락적 방법)이나, 가족 구성원 각자의 성장에 많은 관심을 두는 방법(경험적 방법), 가족의 구조나 과정(구조적 방법) 또는 세대 간의 논점을 다루는 방법, 인지행동적 조망에 크게 영향을 받은 방법(전략적 · 행동적 방법), 그들이 경험하는 의미와 조직을 내담자가 검토하는 이야기에 강세를 두는 방법(사회 구성주의적 치료와 이야기 치료) 등을 포함하고 있다. 모든 기법은 내담자의 삶의 맥락에 역기능의 근원이 담겨 있고 그것이 개선될 수 있다는 점에 특별히 주의를 기울이고 있다.

소비자나 경비를 절감하려는 관리자들은 장래에 더 많이 가족치료를 활용하게 될 것이다. 그 이유는 가족치료가 상대적으로 짧은 기간에 이루어지고, 해결 중심적이고, 현실적이고 즉각적인 문제들을 다루기 때문이다. 더군다나 관계에 문제가 있으나 병적인 가족으로 보이고 싶지 않은 가족은 접근이 더 용이하다고 느껴질 것이다. 미래의 위기를 막을 수 있는 더 효율적인 의사소통과 문제해결을 배우도록 도와줄 수 있는 가족치료의 예방적인 측면은 가족에게만 유용한 것이 아니다. 사람들을 변화시키는 데 애를 먹고 있는 가족의료 담당자, 소아청소년과 의사, 일차적 치료를 하는 의료진에게도 유용하다. 이 분야가 연구와 임상적 노력의 양쪽 분야에서 발전되고 있기 때문에 인생의 주기에서 중요한 시점에 서 있는 다른 유형의 가족들을 치료하기 위해 구체적인 기법을 정립하는 것이 중요하다.

추천 도서

Goldenberg, H., & Goldenberg, I. (2008). *Family therapy: An overview* (5th ed.). Pacific Grove, CA: Brooks/Cole.

이 책은 가족치료의 주요 이론, 평가와 개입 기법을 기술하고 있다. 체계 이론과 가족의 생활 주기 문제에 대한 개요를 제공하고, 이 분야의 발달에 대한 역사적 토론이 포함되어 있으며, 연구, 훈련 그리고 윤리적이고 전문적인 논점들이 취급된다.

Goodheart, C. D., Kazdin, A. E., & Sternberg, R. J. (2006). *Evidence-based psychotherapy: Where practice and research meet*. Washington, DC: American Psychological Association.

이 시기적절한 교재는 심리치료 접근을 지지하기 위해 증거에 기반한 지식을 개발하는 문제를 둘러싼 최근의 논쟁들을 정리해 놓은 것이다.

Haley, J., & Richeport-Haley, M. (2007). *Directive Family Therapy*. New York: Haworth.

이 교재는 치료자들에게 환자의 문제를 확인하고, 치료 계획을 작성하고, 지속적인 치료적 변화를 달성하기 위하여 그것을 수행하는 직접적 가족치료의 기법을 제공한다.

McGoldrick, M., & Hardy, K. V., (Eds.). (2008). *Revisioning family therapy: Race, culture, and gender in clinical practice* (2nd ed.). New York: Guilford Press.

저자들은 다양한 인종과 민족 집단에 대한 상세한 지식을 제공하기 위하여 여러 전문가들을 한데 모았다. 각 집단에 대하여 보편적 가족 패턴을 상세히 서술하고, 각 세트의 독특한 측면과 연결된 효과적 가족치료 개입을 제공하고 있다.

Sue, D. W., & Sue D. (2007). *Counseling the culturally diverse: Theory and practice* (5th ed.) New York: John Wiley.

저자인 Derald Wing Sue와 David Sue는 다인종적 개인, 여성, 동성애자, 노인 및 장애를 가지고 있는 사람들과 소수인종과 소수민족을 모두 다루면서, 다양성과 다문화주의의 의미를 정의하고 분석하였다. 이 책은 새로 개정한 것이며 새로운 연구와 이 분야의 미래 방향에 관한 논의를 포함하고 있다.

Sexton, T. L., Weeks, G. R., & Robibins, M. S. (Eds.). (2003). *The science and practice of working with families and couples*. New York: Guildford Press.

이 유용하고 최근에 발간된 편람은 가족치료의 기초와 이론에 대한 논의와 그것을 가족치료를 추천받은 특수 집단에 적용하는 것을 포함하고 있다. 증거에 기반한 부부와 가족 중재 기법을 둘러싼 문제에 관해 많은 분량을 다루고 있다.

사례집

가족치료를 훈련하는 사람들은 그들의 기술을 실제 가족들에게 시범 보이는 전문 치료자들의 비디오테이프를 공통적으로 이용한다. 왜냐하면 비디오테이프는 사례 연구만 하는 것보다 더 풍부하고 폭넓은 차원의 감각을 제공하기 때문이다. 비디오테이프는 뉴욕의 Ackerman 연구소, 필라델피아 아동지도소, 조지타운 대학교 가족센터, 워싱턴 D.C.의 가족연구소 등 다른 훈련 기관에서 구입하거나 빌릴 수 있다.

다음 세 권의 교재가 선도적 치료자의 관점에서 가족치료의 서술과 분석을 넓게 다루고 있다.

Grove, D. R., & Haley, J. (1993). *Convertsations on therapy: Popular Problems and uncommon solutions*. New York: W. W. Norton.

학생과 스승의 관계인 Grove와 Haley는 각기 워싱턴 D.C. 가족치료 연구소에서 만났던 특별한 사례에 관하여 질문과 응답 형식의 대화를 제공한다. 그리고 그들은 함께 문제 상황에 효과적으로 개입하기 위한 전략을 계획한다.

Napier, A. Y., & Whitaker, C. A. (1978). *The family crucible*. New York: Harper & Row.

이 책은 부모, 자살을 기도하고 도망친 10대의 딸, 청소년기의 아들, 그리고 6세의 딸을 포함한 한 가족을 공동으로 치료한 사례 전부를 제시한 것이다.

Satir, V. M., & Baldwin, M. (1983). *Satir step by step: A guide to creative change in families*. Palo Alto, CA: Science and Behavior Books.

Satir는 회기의 축어록과 각 개입에 대한 설명을 두 개의 칸으로 나누어 제시한다.

최근의 두 사례집은 다양한 관점에 따라 가족치료자가 제공하는 설명을 담고 있다. 가족치료자들이 이론을 실제에 적용하려고 시도할 때 무엇을 해야 하는지를 두 책이 모두 효과적으로 전달한다.

Dattilio, F. (Ed). (1998). *Case studies in couple and family therapy: Systemic and cognitive perspectives*. New York: Guilford Press.

가족치료 학파의 선두주자들이 그들의 이론적 입장을 간단히 요약하고 있으며, 그 뒤에 실제 회기의 상세한 사례 연구가 제시되어 있다. 편집자는 현재의 다양한 가족치료와 인지행동치료의 통합을 시도하기 위하여 전반적으로 논평을 하고 있다.

Golden, L. B.(2003). *Case studies in marriage and family therapy* (2nd ed.). Englewood Cliffs, NJ: Prentice Hall.

가족을 치료하는 주요한 접근법들을 부각시키는 19개의 사례 연구가 포함되어 있다. 경험 많은 결혼 및 가족치료자들이 실제 회기의 자료를 공유하고 그들 자신의 의사결정과 개인적 경험을 나눈다.

또 다른 가치 있는 작업으로 다음을 들 수 있다.

Oxford, L. K., & Wiener, D. J. (2003). Rescripting family dramas using psychodramatic methods. In D. J. Wiener & L. K. Oxford (Eds.), *Action therapy with families and groups: Using creative arts improvisation in clinical practice* (pp. 45-74). Washington DC: American Psychological Association. [Reprinted in D. Wedding & R. J. Corsini (Eds.). (2005). *Case Studies in Psychotherapy* (4th Ed.). Belmont, CA: Brooks/Cole.]

이 최근의 사례는 심리극 기법들이 어떻게 가족치료 맥락에 사용될 수 있는가를 보여 준다.

Papp, P. (1982). The daughter who said no. In P. Papp, *The process of change* (pp. 67-120). New York: Guilford. [Reprinted in D. Wedding & R. J. Corsini (Eds.). (2013). *Case studies in psychotherapy* (7th ed.). Belmont, CA: Brooks/Cole.]

이 책은 가족치료의 대가가 신경성 식욕 부진증을 보이는 젊은 여성을 치료하는 방법을 설명한 고전적 사례이다.

Great Buddha, Kotokuin Temple,
Kamakura, Japan
© Somyote Tiraphon/Shutterstock

제 12 장 묵상 치료

Roger Walsh

개관

무엇인가 놀랄 만한 일이 일어나고 있다. 몇 세기 동안 별개로 발달해 온 두 가지 위대한 수련법(둘 다 인간의 마음을 탐색하고, 치유하고, 증진시키려고 설계된 것이다)이 드디어 만나게 되었다. 역사가 만들어지고 있으며, 심리학은 묵상을 하는 방향으로 변하였고, 전통적인 서양 치료자들이 마침내 서로 만나고, 어우러지고, 도전하고, 풍요로워졌다. 불과 수십 년 전에도, 명상 치료는 가장 집중적으로 연구된 심리치료에 비하면 주변적인 치료였다. 수천 년 동안, 수백만 명의 사람들이 묵상을 해 왔고, 이제 이 수행법이 서양의 치료자, 내담자 그리고 대중들에게 도움을 주게 되었다.

기본 개념

✻ 다양한 수행법들

묵상, 명상 및 요가 같은 묵상의 수행은 전 세계에서 발견된다. 그들은 대부분의 문화에 존재하고 모든 주요 종교의 일부분이다. 그들은 도교와 힌두 요가, 유교의 안좌(quiet sitting), 불교의 명상, 유대인의 Tzeruf, 이슬람의 신비주의 지크르(Zikr) 그리고 기독교의 묵상의 전통적 수행을 포함하고 있다. 전통적인 배경에서, 묵상의 수행은 더 큰 세계관과 생활방식의 부분을 차지하고 있다. 예를 들어, 그들은 일반적으로 불교 심리학이나 요가 철학과 같이 거기에 상응하는 심리학과 철학에 의해 틀이 정해지고 설명이 된다. 그들은 또한 지지적인 운동(예: 요가 호흡)과 생활양식(예: 식이요법, 윤리, 자연에서 보내는 시간, 타인에 대한 봉사) 같은 복지를 최적화하려는 다른 수행들과 통합이 된다. 원래는 주로 종교적이거나 영적인 목표를 가지고 수행을 하였으나, 이제는 묵상이 가지고 있는 많은 심리적 혜택과 정신물리적 혜택 때문에 널리 사용되고 있다. **명상**(meditation)과 **묵상**(contemplation)은 둘 다 몇 가지 방식으로 사용되지만 여기에서는 같은 것으로 취급한다.

묵상이나 명상을 하는 방법에는 여러 가지가 있다. 대부분의 연구는 요가의 초월적 명상(TM)과 위파사나(vipassana, 觀) 또는 통찰적 명상으로도 알려져 있는 불교의 마음챙김(mindfulness)에 관한 것이다. TM은 반복적인 만트라(mantra)로 주의를 유도하는 것으로 시작하는 만트라(眞言) 수행이며, 그다음에 마음이 분명하고 평화로운 상태로 안정되도록 하는 것이다. 마음챙김 명상은 각 경험을 면밀히 살핌으로써 분명하고 민감한 자각을 일구는 것으로, 이것은 마음과 자기 자신에 대하여 깊은 통찰을 가져온다. 마음챙김 운동 수행은 인도의 요가와 중국의 태극권과 기공을 포함한다. 수많은 다른 명상법들이 연구를 기다리고 있다.

✻ 정의

각 수행들 간에 많은 차이가 있지만, 공통적인 주제가 분명히 있으며, 이 공통점은 다음의 정의를 제안한다.

명상이라는 용어는 정신적 과정을 더 큰 수의적 통제 아래 두고, 정신적 역량과 안녕 및 성숙을 촉진하기 위하여 주의를 훈련하는 일군의 내성적 자기조절 수행을 말한다.

요가라는 용어는 명상과 유사한 목적을 가지고 다양한 수행을 하는 것을 말한다. 그러나 요가는 명상에 덧붙여 윤리, 생활양식, 수행 체위, 식이요법, 호흡 통제, 공부 그리고 지적인 분석을 아우르는 좀 더 포괄적인 수련법이다. 서양에서는 가장 잘 알려진 요가 수행이 수행 체위이다. 그러나 이것은 최초의 통합적인 심리치료였던 훨씬 더 종합적인 훈련의 한 측면에 불과하다.

✻ 중심 추정들

묵상 심리학은 마음을 이해할 때 '좋은 소식, 나쁜 소식'에 근거하고 있다.

- ❑ 나쁜 소식은 우리의 일상적인 마음의 상태는 우리가 일반적으로 알고 있는 것보다 훨씬 덜 통제된다는 것이다. 이것이 의미 있게 불필요한 고통을 가져온다.
- ❑ 좋은 소식은 우리는 관습적인 수준을 훨씬 더 넘어서, 자신의 마음을 훈련하고 개발할 수 있다는 것이다. 그 결과는 정신적 역량과 안녕 및 성숙을 증진시키는 것을 포함한다.

이 좋은 소식과 나쁜 소식은 묵상 치료의 기저에 있는 다섯 가지 중심 추정들로 확장될 수 있다.

1. 우리의 마음의 보통 상태는 의미 있게 통제가 안 되고, 덜 개발되어 있고, 기능장애를

가지고 있다.

2. 이 '정상적인' 기능장애는 두 가지 이유 때문에 그 전체적인 정도가 알려져 있지 않다.
   - 첫째, 우리는 모두 이 기능장애를 공유하고 있으므로, 이것은 '정상적인' 것으로 여겨진다.
   - 둘째, 이 기능장애는 **자기 은폐적**이다. 심리적 방어들이 자각을 왜곡하고 자기 자신을 숨기듯이, (부분적으로는 방어로 구성되어 있는) 우리의 일상적인 심리적 기능장애의 상태도 자각을 왜곡하고 자기 자신을 숨긴다.
3. 심리적 고통은 주로 이 정신적 기능장애의 함수이다.
4. 묵상의 수행은 마음을 훈련하는 데 사용될 수 있고, 따라서 기능장애를 감소시키고, 복지를 증진시키고, 고도의 평온, 집중, 통찰 및 기쁨과 같은 예외적인 역량을 개발할 수 있다.
5. 이 주장들은 스스로 검증될 수 있다.

✳ 발달적 조망

발달심리학은 묵상 치료의 목표를 이해하고 그것을 다른 치료들과 비교할 수 있도록 해 준다. 발달심리학자들은 최근에 발달의 세 가지 넓은 수준을 인식하게 되었다. 전개인적(prepersonal), 개인적(personal), 초개인적(transpersonal)으로 이는 **전인습적**, **인습적**, **후인습적**이라고도 불린다(Wilber, 2000a). 우리는 전개인적 · 전인습적 단계로 태어나는데 그 단계에서 우리는 아무런 일관성 있는 자아감이나 사회적 인습에 대한 감각이 없다. 우리가 커 나가면서 점진적으로 개인적이고 인습적인 단계로 동화되고 성숙하게 된다. 여기에서 우리는 좀 더 일관된 자아감을 수립하게 되고 주로 우리 자신과 세계에 대한 인습적인 문화적 추정들을 수용하게 된다. 최근까지는, 이 인습적 단계가 우리 발달적 잠재력의 최고봉으로 추정되어 왔다.

그러나 몇 세기 동안, 철학자들과 성인들은 인습적 발달이 가진 한계에 애통해하면서 더 나아간 가능성이 있음을 지적하였다. 그들의 염려는 인습적 단계에서 우리의 일반적인 마음의 상태는 우리가 일반적으로 인식하지 못하는 방식으로 제한되고, 왜곡되고, 불분명하다는 것이었다. 플라톤이 우리의 일상적인 정신적 상태를 어두운 동굴 속에서 사는 것과 비교한 일화는 유명하다. 동양의 묵상 심리학자들은 그것을 착각이며 꿈과 같다고 묘사한다. 그리고 일부 서양의 심리학자들은 그것을 **합의된 가수면**(consesnsus trance) 또는 **공유된 최면**이라고 부른다(Tart, 1986).

이와 유사하게, 실존주의자들은 삶의 인습적 방식을 불필요하게 피상적이고, 방어적이고, 진실성이 없는 것으로 묘사하고 있다. 그들은 우리가 너무도 자주 문화적 신념과 가치를 아무 의문 없이 받아들이고, 아무런 성찰 없이 유행을 따라가며, 삶과 우리 자신에 대한 더 깊은 질문에 직면하기를 피한다고 말한다. 비극적인 결과는 우리가 충만하거나 진정한 삶을 사는 데 실패하게 만드는 '무리 근성(herd mentality)'에 반의식적으로 침몰한다는 것이다(Yalom & Josselson, 2013). 불행하게도, 현대 문화의 대부분은 상업적인 피상성과 지속적인 주의 분산으로 이러한 무리 근성과 집합적 반의식 상태를 강화하고 있다.

인본주의와 초월심리학의 창시자인 Abraham Maslow(1968)에 따르면, 그 결과는 "평균적이고, 상식적이고, 잘 적응하는 [사람]의 정상적인 적응이란 인간 본성이 가진 깊이의 대부분을 성공적으로 거부하기를 계속하는" 것이다(p. 142).

이것은 새로운 아이디어가 아니다. 사실상, Maslow는 몇 세기 동안 여러 묵상가들이 주장해 온 바를 반영한 것이라고 할 수 있다. 요가에서는 "당신은 완전히 자란 것이 아니며, 주의를 주지 않았기 때문에 개발되지 않고 남아 있는 수준들이 있다."라고 하였다(Nisargadatta, 1973, p. 40). 이와 유사하게 유대교 묵상에서는 다음과 같이 말한다.

> 개인의 정상적인 사고 유형을 '아동의 정신세계(*mochin de-kalnuth*)'라고 한다. 반면에, 좀 더 발전된 사고 유형과 의식의 상태는 '성인의 정신세계(*mochin de-gadluth*)'라고 한다. 개인은 이러한 성인의 사고 방법을 명상을 통하여 배운다(Kaplan, 1985, p. 8).

이러한 상반된 견해—동양과 서양의, 철학과 종교의, 그리고 이제는 심리학의—는 모두 막대한 중요성을 가진 놀라운 결론으로 취합된다. 즉, **우리는 단지 반만 성장하였고 반만 깨어 있다.** 발달은 전인습 단계에서 인습 단계로 진전이 되지만 그다음에는 보통 반의식적인 정지 상태로 이어진다. 우리가 **정상성**이라고 부르는 것은 집합적인 발달적 구속의 한 유형일 수도 있다! 미국의 유명한 심리학자인 William James(1911/1924)가 말하였듯이, "우리가 되어야만 하는 상태와 비교해 보면, 우리는 단지 반만 깨어 있는 것이다"(p. 237).

다행스럽게도, 좋은 소식도 있다. 더 나아간 발달이 가능하다는 것이다. 인습적 단계는 머무는 장소라기보다는 디딤돌이 될 수 있다. 묵상 심리학자들이 그렇게 오랫동안 주장해 왔던 것이, 이제 동기, 인지, 도덕적 사고 및 자아감의 후인습적 단계를 인식하는 발달 연구자들에 의하여 지지를 받고 있다(Maslow, 1971; Wilber, 1999, 2000b).

이 발달적 배경을 가지고, 우리는 이제 심리치료적 체계를 두 가지 방식으로 비교할 수 있다. 첫 번째는 발달 수준에 따르면 그들은 육성하려는 목표를 갖는다. 예를 들어, 대부분의 심리치료는 건강한 인습적 발달을 육성하려는 목표를 갖는다. 반면에, 명상 치료는 인습적 적응을 촉진하는 능력이 있지만, 전통적으로 후인습적 성장을 목표로 한다.

이에 관련된 아이디어는 심리학적 체계가 세 가지 수준의 관심사를 가지고 있다는 것이다. 바로 병리적·실존적·초월적 관심사이다. 이 책에서 보여 주듯이, 서양 전문가들은 병리를 완화하기 위한 다양하고 세련된 기법을 가지고 있으며, 우리 모두가 불가피하게 직면해야 하는 의미, 고립, 죽음과 같은 실존적 문제에 초점을 두기 시작하였다(Yalom, 2002; Yalom & Josselson, 2013). 그러나 극히 최근에 이르러서야 서양 심리학자들은 묵상 수련에서 관심을 가지고 있는 초월적 차원을 탐색하기 시작하였다.

다른 체계들

✻ 서로 다른 심리치료를 적절히 비교하는 원리

각 심리치료는 풍부하고 복합적인 체계를 가지고 있으며, 간단하게 비교하는 것은 필연적으로 부당한 것이다. 비교를 할 때는 다음과 같은 점을 염두에 두는 것이 현명하다.

1. 각 체계는 이해를 하고 치료를 하는 데에 가치 있지만 부분적인 기여를 하고 있다.
2. 어떤 한 접근법이 무조건 우위를 차지한다고 말하는 것은 의심스럽다.
3. 효과적인 치료는 다양한 방법과 기제들을 공유한다.
4. 서로 다른 치료들은 반드시 갈등관계라기보다는 보완적일 수 있다.
5. 한 치료 체계에만 익숙한 치료자는 모든 내담자를 같은 방식으로 해석하고 치료하는 프로크루스테스의 함정에 빠질 수 있다. Abraham Maslow가 말하였듯이, 당신이 가진 도구가 오로지 망치뿐이라면, 모든 것이 못처럼 보일 것이다. 당신이 만일 한 가지 치료법만 알고 있다면, 모든 내담자와 조건들이 그것에 알맞은 것처럼 보일 것이다.
6. 좋은 치료자는 유연하고 다양한 방법에 익숙하다. 그들은 각 단계에 있는 각 내담자에게 가장 잘 작용할 것 같은 접근법을 평가하여 그들을 치료하거나 적절하게 내담자를 의뢰할 것이다.

이러한 원리들은 통합적이고, 필수적이고, 성과가 알려진 치료에서 잘 드러난다 (Duncan, Miller, & Sparks, 2004; Norcross & Beutler, 2013; Wilber, 2000b).

✻ 다른 체계와 비교

다음의 비교들은 묵상적 접근의 공헌을 부각시키는 것이다. 그러나 이것은 다음의 치료들의 많은 공헌을 부인하는 것은 아니다.

정신분석은 무엇보다도 심리적 갈등에 초점을 둔다. 그것은 인간이 필연적으로 끝없는 내적인 갈등 속에 갇혀 있고 길을 잃은 것으로 보며, "정신적인 삶은 마음의 의식적 부분과 무의식적 부분 사이의 끊임없는 갈등을 나타낸다."(Arlow, 1995, p. 20)라고 추정한다. 정신분석은 우리가 무의식, 방어, 일부 정신병리의 아동기 뿌리, 그리고 다양한 치료적 과정을 이해하는 데 막대한 선구자적 공헌을 하였다. 사실상, 그것은 아동기의 발달, 전이, 그리고 무의식적 역동과 방어의 영역을 묵상적 수련에 넘겨주는 주요한 진보를 보였다.

그러나 묵상적 관점에서 보면, 정신분석은 우리 인간의 본성과 잠재력을 비극적으로 과소평가하였다. 갈등, 문제 및 병리에 초점을 맞춤으로써, 인간의 강점과 가능성 및 Abraham Maslow(1971)가 "인간 본성의 더 멀리 뻗어 감"이라고 부른 유명한 상태를 간과하였다. 결국, 정신분석은, 예를 들면 예외적인 건강과 안녕이나 초월적 성숙과 예외적 능력을 발전시키는 가능성을 인식하지 못하였다. 간단히 말해서, "Freud주의는 인간 가능성의 과소평가를 제도화하였다"(Needleman, 1980, p. 60).

고대의 묵상적 주장과 최근의 연구는 모두 심리적 갈등의 보편성에 대한 정신분석적 추정에 의문을 제기한다. 묵상적 심리학은, 발달이 더 높이 도달하면 갈등은 거의 해소될 수 있으며, 훨씬 덜 강력해지고 훨씬 덜 문제가 된다고 추정한다. 고급 마음챙김 명상 교사들의 연구에서는, "성적이거나 공격적인 추동 갈등의 증거가 없음"을 보여 주었다(Wilber, Engler, & Brown, 1986, p. 214).

불행하게도, 정신분석은 자주 그 자신의 범위와 우월성을 과대평가한다. 예를 들어, 다음 두 가지 주장을 생각해 보자. "정신분석은 가장 광범위하고 포괄적이고 종합적인 심리 체계이다"(Arlow, 1995, p. 16). "인간 마음의 신비를 벗겨 내는 데에서 어떤 지식 접근법도 정신분석을 따라오지 못한다"(Gabbard, 1995, p. 431). 다른 학파들과 비교해 보면 그러한 과대망상적 주장은 거의 지지를 받지 못한다. 자기 학파의 우월성을 과대평가하는 것은 다른 학파에 대한 무지와 직접적으로 관련이 되어 있는 것 같다.

그들 간의 차이에도 불구하고, 명상 수련과 정신분석(다른 정신역동적 치료와 함께)은 특정한 목표와 이해를 공유하고 있다. 둘 다 Freud(1917/1943, p. 252)가 말한, "인간은 그 자신의 집 (…) 자신의 마음의 주인조차 못된다."라는 인식에 근거를 두고 있다. 비슷하게, 두 체계는 깊은 내성의 가치에 동의를 하며, Freud는 명상의 수련이 "자아의 깊은 곳에서 그리고 다른 방법으로는 접근할 수 없는 원초아에서 일어나는 것을 파악할 수도 있다. (…) 정신분석을 이와 비슷한 접근 방식으로 선택하는 치료적인 노력으로 받아들일 수도 있을 것이다."(Freud, 1933/1965, p. 71)라고 인정하였다.

(Jung학파의) 분석적 심리학과 묵상 심리학은 몇 가지 중요한 문제에서 동의를 한다. 이들은 성장을 향한 마음의 내면적 추동, 초개인적 경험의 유익한 효과, 그리고 Freud학파의 무의식 수준 더 아래 수준에 있는 무의식의 여러 층의 속성들을 포함한다.

명상의 전통은 Jung학파, 인본주의 및 인간 중심의 Rogers학파와, 성과 공격 같은 동기에 더하여, 정신이 성장과 발달을 하려는 내적인 추동을 가지고 있다는 데 동의한다. 그 개념들이 완전히 같은 뜻을 가지고 있지는 않지만, Jung의 **개별화**에 대한 추동, Abraham Maslow의 **자기실현**과 **자기 초월**, Carl Rogers의 형성 경향성(formative tendency)과 자기 초월과 깨어남에 대한 묵상적인 동기는 서로 겹치는 부분이 있다. 이들은 모두 Abraham Maslow(1968, p. iv)의 신랄한 관찰에 동의한다. "초월적이고 초개인적인 것이 없다면 우리는 아프고 폭력적이고 허무주의적이 되거나, 절망적이고 무감각해진다. 우리는 '경외감을 갖고, 우리를 헌신할 수 있는 우리보다 더 큰' 무엇인가를 필요로 한다."

Jung학파와 묵상적 관점, 그리고 이제는 현대 연구들이 초개인적 경험이 심리적 치유와 성장을 촉진할 수 있다는 점에 동의한다(Walsh & Vaughan, 1993). 초개인적 경험은 인류와 세계에 대한 더 넓은 측면을 포용하기 위하여 개별적 또는 개인적인 면을 넘어서(초월하여) 정체성이나 자기에 대한 감각을 확장하는 경험을 말한다. 여기에서 개인은 자기 자신을 다른 사람들, 세계 그리고 심지어는 우주와 친밀하게 연결되어 있는 것으로 경험한다. Jung(1973)이 말하였듯이, "신성에 대한 접근이 진정한 치료이며 신성의 경험을 하는 만큼 병리의 저주에서 벗어나게 된다"(p. 377).

역사적으로, 대부분의 서양 치료는 처음의 두 발달 단계, 즉 전개인적 단계와 개인적 단계만을 인식하였고, 이것이 그들을 특별한 함정에 빠지게 하였다. 초개인적 경험이 인식되지 않았기 때문에, 그것은 전개인적 단계와 혼동되는 경우가 흔하였고 따라서 퇴행이거나 병리적인 것으로 잘못 진단되었다. 그에 대한 불행한 결과는 '전/후 오류'였다(Wilber, 1999). 예를 들면, Freud는 초개인적 경험을 유아적 무기력감의 지표로 해석하였고, Albert Ellis는 그것을 비합리적인 사고의 예로 보았으며, 고전적 교과서인 『정신의학의 역사(*The History of Psychiatry*)』에서는 "조현병적 퇴행과 요가와 선의 수행 사이에는 분명한 유사성이 있다."(Alexander & Selesnich, 1966, p. 372)라고 지적하였다.

그러나 면밀한 비교에 따르면 전개인적 퇴행과 초개인적 진전 사이에는 중요한 차이가 있다. Ken Wilber(1999)가 지적하였듯이, "지적인 탐색을 표피적인 인상 너머까지 진행하지 못하는 사람들에게만 전과 초월이 심각하게 동등시될 수 있다"(p. 157). 그럼에도 불구하고, 전-과 후-의 오류는 최근까지도 널리 퍼져 있었으며 묵상적 치료와 인간의 잠재력에 대하여 비극적인 과소평가를 하도록 이끌었다.

인지적 합리적 정서적 치료와 묵상 치료는 모두 사고와 신념이 가지고 있는 막대한 힘을 인정하고 있다. 그들은 우리가 모두, 수용전념치료가 자신의 생각에 **용해**(fusion)되는 것이라고 부른 과정인, 너무도 쉽게 인식되지 못한 잘못된 추정과 신념이 될 수 있는 여러 가지 오류가 있는 사고를 할 영향성이 있다는 점에 동의한다. 이러한 추정들은 현실을 잘못 판단하게 하고, 그다음에는 인지를 편향되게 하며, 경험을 왜곡시키고, 병리를 가져오게 된다. 이 잘못된 신념은 **기본적 오류**(Alfred Adler), **인지적 왜곡**(인지치료), **비합리적인 신념**(Albert Ellis), 그리고 **망상**(아시아 치료)이라고 묘사된다. 수피즘의 위대한 묵상가 중 한 사람인 Rumi(그는 사망한 지 8세기가 지난 후, 세계에서 가장 유명한 시인 중의 한 사람이 되었다)는 다음과 같이 서술하였다. "당신의 생각은 (…) 그것의 쓰디쓴 통제 아래에서 모든 방향으로 당신을 움직인다"(Helminski, 2000, p. 19). 이와 유사하게, 유대교의 지혜는 "한 사람의 전체 운명은, 좋든 나쁘든, 그 사람의 가슴 속에 있는 생각에 달려 있다."라고 말하며(Hoffman, 1985, p. 103), 그에 따라 "낯선 생각을 고양시키는" 수행을 제안한다. 헌신적인 요가 수행자이며, 인도의 위대한 지도자 Mahatma Gandhi는 그것을 이런 방식으로 요약하였다. "당신은 생각하는 대로 된다"(Fischer, 1954, p. 146).

물론, 학파에 따라서 의미 있는 차이들이 또한 있다. 한편으로는, 인지치료는 각 정신병리마다 거기에 해당하는 구체적인 인지적 프로파일을 인식하는 것처럼 묵상 치료보다 몇 가지 점에서 진보를 이루었다.

반면에, 명상가들은 인지치료나 합리적 정서적 치료에서 접근하는 것보다 더 밑에 있는 수준의 사고 층을 확인하고 수정할 수 있다. 명상가들은 놀랄 만큼 정확하게 사고와 그것의 효과를 관찰할 수 있으며(뒤에서 살펴볼 것임), 깊고 왜곡된 신념과 인지적 도식을 찾아낼 수 있고, 놀랄 만한 정도의 인지적 통제를 개발할 수 있다. 상급 명상가들은 각 생각이 일어날 때마다 관찰을 한 다음에 해로운 생각은 감소시키고 유익한 생각은 육성할 수 있거나, 분명한 자각 속에 있을 때 그렇게 되는 경향이 있으므로 단지 해로운 생각이 스스로 교정되도록 내버려 두기도 한다.

인지치료는 간단한 **생각 멈추기**(thought stopping)의 가능성을 인식하였다. 그러나 묵상 치료에서는 생각 멈추기를 더 긴 시간 동안 확장하여 그 결과로 확고한 평온과 명료성 속에 머무른다. 이 주장은 이제 뇌파 연구에 의해 지지를 받고 있다.

평상시 끊임없이 회오리치는 생각을 감소시키면 마음이 고요해지고 명료해진다. 이것은 치유와 성장을 부추기며, 호수가 그 표면의 물결이 고요해질 경우에만 그 깊이를 볼 수 있듯이, 정신의 감추어진 깊이를 드러낸다. 도교의 위대한 철학자인 장자는 "만일 물이고요함에서 명료함을 얻을 수 있다면, 마음의 능력은 얼마나 더 많은 것을 얻을 수 있겠는가?"라고 하였다(Giles, 1926/1969, p. 47).

따라서 묵상 치료는 임상적 정신병리에 기저하고 있는 그릇된 생각과 신념들을 치유하는 것 이상을 할 수 있다. 그들은 우리가 인습적 발달 수준에 갇혀서 우리의 더 깊은 정체성과 더 나아간 잠재력을 깨닫지 못하는 깊은 생각들을 인식하고, 전환시키고, 떨어져 나올 수 있게 해 준다. 부처가 다음의 말들로 그의 가르침을 시작할 만큼, 생각은 중요하다.

> 우리는 우리가 생각하는 것이다. 우리의 모든 것은 생각에서 일어난다.
> 생각을 통제하는 것이 좋으며, 생각을 극복하면 행복이 찾아온다.
> 생각을 고요하게 만드는 것이 소임이며, 생각을 다스림으로써 행복을 찾을 수 있다.
> (Byrom, 1976, p. 3, 13)

실존 심리치료와 묵상 치료는 **궁극적인 관심사**—우리 모두가 필연적으로 직면해야 하는 기본적인 도전들—에 초점을 맞춘다. 이들은 의미와 목적, 고통과 한계, 고립과 죽음에 대한 피할 수 없는 도전을 포함한다. 두 학파가 모두 이러한 도전이 깊은 불안감(고뇌)의 포로가 되는 것에서 우리를 벗어나게 해 준다는 데 동의한다. 더욱이, 이 불안은 인간 실존의 본성 때문에 단지 상황적인 것만이 아니라 실존적인 것이기도 하다.

두 학파는 또한 우리가 많은 방식에서 이러한 궁극적인 관심사에 대하여 자신을 기만하고 숨으면서, 표피적으로 그리고 진실성 없이 살고 있음을 강조한다. 인습적인 문화는 흔히 집합적 방어로 작용하는, Nietzsche가 **무리 근성**이라고 묘사하였던 것을 창조하는, 이러한 진실성 없음을 반영하고 양성한다. 이 무리 근성은 **자동적 동조**를 조장한다. 표피적이고, 사려성 없으며, 인습적인 생활양식으로, Kierkegaard에 따르면 우리가 "사소한 것으로 스스로를 안정시키는" 것이다. 현대의 매체들은 사소한 것으로 안정을 시키는 수많은 예들을 제공하고 있다.

묵상 심리학과 실존 심리학은 서로 겹치지만 분명한 해결책을 제공한다. 그들은 모두 우리의 실존적 도전을 부인하기보다는 인식하고, 그다음에 그것을 우리가 할 수 있는 한 충분히 그리고 방어하지 않고 직면할 것을 주장한다. 오직 이 방법을 통해서만, 우리는 우리의 무리 근성의 인습적 잠에서 도피할 수 있고, 사려 없는 동조성을 넘어서고, 좀 더 충만하고 진실한 삶을 살아갈 수 있다. 그러나 대부분의 실존주의자들은 우리가 할 수 있는 최선은 삶의 냉혹한 현실에 대하여 위축되지 않는 개방을 포함하는, 용기와 진실성 같은 영웅적 태도를 받아들이는 것이라고 본다(Yalom, 2002).

묵상 심리학은 우리가 진실성과 용기를 가져야 한다는 데 완전히 동의한다. 그러나 묵상 치료는 두 가지 부가적인 방식으로 우리가 삶의 도전을 다루어 나갈 수 있게 해 준다. 첫째, 용기, 차분함, 통찰 등 삶의 도전에 직면하는 데 도움이 되는 정신적 속성을 기르는 것이다. 둘째, 고립과 무의미성으로 고통받는 분리된 **자아적** 자기가 더 큰 초개인적 정체성으로 초월하는 초개인적 단계로 성숙해 가도록 발전시키는 것이다. 이 초개인적 자기는 다른 사람 및 모든 생명체와 내재적으로 서로 연결되어 있음을 인식하며, 이 더 큰 정체성 속에 그리고 모두에게 봉사하는 것에 내재되어 있는 의미와 목적을 발견한다.

통합적 치료와 묵상 치료는 모두 신중하게 여러 접근법과 기법을 혼합하는 것이 치유와 성장을 촉진하는 가장 좋은 길이라는 데 동의한다. 묵상 치료는 한 걸음 더 나가서, 모든 삶—각각의 경험, 활동 및 관계—은 배움의 기회가 될 수 있다고 제안한다. "현명한 사람은 그가 듣는 모든 구절에서, 그가 관찰하는 모든 사건에서, 그리고 그가 나누는 모든 경험에서 배운다"(Hoffman, 1985, p. 94). 그 목표는 공식적인 치료 시간 동안에만 평온과 명료성을 발전시키는 것뿐만 아니라, 모든 사람에게 혜택이 되도록 모든 활동에서 이 건강한 속성을 발전시키고 적용하는 것이다. 좀 더 효과적이고 도움이 되도록 이 세계 속으로 나가는 것처럼 자신 속으로 들어가고, 좀 더 효과적이고 더 깊이 자신에게 들어가는 것처럼 이 세계를 향하여 나가는 것이 목표이다.

무엇이 심리치료와 심리치료자를 효과적으로 만드는가, 최우수 치료자와 유사 우수 치료자

심리치료 연구에서 가장 일관된 결과는 가장 큰 소득은 특정 치료의 독특한 요소에서 오기보다는 일반적 요인, 즉 내담자와 치료자의 개인적 특성과 관계의 특성에서 온다는 것이다. 더욱이, 치료자는 그들의 효율성이 엄청나게 달라서, '최우수 치료자(supershrinks)'(역자 주: 1974년 David F. Ricks가 다른 어떤 치료자들보다 우수한 치료자를 나타내기 위해 만들어 낸 말) 유사 우수 치료자(psedoshrinks)를 훨씬 능가한다. 불행하게도, 수십 년 동안 거의 성공을 못하였음에도 불구하고, 대부분의 연구는 아직도 한 치료가 다른 치료보다 우수하다는 것을 보여 주려고 노력한다. 분명히, 최우수 치료자들이 가지고 있는 특성을 연구하는 데 더 많은 노력을 기울여야 하고, 그것을 어떻게 따라 할 수 있을지 발견해야만 한다. 예를 들면, 피드백을 듣는 것이 아주 중요하며, 각 회기마다 내담자에게 즉각적인 피드백을 받기 위하여 평정 척도를 사용하는 것이 극적으로 치료 성공의 비율을 증진시킨다(Duncan et al., 2004; Miller, Hubble, & Duncan, 2007).

그러면 묵상 치료의 최우수 치료자의 특성은 무엇인가? 아마도 Carl Rogers가 확인한 효과적인 치료자의 유익한 특성—임재감(presence), 정확한 공감, 비판단적 태도—과 명상이 이 모든 특성들을 조성할 것이다. 이에 더하여, 명상은 치료자의 심리적 성숙, 통찰, 민감성 같은 다른 도움이 되는 특성들도 촉진한다(Irving, Dobkin, & Park, 2009).

어떤 신조를 가지고 있는 치료자와 그들의 내담자도 묵상 치료를 통해서 소득을 얻을 수 있다. 치료자들은 이 수행법을 배울 수 있고 그다음에 묵상적인 특성—더 큰 평온, 명료성 및 공감—을 그들의 작업에 포함시켜 다른 종류의 치료를 내담자에게 계속 제공할 수 있다. 그 결과, 그들은 자기 자신도 기분이 더 좋아지고 또한 더 좋은 치료 성과를 가질 수 있다(Grepmair et al., 2007; Shapiro & Carlson, 2009).

역사

선구자들

인간이 치유와 자기 이해에 대해 탐구하기 시작한 것은 역사의 시작으로 거슬러 올라갈 수 있다. 가장 초기에 있었던 이를 체계적으로 추구한 사람들과 치료자들은 **샤먼**(shamans)이라고 부르던 고대 치유자들이며, 2만 년 전에 그려진 이들의 놀라운 그림이 동굴 벽을 장식하고 있다. 샤먼들은 의사, 심리치료자 및 영적 상담가의 역할을 한 원래의 전반적 치료자였다. 이러한 다중적 역할을 하기 위하여, 그들은 의례에서 투사적 검사, 약초 처방, 개인적인 상담 및 집단치료에 이르는 진단과 치유 기법들을 사용하였다(Walsh, 2007). 그리하여, 그들은 정신과 의사인 Jerome Frank(1982)가 주장한, 모든 심리치료 방법은 "심리적 치유에 대한 오래된 절차를 정교화하고 변용한 것이다."(p. 49)라는 유명한 말의 전형적인 예를 보여 준다.

그러나 그들은 변성된 의식의 상태를 유도하고 사용한다는 것이 특징적인 수행이었다. 수천 년 전에 그들은 단식, 타악기 연주, 춤추기 및 환각제 사용의 기법을 통하여 그들의 의식을 변성시키는 방법을 배웠다. 이러한 변성된 의식 상태에 의해 부여된 고조된 민감성을 가지고, 그들은 진단을 하고 추천된 치료를 하기 위한 직관적 지식에 접근하였다. 오늘날, 샤머니즘은 여전히 많은 나라에서 필수적인 역할을 하고 있으며, 모든 현대 심리치료 중에서 가장 지속적인 것이 되고 있다(Walsh, 2007).

초창기

수행자들이 주의를 집중하고 자각을 연마함으로써 외부의 도움 없이 원하는 의식의 상태를 유도하도록 배웠을 때 명상과 요가 수행이 나타났다. 그들의 기원은 역사의 안개 속에서 사라져 버렸으나 적어도 3,000년 이전까지 거슬러 올라갈 수 있다.

약 2,500년 전에 **축의 시대**(Axial Age)라고 부르는, 인간 의식을 극적으로 휘저어 놓은 시기가 있었다. 여러 나라에서 주목할 만한 사람들이 마음을 훈련하는 새로운 기법을 창안하였고, 그에 따라 처음으로 체계적인 명상적 · 철학적 · 심리적 수련법이 개발되었다. 그리스에서는 최초의 체계적 사상가들이, 특히 놀라운 소크라테스, 플라톤, 아리스토텔레스 세 사람이 합리적인 탐구를 수립하였고, 그에 따라 서양 철학과 심리학의 기반을 닦았다.

동양에서도 비슷한 돌파구가 생겨났다. 인도에서는 성자들이 요가를 개발하였고, 요가에 근거한 철학과 심리학이 이후 몇 세기 동안 인도의 사상을 하나로 묶어놓았다. 그동안에, 부처는 새로운 명상과 그에 상응하는 심리학과 철학을 고안하였다. 중국에서는, 진정한 1인 대학인 공자와 반전설적인 노자가 각기 유교와 도교의 기초를 닦았다. 따라서 "축의 시대에 개발된 모든 전통은 인간 의식의 선구자들을 앞으로 나가게 하였고 그들의 존재의 핵심에 초월적 차원을 발견하였다"(Armstrong, 2006, p. xvii). 그 결과로 마음과 인간의 본성 그리고 인간의 잠재력에 대한 이해가 도약을 이루게 되었다.

후속 진화

각 전통은 시간을 두고 진화하였다. 예를 들면, 공자는 참혹한 사회적 혼란기에 살았기 때문에 윤리와 사회적 개혁에 초점을 맞추었다. 몇 세기가 지난 후에 유교가 도교와 불교의 요소들을 추가하면서 이 전통은 주요한 명상과 요가의 요소들을 포함하게 되었다.

인도에서는, 요가가 마음의 훈련과 자기 전환에 대한 서로 다른 면을 강조하지만 보완이 되는 접근을 하는 몇 개의 학파로 나누어졌다. 각기 생각, 정서, 주의 및 동기의 전환을 강조하는 네 가지 주요 접근 또는 요가가 나타났다.

불교는 결국은 마음의 내용과 과정을 50개 정도의 경험 요소로 분석하는 세련된 내성 심리학으로 개발되었다. 그리고 이러한 요소들을 심리적 건강과 정신병리를 묘사하고 정신적 훈련을 안내하는 데 사용하였다.

초기 서양 심리학 역시 내성적 심리학이었다. 그러나 서양의 내성주의자들은 유용하게 따라갈 수 있는 경험의 지도를 만드는 데 실패하였고, 불교학자들은 이에 성공하였으며(아마도 그들이 내성에 대하여 훨씬 더 엄격한 훈련을 하기 때문일 것이다), 그들의 지도는 2,000년 이상 명상하는 사람들을 안내하여 왔다.

✻ 공통적인 발견과 수행

사람들이 삶의 위대한 질문과 신비를 더 깊이 탐색할 때마다, 공통적인 주제가 나타난다. 필연적으로, 이를 추구하는 사람들은 현명한 스승, 침묵의 내성, 그리고 자신의 마음의 발달을 인식하게 된다. 고요한 동안에만, 우리는 우리 삶의 표면적인 분주함에서 자신을 해방시킬 수 있으며, 그다음에 무엇이 진정으로 중요한지—평온과 우리 마음의 명료함—를 깊이 살펴보고 우리 내면의 지혜에 다가갈 수 있다.

따라서 묵상의 수행과 전통은 모든 위대한 종교들의 일부가 되었다. 기독교의 묵상가들은, 예를 들면 "좋은 연설은 은이다, 그러나 침묵은 순금이다."(Savin, 1991, p. 127)라고 주장하며, 유대교에서는 "나는 성자들 사이에서 자랐다. 나의 전 인생은 그들의 말을 듣는 것이었다. 그러나 나는 침묵보다 더 나은 것을 발견하지 못하였다."(Shapiro, 1993, p. 18)라고 말한다. 이와 유사하게, 수피(Sufi)라고 알려져 있는 이슬람 묵상가들은 그들의 창시자인 Muhammad의 말을 반향하여 다음과 같이 말한다. "침묵은 현명하다. 아아, 침묵하는 사람이 충분한 때는 없다. (…) 당신의 가슴을 명상으로 이끌어라."(Angha, 1995, pp. 68, 74) 동양의 전통을 통하여 그리고 세속에 살고 있는 묵상가들의 삶을 통하여 유사한 주제들이 반향된다.

시간이 지나면서, 심리적 건강과 지혜 그리고 성숙을 위해서는 정신적 훈련이 필수적이라는 것이 점차로 분명해지고 있다. 따라서 묵상 수행법들이 여러 세기에 걸쳐 진화해 왔고, 점차로 다듬어지고 체계를 갖추고 다양해졌다. 각각의 전통은 특수한 정신적 역량을 배양하기 위한 목적을 갖는 수련법들, 예를 들면 집중과 초점화 같은 주의의 능력, 통찰과 지혜 같은 인지적 기술, 그리고 사랑과 자비심 같은 귀중한 정서를 개발하였다. 그리고 각 전통은 우리가 의혹을 가지고 있는 것보다 훨씬 더 풍부하고 더 심오하게 우리 안에 있는 개발되지 않은 잠재력, 지혜의 근원, 그리고 만족의 유형들에 대하여 인생을 바꾸는 깨달음을 얻게 해 준다.

"너 자신을 알라."라는 말은 묵상적 전통의 핵심 격언이며, 다양한 방식으로 언급이 되어 왔다. 신플라톤 철학의 아버지인, 위대한 묵상가 플로티노스는 다음과 같이 조언하였다. "우리는 자신의 눈을 감고 새롭게 보는 법을 적용해야 한다. (…) 우리 모두가 가지고 있는 생득권이지만, 거의 사용하는 사람이 없는 깨어 있음을!"(O'Brien, 1964, p. 42) 기독교인의 사막의 어머니로 알려져 있는 초기의 여성 기독교 묵상가는 "자기 인식(self-awareness)은 이기심이 아니라 자기 연결성이다. 그것은 깊고 강력하게 우리의 내적 존재에 대하여 듣는 것이며, 의식적이 되도록 배우는 것이며, 우리의 내적 세계가 우리에게 말하고자 하는 바에 깨어 있는 것이다."(Swan, 2001, p. 36)라고 설파하였다.

현 상태

오랫동안 서양의 정신건강 전문가들은 묵상적 수행에 대하여 거의 알지 못한 채 오해하고 있었지만, 최근에는 이에 대하여 커다란 흥미를 보이며 전문적인 관심을 드러내고 있다. 전 세계적으로, 이러한 수행이 현대 모든 심리치료 중에서 가장 널리 대중적으로 이루어지고 있으며, 수천 명의 치료자들과 수백만 명의 사람들이 이를 실천하고 있다. 수백 건의 연구가 심리적 · 영적 · 신체적 혜택이 있음을 보여 주고 있고, 묵상적 접근과 표준적인 서양 접근법을 통합한 치료와 심리학의 조합이 급증하고 있다.

✻ 치료의 통합

서로 다른 서양 심리학과 치료의 통합을 구축하려는 시도는 세 가지 중요한 종류가 있다. (1) 기저하는 공통 요인에 대한 탐색, (2) 기술적 절충주의, (3) 이론적 통합이 그것이다. 이와 유사하게, 현재는 묵상 치료와 전통적인 치료를 통합하려는 시도가 이루어지고 있다.

묵상적 기법의 절충은 빠르게 진행되고 있고, 그중 가장 흔하게 이루어지는 것은 전통적인 치료 기법과 마음챙김을 조합하는 것이다. 최초의 영감은 Jon Kabat-Zinn(2003)의 널리 사용되고 있는 마음챙김에 기반을 둔 스트레스 감소(mindfulness-based stress reduction: MBSR)이다. MBSR은 마음챙김 명상과 요가 자세 훈련, 개인과 집단 지지, 교육, 그리고 매일의 수련을 제공하는 8주 집단 프로그램이다. 수만 명의 사람들이 이 프로그램을 수료하였다.

마음챙김 혼합 치료는 확산되고 있다. 예들을 보면, 마음챙김에 근거한 인지치료(MBCT), 마음챙김에 근거한 예술 · 수면 · 관계 · 섭식 치료, 약물 남용에 대한 재발 방지 치료가 있다. 그런 접근법들 중 대부분은 초기의 연구에 의한 지지를 받고 있으며, MBSR이나 MBCT 같은 몇 가지 치료들은 이미 APA의 "잘 성립되고 실증적으로 검증된" 것이라는 준거에 들어맞는다(Fjorback & Walach, 2012). 서양 심리치료가 아닌 것으로 명상적인 요소를 통합하고 있는 치료로는 일본의 나이칸(Naikan) 치료와 모리타(Morita) 치료가 있다.

이렇게 조합된 치료의 성공은 몇 가지 아주 흥미로운 의문을 불러일으킨다. 한 가지 분명한 질문은 "또 다른 조합 중 어떤 것이 효과적일 것인가?"이다. 이제까지 이루어진 많은 성공을 기반으로 좀 더 도발적인 질문은 "대부분의 주류 치료들이 마음챙김 훈련을 더 함으로써 혜택을 얻을 것인가?", 그리고 그냥 도발적인 질문은 "대부분의 주류 치료들이 마음챙김이나 다른 유형의 묵상 훈련으로 혜택을 얻을 수 있을 것인가?"이다.

✳ 이론적 통합

이제 묵상 심리학과 서양 심리학적 관점을 결합하여 통합적 이론을 만들려는 시도를 하는 움직임이 늘어나고 있다. 가장 잘 알려진 예는 초개인적 심리학과 통합 심리학이다. 초개인적 심리학은 서양 심리학에서 처음으로 드러난 통합적 학파이며, 동양과 서양, 심리학과 명상, 개인적인 것과 초개인적인 것 등 모든 학파의 귀중한 통찰을 존중하고 종합하려는 노력을 하였다(Walsh & Vaughan, 1993).

최근까지 이루어진 가장 종합적인 이론적 통합은 Ken Wilber의 **통합 심리학**(integral psychology)이다. 그의 접근은 심리적 발달, 병리 및 주로 서양의 심리학적 자원을 사용하여 유아에서 성인까지 적용할 수 있는 적절한 치료를 추적하고, 주로 묵상적인 자원을 활용하여 개인적인 치료에서 초개인적인 치료까지 다루고 있다(Wilber, 1999, 2000b; Wilber et al., 1986).

통합적 심리치료는 중다 양식적 접근이며, 전개인적 · 개인적 · 초개인적 수준을 다룰 뿐만 아니라 다양한 심리적 · 신체적 차원들을 다룬다. 통합 치료는 교육적 · 심리치료적 · 묵상적 · 사회적 · 신체적 접근들을 개인에게 맞추어 신중하게 조합할 것을 건의한다. 신체적 접근은 운동, 태극권 같은 마음챙김 운동, 요가 자세 및 식이요법을 포함한다.

식이요법은 오랫동안 요가의 핵심 관심사로, 요가에서는 "그 사람이 먹는 것이 그 사람의 마음이다."라는 입장을 취한다(Feuerstein, 196, p. 63). 상당히 많은 연구들이 정신과 신체적 건강 모두를 위한 식이요법은 주로 여러 가지 색깔의 과일과 채소(무지개 식이요법), 생선의 섭취와 칼로리 제한이라고 제안한다.

그런 식이요법은 생애 전반에 걸쳐서 정신건강을 증진시킨다. 그것은 아동의 인지적 수행과 학업 수행을 향상시키고, 성인의 감정적 장애를 개선하고, 노인에게는 인지적 감퇴와 치매를 감소시켜 준다. 사실상, "섭식 요인은 너무도 중요해서 국가의 정신건강이 그것과 연결되어 있을 수 있다. (…) 그와 같이, 정신보건에서 섭식의 평가와 추천은 적절하고도 중요한 요소이다" (Walsh, 2011, pp. 581, 583). 요가의 수행자이기도 하였던 인도의 위대한 지도자 Gandhi는 "식이요법은 무시되어서는 안 되는 강력한 요인이다."라고 지적하였다(Feuerstein, 1996, p. 66).

✳ 묵상 수련을 배우기

묵상의 수행법을 배우기 원하는 사람들을 위한 대중 서적이 많이 있다(이 장의 사례집 참고). 그러나 최대로 도움이 되는 것은 교사-치료자의 안내를 받는 것이다. 좋은 교사는 집중적으로 개인적 수련을 하고, 그들의 메시지와 일치되는 방식으로 살고 관계를 맺으며, 모든 사람을 친절하고 존중하면서 대한다. 이런 기법들을 가르치기를 원하거나 이미 그 방법들을 사용하고 있는 사람들을 상담하고자 하는 치료자들은 전문적인 안내를 받아서 스스로가 상당한 정도의 개인적 수련을 할 필요가 있다. 이상적으로는, 이것은 장기적인 매일의 수련과 함께, 계속적으로 수련을 하여 극적으로 배움과 성장을 가속화할 수 있는, 며칠이나 몇 주 동안의 피정(retreat)을 포함한다.

성격

많은 명상이 있는 것처럼 묵상 심리학도 여러 가지가 있다. 이들은 단지 의미 있게 서로 다를 뿐만 아니라 반복되는 주제를 나타낸다. 따라서 우리는 구체적인 체계는 다를 수 있다는 것을 염두에 두고 마음과 인간 본성에 대한 묵상적인 관점의 개요를 살펴보고자 한다.

성격 이론

묵상의 수행은 인간 본성, 병리, 건강과 잠재력에 대하여 전통적인 서양의 추정들과 어떤 점에서 아주 다른 관점을 가지고 생겨났고 그런 관점으로 이어진다. 우리는 이런 관점을 의식, 정체성, 동기, 발달, 고도의 역량으로 구분하여 살펴볼 것이다.

✻ 의식

우리 모두는 질병, 스트레스, 수면 부족, 술에 취함 등의 손상된 의식 상태(마음의 상태)를 경험하였다. 이런 상태는 왜곡된 지각, 집중력의 감소, 인지의 손상과 부정적인 감정 등의 적정 수준 이하의 정신적 기능과 연합이 된다. 회복을 한 후에 우리는 일상의 깨어 있는 의식 상태로 돌아가고, 그것을 전통적인 서양 심리학에서는 최적의 상태라고 추정한다.

묵상 심리학은 이에 동의하지 않으며 도발적인 주장을 한다. 즉, 우리의 일상적인 깨어 있는 상태는 최적의 상태가 아니고, 묵상의 훈련을 통하여 더 효과적이고 기능적인 상태에 이를 수 있다는 것이다.

이 주장은 두 가지 중대한 질문을 일으킨다. 첫째, 어떤 점에서 우리의 일상적인 깨어 있는 상태가 적정 수준 이하인가? 둘째, 어떻게 우리는 이러한 한계를 모를 수가 있는가?

묵상 심리학에서는 우리 자신의 경험을 지적함으로써 이에 답한다. 우리 모두는 우리가 흔히 백일몽에 빠지고 생각과 환상 속에서 길을 잃는 것을 알고 있다. 묵상 심리학은 단순히 이런 생각과 환상이 우리가 인식하는 것보다 더 의미 있게 만연되어 있고, 왜곡되고, 혼동을 일으킨다고 제안한다.

이 주장은, 묵상 심리학의 다른 주장처럼, 명상을 통하여 우리 스스로 증명할 수 있다. 명상적인 관찰은 우리의 마음이 알아차리지 못하는 생각, 심상, 환상의 끊임없는 흐름으로 가득 차 있어서 그것이 자각을 왜곡하고 감소시키며, 인정받지 못하는 가수면 비슷한 상태를 가져온다는 것을 빠르게 드러낸다. 이러한 최면 상태에서는, 가수면 상태와 그 상태의 위축되고 왜곡된 자각은 쉽게 인식할 수 없는 상태로 넘어간다. 이 결과는 일상의 경험을 모호하고 왜곡되게 하고, 명상에서처럼 우리의 지각적-인지적 과정을 철저하게 점검하게 될 때까지 우리가 인식하지 못하면서도 정신적으로 고통을 받는 많은 부분의 원인이 된다.

따라서 '정상적'인 사람은 부분적으로 '잠들어 있거나', '꿈꾸고 있거나', '합의적 가수면 상태'로 간주될 수 있다. 그러한 '꿈'은 특히 고통스럽거나 혼란스러우며, 병리로 인식되게 된다. 그러나 거의 대부분의 사람들이 '꿈을 꾸기' 때문에, 평상시의 좀 더 미묘한 형태는 인식되지 않은 채로 남아 있다. 묵상 치료는 사람들을 이 백일몽에서 '깨어나도록' 하고, 이 깨어남은 **해방**(liberation), **깨어남**(enlightment), **구원**(salvation), 그리고 **사토리**(satori), **파나**(fana), **열반**(nirvana)이라고 알려져 있다(Walsh, 1999).

이 개념들은 어느 정도는 서양 심리학을 확장해 놓은 것이다. 연구에 따르면, 우리는 우리가 보통 추정하는 것보다 훨씬 더 적게 자기 자신의 인지적 과정을 자각하며, 우리는 여러 가지 인식되지 않은 인지적-지각적 왜곡으로 인해 고통받고 있다. 묵상 심리학은 명상이나 요가의 훈련이 이러한 왜곡을 인식하고 감소할 수 있도록 도울 수 있다고 제안하며, 상급 명상가들을 연구한 결과에 따르면 지각의 속도, 민감성 및 정확성이 증진되는 것을 알 수 있다(Murphy & Donovan, 1997).

묵상 심리학에서는 우리에게 실용적으로 깨어 있는 상태를 가능하게 하는 것들이 많이 있다고 제안하며, 이는 William James의 유명한 주장을 반향하는 것이다.

> 우리의 정상적인 깨어 있는 의식은 (…) 하나의 특별한 의식의 형태일 뿐이며, 반면, 그에 대한 모든 것들은 아주 얇은 스크린으로 분리되어 있으며, 거기에는 완전히 다른 의식의 잠재적인 상태가 놓여 있다. 우리는 그것들의 존재를 의심조차 하지 않으면서 삶을 살아갈 수 있다. 그러나 필요한 자극을 적용하면, 약간 닿기만 해도 그것들은 완전한 모습으로 거기에 있다. (…) 그러한 다른 의식의 형태를 완전히 도외시하면서 우주를 전체적으로 설명할 수는 없다(James, 1958, p. 298).

묵상 심리학은 이에 완전히 동의한다. 그들은 넓은 범위의 상태를 묘사하며—많은 부분이 아직도 서양 심리학의 주류에서는 인식되지 못하고 있다—그것들을 얻기 위한 수련을 제공한다.

이 상태의 많은 부분은 흔들리지 않는 집중, 지각의 명료성, 꿰뚫어 보는 통찰, 그리고 깊은 자비심과 같은 고조된 역량을 제공한다. 일상적인 깨어 있는 역량에 부가적인 것들을 가지고 있는 의식의 상태는 **더 높은 상태**로 알려져 있다(Tart, 1986). 묵상의 수행은 마음을 치유하고, 고조된 역량을 발전시키고, 이러한 역량을 일상생활에서 사용할 수 있도록, 이와 같은 더 높은 상태를 육성한다. 이러한 아이디어는 개인과 문화 양쪽에 모두 중요한 의미를 갖는다.

인류학자들은 문화를 단면적(monophasic) 문화와 다면적(polyphasic) 문화로 나눈다. 서양과 같은 **단면적** 문화는 그들의 현실에 대한 관점을 거의 전부 일상적인 깨어 있는 의식의 상태에서 이끌어 내고 그것에 가치를 둔다. **다면적** 문화는 그들의 현실에 대한 관점을 꿈, 명상 그리고 요가와 같은 다중적 상태에서 이끌어 내고, 탐색하고, 가치를 둔다. 서양 세계는 현재 묵상의 수행이 여러 가지 유익한 상태를 널리 가능하게 함에 따라 단면적 문화에서 다면적 문화로 중요한 역사적 · 문화적 전환을 시작하고 있다.

✻ 정체성

나는 누구인가? 나는 무엇인가? 이것들은 우리가 물을 수 있는 두 가지 가장 근본적이고 중요한 질문이며, 우리의 답은 엄청난 결과를 가져온다. 사실상, 우리의 답이 우리의 삶을 조성한다. 그 이유는 우리가 말하고 행하는 모든 것이 우리가 누구이며 무엇이라고 생각하는가를 반영하기 때문이다. 묵상 심리학에서 하는 대답은 일상적인 추정과는 극적으로 차이가 있다. 그 이유는 명상이 우리로 하여금 내성을 하게 하고 우리 자신을 깊고 면밀하게 탐색하도록 해 주기 때문이다.

예를 들면, 현미경적인 명상의 검증에서는, 이전에 상대적으로 일관되고, 영원한 자기 또는 자아로 추정되었던 것이 끊임없이 변화하는 사고, 심상, 정서의 흐름으로 인식된다. 이 발견은 명상가들마다 독특한 것이 아니고 충분히 주의를 기울여 내성을 하는 사람에게는 항상 일어날 수 있는 것이다. 예를 들면, 서양의 철학자인 William James는 '의식의 흐름'에 대하여 이야기하였고, David Hume은 자기는 "상상할 수 없을 정도로 빠르게 서로 이어지고 지각적 흐름과 움직임을 갖는, 서로 다른 지각의 꾸러미이거나 무리에 지나지 않는다."(Jones, 1975, p. 305)라고 지적하였다.

비슷한 상황이 정신분석적 대상관계 이론에도 존재한다. 정신분석과 불교의 체계를 비교하면서, 심리학자이자 명상 교사인 Jack Engler(1983)는 두 심리학에서 다음과 같은 점을 발견하였다.

> 우리가 자신의 '자기'로 택하고 그렇게 현존하고 실제적으로 느끼는 것이 사실은 내재화된 심상이고, 합성된 표상이며, 객관적인 세계와 과거에 만났던 선택적인 상상에 의한 '기억'에 의하여 구성되어 있는 것이다. 사실상, 자기는 순간 순간마다 새롭게 구성되는 존재로 보인다. 그러나 두 체계는 모두 더 나아가 자기가 일상적으로는 이런 방식으로 경험되지 않는다는 데 동의하고 있다(p. 33).

그러므로 묵상 심리학과 일부 서양의 심리학과 철학은 모두 우리의 '자기'가 우리의 일상적인 검증되지 않은 추정과는 아주 다르다는 결론을 내리고 있다. 우리가 '실제적인 모습'으로 존재하고 시간이 지나도 지속적이고 일관되게 존재하는 것으로 여기는 일상적인 자기에 대한 감각은 부정확한 자각에 대한 환상적 구성개념인 것으로 보인다. 정밀한 검사에 따르면 이 자기 감각이 생각, 심상 및 정서의 흐름에서 지속적이고 선택적으로 구성되는 것으로 나타났다. 이것은 정지된 사진이 영화 스크린에 연속적으로 투사됨으로써 연속적이고, 생동감 있고, 움직이는 것으로 착각하게 하는 **점멸 융합 현상**(flicker fusion phenomenon)과 비슷하다.

이것은 다음의 중대한 묵상 심리학의 주장을 증명해 준다. **우리는 잘못된 정체성의 경우에 의해서 고통받는다.** 우리는 우리가 생각하는 누구가 아니거나, 심지어는 우리가 생각하는 무엇도 아니다. 우리가 일상적으로 우리의 진정한 자기라고 받아들이는 것은 단지 정신적 구성개념이다. 즉, 단지 자아상(self-image), 자기개념, 또는 자기 표상이다.

이 인식은 엄청난 의미를 갖는다. 우리는 자신의 '자기개념'에 대하여 염려하고 우리의 '자아상'에 사로잡히지만 이 언어가 가지는 원대한 의미에 대하여는 거의 인정을 하지 않는다. 만약 그것들이 단지 우리가 구성한 개념이거나 심상이라면, 그것들은 우리가 진정으로 누구인가 또는 무엇인가와 관계가 없다. 우리는 우리의 자기에 대한 개념과 현실에 대한 심상을 잘못 알고 있다. 그리고 이러한 심상에 따라 살기 위해 우리의 삶을 방어하고, 바꾸고, 노력하는 데 바친다. 그렇게 하면서, 우리는 우리 자신의 창조의 희생자가 되는 것이다. 그것은 마치 우리가 자신의 추한 모습을 그리고 그것을 자기라고 잘못 생각하고, 그다음에는 공포 속에서 움츠리고 있는 것과 같다. 요가 경전이 우리에게 말해 주듯이, "고통은 잘못된 동일시에서 일어난다"(Prabhavananda & Isherwood, 1972, p. 127). 그 결과는 불필요한 고통이다.

이 잘못된 동일시가 인식될 때, 우리는 그것이 만들어 내는 한계, 강박, 그리고 고통에서 해방될 수 있다. 서양의 치료가 우리의 자아상을 수정하도록 가르치는 반면에, 묵상 치료 역시 훨씬 더 심오하고 변성을 가져오는 무엇인가를 하도록 가르친다. 자신의 자아상을 인식하는 것은 단지 가공품에 지나지 않으며 따라서 탈동일시를 하면 거기에서 자유로워진다.

묵상 치료는 민감성과 정확한 자각을 배양함으로써 이것을 행한다. 이 자각은 정신의 깊이 속으로 뚫고 들어갈 수 있고, 잘못된 자아상을 단지 하나의 심상으로 인식할 수 있고, 따라서 그것을 느슨하게 할 수 있다. 개인이 더 이상 낡은 자아상과 동일시하고 거기에 묶여 있지 않게 되면, 마음은 자유롭게 성장한다(Walsh & Shapiro, 2006). 자기개념과 그것의 경계는 점차로 주어진 것이라기보다는 구성된 것으로, 견고하기보다는 흐르는 것으로, 그리고 상당한 정도로 확장할 수 있는 것으로 인식된다. 그러면 자기 감각은 초개인적이 되고, 다른 사람과 동일시하며, 결국에는 모든 인류 및 세계와 동일시하는 수준까지 확장된다. 이것은 개인의 내재적인 상호 연결성과 모든 존재와의 통일성으로 정점에 달하고, 그 결과로 자연스럽게 모든 존재에 대한 사랑과 자비심이 생긴다.

정교한 명상적 자각은 과거의 추상적인 자기 경계를 뚫고 나가며, 또한 정신의 아주 깊은 곳까지 관통한다. 자기개념의 아래에서, 이 개념을 구성하는 생각과 심상의 아래에서, 자각은 우리의 깊은 본성을 드러내고 그 자체를 발견한다. 다른 말로 하면, 우리의 깊은 본성은 우리가 일반적으로 동일시하는 생각, 심상 및 느낌과 같은 마음의 내용이 아니고, 그 밑에 있으면서 그것들을 자각하는 것이다. 이 순수한 자각은 서로 다른 묵상의 전통에서 **마음**, **본마음**, **영성**, **자기**, **아트만**(Atman), **부처 본성**, **도의 마음**이라고 묘사된다. 서양 심리학은 때때로 그것들을 묘사하는데, 예를 들면, **맥락으로서의 자기**(self-as-context)(수용전념치료 또는 ACT), '관찰하는 자기' 또는 '초개인적 자기' 등이다(Walsh & Vaughan, 1993).

묵상 전통은 우리의 진정한 본성인 이 순수한 자각의 경험은 극도의 황홀경일 수 있으며, 사실상 다른 어떤 즐거움보다 더 만족스럽다는 점에 동의한다. 스스로 이런 발견을 한 후에, 인도의 위대한 요기인 Shankara는 다음과 같이 외쳤다.

> 내가 느끼는 이 기쁨은 무엇인가? 누가 이것을 측량하겠는가?
> 나는 기쁨과 한계 없음과 경계 없음 이외에는 알 수가 없네! (…)

나는 아트만의 기쁨 속에 머무른다(Prabhavananda & Isherwood, 1978, p. 113).

세계의 요가들에 대한 조사에서는 "이것이 정말로 모든 형태의 요가의 위대한 메시지이다. 행복은 우리의 본질적 본성이며, 행복에 대한 우리의 지속적인 추구는 우리가 진정으로 누구인지를 인식할 경우에만 충족된다."라고 결론을 내렸다(Feuerstein, 1996, p. 2).

요약하면, 묵상의 훈련은 우리의 깊은 정체성을 인식하는, 그것의 막대한 중요성을 인식하는 것으로 끝이 난다. 이 깊은 정체성 또는 진면목(True Nature)은 세 가지 측면이 있다. 첫째, 기쁨에 겨운 순수한 의식으로서 자기 자신을 인식하는 것으로, 마음을 휘젓고 다니는 생각, 심상, 도덕 및 정서를 자각하기는 하지만 더 이상 그것과 동일시하지 않는다(따라서 통제당하지 않는다). 둘째, 모든 사람—실상 모든 의식을 가진 피조물—이 이러한 같은 의식을 소유하고 있어서, 우리는 친밀하게 그들과 통일을 이루고 자연스럽게 그들에 대한 배려를 느낌을 인식하는 것이다. 셋째, 우리의 자기개념을 꿰뚫어 봄에 따라, 그것들이 구성하는 인위적인 경계와 분할 역시 꿰뚫어 볼 수 있으며, 우리는 기저하고 있는 모든 사람 및 우주와의 상호 연결성과 통일성을 인식할 수 있다. 그 결과는 이 세계의 묵상가들이 추구하는 고전적 통합의 경험을 하는 것이며, 그것은 마음의 자연스럽고 건강한, 성숙한, 황홀경의 상태로 경험이 된다(Wilber, 2000b).

이와 유사하게, 일시적이기는 하지만 다른 상황에서도 통합적인 황홀경의 경험이 일어날 수 있다. 그들은 의도적으로 유도된 의례, 단식, 환각제, 또는 상급 탄트라 요기들이 자기 전환을 위하여 사용하는 성교를 하는 동안에 경험하는 '초월적 성교' 등이다(Feuerstein, 1996). 이러한 경험들은 또한 자연 속에서 자발적으로 일어날 수도 있는데, 진보된 심리치료에서, 강력한 운동을 하는 동안, 분만을 하는 동안, 그리고 죽음에 이르렀을 때 일어난다(Maslow, 1971).

묵상의 조망에서 보면, 이들은 마음의 잠재력과 우리의 깊은 본성을 잠시 살펴보는 것, 또는 **절정 경험**이며, 의미 있는 통찰과 변성을 일으킬 수 있다. 그러나 이런 경험은 거의 항상 일시적인 것이다. 정신의 훈련을 통해서만 그런 경험을 지속할 수 있으며, 그에 따라 그것을 진보된 묵상 수행의 목표인 더 높은 발달 단계와 지속적인 삶의 방식으로 변형시킬 수 있다.

서양 심리학자들은 주기적으로 통합적 경험과 그들의 혜택을 재발견한다. 고전적인 예로는, William James의 **우주적 의식**(cosmic consciousness), Carl Jung의 **신성의 경험**(numinous experience), Abraham Maslow의 **절정 경험**, Eirch Fromm의 **하나 되기**(at-onement) 또는 초개인적 경험을 포함한다. 사실상, 서양의 연구자들은 묵상가들이 결론을 내린 것과 놀랄 정도로 비슷한 결론을 얻었다. 예를 들어 Carl Jung(1968)은 "더 깊은 정신의 층은 (…) 그들이 우주화될 때까지 점차로 집합적이 되어 간다."(p. 291)라고 주장하였으며, William James(1960)는 "우주적 의식의 연속체가 있으며, 그것에 대하여 우리의 개별성이 건설되지만 우연적 힘이며, 그 속으로 우리의 몇 가지 마음이 마치 어머니 바다로 밀려들어 가듯이 밀려들어 간다."(p. 324)라고 언급하였다. Jung(1955, p. 53)은 "이런 경험들이 '신비로운 것'으로 나타나면, 그것은 주로 정신에 대한 우리의 무지 때문이다."라고 주장하였다.

그러나 서양 임상가들은 흔히 자아의 경계선이 정신병에서 보이는 자아의 붕괴 속으로 녹아들어 가는 것을 본다. 따라서 건강한 자아의 초월이 때로는 병리적인 자아의 붕괴와 혼동될 수 있고 그에 따라 퇴행적 정신병리로 묵살되는 것을 이해할 수 있다. 전-과후-의 오류에 관한 이 불행한 예는 시대에 뒤떨어진 병리적 해석이다. 사실상, 통합적 경험은 심리적으로 건강한 사람에게 가장 자주 일어나며, 그들은 건강과 성숙이 더 증진된다(Alexander, Rainforth, & Gelderloos, 1991; Maslow, 1971).

✻ 동기

묵상 심리학은 동기를 강한 것에서 (처음에는) 약한 것으로, 생존에서 자기 초월로 위계적으로 조직화된 것으로 보는 경향이 있다. 이 순위매김은 힌두 요가에서 가장 분명히 드러나며, Abraham Maslow(1971)의 욕구의 위계와 비슷하다. 요가와 Maslow는 배고픔과 목마름 같은 생리적이고 생존적인 동기들이 초반에는 가장 강력하고 지배적이라는 데 동의한다. 이런 욕구들이 충족되면, 성과 힘의 추구에 대한 추동이 효과적인 동기 유발자로 그 다음에 나타날 수 있다. 그리고 그들의 뒤를 이어 사랑과 자기 초월을 향한 이끌림 같은 '더 높은' 동기가 나타난다. **자기 초월**은 우리의 일상적인 거짓되고 위축된 정체성을 초월하고, 우리 존재의 충만함으로 깨어나고, 우리의 진면목을 인식하려는 추동이다. 자기실현을 더 넘어선 곳에 있는 자기 초월은, Maslow가 인식한 가장 높은 동기이지만, 어떤 묵상 수행자들은 사심 없는 봉사에 같은 정도의 중요성을 부여한다. 묵상의 수행은 강박적인 미숙한 동기를 깨우고 성숙하고 유익한 동기들을 강화시켜 동기의 변형을 가져오는 것을 목표로 한다.

묵상 심리학에 따르면, 자기실현, 자기 초월, 사심 없는 봉사와 같은 더 높은 동기들—Abraham Maslow가 **메타동기**(metamotives)라고 부른 것—은 우리의 본성 자체의 일부분이다. 따라서 그것들을 간과하거나 무시하면 여러 가지 고통과 병리를 생성하게 된다.

첫째, 우리는 우리 자신에 대하여 얄팍하고, 왜곡되고, 왜곡하는 관점으로 고통을 받는다. 이것은 비극적인 결과를 가져오는데, 왜냐하면 자아상은 자기 충족적 원리에 의하여 작용하는 경향이 있기 때문이다. Gordon Allport(1964)가 지적하였듯이, "믿음을 저하시키는 것은 인간 존재를 저하시키는 것이다"(p. 36).

둘째, 메타동기가 우리 본성의 본질적인 부분이라면, 그것들을 간과하는 것은 우리의 안녕에 필수적인 무엇인가를 스스로 빼앗는 것이다. 우리는 번성하기 위해서 진, 선, 미를 필요로 할 수도 있다. 우리는 충만한 삶을 살기 위하여 친절함과 배려 그리고 자비심을 표현할 필요가 있을 수도 있다(Wilber, 1999). 따라서 만약 우리가 자신의 더 높은 동기를 인식하거나 표현하지 않는다면, 우리는 미성숙하고, 거짓되며, 충족되지 못한 채로 남아 있게 된다. 이 충족되지 못함은 두 배로 문제가 되는데, 왜냐하면 우리는 자신의 불만족의 진정한 근원을 인식하지 못하고 우리의 병폐를 자신의 상황 탓으로 돌리는 경향이 있기 때문이다. 이러한 메타동기의 좌절은 깊은 무의미감, 냉소주의, 소외감 같은, Maslow(1971)가 **메타병리**(metapatholgies)라고 부른 상태로 급속히 자라게 된다.

Maslow는 이러한 메타병리가 서양 사회에 만연하게 되고 우리 문화의 주요 위협을 나타내는 것에 대하여 염려하였다. 그러나 우리의 문화가 강박적으로 물질적인 동기에 초점을 맞추고 더 높은 동기를 간과하거나 박탈한다는 것을 고려할 때, 그것은 정확하게 우리가 예상할 수 있는 것이다. 묵상가들은 메타동기를 인식하고 배양하는 것이 단지 개인뿐만 아니라 문화와 문명을 위해서도 필수적인 것임을 오랫동안 강조해 왔다.

메타동기를 보지 못하게 되는 것의 세 번째 문제는, 그러면 우리가 자연스럽게 더 낮은 동기, 즉 돈, 성욕, 명성 및 권력에 대한 욕망 등을 주장하게 된다는 것이다. 그러면 우리는 만약 우리가 그것들을 충분히 얻기만 하면, 결국에는 충만하고 영원한 행복을 얻을 것이라는 유혹적인 망상에 빠지게 되는 것이다.

불행하게도, 이 아이디어에는 심각한 문제가 있다. 첫째, 우리가 이런 저급한 목표가 행복을 얻는 유일한 수단이라고 믿을 때, 우리는 그것들에 중독이 된다. 그리하여 우리가 그것들을 갖지 못할 때마다 우리는 고통을 받는다. 비록 그것들을 얻는다 하여도, 우리는 어쩔 수 없이 습관화가 되고 더 많이 원하게 된다. 똑같은 고조 상태를 얻기 위하여 마약 중독자들은 더 많은 약을, 구두쇠는 더 많은 부를, 소비자는 과소비를 필요로 하게 된다. 이것을 심리학자들은 **쾌락의 쳇바퀴**(hedonic treadmill)라고 부르고, 부처는 "비가 금이 되어 내린다 해도, 당신은 여전히 갈증을 해소할 수 없을 것이다."라는 말로 이를 지적하였다(Byrom, 1976, p. 70). 끝으로, 부와 소유에 대한 강박은 우리를 사소한 것에 마비되도록 할 수 있으며, 삶에서 진정으로 중요한 것으로부터 우리를 훼방할 수 있다. 도교의 성인 장자가 말하였듯이, "당신은 자신의 모든 생명력을 외부의 사물에 다 써 버리고 자신의 영혼은 마모되어 버린다"(Angha, 1995, p. 21).

이들 중 어느 것도 소유, 성, 명성 등의 즐거움이 나쁜 것이라거나 그것들을 강박적이 아닌 방식으로 추구하는 것을 병리적이라고 제안하지 않는다. 그러나 묵상에서는 우리가 이런 것들이 유일한(또는 심지어 가장 중요한) 즐거움이라고 믿을 때, 우리는 그것들에 중독이 되고, 그것들을 쫓아가느라 인생을 피폐하게 만들고, 고통에 빠지게 된다고 말한다. 따라서 묵상 심리학은 동기에 대한 파괴적인 오해가 현대의 문화에 스며들어 너무도 많은 고통을 창조하고, 너무도 많은 인생을 탈선시키는 것에 대하여 귀중한 해독제를 제공한다.

✻ 발달

묵상적인 주장을 이해하기 위해서는 발달적 관점이 아주 중요하다. 발달이 전개인적 · 개인적 · 초개인적(또는 전인습적 · 인습적 · 후인습적) 발달이라는 세 가지 주요 단계를 거쳐 이루어진다는 것을 기억해 보자. 서양 심리학이 처음의 두 단계에 초점을 맞추는 반면에, 묵상 심리학은 세 번째에 집중하며, 대부분의 서양 심리학의 지도를 넘어서서 몇 가지 후인습적 수준을 인식한다. 가장 높은 단계는 전통적으로 종교적 · 영적, 신비적인 것으로 생각되어 온 경험들로 합쳐지지만, 지금은 또한 심리학적으로도 이해할 수 있다.

✻ 고도의 역량

후인습적 발달은 탁월한 심리적 역량을 만들어 낼 수 있다. 이러한 역량은 다음과 같은 것을 포함하여, 필요한 묵상 훈련을 하면, 우리 모두가 얻을 수 있다고 가정되는 것이다.

정서적인 차원에서, 분노와 두려움 같은 고통스러운 정서가 엄청나게 감소된다(Goleman, 2003). 동시에, 사랑과 기쁨 같은 긍정 정서는 성숙이 되어서 더 강하고, 무조건적이고, 흔들리지 않고, 모든 것을 아우르게 된다. 인지적 발달은 Piaget의 가장 높은 수준인 직선적 · 형식적 · 조작적 사고의 단계를 넘어서서, 동시에 일군의 아이디어들 사이의 상호 연결성을 볼 수 있는 **예지적 논리**(vision logic) 또는 **망 논리**(network logic)로 전개된다(Wilber, 1999). 동기가 욕구의 위계 위쪽으로 방향을 바꿀 수 있으며, 자기 초월과 사심 없는 봉사 같은 동기가 더 강해지고 결국에는 우위를 차지하게 된다. 마음의 일상적인 초조함이 고요해질 수 있고, 따라서 흔들리지 않는 집중과 심오한 평화가 넘치게 된다. 죽음 그리고 행복과 고통의 원인 같은 실존적 이슈를 계속 숙고함으로써 지혜가 개발될 수 있다(Walsh, 1999). 이제 이러한 주장 중의 몇 가지를 지지하고 있는 연구들이 증가하고 있으며, 이에 관해서는 나중에 살펴보게 될 것이다. 점차로 더 많이, 성격과 잠재력에 대한 묵상적인 관점이 전통적인 서양 관점을 자연스럽게 확장하고 풍부함을 더해 주고 있는 것처럼 여겨진다.

다양한 개념들

✻ 명상의 유형

명상에는 여러 종류가 있으며, 완전히 적절한 유형 분류 체계는 가능하지 않다. 그러나 한 가지 단순한 분류는 **집중** 수련과 **자각** 수련이라는 두 가지 범주로 나누는 것이다.

집중 명상(concentration meditation)은 하나의 심상이나 호흡 감각과 같은 단일한 자극에 주의를 머무르게 하는 것이다. 이것은 특히 집중하고 초점을 맞추는 능력을 개발한다.

자각 명상(awareness meditation)은 주의 깊게 있는 매 순간 일어나는 경험의 지속적인 흐름을 탐색한다. 그것의 목표는 분명한 감각적 자각을 배양하여 그것을 마음과 경험의 성질을 탐색하는 데 사용하는 것이다. 이 탐색은 통찰과 자기 이해를 가져오고, 정신건강과 성숙을 발전시킨다.

✻ 정신병리

건강에 대한 묵상적 관점은 발달적으로 볼 때 가장 잘 이해된다. 묵상의 수련이 원래 발달의 개인적 수준과 초개인적 수준에서 그리고 실존적이고 초개인적 이슈를 돕기 위하여 설계되었다는 점을 상기하기 바란다. 결국, 묵상적 접근은 그 자체가 전개인적 단계와 정신병 같은 주요 정신병리에는 거의 도움을 주지 못한다. 그보다는, 초점이 좀 더 **정상적인 병리**에 주어져 있으며, 그들은 "우리가 심리학에서 정상적이라고 부르는 것은 사실상 평균의 정신병리이며, 너무도 인상적이지 않고 너무도 널리 퍼져 있어서 우리가 평상시에는 알아차리지도 못한다."(p. 60)라는 Abraham Maslow(1968)의 말에 동의한다.

묵상적 조망에서는, Freud가 그렇게 불렀듯이, 이 '일상적 삶의 정신병리'는 심리적인 미성숙을 반영하는 것이다. 전인습적 단계에서 인습적 단계로 발달이 진행되지만 그다음에는 우리의 진정한 잠재력에는 훨씬 못 미치는 미숙한 정지 상태에 머무른다. 마음은 부적절하게 작용하고, 건강하지 못한 성질이 만연하고, 유익한 성질과 역량은 개발되지 않은 채로 남아 있다.

각각의 묵상 체계는 건강하지 못한 정신적 속성의 긴 목록을 서술하고 있다. 그들은 증오와 시기 같은 정서적 요인, 중독과 이기심 같은 동기적 힘, 속임수와 무분별함 같은 인지적 왜곡, 그리고 초조함과 주의산만 같은 주의의 곤란 등을 포함한다. 인도의 묵상가들은 정신병리를 야기하는 세 가지 특정한 정신적 요인의 기본적인 역할을 강조하였다. 이 세 가지 요인(부처가 세 가지 **독**이라고 생생하게 이름 붙인 것)은 하나의 인지적 요인(망상)과 두 가지 동기적 요인(갈망과 혐오)으로 구성되어 있다.

여기에서 **망상**이라는 용어는 인식되지 못한 정신적 둔감, 무분별함, 또는 마음, 현실 및 자기를 잘못 지각하고 오해하는 무의식을 말한다. 이러한 미묘하지만 근본적인 오해는 병리적인 신념, 행동 및 동기를 산출하며, 가장 파괴적인 동기는 갈망과 혐오이다. 따라서 묵상가들은 Albert Ellis(1987)가 "거의 모든 인간들이 흔히 명백한 비합리적인 사고를 지니고 있으며, 그러므로 지속적으로 건강하고 자기 조력적인 것과는 거리가 멀다."(pp. 373-374)라고 한 것에 동의한다. 선(禪)에 따르면, 그 결과는 "사물의 깊은 의미가 이해되지 않으면, 마음의 본질적 평화는 아무 소용이 없을 정도로 방해를 받는다"(Sengstan, 1975).

망상으로 흐려진 마음은 그것이 내재적으로 가지고 있는 기쁨에 찬 본성을 잊어버리고 그리하여 결핍과 불만을 느낀다. 그리고 대리적 만족을 추구하고, 단지 충분한 소유물을 가지고 그것을 경험할 수 있다면 완전히 그리고 영원히 만족할 것이라고 잘못 믿는다. 자연적으로, 이 잘못된 신념은 갈망으로 이끌리며, 고통과 병리의 두 번째 뿌리가 된다.

갈망은 서양의 중독 개념 또는 Albert Ellis가 **유치한 요구성**(childish demandingness)이라고 부른 것과 상응하며, 정신병리와 고통의 주요 원인으로 간주된다. 서양 심리학은 약물과 음식에 대한 중독을 강조한다. 그러나 묵상가들은 우리가 사람과 소유물, 우리의 자아상과 아이디어, 심지어는 우리의 이상까지를 포함하는 거의 모든 것에 중독될 수 있다고 주장한다. 사실상, 물질적 쾌락—돈, 성, 명성, 권력의 **물리적 4개조** 같은—은 **쇠사슬**로 묘사될 수 있으며, 반면에 항상 선해야만 하거나 절대로 화를 내서는 안 되는 것과 같은 이상에 대한 중독은 **금사슬**로 묘사된다(Walsh, 1999). 인간으로서, 우리는 항상 우리의 이상에 못 미치며, 그것에 중독이 되면, 우리는 고통을 받는다.

물론, 단순한 욕망과 강박적인 갈망을 구별하는 것이 매우 중요하다. 욕망은 그냥 원하는 것이고, 갈망은 강박적으로 필요성을 갖는 것이다. 욕망은 채워지지 않더라도 별 영향이 없으며, 중독은 채워지지 않으면 고통과 병리를 가져온다. 우리는 우리가 갈망하는 것의 노예이다. 요가에서 "갈망이 심장의 피를 말린다."(Prabhavananda & Isherwood, 1972, p. 41)라고 경고한 것이 놀랍지 않다.

중독에는 두려움, 분노, 질투, 우울 등의 고통스러운 정서가 따라온다. 이 느낌들은 갈망과 밀접하게 묶여 있고 그것이 작용하는 방법을 반영한다. 우리는 우리가 갈망하는 것을 얻지 못할까 봐 두려워하며, 우리의 갈 길을 막는 사람은 누구든지 그에 대한 분노로 들끓고, 우리가 탐욕하는 것을 가지고 있는 사람에게는 질투로 괴로워 몸부림치며, 우리가 희망을 잃을 때는 우울에 빠지게 된다. 이러한 관계를 인식하는 치료자는 이러한 고통스러운 정서 속에서 헤매는 내담자들에게 아주 귀중한 조망을 제공한다.

갈망은 또한 많은 고통을 유발하는 삶의 게임과 생활양식의 근거가 된다. 이들은 그렇기만 하다면 게임(if only game)("…만 가지고 있다면, 나는 행복할 수 있을 텐데")와 교류 분석에서 …까지는 게임(until game)("…을 얻을 때까지는 나는 행복할 수 없다")이라고 부르는 것들을 포함한다. 우리가 생활에서 겪는 고통은 갈망하는 것과 가진 것 사이의 차이를 반영한다. 사실상, 동양의 명상 전통에는, 심리적 고통과 갈망 사이의 관계에 대하여 거의 수학적인 정확함을 지니고 있다. 그것은 다음의 공식으로 표현할 수 있을 것이다.

$$\text{고통} \propto \Sigma \text{ 갈망의 강도} \times (\text{현실} - \text{갈망된 것})$$

이것이 말하고 있는 바는 우리 삶의 심리적 고통의 양은 각 갈망의 강도를 현실과 갈망된 것 사이의 차이와 곱한 것이다. 다른 말로 하면, 갈망의 숫자가 클수록, 갈망의 강도도 강해진다. 그리고 현실과 우리가 갈망하는 것 사이의 차이가 클수록, 우리는 더 고통받는다.

묵상 전통은 중대한 결론을 내린다. 즉, 갈망이나 중독의 숫자와 강도를 감소시킴으로써 그리고 현실을 있는 그대로 받아들임으로써 심리적 갈등과 고통을 감소시키는 것이 가능하다는 것이다. 사실상, 이것은 그냥 고통을 감소시키는 정도를 넘어선다. 그것은 또한 건강한 동기가 자유롭고 효과적으로 활동하도록 허용하고, 그에 따라 우리가 더 건강하고 목표를 달성하는 방향으로 가도록 해 준다(Walsh, 1999). 신유학에서 "위대한 [인물]에게서 배우는 것은 전적으로 이기적인 욕망[중독]의 방해에서 벗어나는 것에 달려 있다."(Chan, 1963, p. 660)라고 주장하는 것이나 도교의 창시자인 노자가 "탐욕이 멈추는 그곳에 평화가 당연히 찾아온다."(Bynner, 1944/1980, p. 48)라고 한 것이 놀라운 일이 아니다.

중독은 또한 그것을 되비추는 심상인 혐오를 창조하는데, 이는 정신병리를 일으키는 세 번째 뿌리이다. 중독이 바라는 자극을 경험하고 소유하려는 강박적인 욕구인 데 반하여, 혐오는 바라지 않는 자극을 회피하거나 도피하려는 강박적인 욕구이다. 중독과 마찬가지로, 혐오도 고통을 일으키고 분노, 두려움, 방어 같은 파괴적 반응을 키운다. 자신이 경험하기를 원하지 않는 것이 당신의 삶을 움직여 나가고 그 조망을 위축시킨다. 중독과 혐오의 지배를 받는 마음은 갈망하는 것을 얻기 위해서 그리고 두려워하는 것을 피하기 위해서 끊임없이 고통을 산출하고 고통을 영속시키는 추구를 하면서 그것의 노예가 된다.

이 관점은 엄청나게 중요한 함축성을 갖는다. 그것은 심리적 고통이 단지 무시하거나, 마비시키거나, 억압되어야 하는 골칫거리가 아니라고 제안한다. 그보다는, 심리적 고통은 아주 중요한 피드백 신호이며, 중독과 혐오 및 그것들을 놓아야 할 필요성에 대해서 알려 주는 정신적인 경종이므로, 그것은 학습과 성장의 기회를 제공한다.

묵상 전통은 중독에 반응하는 데 가능한 두 가지 전략이 있음을 인식한다. 첫 번째 전략은 보편적이지만 비극적인 것이고, 두 번째 전략은 드물지만 유익한 것이다.

첫 번째 전략은 중독을 충족하기 위하여 우리의 삶을 바치는 것이다. 그리고 그에 따라 무분별하게 그것들을 강화하고 견고히 하는 것이다. 그 결과는 마약 중독이 너무도 잘 보여 주듯이, 일시적인 만족과 장기적인 고통이다.

두 번째 전략은 중독을 감소시키고 그것을 포기하는 것이다. 이것은 처음에는 어려울 수 있지만, 장기적인 안녕을 증진시킨다. 이것은 Gandhi가 추천한 '단념하고 기뻐하는' 것의 기반이다. 즉, 중독을 단념하고 포기하여 그에 따르는 자유를 기뻐하는 것이다.

✻ 심리적 건강

묵상에서 이상적인 건강은 인습적인 적응을 넘어서고 세 가지 변성을 포함한다.

- 망상, 갈구 및 혐오와 같은 건강하지 못한 정신적 속성을 포기하기
- 구체적인 건강한 정신적 속성과 역량을 개발하기
- 후인습적 · 초개인적 수준으로 성숙하기

묵상 전통은 각기 건강한 정신적 특성에 대한 목록을 가지고 있으나, 일곱 가지 구체적인 속성의 중대성에 대하여는 의견의 일치를 보인다. 그들은 심리적 건강과 성숙이 윤리성을 배양하기, 정서를 전환하기, 동기의 방향을 바꾸기, 집중력을 개발하기, 자각을 정교하게 하기, 지혜를 육성하기, 그리고 이타심과 봉사를 실천하기를 포함하고 있음에 동의한다(Walsh, 1999). 이 일곱 가지 속성을 개발하는 것이 묵상 수련의 핵심적 부분이다.

심리치료

심리치료 이론

묵상 치료의 기저에 있는 핵심적 가정은 마음을 훈련할 수 있고, 따라서 건강하지 못한 속성이 사라지고 건강한 속성이 피어나며, 발달이 뒤따라 이루어진다는 것이다. 여러 기법들이 사용될 수 있으나, 효과적인 수련법은 마음과 행동에서 그에 상응하는 일곱 가지 속성을 배양하기 위한 일곱 종류의 핵심적 수행을 포함하고 있다.

1. 윤리. 실존 심리치료처럼 드문 예외가 있기는 하지만, 서양의 치료는 일반적으로 윤리적 이슈를 소개하는 것을 피한다. 그 이유는 도덕적 해석을 하는 것과 조언을 주는 것에 대하여 이해할 만한 우려가 있기 때문이다. 그러나 윤리에 대한 묵상적인 이해는 아주 심리학적으로 기민하며 인습적인 견해들과는 아주 다르다. "미덕을 이해하는 사람은 아주 드물다"라고 공자는 한숨지었다(Lau, 1979, p. 132).

   묵상 전통은 윤리를 인습적인 도덕적 관점에서 보는 것이 아니라 마음을 훈련하는 필수적인 수련법으로 후인습적 관점에서 본다. 명상적 내성은 곧 욕심, 분노와 질투 같은 마음의 파괴적 속성들에서 나오고 또 그것들을 강력하게 만드는 비윤리적 행동—해를 가하기 위한 의도를 가진 행동—이 고통스럽게 드러나도록 만든다. 서양의 관점으로는, 비윤리적 행동이 이러한 파괴적 속성을 강화하거나 조건형성한다. 반면

에 동양의 관점에서는, 마음의 **카르마적 각인**(karmic imprinting)을 더 깊게 만드는데, 카르마는 과거의 행동에 의해 남겨진 심리적 잔재이다.

역으로, 윤리적 행동—다른 사람의 복지를 증진시키려는 의도를 가진 행동—은 반대로 작용한다. 그것은 친절함, 평온, 그리고 자비심 같은 건강한 요인은 배양하면서 파괴적인 정신적 요인은 탈조건화한다. 따라서 요가의 관점에서는, 윤리는 결핍에서 강요된 어떤 것이 아니라 내면에서 추구되는 어떤 것이다. 희생이 아니라 자기와 타인에게 모두 봉사하는 것이다. 성숙한 후인습적 윤리는, 부처가 지적하였듯이 "당신이 무엇을 행하든 그것은 당신에게 하는 것이다."(Byrom, 1976, p. 118)라는 것을 인식한다.

처음에는, 윤리적 행동이 오랜 습관을 역전시키느라 투쟁을 한다. 그러나 수련을 하다 보면, 그것은 결과적으로 "무엇이든 (…) 지각 있는 사람에게 필요한 것은 항상 저절로 일어나는"(Gampopa, 1971, p. 271) 상태가 될 때까지, 점차로 힘이 들지 않게 되고 자발적으로 된다. 이런 묵상적 윤리의 최고 수준은 하버드의 연구자 Lawrence Kohlberg와 Carol Gilligan이 제안한 가장 높은 단계의 도덕성과 겹친다.

2. **정서적 전환**. 묵상 치료와 전통적인 서양 치료는 모두 두려움, 분노, 질투 같은 문제가 되는 정서를 감소시키는 것의 중요성에 동의한다. 그러나 묵상 접근은 또한 사랑, 기쁨, 자비심 같은 긍정 정서를 배양함으로써 이것을 보완한다. 묵상 치료는 유익한 정서들을 놀랄 만한 수준까지 배양하는 풍부한 수련을 포함하고 있다. 예를 들면, 불교와 유교의 자비심이나 기독교의 **아가페**(사랑)가 완전히 꽃필 때, 그들은 모든 피조물을 무조건적으로 흔들림 없이 포용한다. 정서적인 전환은 아마도 '정서적 지능'을 양육할 수 있는 것 같은데, 연구들은 이 정서적 지능이 뛰어난 개인적·대인관계적·전문적 성공과 연결이 된다고 시사한다(Goleman, 2003).
3. **동기의 방향 전환**. 윤리적 행동과 정서적 전환은 명상과 같은 수행과 더불어 더 건강한 경로로 동기의 방향을 전환하기 위해 함께 작용한다. 묵상 수련이 효과를 갖게 되면, 동기는 덜 강박적이 되고 실제로 중요한 것에 더 집중을 하게 된다. 물질을 얻는 것에는 덜 관심을 갖게 되고 자기실현, 자기 초월 및 사심 없는 봉사 등의 메타동기에 특히 더 관심을 갖게 된다. 전통적으로, 이 동기적 전환은 **정화**(purification)라고 묘사된다. 묵상의 관점에서는 Maslow(1971)의 욕구 위계에서 위로 올라가는 것과 유사하다.
4. **주의를 훈련하기**. 묵상 전통은 심리적 안녕을 위하여 주의와 집중력을 훈련하는 것을 필수적으로 여긴다. 이에 반하여 서양 심리학은 William James(James, 1899/1962, p. 51)의 "주의는 계속적으로 유지될 수 없다."라는 헛된 결론을 오랫동안 받아들여 왔다. 그러나 James는 훨씬 더 나아가 다음과 같이 제안하였다.

> 떠도는 주의를 거듭해서 의도적으로 다시 돌아오게 하는 능력은 판단, 특성 및 의지의 근본 뿌리이다. 이것을 가지고 있지 않은 사람은 누구도 *compos sui*(자신의 주인)가 될 수 없다. 이 능력을 향상시키는 교육은 대단히 뛰어난 교육이

다. (…) 이것의 실제적인 방향을 제공하기보다 이상적으로 정의하기가 더 쉽다 (James, 1919/1950. p. 424).

이제, 여기에서 우리는 주의가 유지될 수 없다고 말하는 전통적 서양 심리학과 주의는 유지될 수 있으며, 만약 우리가 성숙하고 우리 자신의 잠재력을 인식한다면, 진정으로 유지되어야만 한다고 주장하는 묵상가들 사이에 끼어 있다.

집중력을 개발하는 것은 많은 이점을 가지고 있다. 첫째, 주의의 방랑벽을 통제하는 것은 평온과 주의집중을 기르는 데 아주 중요하다. 둘째, 마음은 그것이 주의를 주는 대상의 속성을 떠맡는 경향이 있다. 요가는 이 중요한 원리를 "우리가 묵상하거나 주의를 두는 것이 무엇이든, 우리는 그렇게 된다."(Feuerstein, 1996, p. 71)라고 요약하였다.

우리는 모두 이것을 경험한다. 예를 들면, 화가 난 사람을 생각하면 우리도 화를 느끼고, 반면에 사랑하는 사람을 묵상하면 사랑의 느낌이 일어난다. 주의를 통제할 수 있는 사람은 자신이 어디에 집중을 할지 선택할 수 있고 따라서 바라는 정서를 선택하고 배양할 수 있다. 이러한 역량을 개발하는 일차적인 도구가 명상이다.

5. **자각의 정교화**. 다섯 번째 묵상 수련은 지각—외적 지각과 내적 지각 모두—을 좀 더 민감하고 정확하게 만들어 자각을 정교하게 하는 것이다. 이것은 우리의 자각이 보통 둔감하고 모호하며, 주의의 불안정성에 의해 산산조각이 나고, 혼탁한 정서에 의해 물들고, 산발적인 욕망에 의해 왜곡되기 때문에 필요한 일이다. 우리는 **비좁은 틈**(narrow chinks)(William Blake)이나 **축소된 밸브**(reducing valve)(Aldous Huxley)를 통하여 보기 때문에, 그림자를 현실로 오해한다고 제안하는(플라톤) 서양의 사고에도 비슷한 아이디어가 반향이 된다.

명상가들은 지각이 좀 더 민감해지고 그들의 내면 세계를 더 많이 가용할 수 있게 된다고 보고한다. 연구에 따르면 명상가들의 지각 과정이 더 민감해지고 빨라지며, 그들의 공감이 더 정확해지고, 그들의 내성이 더 정교해진다고 한다(Sedlmeier et al., 2012; Walsh, 2008). 명상가들은 선명한 명상은 치유적이고 전환이 되며, 게슈탈트 치료의 창시자인 Fritz Perls(1969)가 말한 "자각 그 자체가—그것에 의해 그리고 그 자체가—치유적"이라는 데 동의한다(p. 16).

6. **지혜**. 지혜는 자기 자신에 대한 깊은 이해와 삶의 핵심적인 실존적 이슈에 효과적이고 자애롭게 반응하는 실제적 기술이 더해진 것이다(Walsh, 1999). 실존적 이슈는 단지 우리가 인간이기 때문에 직면하게 되는 핵심적이고 보편적인 관심사를 말한다. 그것들은 우리의 이해를 훨씬 넘어서는 우주 속에서 의미와 목적을 찾고, 불가피하게 불확실하고 신비로운 삶을 살고, 관계를 관리하며 고립을 직면하고, 질병, 고통 그리고 죽음을 다루어 나가는 것을 포함한다(Walsh, 1999). 이런 이슈에 대하여 깊은 통찰과 여기에 더하여 그것들을 다루어 나가는 기술을 개발한 사람은 진실로 현명한 사람이다.

지혜는 확실히 지식 이상의 것이다. 지식이 단지 정보를 얻음으로써 얻을 수 있는 반면에, 지혜는 그것을 이해하는 것을 필요로 한다. 지식은 우리가 가지고 있는 어떤 것이며, 지혜는 우리가 되어야만 하는 어떤 것이다. 지식은 우리에게 정보를 주지만, 지혜는 우리를 전환시킨다. 지식은 힘을 부여하며, 지혜는 깨달음을 준다.

묵상의 수련은 지혜를 기르는 것을 삶의 중심 목표로 삼는다. 그들은 특히 지혜의 동반자들의 글을 읽고, 명상을 통하여, 그리고 삶과 죽음의 본성을 숙고하는 것에서 지혜를 추구하도록 우리에게 조언을 한다. 유대 묵상가들은 "현실을 아는 것에서 지혜가 온다"는 입장을 취하며 우리에게 "가슴과 마음과 활동의 충만함으로 현실에 참여"하라(Shapiro, 1993, pp. 30, 84)고 충고한다. 성숙한 치료자들은 깊게 실존적 이슈를 숙고한 사람들로서, 이에 관하여 위대한 조력가가 될 수 있으며 현명한 동반자가 될 수 있고, 읽을거리를 추천하고, 내성을 장려하며, 숙고함을 촉진할 수 있다.

그러나 묵상의 전통은, 특히 자연 속에서 조용하고 고독한 기간을 갖는 것이 사회적 상호작용과 가장 균형을 잘 이루는 것이라고 제안한다. 묵상가들과 연구자들은 모두 자연 속에 있는 것이 "더 큰 인지적 · 주의적 · 정서적 · 영적 · 주관적 안녕"을 포함하여 "신체건강과 정신건강을 모두 증진시켜 줄 수 있다"는 데 동의한다(Walsh, 2011, p. 584).

7. **이타심과 봉사.** 묵상가들은 이타적인 봉사가 심리적 안녕의 수단이 됨과 동시에 심리적 안녕의 표현이라고 간주한다. 공자는 "다른 사람을 위해 최선을 다하는 것을 자신을 안내하는 원칙으로 삼으라"고 설득하며, "당신이 얻을 보상보다 봉사를 더 앞에 두라"고 하였다(Lau, 1979, p. 116). 너그러움은 우리의 마음을 전환시킨다. 그것은 사랑과 행복감 같은 긍정적인 정서는 강하게 만드는 반면에 갈망, 질투, 상실에 대한 두려움 같은 해로운 속성을 억제하게 해 준다.

이에 더하여, 우리는 다른 사람이 경험하기를 의도하는 것을 우리 자신이 경험하는 경향이 있다. 예를 들면, 우리가 다른 사람에게 복수를 계획하고 그에게 고통을 주려고 하면, 우리는 분노와 미움 같은 정서를 경험하고 강화하는 경향이 있다. 그러나 우리가 다른 사람의 행복을 바랄 때, 우리 자신이 그것을 느낀다. 불교에서는 **공감적 기쁨**이라고 하는 것을 경험한다. 이것 때문에 사랑과 타인에 대한 자비심 같은 이로운 감정을 기르기 위해 설계된 명상이 우리 자신에게 놀라울 정도로 환희의 상태를 가져오는 것이다.

서양 심리학도 비슷한 결론에 다다르고 있다. 이타심은 심리적 성숙 및 안녕과 상관이 있다. 예를 들면, Adler의 **사회적 관심**과 Erikson의 **생산성**(generativity)은 성공적인 성인 발달의 본질적인 표현이라고 할 수 있다. 이와 유사하게, Maslow(1967, p. 280)는 "자기실현적인 사람은, 전혀 예외 없이, 그 자신의 피부를 넘어서 밖에 있는 것에 관여한다."라고 주장하였다.

연구들은 너그러운 사람들이 더 행복하고, 심리적으로 더 건강하고, **조력자의 고조**(helper's high)(Myers, 1992)를 경험하는 경향이 있다는 것을 보여 준다. 이른바 쾌락의 역설은 다른 사람을 행복하게 하기 위하여 시간을 내면 우리 자신의 쾌락을 위하여 모든 노력을 기울이는 것보다 우리를 더 행복하게 만든다는 것이다(Myers,

1992). Abraham Maslow(1970)가 "더 좋은 조력자가 되는 가장 좋은 길은 더 좋은 사람이 되는 것이다. 그러나 더 좋은 사람이 되기 위한 필수적인 측면은 다른 사람을 돕는 것을 통해서 이루어진다."(p. xii)라고 한 말은 묵상적 이해를 잘 요약한 것이었다.

어떤 치료자들은 이 원리를 자신들의 작업에 사용한다. 예를 들어, Alfred Adler는 때때로 내담자에게 매일 누군가를 도우라고 조언하였다. 제대로 이해가 되면, 다른 사람에게 이타적인 봉사를 하는 것은 자기희생이 아니라 깨달음을 얻는 현명한 이기심이다.

심리치료 과정

묵상 수련을 시작하는 대부분의 사람들이 스스로 느리지만 그 힘이 축적되어 가는 것을 알 수 있으며, 짧은 매일의 회기에서 얻은 이득이 분명하게 나타나려면 몇 주가 걸릴 수도 있다. 명상과 요가는 기술이다. 어떤 기법을 사용하든지, 초기 단계에는 보상이 적을 수 있으나, 끈기를 가지고 하면 보통 점차로 혜택이 증가한다. 명상이 묵상 접근법의 중심이기 때문에 가장 폭넓게 연구가 되었으며, 심리치료자들에게 널리 사용되고 있으며, 필자는 여기에 초점을 맞출 것이다.

시각화. 편안하게 앉아서 눈을 감아 보라. 그다음에 하얀 배경 속에 검은 고리가 있고 그 한가운데 검은 점이 찍혀 있는 모습을 상상해 보라. 이 심상을 될 수 있는 한 선명하게 만들고, 1~2분 정도 이 심상을 선명하고 안정되게 유지하도록 노력하라. 만약 심상이 흐트러지면, 그 심상을 다시 창조하여 그것을 안정되게 유지하도록 노력하라. 시간이 되면 눈을 뜨라. 이제 읽기를 멈추고 지금 시각화를 하도록 하라.

잠시 시간을 내어 자신의 경험을 숙고해 보라. 얼마 동안이나 심상을 선명하고 안정되게 유지할 수 있었는가? 얼마나 자주 산만해졌는가? 이것은 자신의 집중력에 대하여 무엇을 말해 주는가? 자신의 정신적 명료함과 평온에 대하여는 무엇을 말해 주는가? 이 연습을 통하여 자신의 마음에 대하여 또 어떤 것을 배울 수 있는가?

호흡 명상. 이 연습을 하기 위해서, 10분 정도로 시간을 정해 알람을 맞추어 놓고, 그다음에 편안한 자리에 앉아 등을 비교적 곧게 세우고 머리는 든 자세로, 똑바로 앉아 있지만 이완된 상태를 만든다. 등의 긴장을 풀고 이완을 돕기 위하여 요추에 방석을 받칠 수도 있다. 잠시 동안 이완하라.

이제 눈을 감고 아랫배에서 호흡하는 감각에 자신의 주의를 돌린다. 아랫배가 올라가고 내려갈 때마다 생기는 감각의 일어남과 지나감에 자신의 주의를 세밀하고 정확하게 집중하라. 주의가 흐트러지지 않도록 노력하라. 생각이나 느낌이 일어나면, 그것이 그냥 거기에 있게 하고 계속해서 자신의 감각을 알아차리는 데 집중하도록 하라.

감각에 주의를 두는 동안에, 숨 쉴 때마다 하나부터 열까지 숫자를 세도록 하라. 열에 이르면 다시 하나에서 시작한다. 그러나 수를 세다가 놓치거나, 아주 잠깐이라도 자신의 마음이 호흡의 감각에서 떠나 떠돌게 되면, 하나로 돌아가서 다시 시작하라. 만약 당신이 생각이나 환상에 의해 방해를 받거나 헤매게 되면, 그냥 무엇이 일어났는지 인식하고, 그 다음에 부드럽게 자신의 마음을 호흡으로 되돌리고 하나부터 다시 세기 시작한다. 알람이 울려서 끝나는 시간을 알려 줄 때까지 이를 계속하라. 읽기를 멈추고 지금 연습을 시작하라.

연습의 마지막에, 자신이 온전히 호흡을 자각하였던 시간이 얼마나 되는지 그리고 생각과 환상 속에 헤맨 시간은 얼마나 되는지 추정해 보라. 그리고 잠시 이 짧은 집중 명상을 통하여 자기 자신과 자신의 마음에 대하여 무엇을 배웠는지 심사숙고해 보라.

대부분의 사람들은 고리의 심상을 안정되게 지니고 있거나 호흡에 대한 자각을 유지하는 데 몇 초 이상을 버티지 못한다는 것을 발견하고는 충격을 받는다. 마음은 그 자신의 마음을 가지고 있다. 훈련되지 않은 마음은 주로 통제되지 않았으며 통제할 수 없고, 이것이 가지고 있는 완전한 함축성을 인식하는 사려 깊은 사람은 삶이 변화하는 잠재력을 발견하게 된다. 따라서 명상 수련의 첫 단계를 시작하게 된다.

✳ 수련의 단계

명상의 수련은 서로 겹치는 여섯 단계로 나누어질 수 있다. 처음 세 단계는 인식 또는 통찰의 단계로서, 정신적 통제 부족의 인식, 습관적 패턴의 인식, 인지적 통찰의 단계를 말한다. 세 개의 상위 단계는 뛰어난 역량의 개발, 초개인적 경험의 출현, 그리고 초개인적 발달의 안정화이다.

첫 번째 단계는 소박할 수 있다. 처음의 인식 중의 하나는 우리 자신의 정신적 과정을 얼마나 적게 통제하고 있는가, 그리고 얼마나 많은 시간을 생각과 환상 속에서 헤매고 있는가에 대한 것이다. 첫 번째 명상 피정을 하고 난 후에, 나는 "나의 모든 소도구들과 산만함을 제거하고 나니, 나의 생각이나 느낌에 대하여 가장 희미한 알아차림을 겨우 벗어난 정도였고 내 마음은 그 스스로 마음을 가지고 있음이 분명하였고 (…) 나의 이전의 분별심 없거나 [이것에 대한] 무지한 상태가 나를 휘청거리게 하였다."라고 적었다(Walsh, 2008, pp. 265, 266).

우리 마음의 무분별함과 정신적 통제의 부족함을 인식하는 것은 막대한 중요성을 갖는 통찰이다. 우리의 마음이 통제되지 않는 정도에 따라, 우리의 삶도 마찬가지로 통제되지 않는다. 이것에 대한 인식은 처음에는 압도적인 것으로 여겨진다. 그러나 좋은 치료자의 안내를 받게 되면 그 또한 수련을 계속하고 마음챙김과 정신적 성숙을 개발할 수 있는 강력한 동기부여가 된다.

실험들은 이런 관찰을 지지한다. 사람들이 하루 동안 경험하는 것을 표집한 결과, "인간의 마음은 떠도는 마음이며, 떠도는 마음은 불행한 마음이다."(Killingsworth & Gilbert, 2010, p. 932)라는 것이 드러났다. 다른 말로 하면, 사람들은 하루 중 대부분을 분별없는 생각과 환상 속에서 헤매며 이 시간 동안은 별로 행복하지 않다. 묵상 전통에서는 묵상 훈련을 받은 마음은 덜 떠돌고, 현재에 더 많이 있으며, 더 많은 행복을 느낀다.

두 번째 단계는 습관적인 패턴을 인식하는 것을 포함한다. 여기에서는 통찰 지향적 심리치료가 베일을 벗기는 것과 비슷하게 반복되는 정신적 패턴과 행동적 패턴을 확인한다.

세 번째 단계는 정련된 자각이 더 깊은 인지적 통찰을 밝혀낼 때 시작된다. 여기에서는 생각, 동기, 지각 등의 미묘한 심리적 과정을 현미경적으로 탐색할 수 있다. 예를 들면, 단일한 생각이 정서를 일으키고, 지각을 물들이며, 근육의 긴장을 유발할 수 있는 방법을 보게 된다. 어떻게 갈망이 긴장을 유발하며, 바라는 대상을 움켜쥐고, 그것의 상실을 두려워하며, 경쟁자에 대하여 분노를 일으키는지 관찰할 수 있다. 마음이 어떻게 작용하며 우리가 그것과 어떻게 더 좋은 관계를 맺을 수 있으며 더 노련하게 살 수 있는가에 관하여 통찰에 이은 통찰이 이루어진다.

상위 단계에서는, 여기에 관해서는 짧게 살펴보겠지만, 처음에는 뛰어난 역량과 경험이 일어나고 결국에는 안정이 된다. 네 번째 단계는 여러 가지 뛰어난 능력들이 출현하는 것이 특징이며, 이에 관해서는 뒤의 연구를 다루는 부분에서 자세히 살펴보기로 하겠다. 다섯 번째 단계에서는 초개인적 경험이 일어나는데, 다른 사람에 대한 동일시와 그들에 대한 자비심이 생겨난다.

여섯 번째이자 마지막 단계는 안정화가 되는 단계이다. 여기에서는 절정 경험이 고원 경험으로 확장되고 일시적인 역량들이 영구적인 능력으로 옮겨 간다. 예를 들면, 수련을 하는 사람은 처음에는 명상을 하는 동안에만 평온과 기쁨을 짧게 맛볼 수 있다. 그러나 장기간의 수련을 통해, 이것들이 확고한 평화와 기쁨으로 더 깊어지고, 일상생활에 녹아들 정도로 확장된다. 이런 상위적 역량의 뛰어난 성질은 현대 불교 명상 스승을 면담한 Jack Kornfield(2008)에 의해 알아볼 수 있다.

그의 마음은 그가 깨어 있는 시간과 잠자는 시간 전체를 통하여 완전히 안정되고, 고요하며, 자유로운 상태에 머무르고 있다. 그는 "나는 지난 20년 동안 단 한순간도 분노나 좌절을 경험한 적이 없다."라고 말한다. 그는 밤에 한두 시간밖에 잠을 자지 않으며, 자신의 내면의 삶을 다음과 같이 묘사한다.

> 내가 혼자 있을 때, 내 마음은 평화와 평정을 이루는 순수한 자각 속에 머무른다. 내가 사람들을 만나고 경험을 하게 되면, 자각은 자동적으로 인자함이나 자비심으로 표현된다. 이것은 순수한 자각의 자연스러운 기능이다"(n.p.).

명상 스승들을 연구해 보면, 그들이 주장하는 어떤 측면들과 일관되게 그들은 독특한 정신력 측정과 EEG 프로필을 보인다(Lutz, Dunne, & Davidson, 2007). 말할 필요도 없이, 이 상위의 경험과 발달 단계는 희귀하며, 보통은 장기적이고 집중적인 피정 수련을 필요로 한다. 그러나 그들은 놀랄 만한 잠재력을 가지고 있으며 묵상의 수련이 이를 깨어나게 할 수 있다고 제안한다.

✱ 어려움

깊은 내면을 드러내게 하는 치료가 모두 그렇듯이, 어떤 경험은 어려울 수 있다. 가장 흔한 것은 정서적 불안정, 정신물리적 증상, 익숙하지 않은 지각적 변화, 그리고 실존적인 도전이다(Wilber et al., 1986).

정서적 불안정이 아마도 가장 흔히 나타날 수 있다. 분노, 불안, 슬픔 등의 강력하지만 흔히 짧게 드러나는 정서가 표면으로 떠오를 수 있고, 때로는 근육의 경련과 같은 정신물리적 증상이 수반될 수 있다. 보통 치료자는 단지 수련생에게 이런 경험들을 받아들이고 탐색해 보도록 격려하기만 하면 된다. 그리고 그에 따라 그것들이 자각의 치유의 불빛 속에서 스스로 해소되도록 허용하는 것이다.

지각이 좀 더 예민해짐에 따라, 습관적인 지각과 추정에 의문을 갖게 되고, 익숙하지 않은 경험들이 일어나게 될 수 있다. 자기와 세계에 대한 개인의 감각이 변할 수 있으며, 낯설거나 심지어는 비현실적인 감각들이 혼란과 두려움을 가져올 수 있다. 그러나 계속 수련을 하면 흔히 경험과 통찰의 범위가 끝없이 확장되어 가면서 더 큰 평정심과 편안함을 얻게 된다.

가장 심오하고 중요한 것은 실존적이고 영적인 도전이다. 외부의 방해와 사소한 것에서 자유로워지면, 마음은 자연스럽게 가장 중요한 것으로 향하고, 깊은 개인적 의미와 인류의 의미에 대해 깊이 생각하게 된다. 여기에는 삶의 의미와 목적, 우리의 불가피한 고통과 죽음, 개인이 정직하고 진실하게 살고 있는지의 여부, 개인의 마음과 정체성 및 운명에 대한 영원한 질문들이 포함된다. 그것들은 삶의 가장 심오한 의문이며, 그것들에 집중하는 것은 처음에는 불안정적일 수 있다. 그러나 그것들은 지혜로 들어가는 문이며, 그것들을 탐색하는 것은 성숙하고 진실하고 잘 사는 삶을 구축하는 데 필수적이다(Walsh, 1999; Yalom, 2002).

많은 경우에, 명상에서 겪는 어려움은 이전에 억압하였거나 제대로 처리되지 않은 기억과 갈등의 출현을 나타낸다. 따라서 그것들을 경험할 때 겪는 초반의 불편함은 그것들을 처리하고 방출하는 데 필요한 대가라고 할 수 있다. 이 과정은 **카르마의 해방**(요가), **스트레스 벗기기**(TM), **내부의 순화**(기독교의 묵상) 그리고 **정화와 훈습**(심리학) 등으로 다양하게 묘사된다.

내면을 드러내는 다른 치료들처럼, 묵상의 수련도 때때로 기저의 병리를 드러낼 수가 있다. 가장 극단적인 결과는, 다행스럽게도 이런 경우가 아주 드물기는 하지만, 정신병적 반응을 보이는 것이다. 그들은 이전에 정신병에 걸렸던 사람들로서, 약물 복용을 하지 않고, 감독을 받지 않으면서 강한 수련을 하는 경우일 가능성이 가장 많다(Wilber et al., 1986).

묵상 치료와 전통적인 서양의 치료에 모두 친숙한 사람들은 특히 묵상에서 겪는 어려움을 다루는 데 도움이 된다. 그들은 일반적인 사소한 어려움뿐만 아니라, 덜 흔하지만 더 심각한 기저의 병리가 때때로 표출되었을 때도 이를 인식하고 다룰 수 있다. 그들이 개인적으로 일반적인 어려움에 익숙하기 때문에, 명상의 경험이 많은 치료자들은 자신의 내담자가 그런 문제를 겪을 때 이를 인식하고, 진지하게 공감하고, 효과적으로 치료할 수 있다.

일반적인 어려움을 다루는 데는 유용한 전략이 많이 있다. 많은 경우에, 그것들은 수련을 더 진행하면 자발적으로 해소가 되는데, 특히 치료자가 안심을 시켜 주고 그것이 정상적(이것이 정상적이며 일반적인 도전이라는 점)임을 알려 줄 때 그러하다. **재구조화**(reframing)와 **재귀인**(경험을 학습과 성장을 위한 잠재적인 기회로 재해석하는 것)은 특히 가치가 있다. 일반적인 문제는 또한 이완과 같은 표준적인 서양의 치료적 기법으로 치료할 수도 있고 묵상의 수련에서 제안하는 특수한 처리방안으로 치료할 수도 있다. 묵상적인 경험의 심리적 함축성과 실존적 함축성을 탐색하는 것은 매우 가치가 있을 수 있다.

묵상에서 어려움은 보통 일시적이며 심리적 전략과 묵상의 전략으로 더 잘 치료되므로 이런 어려움을 겪는 사람에게 약물치료가 필요한 경우는 드물다. 그러나 묵상을 하는 사람이 우울과 같은 심각한 심리적 장애로 고통받고 있을 때는 약물치료가 완전히 적절할 수도 있다.

심리치료 기제

묵상 치료는 세 가지 주요 유형, 즉 은유, 과정, 기제의 형태로 작용한다. 많은 요인들이 포함되기 때문에 이 세 가지가 모두 가치 있으며, 각 유형은 묵상이 촉매작용을 하는 풍부한 성장 과정의 양상을 나타낸다.

전통적인 설명은 일반적으로 은유적이다. 명상과 요가의 과정을 묘사하는 데 사용되는 은유는 집합적 가수면 상태에서 깨어나고, 착각과 조건화에서 자유로워지고, 마음의 독소를 정화하는 것을 포함한다. 또한 내면의 잠재력을 펼치고, 진정한 정체성을 드러내며, 진정한 정체성을 깨우쳐 주는 것을 포함한다. 이러한 은유들은 몇 가지 통찰을 제공한다. 그것들은 묵상의 수련이 유기체적이고, 치유적이고, 자기실현적이고, 심지어는 깨달음을 주는 성장 과정에 활기를 주고 있음을 시사한다. 그것들이 이를 행하는 방식 중 몇 가지가 다음 기제에 의하여 제시되고 있다.

✻ 묵상 전통이 제안하는 기제들

마음을 진정시킴. 훈련받지 않은 마음은 초조하고 산만하며, 계속적으로 과거에서 미래로, 생각에서 환상으로 도약을 한다. 묵상의 기법은 마음을 집중하게 하고 진정시킨다. 고전적인 요가 경전의 첫 문장에 써 있듯이 "요가는 마음을 침묵 속에 자리 잡게 하는 것이다. 마음이 자리 잡을 때, 우리는 무한한 의식인, 우리의 본질적인 성질 속에 확실히 자리 잡게 된다"(Shearer, 1989, p. 49).

진정시키고 고요하게 하는 이 과정은 이완 반응을 만들어서, 부분적으로, 명상의 작용에 대한 서양식 제안의 근거가 된다. 그러나 연구에 따르면, 명상의 효과는 이완만 하였을 때의 효과보다 훨씬 더 크다(Sedlmeier et al., 2012).

자각의 증진. 여러 묵상 수련에서 고조된 자각을 강조하고 있다(Walsh, 1999). 이것은 불교의 마음챙김과 도교의 내적 관찰의 일차적인 초점이며, 또한 수피 수련의 순간의 주시(watchfulness of the moment)와 기독교 묵상 수련의 지성을 지키기(guarding the intellect)의 중심이다.

많은 임상가들 역시 그것을 심리치료의 중심으로 간주한다. 사실상, "거의 모든 치료가 의식의 확장을 지지한다"(자각의 증진)(Norcross & Beutler, 2013). 예로는 Eugene Gendlin의 '경험하기'를 들 수 있으며, Jung학파는 "치료의 진전은 자각에 달려 있다."라고 주장한다(Whitmont, 1969, p. 293). 따라서 자각을 정련하는 것은 명상과 심리치료 양쪽에 혜택을 가져오는 중심적 과정이 될 수 있다. 그것은 또한 더욱더 중요한 묵상의 과정인 탈동일시(disidentification)에 필요한 사전조건이 될 수 있다.

탈동일시. 탈동일시는 자각을 정확하게 관찰함으로써 생각, 느낌 및 환상과 같은 정신적 내용과 무의식적으로 동일시하는 것을 멈추게 하는 과정이다(Walsh & Shapiro, 2006). 예를 들면, 만약 '나는 두렵다'라는 생각이 들 때 생각이 일어나는 그대로 주의 깊게 관찰되고 인식되지 않으면, 그것이 신념이 되고 현실로 받아들여진다. 한 사람이 생각과 동일시를 하면, 그것은 더 이상 보이는 어떤 것이 아니게 된다. 그보다는, 그것으로부터, 그것을 통하여 보는 어떤 것이 된다. 자각의 **대상**이었던 것이 자각의 **주체**가 되는 것이다. '그것'이었던 것이 '나'가 된다.

자기는 이제 이 생각과 하나가 되고, 그것에 의해 최면이 되거나, ACT 치료자들이 말하듯이 그것과 '융합'되어 버린다. 그 사람의 경험적 현실은 이제 '나는 두렵다'이다. 단지 하나의 생각이었던 것이 이제는 공포스러운 현실로 나타나는 것이다. 요가에서 지적하듯이, "고통의 원인은 지각하는 사람이 지각되는 것과 동일시하는 것이다"(Nisargadatta, 1973, p. 136).

그러나 명상을 하는 사람이 '나는 두렵다'라는 생각이 일어났을 때 충분히 마음을 챙기면, 그것은 있는 그대로 인식이 된다. 그냥 하나의 생각으로 인식되는 것이다. 그것은 현실로 오해되지 않으며 몸이나 마음에 별 영향을 주지 못한다. 자각은 생각에서 탈동일시가 일어나고, 더 이상 그것에 의해 최면당하지 않으며, 따라서 그것에게 통제당하지 않는다. 물론, 만약 적절하다면 명상을 하는 사람은 여전히 그 생각에 대하여 행동을 할 수 있다. 그러나 그런 행동은 이제 무의식적인 자동성이라기보다는 의식적인 선택이다.

우리가 무의식적으로 마음의 일부, 말하자면 생각이나 환상과 동일시를 하게 되면, 우리는 그것이 진실이라고 추정하며, 그것에 의해 최면을 당한다. 우리가 의식적으로 그것에서 탈동일시될 때, 우리는 자유로워지고, 이 자유가 치유와 성장을 생성해 낸다.

정신적 요소의 재균형. 묵상 심리학은 보통 정신적 내용을 건강한 범주와 건강하지 못한 범주로 나눈다. 자연적으로, 묵상의 주요 목표는 건강한 요인을 증가시키고 건강하지 못한 것을 감소시키는 것이다. 이것은 정신적 요소의 균형을 다시 맞추는 것이고 은유적으로는 정화를 하는 것이다.

불교 심리학은 정신적 요소에 관해 특히 세련된 지도를 제공하며 '깨달음의 일곱 가지 요인'을 강조한다. 이것들은 마음의 일곱 가지 속성으로, 그것이 배양되고 서로 간에 균형을 이루면, 건강과 성장이 최적화된다. 첫 번째 요인은 **마음챙김**으로, 정신분석의 관찰하는 자아 개념을 다듬은 것으로 간주될 수 있으며, 각 자극에 대한 정확한 의식적 자각을 하는 것이다. 나머지 여섯 가지 정신적 요인들은 두 묶음으로 나눌 수 있다. 한 묶음은 세 가지 활성화하는 속성을 가지고 있고, 또 한 묶음은 세 가지 진정시키는 속성을 가지고 있다. 세 가지 활성 요인은 **노력**, **탐구**(경험의 적극적인 탐색) 및 **환희**(선명하고 집중된 자각에서 오는 황홀함)이다. 세 가지 진정 요인은 **집중**, **평온** 및 **평정**이다.

이 정신건강의 모델은 묵상 치료와 인습적인 서양 치료 사이의 아주 흥미로운 비교를 하게 만든다(Walsh & Vaughan, 1993). 서양 치료는 노력과 탐구의 활성 요인이 필수적인 것으로 인식한다. 그러나 그들은 동시에 진정 요인들을 개발하는 것이 가지는 힘의 효과를 적게 자각하고 있다. 마음이 집중되고 평온하고 침착해지면, 자각은 더 선명해지고, 통찰은 깊어지고, 성장이 더 빨라진다. 일곱 가지 요인 전체를 배양하고 균형 잡는 것이 성장에 가장 적절하며 초개인적인 성숙의 정점인 깨달음으로 이끈다.

✳ 정신건강 전문가들이 제안하는 기제

서양의 연구자들은 명상의 효과를 설명하기 위해 다양한 심리적 기제와 생리적 기제를 제안한다. 심리적 가능성은 이완, 이전의 스트레스 자극에 대한 탈조건화, 역조건화 및 정화를 포함한다. 자동적 습관은 **탈자동화**(deautomatization)를 하여 덜 자동적으로 되고 더 큰 의도적 통제 아래 둘 수 있다. 인지적 기제는 학습과 통찰에 덧붙여 자기 수용, 자기 통제 및 자기 이해를 포함한다.

아마도 가장 포괄적인 설명은 발달적 설명일 것이다. 묵상가들과 심리학자들은 모두 명상이 발달을 다시 시작하고 촉진시키는 데 작용할 수 있다고 제안한다(Wilber, 1999). 사실상, 많은 전통들이 발달적 관점에서 진행의 지도를 만들고 있다. 고전적인 예는 유대교의 **상승의 단계**, 수피의 정체성의 수준, 도교의 평온을 증진시키는 **다섯 시기**, 그리고 불교의 **통찰의 단계** 등이 있다. TM에 관한 연구들은 이를 지지하며 이것이 자아, 인지 및 도덕성뿐만 아니라 대처 기술과 자기실현의 발달을 진전시킨다고 제안한다(Alexander et al., 1991). 성숙을 진전시키는 수련은 막대한 중요성을 가지는 것이 분명하다. **그림 12.1**은 심리치료에서 때때로 쓰이는 여러 종류의 묵상 수련을 예시하고 있다.

⚜ 적용

❦ 누구를 도울 수 있는가

묵상 수련이 놀랄 만큼 넓은 범위의 심리적 · 신체적 · 영적 문제를 도울 수 있다는 꽤 많은 증거들이 있으며, 우리는 이와 같은 유익한 범주를 세 가지로 나눌 수 있다. 첫 번째는 심리적 장애와 신체적 장애에 대한 치료적 적용이다. 두 번째는 심리적 역량과 복지를 증진시키는 것이며, 세 번째는 초개인적 성장과 영성을 포함하는 고전적인 목표이다.

✳ 치료적 적용: 심리적 장애

스트레스 장애. 묵상의 수련은 넓은 범위의 심리적 장애와 정신신체적 장애에 이로움을 줄 수 있으며, 스트레스 장애는 가장 폭넓게 연구된 분야이다. 예를 들어, 마음챙김에 근거를 둔 치료는 일반적인 불안, 사회불안, 공황장애, 외상 후 스트레스 장애를 포함하는 여러 가지 불안증을 완화할 수 있다. 메타 분석에 따르면, 인지행동치료와 비교하였을 때 더 큰 효과 크기를 보였으며, 마음챙김에 근거를 둔 복합적 치료들—예를 들면, MBSR, MBCT, ACT—이 마음챙김 단독으로 치료하였을 때보다 더 큰 효과를 보였다(Vøllestad,

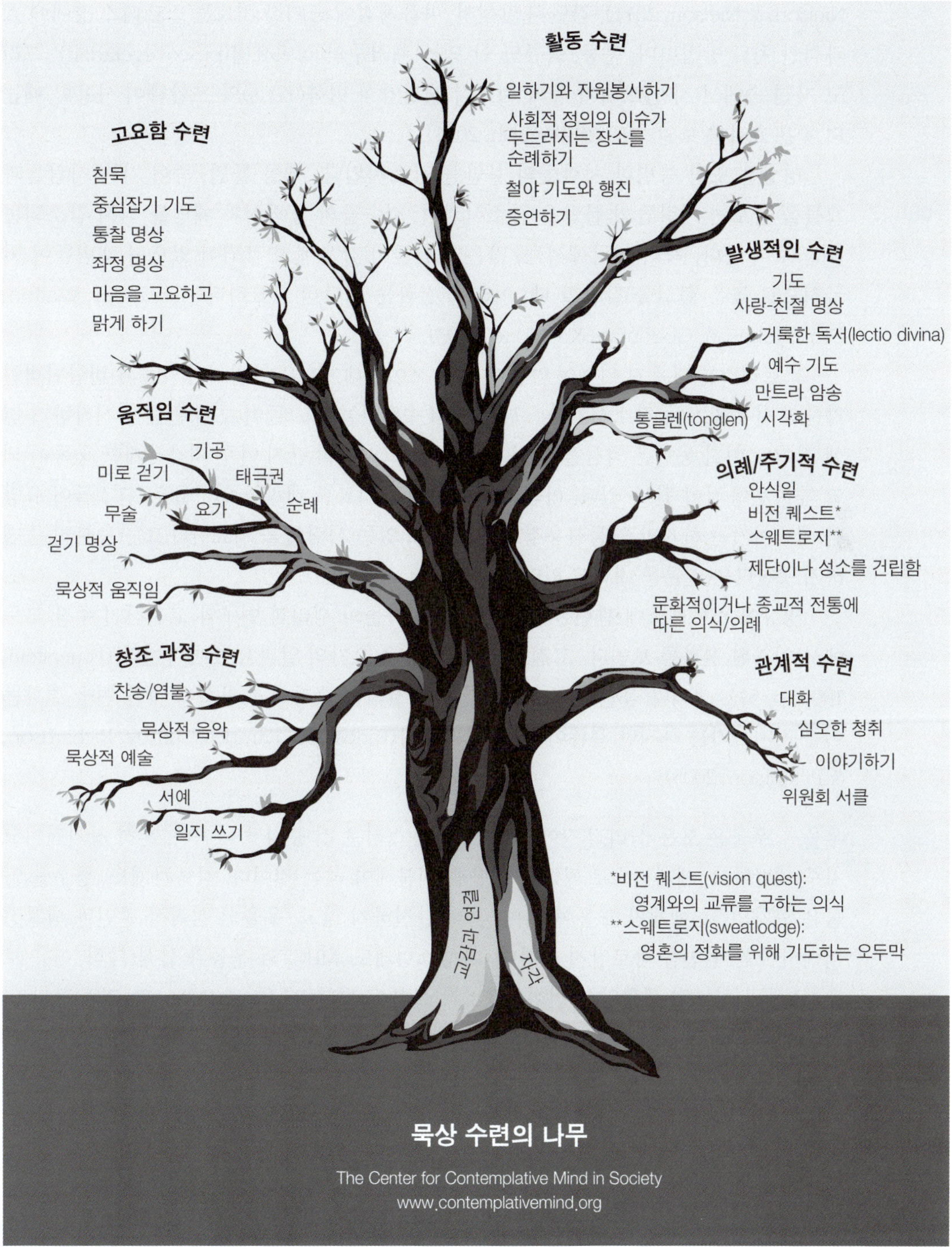
활동 수련
일하기와 자원봉사하기
사회적 정의의 이슈가 두드러지는 장소를 순례하기
철야 기도와 행진
증언하기
고요함 수련
침묵
중심잡기 기도
통찰 명상
좌정 명상
마음을 고요하고 맑게 하기
발생적인 수련
기도
사랑-친절 명상
거룩한 독서(lectio divina)
예수 기도
만트라 암송
통글렌(tonglen)
시각화
움직임 수련
기공
미로 걷기
태극권
무술
요가
순례
걷기 명상
묵상적 움직임
의례/주기적 수련
안식일
비전 퀘스트*
스웨트로지**
제단이나 성소를 건립함
문화적이거나 종교적 전통에 따른 의식/의례
창조 과정 수련
찬송/염불
묵상적 음악
묵상적 예술
서예
일지 쓰기
관계적 수련
대화
심오한 청취
이야기하기
위원회 서클
*비전 퀘스트(vision quest): 영계와의 교류를 구하는 의식
**스웨트로지(sweatlodge): 영혼의 정화를 위해 기도하는 오두막
교감과 연결
자각
묵상 수련의 나무
The Center for Contemplative Mind in Society
www.contemplativemind.org

그림 12.1

Nielson, & Nielson, 2011). 간단히 말해서, 마음챙김에 근거한 치료는 스트레스 장애에 효과적인 치료 방법이며, 운동, 육류만 안 먹는 채식주의 식이요법(pescovegetarian), 그리고 자연 속에서 시간 보내기 등의 치료적 생활양식 변화(TLCs)와 조합하여 사용할 때는 더 좋은 효과를 보일 수도 있다(Walsh, 2011).

명상은 또한 특별한 사람들의 불안을 감소시킨다. 예를 들면, 죽어 가는 사람들과 그들을 돌보는 사람들의 불안을 감소시키며, 죄수들의 공격심과 재범률 역시 감소되는 것을 보여 준다. 특히 미국에서는, 많은 사람들이 감옥에 수감되어 있으며 재범률이 비극적으로 높은 현실을 감안할 때, 이러한 결과는 대단히 중요하다(Alexander, Walton, Orme-Johnson, Goodman, & Pallone, 2003).

스트레스를 다루기 위하여 약물이 흔히 쓰이는데, TM은 합법적인 약물과 비합법적인 약물의 사용을 모두 감소시킨다. 그러나 TM 수련가들은 그들이 초기 훈련을 시작하기 전에 적어도 며칠 동안은 약물을 끊어야만 한다. 그리하여 단지 아주 미약하게만 중독이 되고 특히 반응적이 될 수 있다. 마음챙김에 근거한 치료를 개관한 연구들은, 그것들이 유망한 치료이기는 하지만 약물사용장애를 가지고 있는 사람들을 치료한다고는 충분히 증명하지 못한다는 결론을 내리고 있다(Zgierska et al., 2009).

명상이 스트레스에 관련한 유익성은 명상가들의 생리적 연구와 고전적인 주장 모두에서 일관된 결과를 보인다. 고전적으로, "이완은 요가의 알파요 오메가이다"(Feuerstein, 1996, p. 51). 그러나 불안과 우울장애를 감소시키는 요가의 효과성에 대한 연구 결과는 이를 지지하기는 하지만 결론이 난 것은 아니다(Kirkwood, Rampes, Tuffrey, Richardson, & Pilkington, 2005).

우울. 우울은 모든 심리적 장애 중 가장 고통스러운 것 중의 하나이며, 흔히 장기적이고 자주 재발하고, 세계적으로 막대한 비용을 지불해야 하는 것이다. 불행하게도, 항우울 약물은 환자의 2/3에게만 도움이 되며, 흔히 완전하지 않고, 우울의 심리적 원인과 생활양식에서 오는 원인을 바로잡지 못한다. 다행스럽게도, MBCT와 운동과 섭식(특히, 어유 보충제) 등의 치료적 생활양식 변화(TLCs)가 도움이 된다(Walsh, 2011). MBCT는 훨씬 더 적은 부작용을 보이면서 항우울제와 거의 비슷한 정도로 재발률을 감소시킨다(Chiesa & Serreti, 2011).

주의력결핍 과잉행동장애(ADHD). 명상이 주의에 큰 영향을 미친다는 사실에 비추어 볼 때, ADHD에도 유익할 것인가? 이제까지 소수의 연구가 이루어졌지만 유익한 효과를 주는가에 대하여는 아직 결론이 나지 않았다(Krisanaprakornkit, Ngamjarus, Witoonchart, & Piyavhatkul, 2010).

아동을 위한 묵상. 동양에서는 아동에게 명상과 요가를 가르치는 데 상당한 열정을 가지고 있다. 긍정적인 일화들이 많이 있으며, 학교 프로그램이 확장되고 있고, 예비 연구들은 학문적 · 사회적 · 행동적 혜택이 있음을 시사하고 있다(Greenberg & Harris, 2012).

명상 혼합 치료. 인습적인 서양 심리치료에 마음챙김이 섞여 있는 많은 혼합 치료들이 여러 부가적인 장애에 효과를 보이고 있다. 원래의 접근인 MBSR은 스트레스, 만성적 통증 및 많은 다른 심리적 · 신체적 상황에 적용이 되어 왔다. 마음챙김에 근거한 치료들은 섭식장애를 위한 마음챙김에 근거한 섭식 자각 치료(MB-EAT)와 불면증을 위한 마음챙김에 근거한 치료처럼 특정한 장애를 표적으로 삼고 있다.

마음챙김 이외의 다른 명상 요소들을 포함하고 있는 혼합 치료는 경계성 성격장애를 위한 변증법적 행동치료와 ACT를 포함한다. 둘 다 강력한 연구의 지지를 받고 있다(Vøllestad et al., 2011). 더 발전된 혼합 치료들이 나타나고 있으며 점차로 더 많은 장애에 적용될 것이 틀림없다.

많은 치료자들이 내담자가 인습적 심리치료와 묵상적인 수련을 함께할 때 서로 도움을 주는 상호작용을 하는 것을 관찰해 왔다. 인습적 치료는 내담자들이 명상을 하는 동안에 일어나는 고통스러운 문제들을 다룰 수 있게 도와준다. 또한 그것은 방어와 묵상의 진전을 가로막는 다른 장애물들을 해소해 준다. 이와 유사하게, 명상과 요가는 침착함과 내성 같은 필요한 기술을 배양함으로써, 그리고 내담자가 치료 시간 밖에서 일어나는 문제들을 작업하도록 허용함으로써 인습적 심리치료를 촉진할 수 있다.

신체적 문제에 대한 치료적 적용

묵상 치료는 몇 가지 질병을 치료하는 데, 그리고 많은 질병에 따라오는 불안과 스트레스를 감소시키는 데 도움을 줄 수 있다. 상당히 많은 연구들이 여러 스트레스에 관련된 정신신체적 장애들이 명상에 의하여 혜택을 얻는다고 제안한다.

* 심혈관계

명상은 심혈관계에 몇 가지 도움이 된다. 명상은 고혈압과 콜레스테롤 수준을 감소시키지만, 수련을 지속하지 않으면 그 효과도 사라진다(Anderson, Liu, & Kryscio, 2008).

관상동맥 질환은 특히 묵상과 생활양식 치료의 힘을 극적으로 보여 준다. 관상동맥 질환은 사망과 장애를 가져오는 주요 원인이며, 오랫동안 되돌릴 수 없는 것으로 생각되었으며, 수술을 하거나 콜레스테롤을 낮추는 약물을 복용해야 하는 것으로 믿고 있었던 질병이다. 그러나 연구들은 훨씬 덜 위험하고 훨씬 더 건강한 생활양식 변화, 특히 저지방식사, 운동, 개방적인 대인관계와 결합된 명상과 요가가 실제로 이 장애를 호전시킬 수 있다는 결과를 보여 준다. 76세인 우리 어머니는 이 프로그램을 한 후에 '심장 불구자'에서 조깅을 하는 건강한 사람으로 변하였다. 이러한 생활양식의 변화는 또한 전립선 암의 진행속도를 늦추거나 심지어는 역전시킬 수도 있다(Ornish et al., 2008).

* 호르몬과 면역 효과

호르몬과 면역 체계 역시 명상의 영향을 받는다. 부분적으로 반응을 보이는 호르몬 장애에는 제2형 당뇨, 본태성 월경곤란, 그리고 월경 전 증후군이 있다(Murphy & Donovan, 1997). 명상은 또한 건강한 사람과 암 환자의 면역 기능을 증진시킨다(Kabat-Zinn, 2003). 예를 들면, 명상은 독감 예방주사에 대한 반응을 증진시킨다.

✻ 추가 보조 치료

명상은 천식, 건선, 전립선 암, 그리고 만성 통증 장애를 포함하는 여러 다른 신체적 장애의 인습적인 치료를 증진시키는 것으로 나타났다(Kabat-Zinn, 2003). 명상, 요가 및 태극권이 암, 섬유근통, 류마티스 관절염 및 위장장애를 포함하는 넓은 범위의 질병들에 따라오는 이차적인 스트레스를 감소시키는 것은 놀랄 만한 일이 아니다(Lin, Hu, Chang, Lin, & Tsauo, 2011; Wang et al., 2010). 불안과 스트레스가 너무도 많은 질병을 복잡하게 만들기 때문에, 묵상의 수련은 수많은 심리적 장애와 신체적 장애의 유용한 보조 치료임이 증명될 것이다.

✻ 복지의 증진

묵상 수련은 원래는 심리적이고 영적인 복지를 증진시키기 위한 목적을 가지고 있었다. 이러한 조상들의 주장은 실험적으로 검증되어 왔고, 그 결과는 분명하다. 꽤 많은 연구들이 내담자, 치료자, 그리고 일반 사람들이 모두 성격과 수행, 건강과 복지, 성숙과 관계의 다중 측정치에서 향상을 보고하였다. 이런 향상을 확인하는 가장 분명한 방법은 163개의 비환자 모집단의 연구를 집중적으로 메타 분석한 도표를 살펴보는 것이다(**그림 12.2**를 참조; Sedlmeier et al., 2012)

이 결과가 우리에게 말해 주는 것은 무엇인가? 첫째로, 모든 변인들의 조합이 명상에 주는 전반적인 효과 크기는 0.28이었다(비교를 위해서, 효과 크기가 0.1이면 작은 것으로, 0.3이면 중간 정도인 것으로, 0.5 이상이면 큰 것으로 간주된다). 따라서 0.28은 중간 정도로 높은 의미 있는 효과를 보이는 것으로, 명상이 도움이 되는가 하는 끝없는 질문에 마침표를 찍는 것이다. 연구자들은 "현재의 메타 분석이 분명한 답을 준다. 그렇다."라고 결론을 내렸다(Sedlmeier et al., 2012, p. 20).

이 0.28의 효과 크기를 다른 치료 중재들과 비교하면 어떻게 되는가? 이것은 적극적 통제 치료(0.16)보다 크고 이완(0.21)보다도 꽤 크다. 그것은 심지어 수천 편의 교육, 심리 및 심리치료적 중재의 연구에서 나온 조합된 효과 크기보다도 약간 더 크다. 분명히 명상은 영향력이 있을 수 있다.

모든 사람이 똑같이 혜택을 얻는가? 연령이나 성별에 따른 차이는 없다. 더 오래 수련하면 더 큰 효과를 얻는다. 그러나 부가적인 혜택은 결국에는 고원(plateau)에 이르게 되는 경향이 있는데, 이는 아마도 연구된 변인들이 상위의 심리적 상태와 영적인 상태를 측정하지 않기 때문일 것이다.

✻ 명상이 가져다주는 구체적 혜택

도표는 분명하게 폭넓은 혜택을 보여 주고 있지만, 그 크기는 의미 있게 차이가 난다.

분명히, 명상가들은 주요 정서적 변성을 겪는다. 불안, 부정 정서, 신경증은 가장 큰 감소를 보이는 반면에, 긍정 정서와 정서를 조절하는 능력은 증가한다. 간단히 말해서, 명상가들은 더 행복해지고, 스트레스 수준은 떨어지고, 안녕감은 급증하는 경향이 있다.

놀랍게도, 모든 것 중에서 가장 큰 영향력은 관계의 질이 향상된다는 것이다. 이 대인관계적 변화는 정서와 공감에서 극적인 개인적 변화가 있는 점을 감안하면 이치에 맞는

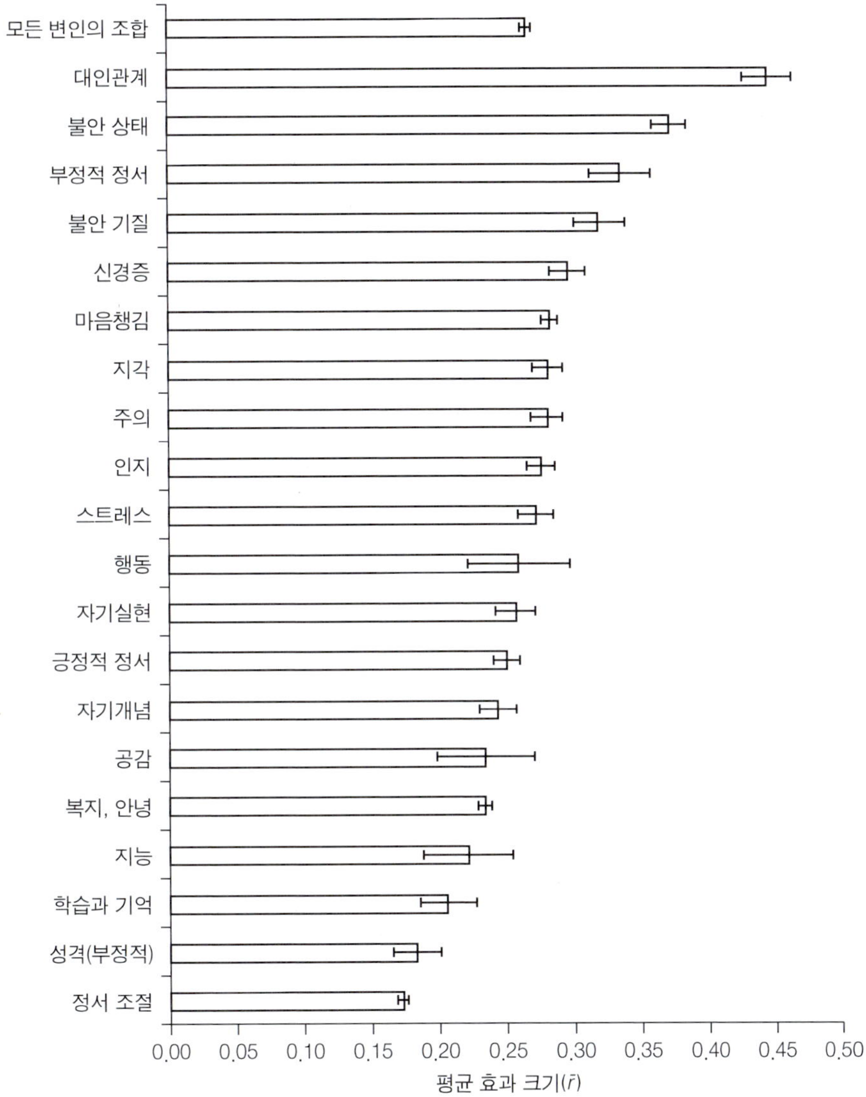

그림 12.2 심리적 변인에 대한 명상 수련의 효과 크기

이 결과는 Sedlmeier et al., 2012에 의해서 이루어진 163개의 비환자 모집단의 메타 분석에서 나온 것이다.

것이다. 예를 들어, 한 마음챙김에 근거한 관계 증진 프로그램에 참가한 개인과 부부 모두의 관계 만족도가 여러 측정치에서 향상을 보였다. 개인들은 더 이완되고 낙관적이 되었으며, 부부로서는 더 가깝게 느꼈지만, 여전히 자율적이고 수용적이고 만족스러운 느낌을 가졌다. 여기에서 얻은 혜택은 3개월의 추적 기간 동안 지속되었다(Carson, Carson, Gil, & Baucom, 2004).

명상이 지각, 주의, 마음챙김을 훈련하는 것이므로 이러한 향상을 가져온 것은 놀랍지 않다. 지각적 민감성, 정확도 및 속도가 모두 증가된다. 대인관계적 공감도 역시 증가된다. 예를 들어, 상급 명상가들은 우리 모두가 그냥 넘기는, 짧은 정서적 안면 표정과 같은 미묘한 대인관계적 단서를 찾아낸다.

이와 유사하게, 명상은 다양한 측정치에서 주의와 집중력 향상을 보인다. 이것은 학생들에게 실제적인 혜택이 있으며, 그들은 떠도는 마음을 좀 더 빠르게 알아차릴 수 있으며, 따라서 공부를 더 효과적으로 할 수 있다고 보고한다. 예상한 바와 같이, 그들의 학업 수행 역시 향상되었다(Shapiro, Astin, Bishop, & Cordova, 2005).

명상은 여러 인지적 역량에도 유익하다. 단기 기억과 장기 기억이 향상되고, 지능과 창조성 측정에서도 향상을 보인다. 단기(작업) 기억에 대한 효과는 특히 인상적인데, 그 이유는 그것이 지능의 핵심 결정인자로 보이며 주로 하드웨어에 내장되어 있는 것이며 변화하기 어려운 것으로 생각되었기 때문이다.

명상은 자기조절적 전략이므로 참여자들이 자기 통제, 자기 존중감 및 자기에 대한 자비심이 증진되는 것은 당연하다 하겠다. 이런 변화와 이미 논의하였던 많은 다른 변화들의 순 효과는 자기개념의 향상이다. 간단히 말해, 명상가들은 자기 자신에 대하여 더 좋게 느끼며, 이 향상된 자기개념이 다양한 개인적 혜택과 대인관계적 혜택의 바탕이 되는 것으로 보인다.

각 명상마다 다른 효과를 보이는가

마음챙김, TM, 그리고 '다른' 명상들의 전반적인 효과 크기는 비슷하다. 그러나 개별 변인들의 분석은 좀 더 미묘한 그림을 드러낸다. 예를 들어, TM은 기억과 자기실현의 향상을 가져오는 동시에 부정적인 정서, 특성 불안 및 신경증을 감소시키는 데 특히 효과적인 것으로 나타났다. 반면에, 마음챙김은 부정적인 성격 특성을 감소시키고 자기개념을 향상시키는 데 더 도움이 되었다. 요약하면, 특정한 명상은 비슷한 전반적 효과를 보이지만 구체적인 효과는 약간씩 다르다.

MBSR 대 마음챙김 단독

MBSR은 마음챙김 훈련이 중심이 되는 다중적 프로그램이지만, 또한 교육, 요가와 사회적 지지를 제공하는 프로그램이다. 이 부가적인 요소가 부가적인 혜택을 가져오는데, 그 이유는 MBSR이 마음챙김 단독(0.25)으로 하는 것보다 의미 있게 더 큰 효과 크기(0.31)를 가졌기 때문이다. 이러한 혜택은 특히 복지를 향상시키고, 불안, 스트레스 및 부정 정서를 감소시키는 데서 드러난다(Eberth & Sedlmeier, 2102).

심리적 성숙

고전적인 묵상의 목표는 정신적 성숙을 장려하는 것이며, 연구들은 이를 지지한다. 명상가들은 자아, 도덕성 및 인지적 성숙과 같은 발달 측정치에서 더 높은 점수를 보이며, 대처 기술, 방어, 자기실현에서도 더 높은 점수를 보인다(Alexander et al., 1991; Sedlmeier et al., 2012; Travis, Arenander, & DeBois, 2004). 이것은 명상이 성인의 심리적 발달을 다시 시작하게 하거나 촉매작용을 할 수 있다는 것을 시사한다.

묵상 수련이 노령화의 효과를 감소시킬 수 있는가

묵상의 전통, 특히 요가는 자연적이고 신체적인 건강을 증진시킬 뿐만 아니라 심지어 장수를 하는 데도 영향을 줄 수 있다고 오랫동안 주장을 해 왔다. 이것은 단지 신화일 뿐인가, 아니면 이 극적인 주장에 무엇인가 있는가? 놀랍게도, 몇몇 연구들이 이를 지지한다.

TM 명상가들에 대한 조사는 그들이 보통 사람들보다 더 건강하며 정신과와 일반 의학적 돌봄을 일반적인 경우보다 거의 반 정도만 이용한다는 것을 시사한다. 수련가들은 또한 생물학적 연령이 통제집단 피험자보다 의미 있게 더 어린 것으로 나타났으며, 향상의 정도는 명상의 양과 상관이 있었다(Alexander, Langer, Newman, Chandler, & Davies, 1989). 그러나 이와 같은 일반적 건강이 더 우수한 것이 실제로 명상에서 온 것인지 그리고 이전의 좋은 건강과 건강한 생활양식 등의 요인들과 얼마나 상관이 있는지는 분명하지 않다.

그러나 세심하게 통제된 명상가들에 대한 연구는 노화에 대한 심리적 효과와 신경적 효과가 있다는 것을 보여 준다. 심리적으로, 명상가들은 일상적으로 연령과 관계된 주의 기술의 손실로 고통받지 않는 듯하다. 신경적으로는, 명상가들이 해마와 전전두엽 피질 등이 영역에서 회백질의 부피와 밀도가 더 컸으며, 반구 내와 반구 사이에서 더 큰 연결성을 보였고, 연령과 관계된 회백질의 손실이 더 적었다(Ott, Hölzel, & Vaitl, 2011).

잘 설계된 한 연구에서는 평균 연령이 81세인 노인 요양소에서 극적인 효과를 보였다. TM을 배운 사람들이 이완을 배운 거주자들, 다른 정신적 훈련을 받은 사람, 또는 아무 처치를 받지 않은 사람들보다 인지적 기능과 정신건강의 몇 가지 측정에서 더 좋은 성과를 보였다. 그러나 가장 놀라운 결과는 생존율에서 아주 의미 있는($p<0.001$) 차이를 나타낸 것이다. 3년 후에, 모든 명상가들은 아직도 살아 있는 반면에 처치를 받지 않은 사람들은 3/4이 살아 있었고, 연구에 참여하지 않은 사람들은 단지 2/3만 생존하고 있었다(Alexander et al., 1989). 수천 년 동안, 요기들은 묵상의 수련이 장수를 증가시킨다고 주장하였는데, 이제 이 주장이 실험적 지지를 받기 시작하였다.

건강 전문가를 위한 혜택

묵상 수련이 부여하는 혜택은 개인적으로 그리고 전문적으로 건강 전문가, 특히 심리치료자에게 도움이 된다. 예를 들면, 명상은 Rogers의 **정확한 공감**, Freud의 **고르게 떠 있는 주의**, 그리고 Horney의 **진심을 다한 주의**와 같은 본질적인 치료자의 속성을 증진시킬 수 있다. Karen Horney(1952/1998)는 비록 "그와 같이 진심을 다하는 것을 달성하기는 어렵지만", "선(Zen)에서는 일상적인 것"임을 관찰하였다. 명상에 의하여 향상되는, 치료적으로 유용한 또 다른 역량은 자기실현, 자기 수용, 자비심, 침착함 등이 있다(Germer, Siegel, & Fulton, 2005; Irving et al., 2009).

Shapiro와 Carlson(2009)은 스트레스를 다루고 자기 돌봄을 증진시키도록 배우는 것이 임상 훈련과 전문적인 발달의 핵심적인 부분이라고 지적하였다. 실제로는, 그런 경우가 드물다. 보건 전문가들은 높은 스트레스 수준 때문에 힘들어하는 경우가 흔하며, 그들과 그들의 환자 모두가 대가를 지불한다. 다행스럽게도, 연구에 따르면 개인적인 묵상 수련이 보건 전문가와 학생들의 불안과 우울 같은 스트레스 증상을 감소시키면서, 삶의 만족도는 증진시킨다(Shapiro et al., 2005).

치료자들은 묵상 수련으로 자신들이 작업하는 마음 깊은 곳에 대한 통찰을 얻고 또한 그들의 내담자에 대한 통찰과 자비심이 증진된다고 보고한다. 많은 치료자들이 이러한 수련에 의하여 그들의 기술이 증진된다고 느끼며 심리치료자 훈련의 일부로 이것을 추천한다. 훈련을 받는 동안에 명상을 배운 심리치료자들의 연구에서는 이들의 환자가 통제집단 치료자의 환자들보다 더 의미 있게 좋은 치료 성과를 보였음을 발견하였다(Grepmair et al., 2007).

당연하게도, 개인적 묵상 수련은 묵상 수련을 하고 있는 환자와 작업하는 심리치료자의 능력을 증진시킨다. 개인적 수련은 임상가로 하여금 묵상 경험에 대하여 깊은 이해를 하게 만들고, 진단의 능력과 묵상을 할 때 생기는 어려움을 다루는 능력을 향상시키며, 공감과 치료의 효과성을 증진시킨다(Germer et al., 2005).

✻ 초개인적 성장

끝으로, 묵상 수련은 초개인적 수준으로 성장하기 위하여 좀 더 집중적으로 수련을 하고자 하는 사람들에게도 가능하다. 이들은 마음의 깊이를 탐색하기 위하여, 실존적 의문을 살펴보기 위하여, 탁월한 능력과 안녕을 개발하기 위하여, 그리고 상급 수준의 심리적 성숙과 영적 성숙을 추구하기 위하여 묵상 수련을 활용할 수 있다. 깊은 통찰은 어떤 순간에도 일어날 수 있지만, 이러한 탁월한 역량과 수준은 흔히 며칠이나 몇 주 동안보다는 몇 년에 걸친 장기적 수련이 필요하다.

✻ 구체적인 기법과 기술

이제까지 논의된 것들은 대부분의 묵상 수련에 공통되는 일반적인 원리에 초점을 맞춘 것이다. 그러나 또한 특정한 역량과 기술을 유발하도록 설계된 수백 가지 구체적인 명상과 요가 기법들도 있다. 아래에는 최근까지 서양 심리학에서는 불가능하다고 생각해 온 두 가지 기술—사랑의 배양과 자각몽—을 간단하게 제시하였다. 이들은 함께, 묵상이 우리의 내면 우주에 대한 3,000년 동안의 탐색에서 발견한 수련의 놀랄 만한 범위와 마음의 힘을 알려 준다.

사랑의 배양. 사랑을 기르기 위한 구체적인 수련법은 많이 있다. 그렇게 하는 한 가지 명상은 처음에 마음을 고요하게 한 후에 당신이 사랑하는 어떤 사람의 심상에 지속적으로 주의를 집중하는 것으로 시작한다. 침착하고 집중된 마음에서 사랑의 느낌이 강력하게 일어날 수 있다. 그렇게 되면, 당신은 점진적이고 연속적으로 그 심상을 친구, 낯선 사람, 일군의 사람들로 대치해 나가고, 그렇게 함으로써 그들에 대한 사랑의 느낌을 배양하고 훈련한다. 계속적인 수련을 통하여, 당신은 결국은 모든 사람을 사랑 속에서 포용하면서 그들을 시각화할 수 있다.

다른 수련법은 이와 관련된 긍정적인 정서, 예컨대 **공감적 기쁨**(다른 사람의 행복을 함께 행복해하는 것으로 질투에 대한 최상의 해독제이다)과 **자비심**(이타심의 정서적 근거)을 기르는 것이다. 서양 심리학자들은 최근에 이타심이 독립적인 추동이지만, 애통하게도 그들은 이것을 어떻게 기르는지 아는 바가 거의 없다는 것을 인식하게 되었다. 이와 대조적으로, 묵상 수련은 말 그대로 이타심을 배양하는 수십 가지 수련법을 가지고 있다.

사랑과 자비심의 수련은 강력할 수 있다. 그것들은 단지 긍정적인 정서를 강하게 만들 뿐만 아니라 분노와 두려움 같은 부정적인 정서를 감소시킨다. 고전적인 글에서는 모든 사람에 대한 깊고, 포용적이며, 흔들림 없고, 무조건적인 사랑과 고통받는 모든 사람에 대한 자비심 같은 진보된 혜택을 서술하고 있다(Kornfield, 1993).

현대의 연구들은 동의하기 시작하였다. 사랑-친절 명상에 대한 연구는 학생, 환자 그리고 치료자 모두가 혜택을 얻을 수 있다고 제안한다. 이 혜택들은 부정 정서의 감소와 함께, "사랑, 기쁨, 만족, 감사, 자긍심, 희망, 흥미, 재미 및 경외심을 포함하는 넓은 범위의 긍정 정서"(Hofmann, Grossman, & Hinton, 2011, p. 1129)에 대한 일상적 경험이 작지만 의미 있게 증가하는 것을 포함한다. 사람들의 관계가 향상되는 것은 당연하다.

자각몽. 꿈 요가는 자각몽을 개발하는 2,000년 된 기법이다. 자각몽은 잠들어 있으면서 자신이 꿈을 꾸고 있음을 아는 것이다. 능숙한 사람들은 그들의 꿈을 관찰하고 수정할 수 있으며, 자는 동안에 탐색을 계속하면서 배울 수 있다. 가장 상급의 수련자는 꿈꿀 때나 꿈꾸지 않는 수면 모두에서, 밤새도록 깨어지지 않는 자각을 계속 유지하며, 그것으로 인해 맑은 자각과 극도로 평화로운 의식적 수면의 혜택을 조합한다(Walsh & Vaughan, 1993). 그 결과로 밤낮을 통해 계속적인 명료함—명상가인 플로티노스가 '영속하는 깨어 있음'이라고 부른 상태—을 지니게 된다. 서양 심리학자들은 수면 EEG가 자각몽이 있다는 것을 확증하기 전까지는 오랫동안 그것이 불가능하다고 무시하여 왔다.

지금은 고전적인 자각몽 지시와 현대적인 자각몽 유도 기법이 모두 사용 가능하다(Walsh & Vaughan, 1993). 따라서 사람들은 이제 고대의 요가 기술을 즐길 수 있고 자신의 안락한 침대에서 마음을 탐색하고 배양할 수 있게 되었다. Freud에게는, 꿈이 무의식에 이르는 왕도였다. 묵상가들에게는, 자각몽이 의식에 이르는 왕도이다.

치료

묵상 치료가 몇 세기에 걸쳐 진화되는 동안에, 수행자들은 신체적 · 심리적 · 영적 차원을 가로지르는, 말 그대로 수천 가지 이르는 기법들을 개발하였다. 이것들은 섭식과 호흡 수련에서 윤리적인 변화와 생활양식의 변화를 거쳐 시각화와 명상에 이르는 모든 것을 망라한다(Feuerstein, 1996).

전반적으로, 초보들은 하나 또는 두 개의 명상이나 요가 수련으로 시작한다. 시간이 지나면, 그들은 관련되는 연습들을 첨가하며 좀 더 부담이 되는 수련들을 시작하여, 그들의 경험과 삶을 배우고 성장하는 데 점차로 더 많이 사용하게 된다. 경험이 많은 치료자는 개인 수련자에게 맞춰 프로그램을 발전시킨다. 아래에 제시된 것들은 단순한 입문 연습과 명상들—묵상 치료자들에게는 보편적인 일곱 가지 수련 중에서 하나씩 선택한 것—로서, 내담자와 치료자 모두에게 가치가 있는 것으로 증명된 것이다.

✻ 윤리적 행동: 진실하고 도움이 되는 것만 말하기

Mark Twain은 "진실은 정말로 귀중한 것이라, 인간은 자연히 그것을 경제적으로 사용한다."라는 말로 유명하다. 묵상의 수련은 이와 다른 접근을 한다. 명상가들은 속임수와 공격 같은 비윤리적인 행동이 그들 자신의 마음에 요구하는 고통스러운 비용, 예를 들면 불안, 초조, 죄책감 등을 인식하는 것을 오랫동안 피할 수는 없다. 그 결과, 더 진실하고 윤리적으로 살려는 욕망이 더 강해진다.

진실을 말하는 것은 마음에 떠오르는 것을 무작정 다 내뱉는 것이 아니며 다른 사람의 느낌에 둔감해지는 것이 아니다. 그보다는, 우리의 경험상 진실인 무엇을 말할 수 있는지를 찾기 위하여 각 상황을 주의 깊게 자각하면서, 가능할 때면 언제나 다른 사람에게 도움이 되는 말을 하는 것이다. 우리가 무엇이 진실하고 도움이 되는지 모를 때는, 우리가 모른다고 말하거나 침묵을 지키는 것이 적합하다. 부처의 간결한 제언은 오직 진실하고 도움이 되는 말만 하라는 것이다.

연습 1: 거짓을 찾기. 자기 자신이나 다른 사람에게 거짓말을 함으로써 얼마나 많은 개인적 고통과 대인관계의 고통이 따르는지를 보는 것은 흥미롭다. 따라서 심리치료(그리고 삶)에서 한 가지 유용한 연습은 고통을 일으키고 영속하게 하는 거짓말들을 찾아서 그것을 끝내는 방법을 탐색하는 것이다.

연습 2: 하루 동안 오직 진실하고 도움이 되는 말만 하기. 진실을 말하는 연습을 시작하는 훌륭한 방법은 그것을 하루 동안 하기로 공언하는 것이다. 이 연습은 당신이 거짓말을 하고 싶은 유혹을 주의 깊게 기록하고 시간을 내어 그 기저에 있는 동기와 정서를 확인하면 훨씬 더 강력한 효과를 낸다. 이 연습에 관하여 들은 사람들 중에 무엇이 '진실'인지 강박적으로 질문하는 경우가 있다. 그러나 핵심은 끝없는 철학적인 사색 속에서 길을 잃는 것이 아니라 우리가 아는 유일한 것, 즉 우리의 경험에 대하여 정직한 것이다.

✻ 정서의 전환: 유익한 정서를 배양하기 위하여 현명한 주의를 사용하기

집중력을 증진함으로써, 묵상 수련은 우리로 하여금 '현명한 주의'를 실천할 수 있도록 해 준다. 이것은 바람직한 속성을 조성하는 사람들과 상황에 주의를 향하는 연습이다(Walsh, 1999). 기저의 원리는, 우리는 자신이 주의를 두는 것의 속성을 강하게 하는 경향이 있다는 것이다. 우리가 집중을 하면, 우리는 그것이 된다. 예를 들면, 많은 연구들이 텔레비전에서 폭력을 보는 것이 공격성을 키울 수 있다는 결과를 보인다. 반면에, 묵상 치료는 우리가 친절하고 너그러운 사람들에 주의를 두면, 우리 자신이 이런 속성을 기를 수 있다고 제안한다(Kornfield, 1993). 우리 마음에 집어넣는 것은 우리 입에 집어넣는 것만큼이나 중요하다.

연습. 우선, 이완하거나 명상하면서 당신이 어떤 느낌인지 자각하라. 당신이 경험하고 있는 감정을 알아차리도록 하라. 다음에, 누군가 화가 나고 공격적인 경향이 있는 사람을 시각화하거나 생각하라. 일어나는 감정이 있으면 알아차리고 당신이 어떻게 느끼는지 살펴보라. 그다음에 잠시 동안 다시 이완하거나 명상을 한다. 이제 누군가 친절하고 사랑스러운 사람을 시각화하거나 생각하고 거기에 따라오는 감정을 관찰하라. 이 두 사람을 시각화한 다음에 당신이 얼마나 다른 느낌을 갖는지 확인해 보라. 우리는 자신이 명상하는 대상을 양육한다. 책을 내려놓고 지금 이 연습을 하라.

✳ 동기의 전환: 갈망의 경험을 탐색하기

경험과 행동에 대하여 분명한 자각을 하는 것은 그것들을 전환시키기 위해 필수적인 것이다. 그러나 중독에 사로잡히면, 우리는 보통 실제 갈망의 느낌과 그것이 우리의 마음에 어떤 일을 하고 있는가보다는 우리가 무엇을 얻을 수 있는가에 초점을 맞춘다.

연습. 이 연습을 위하여, 주의 깊게 갈망을 탐색하는 기회를 갖도록 하라. 이것은 두 가지 방식으로 할 수 있다. 중독의 충동이 저절로 일어날 때까지 기다리는 방법이 있고, 아니면 무엇인가 당신이 집착하고 있는 것을 생각하기로 선택할 수 있다. 이 연습을 위해서는, 당신을 압도하는 것보다는 가벼운 갈망으로 작업하는 것이 가장 좋다.

당신이 갈망을 자각하게 되면, 당신이 하고 있는 일이 무엇이든 중지하라. 그다음에 당신의 갈망에 주의를 보내어 그것을 탐색하라. 그것을 만들고 있는 경험적 요소들, 즉 기저에 있는 정서, 몸의 감각, 생각, 느낌, 그리고 긴장을 확인하려고 노력하라. 갈망의 경험에 대하여 분별없이 행동화를 하는 대신에 주의 깊은 자각을 하면 거기에 대한 통찰이 생기고 또한 그것을 탈조건화하고 약화시킬 수도 있다. 사실상, 묵상 수련은 약한 중독이 "내성과 명상에 의하여 제거"될 수 있다고 제안한다(Nisargadatta, 1973, p. 112).

✳ 집중과 평정을 개발하기: 한 번에 한 가지씩 하기

지금처럼 과도하게 바쁜 삶에서는, 산만함이 확산되고, 전기 장치들이 우리의 주의를 요구하며, 우리는 흔히 몇 가지 일을 동시에 하느라 곡예를 한다. 우리의 쟁그랑거리는 생활과 마음을 묘사하기 위해 새로운 단어들이 생겨난다. 이런 단어들은 **다중작업**, **테크노 스트레스**, **디지털 실업**, **기술-두뇌 소진**, **너덜거림**(frazzing: 미친 듯이, 비효율적으로 다중작업을 함), 그리고 정보의 과부하로 인한 주의 결핍을 말하는 **주의 결핍 특성** 등을 포함하고 있다(Walsh, 2011).

다중작업은 효율성에 대한 매혹적인 착각을 제시한다. 그러나 이제 연구들은 묵상 치료가 오랫동안 주장해 왔던 것들을 보여 주고 있다. 즉, 다중작업과 주의의 단편화는 실제로 효율성과 창의력을 감소시키면서 동시에 불안과 초조는 더해 준다. 그것들은 또한 명료성, 사려 깊은 심사숙고 및 내성을 감소시킨다는 것도 마찬가지로 중요하다. 산만하게 단편화된 삶은 산만하게 단편화된 마음을 창조한다.

묵상 치료는 집중력과 침착함을 키움으로써 광분과 단편화에 대응한다. 집중 명상—앞에서 서술한 호흡에 주의를 집중하기 같은 것—을 정기적으로 수련하는 것은 훌륭한 방법이다. 다음의 연습은 유용한 보탬이 된다.

연습: 한 번에 한 가지씩 하기. 처음에는 구체적인 시간을 정하여—처음에 시작할 때는 하루가 아마도 좋을 것이다—한 번에 한 가지만 하도록 하라. 그날은 모든 다중작업을 포기하는 것이다. 각 개별 활동과 대화에 당신의 모든 주의를 기울여라. 이 아주 간단한 연습이 극적인 효과를 가져올 수 있다.

✻ 자각을 기르기: 마음챙김 명상과 마음챙김 식사

일생 동안 치료자로 살아온, Jung학파의 정신과 의사인 Edward Whitmont(1969)는 다음과 같이 결론을 내렸다. "치료적 진전은 자각에 달려 있다. 사실상 더 의식적으로 되려는 시도가 치료이다"(p. 293). 묵상 전통은 자각과 내성을 배양하는 것에 동의하며 오랫동안 이것의 가치를 강조해 왔다. 불교 명상가들은 매 경험을 관찰하라는 말을 들으며, 이에 반하여 유대교와 기독교 묵상에서는 각기 "매 순간에 주목하라.", "무엇보다도 지켜보라."라고 우리에게 충고한다(Palmer, Sherrard, & Ware, 1993, p. 97; Shpiro, 1993, p. 17).

그러나 묵상가들은 자각이 치료 회기뿐만 아니라 모든 깨어 있는 순간에 배양될 수 있다고 제언한다. 목표는 Carl Rogers가 "충분히 기능하는 사람은 자신의 모든 느낌을, 그 어느 것도 두려움 없이 경험할 수 있고, 자신의 경험 속으로 그리고 경험을 통하여 자각이 자유롭게 흐르도록 허용한다."라고 묘사한 상태가 되는 것이다(Raskin & Rogers, 1995, p. 141). 그러기 위해서, 묵상 수련에서는 자각 연습과 짝지어서 마음챙김(자각) 명상을 추천한다.

마음챙김 명상은 하나의 예술이다. 다른 예술과 마찬가지로, 그것은 개인 지도를 통하여 가장 잘 배울 수 있으며, 숙달하기 위해서는 오랜 기간이 필요하다. 그러나 짧은 경험조차도 때로는 가치 있는 통찰을 제공하며, 다음의 연습이 그 과정의 맛을 볼 수 있게 해 줄 것이다. 이 연습은 방해를 받지 않는 조용한 환경에서 하는 것이 가장 좋다.

연습 1: 마음챙김 명상. 10~15분 정도 알람을 맞추어 놓고, 편안하게 앉을 수 있는 장소를 찾아, 잠시 동안 이완을 하라. 그다음에 자신의 주의를 호흡의 감각에 맞추고 이러한 신체적 감각을 당신이 할 수 있는 한 민감하고 주의 깊게 탐색하라. 이 감각들을 또 다른 자극—아마도 소리, 정서, 또는 감각—이 주의를 끌 때까지 계속 탐색하라. 그다음에는 이 자극을 그것이 사라질 때까지 또는 더 이상 관심을 끌지 않을 때까지 민감하고 주의 깊게 탐색하라. 이 시점에서, 다른 자극에 이끌릴 때까지 주의를 다시 호흡으로 돌린다.

주기적으로, 자신이 생각과 환상 속에 헤매고 있음을 인식하게 될 것이다. 그 시점에서, 단지 호흡으로 돌아가 다시 시작하면 된다. 자각 명상은 자각의 부드러운 춤으로, 여기에서 당신은 호흡으로 시작해서 흥미로운 자극으로 주의가 움직여 가도록 허용하고, 그것들을 탐색하고, 다시 호흡으로 돌아온다.

단순히 당신이 할 수 있는 만큼 세밀하게 경험들을 탐색하고, 아무런 간섭을 받지 않고 그것들이 오가도록 허용하며, 판단하거나 비난하지 않고, 또는 그것들을 바꾸려고 애쓰지 않도록 하라. 당연하게도, 이 투쟁의 종식은 결국에는 깊은 평화로 이끌 수 있으나, 대부분의 초심자들은 처음에는 그들의 마음이 얼마나 동요하는가를 발견하고는 충격을 받는다. 이제 몇 분 동안 명상을 하고 당신 스스로 살펴보라.

마음챙김 명상은 자각과 통찰 그리고 수용성을 기르는 부드러운 연습이다. 그것은 최근에 수용전념치료에 의해서 대중화된 인식에 근거를 두고 있으며, 마음속에 우리가 자각으로 가져오고 수용하는 것은 무엇이든지 치유를 시작한다는 것이다. 반대로, 우리가 저항하거나 억제하려고 하는 것은 되돌아오며, 우리가 원하는 것과는 반대로 되는 **모순적 효과(ironic effect)**를 가져온다. 묵상 전통과 특히 마음챙김 명상이 강조하는 바를 시적으로 표현하면 다음과 같다.

> 자신의 마음에 친절하라
> 당신이 저항하는 것은 필히 지속하리니,
> 그러나 당신이 친구로 삼으면 끝이 날 수도 있으리라.

연습 2: 마음챙김 식사. 2,000년도 더 이전에, 공자의 손자는 "먹거나 마시지 않는 사람은 하나도 없지만 그 맛을 정말로 음미하는 사람은 거의 드물다."라는 것을 관찰하였다(Yu-Lin, 1948. p. 175). 분명하게, 별로 변한 것은 없다. 흔히 우리는 먹을 때조차도 다중작업으로 산만해진다. 우리는 식사를 하려고 자리에 앉아서 또한 대화를 하거나, 텔레비전을 보거나, 신문을 읽는다. 그다음에 우리는 식사가 끝났음을 알아차리게 된다. 마음챙김 식사가 체중 관리를 위한 효과적인 전략인 것은 놀라운 일이 아니다.

이 연습을 위하여, 방해를 받지 않고 식사할 수 있는 시간을 선택하라. 편안하게 앉아서 이완하기 위하여 몇 번의 마음챙김 호흡을 한다. 마음챙김 식사는 매 감각과 맛에 주의를 기울이고 즐기는 것을 포함하고 있으므로, 음식의 모양과 냄새를 즐기는 것으로 시작하라. 음식을 집을 때 감각과 기대의 느낌, 그리고 그것이 입으로 들어갈 때의 촉감을 관찰하라. 그다음에는 음식의 온도와 질감, 미묘한 배경의 풍미 그리고 즐거운 느낌 등의 경험에 주의하라. 한 입씩 먹을 때마다 당신이 할 수 있는 한 신중하게, 의식적으로 그리고 즐기면서 먹는다. 주기적으로, 당신은 자신이 생각과 환상 속에서 헤매고 있으며 지난 몇 술은 어떻게 먹었는지 잘 모르고 있음을 알아차리게 될 것이다. 반쯤만 의식하는 산만함, 이것이 우리가 보통 먹고 사는 모습이다. 단지 주의를 다시 먹는 경험으로 되돌리고 당신이 할 수 있는 한 식사를 즐기도록 하라.

물론, 많은 경우에 우리는 사교 모임이나 축하 모임에서 식사를 하게 되고, 여기에서는 마음챙김 식사가 더 어렵다. 그러나 기본적 이슈는 다른 명상이나 치료와 마찬가지이다. 이것은 **일반화에 대한 도전**, 즉 치료에서 배운 기술을 삶의 다른 영역으로 일반화하는 도전이다.

✻ 지혜를 개발하기: 우리의 죽음에 대하여 숙고하기

묵상 심리학에서는 지혜를 기르는 많은 기법들을 제공하며, 그중에서 우리의 삶과 필연적인 죽음에 대하여 숙고하는 것은 특히 강력한 힘이 있는 것으로 간주된다. 우리의 필연적인 죽음에 대하여 인식하지 않고는, 우리는 자신의 삶을 진실하지 못한 작은 것들을 추구하면서 낭비하며, 사소한 것에 자신을 마비시키고, 정말로 무엇이 문제가 되는지 잊고 산다. 묵상 수련에서는, Muhammad가 말하였듯이, '죽음은 훌륭한 조언자'(Angha, 1995, p.

82)라는 점을 강조한다. 따라서 그들은, 도교에서 지적하듯이, 우리의 삶이 '한 순간일 뿐' 임을 기억하도록 장려하며, Shankara의 말대로, "젊음, 부, 그리고 [한 사람의] 삶의 세월은 (…) 연잎에서 떨어지는 물줄기처럼 빠르게 사라져 간다"(Prabhavananda & Isherwood, 1978, p. 136). 우리와 다른 사람들이 얼마나 길게 살지 모른다는 것을 기억하면, 우리는 삶을 더 충만하게, 사랑스럽게, 과감하게 그리고 더할 나위 없이 살도록 고무받을 것이다.

죽음과 지혜의 숙고. 다음의 질문들은 묵상 수련에서 숙고를 하는 공통적인 주제이며, 몇 가지 구성방식으로 검증될 수 있다. 하나는 그것에 관하여 치료 회기에서 숙고하는 것이다. 그러나 이 질문들은 또한 단독으로도 곰곰이 살펴볼 수 있는데, 그것에 관하여 일지를 쓰거나 믿을 수 있는 친구와 토론을 하는 방법도 있다. 상급 수행자들은 그것에 관하여 명상하기 위하여 집중된 자각의 힘을 사용할 수도 있다. 다음의 질문들을 탐색해 보기 위하여 이러한 구성방식 중 한 가지를 사용해 보기 바란다.

- 우리가 모두 죽는다는 것을 고려하면, 당신의 삶에서 진정으로 중요한 것은 무엇인가?
- 만약 당신이 내일 죽는다면, 어떤 것을 하지 않은 것을 후회하겠는가?
- 당신의 삶에서 치유되지 않은 인간관계는 무엇이며, 당신은 그것의 치유를 어떻게 시작하겠는가?

이러한 숙고는 우리의 우선순위를 재배열하도록, 더 충만하고 진실하게 살도록, 그리고 우리의 관계를 치유하도록 동기를 부여한다(Walsh, 1999).

✻ 관대함과 봉사: 고통을 자비심으로 전환하기

연구에 따르면 슬픔과 비탄과 싸우는 하나의 효과적인 전략은 **하향 자비심**(downward compassion)으로, 우리가 스스로를 더 나쁜 상태에 있는 다른 사람과 비교하는 것이다 (Myers, 1992). 그러나 묵상 전통은 그보다 더 앞으로 나갈 수 있으며 자비심을 기르기 위한 효과적인 전략으로 사용할 수 있다고 제안한다.

자비심 연습. 전통적으로, 이 연습은 다른 많은 묵상 연습들과 마찬가지로, 명상을 한 후에 할 수 있는 것이다. 그러면 마음이 침착해지고 집중이 되며, 이것이 선택된 생각과 심상의 영향력을 증진시킨다. 따라서 만약 당신이 이미 어떻게 명상을 하는지 알고 있다면, 거기에서 시작하라. 아니면 그냥 잠시 동안 이완을 하라.

신체적인 것이든 심리적인 것이든, 당신이 가지고 있는 어떤 어려움을 생각하라. 다음에는, 이와 관련된, 아마도 당신보다 더 큰 어려움으로 고통을 받고 있는 사람을 생각하라. 만약 당신이 이런 방식으로 고통받고 있는 특정한 사람을 안다면, 그 사람을 마음속에 떠올린다. 당신의 어려움이 자신에게 가져온 고통을 생각하고 다른 사람이 경험할 것이 틀림없는 모든 고통을 생각하라. 당신이 고통에서 벗어나기를 바라는 만큼 그들도 그렇게 원하고 있음을 인식하라. 그들이 겪는 고통의 경험에 당신을 개방하고 그들에 대한 관심과 자비심이 일어나도록 놔두라. 읽기를 멈추고 지금 이 연습을 하라.

타인의 고통에 대한 방어 없는 자각은 자비심과 기여하는 마음을 일어나게 한다. 묵상 전통은 자비로운 타인에 대한 봉사가 "마음을 명료하게 하고 심장을 정화"(Nisargadatta, 1973, p. 72)한다는 것과, 따라서 심리적 성숙과 안녕의 수단이면서 그것의 표현이라는 것에 동의한다.

묵상 치료는 간단한 명상의 도입을 제시하고 이러한 연습들로 시작한다. 기술이 발달함에 따라, 수행자들은 더 깊고 집중적으로 수련을 하도록 그리고 더 진보된 수련을 향해 움직이도록 장려된다.

증거

묵상 치료를 평가하는 고전적인 접근은 개인적 경험을 통하는 것이다. 수천 년 동안, "이 기법들이 작용하는가?"라는 질문에 대한 답은 "스스로 검증해 보라."였다. 그러나 이제는 1,000건 이상의 연구들이 성격과 수행에 대한 심리적 효과, 몸과 두뇌에 대한 신체적 효과, 화학물질과 호르몬에 대한 생화학적 영향, 그리고 환자와 치료자 모두의 마음과 신체에 대한 치료적 혜택을 보여 주고 있다.

✻ 연구의 예외적 측면

묵상 수련에 대한 연구는 몇 가지 면에서 예외적이다.

첫 번째는 순전히 양에 관한 것이다. 명상에 대한 연구가 매일 나오고 있으며, 아마도 모든 치료 중에서 가장 집중적이고 광범위하게 연구되고 있는 듯하다.

두 번째는 나타나는 효과의 광범위함이다. 다양한 심리적 · 심리치료적 혜택에 덧붙여, 연구들은 발달적 · 생리적 · 생화학적 · 신경적 효과를 보여 주고 있다. 다른 어떤 심리치료보다 더 많다.

연구는 다중적인 탁월한 능력을 보여 준다.

거의 모든 적용에 대하여 연구의 지지를 사용할 수 있다(특정한 장애를 논의할 때 이 장의 전반에 걸쳐 요약되었다). 따라서 이 절에서는 일반적인 연구 원리와 부가적인 심리적 효과에, 특히 탁월한 능력에 초점을 맞출 것이다. 지면 관계상 많은 생리적 · 생화학적 결과들의 세부사항은 제시하지 못한다.

✻ 누가 혜택을 받는가

모든 치료에서 핵심적인 질문은 "어떤 유형의 내담자가 혜택을 받을 수 있는가?"이다. TM 연구는 성공적인 수련가들이 내적인 경험에 관심이 있고, 특이한 것에 개방되어 있으며, 좋아하지 않는 개인적 특성을 기꺼이 알아차리는 경향이 있다고 제안한다. 그들은 또한 자기 통제의 감각을 가지고 있고, 좋은 집중력을 가지고 있으며, 정서적 불안정성과 심리적 장애가 더 적을 수 있다(Alexander et al., 1991; Murphy & Donovan, 1997).

다양한 묵상의 효과들이 얼마나 지속되는지는 아직 분명하지 않다. 몇 가지 단순한 신체적 변화(예; 혈압의 감소)는 수련을 중지하면 사라지는 경향이 있다. 그러나 다른 효과들은 수련을 그만두더라도 장기적으로 지속되는데, 이는 그것들이 얼마나 강화를 받고 생활양식에 스며들었는가에 달려 있다.

※ 탁월한 능력

묵상 치료의 분명한 양상 중의 하나는 그들이 심리적 안녕과 발달 및 능력에서 정상 수준을 넘어가도록 증진시킬 수 있다고 주장하는 것이다(Walsh & Shapiro, 2006). 이 주장은 이전보다는 덜 추측인 것처럼 들리는데, 그 이유는 이제는 꽤 많은 연구들이, 우호적인 상황에서는 후인습적 단계까지 발달이 진행될 수 있다는 증거를 보여 주기 때문이다. 예를 보면, 후인습적 도덕성, Maslow의 메타동기, 그리고 이차형성된 조작적 인지 등이 있다. 묵상 수련은 이런 종류의 단계까지 그리고 그것을 넘어서 발달을 촉진할 수 있다고 주장하며, 점차로 많은 연구들이 아래 제시한 것과 같은 탁월한 능력에 관하여 지지하기 시작하고 있다.

주의와 집중력. William James(1899/1962)는 "주의는 계속적으로 유지할 수 없다."(p. 51)라는 유명한 결론을 내렸다. 그러나 묵상 수련에서는 그것이 가능하며, 상급 요가의 **삼매경**(samadhi)와 TM의 **우주적 의식**(cosmic consciousness)에서처럼, 심지어는 몇 시간 동안 깨어지지 않는 연속성을 유지하는 시점까지 이를 수 있다고 주장한다. 예를 들어서, 불교의 **고요한 머무름**(calm abiding)의 상태에서는, Dalai Lama(2001)에 따르면, "당신의 마음은, 당신이 원하는 만큼 오랫동안, 그 대상에 힘들이지 않고 머무른다"(p. 144). 이제 몇 연구들이 이러한 주장을 지지하는데, 명상이 집중력과 그에 따른 지각력을, 심지어 이전에는 불가능하였던 수준까지 증진시키는 것을 보여 준다(Walsh & Shapiro, 2006).

정서적 성숙. 서양 치료처럼, 묵상 치료도 방해가 되는 정서를 감소시키려는 목표를 갖는다. 도교에서는, "정서는 있으나 함정에 빠지지는 않는 것"이 목표이고, Dalai Lama에게는 "명상가의 진정한 표시는 그가 부정적인 정서에서 풀려나와 자신의 마음을 다스리는 것"이 목표이다(Goleman, 2003, p. 26).

대부분의 서양 치료를 넘어서, 묵상 수련은 기쁨, 사랑, 자비심 등의 긍정 정서를 기르는 것 역시 목표이다. 예를 들면 불교의 집중적이고 흔들리지 않는, 그리고 모든 것을 포용하는 사랑인 **메타**(metta), 요가의 **박티**(bhakti), 기독교 묵상의 **아가페**(agape)와 유교의 **인**(仁)이 있다. 치료자들이 일상적으로 가능하다고 추정하는 것보다 훨씬 더 많이, 부정적 정서는 감소될 수 있고 긍정 정서는 강해질 수 있다.

실험들은 그러한 변화를 보여 준다. 명상가들은 일상생활에서 수련을 하든 피정에서 집중적으로 수련을 하든 더 행복해지는 경향이 있다. 그들은 부정 정서는 더 적게 그리고 긍정 정서는 더 많이 보고하며, 그에 따라 그들의 EEG 패턴도 달라진다. 상급 수행자들은 예외적으로 높은 복지의 수준과 이에 따른 EEG 변화를 보여 준다(Goleman, 2003; Lutz et al., 2007).

평정심. 평정심은 도발적인 자극이 있어도 침착함과 정신적 평형을 유지하는 능력이다. 평정심은 반응성, 초조함 또는 정서적 부담의 반대이며, 묵상 전통에서는 모두 이를 높게 평가한다. 예를 들면, 이것은 수피의 **만족하는 자기**(contented self), 요가의 **평탄함**(evenness), 기독교 묵상의 신성의 아파테이아(divine apatheia), 그리고 도교의 사물의 평등 원리(principle of equality of things)의 기초가 된다. 평정심은 서양 개념인 스트레스 저항, 정서적 탄력성, 감정 내구성까지 확장되며, 이는 내구성만 포함하는 것이 아니라 도발적인 자극이 있을 때 평온을 유지하는 것까지 포함한다. 예비 실험에서 정서적 안정성과 경악 반응의 측정에서 나온 결과를 지지하는 연구가 있다(Goleman, 2003; Travis et al., 2004). 분명하게, 평정심을 배양하는 것은 상당한 치료적 잠재력을 가지고 있다.

도덕적 성숙. 우리는 도덕정 성숙을 키울 수 있는가? 이것은 인류가 가지고 있는 가장 핵심적인 질문이며, 우리 종과 지구의 운명은 아마도 우리가 이 질문에 대하여 얼마나 성공적으로 대답을 하느냐에 달려 있을 수 있다. 불행하게도, 전통적인 개입—도덕적 사고를 가르치는 것 등—으로는 단지 중간 정도의 성과만 얻을 수 있다.

묵상 전통은 몇 가지 방식으로 윤리적 동기와 행동을 증진시킬 수 있다고 주장한다. 여기에는 (탐욕이나 분노 같은) 문제가 되는 동기와 정서를 감소시키고 반면에 (사랑과 자비심 같은) 도덕성을 지지하는 정서는 강하게 하기 위하여 정서와 동기를 수련하는 것이 포함된다. 더 나아간 수련으로는 이타심을 기르고, 비윤리적인 행동의 대가(자신이 겪는 죄책감과 다른 사람의 고통 같은 대가)에 대한 자각을 민감하게 하고, 초개인적 경험을 통해 다른 사람과 동일시하는 것을 포함한다(Dalai Lama, 2001; Walsh, 1999).

서양의 연구와 이론은 부분적인 지지를 한다. 연구자인 Lawrence Kohlberg는 결국 도덕적 성숙의 가장 높은 단계의 근거를 명상이 유도하는 초개인적 경험의 종류에 두게 되었다. 이와 유사하게, Carol Gilligan은 여성이 묵상적인 성숙과 비슷한 도덕적 궤도—이기적인 것에서 돌봄을 거쳐 우주적 돌봄으로—를 따라서 발달한다고 결론지었다(Wilber, 2000b). 도덕성 발달 점수의 증가와 수련의 길이 및 EEG 측정의 상관을 보인 TM 수행자의 연구에서 실험적 지지를 얻고 있다(Travis et al., 2004).

✻ 독특한 능력

상급 명상가들은 한때는 심리학자들이 불가능하다고 무시하였던 10여 가지 이상의 능력을 이제 보여 준다(Walsh, & Shapiro, 2006). 이것들 중에 자각몽과 자각 비몽 수면(lucid nondream sleep)은 이미 서술되었다. 다른 놀라운 발견으로는 독특한 통합적 인지 방식, 자율 신경계의 통제, 추동 갈등의 극적인 감소, 피질 두께의 증가, 그리고 순식간에 일어나는 정서의 안면 표현의 감지(이전에 최고 점수를 보였던 CIA 요원들보다 더 효과적이었다) 등이 포함된다.

상급 티베트 불교 수행자들의 초기 연구에서는 두 가지 더욱 독특한 역량을 발견하였다. 첫 번째 역량은 경악 반응을 거의 완벽하게 억제하는 것이다. 두 번째 역량은 일상적으로는 심한 혐오감을 유발하는 심하게 화상을 입은 환자의 비디오를 관찰하는 동안에 자비심과 이완의 반응을 하는 능력이다. 이 연구들을 수행한 연구자들은 너무도 놀라서 "35년 동안 연구를 해 왔으나 한 번도 본 적이 없는 결과"라고 언급하였다(Goeman, 2003, p. 19).

후인습적 발달에 대한 연구와 짝을 이루어서, 이러한 탁월한 능력은 괄목할 만한 함축성을 갖는다. 그들은 우리가 오랫동안 '정상성'이라고 가정하였던 것과 심리적 발달의 최대 한계는 고정된 것이 아니라고 제안한다. 우리는 우리 자신의 잠재성을 너무도 과소평가하고 있고, 우리는 더 나아간 발달을 할 수 있다. 사실상, 우리가 **정상성**이라고 부르는 것은 점점 더 인식되지 않은 집합적 발달의 구속인 것으로 여겨진다. 이제 묵상과 인습적 연구 모두에서 Abraham Maslow의 "심리학에서 우리가 '정상'이라고 부르는 것은 사실은 평균의 정신병리이며, 너무도 인상적이지 못하고, 너무도 널리 퍼져 있어서 우리는 일상적으로는 그것을 알아차리지도 못한다."(Maslow, 1968, p. 16)라는 놀라운 주장을 지지한다.

심리학이 꿈꾸는 것보다 더 많은 잠재력과 신비로움이 우리 안에 있다.

✻ 연구의 한계

분명히, 이제는 엄청난 숫자의 신나고 획기적인 연구들이 이루어지고 있다. 불행하게도, 양이 항상 질을 보장해 주는 것은 아니다. 연구된 묵상가들은 흔히 초보자들이며, 연구는 보통 단기간이라 장기적인 효과를 추적한 연구가 부족하고, 통제집단은 이상적이 아니다.

더 큰 문제는 대부분의 연구가 **목표 지향적**이 아니라 **수단 지향적**이라는 점이다(Maslow, 1971). 다시 말하면, 연구자들은 묵상의 고전적인 목표에 초점을 맞추기보다는 측정하기 쉬운 것(수단)에 초점을 맞추어 왔다. 따라서 우리는 가슴을 열기, 사랑, 지혜 또는 깨달음에 대한 효과보다는 심박률에 대한 효과를 더 많이 안다.

물론, 이 일반적인 문제는 묵상 수련에만 해당하는 것은 아니다. 사실상, 이것은 실증적인 지지를 받는 치료에 대한 탐구에서 내재하고 있는 주요 문제 중의 하나이다. 측정하기 가장 쉬운 것이 가장 중요한 것은 아니다. 단순한 행동의 변화는 상대적으로 연구하기가 쉽다. 더 깊은 전환, 실존적인 개방 그리고 후인습적 성장은 훨씬 더 어렵고 훨씬 더 중요하다.

다문화 세계에서의 심리치료

문화적 다양성과 민감성은 이제 상당히 논의되고 있는 주제들이다. 불행하게도, 참여자의 심리적 성숙 수준과 다양한 상황에 내재되어 있는 창조적인 긍정적 잠재력 등의 핵심적인 요인들이 자주 간과되고 있다.

그런 요인들을 통합하는 세련된 접근은 **다양성 역동**으로, 이 연구는 **다양성 성숙**을 연구하고 키우려는 것을 목표로 하고 있다(Gregory & Raffanti, 2009). 다양성 역동은 다음과 같은 것에 주목한다.

- 다양성은 모든 (치료적) 관계를 포함하는, 모든 체계에서 일어난다.
- 모든 다양성은 **다양성 긴장**을 만들어 내고, 이것은 문제가 될 수도 있고 이득이 될 수도 있다.
- 성인들은 자아, 인지 및 도덕적 성숙의 수준과 같은, 그들의 발달 수준에 차이가 있다. 예를 들면, 도덕성 발달에 대한 연구에서는 전인습적 단계(자기중심적), 인습적 단계(민족 중심적), 그리고 후인습적 단계(세계 중심적)라는 세 가지 주요 단계를 확인하였다. 사람들이 이 세 단계를 거쳐 발달해 감에 따라, 그들은 처음에는 자

신을 돌보는 것과 동일시하면서 거기에 초점을 맞추고 자기 자신에게 관심이 있으며(자기중심적), 그다음에는 자기 자신들과 지역사회에 관심이 있고(민족 중심적), 마지막으로 모든 사람에게 관심을 둔다(세계 중심적). 여성의 도덕 발달에 관한 연구에서, Carol Gilligan은 이것을 **이기심**에서 **우주적 돌봄**으로 성숙하는 것이라고 묘사하였다(Wilber, 2000a).

- 사람들(그리고 치료자들)의 발달 수준은 어떤 상황에서든 그들이 관찰하고 이해하는 것, 그들이 인식한 가능한 반응의 범위 및 그에 따라 그들이 얼마나 효과적으로 반응하고 도움을 줄 수 있는가에 영향을 준다.
- 한 개인의 발달 단계는 다양성에 대한 태도와 반응에 영향을 준다. 예를 들면, 다음 세 가지 다른 단계에서 사람들이 뚜렷하게 다른 반응을 보이는 것을 고려해 보라. 인습적 민족 중심성 단계, 후인습적 **다원성** 단계, 후인습적 **통합** 단계.
- 인습적인 민족 중심의 단계에서, 사람들(그리고 치료자들)은 단지 그들 자신의 신념과 가치가 기본적으로 옳다고 추정하며 다른 사람이나 문화의 신념과 가치는 그렇지 않다고 추정한다. 따라서 이 단계에서의 문화와 다양성에 대한 민감성은 다른 사람의 (잘못된) 신념과 가치를 참아내고 받아들이는 것을 의미한다.

그러나 사람들이 초기 후인습적인 **다원성** 단계까지 성숙하게 되면, 그들은 점차로 자기 자신의 추정에 의문을 갖게 되고 모든 신념과 가치가 주로 개인적이고 문화적인 구성개념이라는 것을 인식하게 된다. 따라서 서로 다른 신념과 문화는 그것 자체로 귀중하며, 문화적 민감성은 그들의 가치를 존중하는 것을 의미한다. 이 단계에서 주요 함정은 문화적 상대주의와 발달적 부인이다. **문화적 상대주의**는 모든 가치와 신념이 **동등하게** 귀중하며, 그들을 평가하거나 순위를 매기는 것은 판단적인 문화적 제국주의에 이르게 된다고 추정한다. **발달적 부인**은 성인 발달 단계의 존재를 부인하거나 그것을 인식하면 교활한 엘리트주의에 이르게 된다고 추정한다.

후기의 후인습적 **통합** 단계에서, 사람들은 점차로 다중적 관점에서 자기 자신과 다른 사람들의 모든 신념과 가치에 대하여 의문을 가질 수 있게 된다. 이것은 다양한 신념과 가치의 잠재적인 타당성에 개방적으로 남아 있지만, 동시에 그것들을 공정성, 도움이 되는 정도, 그리고 성숙의 준거에 따라 평가할 수 있게 해 준다. 다양성 있고 성숙한 사람들은 "항상 발견의 양식에 있는"(Gregory & Raffanti, 2009, p. 52) 경향이 있으며, 계속해서 다양성의 도전을 모든 참여자들에게 기회를 주는 방향으로 전환하는 길을 찾는다.

- 특정 발달 단계에 있는 사람들에게는, 그들 자신의 발달 단계를 넘어서는 발달적 가능성이 있다는 것이 위협이 될 수 있다. 그러나 발달적 다양성은 단지 하나의 다양성이 더해진 것에 불과하며, 이것은 인식되고 존중되고 모든 사람에게 이득이 되도록 사용되어야 한다.
- 모든 다양성 상황은 창조적인 잠재력을 품고 있다. 그래서 그들은 치료자와 환자를 포함한 참여자들에게 배움과 성숙의 기회를 제공한다.
- 일단 이런 아이디어와 발견들이 인식되면, 다양성 성숙을 포함한 심리적 성숙을 키

우는 것이 다양성 훈련 (그리고 심리치료 훈련)의 주 관심사가 된다.

이것이 모든 치료자들이 스스로 개인적 치료를 받아야만 하는 또 다른 이유이다. 그 치료는 이상적으로는 개인, 집단 및 묵상적 접근을 포함하고 있을 것이다.

사례

묵상 수련을 받는 내담자는 때때로 몇 가지 이유로 인해 심리치료에서 놀라울 정도로 빠른 진전을 보인다. 예를 들면, 그들은 묵상 회기 동안에 아마도 이미 예비적인 심리적 작업을 하였을 것이다. 이에 더하여, 그들은 내성적 민감성, 명료성, 집중과 같이 도움이 되는 역량을 개발하였을 수도 있으며, 이런 역량을 치료 회기에 자신의 경험을 민감하고 깊게 탐색하는 데 사용할 수 있다. 따라서 묵상하는 사람들은 치료에서 흔히 느낌에 접근하고, 생각과 심상을 인식하고, 정신의 깊은 층을 파헤치고, 어려운 이슈들과 정서를 다루는 능력을 증진시키는 것에서 혜택을 받을 수 있다. 자기 자신이 묵상을 하는 사람인 치료자는 치료 과정을 더 깊고 빠르게 진행하기 위하여 특히 이런 내담자의 능력을 사용할 수 있다. 이런 능력들과, 그에 따른 통찰과 치유의 촉진은 다음의 사례에서 분명히 드러난다. 내담자 Jan은 32세의 정신건강 분야 훈련생으로, 장기간의 요가 수행자이자 교사이고, 명상가이다.

Jan은 동료 여자 수련생에게 강하게 싫은 느낌이 드는 것을 다루기 위해 자문을 구하였다. Jan이 지각하기에 그 동료는 예외적으로 자심감에 넘칠 뿐만 아니라 경쟁적이고 불성실한 사람이었다. Jan은 동료의 비열한 행동, 자기 자신의 강력한 분노와 복수하려는 환상, 자신이 그러한 분노를 가지고 있는 것에 대한 실망, 그리고 자신과 다른 사람들을 어떻게 보호할지 모르는 것에 대하여 보고할 때, 말 그대로 카우치 위에서 몸부림을 쳤다.

그녀의 설명을 들은 후에, 나는 그녀의 몸 어디에서 갈등을 느끼는지 물어보았다. "내 배에서요."라고 그녀가 대답하였고, 나는 그녀에게 주의 깊게 몸의 감각을 느끼고, 그것의 크기와 모양과 질감을 확인하도록 요청하였다. 이것은 정서나 갈등이 신체적으로 나타나는 것을 탐색하는 사람을 돕는 훌륭한 방법이며 거기에 주의를 계속 두도록 하는 좋은 방법이다.

Jan은 그 감각의 특징을 묘사하였고, 그것을 분노, 갈등 및 혼동의 표현으로 인식하였다. 나는 그녀에게 그 감각에 집중하고 어떤 변화를 알아낼 수 있는지 알아보도록 청하였다. 묵상의 수련을 받았기 때문에, Jan은 감각에 계속해서 주의를 집중할 수 있었고, 그 후 몇 분 동안 그것이 점차로 작아지며, 부드러워지고, 희미해진다는 것을 보고하였다. 그렇게 한 다음에, 그녀는 자신이 덜 화가 나고 덜 초조한 것을 알아차렸으며, 또 다른 감각이 그녀의 가슴에서 두드러지게 된 것을 느꼈다. 그녀는 이것을 자신의 반응성과 동료에게 영향을 받는 다른 사람들을 보호할 수 없는 자신의 무능력함에 대한 슬픔으로 확인하였다. 나는 그녀에게 단지 그 슬픔의 느낌에 주의를 머무르고 그것과 연결되는 어떤 생각이나 심상이 있는지 알아보도록 요청하였다. Jan은 무력해 보이는 자기 자신의 심상과 "나는 무엇이라도 할 수 있어야만 해. 나는 무엇을 할지 알아야만 해. 뭐가 잘못된 거지?"와 같은 불안과 죄책감을 일으키는 생각들의 흐름을 보고하였다.

나는 어떤 방식으로든 그것을 바꾸려 하지 말고 단지 그 생각과 심상의 흐름을 관찰하도록 Jan을 격려하였다. 그렇게 함에 따라, 그녀는 자기가 생각과 느낌에 덜 동일시를 하고 그것에 대하여 덜 반응적이 된다는 것을 발견하였다. 그녀는 자신의 마음과 몸이 이완되는 것을 느낄 수 있다고 보고하였으며, "나는 단지 사람일 뿐이야. 무엇을 할지 모르는 것도 괜찮아. 내가 모든 사람들에게 책임감을 느낄 필요는 없어."와 같은 생각들과 함께 내면에서 안도의 느낌이 솟아오르는 것을 묘사할 때 눈물을 글썽였다. 이러한 자발적인 자기 전환과 생각, 심상, 정서의 자기 치유가 일어나는 그대로, 그것을 의도적으로 바꾸려는 시도를 하지 않고 마음챙김을 하며 관찰하는 것은 명상에서 흔한 발견이며, 많은 묵상 치료와 전통적인 심리치료적 접근 사이의 분명한 차이 중의 하나이다.

이 단계에서, 나는 단지 Jan에게 침착함과 안도감에 대한 민감한 자각을 하고 그다음에 무엇이 일어나는지 보도록 격려하였다. 약 2분 정도 지난 후에, 그녀는 그 상황을 어떻게 더 효과적으로 다룰 수 있는지에 관한 몇 가지 통찰을 묘사하기 시작하였다. 여기에 자신의 한계를 더 많이 수용하는 것과 현실적으로 무엇을 달성할 수 있는지, 그리고 자신의 동료에 대한 공감과 자비심이 생겨나기 시작하는 것이 따라왔다. 우리가 회기를 재검토하는 동안, Jan은 "나는 그 동료가, 나와 똑같이, 얼마나 통제해야만 하는 욕구에 의해 움직이고 있는지 알 수 있어요. 그리고 그녀에 대해 더 자비심을 갖도록 작업해야겠어요."라고 결론을 내렸다. 뒤따르는 명상과 심리치료 회기에서 그녀는 그대로 하였다. 2년 후에, 나는 동료에게서 Jan과 예전의 적수가 친구가 되었다는 말을 들었다.

요약

묵상 수련은 많은 기법을 포함하고 있으며, 그중에서 서양에 가장 잘 알려진 것은 명상, 묵상, 태극권 그리고 요가이다. 여러 나라와 문화에 걸쳐, 이것들은 정신의 깊이와 인간 가능성의 한계를 파헤치기 위해서 사용되어 왔고, 3,000년 후에는 이 세계에서 가장 널리 사용되는 치료가 되었다.

심리치료의 미래

미래의 심리치료에 대한 대부분의 논의는 새로운 기법, 경험적 타당화, 보험금의 상환처럼 국부적인 문제에 초점을 맞추고 있다. 그러나 사실상 심리치료의 미래는 세상에서 작업이 이루어지고 있는 더 큰 힘에 의해서 주로 결정될 것이다. 이 힘은 치료의 미래뿐만 아니라 우리 사회와 지구의 미래를 조성할 것이다.

우리는 이 행성에 대한 인간의 영향에 의해서 지구의 역사가 정의되는 새로운 단계인, 노벨 화학상 수상자인 Paul Crutzen이 '인류 시대(anthropocene epoch)'라고 부른 시대에 우리 자신을 내던져 놓았으며, 앞으로 수십 년 안에 우리의 집합적 운명이 결정될 것이다. 지금은 역설의 시대이다. 한편으로, 우리는 유례 없던 과학적 · 심리적 · 기술적 자원을 가지고 있다. 다른 한편으로, 수백만 명의 사람들이 굶고 있으며, 우리의 생태계는 거의 무너져 가고 있고, 무기는 급증하고, 우리의 생존은 의심스럽다.

놀라운 것은 인류에게 주요 위협이 되는 것들이 모두 인간이 창조한 것이라는 점이다. 예를 들면, 인구 과잉, 공해, 가난, 갈등은 모두 우리 자신의 행동에서 직접 나온 것이다. 따라서 우리 지구가 가지고 있는 문제는 지구의 증상들, 즉 우리 개인과 집합적 기능 장애의 증상들이다. 세계의 상태는 우리 마음 상태의 반영이다. 이것은 우리의 사회적 문제와 지구의 문제를 치유하기 위해서는, 우리가 또한 애초에 그것들을 낳아 놓은 우리 내부에 그리고 우리 사이에 있는 심리적 힘을 이해하고 치유해야만 한다는 의미이다.

우리의 심리적 이해와 지혜의 성장이 충분히 이루어질 것인가? 이것은 이 시대가 가지고 있는 거대한 질문 중의 하나이다. 널리 퍼져 있는 심리적 · 사회적 치유와 성숙을 어떻게 키울 것인가 하는 도전은 더 이상 학문적인 질문이 아니며 집합적인 도전이다. 분명히, 우리는 의식과 공황 사이에 있는 종족이며, 그 결과는 불확실하게 남아 있고, 정신건강 전문가들은 기여하도록 부름을 받고 있다. 확실한 것은 만약 우리가 이 문제들을 풀지 못하면, 심리치료와 심리치료자에게 미래는 거의 없다는 것이다.

심리치료 훈련의 한계

불행하게도, 심리치료와 다른 정신건강 전문 분야에서 하는 대부분의 훈련은, 더 큰 사회적 이슈와 전 세계적인 이슈는 차치하고라도, 많은 심리적 고통과 병리의 주요 원인을 다루는 데 한심할 정도로 잘 들어맞지 않는다. 많은 심리적 고통은 가난, 무지, 잘못된 집합적 신념 및 불평등과 같은 사회적 · 교육적 · 경제적 요인들에 그 뿌리를 두고 있다. 그러나 많은 평론에서 지적하듯이, 대부분의 심리치료 훈련은 개인이나 기껏해야 가족에게 초점을 두고 있다.

이와 유사하게, 정신건강 전문 분야에서도 정신건강에 미치는 생활양식 요인들의 중요성을 심각할 정도로 과소평가하고 있다. 더 구체적으로 보면, 정신건강 전문가들은 다중 정신병리의 원인과 치료에서, 심리적 · 사회적 복지의 증진에서, 그리고 인지적 역량을 최적화하고 유지하는 데서 생활양식 요인이 가지는 중요성을 과소평가해 왔다. 그러나 생활양식 요인—섭식, 운동, 인간관계, 오락, 이완, 자연 속에서 시간 보내기, 종교나 영성 및 타인에 대한 봉사 등—은, 예를 들어, 몇 가지 유형의 우울증 치료에서처럼, 때때로 심리치료나 약물치료에 버금가는 치료적 효과를 가진다(Walsh, 2011). 21세기에는 치료적인 생활양식이 정신, 의학, 공중보건 분야의 초점이 될 필요가 있으며, 심리치료자들이 공헌할 것이 많을 것이다.

이 사회적 요인과 생활양식 요인을 도외시하는 것이 조합하여 일차적인 예방보다는 거의 배타적으로 삼차 치료를 강조하는 현상이 일어난다. 다른 말로 하면, 대부분의 자원은 처음에 질병이 일어나기 전에 예방을 하기보다는 질병과 그것의 합병증이 발생한 후에 그것들을 치료하는 데 전념한다. 그러나 일차적 예방은 후에 하는 삼차 치료보다 훨씬 더 효과적이고 효율적이다. 물론 이 편파는, 특히 미국에서 개인 심리치료자와 훈련 기관뿐만 아니라 대규모 예방보다는 개인적 치료를 강조하는 경제 체계와 보험 체계를 오염시킨다.

다른 전문가들처럼 심리치료자들도 '전문적인 기형'의 지배를 받는다. 이것은 전문적 요인과 사회적 요인에서 온 지각, 성격 및 행동의 해로운 왜곡이다. 위에서 인용된 편파와 맹점이 널리 퍼져 있는 전문적 기형의 예들이다.

묵상적 접근에 대한 질문들

서양에서 묵상의 수련이 점차로 더 대중화됨에 따라, 새로운 기회와 질문들이 생겨나고 있다. 이 질문들은 다음과 같다.

- 의학과 정신건강 체계에 묵상적 접근이 담당해야만 하는 역할은 무엇인가?
- 묵상적 방법과 인습적인 심리치료를 어떻게 가장 잘 조합할 수 있는가?
- 묵상 훈련이 심리치료 훈련의 일부가 되어야만 하는가? 심리치료자의 효과성은 그 치료자의 개인적인 특성과 대인관계 특성에 달려 있다. 그러나 명상은 공감과 같은 효과적인 치료자의 속성을 기르고 치료의 효과를 특히 증진시키는 아주 드문 방법 중의 하나이다(Grepmair et al., 2007). 따라서 묵상의 수련은 귀중한 훈련의 요소가 될 수 있을 것이다.
- 묵상의 수련을 사회에, 예를 들면 교육, 전문 분야, 형벌 체계 등에 더 널리 보급할 수 있는 방법은 무엇인가?
- 묵상 치료는 이미 치료적이라고 증명된 장애들에 대한 예방도 증명하게 될 것인가? 만약 그렇다면, 이 목적을 위하여 그것이 어떻게 가능하게 만들 것인가? 예를 들면, 교육 체계 내에서 어떻게 만들 것인가?
- 묵상 수련은 이 사회와 시대가 요구하는 심리적 속성, 성숙 및 가치를 배양하는 데 기여할 수 있는가? 만약 그렇다면, 우리는 이러한 기여를 어떻게 키울 수 있는가?
- 인간 본성, 역량, 잠재력에 대한 우리의 관점이 오랫동안 묵상 치료가 제안해 왔고 이제는 증가하고 있는 연구들이 뒷받침해 주는 수준까지 포용하도록 확장될 수 있을 것인가? 이것은 핵심적인 질문이다. 그 이유는 Gordon Allport(1964)가 지적하였듯이, "인간 본성 심리학자들의 이론 그 자체가 같은 본성을 상승시키거나 하강시키는 힘이 있다. 깎아내리는 가정들은 인간을 깎아내린다. 관대한 가정들은 인간을 승격시킨다"(p. 36). 묵상 수련은 인간 본성에 대하여 관대한 관점을 제공하며 그러한 성질을 승격시키는 수단을 키워 준다.

추천 도서

Baer, R. (Ed.) *Mindfulness-based treatment approaches*. St. Louis: Academic Press.

이 책은 많은 마음챙김에 근거한 치료, 그것의 적용 및 그에 관한 연구들을 종합적으로 수집해 놓은 것이다.

Feuerstein, G.(1996). *The Shambhala guide to yoga*. Boston: Shambhala.

전통적인 철학적 가정들과 형이상학적 가정들이 무비판적으로 받아들여지고 있으나, 그 외의 부분은 확고하며 압축적이고 읽기 편한 개관을 제공한다.

Shapiro, S., Carlson, L. (2009). *The art and science of mindfulness*. Washington, D.C.: American Psychological Associtian.

이 책은 이 분야에 대한 훌륭한 개론서이다. 명상을 수련하고 사용하는 기술을 분명하게 소개하고 있으며, 과학적 연구들을 조사하고 치료자 자신들이 명상을 통하여 얻을 수 있는 혜택을 요약하고 있다.

Walsh, R. (1999). *Essential spirituality: The seven central practices*. New York: Wiley.

이 실습서는 동양과 서양의 묵상 수련을 모두 소개하고 있으며, 일상생활에 이것들을 통합하는 것을 강조한다.

Walsh, R. (2011). Lifestyle and mental health. *American Psychologist*, *66*(7), 579-592.

이 논문은 묵상과 다른 치료적 생활양식을 개관한 것이다.

Wilber, K. (1999). *No boundary*. Boston: Shambhala.

Ken Wilber는 여러 묵상 학파와 인습적 심리학과 심리치료 학파를 백과사전적으로 통합한 인물이다. 이 책은 쉽게 읽을 수 있지만 어느 정도 구식으로 그의 아이디어를 소개한 것이다. 관련된 사회적 · 철학적 논쟁들을 포함한 더 확장된 치료는 *A Brief History of Everything* 에 수록되어 있다. Wilber는 그의 심리적 이론을 *Integral Psychology: Consciousness*, *Sprit*, *Psychology*, *Therapy* 에 요약해 놓았다. Wilber의 저서에 대한 개관은 http://www.drrogerwalsh.com/topics/integral-studies를 참조한다.

마음, 삶, 지혜와 복지에 대하여 묵상 교사들이 쓴 책은 Kornfield(1993), *A Path with Heart*; Adyashanti(2011), *Falling into Grace*; Tolle(1999), *The Power of Now* 및 기독교 묵상에 대한 훌륭한 소개를 하고 있는 Laird(2006), *Into the Silent Land*가 포함된다. 다양한 전통을 가진 묵상 수련에 대한 요약은 J. Shear (Ed.), *The Experience of Meditation* (St. Paul, MN: Paragon Press)을 보기 바란다.

웹사이트와 기타 자료

Mindfulness Research Guide (www.mindfulexperience.org/newsletter.php)

이 귀중한 웹사이트는 명상 연구와 치료 센터들의 목록을 제시하며, 최근의 연구들을 개관하고 있는 훌륭한 학술지인 *Mindfulness Research Monthly*를 출판한다.

명상 수련에 관한 안내는 다음을 참조하기 바란다.

www.mindfulness-solution.com/DownloadMeditations.html

www.drrogerwalsh.com/topics/meditation

묵상 훈련 센터

세계적으로 현재 수많은 훈련센터가 있다. 현재 미국에서 가장 잘 알려진 곳은 다음과 같다.

Insight Meditation Society and Spirit Rock Meditation Center for mindfulness meditation,

the transcendental meditation program

Integrative Restoration Institution(iRest)는 심리학자이자 요가 교사인 Richard Miller에 의해 설립되었으며, 많은 치료자들에게 가치 있는 도움을 주는 훈련을 제공한다.

사례집

Eisenlohr-Moul, T. A., Peters, J. R., & Bear, R. A. Using mindfulness effectively in clinical practice: Two case studies. In D. Wedding & R. J. Corsini (Eds.). (2013). *Case sudies in psychotherapy* (7th ed.). Belmont, CA: Cengage

두 가지 짧은 사례가 마음챙김에 근거한 중재를 보여 주기 위하여 제시되었다. Rachel의 사례는 자각에 근거한 행동치료(ABBT)이고, Miranda의 사례는 대화적 행동치료(DBT)를 예시한 것이다.

Germer, C., Siegel, R., & Fulton, P. (Eds.). (2005). *Mindfulness and psychotherapy*. New York: Guilford Press.

이 실습서는 특히 심리치료에서 마음챙김 명상에 초점을 맞추었다. R. Baer의 *Mindfulness-Based Treatment Approaches*는 또한 좋은 사례를 제공한다.

Shapiro, D. (1980). Meditation as a self-regulation strategy: Case study-James Sidney. In *Meditation: Self-regulation strategy and altered states of consciousness* (pp. 55-84). Hawthorne, NY: Aldine. [Also in D. Wedding & R. J. Corsini (Eds.) (2011). *Case studies in psychotherapy* (6th ed.). Belmont, CA: Cengage.]

이 사례는 묵상과 다른 접근을 훌륭하게 조합한 예를 제공한다. 이 치료자는 불면증과 대인관계의 어려움을 치료하기 위해 명상과 함께 행동치료 기법과 세심한 행동 측정을 사용한다.

Tart, C. (2001). *Mind science: Meditation training for practical people*. Novato, CA: Wisdom Press.

심리학자가 명상 수련에 대해 쓴 분명하고 단순한 안내서이다. 명상을 배우기 위한 또 다른 수련 입문서로는 S. Bodian(2006). *Meditation for Dummies*, New York: IDG Books Worldwide가 있다. 마음챙김 명상에 관해서는 J. Goldstein(1987), *The Experience of Insight*를, 기독교 묵상에 관해서는 Laird(2006), *Into the Silent Land*를, 아동에 관해서는 Greenland(2010), *The Mindful Child*를 보라.

Martin Seligman
Courtesy of Marty Seligman

Mihaly Csikszentmihalyi
Courtesy of Mihaly Csikszentmihalyi

Chris Peterson(1950~2012)
Courtesy of University of Michigan

제 13 장 긍정심리치료

Tayyab Rashid and Martin Seligman

개관

기본 개념

1세기보다 더 오랜 기간 동안 심리치료는 내담자들이 자신의 문제(trouble)를 검토하는 환경으로 간주되어 왔다. 마찬가지로 해마다 수많은 사람들이 동기를 부여해 주는 강연, 워크숍, 강좌에 참여한다. 그리고 그들은 휴양을 떠나고 변화를 위한 캠프에 참여하는데, 그 캠프의 초점은 언제나 **부정적인** 측면, 예컨대 상처, 증상, 결핍, 그리고 장애를 치료하는 것이다. 이러한 치료적인 모험은 대부분 증명되지는 않았지만 대담한 가정, 즉 아동기의 트라우마를 털어놓거나, 잘못된 사고를 바로잡거나, 역기능적인 관계를 재건하는 것이 치료적이라는 가정에 근거한다.

심리치료에서 부정적인 측면에 주목하는 경향은 직관적으로는 이해가 가지만, 임상가들이 중요한 긍정적인 측면을 놓쳤다고 우리는 믿는다. 대부분의 심리치료자들은 "박사님, 저는 단지 행복하고 싶어요."라는 내담자들의 단순한 탄원을 듣기는 하지만 마음에 새기지는 않는다. 치료자들은 내담자를 덜 비참하게 만드는 것이 곧 행복을 조장하는 것이라고 가정하기 때문에 그들은 내담자들을 덜 비참하게 하기 위하여 이 책에서 논의된 하나 또는 그 이상의 기법(techniques)과 방법(methods)을 사용한다. 그러나 심각한 심리적 장애를 지닌 내담자들은 단순히 그들의 고민이 사라지는 것보다 더한 것에 관심이 있다고 우리는 믿는다. 심리적으로 문제가 있는 내담자들은 살면서 단순히 덜 슬프거나, 덜 두렵거나, 덜 화나거나, 덜 지루한 것보다는 더욱 즐겁고, 만족스럽고, 활력 있고, 용기 있기를 원한다. 그들은 단지 단점을 개선하고 취약점을 보호하는 정도뿐만 아니라 강점을 찾고 밖으로 드러내고 향상시키기를 원한다. 그들은 목적과 의미가 고취된 삶을 원한다. 그러나 이러한 상태는 자발적으로 생기지도 않고, 만일 치료적 초점이 주로 증상 완화라면 전혀 있을 법하지도 않은 것이다.

많은 치료자들은 단지 내담자들로 하여금 그들의 불행을 제거하도록 돕는 것이 그들을 행복하게 한다고 믿는다. 그러나 그렇지 않다. 차라리 고통스러운 증상이 더 이상 존재하지 않을 때 심리치료는 간혹 끝나거나 적어도 중지하기 때문에 결과적으로 **공허한 내담자**만 남는다. 내담자들에게 **건강**—긍정 정서, 강한 개인적 의미감, 좋은 결과, 그리고 긍정적인 관계—에 대해 가르치기 위해서는 심리적 고통 증상을 단순히 제거하는 것 이상의 것이 필요하다. 이러한 능력을 키우기 위해서 체계적이고 지속적인 치료 노력이 필수적이다. 따라서 우리의 관점에서 볼 때 심리치료는 내담자와 치료자 간의 협력인데, 그 안에서 긍정적 자원의 증가가 증상의 개선만큼 관심을 얻어야 한다.

긍정심리치료(positive psychotherapy: PPT)는 넓은 영역의 긍정심리학에 속한 치료적 접근으로서, 전통적인 심리치료의 범위를 넓히고 늘리는 것이 목표이다. 긍정심리학 운동과 밀접하게 연합하여 PPT는 임상과 상담의 맥락에서 개인과 집단 안녕과 번영을 촉진하는 경험, 특성, 과정을 과학적으로 연구한다. 기본적인 전제는, 만일 심리적으로 고통받는 내담자들이 일생의 가장 어려운 도전을 맞닥뜨리기 위해서 자신들의 손상되지 않은 최고의 자질—개인적인 것뿐만 아니라 대인관계적인 것—을 활용할 수 있도록 배우기만 한다면, 그들은 더욱 잘 이해되고 도움을 받을 수 있다는 것이다. 심리적으로 고통받는 내담자들이 자기의 개인적 강점을 알고 긍정 정서를 키우는 데 필요한 기술을 배우고, 긍정적인 관계를 강화시키고, 그리고 자신들의 삶에 의미와 목적을 불어넣는 것은 엄청나게 동기를 부여하고 힘을 강화하며 치료적일 수 있다.

긍정심리치료라는 용어는 여타의 현존하는 심리치료가 부정적이라는 것을 암시할 수 있다. 그러나 PPT는 전통적인 치료적 접근을 대체하려고 의도하지는 않는다. 차라리 심리치료에서 부정적이고 긍정적인 생활 사건에 주었던 관심에 균형을 잡으려는 접근일 뿐이다. 예컨대, 치료자는 지각된 사소한 비행이나 개인적인 비행에 대한 논의를 내담자에게 나타난 최근의 친절한 행동에 대한 토론으로 상쇄할 것이다. 마찬가지로 모욕, 오만, 증오와 함께 진정한 칭찬, 겸손, 화합의 경험을 의도적으로 끌어낸다. 내담자의 관심사를 무시하거나 축소시키지 않고, 성장의 가능성을 동시에 조사하는 동안 트라우마와 연합된 고통을 공감적으로 이해하고 인지한다. 우리는 긍정심리치료를 심리치료의 새로운 장르로 생각하기보다는 전통적으로 **잘못된 것을 고치는**(fix-what's-wrong) 접근을 보완한 것으로서 **강한 것을 세우는**(build-what's-strong) 모형으로의 치료적 방향 재설정(therapeutic reorientation)으로 생각한다(Duckworth, Steen, & Seligman, 2005).

다른 체계들

다른 심리치료 체계 거의 모두—그리고 이 책에 묘사되었거나 논의된 거의 모든 체계들—는 인간의 기본적인 결함을 설명하는 것이 목표이고, 그 모든 체계들은 이른바 **부정적** 사고, 감정, 행동에 초점을 맞춘다. 인간은 일생 동안 실패한 것을 생각하느라 시간을 많이 보내고 성공한 것을 생각하는 데는 시간을 별로 쓰지 않기 때문에 심리치료가 역사적으로 부정적 측면으로 왜곡된 것은 이해할 만하다. 우리의 뇌는 진화되어 긍정적인 경험보다는 부정적인 경험에 적응하고 더 강하게 반응한다. 이같이 부정성에 대한 타고난 성향은 인간의 경험을 형성하는 데 결정적 요소이다. 그러한 성향은 사람들이 결정적인 생존 욕구(예를 들면, 음식, 피난처, 동료를 차지하기 위해 경쟁하고 확보하기)를 위해 힘쓸 때 자신과 친족을 안전하도록 도와주기 때문에(예를 들면, 진화작업과 불법 침입자 공격) 분명히 유전적으로 유리하다. 사실상 폭풍우를 무시하면서 햇볕을 쬐기만 한 선조들은 패망하였다. 지속적인 음식 공급망을 확보하고 환경을 더욱 안전하고 살기 좋게 만드는데도 불구하고 인간의 뇌는 마치 인생이 적자생존이라는 진화론의 시금석인 것처럼 계속해서 기능한다. 오늘까지 유전적인 자질로 인해 선행, 정직, 협력, 이타심, 겸손에 관한 이야기보다는 악행, 사기, 갈등과 음모에 관한 이야기에 호기심이 발동한다.

부정적인 측면은 강력할 뿐만 아니라 침투력이 있다. 부정적인 인상과 고정관념은 긍정적인 것들에 비해서 더욱 빠르게 형성되고 무효화에 더욱 강하게 저항한다. 긍정적인 기억은 일시적인 경향이 있는 반면에 부정적인 기억은 여러 날, 여러 달, 또는 여러 해 동안 우리와 함께 머무른다(Baumeister, Bratslavsky, Finkenauer, & Vohs, 2001). 사람들은 부정적인 감정을 여러 달 또는 여러 해 동안 기억하기 때문에 결과적으로 자주 우울, 불안, 의심, 그리고 분노를 경험한다. 부정성에 대한 타고난 속성에 대한 반응으로 Arthur Schopenhauer와 Sigmund Freud 같은 사상가들은 인간이 성취할 수 있는 가장 최선의 것은 자신의 불행을 최소화하는 것이라고 우리를 설득하였다. Freud는 부정적인 측면, 특히 유아기 성욕구와 공격성이 관련된 갈등이 인간 실재의 필수적인 요소라고 가정하였다. 우리는 이러한 갈등을 억압하고 감당하기 어려운 불안을 다루기 위해 방어를 구축한다. Freud는 심지어 불안이 문명 발달의 기초가 되는 보상기제로 변형된다고 생각하였다. 그러나 억압이 실패하였을 때 정신병리 증상이 나타난다.

이와 같은 Freud의 핵심적인 관점은 여전히 광범하게 우세하고 충만하며, 예술, 문학, 그리고 학문에 영향을 미쳤다. 현대적인 매체는 이런 현상에 대한 생생한 예이다. 그것은 폭력, 불안, 탐욕, 사기, 사이버 공간에서의 성적 부정행위, 디지털 매체, 뉴스, 영화, 음악, 연극, 그리고 실제와 똑같은 TV 쇼를 독창적으로 나란히 놓았다. 부정성에 대한 타고난 경향 때문에 우리는 부정적인 사건과 경험을 잘 포착하지만 살면서 긍정적인 사건은 기억에 별로 남지 않는다. 우리의 뇌가 지닌 자연스러운 파멸적 경향성을 극복하기 위해 우리는 일생 동안 무엇이 잘 되었는지에 대해 생각하도록 해 주는 기술을 개발하고 연습하는 것을 배워야 한다.

심리치료는 파멸적인 사고를 분석하고 부적응 행동을 풀어 헤침으로써 우리의 타고

난 부정성의 반대 결과를 이해하도록 도와줄 수 있다. 게다가 심리치료는 도파민 작용과 세로토닌 작용으로 인한 활동의 행동적 시사점과 유전인자 상호작용의 행동적 시사점을 포함할 수 있다.

심리치료는 위약보다 유의하게 성능이 뛰어나고 오직 약만을 썼을 때보다 효과가 오래 지속된다(Leykin & DeRubeis, 2009). 경험적으로 증명된 심리치료는 우울증, 조현병, 외상 후 스트레스 장애, 강박장애, 공포증, 공황장애, 그리고 섭식장애와 같은 수많은 정신병에 효력이 있다(Barlow, 2008; Seligman, 1995). 치료적 동맹, 치료적 의사소통의 미묘한 차이, 비언어적 언어, 치료자 효과, 처치 과정, 내담자에 대한 피드백 과정, 내담자로부터의 피드백 과정과 같은 심리치료의 세밀한 측면은 모두 연구되었다(Wampold, 2001). 비록 심리치료의 초점이 다양한 장애의 증상을 줄이는 처치로 귀착되었지만 대부분의 심리치료자들은 내담자를 도와서 일생 동안 잘 해낸 것에 초점을 맞추도록 하는 데 필요한 기술과 전략을 가지지 못하였다. 더욱이 우리는 심리치료자들이 부정적 측면에 배타적으로 초점을 맞추는 것은 이제 막다른 골목에 다다랐다고 믿는다. 대략 30~40%의 내담자들은 아무런 이득을 보지 못하고, 5~10%의 적은 내담자들은 심리치료를 받으며 실제로 나빠진다(Lambert, 2007). 우리가 보기에 심리치료는 대단하고 중대한 장애물, 즉 65%의 장벽을 만나고 있다.

65% 장벽

정신병리의 가장 우세한 유형인 우울증, 때로는 '잘 알려진 정신병의 감기'로 불리는 장애에 적용함으로써 이 장벽을 설명하는 것이 좋을 것이다. 효과가 있다고 우리가 알고 있는 두 가지 처치법을 생각해 보자. 우울증 인지치료와 Prozac, Zoloft, Lexapro 같은 선택적 세로토닌 재흡수 억제제(SSRIs)가 있다. 각각은 약 65%의 반응률을 만들고, 우리는 이 반응이 45~55%의 위약 효과를 포함한다는 것을 안다(Rief et al., 2009). 위약이 유효하고 실제적일수록 위약의 반응은 더욱 커진다. 그 숫자는 점점 더 증가한다. 위약이 무작위 통제된 상황에서의 항우울제 투여에 대한 최근 30년의 메타 분석적 개관연구는 위약 반응의 탓으로 돌릴 수 있는 반응에서 높은 비율의 차이를 증명하였다(Undurraga, & Baldessarini, 2012; Kirsch et al., 2008). 그러나 왜 65%의 장벽이고, 왜 특정의 치료 효과는 그토록 적은가? 그 이유는 일반적인 사람에게 행동의 변화는 어려운 것이고 치료를 요구하는 내담자에게는 특히 어렵기 때문이라고 우리는 믿는다. 그들은 아마도 동기가 약하거나 동반 문제를 지니고 있거나, 아니면 변화의 가능성이 희박한 불건강한 환경에서 살 것이다. 결과적으로 많은 내담자들은 계속해서 견고하고 역기능적인 방식으로 행동하고, 그리고 변화에 대한 의지는 압도적인데, 그것이 불가능한 것이라고 위협하고 나쁘게 충고받고 그리고 믿게 되었다. 사실상 광범위하게 문제를 보이는 내담자들에게 제공되는 대규모의 심리치료 연구는 대략적으로 10~15%의 성인 내담자들이 악화되고 또 다른 25~35%는 아무런 향상을 보이지 않는다는 것을 보여 준다(Lambert, 2007).

심리치료는 또 다른 심각한 문제에 직면한다. 약 40%의 내담자들이 조기에 치료를 종료한다는 것이다(Sharf, Primavera, & Diener, 2010). 간혹 내담자들은 치료의 결과로서 표면적인 변화만을 가져온다. 그 이유 중 일부는 **전통적인 심리치료가 완화적 접근을 취하**기 때문이다. 완화(palliation)가 나쁜 것은 아니지만, 그것은 단지 치료를 위한 과정의 한 정류장일 따름이고, 또 한 정류장이어야 한다. 심리치료의 맥락에서 치료(cure)란 성격, 특성과 행동의 다양한 영역을 가로질러서 깊은 변화에 뛰따라 오는 것이다. 만일 심리치료가 효과적이라면 이러한 변화는 치료가 종료된 후에라도 지속하게 된다.

많은 심리치료자들은 생물학적 정신과 의사들과 매우 유사하게도 치료의 의지를 포기하였다. 관리의료(managed care)와 제한 처치 예산(limited-treatment budgets)은 생물학적 정신과 의사들과 대부분의 정신건강 전문가들로 하여금 그들의 시간과 재능을 화재 예방이 아니라 진화에 몰두하는 상황을 초래하였다. 그들의 초점은 거의 전적으로 위기 관리와 표면적인 처치를 하는 것이다. 처치가 간혹 표면적일 뿐이라는 사실은 부분적으로 65%의 장벽과 수용할 수 없을 만큼 높은 조기 종결률을 설명해 준다.

전통적인 결핍 지향적인(deficit-oriented) 심리치료에서 많은 치료자들은 부정적인 정서를 최소화하는 한 가지 방법이 그 부정적인 정서, 특히 억누른 분노를 표현하는 것이라고 믿었다. 내담자들은 분노가 표현되지 않는다면 그 분노는 다른 증상으로 단순히 표출될 것이라는 가정 아래 분노를 표현하도록 촉진된다. 자조 치료적(self-help therapeutic) 문헌에는 유체역학적 사고를 설명해 주는 것으로, **잠을 자라**(hit a pillow), **증기를 뿜어내라**(blow off the steam), **말해 버려라**(let it out)와 같은 문구들이 많다. 그러나 이런 접근은 현대 심리치료를 대부분 피해자 연구의 과학, 즉 내담자들을 생활과 생활환경에 대해 수동적 반응자들로 묘사하는 과학으로 만들어 버렸다. 욕동, 본능, 욕구는 필연적인 갈등을 만드는데, 그 갈등은 발산을 통해 기껏해야 부분적으로 완화될 수 있다. 우리의 관점으로는 발산은 기껏해야 표면적인 치료이고 더 나쁜 경우 분노와 심장질환의 계기가 될 수 있는 처치이다(Chida & Steptoe, 2009). 대안적인 접근법이 있는데, 즉 불쾌감이나 심리적인 스트레스에도 불구하고 잘 기능하는 방법을 배우는 것이다.

우울, 불안, 분노는, 제거될 수는 없지만 개량될 수 있는, 유전적인 성격 특성의 결과로 간혹 생긴다. 모든 부정적인 정서와 성격 특성은 강력한 생물학적 한계를 가지고 있고, 심리치료가 이러한 한계를 극복할 수 있을 것이라고 기대하는 것은 비현실적이다. 고통을 완화하는 접근법인 전통적 심리치료가 할 수 있는 최선의 것은 내담자들로 하여금 우울, 불안 또는 분노의 일정 범위 안에서 최상의 상태로 살 수 있도록 돕는 것이다. 분명히 단극성 우울증으로 고통을 받았던 두 명의 역사적 인물인 Abraham Lincoln과 Winston Churchill을 생각해 보라. 그들은 '우울의 검은 개(black dog of depression)'를 다루었던, 어마어마하게 잘 기능하는 인간이었을 뿐만 아니라 우울할 때조차도 놀라울 정도로 기능하였다. 심리치료가 필요로 하는 한 가지는 내담자들이 주요한 불쾌감이 있음에도 불구하고 잘 기능할 수 있도록 훈련시키는 중재를 개발하는 것이다. 우리는 PPT가 내담자로 하여금 불쾌감이 있는데도 불구하고 잘 기능할 수 있도록, 그리고 아마도 65%의 장벽을 극복할 수 있도록 해 줄 수 있다고 확신한다.

심리치료에 대한 전통적인 접근(예를 들면 이 책의 다른 모든 장에 기술된 것들)을 변화시키고 도전하려는 또 다른 중요한 이유가 있다. 심리치료의 궁극적인 목표인 건강한 삶은 전통적인 결핍 지향의 치료적 틀로는 충분히 설명될 수 없다. 예컨대, 정상적이고 긍정적인 특성의 부재가 우울증, 신경증적 경향, 신체적 질병의 전력과 같은 부정적 요소들의 실재에 비해 훨씬 더 우울증의 발병을 예측해 준다. 이러한 부정적인 특성들을 통제한 연구의 결과, 긍정적 특성이 거의 없는 사람들이 우울증을 발달시킬 위험이 2배라는 것을 발견하였다(Wood & Joseph, 2010). 또한 성격 강점(예: 희망, 심미안, 영성)의 실재는 우울로부터 회복하는데 의미 있게 공헌하는 것으로 나타났다(Huta & Hawley, 2010). 희망과 낙관(Carver, Scheier, & Segerstrom, 2010), 감사(Flinchbaugh, Moore, Chang, & May, 2012)는 분명히 스트레스와 우울을 낮은 수준으로 만들어 준다.

심리치료 결과를 연구하는 연구자들은 삶의 질에 대한 지표가 치료 결과의 평가에 포함되고(Crits-Christoph et al., 2008), 심리적 행복감이 회복의 정의에 편입될 필요가 있음(Fava & Ruini, 2003)을 강조하였다. Davidson, Shahar, Lawless, Sells와 Tondora(2006)는 적어도 증상을 개선하고 감소시키려고 시도하는 만큼 삶에서 긍정적 요소들, 예컨대 자질, 열망, 희망, 관심사를 끌어내고 계발하는 처치를 설명하기 위해 **회복 지향적 돌봄**(recovery-oriented care)이라는 용어를 사용하였다.

역사

선구자들

오랫동안 현인들과 과학자들은 행복, 안녕, 성공을 정의하려고 시도하였다. 공자는 삶의 의미가 훈육, 교육, 그리고 조화로운 사회적 관계에 의해 무장된 보편적인 인간 존재에 있다고 믿었다. 소크라테스, 플라톤, 아리스토텔레스는 모두 정직한 삶의 추구를 행복의 필수조건으로 보았다.

제2차 세계대전 이전에 심리학은 세 가지 분명한 사명을 가지고 있었다. 즉, 정신병리를 치료하는 것, 모든 사람들의 삶을 더 생산적이고 성취감을 느끼도록 만드는 것, 재능을 확인하고 신장시키는 것이다(Seligman & Csikszentmihalyi, 2000). 제2차 세계대전 직후 주로 경제적 · 정치적인 긴급한 필요성 때문에 정신병리에 대한 평가와 치료가 사실상 심리학의 독점적인 임무가 되었다. 그러나 인본주의 심리학자들과 다른 사람들은 심리치료에 대해 긍정적인 접근을 지속적으로 주장하였다. Carl Rogers, Abraham Maslow, Henry Marray, Gordon Allport, 그리고 Rollo May는 모두 건강한 삶에 대해 기술하려 하였고, 성장을 향한 우리의 타고난 경향성이 이러한 삶을 촉진시켜 줄 수 있는, 방법을 찾으려 시도하였다. Maslow(1970)는 다음과 같이 제시하였다.

> 과학인 심리학은 긍정적인 측면보다는 부정적인 측면에 대하여 훨씬 더 성공적이었다. 심리학은 인간의 결점, 질병, 죄악에 대해 많은 것을 우리에게 밝혀 주었지만, 인간의 가능성, 가치, 성취 가능한 열망, 또는 완전한 심리적 정점에 대해서는 밝혀 준

것이 거의 없다. 마치 심리학이 정당한 영향력의 절반 정도, 그것도 어둡고 멍청한 쪽의 반으로 자의적으로 제한한 것 같다(p. 354).

초창기

Jahoda(1958)는 자신의 저서인『긍정적 정신건강의 현대적 개념(*Current Concepts of Positive Mental Health*)』에서, 행복(well-being)은 당연히 그 자체로 가치를 인정받아야만 한다고 설득적으로 주장하였다. Frankl(1963)은 인간의 일차적인 욕구는 쾌락이 아니라 의미의 추구라고 언급하였다. 이러한 생각이 중요한데도 불구하고, 제2차 세계대전부터 최근에 이르기까지 심리치료의 의학적 모델을 무비판적으로 수용하였고 정신과의 패권과 연합하여 정신장애에 대한 개념, 용어, 그리고 기질적인 설명을 채택하였던 심리치료 분야를 변화시키지는 못하였다(Albee, 2000).

이런 패권을 예로 들면, 1887년 이후의 **심리학 초록**에 대한 전자 검색에 따르면 분노에 대해 8,072편, 불안에 대해 57,800편, 우울에 대해 70,856편의 논문이 발견된다. 단지 5,701편의 논문이 삶의 만족에, 2,958편의 논문이 행복에 초점을 맞추고 있고, 860편 이하의 논문이 **즐거움**이라는 단어를 언급하고 있다. 이 표본집단에서 부정적 정서는 긍정적 정서를 14대1의 비율로 참패시켰다(Myers, 2000)

또 다른 예를 Bergin과 Garfield의 저서인『심리치료와 변화의 편람(*Handbook of Psychotherapy and Change*)』에서 볼 수 있다(Lambert, 2013). 이 책은 심리치료에 대한 연구 발견의 가장 중요한 총람 중 하나이며, 그 분야에서 표준적인 참고 문헌으로 여겨진다. 그러나 제4판(Bergin & Garfield, 1994)은 주제 색인에 **안녕** 또는 **행복**과 같은 단어들을 포함시키지 않았다.

심리치료자들은 손상, 결핍, 역기능에 대해서는 많은 것을 배웠지만 행복한 삶과 그것을 촉진하는 방법에 대해서는 거의 아무것도 배우지 못한 것 같다. 1952년 이래로 제5판까지 발행된『정신장애의 진단과 통계 편람(*Diagnostic and Statistical Manual of Mental Disorder*: DSM-5)』(American Psychiatric Association, 2013)은 정신장애와 관련된 수백 가지의 증상들을 목록화하였으나, 2004년까지는 강점에 대해 단일하거나 일관된 어떤 분류도 없었다(Peterson & Seligman, 2004).

지난 세기의 마지막 25년 동안 소수의 치료법만이 내담자들의 긍정적인 자원에 명백하게 주목하였다. 한 가지 중요한 예가 Fordyce(1983)의 연구인데, 그는 적극적인 것, 사회적인 것, 의미 있는 일에 참여하는 것, 사랑하는 사람과 친밀하고 깊은 관계를 형성하는 것을 포함하여 14개의 전략을 활용하여 대학생들의 행복을 증진시키는 데 집중하였다.

CBT와 안녕의 요소들을 통합한 **안녕 치료**(well-being therapy: WBT)는 정서장애와 불안장애를 치료하는 데 효과적인 것으로 나타났다(Ruini & Fava, 2009). 비슷하게 인지치료와 긍정심리학의 생각을 통합한 Frisch의 **질적인 삶 치료**(quality-of-life therapy: QOLT)는 우울한 내담자들에게 효과적인 것으로 나타났다(Grant, Salcedo, Hynan, Frisch, & Puster, 1995). 그러나 이러한 치료법은 결핍 지향적인 심리치료라는 광활한 지형에 단지 점을 찍는 것에 불과하다.

긍정 치료법은 지난 수십 년에 걸쳐 꾸준히 발전되어 왔다(Rashid, 2009). 「임상심리학 학술지(*Journal of Clinical Psychology*)」 2009년 5월호는 전적으로 다양한 임상 장애에 대한 긍정 치료법에 초점을 맞추었다. 이 학술지에는 Sin과 Lyubomirsky(2009)가 연구한 51편의 긍정 치료법에 대한 메타 분석이 수록되었는데, 그 연구는 긍정 치료법이 유의하게 안녕을 증진시키고 우울 증상을 감소시키는 데 효과적임을 입증하였다.

긍정심리학의 다른 많은 치료법들은 임상 장면에서 계속 탐구되고 있다. 예를 들어, Flückiger와 Grosse Holtforth(2008)는 치료 회기 전에 내담자의 강점에 초점을 맞추는 것이 치료 결과를 향상시킨다는 것을 알아냈다. 긍정심리학 치료법이 전통적인 임상 작업의 보조로서 효과적이라는 사실 또한 발견되었다(예: Edwards & Pedrotti, 2004; Karwoski, Garratt, & Ilardi, 2006; Perlman et al., 2010).

세트화된 치료에 더하여 한두 가지 긍정적 특성에 초점을 맞추는 치료법이 임상적 조건들, 예컨대 우울증의 파괴적인 영향을 저지하는 감사(Wood, Maltby, Gillett, Linley, & Joseph, 2008), 외상 후 스트레스 장애 치료의 변화기제인 희망(Gilman, Schumm, & Chard, 2012), 심리치료에서 치료적 역할을 하는 영성과 의미(Steger & Shin, 2010; Worthington, Hook, Davis, & McDaniel, 2011), 그리고 분노를 천천히 사라지도록 하는 방법인 용서(Harris et al., 2006; Worthington, 2005)와 같은 조건들과 얼마나 관련이 있는지 확인하기 위해 수행되었다. 다른 연구들은 창의성과 양극성 장애(Murray & Johnson, 2010), 긍정 정서와 사회불안(Kashdan, Julian, Merritt, & Uswatte, 2006), 사회적 관계와 우울증(Oksanen, Kouvonen, Vahtera, Virtanen, & Kivimäki, 2010)의 관계를 입증해 주었다. Fitzpatrick과 Stalikas(2008)는 긍정 정서가 치료적 변화를 강력하게 예측해 준다고 제시하였다. 설득력 있고 한 방향으로 수렴하는 다른 과학적 근거에 따르면, 긍정 정서가 단순히 성공과 건강을 반영하는 것이 아니라, 긍정 정서 또한 태도를 적응적으로 변화시킴으로써 성공과 건강을 만들어 낸다(Fredrickson, 2009). 출발은 늦었지만 긍정심리학 치료법은 인간 경험의 부정적 측면과 긍정적 측면 모두에 동등하게 초점을 맞춤으로써 지식 기반의 심리치료로 되어 가고 있다.

현 상태

나(Martin Seligman)는 심리학의 매우 오래된 목표인, 고통을 경감시키고 삶을 무력하게 하는 조건을 뿌리 뽑는 일에 생애 대부분을 바쳤다. 1998년 미국심리학회(American Psychological Association: APA) 회장으로서 나는 심리학이 역사적인 목표에 새로운 목표를 부가하도록 주장하였다. 즉, 무엇이 살 만한 가치가 있는 인생을 만들어 주는지 탐구하고, 살 만한 가치가 있는 인생이 될 수 있도록 해 주는 조건을 조성하는 것이다. 나는 내 주장이 심리학의 지각변동을 예고하는지 그 당시에는 깨닫지 못하였다. 지각변동의 규모는 다음의 발전에 의해서 평가될 수 있다.

- 2000년부터 2010년 사이에 긍정심리학과 관련된 논문이 낙천주의, 감사, 열정, 용기,

친절, 용서, 행복감, 안녕, 그리고 심리적 · 신체적 안녕과 같은 구념들(constructs) 간의 인과적이고 상관적인 관련성을 확립하기 위해서 동료 간 심사하는 학술지에 1,000편 이상 발간되었다(Azar, 2011). 동료 간 심사하는 학술지에는 「긍정심리학 학술지」, 「행복연구 학술지」, 그리고 최근에 발간을 시작한 학술지인 「안녕감 국제학술지」와 「응용심리학: 건강과 행복」이 있다. 이 학술지들은 정례적으로 안녕 및 행복과 관련된 최근의 발견에 관한 학술적인 논문들을 발표한다. 학자들도 점차적으로 안녕을 촉진하는 세련된 중재를 개발하는 데 초점을 맞추고 있다.

- 긍정심리학 실습은 국제적으로 다양한 혁신적인 접근을 통해 교수되고 있다. 첫째, 나는 Ben Dean 박사와 함께 800명이 넘는 전문가들에게 전화를 통해 실황으로 네 개의 과목을 가르쳤다. 각 과목은 6개월 동안 매주 2시간씩이었다. 매주 나는 살아 있는 강의를 하였고 치료자들에게 자신의 삶에서 실습할 뿐만 아니라 환자와 내담자들에게 소개하도록 하기 위하여 수많은 긍정심리학 실습을 부과하였다. 둘째, 펜실베이니아 대학교의 긍정심리센터(PPC)에서는 학교와 직장에서 긍정 심리 중재의 대규모 보급이 가능하도록 훈련자 훈련 프로그램을 개발하였다. 셋째, 펜실베이니아 대학교는 최첨단 지식과 현실세계에 대한 지적 적용을 결합시키기 위하여 응용 긍정심리학(Applied Positive Psychology) 석사 과정을 개설하였다. 더욱이 긍정심리학에서 대학원 수준의 다양한 프로그램들이 개설되었다(예: Claremont 대학원 대학교, 영국의 East London 대학교). 학부 수준에서는 현재 수백 개의 긍정심리학 과목들을 가르치고 있고, 2006년 하버드 대학교에서는 긍정심리학 과목에 기록적으로 855명의 학부생들이 수강 신청을 하였다(Goldberg, 2006). 하버드 대학교 부속병원인 McLean 병원은 또한 최근 코칭연구소(Institute of Coaching)를 개소하였는데, 소장 겸 긍정심리학 실천학자인 Carol Kauffman 박사에 따르면, 이 연구소는 보건의료와 공공서비스에서 응용 긍정심리학을 주창할 것이다.
- 컴퓨터 통신망을 이용한 다양한 긍정심리학 공급원은 긍정적 개입에 대한 가치로운 정보를 제공해 준다. 그 정보원은 다음과 같다.

  www.authentichappiness.com: 전 세계에서 200만 명 이상의 사용자들과 함께 이 웹사이트는 컴퓨터 통신망을 이용한 다수의 무료 긍정심리학 측정 도구들을 포함하여 중국어와 스페인어로도 가능한 가치로운 자료들을 제공해 준다.

  www.ppc.com: 펜실베이니아 대학교 긍정심리학센터(Positive Psychology Center)의 홈페이지이다. 이 웹사이트는 긍정심리학에 대한 노력을 시도해 볼 수 있는 기회에 대한 가치로운 자료들을 제공해 주고, 교육 프로그램에 대한 정보를 제공하며, 교사나 연구자들을 위한 정보원 명부를 만들어 준다. 또한 긍정심리학과 관계 있는 여러 대학의 교수 명단을 보유하고 있다.

  www.viacharacter.org: 행동가치연구소(Values in Action Institute)의 웹사이트이다. 과학적으로 타당화된 성격 강점 평가(character strengths assessment)[행동가치-강점척도(Values in Action-Inventory of Strengths: VIA-IS); Peters & Seligman, 2004] 성인

용과 청소년용을 무료로 제공해 준다. VIA-IS는 18개 이상의 언어로 사용할 수 있다. 또한 이 웹사이트는 심리치료를 포함한 여러 장면에서 강점을 적용하는 데 필요한 유용한 정보 목록을 제시한다.

www.positivepsychologynews.com: 이 사이트는 세계의 연구를 규칙적으로 갱신해 준다. 상호적인 구성요소 때문에 등록된 사용자들은 그들의 생각을 교환할 수 있게 된다. 웹사이트 내용은 스페인어, 중국어와 포르투갈어로 사용 가능하다.

- 여러 개의 큰 기금을 통해 PPC는 대학생들과 함께 긍정적 건강(positive health), 긍정적 신경과학(positive neuroscience), 자기조절 기제, 기억력에 대한 종단적 지표를 탐구하고 있다. 감사에 대해 연구하는 Robert Emmons는 연구를 계속하기 위하여 최근에 John Templeton 재단으로부터 560만 달러의 기금을 받았다. Emmons는 사람들이 감사를 매일의 삶에서 실천할 수 있도록 돕기 위한 증거 기반의 방법을 찾기 위해서 제일 많은 기금을 사용하고 있다.
- 2007년에 설립된 국제긍정심리학회(International Positive Psychology Association: IPPA; www.ippa.org)는 80개국 이상으로부터 4,000명 이상의 건전한 회원으로 구성된 중요한 학술단체이다. 이사회를 통해 관리되는 IPPA는 기초연구, 임상, 코칭, 교육, 건강, 조직의 6개 분과가 있다. 유료 회원에 대한 특전으로는 두 가지 긍정심리학 학술지에 대한 인터넷 접속, 인터넷 회원 주소록, IPPA 소식지, 그리고 유명한 긍정심리학자들과 분기별로 참가하는 온라인 회의가 있다.
- 긍정심리학은 국제긍정심리학회(IPPA)의 격년제 학술대회, 워싱턴 DC의 갤럽협회가 개최하는 연차 긍정심리학 수뇌회의, 그리고 유럽 긍정심리학회 학술대회, 캐나다 긍정심리학회 학술대회, 중국, 아시아, 남아프리카공화국 긍정심리학 학술대회를 포함하는 다수의 지역 학술대회 등 다수의 국제적 수준의 과학 관련 모임을 주최한다.
- 전쟁피로증과 자살률이 계속 높은 상황에서 미국 육군은 긍정심리학에 관심을 갖기 시작하였다. 군인들이 심리적으로 좀 더 탄력적이 되도록 돕기 위해서 군인들, 수병들, 항공병들이 몸부림칠 때까지 기다려야만 하는 전통적인 모델을 계속해서 따르기보다는 보호적인 접근을 취해야 할 필요가 분명히 있었다. 종합적인 군인 운동 프로그램(Comprehensive Soldiers Fitness Program)(Cornum, Matthews, & Seligman, 2011)은 교육 후 이 운동을 다른 군인들에게 보급할 3,100명 이상의 하사관들에게 지금 교육되고 있다. 최근 육군이 보고한 바로는 이 프로그램 교육 후 긍정심리 훈련을 받지 않은 통제집단에 비해 탄력성과 심리적 건강이 의미 있게 증가하였다(Lester, Harm, Herian, Kraiskova, & Beal, 2011).
- 긍정심리학은 *Time*지의 표지 삽화(2005년 1월 17일), *Washington Post*지의 특집 기사(2002), *London Sunday Times Magazine*(2005), *Mew York Times Magazine*(2006), 그리고 *U.S. News & World Report*(2009)뿐만 아니라 BBC의 6부작 시리즈인《행복의 공식(The Happiness Formula)》(2006) 등을 포함한 대중적인 신문, 잡지로부터 상당한 주목을 받았다.

성격

성격 이론

긍정심리학은 아동기가 성인의 성격을 결정짓고 또한 우리가 여생을 무익하게 성적 충동이나 공격적 충동을 해결하면서 보낸다는 생각에 강하게 도전한다. 인지행동치료가 출현하기 전 정신과 의사와 심리학자들의 진찰실에서 흔히 엄청난 양의 치료 시간이 아동기 기억을 정밀하게 탐구하는 데 사용되었다. 마찬가지로 **내면 아이 운동**(inner-child movement)도 우리 자신의 엉뚱한 결정이 아니라 아동기의 트라우마가 성인으로서 우리 안에서 발견되는 뒤죽박죽의 원인이며, 또한 우리는 초기의 트라우마를 단지 직면함으로써 우리가 희생당하는 것에서 회복할 수 있다고 말하였다.

우리의 관점에서는 아동기의 모든 사건들은 비교적 의미가 없다. 성인 성격에 대한 아동기 사건의 작은 효과조차도 발견하기 어렵고 큰 효과에 대해서는 전혀 증거가 없다는 것이 판명되었다(Ferguson, 2010; Horwitz, Widom, McLaughlin, & White, 2001). 아동기의 주요 트라우마(예: 성적 학대)가 성인 성격에 약간의 영향을 주는 것 같지만 이러한 경험으로 인해 피해자가 꼭 불행한 삶을 살아야 하는 것은 아니다. 간단히 말해서 아동기의 나쁜 사건이 성인 성격을 결정하지 않는다. 이런 연구들에는 내담자의 우울, 불안, 부정한 결혼, 약물 사용, 성문제들, 실업, 공격성, 알코올 중독, 또는 분노를 어릴 적 내담자에게 일어난 일의 탓으로 돌릴 만한 아무런 명분이 없다.

아동기 트라우마의 효과에 대한 많은 연구들은 방법론적으로 부적절하고, 이러한 연구들은 흔히 유전적인 효과를 통제하는 데 실패한다. 그러나 아동기의 해로운 사건으로부터 받는 무시할 만한 효과와는 대조적으로 우리의 유전인자들은 성인 성격에 엄청난 영향력을 지니고 있다. 성격에 대한 유전의 효과를 탐구하는 많은 연구들에 따르면 성인 성격 특성의 대략 50%는 직접적으로 그 사람의 유전적 특질에 귀인시킬 수 있다. 그러나 유전 가능성은 특성이 얼마나 불변적인지를 결정하지는 않는다. 몇 개의 높은 유전적 특성(예컨대, 성적 지향성과 체중)은 많이 변하지 않는 반면, 다른 높은 유전적 특성(예컨대, 염세주의와 겁많음)은 매우 많이 변화할 수 있다. **행복은 변화 가능한 성격 특성들 중의 하나라고 우리는 믿는다.**

점점 증가하는 연구물은 대략 40~50% 정도의 행복이 유전 때문이라고 제안한다(Bartels & Boomsma, 2009). 이 연구물로부터 얻는 반(反)직관적인 발견은 단 10~15%의 행복만이 생활 상황, 즉 부자거나 가난하거나, 건강하거나 건강하지 않거나, 매력적이거나 흉하거나, 결혼하였거나 미혼이거나에 의해서 설명될 수 있다는 것이다. 사실상 행복의 많은 부분들은 의지적인 결단에 달려 있다. 다음과 같이 개념화될 수 있다.

H(행복의 지속 수준) = S (개인적인 조정범위) + C (상황)
+ V (개인의 의지적 통제하의 요소들)

한 사람이 낙천적이거나 영적이거나, 또는 친절하거나 유머스러워야 한다는 믿음을 퍼뜨리는 것이 긍정심리치료의 역할은 아니다. 그러나 PPT 치료자들은 이러한 특성의 결과를 기술할 수는 있다. 예컨대, 낙천적인 것은 덜 우울한 것, 신체적으로 더 건강한 것, 그리고 더 높은 성취와 연관된다. 마찬가지로 감사는 심리적 · 신체적 이득의 근원과 연결되어 있다. 한 사람이 이 정보를 다룰 것인가는 그 사람의 가치관에 달려 있다.

다양한 개념들

긍정심리학은 성격 강점에 초점을 맞춘다. 증상과 그 심각성이 우리에게 내담자들의 스트레스, 슬픔, 화와 불안을 이해하게 도와주는 반면, 감사, 희망, 사랑, 친절과 호기심 같은 성격 강점은 우리에게 내담자들이 건강하고 합리적이고 기능을 잘 하는 방법을 이해하도록 도와준다. 화, 적개심, 복수심, 또는 자애적인 특성과 같은 부정적인 정서를 경험하는 사람들은 수많은 심리적인 문제들을 더욱 발달시킬 가능성이 있음을 심리학이 보여 준 것처럼, 감사, 용서, 자비심, 사랑과 친절을 경험하는 사람들은 좀 더 행복하고 삶에 대해 더욱 만족하다고 보고할 가능성이 많다. 따라서 심리치료가 고민의 감소뿐만 아니라 건강의 증진과 관련이 있다는 것을 이해할 뿐만 아니라, 증상 이외에 강점을 평가하는 것은 균형 잡힌 전인적(holistic) 임상 실무에 결정적이다. 심리치료가 다음의 이유 때문에 강점을 만드는 가장 중요한 논거 중 하나라고 우리는 주장한다.

- 약점을 수정하면 치료가 되는 반면, 강점을 키우면 성장과 더 나은 행복이 온다.
- 약점을 고치거나 수정하는 것이 필히 내담자로 하여금 더 강해지거나 행복해지도록 해 주는 것은 아니다.
- 강점을 활용하는 것은, 약점에 초점을 맞추는 것이 할 수 없는 방식으로, 내담자의 자기효능감과 자신감을 증진시켜 준다.
- 강점은 건강하고 친절하고 유머러스하고 부지런하고 호기심이 많고 창의적이며 감사하는 것을 촉진하는 방법을 제안해 준다.
- 강점은 기본적으로 건강하게 느끼는 것에서가 아니라 건강함에서 생긴다. 건강하게 느낀다는 것과 같은 진부한 진술, 즉 "당신이 열심히 일하기만 하면 무엇이든지 할 수 있다." 그리고 "하지 못할 것이 없다."와 같은 진술은 비효과적인 전략이다. 반면에 강점은 구체적이고 현실적인 행동을 통해 만들어진다.

Christopher Peterson과 Martin Seligman은 여러 분야의 학자 및 과학자 20여 명과 함께 성격 강점과 덕목의 행동가치 분류 체계(Values in Action Classification of Character Strengths and Virtues)라고 부르는 성격 강점 목록을 총망라하여 수집하기 위해 아리스토텔레스 · 플라톤 · 토마스 아퀴나스 · 아우구스티누스에 관한 책, 구약과 탈무드, 공자 · 석가모니 · 노자의 저작, 일본의 사무라이 도덕관(Bushido), 이슬람교의 경전 코란, Benjamin Franklin, 고대 인도의 철학서 우파니샤드, 대중가요 · 인사카드 · 범퍼 스티커 · 부고를 포함하여 200여 개의 선행 목록, 표창장 · 표어 · 사도신경, 신문에 실린 개인 광고를 읽었다(Peterson & Seligman, 2004). 분류 체계는 6개의 중심적인 덕목으로 구분되고 모든 문화에서 중요시되는 24개의 핵심적인 성격 강점으로 구성되어 있다. Peterson과 Seligman(2004)에 따르면 성격 강점은 유형의 결과와 굳이 연결시킬 필요가 없는 그 자체로 당연히 가치로운 특질로서 도처에 존재하는 특질이다. 성격 강점은 대부분 다른 것들을 축소시키지 않는다. 차라리 성격 강점은 질투보다는 감탄을 만들어 내기 때문에 그 강점을 목격한 사람들을 향상시킨다.

각 사람들이 가지고 있는 강점의 유형은 개인별로 큰 차이가 있다. 사회조직은 인간 존재에서 도덕적으로 바람직한 특성인 성격 강점을 의식(rituals)을 통해서 계발하려 한다. 그러나 VIA 분류 체계는 처방적(prescriptive)이라기보다는 기술적(descriptive)이고, 성격 강점은 다른 행동 변인들처럼 연구될 수 있다. 성격 강점은 (단독으로보다는) 결합되어 표현되고 맥락 안에서 고려된다. VIA 분류 체계 내의 24개 성격 강점은 덕목이라고 부르는 6개의 넓은 범주 아래에 포함된다. 표 13.1에 24개의 핵심적 성격 강점과 덕목을 나열하고 설명한다.

표 13.1 성격 강점의 행동가치 분류 체계

지혜와 지식(wisdom and knowledge). 지식을 얻고 활용하는 것을 포함하는 인지적 강점.

창의성(creativity; 창의, 독창력). 어떤 것을 하기 위해서 기발하고 생산적인 방식으로 생각하는 것.

호기심(curiosity; 관심, 참신함 추구, 경험에의 개방). 지금 경험하고 있는 모든 것에 관심을 갖는 것.

판단(judgement; 비판적 사고). 모든 측면에서 살펴보고 끝까지 충분히 생각하는 것.

학구열(love of learning). 새로운 기술, 주제와 지식에 정통하는 것.

조망(perspective; 지혜). 다른 사람들에게 현명한 조언을 줄 수 있는 것; '큰 그림' 관점을 갖는 것.

용기(courage). 반대에도 불구하고 외부적이든 내부적이든 목표를 달성하는 실천의지를 포함하는 정서적 강점.

용감성(bravery; 용맹). 협박, 도전 또는 고통으로 인해 위축되지 않는 것.

인내심(perseverance; 불굴, 근면, 부지런함). 시작한 것을 끝내는 것; 장애에도 불구하고 일련의 행동을 완결하는 것.

정직(honesty; 진실성과 성실). 진실을 말하고 꾸밈없이 드러내는 것.

열정(zest; 생명력). 흥분과 활력으로 삶에 다가가는 것; 어떤 일을 중도에 그만두거나 열성 없이 하지 않는 것; 모험처럼 삶을 살아가는 것; 살아 있고 활성화된 것을 느끼는 것.

자비(humanity). 다른 사람들을 돌보고 친구가 되는 것을 포함한 대인관계적인 강점.

사랑(love; 사랑을 주고받는 능력). 다른 사람들, 특히 서로 간에 나누고 돌보는 사람들과의 가까운 관계를 중요시하는 것; 사람들과 친밀한 것.

친절(kindness; 연민, 이타성, 관대, 돌봄). 다른 사람들에게 은혜를 베풀고 선행하는 것; 다른 사람들을 돕는 것, 다른 사람들을 돌보는 것.

사회지능(social intelligence). 나와 타인의 감정과 동기를 알아차리는 것; 서로 다른 사회적 상황에 적응하기 위해서 무엇을 해야 할지를 아는 것; 왜 다른 사람들이 그렇게 행동하는지를 아는 것.

정의(justice). 건강한 공동체 생활의 기초가 되는 강점.

협력(teamwork; 시민의식, 사회적 책임, 충성). 집단이나 팀의 구성원으로서 역할을 잘 수행하는 것; 집단에 충성하는 것; 자기의 몫을 하는 것.

공평(fairness; 공정). 공평과 공정의 개념에 따라서 모든 사람들을 똑같이 대우하는 것; 개인적 감정으로 인해 다른 사람들에 대한 결정이 한쪽으로

(다음 쪽에 계속)

표 13.1 성격 강점의 행동가치 분류 체계(계속)

기울도록 하지 않는 것; 모든 사람에게 공평한 기회를 주는 것.

리더십(leadership). 한 사람이 구성원인 집단을 격려하여 일을 끝내도록 하며 동시에 집단 내에서 좋은 관계를 유지하도록 하는 것; 집단활동을 준비하고 그 활동이 벌어지는 것을 보는 것.

절제(temperance). 과잉과 부도덕으로부터 보호해주는 강점.

용서(foegiveness; **자비**). 나쁜 짓을 한 사람을 너그럽게 봐주는 것; 다른 사람들의 결점을 수용하는 것; 사람들에게 두 번째 기회를 주는 것; 복수심을 품지 않는 것.

겸손(humility; **겸허**). 한 사람의 성취를 그들의 몫으로 말하도록 하는 것, 세인의 주목을 추구하지 않는 것, 한 사람을 다른 사람보다 더 특별하게 여기지 않는 것.

신중(prudence). 한 사람의 선택을 소중히 하는 것, 불필요한 모험을 하지 않는 것, 나중에 후회할 일을 저지르거나 말하지 않는 것.

자기조절(self-regulation; **자기 통제**). 한 사람이 느끼고 행동하는 것을 조절하는 것, 훈련된 것, 한 사람의 욕구와 감정을 통제하는 것.

초월(transcendence). 광대한 우주와 연결성을 맺고 의미를 부여하는 강점.

심미안(appreciation of beauty and excellence; **경외, 감탄, 품위**). 자연부터 예술, 수학, 과학에 이르기까지 삶의 모든 영역에서 아름다움, 탁월함 또는 노련한 연주를 분간하고 음미하는 것.

감사(gratitude). 훌륭한 것을 알아보고 기뻐하는 것, 사의를 표현할 시간을 갖는 것.

희망(hope; **낙천주의, 미래 지향적임**). 장차 가장 좋은 것을 기대하면서 그것을 성취하기 위해 일하는 것, 좋은 미래가 올 수 있을 것이라고 믿는 것.

유머(humor; **농담**). 웃고 집적거리는 것을 좋아하는 것, 다른 사람들에게 웃음을 가져다주는 것, 밝은 면을 보는 것, (꼭 말할 필요는 없지만) 농담하는 것.

영성(spirituality; **목적의식, 신념, 의미, 독실함**). 더 큰 틀 안에서 한 사람이 어디에 적합한지를 아는 것, 품행을 갖추게 하고 위안을 제공하는 것으로서 더 높은 인생의 목적과 의미에 대한 일치된 믿음을 갖는 것.

성격 강점(예: 친절, 협력, 열정)은 재능이나 능력과 구별된다. 체육 능력(athletic prowess), 생생한 기억, 완벽한 투구, 탁월한 손재주, 민첩한 몸은 재능이나 능력의 예들이다. 강점은 도덕적 특징을 가지고 있으나 재능이나 능력은 그렇지 않다.

심리학은 약점을 현저하게 강조해 왔다. 그리하여 임상가뿐만 아니라 내담자들도 무엇보다 먼저 증상이 있다는 이유로 심리적 장애를 고려하도록 하였다. 유사하게 단정적인 접근을 해 본다면 장애는 또한 여러 개의 성격 강점을 지나치게 쓰거나 덜 쓰는 것으로 개념화할 수 있다. 그러나 차원적 접근(dimensional approach)은 강점-증상 관계의 복잡성을 이해하려고 시도한다는 점에서 더욱 이해된다(McGrath, Rashid, Park, Peterson, 2010). 차원적 접근은 강점을 지나치게 쓰는 것과 덜 쓰는 것의 견지에서 바라보며 그 표현은 정도로 나타나는 것으로 생각된다.

강점 사용은 맥락에 따라서 다르기 때문에 완벽한 중용은 없다. 그러나 긍정심리학자들은 아리스토텔레스가 **중용**(golden mean)—올바른 상황(right situation)에서 올바른 정도(right degree)로 적용된 강점의 올바른 조합(right combination)—이라고 부른 것을 수용한다. 이 관점에서 보면 우울증은 성격 강점 중 희망이나 낙관주의, 유머나 농담, 열정을 덜 사용하는 것으로 볼 수 있다. 또한 성격 강점 중 반추 사고로 나타난 인내뿐만 아니라 판단과 비판적 사고를 지나치게 사용하는 것으로 개념화될 수 있다. 마찬가지로 불안은 거의 언제나 용감성이나 용기를 덜 쓰는 것인 반면, 주의력결핍장애는 성격 강점 중 균형 잡힌 관점을 덜 사용하는 것이라고 생각한다.

Chris Peterson(2006)은 심리장애를 평가하기 위한 모델을 제안하였다. 그리고 그는 다음과 같이 질문함으로써 24개의 VIA 강점들 하나하나에 초점을 맞추었다. (1) 어떤 심리적 상태나 특성이 성격 강점의 부재를 반영하는가? (2) 어떤 상태나 특성이 그 반대상황을 뜻하는가? (3) 어떤 상태나 특성이 그 과장된 모습을 보여 주는가? 기능장애는 아마도 주어진 성격 강점의 부재로부터 기인하지만 또한 극단적인 형태로 존재하기 때문일 수도 있다.

Peterson(2006)은 만일 심리학이 평소와 다름없이 정상성을 조사하기 위해서 비정상성의 렌즈를 활용한다면 "비정상성을 바라볼 때 정상성 또는 극도의 정상성의 렌즈까지도 왜 활용할 수 없는가?"라고 주장하였다(p. 35). 바꿔 말하면, 만일 성격 강점의 존재가 최적으로 기능하는 것을 뜻한다면 성격 강점의 부재를 우울증과 같은 '실제적인' 심리적 장애에 대한 증명으로 왜 사용하지 않는가? Peterson은 성격 강점의 부재가 생물학적으로 분명한 표지를 가진 조현병과 양극성 장애와 같은 장애에 꼭 적용할 필요는 없다는 것을 인정한다. 그러나 심리적으로 기반이 되는 많은 장애들(예: 우울증, 불안, 주의력과 품행 문제, 그리고 성격장애)은 아마도 성격 강점의 부재뿐만 아니라 증상의 존재에 의해서 더욱 전인적으로 이해될 수 있다. Peterson의 주장을 확장하여 우리는 덜 발육된 강점의 견지에서 주요 심리적 장애의 증상들을 열거하였다(표 13.2). 예컨대, 우울증은 부분적으로는 희망, 희망적 관측과 열정의 결여로 인해 기인할 수 있다. 마찬가지로 담력과 인내력 결여는 불안의 어떤 측면을 설명할 수 있고, 공정과 공명과 정의의 결여는 품행장애를 드러나게 할 수 있다.

표 13.2 주요 심리장애와 강점의 조절 이상

	실재하는 증상	강점의 결여와 과다
1. 주요 우울장애	우울 정서, 슬프고, 희망이 없고, 무력한, 우둔한, 안절부절못하는, 지겨운 감정을 느끼는 것	• 즐거움, 재미, 희망, 낙관, 농담의 결여 • 과다: 엉뚱함, 어리석을 정도의 낙천주의, 광대짓
	감소된 즐거움	• 긍정적 경험에 대한 추구와 감사의 결여, 감탄 능력의 결여 • 과다: 자아도취, 감각추구
	지친, 우둔한	• 조심성, 주의의 결여 • 과다: 지나친 흥분
	우유부단	• 과단성, 결단력, 식별력의 결여 • 과다: 과분석, 경직

(다음 쪽에 계속)

표 13.2 주요 심리장애와 강점의 조절 이상(계속)

	실재하는 증상	강점의 결여와 과다
2. **양극성 장애**	조증 또는 경조증 단계	
	고양된, 비싼, 예민한 정서	• 냉정, 차분한 성격, 빈틈 없음의 결여 • 과다: 억제, 신중함
	고양된 자아존중감 또는 과대함	• 겸손의 결여 • 과다: 자기경멸
	평소보다 더 수다스러운	• 반추의 결여 • 과다: 반추
	즐거운 활동에 탐닉하기: 예: 물건을 마구 사들이기, 성적인 무분별, 경솔한 사업이나 진로 선택	• 절제, 신중, 수수함의 결여 • 과다: 공공연한 비난
3. **범불안장애**	현실적이거나 감지된 위험에 대해 지나치게 걱정하기	• 감사의 결여, 너그럽지 못함, 다른 측면을 보지 못함 • 과다: 격리
	불안한, 안절부절못하는, 신경과민인, 안달하는 느낌	• 이완, 마음챙김의 결여 • 과다: 관대함
5. **강박장애**	반복되는 침습사고	• 마음챙김과 너그러움의 결여 • 과다: 행동이 없는 반추
6. **공황장애**	강렬한 두려움과 불편함	• 평정의 결여 • 과다: 냉담과 둔감함
7. **사회공포증**	사회공포 또는 수행 상황 공포	• 용기와 각오 결여 • 과다: 거리낌 없음, 속기 쉬움
8. **주의력결핍 과잉행동장애**	상세에 주의하지 못함, 직접 말할 때 듣지 않는 것 같음	• 조심과 사회지능의 결여 • 과다: 지나친 조심
	과제와 활동을 조직하는 데 어려움	• 훈련과 관리의 결여 • 과다: 엄격함
	지속된 주의 또는 지적 노력을 요하는 과제를 피하고 싫어함	• 근성과 인내력의 결여 • 과다: 완강함과 따분함
	지나치게 안절부절못함, 운동 행동, 달리기, 걷기	• 침착과 평정의 결여 • 과다: 열성이 없음, 게으름
	과도하게 말하기, 방해하기, 끼어들기, 차례 기다리는 데 어려움	• 사회지능과 자아인식의 결여 • 과다: 과묵, 부끄러움

(다음 쪽에 계속)

표 13.2 주요 심리장애와 강점의 조절 이상(계속)

	실재하는 증상	강점의 결여와 과다
9. 적대적 반항장애	의도적으로 사람을 짜증 나게 함	• 친절의 결여, 공감과 공평의 결여 • 과다: 온순, 예속
	자주 화내고 분개하고 심술궂거나 보복적임	• 용서, 감사, 온건함의 결여 • 과다: 관대함
10. 품행장애, 반사회적 성격장애	타인을 따돌리기, 위협하기, 협박하기	• 친절과 시민의식의 결여 • 과다: 묵인
	타인의 재산을 훔치기, 파괴하기	• 정직, 공평, 정의의 결여 • 과다: 경직된 정의
성격장애		
a. 경계성	만연한 관계 불안정, 상상 또는 실제적 포기	• 일대일 관계에서 사랑하고 사랑받을 능력의 결여, 관계에서 정서적 친밀성과 상호 의존의 결여 • 과다: 의존성, 뒤범벅
	이상화와 평가절하	• 가까운 관계에서 진정성과 신뢰의 결여 • 과다: 공격성, 불친절
	자아손상적 충동성(예컨대, 낭비, 무모한 운전, 폭식)과 분노 폭발	• 자기조절, 신중, 감사의 결여 • 과다: 규탄, 금지
b. 자기애성	과대, 오만, 칭찬 욕구, 자만심의 패턴	• 겸손과 진정성의 결여 • 과다: 자기비난, 비판
	공감의 결여	• 친절과 사회지능의 결여 • 과다: 연민 또는 과다 동일시
	무한 성공, 힘, 슬기, 아름다움, 또는 이상적 사랑에 대한 환상	• 관점과 비판적 사고의 결여 • 과다: 합리화하기, 주지화하기
	권리감, 불합리하게 호의적인 치료에 대한 기대	• 감사, 시민의식과 공평의 결여 • 과다: 자기비판, 경직성, 정의
	대인관계 착취	• 공평, 평등과 정의의 결여 • 과다: 엄격
	타인을 부러워하기	• 관대와 감사의 결여 • 과다: 자기 비난
c. 연극성	지나친 정서성과 관심 추구	• 차분함과 겸손의 결여 • 과다: 격리

(다음 쪽에 계속)

표 13.2 주요 심리장애와 강점의 조절 이상(계속)

	실재하는 증상	강점의 결여와 과다
	부적절한 성적 유혹, 신체적 외모에 대한 지나친 강조	• 신중과 자기조절의 결여 • 과다: 비난, 무관심
	천박하고 경솔한 정서 표현	• 마음챙김과 사회지능의 결여 • 과다: 엄함과 지나친 분석
	관계 과대평가하기	• 관계에 대한 비판적 평가의 결여 • 과다: 지나친 정밀조사와 분석
d. 강박성	질서정연과 완벽주의에 몰두	• 더 중요한 것에 대한 관점의 결여, 자발성의 결여 • 과다: 혼돈과 혼란
	유연성, 개방성과 효율성을 희생한 대인관계 통제	• 친절, 공감과 추종 능력의 결여 • 과다: 순종과 관대
	활동의 1차적 목표가 묻힐 만큼 상세, 규칙, 목록, 조직 또는 예정표에 몰두하기. 완벽주의	• 무엇인가를 하기 위해서 기발하고 생산적인 방법을 생각할 때 유연성과 창의성의 결여 • 과다: 혼란과 불안정
	여가와 우정을 희생하며 지나치게 일하기	• 균형과 음미하기의 결여, 관계에 대한 감사의 결여 • 과다: 자기도취
	경직과 완고	• 적응성, 유연성, 창의적 문제해결의 결여 • 과다: 열광, 혼돈
e. 회피성	사회적 고립, 사람을 피하기	• 개인관계 능력과 친밀성의 결여 • 과다: 과신, 뒤범벅
	부적절감, 사회적으로 부적절하게 지각하기, 비판받는 것에 대한 두려움	• 자기 확신, 자기효능감, 희망, 낙관성의 결여 • 과다: 이기적임, 오만
	어떤 새로운 활동을 시작하기 위해서 위험을 감수하기 싫어함	• 용감성과 호기심의 결여 • 과다: 위험 감수하기, 강한 호기심
f. 의존성	돌봄에 대한 지나친 욕구, 홀로 남겨짐에 대한 두려움	• 독립성, 주도성과 지도성의 결여 • 과다: 은둔
	매일의 의사결정의 어려움, 관점의 결여	• 결심과 관점의 결여 • 과다: 경직과 완고함
	타인과의 불일치를 표현하는 데 어려움	• 용감성 결여, 옳은 것을 말할 수 없음, 판단력의 결여 • 과다: 타협하지 않음

(다음 쪽에 계속)

표 13.2 주요 심리장애와 강점의 조절 이상(계속)

실재하는 증상	강점의 결여와 과다
주도하는 데 어려움	• 자기효능감, 낙관성, 호기심의 결여 • 과다: 자기만족

심리치료

심리치료 이론

대부분의 치료는 문제행동의 본질, 원인, 과정과 치료에 대한 가정에 근거한 신념 체계를 채택한다. 그러나 괴로워서 심리치료를 원하는 내담자는 치료자에게 인간 고통의 본질과 원인에 대한 그(녀)의 가정을 물어보는 것 같지 않다. 결핍 지향적 심리치료 모델은 정신병리를 갈등관계 또는 잘못된 인지의 결과로 가정하고, 이 가정은 치료 계획과 치료적 관계를 결정한다. 틀림없이 그대로 PPT의 기본적인 가정이 치료의 과정에 영향을 미칠 것이다.

PPT는 **세 가지 기본 가정**에 기초하고 있다. 첫째, 다른 여러 인본주의 심리치료들처럼 PPT도 성장, 실현, 행복에 대한 내담자의 타고난 잠재력이 사회문화적 요소에 의해서 좌절되었을 때 정신병리가 생긴다는 기본신념에 기초하고 있다. 행복과 정신병리는 아무튼 인간 '내부'에 있다는 것을 긍정심리치료자들은 믿지 않는다. 그보다는 행복과 정신병리를 일으키는 것은 내담자와 환경과의 상호작용이다. 사람이 이러한 상호작용에 의해서 '손상'될 때에는 언제나 심리치료가 내담자의 성장 경향성을 회복시키기 위하여 실용적인 선택을 제공한다.

둘째, 긍정 정서와 강점은 확실하고(authentic) 증상과 장애만큼 실존(real)하는 것이다. 그리고 그것들은 당연히 가치롭다. 그것들은 단순히 부정적 특성의 부재로 유발하는 결과물이 아니다. 심리치료자가 적극적으로 용기, 친절, 겸손, 인내, 그리고 정서적 · 사회적 지능을 회복시키고 양육할 때 내담자들의 삶은 실현된다. 반대로 심리치료자가 증상의 개선에 우선적으로 초점을 맞출 때 내담자의 삶은 단지 덜 비참하게 되는 것이다. 괴로워하는 내담자는 치료자가 어떤 진단을 내렸든지 무조건적으로 수용할 가능성이 있기 때문에 강점에 초점을 맞추는 것은 PPT에서는 더욱 중요하다. 어떤 내담자들은 진단적 꼬리표에 의거하여 자신을 정의하기조차 한다. 강점을 증상과 함께 혼합하게 되면 내담자와 치료자 모두에게 관점이 넓어지고 치료적 선택도 확장된다.

마지막 가정은 효과적인 치료적 관계는 개인의 긍정적인 특성과 경험(예: 긍정 정서, 강점 그리고 선행)을 탐색하고 분석하는 것을 근거로 형성된다는 것이다. 이것은 심리치료자가 내담자의 현존하는 문제를 분석하고 설명하는 전통적인 접근을 반대한다. 대중 매체에서 심리치료에 대한 단순한 묘사로 인해 내담자들은 치료가 전적으로 고민을 말하고, 억눌린 감정을 환기시키고, 그리고 유실되거나 찢겨진 자아존중감을 회복시키는 것이라고 믿게 되었다. 이러한 고정관념은 정신질환의 오명을 영속시키고, 자신들이 아무튼 심하게 망가졌거나 손상을 입었는데, 그것에서 '벗어날 수 있는' 유일한 방법은 어린 시절의 트라우마, 불만족, 충족되지 않은 욕구 등에 대해 장기간에 걸친 고통스러운 토론이라는 내담자들의 신념을 강화한다. 이런 문제들은 논할 가치가 없는 것이 아니라 이 토론이 치료적 관계에 필수조건일 수 없다는 것이다. 강력한 치료적 관계는 역시 확립될 수 있고, 긍정 정서뿐만 아니라 다른 긍정적 경험들을 찾아내고 기르기 위해 열심히 작업함으로써 더욱 효과적으로 확립될 수 있다.

치료할 때 긍정 정서에 명백하게 초점을 맞추는 것이 희망을 증가시키는 데 효과적이라는 것이 밝혀졌다(Cheavens, Feldman, Gum, Michael, & Snyder, 2006). 게다가 Fitzpatrick과 Stalikas(2008)는 특별히 치료의 초반부에 긍정 정서를 일으키는 것은 내담자에게 치료 과정을 시작하는 것이라고 단정한다. 치료자가 내담자에게 "당신의 문제를 다루기 위하여 당신은 어떤 강점을 가져왔나요?"라고 질문하면 "어떤 약점이 당신의 문제에 기여하였는가?"라는 병리 지향적인(pathology-oriented) 질문과는 매우 다른 토의로 귀착될 가능성이 있다.

이론적 근거

PPT는 행복과 안녕에 대한 Seligman(2002)의 개념적 해석에 주로 근거하고 있다. Seligman은 '행복'에 대한 모호하고 불명확한 개념을 더욱 과학적으로 측정할 수 있고 다루기 쉬운 세 가지 구성요소, 즉 **긍정 정서**(즐거운 삶), **전념**(engagement)(전념하는 삶), 그리고 **의미**(의미 있는 삶)로 분해하였다. 이 세 영역에서의 실현은 더 낮은 비율의 우울과 더 높은 삶의 만족으로 연결된다(Headey, Schupp, Tucci, & Wagner, 2010; Lamont, 2011; Sirgy & Wu, 2007).

즐거운 삶

이것은 행복에 대한 쾌락주의 이론에 의해 승인된 인간 행동의 측면이다. 그것은 현재, 과거, 미래에 대한 긍정 정서를 경험하는 것, 그리고 이런 정서의 강도와 지속기간을 확장하는 새로운 기술을 배우는 것으로 이루어져 있다. 과거에 대한 긍정 정서에는 만족시키기, 만족하기, 실현, 긍지, 평온이 포함된다. 미래에 대한 긍정 정서에는 희망, 낙관, 신앙, 신뢰, 자신이 포함된다. 현재에 대한 긍정 정서에는 음미와 마음챙김이 포함된다. 부정 정서와 다른 긍정 정서는 일시적인 경향이 있다. 그러나 그것들은 사고 과정을 더욱 유연하고 창의적이고 효율적으로 만드는 데 중요한 역할을 한다. 긍정 정서는 부정 정서의 효과를 '취소시킴'으로써 회복력을 형성한다. 그리고 그것은 장수, 결혼 만족, 우정, 수입, 회복력을 예측한다(개관을 위해서는 Fredrickson, 2009; Lyubomirsky, King, & Diener, 2005 참조).

Schwartz, Reynolds, Thase, Frank, Fasiczka와 Haaga(2002)는 심리치료를 찾는 낙담

한 내담자들은 긍정 정서 대 부정 정서의 비율이 0.5~1보다 낮다는 것을 발견하였다. 반면에 Fredrickson(2009)은 부정 정서를 한 번 경험할 때마다 긍정 정서를 세 번 경험하는 것이 번영(flourishing)을 위한 출발점일 수 있다는 것을 발견하였다. 그때 긍정 정서와 즐거움의 결핍이 아마도 정신병리 증상뿐만 아니라 정신병리의 원인이 되는 것처럼 보인다. 즐거운 삶을 강화하는 것이 심리치료의 한 목표일 수 있다.

전념하는 삶

행복의 차원은 일, 친밀한 관계, 여가에서 전념, 몰두, 열중을 추구하는 것과 관계 있다. 전념의 개념은, 극도의 집중에 의해서 초래되는 심리적 상태인 몰입(flow)에 대한 Csikszentmihalyi(1990)의 연구에서 유래한다. 몰입은 전형적으로 행위자에게 시간 왜곡(즉, 시간 감각의 상실)으로 끝난다. 만약 한 사람의 기술 수준이 과제의 도전을 받기에 충분하다면 그 사람은 그 경험과 하나가 되거나 깊이 전념할 가능성이 있다. Seligman(2002)은 전념을 향상시키는 방법은 내담자의 두드러진 성격 또는 대표 강점들(signature strengths)을 알아내는 것이고 나아가 그것들을 더 활용할 기회를 찾도록 도와주는 것이라고 제안하였다. 모든 내담자는 대표 강점들을 가지고 있는데, 그것은 자의식적으로 소유하고 알려지며 또한 그것들이 활용될 때 진정한 자기를 느낀다. PPT에서 내담자들은 전념을 만들어내기 위하여 대표 강점들을 활용하는 의도적인 활동을 시도하는 것에 대해 배운다.

이런 활동들은 비교적 시간 집중적인데, 아마도 암벽 등반, 체스, 농구, 댄스, 예술의 창작 또는 체험, 음악, 문학, 영성 활동, 사회적 상호작용, 제빵, 정원 가꾸기 또는 아이와 놀기와 같은 창조적 추구 활동들이 포함된다. 빠르게 사라지는 감각적 쾌락과 비교하여 이러한 활동들은 오래 지속되고 더 많은 사고와 해석을 포함하며 또한 쉽게 습관화되지 않는다.

전념은 권태, 불안과 우울에 대한 중요한 해독제가 될 수 있다. 무쾌감증, 무관심, 권태, 다중 작업, 안절부절못함—여러 심리장애의 특질들—등은 대부분 붕괴된 주의력이 겉으로 나타난 결과이다(McCormick, Funderburk, Youngkhill, & Hale-Fought, 2005). 강렬한 전념은 전형적으로 권태와 반추를 제거해 준다. 왜냐하면 도전적인 과제를 성공적으로 완수하기 위하여 모든 주의력을 활성화하고 현재의 과제에 집중하기 때문이다(자신에 관련된, 위협 관련 정보를 처리하기 위한 주의력은 덜 남겨 둔다). 성격 강점은 주의력을 활용하는 연습인 마음챙김과 의미 있게 관련이 있는 것으로 나타났다(Niemiec, Rashid, & Spinella, 2012). 더욱이 전념 행동의 결과로 따라오는 성취감은 자주 긍정적 반추의 두 가지 형태인 추억하도록 하고 행복해하도록 한다(Feldman, Joormann, & Johnson, 2008). 세부적인 치료적 개입은 전념의 원리에 근거하여 개발되었다(Grafanaki, Brennan, Holmes, Tang, & Alvarez, 2007).

의미 있는 삶

Seligman의 행복 모형의 세 번째 차원은 의미의 추구이다. 이것은 자신보다 더 큰 어떤 것에 속하고 그것을 섬기기 위해서 대표 강점들을 활용하는 것으로 이루어져 있다. 의미에 대한 연구의 개척자인 Frankl(1963)은 행복은 그것을 소망함으로써 얻어질 수 있는 것이 아니라는 것을 강조하였다. 차라리 행복은 자신보다 큰 목표를 위해 일하였을 때 의도하지 않은 결과로 따라오는 것이어야 한다. 이런 큰 목표에 자신들을 연결해 주는 활동을 성공적으로 수행하는 사람들은 의미 있는 삶을 성취한다. 의미 있는 삶은 여러 가지 방법으로 성취될 수 있다. 즉, 밀접한 상호관계, 예술적 · 지적 · 과학적 혁신을 추구하기, 철학적 또는 종교적 명상, 사회활동 또는 환경보호 활동, 천직으로서 경험을 쌓은 직업, 영성 또는 잠재적으로 고독한 명상과 같은 취미이다(Stillman & Baumeister, 2009). 한 사람이 어떻게 의미 있는 삶을 사는가는 상관없다. 단순히 그렇게 하는 것이 만족감과 잘 살았다는 믿음을 낳는다(Hicks & King, 2009).

의미와 목적은 심리적으로 고통받는 내담자들에게 목표를 설정하고 지속적으로 추구하도록 동기화할 수 있다. 치료는 내담자들이 구체적인 목표를 설명하고 설정하도록 도우며, 목표 달성의 가능성을 증가시키는 방식으로 목표와 연합된 중요한 의미를 명백하게 하도록 도와주는 유용한 시도일 수 있다(McKnight & Kashdan, 2009). 의미와 목적에 대한 감각을 갖는 것이 사람들로 하여금 역경으로부터 빠르게 회복하고 다시 일어날 수 있도록 돕고 무능력감과 통제 불가능감으로부터 보호해 준다는 좋은 증거가 있다(Graham, Lobel, Glass, & Lokshina, 2008). 더욱이 삶이 의미로 고취된 내담자들은 어려운 환경을 대할 때 물러나기보다는 살아남을 가능성이 더 크다. PPT는 의미의 결여가 증상일 뿐만 아니라 우울과 다양한 심리장애의 원인이라고 주장한다.

행복 이론은 최근에 수정되었는데, 두 가지 새로운 요소, 즉 긍정관계와 성취가 더해졌다. 긍정적인 사람들 중에 외로운 사람이 거의 없기 때문에 **긍정관계**(positive relationships)는 중요하다. 결핍 지향적인 전통적 심리치료는 내담자를 포장한 대인관계 조망(interpersonal landscape)의 큰 영향력을 평가절하하면서 대부분 내담자 안에서 문제를 찾아낸다. 내담자들에게 언제 그가 떠들썩하게 웃었는지 물어보라. 그녀가 형언할 수 없는 즐거움을 느꼈던 마지막 때? 그가 심원한 의미와 목적을 깨달았던 마지막 때? 그녀가 성취한 것에 대하여 엄청나게 자부심을 느꼈던 마지막 때? 증거는 분명하다. 이 모든 경험들이 대체로 타인을 필요로 하였다. 삶의 난제를 대할 때 경험하는 의기소침에 대한 최상의 해결 방법은 타인이다.

성취(또는 달성)는 간혹 그 자체를 위하여 수행된다. 성취의 삶을 사는 사람들은 자주 그들이 하는 것에 몰두하고 열광적으로 즐거움을 추구하며, 그들이 승리할 때—그리고 그들보다 큰 어떤 것을 봉사하는 데 성공할 때—긍정 정서를 느낀다.

충만한 삶

충만한 삶은 행복과 삶의 만족을 가져오며 그 구성요소—즐거움, 전념, 의미—의 총합 이상의 것이다. 이 구성요소들은 배타적이지 않을 뿐만 아니라 소모적이지도 않는다. Peterson, Peterson, Park과 Seligman(2005)은 즐거움, 전념, 의미가 행복으로 가는 경험적으로 구별된 길이지만 그것들은 공존할 수 없는 것이 전혀 아니라는 것을 발견하였다. 결과적으로 모든 것은 각각 삶의 만족과 개별적으로 연합되면서 동시에 추구될 수 있다. Peterson 등(2005)은 또한 전념과 의미가 삶의 만족과 높은 상관이 있는 반면 즐거움은 단지 조금만 상관이 있다는 것을 발견하였다(Vella-Brodrick, Park, & Peterson, 2009). 이러한 발견은 즐거움이 행복과 삶의 만족에 대한 강한 예측 변인은 아니지만 여전히 행복과 관련이 있다는 것을 가르쳐 주고 있다. 사실상 즐거움에 대한 병리적인 상실 또는 병리적인 과잉은 주요우울장애 및 조증과 같은 정서장애의 황폐된 특징이다. 심리적으로 괴로워하는 많은 사람들은 그들의 불행감을 점점 더 즐거움을 경험함으로써 가라앉히려 한다. 그러나 유전적인 한계 때문에 우리는 즐거움을 경험할 수 있는 능력을 극적으로 바꿀 수는 없다(Kahneman, Krueger, Schkade, Schwarz, & Stone, 2006). 더욱이 우리는 쾌락에 쉽게 적응하고, 쾌락 그 자체, 특별히 감각적 쾌락은 분명히 행복으로 인도하지 않는다. 반대로 우리를 깊이 끌어들이고 의미를 고취시키는 행동들에 대해 우리는 천천히 적응한다. 왜냐하면 경험하는 동안 우리는 완전히 몰두되고 계속해서 환경과 관계하며, 가까운 장래에 있을 난제나 과업과도 계속해서 관계해야 하기 때문이다. 우리가 하나의 활동에서 과제를 정복하였기 때문에 점점 복잡한 목표를 달성하려고 분발한다. 예컨대, 단기간 몰두하는 것으로부터 장기간 매우 의미 있는 것에 이르기까지 예술적 추구에서 몰입을 더해 가는 것처럼, 의미와 목적의식은 전념으로부터 발달하는 것 같다. 충만한 삶은 개개의 여러 활동을 통해서든지, 아니면 단 하나의 활동을 통해서든지 즐거움, 전념, 의미, 긍정관계, 그리고 성취를 가져온다. 그에 반해서 공허한 삶은 이런 특성들, 특히 전념과 의미가 부족하고 결과적으로 심리적 문제로 끝난다.

심리치료 과정

표 13.3에서 보는 바와 같이 PPT의 시작에서부터 내담자들은 강점과 긍정적 특질을 깊이 탐색한다. 치료자는 내담자의 관심사에 조심스럽게 경청하고 그리고 내담자로 하여금 자신의 가장 좋은 상태를 보여 주는 실제 삶을 통해 또는 도전적인 상황을 성공적으로 대처하였을 때의 경험을 통해 자신을 소개하도록 격려함으로써 우선 우호 관계를 수립하는 데 초점을 맞춘다. 긍정적 소개는 자세하게 이야기되고 흔히 치료의 전 과정을 통해서 역동적인 담화가 진행된다. 치료자들은 내담자들이 긍정적 소개에서 이야기된 강점들을 설명하도록 격려한다. 내담자들은 이어서, 24개의 핵심 성격 강점을 간단하게 기술한 유인물을 받는다. 다음으로 내담자들은 자신의 대표 강점을 확인하기 위해서 온라인으로 VIA 강점 척도(Values in Action-Inventory of Strengths; VIA-IS: Peterson & Seligman, 2004)를 완료하도록 요구받는다. Seligman(2002)에 따르면 대표 강점은 각 사람들이 이것이 진짜 나다라고 생각하면서 자의식적으로 소유하고 알리는 본인의 강점이다. 각 사람은 이런 대표 강점을 드러내면서 신나게 되고 강점을 실행할 때 빨리 배우게 되고 강점을 실행하기 때문에 빨리 배우게 되고 그 강점을 활용할 때 소진되기보다는 오히려 생기가 나며 그리고 대표 강점을 둘러싼 계획을 실행한다.

표 13.3 PPT 14회기 모형 개요

회기	주제와 과제	설명
1	• PPT에 대한 오리엔테이션 • 긍정적 소개	• 비밀유지와 그 한계, 규칙과 역할과 책임이 논의됨, 숙제 완결의 중요성 또한 강조됨. • 나타난 문제가 긍정 정서, 전념, 긍정관계, 의미, 성격 강점과 같은 긍정 자원의 결핍 맥락에서 논의됨. • 내담자는 가장 좋은 상태에서 자기를 보여 주기 위하여 구체적인 이야기를 말해 주는 1쪽(약 300단어) 분량의 '긍정적 소개서'를 작성함.
2	• 성격 강점 • 역동적 강점 평가 • 축복 일기	• 내담자는 자신의 대표 강점을 확인하고 이를 긍정적 소개에서 설명함, 전념과 몰두를 키우기 위해 대표 강점이 논의됨. • 내담자는 72문항의 온라인 성격 강점 척도를 완성함, 의미 있는 두 집단(가족 구성원과 친구)이 대표 강점으로 알려진 최고의 성격 강점을 확인함(선택적). • 긍정 정서의 이점이 논의됨. • 내담자는 매일 저녁 (크든 작든) 세 가지 좋은 점을 기록하기 위해 일기 작성을 시작함, 뒤따라오는 매 회기는 매주 축복 일기를 진행하고 이익, 패턴과 도전을 확인하는 것으로 시작함.
3	• 대표 강점 • 대표 강점 행동계획	• 대표 강점이 다양한 관점들을 통합할 때 확인됨. • 내담자와 치료자는 특정 문제를 대상으로 하거나 전념을 더욱 배양하기 위하여 한정되고 측정 가능하며 성취 가능한 목표를 논의함. • 내담자는 목표를 구체적인 대표 강점 행동계획(SSAP)으로 구상하고 완성함.
4	• 좋은 기억 대 나쁜 기억 • 기억 작성하기	• 나쁘고 쓰라린 기억이 심리적 고통을 어떻게 영속시키는지 논의됨. • 긍정적인 인지적 재평가 전략이 나쁘고 쓰라린 기억을 고쳐 쓰고 다시 포장하기 위해 논의됨, 좋은 기억이 주는 이점 역시 강조됨. • 내담자는 나쁜 기억, 분노와 쓰라림에 대한 느낌 그리고 정서적 고통을 영속화하는 그들의 영향에 대해 기록함.
5	• 용서 • 용서 편지	• 특정 위배와 관련된 분노와 쓰라림의 감정을 중립적 또는 긍정 정서로 바꾸기 위하여 가능한 대안으로서 용서를 탐구함. • 내담자는 위배와 그에 관련된 정서를 묘사하고 위배를 저지른 사람을 용서해 주기로 서약함, 반드시 편지를 보낼 필요는 없음.
6	• 감사 • 감사 편지와 방문	• 감사가 지속적인 고마움의 표현으로서 논의됨. • 좋고 나쁜 기억의 역할이 감사를 강조하여 다시 논의됨. • 내담자가 한 번도 제대로 감사하지 않았던 사람에게 감사 편지를 쓰고 몸소 전달함.

(다음 쪽에 계속)

표 13.3 PPT 14회기 모형 개요(계속)

회기	주제와 과제	설명
7	• 치료 중간 피드백 회기	• 대표 강점 행동계획: 용서와 감사 과제 추적하기. • 치료 경과가 논의됨. 내담자와의 피드백이 논의되고 필수적인 변화가 생김.
8	• 만족하기 대 만족을 극대화하기	• 만족하기(충분히)와 극대화하기의 개념이 논의됨. • 내담자는 만족하기로부터 이득을 볼 수 있는 영역을 알아내고 계획함.
9	• 희망, 낙관성과 외상 후 성장 • 한 문 열리고 한 문 닫히고	• 낙관성과 희망이 자세하게 논의됨. 중요한 것은 잃었지만 다른 기회가 열린 때를 생각하도록 내담자를 도와줌. • 트라우마로 인한 잠재적 성장이 또한 탐구됨. • 내담자는 닫힌 문 세 개를 쓰고 난 후 어떤 문이 열렸는지 질문을 받음.
10	• 긍정적 의사소통 • 적극적 건설적	• 긍정적 의사소통 기법인 적극적-건설적 기법에 대한 논의. • 내담자는 적극적-건설적 기회를 자기 검열함.
11	• 타인의 대표 강점 • 강점 가계도	• 가족 구성원의 성격 강점을 통해 인정하고 연상하는 것의 중요성을 논의함. • 내담자는 가족 구성원들에게 온라인 대표 강점 척도를 실시하도록 부탁한 후 강점 가계도를 그리고 또한 가족 구성원들의 대표 강점을 검토하기 위해 직접 또는 가상의 모임을 계획함.
12	• 음미하기 • 계획적으로 음미하기	• 적응에 대비하여 보호하기 위한 기법과 전략 이외에 음미하기가 논의됨. • 내담자는 특별한 기법을 활용하여 음미하는 활동을 계획함.
13	• 이타주의 • 시간 선물	• 타인을 도움으로써 얻는 치료적 이득이 논의됨. • 내담자는 자신의 대표 강점을 활용하는 어떤 것을 함으로써 시간 선물을 줄 계획을 함.
14	• 충만한 삶	• 긍정 정서, 전념, 긍정관계, 의미 그리고 성취의 통합으로서 충만한 삶이 논의됨.

일반적으로 VIA 강점 척도 점수의 상위 5개가 내담자의 대표 강점으로 인정된다. 내담자들은 이어서 대표 강점들을 활용할 새로운 방법을 찾아보도록 요구된다. 이 접근법은 비록 비임상적 상황에서는 유용하고 효과적이지만 결정적인 임상적 필요를 충족시키지 못할 수도 있다. 예컨대, 최고 순위의 강점에 배타적으로 초점을 맞춤으로써 내담자에게 약점, 결핍, 그리고 난제—동등하게 실제적이고 당연한 것이다—가 임상적 주의를 받을 가치가 없다는 경솔한 메시지를 줄 수 있다. 따라서 강점과 증상을 통합할 수 있는 유일한 기회를 놓칠 수 있다. 이러한 결점을 피하기 위하여 PPT는 **역동적 강점 평가**로 알려진 포괄적인 접근법을 따른다(Rashid & Ostermann, 2009). VIA 분류모형(Peterson &

표 13.4 역동적 강점 평가의 예

	강점	자신	타인	VIA	활력적/국면적	과소/과다	바람직한	합산 점수
1	심미안							
2	진실성과 정직							
3	용감성과 용맹							
4	창의성							
5	호기심							

Seligman, 2004; 표 13.3)을 활용할 때 내담자는 처음으로 제목이 없는 상태로 24개의 핵심 강점들을 간단하게 기술한 인쇄물(강점마다 대략 20~25단어)을 받는다. 내담자들은 자신들의 성격을 가장 잘 설명해 주는 5개의 강점들을 확인한다(그러나 순위를 매기지 않음). 똑같은 자료가 친구 또는 가족 구성원으로부터 수집된다. 내담자는 그다음에 강점에 대한 온라인 자기보고식 척도를 끝낸다. 72문항의 대표 강점 질문지(Signature Strengths Questionnaire: SSQ; Rashid & Uliaszeck, 2012) 또는 240문항의 VIA 강점 척도(Peterson & Seligman, 2004)가 있다. 다음으로 내담자들은 그들의 강점들을 계산하기 위해서 24개 강점의 이름이 있는 활동지를 제공받는다. 활동지를 통해 내담자들은 합산 점수를 얻기 위하여 모든 관점을 합산한다(표 13.4 참조). 상위 5개의 강점 점수가 일반적으로 대표 강점이다. 동점은 드러나 보이는 관심사를 설명할 때 관계성의 견지에서 상호 논의를 통해서 해결된다. 바꿔 말하면, 만일 친절과 학구열이 동점일 때 드러나 보이는 관심사의 해결에 친절이 더 적절하다면 친절에 우선권이 주어질 것이다.

이어서 내담자는 이러한 강점들의 발달과 활용을 설명해 주는 기억, 경험, 실제 인생사, 비화, 성취, 그리고 기술을 이야기한다. 확실히 모든 강점들이 모든 상황에서 쉽사리 활용되는 것은 아니다. PPT는 다양한 상황에서 각 개인의 역동을 적절하게 만족시킬 수 있는 강점들을 계산적으로 융통성 있게 활용한다(Schwartz & Sharpe, 2006). 이것은 여러 관점으로부터 확인된 대표 강점에 대한 논의로 인도한다. 그들의 활용에 의거하여 강점들은 **활력적**(tonic; 친절이 거의 모든 상황에서 발휘된다) 또는 **국면적**(phasic; 친절이 가정이 아니라 직장에서만 발휘되고, 공평이 소수의 상황에서만, 또는 협동이 선호하는 집단에서만 발휘된다) 양상으로 논의된다.

내담자들은 또한 강점의 과소 또는 과다 사용을 확인한다(예: 친밀한 관계에서 친절의 과소 사용). 강점들의 의미와 미묘한 차이를 조사한 후에 내담자는 드러나 보이는 관심사를 해결하기 위해 적절하게 활용될 수 있는 바람직한 강점 5개를 확인하도록 요구받는다. 대표 강점들의 상승 작용적인 효과도 역시 논의된다. 예컨대, 내담자는 난처한 사회적 관계를 다루기 위해 친절과 사회지능을 활용할 수 있다. 또는 금연이나 매일의 일정에 포함시키는 연습 같은 개인적인 목표를 달성하기 위해 자기조절이 인내심과 결합될 수 있다.

성격 강점은 치료 전체에 걸쳐 치료적 작업에 쉽게 편입될 수 있다. 심지어 결핍 모형에서 훈련받고 경험한 치료자들조차도 그들의 내담자가 자신의 난제와 강점(정서적 지능)을 숙고할 수 있는지 조사하는 안정된 방법들을 찾을 수 있다. 예컨대, 본인을 괴롭히는 부정적 기억을 확인하기(예: 원한 품기), 특정한 사람 · 상황 · 경험에 대한 긍정 기억에 접근하기(음미하기), 자신의 문제를 극복하기 위해 강점을 활용하는 기술 개발하기(예: 자기조절, 인내와 용기) 등이다.

대부분의 치료자들은 그들의 치료적 틀을 의미 있게 바꾸지 않고도 강점을 치료에 반영할 수 있다. 다음의 사례들은 특정 강점이 어떻게 현재의 문제와 연결될 수 있는지 설명해 준다.

- 29살의 불안한 여성은 어떤 일을 하다 말고, 열의 없이 하고, 활기찬 기분을 느끼지 못하고, 흥분하여 힘차게 삶에 다가갈 수 없다고 보고하였다. 이 내담자로부터 기분 좋은 일화와 경험들을 이끌어 냄으로써 내담자가 열정과 열성을 내도록 도와주었다.
- 19살의 대학교 2학년 학생은 좋은 학업성적에도 불구하고 장래가 최악일 것으로 기대하고 그가 아무리 열심히 노력한다 하더라도 대학원에 진학하려는 자신의 목표를 달성할 수 없을 것이라고 믿었다. 그는 강점들 중에서 희망과 낙관성이 부족하였다. 그로 하여금 이전에 자기가 성취한 것을 바탕으로 실제적이고 낙관적으로 상황을 재평가하도록 함으로써 그의 기대를 새로운 방향으로 정하도록 도왔고, 그리고 자기가 열심히 공부한다면 자기의 목표(인내, 낙관성)를 달성할 수 있을 것이라고 확신하기 시작하였다.
- 29살의 소수민족 여성은 자신의 인생에서 좋은 일이 생긴다고 인정하지 못하고 오직 인생에서 부정적인 측면에만 초점을 맞추었다. 감사 일기에서 세 가지 좋은 것을 기록하고 치료자와 그것에 대해서 논의함으로써 그녀는 자신의 인생에서 이미 존재하였던 좋은 것들을 알아차리고 깊이 감사하였다.
- 33살의 여성은 어떤 과제라도 좀 힘들어지기 시작하면 그 순간 포기하였다. 그래서 그녀는 자기가 시작한 것을 결코 완수할 수 없었다. PPT는 그녀가 느긋해지고 (음미하기) 작은 단계로 과제를 나누고 자기의 활동 수준(자기조절과 인내)을 검열하도록 도왔다. 더 나아가 그녀는 특정 기술의 부족으로 인하여 끝내지 못하고 있는 과제를 자기가 완수할 수 있도록 돕게 하기 위하여 친한 친구로부터 지원을 이끌어 냈다.
- 38살의 의기소침한 미혼모는 복학하였는데, 대부분의 PPT 연습이 처음에는 도움이 되었지만 그러고 나서 개입의 효력이 차츰 줄어들었다고 말하였다. 창의성이 그녀의 최고 강점들 중 하나였다. 그녀에게 특정 연습에서 가능한 다양성(예: 직장이나 가정에서 감사하기 위해 영역을 선택하는 것)을 소개해 주었다. 마침내 그녀는 매우 빠르게 적응하지는 않아도 다양한 연습 방법을 만들어 낼 수 있었다.

위의 다섯 가지 사례는 내담자가 인생의 문제를 해결하기 위하여 강점에 근거한 개인화된 방법을 생각해 내도록 어떻게 도움을 받을 수 있는지를 설명해 준다. 이러한 방법은 자주 내담자에게는 증상에 의한 고통 때문에 숨겨져 있다. 그러나 내담자들은, 어떤 대표 강점이 문제와 관련 있는지, 그 강점이 다른 강점들과 갈등하지는 않는지(예: 만일 어떤 사람이 정직하고 친절한 것 모두를 할 수 없다면 그중 한 가지 정직하거나 친절해야만 하는가?), 그리고 추상적인 대표 강점들을 어떻게 구체적인 행동으로 옮길 것인지, 주의 깊은 고찰을 통해 실용적인 지능을 개발하도록 격려받는다(Schwartz & Sharpe, 2006). 강점을 활용할 때 내담자들은 유연한 접근을 택하도록 격려받는다. 복잡하고 역동적인 대인관계 맥락에서는 그런 방식으로 하는 것이 거의 언제나 필수적이다. 예를 들면, 내담자들은, 건강하고 최적인 상태를 달성할 수 있기 위해 특정 강점을 활용할 때 정신적 · 신체적 자원들을 언제 어떻게 재조정하거나 재배치하는지 배우면서, 강점 활용을 짜 맞추도록 도움을 받지만 또한 그 과정을 자기 검열하도록 격려받는다.

내담자들은 흔히 부정적 정서와 부정적 기억으로 고통받고, 이런 기억에 의해 덫에 걸린 것같이 느끼기 때문에 심리치료를 찾는다. 줄곧 약한 사회적 지원과 결합된 하부구조는 피해자 사고방식을 강화한다. 이 사고방식은 차례로 개인적 책임감을 포기시킨다. **긍정적 재평가**(positive reappraisal)와 같은 PPT 연습은 이러한 쓰라린 기억들을 풀어내도록 내담자들을 격려한다. 추가 전략들은 다음과 같다.

1. 내담자들은 자신들과 부정적 기억 사이에 **심리적 공간**을 만든다. 그렇게 하는 한 가지 방법은 쓰라린 기억을 제3자의 관점에서 묘사하는 것이다. 이것은 확실히 덜 사적이고 더 중립적이다.
2. 내담자들은 **쓰라린 기억에 대한 부정적 · 긍정적 측면의 목록**을 생각해 낸다. 부정성에 대한 마음의 경향 때문에 간과하였을 수 있었던 쓰라린 기억에 대하여 긍정적이거나 적응적인 측면을 생각해 내는 것이 목적이다.
3. 내담자들은 **쓰라린 기억을 회상하도록 활성화하는 단서를 인지하고** 쓰라린 기억을 완전히 회상하는 것을 중지시키기 위하여 곧바로 적응적이고 대안적인 행동(기분전환)에 몰두하도록 도움을 받는다. 강하게 상호 연결되어 있기 때문에 우울한 내담자의 쓰라린 기억은 자주 외적인 단서에 의해서 유발된다. 대안적인 행동에 전념하면 주의력의 원천(attentional resources)이 전환되고, 내담자는 쓰라린 측면의 기억을 마침내 잊어버리게 된다.
4. 마지막으로 내담자들은 **마음챙김**(mindfullness)에 전념한다. 명상은 불안하고 우울한 내담자들을 진정시켜 준다. 게다가 마음챙김은 자연적으로 긍정 정서를 불러일으킨다. 정서는 일시적이고 덧없는 것이라는 사실에 감사하면서 마음챙김은 정서와 행동에 대한 자기조절을 강조한다.

내담자들은 또한 **용서**를 선택할 것을 고려하도록 요청받는다. 연구에 따르면 서면으로 한 사적인 공개가 흔히 고통스런 기억 및 경험과 연합된 인지적 · 정서적 압박을 풀어주고 안녕감을 증가시켜 준다(Bauer, McAdams, & Pals, 2006). PPT에서 활용되는 연습이 부정적이고 불편한 정서를 야기하는 것은 흔한 일이 아니다. 명칭이 내포할 가능성이 있음에도 불구하고 긍정심리치료의 초점이 전적으로 인간 경험의 긍정적인 측면에 있는 것은 아니다. 부정적인 경험이 없는 인생을 상상하는 것은 아마 순진무구할 것이다. PPT는 부정 정서를 부인하지도 않고 내담자들로 하여금 장밋빛 안경을 통해 세상을 보라고 하지도 않는다. 대신에 PPT는 동시에 내담자들이 그 효과를 탐색하며 힘들고 외상적인 경험들로부터 잠재적인 긍정성을 찾아내도록 부드럽게 격려하는 동안 이러한 경험들을 타당화하는 것을 목표로 삼는다. 연구에 따르면 그렇게 함으로써 건강하게 해 주고 심리적 성장을 촉진하는 경향이 있기 때문에 이것은 장려되었다(Bonanno & Mancini, 2012). 그러나 이런 탐색 과정에서, 예컨대 정신적 외상, 상실 또는 역경이 개인적인 성장과 발달을 위해 제공할지도 모르는 긍정적인 기회를 지나치게 빨리 지적함으로써 치료자가 이러한 경험들을 시시하게 만들지 않는 것은 중요하다. PPT에서 만들어진 온정, 이해, 선의를 가지고, 감정적인 표현을 경청하고 촉진할 수 있는 치료자는 내담자가 긍정적인 결과를 얻을 수 있는 방식으로(그리고 속도로) 이러한 불편한 경험들을 조사하고 반추하게 도울 수 있을 것이다. 그렇게 하는 동안 내담자들은 어떻게 부정적인 경험을 더 긍정적인 마음가짐으로 만나고, 도움이 되는 방식으로 이러한 경험들을 재구성하고 분류하는지 그 방법을 배울 수 있다. PPT 치료자들은 내담자 경험의 긍정적인 측면을 명료하게 하기 위하여 부지런히 작업한다. 그러나 그들은 행복에 대해서 지나치게 어리석을 정도로 낙천적이거나 극단적일 정도로 낙천적인 관점을 갖지 않도록 주의한다. 그들은 온정적이고 진실하며 협력적인 관계를 수립한다. 그리하여 강점에 대한 검증과 강점 수립에 대한 잠재력에 초점을 맞추는 확대경을 쓰고 내담자의 세계로 들어갈 수 있다. 그들은 어디서 어떻게 강점을 찾는지 그리고 이러한 강점들을 내담자의 성격, 목표, 가치, 자원, 대인관계의 세계, 그리고 삶의 환경과 어떻게 제휴시키는지 알아야만 한다. 우리는 이 과정이 전통적인 결핍 지향적 접근보다 더욱 평등주의적인 치료적 관계를 만든다고 믿는다.

또한 PPT는 명백하게 감사와 같은 긍정 정서를 계발하는 데 초점을 맞춘다. 치료의 전 과정을 통하여 내담자들은 그들에게 일어난 세 가지 좋은 것과 왜 그것이 일어났는지를 매일매일 기록하도록 요구받는다. 이것은 크고 작은 축복에 대하여 진행 중인 일기가 된다. 대부분의 내담자는 이것이 부정적인 경험을 처리할 뿐만 아니라 친구들이나 가족의 친절한 행동과 제스처를 명백하게 알아차림으로써 (감사 일기에서) 관계를 공고히 할 수 있다는 점에서 도움이 될 수 있다는 것을 발견한다. 그리하여 감사에 대한 새로운 의식이 기존의 관계를 위해 발달한다. 내담자들은 감사하지만 적절하게 감사함을 표현하지 못하였던 사람을 생각하도록 요구받는다. 그들은 그 사람에게 감사의 뜻을 담은 편지를 작성하고 전화를 통해 읽어 주거나 대면하여 직접 읽어 주도록 요구받는다. 이 연습은 직접 이루어질 때 마음으로부터의 깊은 긍정 정서를 불러일으킨다.

임상적 경험에 따르면, 모든 내담자들은 매우 빠르고 복잡한 환경 속에서 사는 삶과 관련된 스트레스 요인을 관리하기 위한 방법으로서 치료를 찾는다. 만족하기 대 극대화하기(Schwartz, Ward, Monterosso, Lyubomirsky, White, & Lehman, 2002) 그리고 음미하기와 같은 PPT 연습들은 내담자를 가르쳐서 의도적으로 그들이 정상적으로라면 서둘렀을 경험들을 천천히 하고, 즐기도록 한다(예: 식사하기, 샤워하기, 일하러 가기). 그 경험이 끝났을 때 내담자들은 그들이 급하게 해치웠을 때와 비교하여 그들이 무엇을 하였고 어떻게 다르게 느꼈는지 반추하고 기록한다. 의미 있는 삶은 직장이나 지역사회 안에서 의미 있는 타자와의 양육적인 관계 없이는 촉진될 수 없기 때문에 마지막 몇 개의 연습들은 친밀한 관계에 초점을 맞춘다(Stillman & Baumeister, 2009). 대인관계를 강화하는 데 초점을 맞춘 연습들에는 내담자로 하여금 타인들의 대표 강점을 탐색하도록 하는 것과 적극적이고 건설적인 의사소통 양식을 배우는 것(Gable, Reis, Impett, & Asher, 2004), 그리고 타인의 관심사에 시간을 할애하는 것을 포함하는 관대한 행동을 한다. PPT를 실천하는 임상가에게 잠재적으로 벅찬 과제는 임상가가 '긍정적'이라고 칭하는 것이 내담자에게 처방적인 것으로 받아들여지지 않도록 하는 것이다. PPT는 긍정적인 속성의 이점을 분명하게 입증하는 경험적 근거를 가지고 있다. 채소를 먹고 운동하는 것이 유익하다는 것을 의학적 연구가 보여 주는 것과 똑같이, 특정한 습관과 행동을 채택하는 것이 행복과 안녕에 관계된다는 것을 연구는 보여 준다(Gable & Haidt, 2005). PPT 연습들은 내담자에게 당면한 임상적 필요(예: 타인과의 갈등, 연인과의 이별, 진로 관련 문제)를 채우기 위하여 특별 주문에 따라 만들어진 것이다. 그리고 치료 기간과 연습의 순서는 내담자 각각의 환경과 내담자가 연습을 완수할 가능성에 적합하도록 다양할 수 있다.

심리치료 기제

PPT에는 몇 가지 변화의 기제가 있다.

1. PPT는 심리치료에 대한 다른 모든 접근과 마찬가지로 치료적 자원을 확장하고 수립한다. 예컨대, 전통적인 정신역동적 심리치료에서 내담자는 자신의 주관적 세계를 개방하는데, 그것은 치료자에 의해서 단독으로 해석된다. 치료자는 내담자가 통찰을 얻도록 도와주기 위하여 연합을 해석하고, 그것으로 인해 더 넓은 시각을 만들게 된다. 인지적 · 행동적 치료는 내담자의 행동과 인지의 목록을 넓힘으로써 같은 일을 한다. PPT는 긍정 정서를 일으키는 행동을 수행하도록 함으로써 내담자의 관점을 넓혀 준다. 긍정 정서는 본질적으로 빠르게 사라지는데도 불구하고 의미를 확장하고 행동 목록을 넓히고 내담자가 새로운 아이디어를 만들어 내도록 돕고 오래된 쓰라린 기억을 재해석하도록 촉진한다. 확장은 인지적 · 정서적 · 행동적 수준에서 일어난다. 따라서 PPT의 긍정 정서는 단순히 즐거움이나 행복의 표시일 뿐만 아니라 더욱 중요하게 인지적 · 행동적 · 정서적 변화를 만들어 낸다. 예컨대, 감사 일기를 씀으로써 23살의 낙담한 여성 내담자는 기분이 훨씬 좋아졌고, 그녀 어머니의 작은 친절 행동에 감사하기 시작하였다. 이것은 그녀로 하여금 어머니에 대한 관점을 지배적이고 주제넘게 나서고 불안한 것으로부터 간혹 어느 정도 지배적일 수 있는 보호적인 어머니에 대한 더 현실적인 관점으로 변화시켰다.
2. 내담자는 흔히 부정 정서와 부정적 기억에 의해서 고통받기 때문에 심리치료를 찾는다. PPT 연습은 내담자가 부정적인 기억들(예: 쓰라린 기억들)을 끄집어내도록 돕고, 이 장에서 기술한 특정 전략들을 활용하여 주의 깊고 철저하게 긍정적 재평가를 한다. 행동적 · 인지적 · 정서적 유연성을 증가시키는 것이 목표이다. 이것은 보통 내담자가 긍정적인 자기소개서를 완성하고 자기의 성격 강점을 확인(흔히 긍정 정서를 만

드는 연습들)한 후에 이루어진다.

3. 경험적이고 기술을 쌓아 가는(skill-building) PPT 연습들은 내담자에게 대표 강점을 발달시키도록 허용한다. 증상에 의한 고통은 이러한 유용한 자질들을 계속해서 감추고, 치료를 받기 위해 찾아오는 내담자들은 자주 자신들의 특정한 강점을 알고 있다.

   지름길이고 현대적 장치에 의존하는 쾌락적인 행동과는 다른 PPT 연습은 시간 집약적인 의도적 활동이다(예: 먼저 감사 편지를 쓰고 이어서 감사 방문을 완수하기, 대표 강점을 활용할 계획을 궁리하기, 날마다 일기에 세 가지 좋은 것을 쓰기, 음미하는 날을 정하기, 시간 선물을 주기). 빠르게 사라지는 감각적 쾌락과 비교할 때 이런 행동들은 더 오래 지속하고 많은 생각과 해석을 포함하며 쉽게 익숙해지지 않는다. 치료의 시작으로부터 내담자들은 행복이 단순히 생기는 것이 아니라 생기도록 그들이 만들어야 하는 것이라고 배운다. PPT 패러다임에서 행복은 단지 기분이 좋은 것이 아니라 착한 일을 하는 것이다. 그런데 행복은 자주 기분 좋게 만든다(Steger, Kashdan, & Oishi, 2008).

   내담자들의 대표 강점들을 가볍게 자극하는 어떤 행동도 수용될 수 있기 때문에 PPT 연습들은 변화한다. 예컨대, 창조성이라는 대표 강점을 가진 내담자는 자신의 창조성을 활용할 수 있는 어떤 것을 생각해 보도록 요구받았다. 그녀는 늘 해 보고는 싶었지만 결코 그것을 할 만큼 충분히 동기화되지 않았던 도자기 공예를 선택하였다.

4. PPT는 앞으로 있을 문제를 다루기 위한 것이다. 어떤 심리치료는 억압된 감정을 발산함으로써 또는 노여움이나 분개를 발산할 수 있는 장소를 제공함으로써 치료적 변화를 가져오는 데 효과적일 수 있다. PPT는 내담자의 관심사에 공감적으로 경청하지만 또한 우울 증상에도 불구하고 잘 기능할 수 있도록 내담자를 적극적으로 가르친다. 문제해결을 위해 대표 강점 활용과 긍정적 평가 같은 연습들은 궁극적으로 내담자들이 자신들의 성격과 환경에서 피할 수 없고 불편한 측면에 대해 편안해지는 것을 배우도록 도와준다. 더욱이 대표 강점에 대한 체계적이고 철저한 확인은 내담자로 하여금 자신들의 긍정적 특성에 대해 더 깊이 생각하도록 허용한다. 약점에 대해 생각하는 것이 취약하게 느끼도록 만들 가능성이 높다면, 현실적인 방법으로 강점에 대해 생각함으로써 자신감을 지원하고 그들의 문제를 더 효과적으로 다룰 수 있도록 준비시킬 가능성이 높다.

5. 마지막으로 내담자가 변하도록 도와주는 것으로서 무엇보다 중요한 기제는 **주의를 재교육**(reeducation of attention)하는 것이다. 심리치료를 받기 위해 찾아오는 대부분의 내담자들은 타고난 부정적 경향성의 증가를 경험한다. 그리고 그 경험의 부정적인 측면을 생각해 내고 그것에 초점을 맞춤으로써 지나치게 강조하는 것을 터득하였다. 여러 개의 PPT 연습들은 주의, 기억과 기대를 부정적이고 파멸적인 것으로부터 긍정적이고 희망적인 것으로 재교육하는 것을 목표로 한다. 예컨대, 감사 일기를 계속 씀으로써 인생의 불만스러운 측면(예: 장애물, 낙담)을 깊이 생각하는 경향에 대항할 수 있고, 내담자들이 인생을 풍요롭게 하고 활력을 주는 사건들(예: 돌보는 행동, 목표 달성) 쪽으로 향하도록 한다. 마찬가지로 감사 방문은 내담자의 기억을 과거의 관계

에 대한 비우호적인 측면으로부터 친구들 및 가족과의 상호작용에 대한 좋은 것들을 음미하는 쪽으로 바꿀 것이다. 주의, 기억과 기대를 재교육하는 것은 일기 쓰기를 통해 언어적으로 성취된다. 시간 집약적인 긍정적 활동에 참여하는 것은 내담자들에게 그들의 고통에 대해 곰곰이 생각할 시간을 주지 않는다.

효과적인 심리치료는 문제를 해결하기 위해서 아이디어의 생성과 행동이 필요하다. 그러나 치료자가 강한 치료적 동맹을 수립하지 않는다면 이것은 불가능하다. 치료자–내담자 상호작용이 긍정적이어야 하고 공감, 온정과 진정성에 의해서 특징지어져야 한다고 모든 중요한 심리치료 접근은 강조한다. 비록 전통적인 심리치료에서는 약점에 대한 논의를 통해 최초로 이것이 성취되지만, 내담자가 죄를 짓고 용서받지 못하였을 때, 그리고 비난이 솔직한 평가에 의해서 균형 잡혔을 때, PPT 내담자와 치료자는 부모가 아이의 욕구를 충족시켜 준 실례에 대해서 말한다. 이러한 일이 벌어질 때 개인의 강점에 초점을 맞추는 것은 개인의 약점에 초점을 맞출 때보다 변화를 만들어 낼 가능성이 더 많다. 예컨대, 침울한 감정과 예전에 즐겼던 활동에 대해 흥미를 잃는 것은 매일 자신의 문제를 반추하면서 시간을 보내는 내담자의 대표적인 성격 특성이었다. PPT를 통해 내담자는 자신의 대표 강점 중에 심미안이 있었다는 것을 발견하였고, 치료자의 도움으로 이러한 강점들을 자극하는 활동들을 설계할 수 있었다. 이런 활동들에 전념한 후에 내담자는 쓸모없는 반추의 수준이 감소하였음을 보고하였다.

누가 이득을 보지 못하는가

PPT는 처방적이지 않다. 대신에 그것은 개인이 자기 경험의 긍정적 측면에 주목할 때 틀림없는 이득이 생긴다는 것을 다양하게 입증해 주는 과학적 증거에 기초한 기술적(descriptive) 접근이다. 여전히 몇몇 내담자들은 성격이 치료자로부터 판단을 끌어낼 수 있기 때문에 치료적 대화에 설 자리가 없다고 느낄 수 있다. **책임과 자유 의지가 PPT에서 필수적인 과정이라는** 것이 우리의 입장이다. 만일 내담자의 문제를 생활환경 탓으로 돌린다면 완전히 무시되지는 않을지라도 그 내담자의 책임은 최소화될 것이다. 따라서 피해자라는 자기인식으로 깊이 숨은 내담자는 아마도 처음에는 PPT로부터 도움을 받지 못할 것이다. 마찬가지로 성격 강점을 확인함으로써 자기애적 성격을 가진 어떤 사람의 부풀려진 자기조망을 과대하게 생각할 수 있다. 따라서 각각의 성격 강점과 연관된 특징에 관하여 철저하게 논의하는 것은 중요하다.

PPT는 만병통치약이 아니고 모든 상황에 처해 있는 모든 내담자들에게 적절한 것도 아니다. 예컨대, 외상을 경험하였던 내담자들은 처음에 PPT 접근 방식에서 이득을 보지 못할 것이고 특별히 그들의 외상과 그 영향을 목표로 한 처치에 더 잘 반응할 것이다. 치료자는 외상을 약화시키는 효과를 잊어버리거나 최소화하지 않고 **외상 후 성장**(posttraumatic growth: PTG)을 향해 급히 나가는 것이 중요하다. PTG는 이미 타고난 심리작용이라는 사실을 아는 것이 내담자에게 자신감을 되찾게 할 수 있지만, 임상적 판단과 협력적인 의사결정은 모든 PPT 연습의 적합성, 시기의 적절성과 종료를 결정하는 데 꼭 필요하다.

부분적으로 오랫동안에 걸친 행동적 · 정서적 양식을 변화시키려는 동기는 치료 과정 동안 계속 변화하기 때문에 직선적인 향상의 진행 과정을 기대하는 치료자와 내담자는 모두 PPT를 잘 다루지 못할 것이다. 행동의 변화는 어렵고 지속적인 노력을 요구한다는 것은 분명하다. 게다가 내담자들은 다양한 PPT 연습에서 차별적으로 혜택을 본다. 한 내담자의 경과 때문에 다른 내담자의 유사한 경과에 대하여 치료자에 대한 편견을 가져서는 안 된다. 마지막으로 비록 예비연구가 전망이 좋은 결과를 보고하였지만 그 결과를 신중하게 고려해야 하며, 특정한 임상조건, 일반화 가능성, 또는 가능한 중재 변인의 역할에 따른 PPT의 효능에 대하여 어떤 확고한 결론이 내려지기 전에 큰 규모로 반복될 필요가 있을 것이다.

적용

누구를 도울 수 있는가

임상적 실례에 더하여, PPT를 구성하는 핵심 연습들(예: 대표 강점을 탐색하고 활용하기, 세 가지 축복 일기, 감사 편지 또는 방문, 그리고 적극적이고 건설적으로 반응하기)은 일상적 · 행정적 코칭, 교육, 그리고 조직에서 비임상적 실례에도 광범하게 활용되었다(개관을 위해서는 Seligman, 2011 참조). 더욱이 무작위 통제된 중재 연구들이 이러한 연습들을 활용하면서 온라인으로 완료되었는데, 역시 유망한 결과를 보여 주었다(Mitchell, Stanimirovic, Klein, & Vella-Brodrick, 2009). 인터넷은 접근하기 쉽고 알맞은 방법으로 광범한 사람들에게 긍정심리학과 PPT에 대한 정보를 보급할 수 있는 가능성을 제공한다. PPT는 고통을 경감시킬 뿐만 아니라 안녕을 높여 주기 때문에 심리치료의 지평을 확장시킬 수 있는 엄청난 가능성을 제공한다.

PPT의 영향을 확장할 수 있는 한 가지 방법은 임상적 증상을 보이지는 않을지 모르지만 안녕감을 증진시키기 위하여 기술을 발달시킬 필요가 있는 '정상적인' 사람들에게 다가가는 것이다. 긍정 심리 개입은, 안녕을 위하여 개인의 자원을 개발하는 데 중점을 두는데, 기업, 보건의료, 교육, 공공행정 분야의 임원들에게 개인적 · 일상적 · 행정적인 코칭을 할 때 광범하게 활용되었다. 마찬가지로 예술가들이나 다양한 창조적 영역에서 일하는 개인은 최적의 창조적 경험—몰입—에 초점을 두는 긍정심리학 개입으로부터 이득을 보았다(Csikszentmihalyi, 1990).

PPT는 또한 심리적으로 혼란을 겪는 광범한 사람들을 도울 수 있다. 예컨대, 비난을 밥 먹듯이 받으면서 성장한 낙망한 내담자들이 자신들의 강점을 알아내고 믿도록 도움을 받을 수 있다. 겉보기에는 단순한 연습이 약점에 대한 현실적인 평가와 협력하여 내담자들에게 희망을 고취시킬 수 있다.

치료

우울 증상이 있는 내담자들이 PPT 연습으로부터 가장 많이 이득을 보는 것 같다. 왜냐하면 이 연습들이 내담자들의 우울 감정과 슬픈 감정, 무망감, 무력감에 대항하는 긍정 정서와 긍정 경험들을 명백하게 만들어 내기 때문이다. 우울에 더하여 동시 발생 장애를 가진 내담자들(예: 우울과 불안, 우울과 적응 문제)은 자기들에게 희망, 낙관성, 끈기, 그리고 자기조절과 같은 성격 강점들을 탐색하고 개발하고 활용할 수 있도록 가르쳐 주는 PPT 연습으로부터 이득을 볼 수 있다. 이 과정은 심리적으로 괴로워하는 어떤 사람에게도 도움이 될 수 있다. 예를 들어, 희망이 별로 없는 내담자를 생각해 보라. 이 내담자는 또한 동기도 부족할 가능성이 있고 아마도 치료 목표를 분명하게 하기 위해서 크게 노력해야만 할 것이다. 현실생활에 대한 이야기를 통해 강점을 확인하고 분류하고 인식하는 과정(긍정적 소개, 표 13.3)은, 그녀를 행복의 방향으로 움직이게 할 특정 목표를 협력적으로 만들어 낼, 그녀의 자신감과 자기효능감을 증대시킬 가능성이 높다. 집단 PPT 역시 우울증(Bay, 2012), 중독(Akhtar & Boniwell, 2009), 경계성 성격장애(Rashid & Uliaszek, 2012), 그리고 조현병(Meyer, Johnson, Parks, Iwanski, & Penn, 2012)을 포함하는 심리적 장애의 범위에서 효과가 있는 것으로 보였다.

표 13.3에 나타난 PPT 치료 계획안은 구조적이고 계열적으로 보일 것이다. 그러나 PPT는 사실상 유연한 심리교육적인 접근 방법이다. PPT 연습들은 개인적인 관심사를 표현하도록 적용시킬 수 있고 특정 내담자의 요구를 충족시키는 어떤 계열로도 활용될 수 있다. 더욱이 간혹 한두 개의 연습은 치료적 반응을 만들어 내기에 충분할 수 있다. 예를 들어, Tayyab Rashid는 최근에 타인의 부정적 평가에 대한 두려움으로 두드러진 사회적 불안 증상을 겪고 있는 젊은 성인 남성을 치료하였다. 긍정적 소개라는 PPT 연습은 각색되어서 내담자는 실제적인 부정적 평가 또는 느껴진 부정적 평가를 극복하였을 때 실제 생활의 상황을 기술하도록 요구받는다. 그는 단지 마지막 3분의 결정적인 농구시합을 위하여 그의 모든 정신력을 모았고 승리의 3점을 득점하였던 감동적인 이야기를 썼다. 그는 그렇게 하였다고, 즉 "관중들의 꿰뚫는 시선은 아랑곳하지 않고 나는 단지 시합에만 집중하였다."라고 말하였다. 우리는 그가 위업을 성취하기 위해 활용하였던 내적 자원에 대해 논의하였고 또한 그 자원을 지금 그가 어떻게 활용할 수 있는지 논의하였다. 특히 타인에 의해서 그의 대표 강점을 확인하는 것은 그의 치료 경과에서 결정적 요소인 자신감을 그가 회복할 수 있도록 엄청나게 도와주었다. 단지 두 개의 연습—긍정적 소개와 강점에 대한 역동적 평가—만 활용되었고, 이 연습에 단지 여섯 회기만 소요되었다. 그러나 그들은 상호 동의에 의해서 치료를 종결할 만큼 충분한 치료적 진전을 가져왔다.

집단 PPT는 개인 PPT보다 더 구조화되어 있고 더욱 강력하다. 왜냐하면 강점에 기반한 집단원들의 이야기 그리고 긍정 정서와 전념을 만들어 낸 그들의 방법에 대해 경청함으로써 서로 간의 행복을 지원할 때 집단원들이 유대를 형성하도록 돕는 치료적 상승효과를 흔히 만들어 내기 때문이다.

PPT 연습은 또한 다른 치료방식을 위해 채용될 수 있다. 예를 들면, Kaufman과 Silberman(2009)은 일이 잘못되었을 때 상대 배우자가 긍정적인 어떤 것을 하였는지 각각의 배우자에게 물어봄으로써 감사 일기의 수정판을 활용한 사례 연구를 기술한다. 시간이 지나면서, 점점 그들 관계의 질이 좋아졌기 때문에 두 사람은 각 배우자가 상대방을 위해 한 많은 하루하루의 일들을 알게 되었다. 마찬가지로 우리는 일반적인 가계도를 PPT 연습(강점 가계도, 표 13.3)에 맞게 수정하였는데, 그것은 가족 구성원들이 가족과 자신에게서 찾아낸 성격 강점들을 인정하고 논의하고 소유하고 소중히 여기도록 도와준다. PPT는 단독으로 치료에 활용될 수 있고, 그 연습들이 해체형 접근 방법(dismantling approach)으로 활용되거나, 인지행동치료와 같이 잘 입증된 치료법(protocol)과 쉽게 통합될 수 있다(Karwoski et al., 2006).

특히 다양한 문화적 배경을 가진 내담자들을 치료할 때 치료자는 치료가 처방적으로 제공되지 않을 뿐만 아니라 유럽 중심(Urocentric)의 국경 안에 포위된 것이 아니라는 것을 꼭 기억해야 한다. 예컨대, 처음에는 대화 치료(talk therapy)를 통해 정신건강을 회복시키고, 형식논리(예: PPT의 긍정적 인지 평가)를 적용하는 것은 아마도 그들의 추론을 언어화하고 정서와 경험을 분류하기를 좋아하며 맥락의 영향을 쉽게 간과할 수 있는 서양인들에게 더 적절할 것이다. 반면에 동양인들은 확실히 모순된 명제를 더 즐기려 하고 더 반영하며 사건 간의 관계를 더 잘 볼 수 있다(Nisbett, 2008). 유능한 치료자는 세상을 보는 문화의 렌즈를 언제나 인식하고 있어야만 한다.

증거

무작위로 통제된 두 개의 중재 연구(예: Seligman, Steen, Park, & Peterson, 2005; Seligman, Rashid, & Parks, 2006)는 PPT 연습이 단독으로 실시되었든, 종합 치료 패키지로 활용되었든 그것은 우울 증상을 회복시키는 것뿐만 아니라 행복을 확대하는 데도 효과적이라는 것을 증명하였다. PPT의 결과를 측정하는 긍정심리치료척도(Positive Psychotherapy Inventory: PPTI)는 즐거움, 전념, 의미와 같은 치료의 특정 활성 요인들(active ingredients)을 평가하기 위해서 만들어지고 타당화되었다. 세 개의 연구가 타당도와 신뢰도를 증명하였다(Bertisch, 2012; Guney, 2011; Seligman et al., 2006). 게다가 이 연구들에 대한 네 개의 독립적인 반복 연구는 Mongrain과 Anselmo-Matthews(2012), Meyer 등(2012), Bay(2012) 그리고 Mitchell 등(2009)에 의해서 작은 변화, 그리고 임상 표본과 비임상 표본을 가지고 실시된 것인데, 이 반복 연구들은 더 나아가 PPT 연습이 심리적인 안녕을 증진시키고 희망을 고취시키며 음미하기(savoring)를 증대시키고 심리적 회복과 자아존중감을 촉진하며 정신과적 증상들을 개선하는 것을 증명하였다. Rashid와 Uliaszek(2012)는 12회기의 집단치료 프로그램에서 PPT와 변증법적 행동치료(dialectical behavioral therapy: DBT)를 통합하였다. 그런데 그 집단은 경계성 성격장애와 관련된 증상들을 경험한 내담자들을 대상으로 하는 **기술과 강점 집단**(skills and strength group: SSG)이라 불렀다. 비교집단(평소와 같은 치료법)과 비교하였을 때 중재집단(SSG)의 참여자들은 안녕, 정서 조절을 포함하는 여러 개의 측정치와 전반적인 증상의 감소(구조화된 면접에 의해 평가)

에서 더욱 증진되었다.

PPT 연습은 아동과 청소년들에게도 또한 적용되었다. 영국에서 Akhtar와 Boniwell (2010)은 PPT 연습이 약물 중독과 행동 문제(behavioral challenges)를 치료하기 위해서 찾아온 청소년들에게 효과가 있다는 것을 발견하였다. 6학년 학생들을 대상으로 한 무작위 통제 연구(randomized control trial)에서 Rashid와 Anjum(2008)은 PPT 연습이 교사와 부모들에 의해서 보고되었을 때 안녕을 증가시키고 사회기술을 증진시키는 데 효과적이라는 것을 발견하였다. 더욱 최근에는 첫 번째 저자(역자 주: Tayyab Rashid)가 학교 장면에서 PPT를 실시하면서 8명의 심리학자들을 훈련하였다. 그중에서 3명은 토론토 지역 학교위원회에서 집단 중재(group intervention)를 통해 PPT를 실시하였다. 참여자들은 1년 이상 PPT 연습을 마친 교사들이었다. 높은 중도 탈락률(33%)을 경험하였는데도 불구하고 중재집단의 참여자들은 비교집단과 비교하였을 때 안녕에서 의미 있는 변화를 보였다. 우울 증상에서는 의미 있는 변화를 발견하지 못하였다. 전반적인 표본이 비임상적 표본이었기 때문에 이런 결과는 예상되었다. 1년에 걸친 중재로 인하여 참여자들은 각각의 연습에 대한 자신들의 유용성에 대하여 자세하게 논의하게 되었다. Schueller(2011)는 한 가지 긍정 심리 연습에 대한 개인의 선호는 연결된 다른 연습에 대해 상승된 집착과 연결되어 있음을 발견하였다. 내담자들은 서로 다른 연습들로부터 차별적으로 이득을 보고, 자율감은 각 연습의 효능을 증가시킨다. 표본과 환경을 교차시켜서 볼 때 PPT의 효과성에 대한 발견은 고무적이다. 그러나 다양한 심리적 장애들에 대한 PPT의 효과성을 평가하기 위해서는 증상을 목표로 하는 전통적인 치료와 비교하는 것을 포함하여 더 많은 연구가 필요하다.

전통적인 임상 실제에 강점을 포함시킨 많은 이론적 발전을 이룩하였기 때문에(예: Dick-Niederhauser, 2009; Lent, 2004; Smith, 2006; Wong, 2006) 긍정적 중재와 임상 실제에 관한 어느 정도 유용한 책들이 또한 나타났다(예: Conoley & Conoley, 2009; Fredrickson, 2009; Joseph & Linley, 2006; Lyubomirsky, 2008; Magyar-Moe, 2009). 종합하면, 서서히 나타나고 있는 연구물들을 볼 때 긍정적 임상 치료는 심리치료에서 이미 이룩한 발전을 보완하는 중요한 치료적 중추일 것이다.

다문화 세계에서의 심리치료

적어도 서양문화에서는 행복은 기분이 좋다(쾌락주의)는 것과 동의어가 되었다. 그러나 대부분 건강한 삶[*eudemonia*(행복)]의 추구라는 견해에 기초한 PPT 접근 방법은 다양한 통로, 긍정 정서, 성격 강점, 긍정관계 그리고 의미를 통한 행복의 폭넓은 개념을 포함하기 때문에 다문화 내담자들에게 더 도움이 된다. 따라서 그것은 정신병리에 대한 서양적 개념에 주로 기초한 결핍 지향적인 전통적 심리치료 체계보다 더욱 문화적 민감성을 수용한다. 전통적 심리치료 모형은 매일의 생활에서 겪는 어려움을 과대시하고 그 어려움을 정신의학적 장애로 바꿔 버리는 경향이 있다. 특정 문화의 맥락에서 볼 때 이런 어려움들은, DSM에 근거한 범주 안에서 병리적이기보다는, 오히려 단순하게 인간이기 때문에 생기는 난제로 볼 수 있다. 예컨대, 느긋한 의사소통 유형은 여러 문화의 특성인데, 이는 병적으로 느린 말투와 우울증의 징후로 간주될 수도 있다. 그에 반해서 빠르고 감정적인 말투도 여러 문화의 특성인데, 아마도 조증 증상으로 인지될 수도 있다. 마찬가지로 가족에 대한 의무는 아마도 결핍 지향적 치료자에 따르면 의존성의 증상으로 인지될 수 있고, 어린 자녀들과 함께 자려는 부모의 결정—서양이 아닌 여러 나라에서 보편적인 습관—은 아마도 밀착(enmeshment)으로 해석될 수 있다.

PPT에서는 모든 독특한 유형의 행동하기, 생각하기, 느끼기, 원하기가 의학적 명칭으로 적합한 것은 아니다. 문화적으로 관련 있는 행동을 병리화하는 것은 아마도 소수민족이 심리치료를 찾아가는 것을 단념하게 할 수 있고, 이 사람들은 아마도 치료는, 대중 매체에서 표현된 것처럼, 단지 약점을 아주 자세하게 논의하거나 어린 시절의 원한을 확인하거나 왜곡된 사고를 검열하는 것이라 믿을 것이다. 반면에 PPT는 긍정적 소개로 시작해서 이야기, 비사, 회복력 경험을 거치는데, 그것은 의미, 관계, 전념과 성취를 끌어낸다. 이것들은 모두 문화의 맥락에서 검토되고 논의될 수 있다. 부정적인 것을 긍정적인 것으로 상쇄함으로써 심리치료를 더욱 매력적이게 하고 다양한 배경으로부터 오는 내담자들을 위해 권한을 부여하는 것으로 우리는 믿는다.

프랑스에서 일하고 있는 Melanie Bay(2012)는 집단 PPT를 CBT와, 그리고 약물치료와 비교하였는데, PPT에 속한 내담자들이 우울, 낙관성, 생활 만족과 정서 지능 측정치에서 더 큰 치료적 효과를 경험한 것을 발견하였다. 이란에서 Moeenizadeh와 Salagame(2010)는 안녕 치료(well-being therapy)가 CBT보다 더 공평하다는(faired) 것을 발견하였다. 즉, PPT 치료자는 강점의 표명이 문화에 따라서 다를 수 있다는 것을 알고 있을 필요가 있다. 예컨대, 북아메리카의 맥락에서 용기는 인기가 없는 주제에 적극적인 입장을 가지거나 인기가 없는 견해를 말로 표현하는 것인 반면, 동남아시아의 문화에서 용기는 참을성으로 나타날 수 있다. 내담자들과 문화적 가치에 대해 논의하고 그들의 특정 문화에서 특정 강점의 의미에 대해 갖는 기대를 논의하는 것은 중요하다.

사례

배경

43세의 결혼한 여성 Lindsey는 집이나 직장에서 그녀가 기능할 수 있는 능력에 심각하게 영향을 준 우울증의 주요 증상을 보였다. 그녀는 남편과 9세 아들, 7세 딸과 함께 살았다. Lindsey는 공인회계사로 일하였다. 치료를 시작하였을 때 그녀는 슬프고 공허하고 우둔하다고 보고하였다. 그녀는 식욕이 감퇴하였고 성욕이 저조하며 수면장애가 있었다. 그녀는 끊임없이 걱정하고 만성적으로 불안하였다. 이런 증상들은 5개월간 나타났고 심해져서 Lindsey는 더 이상 직업을 계속할 수 없었고 병가를 내야만 하였다. Lindsey는 자신의 결혼생활을 안정적이지만 약간 "공허하고 친밀감 부족"이라고 설명하였다. 그녀는 남편이 직장 일로 빈번하게 출장을 갔기 때문에 자주 외로움을 느꼈다. 그녀는 아들이 좋은 성적을 얻는데도 불구하고 간혹 아들의 학업수행에 대해 걱정하였다. Lindsey는 사실상 가까운 친구들과 사회적 관계를 갖는 것을 중지하였다. 그녀의 건강은 대개는 좋았고 어떤 약도 복용하지 않았다. 이것이 Lindsey가 심리치료를 찾은 첫 번째 시간이다.

평가와 치료 과정

결핍 지향적 모형에서 Lindsey는 미네소타 다면적 인성검사-2(Minnesota Multiphasic Personality Inventory-2: MMPI-2)와 Beck의 우울증 검사(Beck Depression Inventory: BDI-II; Beck, Steer, Ball, & Ranieri, 1996)를 실시하였다. MMPI-2의 우울 척도에서 얻은 점수와 BDI 점수는 의미 있게 올라갔다. 그녀는 어떤 자살 사고도 시인하지 않았다. 임상면접과 검사 결과에 근거하여 임상가(Tayyab Rashid)는 Lindsey의 심리상태가 DSM-IV 진단법의 주요우울장애와 일치하는 것으로 확정하였다. PPTI에 따르면 그녀의 점수는 긍정 정서, 전념, 의미의 부족을 암시하였다.

처음 두 회기 동안에는 라포를 형성하고 Lindsey가 가진 우울증 내력을 탐색하며 가족의 역동을 이해하고 자신의 문제에 대한 인식과 치료를 찾아온 이유를 평가하는 데 전념하였다. 세 번째 회기에서는 임상가와 Lindsey는 증상의 유형, 우울증의 자연적인 경과, 그리고 그 결과를 강조하면서 결핍 지향적인 관점에서 그녀의 임상적 특징에 대해 논의하였다. Lindsey는 눈 맞춤을 거의 하지 않고 조용한 목소리로 말한다는 자신의 임상적 특징을 시인하였고 또한 더 나아질 것 같은 자신감에 대해 무망감을 표현하였다. 이번 회기의 끝 무렵에서 Lindsey는, 가장 좋은 상태에서 자기를 보여 줄지도 모르는, 실제의 인생 이야기를 통해 자신을 소개해 줄 것을 부드럽게 요청받았다. 처음에는 내키지 않았지만 Lindsey는 노력해 보기로 승낙하였다. 다음 회기에서 그녀는 자신의 이야기를 가져왔다. 그녀는 그것을 읽도록 격려받았다. 다음은 Lindsey가 읽은 내용이다.

> 우리 가족이 그 동네 저편으로 이사하였을 때 나는 10학년이었다. 나는 예전의 고등학교를 사랑하였고 친구들도 많이 있었다. 대단히 섭섭하였고 새로운 학교에 가고 싶지 않았지만 나는 가야만 하였다. 수업 시간은 덜 고통스러웠지만 같이 식사할 사람이 아무도 없었고 외로운 얼간이처럼 느껴졌기 때문에 점심 시간은 최악이었다. 두 번째 주에는 홀로 앉아서 나는 내 샐러드를 주시하고 있었는데, 옆 테이블에서 몇 명의 학생들이 매우 흥분하여 웃는 소리를 들었을 때 양파의 뒤틀림이 '실패자(loser)'라는 단어 모양을 이루고 있다고 거의 믿고 있었다. 처음에는 내 샐러드 위에 무엇이 쓰여 있는지 그들이 틀림없이 읽었을 것이라고 나는 생각하였다. 나는 위축되어 감히 그들을 쳐다볼 수 없었지만 머지않아 그들의 웃음이 나나 내 샐러드를 향한 것이 아니라는 것을 발견하였다. 나는 돌아보았고, 그 웃음소리가 매우 냉정하게 보이는 한 무리로부터 들려온 것을 발견하였다. 이윽고 나는 그들이 모두 근처 식탁에 혼자 앉아 있는 소년을 보고 웃고 있었고 또한 그에게 무언가 문제가 있어 보인다는 것을 알아차렸다. 나는 그것을 그때에는 몰랐지만, Harris는 자신의 머리를 무의식적으로 움직이게 만드는 신경학적 장애를 갖고 있었다. 그가 이런 행동을 스스로 하고 있지 않

다는 것은 매우 명확하였다. 그는 난처하였고 혼란스러웠다. 나는 이 친구들이 그를 놀리는 것이 매우 야비하다고 생각하였다. 나는 매우 슬펐다. 잠시 동안 나는 그들을 중지시켜야 한다고 생각하였지만, 그 뒤 곧, 그들이 '냉정한' 아이들이고 만일 내가 그렇게 한다면 이 학교에서는 아무 친구도 만들 수 없을 것이라고 생각하였다. 그러나 이와 같은 이기적인 충동은 빠르게 사라졌고 화를 느끼기 시작하였다. 많이 생각하지도 않고 나는 바로 일어나서 그들에게 걸어가서 한숨에 외쳤다. "나는 너희들을 모르지만—또한 나는 그 애도 모른다—너희들이 하는 짓은 구역질나는 짓이야. 나는 친구가 없기 때문에 지금 실패자라고 생각하였지만 너희들은 훨씬 큰 실패자라고 생각한다." 나는 내 자리로 돌아왔고 기분이 좋았다.

Lindsey는 몽롱한 눈빛이었지만 밝은 얼굴로 이야기를 끝냈다. 안내를 따라서 Lindsey는 자신의 이야기에 나타난 두드러진 강점으로서 용기와 공평을 확인하였다. 그러고 나서 그녀는 온라인 VIA 강점 척도(VIA Inventory of Strengths: VIA-IS)를 완료하고 다음 회기에 그 피드백을 출력하여 가져오도록 요구받았다.

다음 주에 Lindsey는 VIA-IS의 인쇄된 피드백을 가져왔다. 흥미롭게도 용기나 공평 중 어느 것도 그녀의 최고 강점들 중에 속하지 않았다. 그러나 24개의 핵심 강점 목록에서 사랑할 능력과 사랑받을 능력, 창의성, 사회지능, 심미안, 영성이 그녀의 최고 강점들이었다. 용기와 공평은 중간에 있었고, 열정과 자기조절은 끝부분에 위치해 있었다. 다음 3개 회기 동안 Lindsey는 역동적 강점 평가(표 13.4 참조)를 끝냈고 치료자와 Lindsey는 그녀의 전체—그녀의 우울 증상과 강점 분석표를 종합하기—에 대하여 논의하였다. 우리 또한 그녀 자신이 확인한 강점인 용기와 공평이 힘든 시간 동안 여전히 그녀를 어떻게 도와줄 것인가에 대하여 논의하였다. 우리는 그녀의 최고 강점들을 활용하려는 생각과 그녀의 우울 증상을 도전하고 극복하도록 돕기 위해 열정과 자기조절같이 덜 발달된 강점을 작업하려는 생각을 논의하였다.

Lindsey의 강점들을 연합시키려는 생각이 **강점들의 오케스트라**(orchestra of strengths)—변화하는 상황에 따라 박자와 가락을 끊임없이 변화하고 적응시키는 오케스트라—비유를 사용하여 논의되었다. 강점이 그림자 측면을 가지고 있기 때문에 변화와 적응의 개념이 특히 강조되었다. Lindsey의 경우, 그녀의 동료들과 손님들이 편안하게 느끼도록 하기 위해서 타인의 정서와 의도에 대한 그녀의 예민한 자각을 그녀가 활용하였기 때문에 그녀의 최고 강점 중 하나(사회지능)는 직장에서 그녀를 도와주었다. 그러나 동시에 모든 사람들을 편안하게 느끼도록 해 주려다 보니 그녀는 너무 많은 책임감을 떠맡았고, 싫다고 말하기가 어려웠다. 그녀는 모든 사람들을 이해한다고 믿었지만 거의 아무도 그녀를 이해하지 못하였다. 이러한 믿음이 그녀를 슬프게 하였고 그녀가 무력하게 느끼도록 하였다.

강점의 통합에 대하여 철저하게 논의한 후에 Lindsey는 그녀의 우울증을 감소시키기 위해 그녀가 작업할 강점들을 선택하였다. Lindsey는 아름다움에 대한 감상으로부터 시작하였다. 그녀는 날마다 자연적 · 예술적 아름다움을 적극적으로 찾아 나섰고, 그녀 주변에 있는 아름다움에 대하여 일기를 썼다. 그녀는 또한 몰입을 경험하기 위하여 그녀의 창의성을 활용하기로 결심하였다. 예컨대, Lindsey는 요리를 좋아하였다. 매주 일요일 그녀는 잘게 썰고, 빻고, 뒤섞고, 끓이고, 맛을 보고, 맛을 내고, 가족들과 그녀가 창조한 요리를 나누는 유희를 오랫동안 천천히 즐기기 시작하였다. 그녀는 또한 자기조절을 시작하기로 결심하였고 일주일에 세 번씩 체육관에서 몸을 단련하였다.

이 과정에서 Lindsey의 증상을 무시하지 않았다. 그녀는 좋은 날도 나쁜 날도 경험하였다. 그녀가 우울증의 어려움을 제시할 때마다 그녀의 관심사는 정당화되었지만 그녀의 주의는 문제로부터 다른 쪽으로 친절하게 안내되었고 따라서 그녀는 조심해서 자신의 강점을 다룰 수 있었다.

결과와 예후

강점을 평가하고 강화함으로써 Lindsey는 자신의 초점을 결핍과 무력감으로부터 자신에게 무엇이 옳은가로 옮기게 되었다. 그녀는 자신의 우울 감정을 관리하기 위하여 자신에게서 가장 깊숙한 심리적 자원을 활용하는 방법을 배웠다. 구체적인 행동을 통해 강점을 활용함으로써 그녀는 자신의 주의와 기억을 재교육할 수 있었고, 그래서 자신의 인생에서 진실로 좋은 측면을 주목하고 알아차릴 수 있었다. 약 20회기 후에 정신병리 척도와 강점 척도를 다시금 실시하였다. Lindsey의 우울증 점수는 의미 있게 감소하였고 더 이상 주요 우울장애의 기준에 맞지 않았다. 그녀의 강점 프로파일은 자아조절이 바닥에서부터 중간으로 옮겨 간 것을 제외하고 대부분은 변하지 않은 상태였다. 게다가 Lindsey는 다시 일할 수 있었다.

여러 면에서 Lindsey는 만일 오직 결핍 지향적인 심리치료만으로 치료하였더라면 증상이 좋아지기는 하였겠지만 제거되지는 않았을지 모르는 전형적인 우울증 내담자를 대표한다. 그러나 치료의 초기 회기에서 치료자가 Lindsey의 핵심 강점을 확인하였고 그것이 치료자-내담자와의 관계를 향상시키도록 도왔다. Lindsey의 강점들을 확인하고 촉진함으로써 그녀는 자신이 즐겁고 전념하며 의미 있는 인생을 확립하기 위해서 꼭 필요한 성격 강점을 소유한 가치로운 사람이라는 생각을 내면화할 수 있었다.

요약

긍정심리치료는 성격 강점, 전념, 의미, 그리고 긍정관계와 같은 내담자의 심리적 자질을 확인함으로써 부정 정서와 경험을 정면으로 다룬다. 내담자가 살 가치가 있는 인생을 확립하도록 도우려는 궁극적인 목표를 가지고 내담자의 마음가짐을 부정성에 대한 타고난 경향을 넘어서 열어 주기 때문에 PPT는 이러한 자원들을 확인하고 확장하기 위하여 체계적이고 한결같은 치료적 작업을 요구한다. 초기에 기대되는 PPT의 결과는, 임상적 내담자들뿐만 아니라 비임상적 내담자들을 대상으로, 인간은 덜 비참하기를 원할 뿐만 아니라 즐거움, 전념, 의미로 가득 찬 인생을 살고자 원한다는 것을 보여 준다.

추천 도서와 웹 자료

Burns, G. W. (Ed.). (2010). *Happiness, healing and enhancement: Your casebook collection for applying Positive Psychology in therapy*. New York: John Wiley & Sons.

긍정심리학의 뛰어난 실천가들이 저술한 27장의 이 책은 고통받는 내담자들과 할 수 있는 긍정심리학 연습의 임상적인 활용에 관한 매력적인 사례 해설을 제공해 준다. 많은 장들에 소개된 대부분의 전략이 경험적으로 바탕이 된 것으로, 단계적인 전략을 제공한다.

Magyar-Moe, J. L. (2009). *Therapist's guide to positive psychological interventions*. New York: Elsevier Academic Press.

5부로 된 이 책은 긍정심리학의 상담과 심리치료를 소개하고 통합해 준다. 이 책에는 긍정심리학의 검사와 척도, 그리고 각각 자세하게 설명된 긍정심리학의 다양한 개입에 대한 종합적인 부분도 있다. 이 책의 마지막 부분에서는 긍정심리학을 활용한 치료 계획을 어떻게 실행에 옮기는지 그 방법을 논의한다.

Fluckinger, C., Wusten, G., Zinbarg, R., & Wampold, B. (2009). *Resource activation: Using client's own strengths in psychotherapy and counseling*. Boston: Hogrefe.

이 간단한 안내서(68쪽)는 내담자들에게 자신의 성격 강점을 확인할 수 있도록 도와주기 위하여 임상가들이 의미 있는 질문들을 할 수 있도록 도와줄 실용적인 임상적 전략들을 제공한다. 이 책은 강점에 초점을 맞춤으로써 내담자의 자원을 활성화하는 것이 고통 치료와 비교될 수 없다는 것을 강조한다. 그것은 단순히 내담자의 안녕을 증가시키고 고통을 감소시키는 매우 긍정적이고 효과적인 방법이다.

Stephen, J. & Linley, A. (2006). *Positive therapy: A meta-theory for positive psychological practice*. London: Routledge.

응용 긍정심리학 분야의 뛰어난 두 의견들에서 이 책은, 임상가들이 인간의 본성에 대해서 가지고 있는 관점의 영향을 강조하면서, 치료가 당신이 무엇을 할 것인가에 대한 것이 아닌 것만큼 어떻게 할 것인가에 대한 것도 아니라고 논쟁한다. 긍정심리학의 메타 치료(meta-therapy)를 논의하면서 저자들은 긍정심리학의 관점을 활용하면서 내담자의 신념을 어떻게 재구성할 것인가에 대한 통찰을 제공해 준다.

Niemiec, R. & Wedding, D. (2013). *Positive Psychology at the movies: Using films to build virtues and character strengths* (2nd ed.). Boston: Hogrefe.

이 책은 학생들에게 긍정심리학의 핵심적 원리를 소개하기 위해서 매체로서 영화를 활용하고, 부록은 덕목과 성격 강점에 대한 특별히 좋은 예들을 제시해 주는 수백 편의 영화 목록을 제시한다.

추가적인 임상 서적

O'Hanlon, B., & Bertolino, B. (2012). *The therapist's notebook on Positive Psychology activities, exercises, and handouts*. London: Routledge.

Levak, R. W., Siegel, L., & Nichols, S. N. (2011). *Therapeutic feedback with the MMPI-2: A Positive Psychology approach*. New York: Taylor & Francis.

긍정적 임상심리학에 관한 특별한 주제, 부분과 객원 편집자들

Journal of Clinical Psychology. In Session, May 2009: T. Rashid

The Psychologist, *16*, 2003: A. P. Linley, S. Joseph, & I. Boniwell

Journal of Cognitive Psychotherapy, *20*(2), 2006: R. Ingram

The Counseling Psychologist, *34*(2), 2006: S. J. Lopez, J. L. Magyar-Moe, S. E. Petersen, J. A. Ryder, T. S. Krieshok, K. K. O'Byrne, J. W. Lichtenberg, & A. N. Fry

American Psychologist, *55*, 2000: M. E. P. Seligman & M. Csikszentmihalyi

실용적인 자료들이 있는 비임상 서적

Flourish by Martin Seligman (2011): Free Press.

Authentic Happiness by Martin Seligman (2002): Free Press.

Happier by Tal Ben-Shahar (2007): McGraw Hill.

The How of Happiness by Sonja Lyubomirsky, (2008): Penguin Press.

A Primer in Positive Psychology by Christopher Peterson (2007): Oxford.

Positive Psychology: The Scientific and Practical Explorations of Human Strengths by C. R. Snyder & Shane J. Lopez (2006): Sage.

Happiness: Unlocking the Mysteries of Psychological Wealth by Ed Diener & Robert Biswas-Diener (2009): Blackwell.

Positivity: Discover the Ratio That Tips Your Life Toward Flourishing by Barbara Fredrickson (2009): Crown.

Flow by Csikszentmihalyi (1991): Harper Perennial/HarperCollins.

The Happiness Hypothesis by Jon Haidt (2006): Basic Books.

기록물(documentaries)

The Happiness Formula: Six-part BBC documentary, aired April 2006 (news.bbc.co.uk/2/hi/programmes/happiness_formula/).

"Happiness—How to Find It, Understand It, and Achieve It": *20/20* (ABC), first aired January 2008 (www.abcnewsstore.go.com).

In Pursuit of Happiness: Find Happiest Canadian: documentary by Sarah Spinks (www.spinfree.ca).

Introducing Positive Psychology: MontanaPBS.

사례집

Burns, G. W. (Ed.) (2010). *Happiness, healing, enhancement: Your casebook collection for applying Positive Psychology in therapy*. Hoboken, NJ: Wiley.

George Burns는 주요우울장애를 치료받는 한 여인의 사례를 기술한다. Burns는 PPT의 이론적 모형을 활용하여 그 내담자를 치료한다. 치료는 내담자로 하여금 인생이 더 큰 즐거움과 전념과 의미를 가질 수 있을 것이라는 가능성을 순순히 받아들이고 탐색함으로써 그녀의 삶의 방향을 바꾸도록 돕는 치료적 과정을 촉진하는 것이다.

Journal of Clinical Psychology (2009, May), *65*(2).

긍정적 개입에 관한 이번 특별호에는 6개의 사례 연구가 들어 있다. Rashid와 Ostermann(2009)에 의한 첫 번째 사례 연구는 중년의 우울증 여성 내담자를 대상으로 한 강점 기반 평가를 중점적으로 다룬다. 심리치료를 시작할 때 많은 내담자들은 낮아진 가치감을 경험하고 그들의 문제들로 인해 압도되는 기분을 느낀다. 이 사례는 약점과 강점이 통합적인 방식으로 평가되고 논의될 때 내담자들은 심리치료를 긍정하고 역량을 강화하는 것으로 볼 가능성이 더욱 높다는 것을 예를 들어 설명한다. 내담자들이 자신들을 진단적 꼬리표보다 나은 존재로 볼 때 그것이 그들의 동기를 향상시킨다.

Kauffman, C., & Silberman, J. (2009). Finding and fostering the positive in relationships: Positive interventions in couples therapy. *Journal of Clinical Psychology*, *65*(5), 520-531. doi:10.1002/jclp.20594

Carol Kauffman과 Jordan Silberman은 긍정적이고 건강한 관계를 촉진하기 위한 긍정적 개입의 활용을 설명하는 사례를 기술한다. 이 사례에서 다루는 40대 초반의 부부는 10년간 결혼을 유지하였고 그들의 관계는 매우 불행하였는데, 그들이 강점을 더 잘 활용하기 위하여 세 가지 좋은 점, 유감, 인정하기, 각자의 강점을 촉진시키기를 포함하는 몇 개의 PPT 연습을 활용한다.

Rashid, T., & Ostermann, R. F. (2009). Strength-based assessment in clinical practice. *Journal of Clinical Psychology: In Session*, *65*(5), 488-498. [Reprinted in D. Wedding & R. J. Corsini. (2013). *Case studies in psychotherapy*. Belmont, CA: Cengage.]

이 사례는 강점 기반 평가가 어떻게 "임상적 명료함을 향상시키고, 정보의 범위를 증가시키며, 내담자와 그들의 환경에 대한 더욱 완전한 심상을 제공해" 줄 수 있는지 예를 들어 설명해 준다. 그 사례가 『현대 심리치료』에서 Rashid와 Seligman이 집필한 장을 보완하기 위해서 그들에 의해 특별히 선택되었다.

Ruini, C., & Fava, G. A. (2009). Well-being therapy for generalized anxiety disorder. *Journal of Clinical Psychology*, *65*(5), 510-519. doi:10.1002/jclp.20592

Chiara Ruini와 Giovanni Fava는 잠복성 증상들에 의한 복잡한 불안장애 환자인 29세의 미혼 여성의 사례를 기술한다. 이 임상 사례는 표준적인 인지행동치료 후에 안녕 치료(well-being therapy: WBT)를 활용한 예를 보여 주고 있다. PPT와 유사하게 WBT도 안녕에 대한 6개의 핵심적 긍정 특성, 즉 자율성, 환경에 대한 지배, 인생의 목적 · 긍정적 관계, 그리고 자기 수용에 초점을 맞춘다. 이 사례는 안녕에 해를 입히는 신념과 태도를 변화시키고 개인적인 성장을 촉진시키기 위해서 CBT가 어떻게 활용될 수 있는지 예를 들어 설명하고 있다.

Seligman, M. E. P. (2002). *Authentic happiness: Using the new Positive Psychology to realize your potential for lasting fulfillment*. New York: Free Press.

이 책은, 멋있고 논리 정연하고 명석하며 결혼 상대자로는 매우 어울리는 미혼 남성이었지만 사랑하게 되었을 때 완전히 실패한 Len에 대한 치료를 기술한다. PPT는 이 남자가 더욱 충만한 인생을 살도록 도왔고 사랑하는 방법을 배우도록 도왔다. Len의 이야기는 행복에 이르는 길은 다양하고 때때로 내담자들은 압도당한다는 것을 강조한다. PPT는 문제의 해결로 인도하는 다른 방법들과 우회적인 방법들을 내담자가 찾도록 도울 수 있다.

John Norcross
Courtesy of John Norcross

Larry Beutler
Courtesy of Larry Beutler

제 14 장 통합적 심리치료

John C. Norcross and Larry E. Beutler

개관

Freud 이후 오랫동안, 심리치료 분야에서 서로 다른 치료적 관점 사이의 경쟁은 마치 형제자매들이 영아기부터 서로 더 주목받고 사랑받고 지지받고 싶어 하면서 서로 경쟁하듯이 서로 잘 구분되지 않으면서 계속되어 왔다. 전통적으로 임상가들은 자신들의 이론적 틀 안에 갇혀 서로 다른 대안적 개념화와 어쩌면 더 나은 개입 방법에는 눈이 가려지기도 한다. 이러한 이데올로기적 '냉전'은 임상가들을 심리치료에서 서로 경쟁적인 학파 사이를 더 갈라놓기도 한다.

심리치료 분야가 성숙해 가면서 통합적 관점이 부각되기 시작하였다. 심리치료에 종사하는 우리들은 각 학파 사이의 이데올로기적 투쟁과 화해, 두 가지 모두의 증인이기도 하다. 심리치료자들은 이제 각 이론적 체계가 가지는 부적합성과 가능성의 가치 모두를 존중한다. 사실 많은 심리치료 분야의 젊은 학생들은 이전 세대 이데올로기적 냉전에 대해 알게 되면 놀라움을 표현하기도 한다.

심리치료의 통합적 관점은 심리치료를 실시하면서 단일 학파적 접근에 대한 불만과 각 학파의 경계를 넘어서고자 하는 열망이 드러난 것이다. 여러 가지 다른 수준에서의 통합적 움직임—통합 절충주의, 치료적 관점 채택, 반응성(responsiveness), 처방적 치료, 매칭(matching)—이 있으나 그 목적은 비슷하다. 심리치료 통합적 관점의 목적은 심리치료의 효율성과 적용성을 증가시키는 것이다.

모든 환자에게 똑같은 심리사회적 치료방식을 적용하는 것은 부적절할 뿐만 아니라 아마 불가능할 것이다. 서로 다른 사람들은 다른 형태의 자극을 필요로 한다. 자신에게 필요한 것이 무엇인지 잘 모르는 심리치료 내담자들에게는획일화된 방법을 적용하기보다 각자의 고유한 필요에 맞게 심리치료를 개별화할 때 그 효율성과 적용성은 높아진다. 통합의 당위성은 Gordon Paul(1967)이 제기한 다음의 유명한 질문에 담겨 있다. "그 특정 문제를 가지고 특정한 상황에 놓인 바로 이 내담자에게 누가 어떤 치료를 해야 가장 효과적일까?"

심리치료의 통합적 관점의 인기는 여러 가지로 입증되고 있다. **절충주의** 또는 점점 더 선호되고 있는 용어인 **통합**이라는 말은 영어권 심리치료자들에게는 가장 인기 있는 치료적 접근이 되었다. 심리치료 분야의 선도적 교과서들은 자신들의 이론적 배경을 통합적이라고 밝히고 있으며, 통합적 관점에 관한 장들이 심리치료 개론서에 일반적으로 포함되고 있다. 여러 가지 치료적 개념이나 방법들을 종합하고 있는 책들의 출간이 줄어들지 않고 있어 벌써 수백 종에 달한다. 심리치료의 통합적 관점에 대한 핸드북 역시 최소 12개국 나라에서 출간 준비 중이다. 21세기, 심리치료에 대한 이러한 통합적 열정이 계속 유지될 전망이며, 최근 심리치료의 전문가 집단에서 통합적 관점의 인기는 계속 상승할 것이라 전망된다(Norcross, Pfund, & Prochaska, 2013).

기본 개념

통합적 심리치료에 이르는 길은 매우 여러 가지이다. 그중 가장 인기 있는 네 가지 접근 방식은 **기술적 절충주의**(technical eclecticism), **이론적 통합**(theoretical integration), 치료의 **공통 요인**(common factors), **동화적 통합**(assimilative integration)이다. Norcross, Karpiak와 Lister(2005)는 각각의 접근 방식과 동일한 절충주의자와 통합주의자를 19~28%가량 포함한다고 보았다. 자신들을 규정하는 심리치료자들이 이에 위 네 가지 방식은 모두 치료적 효율성과 적용성을 증가시키려는 데 중점을 둔다. 네 가지 방식 모두는 개별적 접근 방식의 한계를 뛰어 넘고 있지만, 한편 이들은 서로 구별되며 환자를 개입해 가는 과정에서는 서로 다른 수준에 초점을 맞추기도 한다.

기술적 절충주의는 개별적 내담자와 문제에 맞는 가장 좋은 개입 기술과 절차를 선택하는 상담자의 능력을 증대시키는 데 초점을 둔다. 이는 어떤 특수한 방법들이 과거 어떤 특별한 문제나 환자의 특성에 가장 효과를 거두었는지에 대한 연구에 근거한다. 절충주의는 어떤 개입이 가장 효과를 거둘 것인가를 예측하는 데 초점을 맞추므로 그 기반은 이론적이기보다는 실제적이다.

기술적 절충주의자들은 이론이 발생된 토대를 굳이 찾아보려고 하지 않고 서로 다른 치료적 체계에서 파생된 치료 절차를 사용한다. 반면 이론적 통합주의자들은 발생적으로나 목적론적으로 서로 양립할 수 없는 서로 다른 체계로부터 치료의 개념과 기술들을 통합해 내고자 한다. 기술적 절충주의자들에게 개념적 토대나 기술 사이의 연결은 필요하지 않다. Lazaus(1967)는 일찍이 다음과 같이 지적하였다. "이론적 화해를 시도한다는 것은 광활한 우주의 면면을 묘사하려는 것만큼이나 풍성한 것이다. 하지만 심리치료에 관한 광대한 문헌들을 통해 적합한 기술을 찾는 것이 임상적으로 풍성하고 치료적으로 보상을 가져다주는 길이다"(p. 416).

이론적 통합은 단일한 치료보다 더 나은 결과를 보기 위하여 둘 이상의 치료 방식을 연결하는 것이다. 그 이름에서 나타나듯이 각 치료 기술과 더불어 심리치료의 기저 이론들의 통합을 강조한다. 정신역동과 대인관계 이론의 통합 모델, 인지치료와 행동주의 이론의 통합 모델 또는 체계 이론과 인본주의 이론의 통합 모델 등이 그 예이다.

이론적 통합은 단순히 기술이나 방법들을 섞는 정도를 뛰어넘어 개념적이거나 이론적 창조에 큰 관심을 갖는다. 이론적 통합의 목적은 둘 또는 그 이상 심리치료 이론의 가장 좋은 요소들을 종합하여 심리치료의 개념적 틀을 만들어 내는 것이다. 통합은 이론의 단순한 조합을 넘어서서 부분의 합 이상의, 새로운 이론을 출현시키는 것을 목적으로 한다.

공통 요인 접근법은 서로 공통점에 기반을 둔 더 경제적이고 효과적인 치료를 만들어 내기 위하여 서로 다른 심리치료 이론들이 공유하고 있는 치료에 도움이 되는 핵심 요인들을 찾으려고 한다. 이들은 치료를 성공적으로 만드는 것은 치료 이론들을 변별하는 독특한 요인들이 아니라 치료의 공통 요인이라 단정짓는다. 가장 흔히 드러나는 치료의 공통 요인에는 치료 동맹, 감정 정화의 기회, 새로운 행동의 적용과 연습 그리고 내담자의 긍정적 기대 등이 포함된다(Grencavage & Norcross, 1990; Tracey, Lichtenberg, Goodyear, Claiborn, & Wampold, 2003).

동화적 통합은 하나의 심리치료 체계에 굳게 기반하고 있으나 서로 다른 체계의 심리치료의 실제와 관점을 선택적으로 동화해서 사용하려는 의지를 수반하고 있다(Messer, 2001). 이렇게 함으로써 동화적 통합은 단일 치료 체계의 유익하고 다양한 체계의 기술적 개입 방식을 더 넓게 사용하여 여러 심리 체계의 장점을 함께 아우르려 한다. 예를 들어 인지 상담자는 인지치료 과정에서 게슈탈트의 '두 개의 의자' 기법을 사용할 수 있다.

이의 주창자들은 동화적 통합이 복잡한 통합의 길에서 채택할 수 있는 현실적 기지라 하는 반면, 반대자들은 전적으로 증거 기반 절충주의를 완전히 채택하기 싫어하는 사람들의 소모적인 기지라고 주장한다. 양쪽 진영 모두는 동화가 완전한 통합으로 가는 임시적인 과정이라는 데 동의하기도 한다. 대부분의 치료자들은 점차 자신이 원래 사용하던 방식의 한계를 발견하면서 다른 접근 방식을 치료에 포함시키려 하고 있다. 치료자들이 점차 자신의 원래 이론에 새로운 방식을 통합해 가는 것은 피할 수 없는 일이다.

물론 위의 네 가지 방식이 상호 배타적인 것은 아니다. 어떤 기술 절충주의자라도 이론을 폐기할 수 없으며, 어떤 이론적 통합주의자라도 기술을 무시할 수 없다. 심리치료의 서로 다른 학파 사이의 공통적 요소들 없이는 이론적 통합이란 불가능하다. 동화적 통합과 기술적 절충주의 양자는 통합은 이론보다는 서로 다른 심리치료의 실제 부분에서 이루어지고 있음을 안다. 심지어 가장 열렬한 공통 요인자들이라도 '특별하지 않게' 또는 '공통적으로' 상담할 수는 없다. 왜냐하면 이들 역시 상담에 특별한 방식을 반드시 적용할 것이기 때문이다.

일부 학자들은 **통합적 · 절충적**이라는 용어는 점점 같은 의미로 사용되고 있으며 정서적으로 모순적인 의미를 지니고 있다고 보고 있다. 왜냐하면 이 용어가 사용자들의 덜 조직화되고 우유부단한 성향을 나타낸다고 보기 때문이다. 그러나 이렇듯 반대하는 사람들은 무비판적이고 체계적이지 않은 융합—또는 **통합**(syncretism)—으로 다시 향할 수밖에 없다. 이와 같은 해로운 접근 방식은 저급한 기술이나 적절하지 않은 상담 훈련의 양산을 초래한다. 이는 체계적인 논리나 실험적 증거가 없는 임의적인 상담 방법의 혼용에 불과하다(Eysenck, 1970).

이와 대조적으로 통합이란 다년간의 고통스러운 훈련, 연구 그리고 상담 경험을 통해 이루어진다. 통합이란 그냥 주어지는 것이 아니라 임상가들이 성과 연구와 환자들의 요구를 기초로 치료적 방법과 치료적 관계를 체계적으로 선택하여 몇 가지 치료적 시스템에 능통한 임상가들의 설계를 통해 얻어지는 것이다. 이 점에서 체계적 통합의 강점은 이것이 가르쳐질 수 있고 재현 가능하며 평가 가능하다는 점에 있다.

심리치료에 대한 우리들의 입장은 통합적이라고 광범위하게 특징지어지기도 하며, **체계적 절충성**, **체계적 개입의 선택** 또는 **처방적 치료** 등으로 특별하게 호칭되기도 한다. 심리치료자들은 위의 네 가지 길을 통합에 의도적으로 혼합하여 사용한다. 간단히 말하면, 심리치료자들은 다양한 진단과 특별히 비진단적 고려를 해야 하는 개별 내담자의 개별적인 요구와 그들과의 특별한 치료적 관계에 따라 심리적 개입을 개별화한다. 심리치료자들은 이론적 학파를 오가며 효과적인 방법을 추출하거나(절충주의), 증거 기반 원리에 기초하여 치료 방식을 매칭하며(개입 선택), 분명하고 잘 조직화된 모델을 따르기도 한다(체계 모델).

일부 통합적 심리치료가 기술적 절충주의와 동일시되며 특수한 방법에 관한 메뉴를 제공하기도 하지만 심리치료자들은 단순히 각각의 심리치료가 가진 성향의 원리들을 따라가려는 특수한 방법들을 선택하는 것을 지양하고, 더욱 폭넓은 원칙상의 변화를 일으키고자 한다. 따라서 통합적 심리치료는 분명히 '단일 이론이나 학파에 매인' 심리치료의 한계를 뛰어넘어 설계되고 있다. 이는 폐쇄적인 이론이나 제한된 기술들의 조합이 아닌 연구 기반 변화 원리에 기반한 치료적 개입 원리들을 세워 나갈 때 이루어질 것이다.

다른 말로, 통합적 치료는 치료적 개입과 관계를 이상 심리나 변화 과정에 대한 단일한 관점으로 제한하기보다 개별적 환자에 맞추어 선택할 것을 강조한다. 우리는 어느 이론도 한 가지로 타당화되기 어렵고 어떠한 치료적 과정도 모든 개인에게 적용될 수는 없다. 통합적 심리치료의 목적은 단일 시스템이나 통일된 치료를 만들어 내는 것이 아니다. 이보다는 환자나 상황에 따라 다른 방법을 선택하는 것이다. 그 결과, 내담자와 임상가 모두에게 적합한 더욱 효과적이고 능률적인 치료가 탄생하게 된다.

표면적으로는 사실상 모든 임상가들은 개별적 내담자와 치료를 맞추어 나갈 것을 지지하고 있다. 결국 어느 누가 치료의 성공을 높이기 위하여 개별적 환자의 필요에 심리치료를 개별화할 것에 대해 심각하게 논쟁을 벌이겠는가? 하지만 통합적 심리치료는 적어도 다음의 다섯 가지 방식으로 이런 단순성을 넘어서고 있다.

1. 우리의 통합적 치료는 어느 특정 이론이 아니라 성과 연구로부터 직접적으로 파생되

었다. 우리의 관점에서는 경험적 지식과 과학적 연구가 의료 서비스에서 이론적 차이를 결정짓는다.

2. 우리는 단일 시스템이 아닌 다양한 심리치료 체계의 잠재된 공헌점들을 폭넓게 포용하고 있다. 모든 심리치료는 각각 매우 특별한 자리를 가지고 있다.
3. 우리가 치료를 선택할 때 환자의 진단 하나에 의존하기보다는 내담자의 다양한 진단과 특징을 따른다. 환자가 가진 진단을 아는 것보다 그 진단을 받은 환자를 잘 아는 것이 훨씬 더 중요하다.
4. 대부분의 이론가들이 편협하게 치료 방법에 초점을 맞추는 반면, 우리의 목표는 내담자에게 도구적으로는 최적의 치료 방법을, 대인관계 측면에서는 치유적 관계 모두를 제공하는 것이다. 이 두 가지는 서로 혼재하며, 효과적 심리치료에 필수적으로 작용한다.
5. 환자에게 적합한 방법을 선택하고 매칭하는 것은 사례개념화로서 치료의 전 단계뿐만 아니라 치료 과정 전체를 통해 일어난다. 내담자가 호전되고 진보를 보일 때, 통합적 치료는 그들이 호전되고 치료에 진전을 종결 과정 전체를 통해 추적한다.

다른 체계들

통합적 심리치료는 정신분석, 행동주의, 인지치료 및 실존주의 상담 등 전통적인 단일 학파의 치료 시스템의 공헌점들을 받아들이고 있다. 이와 같은 순수한 형태의 심리치료는 통합적 접근의 기초를 이루는 한 부분이 되어 주었다. 사실상 통합이란 이러한 개별적 치료를 구성하는 각 요소들 없이는 일어나기 어렵다. 즉, 개별 치료의 이론적 체계와 임상적 방식들을 존중한다. 통합은 Abraham Lincoln의 말처럼 “사방에서 모인 낯설고 조화롭지 못하고 심지어 적대적인 요소들”을 모으는 것이다.

협의의 순수한 형태나 단일 학파의 심리치료는 통합에 기여한다고 볼 수 없다. 왜냐하면 이들은 다양한 개입 방식이나 개념화를 합성해 내는 데 기여하지 않기 때문이다. 그러나 넓은 범위에서 또한 더 중요한 의미에서 이들은 통합에 치료적 모든 설비를 제공한다. 즉, 임상적 과정에 대한 이해를 풍성하게 하고, 통합의 관점에서 과정 및 성과 연구를 생성한다. 우리는 우리가 모르는 것을 통합할 수 없기 때문이다.

통합의 목적은 우리가 반복해서 강조하듯이 심리치료의 효과와 적용성을 높이는 것이다. 이 목적을 향해 우리는 단일한 형태의 심리치료의 가치 있는 공헌점들을 함께 인식해 나가고 이들의 가진 각각의 강점을 나열해 가야만 한다.

그렇지만 대부분의 단일 학파 심리치료가 다음의 몇 가지 약점도 가지고 있다는 것을 기억해야만 한다. 첫째, 대부분의 심리치료는 합리적 과정이 아니라 경험적 과정을 기반으로 만들어졌다. 심리치료의 창시자들은 연구를 통해 그 효과성에 대한 증거를 거의 고려하지 못한 채 그 이론을 개발하였다. 신뢰도 차원에서 증거 기반 상담 실제를 요구하는 심리치료 분야에서는 통제된 성과 연구 없이 개발된 심리치료는 길게 가지 못한다. 둘째, 단일 학파 심리치료는 창시자들의 병리적 갈등이 아니면 그들의 강력한 개인적 의견을 더 존중하는 경향이 있다. Sigmund Freud는 그의 모든 환자들에게서 실제적으로 심리성적 갈등을 발견하였으며, Carl Rogers는 실제로 타협된 가치의 조건들을 발견해 내었다. Joseph Wolpe는 그의 모든 내담자에게서 조건화된 불안을 찾아내었고, Albert Ellis는 실제로 부적응적인 사고들을 찾아내었다. 그러나 환자들은 일정하게 유명한 이론 내에서 잘 설명되는 문제들로만 괴로움을 겪지 않는다. 환자들이 비슷하게 다양한 서로 다른 방식으로으로 나아질 수 있는 매우 다양한 특별한 문제들로 괴로워한다는 것이 우리를 충격에 빠뜨린다.

이와 관련하여 셋째, 실제로 대부분의 순수한 형태의 심리치료 체계들은 모든 환자와 문제에 그들이 가치롭게 여기는 치료 방법들을 추천하고 있다. 이는 치료의 선택을 단순화한다. 즉, 모든 환자에게 똑같은 심리치료를 적용하는 것이다! 그래서 우리가 아는 환자의 개별적 차이, 환자의 선호도, 이질적인 문화 앞에서 그 효력을 약화시킨다. 이는 마치 그곳이 단순히 '좋은 가게'라는 이유로 철물점에서 모든 병을 고칠 수 있는 만병치료약을 찾는 것과 같은 이치이다. 모든 환자와 상황에 효과적인 단일한 심리치료를 찾을 수 없다는 것이 임상에서 경험하는 현실이다. 아무리 좋은 상담 실제라 하더라도 통합적이지 않다면, 관계에 민감하고 근거에 기반한 상담 실제에는 융통성 있는 관점이 필요하다. 심리치료는 단일 크기의 옷이 모두에게 맞을 수는 없는 것과 같이 개별 내담자의 독특한 필요와 상황에 맞추어 융통성 있게 맞춰져야 한다.

건강과 관련된 다른 직업에서도 이는 마찬가지이다. 의학적 관점에서, 만일 어느 의사가 모든 환자나 질병에 항생제 처방 또는 뇌수술 등과 같은 똑같은 치료를 하고 있으면 당신은 그를 신뢰할 수 있겠는가? 교육학적 유비를 들자면, 만일 어느 강사가 강의라고 하는 단일한 방식을 모든 교육에 적용하고 있다면 당신은 그를 칭찬할 수 있겠는가? 당신은 모든 아이의 문제행동에 지시적 태도 또는 엉덩이 때리기라는 똑같은 반응을 보이는 어린이집에 당신의 아이를 맡기겠는가? 아마 이에 대한 온전한 대답은 '아니요'일 것이다. 이는 심리치료에서도 역시 마찬가지이다.

단일 심리치료의 네 번째 약점은 이것이 변화를 촉진하는 방식보다는 주로 정신병리나 성격에 대한 기술(description)로 구성되어 있다는 것이다. 이는 실제로 성격 이론이지 심리치료 이론이라고 보기는 어렵다. 이들이 치료의 요소에 대한 정보는 많이 제공하지만 변화의 과정에 대한 정보는 거의 제공하지 못한다. 우리는 통합 이론은 사람들이 어떻게 변화하는가에 대하여 설명하여야 한다고 본다. Prochaska와 Norcross(2013)는 이와 관련하여 통합적 관점으로부터 파생된 16세기 치료 체계에 대한 구체적인 비판에 대해 언급하였다.

다원주의적 또는 통합적 심리치료가 임상적으로 우월하다는 점은 설득력이 있다. 통합적 심리치료의 이점들은 앞으로 계속되는 단일 형태 심리치료에 대한 비판으로부터 유추해 낼 수 있다. 통합적 심리치료는 좀 더 경험적으로 탄생된 것으로, 근거를 기반으로 개선되고 있다. 사례개념화는 난해한 이론으로부터가 아니라 실제 환자로부터 나와야 한다. 이론이란 독특한 환자와 단일한 상황에 적용되고 반응하는 것처럼 보인다. 다른 말로 통합은 단일 치료 체계보다 더한 근거, 융통성, 반응, 변화를 보장한다.

역사

선구자들

통합이란 관점은 아마도 철학과 심리학만큼이나 오랫동안 존재해 왔다. 철학 분야에서, 3세기의 전기작가 디오게네스 라에르티오스는 2세기 알렉산드리아에서 번영하였던 절충주의 학파의 일원이다(Lunde, 1974). 심리치료에서 Freud는 다양한 방식을 선택하고 통합하려 노력하였다. 1919년에 Freud는 고전 정신분석이 보편적 적용성이 부족하다는 점을 인식하고 그 대안으로 정신분석적 심리치료를 소개하였다.

심리치료를 합성해 내는 좀 더 형식적인 아이디어는 1930년대 문헌에 나타난다(Goldfried, Pachankis, & Bell, 2005). 예를 들어, Thomas French(1933)는 1932년 APA 회의에서 Freud와 Pavlov의 개념 사이에서 나란히 드러나는 개념을 설명하였다. 1936년, Sol Rosenzweig은 다양한 심리치료 체계 사이에 드러나는 공통점들을 강조한 논문을 출간하였다. 그렇지만 이와 같은 초기의 통합적 시도는 주로 이론에 기반한 것이며, 실험적으로 시험된 바는 아니었다.

모두 그런 것은 아니지만, 이와 같은 선구자들은 서로 다른 이론적 오리엔테이션 사이에 잠재되어 있는 주제들을 다루었다. 심리치료자들은 통합의 비밀리에 그들의 오리엔테이션이 상담 실제에서 부딪히는 모든 문제들을 적절히 조력하지 못한다는 점을 인식하고는 있다. 하지만 정치적 · 사회적 · 경제적 힘의 주체인 전문가 기구, 훈련 기관, 의뢰 체계 등이 각 심리치료 학파 안에 가두어 서로 다른 대안적 오리엔테이션에서는 가능한 임상적 기여를 회피하도록 전형적으로 유도하고 있다.

초창기

근대 심리치료에서 체계적인 통합은 아마도 Frederick Thorne(1957, 1967)에 의하여 시작되었다. 그는 심리치료에서 절충주의의 할아버지라 믿어지고 있다. 그는 심리치료에 숙련된 전문가라면 하나 이상의 도구를 준비해야 한다는 사실을 설득력 있게 논증하면서, 임상가들은 서로 다른 이론적 오리엔테이션으로부터 유래된 많은 방식들이 들어 있는 자신만의 연장 상자를 가질 필요가 있다고 강조하였다. 그는 당대의 심리치료를 스크루 드라이버 하나만을 달랑 사용하는 배관공에 비유하였다. 이 배관공과 같이 상습적인 심리치료들은 사람들 개인의 차이에도 불구하고 모든 사람에게 똑같은 치료를 적용하였으며, 환자들에게 치료자에게 적응할 것을 기대하였고, 치료자에게는 환자들에게 적응할 것을 똑같이 기대하였다는 것이다.

Thorne의 경고는 대체로 무시되어 오다가, 10여 년이 지나 Goldstein과 Stein(1976)이 출간한 『처방적 심리치료(*Prescriptive Psychotherapies*)』라는 제목의 책에서 처음으로 그 내용을 확인받았다. 이 책은 시대를 앞서 각 사람들 문제의 성향과 그들의 삶의 상황에 기초하여 서로 다른 사람들에 대하여 적용되는 치료에 대하여 기술하였다.

1960년대 후반 이후 Arnold Lazarus(1967, 1989)는 가장 뛰어난 절충주의 대변인의 면모를 드러내었다. 그의 영향력 있는 **다중 양식 치료**는 정신건강 전문가들 세대가 좀 더 넓은 관점을 가지고 생각하고 행동하도록 영감을 불어넣었다. 그리고 저자인 우리 둘과 다른 이들이 Lazarus에 합류하였다(예: Beutler, 1983; Frances, Clarkin, & Perry, 1984; Norcross, 1986, 1987).

이 시기에는 또한, 절충주의와 동시에 공통 요인을 드러내는 노력들이 이루어졌다. Jerome Frank(1973)는 그의 고전 『설득과 치유(*Persuation and Healing*)』에서 모든 심리치료 방법들은 구시대 심리적 치유 과정을 정교화하고 변화시킨 것이라고 상정하였다. Frank는 모든 심리치료에서 치료적 변화란 네 가지 공통 요인—정서적으로 채워지고 비밀을 털어놓을 수 있는 관계, 치유적 세팅, 합리적 또는 개념적 도식, 그리고 치료적 의식—이 지배적으로 기능한 것이라는 사실에 대해 논쟁하였다. 그러나 각각의 심리치료를 구별짓는 특징은 다원주의적이고 경쟁적인 미국 사회 내에서 특별한 관심을 받았다. 전통적으로 공통 요인에 대한 동조는 그리 크게 이루어지지 못하였다.

1980년, Sol Garfield는 공통 요인이라는 기술된 절충적 심리치료를 소개하였으며, Marvin Goldfried는 *American Psychologist*에 치료적 과정 원리를 기술한 영향력 있는 논문을 실었다. 통합 운동의 주도자인 Goldfried(1980)는 다음과 같이 지적하였다.

> 다양한 오리엔테이션을 가진 임상가들이 공통적 치료 전략에 이를 수 있다. 이는 치료자들이 다양한 이론의 편향성에서 오는 왜곡을 극복할 때 나타날 수 있는 건강한 현상이다(p. 996).

무엇이 오리엔테이션을 뛰어넘는 공통 요인을 결정하는 데 있어서 우리는 그 가운데 가장 효과가 있는가에 대한 결정을 해야 할 것이다.

1970년대와 1980년대 후반, 이론적 통합에 몇 가지가 시도되었다. Paul Wachtel은 고전인 『정신분석과 행동치료: 통합을 향하여(*Psychoanalysis and Behavior Therapy: Toward an Integration*)』라는 책을 저술하여 두 체계 사이에 가교를 놓으려고 하였다. 그의 통합적인 책은 역설적이게도 행동주의 치료를 "어리석고 피상적이며 가히 비도덕적인" 것으로 기술하려는 노력 가운데 시작되었다(Wachtel, 1977, p. xv). 그러나 논문을 준비하는 과정에서 그는 행동주의 치료가 무엇인지 자세히 들여다보고 관련된 주제를 주의 깊게 생각해야 하였다. 당대 선도적인 행동주의 치료자들을 관찰하면서 그는 자신이 끌리고 있던 정신역동치료의 특별한 버전(version)이 상당히 많은 행동주의 치료자들이 시행하고 있는 것이라는 사실을 발견하면서 놀라게 된다. Wachtel의 이와 같은 경험은 우리에게 따로 고립된 이론적 학파들이 곧 다른 학파들의 캐리커처를 영속화하고 있으며, 따라서 상담 실제에서 기본적 변화에 대한 관점을 배제하고 그의 확장을 막고 있다는 점을 다시 일깨워 준다.

James Prochaska와 Carlo DiClemente의 이론을 아우르는 통이론적 관점 역시 1970년대 후반, 초기 통합적 교과서 중 하나인 『심리치료의 체계: 범이론적 분석(*Systems of Psychotherapy: A Transtheoretical Analysis*)』(Prochaska, 1979)에 소개되었다. 이 책은 공통 변화 원리와 변화의 단계라는 관점에서 서로 다른 이론적 오리엔테이션을 개관하였다.

일반적인 범이론적 관점과 특별한 변화의 단계들은 가장 많이 연구되고 있는 통합 치료의 영역이다(Schottenbauer, Class, & Arnkoff, 2005).

불과 지난 30년 안에 통합적 심리치료는 분명히 관심받는 영역으로 성장하였다. 출판물의 양과 관계 기구와 학술지의 성장이라는 두 가지 지표에 나타나는 바와 같이(Goldfried et al., 2005), 심리치료에 있어서 통합은 1970년 이전의 간헐적 동요, 1970년대 관심의 증가, 1980년부터 현재까지 빠르게 과속화되는 관심으로 드러나고 있다. 다시 말하면, 통합적 심리치료는 체계적 운동으로서의 '긴 과거, 그러나 짧은 역사'를 가지고 있다.

현 상태

현재 임상가들의 25~50%는 특정 심리치료 학파와의 연계성을 부인하고 **통합적** 또는 **절충주의자**로 자처한다. 또한 몇몇의 다양한 통합의 변종(variant)이 주기적으로 나타나기도 한다. 1953년부터 1990년 사이 미국에서 수행된 25개의 연구를 살펴보면(Jansen, Bergin, & Greaves, 1990) 통합주의 치료가 19~68%로 나타난다. 지난 10년간 수행된 12개의 연구에 따르면(Narcross, 2005) 통합주의 치료가 현재 미국에서 가장 흔한 오리엔테이션이나 인지치료가 빠른 속도로 도전해 오고 있으며 곧 주된 치료 양식이 될 것이라는 전망이다. 같은 연구에서 통합주의 치료가 미국에서는 강하나 미국 밖에서 그리고 서유럽에서는 지지를 덜 받는 것으로 드러난다. 따라서 통합주의는 전형적으로 미국의 치료 오리엔테이션이지만 세계 다른 나라에서는 아직까지 그렇지는 아니하다.

통합주의 치료가 얼마나 보편적인가 하는 것은 직접적으로 통합주의 오리엔테이션에 대한 지지도를 평가함으로써 얻어지며, 간적접으로는 다양한 오리엔테이션에 대한 지지도를 어떻게 결정하는가에 따라 평가된다. 예를 들어 영국의 상담가에 대한 연구에서 87%는 순수하게 한 가지 형태의 심리치료를 선택하지 않았다(Hollanders & McLeod, 1999). 미국의 임상 심리자들에 대한 또 다른 연구에서도 90%가 몇 가지 오리엔테이션을 함께 사용하고 있다고 보고하였다(Norcross & Karpiak, 2012). 매우 소수의 치료자만이 단일 심리치료의 전통을 배타적으로 고집하고 있다.

다음과 같은 몇몇 국제 기구의 설립은 통합 심리치료의 인기를 반영하며 강화해 준다. 두 개의 학제 간 모임, 통합 심리치료 탐구 모임(Society for the Exploration of Psychotherapy Integration: SEPI)과 심리치료 연구 모임(Society of Psychotherapy Research: SPR)은 다양한 심리치료의 실제와 보편적인 심리치료 연구를 위한 컨퍼런스를 해마다 개최한다. SEPI는 *Journal of Psychotherapy Integration*, SPR는 *Psychotherapy Research*라는 국제적 과학 학술지를 출간하고 있다.

통합주의 심리치료는 미국에서 가장 먼저 강하게 일어났다. 이는 전 세계로 꾸준히 퍼져 가고 있으며 통합주의 운동을 일으키고 있다. SPR과 SEPI 모두 여러 개의 국제 지부를 두고 정기적으로 미국 밖의 지역에서 연차 대회를 열고 있다.

과거 심리치료자들은 특정한 단일 이론적 오리엔테이션 안에서 훈련을 받았다. 이와 같은 훈련에서 이데올로기적 단일성이 항상 임상적 유능성을 담보하는 것은 아니었지만 이는 임상적 복잡성과 이론적 혼동을 감소시킬 수 있었다(Schultz-Ross, 1995). 최근 심리치료자들은 단일한 치료 오리엔테이션이 이론적으로도 불완전할 뿐만 아니라 임상적으로도 그들이 실제에서 직면하게 되는 다양한 환자, 상황 그리고 문제를 다룰 때에도 적절하지 않다는 것을 깨닫게 되었다. 따라서 심리치료자들이 몇 가지 이론적 오리엔테이션의 훈련을 함께 받거나, 적어도 이 책에서 입증되었듯이 여러 가지 이론에 자신들을 노출시켜 왔다.

심리치료 훈련이 진화되면서 통합으로 나아가고 있으나 이는 늘 그렇게 좋은 결과만 가져온 것은 아니다. 한편으로 통합주의 훈련은 임상 실제에서 당면하는 매일매일의 필요를 드러내고, 알려진 대로 다원주의가 요구하는 지적인 질문들을 만족시키며 서로 다른 치료와 치료 관계 안에서 어떻게 서로 다른 환자들이 더 잘 낫는가에 대한 증가하고 있는 연구 결과들에 대해 잘 대응하고 있다. 그러나 다른 한편으로, 통합주의 훈련은 학생들에게 다양한 방법과 포맷에 있어서 임상적 유능성을 확보해야 한다는 압력을 부과하며, 이에 더하여 교수들에게는 협력적인 훈련을 위한 기업을 만들 것을 도전하고 있다(Norcross & Halgin, 2005).

그간의 연구들은 훈련 담당자들이 통합주의 심리치료에 헌신은 되어 있으나 통합으로 가기 위한 최적의 경로에는 의견을 달리하고 있음을 보여 준다. 약 80~90%의 심리치료 프로그램과 인턴십 프로그램의 담당자들은 한 가지 심리치료 체계만을 아는 것으로는 충분치 않으며 여러 가지 치료 모델에 대한 훈련이 필요하다는 것에 동의한다. 약 3분의 1은 학생들은 한 가지 치료 체계에 먼저 충분히 훈련을 받아야 한다고 믿고 있다. 이들의 절반 가량은 학생들이 최소한 몇 가지 다양한 체계에 유능성을 갖춰야 한다고 믿는다. 나머지는 학생들이 이들로부터 나온 특별한 통합주의 체계를 훈련받아야 한다고 믿고 있다(Lampropoulos & Dixon, 2007).

전산화된 멀티미디어 환경은 통합주의 심리치료 훈련의 효과성을 증가시키는 기여하고 있는 듯하다. 상담 훈련 가운데 가상의 환자가 사례별로 성공적이었다고 보고하는 예비 연구들은 어떠한 치료가 환자에게 가장 효과적이었는가에 대한 단서를 제공해 준다(Beutler & Harwood, 2004). 또한 환자에게 최적의 치료와 통합주의 치료를 가장 잘 이행할 임상가를 찾을 수 있도록 안내하는 온라인 프로그램이 개발되고 있다(www.innerlife.com). 이에 상응하는 임상가를 위한 프로그램도 개발되어, 임상가들로 하여금 변화의 근본적인 원리를 적용할 때 광범위하고도 융통성 있는 연구 기반 치료 계획을 세울 수 있도록 돕고 있다(위와 같은 사이트). Innerlife STS를 수행하는 데에 걸리는 시간은 대략 15분 정도로 연속되는 항목의 질문들을 확인하도록 한다. 다 마치면 Innerlife STS가 환자에게 개별적으로 맞추어진 중요한 치료 주제들을 나타내 준다.

- ❑ 관심이 되는 중요한 영역
- ❑ 고려해 볼 만한 치료들
- ❑ 피해야만 하는 치료들
- ❑ 적절한 치료자 스타일들

- 심리치료의 선택
- 스스로 도움이 받을 수 있는 자료들

이와 비슷한 치료 이슈들도 이와 평행하게 작성되어 임상가에게 전달된다. 이와 같은 더 구체적인 보고서는 효과적인 변화에 필요한 환경을 어떻게 구조화할 것인가 그리고 치료 센터의 스태프들을 어떻게 지도할 것인가 등을 나타내어 주는 실용적인 고려 사항들을 포함하고 있다.

이와 같은 시스템에서 뒤따르는 치료의 제안 사항들은 환자의 특성(진단을 포함하여)과 치료 방법 그리고 치료적 관계 사이의 최적의 관계를 드러내어 주는 지난 30년간의 증거 기반 원리에서 확인된 연구 결과에 따라 운영되고 있다.

통합주의적 훈련은 결과임과 동시에 과정이기도 하다. 훈련의 결과로서 통합주의 심리치료는 책이나 비디오테이프, 학과, 세미나, 교과 과정, 워크숍, 컨퍼런스, 슈퍼비전, 축어록 프로그램, 조직의 변화 등을 통하여 계속하여 전파될 것이다. 교육자들은 전통적 단일 이론의 결과물보다 덜 편협하고 더욱 다원화된, 그리고 더욱 효과적인 통합주의의 산물을 개발하고 전달할 것이라는 희망이 있다.

그보다 더한 희망은 과정으로서의 통합적 심리치료가 다원주의와 통합 그 자체에 열린 의식과 일치되는 방식으로서 더욱 전파될 것이라는 것이다. 통합적 훈련의 의도는 단순히 '통합주의자'라는 카드를 가지고 깃발을 흔드는 심리치료자들을 배출하는 것이 아니다. 이러한 시나리오는 단순히 단일 오리엔테이션을 통합적 오리엔테이션으로 대체할 것을 강요하여 내용에서만 자유를 더할 뿐 과정에서는 그렇지 않은 상태를 의미하지 않는다. 대신, 치료자들이 임상에서 추구해야 할 것을 통합적으로, 즉 개방적이고 융통성 있고 종합적이되 비판적으로 생각하도록 치료자들을 교육하는 것(그리고 아마도 행동하도록)에 그 목적을 두고 있다(Norcross & Halgin, 2005).

통합 심리치료는 정신건강 영역에서 증가하고 있는 단기 그리고 증거 기반 치료의 요구에 대한 반응이다. 다양한 관리를 받는 미국의 모든 환자의 90% 가량에게 단기 치료는 사실상 절대적인 치료 모델이 되었다. 통합주의, 특히 형태에서는 기술상의 절충주의가 "어떤 치료든 이 문제를 지닌 이 환자를 잘 낫게 하고 빨리 낫게 하는 것"이라는 실용적 명제에 대한 반응으로 등장하였다.

전 세계적으로 증거 기반 치료(evidence-based psychotherapy: EBP)라고 하는 거부할 수 없는 거대한 물결이 더욱 빠른 속도로 확산되면서 최고의 연구 결과를 사용하고 내담자에게 최적화된 심리치료를 경험할 것을 요구하고 있다(Norcross, Beutler, & Levant, 2006). 자료를 기반으로 임상에서 중요한 결정을 내리는 것이 앞으로 치료의 기준이 될 것이다. 증거 기반 치료는 전통적 학파가 무너지는 속도와 정보화된 다원주의의 상승세를 따라잡고 있다(Norcross, Hogan, & Koocher, 2008). 무엇이 자격을 갖춘 심리치료인가에 대해 증거를 가지고 특화된 결정을 내리는 기준에는 아직 논쟁의 여지가 남아 있지만, 증거 기반 치료는 "누구에게 어떤 치료가 작용하는가?"에 대해 심리치료자들이 실용적으로 헌신할 것을 보여 준다. 중요하게 강조될 것은 내담자에게 어떠한 이론이 적용될 것인가가 아니라 무엇이 효과적으로 작동하는가이다. 통합주의 심리치료는 이러한 도전에 맞설 준비가 되어 있다.

성격

성격 이론

Freud부터 시작하여 대부분의 심리치료 체계는 주로 성격 이론과 정신병리 이론(무엇을 변화시킬 것인가)으로 구성되어 왔다. 하지만 대부분의 통합적 치료에서는 그보다 변화의 과정(어떻게 변화시킬 것인가)을 더 강조한다. 통합적 치료는 사람들의 성격과 정신병리가 어떻게 발달하는가에 대한 이론적 개념보다는, 직접적으로 치료 방법과 치료 관계의 선택에 초점을 맞춘다. 잠재된 이론이 필수적으로 치료 방식을 뒷받침하겠지만, 통합적 치료는 상대적으로 성격은 덜 다루고 즉시 변화를 풍성하게 일으키는 데 집중한다.

우리의 통합적 개념화는 어떻게 성격과 정신병리가 발생하는가에 대해 특별한 가정을 하지 않는다. 만일 어느 특별한 환자에게 긍정적 반응을 불러일으키기 쉬운 치료 방법과 관계를 알고 있다면 이러한 결정론은 상대적으로 그리 중요하지 않다. 효과적인 치료는 광범위한 많은 이론들로부터 파생되어 적용되거나, 때로는 전혀 이론 틀이 필요하지 않을 수도 있다.

제한된 범위 안에서 통합적 심리치료의 성격 이론은 예상대로 광범위하고 포괄적이다. 이는 발달심리학의 전 생애 접근을 포괄하고 있다. 또한 이는 사람들은 기능적이거나 역기능적이거나 관계없이 타고난 자질, 학습의 역사, 사회문화적 맥락 그리고 물리적 환경의 상호작용의 복합적 산물임을 반영하고 있다.

다양한 개념들

통합적 심리치료가 성격 이론에 의존하지 않는다는 말이 곧 이것이 성격 특징에 전혀 주의를 기울이지 않는다는 것을 의미하지는 않는다. 실제로 이는 성격 특질에 주의를 기울이고 있다. 다음 부분에서 자세하게 밝히겠지만 치료자의 성격과 그들 사이의 상호적 매치와 같이 환자의 성격은 통합적 치료에서 중요한 결정 요소이다. 하지만 성격 특징들은 인간 발달과 동기의 폭넓은 이론과 분리된 것이 아니다. 통합적 치료에서 환자들의 특징들과 같이 성격 특질들은 연구에서 드러나듯 효과적인 치료에 기여하는 요소들로 계속하여 밝혀지고 있다.

우리의 자료 기반 치료는 문제를 해결하기 위해서는 그 문제가 어떻게 발달되었는지 알 필요가 있다는 관점을 피해 간다. 대신, 우리는 우리가 특정 행동 패턴 또는 환경적 특징들을 마주할 때 어떠한 치료가 변화를 초래하기 쉬운가에 대해 아는 것이 더 중요하다고 강조한다.

다음에 우리는 연구에 드러난, 임상가들로 하여금 심리치료의 효율을 증가시키는 데 도움이 되는 몇 가지 성격 특징들을 기술할 것이다. 우리는 여기에서 전통적인 심리치료와 통합적 심리치료 사이에 성격이라는 개념이 어떻게 다른지에 대한 예를 제시해 보려고 한다.

환자의 대처 양식은 통찰 중심 치료나 증상 변화 방법을 수행을 결정할 때 고려해야 하는 중요한 성격 특징이다. 대처 양식은 새로운 경험이나 스트레스에 직면하였을 때 사람들이 행하는 것으로 정의되며, 인내의 질(enduring quality)을 의미한다. 스트레스 상황에서 사람들은 사회적 관계에서 외현화된 행동들, 즉 충동성이나 비난, 반항 등이나 내면화된 행동들, 자기 비난, 철회, 감정적으로 죄어 오는 느낌에 연루된다. 이런 행동들은 상대적으로 오래가기도 하고 상황에 따라 다르기도 하며, 사람들 사이에서 차이를 보이기도 한다. 그러므로 이런 행동들이 성격 특질인 것이다. 하지만 통합적 심리치료는 왜 이런 행동들이 일어나는지를 이해하려고 하기보다 어떻게 이런 행동들이 심리치료에 영향을 미치며, 치료의 성공을 높이는가에 집중하고 있다.

우리의 통합적 접근은 원칙적으로 성격에 관한 이론을 개발하기보다는 환자의 성격에 맞추어 개별화된 심리치료를 만들어 가는 데 관심을 갖는다. 우리는 심리치료에 대한 설명보다는 심리치료 자체를 개선하는 데 집중한다. 이제 통합적 심리치료의 실제로 주제를 옮겨 보겠다.

심리치료

심리치료 이론

통합적 심리치료에는 성격과 심리치료에 관한 응축된 이론은 결여되어 있지만 효과적인 치료로 안내하는 임상 평가의 가치는 매우 강하게 강조되어 있다. 이와 같은 심리 평가는 심리치료 초기에 이루어진다. 그러한 평가는 가장 효과적인 치료 방법과 치료 관계를 선별하기 위하여 심리치료 초반에 이루어지고, 치료 전반을 통하여 환자의 반응을 모니터하고 필요하면 치료 중반에 조정을 하고, 치료의 종결에 이르면서 전체적인 치료 성과를 평가하기 위한 것이다. 따라서 평가는 연속적이고 협력적이며 매우 귀한 가치를 지닌다.

이 절에서 우리는 치료에서의 선택에 동력을 제공하고 이를 안내하는 임상 평가에 대하여 긴밀히 논의해 보고자 한다. 다음으로 실제 상담 실제에서 일어나는 심리치료의 과정에 대해 설명해 보겠다.

임상 평가

통합적 심리치료에서 환자에 대한 임상 평가는 한 가지 중요한 점만 제외하면 상대적으로 전통적 심리 평가와 크게 다르지 않다. 평가를 위한 면접은 치료 동맹을 형성하면서 호소 문제, 발달사, 상담에 대한 기대와 목적 등에 대한 종합적 정보를 수반한다. 심리학자로서 우리는 부가적인 자료를 확보하고 축 I과 축 II 진단을 위한 공식적인 심리 평가도구를 함께 사용하고 있다. Beck의 우울 검사 II(Beck Depression Inventory II)라든지 증상 체크리스트(Symptom CheckList-90R)와 같은 증상 체크 양식과 MMPI-2(Minnesota Multiphasic Personlity Inventory-2)와 MCMI-III(Millon Clinical Multiaxial Inventory-III)와 같이 폭넓게 병리와 성격을 측정하는 도구들도 사용한다.

통합적 심리치료의 평가가 다른 치료에서 보편적으로 수집된 자료와 한 가지 구분되는 면은 환자의 특성에 관한 다양한 정보를 치료를 선택하기 위한 안내에 활용한다는 점이다. 사실상 앞서 기술한, 임상가와 내담자 모두를 위한 Innerlife STS 웹 기반 평가 결과는 통합적 전통 안에서 치료를 개발하는 데 도움을 준다(Beutler & Groth-Marnat, 2003; Harwood & Williams, 2003).

치료 초점 평가를 적용하기 위해서 통합적 심리치료는 환자의 특징과 이와 대응되는 치료를 향상시키는 질적 치료를 확인해 가야 하는 중요한 도전을 마주하고 있다. 치료에 도움이 되는 수만 명의 '환자, 치료자, 상담 방법, 상담 관계의 순열과 조합'이 가능하다. 우리는 우선적으로 치료의 성공에 영향을 미치는 제한된 숫자의 환자군을 찾아내는 가능한 실험적 연구에 의존하고 있으며, 서로 다른 치료 반응을 가장 잘 예상해 내는 영역을 찾아내기 위한 평가에 초점을 맞춘 평가를 실시하고 있다(Castonguay & Beutler, 2006; Beutler, Clarkin, & Bongar, 2000).

이러한 평가 전략은 몇 가지 문제를 나타낸다. 주된 문제는 이미 연구된 잠재적 가치를 지닌 환자 특성들을 순전히 수치만으로 본다는 데 있다. 변화에 관한 효과적인 예측 인자들을 가지고 있는데도 임상가들이 조직화하고 일관되게 사용할 수 있는 것은 그리 많지 않다. 더구나 연구자들은 어떠한 환자와 치료자의 특성들이 가장 중요한가에 대해 같은 의견을 내지 못할 수도 있다. 이 두 가지 문제점들은 특정 개인에게 무엇이 가장 효과적인가에 대한 우선수위를 부여하는 것이 가능해질 때라야 극복될 수 있을 것이다.

다행스럽게도 몇 년 동안 진행된 우리의 실용적 연구들(Beutler et al., 2000; Castonguay & Beutler 2006; Norcross, 2011)은 변화에 가장 강력하게 기여하는 환자 변인과 가장 이런 환자의 특성에 가장 강력하게 적용될 수 있는 수단들을 찾아내어 이러한 문제점들을 나타내 주었다. 성과 연구, 교차 타당도 연구, 구조 방정식 모델과 같은 복잡한 통계 분석, 그리고 여러 개의 메타 분석 결과를 개관해 보면 관리 가능할 정도의 환자의 숫자들과 분명하게 심리치료의 효과를 개선할 수 있는 치료의 질에 대해 알 수 있게 된다.

* 여섯 가지 환자 특성들

이 장에서 우리는 통합적 심리치료에 사용되는 여섯 가지 환자의 특성들을 제시할 것이다. 이러한 환자 특성들은 환자와 치료 사이의 괜찮은 조합을 찾아내도록 도와준다. 물론 통합적 심리치료자들이 이러한 여섯 가지 특성에만 제한을 받는 것은 아니지만 통합적 심리치료에서 임상적 평가와 치료 조합을 설명한다.

진단. 우리는 치료 계획을 DSM과 ICD에 기술된 대로 부분적으로 조직화한다. 비록 진단 자체로 충분한 것은 아니지만 진단이 필요한 실제적인 이유가 몇 가지 있다. 첫째, 보험 회사가 진단을 요구하며, 활용에 대한 검토 역시 진단을 기준으로 된다. 둘째, 성과 연구는 보통 특별한 진단 집단에 따라 이루어지며 진단을 포함하는 주된 증상들이 효과적인 치료를 결정하는 적합한 방법을 만든다. 이 연구에서 이득을 얻기 위해서는 환자의 진단명을 알아야 한다. 셋째, 특수화되고 매뉴얼화된 치료는 많은 장애를 개선하기 위하여 개발되고 있다.

동시에 진단 자체만으로는 치료 계획을 세우기에 불충분하다는 이유도 있다. 진단은 병리 중심의 개념으로, 환자의 강점을 무시한다. 다원적인 진단의 기준들은 계속 변화하며, 서로 다른 환자 집단을 고른다. I축 진단을 받은 환자들은 역시 I축 질병의 다른 공존 질병으로 괴로워하기도 한다. 제한되거나 특별한 진단 집단에 효과적인 치료도 거의 없다. 이것이 임상가들이 치료 계획을 고립된 질병들에 대해서가 아니라 환자 개인들을 위해 고안하여야 하는 이유이다.

변화의 단계들. 변화의 단계들은 변화에 대한 사람들의 준비성을 나타내는 것으로, 일정 시간으로도, 다음 단계로 이행하는 데 필요한 일련의 과제들로 정의된다. 각 단계들은 행동적이며 시간과 특별히 관련되나, 성격 특질들을 담고 있지 않다. **전숙고기**(precontemplation)란 환자들이 예견되는 미래에 전혀 행동 변화의 의지를 보이지 않는 단계이다. 이 시기 대부분의 사람들은 그들의 문제에 대한 인식이 없거나 부족하다. 하지만 그들의 가족과 친구, 고용주들은 자주 이들의 문제를 인식하게 된다. 전숙고기 사람들은 자주 다른 사람의 압력이나 강요로 인해 심리치료에 오게 된다. 문제를 인식하는 데 있어서 드러나는 저항이 이 시기의 특징이다.

숙고기는 사람들이 존재하는 자신의 문제에 대해 자각하고 극복할 수 있기를 진지하게 생각하지만 행동을 변화시킬 정도로는 아직 헌신되지 않은 상태이다. 관조자들은 역기능적인 자신의 행동들이 가진 긍정적인 평가와 그들이 이를 극복하는 데 필요한 노력, 에너지, 손실 등 사이에서 분투한다. 문제해결에 대한 심각한 고려가 숙고기의 중요 구성요소이다.

준비기는 의도와 행동적 기준 사이를 연결하는 시기이다. 이 시기 사람들은 가까운 미래에 행동을 취할 의도를 가지며 과거 성공적이지 않게 행동을 취하였던 사람들이다. 이들은 단주나 건강 돌봄 전문가 만나기 등과 같은 행동 변화에 관한 행동 기록을 준비한다. 그들은 문제를 줄여 가고 있지만 단주와 같은 효과적인 행동의 역치에 아직 도달한 것은 아니다. 하지만 그들은 매우 가까운 장래에 이런 행동 변화를 일으킬 사람들이다.

행동기는 사람들이 자신의 문제를 극복하기 위해 행동, 경험 또는 환경을 변화시키는 시기이다. 이에는 가장 겉으로 드러나는 행동의 변화와 상당한 시간과 에너지의 투하가 필요하다. 이 행동기 때 행동 변화는 가장 눈에 띄고 겉으로 식별할 수 있는 것들이다. 실제 표적 행동의 변화가 행동기의 특징이다.

유지기는 사람들이 재발을 예방하고 행동기 때 얻은 성과물들을 공고히 하는 시기이다. 중독자들에게 이 시기는 초기 행동기가 시작된 시점부터 6개월까지로 확장된 기간이다. 몇 가지 행동들에 있어서는 변화를 유지한다는 것이 일평생 지속되어야 하는 과정으로 이해된다. 문제로부터 벗어나 결정적으로 새로운 행동이 지속적으로 나타날 수 있으려면 보통 6개월 이상이 소요된다.

표 14.1 변화의 단계에 따른 심리치료 체계의 통합

변화의 단계

전숙고기	숙고기	준비기	행동기	유지기
동기 강화 면담 전략적 가족치료 정신분석적 치료				
	분석적 치료 Adler 치료			
		실존주의 치료 합리적 정서적 행동치료(REBT) 인지치료 대인관계 치료(IPT) 게슈탈트, 경험주의 치료		
			행동치료 해결 중심 치료 EMDR, 노출치료	

변화 단계는 특정한 개입 방법과 치료 관계를 사용하기를 권장하는 시기이다. 표 14.1에 설명된 바와 같이 치료를 주도하는 체계는 보통 변화의 단계에서 가장 효과적으로 작동된다. 전숙고기 초기와 숙고기 중에는 정신분석과 통찰 중심 치료에 사용되는 방법들이 가장 유용하다. 실존주의, 인지 상담, 대인관계 치료들은 특히 준비기와 행동기에 적절히 사용될 수 있다. 행동주의, 노출 기법, 해결 중심 치료는 행동기와 유지기에 가장 유용하게 사용된다. 각 치료 체계마다 행동 변화의 큰 그림 가운데 서로 분화된 자리를 갖고 있다.

관계 면에서 치료자의 관점 역시 환자의 변화의 단계와 연결하여 설명된다(Norcross, Krebs, & Prochaska, 2011). 전숙고기의 치료자들은 흔히 독립을 보장받기 위해 밀고 당기기를 하는 반항하는 10대들을 돌보는 부모와 같은 관점을 가진다. 숙고기의 치료자의 역할은 자신의 조건에 대해 스스로의 통찰과 생각을 발달시키기를 격려하는 소크라테스와 같은 선생님 역할이다. 행동을 준비하는 내담자를 만나는 치료자는 결정적인 경기를 치른 경험 많은 코치의 역할과 비슷하여 괜찮은 시합 계획을 제공할 수 있거나 내담자 자신의 행동 계획을 점검해 줄 수 있어야 한다. 유지기로 진행하는 내담자들에게 치료자는 발전이 부드럽게 진행되지 않을 때 전문가적인 조언과 지지를 제공할 수 있는 자문가가 되어 간다.

대처 양식. 내담자의 대처 양식이란 그들이 새롭거나 문제가 되는 상황을 직면할 때 습관적으로 사용하는 행동을 의미한다. 환자들은 대처 양식으로 두 가지 사이에서 극단적인 자리를 선택하거나 상대적으로 안정된 양식을 보일 수 있다. 간단히 말하면, 외현화된 대처 양식(충동적인, 자극 추구적인, 외향적인) 방법이거나 내면화된 대처(자기 비난적인, 억제된, 내향적인) 방법을 의미한다.

대처 양식은 심리치료자들이 이상적으로 초점 맞추어야 할 증상의 제거 또는 넓은 범위의 치료 목표의 주요 자리가 된다. 증상 초점 치료, 기술 개발 치료들은 외현화된 환자들에게 더 효과적이다. 예를 들어 행동화를 일삼는 어린이들과 충동적인 어른들은 보통 기술 개발 방법을 통해 문제행동을 감소시킬 때 가장 큰 효과를 보게 된다. 이와 대조적으로 통찰 중심, 자각을 증진시키는 치료들은 내면화 환자들에게 가장 효과적이다. 방법이야 치료에 따라 다양할 수 있겠으나 부모-자녀 연관 관계, 전이와 저항을 해석하거나 반복되는 주제들을 돌아보게 하고, 감정의 자각을 증가시키는 연습 등이 주로 사용된다(Beutler et al., 2000; Beutler, Harwood, Kimpara, & Blau, 2011).

저항 수준. 환자들의 저항 수준이란 흔히 저항이라 일컬어지는 행동들의 여러 가지 형태를 의미한다. 흔히 환자들의 저항은 외부로부터 주어지는 요구에 대해 생겨나며 이에 반대로 반응하게 된다. 저항이 일어나는 경향이 곧 치료자 주도성에 대한 신뢰할 만한 표지가 된다. 높은 수준의 저항을 보이면 이는 비지시적, 자기 주도적 또는 역설적 기술을 사용할 필요를 의미하며, 낮은 수준의 저항을 보이면 좀 더 지시적인 방법을 사용할 수 있음을 의미한다. 다른 말로, 비지시적이고 내담자 주도적인 방법은 높은 수준의 저항을 보이는 환자에 대한 치료에서 성과를 증가시킨다. 이와 대조적으로, 인지적 재구조화, 조언, 행동 계약 등의 지시적이며 구조를 갖춘 기법들은 상대적으로 낮은 수준의 저항을 보이는 환자들에게 더 좋은 치료 성과를 나타낸다(Beutler, Harwood, Michelson, Song, & Holman, 2011). 치료자는 얼마나 지시적이어야만 할까? 이는 특히 환자의 저항 수준에 달려 있다.

환자들의 선호도. 윤리적으로, 임상적으로 적절한 것이라면 통합주의 상담자는 상담에서 내담자의 선호도에 맞추어 주는 편이다. 내담자의 선호도는 그의 성격, 가치, 애착 양식, 이전의 심리치료 경험 등에 의해 크게 영향을 받는다. 내담자의 선호도는 사람으로서 치료자(나이, 성별), 치료 관계(얼마나 따뜻하거나 차가운가, 얼마나 적극적이거나 수동적인가), 치료 방식(숙제, 꿈 분석, 빈 의자 기법 등에 대한 선호도), 또는 치료의 포맷(집단치료나 약 복용에 대한 저항)과 관련된다.

통합주의자들은 치료 초기 환자들이 보이는 강력한 선호도를 부지런히 찾아 가능한 한 이에 적응하려고 노력한다. 통제된 연구와 임상 경험들은 환자들이 바라는 바에 잘 참여해 주는 것이 환자의 오해를 감소시키고 치료 동맹을 강화하며, 탈락률을 감소시키며 협력을 강화시킨다고 밝히고 있다. 이와 관련된 모든 치료 관계의 질은 곧 치료의 성공과 연결된다(Norcross, 2011). 환자들이 자신들이 무엇을 원하며 자신에게 무엇이 가장 좋은지를 알고 있다고 가정하는 것은 순진한 생각이다. 하지만 만일 임상가들이 내담자들이 자신들이 어떤 방식으로 가장 좋은 서비스를 받을 수 있는가를 지각함을 존중한다면 부적절한 치료 관계는 거의 나타나지 않을 것이다(Lazaurs, 1993).

문화. 환자의 선호도와 관련하여 내담자의 문화는 인종, 민족 성별, 성적 지향, 장애의 수준, 나이 등으로 광범위하게 정의된다. 다문화적 유능성은 단순히 윤리적이거나 정치적인 아이디어가 아니라 통합적 치료에서 꼭 필요한 임상적 개념이기도 하다. 치료 기법과 치료 관계 모두가 환자의 문화에 잘 맞는다면, 환자의 변화의 단계, 대처 양식, 저항의 수준도 이에 잘 맞추어 갈 수 있다. 치료는 언어, 치료자의 속성, 은유, 방법, 목표 및 내용을 호응하는 방식으로 사용하는 것에 의해 문화적으로 적용될 수 있다.

치료의 선택을 좌우하는 진단을 통한 환자의 특성을 생각할 때의 주의점은 하나의 또는 눈에 보이는 문화가 그 사람의 경험을 정의한다고 가정하지 말아야 한다는 것이다. 통합치료자들에게 내담자의 문화 및 문화적 교차점들을 존중하며 논의하는 것은 맞춤 심리치료의 기본이다. 치료 방식을 결정할 때 내담자의 성, 인종, 성적 지향 등을 자동적으로 가정하는 것은 이들을 모두 무시하는 것만큼이나 어쩌면 해로울 수 있다.

요약. 앞서 제시한 여섯 가지 내담자의 특성은 환자 개인, 환자의 문제와 상황에 심리치료를 체계적으로 적용할 때 고려해야 하는 신뢰할 만한 표지들이다. 연구가 발전하면서 이러한 특성들은 좀 더 진화하겠지만 이들은 탄탄한 개관 연구와 메타 분석으로부터 도출된 결과이다. 진단에 포함되지만 진단에만 제한되지 않는, 이러한 내담자의 특징들은 특수한 이론적 오리엔테이션마다 독립적으로 적용될 수 있다. 종합해서 말하면 심리치료는 임상에서의 효과성을 증가시키기 위하여 각 내담자의 특성에 맞추어 특수한 치료 기법과 치료 관계를 고려하는 데까지 발전하였다.

심리치료 과정

환자에 따라 맞춤 심리치료를 한다는 통합적 심리치료의 명제는 마치 소극적인 내담자에게는 권위적인 치료자를 처방하라는 식의 이야기가 아닌가 하는 오해를 받아 왔다. 임상 현실은 정확히 이와 반대이다. 오히려 공감적인 치료자들의 치료 목적은 환자의 안전감과 치료에 대한 헌신 정도에 대한 보장과 협력을 증가시킬 수 있는 적절한 치료 관계를 만드는 것이 된다. 적절한 관계의 특성은 환자의 선호도, 문화 그리고 성격에 따라 결정된다. 예를 들어, 만일 내담자가 자주 저항을 보이면 치료자는 자신이 내담자와 맞지 않는 무엇인가를 강요하고 있지는 않은지(선호도), 또는 변화에 아직 준비가 되지 않았는지(변화의 단계), 또는 지시적인 스타일에 불편해하지는 않는지(저항) 등을 고려한다. 통합 심리치료란 내담자를 좇아가는 것에 의해 주도되는 심리치료이다(Norcross, 2010).

변화는 서로 연관된 과정을 따라 일어난다. 환자-치료자의 치료 관계의 성격, 적용된 개입 방법 및 환자가 재발을 피하는 방식 등을 의미한다(Beulter, Forrester, Gallagher-Thompson, Thompson, & Tomlins, 2012). 포괄적인 치료는 치료가 진행되는 포맷, 그것의 강도, 약물 요법의 역할(약물치료), 그리고 특별한 치료적 전략과 기술 등이 적용되는 세팅을 어떻게 정의하는가 등을 포함한다.

✳ 치료 관계

모든 심리치료는 민감하고 치유적인 인간관계의 맥락 내에서 일어난다. 경험적으로 말하자면, 심리치료의 성공은 환자의 특성과 치료 관계에 의해 가장 잘 예측될 수 있다(Norcross, 2011). 단지 10%의 성과만이 특별한 치료 방법의 결과이다.

기법 중심으로 치료 방법을 선택하는 방식으로서 심리치료를 보는 것이 그간의 심리치료 분야에서의 가장 큰 오해라 여겨진다. 통합 심리치료는 치료 기법뿐만 아니라 내담자와의 치료적 관점을 모두 개별화하려고 시도한다. 이를 개념화하는 방식으로 기법으로서 치료의 선택이라는 개념을 대인관계적 관점에서 임상가가 어떻게 치료적 관계를 선택할 것인가와 평행으로 놓기도 한다(Norcross & Beutler, 1997).

치료 관계를 만들고 개발하기 위하여 통합적 심리치료자들은 무엇이 가장 효과적인가에 관한 임상적인 경험과 경험적 연구에 크게 의존한다. 수천 개의 메타 분석 연구는 치료적 동맹, 공감, 목표 합의, 협력, 긍정적 존중과 지지, 진솔성, 적절한 자기 노출, 역전이의 처리 등이 치료에 효과적이라고 밝힌다(Norcross, 201). 심리치료 과정 전체에 걸쳐 실시간으로 내담자에게서 받는 피드백을 얻는 것(Lambert & Shimokawa, 2011)과 치료 동맹의 분열을 회복시키는 것(Safran, Muran, & Eubanks-Carter, 2011) 역시 치료의 성공을 높인다. 만일 내담자가 안전하다, 연결되어 있다, 돌봄을 받는다는 느낌을 갖지 못한다면 아무리 증거 기반 처치를 잘 수행하더라도 이는 별로 가치가 없다.

따라서 통합적 심리치료자들은 일찍이 내담자와 치료 동맹을 개발하며 그들의 경험과 관심에 공감을 보일 수 있는 방법을 만드는 데 힘을 쏟았다. 통합적 심리치료자들은 내담자와 치료 목표를 수립하고, 환자의 선호도를 보장하며, 초기에 나타날 수 있는 불신과 두려움을 다루며, 치료자를 돌보고 지지하는 자들로 느끼게 하는 데 있어서 내담자와 협력적으로 치료를 진행한다. 당연히, 치료 관계는 개별적인 환자와 그의 문화에 맞추어져야만 한다.

✳ 치료 계획

치료 계획은 치료 세팅, 포맷, 강도, 약물치료, 그리고 치료 전략과 기술 등과 관련되어 있다. 여기서 중요한 점은 각 내담자는 이러한 요소들의 서로 다른 순서나 조합에 따라 가장 잘 반응하게 될 것이라는 점이다. 통합주의자들은 치료를 계획할 때 자동적으로 일주일을 기반으로 한 외래, 개별 치료라고 결정할 수도 없고 그렇게 가정해서도 안 된다. 치료가 진행되면서 통합주의자들은 이러한 결정들을 하는 과정에서 전략과 그 방법들을 생각하는 데 많은 시간을 쓰게 된다.

치료 세팅. 치료 세팅이란 치료가 진행되는 장소, 즉 치료자의 사무실, 정신 병원, 사회복귀 훈련 시설(halfway house), 외래 클리닉, 중고등학교, 외래 병원 등을 의미한다. 치료 세팅은 우선 정신병리의 심각성에 따라 환자를 제한할 것인가, 아니면 지지할 것인가에 대한 필요성과 환자의 환경에 있어서 지지도에 따라 달라진다.

각각의 치료적 결정은 환자의 특성과 같은 또 다른 치료의 요소와 연결하여 결정된다. 적절한 치료 세팅은, 예를 들어 부분적으로는 증상으로 인한 손상과 함께 부분적으로는 저항의 수준을 고려하여 결정된다. 매우 많이 손상되었고 저항의 수준이 최고치인 내담자라면 제한적인 환경이 필요하다. 외래 치료가 늘 제한적인 치료 세팅보다 선호된다. 실제로 내담자들은 항상 최소한의 제한이 주어지는 세팅을 선호한다.

치료 포맷. 치료 포맷이란 치료에 누가 직접적으로 참가하는가를 나타낸다. 사실 심리치료란 대인관계 맥락에서 일어나고 있다. 개인 상담, 집단 상담, 부부 상담, 가족 상담 등의 전형적인 치료 포맷들은 치료 요소(parameter)들의 조합으로 특징지어지며, 치료 요소란 주로 참여하는 내담자의 숫자와 정체성에 의해 결정된다(치료 포맷과 관련해서는 592~593쪽의 '치료' 부분을 참고하라).

치료 강도. 심리치료의 강도란 치료의 기간, 회기의 길이, 그리고 접촉하는 빈도의 산물이다. 이는 또한 여러 가지 포맷을 포함하기도 한다. 예를 들면 집단 상담과 개인 상담의 조합, 또는 약물치료와 심리치료의 조합 등이다.

치료 강도는 문제의 복잡성과 심각성은 물론 환자의 자원을 고려하여 평가되어야 한다. 예를 들면, 치료 목표가 여러 가지이며, 심각한 기능의 손상이 있고, 사회적 지지자가 거의 없으며 성격장애가 있는 환자라면 필연적으로 단순한 문제를 가진 환자보다 더 장기적이고 강도가 높은, 그리고 여러 가지 치료의 방법들을 사용하게 될 것이다. 단기 치료는 당연히 모든 사람들을 위한 대안이 못된다; 많은 환자들은 장기 치료 또는 일평생 돌봄을 필요로 한다.

약물치료. 수십 년에 걸친 임상 연구와 경험치들은 약물치료는 특히 더 심각하고 만성적인 장애에 필요하다고 밝혀 왔다. 만일 약물치료가 필요하다면, 그다음으로 약물은 어떻게 처방되는가, 그 용량과 기간은 얼마인가의 질문이 제기된다.

다른 심리치료 체계와는 달리 통합적 심리치료에서는 약물치료와 심리치료가 잘 조화를 이룬다. 이러한 관점은 물론 치료 방식의 선택에서 다원주의 철학과 일치한다.

동시에, 통합적 심리치료자들은 이에 대해 주의점을 제공하기도 한다. 빡빡한 의료보험 상환 제도와 정신건강 돌봄에서의 제한들은 지나치게 심리치료보다 약물치료를 선호하도록 만든다. 이러한 상황은 임상적으로나 경험적으로 볼 때 위험하게 느껴진다. 왜냐하면 사실상 심리치료보다 더 강한 약물은 없기 때문이다(예: Antonuccio, 1995; DeRubies et al., 2005). 과학적으로 밝혀진 바는 환자가 평가하는 방법으로, 장기적인 사후 추적이 이루어진 경우, 일반적으로는 심리치료는 약물치료만큼 효과적이다. 이는 약물치료의 유익을 평가절하하려는 것이 아니라 심리치료의 신뢰할 만한 가능성을 강조하려는 것이다. 덧붙여 통합적 심리치료자들은 여러 가지가 조합된 심리치료들이 주의 깊게 이루어져야 하며 환자와 그들의 지지 체계에 대한 심리치료 교육을 포함해야만 한다고 믿는다. 단독으로 이루어지는 약물치료는 통합적 심리치료가 아니다.

전략과 기법들. 임상가가 처음 내담자를 만나면 그들은 특정 치료 전략과 기법들에 즉각적이고 강하게 초점을 맞추려는 유혹을 받는다. 하지만 통합적 심리치료자들은 치료란 앞에서 말하였듯이 계속되는 의사결정 과정을 늘 포함하고 있다. 제대로 통합된 치료에서는 치료 전략으로 서둘러 뛰어들기 전에 이러한 의사결정 사항들을 뒤집어 고려하게 될 것이다. 따라서 통합적 심리치료자들은 순간마다 특정 기법에 초점을 맞추기보다는 변화의 원리를 처방하기를 더 선호한다. 그리고 이러한 원리들이 다양한 방법과 여러 가지 기법들을 포함하게 될 것이다. 서로 다른 치료 체계로부터 치료의 과정들을 서로 맞추고 섞어 가면서 통합치료자들은 특정 환자에게 맞춤 치료를 제공한다.

심리치료자들을 포함하여 사람들은 한 번에 여러 가지를 진행해 가기 어렵다(Halford, Baker, McCredden, & Bain, 2005). 위에서 설명한 바와 같이 통합적 심리치료자들은 원리적으로 처방의 가이드라인으로서 이미 실험을 통해 밝혀진 여섯 가지 환자의 특성들(진단, 변화의 단계, 대처 양식, 저항의 수준, 선호도, 문화)을 고려한다.

재발 방지. 개별 환자에 따른 맞춤 심리치료는 위에서 기술한 바와 같이 심리치료의 효율을 높인다. 그러나 심리치료가 효과적인 경우라도 재발은 많은 행동장애에서 예외라기보다는 규칙처럼 나타난다. 특히 중독, 기분장애, 정신병의 경우는 더욱 그러하다. 따라서 심리치료가 종결될 때까지 내담자에게 재발 방지 교육을 하는 것은 실제적으로 모든 사례에 매우 권장할 만한 일이다.

재발 방지는 환자들에게 퇴행을 위한 '고위험 요소'들을 확인하도록 도와주고, 이러한 상황을 피하기 위한 계획을 만들 수 있도록 하며 유지 기술을 확립하도록 하는 것을 포함한다(Marlatt & Donovan, 2007). 환자와 치료자는 함께 환자가 생활하고 일하고 있는 환경을 조사하고 특징적으로 환자에게 역기능을 불러올 장소, 사람, 상황적인 요구들을 짚어 나간다. 이러한 분석을 통해 환자는 문제를 특별하게 촉발하는 우울, 불안, 또는 심지어 기분 고양의 상태를 경험하게 되는 시초에 주어지는 단서들을 확인할 수 있도록 교육받는다. 이러한 단서들은 도움을 구하고, 자기 통제를 연습하고, 상황적 스트레스에 압도되는 것을 피할 수 있는 대안적 행동으로 이어진다. 결국에는 대부분의 상황에 대해 통합적 심리치료자들은 환자들로 하여금 우리 또는 다른 정신건강 전문가들에게 다시 도움을 구하는 것을 방해하도록 하는 장애물을 극복해 간다.

변화의 유지를 돕기 위한 회기들은 주로 문제가 복잡하고, 환자가 많이 손상된 상태일 때 그리고 성격장애가 나타나는 경우에 드러난다. 변화 유지를 위한 작업은 또한 치료의 과정이 불규칙적이고 증상이 일관되게 나아지지 않고 있는 6개월 이내의 기간 동안 이루어진다. 이러한 특징들은 강한 재발의 지표가 되며 유지를 위한 회기는 환자가 인식하기 이전에 문제를 포함하여 진행된다.

심리치료 기제

통합적 심리치료자들은 단일하거나 보편적인 변화 기제를 가정하지 않는다. 행동의 기제는 비록 비슷한 증상을 보이는 서로 다른 개인에 따라 매우 다양하게 나타날 수 있다. 방어적인 내담자의 경우 그 기제는 호의적이어야 하며, 공감적인 치료자에게 제공되는 신뢰와 협력의 교정적인 모델링이 제공된다. 치료자를 신뢰하며 자신을 잘 성찰하는 내담자에게는 행동의 기제는 통찰과 재개념화가 될 수 있다. 이와 비슷하게 불안한 환자를 돕는

표 14.2 아홉 가지 변화 과정 및 대표적 치료 방법들

변화 과정	정의: 대표적 방법들
의식 증진	자신과 문제에 대한 자각을 증가시킴: 관찰, 성찰, 도전, 해석, 독서 치료
자기-재평가	문제와 관련하여 자신에 대해 어떻게 느끼고 생각하는지에 대한 평가함: 가치 명료화, 상상 기법, 교정적 정서 경험
정서적 각성	자신의 문제에 대한 경험과 감정을 표현함: 표현적 연습, 사이코드라마, 상실에 대한 애도, 역할 연습
사회적 해방	사회에서 대안행동의 증가: 압제당하는 자의 권리를 주장하기, 능력 부여, 정책 개입
자기 해방	행동하기를 선택하고 이에 헌신하기 또는 변화할 수 있을 것이라는 믿음 갖기: 의사결정 치료, 의미치료의 기법들, 헌신 증강(commitment-enhancing) 기법들
역조건화	문제행동과 조화를 이룰 수 없는 건강한 대안행동의 대체: 이완, 감각화, 주장, 수용, 인지적 재구조화
환경 통제	문제행동을 촉발하는 환경 자극을 다시 만들어 감: 긍정적 리마인더의 증가, 환경의 재구조화, 고위험 단서의 회피, 페이딩
수반성 관리	변화 형성을 위해 자기를 강화하거나 타인에게 강화를 받기: 수반성 계약, 외현적/내현적 강화, 자기 보상, 행동 장려
도움이 되는 관계	중요한 타자로부터 이해받고, 타당화받고, 지지받기: 수용, 협력, 긍정적 존중, 피드백, 자기 노출

출처: Adapted from Prochaska, Norcross, & DicClemente, 1995.

변화의 기제 역시 두려운 사건에 노출시키고 지지적으로 안심하도록 도와주는 과정을 포함할 수 있다.

표 14.2는 변화 과정이라 볼 수 있는 아홉 가지 행동 기제를 보여 주고 있다. 이런 과정들은 연구를 통해 실험적으로 가장 지지를 받으며 밝혀지고 있는 것들이다. 심리치료자들이 흔히 사용하고 있는 변화 과정들은 의식 증강과 관계 돕기이다. 실제로 모든 치료자들이 의식의 확장과 치료적 관계를 강력한 행동의 기제 또는 변화 과정으로 확인해 가고 있다. 가장 적게 사용되는 치료 과정으로는 환경 통제와 사회적 해방이 있다. 전자는 환경의 힘을 과도하게 보고 있는 일부 치료자들에 의해 사용되며, 후자는 정치적 옹호 과정에서 부적절하게 경계를 세우는 일부 치료자들에 의해 사용된다.

통합적 심리치료자들은 이러한 변화 과정의 일부 또는 모두를 주저함 없이 경험하고 있다. 우리는 이를 갈아엎을 어떤 이데올로기적 도구도 갖고 있지 않다. 단일 학파 체계의 여타 다른 치료자들과 같이 통합적 심리치료자들은 의식 증강과 치료적 관계에 매우 의존하고 있다. 하지만 단일 학파의 접근을 하는 많은 치료자들과는 달리, 통합적 심리치료자들은 특정 상황에서 이러한 변화 과정에 맞추어 전체 가운데 일부를 선택할 준비가 늘 되어 있다. 일부 사례에는 기술을 만들어 주고 환경적 통제를 강화시켜 준다. 특히 중독자들의 경우에는 약물 사용을 유발하는 사람, 장소, 물건 등을 피하는 방법들을 배워야 한다. 일부 다른 사례에서는 사회적 해방이 요구되기도 한다. 특히 압제를 당하는 비주류 내담자의 경우에는 치료자의 정치적 옹호에 대한 모델링과 해방 전략들을 격려받는 데에서 도움을 받는다.

더구나 이러한 변화 과정은 서로 다른 변화의 단계에 따라 차별적으로 효과를 보인다. 일반적 용어로서 변화 과정은 전통적으로 경험적 · 정신분석적 방식들은 초기 전숙고기와 숙고기에 가장 유용하다. 이와 대조적으로 전통적으로 실존주의, 인지주의, 행동주의 치료는 행동기, 유지기에 가장 유용하다.

이런 패턴은 매우 중요한 인도자 역할을 하게 된다. 일단 환자의 변화 단계가 분명히 밝혀지면 통합주의자들은 그 환자가 다음의 변화 단계로 진행하는 데 도움이 되는 변화 원리가 무엇인가를 알게 된다. 변화 원리를 해로운 방식이나 시행착오적 방식으로 적용하기보다 치료자들은 훨씬 더 체계적이고 효과적인 방식으로 사용하기 시작할 수 있다. 이는 단순하게 다양한 변화 원리가 심리치료 내에서 작동되고 있다고 말하는 것으로 충분치 않다. 통합적 심리치료자들은 치료 과정이 어떻게 선택되어 심리치료를 촉진하고 성과를 증가시키는 것과 연결될 수 있는가를 알아야 한다.

이러한 관점에서 통합적 심리치료자들은 자주 관찰되는 두 가지 부조화(mismatch)를 관찰해 오고 있다. 첫째, 내담자들이 행동 단계로 들어갈 때 의식 증강, 자기 재평가와 같이 주로 숙고기에 대부분 해당되는 변화 원리만을 사용하는 일부 치료자들이 있다. 그들은 내담자들을 좀 더 자각하도록 만들기 위하여 행동을 조절하려고 시도한다. 이는 정신분석이 흔히 받는 비난이기도 하다. 통찰 하나로는 필연적으로 행동의 변화를 초래하지는 못한다. 둘째, 내담자들이 아직 전숙고기나 숙고기에 있을 때 수반성 관리, 환경 통제, 역조건화 등과 같은 행동 변화기에서 사용되는 변화 원리들을 사용하는 치료자들이 있다. 이들은 필요한 자각과 변화에 대한 헌신 없이 내담자들의 행동을 변화시키려고 한다. 이는 흔히 행동주의가 받는 비난이기도 하다. 통찰 없이 이루어지는 외현적 행동의 변화는 일시적인 변화만을 일으킬 뿐이다.

적용

누구를 도울 수 있는가

통합적 심리치료는 융통성에 힘입어 실제적으로 모든 환자 집단과 임상적 장애에 적용될 수 있다. (1) 아동, 청소년, 성인 그리고 노인들, (2) 진단 가능한 장애들과 성장 경험, (3) 상담비가 사적으로 지불되는 경우나 관리 아래 이루어지는 경우 모두에서 가능하다. 하나로 모든 것에 맞추는 처치를 피하고 독특한 개인에 맞는 맞춤 치료를 한다면 광범위한 문제에 치료가 적용될 수 있을 것이다. 사실상 통합적 심리치료가 금지되어야 할 내담자나 장애는 상상하기 어렵다.

통합적 심리치료는 특히 다음의 경우에 잘 적용한다. (1) 여러 가지 진단을 갖고 있고 공존 장애가 있는 복잡한 환자들. (2) 성격장애, 섭식장애, PTSD와 만성적인 정신병 등과 같이 전통적이고 순수한 형태의 심리치료에 반응하지 않았던 장애들. (3) 통제적 실험의 성과 연구가 거의 부족한 장애들. (4) 순수한 형태의 치료에서 실패하였거나 부분적으로만 성공하였던 환자들.

연구 결과, 기능적으로 장애가 있는 환자들이 보편적이고 통합적인 처치에 가장 잘 반응한다고 알려져 있다. 특히 심한 손상을 입었거나 장애를 가진 환자들의 경우에 더 많은 처치, 더 장기적인 처치, 약물처방, 다양한 치료 포맷(개인, 부부, 집단 상담), 그리고 그들의 사회적 지지 네트워크를 강화하기 위한 노력이 필요하다(Beutler, Harwood, Alimohamed, & Malik, 2002). 조현병, 경계성 성격장애, 다중 중독 등이 이에 해당된다. 간단히 말하자면, 복잡한 문제는 복잡한 처치를 필요로 한다.

그 어떤 치료나 치료자도 실패에서 자유로울 수는 없다. 이런 경우에는 숙련된 임상가들이라도 자신의 오리엔테이션에서 벗어나 자신들의 오리엔테이션이 가진 약점을 보완해 줄 수 있는 특정 전략이 어떻게 치료에 더 효과적이었는가 의아해하기도 한다. 통합치료자들은 각각의 오리엔테이션은 그 분야 숙련가의 특정 영역을 가지고 있으며, 이러한 영역이 그들의 효과성을 최대화할 수 있도록 서로 연결되어야 함을 가정한다(Pinsof, 1995).

만일 통합적 치료가 실패한다면 이는 통합적 원리를 따르지 못하였거나 특정 치료를 수행하는 데에 기술이 부족하였거나 특정 환자와 치료자 사이의 조합이 좋지 않았기 때문이다. 만일 비슷한 환자 집단에서 기대되는 목표의 성취가 일어나지 않을 때에는 각각에 대한 대안을 고려하여야만 한다.

치료 방법을 혼합하고 연결하는 통합주의가 갖는 가장 분명한 강점은 내담자의 다양한 목표를 보여 줄 수 있다는 것이다. 대부분의 내담자들은 통찰과 행동의 변화 모두를 원한다. 그들은 자신과 자신이 가진 문제에 대한 자각을 갖기를 원하고, 또한 자신이 갖고 있는 힘든 증상을 감소시키기도 원한다. 통합적 치료자는 내담자의 선호도에 따라 하나 또는 두 가지 목표 모두에 초점을 맞출 수 있다. 이와 비슷하게 통합적 치료자들은 동시에 내담자 삶에 있어서, 증상, 인지, 행동, 관계 그리고 정신 내적 갈등 등 여러 가지 영역에서 개선을 이루기 위해 노력할 수도 있다. 한 영역 또는 한 수준에서 나타나는 변화는 거의 항상 다른 변화를 추동하는 상승 효과를 창출한다.

치료

통합이란 용어는 특별히 다양한 심리치료 체계를 종합한다는 것을 의미한다. 하지만 이에는 다른 중요한 의미가 있다. 첫째는 개인, 부부, 가족, 집단 상담과 같은 치료 포맷의 조합을 의미한다. 다른 하나는 결합 치료라고 알려진 약물치료와 심리치료의 조합을 의미한다. 또 다른 하나는 우리가 가장 좋아하는 것인데, 이는 상담 실제와 연구의 통합을 의미한다(Beutler, 2009).

상담 실제에서 통합적 심리치료자들은 방법론적으로 가능한 모든 효과적이고 윤리적인 부분들을 종합하려고 노력한다. 동서양의 치료자들은 사회적 쟁점과 영적인 부분 등을 심리치료에 통합하려 한다. 이 모든 것이 보편적인 치료에 부합하지만 이 장에서는 다양한 상담의 이론적 관점을 섞는 것으로 통합의 관점을 제한하겠다.

우리는 집단, 부부, 가족 상담의 효과성에 깊은 인상을 받는다. 이러한 포맷으로 이루어지는 심리치료는 개인치료만큼이나 보통 효과적이다. 하지만 환자나 치료자들은 통상 개인치료의 형식을 선호한다. 심지어 사회적 지지 체계가 튼튼하지 않은 경우라면, 그리고 주요한 문제에 특별한 여러 사람이 관여된 것이라면 여러 사람이 함께 치료에 참여하는 형태가 선호되기도 한다.

통합적 심리치료는 장기, 단기 치료 모두를 포함한다. 치료의 길이는 치료자의 선호도나 치료적 관점보다는 환자의 필요에 의해 결정되어야 하기 때문이다. 실제로 대부분의 단기 치료는 본래의 장기 치료와 비교해서 단기 치료가 그만큼 본질적으로 적극적이며, 관계 면에서는 협조적이며 관점 통합적이라고 광고한다(Hoyt, 1995). 단기 치료와 통합적 치료는 이전의 '학파' 중심으로 특징지어지는 이데올로기적 측면에 반하여, 실제적이고 융통적 관점을 공유하고 있다.

증거

통합 치료의 실험적 증거들이 최근 괄목할 만큼 증가하고 있으며 우리의 연구를 포함하여 몇몇의 특수한 통합 치료에 대한 통제집단 연구가 수행되고 있다.

통합주의를 지지하는 성과 연구의 측면은 다음과 같다. 첫 번째, 가장 일반적인 것으로는 전반적인 심리치료 연구가 통합적 치료가 담보하는 몇 가지 중요한 원칙들의 기초를 제공하고 있다는 점이다. 통합적 치료가 가지는 실제 이득은 심리치료의 효과성을 테스트하는 방대한 양의 연구와 서로 다른 환자 집단에 따라 나타나는 서로 다른 효과에 대한 연구에서 드러난다. 통합주의는 심리치료의 또 하나의 '체계'가 되기보다, 상태에 따라 다양하게 나타나는 예술적 측면으로서 심리치료 체계를 열어놓으려 한다.

두 번째 연구 증거는 특별한 통합적 치료에서 이루어지고 있다. 통합적 치료를 개관해 보면(Schottenbauer et al., 2005) 다음과 같은 상당한 실험적 연구 결과를 네 개 이상의 통제 연구에서 찾아볼 수 있다.

- 수용전념치료
- 인지 분석 치료
- 변증법적 행동주의 치료
- 정서 초점 부부치료
- 안구 운동 탈감화와 재처리(eye movement desensitization and reprocessing: EMDR)
- 마음챙김 기반 인지치료
- 체계적 치료 선택(systematic therapeutic selection: STS)

❑ 범이론적(transtheoretical) 심리치료(변화의 관점에서)

통합주의 치료자들은 이러한 치료법들을 특별한 환자 집단에 사용할 수 있다. 예를 들면 변증법적 행동주의 치료는 경계성 성격장애로 고생하는 환자에게 유용하다. 또한 통합적 치료자들은 이런 치료들의 부분 부분을 많은 환자들을 위해 사용할 수 있다. 예를 들면 필요시 마음챙김이나 EMDR 치료를 적용할 수 있다. 이러한 치료들과 그 요소들은 적절하게 환자에게 적용되며 그 효과성에 대한 증거를 상황에 따라 내어놓고 있다. 우리는 이에 더하여 좀 이른 감은 있지만 이러한 치료법과 이를 부분적으로 적용하는 것은 체계적인 과정과 통합적인 관점(종합적이 아닌) 안에서만 이루어져야 한다고 본다.

또 다른 10여 개의 스스로 확인된 통합적 치료들이 1~4편의 랜덤 통제 연구에서 실험적 지지를 얻고 있다. 이 연구에는 행동주의 가족체계 치료, 통합적 인지치료, 과정-실험 치료, Lazarus의 다중 양식 치료(multimodal therapy)가 포함된다.

우리의 통합적 심리치료를 지지하는 세 번째 그리고 특별한 연구 증거는 내담자의 특성에 따라 이루어진 치료 선택에 따른 계속되는 실용주의적 연구들이다(자세한 내용은 Castonguay & Beutler, 2006; Norcross, 2011 참조). 다음에 통진단적(transdiagnostic) 환자의 특성이라는 용어로 우리의 연구 증거들을 확인시켜 보려 한다.

✻ 변화의 단계들

치료에서 환자들이 보이는 양적인 진보의 측면은 전치료 단계에서 나타나는 직접적인 기능으로 나타날 수 있다(Norcross, Crebs, & Prochaska, 2011). 이와 관련된 강한 효과는 10여 가지의 정신적·의학적 장애로 고생하던 환자에게 개입 직후와 12개월 이후의 추후 면접에서 나타나고 있다. 예를 들면, 570명의 흡연자와 관련된 한 연구(Prochaska & DiClemente, 1983)에서 6개월 동안 전숙고기 단계 환자의 단 3%가 금연을 시도한 반면, 숙고기 환자의 20%, 행동기 환자의 41%가 금연을 시도하였다. 이러한 자료들은 어느 한 단계에서 사람들을 조력하여도 가까운 장래에 행동 변화를 시도하는 비율이 배로 늘어난다는 것을 보여 준다.

우리의 연구에서 가장 강력한 결과는 어느 특정 과정 내 변화들이 변화의 특정 단계에서 더욱 효과적임을 밝힌 데 있다. 행동 의학(behavior medicine) 치료와 심리치료에 관한 30년간의 연구는 변화의 서로 다른 과정이 변화의 어떤 특정 단계에서 더 효율적이라는 사실을 보여 주고 있다는 것이다. 변화의 단계와 과정에서 관계를 살펴본 47개의 섹션을 가로지르는 메타 분석 연구(Rosen, 2000)는 커다란 효과 크기(d=0.70과 0.80)를 보여주었다. 다시 말해서 내담자의 변화 단계에 심리치료를 적용하면, 장애의 유형에 상관 없이 치료 효과가 상승되는 것으로 나타났다. 이와 같은 치료에서의 단계 매칭이 효과적이라는 사실이 우울, 스트레스 관리, 금연 유지, 폭력과 건강 행동 등에서 드러났다(Prochaska & Norcross, 2013 참조).

요약하면, 수백 편의 연구들이 심리치료를 내담자의 변화의 단계에 따라 각기 다르게 가져가는 것이 효과적임을 드러내고 있다. 종단 연구에서는 이른 종결과 처치의 성과를 예측하는 데에 이러한 구인들이 상관되어 있음을 확인해 주고 있다. 상대적 성과 연구들 역시 단계를 처치와 치료 관계와 관련시키는 것이 가치 있음을 입증해 준다.

✻ 대처 양식

이와 관련된 연구는 주로 외현화 대처 양식(충동적 · 자극 추구적 · 외현적)과 내면화 대처 양식(자기 비판적, 억제된, 내향적)으로 구분된다. 약 80%의 연구에서 서로 다른 개인의 양태가 드러내는 서로 다른 효과가 환자의 대처 양식으로서 기능하는 것임을 밝혀 주고 있다. 약 1,000명의 환자를 대상으로 한, 이와 관련된 12개의 메타 분석에서 치료자의 방법과 환자의 대처 양식을 매칭하였을 때 중간 정도의 효과 크기($d = 0.55$)를 드러냄을 보여 주었다(Beutler, Harwood, Michelson, Song, & Holman, 2011). 특히 내향적이고 통찰 중심의 치료자들이 내면화된 환자들에게 더 효과적인 반면, 증상 중심 그리고 기술을 확립해 주는 치료자들은 외현화 환자에게 더욱 효과적이다.

✻ 저항 수준

연구는 흔히 예상할 수 있는 결과를 확인시켜 준다. 즉, 환자의 높은 저항 수준은(82%의 연구에서) 더 빈약한 치료 성과와 일관되게 연관된다. 하지만 치료자의 지시적 정도와 내담자 저항과의 매칭은 치료 성과를 개선시킬 수 있다. 특히 내담자가 높은 수준의 저항을 보이는 경우라면 자기 통제적 방법, 치료자의 최소한의 지시적 특성 그리고 역설적 개입에서 유익을 얻을 수 있다. 이와 반대로 내담자가 낮은 수준의 저항을 보인다면 치료자의 지시적 특성과 분명한 지도를 통해 유익을 얻게 된다. 이와 같은 강력하고 일관된 결과들은 평균 0.76의 효과 크기(d)를 보여 주고 있다(Beutler, Harwood, Michelson, Song, & Holman, 2011).

이와 같은 내담자와 관련된 표지들은 심리치료자들에게 처방적인 안내와 동시에 금기시되어야 할 안내를 제공해 준다. 저항에서 권장되는 사항은 치료자의 지시적 수준과 환자의 저항을 매치하라는 것이다. 반면 금기시되어야 할 점은 높은 수준의 저항을 보이는 환자에게는 지시적 특성이 강한 치료자를 연결해서는 안 된다는 것이다. 변화의 단계에서 행동 지향 치료자들은 준비기 또는 행동기의 내담자에게 매우 효과적이다. 하지만 같은 행동 지향 치료가 전숙고기와 숙고기 단계의 내담자에게는 덜 효과적이거나 심지어 해롭기까지 하다.

✻ 선호도

내담자의 선호도와 상담 목적은 흔히 최상의 치료 방법과 치료적 관계를 직접 나타내 준다. 수십 년간의 실험적 증거를 통해 내담자의 관계 선호도와 치료 목적을 진지하게 고려하여 여기에서 고안된 상담 치료의 혜택들이 드러나고 있다. 내담자가 선호하는 치료와 매치된 경우의 치료 성과와 그렇지 않은 경우를 비교한 35개의 메타 분석 연구에서, 중간 정도의 긍정적 효과 크기($d = 0.31$)가 선호하는 치료자와 매치되었을 때 드러났다. 하지만 더욱 중요한 사실은 자신이 선호하는 치료와 매치된 내담자들에게서 심리치료 탈락 비율이 3분의 1로 줄어들었다는 것이다. 실로 강력한 효과라 아니할 수 없다(Swift, Callahan, & Vollmer, 2011).

✻ 문화

8,620명의 내담자가 참여한 65편의 메타 분석 연구에서 문화적으로 적응된 치료자와 그렇지 않은, 전통적이고 적응되지 않은 치료자들 사이의 효과성 정도가 평가된 바 있다. 연구에서 가장 흔히 적용의 방식으로 사용된 것은 문화의 내용과 가치를 함께 고려하는 것, 내담자가 선호하는 언어를 사용하는 것, 비슷한 인종의 치료자와 매칭하는 것이었다. 연구 결과 문화적으로 적응된 치료를 받은 내담자들에게서 긍정적인 효과 크기($d = 0.46$)가 드러났다. 문화적으로 '들어맞는' 것이 중요하다.

✻ 진단

환자의 특성들 가운데 그들에 대한 진단은 분화된 처치 효과를 가장 최소한으로 보여 준다. 비록 확신 있게 매치시킬 수는 없지만 몇몇의 장애와 처치를 결합시키는 것은 아마도 다른 것보다는 나을 수 있다. 예를 들면, 행동치료와 부모 훈련은 대부분의 외현화된 아이들의 품행장애에 효과적인 처치 방법들이다. 몇 가지 형태의 노출 기법은 강박장애와 PTSD에 가장 효과적이다. 공동 치료는 형제자매 경쟁과 부부 사이의 어려움에 가장 잘 들어맞는다. 동시에, 진단을 특정 처치 방식과 지나치게 연결하는 것은 실험적으로도, 임상적으로도 의심적인 결과를 나타내 준다.

다문화 세계에서의 심리치료

"서로 다른 종족에게 서로 다른 자극을"이라는 통합주의의 격언은 자연스럽게 다문화주의를 포함하게 된다. 우리가 **문화적** 차이라고 할 때 이는 단지 인종 사이의 차이만을 의미하는 것이 아니라 이보다 더 광범위한 면에서 인류가 나타내는 놀라울 정도의 다양함을 포함하고 있다. 나이와 세대적 영향, 장애의 정도, 종교, 인종, 사회적 지위, 성적 지향, 토착의 유산, 국적, 성 등이다(Hays, 1996).

단일 학파 치료, 특히 지배적 '아버지'를 둔, 문화 제한적 성격 이론을 근거로 하는 치료에서는 백인, 남성 중심, 서유럽, 이성애 등의 기준을 유지하려는 경향이 있다. 하지만 많은 단일 학파의 '보편적' 치료 원칙들은 지금은 임상적으로 근시안적이거나 문화 제국주의적인 치료의 예로 지각되고 있다. 통합주의 치료자들은, 이와 반대로 어느 특정 이론의 창시자나 성격 이론에 기대지 않는다. 우리의 유일한 '보편적' 원칙이 있다면, 사람과 문화는 다양하므로 이와 같이 서로 다르게 대우되거나 취급해야 한다는 것이다. 증거 기반 다원주의는 심리치료에 다양성과 융통성을 불어넣으며 통합에서 지배적으로 작용한다. 실제로 모든 여성주의자, 다문화주의와 문화에 반응적인 이론들은 자신들을 상담 실제에서 절충주의 또는 통합주의로 묘사한다는 사실이 놀랄 일이 아니다.

비교문화적으로, 국제적으로 적용된 통합적 심리치료들이 비슷한 성공률을 보이고 있다. 통합적 심리치료가 내담자에게 제공되었을 때 이는 문화적으로 민감하거나 문화적으로 적응되었다고 보여지며, 이는 심리치료의 유용성, 지속, 성과 등을 변화시킨다. 심리치료는 내담자의 문화적 가치를 치료에 포함하는 것, 토착 치유자들과의 협력, 문자적으로 같은 언어를 사용하는 같은 문화 배경을 가진 치료자를 내담자와 매칭하는 것 등의 많은 방식으로 이에 적응될 수 있다.

문화를 포함하여 통합적 심리치료의 실제에서 문제가 되는 것들은 모두 누적 연구에 보고되어야 한다. 앞서 요약된 대로 환자의 문화를 고려한 치료는 아주 효과적이다. 특히 환자의 특정 문화 집단(다양한 문화적 배경)에 맞춘 치료법은 더욱 효과적이다(Smith et al., 2011). 더구나 심리치료에 통역은 사용하지 않아야 한다. 왜냐하면 이는 치료 동맹을 약화시키고 잘못된 진단의 확률을 증가시키기 때문이다(보통 더 심하게 진단한다). 또한 높은 탈락률을 나타낸다(Paniagua, 2005).

결론적으로 심리치료자들은 내담자의 유일한 욕구와 독특한 문화를 상호적으로 탐색해 나가야 한다. 한 가지 효과적인 방법은, 역사적으로 주변 집단에 속한 환자에게는, 그와 치료자의 각각의 역할을 잘 안내하면서 회기를 시작하는 것이다. 많은 환자들은 심리치료의 과정에 대하여 서로 다른 기대를 가지고 있으며 정신건강 치료에 불편함을 느낄 수도 있다. 치료 전 오리엔테이션을 가지는 것은 이러한 기대를 분명히 하고 내담자에게 협력적으로 더욱 편안하게 자신의 역할을 정의할 수 있도록 도와준다.

또 하나의 효과적인 방법은 임상 작업을 할 때 집단주의적 관점을 가지고 개별적 입장을 강화해 가는 것이다. 예를 들어, 적절한 치료 포맷과 치료자 팀은 특정 내담자의 문화를 가장 잘 따라가야 한다. 어떤 문화에서는 내담자는 자동적으로 친구, 가족, 이웃, 성직자, 어쩌면 전통적 입장의 치유자들의 지지를 요구할 수 있으며, 이는 문화적 공감을 필요로 한다(Pederson, Crethar, & Carlson, 2008). 서구 문화에 정의된 대로, 공감이란 인간의 갈망과 고통에 대한 개별적인 해석 관점을 취하는 것이다. "나는 당신의 개인적 느낌을 이해합니다." 좀 더 포괄적 의미의 문화적 공감이란 문화적 반응성을 늘 중심에 놓아두는 것이다. 이는 다른 문화 배경을 가진 내담자의 자기 경험을 정확하게 이해하는 학습된 능력이며, 따라서 이는 내담자에게 다음과 같은 표현으로 되돌려지게 된다. "나는 당신의 개인적 느낌과 당신의 문화적 맥락을 함께 이해합니다."

우리는 열의를 다해 심리치료에 다문화주의를 포함시키려 하며, 이를 **통합**, 통일성 내의 다양성이라 불려진다. 통합적 치료는 어떤 개인이라도 그들이 자신의 문화적 배경에서 경험한 맥락을 독특하게 사실로 가정한다. 예를 들면 통합주의는 아프리카인, 아시아인, 라틴계인, 또는 서구인, 더 나아가 동성애자, 이성애자, 성 전환자, 이슬람교도, 기독교인, 유대인 또는 무신론자 모두를 포함한 개인의 경험한 맥락을 존중한다. 또한 개별의 심리치료는 특정 사람의 요구와 잘 매치될 수 있도록 개별적으로 구성되어야 한다. 이렇게 될 때 통합적 심리치료는 개인을 사회적 압제, 정신적 강박, 생물학적 우울 등으로부터 이들이 자유로워지도록 도울 수 있다. 또 다른 경우, 이는 정신적 강박으로부터 내담자를 자유롭도록 돕는 것을 의미하기도 한다(Prochaska & Norcross, 2013).

사례

A는 아들에 의해 심리치료에 의뢰된 72세, 유럽계 미국인 미망인이다. A는 불안과 광장공

포증 때문에 이웃에 있는 심리치료자를 찾았다.

개인 이력과 배경

A는 보스턴의 꽤 잘 사는 가정에서 태어나 꽤 엄격한 부모의 외동딸로 성장하였다. 그녀는 가족과 관계가 나빴고, 특히 '지배적(bossy)이며 불합리한' 성격의 어머니와의 관계에서 어려움을 겪었다고 말하였다.

A는 12세 때 집에서 외출하려고 준비하던 상황에서 첫 번째 공황 증상을 경험하였다. 그때 A는 어머니가 쇼핑을 하고 있는 동안 집에 여자친구와 함께 머물고 있었다. 친구와 인형 놀이를 하다가 A는 공황 발작을 제대로 경험하였다. 그녀는 죽을 것 같은 공포, 심장의 두근거림을 간신히 극복하였고, 질식할 것만 같은 호흡의 부족함도 경험하였다. A는 거리로 뛰어나가 도움을 청하기 위해 소리를 지르려 하였으나 제대로 전달할 수 없었고 아무도 그녀가 하는 말을 듣고 도움을 주지 않았다. 그녀는 점차 스스로를 통제하여 자신을 진정시키고 호흡을 조절하였다. 그녀는 그 후 2년 동안 상대적으로 그 정도는 약하였지만 자연히 발생하는 공황 발작을 주기적으로 경험하였다.

16세 즈음, A는 공황 발작을 좀 더 자주 강하게 겪기 시작하였다. 그 결과 그녀는 몇 달 동안 부모와 함께 잠을 자게 되었고, 익숙한 장소들로만 활동을 제한하였다. 그녀는 공황 발작을 증가시키는 잠재적 원인을 알고 있다는 것을 부인하였지만, 그녀의 공황 발작은 한 청년과의 관계를 발전시키는 과정에서 일어났다. 남자친구는 그녀를 쫓아다녔지만 그녀는 장기적인 관계에서 남자친구에게 그리 매력이나 흥미를 느끼지 못하였다. 남자친구는 관계를 계속 맺기를 매우 원하였으므로 A는 남자친구를 사회적인 자리에서 계속 만났다. 하지만 둘은 계속 만나고 헤어지기를 반복하면서 요동치는 관계를 가졌다. A는 마침내 17세 때 남자친구의 지속적인 청혼에 굴복하였는데, 이는 부분적으로는 그녀의 어머니의 설득에 의한 것이기도 하였다. 그 부부는 마침내 남편의 가족과 가까이 살기 위해 로드아일랜드로 이사를 하였다.

약혼 기간과 결혼 초기 몇 년간 환자는 주기적인 공황 발작과 광장공포증을 이겨 내어야 하였다. A가 자신의 어머니의 돌봄이 필요하다고 느껴 가족과 가까운 보스턴으로 다시 이사를 올 무렵, 증상은 더 심해졌다. 여러 번 이혼을 생각하다가 결국 남편과 헤어지고 부모의 집으로 돌아왔을 때, 그녀는 이미 임신한 상태였다. A는 남편과 바로 재결합하여 아이를 낳았지만 그녀의 공황 증상은 너무 심해져서 다시 집으로 들어갈 수 있도록 허락해 달라고, 이는 죽고 사는 상황이라며 어머니에게 매달렸다. 그녀는 이어서 이혼 수속을 진행하였지만 남편은 헤어지는 것을 원하지 않아 법원에서 이혼은 보류되었다.

A는 자신의 부부 관계의 어려움으로 인해 부모를 비난하였으며 이혼을 할 수 없게 되자 낳은 아기를 자신이 경멸하는 어머니에게 맡기고 집을 떠났다. A는 이렇게 해서 남편과 부모에게 벗어나 몇 년을 보냈다. 그때, 그녀는 동성애 관계를 시도하였으며 자신이 레즈비언이라고 생각하게 되었다. 때마침 그녀의 공황 증상과 광장공포증도 수그러들어 이때의 3년간을 전혀 공황 발작이 없었던 시기로 기억한다. 하지만 그녀의 부모가 자신

을 찾기 위해 탐정을 고용한 지 얼마 지나지 않아 공황 발작은 다시 나타났다. 그녀는 부모가 너무 노쇠하여 그녀의 딸을 돌볼 수 없게 됨에 따라 다시 딸을 맡을 수밖에 없었다.

미래에 대한 계획이 진행됨에 따라 A는 별거 중인 남편을 만날 수밖에 없었다. 이 시기를 전후하여 환자의 공황 증상은 심해졌다. 환자는 다시 화해하고 아이를 데리고 부모의 집에서 나와 다시 시작하자고 하는 남편의 요구에 응하여 오리건 주로 이주하였다.

결혼생활을 다시 잘 시작해 보려고 하였던 A의 노력은 오래가지 못하였다. 오리건 주에서 A는 공황 증상을 치료하기 위해 병원에 잠시 입원하기도 하였다. 그녀는 약물처방을 받고 퇴원하였으나 몇 개월 후에 약 복용을 중단하였다. 그녀는 입원 치료가 장기적으로 효과가 없다고 보고하였다. 병원에서 퇴원한 이후 A는 몇 차례의 레즈비언을 시작하였으며, 이는 결국 남편을 자극하여 남편은 그녀를 떠나게 되었다. 남편은 이후 동부에 있는 자신의 가족에게 되돌아가고 그녀는 혼자 딸을 키우게 되었다. 남편과 결국 이혼한 후에 A는 딸을 키우기 위해 일을 찾느라 고생하였다. 그런데 이러한 혼란 가운데에도 그녀의 공황 증상과 광장공포증은 다시 한 번 수그러들었다. 그럼에도 불구하고 그녀는 자신의 레즈비언이 딸에게 혹시 영향을 미칠까 봐 걱정을 하였다.

곧이어 '비밀'이었던 레즈비언 생활방식에도 불구하고 A는 자신에게 사랑에 빠진 한 부유한 남자를 만났다. 그 남자는 그녀에게 청혼하였고, 자신의 아이만 낳아 준다면 A 모녀를 계속 도와주고, 그 딸을 입양하고, 심지어 A의 애인 역시 용인할 것이며, A의 딸에게도 유산을 물려 주겠다고 약속하였다. 많은 생각 끝에 A는 이에 동의하여, 25년간 결혼생활을 지속하였으며 딸과 아들, 두 명의 아이를 더 낳았다. 그녀의 남편이 암으로 세상을 떠난 직후에 막내딸이 고등학교를 졸업하였다. 남편이 사망하자 A는 다시 동성애자로 살면서 과거 16년간 결혼하지 않은 상태로 지내고 있다.

약 10년 전, A는 한 여자를 만나 사랑에 빠졌다. 그들은 지속적으로 서로 지지하는 관계를 유지하여 왔다. 두 번째 결혼이 끝나갈 즈음 A는 간헐적으로 약한 불안을 경험하였으며 공황 증상은 나타나지 않았다. 그녀는 공황 증상이 나타날 것을 두려워하여—'두려움에 대한 두려움'—여행을 좋아하지 않게 되었을 뿐만 아니라 불안해질까 봐 두려워 외출을 미루는 습관을 갖게 되었다. A는 또한 집에서 멀어질 때 이를 '불편함(being uncomfortable)'이라 이야기하였지만 지난 약 15년간 한 번도 공황이나 공포증에 대한 임상 증상을 나타내지 않았다. 심지어 가장 지배적이고 괴롭히는 기분이 그녀의 삶 전반에 드리워져 있었지만 질식할 것 같고 숨을 쉴 수 없을 것 같은 느낌은 사라졌다. 그러나 A는 실망감과 무력감을 느껴 수면에 어려움을 겪었고, 불쾌감과 회피 같은 증상에 시달려 왔다.

한 사건이 특히 문제가 되었다. 약 5년 전, A는 동성 연인과 휴가차 다른 나라로 여행을 떠났을 때, 그녀는 성관계를 가진 후 감각의 혼란을 경험하였던 것이다. 그녀는 이 상태에 '해리'와 '기억상실'이라고 명명하였다. 그녀는 자신이 있던 장소, 왜 그곳에 있었는지, 또한 그녀의 애인이나 부모가 누구였는지 알 수 없었다. 이러한 증상은 수 시간 안에 사라졌으나 몇 번 더 반복되었으며 이는 모두 강렬한 성관계를 가진 후 일어났다.

이 무렵 A는 처음으로 심리치료를 찾았다. 그녀는 그녀의 증상에 대해 의학적인 병명이 아닌 "일시적인 히스테리성 전환 증상"이라 진단한 정신과 의사를 만났다. 그 의사는

A 씨를 약 1년간 만나며 항우울제를 처방하였다. 이는 어느 정도 도움이 되었고, A와 그녀의 애인은 또 다른 '해리' 발작이 일어나는 것을 막기 위해 더 이상의 성적 접촉은 갖지 말자고 결정을 내렸다. 그녀는 그 후 바로 심리치료를 종결하였으나 자신에게 필요하다고 느껴 그녀의 주치의로부터 다양한 진정제를 처방받았다. A와 그녀의 동성 연인은 플라토닉 사랑 관계를 계속 유지하고 있다.

임상 평가 및 개념화

통합적 치료자는 첫 번째 회기에서 A의 지난 개인사를 탐색하고 A와 좋은 치료 관계를 발전시켰으며 치료 목적에 관해 안전하게 합의하였다. 환자는 치료 계획에서 중요한 자신의 정신 상태와 특징을 확인하기 위한 몇 가지 자기보고 검사를 마쳤다. 이에는 변화 단계 질문지(Stages of Change Questionnaire), MMPI-2, STS(Innerlife STS Self-Report Form), SCL 90-R(Symptom Checklist 90R), BDI-2(Beck Depression Inventory)가 포함되었다.

검사 결과, A는 숙고기에 해당되었다. 즉, 자신의 문제를 인식하고 있으나 그것을 어떻게 풀어야 하는가에 대한 불확실감, 갈등, 불안을 경험하는 상태였다. 그녀는 계속하여 자신을 스스로 돌볼 수 있을까에 대한 걱정과 과거의 실수에 대한 죄책감에 시달렸다. A는 자신이 자녀들에게 해를 입힐지도 모른다는 마음에 대해 양가감정과 이를 무시하고 싶은 마음 사이를 오가며 특히 염려를 하였다. 이에 덧붙여 그녀는 애인에게 원하는 만큼 성적 만족을 주지 못하였으면 어떻게 하나 하는 후회를 계속하였다. 이러한 결과는 환자가 자신의 동기와 계획을 받아들이고 그 염려를 해결하기 위해 직면해야 할 선택 사항을 잘 이해할 필요가 있음을 나타내 주고 있다.

진단적으로 A는 과거에 상대적으로 심한 공황 증상을 경험하였으나 그녀가 치료를 찾았을 당시 대체로 증상은 휴지기에 들어가 있다고 보여진다. 그녀의 광장공포증 역시 과거에는 심하였으나 그 당시는 약하거나 중간 정도 수준이었다. 많은 불안 환자, 광장공포증 환자와 마찬가지로 A는 우울 증상을 함께 겪고 있었다.

A의 STS와 MMPI-2 결과는 모두 일상 활동, 인지적 초점 맞추기, 정서 통제에서 상대적으로 약한 수준의 장애가 있음을 나타내었다. A는 기본적인 삶의 과제들을 수행하고 친밀하고 사회적인 관계를 유지하며, 자신을 돌보고 위로할 수 있는 상태였다. 그녀는 그 어떤 자살 사고나 시도도 부인하였다. 운전이나 여행이 그녀에게 불편감을 느끼게 하였지만 이는 주기적으로 일어나는 수준이었다. 두려움에 대한 두려움이 실제 증상보다 더 환자를 무력하게 하는 것으로 보였다. 환자는 축 II 진단에 해당 사항을 보이지 않았다.

A의 문제는 만성적인 것이어서 예후가 그리 좋을 수 없었지만 그녀가 가진 지적 강점과 통찰은 예후를 좋게 하였다. 현재 나타나고 있는 약한 수준의 장애를 고려하면 그리 강하지 않은 치료로도 충분하였다. 그녀는 일주일에 한 번, 개인 심리치료를 받으며, 약물치료나 더 빈번한 빈도로 회기를 갖지는 않는 데 동의하였다.

그녀의 해리 경험에 관하여 이야기를 나눈 후, 심리치료자는 그 증상에 대해 설명할 수 없었던 환자의 주치의와 대화를 나누었다. 치료자는 뇌신경 전문가와 접촉하여 그녀와 비슷한, 상대적으로 모호하게 관찰되는 비슷한 경험이 주로 남자 노인들에게서 성적인 활동을 포함하여 강한 사정 경험 후에 일어나고 있음을 발견하였다. 갑작스럽게 나타나는 일시적 기억상실(sudden transient amnesia) 상태가 드물게 여성들에게도 나타나며 남자에게서는 1회 또는 2회 특징적으로 경험되기도 한다는 것이다. 이는 지속되는 현상은 아니며 사정, 과혈류, 사정 이후 즉각 나타나는 깊은 수면 또는 델타 수면의 형태와 관련이 있을 것이라고 생각되었다.

A는 주로 내면화 대처 양식(외현화 방식에 비하여)을 선호하였다. 그녀가 외현화된 특질을 가지고는 있으나 그녀의 검사 수치와 대인관계 패턴은 기능에 있어서 관조적이며 반추하는 방식이 지배적이라는 점을 보여 주었다. 이러한 결과는 그녀가 변화의 숙고기 단계에 있으며 통찰 중심 방법과 자각을 증진시키는 방식을 사용하는 것을 더 선호한다는 점과 일관된 결과를 보여 준다.

동시에, 통찰 기반 작업이 증상을 감소시키기 위해 먼저 적용되어야 하였다. 이는 특히 불안장애와 분노, 공황 행동을 보이는 환자들에게는 매우 값진 결정이 될 수 있다. 이에 따라 치료자는 A에게 행동과 통찰을 조합한 처치를 시도하였다. 그녀의 공황에 대한 두려움과 두려움에 대한 두려움을 드러내기 위하여 탈감각화와 노출 기법을 사용하였다. 이어 스트레스에 대한 인지적 분석에서 유래한 스트레스 관리 방법을 사용하였다. 이는 통찰 기반의 주제를 다루기 전에 먼저 공황과 두려움과 연관된 행동을 통제하여 그녀를 이로부터 자유롭게 하는 것이 필요하기 때문이다.

치료자는 A가 가진 소망과 회피의 주제를 통찰 작업을 통해 탐색하였으며 그녀가 이성애 관계를 강요받을 때 경험하는 지속되는 공포 반응 역시 살펴보았다. 이에 대한 가정은 이성애적 관계가 죄책감과 두려움을 유발하여 공황 증상을 악화시키거나 유지시킬 수 있다는 점이다. 치료자는 첫 번째 공황 발작이 12세 때 놀이 친구와의 성적인 장난에서 시작된 것으로 가정하였다. 이성애에 대한 압력과 공황 증상의 상호작용의 힘을 가정한다면, A가 어떻게 자신의 부모와의 관계에서 질식할 것 같고 압력받는 경험을 하였는가에 대한 탐색이 필요하였다. A와 치료자 모두는 그녀의 결혼과 강요된 성관계를 할 때의 기분에 대한 이해가 통찰에서 가장 중요한 점이라 여겼다.

문화적 용어로 본다면, A의 개인적 가치와 성적 지향은 통제적인 부모, 지배적이었던 첫 남편으로부터 거부되었고, 이성애 사회에 의해 좌절되었다. 돌아보면 이성애 아내와 어머니로 '잘 들어맞아야' 한다는 불안은 자연적이었을 것이다. '자신을 잃어버릴 것 같은' 공황의 느낌은 거의 필연적으로 우리를 무너뜨린다. A는 사실 질식과 압제를 당하였다. STS와 MMPI-2 결과를 통해 환자의 저항 수준과 대인관계 역사가 평가되었다. A의 가족사에는 갈등, 불신, 강요된 통제가 나타났다. 이는 그녀가 중간 정도에서 심한 정도의 반항 수준을 보여 줄 것이라는 점과 연결되었다. 이러한 패턴은 그녀의 첫 번째 결혼에서 지속되었으나 다른 관계에서는 유의미하게 감소하였다. 검사 결과는 그와 달리 A가 치료자의 지시에 반응적이고 저항하지 않으며 따라올 것임을 보여 주었다. 그녀는 기꺼이 지시를 따랐으며 구조 안에서 순응함을 보여 줌과 동시에 치료자와 협력적으로 일할 수 있음도 나타내었다. 따라서 치료자는 행동 목표와 통찰 목표를 모두 이루기 위하여 중간 정도 수준의 안내와 지시를 채택하였다.

따라서 치료 초기 단계에 통합적 치료자는 A가 두려워하고 피하였던 활동들(예를 들면 운전이나 집을 떠나는 것)에 직접 접촉할 수 있는 상황에 A를 노출시켰다. 치료 후기에는 감정적 회피/공황 증상과 광장공포증이 일어나는 상황과 연결되는 어린 시절의 주제들이 드러내는 패턴 등에 관한 해석과 제안을 시도하였다. 특히 치료자는 제한된 환경 내에서 '질식' 증상을 경험한다는 점과, 그녀가 덜 통제받고 누군가가 눈여겨보지 않을 때에는 증상이 완화되는 점에 초점을 맞추었다.

치료 목표와 관련하여 A는 증상 완화와 심리적 통찰 두 가지 모두를 선호한다고 의사를 표현하였다. 두려움과 회피의 삶을 경험한 후 그녀는 치료를 찾아 운전과 여행에 연관된 불안 증상에 맞섰으며 점차 관계와 관련된 갈등 주제에 직면해 갔다.

치료 관계와 관련하여 A는 여자 치료자가 더 편할 것 같은가라는 질문에 아니라고 하며 남자, 이성 치료자를 더 편하게 느낀다고 하였다. 그녀는 지시를 통해 자신의 성장에 도움을 줄 수 있는, 자신을 든든히 지지하여 불안의 기원을 발견하게 해 줄 수 있는 적극적인 협력자를 찾았다. A는 비록 운전을 해야 하는 등 자신이 힘든 상황에 처하기도 하였지만, 자신의 성장 촉진을 돕는 과제에 열심히 참여하였고 치료자의 제안을 항상 따랐다. 한번은 그녀가 심리치료를 위해 폭풍우를 헤치고 50마일을 운전해 온 적도 있다. 아마도 이것이 그녀의 생각에 자신이 이룬 최고의 성취가 아닐까 싶다.

치료 경과

심리치료에서 첫 번째 목표는 공감적이고 신뢰할 만한 관계를 환자와 치료자 사이에 만드는 것이다. 두 회기가 환자의 기분을 탐색하고 자기를 드러내는 것과 연관된 양가감정과 두려움을 드러내는 데 사용되었다. 우리는 그녀가 가진 장애에 죄책감과 나이 듦에 대한 두려움을 먼저 탐색하였다.

그다음 4회기는 A의 회피 패턴에 대한 실제 작업(in-vivo work)을 하는 데 할애되었다. 초기 평가에서 그녀는 공황 증상과 광장공포증 증상을 그리 분명히 드러내지 않았으므로 우리는 빠른 호흡, 노출 훈련 그리고 과제 등을 사용하여 이러한 증상이 그녀에게서 발생하도록 하였다. 불안과 두려움의 영역에 접촉하였을 때, 우리는 그녀가 이러한 증상을 극복하고 확신을 가질 수 있도록 호흡 통제와 인지적 재구성 등의 방법을 도입하였다. 예를 들면, 그녀와 함께 마을 주변을 함께 걷고, 각성 상태가 자극될 수 있는 상상을 하며 함께 시간을 보냈으며, 그녀 생각에 불안을 가질 만한 것들에 대하여 함께 이야기를 나누었다. 흥미롭게도 이때 단지 순간적이고 약한 수준의 불안만이 올라왔다. 상대적으로 빨리(첫 8회기 내에) 우리는 그녀의 죄책감과 두려움에 연관된 부모와 자녀와의 관계를 탐색하기 시작하였다.

A는 자신이 전제적 군주와 같은 자신의 어머니와 비슷해질 것 같은 두려움이 있다는 사실을 확인하였다. 그녀는 자신이 첫째 딸에게 지나치게 요구하였고, 그를 버렸다고 스스로를 비난하였으며, 자신이 좋은 롤 모델이 되어 주지 못해 첫째 아들을 동성연애자

로 만든 것이 아닌가 하는 죄책감을 표현하기도 하였다. 치료자가 격려와 지지적인 충고를 주자, A는 이를 자신의 자녀들에게 말하였고, 놀랍게도 자녀들이 자신을 받아들이고 있고 자신의 어려움을 인정해 주고 있다는 점을 발견하게 되었다. 자녀들은 또한 자신들이 어머니에 의해 강요당하거나 질식할 것 같은 기분을 경험한 적이 없다고 확인시켜 주었다. 그녀는 이것이 광장공포증을 경험할 때 자신이 꺼리는 것에 대한 상징적 증상이었을 뿐이었음을 알게 되었다.

A의 죄책감은 하나님에 대한 믿음에 대한 이야기와 연결되었다. 그녀는 개혁주의 유대교 가정에서 성장하였으나 그녀의 첫 남편은 정통 유대인이었다. 그녀는 종교에서 어려움을 느껴, 자신의 자녀를 방임한 것에 대한 처벌을 받고 있다는 느낌을 제외하면, 거의 신앙을 떠난 상태였다. 그녀는 여전히 자녀 생각이 날 때마다 하나님께 용서를 구하는 기도를 드리는 자신을 발견하였다.

이러한 염려를 전달하면서, A는 오랫동안 자신의 종교적인 생각을 기록하였고 이러한 자신의 생각을 평가하는 데 도움을 받을 수 있기 위하여 독서 치료 자료들을 사용하였다고 하였다. 특별히 그녀는 자신의 불안과 우울을 다루기 위한 인지치료의 자가 도움 서적들을 선택하여 읽었다. 그녀는 계속하여 자신의 생각을 추적하여 이것이 그녀에게 가장 해가 되지 않도록 생각하는 방식을 변화시켜 왔다. 그녀는 자신의 발전 사항을 계속 기록하였고 매 회기에 이에 대해 함께 토론하였다.

이러한 회기에서 우리는 A가 애인과 성관계를 하는 데 부정적인 반응을 보이는 점에 대해 토론을 벌였다. 한 회기는 애인과 함께 진행하였다. 왜냐하면 A가 이 관계 밖에서 자신의 고통에 대해 경험한 적이 한 번도 없었기 때문이다. 치료자와 A는 이 관계를 탐색하며 서로가 가진 성적 욕구에 대해 이야기를 나누었다. A는 자신이 경험한 급성 기억상실이 의학적 문헌에서 '갑작스럽게 나타나는 일시적 기억상실'이라고 기술되어 있다는 점에서 어느 정도 안도하였으나 이 경험을 다시 겪고 싶어 하지는 않았다. 환자의 애인은 그들이 성적 접촉을 다시 회복하든지 못 하든지, 그녀의 결정을 지지하여 그 결정을 따라 주기로 하였다. 한번은 성적 접촉을 시도하였으나 환자가 예기 불안을 경험하자 바로 접촉은 중단되었다. 그들은 다시는 성관계를 가지지 않기로 동의하였다. 이것이 완전히 만족스러운 결론은 아닐지라도 치료자는 그들이 시간을 두고 그들 자신의 해결 방법을 찾겠다는 결정을 존중하기로 하였다.

치료 성과와 추후 면접

12회기 동안 A가 불안을 감소시키고 운전과 여행을 기피하던 성향을 최고화하며 공존하던 우울 증상을 완화시킨 것은 실로 인상적이었다. SCL-90R와 BDI-2가 치료 말기에 다시 실시되었는데, 불안과 우울 수준이 매우 감소하였다(BDI는 24점에서 14점으로, SCL-90R은 75T에서 54T로 감소하였다). 증상적으로 볼 때, 그녀의 상태는 최상이었다.

대인관계에서 A는 성인이 된 자신의 자녀들에게 용기 있게 다가가서 자신이 이들을 방임하고 애인과 더 만족스러운 관계를 가지려 한 점에 대해 사과하였다. 그녀는 자신의 상실에 대해 애도하였으며 그 뒤의 과정으로 나아가고 있다. 이와 같은 모든 긍정적 성과에도 불구하고 대부분의 심리치료 사례와 마찬가지로 그녀의 모든 치료의 목표가 실현된 것은 아니다. 그녀의 성관계와 관련된 예기 불안은 다시는 성관계를 시도하지 못하도록 만들었다.

A를 치료를 마친 후 약 1년이 지나 '단지 확인'을 위해 다시 만나게 되었다. 그녀는 지난 1년간 동부 해안에 여러 차례 여행을 다녀왔으며 단 한 번의 약한 공황 에피소드를 경험하였다고 말하였다. 그럼에도 불구하고 그녀는 '가족 주제'를 다루기 위해 몇 회기 치료를 다시 시작할까 고민하고 있다고 하였다. 치료자는 약속을 잡았지만 A는 전화하고 취소하기를 반복하였다. 그녀가 자신의 문제를 스스로 해결할 수 없다면 다시 전화를 할 수 있을 것이다. 몇 달이 지난 후 환자의 가족과 우연히 접촉할 기회가 있었는데, 그녀가 매우 잘 지내고 있고 더 힘든 것은 없다고 전해 주었다.

사례 토론

우리는 우리의 통합적 접근을 설명하기 위하여 심리치료가 역사적으로 무시되어 왔던 나이 든 여성 동성애자 환자를 신중하게 선택하였다. 우리가 급속히 다문화되어 가는 세계에 살고 있지만 젊은 이성애자들에 관한 심리치료들이 여전히 개발되고 있다. A는 우리에게 임상에서, 또 연구에서의 명제가 사회에서의 주변 집단과 압제를 당하는 자들에게까지 확장되어야 할 것임을 상기시켜 준다. 통합주의 심리치료자는 이 경우 좋은 성과를 나타내기에 좋은 몇 가지 신뢰할 만한 사실을 나눌 수 있다. A는 통합 심리치료의 가장 큰 몫을 갖기에 충분하다고 여겨진다. 그녀는 의도적으로 자신을 불안을 유발하는 상황과 주제에 노출시켰다. 그녀는 숙고기로부터 행동기를 지나 궁극적으로 유지기에 이르며 성장한 총명하고 용감하며 열심히 일하는 내담자였다.

통합적 치료자가 가장 효과적일 수 있었던 것은 아마도 A에게 최적으로 맞추어진 치료적 관계와 치료 방법을 사용하였기 때문일 것이다. 치료는 연구의 증거, 환자의 선호도, 환자가 보이는 다른 비진단적 특징을 따라 단계적으로 진행되었다. 치료자는 여러 가지 치료 목표(행동과 통찰), 치료 방법(전통적으로 행동주의, 인지, 정신역동, 실험적이고 체계적 접근들과 연계되는 방법), 치유 자원들(심리치료, 자가 치료, 영성), 치료 포맷(개인, 부부, 가족) 등을 매끄럽고 반응적인 방식으로 조합하여 사용하였다.

단일한 특정 이론의 이름을 내세운 어떠한 심리치료자가 같은 회기 수 안에서 통합주의 치료자만큼 인상적이고 광범위한 변화를 이루어 낼 수 있을까? 명백히 말하건대 없을 것이다.

요약

통합적 심리치료는 지적으로 생기가 넘치고, 임상적으로 인기가 있으며, 분명히 효과적이다. 통합은 서로 다른 문제는 서로 다른 해법을 필요로 한다는 점과 이러한 해법들은 성과 연구를 기반으로 선정되어야 한다는 점을 강조하는 증거 기반 운동과 맞닿는다. 통합적 치료는 증거와 융통성을 제공하고 개별적 환자와 그의 독특한 삶의 맥락에 나타나는 다양한 요구를 충족시킬 수 있는 반응성을 제공하고 있다. 이러한 이유로 통합은 분명히 21세기 치료적 주류로 등장할 것이다.

통합은 이론적 통합, 기술적 절충주의, 공통 요인, 동화적 통합 등 몇 가지 서로 다른 경로를 취한다. 하지만 통합은 지속적으로 단일 학파의 제한을 뛰어넘어 심리치료를 개념화하고 수행하는 새로운 방식을 찾아 나갈 것이다. 통합은 임상가들과 연구자들에게, 특별히 어려운 사례를 만났을 때와 치료적으로 실패를 경험할 때 치료가 무엇을 제공해야 하는가를 점검하도록 한다. 서로 경쟁 관계에 있는 치료 체계는 점점 적이 아니라 환영받는 동반자가 될 것이다(Landsman, 1974). 서로 모순적이 아니라 보완적인 관계로 말이다.

통합적 심리치료는 메타 이론이다. 이것은 정신병리의 모델도, 성격 이론도, 심리치료가 작동하는 방식 그 어느 것도 제공하지 않는다. 대신, 통합은 다양한 심리치료 체계가 지니는 가치를 포함하고 있고, 임상가가 확인해 주는 정신병리 모델이나 치료 체계에 잘 포개어질 수 있다.

이 장에서 우리는 통합적 치료와 체계적인 치료 선택이 이루어지는 과정을 개관하였다. 이 과정은 다양한 이론적 오리엔테이션으로 얻어진 실험적 지식이 환자가 드러내는 진단적 · 비진단적 특징들 모두에 적용되어 최적의 기술적 · 관계적 방식을 채택하도록 한다. 이러한 치료는 많은 치료 방법과 대인관계적 관점이 현대 심리치료자의 레퍼토리 안에 가치 있는 자리를 차지하고 있음을 상정해 준다. 이들의 특별하고 분화된 자리는 성과 연구, 주기적 경험, 개별 내담자의 임상적 가치에 따라 결정될 것이다. 장래에 심리치료는 특정 이론의 이름이 아닌 효과성과 적용 가능성에 의해 정의될 것이다.

추천 도서와 웹 자료

Beutler, L. E. & Harwood, T. M. (2000). *Prescriptive psychotherapy: A practical guide to systematic treatment selection*. New York: Oxford University Press.

이 책은 무작위적으로 시도되는 통합적 심리치료에 사용되는 치료 매뉴얼로서, 체계적인 치료의 선택을 어떻게 할 수 있는가를 보여 주고 있다.

Harwood, T. M., Beutler, L. E., & Groth-Marnat. G. (Eds.). (2011). *Integrated assessment of adult personality* (3rd ed.). New York: Guilford Press.

이 책은 심리치료 성과를 예측할 수 있는 영역들을 평가하는 심리적 평가 과정 절차와 검사들을 밝혀 주고 있다. 또한 환자의 여러 변인들과 치료 효과의 관계를 드러내어 주며, 임상가들이 치료 계획을 개발하는 데 도움이 되는 컴퓨터 시스템에 대하여 기술하고 있다.

Castonguay, L. G., & Beutler, L. E. (Eds). (2006). *Principles of therapeutic change that work*. New York: Oxford University Press.

이 책은 치료적 변화를 설명하는 연구에 대한 정보를 제공하는 원리를 밝혀 주는 임상심리학협회(Society of Clinical Psychology)와 심리치료연구협회(Society for Psychotherapy Research)로 구성된 특별 팀의 연구 결과를 보고하고 있다.

Norcross, J. C. (Ed.). (2011). *Psychotherapy relationships that work* (2nd ed.). New York: Oxford University Press.

이 책은 치료 관계에서 효과적인 요소(일반적으로 작용하는)와 개별 환자에 맞춤으로 효과적인 방법들(특별한 방식으로 작용하는)의 두 가지 방식이 치료 관계에서 어떻게 효과를 나타내는가에 대한 실험적 연구를 모아 놓은 책이다.

Norcross, J. C. (2013). *Changeology: Five steps to realizing your goals and resolution*. New York: Simon & Schuster.

이 책은 자가치료 서적으로, 가장 최근의 접근 가능한 변화의 단계들을 요약해 주고 있다. 일반인들을 위해 제작되었으며, 웹사이트와 함께 이용 가능하다(www.ChangeologyBook.com).

Norcross, J. C., & Goldfried, M. R. (Eds.). (2005). *Handbook of psychotherapy integration* (2nd ed.). New York: Oxford University Press.

이 핸드북은 통합적 심리치료 분야의 주도적인 지지자들에 의해 제작된 책으로, 심리치료의 통합과 그 임상적 실제를 광범위하게 기술하고 있다.

Prochaska, J. O., & Norcross, J. C. (2013). *Systems of psychotherapy: A transtheoretical analysis* (8th ed.). Pacific Grove, CA: Cengage-Brooks/Cole.

이 책은 통합적 심리치료 관점에서 16가지 심리치료 체계에 관한 체계적이고 균형 잡힌 설문 결과를 보여 준다. 비교 분석 연구는 얼마나 많은 심리치료 체계가 변화를 일으키는 과정에 동의를 하고 있으며, 반면 변화가 필요한 내용에 관해서 동의하지 않는가에 대하여 설명하고 있다.

Society for the Exploration of Psychotherapy Integration: sepiweb.org/

이 책은 가장 유명한 통합 기구인 SEPI의 홈페이지로, 이 기관의 멤버십, 학회, 학술지인 *Journal of Psychotherapy Integration*, 훈련 기회 등에 관한 정보를 제공한다.

InnerLife: Systematic Treatment Selection: www.innerlife.com/

이 웹사이트는 30년간 축적된 체계적 치료 연구 결과에 기반하여 환자와 전문가들이 온라인상에서 평가와 치료적 매칭을 할 수 있도록 돕고 있다. 또한 치료 계획에 관하여, 개별화되었으나 보편적인 연구 보고들을 생산해 내고 있다.

Transtheoretical Model: www.uri.edu/research/cprc/

이 웹사이트는 출간물, 검사도구들 및 연구물들을 포함한 범이론적 모델과 변화의 단계에 관한 자료들을 수록하고 있다.

사례집 및 비디오테이프

Beutler, L. E. (2008). *Evidence-based treatment*. DVD. Washington, DC: American Psychological Association.

Beutler 박사가 자신의 연구 주도적 체계 치료의 시범을 보여 주는 자료이다. 이 DVD에서 그는 삶의 기쁨을 다시 맛보고 싶어 하는, 우울증으로 고생하는 젊은 청년에 맞추어 치료를 진행하기 위하여 실시한 사전 회기(presession) 평가를 보여 준다.

Beutler, L. E., Consoli, A. J., & Lane, G. (2005). Systematic treatment selection and prescriptive psychotherapy. In J. C. Norcross & M. R. Goldfried (Eds.), *Handbook of psychotherapy integration* (2nd ed, pp. 121-143). New York: Oxford University Press.

이 책은 체계적 치료 선택 및 연구를 요약하였다. 사례 연구는 치료를 안내하는 모델보다는 치료 원칙의 사용방법에 대하여 설명하고 있다.

Beulter, L. E., Harwood. T. M., Bertoni, J., & Thomann, J. (2006). Systematic treatment selection and prescriptive therapy. In D. Wedding & R. J. Corsini (Eds), *Case studies in psychotherapy*. Belmont, CA: Cengage.

이 책은 심리치료를 계획하고 통합하는 체계적 치료 모델을 기술하고 있다.

Norcross, J. C. (Ed.). (1987). *Casebook of eclectic psychotherapy*. New York: Brunner/Mazel.

이 책은 절충적이고 통합적인 심리치료의 실제를 구체적으로 설명해 주는 13개의 사례를 보여 준다. 각 사례는 광범위한 축어록, 치료자 논평, 환자가 글로 작성한 치료에 대한 인상 및 각 사례마다 초대된 두 명의 전문가의 논평으로 구성되어 있다.

Norcross, J. C. (2011). An integrative therapist's perspective on Ruth. In G. Corey (Ed.), *Case approach to counseling and psychotherapy* (8th ed.). Belmont, CA: Brooks/Cole.

이 책에는 Ruth라고 하는 내담자에 적용된 열두 가지의 다른 치료적 접근이 소개되어 있다. 결론을 맺는 장에서 Norcross 박사가 이 사례에 관한 통합적 관점을 제시하고 이론적 오리엔테이션 사이에서 발견되는 흥미로운 유사점과 근본적인 차이점을 제시한다.

Norcross, J. C. (2013). *Integrative psychotherapy*. DVD. Washington, DC: American Psychological Association.

이 DVD는 Norcross 박사가 내담자의 독특한 상담 목표, 선호도 및 변화의 단계에 맞추어 진행한, 적용적이고 내담자에게 초점을 맞춘 접근법을 제시한다. 이 회기에서 그는 각각의 서로 다른 변화 단계마다 몇 가지의 다른 치료 목표를 제시하는 젊은 청년을 만났다.

Norcross, J. C., Beutler, L. E., & Caldwell, R. (2002). Integrative conceptualization and treatment of depression. In M. A. Reinecke & M. R. Davision (Eds.), *Comparative treatments of depression*. New york: Springer.

이 책은 임상적 우울증에 관한 주요 처치법들을 개관하고 있다. 저자들이 집필한 장은 주요우울장애와 몇 가지 성격장애로 고생하는 Nancy의 사례에 통합적 관점을 적용한 내용을 보여 주고 있다.

Norcross, J. C., & Beutler, L. E. (2013). Evidence-based relationships and responsiveness for depression with substance abuse. In D. H. Barlow (Ed.), *Clinical handbook of psychological disorders* (5th ed.). New York: Guilford.

여러 가지 정신장애로 어려움을 겪는, 매우 복잡하고 도전이 되는 여성에게 적용된 통합적 심리치료를 보여 주고 있으며, 진단적/비진단적 관점을 모두 고려하여 정의된 그 여성의 특수한 필요에 심리적 치료와 치료적 관계가 단계마다 어떻게 맞춤으로 진행되었는가를 보여 준다.

Stricker, G., & Gold, J. (Eds.). (2006). *Casebook of psychotherapy integration*. Washington, DC: American Psychological Association.

이 책에서는 유명한 임상가들이 자신들의 통합적 심리치료를 회고적으로 기술한 후 이를 사례와 함께 제시한다.

Lillian Comas-Díaz
Courtesy of Lillian Comas-Díaz

제 15 장 심리치료의 다문화적 이론

Lillian Comas-Díaz

개관

심리치료의 지배적 이론 체계는 문화적으로 다양한 개인과 관련되어 있을까? 대부분의 치료적 관점은 개인마다 가지는 차이들이 존중되고 수용되어야만 한다는 점을 인식하고 있다. 하지만 서구 사회의 산물로서의 주류의 심리치료 모델들은 단일문화적(monocultural) 관점에 기대려는 경향을 보인다. 따라서 심리치료 이론들은 다문화적 세계관을 배제하려는 주류 문화의 가치를 지지하게 된다. 불행하게도 단일문화적 심리치료는 자주 **자민족 중심주의**나 한 사람의 세계관이 다른 사람의 것보다 본래부터 더 우월하고 바람직하다는 믿음의 체계를 부추기고 있다(Leininger, 1978). 치료자가 자신과 문화적으로 다른 내담자에게 자신의 가치와 태도를 투사할 때 자민족 중심주의는 심리치료에 영향을 미친다. 그 결과, 학자들이나 임상가들은 주류 심리치료의 다문화적 적용이 가능한가에 의문을 가진다(Bernal, Bonilla, & Bellido, 1995; Sue, Bingham, Porche-Burke, & Vasquez, 1999). 다문화적 심리치료는 이러한 염려에 대한 반응으로 나타나게 되었다.

다문화적 심리치료의 주창자들은 문화적 다양성에 대한 인식, 존중, 인정 등과 같은 문화적 민감성을 주장한다. 다양성을 가치 있게 여긴다는 점은 이미 형성된 심리치료의 모델과 가정들을 비판적 관점에서 재조명할 것을 권한다. 왜냐하면 건강, 질병, 치유, 정상, 비정상 등의 정의는 문화적으로 이미 내장되어 있기 때문이다. 따라서 다문화적 심리치료자들은 자신의 내담자뿐만 아니라 자신의 세계관도 점검한다. 세계관은 우주에 관한 사람들의 체계화된 사고와 믿음이라고 개념화된다. 다문화적 심리치료자들이 자기 점검으로 들어가면 자신의 전문가 모임에서의 사회화 과정과 잠재된 편견을 탐색하게 된다. 또한 그들은 심리치료의 문화적 적용성과 문화적으로 연관된 치료적 전략을 어떻게 증가시킬 수 있을지 살피게 된다.

단일문화적 · 지배적 심리치료는 맥락을 무시하는(decontextualized), 반역사적이고 반정치적 관점을 가지기 쉽다. 심리치료가 그것이 가진 역사적 · 사회정치적 맥락을 살피는 데 실패한다면, 심리치료의 주류는 사람들의 삶에서 힘과 특권이 가진 역할을 고려할 수 없다.

반대로, 다문화적 심리치료자들은 인종, 민족, 성, 사회적 계급, 성적 지향, 나이, 종교, 국적, 능력이나 장애, 언어, 이데올로기, 다른 주변 집단 내 소속감 등 다양한 특징들에 기초하고 있는 힘의 차이를 고려한다. 다문화적 심리치료자들은 자민족 중심적 심리치료의 패러다임이 안정을 지켜 내려 하기 때문에 변화에 저항하고 있다고 믿는다. 변화를 포용하기 위해, 다문화적 심리치료자들은 역량의 강화(empowerment)와 사회적 정의를 촉진한다. 그들은 부족한 점보다는 강점에 초점을 둔다. 이러한 다양성에 대한 강조는 다문화주의자들로 하여금 학제 간 접근을 지지하도록 하였다. 실제로 **다양성을 통한 단합**(unity through diversity)이 다문화주의자들의 금언이다. 결과적으로, 다문화적 심리치료자들은 사회학, 인류학, 문화적-인종적 연구, 인문학, 예술, 역사, 정치, 법, 철학, 종교, 영성, 뇌과학 그리고 다른 많은 학문 분야로부터 도움을 받고 있다. 당연히 다문화적 심리치료자들은 정신역동, 인지행동치료, 합리적-정서적 치료, 인본주의적-실존적 심리치료, Jung학파 그리고 다양한 다른 지배적인 심리치료의 조합을 잘 드러내어 준다. 자신이 선호하는 치료적 접근이 무엇인가에 관계없이, 다문화적 심리치료자들은 **문화적 유능성**을 개발하기 위하여 힘쓴다. 다문화적 심리치료의 기본 개념인 문화적 유능성이란 다문화적 상황에서 효과적으로 상담할 수 있도록 돕는 지식, 행동, 태도, 기술, 전략들의 조합을 의미한다(Cross, Bazron, Dennis, & Issacs, 1989).

기본 개념

미국의 인구학적 변화는 심리치료를 원하는 문화적으로 다양한 사람들이 있음을 알려 주었다. 다문화주의는 각 문화는 독특하고 역동적이며, 그 문화의 맥락 안에서 이해되어야 한다는 다양한 세계관의 출현을 인정하고 있다. 주목하는 대로, 다문화주의는 문화적 구성주의를 담보한다. 즉, 문화적 구성주의란 각 개인이 자신의 세계를 문화적 상징과 비유를 담아내는 사회적 과정을 의미한다(Gergen & Gergen, 1997; Sue & Sue, 2008). 미국에서 **다문화**라는 용어는 피부 색깔, 국적이 다른 이들, 이민자, 일시적 노동자와 지배적인 유럽계 미국 문화 사이의 상호작용을 나타낸다.

이와 같이 사회에 다문화주의의 출현이 증가하고 있는데도 불구하고 지배적 심리치료 내에서 다문화주의는 아직 충분히 자리매김을 하지 못하고 있다. 따라서 지배적 심리치료 내 문화적 상관성의 부족이 다문화적 심리치료를 탄생시켰다. 이 장에서는 사람들에게 치유와 해방을 가져오는 문화 중심의 전인적 접근이 무엇인지를 정의하는데, 이는 간단히 말하면 다문화적 심리치료는 치료자가 가진 문화적 유능성을 임상 실제에 스며들게 한다로 표현된다. 자신의 이론적 오리엔테이션에 상관없이 심리치료자들은 문화적 관점을 자신의 치료에 포함시킬 수 있게 된다. 실제로 심리치료자들의 설문 조사에서 심리치료 주류의 중심에서 활동할 심리치료자들은 다문화적 영역을 그들의 접근에 포함시킬 것이라는 결과가 나왔다(Norcross, Hedges, & Prochaska, 2002). 다문화적 영역은 심리치료에서 필수불가결하다. 왜냐하면 치료자와 내담자 사이의 문화적 오해와 소통의 문제는 치료 효과를 간섭하기 때문이다. 또한 이런 관찰들은 심리치료자들의 자민족 중심주의적 세계관이 심리치료의 유용성을 어떻게 영향을 미치고 있는가를 보여 준다.

✻ 세계관

Harry Triandis(1995)는 개인이 자신을 어떻게 정의하고 타인과 어떻게 관계 맺는지에 따라 세계관을 분류하였다. **집단주의** 문화란 개인의 정체성이 타인들과의 관계에 연관되어 있는 경우이다. 반대로 개인이 자신을 자주 다른 사람과 독립적으로 보게 되는 경우를 **개인주의**라 하였다(Triandis, 1995). 서구 사회는 개인주의적이라 여겨지기 쉽다. 왜냐하면 그 구성원들이 주로 자신을 자기들의 특징, 속성, 능력, 기관 등 내적인 특성에 따라 정의하기 때문이다. 다시 말하면, 그들의 이상적인 개인 특징들은 직접적이고 단호한, 경쟁적인, 자신감 있는, 자족적인, 능률적인 특성들을 포함하고 있다. 반대로, 집단주의 문화의 구성원들은 관계적인 가치를 확인하려고 하며, 상호 의존을 선호하고, 재화를 서로 나누기를 격려하며, 조화를 가치 있게 여기고, 중요한 타인의 관점을 참아 내며, 갈등을 최소화하는 의사소통 방식을 선호한다(Triandis, 1995). 연결을 가치롭게 여기는 집단주의 문화의 사람들은 자주 맥락의 전후 사정을 고려하고 전인적 관점을 가진다. 현실에서 대부분의 사람들의 세계관은 개인주의와 집단주의의 연결선 위에 위치한다. 한 예로, 많은 아프리카계 미국인들은 집단주의적이면서도 개인주의적 세계관을 가지고 있다.

내담자-치료자의 세계관이 서로 협상을 이루는 것은 효과적인 심리치료에 필수불가결하다. 후회스럽게도, 치료자들의 개인주의적 세계관으로 인해 심리치료자들의 주류는 다문화적 내담자들이 자문화적으로 보면 규범에 벗어나지 않았던 내담자들의 행동을 저항이나 열등성 또는 일탈로 해석하는 경향이 있다(Young, 1990). 예를 들면, 집단주의적 문화에서 온 내담자가 중요한 타자의 한계를 참아 내고 있으면 개인주의적 심리치료자들은 이러한 행동을 문화적으로 수용되는 기준으로 보지 않고 판단의 부족이라고 잘못 해석하기 쉽다. 더구나 개인주의적 심리치료자들은 긍정적인 치료 동맹을 형성하기도 전에 집단주의 문화의 내담자에게 매우 친밀한 사적 정보를 누설하라고, 감정을 표현하라고 요구하기도 하고 가족 사이의 분쟁을 대수롭지 않게 여기지 말라고 요구하기도 한다(Varma, 1988). 치유에서 이해받는 것이 중요하다면 효과적인 심리치료는 치료자가 내담자의 세계관을 이해하는 정도에 따라 달라진다. 치료자들이 자신의 문화적 유능성을 개발해 나갈 때 내담자의 다양한 세계관을 인정하고 다룰 수 있게 될 것이다.

* 문화적 유능성

치료자와 내담자의 세계관의 차이는 자주 의사소통의 문제, 오진단(misdiagnosis), 또는 때 이른 치료의 종결을 초래한다. 그러나 문화적 유능성은 심리치료를 유지하도록 돕고 치료의 완결을 촉진한다. **문화적 유능성**이란 문화적 · 사회정치적인 영향이 개인의 세계관을 어떻게 만들어 가고 그들의 건강한 행동과 관련되는가에 대한 이해를 반영한 진실된 행동, 태도, 방법들의 조합을 의미한다(Betancourt, Green, Carrillo, & Ananch-Firempong, 2003). 특히 문화적으로 유능해지기 위해서 치료자는 다음을 필요로 한다.

1. 자신의 세계관을 인식해 가야 한다.
2. 문화적 차이에 대한 자신의 태도를 점검해야 한다.
3. 다른 세계관을 학습해야 한다.
4. 다문화적 기술들을 개발해야 한다(Sue et al., 1995).

이와 같이, 문화적으로 유능한 치료자들은 다음과 같은 능력을 개발해 간다.

1. 다양함을 가치롭게 볼 수 있는 능력
2. 차이의 역동을 다룰 수 있는 능력
3. 개입과 상호작용에 문화적 지식들을 포함시킬 수 있는 능력
4. 다문화적 기술을 증가시킬 수 있는 능력
5. 자신을 돌아보고 평가할 수 있는 능력
6. 다양성을 채택하여 내담자의 문화적 맥락에 적용할 수 있는 능력

모든 치료적 만남이 사실상 다문화적인 것이기 때문에—모든 사람이 서로 다른 문화와 하위 문화에 속해 있으므로—문화적으로 유능한 치료자들은 대부분의 치료 장면에서 효과적으로 일할 수 있게 된다. 더구나 문화적 유능성의 개념이 전통적인 임상적 유능성의 상위 개념이므로 치료자들은 자신의 문화적 유능성으로 임상적 유능성의 구성요소들을 대체할 수 있다(Sue & Sue, 2008). 이 장의 목적에 따라, 문화란 개인의 전체적 환경으로 정의한다. 이는 신념, 가치, 삶의 실제, 기관들, 언어 · 인지 · 인식 등을 포함한 심리적 과정을 포함한다.

미국심리학회(APA)는 다문화적 가이드라인 시리즈를 만들어 가며 문화적 유능성의 중요성을 강조하였다. 그 첫 번째 원칙은 『인종적 · 언어적 · 문화적으로 다양한 내담자에게 심리적 서비스를 제공하는 사람들을 위한 가이드라인』에 제시되어 있다.

1. 문화적 다양성을 알아차리도록 하라.
2. 문화, 인종, 민족 등이 문화적으로 다양한 개인 내에서 하는 중심 역할을 이해하라.
3. 정신적 건강에 사회경제적 · 정치적 요소들이 미치는 중요한 영향력을 평가하라.
4. 내담자들이 자신의 문화적 정체성을 이해하도록 조력하라(APA, 1990).

이후 APA(2003)는 『다문화 교육, 훈련, 연구, 상담 실제, 기구 등에 관한 가이드라인』을 담은 두 번째 원칙들을 출간하였다.

1. 우리는 모두 문화적 존재라는 사실을 인식하라.
2. 문화적 민감성과 자각을 가치롭게 여기라.
3. 교육에서 다문화적 구성요소들을 사용하라.
4. 문화적으로 다양한 개인들과 문화 중심적이고 윤리적인 심리치료 연구를 수행하라.
5. 응용 심리 분야에서 문화적으로 적합한 기술을 사용하라.
6. 기관의 운영과 정책에 각 문화에 소개된 정보 사용을 지지하도록 기관의 변화 과정을 촉진시키라(APA, 2003).

이러한 원칙에 따른 여섯 가지 다문화적 가이드라인은 다음과 같다.

자신과 타인의 문화적 자각과 인식에 대한 헌신

1. 문화적 존재로서, 심리학자들은 자신이 가진 태도와 신념이 자신과 다른 인종적 · 민족적 차이를 가진 개인에 대한 인식과 상호작용에 해롭게 영향을 미칠 수 있음을 인식할 수 있도록 한다.
2. 심리학자들은 인종적으로, 민족적으로 서로 다른 개인에 대한 민감성과 반응성, 지식, 그리고 이해가 중요함을 인식할 수 있도록 한다.

교육

3. 교육자로서, 심리학자들은 심리 교육에 다문화주의와 다양성의 구성요소들을 포함시키도록 한다.

연구

4. 문화적으로 민감한 심리 연구자들은 인종적 · 언어적 · 민족적으로 소수 배경을 가진 사람들과 연구를 진행할 때 문화 중심적이고 윤리적 심리 연구 진행에 대한 중요성을 인식한다.

상담 실제

5. 심리학자들은 임상적 장면에, 그리고 다른 응용심리학 실제에 문화적으로 적합한 기술을 사용하도록 노력하여야 한다.

기구의 변화와 정책 개발

6. 기관의 운영과 정책에 각 문화에 소개된 정보 사용을 지지하도록 기관의 변화 과정을 촉진하도록 한다.

이에 관심 있는 독자는 www.apa.org/pi/oema/resources/policy/provider-guidelines.aspx에 접속하면 전문을 볼 수 있다.

모든 다문화적 가이드라인들은 다문화 심리치료의 맥락을 제공하고 있으나, 다음 세 가지 영역이 다문화 심리치료와 특별히 연관된다. 이들은 자신과 타인에 대한 문화적 자각과 인식, 이와 관련된 심리적 실제에 대한 안내, 기관의 변화와 정책 개발에 헌신되어 있다. 상담 실제와 세팅에 대한 이해의 범위가 어떻든지에 상관없이 다문화적 심리치료자들은 이와 관련된 윤리 규정(APA, 2010)을 따른다.

문화적 유능성의 개발은 계속되는 학습 필요의 인식을 요하며, 평생에 걸쳐 계속된다. Cross와 동료들(1989)은 다음의 스펙트럼에 걸쳐 문화적 유능성 개발을 확인하였다.

1. **문화적 파괴**(cultural destructiveness): 사람들은 그들의 태도, 정책, 실제 등이 문화와 그 문화 내 사람들에 따라 파괴될 수 있다고 믿는다(예: 영어만을 강요하는 문화).
2. **문화적 무능력**(cultural incapacity): 사람들은 문화적으로 다양한 사람들을 향해 지배 집단의 인종적 우월감과 가부장적이고 무시하는 자리를 가정한다.
3. **문화적 무지**(cultural blindness): 사람들은 문화가 그리 큰 차이를 만들지 않으며 따라서 지배적 문화의 가치가 보편적으로 적용되고 도움이 된다고 믿는다.
4. **문화적 선행능력**(cultural precompetence): 사람들은 문화적 민감성을 가지고 평등하고 공평한 치료를 하고자 하지만 어떻게 하는지에 대해 정확히 알지 못한다.
5. **문화적 유능성**(cultural competence): 사람들은 문화적 차이를 가치 있게 여기고 존중하며, 문화에 관한 자기 평가를 계속하며, 차이가 만드는 역동에 주의를 기울이고, 자신의 지식과 자원들을 계속하여 확장하며 신념 체계, 정책, 상담 실제에 다양한 방식으로 적응하는 것을 지지한다.

다문화적 심리치료자들의 문화적 맥락에 대한 강조는 기구들을 위한 문화적 유능성에 관한 가이드라인의 출현을 도왔다. 많은 심리치료자들이 공식 기구 안에서 기능하고 있으므로, APA는 다문화적 가이드라인 6번을 통해 기관 내 심리학자들에 대한 지침을 만들었다. 이러한 문제를 다루면서, Howard-Hamilton과 동료들(1988)은 다문화적 내담자와 일하는 상담자들을 위해 다음과 같은 원칙을 권하였다.

1. 기관의 사명 선언문과 정책들이 다양성 주제를 포함하고 있는가 평가하라.
2. 다양성의 관점에서 정책을 평가하라.
3. 비백인들이 특별한 정책들을 어떻게 인식하는지 평가하라.
4. 집단의 다양성을 인정하라.
5. 다양성이란 개인적 · 기관적 수준 두 가지 관점에서 평가를 요한다는 점을 인식하라.
6. 다문화적 민감성이란 문화적으로 다양한 사람들의 권리를 옹호한다는 의미라는 것을 인식하라.

Wu와 Martinez는 다문화적 상담자들에게 자신들의 기관이 문화적 유능성을 확보하도록 조력할 것을 다음과 같이 당부하였다.

1. 지역사회 대표를 포함시키고 이들을 정책 수행의 모든 단계에 참여시키라.
2. 건강 돌봄 기구의 모든 체계들을 통합하라.
3. 변화가 반드시 관리 가능하고, 측정 가능하며 지속적이도록 하라.

4. 문화적 역량 정책을 구현할 수 있는 사업 사례를 만들라.
5. 지도자들에게 헌신을 요청하라.
6. 지속적으로 직원 훈련 체계를 세우도록 조력하라.

✳ 역량 강화

문화적 유능성에 대해 널리 알리는 것 외에 다문화적 심리치료자들은 기존 지배적인 상담적 접근 방식을 개념적 · 방법론적 · 윤리적 · 사회정치적 관점에서 고려해 보도록 도전하였다. 지배적 심리치료자들이 지닌 역사적 · 사회정치적 맥락에 대한 무시는 내담자들로서 주변인들을 무력화하였다. 이런 무력화 효과는 지배적 집단 구성원들과는 달리 개인적이고 집단적 압제를 경험하였던 눈에 보이는 비백인들에게 더 해를 끼쳤다. 이와 같은 무력화의 특별한 예가 인종에 따라 나타난 미시적 공격(microaggression)에 지배적 심리치료자들이 주의를 기울이지 않은 것이다. **인종에 따른 미시적 공격**(racial microaggresions)이란 사람들이 단지 종족, 피부 색깔, 인종의 이유만으로 꾸준히 편견을 받아온 사실에 대해 공격하는 것을 의미한다(Pierce, 1995). 인종에 따른 미시적 공격은 공공장소에서도 드러난다. 예를 들어, 상점의 점원이 백인 손님에게 특혜를 준다면 이는 '긍정적 행동 아가들'(인종차별)이라 고소가 될 것이며 인종차별의 프로파일링 대상이 된다. 인종에 따른 미시적 공격 이외에 많은 비백인들은 엘리트주의, 성차별, 노인 차별, 동성애 혐오, 그리고 이들의 다양한 조합에 기초한 다른 종류의 공격에 노출되어 있다. 이런 공격이 지속되고 축적되면 비백인들의 생존 에너지는 소진되고 만다(Essed, 1991). 그 예로, 인종에 따른 이러한 미시적 공격은 비백인들의 건강 문제와 관련되어 왔다(Comas-Díaz, 2012a).

안타깝게도 이러한 공격은 심리치료에도 일어나며 이는 치료자의 문화적 맹점, 압제와 우위를 점하는 것에 대한 역할도 인식하지 못한 채 나타나는 인종차별에 대한 부인과 다른 형태의 압제, 능력주의 신화에 대한 고수 등을 포함하고 있다(Sue et al., 2007). 더구나 이러한 치료자들의 행동은 문화적으로 다양한 내담자 사이에 불편감을 불러온다. 반대로, 다문화적 심리치료자들은 많은 비백인들이 그들의 무능력화된 상태를 '무능력감'으로 내면화하고 있으므로 이들에게 역량을 강화할 것을 강조한다. 치료적 역량 강화(empowerment)는 내담자들이 그들의 자원에 접근할 기회를 늘려 주고, 선택을 연습할 수 있도록 도우며, 자기 존중감과 집단 존중감, 문화적 단호성, 능력 증가를 돕는 기관 등을 증가시키도록 하며, 문화적 강점을 확인해 주고 내면화된 압제를 극복하도록 하며 개혁적인 행동에 들어서도록 돕는다.

이러한 역량 강화의 초점 안에서 다문화적 심리치료자들은 자주 다음과 같은 가정을 가진다.

1. 현실은 맥락에 의해 구성된다.
2. 경험은 가치 있는 지식이 된다.
3. 학습과 치유는 다양한 관점을 나눔으로써 얻어진다.
4. 학습과 치유는 의미 있고 상대적인 맥락 안에 닻을 내리고 있다.

이와 관련하여 몇몇의 다문화적 임상가들은 해방 모델을 지지하고, 내담자들이 자신의 상황을 비판적으로 분석하게 도우며, 자신의 인종과 민족이 문화적으로 가진 강점을 확인하고 개인적인 변혁을 일으키며 사회정치적 변화를 조성할 것을 지지한다.

실제로 역량 강화에 대한 이와 같은 강조는 심리치료자들을 자주 사회 정의에 헌신하게 한다. 많은 사회문화적 약자들의 인간으로서의 권리를 위반한 세월이 모여 역경과 고통, 괴로움의 유산인 **문화적 외상**으로 남는다. Duran(2006)은 이를 영혼의 상처(soul wound)라 불렀으며, 이는 사회역사적 압제, 애도되지 못한 상실, 내면화된 압제, 학습된 무기력의 결과물이다. 분명히 미시적 공격과 다른 압제의 형태들은 비백인들의 문화적 외상을 악화시킨다. 게다가 집단 내 역학은 이러한 압제와 우월의식을 강화한다.

예를 들면 우리는 사람들을 자기 집단과 자기 밖의 집단으로 나누어 생각하는 경향성이 있다는 연구가 있다(Allport, 1954). 자신이 어느 한 집단의 일원이라는 의식은 자신이 속한 집단과 다른 집단에 대한 인식의 형성을 돕는다. 어느 한 집단에 속한 사람은 자신과 같은 정체성에 속한다고 느끼는 사람들을 선호하는 경향이 있다. 실제 몇몇 연구에서 사람들은 무의식적으로 다른 인종에 대해 부정적 느낌과 신념을 나타낸다는 보고가 있었다. 반응 잠재라는 인지적 기법을 활용하여 Dovidio와 Gaertner(1986, 1998)는 자기보고식 검사에서 전혀 편견이 없다고 나타난 사람들이 자주 흑인들에 대해서는 일반적으로 부정적인 태도를 보인다는 점이 드러났다. **인종혐오주의**라 알려진 이런 현상은 백인 진보주의자와 보수주의자 모두가 그들이 행동하는 데 인종에 따른 잠재된 편견이 보이지 않는 상황에서는 아프리카계 미국인들을 차별한다는 점을 보여 주었다(Whaley, 1998). 이와 같이, 의도되지 않거나 상징적인 인종주의는 미묘한 형태로 일어나서 찾아내기가 더 어려워진다. 그 결과, 주류 집단에서 성장한 백인들은 겉으로나 속으로 인종주의자의 태도를 갖기 쉽다. 한 예로 집단 내의 편애—서로 접촉하고 지지하고 살피며 보상을 주며 같은 집단 회원들에게 혜택을 주는 비공식적인 네트워크—는 주류 백인들의 직장 환경에서 비백인들을 배제하는 경향을 보인다(Rhode & Willilams, 2007).

심리치료 장면에서 내담자들이 자신의 치료자가 무의식적으로 인종주의, 자문화 중심주의, 성차별, 엘리트주의, 외국인 혐오주의, 양성애주의 등을 보인다면 치료는 성공적이지 못할 것이다. 이와 정반대로 다문화적 치료자들은 그들이 속한 집단과 그 밖의 집단을 향한 그들의 신념, 가치, 태도를 살핀다. 다른 말로 그들은 자신이 무의식적으로 문화적 편향을 띠기 쉽기 때문에 다른 사람들을 향한 자신의 태도를 자각하려 하고 이에 민감하려 노력한다. 다른 세계관과 친숙해지려는 노력 이외에도 다문화적 심리치료자들은 압제를 받는 집단 구성원들이 갖는 낙인 효과를 이해하려고 한다. 좀 더 구체적으로 말하면 그들은 역사적으로 지배적 사회 내 비주류 집단 사람들—아프리카계 미국 흑인 노예, 수용소 내 일본계 미국인들, 대참사를 겪은 아메리칸 인디언, 그리고 멕시코령 내에서 이루어진 강제적 합병을 포함하여 식민화되었던 라틴 주류 집단—이 어떻게 문화적 외상을 만들고 이것이 이러한 비백인들의 세계관에 영향을 미치는가에 대하여 인식하고 있다. 역사에 대한 이러한 평가는 인종주의가 성차별, 계급 차별, 외국인 혐오, 노인 차별, 신식민주의, 동성애 혐오, 양성애주의 등과 같은 다른 형태의 차별과 어떻게 상호작용하고 있는가에 대한 자각을 필요로 한다.

이러한 평가를 수행해 가면서 치료자들은 문화적 자각에 이른다. 치료자들의 문화적 자각은 사회적 힘과 우세함과 관련한 자신의 자리를 알아가는 과정을 포함한다. 힘의 역학에 대한 이해는 자신과 타인 사이의 관계를 평가하는 중요한 부분을 이룬다. 이러한 목적을 달성하기 위하여 다문화적 심리치료자들은 자신의 삶의 경험과 내담자 삶의 경험 사이에 나타나는 힘의 차이를 분석한다. 대부분의 지배적 치료자들의 분석과는 달리, 힘의 분석은 치료자와 내담자 양자에 잠재된 힘의 분별력을 뛰어넘는다. 다문화적 심리치료자들은 내담자가 속한 문화적 집단의 사회적 지위와 자신의 것을 비교한다. 이러한 비교는 자신 안에 내면화된 특권을 찾아내고 도전하게 한다. 왜냐하면 대부분 힘을 가진 자들은 그것이 자신의 삶에서 어떻게 편안하게 영향을 미치는지 알고 있지 못하기 때문이다. 힘에 대한 자각을 증가시키기 위해 Peggy McIntosh(1988)는 백인의 특권을 유럽계 미국인과 남성들에게 힘을 부여하려는 알려지지 않은 체계라고 하였다. 그녀는 백인이 가진 특권을 자각함으로써 '보이지 않는 배낭'을 풀라고 경고한다. 이런 상황에서 보이지 않는 배낭에 감추어진, 유럽계 미국인과 남성들이 보이는 점들은 다음과 같다.

1. 자신들이 미행이나 괴롭힘을 전혀 당하지 않을 것이라 믿고 대부분 혼자 쇼핑을 간다.
2. 텔레비전을 켜거나 신문의 앞면을 펼치고 유럽계 미국인들이 폭넓게 나타나고 있는지를 본다.
3. 수표나 신용 카드 또는 현금을 사용할 때마다 그들의 금전적 신뢰도가 자신의 피부색에 반하여 나타내지 않을 것임을 믿는다.
4. 자신이 구입할 수 있고 살기 원하는 지역에서 집을 빌리거나 살 수 있을 것이라고 자신한다.
5. 자신의 자녀들에게 일상적인 신체적 보호를 위해 체계적인 인종차별에 대한 경각심에 대해 교육해야 한다는 필요성을 회피한다.
6. 세상의 주류 사회가 구축한 언어와 관습을 잊고 지내며, 그들이 이를 망각하고 있다는 느낌도 갖지 못한다.
7. 다른 인종 사람들이 가진 관점과 힘을 무시하였을 때 따라오는 결과에 대해 거의 두려워하지 않는다.
8. '담당자'와 말하고 싶다면 늘 자신과 같은 인종의 사람에게로 간다.
9. 만일 주 경찰관을 뽑는다면 자신들이 인종 때문에 배제되지 않을 것이라고 확신한다.
10. 자신의 인종 때문에 고용되었을지도 모른다고 의심하는 동료들을 의식하지 않은 채 당당하게 고용주가 제시하는 직업을 택한다.

백인 우월주의에 대한 예시는 비주류 집단 구성원의 권리를 박탈하는 반면 지배적 집단에게 우호적인 이러한 차이점들 때문에 사람들에 삶에 미치는 조직화된 힘 차이의 영향력을 인식하는 것이 얼마나 중요한지 보여 준다. 자신의 알려지지 않은 특권을 부인함으로써 현상을 유지하도록 하기로 한다.

요약하면, 다문화적 심리치료자들은 다음의 잠재된 가정을 포함한다.

- 문화란 복잡하고 역동적인 것이다.
- 모든 사람들이 다문화적 상황과 만나고 있다.
- 현실은 맥락 안에서 구성되고 내재화된다.
- 서구의 세계관이 그간 주류 심리치료에 지배적 영향을 미쳤고, 비서구권 치료 임상가들의 공헌을 최소화하였다.
- 다문화적 심리치료는 모든 사람들과 관련되어 있다.
- 문화적 유능성이란 효과적인 심리치료에서 매우 중요하다.
- 다문화적 심리치료는 자각과 연관되어 있다.
- 치유는 개인과 집단의 역량을 강화한다.
- 치유는 다양한 관점을 포함한다.
- 치유는 전인적이고 해방적인 것이다.

다른 체계들

다문화주의는 많은 다른 학파들이 가진 이점과 관점들을 끌어내고 있고, 다문화적 심리치료자들은 다양한 심리치료적 오리엔테이션의 공헌점을 인정한다. 비록 많은 다문화적 심리치료자들이 자신의 정체성을 하나 또는 그 이상의 이론적 오리엔테이션에 못 박고 있지만, 그들은 자신들의 치료 학파에 다문화적 가치들을 함께 부여하고 있다. 실제로 다문화주의에 대한 일부 비판 때문에 주류 임상가들은 심리치료에서 기본적 가르침을 문화적으로 다양한 내담자에 적용되도록 수정하고 있다. 예를 들어, 정신분석가들은 치료에 사회적·공동체적·영적 관점을 포함시키며, 문화적으로 다양한 개인들의 경험을 포함시켜 나가고 있다. 또한 대상관계 이론은 어떻게 개인이 중요한 대인관계들을 내면화하는지, 그리고 이렇게 이루어지는 내면화가 세계와 상호작용하는 데 어떻게 중심이 되고 있는지에 초점을 맞춘다. 이런 관점에서 Altman(1995, 2010)은 수정된 정신분석적 대상관계 틀을 사용하여 그들이 얻은 통찰뿐만 아니라 관계를 사용하는 능력에서 내담자들이 진보를 보이는 과정을 조사하였다. 지배적 심리치료가 문화적으로 적응하는 데 덧붙여 다문화적 접근에 대한 특별한 영향력도 증가하고 있다. 연구에 따르면 주류 심리 서비스의 문화적 민감성은 일관된 결론을 보이지 않고 있다. 몇몇 연구에서 다수의 문화적으로 다양한 집단을 대상으로 증거 기반 상담 실제(evidence-based practice: EBP)가 효과적인 것으로 드러났지만(CIEBP, 2008), 다른 결과에서는 비백인 내담자들의 인지행동치료(CBT)에서의 탈락률이 유럽계 미국인보다 더 높은 것으로 나타났다(Miranda et al., 2005). 연구 결과들은 치료가 더 효과적이기 위해서 EBP는 문화적으로 내담자의 맥락에 더 적응적이 되어야 할 필요가 있다고 제안한다(Morales & Norcross, 2010). 이러한 결과들은 정신건강 서비스를 찾으며 긍정적인 기대감을 표시하였던 아프리카계 미국인 내담자들이 유럽계 미국인들보다 서비스에 대해 덜 긍정적인 것으로 드러난 다른 연구 결과들과 일치된다(Diala et al., 2000).

실제로 지배적인 심리치료자들의 문화적 적응성에 대한 연구를 개관한 후 Whaley와

Davis(2007)는 문화적 요소가 치료의 성과보다 심리치료의 과정에 더욱 영향을 미치는 것임을 밝혔다. 지배적 심리치료의 자문화 중심주의가 이들의 결과를 부분적으로 설명해 줄 수 있다. 예를 들어 보면 비백인들의 주된 불만은 자신들이 의료적으로 경험해 온 학대와 같은 것이다. Tuskegee 프로젝트—매독에 걸린 아프리카계 미국인 남자에게, 연구 도중 매독 치료제가 발견되었는데도 불구하고, 치료제인 페니실린을 투약하는 대신 위약 효과를 밝혔던 프로젝트—라고 불리는 이른바 의료적 인종차별(medical apartheid)의 역사와 정기적인 의학 검사 과정에서 푸에르토리코계 여성들에 대한 비자발적으로 불임을 부여한 것이 그 예라 하겠다(Comas-Díaz, 2008). 이처럼 많은 문화적으로 다양한 개인들이 집단주의적 오리엔테이션을 지지하고 있듯이 사람들은 맥락과 시간 속에 자신을 놓고 있다. 따라서 개인과 집단의 역사는 비백인들의 삶 가운데 중요한 요소가 된다.

역사

선구자들

사람들은 역사가 시작된 이래 **타자**에게 주의를 기울여 왔다. 자주 이러한 주의집중은 관심, 자각, 심지어 매력이라는 형태로 존재하였다. 다양한 종교적·영적 전통들은 타자의 중요한 역할에 지지를 보내왔다. 예를 들어 유대교에서 **타자**란 거룩함과 연결된다. 왜냐하면 히브리인에게 **타자성**은 거룩함(holy)을 의미하기 때문이다. 기독교에서 **필요한 타자**라는 개념은 나뉘어 있던 자신의 회복을 촉진한다. 더구나 불교의 **원수**를 우리의 가장 친한 스승이라는 개념은 사람들이 그들로부터 가장 많은 것을 배울 수 있기 때문이다. 영적 전통과 관련하여 다문화적 심리치료는 자신과 타인 사이의 관계를 증진시킨다.

초창기

다문화적 심리치료의 기원은 다학제적이다. 초기 이론에는 심리학적 인류학, 인종심리학, 문화인류학, 정신분석적 인류학 그리고 민속적 치유 등이 영향을 미쳤다. 타인에 대한 관심은 1940년대와 1960년대에 정신건강 영역으로 들어왔다. 문화인류학자와 정신분석자들은 문화와 심리 사이의 관련성을 함께 연구하였다. 이런 운동의 주창자들은 정신역동적 분석을 사회적·문화적 현상에 적용하였다. 어떤 학자들은 문화 간 정신건강을 조사하였고, 어떤 학자들은 인종학적으로 비주류인들의 정신건강에 영향을 미친 압제의 효과에 관해 연구하였으며, 어떤 이들은 오이디푸스 콤플렉스와 같은 정신분석적 개념을 보편적으로 적용하는 것에 대해 의문을 나타내었다.

정신분석의 문화적 학파의 구성원들은 문화가 행동을 조형한다고 생각하였는데, 이는 문화적 맥락과 역사적 시기에 걸쳐 다양하게 나타나는 사회적 상호작용이 개인에게 상황화되고 스며들어 있기 때문이라고 보았다(Seeley, 2000). 문화인류학적 정신분석이 문화적·행동적 불일치를 강화하기도 하였지만 그들은 심리치료에 적용될 수 있는 문화적 이론을 개발하는 데에는 실패하였다(Seeley, 2000).

심리학적 · 정신의학적 문화인류학자들은 정신건강에 미친 문화의 효과에 대해 연구하였으며 횡문화적 정신의학(transcultural psychiatry)을 탄생시켰다. **문화주의**(특별한 민속적 치유의 심리치료적 사용)와 비슷한 횡문화적 정신의학과 심리학은 정신건강을 위한 처치에 성직자, 교사, 주술사, 그리고 다른 인종적 비주류 내 개인과 같은 공동체와 그에 내재된 자원들을 활용할 것을 제안하였다.

비주류의 역량을 강화하자는 운동은 다문화적 심리치료의 발전을 촉진하였다. 이러한 운동은 지배적 집단 구성원들과 비주류 집단 구성원 사이의 힘과 압제의 역동을 면밀히 조사하였다. **정체성 정치학**(identity politics)이라 알려진 여성의 권리, 흑인의 힘, 황색의 힘, 동성애와 양성애 운동 등은 공공의 권리와 변두리 집단들의 필요를 강조한 것이다. 이러한 운동의 옹호자들은 사회적 · 정치적 불평등을 바로잡기 위하여 이를 의식화할 것을 제안하였다.

정신건강 분야에서 압제가 미치는 영향력을 이해하고자 애쓴 몇몇의 임상가들은 식민화의 심리학을 조사하였다. Frantz Fanon(1967)은 식민 지배자들에 대한 경제적 · 정서적 의존이란 용어로 식민화 심리학의 원리를 정교화하였다. 그는 식민지의 지배자와 피지배자 사이의 관계를 조사하기 위하여 제국주의, 지배성, 착취라는 개념을 사용하였다. 식민화의 역동은 미국에서 나타나 Kenneth B. Clark이라는 첫 번째 비백인 회장을 배출하였으며 비백인 미국인들을 식민화된 자들과 비슷한 조건으로 보았다(Comaz-Díaz, 2007).

다문화적 심리치료에 주된 영향력을 미친 것은 **압제된 자들을 위한 교육 모델**(education for the oppressed model)이다. Paulo Freire(1973)는 지배적 교육 모델을 압제의 도구로 보았는데, 교육이 현재 상태나 사회적 불평등을 강화하거나 유지시켜 주었기 때문이다. 그는 **의식화** 또는 비판적 의식화라는 용어를 개인적 · 사회적 해방 과정과 동일시하였다. 압제받는 자들을 위한 교육은 개인이 그들이 처한 상황을 자각하고 세상과의 변증법적 대화를 통하여 그 상황을 변화시키는 것이다. 압제는 희생자로부터 비판적 사고를 빼앗아 가므로 **의식화**를 개발하는 것은 "무엇을? 왜? 어떻게? 누구를 위하여? 누구를 대항하여? 누구에 의해? 누구에게 유리하도록? 무엇을 위하여? 어떠한 결과를 위하여?" 등과 같은 비판적 질문을 던지는 것이다(Freire & Macedo, 2000). 이런 질문에 답을 하는 과정은 내담자들로 하여금 "무엇이 문제인가?"를 면밀히 살피게 하고 삶의 목적과 자리는 물론, 내담자 존재의 실존적 이유를 드러나게 한다. 비판적 의식화 운동은 압제된 개인들에게 자신의 현실을 자각하도록 도와준다.

재평가 상담(Reevaluation Counseling: RC)은 다문화 상담의 출현에 영향을 미친 또 하나의 요소이다. RC는 공동 상담(co-counseling)의 역량을 강화해 주었다. 이는 둘 이상의 개인이 인종주의, 계급주의, 성차별과 기타 여러 가지 압제의 형태로부터 회복되기 위하여 개입 없이 서로 바꾸어 가며 이야기를 들어 주는 것이다(Roby, 1998). Harvey Jackins는 모든 사람들은 엄청난 지적 능력과 사랑의 능력을 소유하고 있는데, 이것들이 고통이 쌓인 결과로 막혀 버리게 되었다는 신념에 기반하여 공동 상담을 발달시켰다. 회복에는 상담자가 내담자에게 감정을 풀어놓음으로써(카타르시스) 자연적으로 일어나는 노출의 과정이 포함된다. 그 결과, 내담자는 상담자가 되어 또 다른 내담자의 이야기를 들어 준다. 공동 상담의 주창자들은 개인적 · 집단적 · 사회적 수준에서 인종차별주의를 종식시키는 데 헌신한 사람들이다. 더 많은 정보를 원한다면 www.rc.org를 방문해 보기 바란다.

식민화와 압제에 맞서려는 노력은 여성들의 굴욕적인 자리에 대한 도전을 불러왔다. 역량 강화 운동의 딸들로서 여성주의 치료자들은 임상 실제에서 근본적으로 다양성을 포용하게 되었다. 이와 같이 여성에게 힘을 실어 주는 입장은 다문화적 심리치료의 발전에 영향을 미쳤다. 여성주의 임상가들은 기존 주류 심리치료자들이 현상 유지의 대리인으로 행동한다고 믿었다. 반대로 여성주의 심리치료는 여성과 남성 모두에게 역량을 강화하며, 개인적 · 대인관계적 · 기관적 · 국가적 · 국제적 수준에서 평등을 촉진한다(Brown, 2010). 여성주의 치료와 다문화적 치료는 동일하게 서로에게 영향을 미치고 있다. 예를 들어 비백인 여성들은 여성주의 치료자에게 문화적으로 민감할 것을 도전한다. 그 결과, 문화적 여성주의 치료와 비백인 여성의 여성주의 치료가 탄생되는 것이다. 문화적 여성주의 치료자들이 여성의 주관성, 상호 의존성, 타인과의 연관성 그리고 여성적 가치를 증가시키기 위해 공감적 관계를 활용하기는 하지만(Worell & Remer, 2003), 비백인 여성을 상담하는 여성주의 치료자들은 인종차별, 성차별, 계급 차별, 양성애, 인종 중심주의, 장애인 차별 그리고 다른 형태의 압제들이 어떻게 상호작용하는지를 드러내 준다.

✳ 인종적 가족치료

여성주의 치료와 같이 가족치료도 다문화주의와의 상호작용으로부터 도움을 받았다. 이론과 실제에서 인종과 문화를 인식해 가면서(MaGoldrick, Giordano, & Gracia-Preto, 2005) 가족치료는 어떻게 인종적 가족치료가 출현하게 되었는지를 목격하게 된다. 인종적 가족치료자들은 (1) 자신의 문화를 알고, (2) 인종 중심적 태도와 행동을 피하고, (3) 내부자의 자리를 차지하고, (4) 중재를 활용하며, (5) 선택적 노출을 하려 한다. 인종적 가족치료의 한 예가 Boyd-Franklin(2003)의 『흑인가족치료(*Black Families in Therapy*)』에 나오는 다체계적 접근이다. 가족치료가 가족 구성원 사이의 관계를 보여 주기 위하여 가계도를 단지 사용하지만(McGoldrick, Gerson, & Shellenberger, 1999), 인종적 가족치료자들은 **문화적 가계도**를 사용한다(Hardy & Laszloffy, 1995). 문화적 가계도는 이후 McGoldrick이 저술한 장에서 논의될 것이다.

몇몇의 전문적 · 학문적 기구들이 다문화적 심리치료의 발전을 도왔다. 예를 들어 APA는 최근 비주류 집단의 필요를 조사한 바 있다. 몇몇의 집단(여성, 비주류 인종 집단, 동성애자, 양성애자, 성 전환자 집단) 연구가 그 예이다. 특히 비주류 인종에 관한 심리적 연구는 심리학의 모든 측면에서, 특히 직업적 심리학에서 다문화주의의 필요성을 촉진하였다. 공식 학회지인 *Cultural Diversity and Ethnic Minortiy Psychology*는 다문화적 심리학에서 학문적 · 전문적인 일을 보급하는 중요한 통로가 되었다(Comaz-Díaz, 2009). 다른 APA의 다문화적 심리학 관점은 *Asian American Journal of Psychology*와 *Journal of*

*Latina/o Psychology*를 통해 보급되고 있다.

상담 심리학자들은 다문화적 주제에 헌신할 것을 보여 주었고 *Journal of Multicultural Counseling and Development*와 같은 학술지 출간을 통해 다문화주의의 중요성에 대한 인식을 보여 주었다. 여성주의 심리학자들은 APA의 공식 학술지 *Psychology of Women Quarterly*의 저술를 통해 그 출구를 찾고 있다. 이에 덧붙여, 여성심리학회(Association of Women in Psychology)는 「여성과 심리치료(*Women & Therapy*)」라는 공식 학술지를 출간하고 있다.

Asian American Psychological Association, Assoiation of Black Psychologists, National Latina(o) Psychological Association, Society of Indian Psychologists와 같은 비주류 인종 심리학자들의 학회들은 정신건강 분야에서 있어 비백인들의 필요를 강력하게 대변하고 있다. 비주류 인종 주제를 다루는 국립 심리학회 기구는 APA의 인종적으로 비주류인 주제를 다루는 기구 가운데 하나로 자리 잡았다. 이 단체들은 비백인들을 위한 효과적인 심리적 서비스 제공을 돕고 있다. 여기에 더하여 Society for the Study of Culture and Psychiatry는 정신건강과 질병의 문화적 측면과 관련하여 연구, 임상적 돌봄, 교육 등을 촉진하는 기구이다.

현 상태

다양성을 통한 통일성이라는 집단주의적 개념은 21세기에 들어서 중요한 자리를 차지하게 되었다. 다문화주의는 압제와 특권과 관련하여 역량 강화, 변화, 변혁적 대화 등을 촉진하였다. 실제로 다문화적 심리치료자들은 사회적 정의 운동을 주창하고 있다(Comas-Díaz, 2012b; Ratts, D'Andrea, & Arredondo, 2004).

비주류 인종의 문제들을 다루는 미국심리학회 사무실이 만들어져 심리학적 이론과 실제에서 다문화주의의 역할을 주창하였다. 이 사무실은 인종적으로 비주류 심리학자들이 상담 실제에서 문화적 상관성이 부족하다는 자신의 관심을 소리 높여 이야기할 수 있는 포럼을 제공하였다. 그 이후 인종적 비주류 주제에 관한 미국 심리학자 협회가 결성되어 다문화적 심리치료의 위상을 굳건히 하였다. 현재 다문화적 심리치료는 다음 세 가지 모델로 실행되고 있다. (1) 지배적 심리치료의 문화적 적용, (2) 인종적 심리치료, (3) 전인적 접근이 그것이다. 심리치료자들은 흔히 이 세 가지 틀을 조합하여 사용한다.

심리치료는 문화적 기술의 개발과 특수한 문화적 기술들을 통하여 문화적으로 적용되고 있다(Lo & Fung, 2003). **문화적 유능성**이라는 용어는 본래 임상 장면에서 만나게 되는 어떤 문화 간 상황에서도 효과적으로 작용할 수 있는 지식과 기술을 의미한다. 특수한 문화적 기술 수준에서 일하는 심리치료자들은 인종의 영역을 심리치료의 주류에 동화시키려 한다. 문화적 특수성의 한 예로 Bernal, Bonilla와 Bellido(1995)는 여덟 가지 문화적 차원—언어, 사람, 은유, 내용, 개념, 목적, 방법, 맥락—을 주류 심리치료에 포함시킬 것을 제안하였다. 이 틀 안에서 치료자들은 내담자들의 세계관과 삶의 상황에 문화적으로 적합한 언어를 사용한다. 사람의 영역은 치료적 관계를 의미하는 것이다. 은유란 문화적 집단의 구성원들 사이에 공유된 개념을 의미한다. **내용**의 차원은 치료자의 문화적 지식을 의미한다(예: 내담자는 치료자로부터 이해받았다고 느끼는가?). **개념**은 치료의 개념이 문화적으로 내담자의 상황과 공명하고 있는가를 살피게 된다. **목적**의 차원은 임상적 목표가 내담자의 적응적 문화 가치와 일치하는가를 살핀다. **방법**이란 문화적 적응성과 방법, 도구들의 타당성을 포함한다. 마지막으로 Bernal과 동료들은 **맥락**을 내담자의 역사와 사회 정치적 상황을 포함하는 환경이라 정의하였다.

문화적 특수성의 또 다른 예로 Muñoz와 Mendelson(2005)은 문화적으로 적용되는 CBT를 다음 과정을 통해 제안하였다. (1) 개입 방법의 개발에 문화적으로 다양한 사람들을 관여시킨다. (2) 다문화적 가치를 포함한다. (3) 종교나 영성에 참여한다. (4) 문화의 타당성에 주의를 기울인다. (5) 정신건강에 대한 압제의 영향력을 인정한다. 실제로 CBT의 증거 기반 모델에도 불구하고 실험적으로 지지되는 치료의 문화적 타당성에 대한 경험 연구는 부족하다(Hall, 2001). 그 결과, 다문화적 임상가들은 비백인들의 일상의 현실을 드러내고자 증거 기반의 문화 특수적 심리치료의 필요성을 확인한 바 있다. 이에 대한 반응으로 APA는 심리학에서 임상적 경험과 연구에 있어 환자의 특징, 문화, 선호도를 통합하여 증거 기반의 상담 실제를 정의하는 데 의장의 특별 팀을 포함시켰다(APA 2006).

Pamela Hays(2008)는 정체성을 개념화하는 데에서의 문화적 복잡성을 강조하면서 문화적 요소를 치료에 성공적으로 포함시키는 예를 제시하였다. 그녀의 ADDRESSING 프레임워크는 문화적 영향이 나이(Age), 발달적이며(Developmental) 후천적인 장애(Disabilities), 종교(Religion), 인종(Ethnicity), 사회경제적 지위(Socioeconomic status), 성적 지향(Sexual orientation), 내재적 유산(Indigenous heritage), 국적(National origin), 성(Gender)과 어떻게 상호작용하는지를 인식하였다. 문화적으로 적용된 또 다른 심리치료 가운데 하나인 문화적으로 민감한 심리치료(Culturally Sensitive Psychotherapy: CSP)는 특수한 인종문화적 집단을 표적으로 하여, 한 사람을 위해 개입을 일반화한 것보다 특별한 개입으로부터 더 많은 이득을 볼 수 있도록 하였다(Hall, 2001). 더욱이, 인종문화적 심리치료는 세계관, 문화적 이행, 관계들, 맥락 등을 살펴 치료에 문화적 변인을 통합하고 있다(Comas-Díaz & Jacobsen, 2004).

심리치료의 문화적 적응에도 불구하고 몇몇 다문화주의자들은 개인의 인종문화적 기원을 재확인하기 위하여 인종적 심리치료를 사용할 것을 주창한다. 인종적 심리치료란 연속성을 제공하는데, 이들은 내담자들이 가진 손상된 정체성이 복구되도록 도울 수 있다. 인종적이고 토착적인 심리치료는 사람들이 문화적 맥락에 기초하고 있어 내담자들의 삶의 경험에 반응적이기 때문에 문화적으로 다양한 개인들에게 설득력을 가진다. 그들은 민족적 · 인종적 의미를 타당화하는, 문화적으로 적절한 프레임워크를 제공한다. 게다가 인종적 심리치료자들은 치유 과정에서 연결성과 조상으로부터 물려받은 종교적 성스러움을 촉진하는 철학적 · 영적 토대를 기반으로 한다. 그 결과, 기존의 주류 심리치료 접근에서 실패를 맛보고 괴로워하는 사람들에게 희망을 심어 준다. 인종적 심리치료는 개인적 · 집단적 두 가지 수준 모두에서 역량을 강화한다. 일부 인종적 심리치료는 동양의 철학적 전통에 기반한 민속적 치유, 네트워크 치료, 일화, 해방의 심리학, 그리고 전인적 접근을 포함한다.

다문화적 심리치료의 역사적 선구자라 할 만한 민속 치유는 토착적인 심리치료 형태의 하나이다. 민속 치유는 내담자의 문화적 소속감과 역사적 연속성에 대한 감각을 다시 세워 주고 자가 치유를 촉진하며, 괴로움을 당하는 당사자, 가족, 공동체와 우주의 균형을 맞춰 준다(Comas-Díaz, 2006). 민속 치유자들은 주류 심리치료자들이 사용하는 것과 비슷한 방식을 사용한다. 주된 차이가 있다면 이는 민속 치유자들의 영적 신념 체계이다. 다른 말로 민속 치유자들은 내담자들의 역량 강화를 강화하며 해방을 격려하고 영적 발전을 촉진한다. APA의 다문화적 가이드라인 5번은 심리학자들이 비서구적 치유 전통이 심리치료에 적절히 통합될 수 있는 방법을 학습하기 위해 노력할 것을 권한다. 적절하다면 이 가이드라인은 심리학자들이 알려진 조력자들(공동체 지도자, 변화의 대리인들)의 도움을 인정하고, 치료에 이들의 도움을 요청할 것을 격려한다.

이러한 생각을 따라 Carolyn Attneave는 확장된 가족치료와 집단 개입의 하나로 네트워크 치료를 개발하였다(Speck & Attneave, 1973). 미국 원주민의 치유적 접근에 기반한 네트워크 치료는 치유 과정에서 가족, 혈족, 관계들을 동원하고 촉진하기 위하여 내담자가 가진 혈연 내 네트워크의 전체적인 사회적 맥락을 다시 만들어 간다.

또 다른 공동체의 인종적 심리치료는 해방의 심리학이다. 라틴아메리카의 해방신학에 기반한 해방의 심리학은 사회정치적 압제에 대한 반응의 하나로 출현하였다. 이 분야의 건축가 Ignacio Martin-Baro(Blanco, 1998)는 심리학자이자 신부였다. 이와 같이 해방신학은 흑인의 해방신학과 아프리카의 전통에 기반한 아프리카계 미국인의 심리학과 서로 공명한다. 이러한 영적 기반은 토착적 전통과 상담 실제를 통한 인종적-민족적-문화적 힘을 확인시켜 준다. 해방심리학의 임상가들은 자신들이 처한 압제, 자신들을 억압하였던 이데올로기와 구조적 전략 등을 자각하도록 시도한다. Paulo Freire의 비판적 의식과 비슷하게 해방 치료자들은 억압된 자들과 함께 비판적 분석과 행동의 변혁을 시도하도록 협력한다.

인종적 심리치료자들은 자주 치료의 형식으로 일화를 사용한다. 따라서 이야기는 문화적 뉘앙스와 의미로 가득 찬, 맥락이 풍성한 의사소통 수단이 된다. 실제로 이야기를 나누는 것은 서로 연결되도록 돕는 집단주의적 방식이기도 하다. 라틴아메리카의 정치적 억압에 대한 반응으로 **증언**(testimonio)은 자신이 경험한 외상적 경험과 이것이 개인, 가족, 공동체에 어떤 영향을 미쳤는지에 대한 일화로 구성된다(Cienfuegos & Monelli, 1982). 또 다른 치유적 일화는 **쿠엔토**(cuento, 이야기) **치료**로, 이는 경험적으로 푸에르토리코 아이들의 치료에 효과적이었다고 밝혀졌다(Costantino, Malgady, & Rogler, 1997). 더구나 **디초스**(dichos, 언행록)는 노출 심리치료의 형식을 지니며, 이는 민속적 지혜를 담은 스페인의 격언이나 관용적 표현으로 구성된다(Comas-Díaz, 2006).

성격

성격 이론

다문화적 심리학자들은 정체성의 발달이 몇몇의 맥락 내에서 이루어진다고 본다. 마음이 신체에 깃들어 있듯이 성격도 다양한 상황 안에서 발달된다. 다문화적 임상가들은 이에 대해 다양한 관점을 견지하며 이들이 다양한 성격 이론을 고수하고 자신이 선호하는 이론적 오리엔테이션과 일치하는 이론들을 따라가고 있다. 하지만 성격 이론에서 다문화적 심리치료자들은 문화적 정체성 발달 이론을 형성하는 데 공헌하고 있다.

＊ 문화적 정체성 발달

Gehrie(1979)의 주장에 따르면, 다문화적 심리치료자들에게 자기란 문화의 내면화된 표상이다. 예를 들어 압제받은 비주류 집단의 구성원이라는 사실은 정체성 발달에 영향을 미친다. 비백인들의 정체성은 개인적 정체성과 문화적-민족적-인종적 집단 정체성 두 가지로 이루어진다. 비주류 집단의 정체성 발달 이론은 비백인들의 세계관을 잘 드러내 준다. 비주류 집단의 정체성 발달 이론은 개인이 어떻게 세계를 프로세스(process)하고 인식하는가에 대해 이해할 수 있는 시각을 제공한다. 실제로 인종적 · 민족적 정체성 단계는 신념, 감정, 행동, 태도, 기대와 대인관계 방식에 영향을 미친다. 그 결과 이러한 단계들은 어떻게 개인이 치료에 드러나며 심지어 어떻게 그들의 심리치료자들을 선택하는가에도 영향을 미친다.

다양한 비주류 집단 정체성 발달 모델에서 민족적 · 인종적으로 비주류 집단의 구성원들은 초기에도 지배 집단을 가치 있게 여기고 그 자신의 집단의 가치를 낮게 평가한다. 이후 지배 집단의 가치를 낮게 여기게 되는 반면, 자신이 속한 집단을 가치롭게 여기게 되는 마지막 단계에서 이 두 집단의 가치를 통합하게 된다(Atkison, Morten, & Sue, 1998). 더 구체적으로, 비주류 집단의 정체성 발달은 다음의 단계를 포함한다.

1. 순응(conformity) 단계: 개인은 인종차별주의를 내면화하고 지배 집단으로부터 온 가치, 생활양식, 역할 모델을 선택한다.
2. 불화(dissonance) 단계: 개인은 지배 집단의 문화적 가치에 의문을 제기하고 불신을 나타내기 시작한다.
3. 저항에 잠기는(resistance-immersion) 단계: 개인은 비주류 집단의 관점을 지지하고 지배적 문화의 가치를 거절한다.
4. 내사(introspection) 단계: 개인은 모든 문화적 기준을 따르지 않으면서 자신의 민족적 인종적 정체성을 수립하고 어떠한 가치가 자신의 개인적 정체성과 부합하는가에 대해 질문하기 시작한다.
5. 협응(synergistic) 단계: 개인은 그들의 비주류 집단의 가치를 나누어 받아들이지 않고 그들의 민족적-인종적-문화적 정체성을 지향하는 자기성취감을 경험한다.

더구나 비백인의 민족적 정체성 발달에서 획기적인 시기는 이들이 내면화된 민족차별주의를 극복하고 양심의 소리를 비판적으로 듣게 되는 때이다.

민족적 정체성 발달은 잠정적으로 내담자와 치료자의 인종적 조합과 상호작용한다. Jose는 이중 언어를 사용하는 두 가지 문화 배경을 가진 교사이다. Jose의 민족적-인종적 정체감은 그로 하여금 백인에 대한 의심으로 특징지어지는 불화 단계에 있었다. 그가 정신건강센터에 의뢰되었을 때 Jose는 유럽계 미국인 치료자를 만나기를 거부하였다. 그는 자신의 언어를 사용하며 자기를 이해해 줄 수 있는 상담자를 만나게 해달라고 요청하였다. Delgado 박사가 그에게 배정되었을 때 "미안하지만 저는 스페인어를 못합니다."라고 말하자, Jose는 "괜찮습니다. 저는 단지 백인 치료자를 만나고 싶지 않았습니다."라고 말하였다. Jose의 사례는 민족적 정체성 발달 단계에 대한 이해를 도와준다.

민족적 정체성 발달 모델은 지배 사회의 구성원에게까지 확장된다. 백인계 미국인의 정체성 발달 이론에 따르면, 유럽계 미국인은 특별한 문화적 정체성을 발달시키는데, 이는 지배적 주류 집단의 구성원으로 그들의 위상 때문이라는 것이다. Janet Helms(1990)에 따르면, 백인계 미국인의 문화적-민족적 정체성은 다음의 구체적 단계를 통해 일어난다.

1. 접촉(contact) 단계: 개인은 비주류 집단에 대한 자각은 있으나 그들을 민족적 존재로 인식하지 않는다.
2. 분해(disintegration) 단계: 편견과 차별을 인정한다.
3. 재통합(reintegration) 단계: 피해자들을 비난하고 차별을 고쳐 나가는 데 동참한다.
4. 위장 독립(psedoindependence) 단계: 문화적 차이를 이해하는 데 관심을 보이게 된다.
5. 자율(autonomy) 단계: 문화적 차이를 배우고 비주류, 주류 집단 구성원 모두를 받아들이고 존중하고 인정하게 된다.

이와 비슷하게 두 가지 민족적 정체성을 가진 개인에 대한 정체성 발달 단계도 제기되었다(Poston, 1990). 이는 (1) 개인적 정체성, (2) 나뉘어진 집단 내에서의 선택, (3) 융합(enmeshment)이나 부인(denial), (4) 감사(appreciation), (5) 통합으로 구성된다.

다문화적 심리치료자들은 또한 비주류 집단으로서 동성애자의 정체성 발달 단계도 형성하였다. 동성애자의 정체성 발달 단계는 다음과 같다.

1. 혼동(confusion) 단계: 자신의 성적 지향에 대해 의문을 갖는다.
2. 비교(comparision) 단계: 자신이 성적 소수자 집단에 속할지도 모른다는 가능성을 받아들인다.
3. 용인(tolerance) 단계: 자신이 동성애자라는 사실을 인정한다.
4. 수용(acceptance) 단계: 다른 동성애자들과의 접촉을 늘려 간다.
5. 자부심(pride) 단계: 동성애자라는 자기 정체성을 선호한다.
6. 종합(synthesis) 단계: 자신의 성적 지향에 대해 평안을 얻고 지지적인 이성애자들에게 다가간다(Cass, 2002).

여성주의자 정체성 발달 이론 역시 비주류 정체성 발달 모델의 하나로 나타났다. 여성주의자 정체성 발달 이론은 여성들이 긍정적인 여성주의자 정체성을 획득하기 위해 마주쳐야 할 편견과 차별에 대해 반응해 가는 분투와 지속되는 작업을 세분화하였다. Downing과 Roush(1985)에 따르면, 여성주의자 정체성 발달은 (1) 소극적 수용, (2) 드러냄(revelation), (3) 내장 또는 유출(embeddedness or emanation), (4) 종합, (5) 적극적 헌신의 단계로 구성된다.

다양한 개념들

다문화적 심리치료자들의 목표는 내담자들에게 문화적 정체성을 배양해 주는 것이다. 이 목표를 달성하기 위해 심리치료자들은 내담자의 결점보다는 강점을 강화한다. 이런 방식으로 다문화적 심리치료자들은 **문화적 탄성**(cultural resilience)—비백인들이 외상과 압제에 맞서 극복 기제와 적응적 행동을 늘려 나갈 수 있는 일련의 강점, 가치와 실제들의 조합—을 촉진시키려 한다(Elsass, 1992).

이러한 관점 내에서 다문화적 심리치료자들은 비백인 내담자들의 **문화적 의식화**를 격려한다. 이는 내담자들이 자신의 심리문화적 자각을 증진시키는 것을 의미한다. 다른 말로 심리치료자들은 비백인 내담자들이 그들의 역사를 다시 저술하기 위해 자신의 인종적 · 역사적 유산들을 다시 구출하여 내는 과정을 조력한다. 이와 같이 심리치료자들의 목표는 임상 시간 안에서, 그리고 그 시간 밖에서 내담자들의 **다문화적 의식화** 개발을 조력하는 것이다. 다문화적 의식화란 치료자가 자신의 일상 활동과 행동의 모든 측면에서 문화적 유능성을 내면화하고 포함시키는 것을 의미한다(Comas-Díaz, 2012).

또 하나의 중요한 개념은 **문화적 지능**으로, 이는 다문화적 의식화가 개인의 행동에 미치는 영향을 이해하는 정도를 의미한다. 문화적 지능은 귀납적이고 분석적인 사고 과정을 요구하며, 이는 개인이 이전의 경험과 의식 이전의 생각들에 의해 위축되지 않고 새로운 맥락을 이해하고 이에 접근해 갈 수 있는 사고의 형태를 각 개인이 필요로 한다(Early & Ang, 2003). 다문화적 심리치료자들은 자신과 자신의 내담자들에게 문화적 지능을 촉진하기를 매우 바라고 있다.

심리치료

심리치료 이론

다문화적 심리치료자들은 단일화된 심리치료 이론을 주장하지 않는다. 대신 그들은 다양한 관점을 중요하게 여긴다. 이러한 다원적 관점이 메타 이론으로 기능하여 임상가들은 그들이 가진 다양한 치료적 과정을 개념화하고 비판적으로 검토하며 실험적으로 평가해 가는 다양한 치료적 오리엔테이션으로부터 얻어진 다문화 상담의 개념, 전략과 개입 방법 등을 사용한다(Cooper & McLeod, 2007). 따라서 다문화적 메타 이론에 따르면 '돕기'를 위한 모든 전통들은 문화적으로 함께 내장되어 있다는 것이다(Ivey, Ivey, & Simek-Morgan, 1997). 이와 같은 문화 중심적 메타 이론은 내담자들이 현실의 의미를 어떻게 만들고 함께 구성해 가는지를 나타내 준다(Valsiner & Rorsa, 2007). 하지만 이들의 이론적 접근의 중심에는 다문화적 심리치료자들이 다음과 같은 질문에 대해 대답하려는 노력이 담겨 있다. "치료자들이 어떻게 문화적으로 다른 내담자의 삶을 이해할 수 있을 것인가?" 다문화주의자들은 치유에서 문화화를 치료적 동맹의 핵심으로 보고 있으며, 이는 내담자를 이해하는데 대단히 중요하다. 이와 같은 이유로 치료적 동맹은 다문화적 심리치료 과정의 안내자가 된다.

✻ 문화적 자각

다문화적 치료자들이 대면하는 것은 내담자와 치료자 모두의 문화적 배경에 대한 그들의 감정과 태도가 가진 의식적 · 무의식적 메시지들이다. 실제로 문화적 차이에 대한 인식은 자신이 배재되고 비교되는, 상대적으로 무기력한 기분을 불러일으킨다(Pinderhughes, 1989). 이러한 문제를 드러내기 위해 다문화적 심리치료자들은 문화적 자각이라는 데 몰두하게 된다. 그들은 자신이 의사소통하며 상담 실제에서 맞닥뜨릴 지배적인 문화적 가치를 찾아내면서 문화적 자각을 시작하게 된다. 심리치료자들은 다음과 같은 질문을 통해 이러한 문제에 대해 탐색해 갈 수 있다(Pinderhughes, 1989에서 각색).

- ❑ 나의 문화적 유산은 무엇인가?
- ❑ 나의 부모와 조상의 문화는 무엇인가?
- ❑ 나는 어떤 문화적 집단과 동일시되는가?
- ❑ 내 이름의 문화적 의미는 무엇인가?
- ❑ 나의 세계관은 무엇인가?
- ❑ 내가 가진 세계관(가치, 신념, 의견, 태도)은 지배적 문화의 세계관과 일치하는가? 어떤 점에서 불일치하는가?
- ❑ 나는 어떻게 심리치료자가 되기로 결정하였는가? 나는 직업적으로 어떻게 사회화되었는가? 나는 어떻게 직업 세계에서 사람들과 관계를 유지하고 있는가? 나는 문화와 심리치료/상담 사이의 관계는 무엇이라고 믿는가?
- ❑ 나는 내가 만나는 문화적으로 다양한 개인들에게 영향을 미치는 어떤 능력, 기대와 한계를 갖고 있는가?

다음과 같은 잠재된 질문들도 이에 포함된다.

- ❑ 나의 내담자들은 위의 질문에 어떻게 대답하겠는가?
- ❑ 나와 문화적으로 다양한 나의 내담자 사이의 대답에 차이가 나겠는가?
- ❑ 이러한 차이에 대해 나는 어떻게 느끼는가?
- ❑ 대답이 비슷하다면 이에 대해 나는 어떻게 느끼는가?

문화적 자각을 촉진하기 위해 심리치료자들은 Bennett(2004)의 다문화적 민감성 개발 모델을 활용할 수 있다. Bennett은 다문화적 민감성 발달 단계를 자인종 중심 단계와 자인종 관여 단계로 구분하였다. 자인종 중심 단계는 다음을 포함한다.

1. 부인: 개인은 문화적 차이를 부인하고 문화적으로 상이한 사람들과 접촉하기를 피한다.
2. 방어: 개인은 다른 문화를 인식하지만 이를 폄하한다.
3. 최소화: 개인은 자신의 문화를 보편적이라 여기며, 문화적 차이를 인식하지만 이를 최소화한다. 그리고 다른 문화를 그들의 문화와 같은 것이라 믿는다.

문화적 민감성 개발의 인종 관여 단계에는 다음이 포함된다.

1. 수용: 개인은 판단 없이 문화적 차이를 인식하고 가치롭게 여긴다.
2. 적응: 개인은 다문화적 기술을 개발한다. 다른 말로 하자면, 관점을 이동하고 대안적 세계관을 넘나드는 방법을 배운다.
3. 통합: 다양한 세계관을 아우르기 위하여 자신을 확장해 간다.

다문화적 민감성이 개발되면 다양한 세계관을 감사하게 여기고 긍정적인 치료적 동맹을 만들어 가게 된다. 실제로 성공적인 치료적 관계는 타인들 내에서 자신을 인식할 수 있을 때 형성될 수 있다.

심리치료 과정

✻ 치료적 관계

대부분의 심리치료자들은 긍정적 치료 동맹이 치료 효과를 향상시킨다는 사실을 알고 있다. 더구나 연구들은 계속하여 치료적 요소로서의 치료적 관계의 중요성을 제시하고 있다. 그러나 치료적 동맹이 형성되려면 내담자와 치료자의 세계관 사이에 문화적 일치성이 수반되어야 한다. 치료자와 내담자 모두가 세계관을 공유할 때 긍정적 치료 동맹의 발달이 일어난다. 반대로, 서로 다른 세계관은 치료 동맹의 발달에 장애물로 작용하며 둘 사이의 적응을 필요로 한다. 예를 들어, Kakar(1985)는 동인도 사람들과 정신분석 작업을 하면서 좀 더 적극적이며 교육적 방식을 사용하였다. 이에 더해, 그는 가여움, 홍미, 온정 등을 느끼고 표현할 것을 강조하였다.

문화는 내담자가 치료자를 어떻게 인식하는가에 영향을 미친다. 예를 들어 권위자와 치유자에 대한 문화적 태도가 그들의 치료자에 대한 내담자의 기대를 형성한다. 동양계 집단주의적 문화 배경을 가진 내담자는 치료자를 현명한 선생님으로 여겨, 자신을 학생의 자리에 놓을 것이다. 이상적인 치료자의 역할은 문화에 따라 다양하게 드러난다. 그러므로 심리치료자들은 문화적으로 상이한 기대에 대해 이해할 필요가 있다. 예를 들면 평등주의적이고 비지시적인 치료자는 위계적이고 지시적 관계에서 무엇을 바꾸라고 구체적으로 지시를 내리기를 기대하는 내담자와 치료를 원활하게 해 나가기 어렵다(Koss-Chioino & Vargas, 1992).

이와 비슷하게 Atkinson, Thompson과 Grant(1993)는 내담자들을 주류 사회에 문화화하는 데 필요한 치료자의 여덟 가지 역할을 제시하였다. 치료자들은 낮은 수준으로 문화화된 내담자들은 치료자가 조언자, 옹호자 또는 토착적 지지 체계 내 조력자로 역할해 줄 것을 기대한다. 이 예에서는 모델링, 선택적인 자기 노출, 교육적인 전략 등이 낮은 수준으로 문화화된 이민사회 내담자에게는 적절할 것으로 보인다. 더 높은 수준으로 문화화된 내담자들은 임상가들이 자문가, 변화 촉진자, 상담자 또는 심리치료자로서 행동해 줄 것을 기대할지 모른다.

그러나 현실에서 문화적으로 다양한 내담자들은 치료자에 대해 복잡한 기대를 갖고 있다. 문화화 이외에도 내담자의 기대는 대인관계적 요구, 발달 단계, 인종적 정체성, 영성, 그 밖의 많은 요소들에 의해 만들어진다. 비록 내담자의 치료자에 대한 기대가 협력적-위계적 스타일로 그 범위가 넓지만 이러한 기대는 상호적으로 배타적일 수 없다. 한 예로 내담자의 문화화 수준에 관계없이 심리치료자들은 내담자의 요구를 따라 반응하는 경향이 있다. 다른 말로, 치료자는 여러 가지 돕는 역할 가운데 하나의 역할에서 다른 역할로 동시에 옮겨 가기도 한다. 이 선을 따라 경험적 연구들은 비록 비백인이 자신의 문제에서 벗어나기를 기대하지만 그들은 치료에서 자신의 고통에 기여하던 부분들을 극복해 가길 또한 기대한다고 밝히고 있다(Comas-Díaz, Geller, Melgoza, & Baker, 1982). 비록 내담자들이 치료자가 적극적이며 조언을 주고 가르치고 자신을 인도해 줄 것을 기대하지만 그들은 또한 심리치료가 비록 고통스럽더라도 그 과정에서 자신들을 정서적으로 성장시킬 수 있기를 기대하기도 한다. 간단히 말하자면, 비백인 내담자들은 심리치료를 자신의 문제를 작업해 가는 과정으로 여긴다.

✻ 문화적 공감

비백인 내담자는 심리치료자가 문화적 신뢰도를 보여 주길 기대한다. **신뢰도**(credibility)란 내담자가 치료자를 진실되고 효과적인 조력자로 인식하고 있음을 의미한다. 한 예로, 많은 아메리칸 인디언들은 심리치료자들이 공감, 진실성, 근접성, 존중, 따뜻함, 진실함과 연결성을 드러내 보여 주기를 기대한다. 물론 치료자의 신뢰도와 믿음은 긍정적 치료 동맹을 형성한다. 이러한 목적을 이루기 위해 다문화적 심리치료자들은 '타인'을 향한 공감을 개발하려고 한다. 공감이란 내담자의 감정 경험에 참여할 수 있는 임상가의 능력을 의미하는 대인관계적 개념이다. 지배적 심리치료에서 공감은 신체적 · 인지적 · 정서적 요소를 포함한다. 공감의 신체적 측면은 비언어적 의사소통과 바디 랭귀지를 나타낸다. 치료자는 문화적으로 상이한 내담자에게 공감적 증인이 되어 줌으로써 그들의 인지적 공감을 발달시킨다. 공감적 증인으로서 심리치료자들은 내담자의 문화를 공부하고 내담자의 경험과 현실을 재확인해 준다. 공감의 정서적 요소는 정서적 연결성을 포함하며, 이는 내담자의 감정에 참여하고 이를 담아낼 수 있는 능력을 의미한다. 간략히 말하자면 감정적 공감은 다른 사람과 같은 존재가 되는 주관적 경험과 비슷하다. 단지 인지적 수준에서만 공감할 수 있는 치료자들은 그들의 정체성을 내담자의 것과 계속 분리한다. 이러한 '분리'는 치료자가 문화적으로 다른 내담자를 감정적으로 공감해 가는 것을 방해한다. 이러한 공감의 실패는 곧 '다른 사람과 같아지기' 힘들다는 것과 연결된다. 실제로 다문화적 심리치료에서 정서적 공감의 발달은 매우 중요하다. 왜냐하면 우리는 우리를 다시 보여 줄 수 있는 사람들과 공감하려는 경향을 갖고 있기 때문이다. 우리와 문화적으로 다른 사람들과 공감을 이루기는 어렵다.

인지적 · 정서적 공감 이외에 심리치료자들은 문화적 공감 역시 발달시킬 필요가 있다. 문화적 공감이란 문화적 지식과 해석에 의해 주어진, 문화적으로 다양한 개인의 경험을 이해할 수 있는 학습된 능력을 의미한다(Ridley & Lingle, 1996). 따라서 문화적 공감은 치료자의 인식적 · 인지적 · 정서적, 의사소통 기술이 통합되는 과정에서 치료자의 문화적 반응성을 촉진한다. 문화적 공감은 내담자를 이해하는 안내자로서, 그리고 자신과 타인의 문화적 차이를 인식하면서 문화적 프레임워크를 사용하는 과정을 포함하고 있다(Ridley & Lingle, 1996). 흥미롭게도 연구 결과, 사람들이 다른 이의 관점을 가질 수 있다면 그들의 정형화되고 자인종 중심적 태도를 감소시킬 수 있다고 나타났다(Galinsky & Moskowitz, 2000). 따라서 문화적 공감은 다른 사람과 조율할 수 있는 능력—문화적으로 다른 사람과 문화적 · 인지적 · 감정적 · 정서적 · 행동적으로 연결됨—을 포함한다. 간단히 말해, 문화적 공감이란 다른 사람의 문화에 자신을 위치시킬 수 있는 능력이다. 다문화적 심리치료자들은 자기 성찰, 보이지 않는 자신의 배낭을 풀어 보기, 자신의 세계관을 탐색하기, 자인종 중심주의에 도전하기, 문화적 차이에 열려 있고 이를 수용하기, 힘의 역동 이해하기 등을 통해 문화적 공감 능력을 개발할 수 있다.

✻ 인종문화적 전이와 역전이

치료적 관계란 의식적 감정과 무의식적 감정이 투사되는 비옥한 토양이다. 왜냐하면 모든 치료적 만남은 내담자와 치료자의 문화에 대한 의식적 또는 무의식적 메시지가 투사되는 자리이기 때문이다. **전이**(내담자의 이전 관계 경험이 치료자에게 투사된 것)와 **역전이**(내담자의 전이에 대한 치료자의 반응)의 검토는 이러한 과정을 관리해 가도록 돕는다. 전이 반응을 조사하는 것이 심리치료에서 중요하기는 하지만, 대부분의 주류 심리치료자들은 전이된 문화적 주제들을 무시하곤 한다. 그 대신, 그들은 이에 대해 인간 관계에서 문화 맹목적이고 민족 중립적인 자리를 주장하며, 보편적인 관점을 고수하려고 한다(Pinderhughes, 1989). 즉, 많은 임상가들은 전이와 역전이에 나타나는 인종적 · 문화적 · 민족적 측면을 무시한다.

다문화적 심리치료자들은 문화적 차이점과 유사성에 대한 대화를 시작함으로써 전이된 반응을 탐색하려고 한다. 이러한 대화 가운데 그들은 다음과 같은 점을 추구한다.

1. 내담자의 민족과 인종의 맥락에 관한 전인식을 유예하기
2. 매우 상이한 내담자는 자신과 다른 민족적 집단 또는 인종적 집단의 구성원을 형성하고 있다는 점을 인식하기
3. 어떻게 치료자와 내담자 사이의 민족적 또는 인종적 차이가 심리치료에 영향을 미치는지를 고려하기
4. 그들이 내담자와 상호작용하는 데 힘, 특권, 압제, 민족적 편견이 영향을 미치고 있다는 사실을 인정하기

5. 치료에 있어 민족과 인종의 역할에 대해 특히 의심을 가지고 논의에서 실수가 있을 수 있음을 가정하기(Cardemil & Battle, 2003).

더구나 다문화 심리치료자들은 특히 내담자에게 "내가 당신과 다른 문화권에서 있다는 것에 대해 어떻게 느끼시나요?"와 "내가 당신과 비슷한 문화적 배경을 가졌다는 것에 대해 어떻게 느끼시나요?" 등의 질문을 하게 된다. 이러한 질문은 인종문화적 전이와 역전이의 논의가 활발하게 되도록 도와준다.

인종문화적 전이와 역전이는 이를 제공하는 치료자와 내담자 모두 심리치료에 자신의 인종적 · 문화적 · 민족적 경험에 담겨 있는 자신의 경험을 가지고 들어온다는 점에서 치료적 관계에 중요한 역할을 한다. 인종문화적 반응은 자신과 타인 사이의 경험에 대한 청사진을 제공할 수 있다.

Comas-Díaz와 Jacobsen(1991)은 인종 내, 그리고 인종 간 양자 사이에서 일어날 수 있는 인종문화적 전이와 역전이의 몇 가지 유형에 대하여 기술한 바 있다. 다음은 그 중 몇 가지 인종 간 전이 반응에 대한 것이다.

1. 지나친 순응과 우호적 태도(이는 내담자-치료자 양자 사이에 사회적 힘의 차이가 있을 때 관찰된다)
2. 부정(이는 내담자가 자신의 인종이나 문화에 편만한 주제에 대해서 노출을 꺼릴 때 발생한다)
3. 불신, 의심 그리고 적대감("도대체 이 치료자가 나와 일하고 있는 진짜 동기가 무엇이지?"라는 질문에 드러난다)
4. 양가감정(이는 인종 중심적 심리치료에서 내담자가 치료자에게 한편으로는 부정적 감정이 발생하여 괴로우면서도 한편으로는 애착이 동시에 발생될 때 생겨난다)

인종 내 전이는 내담자가 가진 치료자에 대한 이미지를 다음 몇 가지 예측 가능한 역할로 변형시키게 된다.

1. 전지전능한 치료자: 인종적 유사성으로 인하여 완전한 부모와 재결합되는 환상이 발생한다.
2. 배반자: 내담자는 치료자의 성공에 대해 적개심이나 질투심을 드러낸다.
3. 차별자: 내담자가 자신과 인종문화적으로 비슷한 치료자를 향해 강력한 부정적 감정의 투사가 일어나 자신이 속한 인종문화적 집단의 치료자에게 치료받는 것을 원하지 않는 경우이다.
4. 양가감정을 가진 자: 내담자가 자신과 고유할 수 있는 같은 인종문화적 배경을 가진 치료자에게 상담을 받는 것을 편안하게 느끼는 반면 동시에 심리적으로 너무 가까워지는 것에 대해 두려움을 느끼는 경우이다.

서로 다른 인종 배경을 가진 양자 관계에서 발생하는 몇 가지 역전이 반응은 다음과 같다.

1. 문화적 차이에 대한 부정: 우리 모두는 같다.
2. 임상적 문화인류학자 신드롬: 자신의 심리적 욕구를 내주면서까지 내담자의 인종문화적 배경에 관해 지나친 호기심을 갖는다.
3. 죄책감: 낮은 계급의 비백인을 지배하는 것 같은 사회적 · 정치적 현실에 대해 느낄 수 있다.
4. 가여움: 치료 시간 안에서 내담자에 대해 죄책감에서 파생된 감정이나 정치적 무력감을 느낀다.
5. 공격성
6. 양가감정: 치료자 자신의 인종과 문화를 향한 양가감정에서 유래된 감정이 내담자의 문화에 대해 함께 느껴진다.

같은 인종 사이에서 일어날 수 있는 역전이 현상은 다음과 같다.

1. 지나친 동일시
2. '우리와 그들'의 정신: 단지 같은 비주류 집단의 구성원이라는 이유만으로 치료자에게 민족적 차별로 인한 피해 의식이 공유된다.
3. 거리 두기
4. 생존자의 죄책감: 치료자는 경제적으로 낮은 계급의 인종 집단이 공유한 힘든 사회경제적 상태에서 가족과 친구들은 고생하고 있고, 혼자만 빠져나온 개인적 경험을 가질 수 있다. 이런 경험은 전문적 성장을 방해하고 내담자의 심리적 문제를 부인하도록 이끌 수 있다.
5. 문화적 근시안: 치료를 불분명하게 만드는 인종문화적 요소들로 인해 분명하게 보는 능력이 없어질 때 발생한다.
6. 양가감정: 치료자 자신의 인종문화적 양가감정을 통해 일할 때 발생한다.
7. 분노: 내담자와 인종문화적으로 너무 가까워지는 것이 고통스럽고 풀리지 않는 심리내적 주제를 드러낼 수 있다.

전이와 역전이에 대한 문화적 바로미터를 확인하는 것은 다문화 심리치료에서 매우 중요하다. 예를 들면 성이 연루된 인종성(gendered ethnicity)—성과 인종 사이의 상호작용—은 강력한 전이뿐만 아니라 역전이도 불러일으킨다. 실제로 다문화 심리치료자들은 인종적 · 문화적 · 성적 · 민족주의적 요소들(이들의 교차성을 포함하여)이 자주 심리치료에 핵심 문제를 더욱 빠르게 펼쳐 놓도록 한다고 본다.

심리치료 기제

다문화 심리치료자들은 대학원 과정에서 학습한, 그리고 이론적 오리엔테이션과 전문적 기구로부터 확인된 치료의 도구나 기법 모두를 사용한다. 하지만 이러한 기법들이 자동적으로, 아무 생각 없이 적용될 수 있는 것은 아니다. 다문화 치료자들은 또한 심리치료적 기제를 사용할 때 그것이 내담자의 세계관과 일치하는가에 대해 주의 깊고 힘들게 사고한다. 한 예로, 개인주의적 치료자들은 효력 있는 언어 치료를 사용하기를 선호하고, 외현화하여 변화를 촉진하거나 무의식을 의식으로 옮기는 것을 선호한다. 반대로 많은 수의 집단주의적 치료자들은 비언어적 의사소통 방식을 인정하여 전인적 치유를 필요로 하며, 내면화하여 변화를 촉진하거나 의식을 무의식으로 이동시키려 한다(Tamura & Lau, 1992). 따라서 많은 다문화 심리치료자들은 전인주의를 그들의 상담 실제에 통합하고 있다. 이러한 상담 실제의 대부분은 비서구적 철학과 종교 전통에 기반을 둔다. 언어치료와 더불어 많은 비백인 내담자들은 마음, 신체와 영이 하나된 접근을 필요로 한다. 예를 들어 Cane(2000)은 해방시키는 방법을 보완하여 마음, 신체, 영의 자가 치료적 실제 방법을 성공적으로 사용하기도 하였다.

묵상 요법(contemplative practices)으로도 알려진(12장을 참고하라) 명상, 요가, 호흡요법, 창조적 구상, 그리고 토착적 치유 등과 같은 전인적 접근들이 현재 심리치료의 주류 사이에서 인기를 얻어 가고 있다. 이러한 전인적 관점의 강조와 더불어 많은 다문화 심리치료자들은 영성 개발도 촉진하고 있다. 영성—자신, 타인, 공동체, 역사, 맥락과 연결된 느낌—이란 수많은 비백인들의 삶에서 중요한 측면으로 반영된다. 영성은 세계관, 삶의 방식 및 의미를 형성하는 과정을 제공하고 있다. 이러한 맥락에서 다문화 심리치료자들은 개인이 역경을 극복하고 그들의 존재에 대해 의미를 찾아가도록 조력하고 있다. 많은 비백인들은 역사적이고 현재적 관점에서 문화적·민족적 외상으로부터 회복되기 위하여 해방의 접근 방식을 필요로 한다.

다문화 심리치료자들은 전인적 접근의 한 부분으로 창조성을 장려하며, 내담자들이 예술, 전통문화, 인종이 개발해 낸 실제적 방식 그리고 여러 가지 창조적인 문화적 형태들을 사용할 것을 권한다. 창조성을 치료적으로 사용하면 자신의 인종과 문화에 대한 확인, 구속, 축하하는 과정을 통하여 문화적 탄성과 문화적 의식화가 향상된다(Comas-Díaz, 2007). 예를 들면, 많은 심리치료자들은 치유에 사용된 내담자들의 구전을 활용한다. 왜냐하면 비백인들은 자주 이야기를 통해 자신들의 질문에 답을 해 왔기 때문이다. 이러한 의사소통 방식은 맥락, 대인관계적·역사적 요인에 기초한 이성적 추론과 일관성을 가진다. 다른 말로, 이야기를 하는 것은 선형적·비선형적 방식으로 현실을 구성해 내는 창조적인 행위이며, 환자의 일화는 분석적이고 전체적(게슈탈트적) 요소 모두를 포함하고 있다. 내담자에게 "당신에게 무엇이 일어났나요?"라고 묻는 것은 치료자가 공감적 증인이 될 수 있음으로써 문화적으로 보듬는 환경을 제공해 준다. 비교문화적 심리치료(cross-cultural psychotherapy)에서 스토리텔링이 효과적인 것으로 드러난 것은 그리 놀랄 일이 아니다(Semmler & Williams, 2000).

더구나 비백인들이 가진 불연속성과 외상의 경험들로 인해, 이들은 과거 외상을 극복하기 위하여 창조성을 활용하고, 그들의 삶에서 이로 인한 의미와 목적을 만들어 낸다. 이와 같은 탄력적 창조성의 예가 집시 또는 로마 사람들이 만든 플라멩코 음악, 뉴욕의 푸에르토리코인과 도시 외곽에 쓰여진 아프리카계 미국인들의 발화된 문자나 시들, 비백인들의 기억이나 일화 그리고 다른 형태의 서사적 공연 등에 드러난다. 한 예로 인도계 소설가 Chitra Banerjee Divakaruni는 미국으로 이주한 후 창조적으로 글을 지었으며 그녀의 최초

인종차별적 사건을 직면하게 된다(2002년 5월 1일 개인 서신).

스토리텔링에서 사진을 활용하면 가시적인 비백인들의 자존감이 향상되며 피부색이나 민족 문제를 잘 드러내 줄 수 있다. 많은 압제를 받은 비백인들은 창조성을 저항, 회복, 구속, 재형성의 수단으로 사용하여 왔다.

창조적 활동이 치유를 촉진하는 것은 매우 분명하다. 실제로 노래, 챈트, 음악, 춤 등은 환자에게 면역계가 질병에 반응하는 방식처럼 감정 상태를 유도하게 된다(Lyon, 1993). 전인적 치유자들은 이러한 과정을 매우 잘 이해하고 있다. 그들은 내담자들이 질병에 대한 인식을 변화시키는 데 감각적 · 정서적 · 인지적 정보를 조작할 수 있도록 돕는다. 한 예로, 경험적 연구에 따르면 환자들에게 공개적으로 그들의 꿈을 시, 노래, 춤으로 표현하게 격려한 민속적 치유자가 그들의 비밀을 사적으로 말하게끔만 한 치료자들에 비해 통계적으로 더욱 효과적인 결과를 나타냈다(Joralemon, 1986).

다문화주의와 창조성 사이에는 긴밀한 관계가 있으며, 연구에 따르면 다양한 문화에 노출되면 창조성이 증가한다. 그 예로, Leung, Maddux, Galinsky와 Chiu(2008)는 다문화적 경험과 창조성 사이의 관계가 사람들이 새로운 경험에 대해 열려 있고, 창조적 맥락이 융통성을 강조하고 있을 때 더 강력하였다는 사실을 경험적으로 보여 주었다. 요약하면 다문화 심리치료는 주류 치유적 접근 방식이 사용하던 전통적 심리치료 방식에 덧붙여 전인적 접근을 채용하였다. 이러한 병합의 결과, 문화적 강점의 특수성을 강조한 치유가 등장하게 되었다.

✻ 인종정신약물학

심리치료에 오는 모든 내담자들은 증상이 완화되고 괴로움으로부터 벗어나기를 기대한다. 항우울제와 같은 약물은 가장 빠르게 적어도 일시적 고통을 제거해 줄 수 있다. 따라서 심리치료자들은 내과 의사, 처방 권한이 있는 심리학자, 고급 수련 간호사 그리고 다른 건강을 돌보는 전문가들과 함께 환자들이 원하는 약물에 접근하도록 협력할 필요가 있다.

안타깝게도 인종 중심주의는 내담자들에게 약물치료에 대한 불신을 가져왔다. 이러한 문제는 비주류 인종과 민족 집단은 유럽계 미국인에 비해 약물에 다르게 반응할지 모른다는 사실에 인해 발생된 것이다(Rey, 2006). 대부분의 인종이 정신에 작용하는 약물에 다르게 반응한다는 경험적 증거에도 불구하고(Ruiz, 2000), 다른 인종 집단은 약물에 다르게 반응한다는 점을 무시한 결과, 이는 곧 진단과 치료의 오류를 불러왔다. 인종정신약물학은 인종과 약물에 대한 반응 사이의 관계를 구별해 내는 분야이다. 예를 들면 정서장애를 가진 아프리카계 미국인은 자주 오진이 되어 향정신성 약품으로 잘못 치료가 되곤 하였다(Lawson, 2000; Strickland, Ranganeth, & Lin, 1991). 이와 비슷하게 인종 간에 다르게 나타나는 대사율을 제대로 이해하거나 평가하지 못한 많은 건강 관련 전문가들로 인해 많은 아시아계, 라틴아메리카계 환자들은 부적절한 정신과 약물을 처치받았다(Ruiz, 2000). 그 결과, 많은 비백인들이 정신건강 분야가 이루어 낸 결과, 특히 향정신성 약물의 처방에 대한 불신이 깊어졌다. 때로는 맞을 수 있는, 이러한 사람들이 가진 심리치료자들이 약물

대사에 나타나는 인종적 차이를 무시한다는 두려움은 문화적 무자각, 무능력 또는 무관심을 보여 주는 것이다.

인종정신약물학 분야는 문화적으로 상이한 사람들의 정신건강상의 구체적인 요구가 나타나면서 드러나게 되었다. 인종정신약물학자들은 약물을 처방할 때 성과 인종 사이에서 나타나는 잠재적 상호작용을 구체적으로 평가하려고 한다. 이에 더하여, 그들은 다문화주의와 정신약물학의 접촉점에 관해 정통하다(Rey, 2006). 한 예로 라틴아메리카계 사람들은 자신의 약을 가족들이나 다른 중요한 사람들과 흔히 나누어 사용한다. 이는 가족주의라는 문화적 가치를 반영하며, 가족 내 상호 의존성은 당연히 자신의 재화를 나누는 것으로 표현된다. 그들은 또한 자가처방을 하기도 하고 약초를 함께 사용하기도 한다. 따라서 다문화 심리치료자들은 자가처방, 약물을 다른 이들과 나누는 것, 미국 밖에서 들어온 약물을 사용하는 것, 향정신성 약물과 약초를 섞어서 사용하는 것 등의 위험성에 대해 교육할 필요가 있다. 약물에 반응하는 생물학적인 특징에 관한 탐색 이외에도 다문화 임상가들은 내담자의 생활양식을 검토한다. 예를 들면 비백인들이 먹는 음식(예: 멕시코계 미국인들의 치즈)은 어떤 종류의 향정신성 약물[예: MAOIs(mono-amine oxidase inhibitors)]과는 부적절하게 반응한다. 하지만 이런 문제는 내담자의 식이 습관에 대해 알지 못하면 평가될 수 없다. 이에 덧붙여 다문화 심리치료자들은 인종과 약물의 상호작용에 대해 정통한 정신약물학자들과 협력해야 할 것이다.

적용

누구를 도울 수 있는가

Marray와 Kluckhohn(1953)에 따르면, 모든 다문화 치료자들은 "다른 모든 치료자들과 같으며, 몇몇의 다른 치료자들과 같고, 어떤 치료자들과도 같지 않다". 다시 말하면 다문화주의자들은 치료자의 덕목으로 모든 치료들과, 어느 특정 이론적 오리엔테이션에 속하였다는 점에서 몇몇의 치료자들과 유사성을 공유하지만, 그들만의 독특한 개인적 · 문화적 경험이 있다는 이유 때문에 다른 어떤 치료자와도 그 유사성을 공유하지 않고 있다. 다문화 임상가들은 개인, 가족, 집단 치료를 포함한 다양한 치료 형식을 갖고 있다. 이에 덧붙여 일부는 네트워크 치료와 같은 공동체 개입을 활용하기도 한다. 이 절에서는 다문화 심리치료에 우세하게 드러나는 임상적 개입의 구체적인 예를 살펴본다.

다문화 심리치료는 모든 사람에게 적용 가능하다. 왜냐하면 이들은 맥락 안에서의 사람을 강조하기 때문이다. 이와 같이 다문화 임상가들은 문화적으로 적절한 평가와 치료 양식을 활용하려고 한다. 하지만 다문화 심리치료자들은 특히 개인이 자신의 정체성, 관계 문제, 문화적 적응, 인종적 · 민족적 스트레스 요인들, 다양성에 대한 갈등을 호소 문제로 제시하는 경우에 도움이 된다.

치료

다문화적 평가는 문화적으로 적절한 개입으로 안내하는 과정 지향적 도구라 할 수 있다. 다문화적 평가의 일부 예는 고통의 설명적 모델, 문화적 형성, 문화적 가계도의 사용, 그리고 인종문화적 평가 등에 관한 설명을 포함한다.

✱ 고통의 설명적 모델

내담자들의 세계관과 삶의 경험은 그들이 어떻게 자신의 문제를 치료자에게 드러내는가에 영향을 준다. 이는 그들이 자신의 고통에 대한 귀인, 도움을 구하는 행동, 사회적 지지의 수준, 치료에서 보이는 인내 등을 포함하고 있다(Anderson, 1995). 설명적 모델(explanatory model)이란 이러한 주제들을 발전시키기 위한 문화인류학적 방법을 기반으로 문화를 중심으로 한 평가를 내리는 것이다. 다른 말로, 설명적 모델은 질병, 경험과 치유에 관한 그들의 관점을 드러내 준다(Kleinman, 1980). 다문화 심리치료자들은 다음과 같은 질문을 통해 내담자가 가진 치료에 대한 기대를 드러내도록 도와준다(Kleinman, 1980).

- 당신의 문제(질병)를 무엇이라 부릅니까?
- 당신은 당신이 가진 문제(질병)가 무엇을 하였다고 생각합니까?
- 당신의 질병의 자연적인 경과는 무엇이라고 생각합니까?
- 무엇을 두려워합니까?
- 당신은 왜 이 질병이나 문제가 발생하였다고 생각합니까?
- 고통이 어떤 방식으로 치료될 수 있다고 생각합니까?
- 당신은 내가 어떻게 당신을 도와주길 원합니까?
- 당신은 도움을 청하기 위해 누구에게 향하고 있습니까?
- 의사결정에 누가 참여해야 한다고 봅니까?

✱ 문화적 공식화와 분석

문화적 공식화(cultural formulation)란 APA가 발행한 DSM-IV(2000)에 포함된 평가와 처치를 위한 임상적 도구를 포함한다. 문화적 공식화는 진단을 문화적 맥락 안에 위치시키려는 과정 지향 접근이다. 문화적 공식화가 병리를 강조하는 의학이지만, 그의 적용은 심리치료자들의 문화적 자각을 증가시켜 준다. 문화적 공식화는 다음 사항들을 검토하는 과정이다.

1. 개인의 문화적 정체성
2. 개인의 질병에 대한 문화적 설명
3. 심리사회적 환경과 기능 수준과 관련된 문화적 요소
4. 치료자-내담자 관계의 문화적 요소
5. 진단과 처치를 위한 전반적인 문화적 평가(APA, 2000).

문화적 공식화는 문화적 분석을 촉진시켜 준다. 고통에 대한 설명적 모델과 같이 문화적 분석은 사람들이 자신의 행동을 조직하고 그 경험을 해석하기 위해 사용하는 문화적

지식을 드러내 준다(Spradley, 1990). Lo와 Fung(2003)은 대상관계 치료 모델에 기반하여 문화적 분석을 제안하였다. 이들은 자신과 다른 사람과의 관계, 그리고 세계와의 관계의 중요성을 강조하였다. 문화적 분석의 영역에는 자신, 관계, 그리고 처치가 포함된다. 이들에 따르면, 자기 영역에서는 자신에게 영향을 미친 심리적 측면의 영향이 심리치료 안에서 적절한가를 살핀다(예: 감정, 인지, 행동, 신체, 자기개념, 개인의 목적과 동기). 관계 영역은 내담자가 가진 가족, 집단, 타인, 사회, 직업적 환경, 영성, 그리고 시간 등의 관계에 대한 문화적 영향력과 관련된다. 치료 영역에서는 언어적 · 비언어적 의사소통, 문제해결 모델, 치료적 관계 등과 같은 문화가 치료에 미치는 영향을 강조한다.

✱ 문화적 가계도

심리학자들은 문화적 자각을 높이기 위해 가계도를 활용한다. 가족치료의 도구로 사용되는 가계도는 핵가족으로부터 확대 가족의 관점으로 확대되는 가족 내 역동을 밝혀 주는 가족 족보 도표이다(McGoldrick et al., 1999). 가계도는 심리치료자가 그들의 족보를 내담자의 것과 비교하며 그들과 자신의 공통점과 차이점을 살필 때 특히 유용하다. 많은 심리치료자들은 자신의 개인적 치료나 전문적 훈련 과정에서 이미 자신의 가계도를 완성하기도 한다. 가계도를 그리기 위해서는 www.genopro.com/genogram_rules/default.htm 을 방문해 보길 바란다.

가계도는 잘 알려진 가족 상담의 도구이지만 다문화적 내담자를 상담하면서도, 어떤 심리치료자들도 자신의 문화적 가계도를 완성해 보진 못하였을 것이다. Hardy와 Laszloffy(1995)는 개인과 그의 가족들의 삶에서 문화적 · 집단적 맥락의 역할을 강조하기 위하여 문화적 가계도를 그 도구로 개발하였다. 문화적 가계도란 사람들의 삶에 드러나는 족보적 · 발달적 · 역사적 · 정치적 · 경제적 · 사회적 · 인종적 · 영적 · 종교적 · 민족적 영향을 도표화한 것이다. 문화적 가계도는 개인을 그들이 속한 공동체의 맥락에 위치시켜 준다.

임상가들이 사용하는 문화적 가계도는 3대, 그 이상의 선조들을 포함한다. 만일 정보를 구할 수 없다면 내담자들은 가족의 정보를 수집하기 위하여 자신의 상상력을 사용하도록 하기도 한다. 이 과정에 도움을 받기 위해 내담자들은 치료 회기에 가족 사진을 가지고 온다. 이러한 접근 방식은 민족적 차이와 다른 형태의 신체적 특징에 대해서 논의할 때 유용하다. 문화적 가계도를 준비하기 위해 Hardy와 Laszloffy는 다른 인종 집단을 표시하기 위하여 색상을 사용하는데, 혼합된 민족의 정체성은 색상을 섞어서 표현한다. 이와 같이 내담자들은 자신만의 창조성—그림, 페인팅, 조각 등—을 사용하여 문화적 가계도를 준비한다. 문화적 가계도는 가계도와 같이 남자는 네모로 여자는 동그라미로 표시하며, 이에 덧붙여 특수한 상징을 사용하기도 한다(Comas-Díaz, 2012).

다음은 문화적 가계도를 완성하는 데 사용되는 요소들이다(Comas-Díaz & Ramos Grenier, 1998; Hardy Lazloffy, 1995).

- ❑ 개인적 · 가족적 문화
- ❑ 민족의 의미:

- 정체성과 정체화(identification)
- 피부 색깔, 체형, 머리카락의 감촉, 유전자 형질

- ❑ 인종의 의미:
  - 국적, 집단적 역사, 전쟁, 다른 인종 집단과의 갈등
  - 내담자의 언어, 가족의 기원, 현재 가족
  - 인종문화적 유산
- ❑ 성적 지향:
  - 성, 인종, 민족, 계급, 성적 지향의 상호작용
- ❑ 가족:
  - 온전한 가족, 혼합 가족, 한 부모 가족, 핵가족, 확대 가족, 다세대 가족 등
  - 가족 역할의 문화적 의미
- ❑ 입양, 양부모:
  - 가족의 기원과 다세대 가족의 역사
  - 피가 섞이지 않은 확대 가족 구성원에 대한 평가
  - 가족생활 주기 발달 및 단계
  - 가족 구조(핵가족, 확대 가족, 전통 가족, 온전한 가족, 재구성 가족)
  - 성 역할과 가족 역할
- ❑ 사회적 계급:
  - 교육 수준
  - 금전과 관련된 역사(예: 대공황, 빈곤의 문화, 사회경제적 계급의 변화)
  - 직업과 취미
- ❑ 결혼:
  - 관습법상 결혼, 민법상 결혼, 종교적 결혼, 헌신의 의식, 동성 결혼 등
  - 성 역할
  - 성과 관련된 외상
- ❑ 관계들(친한, 친구들, 동료, 자매, 친구 등):
  - 인종 내 그리고 인종 간
- ❑ 이주:
  - 이민의 역사와 이민 세대
  - 이주의 유형, 이주의 이유
- ❑ 피난민 경험
- ❑ 피난민 외상
- ❑ 문화화:
  - 동화, 고립, 주변화, 통합
- ❑ 스트레스:
  - 스트레스의 형태
  - 문화화 과정의 스트레스

- 삶의 스트레스 요인들
- 생태학적 스트레스(예: 도시 거주)
- 스트레스 관리

❑ 영성과 신앙:
- 영적 평가
- 묵상적 훈련의 활용

❑ 역사와 정치

❑ 외상:
- 정치적 고문과 탄압
- 노예, 식민화, 홀로코스트, 집단학살, 전쟁
- 인신 매매의 역사

❑ 성적 외상:
- 강간, 근친상간, 성희롱, 성추행

❑ 차이의 의미:
- 개인, 가족, 집단, 공동체

다문화 심리치료자들은 흔히 공동체 가계도(Rigazio-DiGillio, Ivey, Grady, & Kunkler-Peck, 2005)와 영적 가계도(Hodge, 2000)를 통해 문화적 가계도 사용을 보완하기도 한다. 이에 덧붙여 그들은 중요한 타자, 이웃, 서비스 제공자, 사회적 지지 체계 등과 같은 다양한 체계와 내담자와의 관계와 연결을 조사하기 위하여 에코맵(ecomap)을 사용하기도 한다(Hartman, 1995). 이주의 역사를 지닌 내담자를 상담할 때에는 다문화 심리치료자들은 그들의 문화적 이행성을 지도화한 문화도(culturagram)를 사용하기도 한다(Congress, 2002).

끝으로 다문화적 평가는 **힘-차이 분석**(power-differential analysis)으로 완성된다. 이러한 분석은 심리치료자-내담자 양자 사이에 내재하는 힘의 차이를 뛰어넘어 진행되어야 한다. 이는 내담자와 임상가의 문화적 집단의 사회적 지위와 임상가의 것에 대한 분석을 포함해야 한다. 이러한 비교는 내재화된 특권의식과 압제에 대한 확인과 도전을 수반하게 된다.

✻ 인종문화적 평가

평가와 처치 두 가지에 관한 다문화적 도구가 되는 인종문화적 평가는 문화적 정체성 발달 측면에서 다양한 영역을 탐색해 간다. 인종문화적 평가 영역에는 유산, 여정, 자기 적응 그리고 관계 등이 포함된다(Comas-Díaz & Jacobsen, 2004). 이러한 유산을 탐색할 때 치료자는 부모의 족보를 포함한 내담자의 인종문화적 조상들, 역사, 유전자, 사회정치적 맥락 등에 대하여 조사해야 한다. 문화적 외상에 대한 조사도 특히 적절하다고 평가된다. 여정에 관한 탐색은 가족, 혈족, 집단 이야기에 대한 조사를 수반하고 있다. 이에 덧붙여 이들은 내담자의 이주 및 다른 중요한 이행의 역사를 탐색한다. 또한 이들은 이행 후 분석에 대하여 탐색해 가는데, 이는 내담자가 자신의 여정에 대해 지적이고 정서적으로 어떻게 해석하고 있는가에 대해 특별한 주의를 기울이게 된다. 치료자는 자기 적응 시기에 내담자가 가족과 분리되어 개인적으로 어떻게 적응하였는가도 조사한다. 문화적 탄성을 포함한 내담자의 대처 방식이 이 영역에서 평가된다. 관계 영역에는 치료적 관계를 포함한 내담자가 속한 중요한 동맹 등이 탐색된다.

증거

다문화 심리치료자들은 문화적 지식을 임상적 기술과 생태학적 이해와 연결 짓는다. 문화적 환원주의를 지지하는 대신, 그들은 심리치료에서 다문화적 접근의 효과성에 대한 연구를 지지하고 있다. 이는 이 분야의 연구 결과들이 문화적으로 다양한 개인과 공동체의 삶에 적용 가능하다는 것이다. 다문화 심리치료자들의 이와 같은 증거는 현실 기반적 관점에 그 근거를 두고 있는데, 이는 '벤치에서 카우치'로, '실험실에서 상담실'로 이동한 것이라 표현될 수 있다. 이와 같은 접근 방식은 문화적으로 적절하며 인종적 공동체를 설명할 수 있는 심리치료 연구의 필요성을 반영하는 것이다.

일부 초기 심리치료에 관한 연구는 심리치료자와 내담자 사이의 인종적 유사성에 초점을 두었다. 경험적 연구 결과, 치료자와 비슷한 인종적·언어적 배경을 가진 내담자들은 그렇지 않은 치료자와 상담하는 내담자들보다 치료 관계를 더 오래 유지하였다. 하지만 인종적·언어적 매치는 상호 문화적 동일시화(identification)라고 번역될 수 없을 뿐만 아니라(Hall, 2001), 내담자들에게 바람직하지도 않다. 치료자-내담자의 인종적 매치에 관한 연구를 개관해 보면 뚜렷한 결론이 나지 않으며 인종적 매치에서 낮은 타당도를 보인다(Karlsson, 2005). 하지만 연구 결과들은 여전히 내담자의 피부색과 비슷한 인종의 치료자와 짝을 이루는 경우가 다른 인종으로 짝을 이루는 경우보다 많음을 나타낸다. 이와 반대로 이주 환자들의 치료 만족도에 관한 인종적 매치의 효과를 경험적으로 연구한 결과들은 내담자들이 인종적 매치를 중요하다고 여기지 않으며, 내담자들은 임상적 유능성, 긍휼함, 세계관에 대해 나누는 것을 더욱 중요한 요인으로 여기고 있음이 드러났다(Knipscheer & Kleber, 2004). 그러나 완전하게, 접근 가능한 연구들은 문화적으로 유능한 치료자들이 내담자의 상담 만족도를 높인다고 밝히고 있다.

다문화 심리치료에 관해서는 더 많은 연구가 필요하다. 연구를 통해 해결되어야 할 질문들은 다음과 같다.

- 어떠한 종류의 치료가 어떠한 종류의 내담자에게 가장 효과적인가?
- 무엇이 심리치료자의 문화적 유능성과 치료의 성과를 연결시켜 주는가?
- 무엇이 심리치료의 효율성에 영향을 미치는 영적 효과인가?
- 신체건강, 정신건강에 미치는 문화적 탄성의 효과는 무엇인가? 언어(예: 이중 언어, 다중 언어)는 심리치료 과정에 어떻게 영향을 미치는가?
- 창조성과 다문화적 경험은 정신건강에 어떤 영향을 주는가?
- 정신약물학에 기초한 약물 사용에 내담자가 반응하는 데 영향을 미치는 성, 인종생물학적 요인, 신경 호르몬의 요인은 무엇인가?

- 치료자의 자기노출의 문화적이고 윤리적인 측면은 무엇인가?

이러한 질문에 대한 경험적 탐색이 다문화 치료의 효과성을 드러내 보여 줄 수 있을 것이다.

다문화 세계에서의 심리치료

『현대 심리치료』의 각 장은 모두 다문화 심리치료에 대한 내용을 포함하고 있다. 또한 최근 두 번에 걸쳐 개정된 판에 다문화 심리치료가 한 장(chapter) 전체로 포함되어 있다는 사실은 모든 심리치료에서 다문화적 주제의 중요성이 증가하고 있음을 강조해서 보여 준다. 이 장을 읽고 있는 학생들은 다른 장으로 돌아가 다문화적 측면을 설명한 각 부분을 다시 읽고 현재의 장을 읽으면서 배운 것을 기초로 각 절, 장, 그리고 치료들을 평가해 보기 바란다. 이 과정을 촉진하기 위해서 학생들은 다음에 제시된 사례의 예를 통해 다문화 심리치료를 적용해 봄으로써 자신들의 임상적 통찰에 대해 살펴볼 수 있을 것이다.

사례

Grace: 제가 여기 왜 왔는지 모르겠는데요.

Martin 박사: 당신이 치료에 왜 와 있는지 모르고 있군요.

Grace: 나를 따라 하지 마세요. 분석가들이 이럴 때 저는 진짜 싫어요.

Martin 박사: 전에 치료를 받아 보신 것 같은 말씀인데요.

Grace: 네, 저는 치료를 경멸하죠.

Martin 박사: 무엇을 그리 싫어하였나요?

Grace: 저를 한 번도 제대로 이해시킬 수 없었어요.

Martin 박사: 제가 당신을 잘 이해할 수 있게 도와주세요.

Grace: 그건 간단해요. 그냥 제 이야기를 듣고, 나를 봐 주세요. 지금 당신은 무엇을 보세요?

Martin 박사: 도움이 필요한 매력적인 젊은 여성, 여기 왜 있는지 모르는 여성이 있는데요.

Grace: 나아지고 계시네요. 또 다른 것은요?

Martin 박사: 당신은 당신 스스로를 어떻게 보세요?

Grace?: 무슨 뜻이죠?

Martin 박사: 당신이 어디에서 왔는지에서부터 시작해 보죠. 가족, 인종, 민족, 문화적 배경….

Grace: 당신이 처음으로 저에게 이런 것을 물어본 분석가예요. 음…, 백인처럼 보이지만 저는 혼혈이에요.

배경

Grace는 아프리카계 미국 남성과 유럽계 백인 미국 여성 사이에 태어난 딸이다. 그녀는 중상층 가정에서 성장하였다. 아버지는 병원 행정직원이었고 어머니는 고등학교 교사였다. 양친 모두 가톨릭 배경에서 성장하여 Grace를 가톨릭 학교에 보냈다. 그녀가 외상적 상실을 경험하게 된 고등학교 시기까지는 학업에서 뛰어난 성과를 보였다. 이 무렵 17세 생일 파티를 마치고 집으로 돌아가던 그녀의 남자친구, Adolph가 음주 운전 사고로 사망하였다.

"제가 죽음의 무도회를 만들었어요." Grace는 Adolph에게 주었던 생일 선물을 묘사하면서 자신이 추었던 춤에 대해 말하였다. Martin 박사는 Grace가 이 비극을 떠올리면서 울지 않았다는 것을 감지하였다.

사고 후에 Grace의 성적은 곤두박질쳤다. 그녀의 병력을 보면 심각한 스트레스 시기에 수면 마비의 에피소드가 나타났다. 그녀의 수면 실험실 연구를 기반으로 Grace는 이 증상을 통제하기 위한 약(Tofranil 25 mg)을 처방받았다. 하지만 약의 부작용 때문에 그녀는 치료를 중단하였다. "Adolph의 생일만 되면 매년 수면 마비가 나타나요." Grace가 말하였다. 고통에 대한 설명적 모델을 마무리하면서 Grace는 Martin 박사에게 다음과 같이 말하였다. "이번에 처음으로 치료자가 내 이야기를 듣는다는 기분이 들어요" Martin 박사는 이렇게 형성된 치료적 동맹을 Grace에게 이완 요법을 가르치는 것과 연결시켰다. Grace는 불안 증상으로부터 어느 정도 회복되었다.

평가

Grace의 고통에 대한 설명적 모델에 대해 반응하고 있음은 그녀가 저주를 당하는 두려움으로 나타나고 있었다. 그녀가 태어나자마자 Grace의 아버지가 직장을 잃었다. 이러한 '저주'는 2년 후까지 계속되었으며 둘째가 태어났다. Grace는 말하였다. "내 여동생 Mary는 기쁨과 행운을 가져다주었어요. 내 부모님은 복권에 당첨되었고 그 돈을 아버지의 대학원 공부에 사용하였어요". "당신 부모님은 당신의 '저주'에 대해 어떻게 생각하시나요?" Martin 박사가 Grace에게 물었다. "어머니는 부인하지만 아버지는 언제나 저와 거리를 두셨어요." '저주'에 관한 그 이상의 증거들로, Grace는 그녀의 '죽음의 무도회'를 Adolph의 죽음과 연결시켰던 것이다.

문제에 관한 그녀의 시각에 대해 물었을 때 Grace는 "저는 저를 찾아가는 25세 여성이에요."라고 답하였다.

문화적 가계도

Martin 박사는 문화적 가계도를 완성하기 위해 Grace를 초대하였다. Grace는 그녀의 정보를 얻기 위해 그녀의 친척들과 이야기를 나누었다. 그녀는 자신의 독일계 모계 3대를 추적하였다. Martin 박사는 그녀의 친척들 사진을 치료에 가져와 달라고 부탁하였다. 이에

Grace는 사진 앨범을 편집하고 이를 그림으로 완성하였다. 그녀는 모계 조상들을 분홍색으로, 부계 가족은 보라색으로 칠하였다. 이때 Grace는 문화적 가계도에서 자신을 어떤 색으로 칠할지 정하지 않았다.

Grace가 문화적 가계도를 완성해 가면서 독일의 마을에 대한 꿈을 꾸었다. 그녀는 조사를 계속하여 모계 가족의 일부가 덴마크에서 합병된 독일의 어느 지역에서 유래하였다는 사실을 알아내었다. 그녀는 독일계-덴마크인인 대고모를 찾아 인터넷으로 의사소통을 시작하였다. 다행히도 그녀의 대고모는 Grace와 의사소통할 만큼의 영어를 구사하였다.

Grace는 족보의 팬이 되어 부계 조상도 조사해 보았다. 그녀는 아버지가 뉴올리언스의 자유로운 비백인의 자손이었음을 알아내었다. 그 용어가 암시하듯이 자유로운 비백인은 미국에서 노예로 살지 않았다. 대부분의 자유로운 비백인들은 혼혈이었고 백인과 비슷한 권리를 가졌다. 즉, 자신의 재산을 소유하고 교육을 받았으며 특히 다양한 직업에 종사하였다. 이러한 유산은 Grace를 흥분과 자부심으로 채워 주었다. "저는 모순의 산물이에요." Grace의 대조점에 대해 알아가면서, 이는 그녀의 문화적 정체성 발달에 관한 조사로 이어졌다. 치료 초기, Grace는 이중 민족 정체성 단계로 드러났다. 1회기에 Grace는 Martin 박사에게 "백인으로 보이지만 저는 혼혈이에요."라고 말하였는데 이제 이것은 그녀의 혼합된 민족적 정체성에 대해 긍정적 관점의 시각을 제공하고 있다. Grace와의 족보 작업이 그녀를 이중 민족적 정체성이 합쳐지기 시작하는 통합적 단계로 이끌었다는 것은 흥미로운 일이다. Grace는 자신의 정체성을 표현하는 데 금빛 색깔을 선택하여 문화적 가계도를 완성하였다.

치료

Martin 박사는 치료의 초기 단계에 Grace와 복잡한 애도 작업을 하였다. 하지만 치료가 심화되기 전에 Martin 박사—유럽계 중상층 기혼 미국 여성—는 자신을 문화적으로 평가하기 시작하였다. 이 과정에서 자신이 영국과 이탈리안계의 인종문화적 유산을 가지고 있음을 알아냈다. 모계와 부계의 증조부모들이 모두 이주자였다. Martin 박사는 자신의 인종문화적 유산을 Grace의 것과 비교하였다. 자신의 내담자와 같이 그녀는 자신이 두 가지 인종이 하나가 되어 생성된 산물이라는 점에 자부심을 느꼈다. 그들 사이의 또 다른 연결점은 사춘기 시기 중요한 사람을 상실한 경험이다. Martin 박사의 가장 친한 친구가 고등학교 2학년 사고 직후 사망하였다. 이러한 유사성이 Martin 박사의 공감 발달을 촉진시켜 주었다. 그럼에도 불구하고 치료자는 혼혈 여성으로 사는 것이 어떤 일인지 잘 모르고 있었음도 알아차리게 되었다.

애도 작업은 Grace가 Adolph의 죽음을 받아들이도록 도와주었다. 이후 그녀의 불안 증상은 감소하였다. 그러나 Adolph의 다음 생일이나 기일이 되면 Grace는 또 다른 수면 마비를 드러내었다. Grace는 이를 "누군가가 내 가슴 위에 앉아 있는 것 같아서 움직일 수가 없어요. 할머니가 말씀하시기를 이런 것이 일어날 때에는 마녀가 너를 타고 있는 것이라고 하셨어요."라고 말하였다.

Martin 박사는 수면장애에 대해 연구하여 이것이 불안에 시달리는 일부 아프리카계 미국인 사이에 일어나는 것이라는 사실을 알아내었다(Paradis & Friedman, 2005). 이 문헌을 보고 나서 Martin 박사는 Grace에게 '올라탄 마녀'에 대해 할머니에게 자문을 받아 볼 것을 제안하였다. 친할머니를 따라 이름이 붙여진 Grace는 친할머니가 Adolph가 수면 문제의 원인이라 믿고 있다고 보고하였다. Martin 박사가 이러한 설명에 대해 Grace는 어떻게 생각하는지 물었을 때, Grace는 둘 사이 관계가 죽음으로 끝난 것이 아니라고 답하였다. 실제로 일부 비백인들은 중요한 타자와의 관계는 죽음 이후에도 계속된다고 믿는다.

Martin 박사는 Grace의 복잡한 사별을 다루기 위해 애도 상담을 활용하였다. 비록 Grace가 잠 자는 것이 좋아졌지만 수면 마비는 계속되었다. Martin 박사는 Grace의 증상을 생존자의 죄책감이라 해석하고 Grace에게 인지적-정서적 기법을 사용하였다. 몇 달간의 처치 이후 Martin 박사는 Grace에게 좌절감과 분노를 느꼈다. 그녀는 자신의 역전이를 탐색하여 자신이 친구의 죽음과 관련된 자신의 슬픔을 Grace가 Adolph를 잃은 경험과 비교하고 있음을 알아차렸다. Martin 박사는 동료들에게 자문을 구해 자신의 사별에 관해 작업을 하였다. 그 후 Martin 박사는 유도된 심상(guided-imagery) 연습을 Grace에게 제안하였다. 그녀는 Grace에게 Adolph를 마지막으로 보았던 때를 기억하도록 하였다. Grace는 심상을 떠올리는 데 도움을 얻기 위해 그녀가 배운 이완 요법을 활용하였다.

"Adolph가 아버지로 변하였어요." Grace가 도중에 말하였다. "Adolph가 흑인이었나요?" Martin 박사가 물었을 때 Grace는 "네"라고 답하였다.

Martin 박사는 그녀에게 문화적 부인이 포함된 인종문화적 역전이가 일어나고 있음을 알아차렸다. 그녀는 Adolph가 백인이었다고 가정하였다. Adolph가 아프리카계 미국인이라는 것을 알아차린 것이 그의 죽음을 둘러싼 Grace의 상황을 더 잘 이해하도록 도와주었다. Martin 박사는 Adolph의 죽음에 대한 반응을 중요한 타자로부터 버림받은 기분을 재경험하는 패턴이라고 해석하였다(마치 자신의 아버지가 그녀의 '저주'에 반응하였듯이). Martin 박사는 Grace와 역동적 해석을 계속하였다. 그녀는 또 다른 전인적 차원의 유도된 심상을 시도하였다. 이 과정에서 Martin 박사는 Grace에게 깊이 이완하고 안전하고 고요한 장소를 상상해 보라고 조언하였다. Grace는 그녀가 죽음의 춤을 추고 있는 것을 보았다. 그녀가 춤을 추는 동안 Grace는 자신이 점점 나아지고 있는 모습을 보았다. 그녀는 이 장면을 생명의 춤이라고 명명하였다.

Grace는 Adolph의 다음 생일과 기일에 수면장애를 경험하지 않았다. 그녀는 심리치료의 남은 기간 중 중요한 타자와의 관계를 조사하여 보았다. Grace는 아버지와의 관계에 개선을 보였고 처음으로 여동생과 가까운 느낌을 가졌다. 그녀의 할머니는 치료의 마지막 시기에 돌아가셨다. Grace는 슬픔을 경험하였지만 곧 사별 경험을 정리하였다. 그 이후 Grace는 음주 운전에 관하여 공동체적 의식을 함양하는 옹호 집단을 만들었다. Grace는 2년 반 동안 치료를 받았다. 그녀의 마지막 회기에 그녀는 Martin 박사에게 "저는 제 자신을 찾았어요."라고 말하였다. 그녀는 크리넥스 박스에서 휴지를 꺼냈다. "저는 마침내 제 이름을 가지게 되었어요. 저는 더 이상 '저주'가 아니에요, 저는 제 가족, 공동체, 그리고 저 자신에게 Grace가 되었어요."

요약

미국인들은 점점 문화적으로, 민족적으로, 인종적으로 다양화되고 있다. 미국에서 첫 번째 비백인 대통령이 선출되었다는 것이 이러한 다양성의 표시이다. 다문화주의는 사회정치적 산물, 시민의 권리 운동의 산물로서 세상에 모습을 드러내었다. 심리치료의 다문화 이론들은 비백인들의 관심으로부터 조명을 받게 되었고, 나중에는 성, 성적 지향, 계급, 종교, 영성, 나이, 능력, 장애에 관련된 여러 가지 다양성을 포용하는 데까지 확장되었다.

심리치료의 변모하는 힘을 고려해 볼 때, 다문화주의는 심리치료의 선두에 있다. 이 말은, 다문화 이론들이 모든 형태의 임상적 개입을 강화하는 개념과 실제적인 방법들을 제공함으로써 심리적인 패러다임의 변화를 이룬다는 의미로 설명될 수 있다. 다문화 심리치료는 다양성과 복잡한 환경을 다루기 때문에 적응과 성장을 촉진한다. 이러한 맥락에서 다문화 심리치료가 강조하는 점은, 우리가 변화에 대처하고 변형과 발달을 촉진하도록 다문화 이론이 우리의 능력을 강화시킨다는 데 있다.

다문화 심리치료는 일생의 지속적인 과정으로서 문화적 유능성의 발달을 촉진한다. 유연성을 촉진하기 위해서, 그들은 임상 실제에 다원적이고 전인적인 접근의 협력을 조성하고 있다. 이를 위해, 다문화적 이론들은 현재 고대 치유 전통의 부활과 주류를 이루는 심리치료의 통합을 촉진하고 있다.

모든 인간의 만남은 본능적으로 다문화적이기 때문에, 다문화 심리치료는 모든 개인과 관련이 있고, 개인의 다름, 유사성, 힘의 차이에 대한 효과적인 관리를 할 수 있는 도구를 제공한다. 마지막으로, 다문화 이론들은 우리 사회를 세계화하는 데 필요한 적응력을 촉진하고 우리가 다문화적 여행을 할 수 있는 나침반을 제공한다.

추천 도서와 웹 자료

Bernal, G., & Domenech Rodriguez, M. (Eds.) (2012). *Cultural adaptation: Tools for evidence-based practice with diverse population*. Washington, DC: American Psychological Association.

이 편저는 인종적 비주류층의 치료를 위해 경험적으로 밝혀진 접근법으로서, 문화적으로 적용 가능한 증거에 기반한 상담의 실제를 촉진하고 있다.

Comas-Díaz, L. (2012). *Multicultural care: A clinician's guide to cultural competence*. Washington, DC: American Psychological Association.

이 책은 임상적으로 적용 가능한 교과서로서, 학식과 연구에 근거하여 제작되었다. 접근 가능한 방식 안에서 복잡한 임상적 자료와 다문화적 전략들을 제시하고 있다.

Fadiman, A. (1997). *The spirit catches you and you fall down: A Hmong child, her American doctors and the collision of two cultures*. New York: Noonday Press (Farrar, Straus & Giroux).

치료 전문가 사이에서 일어난 문화적 오해에 관한 실제 이야기를 담은 책으로 고통에 관한 설명적 모델의 유용성을 설명하고 있다.

Gerstein, L. H., Hepper, P.P., Ægisdóttir, S., Leong, S-M. A., & Norsworthy, K. (Eds.). (2009). *International handbook of cross-cultural counseling: Cultural assumptions and practices worldwide*. Thousand Oaks, CA: Sage.

이 책은 국제적이고 다문화적인 내담자들과 작업하는 심리치료가들에게 뛰어난 자료이다.

Hoffman, E. (1989). *Lost in translation: A life in a new language*. new York: Penguin Books.

이 책은 최고의 회고록으로, 문화적 변화로 고생하던 이민자 여성이 마침내 심리치료자가 된 이야기를 담고 있다.

Pinderhughes, E. (1989). *Understanding race, ethnicity and power: The key to efficacy in clinical practive*. New York: The Free Press.

이 고전적 교과서는 임상적 작업에서 민족, 인종 그리고 힘 사이의 관계를 정교히 설명해 주고 있다.

Ridley, C. R. (1995). *Overcoming unintentional racism in counseling and therapy: A practitioner's guide to intentional intervention*. Thousand Oaks: Sage.

이 책은 다문화 상담에 눈을 뜨게 해 주는 책으로, 임상가들이 편견과 인종주의를 극복할 수 있는 실제적 가이드라인을 제공해 준다.

웹 자료

www.apa.org/pi/oema/guide/html

미국심리학회가 인종적 · 언어적 · 문화적으로 다양한 대상들에게 심리적 서비스를 어떻게 제공할 수 있는가에 관한 가이드라인을 싣고 있다.

www.genopro.com/genogram_rules/default.htm

인종적으로 비주류인을 대상으로 한 심리적 개입을 싣고 있다(Council of National Psychological Associations, 2003).

www.apa.org/pi/oema/resources/brochures/treatment-minority.pdf

사례 자료

Comas-Diaz, L. (2006). Latino healing: The integration of ethnic psychology into psychotherapy. *Psychotherapy: Theory, Research, Practice, Training*, *46*(4), 463-453.

이 책은 소개된 사례 가운데 하나가 다음 책에서 재출간되었다. D. Wedding & R. J. Corsini (Eds.) (2013). *Case studies in psychotherapy*. Belmont, CA: Cengage.

이 글은 인종적 심리치료와 주류 심리치료의 통합을 설명하였으며, 라틴아메리카에서 심리치료에 등장하는 예들, 즉 쿠엔토(cuento, 이야기), 디초스(dichos, 언행록), 영성을 포함하고 있다.

제 16 장 현대의 도전과 논의

Kenneth S. Pope and Danny Wedding

이 책의 다른 장은 심리치료의 흥미로운 다양성을 보여 준다. 심리학, 정신의학, 사회복지사업, 그리고 상담학 등 다양한 분야에서 수련을 받은 치료자들은, 다양한 관점의 원리들을 그들의 도움을 필요로 하는 사람들과의 작업에 적용한다.

그러나 다양성에도 불구하고 모든 개인 사무실, 상담 기관, 사회복지관, 병원과 같은 곳에서 활동하는 상담자들은 현대의 도전과 논의(controversies)를 마주한다. 이 장에는 11가지 도전을 살펴보기로 한다.

1. 정신건강 전문 인력
2. 의사, 약물, 심리치료
3. 『정신장애의 진단과 통계 편람』과 『국제 질병 분류』
4. 경험적으로 지지되는 치료들
5. 전화, 컴퓨터, 인터넷
6. 상담자와 내담자의 성관계, 성적이지 않은 신체 접촉, 성적 감정
7. 성적이지 않은 다중 관계와 경계 문제
8. 접근성 그리고 장애를 가진 사람들
9. 미국심리학회, 법, 윤리적 책임
10. 구금자 신문
11. 문화

정신건강 전문 인력

당신과 배우자는 새로운 지역으로 막 이사하였다. 일주일 후, 배우자가 이렇게 이야기하였다. "이곳으로 이사 온 후부터 불안하고 우울해요. 그런데 이건 내 스스로 빠져나올 수 없는 일 같아서 도움이 필요하다고 생각해요. 우린 이곳에서 아무도 알지 못하고, 그 말은 우리가 믿고 조언을 구할 만한 사람이 없다는 거죠. 그래서 내가 전화번호부를 들여다보니 조언을 구할 만한 사람들이 있더라고요. 그들은 상담자, 인생 코치, 결혼 및 가족 치료자, 정신과 의사, 심리학자, 그리고 사회복지사 등이에요. 전화번호부에 다른 정보는 없었어요. 당신은 내가 누구를 선택해야 한다고 생각해요?" 당신은 어떻게 답할 것인가?

정신건강 서비스는 다양한 건강 전문가들이 제공되는데, 그들은 심리학자, 사회복지사, 정신과 의사, 전문 상담자, 재활 상담자, 종교 상담자, 약물 상담자, 일반 내과 의사와 간호사들로 이루어져 있다. 그들이 무엇을 전공하였든지 간에, 대부분은 **기술적 절충주의**(technical eclecticism)(14장에 기술됨)를 수행하며 다양한 방법을 사용하고, 이것들 중 대부분은 『현대 심리치료(*Current Psychotherapies*)』에서 설명하고 있다.

전문 인력의 다양성으로 인하여, 정신건강 전문 인력을 정확히 정의하는 것은 어려운 일이 되었다. 많은 치료자들이 한 가지 이상을 전공하고, 시간제로 일을 하고 있다(예를 들어, 치료자는 사회복지사나 결혼 그리고 가족 치료자일 수 있다).

미국의 정신건강 전문 인력에 대한 가장 믿을 만한 수치는 2년마다 발행되는 '미국 물질 남용 그리고 정신건강 서비스 기관(SAMHSA)'에서 발간하는 『미국의 정신건강(*Mental Health, United States*)』이라는 자료이다. 그 기관에서 가장 최근 발표된 자료는 정신건강 서비스의 필요성(미국에서 자살 사망자가 연평균 34,000명에 육박한다), 정신건강에 지출하는 의료 비용의 감소, 1인당 향정신성 약물 사용의 급격한 증가, 거의 모든 주에서의 정신건강 전문 인력의 부족(아이다호 주는 정신건강 전문 인력이 31.6%로 가장 열악한 주이다. 웨스트버지니아 주는 85%라는 가장 높은 수치로 처방이 가능한 상주 전문가들이 부족해졌다)을 기술하고 있다.

SAMHSA에 따르면 임상적으로 훈련받은 정신건강 전문가의 수는 **표 16-1**과 같다. 표에 따르면, 미국에서는 10만 명당 31명의 심리학자가 존재하는데, 이는 다른 나라의 심리학자의 수치보다 상당히 적은 편이다. 예를 들어, Modesto Alonso의 조사에 따르면 "아르헨티나에서 활동 중인 심리학자의 수는 작년에만 10만 명당 196명으로 급증하고 있고, 심리학자와 연구자들은 2008년에 10만 명당 145명이었다"(Romero, 2012).

미국 내의 정신건강 서비스가 더 필요하다는 사실은 명확하지만, 미국정신과학회는 정신과 의사의 수는 줄어들고 있고 "많은 미국 의대생들이 정신과를 전공으로 택하는 일은 지난 6년간 계속적으로 감소"되고 있으며 "현재 활동하고 있는 정신과 의사의 반 이상이 55세를 넘겼고 많은 이들이 은퇴를 앞두고 있다."고 보고하였다(American Psychiartric Association, 2012).

대조적으로 의사가 아닌 정신건강 전문가들의 수는 지난 한 세기 동안 지속적으로 성장해 왔다. 2000년대 초반에, 한 전문가는 시장의 포화 상태에 대한 우려감을 표출하였다

표 16.1 미국에서 훈련받은 정신건강 전문가 수

분야	숫자	인구 100,000명당
사회복지	244,900	82
상담	128,886	54
심리학	92,227	31
결혼과 가족치료	48,666	16
정신과	43,120	14
정신보건 간호사	9,764	3

출처: SAMHSA, 2012

(예: Robiner & Crew, 2000). 심리학 전문학교(professional school), 심리학 박사 과정의 발전, 온라인과 사립대학교 정신건강 분야 학위 제공은 증가하였지만, 심리 상담과 치료의 인턴십 부족과 같이 정신건강 분야의 특성을 고려할 때 우려는 더 심해지고 있다.

심리학자, 사회복지사 그리고 다른 비의학 전문가들은 의사의 지위와 가까워졌는데, 특히나 보험료 배상 부분과 연방 건강 프로그램의 참여, 정신분석 훈련의 승인에서 그러하다. 많은 주에서 심리학자들은 환자를 병원에 입원시킬 수 있는 권한을 얻었고, 몇몇 주에서는 심리 서비스를 제공하는 경우 심리학자가 자신의 환자를 입원시킬 수 있다는 법령을 시행하였다.

승인된 건강관리 기구 위원회(Joint Commission on Accreditation of Healthcare Organizations: JCAHO)의 승인 기준은 병원이나 지역 정신건강센터, 기타 심리치료 서비스가 제공되는 모든 환경의 관리자들이 내리는 고용 관행과 채용 결정에 영향을 준다. 재정적 한계 및 제약에 마주치게 되면, 이 관리자들은 심리치료 전문가 자격을 갖추고 있더라도, 치료자들이 기대하는 기본 봉급은 분야에 따라 상당히 다를 수도 있다는 점을 인식한다.

거의 대부분의 국가들이 정신과 의사가 심리치료를 하는 데에 대한 아무런 제약을 두지 않고 이를 정당한 의료행위로 구분한다. 그러나 정신과 의사들은 대부분의 시간을 의약 처방에 할애하고 있으며, 아주 소수의 정신과 의사들이 심리치료를 제공할 수 있도록 교육을 받고 있는 실정이다(Luhrmann, 2000; Moran, 2009). 이러한 경향은 절반가량의 신규 미국 정신과 의사들이 외국 유학생들이고, 이들은 생물학적 정신의학을 교육받으려는 경향이 더욱 강하다는 사실에 기인한다.

2013년 심리학자들과 사회복지사, 정신보건 임상 간호사, 결혼과 가정 심리치료자들은 미국의 50개 주 모두에서 면허나 자격을 획득할 것을 요구받았다. 마찬가지로, 전문 상담자와 약물 남용 상담자들도 역시 다수의 주에서 면허나 자격을 획득해야만 한다.

자격증보다는 면허증이 더욱 의미가 있는데, 면허는 전문가의 실무를 제한하는 반면에 자격증은 전문가의 명칭을 사용하는 것을 제한하기 때문이다. 이와 같은 구분을 심리치료에 적용하는 것은 쉽지 않은 일인데, 전문가의 실무에는 아주 다양한 범위의 활동이 포함되어 이를 제한하는 것이 사실상 불가능하기 때문이다. 하지만 미국의 주들은 특정 전문활동을 제한하게 될 것이다. 예를 들어, 심리검사는 심리학자들에게만 허용될 것이며, 약물을 처방할 수 있는 권한은 의사나 치과 의사, 또는 정신보건 간호사나 의료 보조사, 검안사, 발병 전문가와 같은 기타 건강관리 임상전문가에게만 주어질 것이다. 규제 권한은 주로 주지사가 지정하고 전문가나 민간인으로 구성된 주 위원회에게 주어진다. 주 위원회는 다른 주에서 심리치료 면허를 획득한 전문가에게 자신들의 권한을 이용하여 면허증을 발급한다.

누구에게 심리치료를 허가해 줄 것인지를 결정하는 일은 쉽지 않다. 정신적 · 정서적 장애를 가진 환자를 적절하게 전문적으로 치료하는 것이 무엇인지를 정의하는 보편적이면서도 뚜렷한 실행 지침들이 존재하지 않기 때문이다. 예를 들어, 정신분석가와 행동치료자는 불안장애를 겪고 있는 환자에게 굉장히 다른 치료를 제공할지도 모른다. 하지만 양쪽 모두 그들의 치료 방식이 옳다고 진심으로 믿고 주장할 것이다.

⚜ 의사, 약물, 심리치료

당신은 작은 마을에서 개업한 심리학자이다. 당신과 정신과 의사는 모두 개업하였고, 그 마을에서 유일하게 정신건강 서비스를 제공한다. 수년간의 관찰에 따르면, 내담자들에게 약물처방이 필요하다고 생각되어 정신과 전문의에게로 의뢰하면, 내담자들은 곧바로 당신과 만나는 것을 중단하였다. 비밀이 거의 없는 작은 마을이기 때문에 당신은 정신과 의사가 내담자들로 하여금 상담을 끝낼 것을 부추겼고, 약물치료와 심리치료 모두 정신과 의사에게 받게 설득하였다. 하지만 그들 중 많은 사람들이 후에는 약물치료만 받았다. 예를 들어, Rosa Gonzales는 일과 관련된 우울증으로 당신과 만나고 있었다. Rosa의 고용주는 Rosa를 착취하고 모욕하였으며 존중하지 않았다. 그녀는 자신감을 높이고 이직을 준비하고 있었다. 하지만 그녀는 약물치료를 위해 정신과 의사를 방문하였고, 상담을 그만두었다. 그리고 몇 달 후 식료품 가게에서 그녀를 만났을 때 그녀는 바닥에 시선을 두고 이야기하였다. "약을 복용하니 기분도 괜찮고 지금은 직장도 나쁘지 않아요." 당신은 정신과 전문의에 대한 이런 경험에 어떻게 반응할 것인가? 또 당신의 이전 내담자의 발언에 어떻게 반응할 것인가?

상담자는 단독으로 일하지 않는다. 모든 상담자들은 자주 바뀌는 임상 서비스 규정과 전달에 대처해서 협력해야 한다. 어떤 사람은 서비스를 받고 어떤 사람은 서비스를 받지 못하는지, 어떤 형태로, 어떤 문제에 대해서, 누구에게 받을 것인가에 대한 패턴은 계속 진화한다. 상담자들은 바뀌는 양식에 어떻게 반응할 것인지, 어떤 역할을 할 것인지, 그것들을 바꾸고 싶은지 반드시 결정해야 한다.

최신 동향은 무엇인가? 많은 연구에 따르면, 심리치료만으로 구성된 치료는 점점 드물어지고 있다고 한다. 예를 들어, Wang과 동료들(2006)은 다음과 같이 이야기한다.

> 심리치료만을 단독으로 사용할 수 있는 것을 의미하였던 정신건강 전문 자료는 국제 동반 질환 조사(National Comorbidity Survey: NCS)에서 가장 보편적인 자료였으나, 지난 10년 동안 지속적으로 감소해 왔다. 이 결과는 1990년대의 심리치료의 방문 수의 중요한 감소를 보여 준다. 이것은 많은 심리치료에 새로운 제약이 생겼음을, 비용을 분담하는 환자가 증가하고, 제3자가 지불하는 심리치료 회기의 수가 줄어들었음을 반영한다. 또한 이 현상은 치료적 방법의 인기도 변화를 반영하는데, 특히 내담자들은 정신과 약물을 점점 더 선호한다(p. 1195).

2010년도 논문인 "심리치료의 국내 경향"에서 Olfson과 Marcus는 심리치료의 역할이 어떻게 변하였는지를 다음과 같이 설명하였다.

> 가장 일반적인 심리적 장애에 대한 몇 가지 구체적 형식의 심리치료 효과 증명에 대한 연구들의 인상적 진전에도 불구하고, 심리치료를 받는 정신건강 외래환자의 비율은 감소하고 있으며 회기 수 또한 줄어들고 있다. 지난 10년 동안, 외래환자의 약물 비용의 상당한 성장이 확인되었고, 외래 정신건강 서비스를 지불하는 비용에는 변화가 별로 없었지만, 심리치료에 비용을 지불하는 환자는 크게 감소하였다. 같은 기간에, 더 많은 정신건강 외래환자들이 심리치료 없이 정신과 약물을 처방받았다. 이러한 변화는 미국의 정신건강 외래환자들을 재정의하는 것에 일조하였다(p. 1462).

이러한 발견은 Olfson, Marcus, Druss, Elinson, Tanielian과 Pincus(2002)의 연구를 상기시켰다. 그 연구 내용은 다음과 같다.

> 지난 10년간 우울증으로 치료를 받은 미국인의 수는 크게 성장하였고, 동시에 그들이 받은 치료는 엄청나게 변화하였다. 항우울성 약물은 주요 약물로 자리 잡았고, 심리치료 회기는 덜 일반적이 되었고, 치료를 받는 동안 심리치료는 거의 행해지지 않았고, 정신과 의사는 더욱더 중요한 역할을 차지하게 되었다(pp. 206-207).

어떤 사람들은 사회적 요구를 다루는 의미 있는 방법으로서, 심리치료의 보편적 가치에 대해 의문을 가졌다. 예를 들어, 2011년에 예일 대학교의 심리학 교수이자 2008년도 미국심리학회(APA)의 회장이었던 Alan Kazdin은 *Time*지와의 인터뷰에서 "정신과 정서적 문제를 가지고 있는 사람의 70%가 필요한 치료를 받지 않고 있다. 가장 보편적으로 치료(예를 들어 이 책에서 논의되고 있는 많은 종류의 치료)에 접근하는 방식은 일반 대중의 시급한 건강적 요구를 설명하기에 적절하지 않기 때문이다."라고 밝혔다.

이 조사 수치는 사람들이 우울증과 같은 문제에서 도움을 구할 때 심리학자를 찾지 않고 정신과 의사에게 의지한다는 동향을 보여 준다. Olfson, Marcus, Druss, Elinson, Tanielian과 Pincus(2002)의 보고는 다음과 같다.

> 우울증 관련 환자들이 정신과 의사를 찾는 수치가 큰 폭으로 성장하였다. 1987년의 68.9%와 비교하여 1997년에 우울증으로 정신과 의사에게 외래 치료를 받은 환자가 10명 중 8명 이상(87.3%)인 것으로 보고되었다. 반대로, 심리학자에게 치료를 받는

> 환자는 감소하였다(29.8% vs. 19.1%). 사회복지사에 의한 우울증의 치료는 여전히 변화가 없었으며 비교적 드물었다(p. 206).

흥미롭게도 이러한 변화는 정신과 의사에게 도움을 청하였는데, 특히 1차 진료에서 약물의 처방뿐만 아니라 심리치료를 받는 것이다. Wang과 동료들은 이렇게 기록하였다.

> 약물만 처방받는 것은 지난 10년간 큰 폭으로 성장하였으며 근래에 가장 보편적 처방이 되었다. 전문가가 아닌 일반 의료진들의 이러한 성장은 아마 1차 진료 의료진이 '문지기' 역할을 하고 있기 때문일지도 모른다. 항우울제 및 다른 향정신성 약물의 진보와 안정성을 기반한 선전은 일반 의료 현장에서 정신질환의 독점적 성장에 박차를 가하였다. 또 다른 성장 경향은 1차 진료자(primary care physicians)가 심리치료를 제공하는 것이다(Wang et al., 2006, p. 1194).

심리학자들은 정신건강 종사자들과의 경쟁을 우려하고 있긴 하지만, 국제적 추세는 협동적 활동과 통합 치료이다(Curti & Christian, 2012). 이 모델은 정신건강 종사자와 심리학자 그리고 간호사들이 동일한 장소에 배치되고, 합동 수련을 하고 계속 교육의 기회를 공유하는 것을 포함한다. 이 모델은 다른 전문가 집단을 서로 존중하게 하고 '비공식적 자문(curbside consult)'와 '비공식적인 의뢰(hallway hand-offs)'를 지지하며, 이는 지속적 치료에서 중요하다.

또한 몇몇 연구는 장기간 상담이 줄어들고 있음을 보고하였다. 2002년 초에, Olfson, Marcus, Druss와 Pincus는 단기 치료에 초점이 맞추어지는 것과 심리치료 회기 수의 평균이 크게 감소한 것에 주의를 기울였다.

몇몇 사례에서는 약물에 집중하는 것은 환자가 관리를 잘 받고 있지 않거나, 다른 도움을 받고 있지 않음을 뜻할 수도 있다고 말한다. 84,514명의 성인과 아동 환자를 대상으로 한 연구는 "항우울 치료의 첫 4주 동안에, 55%의 환자들만 정신건강 종사자를 만났고, 17.7%만이 정신건강 전문가를 만난다."라고 이야기한다(Stettin, Yao, Verbrugge, & Aubert, 2006, p. 453). 4년 뒤, Olfson과 Marcus(2010)는 "심리치료 없이 향정신성 약물을 복용하는 환자의 증가"(p. 1456)에 관한 10년에 걸친 경향을 문서화하였다.

정신과 약물 사용의 증가 때문에 심리학자들은 약물처방을 할 수 있는 특권을 추구하게 되었다. 이는 곧바로 논란이 되었고, 처방에 대한 서로 다른 입장들 간에 심도 깊은 논쟁이 시작되었다. 처방을 할 수 있는 권리는 심리학자가 더 포괄적인 영역의 임상적 서비스를 환자에게 제공하도록 하는가? 절대적으로 정신과 전문의가 부족한 지역에서의 심리학자의 처방 권한은 서비스 제공이 가능하게 하는가? 초기 상담에서 약물을 사용하는 방향으로 전환하는 것은 심리학자들의 전문적 정체성과 가치를 배반하는 것인가? 만약 심리학자들이 박사학위 취득을 위해 1~2년을 더 훈련받지 않아도 된다면, 정신약물학을 훈련하기 위해, 현재 교육 과정과 훈련 중 어떤 부분을 제외할 것인가?

이 장이 쓰여진 시점에는, 오직 뉴멕시코 주, 루이지애나 주, 괌 섬만이 특수한 수련을 거친 심리학자에게 처방전 제공을 허락하는 법을 가지고 있으며, 거의 1,700명의 심리학자들이 약물 요법 수련 레벨 3을 이수하였다(Robert McGrath과의 개인 서신, 2012년 6월 10일). McGrath에 따르면, "사실상, 1993년도 인디애나 주 또한 '특수 수련을 거친 심리학자에게 부여되는 특수 처방전'에 대한 관련법을 가지고 있었다. 하지만 인디애나 주의 법은 '중앙 정부가 지원하는 훈련 또는 치료 프로그램'에 참가한 개인이라는 제약을 두었다 (개인 서신, 2012년 6월 10일).

일찍이 지지자들이 가졌던 기대와 다르게, 처방 권한에 대한 움직임은 성과를 내지는 못하였다. 왜냐하면 이 주제에 대해 확고한 견해를 가진 심리학자들이 심리학자에게 처방전을 주기를 허용하는 주 법안에 반대하였기 때문이다. 또한 의료 기관들은 심리학자가 처방하는 것에 대대적으로 반대하였으며, 주 의사 협회들은 오리건 주와 하와이 주에서처럼 주지사들이 심리학자가 처방전을 가지는 입안에 반대하도록 하는 데 성공하였다. 이 주제는 심리학자들 사이에서도 뜨거운 논쟁을 일으키고 있다.

『정신장애의 진단과 통계 편람』과 『국제 질병 분류』

당신은 이혼을 고려하는 부부를 만나고 있으며, 세 번의 짧은 회기 동안 부부가 변화하여 상담자로서 자부심을 느끼고 있다. 하지만 여전히 결혼생활에서 중요한 문제가 있고, 남편이 직장 동료와 함께 하와이에 출장을 갔다가 벌어진 짧은 불륜에 아내가 여전히 큰 분노를 느꼈다. 세 번째 회기의 막바지에 남편은 당신에게 혼자 면담을 요청해서 다음과 같이 물었다. "선생님, 제 보험 회사는 부부 상담에 보험료를 주지 않습니다. 그렇지만 정신병리 치료에는 보험금을 지급하죠. 우리는 장기 상담이 필요하고, 그러려면 우리 둘 중 하나는 진단을 받아야 해요. 불안과 우울 그런 것 말이죠. 그러나 진단서가 없다면 우리는 치료를 받을 수 없고, 치료가 없다면 더 이상 결혼생활을 유지할 수 없을 것 같습니다. 저희를 도와주실 수 있나요?" 당신은 어떻게 대답할 것인가?

이 장을 쓰고 있는 동안, 미국정신의학회는 『정신장애의 진단과 통계 편람』(DSM)의 다섯 번째 개정판 출간을 2013년 5월로 계획하였으나, 비판과 논쟁이 이 프로젝트를 둘러쌌다. 예를 들어, DSM의 5판(DSM-5)에 대해 영국심리학회(2011)는 이렇게 비판하였다.

> 내담자와 일반 대중들이 자신의 경험에 대한 자연스럽고도 일반적인 반응을 계속해서 지속적으로 약물로 치료함으로써 부정적으로 영향을 받는 것에 대해 우리 학회는 염려스럽다. 그 반응들은 의심할 여지 없이 도움을 필요로 하는 스트레스 결과가 있으나, 보통의 개인적 변수만큼이나 병들을 반영하지 못한다. (…) 이 기준들은 가치로부터 자유롭지 않고, 오히려 현재의 기준이 되는 사회적 기대들을 반영한다. (…) 따라서 이와 같은 진단 체계들은 정확한 의학 진단을 위한 기준을 충족하지 못한다. (…) 우리는 또한 이와 같은 체계들이 문제가 개인 안에 존재한다는 규정에 기반한다는 점에서 염려스럽다. 이는 문제들의 관계적 맥락과 그 문제들 중 다수의 부정할 수 없는 사회적 인과관계를 간과한다.

재정적 이해관계도 다른 관점에서의 염려를 낳았다.

> 하버드 대학교의 Edmond J. Safra 윤리 센터의 선임 연구원인 Lisa Cosgrove 박사는 3월에 발간한 한 연구에서 자문위원회 3분의 2에 해당하는 회원들이 제약 회사와의 유대 또는 다른 이해관계를 가지고 있다고 보고하면서, 『정신장애의 진단과 통계 편람』 감수자 및 저자들과 제약산업 간의 유대는 너무도 광범위해서 대중의 건강에 대한 임무에 충실하지 않을 위험이 크다."라고 말하였다(Urbina, 2012, p. A11).

Spence(2012) 역시 ***British Medical Journal***(BMJ)의 기사 "정상 상태(normality)를 치료하는 정신의학 과두정치(oligarch)"에서 "DSM의 다섯 번째 개정판 저자들 중 75%가 이해관계를 보고한다. (…) 이는 제약산업을 떠받드는 더 많은 상업적 정신의학의 양산일 뿐이며, 결과적으로 정신질환은 일생에 걸친 복합적 약물복용으로, 제약 회사에 큰 수익을 가져올 것이다. DSM의 개정 5판은 이해의 충돌로 가득하다. 개념은 무르고, 특징이 없으며, 직관에 어긋나는 것 같아 보인다."라고 하였다(Spence는 우리 모두가 일상생활에서 정상적으로 겪는 경험들과 상황들을 병리화하려는 경향에 대해서도 역시 비판한다. 그는 "미국질병통제 및 예방센터(CDC)는 미국인 중 25%나 되는 사람들이 '정신질환'을 가지고 있다고 보고한다. 이는 정신의학이 정상 상태를 약물로 치료하고 있다는 결론을 내릴 수 있을 정도로 너무나도 큰 숫자이다."라고 하였다).

New England Journal of Medicine 에 실린 깊이 있는 기사에서, McHugh와 Slavney (2012)는 환자나 장애를 이해하는 데 DSM이 어떻게 방해하는지를 관찰한 결과를 다음과 같이 보고하였다.

> DSM이 징후를 강조한다는 점은 정신의학자들로 하여금 진단에서 철저히 '상향식' 대신 '하향식' 방식을 사용하도록 한다. 상향식 방식은 내담자의 자세한 인생사, 고통스러운 정신 상태의 검사, 제3자를 통한 정보를 통해 이루어진다. 하향식 방식은 증상 목록에 의존하는 것이다. 체크리스트 진단은 시간과 비용이 적게 들지만, 종합적 평가들로부터 유도되는 진단들과 결과가 다를 수 있다. 장애의 증상으로부터 장애를 판별해 내는 것이 장애를 이해하는 것을 의미하지는 않는다.

British Medical Journal 에 등장하는 "더 많은 정신과 의사들은 DSM-5를 반대할 계획이다"라는 기사는 동런던 대학교(University of East London)의 심리학자인 Mark Rapley의 분석을 보고하였다.

> Mark Rapley는 날카로운 질문을 던지기 전에 말하였다. "미국심리학회는 정신의학을 과학이라고 주장한다. 왜, 도대체, 왕립의대(Royal College of Physicians)는 유방암에 대한 대중들의 웹사이트 논평들을 살펴보지 않는가? 언제 지질학회(Geological Society)는 화강암을 화성(火成)을 지닌 암석이라고 진단하는 일의 적절성에 대해 '일반적 대중들의 관점'을 구하려고 할 것인가?" 그는 자신의 질문에 답하면서 계속해서 이어 나갔다. "진정한 과학이란, 그것이 설명하고 있는 존재와 현상의 성질을 기득권

과 제약 산업의 재정적 후원에 따른 다수결로 결정하지 않는다."(Watts, 2012)

대다수의 국제적 의료인들은 세계보건기구(WHO)가 개발한 『국제 질병 분류(*International Classification of Diseases:* ICD)』라고 불리는 진단 코딩 체계를 사용한다. 『국제 질병 분류』 10판은 지금도 현장에서 시범 운영 중이며, 우리는 이 체계가 미국에서 널리 적용되기를 바란다. 두 체계의 공존은 정신 및 정서 장애를 구분하고, 이는 비효율적이고 혼동을 가져온다. 이러한 이중 분류 체계는 사용이 불가능한 것은 아니지만 국제적 전염병학 연구를 어렵게 만든다. *APA Monitor*의 2009년 10월의 한 기사에서, 세계보건기구의 심리학자 Geoffrey Reed는 두 진단 체계 간의 네 가지 주요 차이점들을 다음과 같이 언급하였다:

1. ICD는 공공보건을 사명으로 삼는 국제 건강 기구가 제작하는 반면, DSM은 미국이라는 한 국가의 전문가협회가 제작한다.
2. 정신 및 행동 장애 분류를 위해 세계보건기구가 갖는 주안점은 국가들을 도와 정신질환에 대한 질병 부담을 줄이는 것이다. ICD의 개발은 국제적이고 다학문적이며 다중 언어적이다. DSM의 주요 지지층은 미국의 정신과 의사들이다.
3. ICD는 193개 세계보건기구 회원국의 보건부 장관들에 의해 구성된 세계보건총회에 의해 승인된다. DSM은 미국정신의학회에 의해 승인되었다.
4. ICD는 저소득 국가들에게는 상당한 할인을 제공하여 가능한 한 널리 매우 낮은 비용으로 배포되며, 인터넷을 통해 무료로 접할 수 있다. 미국정신의학회는 DSM의 판매 그 자체뿐만 아니라 관련 상품 및 도서/학술자료의 저작권을 통해 상당한 수익을 얻는다.

경험적으로 지지되는 치료들

당신은 지역사회 정신건강센터의 소장으로 첫 주를 맞이하였다. 센터는 개인치료, 집단치료, 가족 단위 치료뿐만 아니라 자살 방지 서비스와 위기 개입을 제공한다. 첫째 주가 끝나자, 이사회는 자금이 효율적이고 현명한 곳에 쓰이고 있는지 확신을 갖기 위해서, 새로운 정책을 적용한다고 통보하였다. 센터는 철저하고 경험적으로 검증된 완벽히 고안된 과학적 연구만을 통해 검증된 서비스만을 제공할 것이다. 만약 연구에 의해 개입의 안전과 효과가 증명되지 못한다면, 그 개입은 금지될 것이라고 말이다. 당신은 이 정책에 동의하겠는가? 이 정책을 따르라는 요구를 받게 된다면, 어떤 단계를 거칠 것인가?

타당하고 과학적인 근거가 있는 치료만을 고집하는 것을 경험적으로 지지되는 치료들(Emperically Supported treatments: ESTs)이라고 한다. ESTs를 지지하는 학자들은 치료의 모든 형태는 주의 깊게 통제된 실험적 연구에 의해 검증되어야만 한다고 믿었다. 결과들은 어떤 치료들이 실제로 효과가 있었으며, 아무리 잘 의도된 것이라 하더라도 어떤 치료들이 환자를 전혀 돕지 못하거나, 심할 경우에는 해로운지를 보여 주었다.

불필요한 개입에 돈을 낭비하는 것을 막고자 하는 열의에, 건강 보험 회사들과 의료비 지원 기관들은 모두 ESTs 개념을 재빨리 신봉하였다. ESTs는 보험 회사들이 훌륭히 고안된 실험을 통해 가장 효과적이고 효율적이라고 검증된 치료들에만 자신들의 지출을 제한할 수 있도록 하였다.

경험적으로 지지되는 치료라는 개념은 이론적으로 매력적이지만, 실제에 적용하는 데는 어려움과 논쟁이 있는 것으로 드러났으며, 많은 상담자들은 이론적이거나 현실적인 이유로 ESTs를 교육받는 것에 대해 반대하였다(Stewart, Chambless, & Baron, 2012). Drew Westen과 Rebekah Bradley(2005)는 다음과 같이 지적하였다.

> 증거 기반 치료는 하나의 생각(즉, 아이디어, 관념, 또는 이론적 개체)이며 따라서 반드시 조작화되어야 한다(즉, 그것을 정의하는 어떤 구체적인 형태로 바뀌어야 한다). 조작화하는 방법은 그것의 순수 효과가 긍정적이거나 부정적이 되도록 하지, 혼합적이거나 부수적인 것이 되도록 하지는 않는다(p. 226; Westen, Novotny, & Thompson-Brenner, 2004 참조).

당면 과제는 심리검사가 단순히 '유효'하거나 '신뢰'할 만한 것으로 기술될 수 없는 것처럼 치료도 단순히 '효과적'이라고 기술될 수 없다는 점이다. 심리검사의 타당성과 신뢰성은 추상적으로 존재하는 것이 아니며, 특정한 목적(예: 꾀병)과 상황(예: 법의학적 상황), 그리고 특정 인구(예: 7학년 이상 수준으로 영어를 읽고 쓸 수 있는 성인)을 근거로 성립한다. Gordon Paul은 1967년 대부분의 학자들이 '효과적인' 요법을 찾고 있을 때 이러한 복잡성을 인지하였다. 그는 상담자들과 연구자들 모두 "어떤 치료가, 누구에 의해 행해질 때, 어떤 환경에서, 특정한 문제점을 안고 있는 내담자에게 가장 효과적인가?"에 대한 질문을 마주해야 한다고 기술한다(p. 111).

David Barlow는 이러한 복잡한 변수들의 중요성을 보여 주는 연구를 검토하였다. 예를 들어, 그는 경험과 같은 상담자 변인들이 성공적인 결과물을 내는 데 기여한다는 것을 실험들을 통해 알 수 있다고 언급한다. 하지만 심리치료 변인들에 대한 이 연구는 다른 무엇보다도 내담자에게서 보이는 병리학적 증상을 고려함으로써 발생한다(2004, p. 874). 그는 다음과 같이 결론을 내린다.

> [심리치료]의 견고함을 평가하는 데에 세 가지 매우 중요한 원칙들이 있다. 첫째, 심리학적 또는 물리적 장애나 문제에 적절한 심리학적 개입을 결부시키는 것은 중요하다. 둘째, 내담자와 상담자의 성격에 적절한 치료를 결부하는 것이 중요하다. 마지막으로, 치료를 평가할 때는 반드시 치료가 이루어지고 있는 실제 상황을 고려해야 한다(p. 874).

또 다른 당면 과제는 특정 상황에서 어떤 변수들이 중요한지를 정확히 정의하는 것은 어렵다는 것이다. 예를 들어, 각기 다른 치료법들로 특정 심리증후군을 예를 들면 DSM에서 발견할 수 있는 것을, 치료하고 이들의 효과와 효율성을 평가하였다고 상상해 보자. Robert Sternberg(2006)는 다음과 같이 지적하였다.

[만약] 모든 내담자들이 특정 증후군에 대해 교과서적인 증상만을 내놓는다면 아마 대다수의 무작위 할당 연구들의 결과물들을 아무 문제 없이 치료 환경으로 일반화하는 것이 가능할 것이다. 그러나 아무리 최선이라 해도 그 충실함의 정도는 가변적이다. 생태학적 유효성은 정도의 문제이며, 누군가가 일반화하고 싶어 할 치료 상황의 보편성이 넓어짐에 따라, 누군가는 반드시 무작위 할당 표집 연구(Random Assigned Sample) 결과를 해석할 때 더욱 조심해야만 할 것이다. 한 치료가 다른 문화권에서도 효과가 있을 것인가? 그것이 합병증을 앓고 있는 사람에게도 효과가 있을 것인가? 특정 약물치료를 병행하고 있는 사람에게도 효과가 있을 것인가? 심리치료에 유난히 저항이 심한 사람에게는 얼마나 효과가 있을 것인가? 결국, 누군가는 그 어떤 주어진 연구의 결과나 여러 연구들이 얼마나 일반화될 수 있는지 질문해야만 한다(p. 269).

특정 심리학적 치료를 적절히 조사하기 위해 필요로 하였던 심리치료 연구가 매우 복잡하였던 것과는 다르게, 이용 가능한 심리치료의 숫자는 그렇지 않았다. 예를 들어, Kazdin(2008b; 2008a 역시 참조)은 아동과 청소년들을 위한 심리학적 개입의 숫자만 550개가 넘지만, 상대적으로 아주 작은 일부분만 연구의 대상이 되었다고 언급하였다.

여러 연구들이 다른 개개인이나 문화, 상황에도 적법하게 일반화될 수 있을지 없을지를 결정하는 것은 아주 어렵지만, Kazdin(2006)은 좀 더 깊은 단계까지 도전하였다. 대부분의 심리치료 연구에서 사용되는 특정 척도들에 비춰 봤을 때, 우리는 연구에서 그 자체만으로 내담자가 도움을 받았다는 논리적 · 경험적 증거 또는 다른 과학적 증거들을 가지고 있는가? Kazdin에 따르면, "기본적인 과학적 · 임상적 질문은 우리가 발견한 것들을 환자의 기능으로 '일반화'할 것인가이다. 더욱 경험적으로 진술하자면, EBTs(증거에 기반한 치료법들)이 환자들을 돕는다는 정확한 근거는 무엇인가? 나는 그 누구의 삶도 개선하지 못한 EBTs를 기술하는 것이 가능하다고 본다"(p. 46). 게다가, 그는 다음과 같이 진술하였다.

대부분의 심리치료 연구에서, 측정 방법은 일상생활 속의 특정한 행동으로 연결되지 않으며, 추상적이다. 필요 이상으로 복잡한 데이터 변형, 새 측정법의 탄생, 그리고 야단스러운 통계가 아주 유용할 수는 있다[그리고 내 여섯 시간처럼 느껴지는 구두 방어(oral defense)의 단 한 시간에 불과할지라도, 내 박사학위 평가회의에는 유용할 것이다]. 이러한 통계적 책략들은 측정법의 임의성(arbitrariness)을 바꿔 주지 않으며, 심리치료 연구의 경우에 환자들이 차이를 만들어 내는 방식으로 변하였는지에 대해서는 조금도 설명해 주지 못한다(p. 46).

Carol Goodheart(2006)는 다른 수준에서 도전하였다.

심리치료는 무엇보다도 인간의 노력이다. 그것은 아주 엉망이며, 과학적인 시도도 아닐뿐더러 기술적이고 기계적인 기업으로 의미 있게 줄어들 수도 없다. 심리치료는 유동적이고 상호적이며(mutual) 상호작용적 과정이다. 각 참여자들은 자신을 형성하고 타인에 의해 형성되기도 한다. 그들은 전략과 타이밍의 숙련자로서, 언제 몰아붙여야 하고 언제 인내해야 하는지를 안다. 그들은 작업 동맹 붕괴의 범위를 알고 있고 회복적 반응을 이끌어 내는 데 능숙하며, 공감적이다. 그들은 무언가를 이해하기 위한 경로를 찾고, 필요한 개입을 연결하는 데 창의적이다(p. 42).

이러한 도전에도 불구하고, 2005년 미국심리학회의 증거 기반 연구 특별위원회는 증거에 기반한 적용을 강조하면서, 이를 다음과 같이 정의하였다.

내담자의 성격, 문화, 그리고 선호라는 상황 속에서 전문 임상기술에 의한 최고의 연구들의 통합 (…) 내담자들과 함께 일하기 위한 많은 책략들은 계속해서 등장하여 여러 차례의 시도와 오류, 그리고 임상 적용에서 대부분의 과학적 측면을 구성하는 임상적 가설 생성과 검증을 통해 정제되어 왔다. 하지만 임상적 가설 검증은 한계가 있으며, 따라서 최고의 연구와 더불어 전문 임상기술을 통합할 필요성을 지닌다(p. 282).

일부 학자들의 열성에도 불구하고, 논쟁은 여전히 남아 있다. 예를 들어, Goodheart와 Kazdin(2006)은 미국심리학회 발행 도서인『증거 기반 심리치료: 상담 실제와 연구가 만나는 곳(*Evidence-Based Psychotherapy: Where Practice and Research Meet)*』의 도입부에 다음과 같이 기술하였다.

증거 기반 심리치료 움직임이 내담자들에게 도움이 될지는 불분명하다. 내담자 돌봄을 가장 우선적으로 향상시켜야 한다는 데는 동의한다. 연구로부터 얻은 결과가 임상 적용에 얼마나 적용되어야 하는지, 또는 제한되어야 하는지와 상담자들이 진정 내담자의 요구를 확인하고 그 평가에 기반하여 최상의 또는 그 이상으로 적절하게 치료법을 적용할 수 있는지에 대해서는 의견이 일치하지 않는다(pp. 7-8).

사려 깊은 논문인 "시류에 제동을 걸어라: 경험적으로 지지되는 치료와 관련된 과학적 정보와 정치를 검토하라(Braking the Bandwagon: Scrutinizing the Science and Politics of Empirically Supported Therapies)"에서, Hagemoser(2009)는 "정치적 변인들이 EST의 확대와 그에 따른 상담자들의 자율성 제한에 기여하는" 방식과 "EST를 과학자-실무자의 이상(ideal)과 동일시하는 것의 위험성"에 대해 논의한다(p. 601).

증거 기반 치료에 대한 논의는 정신건강 분야의 종사자들에게만 국한되는 것은 아니다. 분명한 방침이 없으면, 대부분의 의료행위들은 영향을 받게 된다. 미국 정부는 이와 같은 단일 기준의 부재를 건강관리 연구와 질을 위한 기관(Agency for Healthcare Research and Quality: AHRQ)를 설립함으로써 해결하려고 시도해 왔다. AHRQ와 몇몇 전문기관들은 우울이나 불안과 같은 행동적 문제를 치료하기 위해 명료한 방침을 발전시켜 왔으나, 정신건강에 실무 가이드라인(practice guideline)을 사용하는 것은 여전히 논쟁거리로 남아 있다. 실무 가이드라인을 지지하는 학자들은 자신들이 실용적인 면에서 광범위하면서도 불필요한 변인들로 인해 어려움을 겪고 있는 현장(대부분은 정신건강 분야에서 표준화된 교육이 없어 벌어진 결과들이다)에서 반드시 필요한 기준을 세웠다고 주장한다. 반면에, 가이드라인에 대해 반대하는 학자들은 모든 임상적 사례들은 유일무이하며 그 어떤 표준화된 치료 계획을 알고리즘, 또는 '요리책'처럼 따르는 것을 완강히 거부한다. 더불어, Terrence Shaneyfelt과 Robert Centor(2009)는 "지나치게 많은 지금의 가이드라인들은 마케팅과 개인적 의견에 근거한 것들이 되어 버렸으며, 보조적인 설명보다는 지시적인 설명을 전달하고 있고", "이른바 '가이드라인'이라 불리는 대부분의 문헌들이 실은 전문가들이 의견 합의 보고서일 뿐"이라고 주장한다(p. 868). 그들의 주장은 다음과 같다.

> 가이드라인에 기록된 전문가의 의견에 지나치게 의존하는 것은 문제가 있다. 모든 가이드라인 위원들은 암묵적인 편견과 가치들을 가진 상태에서 시작하는데, 이는 그들의 권고사항들에 영향을 준다. 그러나 편견은 잠재의식에서 발생하기 때문에 전문가들은 이를 인식하지 못한다. 자료를 바탕으로 권고사항을 작성하는 일은 주관적인 판단을 필요로 한다. 위원회 구성원들의 가치 구조는 그러한 판단들을 형성한다(p. 868).

비슷한 맥락에서, John Kraemer와 Laurence Gostin(2009)은 "전문적인 수행 가이드라인의 정치화"에 대해 경고한다.

행동장애 치료를 위한 현존하는 수많은 가이드라인들을 검토하는 데 관심이 있다면 누구라도 ***AHRQ Guideline Clearinghouse***(www.guidelines.gov)를 방문할 수 있다.

이 책의 나머지 장에서는 심리치료 접근법의 다양성에 대해 기술한다. 다양성, 즉 인간의 성질 그 자체의 다양성을 감안하면, 증거에 기반한 심리치료의 가치나 방법론, 정의에는 그 어떠한 일반적인 합의도 없다는 점을 당연하게 받아들일 것이다. 다양한 관점과 기본 개념과 방법론과 같은 것들에 대해 상담자들 간에 일반적 합의가 없다는 점은 역사적으로 뿌리가 깊다. 미국심리학회의 회장이었던 Carl Rogers가 심리치료를 정의하기 위해 David Shakow에게 특별위원회의 의장직을 수여하였다. 미국심리학회의 1947년 회의에서는 Shakow의 위원회 보고서를 적용하였으며, 이는 1949년의 Boulder Conference로 이어졌다. Boulder Conference의 기록은 상당한 분량을 할애하여 심리치료에 대해 정의하려고 하였던 막대한 노력들의 결과를 요약하였다. 심리치료는 "예측 불가능한 결과가 따르는 명시되지 않은 문제들에 적용되는 불확실한 기술이다. 이에 대해 우리는 엄격한 교육을 권장하는 바이다"(Lehner, 1952, p. 547).

전화, 컴퓨터, 인터넷

당신은 매일 1시간 단위로 총 여덟 사례를 상담하는 개인 상담소를 운영하고 있다. 청구서 계산과 자료를 보존할 용도로 컴퓨터를 사용하며, 내담자의 모든 기록들은 사무실 컴퓨터에 저장되어 있다. 당신은 내담자 관리 및 추수 관리 등에 이메일을 활용하였다. 업무의 상당 부분을 컴퓨터에 의존하고 있기 때문에, 몇 달째 수많은 자료들을 백업해 두지 않은 채 하드 드라이브가 고장 나서 특히나 곤란한 상황이다. 몹시 난처한 상태로 컴퓨터 수리기사를 불렀지만, 수리기사는 그날 하루를 통째로 사용해야지만 잃어버린 자료들을 복구할 수 있을지도 모른다고 답하였다. 컴퓨터를 수리점으로 가져가서 자료를 복구할 수도 있고, 수리기사가 방문해서 컴퓨터에 접근해 문제를 해결할 수도 있을 것이다. 동료는 휴가를 떠났고, 당신은 그녀의 사무실을 이용해 내담자를 만날 수 있기 때문에, 다음날 컴퓨터 수리기사를 상담소로 보내 달라고 하였다. 이 상황에서 어떤 윤리적 딜레마를 발견할 수 있는가? 상담자가 여덟 명의 내담자들과의 상담 일정을 취소하고 수리기사가 컴퓨터를 고치는 모습을 지켜보는 것이 합리적인가? 아니면 내담자들을 만나면서 컴퓨터 수리기사를 단순히 '확인'하는 것이 효과적인가?

시나리오 1

디지털 시대는 상담자가 내담자들을 직접적으로 마주하지 않고 심지어 다른 국가에 있는 내담자라도 진료를 볼 수 있도록 해 주었다. 아래의 이야기를 고려해 보라.

심리치료를 알아보고 있는 누군가가 인터넷을 검색하기 시작하더니, 여러 곳의 상담자의 홈페이지를 비교하였다. 그중 한 곳에서 예비 내담자가 찾고 있던 것과 딱 알맞은 심리치료를 제공하였다. 그 웹사이트는 최초 면접이 가능한 여러 개의 시간 목록들을 제공하였는데, 그중 하나가 내담자에게 적절해 보였다. 그는 심리치료의 기본 원칙과 성질, 비밀 보장 예외, 상담자와 내담자의 의무 등에 대해 상세히 설명된 일련의 글들을 읽었다. 글을 읽은 뒤, 고지된 동의 절차로써 위의 내용들에 '동의'하는지 '동의하지 않는지' 결정하였다.

일단 기본적인 절차들이 완료되자, 예비 내담자는 성장 과정, 인적 사항, 건강 정보, 심리치료를 필요로 하는 이유 등에 대한 개방형 질문에 답하였다. 웹사이트의 상담자는 최초 면접을 절반 가격에 제공하였으며, 상담자와 예비 내담자는 서로에 대해 조금씩 알아 나가면서 그들이 함께 치료를 진행할지를 결정하게 될 것이다. 예비 내담자는 최초 면접 시간을 예약하기 위해 신용카드로 먼저 결제를 해야 하였다.

상담자와 내담자는 1주일에 한 번 45분씩 총 12주 동안 스카이프나 다른 통신 플랫폼을 사용해 인터넷상으로 만났다. 그들은 내담자의 우울증에 집중해, 그 원인을 내담자의 불만족스러운 직장생활로 추정하였다. 그들은 내담자가 새 직장을 구하는 것을 방해하는 내적/외적 장벽들에 대해 토론하였다. 석 달 뒤 내담자가 이제 치료를 그만둬도 좋을 것 같다고 결심하였을 때, 내담자에게 우울증은 더 이상 지속되지 않았으며 그를 괴롭히지 않았다. 내담자는 자신의 직업을 바꿀 계획을 실행에 옮기기 시작하였다.

시나리오 2

상담자와 내담자는 300마일 이상 떨어진 거리에 살고 있다. 그들은 오로지 컴퓨터로만 소통하였으며, 그들이 주고받은 말들은 화면을 통해 전달되었다.

이 내담자는 특히 이와 같은 치료방식에 감사하고 있다. 자신이 사는 작고 외진 마을에서는 찾을 수 없었지만, 인터넷에서는 원하는 치료 기술과 접근법을 가진 상담자를 찾을 수 있었다. 뿐만 아니라 집을 떠나기 힘들 만큼 신경근 질병이 상당히 진행된 상태였다. 말로 의사전달 하는 것이 불가능해서, 그녀는 '숨을 들이쉬고 내쉼으로 해서(sip and puff)' 컴퓨터를 조작할 수 있는 보조 기술이 장착된 컴퓨터로 다른 사람들과 대화하였다. 그녀가 하는 말들은 화면에 나타난다.

만나서 얼굴을 보지 않고, 같은 지역이나 국가에 살고 있지 않고, 상담자나 내담자 중 어느 누군가가 집을 떠나지 않은 채로도 그들이 함께 치료를 진행할 수 있도록 해 주는 기술들은 많은 이점을 가져다주었다. 특히나 작고 외진 지역에 살고 있는 내담자들의 경우에는 특정 자질이나 가치, 접근법, 기술 또는 경험을 가진 상담자를 찾기에 매우 용이하다. 아주 희귀한 장애에 전문성을 가진 상담자들도 먼 국가나 도시, 지역에 살고 있는 장애 내담자들에게 쉽게 접근할 수 있다. 예를 들어 질병 말기 단계에 있거나, 신체적 제약으로 인해 이동성이 떨어지거나, 심각한 전염병을 앓고 있는 내담자들의 경우, 집을 떠나는 것 자체가 매우 힘들고, 고통스럽고, 위험하고, 불가능할지도 모른다. 이런 내담자라 하더라도 다양한 치료 접근법 중 자신에게 맞는 것을 고르는 것이 가능하다. 자신이 가지고 있는 두려움이나 걱정, 또는 광장공포증과 같은 상태로 인해 전통적인 방식의 치료를 받는 것이 어려운 내담자들의 경우 자신이 찾던 치료법을 안전하게 컴퓨터나 전화를 통해 초기 개입으로 찾게 될 것이다. 물리적 제약 조건 때문에 어딘가로 이동하거나 많은 시간을 진료실에서 보내는 것이 불가능한 상담자들도 인터넷을 통해 집이나 병원, 호스피스와 같은 장소에서 일할 수 있다.

시나리오 3

장거리 치료는 많은 난제와 논쟁 역시 만들어 냈다. 예를 들어, 진료실이라는 환경에서 내담자와 전통적인 방식으로 치료를 시작하려고 하는 시나리오를 상상해 보라. 그러나 내담자가 몸담고 있는 회사에서 내담자를 다른 지역으로 발령 보냈다. 내담자와 상담자 모두 새 상담자와 처음부터 시작하기보다는 같은 상담자에게서 계속해서 치료를 받는 편이 낫다고 생각하였다. 상담자와 내담자는 이후 2년 동안 컴퓨터와 전화를 통해 치료를 계속 진행하였다. 하지만 내담자는 극심한 우울증을 호소하였으며, 자신이 새로 옮긴 곳에서 이웃 아이들에게 성적 학대를 가해 왔다고 고백하였다. 그 뒤, 내담자는 강한 자살충동을 느꼈고, 자살하였다. 결국 내담자의 가족들은 과실(malpractice)이라는 명목으로 상담자를 고소하였다.

길어진 법정 고소에서는 아래의 쟁점들이 떠올랐다.

- 상담자는 내담자가 이사 간 주의 면허 없이 치료를 진행하였는가? 만약 상담자와 내담자가 치료를 진행하는 동안에 다른 관할구역에 있었다면, 상담자는 두 관할권 모두에서 적절한 자격을 유지하도록 요구되었는가? 만약 상담자가 미주리 주에 살았고 이곳에서만 자격을 획득하였다면, 미주리 주의 허가심의위원회는 상담자가 일리노이 주에 살고 있는 내담자와 전화나 인터넷을 통해 치료를 진행하는 것에 대해 권한을 갖는가? 반대로 일리노이 주의 허가심의위원회는 미주리 주에 살고 있는 상담자가 진행할 심리치료를 규제할 만한 권한을 가지고 있는가? 만약 내담자와 상담자가 미시시피 강을 사이에 두고 겨우 몇 분 거리에 떨어져 살고 있다면, 이야기는 달라지는가?
- 상담자가 전화나 인터넷을 통해 치료를 진행한다면, 상담자의 기본 역량과 관련된 기

준은 무엇인가? 상담자의 역량을 벗어나는 치료 행위를 하지 않기 위해서는 어떤 원격 치료에 대해 어떤 교육이나 훈련, 경험을 거쳐야 하는가?

- 사생활 보호, 비밀 보장, 법적으로 상담자가 비밀을 지킬 수 있는 특권(privilege), 아동 학대나 노인 학대 등에 대한 의무 보고, 다른 제3자에 대한 보호의무 등과 관련해 상담자가 거주하고 있는 지역에서만 법이 적용되는가? 내담자가 거주하고 있는 지역에서만 법이 적용되는가? 아니면 양쪽 모두에서 적용되는가? 만약 상담자가 거주 중인 지역의 법과 내담자가 거주 중인 지역의 법이 상충할 경우에는 어떻게 되는가? 예를 들어, 한 지역의 법은 특정 정보를 기밀사항으로 지정한 반면에 다른 지역에서는 이를 반드시 보고해야 할 내용으로 지정하였다면 어떻게 해야 하는가?
- 원격 치료와 관련하여 상담자는 어떤 정보를 반드시 확인함으로써 내담자가 이해하고 치료에 대한 동의나 거절을 구하는 절차를 지켜야 하는가?
- 만약 전문가 책임 정책(professional liability policies)이 양쪽 지역에서 서로 다를 경우, 어떤 조건에서 원격 치료가 이루어져야 하고 이루어지지 않아야 하는가?

다른 주제와 함께 이 장에서 다루어지겠지만, 전화나 인터넷을 통해 제공되는 치료와 연관된 공식 가이드라인은 "Ethics Codes & Practice Guidelines for Assessment, Therapy, Counseling, & Forensic Practice"(http://kspope.com/ethcodes/index.php)와 "Telepsychology, Telehealth, & Internet-Based Therapy"(http://kspope.com/telepsychology.php)에서 찾아볼 수 있으며, 이곳에서 100여 개가 넘는 가이드라인 및 사례집을 볼 수 있다.

디지털 기술은 다른 적용 분야의 상담자들에게 기록의 저장과 전달과 관련해 다양한 변화를 일으키고 난제를 만들었다. 흔히 사람들이 말하는 '종이 없는 사무실'은 아직 대부분의 상담자들에게는 일어나지 않은 일인데도, 많은 상담자들이 임상자료를 처리할 때 컴퓨터를 사용한다. 어떤 상담자들은 심리검사와 다른 평가도구들을 관리하고, 점수를 매기고, 해석하는 데 컴퓨터를 사용하기도 한다. 상당수의 상담자들은 내담자들과의 기록과 심리치료 회기에 관한 요약을 저장하는 데 컴퓨터를 사용하고 있다. 스프레드 시트와 특화된 소프트웨어들로 청구서를 처리하고, 비용을 처리할 계좌를 관리하고, 보험 회사 및 비용을 지불하는 기관에 제출할 각종 문서들을 작성한다.

그렇다면, 상담자들은 수많은 자료들이 접근 권한이 있는 사람들에게만 제공되고 있는지를 어떻게 확인할 수 있을까? 얼핏 보기에는 상당히 쉬운 문제처럼 보이지만, 상담자들과 내담자들은 기밀 유지가 되어야 할 정보가 엉뚱한 사람에게 제공되는 황당한 경우들로 적잖이 당황한 적이 더러 있었다. 다음은 충분히 벌어질 수 있는 사례들이다.

- 내담자의 사적 정보가 담긴 데스크톱이나 노트북이 도난당한 경우.
- 자동차 사고로 인해 트렁크에 보관되어 있던 노트북을 도난당한 경우.
- 인터넷에 연결된 컴퓨터를 누군가가 해킹하여 하드 드라이브에 저장된 정보들을 훔쳐 가는 경우.
- 웹 바이러스나 트로이 목마 바이러스, 각종 악성코드 등에 컴퓨터가 감염되어 해커에게 기밀 정보를 전달하거나 공개된 웹사이트에 이를 게시하거나, 컴퓨터에 저장된 주

소록을 통해 사람들에게 자료를 유포하는 경우. 컴퓨터 메모리에 저장된 모든 연락처나 상담자가 참가하고 있는 모든 토론 단체들을 포함함.

- 상담자가 보유하고 있는 자료가 해커에 의해 아주 미세한 양 또는 감지하기 어려운 만큼 수정될 경우(예를 들어 청구서 기록에 임의로 숫자를 덧붙인다거나 치료 회기가 진행되었던 날짜를 수정하는 경우).
- 상담자가 잠시 자리를 비운 사이 누군가가 암호 보호가 되어 있지 않거나 찾기 쉬운 곳에 암호를 적어서 보관해 두거나(책상 서랍이나 키보드 아래, 또는 포스트잇에 암호를 적어서 주변에 붙여 둔 경우) 추측하기 쉬운 암호로 보호된(이름으로 암호를 설정하거나, 암호가 password인 경우) 컴퓨터에 접근하여 기밀정보를 읽고, 내려받고, 권한이 주어지지 않은 다른 컴퓨터로 전송하는 경우.
- 공항이나 기내와 같은 공공장소에서 상담자 근처에 있던 누군가가 화면을 보고 기밀정보를 획득하게 되는 경우
- 상담자와 내담자 중 무선 전화를 사용하는 자가 다른 누군가에 의해 대화 내용이 노출될 가능성을 염두에 두지 않은 채 상당히 민감한 정보에 대해 토론하는 경우.
- 기밀정보에 접근 권한을 갖고 있는 동료에게 이메일로 이를 전달하는 과정에서 주소 입력에 오류가 발생해 잘못된 주소로 전송하는 경우.
- 기밀정보에 접근 권한을 갖고 있는 동료에게 이메일로 이를 전달하였으나, 수신자가 자신의 컴퓨터를 다른 누군가와 공유하여 기밀 정보를 열람하는 경우.
- 상담자가 기밀정보를 팩스로 전송하였으나, 수신자가 다른 사람들과 팩스를 공유하여 사용하는 경우.
- 컴퓨터가 스파이웨어에 감염된 사실을 알지 못한 채 상담자가 임상 자료와 재정 관련 자료를 컴퓨터에 오래 보관하는 경우.
- 상담자가 기밀정보를 팩스로 전송하였으나, 실수로 팩스 번호를 잘못 입력하는 경우.
- 하드 드라이브에서 지웠다고 생각하였던 기밀정보가 아직 복구 가능한 상태임을 잊고 하드 드라이브를 완전히 포맷하지 않은 채 컴퓨터를 판매하는 경우.

컴퓨터를 포함한 저장 및 통신 전자장비들을 사용하면 분명 편리한 부분이 있다. 그러나 정신건강 분야는 전자장비 사용 시 주의사항, 잠재적 위험성, 그리고 사용할 때 주의할 점과 창의성이 필요하다는 것을 빠르게 인지하지 못하였다. 상담자들은 포괄적인 교육과 훈련을 받으며, 내담자들을 치료하는 과정에서 많은 경험을 한다. 그러나 이 분야에서 일하고 있는 대부분의 상담자들은 컴퓨터나 다른 디지털 장치를 사용에 능숙한 것은 아니다. 상담자들이 내담자들의 민감하고 개인적인 정보를 디지털 장치들을 이용해 처리할 경우, 반드시 "무엇보다도 해를 끼치지 말라"는 오래된 계율에 따라 행동해야 함을 명심해야 한다.

상담자들과 훈련생들은 내담자들이 첫 번째 치료 회기를 진행하기 전이나 치료를 마친 직후에 상담자의 이름을 구글에서 검색해 볼 것이라는 사실을 알아야 한다. 이는 상담자의 개인 정보 중 내담자가 알기를 바라지 않을 수 있는 내용들이 상담자의 개인 페이스

북이나 다른 데이트 소개 사이트와 같은 SNS에 명시되어 있을 경우, 특히 문제가 될 수 있기 때문이다. 전문 훈련 프로그램 입학 사정 위원회는 현재 인터넷을 통해서 쉽게 얻을 수 있는 예민한 개인 정보(알몸 사진과 같은 정보)들을 다른 위원회 구성원들과 공유하여 전문 훈련 프로그램 입학이 적절한지를 결정한다.

상담자와 내담자의 성관계, 성적이지 않은 신체 접촉, 성적 감정

당신은 상담자로서 정신건강센터에서 그날의 마지막 내담자를 만나려 하고 있다. 여성 내담자는 짧은 치마에 티셔츠를 입고 있으며, 말하기에는 너무나 당혹스러운 몇 가지 비밀에 대해 여러 차례의 회기 동안 암시해 왔다. 당신의 눈에 그녀는 상당히 매력적으로 보였으며, 그녀와 함께 시간을 보내는 것이 즐거웠다. 그녀는 치료를 받으며 자신의 비밀에 대해 털어놓을 수 있는 용기를 받았던 강렬한 꿈에 대해 운을 띄우며 자신이 꾼 꿈을 세세하게 말해 주었다. 그 꿈은 성적인 꿈이었고, 당신은 자신도 모르게 성욕이 강하게 자극되고 있다는 사실을 발견하였다. 그녀는 자신의 꿈에서 보였던 모든 성적 활동들이 자신의 비밀과 관련되어 있으며, 자신의 가슴이 너무 작아 항상 부끄럽게 생각해 왔는데 당신도 그렇게 생각하는지를 알고 싶어 하였다. 그러더니 갑자기 그녀는 자신의 티셔츠를 벗어 가슴을 내보였다. 만약 당신이 이야기 속의 상담자라면, 어떻게 행동하였을 것이라 생각하는가? 슈퍼바이저에게 이 사건을 어떻게 보고할 것인가? 내담자의 차트에는 무엇이라고 기록할 것인가? 만약 남성 내담자가 같은 상황에서 자신의 성기 크기에 대해 염려하면서 갑자기 바지를 벗기 시작한다면, 당신은 위의 질문들에 대해 조금이라도 다르게 반응할 것인가?

성은 오랜 옛날부터 내담자자의 치료에서 주목되었던 영역이며, 지금도 전문가들에게는 어려운 문제로 남아 많은 상담자들을 불편하게 하고 당혹스럽게 한다.

상담자-내담자 간 성관계

어떤 상황이나 합리화도 내담자와의 성관계를 합리화할 수 없다. 이는 기초적인 법칙으로서 오랜 배경이 있다. Annette Brodsky(1989)는 자신의 연구에서 히포크라테스의 선서보다 성관계 금지가 더 오래전에 시행되었다는 사실을 발견하였다. 실제로, 그녀는 성관계 금지법이 나이지리아 고대 의술의 강령(Nigerian Code of the Healing Arts)보다 몇 세기 앞서 시작되었다는 사실을 찾아냈다.

내담자에게 해를 가하는 것과 관련된 문제들을 포함하여, 성관계 금지는 전문가들에게 여러 이유로 기본적인 규칙이 되어 왔다. 예를 들어, 대표적으로 1976년 *Roy v. Hartogs* 사건의 경우, 뉴욕 대법원 판사 Markowitz는 "따라서 Freud에서 근대 상담자들에 이르기까지 우리는 상담자와 내담자 간 성행위의 해로운 영향에 대해 공통된 의견을 가지고 있다."라고 기술하였다(*Roy v. Hartogs*, 1976, p. 590).

치료자와 환자 간의 성관계가 갖는 영향에 대한 연구는 치료를 위해 재방문하지 않는 환자들과 이후의 치료자에게 치료를 받는 환자들을 자세히 관찰해 왔다. 연구에서는 치료자와 성관계를 가진 환자 집단과 치료자가 아닌 전문의와 성관계를 가진 환자 집단, 그리고 전문의와 성관계를 가지지 않은 환자 집단을 비교한 뒤, 환자와 치료자 간에 성관계를 가졌을 경우에 미치는 영향을 표준 심리검사, 이후의 치료자들 또는 별개의 치료자들에 의해 진행된 임상 면담, 행동 관찰, 그리고 자가 보고서 등 일련의 기준들로 평가하였다(Pope, 1994).

상담자와 내담자 간의 성관계가 내담자에게 미치는 영향은 열 가지의 일반적인 영역으로 집중되는 것처럼 보인다. (1) 양가감정, (2) 죄책감, (3) 공허함과 고독, (4) 성적 혼동, (5) 불신, (6) 역할과 경계의 혼란, (7) 감정에 대한 책임, (8) 억눌린 분노, (9) 자살 위험의 증가, (10) 회상, 거슬리는 생각, 예상 밖의 이미지, 악몽을 포함하는 집중과 기억 영역에서의 인지 기능 장애(Pope, 1988, 1994; Pope & Vasquez, 2011).

성적 경계 침범에 따르는 피해를 고려하여, 절반에 가까운 주들은 내담자와 성관계를 갖는 것에 관한 민법과 판례법이 불충분하기 때문에, 이에 형사 처벌을 더해 일부 상황에 법을 적용할 수 있도록 하였다.

상담자와 내담자 간의 성관계가 내담자에게 해를 끼칠 수 있어서 오랫동안 금지되어 왔으며, 민사처벌 및 형사 처벌을 받을 수 있는데도 불구하고, 소수의 상담자들은 그들의 내담자들과 부당한 성관계를 가지기도 하였다. 동료 평가 학술지에 등재된 미국 전역의 익명 설문 자료에 대한 여덟 개의 연구에서는 5,148명의 조사 대상 상담자 중 4.4%가 최소한 명 이상의 내담자와 성관계를 가졌다고 보고하였다(Pope & Vasquez, 2011).

통계 분석에 의해 이 연구의 조사 대상이 되었던 전문 분야에 따른 차이는 발견되지 않았는데, 사회복지사와 정신과 의사, 심리학자들이 자신의 내담자들과 성적으로 연루된 비율은 거의 동일하였다.

하지만 이러한 연구 결과는 성에 따라 상당한 차이를 보인다. 남성 상담자들이 내담자들과 성관계를 갖는 비율(6.8%)은 여성 상담자들의 비율(1.6%)보다 훨씬 높다. 가장 흔한 관계의 경우는 남성 상담자와 여성 내담자이며, 성별 자료를 보여 주는 대규모의 동료 평가 연구 자료에 따르면, 상담자-내담자 간 성관계 사건의 약 88~95%가 이에 해당한다.

각 역할의 기본 성 비율을 고려하였을 때에도 성별은 다양한 성적 이중 관계 또는 다중 관계와 경계 문제(예를 들어, 상사-직원 또는 교수-학생의 관계)에서 아주 중요한 요소이며, 다른 비성적 이중 또는 다중 관계의 상황에서도 마찬가지이다. 예를 들어, Pope와 Vasquez(2011)은 수련 상황과 심리치료 상황 모두에서 훨씬 더 많은 비율의 남성이 여성보다 교수, 슈퍼바이저, 관리자, 상담자 같은 전문적인 역할을 맡았을 때 성관계를 가지는 경향을 보여 주는 연구들을 고찰하였다. 그러나 남성보다 훨씬 더 많은 비율의 여성들이 학생이나 내담자의 역할을 맡았을 때 교사나 상사, 관리자, 상담자 역할을 맡은 남성들과 성관계를 가졌다.

상담자들은 주로 다양한 유형의 일반적인 시나리오대로 내담자들과 성관계를 갖게 된다. Pope와 Bouhoutsos(1986, p. 4)는 가장 일반적인 열 가지 유형의 시나리오를 제시하였다(표 16.2 참조).

표 16.2 열 가지 일반적인 시나리오

시나리오	설명
역할 바꾸기	상담자가 '내담자'가 되고 상담자의 욕구와 필요 때문에 초점이 맞춰지는 것이다.
성 치료	상담자는 내담자의 성관계를 성적 문제 또는 그와 관련된 문제를 치료하기 위한 수단인 것처럼 속인다.
만약에…	상담자가 긍정적 전이를 치료적 상황의 결과가 아닌 것처럼 다룬다.
거역할 수 없는 힘으로 남을 부리는 사람	상담자는 내담자의 의존성을 만들어 내고 이용한다.
약물	상담자가 코카인, 알코올이나 다른 약물을 유혹의 매체로 사용한다.
강간	상담자가 물리적 힘이나 공포감을 이용하거나 협박한다.
진정한 사랑	상담자가 전문적 관계와 의무의 임상적 · 전문직업적 성격을 저평가하기 위해 합리화한다.
어쩔 수 없는 상황	상담자가 치료 안에서 발전된 관심과 보살핌과 존중에서 발달한 정서적 가까움을 다루는 데 실패한다.
타임아웃	상담자가 치료적 관계는 계획된 회기 사이와 상담자의 사무실 밖에서도 계속 존재한다는 것을 인정하고 알아차리는 데 실패한다.
잡아 주세요	상담자는 내담자의 성적이지 않은 신체적 접촉과 내담자의 성적인 감정이나 성적이지 않은 감정 사이의 혼란을 이용할 수 있다.

성적이지 않은 신체 접촉

매우 상이한 두 가지 현상으로부터 상담자와 내담자 사이의 성적인 개입을 구분하는 것은 매우 중요하다. 첫째로, 성적이지 않은 육체적 접촉은 성적 의도를 가진 것과 명백히 다르다. Pope, Sonne과 Holroyol(1993)는 치료 과정 내의 성적이지 않은 육체적 접촉 방식이 성적인 접촉과 함께 '죄책감(guilt by association)'를 이끌어 낼 수 있다고 기술하였다. 그들의 개관 결과 그리고 다른 문헌들은 성적 의도가 없는 접촉 그 자체는 나쁘지 않지만 신체 접촉 전에 그 맥락과 문화 그리고 의미가 항상 고려되어야 한다고 이야기한다. 내담자의 치료적 욕구와 상담자의 접근이 일관적일 때 및 성적이지 않은 접촉은 위로, 안심, 지지, 배려가 되어 주며, 치료 과정의 중요한 부분이 된다. 치료 욕구와 맥락, 역량 또는 동의가 조화롭지 못할 때, 순수한 의도의 성적이지 않은 육체적 접촉이라도 공격적이고, 사납고, 험악하고, 오만하고, 반갑지 않고, 무신경하고 겁나거나 거슬리는 경험이 될 수도 있다.

내담자에게 느끼는 성적인 매력

성적이지 않은 접촉과 같이, 내담자에 대한 성적 이끌림도 상담자와 내담자와의 성관계와 함께 죄책감을 갖게 하는 것으로 보인다. 전국적 연구에 따르면 단순히 내담자에게 성적으로 매력을 느끼는 것은 행동으로 옮기지 않고 행동으로 옮길 의도가 없는 많은 사회복지사와 심리학자들을 죄의식, 불안 그리고 혼란을 느끼게 만들었다(Pope & Vasques, 2011 참고). 많은 상담자들이 성적인 끌림을 한 명 또는 그 이상의 내담자에게 느꼈다고 하였으나, 대부분은 이러한 감정에 불편함을 느낀다고 보고하였다. 이 결과는 이 영역에 대한 충분한 훈련이 되지 않았음을 보여 주었다. 대다수가 이런 부분에 훈련을 받지 않았고, 10% 정도의 사회복지사 및 심리학자들만 그들의 대학원이나 인턴십 프로그램에서 이를 충분히 훈련하였다고 보고하였다.

Pope, Sonne과 Greene(2006)은 상담자가 수련을 하고 있고 효과적인 치료를 하고 있을 때 내담자에게 성적인 감정을 느끼는 본능을 금기시하는 것으로 보이는 몇 가지의 기본적인 믿음 중 하나를 설명하였다. 그 믿음은, (내담자와 성적 사건이 없는) 좋은 상담자는 내담자에게 절대 성적 감정을 느끼지 않고, 치료 회기 내에 성적으로 흥분하지 않으며, 내담자의 경험으로부터 죄의식을 갖지만 즐거움을 느끼는 대리만족을 하지 않고, 내담자에 대한 성적 환상이나 꿈을 갖지 않는다는 것이다(p. 28).

내담자에 대한 성적 욕구에 대한 불편감과 이러한 영역에 대한 훈련이 미흡하기 때문에, 많은 전공 서적들도 이 주제에 초점을 맞추지 않았다.

인간의 성에 대한 많은 책들에 비추어 볼 때, 성의 역동성, 성 상담, 비윤리적인 상담자-내담자의 성 접촉, 내담자 또는 상담자의 성 행동 관리 등은 내담자에 대한 성적 끌림을 문헌에서 다루지 않는다는 것은 의외이다. 상담자의 감정을 탐색하는 데 일차적 관심을 가지는 교수나 슈퍼바이저 또는 사서는 이 주제에 관련된 교육에 적합한 책을 선정하는 것이 매우 힘들다. 만일 누군가 심리치료와 친숙하지 않은 누군가가 성적 이끌림이라는 주제에만 초점을 맞춘 책에 근거하여 상담자의 성적 감정이 일어나는 경향이나 중요성에 대해 판단한다면 그 사람은 이 현상은 거의 일어나지 않거나 중요하지 않다고 결론을 내릴 수 있다(Pope, Sonne, & Holroyd, 1993, p. 23).

이러한 순환 과정이 있을 수 있다. 성적 감정에 대한 불편감은 관련 서적의 부재와 불충분한 교육을 가져올 수 있다. 관련 서적과 훈련의 부족은 결국 성 관련 주제에 대한 추가적인 불편감을 발생하게 할 것이다.

성적이지 않은 다중 관계와 경계 문제

당신은 재벌이자 성공한 CEO인 Chin에게 상담료가 비싼 주 1회 심리치료를 제공하고 있는 사회복지사이다. 당신의 내담자 Chin은 중소기업을 취득하려는 방법을 고민하고 있다. 그녀가 그 회사를 산다고 공표할 때, 그녀는 곧바로 새 회사에 권고 해직을 이야기해야 할까, 아니면 충격을 줄일 수 있는 시간을 가져야 할까? 이 순간은 당신이 그녀의 회사 주식을 사느냐 마느냐 결정할 순간이다. Chin은 당신이 자신의 고민을 면밀하게 살펴보고 도움을 준 것에 매우 고마워하였으며 당신을 자신의 집에서 열리는 특별한 행사에 초대하였는데, 그 행사는 그녀가 회사의 새로운 회장으로 취임하는 것을 축하하는 자리이다. 당신은 초대에 응하였고, 축하의 자리가 이어지는 동안에 Chin과 Chin의 사업 동료들과 테니스를 치게 되었고, 이를 통해 새로운 내담자를 소개받았고, 일주일에 한 번 그녀의 사유지에서 테니스를 치게 되었다.

상담소 운영이 잘 되고 주식의 가치가 오르면서, 당신은 스스로의 선택을 성찰한다. 당신이 주식을 매입한 것은 아무에게도 피해를 주지 않았고, 비밀 정보를 공개하지 않았고, 정보를 불법적으로 얻은 것은 아니다. 그리고 생각해 보면, 당신은 Chin이 새로운 회사를 산다는 것을 듣기 전부터 주식을 사려는 계획을 세우고 있었다. Chin의 사유지에 일주일에 한 번 방문하는 것은 Chin이 다른 상황에 있는 것과 타인과의 상호작용을 관찰할 수 있게 하였고, 이를 통해 얻은 정보는 내담자를 돕는 데 유용하였다. 사적인 방문은 당신과 내담자 사이를 다양한 방법으로 더욱 돈독하게 만들어 주었고 작업 동맹도 단단하게 해 주었으며, 치료에 더 좋은 근거들을 제공하였다. 이는 매우 정당하고 모두가 이익을 얻었다. 만약 당신이 이 이야기 속 상담자라면 다른 생각은 들지 않겠는가?

성적이지 않은 경계를 판단하는 것은 항상 상황과 관련된다.

> 성적이지 않은 경계를 넘는 것은 치료를 강화시키거나 계획을 수립하도록 돕고, 상담자와 내담자 사이의 작업 관계를 공고히 할 수 있다. 그것은 또한 치료를 약화시킬 수도 있고, 상담자와 환자의 관계를 단절시킬 수도 있으며, 즉각적이거나 오랫동안 내담자를 힘들게 할 수도 있다. 우리가 일상적으로 직면하는 경계를 넘는 것에 대한 선택은 종종 미묘하고 복잡하며 치료 과정, 지연 상황, 그리고 종결 후에도 영향을 줄 수 있다(Pope & Keith-Spiegel, 2008, p. 638).

1980년대와 1990년대 초기와 중기에 걸쳐, 경계문제에 관한 심각한 복잡성은 현상의 모든 측면을 도전하는 임상적 실험, 연구, 문헌들과 다양한 관점을 가진 개방적 토론을 통해 충분히 전문가들에게 알려졌다. 상담자의 성적이지 않은 이중 관계 그리고 다른 경계적 일탈에 대한 활발하고 폭넓은 건전한 논쟁이 꽃피었다. 상담자가 내담자에게 두 가지 전문적 역할, 즉 내담자의 상담자이자 내담자의 고용자가 되면 치료는 효과적인가? 다중적인 사회적 역할은 어떠한가? 친한 친구, 배우자, 의붓자식에게 상담자로서 치료를 제공하는 것은 도움이 되는가, 상처가 되는가, 아니면 관련이 없는가? 성적이거나 연애감정이 없다면 내담자와의 사적인 모임(저녁 식사 만남, 영화 보기, 골프 치기, 관광을 위한 주말 여행)에서 잠재된 장점이나 손해는 없었는가? 경제적 관계(말하자면, 상담자가 집이나 차를 사기 위해 내담자에게 큰돈을 빌리거나, 상담자의 새로운 사업을 위해 투자를 권하는 것)는 치료 관계와 양립할 수 있는가? 내담자를 돕기 위해 집세 또는 음식이나 약물을 사기 위한 돈을 빌려 주는 것, 차가 없거나 택시비가 없는 내담자를 위해 회기 후 그녀를 집까지 태워다 주는 것은 어떤가? 어떤 상황이 상담자로 하여금 교환 서비스 또는 상담 비용으로 물건을 받도록 하는가?

15년간, 또는 1980년대 초반부터 1990년대 중반까지 보여진 다중적 관계와 그 경계

대한 다른 질문들은 사실상 모든 관점에서, 모든 영역에서 그리고 모든 이론적 지향점에서 논의되고 종종 논쟁이 되었다. 예를 들어 1981년 Samuel Roll과 Leverett Millen은 "심리치료에서의 위반과 금지에 대한 지침: 아는 사람을 내담자로 받아들이기"라는 제목의 논문을 발표하였다. 1988년 '이중 역할 관계'에서 윤리학자 Karen Kitchener는 "상담자-내담자 관계에서 위험할 수도, 위험해지지 않을 수도 있는 상담자-내담자 관계"에 대한 체계적인 안내를 제공하였다(p. 217). 비슷하게, 1985년 발간되어 널리 이용되는 전공 교과서인 『심리학에서의 윤리: 전문가 기준과 사례(*Ethics in Psychology: Professional Standard and Cases*)』에서 Patricia Keith-Spiegel과 Gerald Koocher는 효과적인 치료에서 경계를 넘는 것을 피할 수 있는 방법을 서술하였고 구체적인 이중 관계 또는 다른 경계 문제의 윤리적 결과를 생각해 볼 방법을 제시하였다. "이중 관계의 인식(In Recognition of Dual Relationships)"을 쓴 Patrusksa Clarkson은 "단독 관계의 신화"를 이야기하며, "대부분의 심리학자들이 모든 종류의 모순적 관심이나 생길 수도 있는 이중적 역할을 피하는 것은 불가능하다."라고 강조하였다(1994 p. 32).

Vincent Rinella와 Alvin Gerstein은 "이중 관계를 금지하기 위한 근본적 · 도덕적 · 윤리적 근거는 더 이상 옹호받을 수 없다."라고 지적하였다(1994, p. 225). 비슷하게, Robert Ryder와 Jeri Hepworth(1990)는 AAMFT 윤리강령이 이중 관계를 금지할 수 없다는 깊이 있는 논의를 발표하였다. 여성주의적 관점에서, Jeanne Adleman과 Susan Barrett(1990)은 이중 관계와 경계 문제에서 어떻게 조심스럽고 현명한 결정을 할지에 대한 신선하고 창의적인 방법을 보여 주었다. Laura Brown(1989; 1994)은 "하지 말아야 한다는 생각을 넘어서: 레즈비언 치료 공동체의 윤리에 대한 생각(Beyond Thou Shalt Not: Thinking about Ethics in the Lesbian Therapy Community)"에서 나온 다른 관점으로부터 나온 경계 결정의 의미를 검토하였다. Ellen Bader(1994)는 역할의 이중성에 맞추던 초점은 각 사례에서 착취가 있었는지 아닌지에 대해 검토하는 것으로 대체되어야 한다고 역설하였다.

미국심리학회 윤리강령의 수정을 이끌어 낸 연구

미국심리학회의 첫 번째 윤리강령은 경험적 자료에 근거하였다. 미국심리학회 회원들은 어떤 윤리적 딜레마를 그들이 현장에서 마주하는지 묻는 설문에 응답하였다. 설문에 대한 반영은, 첫 설문 조사 이후 50년 만에 이루어졌고, 이중 관계에 관한 미국심리학회 윤리강령의 수정을 이끌었다.

두 번째로 자주 보고되는 윤리적 딜레마는 모호하고 이중적이거나 갈등적인 관계에 대한 부분이다. 다양한 심리학자들로부터의 이러한 반응은 연구자였던 Pope와 Vetter(1992)가 이중 관계 및 다중 관계 그리고 경계 문제에 대해 미국심리학회 윤리강령 수정을 요청하게 하였다. 윤리강령 수정 의견의 예는 다음과 같다.

1. 이중 관계를 조금 더 신중히 정의해야 하고 치료적이거나 수용 가능한 조건을 명확히 명시해야 한다.
2. 작은 마을, 농촌, 외지와 같은 전후 사정은 명시적이고 현실적으로 기술되어야 한다

(현재의 강령이 쓰여졌을 때 그리고 현재 수정을 고려할 때도 이런 상황이 충분하게 고려되고 다루어지지 않았음을 강조하면서).

3. 이중 관계와 치료적이지 않은 우연한 접근을 구분하는 것(식료품점에서 내담자를 우연히 만나거나 우연하게 내담자를 파티에서 보는 일). 가장 조심하는 상담자라 하더라도 노출될 수 있는 어색한 장면을 현실적으로 다루기 위해서.

*American Psychologist*에서 이와 관련된 결과, 예시, 변화를 위한 구체적 방법과 그에 따른 제안을 제시한 연구 결과는 다음과 같다.

모호하고 이중적이거나 갈등적인 관계

두 번째로 가장 자주 기술되는 사건은 내담자와 전문적 관계를 맺으면서 명확하고 합당한 치료적 경계를 유지하는 것이다. 몇 가지 경우에서 응답자들은 곤란을 겪었는데, 이는 [환자/훈련생]의 MFCC[결혼, 가족 그리고 아동 상담가] 면허를 위해서 몇 시간 동안은 치료자와 슈퍼바이저의 역할을 동시에 수행하는 것과 기관에서 내담자를 고용하는 것이다. 다른 경우에서 응답자들은, "역할 모델링을 제공하고 상담의 질을 높이기" 때문에 이중 관계가 유용하다고 하였다. 예를 들어 한 응답자는, 사회적 관계를 맺고 있고 그의 작은 교회에 다니고 있는 부부에게 치료를 제공하는 것이 이치에 맞다고 믿었다. 왜냐하면 그는 "이 사람들이 집단 상황에서 어떻게 다른 사람들과 상호작용을 하는지 볼 수 있기 때문"이었다. 또 다른 예를 보자면, 응답자들은 가끔은 어떤 것이 이중 관계나 이해의 충돌로 여겨지는지 알아차리기 어렵다고 보고하였다. "나는 이전에 내담자였던 직원/수련생을 고용하였고 이 관계가 이중 관계인지 의문이 든다." 다른 예로, 어떤 응답자는 내담자의 어머니에 대한 그의 이성적 끌림과 그와 긍정적 관계를 형성해 가고 있는 아동들에 대한 책임감 사이에서 갈등을 느꼈다고 한다.

> 나는 한 아이를 치료하고 있었고, 곧 나와 그 아이의 엄마는 서로 끌리고 있음을 알아차렸다. 내가 사용한 전략과 나와 아이의 라포는 긍정적이었다. 그렇기는 하지만 나는 이중 관계를 피하게 위해서 아이를 다른 상담자에게 의뢰할 필요를 느꼈다(이미 상담을 통해 성과를 얻었는데도 불구하고).

전체적으로 볼 때, 제시된 문제는, 첫째, 윤리 원칙은 이중 관계에 대해 만약 언제 치료상 바람직하고 적합한지를 더욱 신중하고 명확하게 정의할 필요가 있다. 예를 들자면, "최소한의 먼 관계는 이런 기준을 어기는 것은 아니다."라는 서술("초안" 1991, p. 32)은 도움이 되기에는 모호하고 명료하지 않다. 심리학자와 1년에 몇 번 정도 밥을 먹는 지인들, 그 또는 그녀의 세금 양식을 1년에 한 번 기입하는 회계사(거의 모든 일이 우편으로 진행된다), 직원의 배우자(일에는 관여하지 않고 심리학자와 어울려 사귀지 않는다), 여행사 직원(심리학자를 위해 1년에 한두 번 정도 비행편을 예약한다는)과의 관계는 매우 가볍고 비교적 단순하고, 먼 관계일 수 있다. 그러나 공식 법규가 확신하는 단순하고도 먼 관계를 가진 네 명 모두에게 상담을 제공하는 상담자는 윤리적 심의를 기반한 정확한 기준과 실제적이고 타당하고 유용한 근거로서 규범을 위반하지 않는가? 연구와 문헌들은 성적이지 않은 이중 관계 활동들에 관여하는 것과 그만두는 것을 결정하는 것의 중요성 및 영향을 강조하였다(예: Borys & Pope, 1989; Ethics Committee, 1988; Keith-Spiegel & Koocher, 1985; Pope & Vasquez, 2011; Stromberg et al., 1988).

둘째, 원칙은 작은 마을, 시골 동네, 외딴 지역에서 상담을 하는 상황에 대해서 반드시 명확하고 현실적으로 언급하여야 한다. 현재 강령도, 그리고 고려 중인 수정 초안도 이 지리적 맥락에 대해서 명시적으로 이 주제를 언급하거나 충분히 다루고 있지 않다. 41개의 이중 관계 사건이 이런 지역에서 발생하였다. 많은 응답자들은 독립적이고 소규모인 지역사회의 특수성을 고려하지 않은 원칙에 암암리에 또는 명확하게 불만을 표한다. 예를 들면 다음과 같다.

> 나는 농촌 지역에 살고, 그곳에 개인 상담소를 개업하였습니다. 나는 또한 이곳의 영적 공동체의 일원입니다. 근처 지역에 상담자들이 별로 없고, 특히 초월적 · 전체적, 여성주의 관점에서 좋은 훈련을 받고, '보수적인' 사람들이 믿을 수 있는 상담자는 더욱더 부족합니다. 내담자들이 주로 나에게 오는 이유는, 다른 곳에서 받을 수 있는 서비스에 만족하지 못하였고, 그들은 이미 나를 알고 있고, 그들의 영적 활동을 이해해 줄 사람과 상담을 하고 싶어 하고, 영적인 원리와 수련을 치료와 변화의 과정에서 포함시킬 수 있기 때문이다. 이중 관계 금지 때문에 이런 상황에서의 윤리에 대한 높은 수준의 민감성(그리고 비난과 혼란에 대한 잠재성)을 유지하도록 하였으나, 나의 상담에서의 실제적 환경에는 도움이 되지 않았습니다. 수정된 원칙이 이러한 문제를 다루기를 희망합니다!

셋째, 원칙은 이중 관계와 우연하거나 중요하지 않은 치료 외적 접촉(내담자를 상점에서 마주치거나, 파티에서 우연하게 보는 일)을 구분해야 하고, 상당히 조심성 있는 상담자마저도 당면하게 되는 이상하게 얽힌 관계를 고려해야 한다. 예를 들어, 상담자는 옆집의 상당히 시끄러운 세입자에게 항의하기 위해 정식 고소장을 접수하려 하였다. 그가 고소를 하려 하였을 때, 그는 '내담자가 임대주인 것'을 발견하고 놀라움을 금치 못하였다.

내담자의 안전과 치료의 목적을 달성하고 보호하는 경계를 지키는 것에 대한 상담자의 책임 회피를 최소화 또는 약화시키거나 불분명하게 하는 경계의 명확성과 치료 자체 사이의 복잡성을 강조하는 일은 매우 의미 있다. Robert Simon과 Daniel Shuman(2007)의 주장은 다음과 같다.

> 경계 유지가 어렵거나 내담자가 경계를 시험하더라도, 적절한 경계를 유지하는 것은 항상 상담자들의 책임이다. 완벽한 상담자도, 치료법도 없기 때문에 심리치료를 완벽히 수행하는 것은 불가능한 일이다. 그러나 개인의 경계를 이해하게 되면 불가능해 보이는 과제가 조금 더 쉬워진다(p. 212; Appelbaum & Gutheil, 2007; Gutheil & Brodsky, 2008 참조).

이 주제가 우리에게 얼마나 어려운 것인지 간과하지 않기

이 장을 마무리하면서, 이 영역이 정신건강 종사자에게 골치 아픈 어려움이라는 것을 강조할 필요가 있다. 문제의 일부분은, 심리치료 그 자체의 어려움에 있다. 상담은 자동화될 수 없으며, 공식적인 기준과 지침이 우리를 대신해서 생각하게 할 수 없으며, 일반적 원칙이 모든 치료적 만남의 특수성을 가리게 둘 수 없다.

> 윤리강령에 대한 인식은 윤리적 부분에서 중요한 역량이지만, 형식적인 기준은 윤리적 책임을 이행하기 위한 활동적이고 신중하고 창의적인 접근을 대체할 수 없다. 강령은 즉각적이고, 길잡이가 되어 주며 윤리적 고려사항들을 알려 준다. 강령은 인식을 방해하거나 대체할 수 없다. 강령과 원칙은 기계적으로 생각 없는 행동만으로는 효과적으로 적용할 수 없다. 아무리 이전 내담자와 비슷한 점이 많다고 해도 새로운 내담자는 특수한 개인이다. 각각의 상황 또한 특수하며 시간이 흐를수록 상당한 변화를 보인다. 명확한 강령과 원칙은 아마도 많은 가능성 있는 접근법들을 명백하게 비윤리적인 것으로 지정할 수 있다. 윤리강령과 원칙은 정도의 차이는 있을지라도 특별히 중요하게 여겨져야 할 윤리적 주제를 명확히 할 수 있을 것이다. 하지만 강령과 원칙은 특정 상황에서 어떻게 윤리적 문제가 펼쳐질지를 말해 주지 않는다. 원칙을 반드시 이행해야 하는 일들을 말하지만, 내담자가 처한 특수한 상황과 문제에서 이를 어떻게 수행해야 하는지는 언급하지 않았다. 이 문제를 해결할 만한 정당한 방법은 아직 없다(Pope & Vasquez, 2011).

또 다른 힘든 점은 주제 그 자체이다. 우리는 고정관념에 의해 빨리 결론을 내리고, 보이는 것 외에 실제로 어떤 일이 발생하고 있는지 주의 깊게 살피지 못하곤 한다. 미국심리학회의 전 회장이었던 Gerry Koocher(2006)는 생생한 예시를 제공하였는데, 이는 그가 다른 사람들에게 시간 경계를 넘어서는 것(계획된 시간보다 길게 하는 것), 경제적 경계(치료비를 받지 않는 것), 그리고 그의 내담자와 함께 직면하게 되는 다른 경계들에 대해 이야기할 때, 그들이 어떻게 반응하는지에 대한 것이다.

> 이따금 나는 학생들이나 전문가인 청중들에게 회기 동안 내내 어둡고 조용한 방에서 26살의 여자 손을 잡은 채로 있었다고 이야기한다. 이러한 폭로는 보통 약간의 탄성과 찡그림을 자아냈다. 그리고 50분 후에도 회기를 끝내지 못하였고, 그 젊은 여성과 손을 잡고 30분 이상을 더 보냈다는 것과, 추가 시간에 대한 어떤 요금도 받지 않았다는 것을 덧붙였을 때, 그들은 믿을 수 없다는 눈으로 나를 쳐다보았다.
>
> 그 후, 나는 그 젊은 여성이 폐 질환을 동반하는 낭포성 섬유증을 가지고 있고 호흡이 곤란한 공황장애를 가지고 있었다고 설명하였다. 그녀는 한 문장을 말하기 위해 세 번의 숨을 쉬며 애를 썼다. 나는 그녀의 방으로 들어가, 침대 머리맡에 앉은 후 어떻게 하면 그녀를 도울 수 있을지 물어보았다. 그녀는 나의 손을 잡고 "가지 마세요." 라고 말하였다. 다음 약속 때문에 회기를 끝내야 할 때, 나는 간호사에게 내가 하였던 일을 맡겼다. 성적으로 부도덕한 행동일 것이라고 가정하고 비판적이고 불편한 감정

을 가지고 있던 대부분의 청중들은 공감과 연민을 느낀다. 그러나 이 일화의 진정한 메시지는, 나는 이 행동을 강의실에서는 배운 적이 없다는 것이다. 어떤 치료 훈련이나 심리치료 기반 사례집에서도 이런 개입과 같은 설명은 없다(p. xxii).

적절한 경계와 한계를 설정하는 것은 모든 상담자들에게 해결하기 어려운 딜레마가 된다. 아래의 상황들을 고려하여 어떻게 할 것인지 논의해 보자.

- 몇몇의 내담자들이 당신에게 트위터의 팔로워(follwer)가 되었고 페이스북에 친구 등록을 신청하였다.
- 장기 상담 내담자가 죽었다. 그리고 그녀의 동생이 당신에게 장례식에서 추도의 말을 해 줄 것을 부탁하였다.
- 여행사에 다니는 내담자가 당신이 일반석을 끊었을 때 무료로 일등석으로 좌석 변경을 제공하였다.
- 몇 년 동안 보아온 내담자가 자살하였다. 그리고 내담자의 여자 형제—몇 년간 상담 비용을 지불해 온 법정 변론 변호사—가 "데이비드의 죽음을 받아들이기"를 주제로 개인 상담을 신청하였다.
- 내담자는 자신이 사실은 Maria라고 밝혔는데, Maria는 지난 두 달간 인터넷 만남 사이트에서 상담자와 가볍게 연애적 대화를 나누던 사람이었다.
- 경찰관—내담자 중 한 사람인—이 속도 위반으로 당신을 세웠으나 치료를 통해 자신을 많이 도와주었다는 이유로 벌금이 아닌 경고만을 주었다.

⚜ 접근성 그리고 장애를 가진 사람들

당신은 큰 도시에서 개업을 한 상담자이고, 상담소는 잘 운영되고 있었다. 당신은 높은 빌딩 꼭대기의 큰 사무실에서 도시의 웅장한 전경과 함께 내담자를 만난다. 당신은 새 내담자를 받았는데, 그는 초기 면접을 위해 당신의 사무실을 저녁에 방문하기로 하였다. 사무실이 있는 건물은 매일 오후 5시에 문을 닫았으나 겨울 난방과 여름의 에어컨은 오후 10시까지 가동하였다. 그리고 건물 안으로 들어가기 위해 건물 입구 앞에 있는 사무실 벨을 눌러야 하였다. 그러면 사무실 안의 사람이 건물 입구 문을 열어 준다. 새 내담자는 나타나지 않았다. 다음날, 당신은 내담자가 시각장애인이라는 것을 알게 되었다. 건물의 정문이 잠긴 것을 안 후, 내담자는 안으로 들어갈 수 있는 방법을 찾을 수 없었다. 그곳에는 어떠한 점자 설명도 없었고, 어떻게 건물 안으로 들어가는지 시각 장애인이나 시력 손상자가 알 수 있는 표시 또한 없었다. 이런 상황을 고려해 보고 있을 때 전화가 울렸다. 5분 뒤 초기 상담을 갖기로 한 사람이었다. 그녀는 휴대전화로 전화를 걸어 사무실 건물 밖에 와 있지만 어떻게 들어가는지 모르겠다고 말하였다. 그녀는 전동 휠체어를 사용하고 있으며 정문 앞 입구 계단을 사용할 수 없었다. 이런 복잡한 상황에서 당신은 자신을 상담자로서 어떻게 느끼겠는가? 이 두 사람에게 당신은 어떤 말을 할 수 있는가? 어떤 것이든, 다시 할 수 있다면 무엇을 다르게 하고 싶은가?

이 짧은 글은 상담자와 상담실이 장애를 가지고 있는 사람들을 차단할 수도 있는 방법 두 가지를 설명하고 있다. 이러한 물리적 장벽은 많은 사람들을 차단시킬 수 있다. 심리학자 Martha Banks는 다음과 같이 이야기한다.

> 미국인 중 약 20%는 장애를 가지고 있다. 이 수치는 남성과 소년(19.8%)들보다 여성과 소녀(21.3%)들 사이에서 약간 더 높다. 여성들 사이에서도, 미국 원주민 여성과 흑인계 미국 여성이 장애 수치에서 가장 높게 나타난다. 재정 활동에 대한 제한적 접근의 결과로, 일을 하고 있는 장애 여성의 33% 이상이, 그리고 노동이 불가능한 극심한 장애를 가진 40% 이상이 가난 속에서 살고 있다. (2003, p. xxiii)

상담자들과 전문가들은 모두 장애를 가진 사람들을 배제하게 되는 장벽들을 구별해 내는 것과 장애인이 상담자가 되는 것을 필요 이상으로 어렵게 하고, 장애인이 적절한 치료적 서비스를 찾지 못하게 만드는 어려움들을 직면하고 있다. 교실 강의실과 상담 사무실을 다시 떠올려 보자. 휠체어를 타거나 보행기를 사용하는 사람들이 그런 장소에 접근할 수 있는 장치가 있는가? 앞을 볼 수 없거나 시각 장애를 가진 사람이 위의 건물에 접근할 때 필요 이상으로 어려움을 겪었는가? 물리적 접근이라는 주제에 대해 정의하기 위한 추가적인 정보를 위해, Pope(2005)의 4장, "어떻게 상담자로서 살아남고, 번창할 것인가: 심리학자를 위한 정보, 아이디어, 자원(How to Survive and Thrive as a Therapist: Information, Ideas, and Resources for Psychologists)"(Pope & Vasquez, 2005), 그리고 웹사이트 http://kpope.com에서 "접근성과 장애의 정보와 심리학 훈련과 실습의 자원"을 참고하자.

물리적 장벽을 정의하고 다루는 문제뿐만 아니라 적절한 훈련을 제공하는 데에도 어려움이 있다. 미국심리학회의 회원인 Irene Leigh와 동료들은 적절하게 제공되어야 하는 훈련의 부재로 인해 생기는 문제들을 조사하였다.

> "팔을 심하게 휘두르는 한 청각장애 여성이 정신건강 기관에서 조현병 진단을 받았다. 사실 그녀는 수화를 하고 있었다." 또 다른 응답자는 청각장애가 있는 아동이 정신지체로 오진을 받았다고 말하였다. 진단에 관하여, 응답자들은 의료진이 MMPI의 짧은 버전을 제공하였고 "서 있거나 걷는 것에 어려움을 느낌" 같은 문항에 장애가 어떤 영향을 주는지 사려 깊게 접근하지 않았다고 보고하였다. 다른 예를 들자면, 의료진은 통역관을 고용하지 않았으며 장애인의 치료를 거절하였다(Leigh, Powers, Vash & Nettles, 2004).

비슷하게, "장애를 가진 내담자의 사례개념화의 전문적 훈련의 영향"에서 Nancy Kemp와 Brent Mallinckrodt(1996)는 그들의 연구에 대해 다음과 같이 이야기한다.

> 상담자들은 내담자가 장애를 가졌을 때 그리고 상담자가 장애 문제에 대한 교육을 받

> 았을 때 치료 주제의 우선순위는 달랐다. 훈련을 받지 않은 상담자들은 관련이 없는 문제에 주의를 기울이는 경우가 더 많고, 장애를 가진 성폭력 생존자의 경우에 적절한 주제에 주목하는 경우가 더 적다(p. 378).

"장애 문제에 대해 조금만 교육받아도 사례를 개념화하고 치료 계획을 세우는 과정에서 편견이 적어진다"(Kemp & Mallinckrodt, 1996, p. 383).

불행히도, 어떻게 상담자들이 교육을 받아야 하는지에 대해서는 아직 명확하지 않으며, 여러 문제들을 만날 것이며, 우리의 갈 길은 멀다. "치료 훈련에서 장애를 가진 상담자들을 위한 장애자를 위한 법령(APA)"이란 글에서 Hendrika Kemp와 그녀의 동료들은 다음과 같이 이야기하였다.

> 명백한 필요 요구에도 불구하고 (…) 장애는 치료적 훈련에서 보편적 부분은 아니다. APPIC 웹사이트에 최근 올라온 618개의 인턴십 사이트들에서, 오직 81개의 기관에서 장애인을 수련생으로 받는다고 밝혔다. 하지만 장애를 가진 수련생에게 어떤 훈련 장소 배려를 제공하는지 조사하였을 때 더 암울해졌다(Kemp, Chen, Erickson & Friesen, 2003).

마지막으로, 수련 프로그램의 결함은 장애를 가진 학생들에게 영향을 미칠 것이다. 예를 들어 Taube와 Olkin(2011)은 다음과 같이 기술하였다.

> 장애를 가진 수련생이 재활, 임상, 상담심리 훈련 프로그램에서 마주할 수 있는 세 가지의 광범위한 차별은 다음과 같다. 첫째, 접근성과 관련된 구조적 장벽으로, 음성 테이프나 점자가 있는 책이 없고, 미리 온라인 유인물을 제공하지 못하고, 수화 통역관을 제공하지 못하며, 휠체어가 들어올 수 있는 시설을 준비하지 못하는 것이다. 둘째, 대학원 과정의 정책과 절차의 문제이다. 예를 들어, 장애를 가진 훈련생에게 파트타임 훈련이나 과제에 추가 시간에 허용하지 않는 것이다. 셋째 영역은 눈에 보이지 않는 장벽인데, 교수자나 동료들에게 어떻게 대우받느냐 하는 것이다. 훈련생을 현장에 적합한 지원자라고 보고 있는지, 장애의 주제에서 훈련생을 논외로 둔다든지, 장애를 다양성 훈련에 포함한다든지 하는 것이다. 하지만 심리학자들은 다른 사람들과 마찬가지로 장애에 대한 편견을 가지고 있기가 쉽다. 셋째 영역에서 장애를 가진 훈련생들(다른 문화적 소외 집단 또한)은 가장 차별받기 쉬우며 법으로 보호받기가 어렵다(p. 329).

미국심리학회, 법, 윤리적 책임

당신은 지역 경찰서장과의 협동작업을 통해 상담을 요청하는 경찰들을 위한 창의적인 프로그램을 개설하였다. 모든 경찰은 경찰서에서 근무함과 동시에 비밀 포기 각서에 서명하지만, 경찰서장은 당신에게 상담에 관하여 관여하지 않을 것이며, 내담자의 상담 내용은 기밀이 유지된다는 사실을 알려 준다. 1년이 지난 지 얼마 되지 않아, 내부감사 사무실에서 당신의 사무실을 방문하여 명확한 수사를 위해 몇 명의 경찰관들의 서류를 공개하라고 요청하게 된다. 당신은 서장에게 항의하지만, 서장은 사과를 할 뿐, 그가 할 수 있는 것은 없고, 당신은 서명된 비밀 포기 각서에 의존할 수밖에 없다고 말한다. 당신은 서류를 건네준다. 몇몇 경찰관은 윤리위원회에 당신을 제소한다. 당신은 법에 의거하도록 강요받았다고 주장하고, 다른 법적 수단이 없었기에 본인은 어떤 윤리적 위배도 하지 않았다고 주장한다. 미국심리학회 윤리위원회에서는 당신의 주장을 받아들여야 할까?

역사 속에서 가장 빈번히 일어난 재판 중 하나는 법에 따른 행위가 과연 윤리적 책임을 경감시키는가라는 주제였다. 제2차 세계대전 이후 열린 독일 뉘른베르크 군사재판에서는 나치 전범의 "법에 의거하였을 뿐이다." 또는 "규칙을 따랐을 뿐이다."라는 변론에 대해 평가하였다. 배심원들은 개인의 윤리적 책임은 법보다 상위에 있다는 사실을 재확인하였고, 이는 뉘른베르크 강령(Nuremberg Ethnic)으로 알려져 있다. 요약하자면, 뉘른베르크 재판은 기본적인 윤리적 의무를 위반한 개인이 법과 규칙 그리고 규정 등에 책임과 대행을 전가할 수 없다는 사실을 확고히 하였다.

배경과 상황이 어떻든지 간에, 상담자는 법이나 규정은 내담자의 합법적 요구와 개인의 양심 그리고 가장 중요시되는 가치들에 상충한다고 느낄 수 있다. 이러한 딜레마에 봉착하였을 때 상담자가 할 수 있는 것은 무엇인가? 올바른 신념을 가졌다고 말할 수 있는 사람들은 딜레마 상황에서 정당한 행동을 한다는 것을 보여 주기 위해서, 심리학자로서의 직업에서 일어나는 매우 어려운 논제들을 선택하였다. 어떤 직업적 · 지역적 특성이든지 아니면 내담자의 특성이든지 이러한 종류의 문제들은 업무 환경에서 너무나 다양한 형태로 일어나고 있음을, 숙지하고 있어야 한다.

2001년 9월 11일 미국에서 일어난 참혹한 사태 후 1년이 채 지나지 않아, 미국심리학회는 다른 주요 건강행동과학 기관들과 다른 입장을 취하며 뉘른베르크 강령에 반대하는 입장을 취하였다. 2002년 8월 21일 미국심리학회는 윤리강령을 채택한 후 처음으로, '윤리적 책임'과 국가의 권력 사이에 양립할 수 없는 충돌이 있을 경우, "심리학자는 법과 규정 또는 관련되는 법적 권한자의 지시에 따를 수 있다."라고 발표하였다(Section 1.02).

기존의 윤리강령들은 이러한 상황에서 심리학자의 결정은 "인권의 기본 원리에 따르도록" 지시해 왔다. 하지만 미국심리학회는 이 제한 사항을 윤리강령의 의무적 강령에서 삭제하고, 서문에서만 언급하기로 결정하여, 필수적이고 강행되어야 할 부분이 아니라 이상적 목표 사항이 되도록 만들었다.

미국심리학회는 한 세기가 넘는 긴 역사를 가지고 있는데, 이 속에는 윤리적 기준을 위반하는 것을 법, 규정 그리고 지배적인 법적 권한을 통해 보호받는 것은 심리학자들의 이익을 추구하는 것이라는 논쟁이 지속되었다. 9 · 11 사태 이전, 다양한 윤리강령 초안들은 뉘른베르크 강령에 반대하는 입장에 대해서도 논의하였으며, 윤리와 법 사이의 갈등을 해결하는 방법은 논문의 주요 관심사였다. 예를 들어, 1980년대에는 이러한 갈등에 대처하는 심리학자들의 신념과 행동에 대한 설문 조사가 "법과 가치 사이에 갈등이 생겼을 때: 심리학자의 딜레마"(Pope & Bajt, 1988)라는 제목으로 *American Psychologist*에 실렸다.

하지만 9 · 11 사태 이전 미국심리학회는 어떠한 경우에도 뉘른베르크 강령에 맞선 윤리 강령 문구를 승인하지 않았다.

미국의 9 · 11 사태와 미국이 아프가니스탄에서 벌인 자유를 위한 군사 작전과 더불어 1년이 채 지나지 않아 미국심리학회 대표단은 심리학자들이 법, 규정 그리고 법적 권한과 기본적인 윤리적 책임이 충돌되어 양립할 수 없는 경우, 기본적 윤리적 책임을 제쳐 둘 수 있어야 한다는 투표를 하였다. 이러한 법적 명령은 전문가, 정책 입안자 그리고 대중이 충분히 소통을 한 뒤 결정되는 군사적 명령도 포함하였다. 이는 가치의 큰 변화를 의미하였다.

미군은 이러한 변화를 지지하였고, 미국심리학회의 새 윤리 기준을 심리학자에 대한 기존 정책에 강조하였다(미 육군, 2006, p. 152). 미국심리학회의 새 윤리 기준을 인용하며 미국 군사 정책은 다음과 같이 이야기한다. "법, 규정 그리고 정책과 충돌이 있을 경우 기존 윤리강령을 고수하는 과정은 아래와 같다"(p. 154). 이러한 충돌을 해결하기 위한 시도와 자문에도 불구하고 "상황이 연속적으로 결론을 내리기 어렵다면, 법, 규정, 그리고 정책을 따를 수밖에 없다."

비록 군과 미국심리학회 회원 일부는 미국심리학회 윤리강령의 역사적 변화를 지지하는 듯해 보였지만, 동시에 많은 비판이 따랐다. 예를 들어 *British Medical Journal*의 편집장은 "의료 분야에 매우 깊이 뿌리내린 [뉘른베르크 강령]이 심리학자들 사이에 공통적으로 통용되지 않는다는 사실은 매우 놀랍고 충격적이기까지 하다. 더구나 미국에서 말이다."라고 진술하였다(Godless, 2009).

영국 심리학회의 *The Psychologist*에서 Burton과 Kagan(2007)은 다음과 같이 말하였다.

> 가장 염려되는 것은, 미국심리학회가 "나는 그저 규정을 따랐을 뿐이다."라는 식의 '뉘른베르크 변론'을 허용한다는 것이다. (…) 이는 심리학자들이 윤리적 책임과 법, 규정 또는 법적 권한과의 충돌을 해결하기 위해 노력하였다는 것을 주장할 수 있다면, 고문이나 학대를 돕는 것 또한 허용될 수 있다는 것을 함축한다. 그렇지 아니하더라도, 그들은 뉘른베르크 변론을 활용할 수 있다(p. 485).

다른 건강 관련 협회는 윤리적 책임을 위반한 후 정부 기관의 규정을 이행하였다는 변명을 사용하는 것을 지속적으로 비판하였다. 미국심리학회가 뉘른베르크 강령에 반대되는 윤리강령을 채택한 지 1년이 채 지나지 않아 세계의학협회 회장은 다음과 같은 글을 대중에 공개하였다.

> 1947년 뉘른베르크 재판에서 피고 의료진들은 상부에서 내려온 법과 명령에 따랐을 뿐이라는 변호를 하였고, 이에 법원은 의료진은 법이 요구하는 바와 다르더라도 윤리적 의무에서 벗어날 수 없다고 평결을 발표하였다(World Medical Association, 2003).

뉘른베르크 강령과 반대되는 공식 윤리강령을 채택함으로써, 미국심리학회는 지속적으로 이를 가르치고, 지지하며, 공식적 윤리정책으로 장려시키기 위해 8년간 노력하였다. 미국심리학회는 뉘른베르크 강령과 반대되는 입장을 2010년까지 고수하였다.

구금자 신문

시나리오 1

당신은 개업한 상담자이다. 정부 공무원 몇 명이 당신의 사무실로 방문해 내담자 중 한 사람이 보안구치소에서 신문을 받고 있다고 설명한다. 국토안보부는 내담자가 대형 습격을 계획 중인 테러 조직에 대한 정보를 가지고 있다고 믿을 만한 이유가 있다고 말한다. 국토안보부는 테러를 막기 위해 내담자에 대한 충분한 정보를 습득하고 싶어 하고, 내담자는 안건에 대해 논의하기를 거부하였다. 생명이 달린 긴급한 문제이고, 더 이상 지체할 시간이 없다는 것을 강조하며, 공무원들은 내담자에 대한 평가서와 상담 기록을 즉시 팩스로 신문반에게 전송할 것을 요구하고 있다. 그들은 당신이 구치소로 동행하여 신문반이 내담자의 신뢰를 사고 그에게 협조를 구할 수 있을 전략을 수립하도록 자문을 해 주기를 요청한다. 또한 내담자가 당신을 신뢰하고 있으므로, 당신이 그와 이야기할 수 있는지 묻는다. 당신이 망설이는 동안, 그들은 테러 습격이 몇 시간 남지 않았고, 당신이 습격을 막을 수 있는 유일한 사람이었는데, 도움 주기를 주저하거나 이를 거절하여 더 많은 사상자와 피해가 생기기를 원하지 않을 것이라고 강조한다.

이 시나리오에서 어떤 윤리적 사안이 나타나는가? 당신이 관계자의 요청에 전적으로 협조하게 된다면, 또는 일부 협조하게 된다면, 또는 협조를 거절한다면 어떠한 사유를 들 것인가?

시나리오 2

당신은 군대 소속의 심리학자로, 적국의 전투원으로 의심되는 자들과 불법적인 전투원들과 국가 안보에 위협이 되는 자들을 구금하는 구치소로 오게 되었다. 당신은 면담이나 다른 적절한 방안들을 이용해 구금자들의 심리 프로필을 작성하여 효율적인 신문을 돕도록 명령받았다.

위의 시나리오에서 어떤 윤리적 사안이 나타나는가? 위와 같은 시나리오에 참여하는 데 염려되는 부분이 있다면 어떤 것인가?

미국에서 발생한 9·11 사태에 대한 여파로 미국은 이라크에 있는 Abu Ghraib 감옥, 아프가니스탄의 Bagram Airfield 구치소, 관타나모 수용소의 캠프 이구아나, 캠프 델타, 캠프 X-레이의 수감자들을 심문하였다. 이 사건에서 미국심리학회는 심리학자가 감금자 심문에 주요 역할을 맡아야 한다는 입장을 표명하였다. 이는 신문 과정이 본질적으로 심리학적 전문가를 필요로 하는 심리학 과정이기 때문이었다. "미국심리학회가 상원특별정보위원회에 제출한 심리학과 심문에 대한 진술"은 다음과 같다.

> 신문은 본질적으로 심리학적 시도이다. 심리학은 이 과정에서 가장 핵심적인데, 이는 인간의 신념 체계와 욕구, 동기, 문화 그리고 종교에 대한 이해가 사건과 당사자 간의 연계 관계를 평가하고 정확하고 신뢰할 만한 정보를 유도하는 데 기본이 되기 때문이

다. 심리학자들은 인간의 행동과 동기 그리고 관계에 대한 전문지식을 가지고 있다. (…) 심리학자들은 신문 과정을 통해 우리 국가 안보를 지키는 데 귀중한 공헌을 하였다(APA, 2007).

미국심리학회에 따르면, 심리학자들은 정신과 의사와 의료진들과 다른 그들만의 전문지식을 가지고 있다. 미국심리학회의 윤리위원회 위원장은 다음과 같이 서술하였다. "이러한 차이는 심리학자만의 유일한 역량에서 비롯되었고, 이것은 심문 과정에서 심리학자와 의료진이 맡을 수 있는 역할의 차이를 대변한다."(Behnke, 2006, p. 66)

미국심리학회는 심리학자의 특수한 역량과 심리학자의 공헌을 강조하였고, 2006년 미국방부는 이를 받아들여 구금자 신문 계획 수립 과정에서 정신과 의사를 포함하는 대신 심리학자가 단독으로 이를 도울 수 있는 새 정책을 수립하였다.

미국심리학회와 그 대표자들은 "심리학자들은 구금자가 위험해질 수 있는 활동에 참가하지 않는다."라는 기관의 주요 주제를 대변하며, 이는 심리학자들이 심문 과정에서 안전과 윤리를 지킨다고 주장하였다.

예를 들어 2007년도에, 미국심리학회 회장은, "학회의 입장은 심리학자들이 신문관들에게 자문을 제공하는 것은 피신문자의 안전성과 윤리성에 기여한다는 믿음에 근간을 둔다."라고 진술하였다.

2007년 미국심리학회 회장은 심리학자의 개입은 신문의 안전과 윤리에 중요한 기여를 한다고 강조하였다(Brehm, 2007). 미국심리학회 윤리 부서는 *Psychology Today*에서 심리학자의 참여가 전체 신문에서 어떤 성과를 거두었는지에 대하여 "학대가 일어나기 쉬운 조건을 알아차리는 역량 때문에 심리학자는 이 일에 준비가 되어 있다. 훈련된 전문가가 참여한 신문은 안전하고, 법적이며, 윤리적이고, 효과적인 방법으로 진행되어, 이는 개인을 보호하며 정보를 이끌어 내는 것을 돕고 이후의 폭력적 행동을 저지할 수 있다."(Hutson, 2008)라고 논하였다.

미국심리학회가 심리학자의 개입이 모든 신문 과정을 안전하고 합법적이며 윤리적이며 효과적으로 만든다고 확신하는 것은 논쟁의 여지가 있다. 어떤 근거로 미국심리학회는 이렇게 확신에 찬 성명을 발표하는가? 미국심리학회의 공식 성명은 어떤 사실에 근거하는가?

심리학자의 개입이 언제나 긍정적인 것은 아니라는 몇몇의 보고에 주의를 기울일 필요가 있다. 예를 들어 Eban(2007; Goodman, 2007 또한 참조)은 다음과 같이 기술하였다. "심리학자들은 그저 미국의 새로운 공격적 심문 제도의 공범이 아니다. 심리학자들은 사실상 전략을 구상하고 신문관을 훈련시킨다." 관련 언론에 따르면, "국회 자료에 따르면 군 심리학자들은 더욱 공격적으로 잠재적 테러자를 심문하는 방법으로, 개의 위협, 강제적 탈의 그리고 장시간 서 있기 등의 전략 개발을 도왔다." Mayer(2008)는, "Dunlavey 장군은 구금자들을 무너지게 만드는 데 직접적으로 활용하기 위해 곧 군 심리학자들을 모집하였다. 심리학자들은 구금자들을 치료하면서, 어떻게 그들을 조종하고 그들의 공포를 이용할 것인가에 대해서 신문관에게 조언하였다."라고 보고하였다. 일련의 조사 보고서를 발표한 후 *Boston Globe*는 "미군과 민간 공직자들은 관타나모 수용소의 구금자에게 적십자(Red Cross)가 고문이라고 부르는 방법으로 구금하고 심문을 할 때, 심리학자의 도움을 받았다."라고 보고하였다("Psychologists and Torture", 2008).

구금자 신문에서 심리학자의 참여 효과에 대한 주장과는 다른 사실은 미국시민자유연맹(American Civil Liberties Union)의 정부 문서로 인해 더 명확해졌다. 미국시민자유연맹은 "새로운 무수정 보고서는 이라크와 아프가니스탄에서 심리학자들이 불법 신문을 도왔다"라는 제목의 글을 발표하였다. 미국시민자유연맹은 미국심리학회의 윤리위원회 위원장의 주장에 동의하지 않았다.

> 그러나 우리는 정보 자유법 소송을 통해 미국시민자유연맹이 습득한 미국심리학회의 '의도된 목적을 수반하는 정책'에 대한 결론에 동의하지 않는다. 우리는 이 사실을 상당히 깊게 염려하고 있으며 맥락을 살폈고, 문서들은 미국심리학회의 주장과는 반대되는 입장을 지지한다(Romero, 2008).

미국심리학회의 접근은 날카로운 비판을 받았다. *British Medical Journal*의 편집자는 미국심리학회의 접근은 충격적이었다고 서술하였다(Goddlee, 2009). 의학과 생명윤리학 교수인 Steven Miles는 "미국심리학회는 미국 건강 전문가 협회 사이에서 유일하게 학대적인 신문을 허용하는 정책을 가지고 있다."라고 서술하였다(2009). Amnesty International(2009)은 미국심리학회에 보낸 공개적 서한에서 "미국 심리학의 끔찍한 오명"을 인정하고 맞서는 데 필요한 과정을 서술하였다. 미국심리학회의 정책 문서와 공식적 입장에 대한 더욱 포괄적인 검토는 Pope(2011)의 자료를 참조하라.

이 논란은 정책과 공공서약 및 증거에 대한 비판적 생각을 할 다양한 기회를 제공한다. 복잡한 문제에 대해 생각할 때 유용한 질문에 대한 몇 가지 예는 다음과 같다.

- 심리학자 개인이나 심리학회가 특정한 접근이나 개입이 안전하고 효과적인지 대중에게 확언하기 위해서는 어떤 증거가 필요한가?
- 모든 사례에 절대적인 확신을 가지는 것의 위험성은 무엇인가? 만약 특정 기관이 증거에 기반하지 않고 대중에게 확언을 하였다면 어떤 비용이 발생하는가?

문화

당신은 대형 정신건강 전문 기관에 재직하고 있는 결혼과 가족 상담자이다. 한 내담자는 다른 국가에서 미국으로 이주해 왔고 상담에서의 의사소통에 적합한 수준의 충분한 영어 교육을 받았다. 4회기 도중에, 내담자가 "당신도 알다시피 저는 다른 문화에서 왔고 궁금한 점이 있어요. 당신 고유의 문화와 이 센터의 문화가 저나 제 치료에 어떠한 영향을 준다고 생각하나요? 예를 들어, 이 센터의 모든 상담자들과 행정 직원들은 같은 인종인 것 같고 건물 청소를 담당하는 사람들이나 관리인들은 모두 다른 인종인 것 같아요. 그 이유는 무엇이라고 생각하나요? 그리고 이 상황이 상담에서 당신과 나에게 어떤 영향을 끼치고 있다고 생각하나요?"라고 묻는다.

당신이라면 내담자에게 어떻게 반응할 것인가? 상담자의 문화나 정신건강 기관의 문화가 내담자 개인과 치료적 과정에 영향을 줄지도 모른다는 것에 대해 어떻게 생각하는가? 상담자와 내담자에게 영향을 줄 수 있는 문화적 영향을 탐색하는 연구를 어떻게 설계할 것인가? 사전에 어떤 가설을 세울 것인가? 이런 상황을 상상할 때, 이민을 온 내담자는 어느 나라 출신일 것 같은가? 내담자의 인종은 무엇인가? 상담자의 인종은? 청소 담당 직원의 인종은? 이런 특정한 이미지는 왜 갖게 되었는가?

미국에는 수많은 다른 문화들이 존재하며 다양한 민족이 모여 살면서 풍요로워진 나라이다. 그러나 상담자와 내담자 사이의 문화적 차이는 모두에게 중요한 도전이 될 수 있다. 가장 명백한 어려움 중 하나는 둘의 언어가 다른 데서 야기된다.

상담자와 내담자 모두가 같은 언어(예를 들자면, 스페인어나 중국어 같은)로 이야기한다고 할지라도, 각 언어가 다수의 방언을 가지고 있다면 의사소통이 어려워진다. 더욱이, "이민자 집단에서 언어 장벽에서의 차이를 경험하는 것은 이주 역사의 차이와 각 집단의 사회경제적 수준을 반영한다"(Kretsedemas, 2005, p. 109).

언어적 어려움뿐만 아니라, 연구 결과에 따르면 우리는 문화 및 다른 집단의 차이점에 대해 간과하였다. 예를 들자면, Beverly Greene(1997)는 이렇게 이야기하였다.

> 동성애자에 대한 연구들은 대부분 백인과 중산층 응답자로 이루어졌다. 비슷하게, 소수민족의 구성원들에 대한 연구는 성적 지향성에 대해서는 초점을 맞추지 않았다. 그리하여 성적 지향성과 민족 정체성 발전 사이의 복잡한 상호 교류에 대해 소극적인 조사가 이루어지고 있을 뿐만 아니라 민족 정체성 형성을 수반하는 동성애자의 정체성 형성 요소는 현실적 사회 과업과 스트레스 요인이 된다는 것은 연구되지 않았다. 같은 성이나 인종이 다른 부부 사이의 그리고 민족적 정체성과 인종차별, 그것이 부부의 관계에 미치는 영향에 대한 논의는 거의 이루어지지 않았고 소수민족 내담자의 이성애적 관계만 좁은 시각으로 논의되었다. 또한 동성애자 연구에서도 대개 백인 부부에게만 미시적으로 초점을 맞추는 경향이 있다(pp. 216-217).

문화적 복잡성에 대한 연구에 따르면, 문화는 정신장애의 발전에 중요한 역할을 할 수 있다. Jeanne Miranda(2006)는 다음과 같이 기술하였다.

> 우울증 수치와 물질사용장애는 멕시코에서 태어난 멕시코계 미국인에게는 발병률이 낮다. 그리고 멕시코계 미국인 이주자 여성은 8%의 우울증을 가지고 있고, 이는 이주자가 아닌 멕시코인들의 수치와 비슷하다. 그러나 13년 뒤 미국에서, 미국으로 이주한 멕시코 출신 여성들의 우울증 수치가 빠르게 상승하였다. 미국에서 태어난 맥시코계 여성이 겪는 우울증은 미국의 백인 인구의 수치와 비슷하며, 이는 멕시코계 이민자의 2배에 가깝다. 이 연구 결과는 다른 건강 지표에서도 반영된다. 빈곤 수치가 높은데도 불구하고, 멕시코계 미국인 이주 여성은 낮은 수준의 정신적 · 심리적 문제를 가지고 있다. 중국계 미국인 이주 여성은 평생에 걸쳐 우울증을 경험할 확률이 7%이며, 이는 백인 여성의 절반 정도의 수치이다. 이 결과가 보여 주는 것은, 문화적 측면

은 우울증을 막아 주기도 한다는 것이다(p. 115-116).

Shankar Vedantam(2005)은 문화와 집단의 차이점이 어떻게 정신건강에 영향을 주는지를 보여 주는 다른 예시를 제시하였다.

- 세계보건기구의 장기간에 걸친 연구에 따르면, 환각과 와해된 사고 등의 특징을 보이는 조현병 환자의 경우, 미국보다 더 강한 가족적 유대관계를 가지고 있는 빈곤한 국가에서 더 빨리 회복되고 기능을 더 잘한다.
- 미국 태생의 멕시코 사람들은 멕시코에서 이주한 사람들에 비해 2배나 더 우울증이나 불안장애 위험 요인을 가지고 있으며 4배 정도 더 약물 중독의 위험이 있다. 이 연구 결과는 다수의 문헌에서 새로 이민 온 사람일수록 정신장애에 대한 회복 탄력성이 높다는 것을 보여 주고, 사회에 동화될수록 정신장애의 수치가 높아진다는 것을 보여 준다.
- 연구 결과, 조현병 진단 수치는 모든 집단과 같지만, 아프리카계 미국인과 히스패닉 환자들은 백인들보다 3배나 더 많이 조현병 진단을 받는다.
- 미국계 백인 여성은 아프리카계 미국인과 히스패닉 여성보다 3배나 더 많이 자살 시도를 하였다. 전문가들은 이 차이를 전문가들은 사회 연결망 차이의 상대적 장점의 결과로 보았다.
- 다수의 소규모 연구에서 향정신성 약물의 영향은 여러 민족 집단에서 상당히 다르게 나타났다. 심지어 통제집단을 모조 약(dummy pills)에도 다르게 나타났다.

기억해야 할 것은, 문화와 집단을 정의하기 위해 우리가 명명하고 설명하는 것 그리고 내담자를 비슷하게 특징짓는 것은 우리를 내담자의 언어, 경험, 행동을 이해할 수 있게 도울 수 있을지는 모르나 특수한 개인에 대해 알아가는 것을 대신할 수는 없다는 것이다. 집단 안에서 개인의 차이는 집단 사이의 차이보다 클 수 있으며, 집단 내 개인은 그 집단의 특징을 반영하지 않을 수 있다. 일정한 설명 용어들(descriptors)로 한 사람을 바라보고, 기술하고, 이해하려는 시도는 잘못된 것이다. 그리고 설명 용어들은 연구가 가정하는 것처럼 명확하지 않을 수 있다. Connie Chan(1997)은 다음과 같이 기술하였다.

> 정체성(identity)이라는 단어는 심리학과 사회학적 용어로 본래 유동성을 포함한 개념이지만, 우리는 고정된 개념처럼 사용하는 경향이 있다. 인종, 성별처럼 관찰 가능하고 물리적인 특성으로 특징지어지는 정체성의 측면 때문에 정체성은 바뀌지 않는 것처럼 인식된다. 예를 들면, 중국계 여인, 한국계 미국인 여인 등과 같은 정체성, 더 폭넓게는 백인이 아닌 여인(woman of color) 같은 정체성은 미국에서 지배권을 가진 '백인' 인종이 아닌 사람들을 집단으로 묶는 방법이다. 우리는 정체성 구성개념을 물리적 외모와 개인이 자신의 정체성이라고 밝힌 것에 근거한다. 하지만 이러한 명확한 구분조차도 절대적인 것은 아니다. 예를 들면 아시아 문화계의 여인인 나는 나 자신을 백인이 아닌 여인(비백인 여인)이라고 부를 수 있는데, 왜냐하면 나는 소수자 집단에 속해 있다고 나 자신을 보기 때문이다. 하지만 내 여동생은 자신을 비백인 여인으

로 보지 않을 수 있다. 왜냐하면 중국계 조상을 가지고 있지만 그 집단의 목표를 공유하지 않기 때문이다. 그녀의 집단 소속감 부재는 그녀를 비백인 집단에서 제외시키는가? 아니면 그녀의 정체성 선언에도 불구하고 외모 때문에 그녀는 그 집단의 구성원으로 남아 있는가? 일반적으로 인종적 · 신체적 특성에 근거한 정체성 맥락에서, 정당하든 그렇지 않든, 부여된 정체성은 타인에 의해서 지속적으로 개인에게 영향을 미친다. 그래서 첫인상으로 보여지는 정체성이 맞는지 틀리는지는, 그리고 개인이 자신의 정체성을 주장하고 타인에게 설명할지를 결정하는 것은 개인에게 달려 있다(pp. 240-241).

상담자가 내담자의 문화뿐만 아니라 상담자 자신의 문화와, 문화가 자신의 가치, 생각의 틀, 이론적 배경, 이해, 결정에 어떻게 영향을 미치는 것을 아는 것은 중요하다. 특별한 책, 『리아의 나라(*The Sprit Catches You and You Fall Down: A Hmong Child, Her American Doctor, and the Collision of Two Cultures*)』(Fadiman, 1997)는 캘리포니아 주에 있는 병원의 의사와 라오스에서 피난 온 가족의 Hmong이라는 아동을 도우려는 노력을 생생하게 기술하였다. 의사는 그 아이가 간질 발작을 경험하고 있다고 진단하였다. 의사는 전문성도 있고 헌신적이었지만, 문화를 고려하지 않았고, 결과는 재앙이었다. 의료인류학자인 Arthur Kleinman은 이 책에서 다음과 같이 기술하였다.

Hmong 환자와 그녀의 가족들의 문화적 영향이 이 사례에서 큰 것처럼, 생의학적 문화도 영향력이 있다. 당신의 자신의 문화가 가진 이해관계, 감정, 편견을 보지 못한다면, 어떻게 타인의 문화를 성공적으로 다룰 수 있겠는가? (p. 261)

Kleinman(2004)은 *New England Journal of Medicine*의 논문에서 생체의학 문화와 같은 문화의 영향에 대해 다음과 같이 자세하게 기술하였다.

생체의학 문화는 우울증을 둘러싼 불확실성에 어느정도 책임이 있다. 의사나 정신건강 전문가에게는 우울증의 증상으로 보이는 슬픔, 암으로 죽어 가는 환자의 무기력감은 환자, 환자의 가족, 목사에게는 의학적 문제가 아니라 고통에 대한 정신적인 경험의 증상일 수 있다. 어떤 사회적 관계 속에서 몇 년간 계속되는 애도(grief)는 정상적인 정서 반응이지만, DSM 체계가 정상적 애도(bereavement)는 두 달 동안 지속된다고 정의하고 있기 때문에 우울장애로 진단될 수 있다. 이 영역에서, 약학 산업의 정치적 · 경제적 영향을 받은 전문가 집단의 문화는 정상이 무엇인가라는 개념을 전 세계에 걸쳐 변화시켰다.

하지만 임상적 우울을 가진 많은 사람—미국에서 이민자나 소수집단에 속하는 적어도 50%의 사람들—은 의학적 진단이나 치료를 받지 않는다. 적절한 서비스에 접근하기 어려운 것이 주요 원인이기는 하지만, 문화적 요인으로 인해 잘못된 진단을 받기 때문이기도 하다. 우울증 경험뿐만 아니라, 도움 추구, 환자-의사의 의사소통, 그리고 전문가의 수행에 영향을 미침으로써 문화는 진단과 관리를 어렵게 한다. 문화는 또한 처음 우울증이 생기는 데 영향을 미치는 사회적 지지원이나 심리적 보호요인과 위험요인의 상호작용에도 영향을 미친다. 문화는 염색체 표현(gene expression)과 생리적 반응에 대한 독특한 환경을 창조함으로써 우울증에 대한 지역적 생물학이라는 것으로 나타날 수 있다. 연구들은 이미 항우울제가 민족적 배경이 다른 환자에게 다른 효과를 나타내는 것을 보여 준다(pp. 951-952).

Melba Vasquez(2007)는 문화적 차이가 치료적 동맹에 구체적이고 일반적으로 치료에 미치는 방법에 대한 증거 기반 분석을 제공하였다. Lillian Comas-Díaz는 이 책의 15장에 문화와 심리치료의 관계를 충분히 기술하였다.

이 장에서 다른 도전들과 논쟁들과 함께 같은 질문이 생성될 수 있다. 우리는 이러한 주제들을 교육 과정에서 충분히 다루는가? Nancy Hansen와 동료들(2006)의 연구는 대학원 과정에서의 문화적 주제에 주의를 기울여야 하고, 실습 및 연수 그리고 다른 교육 장면에서 이 주제에 대한 그리고 이 주제를 다룰 역량을 개발하도록 주의를 기울여야 한다고 제안하였다. Hansen과 동료들의 "우리는 가르치는 대로 행동하는가?"라는 질문은 우리가 다문화 역량이라 부르는 영역에서 전체적으로 86%에 해당하는 설문 문항에서 자신들이 가르치는 대로 행동하지 않는다는 연구 결과를 얻었다(p. 66). Hansen과 동료들은 상담자들이 무엇이 전문적인 수행인지 아는 것을 수행하지 못하는 연약성을 인식할 필요가 있으며, 사전에 창의적인 문제해결 역량을 가져야 할 필요가 있다고 결론지었다. 이 영역에서의 개인적 장애를 확인하는 것이 도움이 될 것이다. 당신은 인종적으로나 민족적으로 당신과 다른 내담자에게는 특정 주제에 대해 이야기하기를 불안해하는가? 어떻게 개입하는 것이 최선인지 확신이 없는가? 이 주제를 탐색하는 것이 당신이 감당할 수 없는 것이라는 두려움을 느끼는가? 당신의 상담에서 이 장애들이 인종적 · 민족적으로 반응적이게 바뀌도록 하기 위해서 무엇을 해야 하는가?(Hansen et al., 2006, p. 72)

모든 상담자가 문화에 영향을 받았으며, 모든 내담자가 문화에 영향을 받았다는 현실을 진지하게 받아들이면 다문화 상담은 다른 나라에서 오거나 다른 언어를 사용하는 내담자와 일할 경우에만 알아야 하는 것이라는 고정관념에 빠지지 않을 것이다. Pedersen, Draguns, Lonner와 Trimble(1989, p. 1)은 *Counseling Across Culture*라는 책에서 "다문화 상담은 먼 미국에 적용되는 이국적인 주제가 아니라 어떤 내담자에게라도 좋은 상담의 가장 중심에 있는 것이다."라고 우리에게 일깨워 준다.

추천 도서

Pope, K. S., & Vasques, M. J. T. (2011). *Ethics in psychotherapy and counseling: A practical guide* (4th ed.). Hoboken, NJ: Wiley.

이 책은 이 장에서 논의한 거의 모든 주제에 대해서 더 확장된 논의와 깊이 있는 분석을 제공한다.

웹 자료

PsycCRITIQUES blog(http://psyccritiquesblog.apa.org/) *PsycCRITIQUES: Contemporary Psychology*

미국심리학회의 *Reviews of Books*는 매주 온라인으로 발간되는 학술지로, 심리학의 과학적 · 임상적 주제와 관련된 책과 영화에 대한 소개글을 발표한다. 이 장에서 다룬 많은 주제들은 학술지의 블로그에 소개글에 대한 반응으로, 자극적인 조사 자료가 실려 있다.

용어 해설

가장 중요한 관련을 표시하기 위해 다음의 약어들을 사용하였다. (가) 가족치료, (게) 게슈탈트 치료, (긍) 긍정심리치료, (내) 내담자 중심 치료, (다) 다문화 심리치료, (관) 관계 중심 심리치료, (묵) 묵상 치료, (실) 실존 심리치료, (아) Adler 심리치료, (인) 인지치료, (정) 정신분석적 심리치료, (통) 통합치료, (합) 합리적 정서적 행동치료, (행) 행동치료.

가계도 Genogram(**가**). 여러 세대에 걸쳐 일어나는 가족의 양식을 추적하기 위해서 사용되는 가족 관계 체계에 대한 도표.

가족 구도 Family Constellation(**아**). 가족 구성원의 수, 순서 및 특징. 가족 구도는 생활양식을 결정하는 중요한 요소이다.

가족 조각 Family Sculpting(**가**). 가족 구성원이 그가 가족 관계를 보는 상징적 관점에 따라 다른 가족 구성원들을 공간적 위치에서 물리적으로 배치하는 데 사용되는 비언어적 기법.

가짜 양태 Inauthentic Mode(**실**). Heidegger는 무심한 대답과 진정한 자신이 되기 위한 책임 불이행 등이 가짜 양태를 특징짓는다고 믿었다.

간직하기 Containment(**정**). 어렵거나 견딜 수 없는 내담자의 감정적 경험을 방어적이지 않은 방식으로 처리하는 치료자의 능력과 그 내담자가 과정을 이해하도록 돕는 능력은 중요한 치료적 기제임을 명시하는, Wilfred Bion의 작업에서 비롯된 발달 및 치료적 변화 모델.

감각 집중 Sensate Focus(**행**). 감각적 쾌락을 주고받는 방법을 내담자에게 다시 소개하기 위해 만들어진, 성 치료에서 사용되는 일련의 연습.

강점과 덕목의 분류 Classification of Strengths and Virtues(**긍**). 6가지의 덕목으로 분류되는 24가지의 핵심적 성격 강점으로, 가장 처음의 그리고 포괄적인 분류. Peterson과 Seligman의 개역판(2004)은 un-DSM(반DSM) 또는 '온전한 정신 설명서'라고도 언급된다.

강점 기반 평가 Strength-Based Assessment(**긍**). 개인과 대인관계에서의 행복을 촉진하는 긍정적인 정서, 행동, 역량, 강점, 그리고 기술의 측정.

강화 Reinforcement(**행**). 반응에 뒤이어 보상을 제공하거나 혐오적 자극을 제거하는 것. 강화는 항상 강화받는 행동이 앞으로 일어날 확률을 증가시킨다.

개인심리학 Individual Psychology(**아**). 각 개인을 독특하고, 그냥 존재하기보다는 끊임없이 되어 가는 전체적인 실체로 보며, 사회적 맥락 안에서만 인간의 발달이 이해될 수 있다고 보는, 인간 행동을 이해하는 접근법.

개인화 Personalization(**인**). 개인적으로 관여되었음을 지지하는 증거가 없을 때도 부정적 사건에 대하여 개인적 책임을 지는 것.

거울 Mirror. 내담자의 행동과 태도를 모방하여 내담자가 자신의 행동을 더 분명하게 볼 수 있도록 하는 사람.

거짓 상호성 Pseudomutuality(**가**). 실제로는 존재하지 않는 개방적이고 만족스러운 관계가 있는 것처럼 나타내 보여 주는 가족 조화에 대한 가면.

거짓 적대성 Pseudohostility(**가**). 더 깊고, 더 진솔하고, 더 친밀한 느낌을 피하기 위하여 피상적으로 싸우는 것.

게슈탈트 Gestalt(**게**). 경험에 대한 지각적 전체 또는 통일된 윤곽을 말하는 것으로, 영어로 번역할 수 있는 단어가 없다.

결정론 Determinism. 모든 정신적 사건이 어린 시절의 심리적 경험과 인과적으로 연결되어 있다는 가정.

결혼 분열 Marital Schism(**가**). 조화를 이루지 못하고, 배우자를 무시하고, 자주 이혼에 대한 위협을 하는 불안한 가족 결합. 참조: 결혼 왜곡.

결혼 왜곡 Marital Skew(**가**). 부부 중 한 사람이 극도로 지배적이고 결혼관계는 현실 왜곡을 통해서 유지되는 불안한 가족 결합.

경계 Boundary(**가**). 가족에서 누가 어떤 태도로 참여할지를 결정하는 규칙처럼, 한 체계의 부분들 사이에 놓여 있는 경계.

경계 장애 Disturbances at the Boundary(**게**). 연결과 철회 사이에서 진행되고 있는 이동의 방해. 연결을 막으면 고립이 일어나고, 철회를 막으면 융합이 일어난다.

경험적 가족치료자 Experiential Family Therapist(**가**). 자기 자신을 진정한 인간으로 드러내고 가족과 상호 작용하는 데 자기를 사용하는 치료자.

경험적으로 지지되는 치료 Empirically Supported Treatment. 엄격한 기준들(예: 무작위 임상 실험)을 충족하는 과학적 연구들에서 효과적인 것으로 밝혀진 치료들. 치료가 경험에 기인하여 지지받기 위해서는 치료를 받지 않은 환자들보다 치료를 받은 환자들이 더 나아진 것을 보여야 하며 적어도 유익하다고 문서로 입증된 대체 치료들을 통해 얻어진 결과와 일치하여야 한다.

경험하기 Experiencing(**내**). 좁고 경직되게 또는 개방적이고 유연하게 자기와 세계를 감지하고 자각하는 것. 경험은 각 개인마다 독특하다.

고르게 떠 있는 주의 Evenly Suspended Attention(**정**). 치료자가 자신의 예상이나 기대를 버리고 내담자가 하는 말을 주의를 기울여, 열려 있고, 수용적으로 경청하는 태도.

고립 Isolation(**게**). 접촉 경계가 너무도 두껍고 경직되고 투과성이 없어서 자기와 환경 사이의 심리적 연결이 사라진 상태이며, 그 사람은 자신이 외부로 다가가거나 외부가 자기에게 다가오는 것을 허용하지 않는다. 고립은 건강할 수도 있고, 건강하지 않을 수도 있다. 철회와 대비된다.

고유세계 Eigenwelt(**실**). 각 개인이 세계와 관계를 맺는 방식의 한 수준. 고유세계는 말 그대로 '고유한 세계'이고 우리 각자가 자기와 관계를 맺는 방식을 말한다.

고전적 조건형성 Classical Conditioning**(행)**. 새로운 자극들을 자연스럽게 반응을 이끌어 내던 기존의 자극들과 짝지음으로써 기존의 반응들이 새로운 자극에 부착되는 학습의 한 유형.

공감 Empathy**(내)**. 다른 사람이 표현한 정서, 염려, 상황 등을 정확하고 깊게 느끼는 것.

공감적 이해 Empathic Understanding**(내)**. 마치 치료자가 내담자가 세상을 보듯이 세상을 보는 것처럼 내담자가 표현한 의미들을 흡수하는 능력, 그리고 내담자의 고통 또는 기쁨을 함께 느끼는 능력.

공격성 Aggression**(게)**. 유기체에서 환경으로 뻗어 나가는 에너지의 기본적인 생물학적 움직임. 동화, 사랑, 주장, 창조성, 배고픔, 유머, 변별, 온화함 등에는 모두 공격성이 필요하다.

공동체감 Gemeinschaftsgefühl**(아)**. 더 큰 사회질서 내에서 다른 사람에 대한 관심과 개인의 역할에 대한 음미(감사?)가 합쳐진 것. 일반적으로 '사회적 관심'이라고 번역된다.

공생 Symbiosis**(가)**. 흔히 어머니와 자녀 사이의 관계에서 나타나는, 두 사람이 그 사이에서 경계를 찾을 수 없을 정도로 얽혀져 있는 관계.

공유 Sharing. 심리극 상연의 세 번째 단계로, 청중 속에 있는 집단의 다른 구성원들이나 보조자가 그 역할 연기가 자신의 삶 속의 비슷하거나 관계되는 사건과 어떻게 관련이 되는지 공유하는 것. 충고, 해석, 또는 분석과는 대조된다.

공유세계 Mitwelt**(실)**. 각 개인이 사회적으로 그리고 다른 사람과 함께함을 통하여 세계와 관계하는 방식. 우리가 살고 있는 시대, 우리의 나이, 우리 자신의 시간, 지금의 세대, 같은 시대를 사는 사람들.

공존세계 Umwelt**(실)**. 생물학적이고 신체적인 면을 통해 세계와 관계하는 방법. 한 사람이 자연과 주위세계와 맺는 관계.

공통 요인 접근법 Common Factors Approach**(통)**. 특별한 요소들보다 치료법 속의 공통성들이 치료의 성공의 이유가 된다는 가정에 기반하여 각각 다른 치료법들이 공유하는 핵심 요소들을 밝히고 적용하는 접근법. 공통 인자들은 치료 동맹, 카타르시스, 새로운 행동의 습득, 그리고 긍정적 기대들을 포함한다.

과일반화 Overgeneralization**(내, 합)**. 단일 사건들로부터 일반적인 규칙을 구성하여 이것을 너무 넓게 적용하는 것.

과제 Homework**(합, 행)**. 치료 회기 사이에 하게 되는 구체적인 활동.

광장공포증 Agoraphobia. 공황발작이나 공황 증상을 경험할 경우에 탈출이 어렵거나 도움을 받을 수 없는 상황에 대한 두려움. 흔히 두려워하는 상황들은 에워싸인 장소, 혼자 있는 것, 붐비는 장소, 그리고 여행이다.

구성주의 Constructivism**(가)**. 각 개인이 현실에 대한 지각을 창조하는 주관적 방식을 강조하는 관점.

구조적 이론 또는 가설 Structural Theory or Hypothesis**(정)**. Freud의 마음에 대한 두 번째 모델. 이 모델은 마음이 각각 의식적 요소와 무의식적 요소를 가지고 있는 세 가지 힘(agencies), 즉 자아, 초자아, 그리고 원초아로 되어 있다고 본다. 참조: 원초아, 자아, 초자아.

구조주의 Structuralism**(가)**. Salvador Minuchin과 관련된, 핵가족의 중요성을 강조하고 가족 내의 병리적 동맹과 분열을 변화시키는 것을 추구하는 가족치료 접근.

구조주의자 Structuralist**(가)**. 가족의 거래 작용의 패턴을 증진시키기 위해 가족의 조직적 구조를 변화시키거나 재배열하는 것을 강조하는 치료자.

국제긍정심리학회 International Positive Psychology Association (IPPA; www.ippa.org) **(긍)**. 긍정심리학을 고취하기 위하여 존재하는 회원 조직. IPPA는 6개의 분과를 갖고 있다: 기초 연구, 임상, 고칭, 교육, 건강, 그리고 조직.

권력에 대한 의지 Will to Power **(아)**. 부적절한 느낌과 열등감을 극복하기 위해 우월성과 지배력을 얻으려는 개인적인 노력.

근본적 부적 편향 Fundamental Negativity Bias **(긍)**. 긍정적인 경험보다 부정적인 경험에 더 빨리 반응하게 되는 진화적 경향.

긍정심리치료 Positive Psychotherapy **(긍)**. 만약 증상들과 강점들이 통합되고 강점들이 심리적 괴로움을 극복하는 데에 사용된다면 정신병리는 더 잘 이해되고 도움을 받을 수 있다는 기본적 전제를 가진 임상적 긍정심리학 접근법.

긍정심리치료척도 Positive Psychotherapy Inventory **(긍)**. Seligman의 행복 이론(PERMA)에 기반하여 긍정심리치료척도(PPI)는 실증적으로 입증되었고, 25개의 항목으로 구성된 긍정심리치료의 결과 측정 척도로, 행복에 대한 치료 전후의 변화들을 평가하기 위해 사용된다.

긍정심리학센터 Positive Psychology Center **(긍)**. 미국 필라델피아의 펜실베이니아 대학교에 위치하고 Martin Seligman이 책임자로 있는 긍정심리학센터(PPC)는 긍정심리학의 연구, 수련, 교육, 그리고 전파를 촉진하는 선두적인 기관이다.

긍정적 인지 평가 Positive Cognitive Appraisal **(긍)**. 다음 네 가지의 특정 기법들을 사용하여 나쁘고 씁쓸한 기억들을 꺼내어 분석하고 다시 평가하는 접근법. 3인칭 관점, 긍정적 그리고 부정적 기억들의 목록, 전환과 기분풀이, 그리고 마음챙김.

기관 열등 Organ Inferiority **(아)**. Alfred Adler가 주장한 것으로 신체 기관에서 지각되거나 실제적인 선천적인 결함이 있는 것. 이 결함들을 극복하기 위해 보상적인 노력을 하게 된다.

기능적으로 명확한 상태 Functionally Specific States **(묵)**. 자기성찰과 같은 특정 능력이 향상되고 그 외 다른 능력들은 줄어드는 의식의 상태.

기본적 오류 Basic Mistake **(아)**. 개인의 삶을 조직하고 조성하는 신화. 예로는 과일반화, 안전에 대한 필사적인 욕구, 삶의 요구에 대한 오해, 자기 가치의 부인, 잘못된 가치관 등이 있다.

기본적 참만남 Basic Encounter **(내)**. 한 집단원이 진술하고 실제적인 다른 구성원에 대하여 공감을 가지고 반응하는 것.

기술적 절충주의 Technical Eclecticism **(통)**. 치료자들이 다양한 치료적 체계들로부터 도출한 다양한 방법들을 그들의 기존 이론들에 대해 신경쓰지 않고 사용하는 통합적 접근법.

깨달음의 요인 Factors of Enlightenment **(묵)**. 불교의 심리학에서 심리적 안녕을 위해 중요한 7가지 자질로, 마음챙김, 노력, 탐구, 황홀, 집중, 평온, 평정을 말한다.

나이칸 Naikan **(통)**. 사회적 대인관계적 참여를 늘리기 위해 과거 관계에 대한 집중적 반추를 사용하는 일본의 치료법.

내사 Introjection **(게)**. 밖으로부터 정보나 가치들을 평가 없이 받아들이는 것. 반드시 심리학적으로 건강하지 못하다고 할 수 없다.

내사된 것 Introject **(가)**. 현재의 관계에 영향을 주는 개인의 과거에서 내재화된 대상.

내적 대상 Internal objects **(정)**. 타인, 상상, 그리고 방어 과정과의 실제 상호작용의 조합을 통해 발달되는 가상의 정신적인 구조.

내적 참조 체계 Internal Frame of Reference(**내**). 관찰자, 심리치료자 또는 다른 사람들의 관점과는 구별되는, 개인이 보는 세계와 자기에 대한 관점이나 지각.

넓히고 쌓고 가설 Broaden-and-Build Hypothesis(**긍**). 긍정 정서들이 개인의 순간적 생각-행동목록을 넓히고 지속되는 개인 자원들을 쌓는다고 상정하는 Barbara Fredrickson의 이론.

다세대 전수 과정 Multigenerational Transmission Process(**가**). 미숙한 사람이 자기와 비슷하게 낮은 수준으로 가족에게서 분리된 사람과 결혼함으로써 세대 간에 심리적 문제가 전해 내려오는 것.

단계적 과제 부과 Graded-Task Assignment(**인, 행**). 단순한 활동에서 시작하여 복잡성이나 어려움의 수준을 단계적으로 증가시키는 것.

단일체적 Monadic(**가**). 한 사람의 특징이나 특성에 근거한.

닫힌 체계 Closed System(**가**). 투과성이 없는 경계를 가지고 따라서 새로운 정보와 변화에 저항하는 자기 제한적 체계.

당위성 Musturbation(**합**). Albert Ellis가 만들어 낸 용어로, 절대적이고 경직된 사고를 가지고 있는 내담자의 행동 특성을 말한다. 예를 들어, 실패해서는 절대로 안 된다, 반드시 특출해야 한다, 반드시 성공해야만 한다 등.

대리학습 Vicarious Learning(**행**). 관찰과 흉내를 통해서 배우는 것. 동의어: 모델링.

대상관계 이론 Object Relations Theory(**정, 가**). 인간의 기본적 동기는 만족스러운 대상(사람)관계를 찾는 데 있다는 관점. Melanie Klein, W. Ronald Fairbairn, 그리고 Donald Winnicott의 저술들과 연관이 있음.

대역 Double. 주인공의 내적 자기 또는 주인공이 느끼거나 생각하지만 겉으로 표현하지 않는 것을 연기하는 보조자의 역할. 참조: 보조자

대인관계 문제 영역 Interpersonal Problem Areas(**관**). 애도, 대인관계 분쟁, 역할 변환, 그리고 대인관계 결핍. 이 네 문제 영역들은 우울 에피소드를 촉발시킨다.

대화 Dialogue(**실, 게**). 두 사람 사이의 진솔하고, 동등하고, 정직한 의사소통. '나-너' 관계.

더 높은 상태 Higher States(**통**). 정상적인 정신능력에 강화된 능력들이 추가로 더해진 의식의 상태.

도식 Schema(**인**). 세계가 어떻게 작용하는지에 관한 핵심 신념과 기본적 가정을 포함하는 전략이나 사고방식.

동화 Assimilation(**게**). 무엇인가를 구성하고 있는 부분을 잘게 나누어 이 부분들이 수용되어 그 사람의 일부가 되거나, 거부되거나, 알맞은 형태로 수정되는 과정.

두 사람 심리학 Two-Person Psychology(**정**). 치료자와 내담자 모두 치료적 관계에서 일어나는 모든 것들에 항상 기여한다고 상정하는 많은 현대 정신분석 모델에 보편적인 관점.

두 의자 기법 Two-chair Technique(**게**). 내담자가 빈 의자로 상징화하여 나타낸 다른 사람(또는 자신의 또 다른 부분)과 대화를 나누는 감정적이고 경험적인 절차. 내담자는 한 의자에서 다른 의자로 옮겨 가며 다른 역할들을 맡을 수 있다.

뒤엉킨 가족 Enmeshed Family(**가**). 개별 구성원들이 각자 다른 식구들의 생활에 너무 깊게 관여해서 개인적인 자율성이 불가능해진 가족.

리비도 Libido(**정**). Freud 체계에서 성격의 기본적인 추동적 힘. 성적 에너지를 포함하지만 거기에 국한되지는 않는다.

마음챙김 Mindfulness(**묵**). 경험에 대한 분명한 객관적 인식

만병통치약 Panacea. 모든 질병과 곤란을 치유하는 것. 모든 것을 치유함.

말더듬증 Dysarthria. 자동적인 말 만들기에서 어려움을 겪는 언어장애.

매뉴얼 기반 치료 Manual-Based Treatments(**행**). 표준화된 매뉴얼 기반 치료의 사용은 매뉴얼이 치료 정확도의 가능성을 높이기 때문에 많은 증거 기반 치료의 지지자들이 옹호한다. 매뉴얼 기반 치료에 반대하는 사람들은 설명서의 사용이 환자들과 문제들 속의 개인적인 차이들을 무시하는 프로크루스테스 접근법(Procrustean approach)을 나타낸다고 주장한다.

명상 Meditation(**묵**). 주의를 훈련하고 더 큰 자의적 통제 아래 다양한 정신 과정들을 불러오기 위해 만들어진 훈련법.

모리타 Morita(**묵**). 개인의 주의를 자신으로부터 멀리함으로써 불안을 치료하는 일본의 치료법.

몰입 Flow(**긍**). Mihaly Csikszentmihalyi의 개념으로, 다른 특징들 중에서도 깊이 몰두함, 시간 감각을 잃음, 그리고 경험과 "하나"로서 깊이 연결됨 등으로 알려진 심리적 상태.

무의식 Unconscious(**정**). 정신의 한 구획. 개인이 자각하지 못하는 심리적인 자료들의 저장소.

무작위 통제 임상 실험(또는 무선 통제된 실험) Randomized Controlled Trial(**관, 행, 인**). 연구자들이 환자들을 무작위로 하나 또는 그 이상의 치료 집단에 배정하는 전향적 연구로 증거 기반 치료를 평가하기 위한 가장 좋은 방법으로 간주된다. 대인관계 심리치료, 행동치료, 그리고 인지치료에서 가장 널리 사용된다.

무조건적 긍정적 존중 Unconditional Positive Regard(**내**). 치료자 자신의 가치관과는 무관하게, 내담자를 하나의 인간으로서 수용하고 비소유적으로 관심을 갖는 것. Rogers의 치료적 변화를 위한 필요충분조건 중 하나.

무조건적 수용 Unconditional Acceptance(**합**). 세 가지 요소를 지니는 합리적 정서적 행동치료의 주요 철학적 역점. 무조건적 자기 수용, 무조건적 타인 수용, 무조건적 삶 수용.

문화적 가계도 Cultural Genogram(**다**). 개인의 삶과 가족에서 문화와 맥락의 역할을 강조하는 치료 도구

문화적 역량 Cultural Competency(**다**). 전문가가 다문화적 상황에서 효과적으로 일하게 하는 지식, 행동, 태도, 기술, 그리고 방책들의 집합. 문화적 역량은 문화적 · 사회정치적 영향들이 개인의 세계관과 그에 관련된 건강행동을 어떻게 형성하는지에 대한 이해를 반영하는 적절한 행동, 태고, 그리고 방책을 요구한다.

미래 투사 Future Projection. 미래의 어떤 특정 시점에 삶이 어떻게 진행된다고 보는지에 대한 설명.

미시적 공격 Microaggression(**다**). 사람들이 단지 자신의 인종, 피부색, 민족성, 성별, 또는 문화 때문에 정기적으로 받는 심리적 폭행.

반암시 Antisuggestion(**아**). 참조: 역설적 개입.

반응적 조건형성 Respondent Conditioning(**행**). 참조: 고전적 조건형성.

반전 Retroflection(**게**). 환경을 자신으로 대체하는 접촉 경계 장애. 개인이 타인에게 바라던 것을 자기 자신에게 할 수도 있다. 또는 타인으로부터 바라던 것을 자기 자신에게 할 수도 있다. 반전은 고립의 주된 기제이며 반드시 건강하지 않은 것은 아니다.

방어 Defense(**정**). 불안의 위험신호에 대응하여 자아가 내부와 외부의 위협으로부터 보호하기 위해 사용하는 방법. 억압, 부정, 그리고 투사가 그 예이다.

방향 감각 상실 Disorientation. 시간과 장소(예: 날짜, 위치 등)를 정확하게 식별하지 못하는 상태

번영 Flourishing(**긍**). 긍정적인 감정들, 개인의 의미에 대한 강한 느낌, 훌륭한 일, 그리고 긍정적인 관계들로 특징지어지는 상태. 내담자들이 이 상태를 갖도록 돕는 것은 그저 심리적 고통의 증상들을 없애 주는 것보다 더 많은 것들을 필요로 한다.

벌 Punishment(**행**). 그 뒤에 따르는 행동을 종결할 가능성이 높은 혐오적 사건.

변별 자극 Discriminative Stimulus(**행**). 강화가 주어지거나 주어지지 않을 것을 보여 주는 자극.

변증법적 행동치료 Dialectical Behavior Therapy(**행**). 경계선 성격장애 환자들을 대상으로 사용하기위해 Marcha Linehan이 개발한 치료법. 변증법적 행동치료는 변화의 필요성과 사물의 존재방식에 대한 수용을 비교해본다. 마음챙김이 DBT의 중심적 구성요소이다.

변화의 단계 Stages of Change(**통**). Prochaska와 DiClementa가 개발한 것으로 치료적 접근법들을 내담자의 변화를 위한 준비성에 맞추기 위해 사용된다. 이 모델은 다섯 가지 단계로 구성되어 있다. 전숙고기, 숙고기, 준비기, 행동기, 유지기. 참조: 14장 표 14.1

변화의 역설적 이론 Paradoxical Theory of Change.(**게**). 역설에 기초를 둔 변화의 이론. 자기가 아닌 것으로 있으려고 애를 쓰면 쓸수록 같은 상태로 남게 된다. 변화하는 세계에서 같은 상태로 남아 있으려고 애를 쓰면 쓸수록, 세계만큼 더 변하게 된다. 개인이 자기 자신을 알고 수용할수록 최대한의 성장이 일어난다. 개인이 자기를 거부할 때, 예컨대 자기를 지지하는 수준 너머로 자기를 밀어붙일 때, 내적인 긴장에 의해 성장이 방해를 받는다.

보조자 Auxiliary. 특정한 장면을 상연할 때 치료자나 내담자를 돕는 사람.

부당한 요구 Demandingness(**합**). 자신이 삶에서 원하는 것은 꼭 얻어야만 하고 그렇지 않으면 끔찍한 비극이라고 생각하는 몇몇 내담자들의 신념.

부적 강화 Negative Reinforcement(**행**). 불쾌한 자극을 끝내거나 제거함으로써 반응의 가능성을 증가시키는 모든 행동. 부적 강화는 그 뒤에 따라오는 행동이 나타날 확률을 증가시킨다.

부적 피드백 Negative Feedback(**가**). 정상에서 너무 떨어져 있는 것을 바로잡고 체계를 안정된 상태로 되돌려 놓기 위한 출력된 정보의 체계로 돌아가는 흐름.

분열 Splitting(**정, 게**). 정신분석에서는, 사람을 완전히 선한 사람이나 완전히 악한 사람으로 분류하여 다른 사람에 대한 완전하고 균형 잡힌 그림을 가질 수 없는 원시적 방어를 뜻한다. 게슈탈트 치료에서는, 어떤 사람이 반대되는 양극으로 자기의 부분들을 나누는 상황을 가리킨다. 그 사람은 한쪽 극은 자각하고 다른 한쪽 극은 감지하지 못한다. 예를 들어, 사람은 자기가 자신 있는 부분과 자신 없는 부분을 분열시켜 이 역할들 사이를 망설일 수 있다. 분열은 이분법의 한 유형이다.

비지시적 태도 Nondirective Attitude(**내**). 자기 결정에 대한 내담자의 내재된 능력과 권리를 소중하게 여기는 것.

비합리적 신념 Irrational Belief(**합**). 정서적 혼란을 일으키는 비이성적인 확신(예를 들어, 세상이 지금 그대로의 모습과 반드시 또는 꼭 달라야 한다고 주장하는 것).

빈 의자 Empty Chair(**게**). 내담자의 모든 투사하는 태도와 함께 내담자가 상상하는 사람의 의자. 의자에 앉는 상상의 인물은 내담자의 삶에서 중요한 인물, 꿈속의 인물, 내담자의 신체나 마음의 일부, 심지어는 치료자일 수도 있다. 의자는 일반적으로 역할 역전과 함께 사용되며 두 부분이 서로 만나고 있을 때 내담자가 의자들 사이를 오가는 것을 묘사하기 위해 '왕복 소통'이라는 용어를 사용한다.

사회 의존성 Sociotrophy(**인**). 대인관계에 대한 의존성 그리고 친밀과 양육의 욕구에 의해서 특징지어지는 성격의 차원.

사회적 관심 Social Interest(**아**). 사회적 전체의 일부가 되는 느낌. 전반적인 사회적 선(善)에 기여하고자 하는 욕구와 의도. 참조: 공동체감.

사회 학습 이론 Social Learning Theory(**행**). 행동의 발달, 유지, 그리고 수정을 설명하기 위하여 조작적 조건형성과 고전적 조건형성을 인지 중재적 과정(예: 대리적 학습과 상징적 활동)과 결합한 체계.

삼매경 Samadhi(**묵**). 깊은 평온과 집중에 의해서 돋보이는 요가의 의식 상태.

삼자 관계 Triadic(**가**). 세 사람 이상의 상호작용이 포함되는 관계에 속하는 것.

상징화 Symbolization(**인**). 생활 사건이나 경험이 한 사람의 의식이나 자각 속에 들어오도록 허용하고 그것을 자기 개념의 측면에서 해석하는 과정. 상징화는 정확하고 경험에 대한 만족과 복잡함을 구체화하거나 또는 경험이 개인의 자기 지각을 위협할 때에는 불완전하거나 왜곡될 수도 있다.

생생한 인지 Hot Cognition(**인**). 강한 정서적 반응을 일으키는 강력하고 매우 의미 있는 생각.

생식기 Genital Stage(**정**). 심리성적 발달의 마지막 단계로, 오이디푸스 단계라고도 하며 이성 관계가 이루어지는 시기이다. 그것의 뿌리는 5-6세에 형성되고 성숙한 성격의 기반이 된다.

생존 Survival. 내재되어 있는 욕구, 추동, 인간 행동의 근원. 이것은 인간이 건강, 영양, 신체적 위험으로부터 보호를 구하도록 한다.

생활 과제 Life Tasks(**아**). 사회, 일, 성과 같은 삶의 기본적 도전과 의무. Rudolf Dreikurs와 Harold Mosak은 여기에 영적 성장과 자기 정체성을 추가적으로 포함시켰다.

생활양식 Lifestyle(**아**). 개인이 살아가고 장기적 목표를 추구하는 특유의 방식.

선택적 추상화 Selection Abstraction(**인**). 다른 정보를 무시하고 맥락에서 나온 세부사항에 근거하여 결론을 내는 것.

선형적 인과관계 Linear Casuality(**가**). 한 사건이 다른 사건의 원인이고 그 반대는 아니라는 관점.

성격 강점 Character Strengths(**긍**). 감정, 생각, 또는 반응들을 통해 드러나는 성격 강점들은 자기의 권리로 도덕적으로 평가되고 반드시 눈에 보이는 결과들과 연결된 것은 아닌, 어디에나 있는 특성들이다. 성격 강점들은 성취와 삶의 만족에 기여한다.

성도착증 Paraphilias. 치료의 대상이 되는 것으로 생각되는 이상하고 드문 성 행동들. 여기에는 노출증, 물품음란증, 접촉도착증, 소아성애증, 성적피학증, 성적가학증, 복장도착증, 관음증 등이 있다.

세계관 Worldview(**다**). 개인의 문화에 의해 형성되며 개인이 세계를 해석하고 세계와 소통하는 방법에 영향을 주는 생각과 신념. Harry Triandis의 저작들과 관련이 있다.

세련된 해결책 Elegant Solution(**합**). 내담자가 단지 증상의 제거를 넘어서 심오한 철학적 변화를 하도록 돕는 해결책.

소거 Extinction(**행**). 고전적 조건형성에서, 무조건적 자극 없이 조건 자극을 반복해서 제시한 결과로 조건 반응이 점진적으로 감소하는 것. 조작적 조건형성에서는, 이전에 강화를 받은 반응이 있은 후에 강화가 주어지지 않으면 소거(무반응)가 일어난다.

소속 Belonging(**아, 행**). 인간 행동의 타고난 욕구, 추동 및 근원. 이것은 사람들이 다른 사람들과 관계를 추구하고 거기에 관여하도록 해 준다.

소시오메트리 Sociometry. 집단이 대인관계의 선호(예: 매력이나 혐오감)에 대하여 피드백을 주는 방법.

소크라테스식 대화 Socratic Dialogue(**인, 합**). 가설에 대하여 논리적인 답과 결론에 이르기 위해 고안된 일련의 질문들.

속임수 Mystification(**가**). 타인의 경험을 잘못 해석하거나 잘못 명명함으로써 의도적으로 왜곡하는 것.

수용전념치료 Acceptance and Commitment Therapy(**행**). Steven Hayes가 발전시킨 행동치료의 한 종류로, 정신병리의 결정적 요인으로서의 경험적 회피와 인지적 융합 그리고 치료 과정의 한 요소로서의 전념에 초점을 둔다.

순환적 인과관계 Circular Causality(**가**). 가족 상호작용에서처럼, 어떤 인과적 사건이든 그 이전의 원인의 결과로 생겨난 것으로 보는 상호작용 망에 관한 피드백 모델.

순환적 질문 Circular Questioning(**가**). 여러 가족 구성원들에게서 어떤 사건이나 관계를 지각하는 방식의 차이를 이끌어 내는 면담 기법. 특히 가족의 인생 주기에서 의미 있는 연합(coalition)의 변화가 있는지의 관점에서 살펴본다.

숨겨진 의도 Hidden Agenda. 사람들 간의 상호작용에서 가지고 있는 실제적인 목표(게임에서처럼)로, 겉으로 드러난 목표와는 차이가 있다.

시대정신 Zeitgeist. 한 시대를 나타내는 정신. 만연한 문화적 분위기.

식욕 부진 환자 Anorectic. 스스로 굶는 행동을 하는 사람.

신경증 Neurosis(**정**). Freud가 처음 사용한 용어로, 심각한 정신병적 증상 이외의 모든 상태를 포함한다. 현재는 정신적 기능이 비교적 건전하고 현실과 접촉이 잘되는 정서적 장애를 정의하는 좁은 개념으로 사용된다.

신경증적 불안 Neurotic Anxiety(**실**). 실제적인 위협이 별로 없는데도 두려움을 느끼거나 염려를 하는 상태. 신경증적 불안은 파괴적이고 무기력하게 하며 건설적으로 사용될 수 없다. 정상적 불안과 비교된다.

신뢰 Trust(**내**). 성장 지향적이고 긍정적인 방향성을 갖는 존재로서의 자기와 타인에 대한 기본적인 믿음

실연 Enactment(**정**). 내담자과 치료자의 무의식적 협력에 의해 형성된 두 사람 사이의 상호 작용. 실연을 통한 탐색과 작업은 변화에서 중요한 과정이 될 수 있다.

실존적 고립 Existential Isolation(**실**). 타인과 세계로부터의 근본적이고 불가피한 각 개인의 분리. 이것은 줄어들 수는 있지만 절대 완전히 제거될 수는 없다.

실존적 신경증 Existential Neurosis(**실**). 성실성의 결여, 책임감의 포기, 선택을 하지 못함, 그리고 삶의 방향과 목적이 없음으로 인하여 공허감, 무가치감, 절망, 불안을 느끼는 것.

실존주의 Existentialism(**실**). 진정한 실존의 중요성, 개인의 심리적 실존에 대한 책임감과 결정, 인간관계 속의 진실성, '지금-여기'의 우세함, 그리고 지식을 찾기 위한 경험의 사용을 강조하는 철학적 움직임.

실현 경향성 Actualizing Tendency(**내**). 성장과 자신의 잠재력을 달성하려는 인간의 타고난 속성.

심리극 Psychodrama. 1930년대 중반에 J. L. Moreno가 개발한 것으로 내담자가 자신의 문제를 역할 연기하는 심리치료 방법.

심리적 가장 Psychological Masquerade. 외관상의 심리적인 증상이지만, 실제로는 신체적 조건이나 기질적 조건 때문에 생긴 것.

아가페 Agape. 인류에 대한 무조건적인 사랑(말 그대로 '친구들 사이의 사랑').

아하! Aha!(**게**). 한 상황에 대한 자각으로 몇 개의 분리된 요소들이 합쳐져서 의미 있는 하나로 되는 것. 문제를 해결하는 갑작스러운 통찰이나 상황에 대한 구조.

안녕 치료 Well-being Therapy(**긍**). Carol Ryff의 심리적 안녕의 다차원 모델에 기반하여 안녕 치료는 여섯 개의 차원을 포함한다. 자주성, 개인적 성장, 환경적 지배, 삶의 목적, 긍정적 관계, 자기수용.

애착 이론 Attachment Theory(**가, 관**). 모든 사람들은 강력한 감정적 유대를 발달시키는 경향이 있다는 것과 이러한 유대에 대한 위협이 정신병리를 발생시킨다는 것을 제시한 John Bowlby가 발전시킨 이론.

앨버트 엘리스 연구소 Albert Ellis Institute(**합**). 1959년에 알버트 엘리스가 세운 기관이다. 연구소에서 알버트 엘리스를 이사회로부터 제외한 2005년에 심리치료계 안에서 상당한 논란이 있었다.

앨버트 엘리스 재단 Albert Ellis Foundation(**합**). Albert Ellis의 업적과 유산을 옹호하기 위해 2006년에 설립된 단체.

양식 Mode(**인**). 성격을 구성하고 진행중인 상황을 해석하는 인지적 · 감정적 · 동기적 · 행동적 도식망

양자 관계 Dyadic(**가**). 두 사람 사이의 관계에 속하는 것.

억압 Repression(**정**). 고통스러운 사고가 의식적으로 표현되지 않고 차단되는 주 방어 기제.

언어상실증 Aphasia. 언어를 이해하거나 사용하는 데 어려움을 겪는 기질적 언어장애.

엘리스 REBT Ellis REBT(**합**). 세계적인 교육, 집필과 Albert Ellis 특유의 접근법의 영구 보존을 통하여 그의 업적과 유산을 잇기 위해 2012년에 설립된 단체.

역동 Dynamics(**정**). 개인의 기본적 추동 또는 원초아와 자아 방어 사이의 관계로 일반적으로 갈등의 관계이다. 참조: 심리적 역동.

역동적 강점 평가 Dynamic Strengths Assessment(**긍**). 대표 강점들은 스스로 확인된 강점, 가족 구성원과 가까운 친구가 확인한 강점, 그리고 자기보고식 측정의 혼합이라는 측정 접근법.

역설적 개입 Paradoxical Intervention(**가**). 환자가 증상을 일으키는 행동을 계속하도록 하는 치료적 기법. 이 방법을 따르면, 증상에 대하여 수의적 통제를 할 수 있다. 여기에 반항하는 것은 증상을 포기하는 것이다.

역전이 Countertransference(**정**). 전통적으로 치료자가 환자를 향하여 가지는 무의식적인 소망과 공상의 활성화로 정의된 것으로, 환자의 투사에 의해서 유발되거나 환자의 투사를 나타내는 것일 수 있고, 치료자가 그의 삶, 역사, 또는 공상 속에서 서로가 중요한 사람인 것처럼 환자를 대하는 경향으로부터 올 수도 있다. 많은 현대 정신분석 이론가들이 역전이를 내담자와의 관계적 맥락에서 나타나는 치료자의 기분과 다른 즉흥적 반응들의 전체로 정의한다. 참조: 전이.

역조건형성 Counterconditioning(**행**). 부적응적인 행동과 양립할 수 없는 새로운 반응으로 조건형성을 함으로써 특정한 행동을 대체시키는 것. 역조건형성은 체계적 둔감화의 효과성을 설명해 주는 것 중 하나이다.

역할 역전 Role Reversal. 심리극에서 자기 자신의 역할에서 본 관점을 내려놓고 상호작용을 하는 상대방의 태도와 신체 자세와 관점을 택하는 것. A는 B를 연기하고 B는 A를 연기한다. 때때로 실제 인물이 현장에 없을 경우에, A는 빈 의자를 사용하여 B가 어떨지 상상하는 그대로 역할을 한다. 그렇게 하여 자신의 마음을 열어 더 깊은 수준의 공감을 한다. 참조: 빈 의자.

역할 연기 Role Playing. 치료자의 안내를 받아 자기나 다른 사람의 부분을 연기하는 것. 본래는 심리극에서 사용되었으나, 이 용어는 지금은 많은 다른 치료에서뿐만 아니라 교육과 사업에서 문제를 탐색하는 방법으로 사용되고 있다.

연극 치료 Drama Therapy. 집단 상황에서 자각을 높이거나 자기표현을 증진시키기 위한 극장 기법의 사용.

연동적 병리 Interlocking Pathologies(**가**). 표현되고 유지되는 방식이 상호 의존적인 가족 내에 있는 역기능의 다양한 형태.

연동적 삼각형 Interlocking Triangles(**가**). 일련의 세 사람의 상호작용 세트로 이루어진 가족관계의 기본 단위 (예: 아버지-어머니-아이; 조부/모-부/모-아이).

연출 기법적 비유 Dramaturgical Metaphor. 상황을 마치 연극의 한 장면인 것처럼 만드는 것으로, 평범하거나 추상적인 용어로 표현하기가 어려운 심리적 현상을 더 효과적이고 생생하게 묘사할 수 있도록 도와준다.

연합 회기 Conjoint Session(**가**). 두 명 이상의 환자가 함께 치료를 받는 것.

열등감 Inferiority Feeling(**아**). 다른 사람이나 이상적인 자기 또는 개인적 가치와 비교하여 자신을 부적절하거나 무능력하게 보는 것; 보편적이고 정상적인 것으로 간주된다. 열등 복합과는 대조된다.

열등 복합 Inferiority Complex(**아**). 방어성과 신경증적 행동을 일으키는 과장된 부적절감과 불안정감. 이는 항상 그렇지는 않지만, 일반적으로 비정상적이다.

열린 체계 Open System(**가**). 비교적 투과성이 있는 경계가 환경과의 정보교환을 허용하는 체계.

온화함 Warmth(**내**). 다른 사람을 수용하는 긍정적이고 실제적인 느낌.

요가 Yoga(**묵**). 윤리, 생활양식, 자세, 호흡 조절, 지적 공부, 그리고 명상을 다루는 수련법.

용기 Courage(**아**). 결과를 확실히 모르는 상태에서 기꺼이 모험을 감수하고자 하는 마음. 효과적인 삶에 필수적이다.

용해 Fusion(**실, 가**). 실존치료에서는, 자기를 포기하고 다른 사람이나 집단의 일부가 되는 것. 개인의 고립감을 감소시키려는 특별한 시도. 가족치료에서는, 가족 구성원 간의 경계선이 희미해져서 결과적으로 각 구성원들이 분리된 자기감을 상실하게 되는 것.

워밍업 Warming-Up. 더 자발적이 되는 과정으로, 흔히 자의식의 완화, 불안, 높은 수준의 신뢰 그리고 현재 하고 있는 과제에 참여하는 정도를 증가시키는 것과 관련이 있다.

원초아 Id(**정**). 생래적이고 발달적 요소를 가진 생물학적 본능적 추동의 저장소. 참조: 자아, 초자아.

유기적 가치화 과정 Organismic Valuing Process(**내**). 자기 자신의 감각적 증거와 삶의 경험을 근거로 활동이나 선택이 얼마나 바람직한지 개인적으로 판단하거나 평가하는 것.

유리된 가족 Disengaged Family(**가**). 가족 구성원들 간에 지나치게 경직된 경계선으로 인하여 구성원들이 심리적으로 서로 고립된 가족.

윤리성 Ethicality(**묵**). 도덕적 또는 원칙적 의도와 행동.

융합 Confluence(**게**). 접촉 경계가 너무도 얇고, 유연하고, 투과성이 있어서 자기와 환경 사이의 경계가 사라지는 것. 융합에서는, 개인은 별개의 존재로 자기와 타인을 경험하지 못하고, 자신과 타인의 신념, 태도, 느낌이 합쳐져 버린다. 융합은 건강할 수도 있고 건강하지 못할 수도 있다.

응용 긍정심리학 석사 Masters in Applied Positive Psychology(**긍**). 긍정심리학 분야의 전문가들이

가르치는 1년 과정으로, 다양한 맥락에서 고급 수준의 이론, 연구, 그리고 긍정심리학의 적용을 가르친다.

응용 행동 분석 Applied Behavior Analysis(**행**). Skinner의 급진적 행동주의와 밀접하게 연결된 행동치료의 한 유형으로, 사적인 사건보다는 관찰할 수 있는 행동을 강조하며, 행동이 그 선행조건이나 결과와 어떤 관계를 갖는지 알아보기 위하여 단일 사례 실험설계를 사용한다.

의미치료 Logotherapy(**실**). 정신 건강과 개인적 성장의 필요조건으로서 가치와 의미를 강조하는 Viktor Frankl이 개발한 치료적 접근.

의식화 conscientization(**다**). 비평적 의식으로도 알려져 있는 Paulo Freire가 발달시킨 교육적 개념. 의식화는 억압과 연관된 사회적 · 정치적 · 경제적 모순들을 인지하는 것을 배우는 것을 수반한다.

의학적 모델 Medical Model(**개**). 우울감을 겪는 사람들이 환자 역할을 받아들이고 우울증이 당뇨와 같이 치료 가능한 의료 문제라는 것을 이해하도록 하기 위해 사용되는 접근법.

이론적 통합 Theoretical Integration(**통**). 각 치료 체계와 연관된 근본적인 이론들의 통합을 강조하는 두 명 이상의 치료자들의 통합.

이분법 Dichotomy(**게**). 장이 의미 있게 하나로 통합될 수 없는 경쟁적이고 관계없는 힘들로 구성된 것처럼 경험되는 분열.

이분법적 사고 Dichotomous Thinking(**인, 합**). 경험이나 사람을 흑백논리로 또는 중간이 없이 오로지 극단적으로(예: 완전히 좋다 대 완전히 나쁘다) 범주화하는 것.

이야기 치료 Narrative Therapy(**가**). 현실은 우리가 만드는 이야기들을 통해 구성되고 조직되며 유지된다는 신념에 기반하여 만들어진 가족치료 접근법. 오스트레일리아 치료자 Michael White와 다른 사람들과 연관되어 있다.

이중구속 Double Bind(**가**). 중요한 관계에서 모순되는 메시지를 받는 사람 안에서 생기는 갈등. 그러나 그 사람은 그 관계를 떠나거나 도피할 수 없으며 그 불일치에 관하여 언급할 수 없다.

이차적 변화 Second-Order Change(**가**). 체계의 조직과 기능에서 일어나는 근본적인 변화.

이차적 사고 과정 Secondary Process Thinking(**정**). 자아의 활동과 연관된 직선적이고 논리적이며 언어로 된 사고. 일차적 사고 과정과 대조된다.

인간 실존의 기정사실 Givens of Human Existence(**실**). 정신과 의사 Irvin Yalom은 이것을 죽음, 자유, 고립, 그리고 무의미로 정의하였다. 우리가 인간 실존의 기정사실들을 마주할 때 갖는 용기가 우리의 삶을 규정한다.

인공두뇌학적 인식론 Cybernetic Epistemology(**가**). 체계를 통한 정보의 흐름의 관점에서 관찰되는 것을 개념화하고 분석하는 틀.

인공두뇌학적 체계 Cybernetic System(**가**). 한 체계 내에 있는 피드백 통제 방법에 대한 연구

인식론 Epistemology. 지식의 근원, 본질, 방법, 그리고 한계에 대한 연구.

인종혐오주의 Aversive Racism(**다**). Gaertner와 Dovidio가 제시한 이론으로, 백인들이 인종차별주의적이고 의식하지 못하는 인종적 또는 윤리적 외집단들에 대한 부정적인 자세를 품음과 동시에 평등주의적 가치들을 진심으로 보여 줄 수 있다는 이론.

인지적 삼요소 Cognitive Triad(**인**). 우울증의 특징으로, 자기, 세상 그리고 미래에 대한 부정적 관점.

인지적 왜곡 Cognitive Distortion(**인, 합**). 추론 속의 만연하고 체계적인 오류.

인지적 재구성 Cognitive Restructuring(**아, 행, 합**). 부적응적인 사고 양식을 바꾸어 그것들을 더 적

응적인 인지로 대체하려는 적극적인 시도.

인지적 전환 Cognitive Shift(**인**). 삶의 경험에 대한 체계적이고 편파된 해석.

인지적 취약성 Cognitive Vulnerability(**인**). 특정한 심리적 고통을 더 잘 받게 만드는 개인의 사고 방식.

인지행동치료 Cognitive Behavior Therapy(**행**). 행동치료에서 확장된 것으로 행동절차로 처리할 수 있는 행동으로서 생각과 인지를 다루는 이론. 인지행동치료는 Aaron Beck, Albert Ellis, 그리고 Donald Meicherbaum의 작업들과 가장 밀접하게 연관되어 있다.

일반화 Generalization(**행**). 그 행동이 학습된 자극 환경과 비슷하지만 다른 상황에서 그 행동이 나타나는 것.

일인극 Monodrama(**게**). 한 내담자가 한 장면에서 양쪽 역할을 오가며 연기하는 것.

일차적 변화 First-Order Change(**가**). 체계 자체의 기본적 조직은 바꾸지 않고 체계 내에서 변화하는 것.

일차적 사고 과정 Primary Process Thinking(**정**). 꿈, 창조성, 그리고 무의식의 활동에서 나타나는 것과 같은 비논리적인 생각. Freud는 일차적 사고 과정이 원초아의 활동의 특징이 된다고 믿었다. 이차적 사고 과정과 대비된다.

일치 Congruence(**내**). 개인이 실제로 경험하는 것과 자신의 자기개념 사이에 조화가 이루어지는 통합된 완전체 상대. 일치는 심리적 적응의 한 측면이다. 참조: 진솔성.

임의적 추론 Arbitrary Inference(**인**). 지지해 주는 증거가 없거나 반대되는 증거가 있는데도 결론을 이끌어 내는 것.

잉여 현실 Surplus Reality. 물리적 현실 이외의 것을 포함하는 심리적 경험(예: 영적인 사건, 사망한 중요한 인물과의 관계).

자각몽 Lucid Dreaming(**묵**). 사람들이 자신이 꿈을 꾸고 있음을 자각하는 수면 상태.

자극 통제 Stimulus Control(**행**). 특정 반응이 더 적게 또는 더 많게 일어나도록 환경을 조절하는 것(예: 담배를 피울 확률을 줄이기 위하여 하루에 담배를 한 갑만 사는 것).

자기 개념 Self-Concept. 개인의 속성, 감정, 능력, 성격, 결점 등을 포함하는 자기가 누구인가에 대한 개인의 정의.

자기 분화 Differentiation of Self(**가**). 가족의 정서적 반응성에 의해 압도되는 것에 대한 저항을 키우는 가족 구성원과의 심리적 분리.

자기실현 Self-Actualization. 성장, 완성, 성취를 향한 인간의 기본적 동인.

자기심리학 Self Psychology(**정**). Heinz Kohut의 작업 및 저서와 관련된 정신분석적 접근법. 자기 심리학은 공감, 반영, 긍정적 존중에 대한 지지를 강조한다.

자기 존중 Self-Regard(**내**). 자기 자신에 대한 존중과 존경에서 발달된 자기 개념의 측면.

자기 지시적 훈련 Self-Instructional Training(**행**). Donald Meichenbaum에 의해 가장 완벽하게 기술된 자기 패배적 사고를 자기 강화적 인지로 대치하는 기법

자동적 사고 Automatic Thought(**인**). 정서적 반응을 일으키는 특정 자극에 의해서 촉발되는 개인적 관념이나 생각.

자민족 중심주의 Ethnocentrism(**다**). 자신의 세계관이 선천적으로 타인보다 우월하고 가치 있다는 믿음.

자발성 Spontaneity. 흔히 즉흥성의 중요한 척도와 함께 상황에 새롭게 다가갈 수 있는 마음의 틀.

자발적 단순함 Voluntary Simplicity(**묵**). 더 단순하게 살고 물질적 소유물을 중요시하지 않겠다는 자율적 선택.

자아 Ego(**정**). 원초아(원시적이고 본능적인 욕구)와 초자아(마음의 문명화된, 도덕적인 요소) 사이를 중재하는 성격의 통제적인 핵심. 참조: 원초아와 초자아.

자유 연상 Free Association(**정**). 정신분석의 기본적인 기법으로, 분석 대상자는 어떤 생각이 마음에 떠오르든지 구조화하거나 판단하지 않고 보고하라고 요청을 받는다.

자율성 Autonomy. 독립적이고, 자기 결정적이고, 개인의 목표를 달성하려는 욕구에 바탕을 둔 성격의 차원.

작업 Work(**게**). 지각을 높이기 위하여 현상학적으로 집중하여 탐색하는 과정. 어떠한 상황에서도 다룰 수 있으며, 어떠한 주제('지금-여기'의 접촉, 인생의 문제, 발달 주제, 영적인 문제, 창조성과 정서적 확장, 꿈, 신념 체계 등)에도 중점을 둘 수 있다.

장비 Armamentarium. 치료자가 사용하는 심리치료 방법과 기법의 전체 범위.

장 이론 Field Theory(**게**). 우리의 경험이 특정한 맥락 내에서 이해되는 현실의 성질과 그러한 현실과의 우리의 관계에 대한 이론. 장은 서로 상호 의존적인 요소들로 이루어져 있고, 장 안에서 변화가 있으면 인간이 현실을 경험하는 방식에 영향을 준다. 아무도 장 안에 깊이 들어가는 것을 넘어설 수 없으며, 따라서 아무도 현실에 대한 객관적 관점을 가질 수 없다.

재구조화 Reframing(**가, 합**). 행동에 새롭고 더 긍정적인 의미를 부여함으로써 행동을 재명명하는 것.

재귀인 Reattribution(**인**). 사건에 대해 대안적 원인을 배정하는 것. 개인의 증상을 다시 해석하는 것.

재앙화 Awfulizing(**합**). 불편하거나 불쾌한 것을 끔찍하거나, 무섭거나, 소름끼치는 것으로 보는 것.

재연 Replay(**행**). 행동치료나 다른 접근법에서도 자주 사용되는 내담자가 이전의 장면을 반복하는 심리극 기법. 대인관계 기술을 숙달하기 위해 자주 사용하는 방법이다.

재평가 상담 Reevaluation Counseling(**다**). 인종 차별주의, 계급 차별주의, 성 차별주의, 그리고 다른 형태의 억압으로부터 회복하기 위해 두 명 이상의 개인들이 방해 없이 돌아가며 서로의 말을 듣는 힘을 북돋우는 상담 접근법.

저항 Resistance(**정, 게**). 정신분석에서는 병리적일 수도 있고 병리적이지 않을 수도 있는 치료나 분석의 진전을 막는 모든 장애물로서, 일반적으로 치료의 기본 규칙을 수정하려는 것을 포함하고 치료자와 환자 모두의 무의식적인 근원에 근거를 두고 있다(즉, 상호작용적으로 결정된다). 게슈탈트 치료에서는 사람들이 자신의 측면들을 보거나, 보이거나, 소유하기를 꺼리는 것을 뜻한다. 저항은 건강할 수도 있고 건강하지 않을 수도 있다.

전략적 개입 치료 Strategic Intervention Therapy(**가**). 행동의 변화를 일으키기 위하여 특수한 전략, 계획, 전술을 적용하는 가족치료의 접근.

전이 Transference(**정**). 환자가 치료자를 마치 자기 과거의 의미 있는 대상, 대개 부모인 것처럼 반응하는 치료적 상황. 현대의 많은 치료자들은 전이는 주로 (만약 항상이 아니라면) 치료자의 실제 특성들에 의해 부분적으로 형성된다는 것을 강조한다. 참조: 역전이.

절충주의 Eclecticism. 내담자 문제를 공식화하고 치료 계획을 만들기 위해서 여러 개의 다양한 근원에서 이끌어 온 치료의 실제. 다중 양식적 치료자들은 기법적인 절충주의자들이다(예: 그들은 어떤 이론적 입장을 반드시 받아들이지 않더라도 그 이론에서 나온 여러 방법들을 적용할 수 있다).

접촉 Contact(게). '나'와 '나-아님' 사이의 경계를 경험하는 데 관여하는 관계의 기본 단위. '나-아님'과 떨어져 있으면서도 연결감을 느끼는 것.

정상적 불안 Normal Anxiety(실). 위협적 상황에 처하였을 때 적합하게 염려하는 것으로, 직면될 수 있고, 다루어질 수 있고, 창조적으로 사용될 수 있다. 신경증적 불안과 비교된다.

정서적 기법 Emotive Techniques(합). 활기 있고 생동적이며 극적인 치료 기법.

정신 내적인 Intrapsychic. 개인의 마음이나 정신 내에 있는.

정신역동성 Psychodynamics(정). 역동과 비슷한 말로, 일반적으로 자아, 원초아, 초자아의 관점에서 정립되는 정신적 상호작용과 갈등을 말한다.

정신역동적 심리치료 Psychodynamic Psychotherapy(정). 정신분석으로부터 발달된 다양한 심리치료를 가리키는 보편적인 용어. 역동적 심리치료자들은 일반적으로 매주 한 번 또는 두 번 내담자들을 만나고, 내담자는 단정히 앉는다.

정적 강화 Positive Reinforcement(행). 행동이 뒤따르고 그 행동이 발생할 확률을 증가시키는 모든 자극.

정적 피드백 Positive Feedback(가). 안정된 상태로부터 일탈을 증폭시켜 불안정과 변화를 가져오기 위한 체계로 되돌아가는 출력 정보의 흐름.

정화 Catharsis. 억압된 정서를 표현하고 방출하는 것. 때로는 소산과 같은 의미로 쓰인다.

제3의 지불인 Third-Party Payer. 치료자에게 비용을 지불하는 것을 조절하는 재정적 중재자. 치료에서 제3의 지불인은 보통 보험회사이거나 정부기관이다.

조건적 가정 Conditional Assumption(인). 잘못된 결론으로 이끄는, 사건에 대한 "만일 …라면, …이다"의 잘못된 해석(예: 만일 한 사람이 나를 싫어한다면, 나는 호감이 가지 않는 사람이다).

조발성 치매 Dementia Praecox. 조현병의 옛날 이름.

조작적 조건형성 Operant Conditioning(행). 반응이 그 결과에 의하여 수정되는 학습의 유형. 강화는 강화된 반응이 앞으로 일어날 확률을 증가시킨다. 처벌과 소거는 그에 뒤따르는 반응이 일어날 확률을 감소시킨다.

존재론적인 Ontological(실). 존재 또는 실존의 과학에 관한 것.

종합 Synthesis. 요소나 부분들로 전체를 만들어 내는 것. 한 상황의 여러 가지 측면으로 전체적인 의미를 구성하는 것.

주관적 추론 Subjective Reasoning(인). 느낌이 사실과 같거나 비슷하다고 믿는 것.

주인공 Protagonist. 심리극에서 자신의 상황을 탐색하고 또한 역할 연기 과정에서 주로 주인공이 되는 내담자를 가리키는 용어.

주장 훈련 Assertion Training(행, 합). 내담자가 감정과 필요를 개방적이고 효과적으로 표현할 수 있도록 가르치기 위해 고안된 치료 절차.

중다 심리치료 Multiple Psychotherapy(아). 몇 명의 치료자들이 한 환자를 동시에 치료하는 기법.

중복 원리 Redundancy Principle(가). 가족 내에서처럼 참여자들 사이에 일어나는 반복적인 행동의 연속.

중용 Golden Mean(긍). 긍정심리학적 맥락에서, 적절한 상황에서 적절한 정도로 적용된 강점들의 적절한 조합을 뜻하는 아리스토텔레스의 개념.

중재적 자극-반응 모델 Mediational Stimulus-Response Model**(행)**. 사고와 심상 같은 내적 사건들이 자극 지각과 반응 형성 사이를 연결시켜 준다는 입장을 취하는 행동적 모델.

지지 Support**(게)**. 접촉이나 철회를 시작하고, 끝내고, 조절하고, 유지하기 위해 필요한 심리적·생리적·사회적·물질적 도움을 개인이나 환경이 필요로 하는 대로 공급해 주는 것. 사람들은 자신이 주도적으로 접촉이나 철회를 시작하고, 끝내고, 조절하고 유지하는 만큼, 그리고 자기 동일시에 근거하여 그렇게 하는 만큼 자기 지지적이다. 예를 들어, 자기가 무엇을 원하는지 알고 적절하게 그것을 요청할 수 있는 것이 자기 지지적인 것이다.

지형학적 이론 Topographic Theory**(정)**. 내용과 기능에 대한 자각을 기준으로 정의한 마음에 대한 Freud의 첫 모델. 이 모델은 상호작용하는 요소들을 가지고 있었으나, 결국 점점 Freud의 구조적 모델로 대치되었다. 참조: 무의식적 과정.

진솔성 Genuineness**(내)**. 자기 자신에게 사실적이고 진실하게 하는 특징. 허세를 부리지 않고 사회적 가면을 쓰지 않으며 자기의 어떤 측면이 자각되는 것을 거부하지 않는다. 참조: 일치.

진정한 양식 Authentic Mode**(실)**. Heidegger가 묘사한 존재방식으로, 사람이 자기 자신의 삶에 대한 책임을 인정하면서 존재의 연약함을 이해하고 인식하는 것. 존재론적 양식으로 언급되기도 한다.

집중 집단 Intensive Group**(내)**. 소수의 사람들이 짧지만 집중된 기간(예: 주말) 동안 모여서 자기와 타인에 대한 자각을 확장시키기 위하여 설계된 특수한 대인관계적 경험에 참여하는 것.

참만남 Encounter**(게)**. 현실 속에서 또는 누군가가 연기하는 한쪽과 함께, 두 사람 또는 한 사람의 두 측면 사이에서 이루어지는 대화.

참만남 집단 Encounter Group. 자기와 타인을 진정으로 알고 수용하기 위해서 만나는 (때로는 단 한 번, 때로는 정해진 기간 동안 일주일 단위로 매주) 소수의 사람들.

철회 Withdrawal**(게)**. 투과성 있는 접촉 경계는 유지하면서 일시적으로 접촉에서 물러나는 것. 철회는 건강한 것일 수도 있고 건강하지 않은 것일 수도 있다. 고립과 대비된다.

체계 System. 시간이 지나도 안정적인 방식으로 작동되는, 상호 의존적이면서 서로 연결된 부분들로 이루어진 완전한 단위.

체계적 둔감법 Systematic Desensitization**(행)**. 점차적으로 불안을 만들어 내는 상황이나 물건에 대한 노출을 증가시켜, 불안을 이완으로 대치하는 단계적 절차.

체계적 절충주의 Systematic Eclecticism**(통)**. Norcross와 Beutler(14장)가 주장한 것으로, 절충주의의 다양한 접근법들(예: 기술적 절충주의, 이론적 통합, 공통 요인, 동화적 통합)이 각 환자의 특별한 필요를 충족시키기 위해 혼합된 접근법. 체계적 치료 선택으로도 언급된다.

초기기억 Early Recollection**(아)**. 아동기의 단일 사건에 대한 두드러진 기억. Adler학파 심리치료자들에 의해 투사적 기법으로 사용됨.

초자아 Superego**(정)**. 도덕과 다른 규범들을 받아들이고 정신적 긴장과 자기 심상, 자기 존중감, 추동의 방출을 조절하는, 선천성 성향과 부모와의 초기 상호관계 그리고 부모와의 동일시에 의해 발달된 마음의 구조.

촉진자 Facilitator. 집단에서, 어떤 사람에게도 해를 끼치지 않고 집단의 구성원들이 그들이 선택한 방향으로 나가고, 그들이 선택한 목표를 달성할 수 있도록 돕는 사람.

총체주의 Holism**(아)**. 몸을 마음과 따로 떼어 연구하는 것처럼 사람을 어떤 특정한 측면이나 부분으로 나누어서 연구하는 것이 아니라, 그가 인생 속에서 어떻게 나아가는 지를 포함하여 전체로서 개인을 연구하는 것.

최소화 Minimization(**인**). 한 사건을 실제보다 훨씬 덜 중요하게 만드는 것.

충만한 삶 Full Life(**긍**). 충만한 삶은 행복과 삶의 만족을 수반하고 행복의 요소들(PERMA)의 합보다도 더 크다. 충만한 삶의 요소들은 배타적이지도 포괄적이지도 않다. 반대 개념인 공허한 삶은 이러한 요소들, 특히 연결과 의미가 결여되어 있고 심리적 문제들로 연결된다.

치료(적) 동맹 Therapeutic Alliance. 치료의 목적을 이루기 위해 치료자와 내담자가 함께 노력하며 발전하는 둘 사이의 동반자 관계.

콤플렉스 Complex. 특정한 주제를 맴도는 에너지로 가득 찬 정서와 관념의 무리. 콤플렉스는 원형적 핵심을 가지고 있지만 개인적 무의식의 측면들을 표현한다. 콤플렉스에 대한 Jung의 발견과 설명은 Freud의 개인적 무의식에 대한 신념에 타당성을 부여하였다.

쾌락 원리 Pleasure Principle(**정**). 생의 첫해에 가장 두드러지며, 고통을 회피하고 쾌락을 추구하는 인간의 기본적인 경향성. 현실 원리와 대비된다.

쾌락의 쳇바퀴 Hedonic Treadmill(**긍**). 좋은 것들을 당연하게 여김으로써 그것들에 개인이 빠르고 불가피하게 적응하게 하여 행복을 막는 장애. 예를 들어, 개인이 물질적 소유와 업적을 더 쌓을수록 그 사람의 기대 또한 높아진다.

타협의 형성 Compromise Formation(**정**). 자아심리학 전통으로부터 나온 것으로, 모든 경험과 행동은 본능적으로 나오는 근본적인 소망과 그것에 대한 방어 사이의 타협의 결과임을 명기하는 이론적 명제.

탈반영 Dereflection(**묵**). 개인의 주의를 자기 자신으로부터 멀리 향하게 하는 것.

탈중심화 Decentering(**인**). 주의의 가상적 초점이 자기 자신으로부터 떠나도록 하는 것.

탈최면 Dehypnosis(**묵**). 예를 들어, 생각들과 동일시하기보다는 생각을 생각으로 인식함으로써 평상시의 합의된 가수면 정신상태에서 깨어나는 것.

탈파국화 Decatastrophizing(**인, 합**). 두려워하는 사건과 결과보다는 실제를 탐색하도록 고안된 '만약에' 기법.

토큰 경제 Token Economy(**행**). 특정한 행동에 대하여 토큰(포커 게임에서 사용하는 칩이나 점수)을 주어 토큰이 쌓이면 나중에 원하는 물건이나 특권과 바꿀 수 있도록 함으로써 단기적 강화를 제공하는 프로그램.

통찰 Insight(**정**). 정신분석에서 항상 중요한 것으로 고려되는 변화 방법. 통찰은 이전에 의식하지 못하였던 기분, 소망, 상상, 생각, 또는 기억을 자각하는 것을 포함한다. 개인의 이전 경험들이나 지금의 무의식적 기대들이 개인의 인지와 자멸적 양식들을 현재 어떻게 형성하는지 인식하는 것 또한 포함된다.

통합 Integration. 성격 요소들 간의 조직적이고 조화로운 관계.

투사 Projection(**정**). 자신이 수용할 수 없는 개인적 사고, 감정 또는 행동을 다른 사람에게 귀인시키는 것.

투사적 동일시 Projective Identification(**정**). 정상적으로 또 방어로 사용되는 투사의 대인관계적 유형. 이를 통하여 개인은 다른 사람을 자신의 내적 상태나 방어에 도달하게 한다.

특성 이론 Trait Theory. 안정적이고 지속적인 성격 특성에 대한 신념.

파국화 Catastrophizing(**합, 인**). 불운한 사건의 결과를 과장하는 것.

파열과 회복 Rupture and Repair(**정**). 파열은 협동적 과정이나 치료적 난관에서 발생하는 보이지 않는 분열이다. 연합의 파열이나 치료적 난관을 거치는 과정은 구조적으로 변화의 중요한 과정으로 보인다.

패러다임 Paradigm. 과학적으로 탐구될 영역을 한계 짓고 자료를 수집하고 해석하는 데 사용될 방법을 구체화하는 일련의 가정.

패러다임 전환 Paradigm Shift. 한 공동체나 구조화된 활동(예: 심리치료)을 규정하는 개념, 가치, 지각 및 실제의 의미 있고 폭넓은 변화.

페르마 PERMA(긍). Martin Seligman의 이론은 행복에는 다음 다섯 가지의 측정 가능한 요소들(PERMA)이 있다고 상정한다. 긍정 정서(행복과 삶의 만족), 전념, 관계, 의미, 그리고 성취.

편리한 허구 Convenient Fiction. 과학철학에서 상상에 의한 비현실적인 것을 의미하지만 개념화를 하는 데 도움이 되는 개념을 의미하는 것.

편향 Deflection(게). 감정이나 생각을 직접적으로 주고받지 않음으로써 접촉과 자각의 영향을 둔하게 만드는 방법. 편향의 유형에는 모호함, 수다스러움, 과소평가 등이 있다.

평가 준거 Locus of Evaluation(내). 판단이 시작되는 점, 판단의 근원. 경험의 평가가 개인의 내부에서 오는가(내적) 또는 외부 근원에서 오는가(외적)의 여부.

포스트모던 치료 Postmodern Therapies(게). 치료자가 가진 세계관의 우세성을 거부하며 여러 현실의 타당성과 가정을 인식하는 치료적 접근. 포스트모던 치료자들은 현실을 결정하는 데 문화의 중요성을 강조하며, 정신병리를 조성하고 규정하는 데 언어와 힘의 관계의 영향력을 강조한다.

포함 Inclusion(게). 분리된 자기감은 여전히 유지하면서, 판단하거나 평가하지 않고 다른 사람의 경험에 가능한 한 완전히 자기 자신을 투입하는 것.

플라세보 Placebo. 의학에서 플라세보는 환자에게 진짜 약 대신에 주는 화학 작용을 일으키지 않는 물질이다. 심리치료에서는 흔히 연구에서 주의의 전반적인 효과를 통제하기 위해서 사용되는 가짜 치료를 말한다.

피드백 Feedback. 체계가 스스로 그 안에서 적응하도록 하는 과정. 부적(평형을 다시 수립하는 것)일 수도 있고, 정적(변화를 이끄는 것)일 수도 있다.

피사의 사탑 접근 Learning Tower of Pisa Approach(가). 치료자가 의도적으로 문제를 더 나쁘게 만들어 그것이 스스로의 무게 때문에 쓰러져서 해결이 되도록 하는 역설적 의도의 변형.

하위체계 Subsystem(가). 가족처럼 전반적 체계 내에 있는 조직적인 요소.

한 사람 심리학 One-Person Psychology(정). 환자와 치료자의 상호작용에 대해 치료자가 제공하는 기여의 맥락에서 내담자의 정신내적 과정을 이해하는 것이 가능하다고 상정하는 고전적 정신분석의 관점.

함께 뒤엉킴 Stuck-Togetherness(가). 가족의 역할과 경계가 흐려지고 가족 중 누구도 다른 가족과 분리된 정체성을 갖지 못하는 정신분열이 있는 가족에서 관찰되는 상황.

합의된 가수면 Consensus Trance(묵). 정상적으로 깨어 있는 마음상태를 또렷한 의식이 결여된 몽환적 상태로 보는 관점.

항상성 Homeostasis. 안정되고 변동 없는 평형상태.

해리 Dissociation(정). 불안이나 트라우마로부터 파생된 사람의 의식 또는 심리적 기능의 정상적 통합의 부분적 또는 전체적 분열.

해석 Interpretation(정). 내담자의 경험을 이해하도록, 내담자의 무의식적 경험에 대한 추측을 분명히 설명하도록, 또는 내담자의 주의를 무의식적 자멸적 양식을 향하게 하도록 도우려는 치료자의 시도.

해체주의 Deconstructionism. 심리치료 분야에 널리 퍼져 있는 많은 가정들에 도전하는 학문적 비평 이론. 해체주의에 영향을 받은 치료자들은 심리치료의 실제를 조성하고 있는 관념적 편파와 전통적 가정들을 '해체'한다. 포스트모더니즘과 마찬가지로, 해체주의는 궁극적 진리가 있다는 모든 주장을 거부한다.

핵심 조건 Core Conditions**(내).** Carl Rogers에 따르면 치료에서의 성장을 위한 핵심 조건들은 일치, 무조건적 긍정적 존중, 그리고 공감이다. Albert Ellis와 같은 다른 치료자들은 이 세 가지 조건이 치료적 성장을 위해 필요하지도 충분하지도 않다고 주장해 왔다.

행동가치 연구소 Values in Action Institute (www.viacharacter.org)**(긍).** 이 비영리단체는 성격 강점의 과학과 실제를 발전시킨다. 250개국이 넘는 나라들에서 200만 명 이상의 사람들이 17가지 언어로 성격 강점을 측정하는 VIA 강점 척도(Values in Action Inventory of Strengths)라는 무료 온라인 검사를 실시하였다.

행동 실험 Behavioral Experiment**(인, 합).** 실제 삶의 상황에서 왜곡된 신념이나 두려움을 과학적으로 검증하는 것(예: 수줍음을 많이 타는 사람이 실제로 어떤 일이 일어나는지 알아보기 위해 다른 사람에게 말을 거는 것).

행동 의학 Behavioral Medicine**(행).** 신체적인 문제들(예: 통증의 감소, 체중 감소)을 예방하거나 치료하기 위해 학습 이론의 기법들을 적용하는 것.

행동적 시연 Behavioral Rehearsal**(인, 행).** 정서적으로 부담되는 사건과 그 사건에 대한 반응을 그 사건이 일어나기 전에 연습해 보는 것.

행동치료의 제3의 물결 Third Wave of Behavior Therapy**(행).** 행동치료의 제1의 물결은 외현적 행동을 수정하는 것에 초점을 두었다. 제2의 물결은 인지를 다루었다(예: 인지행동치료). 제3의 물결은 마음챙김과 자기 인식을 다루고 변증법적 행동치료와 수용전념치료를 포함한다.

현상학 Phenomenology**(아, 실, 게).** 인간의 경험을 일차적인 자료의 출처로 사용하고 편파(외적 관찰, 정서, 사고 등) 없이 모든 인간의 경험을 포함시키려고 시도하는 탐구의 방법. 피험자들은 현재의 경험과 상황에 대한 편파를 구별하도록 배운다. 현상학은 대부분의 실존주의자들이 사용하는 기본적인 방법이다.

현실 Reality. 개인의 사적인 세계. 그러나 더 일반적으로는, 그것들의 의미에 대해서 상당한 합의가 되어 있는 일군의 지각 또는 '사실'들.

현실 원리 Reality Principle**(정).** 환경의 요구에 맞추기 위하여 또는 나중에 더 큰 쾌락을 확보하기 위하여 만족의 지연을 허용하는 자아를 이끄는 원리. 쾌락 원리와 대비된다.

협동적 경험주의 Collaborative Empiricism**(인).** 환자를 객관적 해석을 할 수 있는 과학자로 보는 전략.

형성 경향성 Formative Tendency**(내).** 인간을 포함한 모든 자연이 보편적으로 가지고 있는 더 큰 질서, 복합성, 상호 관계성을 향한 전반적인 경향.

혼합주의 Syncretism**(통).** 다양한 치료적 접근법들의 무비판적이고 비체계적인 조합을 뜻하는 비하적인 용어.

확대 Magnification**(인).** 어떤 것의 의미를 과장하는 것.

확신 Conviction. 개인적 경험과 지각에 근거한 결론으로, 각 개인의 지각이 독특하기 때문에 일반적으로는 편파되어 있다.

환영 Maya(묵). 실제로 인식되지 않는 개인의 인지와 경험에 대한 환영적이면서 많은 것을 아우르는 왜곡.

환자로 지목된 사람 Identified Patient(가). 치료를 찾는 사람이나 치료가 필요한 사람.

활동 계획 Activity Scheduling(인, 행). 무력감에서 벗어나기 위하여 일상적인 활동을 설정하는 것.

황홀경 Rapture(묵). 경험에 대한 인식의 기쁨.

효과성 연구 Effectiveness Study. 치료 설명서 또는 연구에 관여된 치료자들을 위한 특별한 연수를 일반적으로 포함하지 않는 덜 통제된 연구. 효과성 연구는 그날그날 진행하는 임상적 실무와 비슷한 환경의 지역사회 배경에서 시행되는 경향이 있다. 효율성 연구와 대조를 이룬다.

효율성 연구 Efficacy Study. 일반적으로 환자들을 처치들에 무작위로 배정하고, 치료 설명서와 잘 훈련된 치료자들을 활용하며, 공정한 평가자들에 의해 결과를 엄격하게 평가하는 통제된 연구. 주로 대학교에서 시행되는 연구의 종류이다. 효과성 연구와 대조된다.

희생양 만들기 Scapegoating(가). 어떤 사람에게 비판, 비난, 또는 처벌에 불공평하게 노출되는 역할을 부여하는 것.

히스테리 Hysteria. 심리적 장애가 신체적 형태를 취하는 장애를 뜻하는 전환 신경증의 초기 용어(예: 기질적 장애가 없는데 마비가 오는 것). Freud 이론의 많은 부분은 히스테리 환자들을 치료하는 경험에서 나온 것이다.

65% 장벽 Sixty-five-(65)-percent barrier(긍). 정신약리학과 인지치료를 포함하는 대부분의 치료들이 통증 완화에 있어 기껏해야 약 65%의 반응률을 낳는다. 이 숫자는 45%에서 55% 까지 이르는 플라세보 효과를 포함한다.

찾아보기

[ㄱ]

[ㄴ]

[ㄷ]

[ㄹ]

[ㅁ]

[ㅂ]

[ㅅ]

[ㅇ]

[ㅈ]

[ㅊ]

[ㅋ]

[ㅌ]

[ㅍ]

[ㅎ]

[기타]

역자 소개

■ **김정희**(siewon@jbnu.ac.kr)

고려대학교 심리학과 학사 · 석사
서울대학교 심리학과 상담심리 박사
현, 전북대학교 심리학과 명예교수

♣ 저 · 역서 및 논문

집단 상담의 원리와 실제(공저)
고귀한 인류를 사랑하라(역서)
심리치료 사례연구(역서)

■ **정성경**(pulbat@dju.kr)

전북대학교 심리학과 학사
한양대학교 상담심리 석사
장로회신학대학교 교역학 석사
전북대학교 심리학과 상담심리 박사
현, 대전대학교 상담대학원 가족상담학과 교수

♣ 저 · 역서 및 논문

가족관계 증진 집단상담 참여자의 변화과정 분석(2005, 한국가족관계학회)
대학생의 자기분화와 자아존중감 및 의사결정 유형과의 관계(2005, 한국상담학회)
Bowen이론의 관점에서 조명한 르우벤의 삶(2013, 한국기독교상담심리학회)

■ **남상인**(sinam@sch.ac.kr)

서울대학교 교육학과 학사 · 석사
University of Iowa 상담자교육과 상담학 박사
현, 순천향대학교 청소년교육상담학과 교수

♣ 저 · 역서 및 논문

학교상담과 생활지도(2007, 학지사)
청소년상담론(2005, 교육과학사)
청소년 사이버 불링 가해에 영향을 미치는 변인 연구(2013, 미래를 여는 청소년학회지)

■ **김인규**(ikkim@jj.ac.kr)

서울대학교 교육학과 학사 · 석사 · 박사(교육상담 전공)
현, 전주대학교 상담심리학과 교수

♣ 저 · 역서 및 논문

제럴드 코리에게서 배우는 성장하는 상담전문가의 길(2014, 학지사)
상담 및 심리치료; 대인과정접근(2013, 센게이지러닝)
인간의 학습(2017, 시그마프레스)

■ **최은영**(ey.choi@ttgu.ac.kr)

서울대학교 약학과 학사
서울대학교 교육학과 석사, 박사(교육상담 전공)
아세아연합신학대학원 석사(신학 전공)
현, 횃불트리니티신학대학원대학교 교수

♣ 저 · 역서 및 논문

청소년비행 및 약물중독상담 개정판(공저, 2012, 학지사)
기독교상담학: 비평 및 사례(2015, 횃불트리니티출판부)
성장: 사춘기자녀부모코칭 시리즈 2(2015, 두란노)

■ **방기연**(kbang@hanmail.net)
연세대학교 교육학과 학사 · 석사
University of Iowa 상담자교육 및 수퍼비전 박사
현, 고려사이버대학교 상담심리학과 교수

♣ 저 · 역서 및 논문
청소년 상담(2016, 박학사)
상담수퍼비전의 이론과 실제(2016, 양서원)
집단상담의 이론과 실제(2015, 학지사)

■ **김은하**(eunkim@ajou.ac.kr)
성균관대학교 학사
University of Southern California 상담심리 석사
Ohio State University 상담심리 박사
현, 아주대학교 심리학과 교수

♣ 저 · 역서 및 논문
모의 부정적 신체이미지와 외모에 대한 부정적 피드백이 여대생의 이상섭식행동에 미치는 영향: 조절된 매개효과(2016, 한국심리학회지: 여성)
정당한 세상에 대한 믿음이 일반 성인들의 화병 증상에 미치는 영향: 분배공정성과 절차공정성을 중심으로(2016, 상담학연구)
Examination of the Adlerian constructs of activity and social interest with depression among recent Korean retirees: Meaning in life as a mediator(2015, Archieves of Gerontology and Geriatrics)

현대 심리치료, 제10판
Current Psychotherapies

발 행 일 | 2017년 2월 20일 초판 1쇄 발행
저 자 | Danny Wedding · Raymond J. Corsini
역 자 | 김정희 · 정성경 · 남상인 · 김인규 · 최은영 · 방기연 · 김은하
발 행 인 | 구본하
발 행 처 | 도서출판 **박학사**
주 소 | 서울시 마포구 월드컵북로5길 33 동아빌딩 2층
전 화 | (02)3142-3764~5
팩 스 | (02)3142-3766
웹사이트 | www.pakhaksa.co.kr
등록번호 | 제10-2230호

정가 29,000원 ISBN 978-89-98521-60-8